V&R

Hypomnemata

Untersuchungen zur Antike und zu ihrem Nachleben

Band 174

Vandenhoeck & Ruprecht

Christian Oesterheld

Göttliche Botschaften für zweifelnde Menschen

Pragmatik und Orientierungsleistung der Apollon-Orakel von Klaros und Didyma in hellenistisch-römischer Zeit

Vandenhoeck & Ruprecht

Verantwortlicher Herausgeber:
Christoph Riedweg

Bibliografische Information der Deutschen Nationalbibliothek

Die Deutsche Nationalbibliothek verzeichnet diese Publikation in der Deutschen Nationalbibliografie; detaillierte bibliografische Daten sind im Internet über <http://dnb.d-nb.de> abrufbar.

ISBN 978-3-525-25283-3

Hypomnemata ISSN 0085-1671

Umschlagabbildung: Jean-Charles Moretti, CNRS, Institut de recherche sur l'architecture antique, Lyon – Apollon-Heiligtum von Klaros, sog. Großes *adyton* des Tempels.

Druck und Bindung: ⊕ Hubert & Co, Göttingen

Gedruckt auf alterungsbeständigem Papier.

Meinen lieben Eltern

Inhalt

Vorwort

Nach Tagen der Vorbereitung, der Opfer, Gebete und Gespräche mit den Priestern und anderen Ratsuchenden wurden die Führer der Gesandtschaften in einer der heiligen Nächte in den unterirdischen Saal unter dem Tempel von Klaros vorgelassen, über Treppen hinab geleitet von den Dienern des Gottes durch einen langen, mit Marmor ausgekleideten Gang. Auf der steinernen Bank unter den gewaltig sich wölbenden Bögen – heute vom Sonnenlicht durchflutet, damals aber in nur spärlich beleuchteter Dunkelheit – saßen sie, die aus den Städten Kleinasiens und der Schwarzmeerküste gekommen waren, um Apollon nach Hilfe zu fragen: Hilfe in der Not ihrer Stadt, die von Gefahren bedroht war; Hilfe in der Ungewißheit, wie die Götter recht verehrt werden sollten und die Wohlfahrt der Bürgerschaft zu sichern war. Geduldig warteten sie auf die Weisung Apollons, die ihnen der Prophet aus den unverständlichen Worten des vom Gott begeisterten »Orakelsängers« in feierliche Verse übersetzen würde: Unsichtbar für sie, erhielt er in einem benachbarten Saal Apollons Eingebungen. Mit dem Bescheid in der Hand nahmen sie den Weg wieder hinauf, mit neuer Zuversicht und in der Gewißheit, bei ihrer Rückkehr der Volksversammlung ihrer Stadt eine göttliche Botschaft zu bringen, mit der ihre Lage zu meistern war.

Wie sich die Befragungen Apollons in seinen beiden großen Orakelheiligtümern an der ionischen Küste, in Klaros und in Didyma, in das gesellschaftliche Handeln in den Städten der Konsultanten fügten und wie die Orakel die Deutung der Lebenszusammenhänge erleichterten und neue Orientierung schufen, danach fragt dieses Buch. Das Titelbild, das Jean-Charles Moretti freundlicherweise zur Verfügung gestellt hat, läßt die Szene aus der Sicht der auf den göttlichen Rat harrenden Menschen aufscheinen. Die nachfolgende Untersuchung nimmt ihren Ausgang von den Worten Apollons selbst, die ihre Empfänger auf Stein aufgezeichnet haben.

Die Arbeit wurde im Sommersemester 2001 von der Philosophisch-Historischen Fakultät der Universität Basel als Dissertation angenommen, angeregt und betreut von Prof. Fritz Graf (jetzt Ohio State University, Columbus, USA), der als Referent das Erstgutachten angefertigt hat. Prof. Christoph Riedweg (Universität Zürich, derzeit Istituto Svizzero di Roma) hat als Korreferent das Zweitgutachten verfaßt und die Arbeit auch für die Aufnahme in die *Hypomnemata* empfohlen. Ich danke beiden herzlich dafür.

Die Studie ist für die Druckfassung überarbeitet und vertieft worden. Durch den Eintritt in den wissenschaftlichen Bibliotheksdienst nach der Promotion hat die Publikation mehr Zeit erfordert als geplant. Seinerzeit schien das Thema noch eher randständig; in den letzten Jahren hat die antike Divination jedoch verstärkte Aufmerksamkeit erfahren: So hat die vergangene Zeit es auch mit sich gebracht, daß neue Texte und Forschungsmeinungen Eingang in die Veröffentlichung finden konnten.

Mein Interesse an der Religion in den antiken Gesellschaften wurde im Umfeld der Tübinger »religionswissenschaftlichen Schule« bei Hubert Cancik und Burkhard Gladigow geweckt. Heinz Happ regte an, es durch ein Forschungsjahr an der École Pratique des Hautes Études in Paris bei Marcel Detienne und John Scheid zu festigen. Der Deutsche Akademische Austauschdienst ermöglichte diesen Aufenthalt. In Paris lernte ich bei Philippe Gauthier, welchen faszinierenden Einblick in die Institutionengeschichte der griechischen Städte die Inschriften eröffnen. In Zürich bei Walter Burkert und dem allzufrüh verstorbenen Fritz Stolz, in Basel bei Fritz Graf konnte ich meine Kenntnisse in einen weiten historischen Horizont stellen und mich so dem Thema dieser Arbeit nähern. Fritz Graf hat ihr auch über den Atlantik hinweg immer Aufmerksamkeit zuteil werden lassen, Christoph Riedweg oft aus ganz anderen Zusammenhängen heraus viele Fragen mit mir diskutiert. In der Abschlußphase der Dissertation hat er zudem unkompliziert dafür gesorgt, daß unser Forschungsprojekt zur griechischen Patristik sich mit meinen Untersuchungen zu den Orakeln vereinbaren ließ.

Die Überarbeitung hat durch mehrere Aufenthalte in der Kommission für Alte Geschichte und Epigraphik des Deutschen Archäologischen Instituts in München mit ihrer ausgezeichneten Studienbibliothek große Fortschritte erfahren. Christof Schuler und seinen Mitarbeitern danke ich für anregende Diskussionen. Wolfgang Günther, Helmut Müller und Ulf Weber haben mir noch unveröffentlichte Inschriften bekanntgemacht. Für Rat und Hilfe in IT-Fragen bin ich Lucius Hartmann und Chris Lucianu verbunden. Bei Frau Ulrike Blech im Verlag waren Autor und Buch in besten Händen. Annemarie Kaufmann-Heinimann hat sich schon bei der Dissertation und nun auch bei der Publikation als unermüdliche Leserin gezeigt und viele Anregungen beigesteuert. Unseren Gesprächen über die Jahre hin und ihrer beständigen Ermutigung verdanke ich sehr viel. Zur Seite gestanden durch ihre Freundschaft, Anteilnahme und Begleitung haben mir in den letzten Jahren auch Ursula Jäcker, Nina Imhof, Johannes Mikuteit, Juliane Fleischhack, Katrin Stelter, Bruno Currie und Elisabeth Genewein.

Mein Blick auf die Antike wurde auch durch die Förderung der Studienstiftung des deutschen Volkes während meines Studiums geweitet. Zum vorliegenden Buch haben der Fonds für Altertumswissenschaft am Klassisch-Philologischen Seminar der Unversität Zürich, die Freiwillige Akademische Gesellschaft Basel, der Max Geldner-Dissertationenfonds an der Philosophisch-Historischen Fakultät und der Dissertationenfonds des Rektorats der Universität Basel Druckkostenbeiträge gewährt, wofür ich sehr zu Dank verpflichtet bin. Wichtige Hinweise auf die Fördermöglichkeiten haben Rolf A. Stucky und Christoph Riedweg gegeben; er und Fritz Graf haben die Arbeit empfohlen.

Ohne die Liebe, die Treue und den Beistand meiner Eltern hätte jedoch auch dieses Buch nicht entstehen können.

Berlin, im Januar 2008

Hinweise zur Benutzung

Verweise auf die Ortskataloge
In Fettdruck gehaltene Verweise auf Orakeltexte bzw. auf Bezeugungen von Orakelkonsultationen aus den Heiligtümern von Klaros und Didyma (in der Form **Klaros**... bzw. **Didyma**...) beziehen sich auf die beiden Ortskataloge im Anhang (= Kap. 5.1, S. 570-592). Dort finden sich jeweils im Lemma jedes Eintrags die relevanten Publikationen der Quellen sowie eine Konkordanz mit den Katalogen von Robinson, *Theological Oracles*, Somolinos, *Oraculos*, und Busine, *Paroles*. Die Prinzipien der Numerierung sind zu Beginn dieses Anhangs erläutert; vgl. auch Kap. 1, Anm. 49. Darüberhinaus wird im fortlaufenden Text, wo auf einen Katalogeintrag verwiesen wird, oft zusätzlich eine Publikation genannt, in der der Text aufzufinden ist, um dem Leser ständiges Konsultieren des Katalogs zu ersparen. Dabei wird grundsätzlich eine Edition ausgewählt, nach der diese Quelle in Forschungsarbeiten häufig zitiert wird oder die als leicht erreichbar gelten kann; es handelt sich dabei nicht unbedingt um die Erstpublikation.

Verwendung von Gleichheitszeichen bei epigraphischen Quellen
In dieser Arbeit werden beim Verweis auf epigraphische Texte häufig Gleichheitszeichen verwendet, um mehrere Publikationen eines Texts anzuzeigen. Dieser Gebrauch ist von L. Robert immer wieder mit guten Gründen kritisiert worden, da er Gleichrangigkeit der Editionen und eine identische Textgestalt suggeriere: Dadurch würden Erstveröffentlichungen, Revisionen nach dem Stein, verbesserte Editionen in epigraphischen Corpora und bloße Wiederabdrucke, denen keine nochmalige Autopsie zugrundeliegt, gleichsetzt. In der vorliegenden Arbeit wird gleichwohl an dieser weit verbreiteten Praxis bei der Zitierung epigraphischer Quellen festgehalten, um die Übersichtlichkeit zu wahren. Die Gleichheitszeichen zeigen dabei nicht Gleichwertigkeit oder sachliche Identität von Editionen, sondern nur verschiedene Publikationen eines Dokuments an.

Textgestalt der vollständig angeführten Versinschriften
Die Haupttexte, die im Mittelpunkt der Untersuchung stehen, werden zu Beginn der einzelnen Abschnitte im griechischen Wortlaut und mit eigener Übersetzung angeführt. Der griechische Text wird mit den diakritischen Zeichen des Leidener Klammersystems (vgl. dafür die Übersicht jeweils zu Beginn des *Supplementum Epigraphicum Graecum*), jedoch ohne epigra-

phischen Apparat als reiner Lesetext gegeben; die zugrundegelegte Edition wird genannt. Bei Varianten wird entsprechend den in der Interpretation favorisierten Optionen entschieden, wonach sich auch die Übersetzung richtet. Sie werden in der Erörterung an der entsprechenden Stelle besprochen; im Zweifelsfall ist die angegebene Edition zu vergleichen. Urheberschaft von Ergänzungen, die bereits diese Edition verzeichnet, wird nicht ausgewiesen. In den Übersetzungen wird Ergänztes oder Unsicheres nicht eigens gekennzeichnet; man vergleiche den griechischen Text.

Vers- und Zeilenzählung bei Versinschriften
Bei den Orakeltexten in metrischer Form ist die Zählung im Zweifelsfall nach Versen und nicht nach Zeilen auf dem Stein angegeben; dies ist von Bedeutung, wenn Vers- und Zeilengrenzen nicht übereinstimmen. Bei Inschriften, die Prosa- und Versteile aufweisen, gilt dies sinngemäß, d.h. die metrischen Teile unterliegen einer selbständigen Zählung, die stillschweigend in den Verweisen mitgeführt wird. »**Didyma 25**,4« kann sich also sowohl auf Vers 4 des Orakelbescheides (der in diesem Fall die Zeilen 12-13 auf dem Stein einnimmt) als auch auf Zeile 4 des Präskripts beziehen. Der jeweilige Bezug ist stets aus dem Zusammenhang deutlich.

1 Einleitung: Pragmatik und Orientierungsleistung der Orakelbescheide von Klaros und Didyma

> σὺ δὲ ... οὐκ οἴει σοῦ θεοὺς ἐπιμελεῖνομιεῖς αὐτοὺς σοῦ φροντίζειν; ὅταν πέμπωσιν, ὥσπερ σὺ φῂς πέμπειν αὐτούς, συμβούλους ὅ τι χρὴ ποιεῖν καὶ μὴ ποιεῖν. ὅταν δὲ Ἀθηναίοις ἔφη πυνθανομένοις τι διὰ μαντικῆς φράζωσιν, οὐ καὶ σοὶ δοκεῖς φράζειν αὐτοὺς οὐδ' ὅταν τοῖς Ἕλλησι τέρατα πέμποντες προσημαίνωσιν, οὐδ' ὅταν πᾶσιν ἀνθρώποις, ἀλλὰ μόνον σὲ ἐξαιροῦντες ἐν ἀμελείᾳ κατατίθενται;
>
> *Du aber glaubst nicht an die Fürsorge der Götter für dich? Was müssen sie denn tun, damit du an ihre Fürsorge glaubst? Ratgeber senden – du sagst ja selbst, daß sie das vermögen – darüber, was man tun und lassen soll. ›Wenn sie den Athenern auf ihre Anfrage durch Orakel ein Zeichen geben‹ – ja, glaubst du dann immer noch nicht, daß sie auch dir eines geben, und auch nicht, wenn sie den Griechen Vorzeichen und damit warnende Vorbedeutungen senden, und auch nicht, wenn sie dies bei allen Menschen tun, dann glaubst du immer noch, dich allein hätten sie davon ausgenommen und der Vernachlässigung preisgegeben?*
>
> Xen. Mem. 1,4,14f.

1.1 Divination und die Vermittlung von ›Weltbildern‹: Ritualprogramme, religiöse Botschaften, Deutungsmuster – Voraussetzungen, Möglichkeiten und Grenzen der historischen Analyse

Auf welche Weise entstanden ›Weltbilder‹, wenn sich Kultteilnehmer in antiken griechischen Heiligtümern komplexen rituellen Sequenzen unterzogen? Wie wurden solche Deutungsmuster im rituellen Prozeß, ja: *durch* ihn generiert und vermittelt? Wie flossen die im rituellen Kontext gewonnenen Wissensbestände anschließend als Orientierungsmuster in das soziale Handeln ein? Und wie gelang es, den Anhängern des Gottes eine Botschaft mitzugeben, die sich auch in den Widrigkeiten ihrer Lebensumstände als tragfähig erwies? Diese Fragen stehen im Zentrum des Buches.

Im institutionellen Rahmen der Polisreligion und ihrer rituellen Praxis lassen sich Verständnisstrukturen für die Wirklichkeit, mit der die Beteiligten sich konfrontiert fanden, in besonderer Deutlichkeit im Bereich der Divination fassen. Hier wird Individuen wie Kollektiven ein Ansatzpunkt zur Befriedigung ihres Bedürfnisses nach ›Weltorientierung‹ in Entscheidungs- und Krisensituationen geboten, indem in ritueller Inszenierung eine punktuelle Teilhabe am außerordentlichen Wissen der Gottheit ermöglicht wird – ein Wissen, das von den Menschen freilich zuerst verstanden, gedeutet und auf die konkreten Lebenssituationen bezogen werden mußte, bevor es Handlungen lenken und Probleme lösen helfen konnte.[1]

Die Untersuchung bezieht sich zur Beantwortung dieser Fragen ausschließlich auf die kultisch organisierte, an Orakelheiligtümer angeschlossene Form der Divination. Die Arten der institutionell nicht gebundenen *free-lance*-Divination, wie sie durch Charismatiker (μάντεις, χρησμολόγοι,[2] neuplatonisch inspirierte Theurgen[3]), Formen der magischen Divination[4] oder mechanische Divinationstechniken mit präfabrizierten Antwortbau-

1 Die Frage nach den ›Sinnkonzepten‹ und ›Orientierungsmustern‹ von Gesellschaften beschäftigt die Geschichtswissenschaft seit den 1990er Jahren auch in Deutschland intensiv. Wichtige Impulse gingen von den Arbeiten von J. Rüsen aus; einführend etwa: Was heißt: Sinn der Geschichte? In: K.E. Müller/ders. (Hg.), Historische Sinnbildung: Problemstellungen, Zeitkonzepte, Wahrnehmungshorizonte, Darstellungsstrategien, Frankfurt a.M. 1997, 17-47. Die Thematik hat – nach anfänglicher Skepsis, ob die zumeist an späteren Epochen gewonnenen Fragen sich bei der gegebenen Quellenlage methodisch sinnvoll an antike Kontexte stellen lassen – inzwischen mit Macht ihren althistorischen Zweig erreicht. Als Ausdruck dieses Forschungsinteresses erscheint etwa K.-J. Hölkeskamp u.a. (Hg.), Sinn (in) der Antike: Orientierungssysteme, Leitbilder und Wertkonzepte im Altertum, Mainz 2003, eine Aufsatzsammlung, die auf die Arbeit einer Studiengruppe »Sinnkonzepte als Lebens- und handlungsleitende Orientierungssystem« am Kulturwissenschaftlichen Institut Essen zurückgeht. Die religionsgeschichtliche Seite des Themas wird aber in diesem Band nur am Rand gestreift, die antike Divination gar nicht. Die religionswissenschaftliche Begriffsbildung zu ›Deutungsmustern‹ umreißt B. Gladigow, Interpretationsmodelle, HrwG 3,289-298; zur Anwendung auf die antike Religionsgeschichte: ders., Χρῆσθαι θεοῖς; ders., Öffentlichkeit; ders., Kompetenz.

2 Einen guten Einstieg auf dem aktuellen Stand der Forschung, die sich immer schon den charismatischen Divinationsspezialisten im Spannungsfeld von Zentrum und Rändern der Gesellschaft intensiver gewidmet hat als der Divination im Rahmen öffentlicher Kulte, bietet J. Dillery, Chresmologues and *manteis*: independent diviners and the problem of authority, in: Johnston/Struck, Mantikê 167-231. Weiter Burkert, Divination; ders., Kulte des Altertums 141-144. 189-197; Bremmer, Status. Für die Quellen zu Athen, wo die literarische Überlieferung naturgemäß eine bedeutende Rolle spielt, Parker, Polytheism 116-135. Die weitverbreitete Sicht, χρησμολόγοι und μάντεις hätten in der Polisgesellschaft Plätze an den Rändern sozialer Akzeptanz eingenommen, revidiert für Athen nun H. Bowden, Oracles for sale, in: P. Derow/R. Parker, Herodotus and his world: essays from a conference in memory of George Forrest, Oxford 2003, 256-274, der ihre wiederkehrenden Aufgaben im öffentlichen Leben der Polis beleuchtet.

3 S.I. Johnston, Rising to the occasion: theurgic ascent in its cultural milieu, in: P. Schäfer/H.G. Kippenberg (Hg.), Envisioning magic: a Princeton seminar and symposium, Studies in the history of religions 75, Leiden 1997, 165-194; P. Athanassiadi, Dreams, theurgy and freelance divination: the testimony of Iamblichus, JRS 83 (1993) 115-130; dies., The Chaldean oracles: theology and theurgy, in: dies./M. Frede (Hg.), Pagan monotheism in late antiquity, Oxford 1999, 149-183.

steinen (Würfel- und Astragal-, Buchstaben- und Alphabetorakel,[5] Losorakel,[6] die spätantiken Sammlungen von *sortes*[7]) vertreten ist, werden nicht weiter behandelt.

Während in der Forschung zu den antiken Orakelkulten wiederum die längste Zeit die Einbeziehung der religiösen Spezialisten in die divinatorischen Abläufe oder die Frage, mit welchen Mitteln die Orakelerteilung erfolgte, im Mittelpunkt gestanden haben, wie sich etwa in der lange andauernden Fixierung auf die Frage der Inspiration und Ekstase der Pythia in Delphi[8] oder die Abweichungen in der mantischen Technik an den ver-

4 Divination, die im Bereich magischer Religionspraxis angesiedelt war, hat durch das seit geraumer Zeit stark gewachsenen Interesse an der antiken Magie als wichtiger Facette der Sozialgeschichte der antiken Religion ebenfalls Aufmerksamkeit gefunden. Siehe bes. Graf, Magic and divination.

5 Erstmals hat F. Heinevetter 1912 antike Würfelorakel zusammengestellt, Würfel- und Buchstabenorakel in Griechenland und Kleinasien, Breslau 1912. Ein vollständiges Corpus der heute bekannten Texte hat jüngst J. Nollé vorgelegt: Kleinasiatische Losorakel: Astragal- und Alphabetchresmologien der hochkaiserzeitlichen Orakelrenaissance, Vestigia 57, München 2007. Vorarbeiten und Einführendes: ders., Medien, Sprüche, Astragale: zum Orakelwesen im kaiserzeitlichen Kleinasien, Nürnberger Blätter zur Archäologie 13 (1996-97) 167-182; ders., Südkleinasiatische Würfelorakel in der römischen Kaiserzeit, Antike Welt 18,3 (1987) 41-49. Eine Analyse mit religionswissenschaftlichem Anspruch bietet Graf, Rolling the dice, bes. 71-78. Ausgehend von der Beobachtung, daß die Mehrzahl der Steine in einem archäologischen Zusammenhang mit der Agora oder den Stadttoren steht und neben Apollon, der »Stimme« des Orakels, Hermes prominent in den Texten erscheint (einmal ein Hermes Κερδέμπορος), sieht Graf die Würfelorakel als Zeugnisse der Alltagsreligion der Händler und Kaufleute im südlichen Kleinasien, denen sie auf eine einfache, schnelle und effiziente Weise Orientierung in Zweifelssituationen zu bieten vermochten: über den Abschluß des nächsten Geschäftes, den am besten aufzusuchenden Markt, den Antritt einer Reise auf sicherer Route. Die große Verbreitung in der Region weist auf den Erfolg dieses religiösen Angebots, für das Graf sich am ehesten eine Textsammlung als Ursprung vorstellen mag; weitere Städte haben die Idee dann aufgegriffen (ebd. 77. 82).

6 C. Grottanelli, La cléromancie ancienne et le dieu Hermès, in: F. Cordano/ders. (Hg.), Sorteggio pubblico e cleromanzia dall'antichità all'età moderna: atti della tavola rotonda, Univ. degli studi di Milano, Dip. di Scienze dell'Antichità, 26-27 gennaio 2000, Mailand 2001, 155-195; ders., *Sorte unica pro casibus pluribus enotata:* literary texts and lot inscriptions as sources for ancient kleromancy, in: Mantikê 129-146.

7 Immer noch wichtig ist die grundlegende Studie von G. Björck, Heidnische und christliche Orakel mit fertigen Antworten, SymbOsl 19 (1939) 86-98. Jetzt unter Berücksichtigung des anthropologischen Vergleichsmaterials und mit vertiefter Kenntnis der religionsgeschichtlichen Situation der Spätantike im Westen W.E. Klingshirn, Defining the *sortes sanctorum*: Gibbon, Du Cange, and early Christian lot divination, JEarlyChristStud 10 (2002) 77-130; ders., Christian divination in late Roman Gaul: the *Sortes Sangallenses*, in: Johnston/Struck, Mantikê 99-128. Umfassend auch P.W. van der Horst, *Sortes:* sacred books as instant oracles in late antiquity, in: L.V. Rutgers u. a. (Hg.), The use of sacred books in the ancient world, Contributions to Biblical Exegesis and Theology 22, Leuven 1998, 143-173.

8 So lautet die Kapitelüberschrift zu Delphi bei Rosenberger, Orakel, »Antike und moderne Irrationalität« (48ff.) und bezieht sich so in ironischer Weise von einer übergeordneten Warte auf diese Forschungsgeschichte (Rosenberger nimmt hingegen damit nicht auf den Titel des Sammelbandes von Vernant Bezug). Die Diskussion über die Pythia kulminierte in gewisser Weise in J. Fontenrose, The Delphic oracle, its responses and operations: with a catalogue of responses, Berkeley 1978 (= Fontenrose, Delphic oracle), 196-232, mit seiner radikalen Abkehr von der – etwa

schiedenen Orakelheiligtümern[9] zeigt, liegt es für die hier leitende Fragestellung zunächst nahe, die Involvierung der Konsultanten in die Rituale und deren Wirkung auf sie ins Zentrum zu stellen und dadurch die Perspektive der Benutzer der religiösen Institution in den Vordergrund zu holen.

Die Aufmerksamkeit wird damit auf die Ritualprogramme gelenkt, die die Divinationsabläufe strukturieren. Dabei zeigen sich signifikante Parallelen in Form und Inhalt dieser komplexen Ritualsequenzen zwischen den eigentlichen Orakelheiligtümern, in denen ein Gott auf ihm vorgelegte Anfragen autoritative Antworten erteilt, und verwandten Kulttypen wie den Inkubations- und sonstigen Heilorakeln einerseits und den rituellen Programmen von Mysterienkulten andererseits.[10]

Elemente aus diesen verschiedenen Kulttypen fließen in einem atypischen divinatorischen Kult wie dem Orakel des Trophonios im böotischen

---

durch das einflußreiche Buch von P. Amandry, La mantique apollinienne à Delphes: essai sur le fonctionnement de l'oracle, Paris 1950 (= Amandry, Mantique apollinienne), repräsentierten – traditionellen Auffassung durch eine konsequent rationalistische Interpretation. Sie verfällt freilich in das gegenteilige Extrem, weist in der Auswertung der literarischen Quellen stark reduktionistische Züge auf und ist von einer Neigung zur Hyperkritik geprägt. Teilweise ist dieser Radikalismus dadurch zu erklären, daß Fontenrose mit seinem Modell gegen eine übermächtige Auslegungstradition, die schon im 19. Jh. begann, angehen wollte. Vgl. unter den zahlreichen Besprechungen des Buches vor allem B. Knox, Paid consultant, American scholar 48 (1978-79) 558-562; F.E. Brenk, Gnomon 52 (1980) 700-706 (wieder in: ders., Relighting the souls: studies in Plutarch, in Greek literature, religion, and philosophy, and in the New Testament background, Stuttgart 1998, 317-323); N. Robertson, Phoenix 36 (1982) 358-363 und M. Dobson, Helios 10 (1983) 187-194. Kritisch mit Fontenroses Gruppenbildung hat sich jüngst S.I. Johnston auseinandergesetzt, Delphi and the dead, in: dies./Struck, Mantikê 283-306, h. 285-287. Eine neue Position hat L. Maurizio bezogen (Anthropology and spirit possession: a reconsideration of the Pythia's role at Delphi, JHS 115, 1995, 69-86; siehe auch dies., Delphic oracles as oral performances: authenticity and historical evidence, ClAnt 16, 1997, 308-334), die die indigene Auffassung, daß es die Pythia sei, die mittels Verbalinspiration unmittelbar dem Konsultanten die Weisungen Apollons mitteile, erneut ernstnehmen möchte und zum Ausgangspunkt ihrer Rekonstruktion der Abläufe bei der Konsultation macht. Dabei stellt sie Beziehungen zu mediumistischen Praktiken in traditionalen afrikanischen Gesellschaften her. – Das zweite Hauptthema Fontenroses, die Zurückweisung der Authentizität eines Großteils der literarisch überlieferten delphischen Orakelbescheide, darunter aller (für Fontenrose: angeblich) vor 440 v. Chr. ergangenen und damit des gesamten bei Herodot bezeugten Corpus, hat vor allem E. Suárez de la Torre einer Neubewertung unterzogen: Sobre la autenticidad de los oráculos délficos: cuestiones de método, Tempus 2 (1992) 5-26. Zu Fontenroses Gruppenbildungen unten Anm. 49.

9 Davon durchzogen ist etwa auch das – für den Überblick freilich nützliche, aber Einzelprobleme oft nur oberflächlich behandelnde – letzte, erst postum veröffentlichte (vgl. die Rezension von G. Zuntz, Gnomon 59, 1987, 1-6) Buch von H.W. Parke, The oracles of Apollo in Asia minor, London 1985 (= Parke, Apollo in Asia).

10 Vgl. W. Burkert, Antike Mysterien: Funktionen und Gehalt, München 1991, 35-37. 46f. Burkert beleuchtet den gemeinsamen Zug ›verwandelnder Erfahrung‹ anhand von Plut. fr. 168 Sandbach (ebd. 75-77); zu diesem umstrittenen Text auch F. Graf, Eleusis und die orphische Dichtung Athens in vorhellenistischer Zeit, RgVV 33, Berlin/New York 1974, 132-138. Divination, Heilung und arkanes Ritual verbinden sich dann auch in magischen Texten, etwa in den Zauberpapyri.

Lebadeia zusammen.[11] Vor dem Hintergrund auffälliger Übereinstimmungen zwischen dem für das Trophonion berichteten Ritual[12] und dem Konsultationsmodus im Apollon-Orakel von Klaros[13] sind vor allem als *katabaseis*, rituell inszenierte Abstiege in einen unterirdischen Bereich, ausgeformte Befragungsabläufe aufschlußreich: Die von den Beteiligten dabei erfahrenen, als außerordentlich wahrgenommenen ›Erlebnisse‹ von Alterität führen zu substantiellen Transformationen von Erfahrungsbeständen – wir können sagen: zu neuen ›Weltbildern‹.

Doch gelingt es nicht ohne weiteres, den Übergang von rituellem Handeln und in Ritualprogrammen gemachten Erfahrungen zur Entstehung oder Vermittlung von Deutungsbeständen oder gar umfassenden ›Weltbildern‹ bei den Kultteilnehmern genau zu fassen und angemessen wiederzugeben:[14] Wie können wir den Punkt eines solchen ›Umschlags‹ erken-

11 Dazu jetzt umfassend P. Bonnechère, Trophonios de Lébadée: cultes et mythes d'une cité béotienne au miroir de la mentalité antique, RGRW 150, Leiden 2003. Die hier interessierende Dimension hat Bonnechère bereits in dem Aufsatz: Mantique, transe et phénomènes psychiques à Lébadée: entre rationnel et irrationnel en Gréce et dans la pensée moderne, Kernos 15 (2002) 179-186, behandelt. Siehe auch unten S. 361f. m. Anm. 99.

12 Paus. 9,39; Plut. Gen. Socr. 21f., 590 A – 592 E; ΣΣ Aristoph. Nub. 508.

13 Robert, Fouilles de Claros; ders., Claros.; J. Robert, Klaros 196f.

14 Der Anspruch wird etwa formuliert im Anforderungsprofil an eine ›Religionsästhetik‹, das H. Cancik und H. Mohr skizziert haben: HrwG 1,121-156; siehe auch dies., Erinnnerung/Gedächtnis, ebd. 2,299-323. Ähnliche Aufgabenstellungen verfolgen religionssemiotische Ansätze (vgl. allgemein B. Gladigow, Religionswissenschaft im Rahmen von Kulturwissenschaft, ebd. 1,26-40, h. 33. 35), etwa I. Bystrina: Ritus, Mythologie, Ideologie: Entstehen und Vergehen von Codes, in: T. Borbé (Hg.), Semiotics unfolding, Berlin 1984, 51-59 (wieder in: ders., Semiotik der Kultur: Zeichen – Texte – Codes, Probleme der Semiotik 5, Tübingen 1989, 79-94); ders., Codes und Codewandel, Zs. f. Semiotik 5 (1983) 1-22 (wieder in: ders., Semiotik der Kultur [wie zuvor] 95-125). Nach dem jeweiligen intellektuellen Bezugssystem innerhalb einer Gesellschaft, auf dessen Koordinaten Zeichen sinnhaft entschlüsselt werden konnten, fragen die verschiedenen Studien in Vernant, Divination et rationalité; für die methodischen Prämissen siehe die Einführung dess., Paroles et signes.
Verwandt sind die semiotische Überlegungen zur Analyse kultureller ›Symbolproduktion‹ in den verschiedenen Medien von Kunst/Architektur, Literatur und Ritual, so wenn C. Calame, von Pindars *Pythien* ausgehend, die Überlieferung der Gründung Kyrenes untersucht, bei der Orakelbescheide eine zentrale Rolle spielen: Mythe et histoire dans l'Antiquité grecque: la création symbolique d'une colonie, Lausanne 1996 (vgl. auch dens., Narrating the foundation of a city: the symbolic birth of Cyrene, in: L. Edmunds, Hg., Approaches to Greek myth, Baltimore 1990, 277-341). Jedoch ist hier der Blick nicht auf die rituell geprägte Erfahrung des historischen Individuums gerichtet, sondern auf die aus der mythologisch-historiographischen Überlieferung gespeiste kollektive Identität der Polis, welche sich in diesem Fall sogar im Verhältnis zur externen Größe der entfernten Kolonie bestimmt – wodurch die Identitätsbildung nochmals um eine Ebene verschoben ist.
Im Hinblick auf die Problematik des religionswissenschaftlichen Vergleichs hat F. Stolz die Instrumente für die Analyse und die Beschreibungskonzepte der Genese umfassender religiöser Deutungsmuster in Gesellschaften zusammengestellt: Weltbilder der Religionen: Kultur und Natur, Diesseits und Jenseits, Kontrollierbares und Unkontrollierbares, Theophil 4, Zürich 2001. Einen kommunikationstheoretischen Zugriff auf die antiken Religionen hat mit anderen Akzenten F. Graf skizziert, der dabei auch die Divination bespricht: Zeichenkonzeptionen in der Religion der

nen und von da aus beschreiben, in welcher Weise die Auffassung und Deutung von ›Welt‹ bei den Beteiligten dadurch verändert worden ist?

Dies ist in erster Linie ein Problem der Aussagekraft der Quellen, die im Hinblick auf solche Fragestellungen zur Verfügung stehen. Wo explizite Einblicke in Deutungen und Bewertungen geliefert werden, handelt es sich meist um literarische Zeugnisse mit der entsprechenden Überformung konkreter Erfahrung durch Argumente, die von ideologischen Interessen verschiedener Art geleitet sind – seien sie philosophischer, religionskritisch-aufklärerischer, apologetischer oder historiographisch-deutender Natur.[15] Auch werden hier oft den Verfassern bereits vorliegende Quellen

---

griechischen und römischen Antike, in: R. Posner/K. Robering/Th.A. Sebeok (Hg.), Semiotik: ein Handbuch zu den zeichentheoretischen Grundlagen von Natur und Kultur, 1. Teilbd., Handbücher z. Sprach- u. Kommunikationswiss. 13,1, Berlin 1997, 939-958 (= Graf, Zeichenkonzeptionen), h. 954f. Noch nicht publiziert sind die »Nilsson Lectures on Greek religion«, die Graf 1990 am Schwedischen Institut in Athen unter dem Titel »Signs for the gods: ritual and communication in the ancient world« gehalten hat.

An der Universität Heidelberg hat der Sonderforschungsbereich 619 »Ritualdynamik: soziokulturelle Prozesse in historischer und kulturvergleichender Perspektive« im Teilprojekt »Ritual und Kommunikation in den städtischen Gemeinden Griechenlands und in Rom« seine Grundkategorie auch auf die antiken Religionen anzuwenden versucht. Unter ›Ritualdynamik‹ werden hier neben der kommunikativen Funktion von Ritualen beispielsweise ihre historische Kontinuität/Diskontinuität, Transfer in neue funktionale Zusammenhänge und Transformation, auch gezielt initiierte *revivals* von Ritualen verstanden. Siehe dazu den Projektbericht von Chaniotis/Chiai, Religiöse Kommunikation, und Chaniotis, Ritual dynamics, sowie hier Kap. 2, Anm. 351. Von den Heidelberger Forschungen legen auch die Beiträge in Stavrianopoulou, Ritual and communication, Zeugnis ab. Petrovic, Metrical sacred regulations (ebd. 151-179), nehmen den Ausgang von einer Zusammenstellung der bekannten Versorakel aus Kleinasien (154-164), darunter auch aller hier untersuchten Bescheide, um den den Texten inhärenten Kommunikationsprozeß zu analysieren (164-169). Die Studie ist eine Vorarbeit zu einer kommentierten Edition der metrischen *leges sacrae* (154 Anm. 19) und entwickelt die These, daß die religiösen Versinschriften, die nicht Orakeltexte sind, deren formale Charakteristika und insbesondere ihre Kommunikationsstruktur imitieren, um die diskursive Autorität der göttlichen Botschaften auch für sich geltend zu machen.

Ebenfalls unter kommunikationstheoretischen Vorzeichen hat sich – aufbauend auf der Theoriebildung von U. Eco – G. Manetti der antiken Divination zugewandt: Il linguaggio del dio: divinazione e comunicazione, in: M. Bettini (Hg.), I signori della memoria e dell'oblio: figure della comunicazione nella cultura antica, Florenz 1996, 111-134 (= Manetti, Linguaggio del dio); vgl. schon zuvor dens., Mantica e semantica, Immediati dintorni 1 (1989) 154-163. Manetti analysiert insbesondere die hermeneutische Konstellation im divinatorischen Kommunikationsprozeß. – Für einen Überblick über den antiken philosophischen und literarischen Diskurs über die ›Zeichen der Götter‹ siehe W. Leszl, I messagi degli dei e i segni della natura, in: G. Manetti (Hg.), Knowledge through signs: ancient semiotic theories and practices, Semiotic and cognitive studies 2, o.O. (Turnhout) 1996, 44-85; siehe auch G. Manetti, Le teorie del segno nell'antichità classica, Mailand 1987, 27-56.

15 Offensichtlich ist dies etwa für die drei in der polemischen Schrift des Kynikers Oinomaos gegen die Orakel, *Der Betrug der Scharlatane,* überlieferten Orakel aus Klaros, die Oinomaos selber bei einer Konsultation im Heiligtum erhalten haben will (**Klaros 22** = Oenom. fr. 14-15 Hammerstaedt; im Kommentar von Hammerstaedt wird die hier beschriebene Problematik aber nicht vertieft behandelt). Die Frage der sekundären Deutungsmuster ist aber gleichfalls entscheidend in weniger evidenten Fällen, etwa der Bewertung der von Herodot berichteten Orakelkonsultationen. Ähnliches gilt – noch deutlicher erkennbar – für die Schilderungen des Besuchs von Ora-

über Ereignisse, an denen sie nicht beteiligt waren, von ihnen weiterverarbeitet und in übergreifende Argumentationen eingefügt. Bei dieser Lage kann es zumeist bestenfalls gelingen, die Interpretamente freizulegen und, wenn möglich, ihre ideologische Herkunft zu verorten; zu den primären Wirkungen ritueller Erfahrung ist in diesem Überlieferungszweig kaum je vorzustoßen.

Umgekehrt sind die inschriftlichen Quellen selten von der Art, daß sie ausdrücklich über die Aspekte sprächen, die für eine solche Fragestellung von Interesse sind. Die öffentlichen Texte wie Volksbeschlüsse oder Ehrendekrete legen zwar Zeugnis von Konsultationen ab, machen aber ihrem Charakter nach keine Aussagen über den näheren Ablauf der Rituale und öffnen schon gar nicht den direkten Blick auf die mentale ›Innenperspektive‹ der Akteure. Aus individuellen Texten wie etwa Grabepigrammen oder privaten Ehreninschriften, die eine Orakelkonsultation erwähnen, ließe sich diese womöglich eher ablesen, aber diese Texte kreisen eben in der Regel nicht um das eine Ereignis des Orakelbesuchs, sondern evozieren das ganze Leben des Betroffenen, worin dann auch ein Reflex der Beziehung zu einem Orakelkult als Zeichen der εὐσέβεια der Person stehen

---

kelkulten und des Umgangs der Protagonisten mit den Antworten in den Biographien Plutarchs. Solche Darstellungen erlauben in erster Linie Aussagen über das Weltbild des Berichterstatters und seine Deutung des Verhältnisses von Menschen und Göttern. Die historische Verwertbarkeit dieser Berichte wird durch die Verformungen eines bereits auf der Tradentenebene ein erstes Mal stattfindenden Deutungsprozesses erheblich kompliziert (von dem der modernen Auslegungsgeschichte noch ganz abgesehen), ohne daß man wohl zu einer ganz agnostischen Position kommen müßte. Fontenroses Skeptizismus hinsichtlich der Glaubhaftigkeit der von Herodot geschilderten Konsultationen war vorgeprägt durch die alles in allem zu einem ähnlich negativen Ergebnis gelangende Arbeit von J. Crahay, La littérature oraculaire chez Hérodote, Bibl. de la Fac. de Philos. et Lettres de l'Univ. de Liège 138, Paris 1956 (= Crahay, Littérature oraculaire).

Die Perspektive des Berichterstatters Herodot ist in der eingehenden Untersuchung von Th. Harrison, Divinity and history: the religion of Herodotus, Oxford 2000, beleuchtet worden (siehe auch dens., ›Prophecy in reverse‹? Herodotus and the origins of history, in: Derow/Parker, Herodotus and his world [wie Anm. 2] 237-255), der resolut wieder den *belief* seines Autors in den Mittelpunkt stellen und damit auch *pars pro toto* das Bild der griechischen Religion korrigieren möchte, das, so der Autor, eine sich in den letzten Jahrzehnten allmählich herausbildende »sozialhistorische Orthodoxie« gezeichnet habe (vgl. 19: »there are a number of significant overstatements in this modern creed that need to be challenged ... to describe Greek religion as primarily or exclusively concerned with the performance of ritual acts is ... an extreme overstatement«). Die Entgegensetzung von *belief* bzw. *religious authority* und Ritualgebundenheit der religiösen Praxis führt aber in eine falsche Richtung. Während der Begriff der ›religiösen Autorität‹, den Harrison neu in Geltung setzen möchte, wenn er auch in den antiken religiösen Systemen durchaus eine plausible Beschreibungskategorie darstellt, in systematischer Hinsicht noch klärungsbedürftig ist (etwa mit Bezug darauf, wer diese Autorität repräsentiert und ausübt), so widerspricht die Traditionsgebundenheit antiker Religion nicht ihrem Charakter als einem ›offenen System‹, das für polytheistische Religionen kennzeichnend ist und religiöse Innovation geradezu motiviert hat. Harrison hat ein gewisses Vorbild in seinem – insoweit durchaus berechtigten – Bemühen, die Binnenperspektiven der Tradenten als ein konstitutives Element des historischen Komplexes ›Religion‹ zu untersuchen, in dem kurz zuvor erschienenen Buch von D. Feeney, Literature and religion at Rome, Cambridge 1998.

kann. Daß schließlich die für die Rekonstruktion des Ritualablaufs so wichtigen archäologischen Daten erst recht keinen unmittelbaren Aufschluß über Vorgänge auf der kognitiv-psychischen Ebene erwarten lassen, kann ebenfalls nicht überraschen.

Diese Vorüberlegungen führen darauf, sich dem konzeptuellen Kern des divinatorischen Rituals näher zuzuwenden, dem Punkt, auf den die vorbereitenden, auf die Befragung hinführenden Ritualelemente abzielen und von dem aus die Phasen der Rückführung aus dem liminalen Bereich und der Wiedereingliederung in die außerrituelle Alltagswelt bestimmt werden. Dies ist auch der Punkt, an dem Strategien der ›Nachbearbeitung‹ der religiösen Botschaft und der Vermittlung von Deutungsmustern, die durch das Konsultationsritual initiiert wurden, anzusetzen hatten.

Der Nukleus des divinatorischen Rituals, in dem die Kommunikation zwischen Gottheit und Mensch stattfindet und der rituell markierte ›Weg zur Gottheit‹ an sein Ziel kommt, rückt so ins Zentrum der Betrachtung: die eigentliche Orakelerteilung und damit der kommunikative Prozeß, im Laufe dessen den Konsultanten ein Anteil an – außerhalb des Rituals unverfügbarem – göttlichem Wissen erreichbar wurde. Dabei dürfen freilich die rekonstruierbaren Elemente des diesen Kern umgebenden Rituals nicht außer Acht bleiben. Gelingt es, mit der Orakelerteilung und der vermittelten Botschaft den Zielpunkt des rituellen Geschehens, durch den alles weitere erst seinen Sinn erhält, und seine Funktion näher zu fassen, ist auch für die Frage, wie durch Divination Deutungsmuster vermittelt und modifiziert werden konnten, weiterer Aufschluß zu erwarten.

Dabei ist es, statt ein weiteres Mal zu fragen, wie die Konsultation in diesem liminalen Bereich »wirklich« vor sich gegangen ist, und den rituellen Ablauf in diesem Zentrum rekonstruieren zu wollen, angesichts der skizzierten Quellenlage für das hier entwickelte Erkenntnisinteresse vielversprechender, als Ausgangspunkt die Botschaften zu nehmen, die den Konsultanten erteilt worden sind, um an ihnen das Funktionieren von Deutungsmustern und die Anlage von ›Interpretationspfaden‹ zu erkennen. Es läßt sich immerhin eine ansehnliche Zahl von solchen Bescheiden, die im Wortlaut aufgezeichnet worden sind, zusammentragen: im wesentlichen Inschriften, die entweder allein der Überlieferung des erhaltenen Orakelentscheids dienen sollten oder das Orakel im Rahmen einer anderen, übergeordneten narrativen Funktion des Gesamtdokuments anführen. Hinzu kommt eine Reihe von Zeugnissen, in denen die ergangene Auskunft des Gottes zwar nur paraphrasiert wird, aber in ihrem Gehalt dadurch doch gewisse Konturen erhält; schließlich solche, die wenigstens das Faktum von Befragung und Antwort festhalten.

Es scheint also nötig, mit den uns erhaltenen Orakeltexten diejenigen Quellen in den Mittelpunkt zu rücken, die uns das ›Produkt‹ vor Augen führen, um das es den Beteiligten ja ging: die religiöse Botschaft, die ihnen für einen kurzen Lebensausschnitt den Zugriff auf das umfassende Wissen der Gottheit erlaubte, das Menschen außerhalb des in der Divination geschaffenen Erfahrungs- und Erkenntnisraums nicht zugänglich war. Ohne ein Verständnis von Faktur und Eigenart dieser Botschaften ist die Wirkung der Kommunikationsabläufe und die Beeinflussung von Deutungsmustern bei den Konsultanten nicht zu erfassen.

Darüberhinaus versprechen die in den Bescheiden enthaltenen Verweise auf den jeweiligen Situationskontext und die Interpretamente, die sich implizit in den Texten angelegt finden und von den Empfängern für die Deutung zur Anwendung gebracht werden konnten, eine Vielzahl von Aufschlüssen über die von beiden Seiten gemachten Verständnisvoraussetzungen, geteilte Wissensbestände und zur ›Weltdeutung‹ verfügbare Traditionsbausteine; ganz abgesehen von den Erkenntnissen zu kultischen und institutionellen Realien und zeitgeschichtlichen Vorgängen, die daraus zu schöpfen sind.

Dieser Ansatz verlangt, das Augenmerk vor allem auf die Situationen zu richten, die die jeweiligen Konsultanten zum Aufsuchen des Orakels bewogen haben: Die Kenntnis der lebensweltlichen Verankerung der Orakelbefragung ist die Voraussetzung dafür, dann auch eine allfällige Modifikation der Sicht auf die Ausgangssituation bei den Kultteilnehmern verstehen zu können. Nur wenn es gelingt, die Situationen genauer einzuschätzen, in denen man sich an das Orakel wandte, kann auch deutlich werden, wie der Umgang der Beteiligten mit dieser Wirklichkeit durch die Ergebnisse von Divinationsprozessen beeinflußt wurde.

Hierzu dürften die Botschaften, die die Götter erteilten, zumindest indirekten Aufschluß liefern, da einerseits in sie die Voraussetzungen des ›Weltbildes‹ der Konsultanten einzubeziehen waren, die Verfasser der Texte also ›auf sie zugehen‹ mußten, andererseits es wiederum die vermittelte Botschaft ist, die eine neue Haltung zur Situation selbst induziert. Erkennt man, in welcher Weise und mit welchen Mitteln dieser Transformationsprozeß vor sich geht, hält man – zumindest im Idealfall einer hinreichend ›dichten‹ Belegkette – solche Scharnierstücke zwischen ›Vorher‹ und ›Nachher‹ in der Hand.

Das überbrückende Glied ist dabei der Divinationsvorgang, dessen Voraussetzungen und Konsequenzen in der gegebenen Handlungssituation ebenso wie seine Interpretation durch die Akteure als Reflex der Orakeltexte greifbar werden, ohne daß wir darauf angewiesen blieben, auch die Vorgänge im Zentrum des rituellen Geschehens gleichsam in Nahsicht und ›Echtzeit‹ zu erfassen. Es besteht damit die Aussicht, auf diesem Wege eines *close reading*[16] der Textprodukte von Konsultationen die un-

16 Vgl. C. Geertz, Thick description: toward an interpretive theory of culture, in: ders., The interpretation of cultures: selected essays, New York 1973, 3-30, h. 6f. 9f.; 20-23 zur geforderten »mikroskopischen« Technik des Ethnographen in der analytischen Beschreibung.

einholbare Distanz des Betrachters zu den von Zufall und Überlieferungsschicksal fragmentierten Zeugnissen wenigstens zu verringern.

1.2 *Close reading* von Zeugnissen kultischer Divinationspraxis in Griechenland: Überlieferung und Ausgangssituation für die Orakel von Delphi, Didyma und Klaros

Um die durch ein *close reading* möglichen Erkenntnisse vorzuführen, ist es vorteilhaft, eine begrenzte Anzahl von Texten exemplarisch zu betrachten und diese möglichst vollständig in ihren Bezügen, Parallelen wie Unterschieden, zu verwandtem Material zu beleuchten. So besteht Aussicht, den Platz dieser Ergebnisse einer punktuellen, situationsgebundenen Inanspruchnahme des religiösen Angebots Divination im Kräftefeld von gesellschaftlichen Institutionen und historischer Lebenswirklichkeit zu erkennen. Beschränkt man die Untersuchung hingegen auf die isolierten, ›nackten‹ Zeugnisse von Anfrage und Bescheid, ohne ihr textliches wie historisches Umfeld zu beleuchten und zu prüfen, in welchem situativen Kontext diese Informationen stehen, gelangt man über wenig anschauliche, katalogartige Aufstellungen kaum hinaus, die keinen Einblick in die Lebenssituation (der auch so immer mehr oder weniger ausschnitthaft sein wird) und in die Verstehensbezüge, die für die Beteiligten maßgeblich waren, zu gewähren vermögen.[17]

Da die Überlieferung zu den in Delphi gestellten Orakelanfragen von jeher im Zentrum des Interesses gestanden hat und hierfür auch zusammenfassende Studien vorliegen, schien es aus heuristischen Gründen sinnvoll, in dieser Untersuchung die beiden großen kleinasiatischen Apollon-Orakel von Klaros und Didyma in den Mittelpunkt zu stellen. Die Bezeugung ist dort überschaubarer und doch aufgrund der weiten Ausstrahlung und langwährenden Aktivität beider Kulte dicht genug, eine methodisch abgesicherte Annäherung an die hier entwickelten Fragestellungen zu erlauben.

Außerdem liegt in Delphi zum einen durch die Fülle der Texte ein so umfangreiches Corpus vor, daß eine repräsentative Auswahl sehr erschwert ist, zum anderen bereiten ganze Quellengruppen wie die durch Herodot bezeugten Konsultationen eigene interpretatorische Schwierigkeiten.[18]

17 Diese skelettartige Darbietung des Materials ist ein grundlegendes Problem bei den Standardwerken von Parke-Wormell und Fontenrose zum delphischen Orakel; bei letzterem kommt der stark formalistische Zugang erschwerend hinzu. Auf die Notwendigkeit einer interpretatorischen Vorgehensweise, die den komplexen institutionellen Beziehungen, in denen die Orakel stehen, Rechnung trägt, und das Ungenügende einer Darstellung der Überlieferung, wie sie etwa bei Parke-Wormell gegeben ist, hat L. Robert immer wieder hingewiesen, siehe nur seine Anzeige des letztgenannten Werks in Bull. ép. 1958, 56.

Durch die von J. Fontenrose mit Elan geführte, im Detail jedoch auf problematischen Kriterien beruhende Authentizitätsdiskussion – mit der radikalen Verminderung der Zahl der Konsultationen, die er in Delphi als historisch zuzugeben bereit ist, als deren Ergebnis – ist die Untersuchung der delphischen Orakeltexte lange Zeit auf diesen Zugang fokussiert geblieben, eine Auseinandersetzung, die aber für die hier verfolgte Fragestellung nicht zielführend ist und darum nicht wieder aufgenommen wird.[19] Da man jedoch im Falle Delphis nur schwer einer Positionierung in dieser Debatte entgehen kann, läßt sich ein a priori wenig fruchtbares Durchnehmen der schon geäußerten Argumente für und wider am einfachsten vermeiden, indem man sich den beiden anderen wichtigen apollinischen Orakeln zuwendet, wo die Diskussion nicht so stark vorgeprägt ist[20] und erst teilweise übergreifende, über die Ebene der Einzelkommentierung hinausgehende Interpretationen vorgelegt worden sind.

Ein Katalog aller bezeugten Anfragen, der neben denjenigen, die durch die Erhaltung des Orakelbescheids selbst dokumentiert sind, auch jene einschließt, wo wir entweder nur die Quintessenz des Bescheides oder sogar nur das Faktum der Konsultation als solches belegt finden, wird darum zwar erstellt, jedoch – als Orientierungshilfe und Referenzpunkt für den Leser – nur als Anhang beigegeben. Unter den breiteren Kriterien ergibt sich an beiden Orten eine im Vergleich zu den früheren Textsammlungen höhere Zahl von Einträgen.[21] Die Anwendung der weiter definierten Auswahlkriterien ist zweckdienlich, um ein umfassendes Bild der mit den beiden Kulten verbundenen Zeugnisse zu erhalten und das Beziehungsgefüge so vollständig als möglich zu erschließen. Daher wurden auch einige nur unsicher an einen der beiden Orte zugewiesene Konsultationen und auch die große Gruppe der sog. Theologischen Orakel mit aufgenommen.[22]

---

18 Siehe oben S. 24f. mit Anm. 15.

19 Neue Ansätze im Zusammenhang der aktuellen religionshistorischen Diskussion liegen etwa in den Arbeiten von E. Suárez de la Torre (o. Anm. 8), bei R. Parker (Greek states and oracles; Polytheism 109-115), H. Bowden (Classical Athens and the Delphic oracle: divination and democracy, Cambridge 2005; s. schon zuvor Anm. 2), A. Giuliani (La città e l'oracolo: i rapporti fra Atene e Delfi in età arcaica e classica, Mailand 2001) oder, zu einem spezielleren Aspekt (Konsultationen zu Verstorbenen), S.I. Johnston (o. Anm. 8) vor. F. Graf wird eine Gesamtdarstellung zu Apollon veröffentlichen (angekündigt: London 2008).

20 Zu Fontenrose, Didyma, siehe unten S. 40f. mit Anm. 49.

21 Im Interesse eines für den Leser einfachen Verweises und einer klaren Referenz in späteren Diskussionen werden im Katalog die Zählungen von Merkelbach-Stauber bzw. Fontenrose beibehalten und die neu aufgenommenen Einträge mit **App**(endix) gekennzeichnet. Zu den Sammlungen von Merkelbach-Stauber und Fontenrose siehe unten S. 39-41 mit Anm. 43 und 49.

22 Dessenungeachtet kann gerade diese Textgruppe mit ihren komplexen eigenen Problemen, insbesondere was die Fragen von Authentizität, Herkunft und Überlieferungsweg anbetrifft, in dieser Arbeit nicht eigens gewürdigt werden. Einen Überblick über die Diskussion können etwa T. Sardella, Oracolo pagano e rivelazione cristiana nella Teosofia di Tubinga, in: M. Mazza/C. Giuffrida (Hg.), Le trasformazioni della cultura nella tarda antichità: atti del convegno di Catania, Uni-

Dieser Katalog trägt dem Erfordernis Rechnung, als Voraussetzung einer Vorgehensweise, die auf Erschließung des historischen Kontextes (in einem weiten Sinne verstanden) ausgeht, zu einer möglichst umfassenden Situationstypologie zu kommen, für die – auf der Grundlage der beiden Ortskataloge – ein Vorschlag erarbeitet und ebenfalls als Anhang beigegeben worden ist. Es ist damit möglich, schnell einen Überblick über die uns in Klaros und Didyma bezeugten Anlässe von Orakelkonsultationen und die Möglichkeiten ihrer Klassifikation sowie über die am Ort aufgetretenen Konsultanten zu erhalten.

Der Versuch, die rituellen Abläufe zu rekonstruieren, welche diese Konsultationen formten und mit einer Handlungsumgebung versahen, wird in dieser Arbeit nicht unternommen. Vielmehr soll der Platz der Orakel - sowohl der Kulte als auch der erteilten Bescheide - im institutionellen Geflecht ihrer Region und der an den Heiligtümern in Erscheinung tretenden Städte im Zuge der Interpretation deutliches Profil gewinnen.

1.3 Zwei exemplarische Dossiers: Orakel in Krisensituationen der Polis und zur Klärung von Fragen der öffentlichen Kultpraxis

Im Zentrum dieses Buches stehen zwei Gruppen vertiefter Einzeluntersuchungen zu besonders ergiebigen und inhaltlich verbundenen Orakelbescheiden beider Kultorte, die exemplarisch die Entfaltung der Deutungsmöglichkeiten derartiger Orakeltexte aufzeigen sollen. Sie sind geeignet, den hier gewählten Ansatz der ›dichten Beschreibung‹ – womit eine von dem Anthropologen Clifford Geertz geprägte heuristische Methode aufgenommen wird[23] – exemplarisch an einer begrenzten Zahl von Fällen durch-

versità degli studi, 27 sett. – 2 ott. 1982, Storia 19, Rom 1985, 545-573, oder die Arbeiten von S. Pricoco (Per una storia dell'oracolo nella tarda antichità: Apollo Clario e Didimeo in Lattanzio, Augustinianum 29, 1989, 351-374; L'oracolo teologico, in: A. Garzya, Hg., Metodologie della ricerca sulla tarda antichità: atti del primo convegno dell'Associazione di studi tardoantichi, Neapel 1989, 267-285) geben. Die langjährigen Forschungen von P.F. Beatrice zum Problem der spätantiken christlichen Auseinandersetzung mit der paganen Weisheitstradition (etwa in: Pagan wisdom and Christian theology according to the ›Tübingen Theosophy‹, JECT 3, 1995, 403-418) sind unterdessen in eine maßgebliche kommentierte Neuausgabe der *Theosophie* gemündet: Anonymi Monophysitae Theosophia: an attempt at reconstruction, VigChr Suppl. 56, Leiden 2001. Beatrice stellt eine ursprüngliche Fassung in vier Büchern her und zieht als Autor des monophysitischen, millenaristischen Traktats Severus von Sozopolis, Patriarch von Antiochia 512 bis 518, in Betracht (ebd. xlv-l). Beatrices Einteilung des Werks stimmt mit der von Erbse vorgenommenen nicht überein; leider fehlt eine Konkordanz der durchweg abweichenden Kapitelzählungen. – Die ›Theologischen Orakel‹ aus Klaros diskutiert jetzt umfassend und materialreich Busine, Paroles 227-431, wobei ihr leitendes Erkenntnisinteresse bei der vorangestellten Diskussion der »bürgerschaftlichen« Divinationspraxis in Klaros deutlich darauf abzielt, die Entwicklung zur späteren, spekulativen Form zu verstehen; s. u. S. 41f.

zuführen. Beide Corpora enthalten eine hinreichend große Zahl von Einzeldossiers, so daß eine breite Vergleichsgrundlage besteht, und sind jeweils so reich an aussagekräftigen Informationen, daß der vorgeschlagene Interpretationsmodus der ›dichten Beschreibung‹ an ihnen anschaulich zur Anwendung gebracht und in seinen Erträgen erkannt werden kann. Bei der ersten Gruppe kommt mehrheitlich das klarische Heiligtum in den Blick, während die zweite Anlaß zu einer intensiveren Auseinandersetzung mit dem Orakel von Didyma und den dort vorgebrachten Anliegen gibt.

Im ersten Teil der Arbeit werden Orakel vorgestellt, die in Krisensituationen der Polis durch eine offizielle Gesandtschaft der Stadt in Klaros von Apollon erbeten worden sind. Schon länger hat man die sachliche Zusammengehörigkeit einer Gruppe von längeren Versorakeln erkannt, die in verschiedenen Städten Kleinasiens gefunden worden sind und alle aus Anlaß einer Seuche eingeholt wurden. Datierbar sind sie sämtlich nur näherungsweise aufgrund interner epigraphischer Kriterien, und eine solche Untersuchung führt bei allen zu einem Ansatz im 2. Jh. n. Chr., und zwar eher in dessen späterer Hälfte. Es ist folglich nicht möglich, den Beweis zu führen, daß sie alle sich auf denselben zeitgeschichtlichen Kontext beziehen.

Dennoch sind die Übereinstimmungen zwischen den Texten und das historische Faktum einer in Kleinasien mit verheerenden Wirkungen grassierenden Epidemie seit Mitte der 160er Jahre n. Chr. ein gewichtiges Argument dafür, diese Texte einem gemeinsamen Ereigniszusammenhang zuzuweisen. In verschiedenen Orakeln aus dieser Gruppe ist deutlich gesagt, daß Apollon von Klaros sie erlassen hat, erkennbar dadurch, daß entweder geforderte Rituale ihm gelten oder bezeichnet ist, daß die Konsultation im dortigen Heiligtum stattgefunden hat. Dies führt zu der – als Arbeitshypothese zu verstehenden – Annahme, die gesamte Gruppe dieser sog. Pestorakel Klaros zuzuschreiben. Diese ausführlichen Texte mit ihren detaillierten rituellen Weisungen und der zu ihrer Begründung entfalteten reichen theologischen Argumentation sind ein besonders lohnender Gegenstand für die hier gewählte Fragestellung. Im ersten Hauptkapitel erfahren sie darum einen zusammenhängenden Deutungsversuch.

In einem Fall, dem Pestorakel aus dem phrygischen Hierapolis, ist die Anfrage zusammen mit drei weiteren Orakelbescheiden aufgezeichnet worden, die aus anderen Anlässen erteilt worden sind. Der einmalige Fall einer Orakelkodifikation, die mehrere Konsultationen vereinigt, spricht dafür, diese Texte in die Darstellung einzubeziehen. Daß Krisenorakel auch im Heiligtum von Didyma vorkamen, wird an einem hellenistischen Orakel des dortigen Apollon gezeigt, das im Zusammenhang mit einem Erdbeben ergangen ist und zur Stiftung eines Poseidon-Kults führte. Es ist zugleich das mit Abstand früheste Orakel dieser Gruppe, das untersucht wird.

23 Vgl. zuvor Anm. 16.

Abschließend erlaubt die Interpretation eines Orakels, das in der mysischen Stadt Kyzikos auf Stein aufgezeichnet wurde, aber nicht in Klaros oder Didyma, sondern im Orakel des Zeus Ammon in der libyschen Oase Siwa eingeholt worden ist, einen unerwarteten Einblick in die Beziehungen der Orakelkulte untereinander, da es einen expliziten Hinweis auf den Kult in Klaros aus dem Munde des Ammon enthält. Aufgrund dieses bemerkenswerten neuen Aspekts wird die Interpretation dieses Textes an die Behandlung der Krisenorakel aus Klaros angeschlossen; auch sein Gegenstand scheint dies zu rechtfertigen, soweit darüber Sicherheit zu gewinnen ist. Gleichzeitig eröffnet die Inschrift aus Kyzikos die Reihe von Orakeln, die sich genauer in den Kontext der Institutionengeschichte der Städte einordnen lassen, denen sie erteilt worden sind – im Unterschied zu den Pestorakeln aus Klaros, die an ihren Orten für uns recht isoliert bleiben, da wir über die lokalen institutionellen Verhältnisse im allgemeinen wenig wissen. Sie stammen aus dem Corpus der didymäischen Orakelbescheide und bilden den Gegenstand des zweiten Hauptkapitels.

Hier wird eine Gruppe von drei Texten betrachtet, die enge Beziehungen untereinander aufweisen; in allen geht es um die Modalitäten der Bestellung von Kultfunktionären, die die anfragenden Städte vom Orakel klären lassen wollen. Die Übereinstimmungen gehen aber noch weiter: Alle drei sind Anfragen über die Auswahl von Priesterinnen bzw. Priestern, in zwei Fällen für den Kult Athenas, im dritten Fall für Artemis.

Nur der erste dieser Texte ist mit Sicherheit in Didyma gesprochen worden, er betrifft das Priesteramt der Athena Polias in Milet. Doch der dort zur Diskussion stehende Punkt, nämlich der persönliche Status der Priesterin, kehrt in der dritten Anfrage über den Artemis-Kult einer lykischen Stadt wieder, während in einer Konsultation der Milet benachbarten Stadt Herakleia, die erst 1990 veröffentlicht worden ist, sich das Anliegen der Verantwortlichen wiederum auf den städtischen Kult der Athena bezieht, jedoch das administrative Verfahren der Bestimmung des Priesters betrifft: Man legt dem Gott die Frage vor, ob es besser sei, den Priester jährlich zu wählen oder das Amt, wie es vielerorts in Kleinasien verbreitete Praxis war, an den Meistbietenden auf Lebenszeit zu verkaufen: Offensichtlich stand also ein Wechsel der von der Stadt bisher geübten Praxis in der öffentlichen Diskussion, und man suchte die Entscheidung des Gottes.

Neben die inhaltlichen Verbindungen tritt eine ganze Reihe formaler Übereinstimmungen zwischen diesen drei Texten, die damit so enge Bezüge aufweisen, daß man sie – wiederum im Sinne einer Arbeitshypothese und obwohl sie aus verschiedenen Zeiträumen stammen – doch als Gruppe dem Orakelkult in Didyma zuweisen kann. Da es – ähnlich wie bei den Pestorakeln – als ein besonderer Glücksfall gelten muß, wenn eine in sich so beziehungsreiche und dicht konnotierte Zeugnisgruppe zu einem Sachkomplex vorliegt und dadurch das hier formulierte Erkenntnisinteresse besonders gefördert zu werden verspricht, wurde diese Textgruppe als Leitlinie für den zweiten Teil der Untersuchung gewählt.

Dabei eröffnen alle drei Orakel zahlreiche Ausblicke auf das Funktionieren und Zusammenspiel der Institutionen, in deren Realität hinein sie gesprochen sind, auch deshalb, weil sie als Urkunde jeweils Teil eines komplexeren Dokuments mit mehreren, verschiedenen Funktionen dienenden Texten unterschiedlicher Hierarchiestufen sind und als ›Trägerelemente‹ innerhalb dieser ›Architektur‹ erkannt werden müssen. Diese aufschlußreichen internen und externen Querverbindungen werden nachgezeichnet.

Schließlich scheinen an einigen Stellen, wo die Quellen entsprechende Anhaltspunkte bieten, auch Schlaglichter auf die kommunikative Metastruktur der Konsultationen auf, durch die Deutungsversuche der Konsultanten nach Erhalt der göttlichen Weisung und ihr Umgang mit der Botschaft des Gottes transparent werden. Eine – wenn hier auch nur punktuell und noch nicht systematisch zu leistende – Analyse der Kommunikationsstruktur jenseits des rituellen Kerngeschehens von Einreichung der Anfrage und Erteilung der Antwort kann beantworten helfen, mit welchen Verfahren der interpretatorische Freiraum zwischen ›Sender‹ des Zeichens und seinem ›Empfänger‹, zwischen der Botschaft und ihrer Deutung und Anwendung gefüllt wird. Welche Strategien der Plausibilisierung und Verfahren der Absicherung gegen künftige kontingente Geschehensverläufe gelangen auf beiden Seiten, beim ›Sender‹ und beim ›Empfänger‹, zur Anwendung? Wie wird mit Reinterpretationen und Resemantisierungen der individuell ergangenen Botschaft, aber ebenso der breiteren mythischen und kultischen Tradition ›Sicherheit in der Unsicherheit‹ geschaffen? Und wo dies erkennbar wird: mit welchem Erfolg? Wie wird schließlich mit krisenhaften Geschehensabfolgen im Anschluß an eine Konsultation umgegangen?

Gerade bei diesen weitergehenden Fragestellungen kann es freilich nur darum gehen, den Anschluß an die religionshistorische Debatte herzustellen und deren Vorschläge und Ergebnisse versuchsweise auf das hier diskutierte Material anzuwenden. Eine Aufarbeitung der einschlägigen Diskussionen, wie sie im Hinblick auf andere Phänomenbereiche der antiken Religion und erst recht unter systematisch-sozialwissenschaftlichen Auspizien außerhalb der Altertumswissenschaft geführt worden sind, kann hier nicht geleistet werden. Erst nachdem das Verständnis der einzelnen Zeugnisse und ihrer vielfältigen Bezüge untereinander und zu den anderen Trägern zeitgeschichtlicher Überlieferung befriedigend vorangetrieben ist, kann in einem nächsten Schritt versucht werden, mit systematischem Anspruch kommunikations- wie handlungstheoretisch orientierte Modelle auf ihre Tauglichkeit zur Beschreibung der allgemeineren Strukturen der kultisch gebundenen Divinationspraxis zu prüfen.

1.4 Untersuchungen zu Orakeltexten aus Klaros und Didyma: Grundlagen in der bisherigen Forschung

Auf vielen Seiten dieser Studie begegnet der Name des französischen Epigraphikers Louis Robert. Er hat seine Gedanken zur kultischen Divination und den dafür zentralen Inschriften nicht mehr in einer zusammenfassenden Darstellung niederlegen können, und auch die Ergebnisse der von ihm, seiner Frau und Roland Martin[24] geleiteten Ausgrabungen in Klaros in den Jahren zwischen 1950 und 1961 mit den zahlreichen dabei gefundenen Inschriften hat er nicht mehr in einer Gesamtpublikation präsentiert. Wichtige Inschriften aus Klaros sind aber an verschiedenen Stellen in Roberts Werk vorgelegt worden.[25]

Das epigraphische Corpus der klarischen Inschriften wollte nach Louis Roberts Tod im Jahre 1985 zunächst seine Witwe und Mitforscherin Jeanne Robert erarbeiten. Die Publikation begann auch einige Jahre später mit zwei Ehrendekreten Kolophons aus dem späteren 2. Jh. v. Chr. für zwei Gesandte, die in den Jahren etwa zwischen 133 und 110 v. Chr. die Interessen der Stadt gegenüber den Attaliden und vor allem den Römern erfolgreich vertraten, sowie dem Beschluß für den χρησμολόγος Menophilos aus Smyrna, der von Kolophon vermutlich in der ersten Hälfte des 2. Jh. v. Chr. den Auftrag zur Amtsübernahme in Klaros erhielt.[26] Nachdem im

---

24 Zur Arbeit von R. Martin in Klaros vgl. R. Étienne, L'œuvre de Roland Martin en Grèce et en Asie mineure, in: E. Greco (Hg.), Architettura, urbanistica, società nel mondo antico: giornata di studi in ricordo di Roland Martin (Paestum, 21 febbraio 1998), Tekmeria 2, Paestum 2001, 35-48, bes. 38f. 43-45.

25 Mit Hilfe des Schriftenverzeichnisses zu Anfang der Bände 4 und 5 seiner *Opera minora selecta* (= Robert, OMS 4/5) ist es möglich, darüber einen Überblick zu gewinnen.

26 Ehrendekrete für die θεωροί Polemaios und Menippos: J. u. L. Robert, Claros 1: Fasc. 1: Décrets hellénistiques, Paris 1989 (= Robert, Claros 1) (= SEG 39,1243f. = **Klaros Verw1**). Die Steine waren in den Ausgrabungskampagnen der Jahre 1952 und 1958 entdeckt worden (OMS 4, 126. 173). Übersicht über die Inschriften, die die Beziehungen Kolophons zu Rom im 2./1. Jh. v. Chr. erhellen: J.-L. Ferrary/St. Verger (Anm. 28). – Ehrendekret für den χρησμολόγος Menophilos: **Klaros App1** = J. u. L. Robert, Décret de Colophon pour un chresmologue de Smyrne appelé à diriger l'oracle de Claros, BCH 116 (1992) 279-291 (= Robert, Chresmologue), von Jeanne Robert, mit dem zu erwartenden reichen Kommentar versehen, aus dem Nachlaß publiziert (= SEG 42,1065). Die Inschrift war in der letzten Ausgrabungskampagne der Roberts im Jahr 1961 gefunden worden (vgl. OMS 4,222). Das von Menophilos versehene Amt wird hier (Z. 31) als ὑποφήτης τοῦ θεοῦ bezeichnet; es handelt sich dabei aller Wahrscheinlichkeit nach um die Prophetie (Robert, Chresmologue 283-287, unter Heranziehung von Max. Tyr. 8,1; Iambl. Myst. 3,11 und 5,1). In einer aus der Inschrift leider nicht zu erschließenden Situation heraus hatte der Demos von Kolophon Menophilos berufen, als χρησμολόγος ausgewiesener Fachmann für die Aufgaben der Divination, κατακεκλημένος ἐπὶ τὴ[ν προστασίαν] τοῦ μαντείου (Z. 7f.; Ergänzung gesichert aus Z. 23), und zwar διά τε τὴν πρὸ[ς θεοὺς εὐσέβει]αν καὶ τὴν πρὸς ἀνθρώπους ὁσιό[τητα. Seine Einsetzung war durch ein Orakel Apollons bestimmt worden (Z. 4f.), und Menophilos erwies sich durch seine Amtsführung des internationalen Renommees des Orakels von Klaros würdig: πρέπουσαν τῆι διωνομα[σμένηι παρ' ἀν]θρώποις περὶ τοῦ χρηστηρίου φήμ[ηι (führte er aus) τὴν] προστασίαν (Z. 10-12), indem er *»die Erwartungen derjenigen, die wegen des Rat-*

Jahre 2002 auch Jeanne Robert verstorben ist, liegt diese Aufgabe jetzt in der Verantwortung mehrerer französischer Epigraphiker, insbesondere von Ph. Gauthier[27] und J.-L. Ferrary,[28] der zuletzt, als Vorarbeit zur angekündigten Gesamtpublikation der Gesandtschaftslisten aus dem Heiligtum, eine detaillierte Untersuchung ihrer Chronologie vorgelegt hat.[29]

Für die Grabung der Roberts, die zwischen 1988 und 1997 unter Leitung von J. de la Genière von der Universität Lille sowie N. Sahin von der Universität Izmir weitergeführt wurde,[30] bleibt man im Moment noch auf die

---

schlages des Gottes hierher kommen«, erfüllte, τῆς τῶν παραγινομέ[νων χάριν τῆς] τοῦ θεοῦ συμβουλίας δόξης (Z. 15f.). Menophilos wird dafür die Kranzehrung mit regelmäßiger Proklamation an den Dionysien und den Großen Klaria durch die Agonotheten und den Prytanen, Prohedrie in allen Agonen Kolophons und das Bürgerrecht der Stadt zuteil; der auf einer Marmorstele aufzuzeichnende Beschluß soll im klarischen Heiligtum aufgestellt werden. – συμβουλίαι erteilt auch der didymäische Apollon, s. **Didyma 8** = I.Milet 1225 (Milet 6,3,143f.) = LSAM 47 (Kultreform der Skiridai) und **Didyma 12** = I.Milet 150 (Milet 1,3,233) = Syll.[3] 633, 19 (Isopolitie zwischen Milet und Herakleia am Latmos). Vgl. u. Kap. 3, S. 401-413 m. Anm. 198f.; S. 481-483.

27 Siehe hiern. Anm. 33. Gauthier war der Nachfolger Roberts an der Pariser École Pratique des Hautes Études als Directeur d'études für hellenistische Epigraphie und Institutionenkunde.

28 Ferrary ist mit Arbeiten zur Prosopographie und Institutionengeschichte der kleinasiatischen Poleis in der römischen Zeit hervorgetreten (grundlegend: Philhellénisme et impérialisme: aspects idéologiques de la conquête romaine du monde hellénistique, de la seconde guerre de Macédoine à la guerre contre Mithridate, BÉFAR 271, Rom 1988). Zu Klaros: Les inscriptions du sanctuaire de Claros en l'honneur de Romains, BCH 124 (2000) 331-376. Die hier publizierten Inschriften sind in SEG 49,1506-1518 wiedergegeben; zum archäologischen Kontext und zur Chronologie der Dokumente: ders./St. Verger, Contribution à l'histoire du sanctuaire de Claros à la fin du IIe et au Ier siècle av. J.-C.: l'apport des inscriptions en l'honneur des Romains et des fouilles de 1994-1997, CRAI 1999, 811-850 (= Ferrary/Verger, Contribution; Bull. ép. 2001, 380). Die beiden Studien werden ergänzt durch: ders., Les gouverneurs des provinces romaines d'Asie mineure (Asie et Cilicie), depuis l'organisation de la province d'Asie jusqu'à la première guerre de Mithridate (126-88 av. J.-C.), Chiron 30 (2000) 161-193. Siehe bereits dens., Le statut des cités libres dans l'empire romain à la lumière des inscriptions de Claros, CRAI 1991, 557-577.

29 J.-L. Ferrary, Les mémoriaux de délégations du sanctuaire oraculaire de Claros et leur chronologie, CRAI 2005, 719-765 (= Ferrary, Chronologie). Ferrary kann die relative, oftmals auch die absolute Chronologie von etwa 70 Prozent der gefundenen etwa 300 Listen aufstellen. Bis zum Erscheinen der Edition Ferrarys liegen nur vorläufige Übersichten der Städte vor, aus denen Gesandtschaften bezeugt sind: Robert, Fouilles de Claros 25 = OMS 6,545 (Funde bis 1954); ders., Claros 1, 4-6; Ferrary ebd. 729; Busine, Paroles 60-70 (mit Karte), vgl. 40-47. Dort finden sich auch die bibliographischen Angaben zu den verstreuten älteren Publikationen einzelner Listen. Vgl. auch McCabe, Notion (PHI # 7); auch die übrigen älteren Publikationen sind größtenteils auf PHI # 7 aufgenommen. S. Sahin, Epigraphica Asia minoris neglecta et iacentia, EpigrAnat 9 (1987) 47-72, h. 62-69 Nr. 6-23 und 70 Nr. 25f., hat – neben Texten aus Erythrai und Herakleia am Latmos – eine größere Zahl von Listen aus dem Heiligtum, die die Roberts in ihren Kampagnen der 1950er Jahre gefunden hatten, vorläufig publiziert (= SEG 37, 961-980). Diese Vorausedition von Texten, an denen bereits andere Epigraphiker arbeiteten (im Fall von Klaros J. Robert auf der Grundlage des nachgelassenen Materials ihres verstorbenen Mannes), hat heftige Reaktionen hervorgerufen: C. Habicht/G.W. Bowersock/C.P. Jones, Epigraphica Asiae minoris rapta aut obruta, AJPh 108 (1987) 699-706; Ph. Gauthier, Bull. ép. 1988, 1. Neben der Kritik an der persönlichen Vorgehensweise wurde bemängelt, daß die Delegationslisten wegen der Interdependenz in den prosopographischen und Datierungsfragen sinnvoll nur als Gesamtgruppe und nach Klärung des chronologischen Gerüsts vorgelegt werden können. Diese Vorbedingung ist nunmehr durch die Studie Ferrarys erfüllt.

seinerzeit erschienenen jährlichen Zwischenberichte sowie verschiedene Einzelbeiträge angewiesen.[31] Bei der Wiederaufnahme der Aktivitäten ging es zunächst darum, die Resultate der älteren Grabung im Terrain zu sichern (die von Roberts Equipe freigelegten subterranen Strukturen waren vollkommen vom Grundwasser überspült, die sumpfige Vegetation hatte die überirdischen Monumente überwuchert), in den Folgekampagnen vor allem um die Kultbauten des archaischen Heiligtums und ihre Ausstattung. Dabei stieß man auf Strukturen, die Kultaktivität an dieser Stelle bereits für das 10. Jh. v. Chr. erweisen. Für den Kult Apollons ist unter den Neuentdeckungen jedoch vor allem die große Opferanlage vor dem Monumentalaltar des 2. Jh. v. Chr. hervorzuheben, die in vier Reihen einhundert oder mehr im Boden verankerte Befestigungsringe aufwies, an denen die zu Hekatomben bestimmten Stiere angebunden wurden.[32] Im Zuge der Arbeiten sind auch eine Reihe teilweise längerer Inschriften zutagegetreten, die vor allem die politisch-institutionelle Geschichte Kolophons in hellenistischer Zeit und seine Beziehungen im regionalen Umfeld in ein helleres Licht tauchen.[33]

---

30 Verschiedene Vorberichte sind erschienen; für einen Überblick nach Abschluß der französischen Grabungskampagne siehe: J. de la Genière, Claros, bilan provisoire de dix campagnes de fouilles, REA 100 (1998) 235-268 (= de la Genière, Bilan). Ein knapper Überblick auch bei R. Robert, Le sanctuare apollinien de Claros, in: Archéologies: vingt ans de recherches françaises dans le monde, Paris 2005, 204-206. Seit dem Jahr 2000 steht die Fortführung der Grabung in der ausschließlichen Verantwortung der Universität Izmir. In Frankreich widmet sich unterdessen eine unter Leitung von R. Robert (Univ. d'Aix-Marseille 1) neu konstituierte Gruppe der Publikation der Funde der Jahre 1988-1997 – Bände zu den Votiven, Bronzen, Münzfunden und zur Plastik sind angekündigt –; J.C. Moretti (Institut pour la recherche sur l'architecture antique, CNRS, Lyon) führt die während der Grabung der Roberts von R. Martin und P. Varène begonnene architekturgeschichtliche Untersuchung des Tempels fort.

31 Immerhin in Robert, OMS 4, bequem greifbar. Kurze zusammenfassende Darstellungen: ders., Fouilles de Claros; ders., Claros; ders., Claros 1, 1-7.

32 J. de la Genière/V. Jolivet (Hg.), Cahiers de Claros 2: L'aire des sacrifices, Paris 2003. Zuvor bereits J. d.l.G., Hécatombes à Claros, in: Greco, Architettura (zuvor Anm. 24) 79-84; dies., Claros 1995, in: H. Friesinger/F. Krinzinger (Hg.), 100 Jahre Österreichische Forschungen in Ephesos, Akten des Symposions Wien 1995, Denkschr. ÖAW 260, Archäol. Forsch. 1, Wien 1999, 703-706; dies., Sanctuaire d'Apollon à Claros (1995), CRAI 1996, 261-272.

33 Einige Inschriften aus den Funden der 1990er Jahre sind unterdessen veröffentlicht und kommentiert worden, so zwei kolophonische Beschlüsse aus der ersten Hälfte des 3. Jh. v. Chr. über die Eindämmung mißbräuchlicher Praktiken von Steuerpächtern, οἱ τελῶναι: R. Étienne/L. Migeotte, Colophon et les abus des fermiers des taxes, BCH 122 (1998) 143-157 = SEG 48, 1404, zu benutzen mit den Bemerkungen von Ph. Gauthier, Bull. ép. 2001, 379. In denselben zeitgeschichtlichen Kontext gehört ein 1994 entdecktes Proxeniedekret für einen Thessalier, das auch die vertragliche Verbindung von Kolophon und seinem Hafen Notion in dieser Periode beleuchtet: Ph. Gauthier, Le décret de Colophon l'ancienne en l'honneur du Thessalien Asandros et la sympolitie entre les deux Colophon, JournSav 2003, 61-100 (Bull. ép. 2004, 283), h. 61-88 = SEG 53,1297. Das Fragment eines weiteren Ehrendekrets für einen Auswärtigen (2. H. d. 3. Jh. v. Chr.) ist ebd. 88-90 publiziert (= SEG 53,1298). Bürgerrechtsverleihung an einen Ätoler und seine Familie (ebenfalls 2. H. 3. Jh. v. Chr.): E. Collas-Heddeland, in: Cahiers de Claros 2 (vorige Anm.), 137-143 (Bull. ép. 2004, 286) = SEG 53,1299. – Weitere Volksbeschlüsse dürften in

Neben vielen einzelnen Beiträgen, die sich als wertvoll für das Verständnis und die weitere Einordnung der hier besprochenen Dokumente erwiesen haben, ist für diese Untersuchung besonders die Studie, die von drei in der *Tübinger Theosophie* überlieferten Orakeln ausgeht und diese als authentische Texte kultischen Ursprungs erkannte und Didyma zuweisen konnte,[34] zu nennen; desgleichen die wenig später erschienene Behandlung des Theologischen Orakels von Oinoanda;[35] darüberhinaus eine Vielzahl von Hinweisen und Überlegungen in den zu Monographien zu-

---

den kommenden Jahren herausgegeben werden, vgl. Ph. Gauthier, REG 116 (2003) 471: »Au cours des dernières années, de nouveaux décrets hellénistiques de Colophon ont été découverts et publiés (ou sont en voie de l'être), qui ont accru nos connaissances sur l'histoire et sur les institutions de Colophon«, und dens., JournSav 2003, 90, über die von den Roberts gefundenen Beschlüsse: »Ces décrets seront prochainement publiés«. Ebd. 90-100 eine Zusammenstellung aller bekannten hellenistischen Dekrete Kolophons, darunter auch mehrere bereits von Robert angezeigte, die bisher unveröffentlicht sind; ebd. 100 Hinweis auf zwei weitere Inedita, davon ein Neufund.

Zwei weitere große Volksbeschlüsse von Städten Kleinasiens aus hellenistischer Zeit über die Ernennung kolophonischer Richter, die in Kolophon zu deren Ehrung aufgestellt worden waren, waren bereits in den Kampagnen der 1950er Jahre gefunden worden; sie hat nunmehr ebenfalls Ph. Gauthier herausgegeben und in ihrer historischen Bedeutung für die Institutionenkunde kommentiert: Nouvelles inscriptions de Claros: décrets d'Aigai et de Mylasa pour des juges colophoniens, REG 112 (1999) 1-36 (Bull. ép. 2000, 527) = SEG 49,1502f. Eine Bürgerrechts- und Proxenieverleihung Kolophons an einen lagidischen Offizier namens Sosias wohl aus der Zeit zwischen 240 und 220 v. Chr. war ebenfalls bereits 1959 entdeckt (vgl. Robert, OMS 4,183f.), aber gleichfalls von Robert nicht mehr publiziert worden: Ph. Gauthier, Deux décrets hellénistiques de Colophon-sur-Mer, REG 116 (2003) 470-493, h. 470-485 (Bull. ép. 2004, 284) = SEG 53,1301. Aus derselben Periode stammt ein (möglicherweise vom selben Steinmetzen gehauener) Ehrenbeschluß für Hermonax von Mytilene, dem erbliche ἔγκτησις an Haus und Grund in Kolophon *»und Teilhabe an allem, woran auch die Kolophonier teilhaben«* gewährt wird; außerdem darf er in ein γένος seiner Wahl eintreten: angezeigt bei Robert, OMS 3,1502; 4,133f.; dems., Claros 1,61 Anm. 330; nun ediert von Gauthier ebd. 486-492 = SEG 53,1300. Kommentierte Wiederveröffentlichung des Ehrenbeschlusses der *neoi* von Kolophon für den Gymnasiarchen Euelthon: ders., Un gymnasiarque honoré à Colophon, Chiron 35 (2005) 101-112 (Bull. ép. 2006, 339); vgl. Robert, Études anatoliennes 150-153. Zuletzt hat Gauthier zwei Ehrendekrete Kolophons aus Klaros mit eingehendem Kommentar vorgelegt, die das Verhältnis der Stadt zu den Attaliden beleuchten: ein Beschluß für den jüngsten Sohn Attalos' I., Athenaios, sowie die fragmentierte Ehrung für seinen Bruder Philhetairos: Les décrets de Colophon-sur-Mer en l'honneur des Attalides Athènaios et Philétairos, REG 119 (2006) 473-503. Edition und Kommentar bauen auf den Bemühungen von M. Holleaux (Athenaios-Dekret: BCH 30, 1906, 349-358; mit Anmerkungen von L. Robert wieder in: ders., Études 2,51-60) und L. Roberts auf, der das Philetairos-Dekret in seiner Kampagne entdeckt hatte. – Nicht nur für die Geschichte der Stadt im 3., sondern auch im 2. und 1. Jh. v. Chr. im Zusammenhang des römischen Ausgreifens nach Kleinasien haben Neufunde wichtige Erkenntnisse erbracht, s. zuvor Anm. 26.

34 Robert, Trois oracles.

35 Robert, Oinoanda. Vgl. die von St. Mitchell in seiner wichtigen, wenn auch in ihrer Hauptthese nicht einmütig aufgenommenen (s. hier Kap. 3, Anm. 121) Studie zum Kult des Theos Hypsistos in Anatolien, die von dem in Oinoanda aufgezeichneten klarischen Orakel ihren Ausgang nimmt (Mitchell, Theos Hypsistos), zitierte emphatische Bemerkung von R. MacMullen, Paganism in the Roman empire, 1981, 147 Anm. 65: »Professor Robert's discussion and the work of original discovery by G.E. Bean are enough to restore one's faith in scholarship.«

sammengefaßten Forschungen zu Kleinasien,[36] die von dem lebenslangen Interesse Roberts an der historischen Geographie und Institutionengeschichte Kleinasiens gespeist und darum für eine Arbeit zu den kleinasiatischen Apollonorakeln bedeutsam sind.[37]

Daneben fußt eine Arbeit wie diese selbstverständlich auf den epigraphischen Corpora, wo für Didyma die von Albert Rehm in *Didyma 2: Die Inschriften*[38] und den der Inschriftenedition gewidmeten Teilen der Milet-Publikation geleistete Arbeit an erster Stelle zu nennen ist, wenn auch den Orakeln und den mit ihnen verbundenen religionsgeschichtlichen Fragen Rehms Aufmerksamkeit und Kenntnis nicht an erster Stelle gegolten hat.[39] Hinzu kommt die mit wichtigen Nachträgen begonnene zusammenführende Edition der milesischen Inschriften, deren erste beiden Bände P. Herrmann vorgelegt hat.[40] Im Jahr 2006 ist der dritte Teilband erschienen, der unter anderem die bisher unpublizierten Kultinschriften aus Milet,[41] bearbeitet

---

36 Besonders: A travers l'Asie mineure: poètes et prosateurs, monnaies grecques, voyageurs et géographie, BÉFAR 239, Athen/Paris 1980 (= Robert, A travers l'Asie mineure); Documents d'Asie mineure, BÉFAR 239 bis, Athen/Paris 1987 (= Robert, DAM).

37 Zu nennen sind hier exempli gratia die Studie zum delphischen Orakel für Kyzikos über die Aufwertung des Agons der Kore zum panhellenischen Kranzagon (Documents d'Asie mineure 11: Une fête de Cyzique et un oracle de Delphes à Délos et à Delphes, BCH 102, 1978, 460-477; wieder in: ders., DAM 156-173; hier zit. als Robert, Fête de Cyzique) oder die Interpretation des lukianischen *Alexander* im Lichte der inschriftlichen und numismatischen Überlieferung (Robert, Lucien en son temps: Alexandre d'Abônouteichos et le serpent Glycon, in: ders., A travers l'Asie mineure 393-421; hier zit. als Robert, Lucien en son temps), die das Verständnis des satirisch-polemischen Traktats über den paphlagonischen Orakelkult des Νέος Ἀσκλήπιος Γλύκων auf eine völlig neue Grundlage gestellt hat (vgl. Kap. 2, Anm. 260).

38 Aus dem Nachlaß herausgegeben von R. Harder, der ebenfalls vor dem Erscheinen des Bandes verstarb. Zu benutzen mit der ausführlichen Rezension von L. Robert, Gnomon 31 (1959) 657-674 (wieder in: OMS 3,1622-1639), sowie seinen Retraktationen des didymäischen Inschriftencorpus in Hell. 11-12, 440-489, die die Besprechung im *Gnomon* ergänzen. Weiteres zu didymäischen Texten auch in Hell. 7 (Kapitel 13, 14, 22 zu Didyma), 10 und 13.

39 Vgl. Robert, Rez. Rehm 670 = OMS 3,1635, und die Gesamteinschätzung des von Rehm erarbeiteten Corpus ebd. 658f. = OMS 3,1623f.; in derselben Linie die Bemerkung Hell. 11-12, 449 Anm. 3 (zum unten S. 340-343 behandelten Text **Didyma B2** = I.Didyma 229 II).

40 I.Milet, erschienenen als Milet 6,1 (1996) und 6,2 (1998). Bd. 6,1 besteht zunächst aus einem Wiederabdruck der in den einzelnen Teilen der Grabungspublikation zumeist von Th. Wiegand, C. Fredrich und vor allem A. Rehm edierten Inschriften mit den dazugehörigen Kommentaren; darauf folgen in einem Anhang ergiebige Nachträge von P. Herrmann, die die seitdem geleistete Forschung zu den einzelnen Inschriften einarbeiten, sowie Übersetzungen aller wichtigeren Texte. Mit Milet 6,2 begann die Publikation von Inedita mit den Grabinschriften, diversen Texten, die im wesentlichen aus Namensnennungen bestehen, den Inschriften des Theaters, Stiftungsurkunden und christlichen Inschriften. – Eine durchgehende Zählung der milesischen Inschriften war bereits in den alten Teilbänden praktiziert worden; an sie schließt die Edition der neuen Texte mit Nrn. 407ff. an.

41 Milet 6,3, von W. Günther und N. Ehrhardt mit weiteren Beiträgern nach Herrmanns Tod editorisch betreut, enthält die neuen öffentlichen Texte: Volksbeschlüsse, Staatsverträge, Kaiserbriefe, Ehreninschriften, sowie die kultischen Texte (Opferkalender, Weihungen, Kultgesetze, Orakelinschriften). Damit lägen nun, so die Herausgeber im Vorwort (S. IX), rund 90 Prozent der Inschriften vor, die in der deutschen Milet-Grabung seit 1899 gefunden worden seien.

von N. Ehrhardt, enthält. Darunter befinden sich auch vier neue Orakelinschriften (I.Milet 1353-1356), von denen zumindest eine so gut erhalten ist, daß deutlich erkennbar ist, wie ihr Inhalt sich in das aus den didymäischen Anfragen bekannte Bild bruchlos einfügt.[42]

Seit Erscheinen der Sammlung der erhaltenen Orakeltexte aus Klaros von R. Merkelbach und J. Stauber[43] mit knapper Kommentierung der einzelnen Nummern sind die relevanten und zum Vergleich heranzuziehenden Texte bequem zugänglich. Angesichts der im Unterschied zu Didyma weit verstreuten und zuvor nie zusammenhängend publizierten Orakeltexte dieses Heiligtums war dies eine wesentliche Erleichterung für die Erforschung des klarischen Kults, ohne daß die kurzen Kommentare der Herausgeber die Texte bereits in ihren weiteren Bezügen hätten hinreichend ausleuchten können. Die umfangreiche Madrider Dissertation von J. Rodríguez Somolinos aus dem Jahr 1991, in der die Orakeltexte aus Klaros wie auch aus Didyma bereits so gut wie vollständig zusammengestellt und kommentiert worden sind, ist leider unpubliziert geblieben,[44] ebenso wie die zehn Jahre zuvor an der Harvard Divinity School vorgelegte Doktorarbeit von Th. L. Robinson, die ebenfalls das Corpus zusammengeführt hatte.[45]

---

42 **Didyma App23-26**. – I.Milet 1356 (Milet 6,3,211f.; Erstpubl.: Ehrhardt/Günther, Orakelinschriften) = **Didyma App23**: Anfrage eines Privatmannes namens Eutyches – offenkundig milesischer Bürger –, an welchem Platz er einen Musenkult einrichten soll. Bemerkenswert ist, daß er die Frage in dreigliedriger Form stellt: Eutyches will vom Gott nämlich wissen, ob er den Musenkult *»ebenfalls da, wo Apollon verehrt«* werde, begründen soll oder ob den Göttinnen *»an einem eigenen Platz ein Altar errichtet werden solle«* oder *»im Museion«*. Da wenig plausibel ist, daß Eutyches selbst ein Museion neu zu errichten unternehmen will, ist hierin der Beleg für ein im späteren 2. Jh. n. Chr. in der Stadt schon bestehendes Musenheiligtum zu sehen; dazu Ehrhardt ad loc. So vertraut eine Anfrage individueller Kultanhänger nach der richtigen Verehrungspraxis unter den didymäischen Orakeltexten der Kaiserzeit ist, so ungewöhnlich ist es, daß dem Gott in der Anfrage mehrere Alternativen angeboten werden. Seine Entscheidung in hexametrischer Form ist freilich unzweideutig: Φοίβῳ καὶ Μούσαις ξυνήονές εἰσι θόωκοι, *»Apollon und die Musen haben gemeinsame Altäre«*. Eutyches war selber Kultfunktionär des Apollon (das ergibt sich aus dem ersten Fragenglied: ὅπου ἄν σοι ἱερουγρῇ 3f.), und zwar – nach der plausiblen Annahme Ehrhardts ad loc. – im Delphinion als dem zentralen Polisheiligtum des milesischen Gründergotts, wo bereits für die frühe Zeit Altäre verschiedener anderer Gottheiten belegt sind; vgl. Ehrhardt/Günther, Orakelinschriften 51.

43 Merkelbach-Stauber 1996. Die metrischen Orakeltexte aus Klaros sind mit Text, Übersetzung und Kommentar – in einigen Fällen überarbeitet, in der Mehrzahl aber unverändert – in die Sammlung der *Steinepigramme aus dem griechischen Osten* der beiden Verf. eingegangen, Stuttgart bzw. München 1998-2004 (hier abgekürzt als SGO).

44 Los oraculos de Claros y Didima: edicion y comentario, Diss. Universidad Complutense de Madrid, Facultad de Filología, Sección de Filología Clásica, 1991 (hier zit. als Somolinos, Oraculos). Diese Arbeit ist mir erst zu einem späten Zeitpunkt der Manuskriptrevision zugänglich geworden und konnte nur noch in Einzelfällen berücksichtigt werden. Die Corpusnummern von Somolinos sind aber in die dieser Arbeit beigegebenen beiden Ortscorpora sowie in die entsprechende Konkordanz aufgenommen worden (Kap. 5.1). – Somolinos hat mehrere kleinere Einzelstudien zum Themenkreis veröffentlicht, siehe dens., Relaciones (vgl. SEG 39,1326; zu **Klaros Verw3**, behandelt hier in Kap. 2.3, vgl. Anm. 778); dens., Magia y mántica; dens., Mántica y propaganda.

Eine Untersuchung zu Didyma wiederum wird immer auch von der Monographie begleitet werden, die Joseph Fontenrose gegen Ende seines Lebens diesem Heiligtum noch gewidmet hat und die kurz nach seinem Tode herausgegeben worden ist. Dies ist auch hier der Fall, unbeschadet der Tatsache, daß an verschiedenen Stellen eine abweichende Deutung vorgeschlagen wird und das Fontenroses Arbeit zugrundliegende Gesamtbild in wichtigen Zügen nicht mit den hier gemachten methodischen und systematischen Annahmen übereinstimmt.

Fontenrose legt in seinem Didyma-Buch von 1988 grundsätzlich dieselben Kriterien wie in seiner Monographie zu Delphi an - das Buch über Delphi war auch gewissermaßen ein Umweg gewesen, wie er selbst im Vorwort erklärt,[46] da er sich bereits in seiner Dissertation von 1933 mit Didyma befaßt hatte und zeitlebens eine synthetische Arbeit zum Kult des Branchidenorakels vorlegen wollte. Er sei dann aber zu der Erkenntnis gelangt, daß ihm das erst möglich sein werde, wenn er die zu Delphi bestehenden Traditionen erforscht habe (auch schon *The Delphic oracle* von 1978 bot im Anhang einen Katalog der didymäischen Konsultationen).

Doch kommt er hier alles in allem zu weniger radikalen Ergebnissen als in seinem Buch über Delphi, die das Gesamtbild der Überlieferung nicht so stark deformieren. Dazu trägt wohl auch bei, daß das Didyma-Buch eine Geschichte des Kults unter allen seinen Aspekten sein will, worin das Orakel und die Konsultationen nur einen prominenten Platz haben, während in *The Delphic oracle* die erklärte Absicht darin bestand, die nach Fontenroses Ansicht herrschende Naivität hinsichtlich der Historizität der Überlieferung aufzudecken.[47] Der zu weitgehende Rationalismus und die daraus resultierende reduktionistische Tendenz der Interpretation kennzeichnen freilich auch Fontenroses – unbestreitbar als Ausgangspunkt sehr nützliche – Arbeit zu Didyma. Die im Anhang seines Buches enthaltene Textsammlung[48] stellt sinnvollerweise den Bezugspunkt für ein Corpus der didymäischen Orakelbescheide dar, so auch für den dieser Untersuchung nachgestellten Katalog.[49]

---

45 Theological oracles and the sanctuaries of Clarus and Didyma, Diss. (masch.-schr.) Harvard Univ., Cambridge, Ma. 1981 (hier zit. als Robinson, Theological oracles). Laut Fontenrose, Didyma 178, war die Publikation als Beiheft der *Harvard Theological Review* 1986 vorgesehen, wozu es aber offenbar nicht gekommen ist. Eine gegenüber der Dissertation überarbeitete Fassung hat Fontenrose vorgelegen; ihr Katalog der Orakeltexte enthielt eine im Vergleich mit der Dissertation vermehrte Zahl von Einträgen (vgl. Fontenrose ebd.). Fontenrose setzt sich an verschiedenen Stellen seines Katalogs mit Robinson auseinander, der seinerseits bereits die Vorarbeit Fontenroses zu Didyma in seinem Delphi-Buch von 1978 kritisch aufgenommen hatte. Robinson ist nicht mit weiteren Veröffentlichungen hervorgetreten. Ich habe nur die ursprüngliche Dissertation von 1981 einsehen können und verweise auf ihre Katalogzählung und Seiten; bei Fontenrose finden sich teilweise abweichende Zählungen aus der späteren, unpubliziert gebliebenen Fassung.

46 ix f.

47 Vgl. etwa 7. 233-239.

48 Fontenrose, Didyma 177-244.

Zu verschiedenen in dieser Arbeit eingehender betrachteten Texten liegen außerdem vertiefte Einzelbehandlungen vor, auf deren Grundlage hier weiterführende Überlegungen entwickelt werden können.[50]

Eine breit angelegte Untersuchung der kaiserzeitlichen Orakeltexte aus Didyma und Klaros hat zuletzt A. Busine veröffentlicht.[51] Ihr Interesse bestimmt sich letztlich vom Übergang der Apollon zugeschriebenen Orakelantworten aus einem bürgerschaftlich-öffentlichen Bezugsrahmen zu spekulativ-theologischen autonomen Texten in der Spätantike, die sich bei neuplatonischen und frühbyzantinisch-patristischen Autoren mit ihren spezifischen Argumentationsstrategien finden.[52] Doch betrachtet sie die ›Theologischen Orakel‹ erstmals vor dem Hintergrund einer gründlichen Analyse der inschriftlich überlieferten Orakeltexte im Kontext der traditio-

---

49 Siehe oben S. 29 mit Anm. 21. Die Übernahme der Zählungen von Fontenrose bzw. Merkelbach-Stauber hat zur Folge, daß die chronologischen Ansätze der beiden Referenzarbeiten übernommen werden müssen; im Fall Didymas muß zusätzlich die Anordnung nach den Gruppen, die Fontenrose durch seine Unterscheidung in »historische«, »quasi-historische«, »legendäre« und »fiktionale« Konsultationen eingeführt hat, reproduziert werden. Dies ist angesichts des Vorteils, den eine einheitliche Zählung für die Verständigung bietet, hinzunehmen. Die von Fontenrose entwickelten Kategorien kritisiert mit Blick auf das delphische Corpus S.I. Johnston, Delphi and the dead (zuvor Anm. 8) 285-287, vgl zuvor Anm. 19. Die vier Untergruppen bei Fontenrose sind jeweils in sich chronologisch aufgebaut: die Gruppe der »historical responses« nach dem von Fontenrose angenommenen historischen Zeitpunkt der Anfrage; jene, die er als »quasi-historical« einstuft, nach der von der Quelle behaupteten Zeit der Anfrage (daß dieser Zeitpunkt nicht innerhalb der Lebenszeit des Berichterstatters liegt, ist für Fontenrose das Kriterium, eine Anfrage als »quasi-historical« anzusehen); »legendary« und »fictional« nach der Zeit des antiken Gewährsmannes. Hinzu kommen die **A**- und **B**-Gruppen in Fontenroses Katalog, die einmal die fragmentarisch erhaltenen Antworten und die Konsultationsbezeugungen ohne Überlieferung der Orakeltexte, dann diejenigen Zeugnisse enthalten, bei denen Fontenrose bezweifelt, daß sie eine Orakelkonsultation belegen, während andere Forscher dies angenommen haben. Der Leser kann also aus einer höheren Ordnungsnummer des jeweiligen Ortskatalogs nur bedingt auf die relative Chronologie schließen; die Gruppe der hier neu aufgenommenen Konsultationen ist ihrerseits so weit als möglich chronologisch angeordnet worden. – Vgl. zu den heuristischen Kategorien von Fontenrose den Anhang, Kap. 5.3, S. 606-612.

50 Bereits an dieser Stelle genannt seien folgende Arbeiten: Unmittelbar im Anschluß an das Bekanntwerden des Textes erschien F. Grafs Untersuchung zum in Ephesos gefundenen Orakel für eine lydische Stadt, **Klaros 11** (behandelt in Kap. 2.1.5), die das in diesem Orakel vorgesehene Ritual in die Praxis der antiken Magie einordnen konnte: Graf, Oracle against pestilence. Die theologisch-gelehrten Bezüge im Orakel für die Athena-Priesterin Satornila in Didyma, **Didyma 25** (behandelt in Kap. 3.1), sind von Drew-Bear/Lebek, Oracle at Miletus, ebenfalls nur kurz nach der Publikation der Inschrift aufgedeckt worden. Die Behandlung des ebenfalls neuen Orakels aus Herakleia am Latmos über die Wahl der Athena-Priester, **Didyma App14**, in der Erstpublikation bei Wörrle, Athena Latmia, verfolgt den hier ebenfalls gewählten Weg einer ›integrierenden Interpretation‹ im Sinne einer breiten historischen Kontextualisierung (hier Kap. 3.2). – Die Überblicksdarstellung von V. Rosenberger, Griechische Orakel: eine Kulturgeschichte, Darmstadt 2001, ist eher an ein breiteres Publikum gerichtet und stärker narrativen Prinzipien verpflichtet. Curnow, Oracles, ist ein Repertorium mit kurzen, lexikonartigen Artikeln zu den bezeugten Orakelorten der antiken Welt ohne vertiefende Resultate.

51 Paroles d'Apollon: pratiques et traditions oraculaires dans l'Antiquité tardive (IIe - VIe siècles), RGRW 156, Leiden 2005 (= Busine, Paroles).

nellen Polisreligion[53] – ein entscheidender methodischer Schritt, während sich die Forschung bisher – mit einer gewissen Ausnahme bei L. Robert – meist nur einem der beiden Überlieferungssegmente zugewandt hat.[54] Busine stellt ihre Analyse folglich unter die Überschrift »d'un dieu citoyen à un dieu prophète« oder auch »savoir pratique et savoir livresque«.[55]

Unter dem Blickwinkel des zuvor dargelegten Erkenntnisinteresses können die nachstehenden Überlegungen und Deutungen zu Orakeln aus Klaros und Didyma Bausteine für ein Gesamtbild der kultischen Divination liefern. Die kultische Divination, wie sie in Klaros und Didyma vollzogen wurde, wird damit als ein wesentliches Segment religiösen Handelns in der antiken Polisgesellschaft erkennbar, in dem soziale Komplexität, rituelle und kommunikative Interaktion, das Aushandeln von situationsbezogenen Wissensbeständen und handlungsgerichtete Wirklichkeitskonstruktion zusammentreffen. Indem die Wechselbeziehungen zwischen den Texten deutlich werden, zeigt sich auch ihr Verweischarakter auf eine komplexe soziale Wirklichkeit, in der die Orakelkulte in einen funktionalen Zusammenhang gesellschaftlichen Kräftespiels eingeschrieben waren.

---

52 In diesem leitenden Erkenntnisinteresse trifft sich ihre Arbeit mit der 25 Jahre vorher vorgelegten von Robinson, Theological oracles.

53 Diese wird im ersten Teil des Buches durchgeführt (S. 19-224), und zwar unter folgenden Aspekten: institutionelle Verfaßtheit der Kulte, Zuschreibung der überlieferten Orakeltexte, Kultpersonal, Produktion des Textes und seine Archivierung, Klientel der beiden Orakelkulte, Konsultationsmotive, Motive für die Wahl eines der Heiligtümer, Auswirkungen der Orakelkonsultation. Vgl. zuletzt auch ihre sozialgeschichtlich-prosopographische Studie zu den Kultfunktionären in Klaros und Didyma: Busine, Officials. – Zur Forschung zu den ›Theologischen Orakeln‹ s. zuvor Anm. 22 und unten Kap. 2, Anm. 634.

54 Die Konsequenz, daß die ›Theologischen Orakel‹ aus Klaros und Didyma sich nur vor dem Hintergrund der älteren, teilweise möglicherweise aber auch zeitgenössischen Orakel ›öffentlichen‹ Charakters einordnen lassen, hatte freilich auch bereits Robinson, Theological oracles, durch die Einbeziehung der inschriftlich bezeugten Konsultationen gezogen. Da die Arbeit unveröffentlicht geblieben ist, ist diese entscheidende Erkenntnis jedoch vorher nicht in der Forschung fruchtbar geworden.

55 S. 11; 439.

2 Der Gott weist den Weg der Rettung: Orakelanfragen in Krisensituationen der Polis

2.1 Im Griff des Unheils: Die sogenannten Pestorakel aus Klaros für kleinasiatische Städte im 2. Jh. n. Chr. – ein einzigartiges Inschriftendossier

Unter den Orakeltexten, die sich mit großer Sicherheit dem klarischen Heiligtum zuordnen lassen, sticht eine Gruppe hervor, die sowohl durch stilistische und inhaltliche Analogien eng untereinander verbunden scheint als auch sich mit einiger historischer Wahrscheinlichkeit einem gemeinsamen zeitgeschichtlichen Kontext zuordnen läßt.

In den Jahren nach 166 n. Chr. wurden weite Teile Kleinasiens von verheerenden Epidemien heimgesucht, die, so die Erklärung bereits der zeitgenössischen Quellen, die römischen Legionen unter der Führung des Augustus Lucius Verus[1] auf dem Rückmarsch aus dem mesopotamischen Raum eingeschleppt hatten.[2] Die mit großen Verbänden aus dem Rhein- und Donauraum verstärkten römischen Truppen[3] hatten in den Jahren 162 und 163 n. Chr. die Parther, die Armenien mit ihrem General Osroes 161 n.

1 Nach dem Tod des Antoninus Pius im März des Jahres 161 veranlaßte Marcus Aurelius den Senat, ein Condominium mit seinem Adoptivbruder Lucius, der dann den Namen Verus annahm, zu installieren. Zur propagandistischen Darstellung der Herrschaft der beiden als *concordia Augustorum* zumal im Osten des Reiches vgl. J. Nollé, Chiron 33 (2003) 474 mit Anm. 87; siehe auch u. Anm. 432 zum sog. Parther-Monument in Ephesos.

2 Zum Partherfeldzug des Lucius Verus vgl. die konzise Darstellung mit Nennung der wichtigen Zeugnisse bei Magie, RRAM 660-664 mit 1529-1535; A.R. Birley, Cambridge Ancient History 11, Cambridge ^{2}2000, 158-164; ders., Marcus Aurelius, 121-126. 128-131. Zu den Auswirkungen, vor allem dem Umstand, daß mit dem Sieg in Dura-Europos die Grenzen der Provinz Mesopotamien des Trajan wiederhergestellt wurden, F. Millar, The Roman Near East 31 BC – AD 337, Cambridge, Ma. 1993, 111-116. Auf seiner Reise in den Osten im Jahr 162 ließ Verus sich auch in Eleusis einweihen (SHA Verus 6,9; vgl. H. Halfmann, Itinera principum: Geschichte und Typologie der Kaiserreisen im Römischen Reich, Stuttgart 1986, 210f.), wie dann erst im Jahr 176 auch sein Adoptivbruder Marcus (SHA Marc. Aur. 27,1; Dio Cass. 72,33,3; Motschmann, Religionspolitik 168-193). – Verus konnte zunächst von seinen militärischen Erfolgen im Osten erheblichen Prestigegewinn in der Region selbst ziehen, wie die bei G.W. Bowersock zusammengestellten inschriftlichen und ikonographischen Quellen zeigen: Lucius Verus in the Near East, in: C. Evers/A. Tsingarida (Hg.), Rome et ses provinces: genèse et diffusion d'une image du pouvoir: hommages à Jean Charles Balty, Lucernae novantiquae 1, Brüssel 2001, 73-77. Er kam aber 168/169 in Italien wohl ebenfalls infolge der Epidemien, die sich inzwischen bis weit in den Westen verbreitet hatten, ums Leben (SHA Marc. Aur. 14,6-8; Luc. Ver. 9,8-11; vgl. Birley, Marcus Aurelius 249f.).

Chr. unter ihre Kontrolle bekommen und den römischen Heerführer Marcus Sedatius Severianus, Statthalter in Kappadokien, mit seinen Leuten aufgerieben hatten,[4] unter Führung von Marcus Status Priscus von dort zu vertreiben und das Land wieder unter römische Vorherrschaft zu bringen vermocht, so daß im Jahr 164 der romtreue Klientelkönig C. Iulius Sohaemus inthronisiert werden konnte.[5] Nachdem Verus ebenfalls im Jahr 163 mithilfe erfolgreicher Operationen seines Generals Avidius Cassius in der Provinz Syrien wieder hatte Fuß fassen können, wofür Cassius, der zehn Jahre später Marcus Aurelius durch einen Aufstand in den östlichen Provinzen in erhebliche Bedrängnis bringen sollte,[6] 166 n. Chr. als Consu-

---

3 Die römischen Machthaber hatten sich entschließen müssen, starke Truppenteile aus dem nördlichen Bereich des Imperium in den Orient zu verlegen, um die Expansion der Parther unter dem König Vologaeses III. einzudämmen. So waren im Jahr 165 die Legionen I Minervia, die aus Germania Inferior geholt worden war, II Adiutrix aus Pannonia Inferior und V Macedonica aus Moesia Inferior auf dem Rückmarsch, um sodann im sog. Markomannenkrieg die gefährdeten Grenzen in ihren Stammregionen zu verteidigen (hierzu Cambridge Ancient History 11, [2]2000, 165-176).

4 Dio Cass. 71,2,1; Zonar. 12,2,82. Interessanterweise war Severianus einer der namhaften Anhänger des Alexander von Abonuteichos, der Zuspruch zu seinem Kult des Neos Asklepios Glykon nicht zuletzt in hochrangigen Kreisen des Senates fand: Luc. Alex. 27, wonach er in Abonuteichos ein (irreführendes) Orakel über einen erfolgreichen Einmarsch in Armenien erhalten habe. Ebd. 30-31 zum Rückhalt bei der römischen Elite: ὡς δὲ καὶ εἰς τὴν Ἰταλίαν διεφοίτησεν τοῦ μαντείου τὸ κλέος καὶ εἰς τὴν Ῥωμαίων πόλιν ἐνέπεσεν, οὐδεὶς ὅστις οὐκ ἄλλος πρὸ ἄλλου ἠπείγετο ... καὶ μάλιστα οἱ δυνατώτατοι καὶ μέγιστον ἀξίωμα ἐν τῇ πόλει ἔχοντες. Dies ist der Vorspann zur Erzählung über P. Mummius Sisenna Rutilianus, Consular und Proconsul Asiae zwischen 161 und 163 n. Chr. (R. Syme, REA 61, 1959, 319), der sich eng an Alexanders Kult band. Zur Person E. Groag, Mummius 25, RE 16,1 (1933) 529-533; PIR[2] M 711. Vgl. Victor, Alexandros 7. Rutilianus übte wichtige religiöse Ämter in Italien aus: Er war Augur, Salier und *curator* des Hercules-Victor-Kults in Tibur; die Ämter sind in den Ehrentiteln der Stadt für ihn angeführt: CIL 14,3601 = Inscr. Ital. 4,1,115 = Dessau 1101; CIL 14,4244 = Inscr. Ital. 4,1,116. Zu seiner priesterlichen Karriere L. Schumacher, Prosopographische Untersuchungen zur Besetzung der vier hohen römischen Priesterkollegien im Zeitalter der Antonine und der Severer 96-235 n. Chr., Diss. Mainz 1973, 52 Anm. 18. All dies stand seiner Verehrung des Glykon offenkundig nicht entgegen. Die Folge seiner Zuwendung ist ein großes Anwachsen der Popularität der Orakelsprüche aus Abonuteichos in Rom (Luc. Alex. 31): ὁ δὲ (sc. Rutilianus) ὡς ἂν τοῖς πλείστοις καὶ δυνατώτατοις φίλος ὤν ... ἐνέπλησε δ' οὖν τὴν πόλιν καὶ διεσάλευσεν (›schüttelte sie durch‹, ›versetzte in Aufregung‹) οὗτος καὶ τῶν ἐν τῇ αὐλῇ τοὺς πλείστους διεθορύβησεν. Nach der Konsultation in Abonuteichos kehren die neuen Anhänger nach Rom zurück οὐκ ἀπαγγελοῦντας μόνον τὰς ἐρωτήσεις ἀλλὰ καὶ ὑμνήσοντας τὸν θεὸν καὶ τεράστια ὑπὲρ τοῦ μαντείου καὶ αὐτοὺς ψευσομένους (ebd.). – Zum Kult in Abonuteichos nochmals u. S. 133-136.

5 Dio Cass. 71,2,3f. (Boissevain 3,247-249).

6 Dio Cass. 71 (i.e. 72),17. 22-28 (Boissevain 3,263-268); SHA Marc. Aur. 24,5-25,1. Vgl. Birley, Marcus Aurelius 184-189; dens., Cambridge Ancient History 11, [2]2000, 176-181; M.L. Astarita, Avidio Cassio, Rom 1983, 91-148. Der Kaiser mußte sich 175/176 mehrfach persönlich in die Provinz begeben, um der Lage Herr zu werden. In Capua hat sich das Fragment der Ehreninschrift eines Prätorianeroffiziers gefunden, der möglicherweise in der bedrängten Lage von Marcus als Präfekt mit Ausnahmebefugnissen nach Syrien und Palästina geschickt wurde: Ephemeris epigraphica 8 (1899) 124 Nr. 478 *... in Sy]ria utraque cu[m iure gladii.* A. v. Domaszewski, Beiträge zur Kaisergeschichte, Philologus 66 (1907) 161-172, h. 171f., wollte in der Person Ful-

lar die Statthalterschaft in Syrien erhielt, wandten sich dessen Truppen schließlich nach Mesopotamien, wo die parthischen Besatzungen in Dura-Europos und Seleukeia vertrieben und die Königsresidenz in Ktesiphon zerstört wurde.[7]

Die Quellen sprechen davon, daß die römischen Truppen sich in Seleukia, wo es zur Plünderung der Stadt mit massiven Gewalttaten, vielen Toten und Gefangenen in großer Zahl auch unter den griechischen Kolonisten kam,[8] mit dem Erreger der Seuche infiziert hätten.[9] Auf dem Rück-

---

vius Plautianus, einen Vertrauten des Septimius Severus, erkennen, was sich aber nicht halten läßt (vgl. PIR² 3, 219 Nr. 554): *terminus ante quem* ist das Jahr 194, als Syria Phoenice als dritte Teilprovinz gegründet wurde. Die Verbindung mit der Usurpation des Avidius Cassius hat H.-G. Pflaum vorgeschlagen: Les carrières procuratoriennes équestres sous le Haut-Empire Romain, Bd. 1, Inst. Franç. d'archéol. de Beyrouth, Bibl. archéologique et historique 57, Paris 1960, 404-406 Nr. 165. Die Laufbahn dieses Funktionärs war ungewöhnlich; er erhielt mehrere *coronae* für seine Bewährung: B. Dobson, Die Primipilares: Entwicklung und Bedeutung, Laufbahnen und Persönlichkeiten eines römischen Offiziersranges, Bonner Jb., Beih. 37, Köln 1978, 276f. Nr. 165 (m. Text).

7 Dio Cass. 71,2-3 (Boissevain 3,246-249); Luc. Hist. conscr. 20. 24. 28; mehr bei Magie, RRAM 1531f. Anm. 5.

8 Dio Cass. ebd.; Oros. 7,15,3; Eutrop. 8,10,2.

9 Amm. Marc. 23,6,24: *labes ... quae insanabili vi concepta morborum eiusdem Veri Marcique Antonini temporibus ab ipsis Persarum finibus ad usque Rhenum et Gallias cuncta contagiis polluebat et mortibus.* Ammian verbindet die Infektion mit der Desakralisierung des Kultbildes eines Apollon Κομαῖος, dem zentralen Kult der aus Makedonien stammenden griechischen Siedler in Seleukeia, das man nach Rom verbracht habe, wo es von den Quindecimvirn im Apollon-Tempel auf dem Palatin aufgestellt wurde (*in aede Apollinis Palatini antistites deorum collocarunt*, vgl. Liv. 10,8,2). Motschmann, Religionspolitik 107-110 mit Anm. 318, nimmt an, daß dieser Kulttranslation eine Konsultation der Sibyllinischen Bücher vorangegangen sei, die stets mit offiziellen Sühneritualen in Rom, wie sie SHA Marc. Aur. 13,1-2 für unseren Kontext beschreibt (s. nächste Anm.), verbunden gewesen sei.
Faraone, Talismans 63, hat bemerkt, daß in der von Ammian berichteten Aitiologie derselbe Apollon *»der Langhaarige«* zum Auslöser der Seuche wird, der auch in den klarischen Orakeln als Abwehrer des Übels benannt wird – eine Verknüpfung von Verursachung der Gefahr und Schutz vor ihr, die für Apollon wie für andere Götter durchaus typisch ist (vgl. u. S. 76-78 zum Python-Mythos in **Klaros 4**). Luc. Alex. 36 zitiert nämlich den Orakelvers des Glykon aus Anlaß der Seuchenbedrohung: Φοῖβος ἀκερσεκόμης λοιμοῦ νεφέλην ἀπερύκει. Dieser Spruch sei *»bei allen Völkern«* des Reiches verbreitet worden, χρησμὸν ... εἰς ἅπαντα τὰ ἔθνη ἐν τῷ λοιμῷ διεπέμψατο (sc. ὁ ᾿Αλέξανδρος) ... καὶ τοῦτο ἦν ἰδεῖν τὸ ἔπος πανταχοῦ. Der Rationalist Lukian kommentiert sarkastisch, daß gerade die Häuser, an deren Türen man diesen Orakelvers zur Abwehr des Übels angebracht hatte (καὶ τοῦτο ἦν ἰδεῖν τὸ ἔπος πανταχοῦ ἐπὶ τῶν πυλώνων γεγραμμένον ὡς ἀλεξιφάρμακον), am häufigsten von der Seuche heimgesucht wurden, da die Bewohner sich auf die apotropäische Wirkung des schriftlich festgehaltenen Orakels verlassen hätten ὡς ἂν ἔχοντες προμαχομένας αὐτῶν τὰς συλλαβὰς καὶ τὸν ἀκειρεκόμην Φοῖβον ἀποτοξεύοντα τὸν λοιμόν. Damit ist also für den Apollon Κομαῖος bzw. ἀκειρεκόμης der Typus des Toxotes evoziert, dessen Kult als Übelabwehrer an den Stadttoren die klarischen Orakeltexte immer wieder propagieren.
Tatsächlich hat sich zu dem von Lukian zitierten Vers ein inschriftlicher Beleg aus Antiochia gefunden, was allein bereits die früher häufig geäußerte Annahme, die im Alex. zitierten Orakelverse seien literarische Erfindung, widerlegt: P. Perdrizet, Une inscription d'Antioche qui reproduit un oracle d'Alexandre d'Abonotichos, CRAI 1903, 62-66; zit. bei Robert, Lucien en son temps 404; SGO 20/03/01. Siehe auch unten S. 313f. mit Anm. 781. Bendlin, Nutzen 201, ist skeptisch gegenüber dieser Verknüpfung und sieht diesen Beleg im Zusammenhang der Literarisierung von

marsch der siegreichen Legionen durch Kleinasien führte dies in den Städten über mehrere Jahre hin zu gravierenden Opferzahlen,[10] wobei allerdings unklar ist, ob man den Ablauf mit der Vorstellung von *einer* über mehrere Jahre hin andauernden Pandemie angemessen erfaßt. Auch eine genaue Betrachtung der literarischen und inschriftlichen Quellen legt eher die Annahme nahe, daß es in diesem Zeitraum immer wieder zu räumlich mehr oder weniger ausgreifenden Ausbrüchen von Seuchen kam, die allerdings, epidemiologisch betrachtet, zusammengenommen durchaus eine Langzeitfolge der sich in den Jahren nach 165 ausbreitenden Krankheit gewesen sein können.[11]

Orakeltexten: Er nimmt daher an, der Vers stamme aus einem Sammelbuch mit frei zusammengestellten Gnomen, die von einem kultischen Ursprung abgelöst seien und dadurch an verschiedenen Orten benutzt werden konnten; vgl. ebd. 186 Anm. 81. – SHA Luc. Ver. 8,1-4 bringt die Anstekkung der römischen Soldaten mit demselben Vorfall in Zusammenhang.

10 Über die Opfer unter den Legionären spricht Dio Cass. 71,2,4 (Boissevain 3,248f.): ἔν γε μὴν τῇ ὑποστροφῇ πλείστους τῶν στρατιωτῶν ὑπο λ(ο)ιμοῦ καὶ νόσου ἀπέβαλεν (sc. ὁ Κάσσιος), ἀπενόστησε δ' ὅμως ἐς τὴν Συρίαν μετὰ τῶν λοιπῶν στρατιωτῶν. Die vielfältigen religiösen Maßnahmen, die Marc Aurel veranlaßte, um der Lage Herr zu werden, diskutiert eingehend Motschmann, Religionspolitik 103-115. Vgl. auch J. Beaujeu, La religion romaine à l'apogée de l'Empire, Bd. 1: La politique religieuse des Antonins, Paris 1955, 340ff.; Birley, Marcus Aurelius 149f. Marc Aurels religionspolitische Reaktion wird reflektiert in SHA Marc. 13,1-2, wo der Verfasser das Zusammentreffen der Seuche, einer Versorgungskrise (12,14) und außenpolitischer Befürchtungen über die gefährdeteten Grenzen im Donauraum illustriert und so die zugespitzte Stimmungslage am Hof wie in der Öffentlichkeit veranschaulicht: *tantus autem timor belli Marcomanni <fuit> ut undique sacerdotes Antoninus acciverit, peregrinos ritus impleverit, Romam omni genere lustraverit; retardatusque bellica profectione sic celebravit et Romano ritu lectisternia per septem dies*. Die Präzisierung, daß die Lectisternia *Romano ritu* stattfanden, ist auffällig, da dieses Ritual sonst dem *ritus Graecus* zugehört und unter der Leitung der *XV viri sacris faciundis* steht, Varr. Ling. Lat. 7,88; vgl. Scheid, Graeco ritu; Motschmann ebd. 108f. Anm. 319. Ein Reflex dieses Details vielleicht auch bei Athen. 1,4, 2C μὴ ἔλαττον τῶν πατρίων τὰ τῶν Ἑλλήνων sc. τῶν ἱερῶν καὶ θυσιῶν; nach Motschmann 112-114 könnte sich die Stelle auf die Lustrationen des Jahres 167 beziehen. Hinsichtlich der Formulierung *Romano ritu* bliebe noch zu erwägen, ob der Verfasser den Ausdruck nicht im sakralrechtlichen Sinne, sondern in rhetorischer Juxtaposition zu *peregrinos ritus* gesetzt hat.
SHA Marc. Aur. 13,3-6 schildert weiter die religiös konnotierten seuchenhygienischen Anordnungen des Kaisers, vor allem in der Bestattungspraxis (dazu Motschmann ebd. 105 Anm. 301). Vgl. noch ebd. 17,2; 21,6f., 28,4. 8; SHA Luc. Ver. 8,1. Weitere literarische Quellen, bei denen freilich durchweg schwer zu entscheiden ist, inwieweit die Schilderung von Epiphänomen der Seuche historiographischer Topik verpflichtet ist (s. zu diesem Problem die Arbeit von Horstmanshoff, nächste Anm.): Oros. 7,15,5f. *secuta est lues plurimis infusa provinciis totamque Italiam pestilentia tanta vastavit, ut passim villae agri atque oppida sine cultore atque habitatore deserta in ruinas silvasque concesserint*; ibid. 27,7; Luc. Hist. conscr. 15; Marc. Aur. 9,2; Ael. Arist. Or. 33,6; 48,38f.; 50,9; 51,25 Keil; Eutrop. 8,12; Philostr. Vitae sophist. 2,1,11 p. 561 Olearius = 69,8-10 Kayser. Darüberhinaus eine Reihe von Stellen im Corpus Galenum, die bei Gilliam, Plague 227 Anm. 10-13, diskutiert werden, vgl. besonders auch De libr. propr. 1 p. 96,15-19; 2 p. 98,11-15 Müller (κατέσκηψεν ὁ λοιμὸς ὡς οὔπω πρότερον). Zu den galenischen Zeugnissen vgl. R.J. und M.L. Littman, Galen and the Antonine plague, AJPh 94 (1973) 243-255.

11 Grundlegende Untersuchung von Gilliam, Plague, der aber dennoch zur Skepsis gegenüber einer zu festen Zuschreibung an die Ereignisse der Jahre um 165 n. Chr. rät; sodann Duncan-Jo-

Jedenfalls ist aus den historiographischen Zeugnissen klar, daß der Seuchenzug, der im Jahr 166 in Kleinasien seinen Anfang nahm, nur der Beginn einer bis in die Regierungszeit des Commodus reichenden Phase von wiederkehrenden Pandemieschüben war, die erst mit Ende der 180er Jahre abflauen sollten.[12] Gerade die Inschriften sprechen dabei aber immer wieder nur von λοιμός, und es läßt sich zeigen, daß sich das diesem Begriff zugrundeliegende Konzept tatsächlich nur unscharf abgrenzen läßt und

nes, Impact. An diesen ausführlichen Aufsatz, der quantifizierende demographische Aussagen über die Auswirkungen in verschiedenen Teilen des Reiches zu machen versucht, hat sich seit dem Erscheinen 1996 eine kontroverse Diskussion angeschlossen, die die Thesen von Duncan-Jones zumindest für Ägypten und Italien durch nähere Auswertung des verfügbaren empirischen Materials relativiert: Siehe zu Ägypten W. Scheidel, A model of demographic and economic change in Roman Egypt after the Antonine plague, JRA 15 (1998) 97-114, mit der Entgegnung von R.S. Bagnall, The effects of the plague: model and evidence, ebd. 114-120; nochmals ders., P. Oxy. 4527 and the Antonine plague in Egypt: death or flight?, JRA 13 (2000) 288-293. Anders E. LoCascio, Fra equilibro e crisi, in: A. Schiavone (Hg.), Storia di Roma 2,2, Turin 1991, 707-710. Für Rom siehe dens., Ancora sugli ›Ostia's services to Rome‹: collegi e corporazioni annonarie a Ostia, MÉFRA 114 (2002) 87-110, h. 102-104; C. Bruun, The Antonine plague in Rome and Ostia, JRA 16 (2003) 426-434. Die Vorgehensweise von Duncan-Jones beleuchtet in methodischer Hinsicht kritisch J. Greenberg, Plagued by doubt: reconsidering the impact of a mortality crisis in the 2nd c. A.D., JRA 16 (2003) 413-425. Zuletzt A. Marcone, La peste antonina: testimonianze e interpretazioni, RivStorItal 114 (2002) 803-819.

Buresch, Klaros 67-70. 73f., bezog die klarischen Bescheide auf den Partherfeldzug des Lucius Verus. L. Friedländer, Darstellungen aus der Sittengeschichte Roms in der Zeit von Augustus bis zum Ausgang der Antonine, Bd. 1, Leipzig [10]1922, 31f., nennt in seiner Behandlung der antoninischen Pest Bureschs Arbeit (32 Anm. 4), erwähnt aber die Beziehung zu den Orakelinschriften nicht, ebensowenig wie in seiner Darstellung des kaiserzeitlichen Orakelwesens in Bd. 3, 163-165, wo er für Klaros auf die Textgruppe **Klaros 24** näher eingeht und ebd. 164 Anm. 8 nochmals nur summarisch auf Buresch verweist. – Huber, Seuchenabwehr 135-143, bespricht knapp die klarischen Antworten (etwas ausführlicher zu **Klaros 11**, unten Anm. 429), diskutiert jedoch die epidemiegeschichtliche Seite nicht näher. Siehe weiter Magie, RRAM 1533f. Anm. 8 und 9; C.A. Behr, Aelius Aristides and the Sacred Tales, Amsterdam 1968, 96-98 m. Anm. 8. 11f.; 166f. m. Anm. 13-15; Wiseman, Plague 171-174; Sfameni Gasparro, Alessandro di Abonutico 1, 568. In sozialhistorischer Perspektive zu Epidemien in der Antike, ausgehend von der perikleischen Pest und dem Bericht des Thukydides (2,54f.): H.F.J. Horstmanshoff, Epidemie und Anomie: Epidemien in der griechischen Welt, Medizinhist. Journ. 27 (1992) 43-65; J.N. Biraben, Das medizinische Denken und die Krankheiten in Europa, in: M.D. Grmek (Hg.), Die Geschichte des medizinischen Denkens: Antike und Mittelalter, München 1996, 359-385 (383-385 zum Seuchenzug von 165 n.Chr.). Die antoninische Pest wird dagegen nicht behandelt bei V.M. Hope/E. Marshall (Hg.), Death and disease in the ancient city, London 2000 (= Hope/Marshall, Disease).

12 Mehrere Epidemiewellen über einen längeren Zeitraum: Duncan-Jones, Impact. Siehe auch Gilliam, Plague. Nochmaliges Wiederaufflammen in Rom unter Commodus im Jahr 189 mit hohen Opferzahlen: Dio Cass. 72,14,3f. γέγονε καὶ νόσος μεγίστη ὧν ἐγὼ οἶδα (zu Möglichkeiten biographischer Anknüpfung vgl. F. Millar, A study of Cassius Dio, Oxford 1964, 13 Anm. 4) · δισχίλιοι γοῦν πολλάκις ἡμέρας μιᾶς ἐν τῇ Ῥώμῃ ἐτελεύτησαν. Interessanterweise verbindet Dio die Seuche mit einer reichsweiten Ausbreitung magischer Praktiken, hinter denen möglicherweise Schadenzauber durch Defixionen von Zauberpuppen, *voodoo dolls*, zu erkennen ist: πολλοὶ δὲ καὶ ἄλλως οὐκ ἐν τῷ ἄστει μόνον ἀλλὰ καὶ ἐν ὅλῃ ὡς εἰπεῖν τῇ ἀρχῇ ὑπ' ἀνδρῶν κακούργων ἀπέθανον· βελόνας (›Nadeln‹) γὰρ μικρὰς δηλητηρίοις τισὶ φαρμάκοις ἐγχρίοντες ἐνίεσαν δι' αὐτῶν ἐς ἑτέρους ἐπὶ μισθῷ τὸ δεινόν. Dergleichen sei auch unter Domitian verbreitet gewesen.

verschiedene Formen von ›Unheil‹ bezeichnen kann.[13] Tatsächlich dürften hier Epidemie(n) mit Mißernten und daraus resultierenden Versorgungskrisen in Wechselwirkung getreten sein.

Auch wenn sich also weder der gemeinsame zeitgeschichtliche Hintergrund dieser Gruppe von kleinasiatischen Inschriften in den Seuchenzügen der Jahre nach 165 n. Chr. noch die Eingrenzung der Bedeutung des Begriffs λοιμός in den Zeugnissen als ›Epidemie‹ mit letzter Sicherheit beweisen läßt,[14] bleibt beides doch eine sinnvolle, durch unabhängige und stimmige Indizien gestützte Annahme. Im übrigen zeigen die Quellen auch sonst ein auffälliges Zusammentreffen von Heereszügen und militärischen Ereignissen mit dem Auftreten eines λοιμός, so daß auch die angesichts der Krise ergriffenen religiösen Maßnahmen vor diesem Hintergrund verstanden werden müssen.[15] Doch hängt an der situativen Verknüpfung der hier im Mittelpunkt stehenden Orakelbescheide mit dem Durchzug der römischen Truppen durch Kleinasien in den Jahren um 166 n. Chr. nicht die Plausiblität der Zusammenstellung und vergleichenden Interpretation dieser Inschriften, deren Entsprechungen und Wechselbeziehungen im einzelnen auch unabhängig von dieser Arbeitshypothese deutlich sind.

In dieser bedrängten Lage wandten sich verschiedene betroffene Städte in Kleinasien an das klarische Orakel mit der Bitte um Rat in der Not. Die Anfragen, die man im Heiligtum vorbrachte, sind in den erhaltenen Inschriften, die diese Konsultationen dokumentieren, nirgends kenntlich. Wir können aber vermuten, daß sie durchweg in einer Form wie ›Welche Hilfe können wir gegen die Seuche finden?‹, ›Was müssen wir tun, um gerettet zu werden?‹, ›Welchen Göttern müssen wir opfern, um von der Not befreit zu werden?‹ gestellt wurden.

Im Fehlen der Anfragen auf den Steinen, die die Bescheide des Orakels festhalten, ist jedoch wohl weniger eine Folge fragmentarischen Überlieferungszustands als ein Signum der klarischen Orakelinschriften zu erblikken, bei denen im Unterschied zu den didymäischen Texten in der Regel der Wortlaut der Anfrage bei der Aufzeichnung eines Orakels nicht festgehalten worden ist.[16] Die Orakelbescheide sind demgegenüber von einer

---

13 Parker, Miasma 257f. Bereits erkannt in der klassischen Arbeit von M. Delcourt, Stérilités mystérieuses et naissances maléfiques, Liège 1938: vgl. u. Anm. 456.

14 Auf beides weist erneut Busine, Paroles d'Apollon, 91-93, hin. Auch Graf, Image 114 m. Anm. 9, mahnt, daß die enge historische Verbindung der klarischen ›Pestorakel‹ nicht gesichert sei; zuversichtlicher noch ders., Oracle against pestilence 272 und Gottesnähe und Schadenzauber 150. Sollte eine situative Entkoppelung vorliegen, ist freilich nur umso bemerkenswerter, daß die Bescheide in den angewandten ›theologischen‹ Mustern vielmals übereinstimmen. Magie, RRAM 1534 Anm. 9, nennt weitere mögliche Anknüpfungspunkte in dem Zeitraum, vor allem Schwierigkeiten der Getreideversorgung.

15 Faraone, Talismans 64-66; siehe unten S. 108f. mit Anm. 195.

16 Diesen Unterschied hat wiederholt L. Robert betont, etwa Trois oracles 590f. = OMS 5, 606f.

starken sprachlichen Ausarbeitung gekennzeichnet. Es handelt sich in der Hauptsache um eine Gruppe langer Versorakel in Hexametern, aber auch anderen Metren, in denen sich episierender Stil und mythologische Gelehrsamkeit mit ritualistischen Anleitungen und auf die gegebene Situation angewandter Theologie mischen.[17]

---

17 Nicht eingehender besprochen werden im folgenden einige kürzere Orakel bzw. Weihungen, aus denen erkennbar wird, daß ihnen ein klarisches Orakel aus Anlaß entweder derselben Seuche oder einer anderen Naturkatastrophe zugrundeliegt. Es sind dies folgende Einträge in unserem Corpus der klarischen Orakelantworten: **Klaros 10** = IGBulg 1^2,370 aus Anchialos am westlichen Pontos, wo allein der Beschluß der Stadt über die Aufstellung von nicht näher spezifizierten Götterbildern (θεῶν ἀγάλματα 5f.) *»nach Orakeln* (Plural!) *des Herrn* (τοῦ κυρίου) *Apollon von Kolophon«* erhalten ist; der Anlaß wird in der Dedikation nicht genannt. Die Zugehörigkeit zur Gruppe der ›Pestorakel‹ hat Robert, Inscriptions de Bulgarie 189f. = OMS 5,219f., wahrscheinlich gemacht. **Klaros 12** (Text am einfachsten zugänglich bei Merkelbach/Stauber), Weihung einer Statue der Hygieia im isaurischen Vasada *»nach einem Orakel des klarischen Apollon«*. Der Anlaß ist nicht genannt und nur aus der geweihten Hygieia-Statue zu erschließen. **Klaros 18** = IGBulg 1^2,224, Grabepigramm eines Gymnasiarchen und Gesandtschaftsführers aus dem westpontischen Odessos, der eine *theoria* nach Klaros geleitet hat und sich rühmen kann: κατὰ Κλάρον Ἀπόλλωνα […]ροις λοιμὸν ἀπεσκέδασα (6f.); vom Orakel sind noch geringe Reste auf der Inschrift erhalten. Dies paßt gut zu mehreren schon bei den Grabungen des 19. Jh. in Klaros gefundenen Gesandtschaftslisten aus Odessos, abgedruckt bei Mihailov zu IGBulg 1^2,224. Zu diesem Text noch Robert, Inscriptions de Bulgarie 190 = OMS 5,220 m. Anm. 2.
Ähnliche Krisensituationen wie bei den λοιμός-Orakeln aus den 160er Jahren stehen hinter folgenden Texten aus Klaros, die ebenfalls nicht näher behandelt werden können: **Klaros 13** = TAM 4,1,92: Klaros als Herkunftsort des am Anfang und am Ende gut erhaltenen Orakels aus Nikomedia in Bithynien, das offenbar aus Anlaß einer Mißernte eingeholt worden ist, hat Robert, Laodicée 337, erkannt. **Klaros App5** = Ael. Arist. Or. 49 (Or. sacra 3), 38 Keil, erwähnt mehrere Konsultationen durch Ephesos und Smyrna nach wiederholten Erdbeben, wobei er sehr anschaulich die Situation in Kleinasien charakterisiert und die wichtige Bemerkung macht, Klaros sei in dieser Situation geradezu *»umkämpft«* von den Gesandtschaften aus beiden (und wohl aus weiteren in der Region liegenden und vom Erdbeben betroffenen) Städten gewesen, die sich bemühten, zum Gott vorgelassen zu werden: Ἐφέσιοι δὲ καὶ Σμυρναῖοι παρ' ἀλλήλους ἔθεον θορυβούμενοι, ἡ δὲ συνέχεια θαυμαστὴ καὶ τῶν σεισμῶν καὶ τῶν φόβων, καὶ τοῦτο μὲν εἰς Κλάρον θεωροὺς ἔστελλον καὶ περιμάχητον ἦν τὸ μαντεῖον, τοῦτο δὲ ἱκετηρίας ἔχοντες περὶ τοὺς βωμοὺς καὶ τὰς ἀγορὰς καὶ τὰ κύκλῳ τῶν πόλεων περιῄεσαν, οὐδεὶς οἴκοι μένειν θαρρῶν· καὶ τελευτῶντες ἱκετεύοντες ἀπεῖπον. Wichtig auch der Hinweis auf die zahlreichen Prozessionen in den konsultierenden Städten, was gut zu den inschriftlich erhaltenen Orakeln aus Klaros, die *theoriai* verordnen, paßt. Die Worte des Aristides τὰ κύκλῳ τῶν πόλεων περιῄεσαν würde man zunächst am leichtesten so verstehen, daß es sich um lustrierende Umgänge um die Stadtgrenzen handelt (dazu M.P. Nilsson, Die Prozessionstypen im griechischen Kult, JDAI 31, 1916, 309-339, h. 319f. = ders., Opuscula selecta 1, Lund 1951, 166-214, h. 182-184; S. Eitrem, Kathartisches und Rituelles: Rundgang und Durchqueren, in: ders., Beiträge zur griechischen Religionsgeschichte 2, Videnskapsselskapets skrifter 2, Hist.-filos. Kl. 1917,2, Kristiania 1917, 5-19; beide freilich mit aus heutiger Sicht überholten Kategoriebildungen Frazerianischer Art). Es könnte aber auch auf einen Prozessionsweg *zwischen* mehreren Poleis Bezug genommen sein. Es bliebe zu klären, ob es anderweitig Hinweise auf solche Prozessionen gibt, die einen Weg zwischen mehreren Städten, einen ›Rundweg‹, zurücklegten; keine Belege bei Nilsson ebd., Eitrem ebd., F. Bömer, Pompa, RE 21 (1952) 1878-1994, noch bei Graf, Pompai, der sich explizit den Raumkonzepten von Prozessionen zuwendet und ›zentripetale‹ vs. ›zentrifugale‹ *pompai* untersucht. Vgl. zu den Raumvektoren von Prozessionen auch u. Anm. 672 über die Prozession von

Gemeinsam ist allen Texten dieser Gruppe, daß die Inschriften nicht im klarischen Heiligtum gefunden worden sind, sondern in den Städten selbst, die eine Gesandschaft nach Klaros auf den Weg geschickt haben. Dies führt auf die Frage nach der Funktion der Kodifikationen der Bescheide und ihrer Sichtbarmachung im öffentlichen Raum, die später noch zu erörtern ist.[18] Es ist dies ein Signum der epigraphischen Zeugnisse aus Klaros, daß im Heiligtum keine Orakeltexte zutagegekommen sind – die erdrückende Mehrheit der Inschriften setzt sich aus den Delegationslisten der Städte zusammen, die den Gott konsultiert haben; daneben stehen bisher nur die beiden großen Ehrendekrete der Stadt Kolophon für Polemaios und Menippos aus dem späteren 2. Jh. v. Chr.[19] sowie Bruchstücke von Asylieurkunden ebenfalls aus hellenistischer Zeit.

Es gehört nun zu den Merkwürdigkeiten der Fundlage, daß sämtliche Poleis, die aus Anlaß der Seuche in Klaros Rat gesucht haben, nicht unter den Städten vertreten sind, von denen die immerhin 262 bekannten Gesandtschaftslisten Zeugnis ablegen.[20] Hieran haben auch die Ergebnisse der neueren Grabungen nichts geändert, die vor allem auf archäologische Befunde älterer Schichten gestoßen sind. Doch darf die beeindruckende Zahl der in Klaros gefundenen Listen nicht darüber hinwegtäuschen, daß wir nicht die Verluste durch Zerstörung und Steinbruch übersehen, die im Bereich des Heiligtums seit der Spätantike vorgekommen sind. So gibt es innerhalb einer für weite Teile des 2. Jh. n. Chr. aus den eponymen Datierungen der Listen recht genau festzustellenden Chronologie Jahrzehnte, in denen wir keine Überlieferung haben,[21] die danach aber wieder in ähnlicher Dichte wie zuvor einsetzt.

Das läßt Raum für die Annahme, daß auch die Poleis, deren Anfragen wir durch Funde in der Stadt kennen, im klarischen Heiligtum ihre Gesandtschaften dokumentiert haben. Die datierbaren Listen erstrecken sich im wesentlichen auf den Zeitraum zwischen etwa 125 und 186/187 n. Chr.; diese Periode ist durch etwas mehr als die Hälfte der erhaltenen und Dreiviertel der datierbaren Listen dokumentiert.[22] Außerdem sieht es so aus, als ob zwar von den Städten, die sehr regelmäßig, teilweise alljährlich, in Klaros vorstellig wurden, auch eine entsprechend große Zahl von Ge-

---

Milet nach Didyma mit dem Zug des Kollegiums der μόλποι vom städtischen Delphinion zum Didymeion; dazu nun ausführlich Herda, Molpoi-Satzung.

18 Unten S. 153-160.

19 **Klaros Verw1**. Publiziert von Robert, Claros 1 (SEG 39,1243 und 1244). Das Dekret für Polemaios läßt sich auf die Zeit zwischen 130 und 110 v. Chr. datieren, das für Menippos genauer auf das Jahr 120/119.

20 Die Gesamtpublikation bereitet J.-L. Ferrary vor, siehe oben S. 35. Als wichtige Vorarbeit dafür hat er die Chronologie des Gesamtcorpus der Listen geklärt und methodisch erläutert (Ferrary, Chronologie), vgl. o. Kap. 1, Anm. 29. Zur Zahl der Inschriften ebd. 720f. m. Anm. 8.

21 Etwa zwischen 185 und 205 n. Chr., siehe Robert, Laodicée 302f.

22 Ferrary, Chronologie 743.

sandtschaftslisten gefunden worden ist, demgegenüber aber Städte mit geringerer Konsultationsfrequenz nur sehr lückenhaft im erhaltenen Material nachgewiesen sind. Auch dies rät zur Vorsicht gegenüber Negativschlüssen *e silentio.*[23]

2.1.1 Der Gott von Klaros und die Kulte der Städte: Orakel für Pergamon

]λα-
Κ]λ[α]ύδιος
] καὶ Κλαύδιος
μυ]ηθέντες καὶ ἐμβα-
[τεύσαντες ἐχρήσαντο καὶ παρέλαβον τ]ὸν ὑπογεγραμμένον
]αῖον χρησμὸν
[ὅ]ν χρησμὸν ἔδοξεν τῆι βουλῆι καὶ τῶι δήμωι
τῆς μητροπόλεως τῆς Ἀσίας καὶ δὶς νεωκόρου πρώ-
της Περγαμηνῶν πόλεως ἐν στήλαις ἀνα[γ]ράψαντας ἐπί
τε τῆς ἀγορᾶς καὶ τῶν ἱερῶν ἀναστῆσαι.

Τηλεφίδαις, οἳ Ζηνὶ πλέον Κρονίδηι βασιλῆϊ
ἐξ ἄλλων τιεσκόμενοι Τευθραντίδα γαῖαν
ναίουσιν καὶ Ζηνὸς ἐρισμαράγοιο γενέθληι
ἠμὲν Ἀθηναίηι πολεμηδόκωι ἀτρυτώνηι
ἠδὲ Διωνύσωι λαθικηδέι φυσιζώιωι
ἠδὲ καὶ εἰητῆρι νόσων παιήονι λυγρῶν·
οἷσι πάρ' Οὐρανοῦ υἷες ἐθηήσαντο Κάβειροι
πρῶτοι Περγαμίης ὑπὲρ ἄκρ̣ι̣ος ἀσ̣τερ̣οπ̣η‹τ›ὴ[ν]
τικτόμενον Δία, μητρώιην ὅτε γ‹α›στ[έρ]α λῦσεν̣·
φαίην κε ἀτρεκέως ἀψευδέσιν ἄλκαρ̣ ‹ἐ›π̣' ὀμφ[αῖς]
‹ὡ›ς μὴ δηρὸν ὑπ' ἀργαλέῃ τ̣ρύοιτό γε νούσωι
Αἰακίδης λαός· τὸ δ' ἐμῶι κεχαρισμένον ἔσται
υἱέι· τ‹ῷ̣› κέλομαί σε, θεαρίδ̣ος ἡγέτα ὁδ̣οῖο,
τέτραχα μὲν διακρεῖναι ἐφηβητῆρας ἅπαντας,
ὅσσοι ὑπὸ ζαθέην τύρσιν χλαμυδηφόροι εἰσίν,
καὶ πίσυρας στιχάδεσσιν ἐφ' ἡγεμονῆ[ας] ὀπάσσαι·
τῶν ἡ μὲν Κρονίδην ὕμνωι{μνωι}, μία δ' Εἰραφιώτη̣ν̣,
ἡ δ' ἑτέρη κούρην δορυθαρσέα Τρειτογένειαν,
ἡ δ' Ἀσκληπιὸν ἄλλη{ι}, ἐμὸν φίλον υἱέα, [. . .] Ι Η Ι

23 Ebd. 729. Von den gelegentlichen Klienten kennen wir bei über der Hälfte nur eine einzige Delegationsliste. Siehe ebd. Anm. 39 für den interessanten Fall des kretischen Lappa, das erst spät in Klaros als Konsultant erscheint, dann aber fast jährlich eine Delegation entsandt hat. Dieser Fall deutet exemplarisch auf Veränderungen in der geographischen Verteilung der Klienten und im Charakter der Beziehungen einer Stadt zum Heiligtum, ausgedrückt in der Frequenz ihrer Besuche, im Laufe der Hochzeit der städtischen Konsultationen im 2./3. Jh. hin.

ἑπτὰ γεραιρόντων εἰς ἤματα μῆρα ἐπὶ βωμῶ̣ν,
21 Παλλάδι μὲν μόσχου διετήρονος ἄζυγος ἁγνοῦ
δαίοντες, τριένου δὲ βοὸς Διὶ καὶ Διὶ Βάκχωι,
ὡσαύτως καὶ παιδὶ Κορωνίδος ἠθαλέοιο
24 ταύρου μηρία ῥέζοντες προτιτύσκετε δαῖτα,
ἠίθεοι χλαμύδεσσι ἀμφέμμενοι ὁππόσοι ἐ[σ]τ̣έ
μὴ σφετέρων νόσφιν πατέρων· λοιβ̣ῇ δ̣' ἐφ' ἑκάστῃ
27 σπένδοντες λοιμοῖο παρ' ἀθανάτων ἄκος ἐσθλὸν
αἰτ̣έετε, ‹ὡ›ς τηλουρὸν ἐς ἐχθ̣οδ̣απ̣ῶν χθόνα φωτῶν
ἐκτόπιος προνέοιτ[ο - - -

(Text nach Merkelbach/Stauber)

Übersetzung

Nachdem die Gesandten … Claudius … und Claudius … eingeweiht worden und hinabgestiegen sind, haben sie das Orakel konsultiert und den hierunter aufgezeichneten … Spruch empfangen. Dieser Orakelbescheid ist nach dem Beschluß von Rat und Volk der Hauptstadt von Asia, die als erste zweimal in den Rang der Tempeldienerin des Kaiserkults erhoben worden ist, der Stadt der Pergamener, auf Steinplatten aufgezeichnet und auf dem Marktplatz und in den Heiligtümern aufgestellt worden.

Euch Nachkommen des Telephos, die ihr, von Zeus, dem Kronos-Sohn, dem Herrscher,
mehr geehrt als alle anderen, das Land des Teuthras
3 bewohnt, und von der Nachkommenschaft des laut donnernden Zeus,
von Athene, der dem Krieg standhaltenden, der unermüdlichen,
und von Dionysos, der die Sorgen vergessen macht und das Leben gedeihen läßt,
6 und vom Arzt, dem Heiler der schlimmen Krankheiten:
Euch, bei denen die Söhne des Himmels, die Kabiren, als erste
beobachteten, wie auf der pergamenischen Burg der Blitzeschleuderer
9 Zeus geboren wurde, als er den mütterlichen Schoß löste:
Euch will ich wahrheitsgemäß mit untrüglicher Stimme Hilfe ansagen,
damit nicht allzu lange noch von schmerzreicher Krankheit aufgerieben wird
12 das Volk des Aiakos – meinem Sohn wird es angelegen sein.
Daher fordere ich dich auf, Anführer des Gesandtschaftsweges,
sämtliche Jungmannschaften vierfach einzuteilen,
15 soviele unter dem heiligen Wehrturm den Ephebenmantel tragen,
und ihren Reihen vier Anführer beizugeben.
Von ihnen soll eine den Kronos-Sohn mit einer Hymne, eine den Eiraphiotes (Dionysos),
18 eine weitere das speerkühne Mädchen, die Tritogeneia,
eine andere den Asklepios, meinen lieben Sohn (besingen).
Sieben Tage lang sollen sie Schenkelstücke auf den Altären darbringen,
21 indem sie der Pallas die eines zweijährigen Kalbs, das noch nicht ins Joch gespannt worden und rein ist,
verbrennen, die eines dreijährigen Rindes dem Zeus und dem Zeus Bakchos,

und ebenso opfert auch dem Sohn der Koronis Schenkelstücke des gewohnten
24 Stiers und bereitet das Mahl,
soviele Jünglinge, in die Ephebenmäntel gekleidet, ihr seid,
nicht ohne eure Väter. Und bei jeder Spende,
27 die ihr ausgießt, erbittet ein segensreiches Heilmittel gegen die Seuche von den
Unsterblichen, damit sie fern von euch in ein Land fremder Männer,
weg von diesem Ort, fortziehe …

Das Monument und sein inhaltlicher Aufbau. Beschluß der Pergamener über den Bericht der Gesandtschaft nach Klaros und die öffentliche Aufstellung des Orakelbescheids

Der älteste unter den uns bekannten Texten dieser Gruppe bietet zugleich auch eine einzigartige Vollständigkeit der typologischen Merkmale inschriftlicher Orakeltexte aus Klaros und eignet sich darum besonders, die Untersuchung einzuleiten. Es handelt sich um ein Orakel, das die Stadt Pergamon in Klaros durch eine Gesandtschaft erbeten hat, um Hilfe gegen die Seuche zu erhalten[24] – dies wird freilich erst ganz am Ende des erhaltenen Textes klar, wo das Ziel ausgesprochen wird, um dessentwillen die zuvor detailliert aufgeführten Riten zu vollziehen seien: *»damit sie (*sc. *die Seuche) in ein fernes Land fremdstämmiger Männer fortziehe«* (V. 28f.) Wir kennen diesen Stein nur aus der Abschrift, die durch den Conte Carlo Vidua 1826 im epigraphischen Bericht über seine Türkei-Reise publiziert[25] und zur Grundlage von Boeckhs Edition im *Corpus inscriptionum Graecarum*[26] geworden ist.

Der Text bricht mit dem erwähnten Finalsatz ab; wieviel fehlt, ist ganz ungewiß, da wir über die Fundumstände des Steins nichts wissen. Immerhin wird man für einleuchtend halten, daß die Zweckbestimmung die zuvor detailliert über 14 Verse ausgeführten Ritualanweisungen abgeschlossen haben kann;[27] durchaus vorstellbar allerdings auch, daß sie selbst noch ausführlicher war und die Perspektive der Errettung noch weiter ausgemalt

24 **Klaros 2** = IGRom 4,360 = SGO 06/02/01. Zu dieser Inschrift: Buresch, Klaros 70; M. Fränkel, I.Pergamon 2,237-241; J. Keil/A. v. Premerstein, Bericht über eine Reise in Lydien und der südlichen Aiolis, Denkschr. d. Österr. Akad. d. Wiss. Wien 53,2 (1908) 10-12; Ch. Picard, Un oracle d'Apollon Clarios à Pergame, BCH 46 (1922) 190-197 (Zuweisung an Klaros, vgl. Robert, Oinoanda 616 Anm. 7); ders., Ephèse et Claros 461. 673; Cook, Zeus 2,1,287 Anm. 2 (zu v. 22 Διὶ Βάκχωι); 954f.; Gilliam, Plague 235f.; Robert, Laodicée du Lycos 305 m. Anm. 2; ders., Oinoanda 608 = OMS 5,628 m. Anm. 1; 616 = OMS 5,636 Anm. 7; Wiseman, Plague 179; Robinson, Theological oracles 70 und ad loc.; Robert, Héraclès à Pergame 17f. = OMS 6, 467f.; Parke, Apollo in Asia 155-157; Sfameni-Gasparro, Alessandro di Abonutico 2, 291f.; Várhelyi, Claros 24-30; Huber, Seuchenabwehr 140f.

25 Inscriptiones antiquae a Comite Carolo Vidua in Turcico itinere collectae, Paris 1826, Tab. 14,1.

26 CIG 3538.

hat. Auch hinsichtlich der Datierung lassen sich keine näheren Angaben machen; da die Inschrift nicht intern datiert wird, wir aber auch darüberhinaus für Pergamon keine Beamtenlisten kennen, ließe sich auch aus vollständiger erhaltenen Namen kein zeitlicher Ansatz gewinnen. So bleibt nur die grobe Zuweisung des Textes ins zweite nachchristliche Jahrhundert, die sich nur auf die Abzeichnung der Buchstabenformen bei Vidua stützen kann, und zwar, unter der Voraussetzung, daß der historische Zusammenhang mit der Pest unter Marc Aurel zutrifft, in die späten 160er Jahre.

Ein besonderer Umstand dieses Dokuments liegt darin, daß das Versorakel zusammen mit dem Aufstellungsbeschluß, den Rat und Volk von Pergamon gefaßt haben, auf dem Stein erhalten ist. Dieser dokumentiert das Ritualprogramm, dem sich die pergamenischen Theoren unterzogen haben, als sie in Klaros mit ihrer Anfrage vorstellig wurden. Wir kennen es sonst nur aus den im klarischen Heiligtum selber zutagegekommenen Gesandtschaftslisten. Der *theoria* ist also das bei Polis-Gesandtschaften in Klaros übliche *katabasis*-Ritual gewährt worden. Tatsächlich ist die Formel μυ]ηθέντες καὶ ἐμβα[τεύσαντες ἐχρήσαντο, welche regelmäßig in den klarischen Gesandtschaftslisten wiederkehrt,[28] in den Zeilen 4f. des Präskripts mit Sicherheit herzustellen. Dies hat die sichere Identifikation des hier konsultierten Orakels mit Klaros ermöglicht[29] und läßt in besonders anschaulicher Weise die rituelle Situation erkennen, in der dieser Text produziert wurde. Der Verweis auf das Einweihungsritual erscheint im Zusammenhang mit einem Orakeltext selbst tatsächlich nur dieses eine Mal in unserer Dokumentation.

Das Präskript hält weiter fest, daß die Theoren den unterhalb des Präskripts kopierten (ὑπογεγραμμένον) Orakelbescheid in Klaros nach vollzogenem Einweihungsritual erhalten haben;[30] in einer weitgehend verlorenen Zeile (6) dürfte gestanden haben, daß sie diesen Bescheid bei ihrer Rück-

27 Oder folgten noch weitere Ritualanweisungen wie etwa die Aufstellung von Statuen des Apollon Klarios, wie sie für die anderen Pestorakel typisch ist? Erwogen bei Parke, Apollo in Asia 157.

28 Aus dem Material der klarischen Listen führen Merkelbach/Stauber ad loc. als Vergleichsbeispiele an: Th. Macridy, JÖAI 8 (1905) 165 Nr. 2,10; ebd. 168 Nr. 4/5,4 = OGIS 530 = IG Rom 4,1586, 15. Zur klarischen Einweihungszeremonie siehe Robert, Fouilles; ders., Claros; F. O. Francis, The background of *embateuein* (Col. 2:18) in legal papyri and oracle inscriptions, in: ders./W.A. Meeks (Hg.), Conflict at Colossae, Missoula, Mont. 1973, 197-207; Parke, Apollo in Asia 138f. 146f. Nicht thematisiert bei Busine, Paroles 47-54, im Abschnitt über die »Production du texte sacré«.

29 Durch Picard (o. Anm. 24), auf den auch im wesentlichen die Ergänzung der Formel in Z. 4f. zurückgeht. – Zuvor hatten Boeckh und vor ihm Welcker den Text als Orakel des Apollon Gryneios in der Aiolis angesehen (zu diesem Kult vgl. die grundlegende Behandlung von Ragone, Apollo Gryneios); M. Fränkel hatte in seinem Corpus der pergamenischen Inschriften (o. Anm. 24) den Text dem Orakel des Apollon Chresterios in Aigai zugewiesen.

30 παρέλαβον ist nach dem Formular der klarischen Listen von Merkelbach ergänzt, Merkelbach/Stauber ad loc.

kehr in die Stadt dem Rat und dem Demos ausgehändigt haben.[31] Daraufhin hat die Stadt den Beschluß gefaßt, das Orakel auf Stelen aufzeichnen und diese auf der Agora und *»bei den Tempeln«* aufstellen zu lassen[32] – das heißt, daß das Orakel in mehreren Exemplaren publiziert worden ist, ein Indikator dafür, welche Bedeutung die Pergamener dem klarischen Spruch beimaßen. Man kann vermuten, daß in jedem der Heiligtümer der vier Gottheiten, die nach den Weisungen des Orakels Hymnen und Opfer erhalten, auch eine Kopie des Orakelbescheids aufgestellt werden sollte.[33]

Das Präskript hat offensichtlich keine Ausführungen darüber enthalten, daß Rat und Volksversammlung zunächst beschlossen haben, die in dem Orakel explizierten, aufwendigen rituellen Maßnahmen zu veranlassen, wie wir es in anderen Fällen erkennen können.[34] Ebensowenig lesen wir eine Angabe, daß man dank des vom Gott erteilten Rates und der Befolgung seiner Vorschläge die Gefahr habe überwinden können und nun als Dankesleistung gegenüber dem Gott die Kodifikation und monumentale Veröffentlichung des Orakels verfüge. Wir können aber davon ausgehen, daß beide Schritte auch in Pergamon stattgefunden haben, diese aber offenbar nicht auf der Stele, die das Orakel bewahren sollte, selbst protokolliert worden sind.

Das Orakel selbst, das sich an das zehn Zeilen umfassende Präskript anschließt, gliedert sich in zwei Hauptabschnitte, zwischen denen drei Verse die Überleitung herstellen, in denen der Wahrheitsanspruch des Orakels unterstrichen und die Zusage der Errettung durch Apollons Sohn Asklepios ausgesprochen wird. In einer aufwendig gestalteten Eingangspartie (V. 1-9) wird die für die Orakeltexte charakteristische Anrede an die Konsultanten mit einem breiten mythologischen Apparat entfaltet, der auf pergamenische Lokalmythologie Bezug nimmt – man wird aus diesem Aufwand schließen dürfen, daß in den Augen der klarischen Priester die Gesandtschaft aus Pergamon hohen diplomatischen Rang besaß und mit einer eingehenden Antwort zu bedenken war, die auch dem Selbstbe-

---

31 Dieser Teil des Prozedere ist dokumentiert im Orakel, das zwei Bürger der lykischen Stadt Sidyma bei einem nicht genannten Orakel – möglicherweise Didyma – über die Bestellung der Artemis-Priesterinnen eingeholt haben, **Didyma App15**: Kap. 3.3, S. 507-509. Den Orakelbescheid, den sie dort erhalten haben (τὸν ἐκπεσόντα χρησμόν), haben sie den Prytanen der Stadt vorgelegt, die daraufhin den Weisungen des Gottes entsprechende Beschlüsse gefaßt haben. Ebenso im Orakel über die Reorganisation des Kults der Artemis Bulephoros Skiris in Milet, **Didyma 8**, wo es heißt (4-6): ἃ δὲ ἂν ὁ θεὸς θεσπίσῃ, οἱ μὲν θεοπρόποι εἰσαγγειλάτωσαν εἰς ἐκκλησίαν, wo die aus dem Bescheid sich ergebenden Beschlüsse gefaßt werden. Vgl. Kap. 3, S. 401-408 mit Anm. 190-192.

32 ἐν στήλαις ἀνα[γ]ράψαντας ἐπί | τε τῆς ἀγορᾶς καὶ τῶν ἱερῶν ἀναστῆσαι 9f.

33 Robert, Laodicée 305.

34 Vgl. **Didyma 8** (s. zuvor Anm. 31).

wußtsein der Stadt Rechnung trug. Im zweiten Hauptteil (V. 13-29) werden dann detailliert die rituellen Weisungen erteilt.

Apollon wendet sich an die Gesandtschaft aus Pergamon: Lokale Mythologie und städtische Hauptkulte. Ein pergamenischer Mythos der Zeus-Geburt und der Mysterienkult der Kabiren.

Apollon spricht die Konsultanten als Nachkommen des Telephos an (V. 1), der als Urvater der Pergamener galt;[35] an anderer Stelle des Orakels jedoch wird eine weitere Genealogie herangezogen, nämlich die Rückführung auf Aiakos (Αἰακίδης λαός V. 12): Den eponymen *heros ktistes* Pergamos hatte Achills Sohn Neoptolemos nach dem Fall Trojas mit der gefangenen Andromache gezeugt, und Achill war über seinen Vater Peleus Enkel des Aiakos.[36] Schließlich bezeichnet Apollon das Gebiet Pergamons

---

35 Die Pergamener als Τηλεφίδαι etwa auch Anth. Pal. 16,91 und im Siegesepigramm auf den Nikomachos, Sieger bei den Herakleia und den Nemeen, vermutlich nach 129 v. Chr., SGO 01/20/12 = McCabe, Miletos (PHI # 7) 454 = I.Milet 164, V. 1 (Milet 1,3,262; A. Rehm hat dann eine Neuedition dieses Siegerepigramms nach Ergänzungen durch Wilamowitz, Rez. Milet 108 = 465f. vorgenommen: Hermes 49, 1914, 314f.; Milet 6,1,194). Weitere Veröffentlichungen des Nikomachos-Epigramms: L. Moretti, Iscrizioni agonistiche greche, Rom 1953, 138f. Nr. 52 = SEG 14,744; J. Ebert, Griechische Epigramme auf Sieger in gymnischen und hippischen Agonen, Abh. d. Sächs. Akad. d. Wiss. Leipzig, Phil.-hist. Kl. 63,2, Berlin 1972, 221-223 Nr. 74; A. Wilhelm, Griechische Epigramme, Bonn 1980, 31f. Nr. 38 = SEG 30,1345. Zu Herakles und seinem Sohn Telephos in Pergamon und den Pergamenern als Telephos-Nachfahren Robert, Héraclès à Pergame 12-17 = OMS 6,462-467; zur milesischen Siegerinschrift ebd. 16 = 466 m. Anm. 50. Vgl. schon dens., Inscriptions d'Éphèse 67f. = OMS 5,407f., ausgehend vom Epigramm in der Anthologie. – Für die Telephos-Mythologie in Pergamon ist selbstverständlich die ikonographische Gestaltung des Lebens des Telephos auf dem sog. Kleinen Fries des Großen Altars zentral. Siehe H. Heres, Der Telephosmythos in Pergamon, in: W.-D. Heilmeyer (Hg.), Der Pergamon-Altar: die neue Präsentation nach Restaurierung des Telephos-Frieses, Tübingen 1997, 99-120; grundlegend H. Winnefeld, Die Friese des Großen Altars, Altert. v. Pergamon 3,2, Berlin 1910, 157-228, bes. 215-228.

36 Paus. 1,11,1. Pergamenische Münzen mit Bildern des Pergamos, der in der Beischrift als κτίστης bezeichnet wird, etwa bei H. v. Fritze, Die Münzen von Pergamon, Abh. Preuß. Akad. d. Wiss., Phil.-hist. Kl. 1910, Anh. 1, Berlin 1910 Taf. 6,12, abgeb. bei Merkelbach/Stauber S. 9. Zu den Aiakiden vgl. auch P.R. Franke, Die antiken Münzen von Epirus, Wiesbaden 1961, 269f. mit Anm. 42. Zur Genealogie des Aiakos vgl. M.L. West, The Hesiodic Catalogue of women, Oxford 1985, 162-164; zuerst Hes. fr. 205 Merkelbach-West (= Σ Pi. N. 3,21). Aiakos amtet als Richter im Hades zusammen mit Minos und Rhadamanthys wegen seiner Frömmigkeit und Gerechtigkeitsliebe (Aristoph. Ran. 464-478, Kritias 43 F 1 [TrGF 1^2,172]; Isocr. 9,15; Plat. Apol. 41 A, Gorg. 523 E ff.; Apollod. Bibl. 3,159 (Mythogr. Gr. 1^2,152) τὰς κλεῖς τοῦ Ἅιδου φυλάττει. Als κλειδοῦχος bezeichnet Aiakos das Epigramm des M. Antonius Encolpus aus Rom im 3. Jh. n. Chr., IGUR 1245 = Peek, GV 1906 = ders., Grabgedichte 454, 4. Als Ἀί[δε]ω πυλαουρός = πυλωρός erscheint er in einem Epigramm aus Smyrna aus dem 2. Jh. v. Chr., I.Smyrna (IK 23) 513 = Peek, GV 1179 = Pfuhl/Möbius 766 (1,204f. m. Taf. 113). So auch bei Lukian, Luct. 4, Char. 2; als Einnehmer des Fährgeldes von den Toten: Catapl. 4. Mehr bei Rohde, Psyche 285 Anm. 1; Roscher 1,112f., 2,1,1216f.; L. Robert, Gnomon 31 (1959) 26f. m. 27 Anm. 3 = OMS 3,1665f. m. 1666 Anm. 3 über Götter und δαίμονες als κλειδοῦχοι νεκύων. Im Kon-

auch noch als *»Land des Teuthras«*, Τευθραντίδα γαῖαν. Pausanias mit seinem Interesse für »uralte« Traditionen, Mythen und Institutionen weiß, Pergamon habe *»von alters her«* Teuthrania geheißen;[37] die Beziehung

---

flikt mit Athen nach der Niederlage bei Oinoe am Euripos 506 v. Chr. ersuchen die Thebaner in Auslegung eines delphischen Orakels (Hdt. 5,79,1: PW 81 = Fontenrose Q 130) die Ägineten um Hilfe und erhalten von diesen die Kultbilder der Aiakiden (80,2). Der äginetische Gründungsheros hat auch ein Heiligtum auf der athenischen Agora, das die Athener zur selben Zeit auf Weisung aus Delphi vor einer bewaffneten Auseinandersetzung mit den Ägineten einrichten (Hdt. 5,89,2: PW 82 = Fontenrose Q 131; Herodot kennt es zu seiner Zeit: τοῦτο τὸ νῦν ἐπὶ ἀγορῆς ἵδρυται). Das Aiakeion auf der Agora erscheint in einem 1986 gefundenen Volksbeschluß von 374/73 v. Chr. über Getreideabgaben: R.S. Stroud, The Athenian grain-tax law of 374/3 B.C., Hesperia Suppl. 29, Princeton 1998, 4f., Z. 14-19; das Aiakeion wird eingehend besprochen ebd. 85-108. Es war auch bereits bekannt aus der lexikographischen Tradition, P.Oxy. 2087, 2. Jh. n. Chr. (neue Lesung durch dens., The Aiakeion and Tholos of Athens in POxy 2087, ZPE 103, 1994, 1-9, h. 5); Hesych. und Phot. s.v. Αἰακεῖον; Bekker, Anecd.Gr. 1,360,10; Bachmann, Anecd.Gr. 1,49,4.

Am Vorabend der Entscheidung bei Salamis senden die Athener nach einem Erdbeben ein Schiff nach Ägina, das *»Aiakos und die Aiakiden«*, also wiederum die Kultbilder, als Beistand holen soll (Hdt. 8,64). Pritchett, War 3, 14-18, diskutiert die Frage, ob die das Heer begleitenden Götter »nur« Standbilder gewesen oder von den Beteiligten für tatsächlich gegenwärtig gehalten worden seien (und tendiert zu letzterem); er wägt zwischen »images sacrées« und »simple présence mystique« ab (ebd.) – sicher eine falsche Alternative: Die Frage ›Sind die Gottheiten in den Kultbildern anwesend oder sind diese nur Bilder aus Holz, Bronze usw.?‹ dürfte in der Binnenperspektive der praktizierten griechischen Religion in dieser dezidierten Form schwerlich sinnvoll sein. Man sprach Bildern ganz offenbar Wirkung zu, wie die für die Aiakiden genannten Beispiele zeigen, konnte darin sich aber auch getäuscht sehen und dann durchaus »rational« nach effizienteren Mitteln suchen, ohne daß grundsätzliche Fragen gestellt wurden; siehe die Erfahrungen der Thebaner bei Hdt. 5,81,1. Zu diesem Fragenkomplex vgl. H. Versnel, What did ancient man see when he saw a god?, in: D. van der Plas (Hg.), Effigies Dei: essays on the history of religions, Stud. in the Hist. of Religions 51, Leiden 1987, 42-55. Es fällt allerdings auf, daß Herodot weder in 5,80f. noch in 8,64 ausdrücklich von ἀγάλματα o.ä. spricht, sondern stets nur knapp Αἰακόν und τοὺς Αἰακίδας und genauso Αἴαντα τε καὶ Τελαμῶνα sagt. Von ἀγάλματα ist hingegen mehrfach im anschließenden Kapitel über die Olivenholzbilder von Damie und Auxesie die Rede, über die es zwischen Ägina und Athen früher zum Streit gekommen war (5,82-86). Vgl. zur Gesamtproblematik Scheer, Gottheit und ihr Bild; zur Herodotpassage ebd. 218, zu Damie und Auxesie ebd. 186-192.

Auch in der von den Kommentaren seit Macan und How-Wells herangezogenen Paralle über das Mitführen der Dioskuren im spartanischen Heer bis zur Zeit des Kleomenes (5,75,2: ἐπικλητοί σφι ἐόντες εἵποντο) ist nur von τῶν Τυνδαριδέων die Rede: Im Zuge einer Verfassungsreform, gemäß der nur noch einer der beiden spartanischen Könige im Kriegsfall außer Landes gehen durfte, folgte später auch nur noch eines der Zwillingsgötterbilder dem Heereszug. Die Parallelisierung der göttlichen Zwillinge mit den Heerführern unterstreicht indirekt auch den Anspruch der spartanischen Könige auf Abkommenschaft von Zeus (vgl. auch Hdt. 6,52). Siehe R. Parker, Spartan religion, in: A. Powell (Hg.), Classical Sparta: techniques behind her success, London 1989, 142-172, h. 147; J. Carlier, La royauté en Grèce avant Alexandre, Straßburg 1984, 298-301. Zum historischen Kontext der Neuregelung kurz M. Clauss, Sparta: eine Einführung in seine Geschichte und Zivilisation, München 1983, 30f. Von S. Wide, Lakonische Kulte, Leipzig 1893, 309, wird der Herodot-Passus als Testimonium wiedergegeben, aber nicht erörtert. Unpubliziert geblieben ist die bei J.-P. Vernant und M. Detienne angefertigte *thèse* von M. Hatzopoulos: Le culte des Dioscures et la double royauté à Sparte, Univ. Paris 1, Panthéon-Sorbonne 1970. Zu den Dioskuren in Sparta allgemein: Wide ebd. 304-325; L. Ziehen, Sparta (Kulte), RE 3 A (1929) 1453-1529, h. 1476-1479; Nilsson, GGR 1,408f. Weihungen sind zahlreich; wichtig v.a. die Reliefs (A. Her-

zur Telephos-Genealogie ist dadurch gegeben, daß dieser mysische Urkönig die Auge, die Mutter des Telephos von Herakles, heiratete und den Herakles-Sohn adoptierte.[38]

---

mary, LIMC 3,1, 1986, 589f.). Die Zeus-Söhne hatten ihr Heiligtum außerhalb der Stadt in Therapnai (Parker ebd. 142 zur strukturellen Parallele mit Eleusis, die sich auch in der Bezeichnung des Götterpaares als τὼ σίω wiederfindet) und waren dort tageweise abwechselnd präsent (Alcm. ap. Σ Eur. Troad. 210; mehr bei Parker 166 Anm. 27). Paus. 4,27,2 bezeugt besondere Feste, die das im Felde stehende Heer vollzog, sowie die – auch sonst in Sparta in ihrem Kult üblichen, vgl. 3,16,2f. – Theoxenien (s. auch Ziehen ebd. 1477f.).

Eine bereits in der älteren Forschung vertretene Hypothese wiederaufnehmend, plädiert N. Richer (The religious system at Sparta, in: D. Ogden, Hg., A companion to Greek religion, Malden, Ma. 2007, 236-252, h. 239f.) dafür, das aus der Herodot-Passage abzuleitende ältere Mitreisen des Götterpaares mit dem Auftakt von Plutarchs Abhandlung Περὶ φιλαδελφίας (De fraterno amore 1, 478 AB) zu verbinden, wonach die Dioskuren in Sparta in untereinander fest verbundenen anikonischen Kultbildern verehrt wurden: τὰ παλαιὰ τῶν Διοσκόρων ἀφιδρύματα Σπαρτιᾶται *δόκανα* καλοῦσιν· δύο ξύλα παράλληλα δυσὶ πλαγίοις (sc. ξύλοις) ἐπεζευγμένα *(»mit zwei Querstücken verbunden«)*. καὶ δοκεῖ τῷ φιλαδέλφῳ τῶν θεῶν οἰκεῖον εἶναι τοῦ ἀναθήματος τὸ κοινὸν καὶ ἀδιαίρετον. Die mythisch-theologische Deutung Plutarchs steht freilich in harschem Widerspruch zu dem bei Herodot bezeugten Gesetz über die Trennung der Kultbilder im Fall auswärtiger Feldzüge. Vgl. auch Ziehen ebd. 1477 und für erhaltene Exemplare von δόκανα-Reliefs LIMC 3,1 (1986) 586f. Nr. 224f. mit 3,2,476 Nr. 225 b.

Der herodoteische Sprachgebrauch scheint jedenfalls die Auffassung zu bestätigen, daß Kultbildern ein Wirken der entsprechenden Gottheit zugeordnet wurde, eine Intervention der Götter in die Welt der Menschen, wie sie auch durch Epiphanien vor sich gehen oder durch Gebete und Hymnen herbeigeführt werden konnte. Die gegenteiligen Erfahrungen der Thebaner in 5,81,1 bestätigen gerade diese generelle Einschätzung der Beteiligten. Zur indigenen Sicht vgl. Graf, Eigensinn der Götterbilder; ders., Plutarch und die Götterbilder, in: R. Hirsch-Luipold (Hg.), Gott und die Götter bei Plutarch, RgVV 54, Berlin 2005, 251-266; ders., Trick or treat 124-127 (auch kurz zu Hdt. 5,75); ebd. 112 mit folgender Umschreibung der antiken Auffassung der Götterepiphanie: »The fame of the gods was founded on their epiphanies, the ›manifestations of their divine existence and power‹«. Graf betont auch den Zusammenhang von Götterepiphanie und (kollektiver) Krisensituation: »They were recorded especially … in times of crisis where they explained who among the gods or heroes had helped in a seemingly desperate situation and therefore deserved the recognition of humans« (ebd. 113f.). Vgl. auch u. Anm. 788 und Kap. 3, Anm. 124.

Pritchett ebd. weist noch auf die Überlieferung zur Schlacht zwischen Krotoniaten und Lokrern beim Fluß Sagra im 6. Jh. v. Chr. hin, wo nach Iust. 20,2,14 und Diod. 8,32,2 die Lokrer auf *pulvinaria* bzw. einer κλίνη die Dioskuren per Schiff aus Sparta herbeischafften, was deutlich auf Kultbilder hinweist. Diese Stellen beleuchten den Zusammenhang der Praxis mit der Theoxenie. Mehr Material bei Pease zu Cic. Nat. deor. 2,6. Im Zusammenhang mit der Benennung der Pergamener als Aiakiden in einem Orakel, in dem um einen Ausweg aus einem *loimos* nachgesucht wird, verdient ein weiterer Aspekt der Aiakos-Tradition Aufmerksamkeit, nämlich die Überlieferung, ein delphisches Orakel habe *»die Hellenen«* in einer durch Dürre, Mißernten und Hunger gekennzeichneten Notlage wissen lassen, allein die Gebete des gottesfürchtigen Aiakos könnten sie erlösen, PW 211 = Fontenrose L 46: Pi. Nem. 8,8-16 m. Σ zu 19a; Paus. 1,11,1; 1,44,9; Diod. 4,61,1; Clem. Strom. 6,28,4-6 (= Eus. PE 10,2,12-15). So auch Apollod. Bibl. 3,159 (Mythogr. Gr. 1^2,152): ἦν δὲ εὐσεβέστατος πάντων Αἰακός· διὸ καὶ τὴν Ἑλλάδα κατεχούσης ἀφορίας διὰ Πέλοπα … χρησμοὶ θεῶν ἔλεγον ἀπαλλαγήσεσθαι τῶν ἐνεστώτων κακῶν τὴν Ἑλλάδα ἐὰν Αἰακὸς ὑπὲρ αὐτῆς εὐχὰς ποιήσηται· ποιησαμένου δὲ εὐχὰς Αἰακοῦ τῆς ἀκαρπίας ἡ Ἑλλὰς ἀπαλάττεται. Vgl. auch die Epitome zur Stelle, § 39 (Epitoma Vaticana ex Apollod. Bibl. ed. R. Wagner, Leipzig 1891, p. 48): ὅθεν λιμοῦ κατέχοντος Ἑλλάδα κτλ. Isocr. 9,14f. spricht dagegen nicht von einem Orakel. Die Tradition dient als Aition für den Kult des Zeus

Wenn der im Präskript dokumentierte Volksbeschluß festhält, die Stelen mit dem Orakel seien »auf der Agora und in den Heiligtümern« aufzustellen, so wird man davon ausgehen können, daß an die pergamenischen Heiligtümer derjenigen Götter gedacht ist, die im Orakel selbst Hauptgötter der Stadt genannt werden und denen dann auch die Hymnen und die Opfer darzubringen sind, die im Ritualteil gefordert werden: Zeus, Athena, Dionysos und Asklepios.[39]

Die Bezeichnungen dieser Götter werden zwischen den Partien variiert: im Teil, der noch die Anrede der Konsultanten bildet, ist Zeus »*Kronossohn; Herrscher; der laut donnert*«[40], Athena die, »*die den Krieg gerne annimmt, die unermüdliche*«[41], Dionysos derjenige, »*der die Sorgen vergessen läßt, der das Leben gedeihen läßt*«, Asklepios schließlich »*Heiler der schlimmen Krankheiten, Paieon*«[42]. Der Kult des Asklepios erhält gerade im Laufe des 2. Jh. n. Chr. in Pergamon herausragende Bedeutung, ja wird geradezu zum zentralen Kult der Polis und tritt in dieser Hinsicht gleichsam die Nachfolge des Herakles an.[43]

Hellanios/Panhellenios auf Ägina, so etwa bei Pausanias. Vgl. zu Aiakos, Aristaios, Lykaion auch unten Anm. 190.

37 1,4,5. Nic. fr. 104,1 Gow-Scholfield spricht den letzten Attaliden an: Τευθραντίδης ὦ κλῆρον ἀεὶ πατρώιον ἴσχων, | κέκλυθι κτλ. Die Indizien dafür, daß die Attaliden an die Gestalt des Herakles anzuknüpfen trachteten, sind im kultischen Bereich stark, vgl. Robert, Héraclès à Pergame 14-16 = OMS 6,464-466 mit der wichtigen Anm. 42.

38 Apollod. Bibl. 2,146f. (Mythogr. Gr. 1^2,95); 3,102f. (Mythogr. Gr. 1^2,136).

39 Ansprache der Pergamener durch Apollon, V. 1ff.: *»vor allen anderen geehrt durch Zeus Kronides und seine Nachkommenschaft: Athena, Dionysos, Paieon-Asklepios sowie die Kabiren«.*

40 ἐρι-σμάραγος sonst nur noch Hes. Th. 815; aber σμαραγέω ›zusammenschlagen, donnern‹ von Zeus etwa Hom. Il. 21,198f.

41 Während ἀτρυτώνη das reguläre Beiwort Athenas bei Homer ist, ist das Epitheton πολεμηδόκος seltener anzutreffen: Alc. fr. 3,2 Voigt = Lobel/Page πότνιαν [- - - πολε]μάδọκọν (nicht aufgenommen in: Alceo, Frammenti, a cura di A. Porro, Florenz 1996). Phryn. Com. fr. 78 PCG, wobei laut Σ Aristoph. Nub. 967 Phrynichos den Athena-Hymnus des athenischen Dichters Lamprokles aus perikleischer Zeit zitiert (fr. 1 Page [PMG 735a]): Παλλάδα περσέπολιν κληΐζω πολεμαδόκον ἁγνάν, παῖδα Διὸς μεγάλου. Bei Pindar heißt es (Pyth. 10,13) ἐν πολεμαδόκοις Ἄρειος ὅπλοις.

42 Vgl. V. 19; auch Nic. Alexiph. 439. 686. Ein Epigramm aus Epidauros IG 4^2,1,424f. Vgl. C.F.H. Bruchmann, Epitheta deorum quae apud poetas Graecos leguntur (= Roscher, Suppl. 7,1), Leipzig 1893, 52.

43 Robert, Héraclès à Pergame, bes. 17f. = OMS 6,467f. Ablesbar ist diese Entwicklung auch an den nun zahlreichen und weit verbreiteteten (ebd. Anm. 64) Zeugnissen für Asklepieia, bei denen Herakles, der bisher als Vater des Telephos und damit Stammvater der Pergamener eine so wichtige Rolle im Kult der Stadt spielte, wie Robert gezeigt hat, nicht mehr in Erscheinung tritt. Eindrucksvoll zeigt dies eine Ehreninschrift eines Agonotheten des *»Retters Asklepios«* für einen Auleten, der gleichfalls in einer besonderen Beziehung zum Gott gestanden hat, ArchAnz 1966, 457 mit Bull. ép. 1969, 484 = Robert, Héraclès à Pergame 18 = OMS 6,468: Κλ. Πεισωνεῖνος Διίφιλος (der Beiname zeigt eine Beziehung zum Kult des Zeus Φίλιος, der unter Trajan in Pergamon eingeführt wird; es sind Διιφίλεια Τραιανεῖα bezeugt, Robert, Bull. ép.) ὁ ἀγωνοθέτης τοῦ Σωτῆρος Ἀσκληπιοῦ ἐτίμησεν Ἀλέξανδρον ἱερὸν τοῦ Σωτῆρος Ἀσκληπιοῦ (»A. avait été consacré à Asclépios Sôter et lui appartenait, détail nouveau et important« Robert, Bull. ép.) πυθικὸν αὐλητὴν (Aulet als Soloinstrumentalist, der die νόμη πυθικὴ darbringt, im Unter-

Dieselben Gottheiten kehren dann wieder im zweiten Teil, wo die Empfänger der darzubringenden Hymnen spezifiziert werden. Während der »*Kronide*« und das »*speerkühne Mädchen*« keine Probleme bereiten,[44] ist das Beiwort, mit dem Dionysos benannt wird, nicht wirklich durchsichtig. Er heißt dort bloß Εἰραφιώτης, was zwar bereits im homerischen Dionysos-Hymnos als sein Beiwort erscheint,[45] aber schon in der Antike verschieden gedeutet und ebenso in Verbindung mit ἐρράφθαι (ῥάπτω ›[zusammen]nähen‹) – wonach Dionysos dann »der (in den Schenkel seines Vaters) Eingenähte« wäre – wie mit ἔριον ›Wolle‹ oder ἔριφος ›Böcklein‹[46] gebracht wurde, beides ebenfalls Wörter mit Bezügen zum dionysischen Mythos und Ritual. Während heute meist die Deutung zu ἐρράφθαι akzeptiert wird, könnte auch ein Bezug auf eine tiergestaltige Erscheinungsform des Gottes – auch etwa den Stier[47] – dem Beinamen zugrundeliegen.

Asklepios heißt im dritten Abschnitt, wo bei der Aufzählung der Tieropfer die vier Götter ein drittes Mal und erneut mit variierten Bezeichnungen genannt werden, παιδὶ Κορωνίδος ἠθαλέοιο, wo ἠθάλεος nicht klar ist: Entweder gehört es zu ἦθος und heißt ›gewohnt, üblich‹, womit es auf ταύρου zu beziehen wäre,[48] oder man sieht darin eine Nebenform zu αἰθάλεος ›rauchig, rußig‹. Dieser Deutung folgen Merkelbach/Stauber und ziehen es als Attribut zu Κορωνίδος, »*verbrannt*« mit Bezug auf den Mythos der auf dem Scheiterhaufen verbrannten Leiche der Asklepiosmutter, die von Artemis' Pfeil getötet worden war.[49]

Das Orakel für Pergamon macht mit einer sonst nicht bezeugten lokalmythologischen Variante der Geburt des Zeus bekannt, der Geburt auf dem Burgberg von Pergamon, deren Zeugen die Kabiren gewesen seien.[50] Lokale Aitiologien für die Geburt des Zeus auf dem Territorium der eigenen Stadt sind in Kleinasien im übrigen nicht selten; das gilt insbesondere

---

schied zur Mitwirkung mit einem Chor; sonst πυθαυλής) νεικήσαντα τὰ μεγάλα Σεβαστὰ Ἀσκλήπεια (also Verbindung des Asklepiosfestes mit dem Kaiserkult) Ἀλεξάνδρου νεωκόρου (sc. τοῦ Ἀσκληπείου) υἱόν.

44 Τριτογένεια allerdings ist zwar das vertraute homerische Epitheton Athenas, war aber in seiner Bedeutung auch in der Antike umstritten, vgl. LSJ s.v. Hinweise zur nach wie vor offenen modernen Diskussion bei Frisk und Chantraine s.v. Vgl. Kap. 3, S. 434-438 m. Anm. 260ff.

45 H.Hom. in Bacch. 2.

46 Zu ἐρράφθαι vgl. Hsch. s.v. Εἰραφιώτης· ὁ Διόνυσος παρὰ τὸ ἐρράφθαι ἐν τῷ μηρῷ τοῦ Διὸς καὶ ἔριφος παρὰ Λάκωσιν. Im Anschluß daran übersetzen auch Merkelbach/Stauber *»den in den Schenkel des Zeus Eingenähten«.*

47 Vgl. Frisk, Chantraine s.v.

48 So LSJ ad loc.

49 Pi. Pyth. 3,8-67; Hes. fr. 59f. Merkelbach-West (aus den *Eoiai*). Es besteht allerdings die Schwierigkeit, daß αἰθάλεος stets dreiendig ist, so daß ἠθαλέοιο trotz der Versgrenze zu ταύρου gehören müßte. – Pergamenische Münzen zeigen Koronis; Merkelbach/Stauber 10 geben SNG Aulock 1399 wieder.

50 Vgl. Welcker ap. CIG 3538; Ohlemutz, Pergamon 62. 76f.; L. Robert, Documents d'Asie mineure 18: Fleuves et cultes d'Aizanoi, BCH 105 (1981) 331-360 = DAM 241-270, h. 359f. = 269f.

auch für diejenigen Varianten, in denen die Korybanten der Niederkunft beiwohnen.[51]

Der Kult des Göttervereins der Kabiren ist auch sonst in Pergamon dicht belegt:[52] Wir hören von τελεταὶ καὶ μυστήρια der Kabiren in Pergamon[53] und einer μύησις der Epheben anläßlich von »*Mysterien, die nach der Tradition den Großen Göttern, den Kabiren, zu Ehren*« gefeiert wurden.[54] Auch ein Fest Καβείρια ist bezeugt,[55] und die pergamenische *chora*

---

51 Robert ebd. 350-360 = 260-270 mit Beispielen aus mehreren phrygischen Städten (Akmonia, Apameia, Tralleis, Laodikeia am Lykos, Aizanoi) nach Münzbildern (ebd. Abb. 16-24).

52 Die beste zusammenfassende Behandlung der Zeugnisse für die Kabiren in Pergamon ist immer noch die von Ohlemutz, Pergamon 63f. 192-202; siehe noch A. Conze, Altert. v. Pergamon 1,2 (1913) 170. Wichtig sind auch diverse Münzbilder (Merkelbach/Stauber, Klaros 9, zeigen SNG Aulock 7516).

53 Ael.Arist. Or. 53,5 Keil.

54 Fragmentierte Ehreninschrift für Diodoros Pasparos, IGRom 4,294, 6f. Dieser Text berücksichtigt die von H. Hepding, AthMitt 32 (1907) 252f., angebrachten Verbesserungen; die Edition durch Dittenberger in OGIS 764 war dadurch überholt. Der Text in IGRom 4,294 ist mit den Korrekturen zu benutzen, die Robert, Études anatoliennes 68 Anm. 8, zusammengestellt hat; vgl. darüberhinaus ebd. 45 Anm. 3; 58 Anm. 1; 68-72; dens., Une épigramme satirique d'Automédon et Athènes au début de l'empire, REG 94 (1981) 338-361 = OMS 6,432-455, h. 346f. = 440f. – Hepding hatte erkannt, daß dieses Dekret den Euergeten Diodoros ehrt und in den Z. 5ff. seine Großzügigkeit als Gymnasiarchen bei der Ausrichtung der μύησις τῶν ἐφηβῶν rühmt: τῶν] μυστηρίων κατὰ τὰ πάτρια τοῖς μεγάλοις θεοῖς Καβείροις κα[ὶ ... ἧι]περ ἐπιβάλλον ἦν ἡμέραι τὴν τῶν ἐφήβων μύησιν ἐπιτε[λεῖσθαι. Der Zusammenhang beider Zeremonien ist also so zu verstehen, daß die Einweihung der Epheben das Programm des zweiten Tags der μυστήρια der Kabiren darstellte. Zur Datierung und Identifikation der Person C.P. Jones, Diodoros Pasparos and the Nikephoria of Pergamon, Chiron 4 (1974) 183-205 (s. Bull. ép. 1974, 466); nochmals ders., Diodoros Pasparos revisited, ebd. 30 (2000) 1-14; W. Radt, in: M. N. Filgis/ders.: Die Stadtgrabung, 1: Das Heroon, Altert. v. Pergamon 15,1, Berlin 1986, 121ff.; D. Damaskos, Untersuchungen zu hellenistischen Kultbildern, Stuttgart 1999, 289ff. Dieser Euerget Pergamons war auch erfolgreich in diplomatischer Mission, vermutlich in Rom, für seine Stadt unterwegs, wie Z. 29-31 der Ehreninschrift zeigen; den Tag seiner Rückkehr (ἐπάνοδος) erklärte man in Pergamon zum offiziellen Festtag »*für alle Zeit*« und richtete einen Kult für ihn ein. Siehe auch ein weiteres pergamenisches Ehrendekret für ihn, Hepding ebd. 243-245 Nr. 4 = IGRom 4,292, 14-20. 36ff. Vgl. A. Wilhelm, Neue Beiträge 5, 21-31 (Ergg. z. Text); Robert, Études anatoliennes 45-50 m. 45 Anm. 3 (ebs.); zuletzt M. Wörrle, Pergamon um 133 v. Chr., Chiron 30 (2000) 543-576, h. 558 Anm. 78.

Aufschlußreich auch die neue Ehreninschrift für Menodoros S. d. Metrodoros, die Wörrle ebd. 543f. publiziert: Dieser Pergamener war neben zahlreichen anderen Liturgien, die er übernahm, auch ὁ διὰ βίου ἱερεὺς τῶν ἐν Σαμοθράικηι θεῶν (Z. 2f.) – ein eindeutiger Beleg, daß der pergamenische Kabirenkult durchaus in Beziehung zu den samothrakischen *megaloi theoi* stand – und wirkte vermutlich in diesem Amt neben dem Gymnasiarchen bei der μύησις der Epheben mit. Die Stadt preist seine Amtsführung in verschiedenen Priestertümern: διὰ τὴν ἀρετὴν καὶ σωφροσύνην | [αὐτοῦ ἐν ταῖς] ἱερωσύναις, αἷς (»*in die* ...«) ἐχειροτόνησεν αὐτὸν ὁ δῆμος, | [ἀνεγκλήτ?]ως [κ]α[ὶ] φιλοδόξως ἀνεστράφη (Z. 4-6). Wörrle (ebd. 558) vermutet, daß diese μύησις identisch mit den Καβείρια gewesen ist, die wir durch eine Ehreninschrift für den Gymnasiarchen Metrodoros, den Sohn des Herakleon, kennen (nächste Anm.); wenn jener Metrodoros tatsächlich der Vater des Menodoros aus der neuen Inschrift sein sollte (Wörrle 554-558), macht dies die Annahme noch wahrscheinlicher, daß sein Sohn als Priester der samothrakischen Götter auf Lebenszeit ebenfalls bei der Einweihung der Epheben an den Kabiren-Mysterien fungiert hat. Abweichend von Wörrle denke ich aber, daß die Καβείρια eher als eine verkürzte Bezeichnung der

sei »*von alters her*« den Kabiren heilig gewesen, berichtet wiederum Pausanias.[56]

Rituale zur Überwindung der Notlage: Pergamenische Epheben führen Hymnen für Zeus, Dionysos, Athena und Asklepios auf, bringen großartige Tieropfer dar und halten den Festschmaus. Ein erhaltener Zeus-Hymnos aus Pergamon und sein Verhältnis zum Orakel. Gebet um Abzug der Seuche zu anderen Städten.

Den Übergang zwischen dem hier sehr ausgeweiteten Apostropheteil und den eigentlichen Weisungen des Orakels bildet, wie schon angedeutet, das Scharnierstück der V. 10-13a, in denen der Gott die Wahrhaftigkeit seiner Orakelsprüche beteuert, die ein verläßliches »*Hilfsmittel*« seien (ἄλκαρ V. 10), und den Konsultanten zusagt, daß ihr Leiden unter der Seuche durch das Einschritten des Asklepios, den Apollon mit der Abhilfe beauftragen werde, ein baldiges Ende haben werde (μὴ δηρὸν ... τρύοιτο ... λαὸς V. 11f.). Bedingung für diese Rettung ist die Befolgung der im Anschluß detailliert beschriebenen rituellen Weisungen, die an den Führer der Gesandtschaft persönlich gerichtet werden (θεάριδος ἡγέτα ὁδοῖο V. 13):

Vier Chöre, gebildet aus allen Epheben[57] in Pergamon, sollen, aufgeteilt unter vier Chorführern, Hymnen aufführen für die bereits in der Einleitungsformel herausgehobenen vier Götter Zeus, Dionysos, Athene und Asklepios. Dies paßt zu den übrigen Beispielen für Kinderchöre, die konsultierende Poleis nach Klaros entsandt haben und deren Mitglieder zusammen mit den Leitern der Gesandtschaft auf den im klarischen Heiligtum

---

μυστήρια τῶν μεγάλων θεῶν Καβείρων, also des Gesamtfestes, anzusehen sind, in deren Rahmen als ein Programmpunkt die μύησις der Epheben im Gymnasium stattfand. – Ein Altar geweiht μεγάλοις θεοῖς Καβείροις I.Pergamon 332. Der Gott Κάβειρος fungiert einmal als eponymer πρύτανις im 2. Jh. v. Chr.: Syll.[3] 1007 = LSAM 13. Die Kabiren als (Kult-) Diener der Rhea: Strab. 10,3,19f. p. 472 Casaubon (aus Demetrios von Skepsis, fr. 61 Gaede, mit Zitat des Stesimbrotos von Thasos FGrHist 107 F 20), Σ Apoll. Rh. 1,916-918a p. 78,4 Wendel.

55 Ehrenbeschluß für den Gymnasiarchen Metrodoros S. d. Herakleon: H. Hepding, AthMitt 32 (1907) 273-275 Nr. 10, 29. Metrodoros hat die Ausrichtung des Festes mit materieller Großzügigkeit (οὐκ ὀλίγας δαπάνας) und φιλαγαθία εἰς τοὺς πολίτας übernommen. Die Edition der Inschrift in I.Pergamon 252 ist durch Hepdings Neupublikation ersetzt. Die Καβείρια sind möglicherweise mit den μυστήρια identisch, s. vorige Anm.

56 1,4,6.

57 »*Soviele unter dem hochheiligen Turm die* χλαμύς *tragen*« V. 15. Die χλαμύς als charakteristisches Kleidungsstück der Epheben auch noch einmal etwas später, V. 25 ἠίθεοι χλαμύδεσσι ἀμφέμμενοι. Siehe Aristot. Ath. Resp. 42,5; Philemo fr. 34 PCG (7,245f.); Teles p. 42,8 Hense[2] παῖς μὲν ὢν ἐπιθυμεῖ ἔφηβος γενέσθαι, ἔφηβος δὲ γενόμενος ζητεῖ πάλιν τὸ χλαμύδιον ἀποθέσθαι; Antidot. fr. 2,2 PCG (2,309) πρὶν ἐγγραφῆναι καὶ λαβεῖν τὸ χλαμύδιον; Plut. Amat. 7, 752 F. Grabepigramm aus Aigiale auf Amorgos, 1. Jh. v. Chr.: IG 12,7,447,6 = Kaibel 222,3 ἄρτι γὰρ ἐκ χλαμύδος νεοπενθὴς ὤχετ' ἐς Ἅιδα. Vgl. weiterhin Theodoros, Anth.Pal. 6,282; Meleagros, ebd. 7,468,2.

aufgestellten Listen der *theoriai* verzeichnet wurden.[58] Ein Zeus-Hymnus aus Pergamon ist erhalten,[59] und es ist vermutet worden, darin sei der hier geforderte wiederzuerkennen[60], was sich freilich trotz zahlreicher Übereinstimmungen doch kaum beweisen läßt. Zwar werden darin die auch im Orakel prominenten Götter genannt, doch mit ihnen auch noch eine Reihe anderer Gottheiten. Über den Anlaß dieses Hymnus erfahren wir im Text selbst leider nichts.[61]

---

58 Vgl. Robert, Héraclès à Pergame 17 = OMS 6,467 Anm. 56.

59 I.Pergamon 324 = SGO 06/02/02.

60 Diese Verbindung ist zuerst von Fränkel (I.Pergamon Bd. 2,239f.) hergestellt worden und wird etwa von Merkelbach/Stauber akzeptiert; zustimmend auch Robert, Héraclès à Pergame 17 = OMS 6,467 Anm. 59.

61 Es heißt nur allgemein V. 2f. λιταζομένωμ πολιητέων | [κλῦθι, πάτερ μ]ακάρων τε καὶ ἀτρυγέτων ἀνθρώπων. – Die Stelle ist bemerkenswert wegen der Verbindung von ἀτρύγετοι mit ἄνθρωποι. Das schon in der Antike in seiner Bedeutung umstrittene und auch von der modernen Sprachwissenschaft in seiner Herkunft und Bedeutung nicht geklärte (vgl. Leumann, Homerische Wörter 213) epische Adjektiv ἀτρύγετος wird bei Homer bis auf eine Stelle (Il. 17, 425 δι' αἰθέρος ἀτρυγέτοιο) vom Meer gebraucht; auch in der Rezeption ist es mit ganz wenigen Ausnahmen (Anth.Pal. 7,735 von der Nacht als Metapher für den Tod, IG 2^2,3575,9 [nach 124/25 n. Chr.] und Nonn. 6,101 von der Erde) stets vom Meer gesagt. Σ Od. 2,370 erklärt πόντον ἐπ' ἀτρύγετον als ἄκαρπον, τὸν μὴ ἔχοντα τρύγα (ἡ τρύξ ›unvergorener Wein, Weinhefe‹) ἤτοι καρπόν; andere Grammatiker verbinden es mit τρύγη ›Getreide, Korn; Wein(lese)‹ und τρυγάω ›ernten, sammeln, lesen‹ (vgl. etwa Apoll. Soph. s.v., der gleich auch die alternativen Erklärungen aus τρύω und τρύξ anführt). Wie verbreitet die mit dieser Etymologie verbundene Deutung in der Antike war, zeigt auch Eur. Ph. 210 mit Σ zu 208 (1,278,10f. Schwartz) ἀκάρπιστα δὲ πεδία οἱ μὲν τὰ πολύκαρπα, οἱ δὲ τὰ θαλάσσια πεδία, ὅ ἐστι τὰ ἄκαρπα, ὅπου καὶ ἀτρύγετος λέγεται ἡ θάλασσα. Auch der Odyssee-Scholiast diskutiert die Deutung des ἀ- als intensivum. Doch ist die Verbindung mit τρύγη/τρυγάω wie mit τρύξ etymologisch nicht möglich (vgl. Chantraine s.v.).

Eine andere antike Ableitung bewahrt neben Apoll. Soph. (s.o.) Herodian, Π. παθῶν fr. 350 Lentz (ap. Et. Mag. 167,28) (Gramm. Gr. 3,2,1 p. 284,12), nämlich die zu dem (selber freilich erst nachhomerischen) τρύειν ›erschöpfen, ermüden‹, die auch in der Moderne Anhänger gefunden hat (N. Wecklein, Über Mißverständnisse älterer Wendungen und Ausdrücke bei den griechischen Dichtern, insbesondere bei den Tragikern, Sitz.-Ber. Kgl. Bayer. Akad. d. Wiss. München, Philosoph.-Philol. u. Hist. Kl. 1911,3, 27). Es scheint plausibel, daß dem Autor des Hymnus diese letztere Bedeutung vertraut war, denn τρύεσθαι ist ja gerade in unserem pergamenischen Orakel für das Leiden der Menschen unter der Seuche verwandt (V. 11) – und auch wenn kein Zusammenhang zwischen dem Orakel und dem Hymnus bestehen sollte, so stammen beide Texte doch aller Wahrscheinlichkeit nach zumindest aus derselben Epoche. Das Wort kommt auch im Orakel für Kaisareia Troketta vor, **Klaros 8**,10: (sc. ὁ λοιμός) τρύει δὲ πάντῃ [δ]άπεδον ἐνπολεύμενον, und so entscheiden sich dann auch Merkelbach/Stauber: »unermüdlich« (im Kommentar ad loc.; in der Übersetzung ist durch einen Lapsus bloß *»ermüdlich«* stehengeblieben). Andererseits ließe sich auch der Bedeutung ›unfruchtbar, wüst, ohne Ertrag‹ in unserem Zusammenhang Sinn abgewinnen, denn die Seuche – wenn denn der okkasionelle Nexus für den Hymnus zutrifft – rafft ja die Menschen dahin und stellt die Kontinuität der Generationen infrage, was metaphorisch in den Ausdrucksbereich ›Mißernte, Dürre‹ hinübergenommen sein könnte. Zur Problematik des Worts vgl. Y. Gerhard, LfgrE s.v. Erstaunlicherweise wird weder in den Lexika (LSJ, LSJ Suppl., DGE, Montanari) noch in den Abhandlungen zu ἀτρύγετος die Stelle aus I.Pergamon 324 berücksichtigt. Sie scheint die einzige zu sein, wo das Wort von Menschen oder Lebewesen gebraucht wird, und könnte darum einen Beleg für die Gebräuchlichkeit der bei Apollonios und

Die hierarchische Struktur, die Zeus als den Adressaten des Bitthymnus (V. 2f. 10) von den anderen Göttern begleitet sein läßt,[62] hat eine Parallele im Orakel, in dem gleichfalls Zeus eindeutig die Spitzenposition einnimmt[63] und die anderen Götter als Ζηνὸς γενέθλη eingeführt werden. Allerdings sind die Hymnen, die die vier Götter erhalten (V. 17-19), im Orakel doch sichtbar gleichwertig, während der inschriftlich erhaltene Zeus-Hymnus die anderen Gottheiten subsumiert; eigene Hymnen für sie sprengten damit das implizite theologische Konzept. Die vier Götter des Orakels – Zeus, Athene, Dionysos, Asklepios – kommen immerhin alle auch im Hymnus vor: V. 12 Asklepios als ἰητὴρ Παιήων wie in **Klaros 2**,6 εἰητῆρι παιήονι im Verbund mit Hygieia; V. 17 Athene, die wie in **Klaros 2**,18 Τριτογένεια heißt; V. 20ff. Dionysos, wo der Gottesname zwar ergänzt werden muß, aber die Schilderung eines Herrn der Jahreszeiten in den folgenden Versen doch recht klar auf ihn deutet.[64] Darüberhinaus sind freilich noch Gottheiten genannt, zu denen das Ritualprogramm im Orakel keine Entsprechung bietet: Eunomiê, Eustasiê (wohl für Eustathie), Eirene, Hera, Themis, Hermes und die Adrasteiai.

Eine auffällige Abweichung zwischen dem Orakeltext und dem Hymnus liegt aber gerade bei der Gestalt des Zeus: Im Orakel wird er sehr prominent mit dem lokalen Geburtsmythos in Verbindung gebracht und seine Verehrung damit als Poliskult gekennzeichnet, so daß man in der Hymne Bezüge auf lokalen Kult durch entsprechende Beinamen und zugehörige Aitia erwarten würde. Tatsächlich erscheint Zeus hier im aretalogischen Teil des Hymnos aber als universalistischer Gott mit henotheistisch konzipierter kosmologischer Qualität (V. 4-10), als Vater von Menschen und Göttern, Bewohner des Olymp, Schöpfergott.[65] Eine Einfärbung mit philosophischer Spekulation ist eindeutig erkennbar, wenn es von Zeus heißt (V. 7f.), er habe »*vormals das Schlechte vom Guten geschieden und allen Eintagsmenschen ausreichenden Nutzen an der Materie gewährt*«.[66] Wenn dieser Allgott dann auch (V. 21-25) als kosmischer Lenker des Jahreslaufs angesprochen wird, läßt sich das bei Macrobius aus Cornelius Labeo überlieferte henotheistische Orakel **Klaros 28** dazustellen.

Herodian genannten Bedeutung im Anschluß an τρύω auch außerhalb der innergrammatischen Diskussion liefern, wobei die Frage der historisch korrekten Etymologie nicht von Belang wäre.

62 V. 12 ἔλθε σὺν κτλ. mit der Reihe der folgenden Dative, die sich vermutlich bis V. 24 unmittelbar vor Abbruch des Textes erstreckt; vgl. zum noch ungelösten Problem von V. 20 vorläufig Merkelbach/Stauber ad loc.

63 Siehe den in drei eigenen Versen berichteten Geburtsmythos **Klaros 2**, 7-9: Nur Zeus wird so ausführlich behandelt.

64 Oder ist bereits wieder Zeus selbst gemeint, wie im Theologischen Orakel **Klaros 28**,4f.? Siehe auch hiernach. – Zu Athena Τριτογένεια unten S. 434-438 m. Anm. 261-275.

65 δημιουργὸς βίου] erg. Fränkel.

66 τῶν ἀγαθῶν γὰρ] φαῦλα διακρείνας πάρος ὕλης | [πᾶσιν ἔδωκας χ]ρῆσιν ἐπάρκιον ἡμερίοισιν 7f.

Auf den ersten Blick scheint sich also eine erhebliche Spanne zwischen dem ganz in den hergebrachten Formen des Poliskults verbleibenden Ritualprogramm, das das Orakel anordnet, mit seiner Kombination aus Hymnen, Opfern, Gebeten und Libationen und der in philosophischer Manier ins Kosmologische gehobenen Gottesvorstellung des Hymnos aufzutun. Während man darum zunächst zögern wird, den in V. 17 für Zeus geforderten Hymnus mit dem uns bekannten Zeus-Hymnus zu identifizieren, muß auf den zweiten Blick vielleicht ein gleichberechtigtes Nebeneinander von Mythologie, Rituellem und philosophischer Spekulation im Lichte der ›Theologischen Orakel‹ weniger verwundern. Jedenfalls trägt die lange aretalogische Passage in der Apostrophe des Zeus (V. 3-9) überhaupt Züge, die eine gewisse Nähe zu den Aussagen der ›Theologischen Orakel‹ über den Allgott Zeus aufweisen, die zeitlich durchaus nicht entfernt von unserem pergamenischen Orakel sein müssen. Dann wäre dies bereits ein Hinweis auf die bemerkenswerte Flexibilität, mit der die Orakelpriester in Klaros unterschiedliche theologische Konzepte, die sie aus dem Umfeld ihrer Klienten bezogen, in Anpassung an die jeweilige Situation zu integrieren vermochten.

Die inhaltlichen und stilistischen Übereinstimmungen sind also unübersehbar,[67] doch sollten die konzeptuellen Differenzen daran erinnern, daß es λιταί in Form von Götterhymnen bei vielen Anlässen und aus verschiedenen Gründen gegeben haben kann.

Als nächsten Punkt in seinen Ritualvorschriften führt der Gott aus, die Jungmannschaften, hier ἠίθεοι χλαμύδεσσι ἀμφέμμενοι genannt, sollten während sieben Tagen[68] Opfer verrichten und das zugehörige Festmahl halten,[69] wozu der Gott im einzelnen folgende Regelungen nennt: Athena erhält Schenkelstücke (μῆρα) eines zweijährigen Kalbs, das rein und ἄζυγος ist, das also entweder ›noch nicht begattet hat‹[70] oder das ›noch nicht ins Joch gespannt worden ist‹ (und darum noch ›rein‹ ist); Zeus, Dionysos und Asklepios bekommen jeweils Schenkelstücke eines dreijährigen Ochsen.

Die die Opfer begleitenden Libationen sollen jeweils mit einem Gebet an die Unsterblichen um Abzug der Seuche weg zu einer fremden oder feindlichen Stadt verbunden werden.[71] Das hierin aufscheinende Ritual der ἀποπομπή von Übeln oder Gefahren zu Gegnern ist auch sonst in den antiken Religionen ebenso wie in den altorientalischen Kulturen nicht un-

---

67 Vgl. auch zuvor Anm. 61 zu ἀτρύγετος.

68 ἑπτὰ εἰς ἤματα V. 20: Hierin ist sicher die heilige Zahl Apollons zu erkennen.

69 V. 24 ῥέζοντες προτιτύσκετε δαῖτα: das episierende προτιτύσκω ist neu (bei Homer aber stets das Medium τιτύσκομαι), zu τεύχω.

70 So verstehen Merkelbach/Stauber, Klaros ad loc.

71 V. 28f. ὡς τηλουρὸν ἐς ἐχθοδαπῶν χθόνα φωτῶν | ἐκτόπιος προνέοιτο --: Hier bricht der Text ab.

bekannt[72] und stellt strukturell gleichsam die Umkehrung der aus der römischen historiographischen Überlieferung bekannten *evocatio* der Götter einer belagerten Stadt dar.[73] Dieses Theologumenon steht aber in den uns bekannten Orakeln, die in Krisensituationen ergangen sind, bis jetzt allein.

Im Duktus des im Orakel entwickelten rituellen Ablaufschemas wird an dieser Stelle bereits die Überwindung der Krisensituation ins Auge gefaßt, im Anschluß an den Höhepunkt der Ritualsequenz, der in dem von genauen Vollzugsanweisungen strukturierten siebentägigen Opferfest liegt, und damit als Vorwegnahme der Lösung der Bedrängnis, die die Empfänger des Orakelspruchs aus der Steigerung des kollektiven rituellen Handelns im Fest für die Stadtgottheiten erwarten dürfen. Die rhetorische Gestalt des Textes würde darum mit diesem Gedanken auch einen Abschluß des Bescheides nahelegen, aber dies muß ungewiß bleiben.

Einordnung des pergamenischen Orakels in die Gruppe der ›Pestorakel‹. Motive für die Aufstellung des Bescheids als Inschrift in Pergamon. Stilistik des Versorakels. Rekonstruktion der Anfrage. Typologie der angerufenen Götter und der zugehörigen Rituale. Das Opferfest als Gegenwelt zur Bedrohung. Das Wissen Apollons über die kultischen Verhältnisse der Stadt und sein Ursprung.

Im Orakel für Pergamon haben wir den in unserer Dokumentation zu den klarischen Konsultationen einmaligen Befund, daß sowohl das Gesandtschaftsprotokoll – in der Form des Aufstellungsbeschlusses der Polis – als auch der Orakelbescheid – als Ausführung dieses Dekrets – erhalten und sogar zusammen auf derselben Stele überliefert sind. Es gehört, wie die Mehrzahl der uns für Klaros bekannten Orakel, zur Gruppe der von einer offiziellen Delegation einer Stadt im Heiligtum erbetenen Bescheide,

---

72 Vergleichsmaterial für ἀποπομπαί/ἐπιπομπαί: Soph. Oed.R. 190-197 (dort auch ἄπουρος 194, h. τήλ-ουρος V. 28); Dio Chr. 48 (31 v. Arnim/Budé), 5 (εἰς ἐχθρῶν κεφαλάς τρέποιτο); Hor. Carm. 1,21,13-16; Philipp. Thessalon. Anth. Pal. 6,240; H. Orph. 36,16. Unter dem Stichwort des »Gebetsegoismus« grundlegend behandelt von O. Weinreich, Gebet und Wunder: zwei Abhandlungen zur Religions- und Literaturgeschichte, in: Genethliakon: Wilhelm Schmid zum 70. Geburtstag am 24. Februar 1929, Tübinger Beitr. z. Altertumswiss. 5, Stuttgart 1929, 169-464, h. 175-194 (wieder in: ders., Religionsgeschichtliche Studien, Darmstadt 1968, 1-298, h. 13-32); vgl. auch E. Fraenkel, Horace, Oxford 1957, 410f. – Huber, Seuchenabwehr 141 Anm. 360, verweist auf die hethitischen Parallelen, die sie ebd. 53-61 vorstellt.

73 Neue Überlegungen zu diesem vieltraktierten Gegenstand der römischen Religionsgeschichte bei A. Blomart, Die *evocatio* und der Transfer ›fremder‹ Götter von der Peripherie nach Rom, in: H. Cancik/J. Rüpke (Hg.), Römische Reichsreligion und Provinzialreligion, Tübingen 1997, 99-111. (Die *thèse* des Verf. zu diesem Thema an der École Pratique des Hautes Études, Paris, ist noch unpubliziert.) Er behandelt auch ein neues Zeugnis für eine *evocatio* in Kilikien (Ann Ép 1977, 816), während man bisher immer davon ausgegangen war, daß dieses Ritual nur in Italien eine Rolle gespielt habe. Auch ist damit aufgezeigt, daß eine *evocatio* nicht nur im Rahmen einer militärischen Operation vorgenommen wurde.

ein Gesandtschaftsorakel im Unterschied zu den in sehr viel geringerer Zahl für Klaros überlieferten Orakel für Privatpersonen.[74] Anders als in den noch zu betrachtenden Zeugnissen aus der Gruppe der ›Pestorakel‹ wird im pergamenischen Text kein Versuch einer Ursachenerklärung für die Notlage unternommen.[75]

Hier wie in den meisten anderen Fällen der inschriftlichen Aufzeichnung der Orakelbescheide in den Heimatstädten der Konsultanten, wie es für die klarischen Orakeltexte typisch ist, können wir nur *e silentio* schließen, daß die Notlage überwunden und diese ›Rettung‹ von den Beteiligten als Rettung durch die Gottheit und Resultat der genauen Befolgung der vom Gott ergangenen Weisungen verstanden wurde. Der Ehrenbeschluß für die Gesandten, der am Anfang unseres Textes noch bruchstückhaft zu erkennen ist, konnte wohl nur vor dem Hintergrund der besiegten Seuche gefaßt werden. Ganz offensichtlich interpretierte man dies als ein Zeugnis für die Vertrauenswürdigkeit der Worte Apollons und die korrekte Ausführung seiner Anordnungen durch die Bürgerschaft, als deren Ergebnis man die Gefahr hatte hinter sich lassen können.

Die homerisierende Sprache ist typisch für die hexametrischen Orakeltexte, so daß man dem episierenden Stil immer wieder in unserem Corpus begegnet; ebenso die mythologische Gelehrsamkeit, mit der die Orakeldichter ihre Texte ausgestalteten und die durch die episierende Form bereits nahegelegt war. Überhaupt ist das Orakel für Pergamon mit seinen 29

74 Inschriftlich bloß **Klaros 19**, wobei dort, streng genommen, eine Familie und nicht eine Einzelperson anfragt, sodann die literarisch bezeugten Orakel für Ailios Aristeides (**Klaros 21**) und Oinomaos (**Klaros 22**) – bei letzterem mit allen Problemen der Authentizität zumindest im Hinblick auf den erzählerischen Rahmen und die dort vorgenommene Kontextualisierung (siehe oben Kap. 1, Anm. 15). Ganz anders ist die Überlieferungslage in Didyma, wo umgekehrt Poliskonsultationen nur in geringem Maße bekannt sind. Man wird aber fragen dürfen, ob in Klaros nicht ebensosehr auch Privatkonsultanten vorgelassen wurden, deren Anfragen aber nicht dokumentiert sind: Auch bei den aufwendigen Orakeln, die Apollon für Städte gab, erfolgte ja in Klaros selbst keine Archivierung noch war es offenbar üblich, daß die Konsultanten im nachhinein eine Stele mit dem Orakel als Dedikation im Heiligtum setzen ließen. Es handelt sich vielmehr um Monumentalisierungen, die die konsultierenden Städte bei sich vornehmen ließen und im eigenen städtischen Raum sichtbar machten. Umso wahrscheinlicher ist, daß Privatkonsultanten im Regelfall auf eine Kodifikation ihres Orakels auf Stein verzichteten, da sie die Mittel dazu nicht aufbringen konnten oder wollten. Mit Funden solcher privaten Bescheide auf Stein wird man darum in Klaros kaum rechnen können, und die literarisch dokumentierten Fälle sind eben im Regelfall nicht ohne Vorbehalt zu benutzen, da die Wiedergabe von Orakeln dort im Kontext der literarischen Darstellungsabsicht gesehen werden muß. Im Unterschied dazu gehen in Didyma die Steininschriften von Einzelpersonen weit überwiegend auf das Konto einer für uns auch prosopographisch gut faßbaren sozialen Elite der Stadt Milet, bei der die Dokumentierung der persönlichen Nähe zum Gott des Didymeions zur gruppenspezifischen bürgerlichen Selbstdarstellung gehörte. Vgl. nochmals u. S. 264-266 m. Anm. 649f.

75 **Klaros 4**,1 χθὼν ἱερὴ κοτέουσ' ὃν ἐμοὶ κατέπεφνον ὀιστοί; **Klaros 8** mit der bildhaften Ausmalung des Wütens des personalisierten Λοιμός. Ähnlich drastisch, soweit erkennbar, **Klaros 9**,9-14 mit der Verbannung des Pestdämons in den Tartaros als Wirkung des Rituals. **Klaros 11** mit ›magischer‹ Aitiologie, 9 μάγου κακοτῆια τέχνης. Vgl. Parke, Apollo in Asia 155f.

erhaltenen Versen und einer unbestimmten Menge fehlenden Texts am Ende ein eindrückliches Beispiel für die langen Versorakel, die gerade im klarischen Material ein Schwergewicht bilden.

Wie meist in Klaros, ist die Anfrage, welche die *theoria* dem Gott stellte, nicht überliefert. Aber aus den Hinweisen auf das »*Heilmittel*«, das Apollon gegen die Bedrohung zu geben verspricht,[76] wird man schließen dürfen, daß man anfragte, welche Hilfe der Gott gegen die Seuche nennen könne; vielleicht noch präziser, welche Götter zu verehren seien, um der Notlage zu entrinnen. Daß Asklepios als Sohn des Apollon in der Bedrohung durch eine Epidemie helfen soll, ist naheliegend; in anderen Texten aus der Gruppe der Pestorakel trifft man Apollon selbst in der Funktion als Übelabwehrer mit Pfeil und Bogen an, wie noch zu sehen sein wird.[77] Die Aufstellung von Statuen des Gottes fehlt in Pergamon wohl aus Rücksicht auf die seit dem 2. Jh. n. Chr. vorherrschende Funktion des Apollon-Sohnes in der Stadt als Schutzgottheit.[78]

Die vom Gott vorgeschlagenen rituellen Maßnahmen ziehen alle wichtigen Register des klassischen ›olympischen‹ Kults: Hymnen, Opfer, Libationen und Gebete. Dies unterscheidet den Bescheid von den anderen ›Pestorakeln‹, wo, wie noch zu zeigen ist, Elemente chthonischen Rituals hervortreten, in einem Fall auch der Magie entlehnte Deutungsmuster und daraus abgeleitete Ritualbausteine genutzt werden. Bemerkenswert ist in Pergamon die aufwendige sprachliche Gestaltung der Benennungen der Vier-Götter-Gruppe, der die Rituale gelten sollen, mit mehrfachen Variationen, die eine ganze Reihe von Kultnamen und mythologischen Titeln aufführen: Damit soll offensichtlich die Bedeutung dieser Hauptgötter der Stadt für ihre Rettung unterstrichen werden. Daß die Hymnen für die vier Götter in stringenter Symbolik auf vier Gruppen von Ephebenchören aufgeteilt werden, unterstreicht die Konzentration des sorgfältig ausgearbeiteten Rituals auf die zentralen Kulte Pergamons.

Neben Zeus und Asklepios, wie bereits ausgeführt, gilt diese Einordnung auch für Athena und Dionysos: Athena war seit dem 3. Jh. v. Chr. prominent auf dem Burgberg und lange Zeit Hauptgöttin der Stadt, wie die pergamenischen Panathenäen und später die Nikephoria anzeigen.[79] Dionysos ist in Pergamon vor allem der Gott des Theaters und der dionysischen Techniten,[80] was die mutmaßliche Lage seines Heiligtums auf der

---

76 V. 10 ἄλκαρ, 27 λοιμοῖο … ἄκος ἐσθλόν.

77 **Klaros 4**, **8**, **9**, möglicherweise auch **10**.

78 Unten Anm. 86. Siehe V. 12f. τὸ δ' ἐμῶι κεχαρισμένον ἔσται | υἱέι.

79 Ohlemutz, Pergamon 16-59. Reorganisation der Nikephoria unter Eumenes II. in der ersten Hälfte des 2. Jh. v. Chr.: L. Robert, Notes d'épigraphie hellénistique, BCH 54 (1930) 322-351 = OMS 1,141-170, h. 332ff. = 151ff.; C.P. Jones, Diodoros Pasparos and the Nikephoria of Pergamon, Chiron 4 (1974) 183-205, h. 184ff.; D. Musti, I Nikephoria e il ruolo panellenico di Pergamo, RivFilol n.s. 126 (1998) 5-40. Münzprägung: A.S. Faita, The Medusa-Athena Nikephoros coin from Pergamon, in: Deacy/Villing, Athena 163-179, bes. 172f. 175-179.

Theaterterrasse erklärt,[81] und war über die Festkultur mit dem attalidischen Herrscherhaus verbunden gewesen;[82] auch im kaiserzeitlichen Pergamon spielte der Gott damit für das städtische Selbstverständnis eine wichtige Rolle.[83] Es gibt trieterische Feste genauso wie μυστήρια des Dionysos, die miteinander in Beziehung stehen.[84] Obwohl der Gott in den Inschriften stets den Beinamen Καθηγεμών trägt, kann er dennoch mit dem Εἰραφιώτης unseres Orakels identifiziert werden, da dieser Beiname als gelehrtes mythologisches Element der Orakeldichtung gelten muß.

Die geforderten Opfer gehen über das Maß der meisten anderen Orakelbescheide hinaus. Sie sind zwar nicht selbst gezählt, wie es in einem

---

80 Dionysos in Pergamon: H. v. Prott, Dionysos Kathegemon, AthMitt 27 (1902) 161-188; Ohlemutz, Pergamon 90-122; D. Musti, Il dionisismo degli Attalidi: antecedenti, modelli, sviluppi, in: L'association dionysiaque dans les sociétés anciennes, Coll. de l'École française de Rome 89, Rom 1984, 105-126; H. Müller, Ein neues hellenistisches Weihepigramm aus Pergamon, Chiron 19 (1989) 499-553, h. 539-553. Das von Müller publizierte Epigramm für die Weihung eines Satyrn bietet den jetzt frühesten sicheren Beleg für einen ausgeprägten Dionysos-Kult in Pergamon, nämlich schon in der zweiten Hälfte des 3. Jh. v. Chr.

81 Ohlemutz, Pergamon 103-107.

82 Dazu S. Aneziri, Die Vereine der dionysischen Techniten im Kontext der hellenistischen Gesellschaft: Untersuchungen zur Geschichte, Organisation und Wirkung der hellenistischen Technitenvereine, Historia Einzelschr. 163, Stuttgart 2003, 104-109 (Bull. ép. 2006, 138); W. Burkert, Bacchic teletai in the hellenistic age, in: Th. Carpenter/Ch.A. Faraone (Hg.), Masks of Dionysos, London 1993, 259-275, h. 264ff.; Musti (wie Anm. 80) 111-119. Siehe auch L. Robert, BCH 108 (1984) 495f. = DAM 483f., Anm. 41: »L'association était liée à la monarchie. Elle cultiva les rois et les rois la cultivèrent. Cette alliance avec ceux qui étaient professionellement les fidèles du dieu du théâtre était normale, dans l'intérêt que portait la dynastie à l'art et à la littérature ... Dionysos Kathégémôn à Pergame était le dieu du théâtre et de la littérature, le dieu des fêtes favorisé par la monarchie". Zentrale Quellen sind die Königsbriefe Attalos' II. und Attalos' III., I. Pergamon 248 = OGIS 331 = Welles, Royal Correspondance 65-67 (s. hiern. Anm. 84). – Seit Prott (zuvor Anm. 80; im Anschluß daran Ohlemutz, Pergamon 92-96, und andere) war vielfach die These vertreten worden, Dionysos sei als der Stammvater der Attaliden, ἀρχηγὸς τοῦ γένους und ἀρχηγέτης, verehrt worden. Dies wird inzwischen mehrheitlich abgelehnt: vgl. Robert, ebd.; bereits ders., Études anatoliennes 25f.; Müller, Weihepigramm 541-543. 551f.; Scheer, Vorväter 131ff.; Aneziri ebd. 105f.

83 Aneziri (wie vorige Anm.) 85f.; Ohlemutz, Pergamon 108f. 116f.; Müller, Weihepigramm 546-551. Inschriftliche Zeugnisse: I.Pergamon 317-320. 384. 485f.

84 Der Priester des Dionysos Kathegemon hat seine Hauptaufgabe in der Durchführung der μυστήρια, wie die Bestellung des Athenaios S. d. Sosandros in dieses Amt durch Attalos III. zeigt, I.Pergamon 248,38f. = Welles, Royal Correspondance 66,13f. Βάκχοι τοῦ εὐάστου θ[εοῦ errichten dem Eumenes II. nach dessen Tod einen Altar, AthMitt 27 (1902) 94f. Nr. 86. Ein Verein von βουκόλοι, der sich dem Kult des Dionysos Kathegemon und seiner Mysterienfeier widmet, ist für das 2. Jh. n. Chr. belegt, I.Pergamon 485 (θεῖα μυστήρια 6). Diese Dionysosverehrer tanzen am trieterischen Fest des Gottes, AthMitt 24 (1899) 179 Nr. 31, 6f. οἱ χορεύσαντες βου[κόλοι τὴν ἐπ'] αὐτοῦ τριετ[ηρίδα. Vgl. Luc. Salt. 79, der explizit von Ionien und Pontos spricht, wo sich εὐγενέστατοι καὶ πρωτεύοντες ἐν ἑκάστῃ τῶν πόλεων an den Dionysos-Festen den bakchischen Tänzen hingäben; dazu Prott (wie Anm. 80) 185. Inzwischen ist in Pergamon ein ἀρχιβουκόλος schon in augusteischer Zeit bezeugt, ArchAnz 1979, 322f.; vgl. Müller, Weihepigramm 547: »Der Fund legt ... die Vermutung einer verhältnismäßig stark ausgeprägten Kontinuität der Kultformen und damit auch der Wesensmerkmale des Gottes von seinen Ursprüngen in der Königszeit ... nahe.«

Opferkalender der Fall wäre, aber ihre Menge läßt sich aus der Bestimmung, daß eine ganze Woche lang ein Opferfest mit Libationen und Gebeten gehalten werden soll, anschaulich ermessen. Darin wird man die Inszenierung einer Gegenwelt zu der bedrängten realen Lebenslage erkennen, die die Sphäre der Götter in die ihnen durch Abstammung und Kult zugewandte Polisgemeinschaft holt: Gerade jetzt, im Angesicht der Gefahr für die Stadt, soll in Fest und Opferreichtum den Göttern überreiche Ehre erwiesen, die Verbindung zu den die Gemeinde beschützenden Mächten gestärkt und so ein faßbares, konkret erfahrbares Gegenmodell zur Ausgangslage geschaffen werden. Die dafür notwendigen Ressourcen bereitzustellen, kann der Stadt in der durch die Seuche zugespitzten Situation mit der ohne Zweifel einhergehenden Lähmung des öffentlichen und ökonomischen Lebens nicht leichtgefallen sein.

Es fällt auf, wie detailliert das Orakel auf die kultischen Gegebenheiten und die damit verbundene lokale Mythologie der anfragenden Stadt eingeht, was sich besonders an der Variante des Geburtsmythos des Zeus zeigt, die nur von Pergamon beansprucht werden konnte. Die Erwähnung der Kabiren im Kontext des Rituals, das den Epheben – die ja auch bei der Orakelkonsultation selbst durch die begleitenden Hymnenaufführungen im Vordergrund standen – eine herausgehobene Rolle zudachte, läßt sich als ein klarer Verweis auf die mit der Ephebie verknüpften Kabiren-Mysterien in Pergamon erkennen.[85] Ähnliches kann über den Platz des Asklepios unter den zu begünstigenden Göttern in den Weisungen des Orakels gesagt werden, dessen bedeutende Stellung im pergamenischen Kult gerade für die Zeit, aus der unsere Inschrift stammen dürfte, gut dokumentiert ist.[86]

Wenn sich also so genau auf die lokal vorhandenen kultischen Strukturen passende rituelle Lösungsansätze in dem Bescheid des klarischen Orakels finden, drängt sich die Frage auf, woher die Kultfunktionäre dieses lokal differenzierte theologische Wissen bezogen. Eine plausible Erklärung wäre, daß diese Informationen von seiten der Konsultanten in den Prozeß der Orakelerstellung eingeflossen sind,[87] denn gerade in Klaros,

85 Oben S. 60-62 mit Anm. 52-56.

86 V. 6 als einer der poliadischen Götter, V. 19 unter den Empfängern der Hymnen, V. 23 unter den Empfängern der Opferteile. Siehe oben S. 59 mit Anm. 43.

87 Diesen Vorschlag macht Várhelyi, Claros, passim (etwa: 15. 17. 19. 25); im gleichen Sinne F. Graf im Gutachten zur vorliegenden Arbeit. In **Klaros 4**,26f. könnten mit den εὖ ῥεξάντες ἄνδρες bzw. θεουδεῖς ἄνδρες die Mitglieder der Gesandtschaft nach Klaros von Apollon angesprochen sein, wenn er die Stadt ermahnt, diese *»nicht zu vergessen«*. Sind jedoch frühere (mythische?) Konsultanten der Stadt in Klaros gemeint, wird die Polis offenbar ermahnt, deren Heroenkult zu pflegen. Zu diesem Passus u. S. 113 m. Anm. 204. Trifft die Vermutung zu, wäre die Erwähnung der Gesandtschaft(en) im Orakelbescheid ein Indiz für die enge Beziehung zwischen Konsultanten und Kultpersonal.

Als hypothetisch muß die weiterführende Annahme von Várhelyi gelten (ebd. 15f.), die rituelle Praxis hinter diesen Texten in Form religiöser Interaktionen zwischen Kultpersonal und Konsul-

wo die Fragenden aus so zahlreichen, weit verstreuten und oft kleineren Poleis kamen,[88] ist es wenig wahrscheinlich, daß die Priester von sich aus über ein derart detailliertes Wissen zu den jeweiligen Panthea, aitiologischen Mythologien, Kulten und Festen verfügen konnten.

Man wird sich eingehenden Austausch zwischen den Theoren und dem Kultpersonal vorstellen, indem entweder die eigentliche Anfrage – die, wo wir sie in anderen Orakelkulten kennen, ja meist knapp war – mit erläuternden und begründenden Passagen ergänzt wurde oder aber der mehrtägige Aufenthalt der Gesandtschaft im Heiligtum Gelegenheit zu vertiefenden Unterredungen über Anlaß und Hintergrund der Konsultation bot: sei es im Zuge der Beherbergung und vorbereitenden Riten für die eigentliche Konsultation, sei es bei der μύησις in den unterirdischen Räumen des Heiligtums, die der Orakelerteilung mit der Verkündung und Ausgabe des versifizierten Textes voranging.

tanten sei ein »Verhandeln religiöser Unterschiede« (»a negotiation of religious differences«) gewesen. Dieses interpretativ-normative »Aushandeln« lasse sich aus der Tatsache schließen, daß fünf Texte zur selben historischen Situation jeweils unterschiedliche Begründungsmuster und kultische Anordnungen bieten (»the oracular responses do not follow one identical stance as far as the religious causes and cures for the plague are concerned« ebd.). Doch die mit Blick auf die Theologie der ›Pestorakel‹ vorgebrachte These, in einem solchen aitiologischen Diskurs hätten konventionell-›olympische‹ Deutungen und entsprechende Lösungen alternativen Interpretationen im ›magischen‹ oder ›chthonischen‹ Register gegenübergestanden, konstruiert einen Konflikt, der letztlich wieder auf der Prämisse einer religionsgeschichtlichen Entwicklungslinie aufruht, die von der klassischen ›olympischen‹ Religion mit ihren etablierten Ritualformen (Tieropfer, Hymnen, Gebete) über eine wahlweise ›chthonische‹ oder ›magische‹ Konzeption (Várhelyi betont die Verwandtschaft beider Symbolsysteme) zu einer spekulativ-philosophischen Form führt, wie sie dann in den ›theologischen‹ Orakeln aus Klaros in den spätantiken Sammlungen erscheint. Várhelyi folgt (unbeabsichtigt?) in der Forschung bereits kritisch hinterfragten Dichotomien, wenn sie dabei (ebd. 17) von »acceptable« vs. »non-acceptable religion« und von »cultural« vs. »counter-cultural« spricht. Siehe dazu noch einmal unten S. 208 m. Anm. 494 in der Besprechung von **Klaros 11** mit seinem ›magischen‹ Ritualbaustein.

88 In Didyma liegen die Verhältnisse durch die bevorzugte Verbindung mit Milet anders, obwohl die im zweiten Teil der Arbeit zu besprechenden (vermutlich) didymäischen Orakelbescheide für das karische Herakleia am Latmos und das lykische Sidyma ebenfalls genaue Kenntnisse der institutionellen Verhältnisse dieser Städte voraussetzen.

2.1.2 Eine Orakelsammlung aus Phrygien: Ein Pestorakel für Hierapolis und drei weitere Orakelfragmente in einer gemeinsamen Steinkodifikation

2.1.2.1 Sammelaufzeichnung und Aufstellung auf Geheiß Apollons

[κ]ατ ἐπιταγὴν θεοῦ [ἀ]ρχηγέτου Ἀπόλλ[ω]νος [τ]οὺς χρησμο[ὺς
. . .]λλιανὸς θ[. . .]εο [ὑπὲ]ρ ἑαυτοῦ [ἀνέγρ]αψε [

Auf Geheiß des Gottes, des Anführers und Gründers Apollon, hat ---llianos diese Orakelbescheide auf seinen eigenen Kosten aufzeichnen lassen.

Aus dem phrygischen Hierapolis[89] ist ein besonders interessantes Ensemble von Orakeltexten auf zwei Steinen erhalten geblieben, die bei den italienischen Ausgrabungen 1962/63 im Apollon-Tempel der Stadt[90] gefunden und von Giovanni Pugliese Caratelli 1965 veröffentlicht worden sind.[91] Die Inschriften haben in den Folgejahren intensive Diskussionen um Lesungen und Textverständnis nach sich gezogen.[92] Während der längste

89 Immer noch nützlich sind die Testimoniensammlungen zu Hierapolis bei Ramsay, Phrygia 1,1,122-124. 142f.; dems., Asianic elements in Greek civilisation, London 1928, 196-211. Siehe jetzt Boffo, Centri religiosi 267-275: »La riorganizzazione monarchica di centri religiosi: il caso di Hierapolis-Pamukkale«. – Zu Ramsays Bild der religionsgeschichtlichen Situation in Kleinasien und seiner weiteren Verbreitung sind die kritischen Anmerkungen von Robert, Laodicée 290 mit Anm. 3, wichtig, die der Nützlichkeit von Ramsays Quellenrepertorien keinen Abbruch tun. Vgl. dens., Villes 130 Anm. 0 (sic) und Hell. 3,58-64.

90 Carettoni, Tempio di Apollo; vgl. Verzone, Campagne 1962-64, 384f. 388f. Zu den bisherigen Ergebnissen der Ausgrabungen in Hierapolis, die noch andauern, siehe Verzone, Hierapolis di Frigia; D. De Bernardi Ferrero, Hierapolis, in: Berti, Scavi italiani 105-187; dies., La regina delle Ninfe: Hierapolis di Frigia, in: N. Aksoy (Hg.), Turchia antica, Rom 1998, 41-92; D'Andria, Hierapolis (zum Apollon-Tempel 136-141). D'Andria merkt ebd. 7 zu den laufenden Arbeiten an: »New extraordinary discoveries have also brought interest to the area where the sanctuary of Apollo is sited«, macht dazu aber leider im Führer noch keine näheren Angaben. – Die Entwicklung der Stadt im Lichte der archäologischen Befunde skizziert ders., Hierapolis of Phrygia: its evolution in Hellenistic and Roman times, in: D. Parrish (Hg.), Urbanism in Western Asia minor: new studies on Aphrodisias, Ephesos, Hierapolis, Pergamon, Perge and Xanthos, JRA Suppl. 45, Portsmouth, Rhode Island 2001, 96-115. – Während das Heiligtum in seinem jetzigen Zustand aus dem 2./3. Jh. n. Chr. stammen muß, deuten einige ältere Architekturfragmente, besonders zwei ionische und ein korinthisches Kapitell, auf einen älteren Vorgängerbau, siehe Verzone, Campagne 1962-64, 384f.; D'Andria, Hierapolis 136 mit Abb. 120.

91 **Klaros 3-7**: G. Pugliese Caratelli, *Chresmoi* di Apollo Kareios e Apollo Klarios a Hierapolis in Frigia, ASAA 41-42 (n.s. 25-26), 1963-64 [1965] 351-357. Danach West, Apollo Kareios; jetzt SGO 02/12/01.

92 [Div.], ParPass 21 (1966) 65-73; H. Lloyd-Jones/M.L. West, Oracles of Apollo Kareios, Maia 18 (1966) 263f., dazu Bull. ép. 1967, 582 (siehe noch 1968, 519; 1976, 669); Robert, Laodicée du Lycos 303 Anm. 6; ebd. 306; A. Henrichs, *Megaron* im Orakel des Apollon Kareios, ZPE 4 (1969) 31-37 (= Henrichs, Megaron); Robert, Oinoanda 610. 616 Anm. 8; G.E. Bean, Turkey beyond the Maeander: an archaeological guide, London 1971, 241; Robinson, Theological oracles 69-72. 74. 300f.; Robert, Motaleis 59-61 = OMS 7,563-565 Anm. 43 (s. hiern. S. 85-87 m. Anm. 124); Parke, Apollo in Asia 181-183; Lane Fox, Pagans 233-236. Nur ein kurzer Abriß

und in seinem überlieferten Teil weitgehend ohne Störungen erhaltene Text sich im wesentlichen gut verstehen läßt und ohne Zweifel in die Gruppe der ›Pestorakel‹ gehört, bleiben drei weitere hexametrische Texte in ihrer teilweise starken Fragmentierung in vieler Hinsicht rätselhaft, wiewohl Anzeichen dafür vorhanden sind, daß es sich auch bei diesen Stücken um Orakel handelt – und wenn das erste Orakel, **Klaros 4**, im klarischen Heiligtum ergangen ist,[93] dürfte dies auch für die weiteren in dieser Sammlung kodifizierten Orakelbescheide der Fall sein, die durch eine ihnen voranstehende Weihung vereinigt sind.[94]

Vor den Orakeltexten hält eine kurze Prosainschrift (**Klaros 3**[95]) fest, daß ein Bürger namens --]λλιανός *»auf Geheiß des Archegetes Apollon«* (κατ' ἐπιταγὴν θεοῦ ἀρχηγέτου 'Απόλλωνος) die Orakel, von denen dann zumindest die vier folgenden erhalten sind, auf seine eigenen Kosten (ὑπὲρ ἑαυτοῦ) habe aufzeichnen lassen. Der Kultanhänger Apollons, von dessen Namen wir nur den Schluß kennen, hatte also selber ein Orakel des Gottes erhalten, das ihn zur Monumentalisierung jener Bescheide aufforderte, die seiner Heimatstadt gegolten hatten. Wenn Apollon hier ἀρχηγέτης genannt wird, so ist das die im 2. Jh. n. Chr. wiederholt anzutreffende Bezeichnung des Gottes als Koloniegründer von Hierapolis,[96] wobei histo-

der Diskussion bei T. Ritti, Hierapolis: Fonti letterarie ed epigrafiche, Archaeologica 53, Rom 1985, 53f. (= Hierapolis 1). Zuletzt Várhelyi, Claros 18f.; kurz Huber, Seuchenabwehr 140.

93 Vgl. V. 18 Κλαρίου Φοίβου; dazu u. S. 77-79.

94 Vgl. den Plural [τ]οὺς χρησμο[ὺς in **Klaros 3**,1.

95 Die Zählung als eigener Eintrag im Corpus der klarischen Orakeltexte rechtfertigt sich dadurch, daß in dieser Inschrift von einem weiteren Orakel die Rede ist, das zur Aufzeichnung der nachfolgenden (in der zeitlichen Folge freilich vorausgehenden) Versorakel geführt hat.

96 Siehe Hierapolis 1,109. Belege vor allem in Beischriften von Münzbildern, siehe Boffo, Centri religiosi 274 m. Anm. 35f. Im Diazoma des Theaters eine Weihung mit einer Anrufung des Apollon Archegetes, CIG 3906 b = I.Hierapolis 2 = Ramsay, Phrygia 1,116 Nr. 22 = Hierapolis 1,114 Nr. 2. Weiterhin CIG 3905 = I.Hierapolis 4a = IGRom 4,808 = Hierapolis 1,108 (zu dieser Inschrift unten Anm. 145); I.Hierapolis 153 = Ramsay, Phrygia 1,115 Nr. 19, 5: Sarkophaginschrift mit Erwähnung eines Kollegiums der σημιαφόροι τοῦ 'Αρχηγέτου 'Απόλλωνος, denen der Grabherr ein ›Kranzgeld‹, στεφανωτικόν, zur alljährlichen Bekränzung des Grabes vermacht, siehe Judeich ad loc. und 129f. zu Nr. 195. Auf welches Ritual sich das Tragen von σημεῖα hier bezieht, ist nicht klar; s. aber Anm. 609 über das σημήϊον im Tempel der Atargatis im syrischen Hierapolis, das Luc. Dea Syria 33 als ξόανον ohne μορφή und Namen bezeichnet.
In derselben Grabung des Apollontempels von Hierapolis, die die Blöcke mit den Orakeln zutage gefördert hat, ist noch eine andere Weihung für Apollon Archegetes gefunden worden, die allerdings keinen eigenen Anhaltspunkt für die Identität dieses Apollon mit dem Gott von Klaros liefert: Carettoni, Tempio di Apollo 414f. mit Abb. 8; Bull. ép. 1967, 580. Interessanterweise weiht hier ein Decimus Iunius Pompeianus dem Apollon Archegetes eine Statue der Tyche, und zwar als er aus den Ämtern des στεφανηφόρος und ἀγορανόμος scheidet. Die eigenwillige Möglichkeit des antiken Polytheismus, einem Gott in dessen Heiligtum ein Bild einer anderen Gottheit zu weihen, reflektiert die komplexen Strukturformeln einer flexiblen Anordnung von Göttergestalten im Kult wie im Mythos. Dazu noch einmal unten S. 194 m. Anm. 444. Daß Weihungen beim Ausscheiden aus einem öffentlichen Amt als Dankesleistungen vorgenommen werden, ist eine weit verbreitete Vorgehensweise in den griechischen Städten und möglicherweise auch für den hierapolitanischen Bürger, der die Orakelinschriften in Auftrag gegeben hat, anzunehmen, s. hiern.

risch kaum zu entscheiden ist, ob die Gründung der Stadt auf Initiative der Attaliden in Pergamon oder schon vorher der Seleukiden erfolgte[97] – Apollon käme in beiden Fällen als einer entscheidenden Bezugsgottheit der Dynastie eine herausragende Rolle zu.[98]

Wir wissen nicht, ob --llianos Privatmann und besonderer Verehrer des Gottes war und sich darum nach einem Besuch beim Orakel zu dieser kostspieligen Inschriftensetzung entschlossen hat oder ob er die Kodifikation aufgrund eines öffentlichen Amtes veranlaßt hat, das ihn in Verbindung mit dem Orakelkult stellte. Vielleicht haben wir in ihm sogar den Abgesandten der Stadt zu sehen, der an der Spitze der *theoria* aus Hierapolis in Klaros eines oder alle der folgenden Orakel erbeten und die begleitenden Rituale durchgeführt hat. Auf dem Stein folgte möglicherweise auf seinen Namen eine Amtsbezeichnung oder aber das Patronym.[99] Daß die Setzung der Inschriften auf seine eigenen Kosten erfolgte, muß jedenfalls nicht ausschließen, daß sein Vorgehen im Zusammenhang mit einem öffentlichen oder religiösen Amt in Hierapolis stand, das er bekleidete bzw. bekleidet hatte. Im letzteren Fall wäre es der nicht seltene Umstand der Errichtung von Inschriften durch scheidende Beamte, die damit ihre Tätigkeit dokumentieren.

2.1.2.2 Opfer für die chthonischen Götter von Hierapolis, der Bogenschütze Apollon an den Stadttoren und Ephebenchöre in Klaros: Das ›Pestorakel‹

. . .
Χθὼν ἱερὴ κοτέουσ' ὃν ἐμοὶ κατέπεφνον ὀιστοί.
οὐ μοῦνοι λοιμοῖο δυσαλθέος οὐλομένῃσιν
κηραίνεσθε δυηπαθίαις, πολλαὶ δὲ πόληες
ἄχνυνται λαοί τε θεῶν ὀδυσημοσύνῃσιν.
ὧν ἀπαλεύασθαι κέλομαι χόλον ἀλγινόεντα

Daß Hierapolis die Stephanephorie kannte, ist aufschlußreich vor dem Hintergrund der Bezeichnung der Ephebenchöre als μόλποι in V. 23: dazu unten S. 110f.

97 Boffo, Centri religiosi 269 m. Anm. 10.

98 Die freilich im Falle von Hierapolis die Tatsache überdeckt, daß der eigentlich alte Kult der Stadt, der ihr dann bei der hellenistischen Gründung den Namen der »Heiligen Stadt« einbrachte, der der anatolischen Göttermutter gewesen ist, deren Kult in einem *alsos*-Heiligtum von Pluton und Charon situiert war (Boffo, Centri religiosi 267 m. Anm. 2). Dieser Kult war in der Antike namhaft, *locus classicus* ist Strab. 13,4,14 p. 629f.; vgl. dens. 12,8,17 p. 579 Casaubon; Dio Cass. 68,27,3; Plin. Nat.hist. 2,108; Apul. De mundo 17 (zur Rolle der Priester, vgl. Boffo ebd.); Amm.Marc. 23,6,18; Joh.Lyd. Ostent. 53. Mit weiteren Stellen zusammengestellt in Hierapolis 1,7-12, Komm. ebd. 13-15; vgl. auch Boffo ebd. Siehe hiern. zu möglichen Beziehungen der delphischen Mythologie zu Beginn der erhaltenen Partie des Orakels mit der lokalen Kultgeschichte in Hierapolis.

99 Erhalten ist θ[...]εο.

λοιβαῖς εἰλαπίναις τε τεληέσσαις θ' ἑκατόμβαις.
πρῶτα μὲν οὖν Γαίῃ παμμήτορι βοῦν ἀγελαίην
ἐς μέγαρον τετράγυιον ἅμ' εὐόδμοις θυέεσσιν
ῥέξαντες πυρὶ δαίσατ', ἐπὴν δέ μιν ἐξανύσῃ φλόξ,
λοιβῇσίν τε μελικρήτοις χθονί τ' ἀμφιχέασθε
πασσυδίῃ· μετέπειτά τ' ἀδαίετον Αἰθέρ[ι . .]ον
ῥέξατ' ἐπουρανίοις τε θεοῖς, τεθυωμένα πάντα.
Δηοῖ δ' ὡς ἔθος ὔμμιν ἐνερτερίοις τε θεοῖσιν
ἱερὰ ποιήσασθε μετ' εὐαγέεσσι θυηλαῖς,
ἥρωσίν τε χοὰς χθονίοις κατὰ τεθμὰ χέασθε.
Καρείου τε μέδεσθε διαμπερὲς Ἀπόλλωνος·
ἐκ γὰρ ἐμεῦ γένος ἐστὲ πολισσούχοιό τε Μόψου.
πάσαις δ' ἀμφὶ πύλαις Κλαρίου τεμενίξατε Φοίβου
τόξοις ἱρὸν ἄγαλμα κεκασμένον ὠλεσινούσοις,,
οἷον ὀιστεύοντος ἀναρδέα τηλόσε λοιμόν.
αὐτὰρ ἐπὴν μειλιξαμένων ἀπὸ κῆρες ἵκωνται,
παῖδας παρθενικῇσιν ὁμοῦ Κολοφῶνα νέεσθαι
μολποὺς σὺν λοιβῇσιν ἐφίεμα̣ι̣ ἠδ' ἑκατόμβαις
πορφρονέως, ἐπεὶ ἦ μάλα πολλάκις ὔμμε σαώσας
οὔτινος ἐκ δημοῖο λάχον μενοεικέο̣ς α̣ἶ̣σ̣α̣ν̣·
χρὴ δ' εὖ ῥεξάντων μηδ' ἀνδρῶν λήσμονας εἶναι.
ἣν ἔρδηθ' ὅσ' ἔοικε θεουδέσιν ἀνδράσι τεύχειν,
οὔποτ' ὀιζυρῇσιν ἐν ἀμπλακίῃσιν [ἔσεσθε,]
ἀλλ' ἀφνειότεροι καὶ σωότεροι νο . . .θ̣[
. . .

(Text nach Merkelbach/Stauber)

Übersetzung

…
die heilige Erde in ihrem Groll (wegen des Python), den meine Pfeile getötet haben.
Nicht allein werdet ihr von den furchtbaren Leiden der unheilbaren
Seuche bedrängt, denn viele Städte
und Völker klagen über den Zorn der Götter.
Deren schmerzbringenden Grimm fernzuhalten, heiße ich euch,
mit Gußspenden und Festschmäusen und vollkommenen Hundertopfern.
Zuerst nun opfert der Allmutter Erde eine Herdenkuh
in eine vierseitige Grube hinein zusammen mit duftendem Räucherwerk
und verbrennt sie im Feuer. Nachdem die Flamme sie vollständig verzehrt hat,
überschüttet sie mit Güssen von Honigwein und Erde
mit allem Eifer. Anschließend opfert dem Äther ein unzerteiltes …
und den himmlischen Göttern, alles mit Räucherwerk geröstet.
Für Demeter und die unterirdischen Götter vollzieht, wie es bei euch Brauch ist,
die heiligen Handlungen mit tadellosen Brandopfern,
und für die Verstorbenen unter der Erde bringt Güsse aus nach der Satzung.

Und denkt stets an Apollon Kareios:
Denn euer Geschlecht stammt von mir ab und von Mopsos, dem Beschützer der Stadt.
18 An allen Toren der Stadt errichtet einen Kultbezirk des klarischen Phoibos
mit dem heiligen Bild des Gottes, ausgezeichnet mit dem krankheitvertreibenden Bogen,
wie er mit seinen Pfeilen weit hinweg die dörrende Seuche schießt.
21 Wenn ihr dann aber die Götter besänftigt habt und die Unheilsmächte aus der Stadt ausgezogen sind,
sollen die Jungen gemeinsam mit den Mädchen nach Kolophon reisen
als Chorsänger – so meine Anordnung – und dabei Spenden und Hundertopfer darbringen
24 mit willigem Eifer: Habe ich euch doch oft schon gerettet
und dennoch überhaupt nicht den erwünschten Teil am Opferfett erhalten.
Ihr dürft aber auch die Männer nicht vergessen, die Gutes geleistet haben.
27 Wenn ihr aber vollbringt, was für gottesfürchtige Männer zu tun recht ist,
werdet ihr euch niemals mehr in unheilvollen Irrtum verstricken,
sondern in Wohlstand und Sicherheit leben …

Die Aitiologie des Unheils. Delphischer Mythos und lokale Kulttransformationen. Apollon Klarios, Apollon Pythios, Apollon Archegetes, Apollon Kareios. Die Frage der Einheit der göttlichen Person. Überlagerungen der göttlichen Gestalten Apollons in Mythos und Kult. Der Seher Mopsos in den Gründungsmythen von Hierapolis. Hinweise aus dem Fundzusammenhang des Monuments. Hinweise der Münzbilder und der antiken Lokalgeschichtsschreibung.

An der Stelle, wo unser Text von **Klaros 4** einsetzt, lesen wir offenbar gerade noch das Ende der Aitiologie der Seuche, die die Stadt Hierapolis zum Zeitpunkt der Konsultation bedroht: Es wird eine Verbindung zwischen dem delphischen Gründungsmythos der Tötung des Python-Drachens durch die Pfeile Apollons und dem daraus entstandenen Zorn der Gaia, Mutter des Python, hergestellt, als dessen Äußerung der jetzige λοιμός zu verstehen sei (V. 1).[100]

100 Die grundsätzliche Bedeutung dieser aitiologischen Verknüpfung hebt Lane-Fox, Pagans 233, hervor: »This explanation is of great interest: it referred the present calamity to a distant episode of myth, a thousand years and more in the Greeks' prehistory«. Doch gibt es auf der Ebene der mythischen Theologie in diesem Text auch ernsthafte Kohärenzprobleme, siehe im Anschluß und unten S. 91-93. Weiter ist der Einwand zu bedenken, daß die Inschrift zu Beginn unvollständig ist und V. 1 auch eine längere mythologische Erzählung abschließen könnte, deren argumentativen Zusammenhang wir nicht mehr erkennen. Dadurch könnte sich tatsächlich eine andere narrative Funktion für den delphischen Mythos ergeben, der dann nicht unbedingt als Aitiologie für die Anfragesituation dienen müßte. Dennoch scheint die vorgeschlagene Deutung mit Blick auf den erhaltenen Gesamttext und seine pragmatische Dimension durchaus plausibel und sollte beibehalten werden. Dafür spricht nicht zuletzt die Verwendung der (impliziten) 1. Person, die die Kon-

Möglicherweise nimmt diese Aitiologie auch Bezug auf die Geschichte der Kulte in Hierapolis: Die Ablösung des alten, autochthonen Hauptkultes der chthonischen Göttermutter im Zuge der hellenistischen griechischen Kolonisation durch Apollon als Polisgott von Hierapolis konnte in der Form der mythischen Aitiologie mit dem delphischen Mythos der Überwindung des Python-Drachens, der ja der Sohn der Gaia war, durch Apollon in eins gesetzt oder wenigstens parallelisiert werden. Einen sichtbaren Beweis für diesen Zusammenhang konnten die Hierapolitaner in der Tatsache sehen, daß sich der Apollon-Tempel über dem Plutonion erhob, in dem die chthonischen Gottheiten um die anatolische Göttermutter verehrt wurden.[101] Doch entziehen sich die kultgeschichtlichen Entwicklungen der hellenistischen Periode der Stadt bislang einer sicheren Rekonstruktion.

Auffällig ist bereits an dieser Stelle, daß der Gott hier vom Mythos des delphischen Apollon Pythoktonos in der 1. Person sprechen kann, obwohl das Orakel allen Anzeichen nach in Klaros ergangen ist. Damit liegt möglicherweise ein Beispiel dafür vor, daß namensgleiche Götter verschiedener Epiklesen als *eine* Person mit *einem* umfassenden Mythos[102] aufgefaßt werden konnten. Lohnend wäre nun eine Untersuchung, ob die mythologische Identifikation verschiedener Epiklesenträger auch die in der kultischen Praxis nach sich ziehen konnte.

Freilich könnte eine solche Überlagerung auf Fälle beschränkt gewesen sein, in denen die Ausstrahlung eines bestimmten Mythos so stark und »panhellenisch« war, daß er leicht usurpiert werden konnte oder doch seine Inanspruchnahme von vornherein nahelag. Dies bot sich im Fall des delphischen Apollon und der Aitia seines über den ganzen griechischen Raum ausstrahlenden Kults sicher an. Seine Attraktivität für die verschiedensten Poleis bezeugen die zahlreichen lokalen Kulte und Feste, die aufgrund der Sanktionierung durch ein delphisches Orakel den Titel Πυθό-

---

tinuität zwischen der mythischen Referenz (ὃν ἐμοὶ κατέπεφνον οἰστοί) und der Orakelweisung (5 ὧν ἀπαλεύσασθαι κέλομαι χόλον ἀλγινόεντα) herstellt.

101 So die Argumentation von Weber, Pythoktonos; zustimmend Hierapolis 1,134. Zur Lage des Apollon-Tempels Boffo, Centri religiosi 274; G.E. Bean, Hierapolis, in: Princeton Encyclopedia of classical sites, Princeton 1976, 391f.; D'Andria, Hierapolis 136.

102 Man müßte präziser formulieren: mit einem Mythenkomplex, der in seinen (prinzipiell beliebig zahlreichen und beliebig divergenten) Varianten und Ausprägungen der – meist lokal differenzierten – Einzelmythen dennoch auf *eine* identische göttliche Person bezogen wurde. In diesem Zusammenhang ist an die grundsätzlichen Hinweise von West, East face of Helicon 54f., zu erinnern: »An ancient god is a complex entity, a compound made up from some or all of the following: a name, or rather, a cluster of names and titles; a poetic persona; a mythology; an iconography; a constituency [also eine politische »Körperschaft«, die von einer Gruppe von Anhängern gebildet wird], defined by geographical or social factors; a set of prompts, I mean situations and occasions when the god is brought to mind; a ›dromenology‹, that is, a repertory of cult activities.« Die Synchronizität dieser Komponenten wird überlagert von der historischen Wandlung der Gottesgestalt in Akkulturationsprozessen. West exemplifiziert dies eben an der Figur Apollons.

χρηστος für sich beanspruchten. Dieser Frage, die für das angemessene Verständnis des Orakels aus Hierapolis nicht unwesentliche Bedeutung besitzt, ist im folgenden noch näher nachzugehen.

Die Zuweisung der Orakel an Apollon Klarios ist freilich im Text selbst nicht völlig eindeutig. Nimmt man nämlich die schon besprochene Titularinschrift **Klaros 3** und das Pestorakel **Klaros 4** zusammen, so spielen insgesamt vier Epiklesen Apollons eine Rolle:[103]

(1) Apollon Archegetes, der nach **3** die Aufzeichnung der Orakel angeordnet hat; nicht klar wird aus der Formulierung, ob er sich auch als Autor dieser Bescheide identifiziert hat; (2) der delphische Apollon Pythios, auf den mit **4**,1 verwiesen ist, wobei das mythische Paradigma ›Apollon tötet den Sohn Gaias, Python, mit seinen Pfeilen‹ als Aition für die gegenwärtige Seuche (»Zorn der Erde«) herangezogen wird; (3) Apollon Klarios, für den (a) Standbilder im Typus des Bogenschützen an den Stadttoren aufgestellt werden sollen (**4**,18-20) und (b) Ephebenchöre in Klaros Hymnen singen und Opfer darbringen sollen, und zwar als Dankesleistung nach Überwindung der Seuche (**4**,21-25); (4) Apollon Kareios, für den in V. 16 mit besonderem Nachdruck Kult gefordert wird.

Vom klarischen Apollon wird ebenso wie von Apollon Kareios in der 3. Person gesprochen (**4**,16. 18); der orakelgebende Apollon sagt jedoch in der 1. Person, die Hierapolitaner führten sich auf ihn und Mopsos zurück, spricht aber wiederum auch in der 1. Person von der mythischen Tat des pythischen Apollon, die als Grund für die Seuche genannt ist. Schließlich werden aber die Opfer in Klaros damit begründet, daß *»ich euch so oft gerettet und dafür nicht den gebührenden Dank erfahren habe«*. Weder aus dem Text von **3** noch dem eigentlichen Orakel in **4** selbst wäre strenggenommen schon bewiesen, daß es sich um den klarischen Apollon handelt, der das Orakel erteilt; noch viel weniger wird dies aus den weiteren Orakeln der Kodifikation (**5-7**) deutlich.

Doch haben die internen Hinweise in **4** hinreichendes Gewicht, um Zweifel auszuräumen. An erster Stelle sind hier die Kultleistungen von Bedeutung, die im Anschluß an die diversen Opfer im zweiten Teil des vom Gott empfohlenen Ritualprogramms genannt werden: die Einrichtung von Kultbezirken des Apollon Klarios (V. 18-21) und die Entsendung von Chören aus Epheben und jungen Mädchen »*nach Kolophon*« (V. 22-24). Desweiteren führt der genealogische Verweis auf Mopsos (V. 17), der ja aus Klaros gekommen ist, auf das ionische Orakel.[104] Schließlich weisen auch

---

103 Das Problem auch diskutiert bei Lane Fox, Pagans 234f. Eine sehr geradlinige Ansicht dazu formulieren Ceylan/Ritti, Dedication 60: »Clarian Apollo, who evidently in this context wanted to be considered as encompassing any other assimilated divinity, no matter of which origin«. Vgl. auch ebd. 61 mit der Behauptung einer klaren Trennung zwischen Apollon Kareios und Pythios-Archegetes in Hierapolis.

104 Dazu vgl. hiern. S. 81-83.

die inhaltlichen wie die stilistisch-formalen Ähnlichkeiten zwischen dem Text aus Hierapolis und den übrigen ›Pestorakeln‹, die sämtlich aus Klaros zu stammen scheinen, deutlich in dieselbe Richtung.

Auf einem weiteren Stein des Ensembles steht ein Alphabetorakel,[105] das in zwei Versen einen Gott Kareios als Orakelgeber nennt, und zwar offenbar nicht als Epiklese Apollons.[106] Kareios ist damit wohl als indigene Gottheit anzusehen, die die griechischen bzw. makedonischen Siedler dem delphischen Apollon assimiliert haben. Aus Funden mehrerer Weihreliefs mit der für das zentrale Kleinasien auch sonst belegten Ikonographie eines Reitergottes mit der Doppelaxt ist auf ein lokales Heiligtum des Gottes in Hierapolis zu schließen.[107] Wie sich im Zuge der Hellenisierung das Ver-

105 Pugliese Caratelli, Chresmoi 353 Nr. 1 (sowie ebd. 355-357) = M.L. West, ZPE 1 (1967) 183 = Hierapolis 1,131-133; die V. 1-3 auch bei Merkelbach/Stauber S. 194 (zu Nr. 20). Im Katalog von Busine, Paroles, Nr. 22. Es stand auf der Seite einer Statuenbasis der Kaiserin Sabina und ist dann im Boden des Tempels wiederverbaut worden. C. Gallavotti, Metri e ritmi nelle iscrizioni greche, Bollettino dei classici, Suppl. 2, Rom 1979, 119-121, hält den Text in seiner Grundfassung für hellenistisch (2./1. Jh. v. Chr.). Ein zweites alphabetisches Orakel des Kareios aus Hierapolis, eine variierende Redaktion des ersten Textes, ist stärker zerstört: Ritti ebd. 130 = SEG 35,1387, vgl. G. Petzl, Bonner Jb. 187 (1987) 796f. für weitere Ergänzungen (in SEG berücksichtigt). Ausführlich zu diesen Texten T. Ritti, Oracoli alfabetici a Hierapolis di Frigia, Miscellanea greca e romana 14 (1989) 245-286 (= Studi pubblicati dall'Istituto italiano per la storia antica 45).

106 V. 18 [σώσει σ' ἀθανάτων βασι]λεὺς χρησμοῖσι Καρείο[υ West oder Κάρειο[ς Pugliese Caratelli; letzteres akzeptiert Robert, Motaleis 61 = OMS 7,565: »Le dieu est ›le roi des immortels‹; c'est par ses oracles qu'il sauve«. Ceylan/Ritti, Dedication 59 Anm. 7, haben den Stein nochmals verglichen und bestätigen, daß zwar ein Bruchstück des Omikron sichtbar ist, aber keine Reste des Schlußbuchstabens erkennbar sind; sie selbst schließen sich aber West an. V. 24 ᾧ θεὸς ἵλαός ἐστι, τύχην προσένειμε Κάρειος. Zur mutmaßlichen Selbständigkeit von Κάρειος als Gottesname vgl. auch die in der folg. Anm. besprochenen Weihungen. – Zu V. 13 dieses alphabetischen Orakels, νυκτὸς ἀπὸ ζοφερῆς ἐφάνη ποτὲ φωσφόρος ἀκτή (= V. 7 in der anderen Version, Hierapolis 1,130), vgl. G. Nenci, ASNP 3,5,1 (1975) 99-101, und M. Gigante, ParPass 31 (1976) 323, die die Lesung Pugliese Caratellis φωσφόρος ἀκτή, zu verstehen »i promontori scogliosi biancheggianti ... dotati di una propria luminosità«, gegen Cazzaniga/West (φωσφόρος ἀκτίς) und Guarducci verteidigen (die zwar auch ἀκτή liest, aber als *»riva portatrice di un faro«* übersetzt, RFIC 102, 1974, 201); vgl. SEG 26,1378. S. Pricoco, Apollo φωσφόρος: a proposito di un oracolo di Hierapolis di Frigia, in: Studi di filologia classica in onore di Giusto Monaco 1, Palermo 1991, 491-495 (SEG 41,1196; Bull. ép. 1993, 50; EBGR 1992, 179 [Kernos 9, 1996, 389]) merkt an, daß Apollon auch bei Lact. Instit. div. 1,7,9 und H.Orph. 34,6 Quandt φωσφόρος δαίμων ist. Er will eine Verbindung mit dem nächtlichen Konsultationsritual und seinen Lichteffekten herstellen, wie es nach Iambl. Myst. 3,11 p. 124,9-126,3 Parthey in Klaros stattfand. Sinn des Ausdrucks im alphabetischen Orakel sei, daß Apollon (Klarios) seine Kultanhänger an die »lichtbringende Küste« führe, womit von der Metapher vom Leben als Schiffspassage und der Küste als Zielpunkt und sicherer Ort für die Reisenden Gebrauch gemacht werde, nachdem sie die ungewissen Gefahren des Meeres überwunden haben.

107 Zu diesem phrygischen Gott (die schon länger bekannten Zeugnisse bei Ramsay, Phrygia 1,1,133. 262-265; vgl. dens., JHS 50, 1930, 277-287) dürfte eine noch unpublizierte Votivstele aus einem Privathaus in Hierapolis (Ceylan/Ritti, Dedication 62 m. Taf. 15; in der Bildunterschrift heißt es allerdings »from the Necropolis«) sowie mehrere Reliefs unbekannter Herkunft mit Weihungen gehören: M.B. Comstock/C.C. Vermeule, Sculpture in stone: the Greek, Roman and Etruscan Collection of the Museum of Fine Arts Boston, Boston 1976, 180f. Nr. 289-291 = SEG

hältnis zwischen der Stadt und dem Gott Apollon Kareios im einzelnen entwickelt hat, bleibt freilich im Dunkeln. Vor dem Bekanntwerden dieser Sammelinschrift war Kareios weder als eigenständiger Gott bekannt, wie er im Alphabetorakel erscheint, noch als Epiklese Apollons, wie sie im ›Pestorakel‹ begegnet.[108] Unser Orakel könnte so zu verstehen sein, daß Apollon Kareios (»der Karier«?) als Kultfiliale des Apollon von Klaros galt[109]

28,1569-1571. Wie L. Robert (Motaleis 59-61 = OMS 7,563-565 Anm. 43; Resümee SEG 34, 1647) überzeugend dargelegt hat, gehört auch CCCA 90 m. Taf. 60 = M. Tacheva-Hitova, Eastern cults in Moesia Inferior and Thracia, EPRO 95, Leiden 1983, 109 Nr. 82 in diesen Zusammenhang: Das Relief dürfte nicht aus dem Raum von Tomis an der westlichen Schwarzmeerküste, wie Vermaseren glaubte, sondern ebenfalls aus Zentralkleinasien stammen, mit hoher Wahrscheinlichkeit sogar aus demselben Fundkontext wie die anderen genannten Monumente, der auf das lokale Heiligtum dieses indigenen Gottes in Hierapolis führt. Interessanterweise weiht derselbe Γλυκωνιανός – der Name wird theophor zu verstehen sein und läßt sogleich an den Dedikanten denken, der das klarische Orakel für Kaisareia Troketta hat aufstellen lassen (**Klaros 8**) und sich als Sohn des Paphlagoniers Glykon bezeichnet; vgl. S. 133-136 für diese Verbindung mit dem Orakel des Glykon in Abonuteichos – die Reliefs Comstock/Vermeule Nr. 289 = SEG 28,1569 und CCCA 90. Beide zeigen eine identische Ikonographie: Ein jugendlicher Reiter mit Doppelaxt bewegt sich auf eine thronende Göttin zu, die einer Schlange aus einer Patera zu trinken gibt. Die Weihung lautet beide Male θεῷ Καρίῳ εὐχήν. Die thronende Göttin mit einem *modius* auf dem Kopf läßt sich bisher nicht identifizieren, könnte aber mit der (ebenfalls unidentifizierten) Göttin identisch sein, deren Statuette auf einem Münzbild aus Hierapolis vom Heros Torrhebos gehalten wird, unten S. 85f. m. Anm. 131. Falls der Gegenstand unter ihrer linken Hand ein Tympanon sein sollte, könnte es sich um Kybele oder eine verwandte Göttin handeln, vgl. jedoch die Einwände bei Robert ebd. und die Diskussion bei Ceylan/Ritti 63 m. Anm. 20. Mit der Gesamtikonographie des Monuments werden wir jedenfalls zu einer indigenen anatolischen Mythologie geführt.
Zwei weitere Weihungen (SEG 25,1570f.) gelten Apollon ohne Epithet und bilden den Reiter mit der Doppelaxt alleine ab; Ceylan/Ritti, Dedication 63, widersprechen allerdings Robert darin, daß auch diese Weihungen in denselben Fund- und Kultzusammenhang gehören (vgl. auch Pleket zu SEG 28,1571). Hierapolis 1, Taf. 24 b zeigt eine Büste von einem der Giebelfelder des Theaters von Hierapolis, die diesen Gott darstellen könnte: Er trägt eine Doppelaxt. Auch auf einer neuen Weihung für Apollon Kareios aus Hierapolis ist die Doppelaxt prominent dargestellt, hiern. Anm. 123, und zwei weitere kleine Votivstelen (ebd. 136) weisen ebenfalls die Doppelaxt auf (davon allerdings nur eine mit Nennung des Empfängers Ἀπόλλωνι, die Epiklese ist nicht sicher rekonstruierbar). Ceylan/Ritti ebd. weisen noch auf eine Votivstatuette unbekannter Provenienz für Apollon (ohne Epithet) hin, die den Gott ebenfalls als jugendlichen Reiter mit der Doppelaxt zeigt (sehr gute Abb. ebd. Taf. 16), und schließen sich der Auffassung an, es könne sich aufgrund der engen typologischen Verwandtschaft auch hier um Apollon Karios und denselben Fundkontext wie bei den Weihungen des Glykonianos handeln, worin sie ein Heiligtum des Apollon Karios in der *chora* von Hierapolis sehen möchten (hiern. Anm. 123). Dennoch ist unklar, ob diese Ikonographie kanonisch war; bei einer durch die Inschrift auf der Basis eindeutig als Apollon Kareios ausgewiesenen Statue (Hierapolis 1,129f. m. Taf. 22) fehlen leider die Unterarme und damit auch die allfälligen Objekte, die der Gott in den Händen hielt.
Die Weihungen deuten jedenfalls auf eine Überlagerung, mindestens aber eine enge Beziehung zwischen Kar(e)ios und Apollon in Hierapolis hin und liefern damit offenbar eine Entsprechung zum Verhältnis zwischen den Nennungen von Apollon Kareios im Pestorakel und Kareios als eigener Gottheit im Buchstabenorakel. Die Fragen nach der Abgrenzung dieser Gottheiten und ihrer Kulte wird allerdings durch die Münzen, die den Kult des Apollon Lairbenos in Hierapolis dokumentieren, weiter kompliziert, vgl. hiernach S. 83f. m. Anm. 119. Bildmaterial (in unterschiedsloser Zuordnung zu »Apollon«) zusammengestellt und kommentiert LIMC 2, 245f. Nrn. 485-491, wo für Hierapolis aber nur von Apollon Lairbenos ausgegangen wird. Ähnliche Pro-

oder doch wenigstens die klarische Priesterschaft diese Auffassung zu propagieren suchte.

Nach unserem Text müssen wir davon ausgehen, daß auch Mopsos als mythischer Prophet des klarischen Apollon Kult in Hierapolis hatte. Wenn

---

bleme stellen sich beim Verständnis des Zeus Karios, für den Hdt. 1,171,6 ein ἱρὸν ἀρχαῖον in Mylasa bezeugt, das in einer Amphiktyonie auch von Mysern und Lydern verwaltet wurde (τοῖς ... μέτεστι). Irritierend ist, daß nach Hdt. 5,66,1 das *genos* des Isagoras, Archontenkollege des Kleisthenes 508/7 v. Chr., in Athen (!) einen Kult für diesen Zeus Karios unterhielt (θύουσι δὲ οἱ συγγενέες αὐτοῦ Διὶ Καρίῳ): vgl. G. Nenci, Erodoto, Le storie 5 (Fond. L. Valla), Mailand 1994, 253f. mit weiteren Quellen und Lit. zu Zeus Karios; s. auch Laumonier, Cultes indigènes 511. Auch für Zeus Karios erscheint das Attribut der Doppelaxt, die überhaupt bei anatolischen Göttern nicht selten ist; vgl. L. Robert, BCH 107 (1983) 548 = DAM 392 m. Anm. 12f. und Verweis auf Hell. 3,38-74 (zum Reitergott Kaskabos und Herakles im selben Bildtypus); P. Herrmann zu TAM 5,1,239; Ceylan/Ritti, Dedication 61 Anm. 14 mit Verweis auf neuere Zeugnisse.

108 Pugliese Caratelli, Chresmoi 356, weist darauf hin, daß Hekate in der magischen Hymne in P.Oxy. 412,29 Καρεία genannt werde. Es handelt sich in den Zeilen 22-36 um eine längere Interpolation der homerischen *Nekyia*, die der christliche Chronist Julius Africanus in apokryphen Homer-Handschriften verschiedener Bibliotheken der antiken Welt (u.a. im karischen Nysa) gelesen (Z. 57-68) und im 18. Buch seines Sammelwerks Κεστοί überliefert hat: J.R. Vieillefond, Les »Cestes« de Julius Africanus: étude sur l'ensemble des fragments avec édition, traduction et commentaires, Publ. de l'Inst. franç. de Florence, 1ère Sér.: Coll. d'études d'hist., de critique et de philologie 20, Florenz/Paris 1970, 277-291; die ›magische‹ Partie auch als PGM 23 (2,150f.). Übersetzung bei F.C.R. Thee, Julius Africanus and the early Christian view of magic, Hermen. Unters. z. Theologie 19, Tübingen 1984, 180-182. Die Verse sind im einzelnen besprochen bei R. Wünsch, Deisidaimoniaka, ARW 12 (1909) 2-45, darin 2-19: Der Zaubergesang in der Nekyia Homers, sowie bei Th. Hopfner, Griechisch-ägyptischer Offenbarungszauber, Bd. 2,2, Stud. z. Palaeogr. u. Papyruskd. 23,2, Neuausg. Amsterdam 1990, 553-562 §§ 334-338 (zuerst: Frankfurt 1924). Zur Überlieferung des Hymnus in den Κεστοί und zu Vorgehensweise und Motiven des Africanus bei der Einfügung in sein Werk ebd. 553f.; Robert, Hell. 1,145f.; Thee ebd. 268-271; H.-D. Betz, The Greek magical papyri in translation, Chicago 1986, 262-264. Odysseus ruft hier in einem ὕμνος κλητικός ein ägyptisch-magisches Pantheon an; darunter auch πυρσ]οδρακοντόζωνε σεισιχθονέβη Καρείη (29), *»die mit feurigen Schlangen gegürtete, erderschütternd daherkommende karische Göttin«*. Nach PGM 4,1404f. ist πυρσοδρακοντόζωνος ein Deckname der Hekate, Wünsch ebd. 10f. Preisendanz stellt den Vers anders her, erkennt aber ebenso Hekate: PGM 23,8 πυρσ]οδρακοντόζων' ἐρυσίχθων αἰπυκαρείη, *»mit hochragendem Haupt«*; ebenso Hopfner: *»mit dem spitzen Kopf«*, der aber auch *»die schroffe Karerin«* in Erwägung zieht. Dagegen las A. Dieterich das Versende als σεισίχθονε ἰβικαρεῖε *»ibisköpfiger Gott«*, so daß Thoth-Hermes gemeint wäre (bei E. Schmidt, ARW 13, 1910, 624). Zu den Götteranrufungen der Hymne neben Wünsch und Hopfner zusammenfassend auch Thee ebd. 289f.; ebd. 66-77 zum Stellenwert von P.Oxy. 412 in der Forschungsgeschichte der Κεστοί. – Daß die homerische *Nekyia* selber als kryptomagischer Ritualtext gelesen werden konnte, macht Eustath. Od. 10,535 p. 1668,50f. klar: νεκυομαντικῆς δέ φασι γοητείας καὶ ταῦτα· δοκεῖ γὰρ τῆς τοιαύτης τερατείας ἡ ἐπαοιδὴ μόνη ἐλλείπειν παρὰ τῷ ποιητῇ, τὰ δὲ τῆς λοιπῆς τερθρείας ἐκτετεῖσθαι ἀνελλιπῶς.

In unserem Text dürfte das Epitheton zumindest an der Oberfläche den »karischen« Gott bezeichnen (vgl. auch Laumonier, Cultes indigènes 422), und man wird auch davon ausgehen dürfen, daß die Kultteilnehmer den Namen so verstanden haben, doch ist darüber diskutiert worden, ob dies die eigentliche Bedeutung sei. Pugliese Caratelli wollte ihn zu den Κᾶρες/Κῆρες ziehen, doch ist das aufgrund des langen -α- nicht möglich (Gallavotti [wie Anm. 105] 122 Anm. 3), oder aber zu κάρα (s. zuvor und unten Anm. 137). Unklar ist auch, inwieweit Schlußfolgerungen daraus gezogen werden können, daß der Name sowohl als Κάρειος als auch als Κάριος auftaucht, oder ob es sich bloß um »freie« Varianten handelt (das meinen Ceylan/Ritti, Dedication 65: »a graphic so-

Apollon die Hierapolitaner daran erinnert, daß sie von ihm, dem klarischen Gott, und Mopsos abstammten, so wird Mopsos als *ktistes*, der von Klaros her gekommen ist und nach der aitiologischen Fiktion den vom klarischen Apollon abhängigen (tatsächlich einheimischen) Kult des Apollon Kareios mitgebracht hat, in Hierapolis einen Heroenkult besessen haben,[110] wie er ihn auch in anderen Städten Zentralkleinasiens hatte.[111]

---

lution thought to be the closest to the right pronounciation or the more congenial to the Greek ears was chosen by the clergy of the offsprings of the indigenous sanctuaries placed inside the Greek town«). – In Westgriechenland gibt es in den westlokrischen Städten Amphissa (BCH 107, 1983, 430 = SEG 33,424), Chaleion (IG 9,1^1,331 = 9,1^2,721 C) und Oiantheia (FD 3,2,214) einen Monatsnamen Κάρειος (Καρεῖος?), der in diesem Gebiet schwer zu erklären ist; die Stellen, aber keine Erwägungen zur Sache bei C. Trümpy, Untersuchungen zu den altgriechischen Monatsnamen und Monatsfolgen, Bibl. d. klass. Altertumswissenschaften N.F. 2,98, Heidelberg 1997, 203-205 § 160f. Vgl. noch H. Bischoff, Kareios, RE 10 (1917) 1939, mit Verweis auf Th. Bergk, Untersuchungen zur griechischen Monatskunde, Gießen 1845, 56-58.

109 So verstehen es explizit Merkelbach/Stauber ad loc. Pugliese Caratelli ging hingegen davon aus, daß zumindest in diesem Orakel eine Identifikation beider vorliegt.

110 Dafür spricht auch die u. S. 85f. besprochene Münzprägung von Hierapolis (vgl. Robert, Motaleis 60 = OMS 7,564 Anm. 43: »Mopsos était le protecteur de Hiérapolis«). Man könnte gegen diese Lesart einwenden, daß dann zu erwarten gewesen wäre, daß auch Mopsos unter den Empfängern von Opfern im weiteren Verlauf des Orakels genannt würde. Aber einerseits könnte er bei den chthonischen Heroen, die als Kultempfänger genannt werden, mitgemeint sein, andererseits erhält ja auch der klarische Apollon nicht selbst in Hierapolis Opfer, sondern nur sein lokaler »Vertreter« Apollon Kareios (dessen Erwähnung in V. 16 ist als Aufforderung zu Opfern wie an Demeter und die Heroen zu verstehen).

111 Zuerst ist die kilikische Stadt Mopsuhestia zu nennen (W. Ruge, RE 16,1, 1933, 243-250), wo Mopsos als eponymer Gründungsheros verehrt wurde (Theopomp. FGrHist 115 F 103,15f.) und ein offensichtlich mit der ἑστία nach delphischem Typus geformtes Orakel hatte (Scheer, Vorväter 245-253); sein Heiligtum verschaffte der Stadt den Rang ἱερὰ καὶ ἄσυλος, wie ihre Münzprägungen ausweisen (H. v. Aulock, Die Münzprägung der Stadt Mopsos in Kilikien, ArchAnz 1963, 231-278, h. 239; Scheer, Vorväter 251 Anm. 617; auf einer Ehreninschrift für Antoninus Pius nach 139 n. Chr.: IGRom 3,915 = I.Cilicie 86). Mopsos besaß, obwohl Heros, einen ναός (zum ναός des Götterkults im Unterschied zum ἡρῷον Burkert, GR 148) und wirkte dort, dem Asklepios assimiliert, als Heilgott, wie ein Weihepigramm wohl erst des 3. Jh. n. Chr. ausweist, SGO 19/15/01 = JÖAI 46 (1961-1963 [1965]) Beibl. 5-14, h. 8: Μόψε, βροτῶν παιῆον, ᾿Απόλλωνος κλυτὸν ἔρνος, | σοὶ μὲν ἐγὼν ἐπὶ νηὸν ἰὼν ἔρρεξα θυηλάς, | οὕνεκα παῖδας ἐμοὺς στυγερῆς ἀπελύσαο νούσου, | τοὺς δύο, τοὺς δύο δ' αἰὲν ἀμωμήτους ἐφύλα[ξ]ας | ὄφρα δὲ σῆς χάριτος μνήμη μένοι ἔνπεδον αἰεί, | Οὐλπιανὸς τάδ' ἔπη βωμοῖς παρὰ σοῖς ἐχάραξα. Siehe Bull. ép. 1966, 464. Als Stammvater beansprucht ihn sodann auch das pamphylische Perge, wo seine Statue im Kreise mythischer und zeitgenössischer κτίσται aufgestellt war; hier findet er sich u.a. neben Kalchas und dem Asklepios-Sohn Machaon und ist selbst Apollon-Sohn (wie implizit in unserem Orakel, V. 17) aus Delphi: I.Perge 106 = SEG 34,1305; vgl. Bull. ép. 1958, 496; Weiß, Gründerheroen 147-159. 181f. Ob seine Person sich auch im Namen der Stadt Mopsion in der thessalischen Pelasgiotis wiederfindet (Strab. 9,5,22 p. 443 Casaubon) oder es sich um eine unabhängige Gestalt handelt, scheint unsicher; vgl. J. Bremmer, Mopsos, NP 8 (2000) 390f.; Scheer, Vorväter 157f. mit Anm. 33; zu den verschiedenen (?) Figuren dieses Namens mit unterschiedlichen Genealogien ebd. 154-168. Über Mopsos spricht Xanthos FGrHist 765 F 17 (ap. Athen. 8,37, 346E [2,260,22 Kaibel]); er ist ein Sohn Apollons nicht nur in V. 17 unseres Orakels, sondern auch bei Apollod. Bibl. Epit. 6,3 (Mythogr. Gr. 1^2, 214,10-13); Konon FGrHist 26 F 1,6 (p. 192,23); Strab. 14,5,16. Siehe auch Parke, Apollo in Asia 113-117;

Bei diesem Zusammenhang dürfte es sich aber eben um Kultpropaganda handeln, während der historische Ablauf so vorzustellen ist, daß der alteingesessene, wohl vorgriechische Kareios unter dem Einfluß auswärtiger Apollon-Kulte, darunter des klarischen, als Apollon interpretiert und dann sein Kult von Apollon als Filiale beansprucht wurde. Für die Annahme einer solchen Amalgamierung gibt es gerade in Kleinasien an vielen Orten Hinweise.[112] Die Gestalt des Sehers Mopsos, der ins Innere Kleinasiens zog, bildete dann für die mythische Theologie das Bindeglied.

In diesen Kontext einer zumindest in Klaros behaupteten Kulttranslation und damit verbundenen Stadtgründung ließe sich dann auch der Kulttitel *archegetes* gut einordnen, den Apollon in der Prosainschrift trägt, die von der Weisung des Gottes spricht, die Orakel aufzuzeichnen. Daß Apollon Kareios im zeitgenössischen Kult von Hierapolis allerdings nicht mit dem Archegetes Apollon zusammengefallen ist, wie eng auch ihre Bezüge gewesen sein mögen, beweist der archäologische Befund, daß im Theater der Stadt die Statue des Apollon Kareios neben denen des Apollon Archegetes sowie der beiden Göttinnen der apollinischen Trias, Leto und Artemis, stand.[113]

Für den Fragenkomplex der Identität der verschiedenen Apollon im Umfeld unseres Textes ist ebenfalls der archäologische Fundzusammenhang der drei Steine in Betracht zu ziehen,[114] die im Apollon-Tempel wiederverbaut worden sind: derjenige, der das Alphabetorakel trägt, im Fundament der Cella, die beiden anderen als Ecksteine in einer Cellawand, wozu sie behauen worden sind.[115] Durch diese Verwendung bei einem grundlegenden Umbau des Tempels im 3. Jh. n. Chr.,[116] mit dem auch die Errichtung des an den Tempelbezirk direkt angrenzenden Nymphäums in Zusammenhang steht,[117] sind größere Textpartien der Orakel **Klaros 5** und **6** zerstört worden. Die Texte waren in der Verbauung nicht mehr lesbar. Pugliese Caratelli hat die Hypothese aufgestellt,[118] daß die Wiederverwendung mit einem späteren Kult des Apollon Lairbenos[119] in diesem Tempel zusammenhänge, weswegen man den klarischen Orakeln keinen Wert mehr bei-

---

Strubbe, Gründer 274-276; R. Merkelbach/S. Sahin, EpigrAnat 11 (1988) 118f. Weitere Literaturhinweise zur Thematik der mythischen *ktistai* finden sich SEG 34,1721.

112 Siehe etwa Scheer, Vorväter 153-271.

113 G. Bejor, Le statue, Hierapolis: Scavi e ricerche 3, Rom 1991, 6-8 Nr. 2.

114 Siehe Carettoni, Tempio di Apollo, und Verzone, Campagne 1962-64. Zusammenfassend Ritti, Hierapolis 1,81f.

115 Pugliese Caratelli, Chresmoi 351.

116 Lane-Fox, Pagans 236, meint irrtümlich, es sei nicht der Tempel desselben Heiligtums, in dem die Steine wiederverwendet wurden: »when another shrine of Apollo was rebuilt in the city, they were taken and cut for reuse in it«. Das ist unzutreffend.

117 Es verletzte die *peribolos* des alten Apollon-Temenos, der seit dem 1. Jh. n. Chr. von einer dorischen Porticus umgeben war. Sie wurde jetzt zumindest teilweise abgerissen, Bauteile im Nymphäum wiederverwendet. Siehe D'Andria, Hierapolis 132-135.

118 Chresmoi 370.

gemessen habe, so daß nichts gegen eine Verbauung der Inschriften zu sprechen schien. Unklar ist auch, ob der erste Stein mit dem Alphabetorakel ursprünglich überhaupt zum Ensemble gehörte, denn die Prosainschrift über die Aufstellung steht erst auf dem zweiten Stein unmittelbar vor **4**. Klar ist also, daß das Alphabetorakel jedenfalls nicht Teil der Kodifikation des --λλιανός ist.

Die Umstrukturierung des Tempels scheint, auch vor dem Hintergrund der Münzfunde, noch in das zweite Jahrhundert zu gehören, sicher aber vor 230 n. Chr. angesetzt werden zu müssen,[120] so daß, wenn man eine unter Lucius Verus geprägte Münzserie hinzunimmt, die Apollon als Pythoktonos zeigt,[121] das Orakel durchaus in die 160er Jahre gehören kann. Von Apollon Kareios selbst haben wir im übrigen aber nur sehr wenige weitere Zeugnisse in Hierapolis, eine Marmorstatue mit der Subscriptio Κάρειος Ἀπόλλων aus dem Theater[122] und jüngst eine neue Dedikation.[123]

---

119 Zu diesem phrygischen Gott und seinem ländlichen Heiligtum bei Motella am Mäanderufer, unweit von Hierapolis, sind die Zeugnisse in MAMA 4,239-293 zusammengestellt. Zusammenfassend H. Oppermann, RE Suppl. 5 (1931) 521-535; K.M. Miller, Apollon Lairbenos, Numen 32 (1985) 46-70 (vgl. SEG 35,1378); A. Strobel, Das heilige Land der Montanisten, RgVV 37, Berlin/New York 1980, 208-218; zum Verhältnis mit Hierapolis Robert, Villes 127-149. Die reichen Inschriftenfunde im Heiligtum verteilen sich auf Beichtinschriften (siehe Petzl, Beichtinschriften 122-143 Nrn. 106-124), Weihungen und Freilassungsurkunden. Diese im Heiligtum aufgestellten καταγραφαί (zum Begriff vgl. F. Bömer, Untersuchungen über die Religion der Sklaven 3, Wiesbaden 1961, 108-111), die teilweise schon in MAMA 4 bekannt gemacht wurden, veröffentlichen und besprechen erneut M. Ricl, Arkeoloji Dergisi 3 (1995) 167-195 (vgl. SEG 43,1207), und, vollständiger und mit neuen Texten, T. Ritti u.a., Dediche e καταγραφαί dal santuario frigio di Apollo Lairbenos, EpigrAnat 32 (2000) 1-88 (SEG 50,1254. 1263-1280). Auch zur Ikonographie des Apollon Lairbenos gehört die Doppelaxt. Im Verlauf des 2. Jh. n. Chr. kam das Heiligtum unter die Kontrolle von Hierapolis, wie die Münzen der Stadt zeigen (s. nächste Anm.); doch bereits bevor die Stadt ihre *chora* auszudehnen vermochte, waren ihre Bürger unter den Dedikanten zahlreich (Robert, Villes 137 Anm. 4).

120 In dieser Zeit erscheint auf den hierapolitanischen Münzen Apollon in einem Strahlenkranz und mit der Beischrift Λαιρβηνός. Auf Homonoia-Münzen aus der Zeit des Philippus Arabs, die Hierapolis anläßlich von Staatsverträgen mit Ephesos, Smyrna, Sardeis und Kyzikos geprägt hat (L. Weber, Die Homoniemünzen des phrygischen Hierapolis, NumChron 13, 1911, 65-122; ders., Journ. intern. d'arch. numism. 14, 1912, 79-100; G. Thériault, Le culte d'Homonoia dans les cités grecques, Lyon 1996, 79), ist Apollon Lairbenos die Schutzgottheit der Stadt: Robert, Villes 138 mit Anm. 3 und 4; ebd. 141. Vgl. auch Weber, Pythoktonos 190. 247.

121 BMC Lydia 351. Siehe auch Weber, Pythoktonos 201-212.

122 Hierapolis 1,129. 135. Taf. 22; Bejor, Hierapolis 3 (wie Anm. 113) 8-10 Nr. 3 m. Taf. 5. Abgebildet auch bei Ceylan/Ritti, Dedication Taf. 14. Siehe zu diesem Typ auch zuvor Anm. 107 a. E. Die Statue gehört stilistisch an den Anfang des 3. Jh. n. Chr.

123 Ceylan/Ritti, Dedication. Diese kleine Weihung weist die Besonderheit auf, daß oberhalb der Inschrift auf beiden Seiten der Doppelaxt, welche den Text durchteilt, zwei menschliche Ohren eingraviert sind. Die geläufige Deutung für diese auf kleinasiatischen Weihungen nicht seltene Merkmal ist die der θεοὶ ὑπ-/ἐπήκοοι, die die Gebete ihrer Verehrer zuverlässig erhören (grundlegend Weinreich, Θεοὶ ἐπήκοοι; H. S. Versnel, Religious mentality in ancient prayer, in: ders., Faith 1-64, h. 26-37; vgl. Ceylan/Ritti 58 Anm. 5 für weitere Zeugnisse); vor dem Hintergrund unserer Orakel ist zu fragen, ob das »Erhören« nicht auch auf die Orakeltätigkeit des Gottes gehen kann. Doch ist dieser Aspekt für den hierapolitanischen Kult selbst eben noch unklar. – Die

Auf ein unbeachtetes lokalhistorisches Zeugnis, welches womöglich den Kult des Apollon Kareios in Hierapolis weiter einzuordnen hilft, hat L. Robert aufmerksam gemacht.[124] Im Städte-Lexikon des Stephanus ist ein Fragment des Nikolaos von Damaskus überliefert, der selbst wiederum nach der These Jacobys vermutlich den lydischen Lokalhistoriker Xanthos ausgeschrieben hat.[125] Dort ist von einer lydischen Stadt namens Torrhebos die Rede und ihrem gleichnamigen Gründungsheroen; im Umland, der Τορρηβίς, habe es einen Berg Karios und *»ein Heiligtum des Karios«* gegeben.[126] Dieser indigene Gott Karios sei ein Sohn des Zeus und der Nymphe Torrhebia. Das weitere betrifft offenbar Torrhebos als Urlehrer der Musik bei den Lydern.[127] Der *»See Torrhebia«*, den Nikolaos als den Ort nennt, wo Torrhebos von den Musen belehrt wurde, ist von H. Kiepert im Gebiet des östlichen Tmolos-Massivs südlich von Sardeis identifiziert worden.[128]

Für *Apollon* Karios scheint der Text des Nikolaos strenggenommen zunächst nichts zu erbringen, und ebensowenig für Hierapolis.[129] Von dort ist nun aber eine Münze bekannt, die auf der einen Seite Mopsos und Torrhebos, auf der anderen Apollon abbildet und so den Zusammenhang zwischen Apollon in Hierapolis und Mopsos als seinem Gründungsheros einerseits, dem Passus aus Nikolaos über Torrhebos und Karios anderer-

---

Herausgeber werten den Fund dieser Weihung, die die Epiklese und das Element der Doppelaxt liefert, in einer Hügelkette bei Hierapolis als »Beweis« (»it has been proved« 64) dafür, daß auch die zuvor S. 79-81 mit Anm. 107 besprochenen Weihungen des Glykonianos für den θεὸς Κάριος aus einem dort zu lokalisierenden Heiligtum des Apollon Kareios stammen. Bei der Verbreitung des ikonographischen Typus und angesichts der archäologisch noch nicht abschließend geklärten Verhältnisse in Lydien (s. hiern.) scheint diese Festlegung aber zu dezidiert; auch Ceylan/Ritti gestehen Raum für Zweifel zu (ebd.)

124 Motaleis 59-61 = OMS 7,563-565 Anm. 43; zuvor schon Bull. ép. 1967, 582; Résumé de cours du Collège de France 1961-1962, OMS 4,223.

125 Nikolaos FGrHist 90 F 15 ap. Steph. Byz. s.v. Τόρρηβος, πόλις Λυδίας mit dem Kommentar Jacobys, der einräumt, daß in diesem Fragment kein strenger Nachweis für die Autorschaft des Xanthos geführt werden kann, im Unterschied zu den meisten anderen Fragmenten des Nikolaos, die die lydische Geschichte behandeln. Xanthos (FGrHist 765) gehört noch ins 5. Jh. v. Chr.

126 Die o. Anm. 107 besprochenen Weihungen für den θεὸς Κάριος bzw. Apollon Karios könnten also auch aus diesem Heiligtum in der Gegend von Sardeis stammen; anders jetzt Ceylan/Ritti, Dedication 64, vgl. zuvor Anm. 123.

127 Aber der Text ist unsicher, vgl. Jacoby ad loc. Sein eigener Texteingriff scheint mir freilich nicht unproblematisch zu sein.

128 H. Kiepert, Formae orbis antiqui. 8: Asia minoris Imperatoris Traiani tempore, Berlin 1909. Siehe Robert, Villes 314 Anm. 5; ders., Documents d'Asie mineure 21: Au nord de Sardes. 1: Lycophron et le marais d'Echidna, Strabon et le lac de Koloè, BCH 106 (1982) 334-359, h. 346-348 = DAM 296-321, h. 308-310, m. Abb. 11 (Photographie des Sees aus dem Jahr 1961 von L.R.). Nonn. 13,466 spricht von der *»weiten Torhebion«*, οἵ τε Τορήβιον εὐρὺ ... ἔχον, die er zum sardischen Territorium rechnet.

129 Vgl. die Schlußfolgerung Jacobys (ad loc.) zu diesem Befund: »Der Stephanosartikel ist lückenhaft; denn die Τορρηβία λίμνη ... und die Τορρήβια μέλη können nur nach Torrhebos, nicht nach Karios, obwohl er Sohn der Torrhebia heißt, genannt sein«.

seits herstellt:[130] Mopsos, im Heroentypus, nackt, mit übergeworfenem Mantel, trägt die apollinischen Attribute Lorbeerzweig und Bogen, ist also in der Doppelfunktion als Prophet und Übelabwehrer wie sein Vater Apollon in Klaros gezeigt. Torrhebos ist einerseits als Kultfunktionär dargestellt, er hält die Kultstatuette einer Göttin,[131] und andererseits als Vermittler der Musik, indem er sich auf eine Lyra stützt, die hinter ihm auf einer Basis steht. Die Vorderseite zeigt Apollon mit der Lyra im Typus des Ἀρχηγέτης[132] wie in der Prosainschrift **Klaros 3**, die zur Orakelserie gehört. Die Figur des Mopsos steht für die Verbindung zum Apollon von Klaros, der Heros Torrhebos für die der Stadt Hierapolis mit dem Bergheiligtum des Kareios in der sardischen *chora*. Durch diese Verknüpfung wird deutlich, daß das ländliche Heiligtum in der Autorität des klarischen Apollon stand; die gemeinsame Abbildung beider Heroen zeigt, daß Hierapolis sich in einer privilegierten Beziehung zum Kult in Torrhebos sah.

Ein Kult des Apollon Karios Archegetes, der als Filiale des ionischen Orakelheiligtums gesehen werden konnte, war also nach Ausweis von Münzbild und historiographischer Notiz im phrygischen Hierapolis genauso wie im lydischen Sardeis präsent und wurde als zusammengehörig verstanden.[133] An beiden Orten war Apollon auch διδάσκαλος μουσικῆς. Nimmt man die Beobachtung hinzu, daß es eine Vielzahl von *homonoia*-Münzen in Hierapolis gibt, die Sardeis als Partnerstadt nennen,[134] so wird man auch dadurch zu der Annahme geführt, daß all diese Hinweise als Indizien für eine Beziehung zwischen den Karios-Kulten an beiden Orten zu werten sind, wenn man auch gerne mehr als nur diese wenigen und noch unzusammenhängenden Mosaiksteine in der Hand hätte, um eine genauere Vorstellung einer solchen Beziehung zu gewinnen.[135]

---

130 BMC Phrygia 232 Nr. 32, Taf. 29,9 = Imhoof-Blumer, Kleinasiatische Münzen 1,235 Nr. 5 = Head, HN 675, abgebildet bei Merkelbach/Stauber, Klaros 13. Vgl. Robert, Villes 314 Anm. 5.

131 Möglicherweise die Persephone von Hierapolis, was das Anliegen der Prägung, die kultische Zusammengehörigkeit beider Orte zu dokumentieren, nochmals unterstriche.

132 Robert, Motaleis 60 = OMS 7,564.

133 Robert, Bull. ép. 1967, 582 S. 545: »Ce Karios [sc. in der Notiz des Nikolaos], dont le sanctuaire était dans la région de Torrebos, est bien celui des deux oracles de Hiérapolis«.

134 L. Weber, Journ. intern. d'archéol. numism. 14 (1912) 86-91.

135 Zeugnisse für kultische Verbindungen zwischen Lydien und Karien stellt R. L. Bengisu, in: Ege Üniversitesi Edebyiat Fakültesi Yayinlari, Arkeoloji Dergisi 2, Izmir 1994, 4ff. zusammen (Hinweis bei Ceylan/Ritti, Dedication 66 m. Anm. 32); siehe auch C. Talamo, La Lidia arcaica: tradizioni genealogiche ed evoluzione istituzionale, Bologna 1979, 15ff. Ceylan/Ritti, Dedication 66 m. Anm. 34, erwägen die Möglichkeit, daß die Hdt. 7,30 erwähnte Straße nach Sardeis durch Hierapolis führte, was eine Verbindung zwischen beiden Städten noch plausibler machte. Beziehungen von Phrygien nach Lydien finden sich auch im Heiligtum des Apollon Lairbenos; siehe zuvor Anm. 119.

Es scheint immerhin nicht unplausibel, daß der Kult eines autochthonen (Berg-) Gottes Karios im Tmolos-Gebiet[136] mit dem als Apollon interpretierten Kar(e)ios in Hierapolis in Beziehung gesetzt wurde.[137] Als der phrygische Apollon Kareios dann sekundär vom klarischen Apollon dominiert wurde, ist auch der Kult am Tmolos über die Identifikation mit dem hierapolitanischen Apollon Kareios und weitere Verbindungen unter den beiden Städten in die Ausstrahlung von Klaros geraten.

Alternative Auffassungen der Herkunft des Orakelbescheides: Wurde die Weisung in einem lokalen Orakel des Apollon Archegetes oder in Delphi eingeholt?

Zwei weitere Deutungsvarianten für die Urheberschaft des Orakels **Klaros 4** sind von Robin Lane Fox diskutiert worden, die darin übereinstimmen, daß sie nicht Klaros und seinen Apollon-Kult als Herkunftsort der Orakel in Hierapolis ansehen, sondern sie näher mit dem Kult in Delphi verbinden.[138]

Zum einen erwägt Lane Fox, das Orakel sei von einem lokalen Kult eines Apollon Archegetes, der dem pythischen Apollon nahestand, ergangen. Da Hierapolis vermutlich eine frühe seleukidische Gründung ist,[139] ist die

136 Benannt nach dem Berg gleichen Namens; diese geographische Information aus Nikolaos bzw. Xanthos dürfte altes Gut sein, womit der Gottesname wohl als authentisch anzusehen ist. Einen Überblick über neuere archäologische Forschungen gibt R.L. Bengisu, Lydian Mount Karios, in: E.N. Lane (Hg.), Cybele, Attis and related cults: essays in memory of M.J. Vermaseren, RGRW 131, Leiden 1996, 1-36. Man hat dabei ein Gipfel-Temenos nachweisen können; Strab. 13,4,5 p. 625 Casaubon spricht von einer Marmorexedra »*auf dem Gipfel des Tmolus*«.

137 Ein zusätzliches Indiz dafür könnte sein, daß Ceylan/Ritti, Dedication 65, mit dem Fund der neuen Weihung für Apollon Kareios in den Hügeln südlich von Hierapolis den Platz des (vorapollinischen) Kareios-Heiligtums in Hierapolis für identifiziert erachten, womit wie bei Sardeis ein Höhenkult vorläge. Wenn man daraus das Fazit zieht, daß ein Charakteristikum dieses Gottes in seiner autochthonen Tradition die Verbindung mit Berghöhen war, kann man den Hinweis des Hesych s.v. Καραιός hinzunehmen, der das Wort als Epitheton des Zeus in Böotien erklärt, ὡς μέν τινές φασι διὰ τὸ ὑψηλὸς εἶναι ἀπὸ τοῦ κάρα. Es ist natürlich schwer zu entscheiden, ob die Gewährsmänner des Lexikographen sich nur auf grammatische Etymologien gestützt haben oder Informationen über kultische Realien eingeflossen sind. Der Versuch einer Ableitung von τὸ κάρα ist von Pugliese Caratelli für die Erklärung des Titels in Hierapolis wieder aufgenommen worden, doch überzeugt die Erklärung sprachlich ebensowenig wie die zu Κᾶρες/Κῆρες (o. Anm. 108). Zum böotischen Zeus Καραιός vgl. die eingehende Diskussion bei P. Roesch, Études béotiennes, Lyon 1982, 104-112, mit den relevanten Inschriften und einer Übersicht der Kultorte; ebd. 96f. zum Kollegium von συνθύται, das an mehreren Orten die Weihungen veranlaßt hat. Phot. Lex. s.v. Κάριος Ζεύς nennt auch Thessalien als Verbreitungsgebiet, wozu Theodoridis in app. auf eine unpublizierte Inschrift aus Hypata verweist.

138 Lane Fox, Pagans 234-236.

139 F. Kolb, Zur Geschichte der Stadt Hierapolis in Phrygien: die Phyleninschriften im Theater, ZPE 15 (1974) 255-270, h. 268-270 (zustimmend Bull. ép. 1976, 668). Ritti, Hierapolis 1, 119f., vertritt im Lichte zweier im Theater gefundener Darstellungen wohl von Attalos und Eumenes (Verzone, Hierapolis di Frigia 433) und der Phyleninschriften mit den Namen der pergamenischen Herrscher die These einer (symbolischen) Neugründung unter den Attaliden.

Inanspruchnahme des delphischen Apollon, des dynastischen Gottes der Herrscherfamilie, als Archeget nicht überraschend;[140] die erste Phyle der Stadt, die als solche auf die Gründungszeit verweist, hieß Apollonias.[141] Es gibt weitere Hinweise auf Kulte und Feste des pythischen Apollon in Hierapolis.[142] Der Agon der Ἀπολλώνεια Πύθια war das Hauptfest der Stadt.[143] Auf einem der Reliefs aus dem Theater hält die Personifikation der Stadt das *agalma* des pythischen Apollon,[144] und das in severianischer Zeit erbaute Theater war dem Apollon Archegetes geweiht,[145] wo die my-

---

140 Der pythische Apollon als *archegetes* der seleukidischen Städtegründungen: Robert, De Delphes à l'Oxus: inscriptions grecques de la Bactriane, CRAI 1968, 416-457 = OMS 5,510-551, h. 442 = 536. Apollon ist in Phrygien *Archegetes* auch in der seleukidischen Gründung Laodikeia am Lykos (Robert, Laodicée 294-296, vor allem mit Hinweis auf die Münzbilder der Stadt), in Nysa (ebd. 296-298; auf Münzbildern: K. Regling, Überblick über die Münzen von Nysa, in: W. von Diest, Hg., Nysa ad Maeandrum: nach Forschungen und Aufnahmen in den Jahren 1907 und 1909, JDAI Erg.-H. 10, Berlin 1913, 70-103, h. 94f.; ebd. zu einer kaiserzeitlichen Prägung, auf der der Gott die Beischrift πατρῷος σῴζων trägt, ebd. 78 Nr. 46) und im benachbarten Apollonia Salbake (Robert, Carie 257f. 287f. 312). Gleiches gilt für die seleukidischen Gründungen im Osten wie Dura-Europos oder Susa oder das syrische Apameia (Ehrung für einen Tragöden στεμματη[φόρον] τοῦ Ἀρχαγέτου Ἀπολλωνος: J.-P. Rey-Coquais, Inscriptions grecques d'Apamée, Annales archéologiques arabes syriennes 23, 1973, Nr. 10, siehe Bull. ép. 1976, 721).

141 Kolb (wie Anm. 139) 262f. 268; Hierapolis 1,120-122 mit Taf. 20a. Ganz parallel wiederum in Laodikeia (AthMitt 16, 1891, 145f. = Ramsay, Phrygia 1,74 Nr. 7 = Laum, Stiftungen Nr. 193 = Robert, Laodicée 327, Z. 8; vgl. Robert, Laodicée 296) und in Nysa (F. Hiller v. Gaertringen, Eine Urkundenwand von Nysa, in: Nysa ad Maeandrum [wie vorige Anm.] 62-69, h. 68), wo es jeweils eine Ἀπολλωνίς ist.

142 Vgl. oben Anm. 96.

143 Die numismatischen und inschriftlichen Zeugnisse werden ausführlich diskutiert bei Ritti, Hierapolis 1,78-83: »Gli agoni dedicati ad Apollo, gli Apolloneia Pythia, erano indubbiamente i principali di Hierapolis, così come preminente vi era il culto del dio di Delfi« (ebd. 78). Die Belege für die Pythia sind allerdings nicht mit Sicherheit vor dem 3. Jh. n. Chr. zu datieren, doch sprechen viele Indizien dafür, daß der Agon schon im 2. Jh. durchgeführt wurde (ebd. 82). Vgl. auch die Münzprägungen, die F.G. v.Papen, Die Spiele von Hierapolis, Zs. f. Numism. 26 (1907) 161-182, bespricht.

144 Hierapolis 1,61f. mit Taf. 2a; F. D'Andria, I rilievi del podio ed il programma iconografico del teatro, in: Hierapolis 2,175-186, h. 177.

145 Hierapolis 1,78 Anm. 38. Unter Septimius Severus baut die Stadt Hierapolis die πρώτην σκηνὴν τοῦ θ[ε]άτρου – ohne Hilfe aus Rom, wie sie stolz vermerkt (ἐξ οἰκείων πόρων) – neu auf (ἐκ θεμελίων, es gab also einen Vorgängerbau) und weiht diese in ihrer Bauinschrift Ἀπόλλωνι Ἀρχηγέτῃ καὶ το[ῖς θεο]ῖς ἄλλοις πατρίοι[ς und den Mitgliedern des Kaiserhauses: Hierapolis 1,108. Die Weihung an Apollon Archegetes stand auf einem heute verlorenen Fragment des Architravs, das schon von den deutschen Forschungsreisenden des Jahres 1887 – bei dieser Expedition wurden alle sichtbaren Inschriften aufgenommen, woraus das 1898 erschienene, von W. Judeich bearbeitete Corpus in den *Altertümern von Hierapolis* entstand – nicht mehr aufgefunden wurde (Judeich zitiert dazu Cichorius zu I.Hierapolis 4). Sie war aber vom Lyoneser Calvinisten, Arzt und Antikenforscher Jacob Spon (1647-1685), der auf einer fast zweijährigen Orientreise viele Inschriften kopierte und 1675 auch Hierapolis besuchte, aufgenommen worden. Nach ihm haben auch noch andere Reisende die Inschrift in den Ruinen des Theaters gesehen; aus diesen Reiseberichten ist das Fragment dann von J. Franz in CIG 3,3905 übernommen worden. Zu Spon vgl. J.-C. Mossière, Le voyage en Orient et le livre d'Athènes, in: R. Étienne/ders. (Hg.), Jacob Spon: un humaniste lyonnais du XVIIème siècle, Publ. de la Bibliothèque Salomon-Reinach, Univ. Lumière-Lyon 2, Paris 1993, 209-228, h. 214f. Spon hat übrigens im Vorwort zu

thische Biographie des Gottes in dem großartigen Bildfries des südlichen Teils der *scaenae frons* dargestellt wird.[146] Apollon Archegetes kehrt im Bildtypus des delphischen Gottes mehrfach auf Münzen und in Inschriften aus Hierapolis wieder.[147]

Nimmt man also an, der pythische Apollon Archegetes habe in seinem hierapolitanischen Heiligtum das Orakel erteilt, ließe sich die Bezugnahme in der 1. Person auf den delphischen Apollon mit dem Mythos des Pythontöters in V. 1 zwanglos erklären. Der gleichfalls lokale Apollon Kareios (V. 16) und Apollon Klarios, der für eine durch Pest verursachte Not eben in besonderer Weise zuständig ist (V. 18), werden unter den mit Kultleistungen zu Begünstigenden genannt, jedoch in der 3. Person; sie sind also – auch in der Innenperspektive des Orakels – augenscheinlich nicht mit dem sprechenden Gott identisch, wenn auch gewiß nahestehend gedacht: Das sprachliche Argument ist tatsächlich von einigem Gewicht.

Diese Deutung führte mithin auf einen lokalen Orakelkult in Hierapolis.[148] Als Parallele zu dieser Rekonstruktion möchte Lane Fox den Kult des Apollon Pythios in Laodikeia am Lykos heranziehen, der ebenfalls ein lokaler Orakelkult delphischer Provenienz gewesen sei. Diese Annahme stützt Lane Fox auf das in der Stadt belegte Amt des *prophetes*. Doch erscheint dieser ausschließlich in den zahlreichen laodizeischen Gesandtschaftslisten in Klaros, wohin die Stadt unter Führung eines *theoros* in vielen Jahren auf Geheiß des Gottes, wie in unserem Orakel in V. 21 gefordert, Ephebenchöre entsandt hat.[149] Da die Stadt danach zwischen etwa

seinen 1679 veröffentlichten *Miscellanae eruditae antiquitatis* den Begriff der Archäologie geprägt. Sein im Jahr zuvor publizierter dreibändiger Orient-Reiseberic̃bt, in zahlreiche europäische Sprachen übersetzt, wurde zu einem bis ins 19. Jh. wirkmächtigen Antikenführer. Zur Aufnahme seiner Kategorien durch Spätere s. S. Saïd, The miracle of Greek continuity: on the uses and abuses of analogy in some travel narratives from the seventeenth to the eighteenth century, in: W.V. Harris, Rethinking the Mediterranean, Oxford 2005, 269-293, h. 274-287, bes. 274f. – Der Kultname des Apollon Archegetes erscheint im Theater nochmals auf einer Weihinschrift vom Diazoma, I.Hierapolis 2 = Hierapolis 1,114 Nr. 2, oben Anm. 96.

146 Hierapolis 2,15-92. Der Fries stammt aus severianischer Zeit.

147 Oben Anm. 96. Vgl. Weber, Pythoktonos 201-212; ders., The coins of Hierapolis in Phrygia, NumChron 1913, 1-30. 133-161; ders., Die Münzprägung des phrygischen Hierapolis, in: Χάριτες Friedrich Leo zum 60. Geburtstag dargebracht, Berlin 1911, 466-490.

148 Der Hinweis auf ein *fanum ... augustum Apollinis et oraculum*, das – »stilistisch gute«, *haud incondita* – Versorakel erteilt habe, bei Liv. 38,13,1 im Bericht über die Expedition des Cn. Manlius gegen die Galater (nach Polyb. Buch 21; von der betreffenden Passage sind aber keine Fragmente erhalten) kann sich freilich nicht auf den Kult in Hierapolis beziehen, wie Lane Fox, Pagans 235 m. Anm. 47, im Anschluß an I. Cazzaniga, ParPass 21 (1966) 67, suggeriert, sondern zielt auf ein Heiligtum bei Hierakome (*transgressi Maeandrum ad Hieran Comen pervenerunt* Liv. ebd.), das wohl zur *chora* von Tralleis gehörte (Robert, Études Anatoliennes 559f.; Laumonier, Cultes indigènes 451), wo, wie in Hierapolis (zuvor Anm. 143), ein pythischer Agon bezeugt ist. Vgl. Hierapolis 1,134.

149 Nach Ausweis der von den Roberts in Klaros gefundenen, noch unpublizierten Gesandtschaftslisten, die 25 Theorien aus Laodikeia verzeichnen (Robert, Laodicée 298-305). Dabei sind eine Vielzahl von Ämtern dokumentiert, die den verschiedenen Aufgaben bei einer solchen *theoria*

128 und 175 n. Chr. häufig im ionischen Heiligtum Anfragen gestellt hat, ist es wahrscheinlicher, daß – auf jeden Fall in dem uns interessierenden Zeitraum – die Stadt keinen eigenen Orakelkult des Apollon Pythios besaß, sondern sich dafür nach Klaros wandte.[150] Der προφήτης vertrat den einheimischen Kult des pythischen Apollon in der Gesandschaft, der sich zumindest hinsichtlich der Divination im 2. Jh. n. Chr. dem klarischen Gott unterordnete. Die Existenz eines pythischen Apollon-Kults in Laodikeia muß dabei nicht irritieren, denn die Stadt ist eine seleukidische Gründung mit myth-historischen Verbindungen zum delphischen Apollon.[151]

Im Unterschied zu Laodikeia ist Hierapolis allerdings, zumindest nach den bisher bekannten Dokumenten, nicht unter den Gesandtschaftslisten im klarischen Heiligtum vertreten.[152] Könnte dies auch auf den ersten Blick für eine Herkunft des Orakelbescheides aus dem lokalen pythischen Apollon-Heiligtum sprechen, so scheint das Gewicht der Übereinstimmungen mit den anderen Texten der Gruppe aus Klaros doch so groß, daß man ungern nur aufgrund dieses negativen Befundes einen divinatorischen Charakter des einheimischen Apollon-Kults in Hierapolis annehmen möchte.

Es ist im übrigen auch nicht auszuschließen, daß die Differenzierungsversuche zwischen den verschiedenen Gestalten des Gottes und ihren Orten und Formen kultischer Präsenz ab einem gewissen Punkt ins Leere lau-

---

zugeordnet waren: θεωρός oder θεοπρόπος als Leiter der Gesandschaft, προφήτης oder auch ἱερεὺς παίδων, παιδονόμος, χοραγός oder χοροδιδάσκαλος, bisweilen auch der ὑμνογράφος, schließlich ein πάρεδρος (zu diesem *»Assistenten«*, der bei den Hymnenaufführungen zum Zuge gekommen sein muß, siehe ebd. 304 Anm. 4). Ein typisches Formular der Listen aus Laodikeia lautet beispielsweise (nach Robert, Laodicée 299 Nr. 6): Λαοδικέων ὁ δεῖνα υἱὸς τοῦ δεῖνος προφητεύων Ἀπόλλωνος Πυθίου Κλαρίῳ Ἀπόλλωνι ὑμνήσας τὸν θεὸν κατὰ χρησμὸν τὰ τῶν συνυμνησάντων παίδων καὶ παρθένων ὀνόματα ἀνέθηκεν σὺν τῷ δεῖνι τῷ θείῳ τῷ πεμφθέντι θεωρῷ. Auf diese Eingangsformel folgen die Namen der einzelnen Teilnehmer. Der προφήτης ist in den laodizeischen Listen fast durchweg ein Kind, das unter den παῖδες bzw. κόροι der Namensaufstellung wieder genannt wird. Er kann mit dem χορηγός identisch sein. Es handelt sich in Laodikeia um ein Jahrespriestertum, das regelmäßig dadurch mit der Führung der Gesandtschaft verbunden wird, daß der Vater des προφήτης als θεοπρόπος fungiert. Die Wahl eines Kindes, das noch beide Eltern haben mußte (ἀμφιθαλής), bringt einen Aspekt kultischer Reinheit zum Tragen, der gerade für die Verehrung Apollons bezeichnend war. Zur sozioökonomischen Bedeutung der Kinderpriestertümer vgl. Robert ebd. 304: »Non seulement ›les grands bourgeois‹ remplissent des coûteuses charges, civiles ou religieuses, et leurs femmes aussi, mais on nomme à telles et telles magistratures et liturgies, sur la bourse des parents, des jeunes gens, des enfants et même des bébés«, mit Verweisen ebd. Anm. 6. – Siehe **Klaros 17** für einen fragmentierten Bescheid zu einer Konsultation der Bürgerschaft von Laodikeia in Klaros (mit den Erläuterungen von Robert, Laodicée 336-338).

150 Robert, Laodicée 304f.: »Nous voyons le jeune prophète et ses acolytes non point présider à des oracles dans le sanctuaire de son dieu Apollon Pythien, mais aller quérir régulièrement ceux de l'Apollon de Claros. Cela ne semble guère compatible avec la tenue regulière d'un oracle à Laodicée. Le prophète d'Apollon Pythien ... va quérir, rapporter et communiquer les oracles d'Apollon Clarien.«

151 Vgl. zuvor Anm. 140.

152 Robert, Laodicée 303 Anm. 6; vgl. dens., Claros 1, 5.

fen. Möglicherweise ist in dieser Zeit mit Amalgamierungen zu rechnen, die zur Verbindung der göttlichen Figuren führten, ohne die Fortexistenz einer Mehrzahl von Heiligtümern infragezustellen: Ein einstmals indigener Gott Κάρειος wäre dann seit hellenistischer Zeit vom pythischen Apollon als 'Αρχηγέτης überlagert, der im Zeitalter der internationalen Ausstrahlung von Klaros wiederum vom Gott des ionischen Orakels kaum zu trennen war.[153]

Zum anderen überlegt Lane Fox, ob der orakelerteilende Gott nicht der delphische Apollon selbst sein könne. Die Indizien für Verbindungen zwischen Hierapolis und Delphi bzw. Apollon Pythoktonos sind bereits erwähnt worden. Wir kennen ein Versorakel mit expliziter Zuweisung an den pythischen Apollon aus dem benachbarten Tralleis, das ebenfalls im 2., möglicherweise aber auch erst im 3. Jh. n. Chr. durch den Zeus-Priester Kleitosthenes ὑπὲρ τῆς σωτηρίας τῆς πόλεως eingeholt und anschließend aufgezeichnet worden ist.[154]

153 Diese Verbindung könnte in der jüngsten der Gesandtschaftslisten aus Laodikeia angezeigt sein, Robert, Laodicée 303 Nr. 25: [προφῆ]ται τοῦ Πυθίου κ[αὶ Κλα]ρίου 'Απόλλωνος.

154 I.Tralleis (IK 36,1) 1 = McCabe, Tralles (PHI # 7) 145 = SGO 02/02/01 (Erstveröff.: A. Hauvette-Besnault/M. Dubois, BCH 5, 1881, 340-342 Nr. 1), PW 471 = Fontenrose H 68. Vgl. Fontenrose, Delphic oracle 190f.; E. Ziebarth, Eine Inschriftenhandschrift der Hamburger Stadtbibliothek, in: Wissenschaftliche Beilage zum Jahresbericht des Wilhelm-Gymnasiums in Hamburg, Hamburg 1903, 8f.; O. Kern, Die Herkunft des orphischen Hymnenbuchs, in: Genethliakon Carl Robert zum 8. März 1910, Berlin 1910, 87-102, h. 98-101 (vgl. bereits ArchAnz 11, 1896, 40); J. Schaefer, De Iove apud Cares culto, Diss. Halle 1912, 457; Cook, Zeus 2,2,957-962 zu Zeus als Hauptgott von Tralleis, zum Orakel ebd. 959; O. Kern, Religion der Griechen 3, Berlin 1938, 181; Amandry, Mantique apollinienne 165; R. Harder, Inschriften von Didyma Nr. 217, in: Navicula Chilionensis: studia philologica Felici Jacoby professori Chilionensi emerito octogenario oblata, Leiden 1956, 88-97, bes. 95 (= Kleine Schriften, München 1960, 137-147, h. 144f.) (zu dieser Arbeit Bull.ép. 1958, 430); Nilsson, GGR 2^2,468; Robert, Oinoanda 610; Nock, Cult ordinance (zu ὕμνοι κλητικοί überhaupt); M. Delcourt, L'oracle de Delphes, Paris ^{2}1981, 94. Der Theore Kleitosthenes ist uns möglicherweise bekannt, I.Tralleis 141,14; 142,6; I.Ephesos (IK 13) 671 und (IK 16) 2070; vgl. auch PIR^2 F 245 und E. Groag, Notizen zu griechischen kleinasiatischen Familien, JÖAI 10 (1907) 282-285. Im Versorakel gibt es im einzelnen bisher nicht endgültig gelöste Probleme des Textverständnisses; einige neue Vorschläge bei F. Poljakov in I.Tralleis, übernommen von Merkelbach/Stauber in SGO: θύεο ... ἐννομίην V. 3f. bezeichnete nach Merkelbach/Stauber die anschließend genannten Getreidespenden an den Gott als *»Weidegebühr«*, wofür sonst das Neutrum τὸ ἐννόμιον (sc. τέλος) einzutreten pflegt. Für das letzte erhaltene Wort des Textes, das Fontenrose und Parke/Wormell *in cruces* gesetzt haben, μεῖλαξ, hatte bereits Kern (in: Genethliakon ... [wie zuvor] 101 Anm. 1) auf Hesych. s.v. μῖλαξ verwiesen: ἡλικία, ἔνιοι δὲ μέλλαξ. Die Bedeutung von τὸ μέλλαξ ›Jüngling‹ wollen Merkelbach/Stauber dann kollektiv als ›Jungmannschaft‹ verstehen. – εὖ αἰνεῖν (inf. pro imp.): Chortänze und Hymnen für den Gott, die die Epheben aufführen, würden tatsächlich gut zu den ansonsten vor allem aus Klaros bekannten Ritualvorschriften der Krisenorakel passen. Kassel (bei Poljakov) erwägt für den Schluß dieses Verses (Ḳ̣ΑΙΔΡΑΜΕΙΛΑΞ) die Emendation καὶ δι' ἁμίλλας *»im Wettstreit«*. Wir wissen allerdings nicht, ob und wie der Text weiterging; es sind keine weiteren Verse erkennbar, aber der Stein ist stark verrieben. μεῖλαξ könnte auch zum attischen μῖλαξ gehören, gemeingriech. σμῖλαξ, einer Windenart (σμῖλαξ τραχεία oder λεία, vgl. LSJ s.v. IV), die etwa im Ritual benötigt wurde (Bekränzung wie sonst z.B. mit Myrte?), oder sonst »ein uns noch unbekanntes Adverb« (Kern ebd.) sein. – Diese Jugendlichen *»reihen sich um die Gabe des Schwans«*, κύκ-

Der Anlaß der Konsultation, die Art der mythisch-theologischen Rationalisierung der Krise und die ergehenden Weisungen weisen recht enge Parallelen zu unserem Text auf: Daraus, daß Kult für Poseidon Σεισίχθων-᾿Ασφάλιος gefordert wird, ist zu schließen, daß die *»Rettung der Stadt«* von den Göttern infolge eines Erdbeben erfleht werden muß; diese Krise wird auf den *»tausendjährigen Zorn,* χειλίετες μήνιμα, *des Zeus«* gegen die Stadt[155] zurückgeführt; es werden Opfer, hier allerdings vegetabile, und Hymnen gefordert. Schließlich werden die in dieser Situation bei der Ritualdurchführung zu verwendenden Kultepitheta für Poseidon genau spezifiziert. Auch Münzserien[156] aus Hierapolis, die Apollon Pythoktonos zeigen und von denen eine unter Marcus und Verus geprägt ist, also in den fraglichen Zeitraum gehört, könnten darauf hinweisen, daß auch unser Text Delphi zuzuordnen ist, kennen wir doch diesen Bildtypus sonst nirgendwo auf kleinasiatischen Münzprägungen.

Gleichwohl sieht sich diese Interpretation Einwänden ausgesetzt: Im Orakel wird ja die Tat Apollons offenbar gerade als *Ursache* für den Ausbruch der Seuche verantwortlich gemacht und Abhilfe durch den klarischen Apollon in Aussicht gestellt – die Darstellung der Tötung Pythons auf den Münzen scheint aber die *Überwindung* der Gefahr zu symbolisieren (in der Python dann ja für die Seuche stünde). Dies deutet eher darauf hin, daß das Orakel – wenn denn die Interpretation zutrifft, daß am Anfang der Abschluß einer Aitiologie des Unheils zu lesen ist – eine alternative Erklärung zur ›delphischen‹ Kultpropaganda angeboten hat, die mit dem Poliskult Apollons einherging.

Das mußte eigentlich in ›theologische‹ Probleme führen – aber die Tatsache, daß auch Apollon Klarios hier (wie ja auch in anderen ›Pestorakeln‹) ausdrücklich im Typus des Bogenschützen erscheint, den die geforderten Standbilder an den Stadttoren zeigen sollen, läßt erkennen, daß die mythisch-spekulative Logik zwischen Text und Bild(ern) einerseits, Mythologemen und Ritualelementen andererseits offenbar nicht derart klaren, einfachen Kohärenzmustern folgte, das polytheistische System vielmehr sehr flexibel auf die situativen Bedürfnisse zu reagieren vermochte. Richtig

---

νειον ὅσοι γέρας ἀμφινέμεσθε, nach Kassel (ebd.) poetische Umschreibung für die Aufführung der Hymnen.

155 Der Genitiv πάτρης muß wohl als *obiectivus* zu μήνειμα gezogen werden. Man kann vielleicht Soph. Oed. Rex 698f. vergleichen, wo Iokaste Ödipus auffordert: δίδαξον κἄμ', ἄναξ, *ὅτου* ποτὲ | μῆνιν τοσήνδε *πράγματος* στήσας ἔχεις, doch ist dieser Genitiv vielleicht eher definierend oder kausal aufzufassen (vgl. Dawe ad loc.; der Einwand von Bollack ad loc., daß einer Beziehung als gen. obi. τοσήνδε entgegenstehe, überzeugt allerdings nicht). Es gibt weitere ähnliche Stellen gerade bei Sophokles im semantischen Feld ›Zorn‹, etwa Philoct. 1308f. κοὐκ ἔσθ' ὅτου | ὀργὴν ἔχοις ἂν οὐδὲ μέμψιν εἰς ἐμέ oder Aiax 41 (Athena zu Odysseus über Aias) χόλῳ βαρυνθεὶς τῶν ᾿Αχιλλείων ὅπλων.

156 Siehe oben Anm. 121.

bleibt aber in jedem Fall, daß diese Münzbilder die enge Verbindung der Stadt mit dem delphischen Apollon zeigen.[157]

Gehörte unser Orakel statt nach Klaros tatsächlich nach Delphi, wäre dies eines der seltenen Versorakel aus Delphi in der Kaiserzeit.[158] Ich denke aber, daß die schon genannten Gründe – die Weihung von Statuen des Apollon Klarios *toxotes*, die Entsendung von Kinderchören nach Klaros, die Parallelen zu diesen Maßnahmen in anderen der ›Pestorakel‹, schließlich der genealogische Hinweis auf Mopsos[159] – eher dafür sprechen, in diesem und den folgenden Orakeln Produktionen des klarischen Heiligtums zu sehen, als dafür, sie entweder einem lokalen Orakelkult in Hierapolis selbst oder aber Delphi zuzuweisen, wenn auch alle drei Varianten sich einem letztgültigen Beweis entziehen.

---

157 »The scene is Delphic through and through: it has no connection with Kareios' myth and attributes«, meint Lane-Fox (Pagans 235). Das ist freilich schwer zu sagen, da wir von Mythos und Persönlichkeit des Kareios über die Ikonographie des Reitergottes mit der Doppelaxt hinaus (die nicht allein ihm in Anatolien gehört) wenig Genaueres wissen; s.o. S. 79-81 m. Anm. 107.

158 Neben dem besprochenen aus Tralleis unter den von Fontenrose als authentisch angesehenen nur noch drei weitere, die mit Sicherheit nach Delphi gehören: H 63 = PW 464 (ein Priester des Herakles Misogynos aus Phokis fragt über eine persönliche rituelle Verfehlung an, aus Plut. Pyth. orac. 20, 404 A, der die Dialogfigur sagen läßt, es sei *»kürzlich«* ergangen); H 65 = PW 465 (Hadrian fragt nach Geburtsort und Eltern Homers, Certam. Hom. et Hes. 37-40); H 66 = PW 466 (IG 2^2,5006, nach der Buchstabenform auf hadrianische Zeit datiert; Inhalt unklar, das Heiligtum von Demeter Χλοιῄ und Kore auf der Akropolis betreffend). Fontenroses H 67 gehört eher nach Didyma, hier **24** (vgl. kurz unten Anm. 610; Kap. 3, S. 386f. m. Anm. 148). Das lange Versorakel in der *Vita Plotini* über das Schicksal der Seele Plotins nach dem Tod des Meisters (H 69, hier **Didyma App46**) mag an jedem der drei großen Apollon-Orakel ergangen sein; die übliche Zuweisung an Delphi beruht nur auf dem im »Lemma« des Porphyrios angeführten berühmten delphischen Orakel für die Lyder über Kroisos und für Chairephon über Sokrates (PW 52. 420). Allerdings besteht kein Anlaß, die aus Plutarch abgeleitete Behauptung, daß es seit hellenistischer Zeit in Delphi kaum noch Versorakel gegeben habe, als grundsätzliches Urteil aufrechtzuerhalten; siehe dazu Robert, Hell. 11-12,535f. Anm. 2 im Zusammenhang der Besprechung des Orakels IG 12 Suppl. 200 (PW 429 = Fontenrose H 56), das die Insel Paros für ihre dalmatinische Kolonie Pharos im 2. Jh. v. Chr. eingeholt hat.

159 Mopsos: zuvor S. 81-83. Statuen des klarischen Apollon im Typus des Bogenschützen: **Klaros 8**, **9**, **10**. Kinderchöre nach Klaros: **Klaros 11**. Jugendliche sind mit Chören, die die Opfer begleitende Götterhymnen darbieten sollen, ausdrücklich auch im Ritualprogramm des pergamenischen Orakels (**Klaros 2**,14-19) beteiligt; dort sind die Riten allerdings in Pergamon selbst auszuführen.

Das angebotene theologische Deutungsmuster für das Unheil und seine Konsequenzen für die Kommunikationssituation zwischen dem Gott und den Menschen. Orientierungsleistung des Kommunikationsvorgangs. Niedrige Kohärenzschwelle des Deutungsanspruchs: Fehlen eines geschlossenen Kausalitätsmodells für den Geschehenszusammenhang.

Der nach dem aitiologischen Verweis auf den delphischen Mythos des Apollon Pythoktonos erfolgende kurze[160] Reflex auf die historische Situation, in der die Konsultation erfolgt (V. 2-4), die Heimsuchung zahlreicher Städte Kleinasiens durch die Epidemie, hat auf der Ebene der Kommunikation zwischen Orakelgott und Konsultanten die Funktion einer Relativierungsstrategie: Das Unglück trifft viele, die Bürger sind nicht alleine in ihrer Not. Mit dieser Veranschaulichung der gegenwärtigen Notlage und der konsolatorisch-relativierenden Funktion, die sie erfüllt, wird zugleich ein Deutungsangebot für die bestehende Krise verknüpft: Ursache für die wütende Epidemie ist der Zorn der Götter (θεῶν ὀδυσημοσύνῃσιν[161] V. 4, χόλον ἀλγινόεντα V. 5).

Wir dürfen diesen »*Zorn*« wohl mit der am Anfang für uns gerade noch sichtbaren Aitiologie, die den »*Groll der heiligen Erde*« (χθὼν ἱερὴ κοτέουσα) gegen Apollon als Begründung anzuführen scheint, verbinden und davon ausgehen, daß auch weiterhin mit dem »*Zorn der Götter*«, den es für die Menschen zu besänftigen gilt, derselbe mythologische Zusammenhang gemeint ist: Der delphische Mythos stellt in einem aitiologischen Konstrukt einen Kausalnexus her zwischen der konkret erfahrenen, historischen Situation der Konsultanten und einer durch ein traditionelles Narrativ vermittelten Geschehens- und Handlungsstruktur in der Welt der Götter, die bei den Empfängern des Orakels als allgemein bekannt vorausgesetzt wird. Sie wird mit der historischen Zeit des aktuellen Geschehens nur insoweit verknüpft, daß als selbstverständlich angenommen wird, sie liege »voraus«.

Die Feststellung dieses Kausalzusammenhangs vermittels einer aitiologischen Ableitung auf die mythologische Ebene ermöglicht es, daß der das Orakel erteilende Gott konkrete, präzise rituelle Maßnahmen empfehlen kann, die Abhilfe versprechen, indem durch Bitt- und Sühneleistungen, die die Menschen zu erbringen haben, die gestörte Kommunikation mit den Göttern – erfahrbarer Ausdruck dieser »Störung« ist eben das Wüten der Seuche – wieder normalisiert wird, *»die Götter von ihrem Groll las-*

160 Vgl. dagegen die breite Ausmalung der Verheerungen, die die Seuche anrichtet, in **Klaros 8**,6-13 (nicht vollständig erhalten) und vermutlich auch in **Klaros 9**,1-20 (stark fragmentiert). Es bleibt freilich daran zu erinnern, daß wir das Ausmaß des Textverlustes zu Beginn von **Klaros 4** nicht kennen.

161 Eine Neubildung zum epischen *ὀδύσσομαι ›grollen, zürnen, hassen‹, das aber nur im aor.1 med. und einmal (Od. 5,423) im pf. pass. belegt ist.

sen« (ἀπαλεύσασθαι[162] V. 4) und sich wieder ein stabiles Wechselspiel von Geben und Nehmen innerhalb eines normalen Spektrums einpendelt: die Götter den Menschen Sicherheit, Auskommen und Wohlergehen gewähren, die Menschen den Göttern dafür die ihnen zustehenden Opfer und die nötige Verehrung in den verschiedenen Kultformen zukommen lassen und beide ›Austauschvorgänge‹ in mehr oder weniger großer Beständigkeit und Regelmäßigkeit ablaufen – der Zustand, den für die römische *civitas* das Konzept der *pax deorum* bezeichnet.

Daß das hier angebotene Deutungsmuster, das eine Rationalisierung des katastrophalen, für die Betroffenen unfaßlichen Geschehens ermöglichen soll, zumindest in den Augen des modernen Betrachters kaum hinreichende Kohärenz aufweist, scheint den zeitgenössischen Teilnehmern des Kommunikationsvorgangs keine Schwierigkeiten bereitet zu haben. Wir würden ja fragen, warum denn ein Vergehen Apollons gegen Gaia den Zorn gegen die Menschen motivieren soll – dies wäre höchstens dann sinnvoll, wenn diese sich als besondere Verehrer Apollons gezeigt hätten und von der erzürnten Göttin gleichsam in Mithaftung genommen würden. Auch wenn die enge Verbindung von Hierapolis zum pythischen Apollon nach dem Gesagten unzweifelhaft ist, können wir im erhaltenen Text nicht erkennen, daß diese Verbindung hergestellt würde.[163] Da scheint uns eine Begründung wie die in V. 25 gegebene, wo Apollon selbst sich über mangelnde Opfergaben beklagt, ungleich einleuchtender – was dann aber wiederum nicht mehr zu den am Anfang formulierten Begründungen für die Notlage, Groll der Erde und überhaupt Zorn *»der Götter«*, zu passen scheint: Hier scheint es eher Apollon selbst zu sein, der sich zurückgesetzt sieht – und deshalb mit seinen Pestpfeilen die Seuche geschickt hat?

Darüberhinaus heißt es ja nun (V. 4) auch einfach, *»die Götter«* seien in Zorn gegen die Menschen geraten, womit die Ebene der spezifischen mythologischen Aitiologie schon fast wieder verlassen scheint, denn von einem Konflikt zwischen Apollon und Gaia ist hier schon nicht mehr die Rede. Vielleicht dürfen also nicht derart strenge Maßstäbe der Kohärenz angelegt werden: Das mythologische Aition motiviert zunächst einfach Götterzorn *tout court*. Der liefert eine plausible Erklärung für die beste-

162 Das Wort sonst nur noch Σ Nic. Ther. 395, ἀπαλεύεσθαι τὸ δίψος. – ἀλεύομαι als Nebenform zu ἀλέομαί τι ›aus dem Weg gehen, meiden‹; in tragischen Chorliedern bisweilen act. ἀλεύω.

163 Nur vermuten können wir, daß eine Verbindung dann einen Anhaltspunkt in der historischen Wirklichkeit haben konnte, wenn der einheimische Apollon Kareios tatsächlich sekundär als ein enger Verwandter oder sogar als Filiale des delphischen Gottes interpretiert worden war (oben S. 79-81): In diesem Moment konnte wohl auch der Mythos mit ›importiert‹ und so in einer theologischen Deutung instrumentalisiert werden. Auffällig bliebe aber auch dann, daß dieser Nexus im Orakel nicht hergestellt worden ist (es sei denn im verlorenen Anfangsteil, was von der sachlichen Struktur des Textes her nicht ausgeschlossen erscheint). Leider ist der Charakter des Apollon Kareios trotz der ikonographischen Zeugnisse nicht befriedigend zu klären.

hende Krise, in der eine divinatorische Instanz wie der klarische Gott wiederum auf geeignete rituelle Maßnahmen hinweisen kann. Deren gewissenhafte Erfüllung berechtigt wiederum zu der Hoffnung, daß die Götter, derart umworben, sich den Menschen wieder zuwenden werden und sich das Verhältnis zwischen Menschen und Göttern wieder in für beide Seiten vorteilhafter Weise einspielt – solange es ins Ungleichgewicht geraten ist, äußert es sich in extremen Verwerfungen der Alltagssituation der Menschen: ein χόλος ἀλγινόεις. Nach der Stimmigkeit der einzelnen Handlungs- und Personenkonstellationen innerhalb des mythologischen Aitions wurde offenbar nicht weiter gefragt.

Wir finden also eine Reihe von Indizien für recht niedrige Kohärenzschwellen bei der Rationalisierung und theologischen Bearbeitung des kontingenten Geschehens (nota bene innerhalb ein und desselben Orakeltexts!), die von den Beteiligten aber offenbar akzeptiert wurden.

Wenn man den Rahmen dieses Textes überschreitet, weist überhaupt die Ambivalenz des Orakelgottes selbst noch einmal auf die für uns ungewöhnliche Art der inhärenten ›theologischen‹ Logik hin, der sowohl von der homerischen Tradition her als der Sender der Seuche wie auch – bei den in den ›Pestorakeln‹ regelmäßig wiederkehrenden Aufforderungen zur Weihung von Statuen des Bogenschützen Apollon ganz deutlich – als der Abwehrer dieser Bedrohung verstanden wurde. Dabei ist schwer zu entscheiden, ob das Konzept einfach nicht so stringent und weitgehend ausgearbeitet worden ist, wie wir erwarten würden, oder ob das intersubjektive Wissen der Teilnehmer an dieser Religion mit anderen Kategorien von Analogie, Kausalität und Schlüssigkeit operiert, als wir sie anlegen würden, mithin das Rationalitätsmodell unseres Weltbildes hier anachronistisch ist.[164]

Eine komplexe Opfersequenz in Hierapolis: Hekatomben und Spenden für Gaia, die Himmelsgötter, die chthonischen Götter, die Heroen der Stadt und den karischen Apollon. Einzelheiten zum chthonischen Opferritual.

Der gesamte übrige erhaltene Text des Orakels führt nun detailliert die empfohlenen rituellen Maßnahmen auf, die zu Beginn dieses Abschnitts (V. 5f.) bereits vorwegnehmend zusammengefaßt werden: Opfer (»*vollkommene Hekatomben*«) mit Libationen und den natürlicherweise damit einhergehenden Festmählern sind die geeigneten Mittel, mit deren Hilfe Aussicht besteht, die Götter von ihrem χόλος abzubringen. Die im folgenden geforderten Opfer lassen sich in drei Komplexe gliedern: an erster Stelle an Gaia, sodann an Aither gemeinsam mit den »*Himmelsgöttern*«,

164 Zu dieser Frage nochmals unten S. 112-115.

schließlich an Demeter, die chthonischen Götter, die Heroen und den lokalen Kareios.[165]

Das wichtigste Opfer gilt Gaia (V. 7-11a), womit der delphische Mythos vom Anfang doch nochmals in seiner aitiologischen Form aufgenommen zu werden scheint: Gaia hatte unter den Göttern besonderen Anlaß zum Zorn, darum muß sie auch an erster Stelle und mit einem besonders aufwendigen Ritual besänftigt werden. Die Seuche mit ihren für die Sinneswahrnehmung schwer faßbaren Ursachen wurde offenbar in besonderer Weise als ein Wirken der Erde, als Ausdruck eines gestörten Verhältnisses zwischen den Menschen und der Erdgöttin verstanden, deren umfassender Wirkungsbereich sich hier auch in ihrem Beiwort »Allmutter«, παμμήτωρ (7), bezeichnet findet.[166]

Ihr soll nach chthonischem Ritus[167] eine Herdenkuh (βοῦς ἀγελαία) im Annihilationsopfer dargebracht werden, und zwar in einer Kombination von holokaustischem Brandopfer und Vergraben des Tierkörpers. Das Ritual wird detailliert beschrieben: Die Kuh soll im Feuer zusammen mit Duftstoffen (ἅμ' εὐόδμοις θυέεσσιν) verbrannt und in eine Grube geopfert werden. Der vollständig verbrannte Kadaver (ἐπὴν δέ μιν ἐξανύσῃ φλόξ) in der Grube soll danach mit Libationen der für chthonische Opfer charakteristischen Honigweinmischung (λοιβῇσιν μελικρήτοις) und Erde bedeckt

165 Die dreiteilige Struktur: (1) Gaia, (2) olympische Gottheiten mit dem philosophischer Spekulation besonders nahestehenden Aither und (3) Demeter mit den chthonischen Gottheiten und den Heroen, läßt sich mit dem Opferkatalog im ›Theologischen Orakel‹ bei Porphyrios 314 F Smith (= **Klaros App10**) vergleichen und ist ein weiteres Indiz dafür, daß die ›kultischen‹ und die ›theologischen‹ Orakel konzeptuell näher beieinander stehen, als es zunächst scheinen mag.

166 Das Beiwort ist literarisch für Gê aus Aeschyl. Prom. 88-90 bekannt und wird der Sache nach vielfach aufgenommen (siehe die bei Nilsson, GGR 1, 456-461, besprochenen Passagen etwa aus Euripides); diskutiert wird es beispielsweise bei Plat. Menex. 237 E–238 A. Das Epitheton erscheint für die Magna Mater als »Rhea« auf einem Taurobolienaltar des späteren 4. Jh. n. Chr. aus dem römischen Phrygianum, IGUR 126 (IG 14,1020 = CIL 6,30780 = Kaibel 823). Dort sagen die beiden Dedikanten von sich: ὄργια συνρέξαντε θεᾶι παμμήτορι Ῥείηι (zu diesem Altar H. Graillot, Le culte de Cybèle, mère des dieux, à Rome et dans l'Empire romain, BÉFAR 107, Paris 1912, 203). Ganz ähnlich auf dem Altar IGUR 129: μητέρι τῇ πάντων Ῥείῃ. Ausführlich zum Konzept Nilsson ebd. und die klassische Arbeit von A. Dieterich, Mutter Erde: ein Versuch über Volksreligion, Leipzig ^{3}1925 – beide freilich vor dem Hintergrund ihrer Gesamtkonzeption der religionsgeschichtlichen Entwicklung in Griechenland zu sehen. Dieterich ebd. 40f. zur *Prometheus*-Stelle und zur Rede der Aphrodite Aeschyl. fr. 44 TrGF, zu der Radt weiteres Vergleichsmaterial aus Euripides-Fragmenten anführt (vgl. wiederum Dieterich ebd. 41-44). – Zu A. Dieterich: A. Wessels, Ursprungszauber: zur Rezeption von Hermann Useners Lehre von der religiösen Begriffsbildung, RgVV 51, Berlin 2003, 96-128, bes. 111-121; S. Marchand, From liberalism to neoromanticism: Albrecht Dieterich, Richard Reitzenstein, and the religious turn in *fin-de-siècle* German classical Studies, in: Out of Arcadia, BICS Suppl. 79, London 2003, 129-160.

167 Die Sequenz weist nahe Übereinstimmungen mit der Ritualanweisung des Orakels für Kallipolis auf, **Klaros 9**,22-29 (unten S. 170-179), wo auch die ähnlichen Angaben in der ›Opferlehre‹ **Klaros App10**,9ff. herangezogen sind. Zu den Hauptelementen des ›chthonischen‹ Opferrituals – Ausgießen des Bluts des Opfertieres in eine Grube, Wein- bzw. Honigweinspende, Verwendung der Opfergerste, Begraben des Opfertieres – siehe Stengel, Opferbräuche 17-33. 126-145.

und so zugeschüttet werden. Der für das rituelle Begraben des Kadavers gewählte Ausdruck (ἀμφιχέασθε) suggeriert eine Analogie dieses letzten Akts mit einer – weiteren – Libation.

Interessant ist die Bezeichnung der Grube, in die hinein das Opfer erfolgen soll, als μέγαρον τετράγυιον.[168] Das Wort μέγαρον begegnet hier in der Bedeutung ›unterirdische, tiefgelegene Opferstätte‹, die bisher insbesondere aus dem Bericht eines Lukian-Scholions über die Thesmophorien bekannt war, wo es die Grube bezeichnet, in die die lebenden Ferkel für Demeter geworfen wurden.[169] Dort findet es sich im Plural τὰ μέγαρα,

168 Wichtige Überlegungen bei Henrichs, Megaron. Das Verhältnis des homerischen Wortes μέγαρον, das einen (bewohnten) Innenraum etwa einer Palastanlage bezeichnet, zu der Bezeichnung des in der Tiefe gelegenen Kultortes und die Frage der etymologischen Zusammengehörigkeit hat N. Kontoleon erstmals unter Auswertung der epigraphischen Zeugnisse behandelt: Μέγαρον, in: Mélanges offerts à Octave et Melpo Merlier à l'occasion du 25e anniversaire de leur arrivée en Grèce, Bd. 1, Coll. de l'Inst. Français d'Athènes 92, Athen 1956, 293-316, bes. 297ff.; darauf aufbauend S. Lauffer, Megaron, in: Στήλη· τόμος εἰς μνήμην Νικολάου Κοντολέοντος, Athen 1980, 208-215, bes. 211-215, der u.a. mit Verweis auf das nach ähnlichen Ritualtermini gebildete μεγαρίζειν argumentiert, daß die homerische Bedeutung die abgeleitete und somit jüngere sein muß. Zum selben Ergebnis kam zuvor schon B.C. Dietrich, A religious function of the *megaron*, RivStorAnt 3 (1973) 1-12, mit der These, die Bedeutung der unterirdischen Opferstätte sei bereits bronzezeitlich, und mit dem Wort auch das Schweineopfer; das Wort sei von dort auf die mykenischen Palastbauten übertragen worden.
Die Zeugnisse für die kultische Verwendung übergreifen ein Spektrum von der natürlichen Bodenvertiefung, die als Opfergrube genutzt wurde, bis zum solitären (in der Regel, aber wohl nicht notwendig unterirdischen) Altarraum, so etwa im Kore-Heiligtum des arkadischen Lykosura nach Paus. 8,37,8: *παρὰ δὲ τὸν ναὸν* τῆς Δεσποίνης ὀλίγον ἐπαναβάντι ἐν δεξιᾷ μέγαρόν ἐστι καλούμενον (s. auch hiern. Anm. 172). Auch der Stadtname Megaras mit seinem alten Demeterkult hat wohl diesen Ursprung. Interessanterweise bietet Steph. Byz. s.v. neben der Ableitung vom eponymen Heros Megareus die alternative Erklärung ἢ διὰ τὸ τραχὺ τῆς χώρας. Lauffer ebd. 214 verknüpft dies mit der Bezeichnung des klarischen Adytons als τρηχὺ στόμα φοιβάδος ὀμφῆς in dem von Porph. 350 F 22 (Eus. PE 5,15,6) überlieferten Orakel **Klaros App9** = **Didyma 48**: also die ›Orakelhöhle, mantische Erdspalte, Felskluft‹. – Für Frisk, Etym. Wörterbuch s.v., gehören das homerische μέγαρον ›Palastraum‹ und τὸ μάγαρον/τὰ μέγαρα etymologisch hingegen nicht zusammen, aber die Herkunft von μέγαρον ist letztlich ungeklärt. LSJ Suppl. 1996 korrigiert LSJ^{9}, wo sich noch ein Gesamteintrag s.v. μέγαρον findet, im Sinne zweier getrennter Stämme. μάγαρον läßt sich direkt mit hebr. *me'arah* ›Höhle‹ verbinden (Frisk, LSJ Suppl.): Vermutlich handelt es sich also um ein semitisches Lehnwort (so E. Masson, Recherches sur les plus anciens emprunts sémitiques en grec, Études et commentaires 67, Paris 1967, 87f.). H. Lewy, Die semitischen Fremdwörter im Griechischen, Berlin 1895, 94, wollte es dennoch mit μέγαρον verbinden. Noch neugriech. μαγαρίζω ›dreckig machen, verderben‹.

169 Σ Luc. Dial. Meretr. 2,1 p. 275,23-286,28 Rabe, Hauptzeugnis für den Thesmophorien-Ritus, zusammen mit der kurzen Bemerkung Clem. Protr. 2,17,1, der das Verb μεγαρίζειν liefert. Der Scholiast schreibt: ἐμβάλλονται δὲ καὶ εἰς τὰ μέγαρα οὕτω καλούμενα ἄδυτα ἐκεῖνά (sc. τὰ ἱερὰ ἐκ στέατος τοῦ σίτου κατεσκευασμένα) τε καὶ χοῖροι (276, 19f.). An anderen Stellen des Scholions paraphrasiert er die μέγαρα mit χάσματα τῆς Δήμητρος καὶ τῆς Κόρης. Grundlegend war die Behandlung des Textes durch E. Rohde, Unedirte Lucianscholien, die attischen Thesmophorien und Haloen betreffend, RhMus 25 (1870) 548ff. = ders., Kleine Schriften 2, Tübingen 1901, 355-369, h. 355-365. Vgl. auch Eus. PE 2,3,22. Zu Ritual und Fest alles Wesentliche bei Nilsson, Feste 313-325; GGR 1^{3},463-466; Deubner, Feste 50-60; Burkert, GR 365-370; vgl. noch dens., Kekropidensage und Arrephoria: vom Initiationsritus zum Panathenäenfest,

ebenso wie an den anderen Stellen, wo es mit dieser Bedeutung verwendet ist,[170] mit Ausnahme allein einer Bezeugung bei Menander, die dann in die lexikographische Tradition Eingang gefunden hat.[171] Für den Singular τὸ μέγαρον in der Bedeutung ›tiefgelegene Opferstätte‹ ist unsere Inschrift offenbar der erste und bisher einzige Beleg[172] neben dem antiquarischen

---

Hermes 94 (1966) 1-25, h. 7f. m. Anm. 1 = ders., Wilder Ursprung 40-59, h. 45 m. 55 Anm. 12 (zur irreführenden Gleichsetzung des Rituals mit dem der Skira und Arrephoria durch den Scholiasten, vgl. dazu auch dens., HN 284 Anm. 5; GR 366 Anm. 14).

170 Die Stellen, an denen der Plural τὰ μέγαρα erscheint, seien kurz angeführt; schon J. Harrison (Prolegomena to the study of Greek religion, Cambridge, Ma. ³1922, 125f.) vertrat die Ansicht, daß hier durchweg ein unterirdisches Opferlokal chthonischer Kulte gemeint sei. Eine enge Parallele mit dem attischen Thesmophorien-Ritual des μεγαρίζειν berichtet Pausanias für das Demeter-Kore-Heiligtum im nach seinem Hauptkult benannten boiotischen Potniai unweit Thebens, wo (9,8,1) ἐς τὰ μέγαρα καλούμενα ἀφιᾶσιν ὗς τῶν νεογνῶν (darauf folgt eine rätselhafte Bezugnahme auf Dodona, wo mit diesen Schweinekadavern etwas Unklares geschieht; der Text ist durch einen Ausfall gestört: τοὺς δὲ ὗς τούτους ἐς τὴν ἐπιοῦσαν τοῦ ἔτους ὥραν ἐν Δωδώνῃ φασὶν ἐπι*). Porph. Antr. 6 (p. 60,11-21 Nauck = Porphyry, The Cave of the Nymphs in the Odyssey, Arethusa Monogr. 1, Buffalo, N.Y. 1969, p. 8,20-28) spricht über Grotten und Höhlen, ἄντρα καὶ σπήλαια, sowohl natürliche als auch künstliche, in verschiedenen τελεταί. Dabei diffenziert er auch die jeweiligen Opferanlagen für olympische Götter (ναοί, ἕδη, βωμοί), chthonische und Heroenkulte (ἐσχάραι) und ὑποχθόνιοι θεοί, für die βόθρους καὶ μέγαρα errichtet würden (beide sind für ihn also nicht identisch, worauf Henrichs, Megaron 34, mit Recht hinweist). Schließlich die Lexikographen: Hesych. s.v. μέγαρα· οἱ μὲν καταγείους οἰκήσεις καὶ βάραθρα· οἰκία· καὶ θεῶν οἴκημα. In einer Auflistung der μέρη τῶν πρὸ πόλεως καὶ κατὰ δήμους nennt Poll. 9,15 ἱερά, τελεστήρια, μέγαρα, ἀνάκτορα, χρηστήρια. Eustathios (nächste Anm.) wiederum bestätigt mit dem von ihm vorangestellten Lexikonauszug den Kontext der Thesmophorien für seine antiquarische Notiz.

171 Men. fr. 870 Körte-Thierfelder ap. Phot. s.v., der pointiert festhält: μάγαρον· οὐ μέγαρον, εἰς ὃ τὰ μυστικὰ ἱερὰ κατατίθενται, οὕτως Μένανδρος. Auch Eusthat. Od. 1,27ff. p. 1387,16 führt das lexikographische Notat an, und zwar als Auszug aus dem Grammatiker Aelius Dionysius (= Ael. Dionys. atticistae fragm. ed. H. Erbse, Untersuchungen zu den attizistischen Lexika, Abh. d. Dt. Akad. d. Wiss. zu Berlin 1949,2, Berlin 1950, 128), dafür aber ohne Angabe, daß es sich um einen Ausdruck Menanders handelt. Zuvor heißt es bei dem byzantinischen Homerexegeten: μέγαρον δὲ ὡς ἐν ῥητορικῷ φέρεται λεξικῷ (Eustathios schreibt also wohl ein Lexikon zu den attischen Rednern aus), οὐ μόνως τὸ κοινῶς, ἀλλὰ καὶ ἰδικῶς μέγαρα, κατάγεια οἰκήματά φησι ταῖν θεαῖν ἤγουν Δήμητρος καὶ Περσεφόνης. – Die Form μάγαρον ist dann inschriftlich gesichert in Porto, Abdera und – indirekt – in Thessalonike und der thrakischen Augusta Traiana: hiern. Anm. 172 a.E., 174, 176, 178. Henrichs, Megaron 36, kennt schließlich auch einen Beleg in einem anscheinend nach wie vor unpublizierten spätantiken Zauberpapyrus, wo der Magier von seiner *katabasis* spricht, καὶ εἰς μάγαρον κατέ̣[βη]ν, P.Mich. 3,154 (3./4. Jh. n. Chr.).

172 Im Zusammenhang mit einem Kult der Gê gibt es einen inschriftlichen Beleg für ein μέγαρον aus dem Pontos (s. hiern.). Es ist aber unklar, worum es sich bei diesem μέγαρον handelt und ob eine Funktionsparallele zu der Passage im hierapolitanischen Orakel angenommen werden kann, die sich im übrigen, wie in Anm. 169 gezeigt, eher zum Ritual des μεγαρίζειν für Demeter an den Thesmophorien ziehen läßt, wo entweder von τὰ μέγαρα oder eben vom μάγαρον die Rede ist. Für eine rituelle Bedeutung von μέγαρον im Singular lassen sich zwar eine Reihe von Belegen zusammentragen, die aber in differenzierte Bedeutungen geschieden werden müssen und nicht alle im Sinne des μεγαρίζειν an den Thesmophorien zu verstehen sind: Oftmals scheint auch im Singular eine unterirdische, höhlenartige Konstruktion bezeichnet zu sein (vgl. Hesych. [wie Anm. 170]; Eustath. [wie Anm. 171]). Herodot benutzt den Ausdruck verschiedentlich für

Zeugnis für Menander, bei dem aber nach Ausweis des Photios das etymologisch wohl zutreffendere μάγαρον gestanden hat.[173] Eine dazugehörige Amtsbezeichnung für Kultfunktionäre, die diese Form bestätigt, haben in jüngerer Zeit zwei Altarweihungen aus dem nordgriechischen

---

Bauten in ägyptischen Heiligtümern sowie für Kultanlagen der Demeter, in Delphi und auf der athenischen Akropolis, vgl. 1,47. 65; 7,140 (Delphi, vom Ort der Orakelkonsultation, wohin Konsultanten vorgelassen wurden: ἐσῆλθον ἐς τὸ μέγαρον χρησόμενοι), vgl. 8,37; 6,134 (Paros: Demeter Thesmophoros); 5,77; 8,53 (Athen: Erechtheion?); 2,143 (Ägypten: Theben).

In den Kontext der Demeter kommen wir mit Ammonios von Lamptrai, De aris et sacrificiis fr. 1 Tresp, Kultschriftsteller fr. 48,5f. = FGrHist 361 F 1a (im Kommentar Kritik an Tresps Edition des Fragments), aus [Ammonius] (= Herennius Philo), Adfin. vocab. diff. 113, dem es um die Unterscheidung von βωμός, ἑστία, ἐσχάρα und μέγαρον geht: τὸ δὲ μέγαρον ἡ περιῳκοδομημένη ἑστία (also ein großer, ummauerter Altar, wie es der Fund aus dem arkadischen Lykosura bestätigt hat, siehe hiern.), ἔνθα τὰ μυστικὰ τῆς Δήμητρος. Bei Ael. fr. 10h Hercher = Domingo-Forasté aus Suid. μ 381 (aus Älians Schrift *Über den Daduchos, der durch die Schriften Epikurs seine Nerven verloren hat,* Περὶ δᾳδούχου διὰ τῶν Ἐπικούρου λόγων ἐκνευρισθέντος) steht μέγαρον für ein Kultgebäude in Eleusis, das im Mysterienritual eine zentrale Rolle spielt: τὸ μέγαρον, ἔνθα δήπου τῷ μὲν ἱεροφάντῃ μόνῳ παρελθεῖν θέμιτον ἦν κατὰ τὸν τῆς τελετῆς νόμον. Aus dieser Bemerkung über den Hierophanten ist zu schließen, daß es das Anaktoron ist (vgl. Burkert, HN 305 m. Anm. 9); s. nochmals im Anschluß zu IG 2^2,1363 = LSCG 7. Pausanias schließlich verwendet τὸ μέγαρον mehrfach für Kultlokale chthonischer Gottheiten, etwa wiederum Demeter in Megara (1,39,5) und Tainara (3,25,9); die Kureten in Messene (4,31,9: Holokaustopfer verschiedener Tiere, so daß auch hier das μέγαρον ein Altar sein dürfte); Dionysos in Μελαγγεῖα bei Mantineia (8,6,5) und schließlich Δέσποινα, also Kore, in Lykosura (8,37,8): Dieses μέγαρον ist aller Wahrscheinlichkeit nach sogar gefunden worden, ein monumentaler, in einer Ausschachtung ummauerter Altar, K. Kourouniotis, ArchEph 1912, 142-161; vgl. Robert, OMS 2,1005 Anm. 5; Burkert, HN 305f.; Lauffer, Megaron (wie Anm. 168) 212.

Die inschriftlichen Belege (vgl. L. Robert, Sur deux inscriptions grecques, in: Mélanges Bidez, Annuaire de l'Inst. de philologie et d'histoire orientales et slaves 2,2, Brüssel 1934, 793-812 = OMS 2,988-1007, h. 810-812 = 1005-1007, sowie Bull. ép. 1953,35) weisen wiederum insbesondere auf Kulte für Demeter/Kore, so das Kultgesetz der Demoten des Piräus für das Thesmophorion, IG 2^2,1177 = LSCG 36, 2-7: ὅπως ἂν ... μηδὲ καθαρμοὺς ποιῶσιν μηδὲ πρὸς τοὺς βωμοὺς μηδὲ τὸ μέγαρον προσίωσιν ἄνευ τῆς ἱερέας. Möglicherweise handelt es sich also auch hier um einen Altar. Vgl. den Beschluß der Kore-Priesterinnen von Mantineia, Michel, Recueil 993 = IG 5,2,266, 26 – Paus. 8,9,2 erwähnt das *megaron* dagegen nicht, als er im Vorübergehen auf das Heiligtum zu sprechen kommt –, sowie ein Fragment des Kultkalenders aus Eleusis IG 2^2,1363 = LSCG 7, 20. – In frühe Zeit (5./4. Jh. v. Chr.) führt die Weihung eines μέγαρον für Ge Χθονία im pontischen Apollonia, IGBulg 1^2,398, im Kontext des Opfers für Ge παμμήτωρ im hierapolitanischen Orakel ein besonders willkommener Beleg. Erstveröffentlichung durch E. Kalinka, Antike Denkmäler in Bulgarien, Kaiserl. Akad. d. Wiss. Wien, Schr. d. Balkankomm., Antiqu. Abt. 4, Wien 1906, 441. Zu dieser Inschrift und den weiteren Zeugnissen für den Kult G. Mihailov, Contributions à l'épigraphie de la Thrace, Godisnik na Sofijskija Universitet, Istoriko-Filologiceski Fakultet/Annuaire de l'Univ. de Sofia, Fac. Historico-Philologique 48 (1952-53) 234-239. Nach Ehrhardt, Milet 167 m. 466 Anm. 812, kann nicht sicher davon ausgegangen werden, daß der Kult der Gê in Apollonia milesischen Ursprungs ist. Zu Apollonia und seinen Kulten im Überblick s. Ch.M. Danoff, Pontos Euxinos, RE Suppl. 9 (1962) 866-1175, h. 1067-1070. Einen Überblick zu den Kulten der Gê bietet St. Georgoudi, Gaia/Gê: entre mythe, culte et idéologie, in: S. des Bouvrie (Hrsg.), Myth and symbol 1: symbolic phenomena in ancient Greek culture: papers from the First International Symposium on symbolism at the University of Tromsø, June 4-7, 1998, Papers from the Norwegian Institute at Athens 5, Bergen 2002, 113-134.

In einer der Abrechnungen der *hieropoioi* des delischen Apollon-Heiligtums ist von einem ξύλωμα (einem ξύλωμα [δε]σμῶν nach dem Vorschlag von Durrbach) die Rede, das im Thesmopho-

Raum erbracht. In der thrakischen Militärkolonie Augusta Traiana[174] richten drei μαγαρεῖς zusammen mit einem γερουσιαστής[175] der Kolonie eine

---

rion von Delos verwendet wurde (über das Fest auf der Insel informiert IG 11,287 A 68, vgl. Nilsson, Feste 316f.), εἰς τὸ μέγαρον τὸ ἐν τῷ Θεσμοφορίω[ι, I.Délos 440 A 41 (Anfang 2. Jh. v. Chr.). Ebenfalls auf Delos weiht in einem ägyptischen Heiligtum ein Priester ein μέγαρον, I.Délos 2047 = P. Roussel, Les cultes égyptiens à Délos du 3ème au 1er siècle av. J.-C., Annales de l'Est 29/30, Paris 1915/16, 136 Nr. 90, so wie auch in einem Iseum in Ostia/Porto ein *magarum*, CIL 14,18, bzw. *megarum,* ebd. 19, bezeugt ist. In Abdera stiftet ein ἀρχιβουκόλος dem Dionysos und seinen συνμύσται ebenfalls ein μάγαρον, J. Bousquet, Inscription d'Abdère, BCH 62 (1938) 51-54 (Bull. ép. 1939, 187 mit Text) = Jaccottet, Choisir Dionysos Nr. 35. Zur Stiftungsformel, die den Gott, dem die Weihung gilt, mit der Institution bzw. den Personen verbindet, die daraus Nutzen ziehen sollen, vgl. Bull. ép. 1953, 105 a.E.; 1965, 390; Robert, Études anatoliennes 62f.; dens., Hell. 2,131. In einem Versepigramm von der Batanaia-Hochebene im syrischen Hauran wird eine Grabstätte als μέγαρον bezeichnet, Waddington, Inscr. de la Syrie 2391 = Kaibel 453 = SGO 22/31/99, 2.

Neben das von Pausanias beschriebene und archäologisch identifizierte μέγαρον von Lykosura läßt sich wohl eine genau so beschaffene, rechteckige, sorgfältig ausgemauerte Opfergrube in Priene stellen (hellenistisch), die oben ganz abgedeckt werden konnte, Th. Wiegand/H. Schrader, Priene, Berlin 1904, 154f.; M. Schede, Die Ruinen von Priene, Berlin 1964², 93f. m. Abb. 107. 110, vgl. Henrichs, Megaron 35. Auch darin werden wir ein solches μέγαρον sehen müssen: »Das Megaron als Opfergrube unterscheidet sich vom βόθρος dadurch, daß es eine aus haltbarem Material gebaute und dauerhafte Anlage ist, während der βόθρος lediglich ein frisch ausgehobenes Erdloch ist. Weil das Megaron eben ein in die Erde versenktes kleines Bauwerk war, konnte man ihm diesen Namen geben, der seit dem alten Epos ein Gebäude und seit Herodot einen Kultraum bezeichnet« (Henrichs ebd.). Mehr derartige archäologische Befunde in Demeter-Heiligtümern stellt Burkert, GR 366f., zusammen.

173 Zuvor Anm. 171 und zur Forschungsdiskussion Anm. 168.

174 V. Velkov/D. Nikolov, Archeologia (Akad. d. Wiss. Sofia) 31,1 (1989) 16-20 = SEG 39,649 (2./3. Jh. n. Chr.). Die Herausgeber erwägen, ob eine in Porto bezeugte ἁγνὴ εὔσεμνος σπείρη Τραιανησίων (IGRom 1,385 = IG 14,925 = G. Sacco, Iscrizioni greche d'Italia: Porto, Rom 1984, Nr. 8, Z. 1) hiermit zusammenhängen könnte, die von Emigranten aus der thrakischen Kolonie gebildet worden wäre. Doch anders Sacco ebd., der plausiblerweise einen *vicus* dieses Namens im *portus Traiani* für wahrscheinlicher hält. Zu Kultvereinen mit dem Titel σπεῖρα Poland, Vereinswesen 153, mit Belegstellen (eig. ›Windung, Gewundenes, Ring‹, s. M. Fränkel zu I.Pergamon 319,50; dann als Übersetzung für den *manipulus* im römischen Heer sowie für die *cohors*; von der militärischen Bedeutung ist der Begriff dann auf die religiöse Institution übertragen worden und entspricht wohl weitgehend dem θίασος).

Es gibt dann entsprechend auch das Amt des σπείραρχος, etwa in einem dionysischen Mysterienverein in Perinthos am Marmara-Meer, Kaibel, Suppl. Epigramm. Graec., RhM 34 (1879) 211 Nr. 1036a = M.H. Sayar, Perinthos-Herakleia (Marmara Ereglisi) und Umgebung: Geschichte, Testimonien, griechische und lateinische Inschriften, Denkschr. ÖAW 269, Wien 1998, 237f. Nr. 57, 7, wo er neben einem ἀρχιβουκόλος und ἀρχιμύσται steht; siehe auch Robert, Hell. 2,130-132, bes. 131 Anm. 10 (die Inschrift ist nur aus der Kopie des Cyriacus von Ancona bekannt, vgl. E. W. Bodnar/C. Mitchell, Cyriacus of Ancona's journeys in the Propontis and the Aegean 1444-1445, Philadelphia 1976, 31f. Nr. III a 1 und 2). Das Amt ist auch in der Form σπειράρχης belegt, etwa IOSPE 4,293 (Pantikapaion/Bosporus) und in der großen Weihinschrift einer dionysischen σπεῖρα aus Philippopolis für Gordian und seine Gattin Furia Sabina Tranquillina, zu datieren also 241-244, IGBulg 1517,4 (3,1,251-254) mit Bull. ép. 1962, 198 S. 175. In Z. 18 wird ein ἀρχιμύστης genannt, der ebd. Nr. 1518 seiner σπεῖρα einen Dionysos-Altar ἐκ τῶν ἰδίων weiht; zu dieser Inschrift vgl. Robert, Hell. 2,130-132, Bull. ép. 1948, 141. Auch in lateinischen Inschriften, CIL 6,2251 (Rom); 3,870 (Dakien).

Weihung für die σπεῖρα τῆς πόλεως aus, vermutlich einen dionysischen Mysterienverein: Sie sind diejenigen, *»die die Riten beim* magaron *durchführen«*; zusätzlich sind sie alle mit ihrem »bürgerlichen« Beruf genannt. Ein Altar aus Thessalonike[176] nennt in der Weihung[177] einen ἀρχιμαγαρεύς, ›der die Verantwortung/Aufsicht über den Ritus beim μάγαρον hat‹.[178]

---

175 Die Institution der *gerusia* in hellenistischer und römischer Zeit ist auf der Grundlage des epigraphischen Materials von J.A. van Rossum behandelt worden: De gerousia in de Griekse steden van het Romeinse Rijk, Diss. Leiden 1988 (vgl. SEG 38,1975). Darüberhinaus ist immer noch die klassische Arbeit von J.H. Oliver, The sacred gerusia, Hesperia Suppl. 6, Princeton 1941, einschlägig. K.-W. Welwei, Gerusia (1), NP 4 (1998) 979f., stellt die spartanische Institution in den Vorgrund und behandelt die kleinasiatischen Städte nur äußerst summarisch; er nennt weder Oliver noch van Rossum.

176 IG 10,2,1,65, 3 (3. Jh. n. Chr.). Die Inschrift ist ausführlich besprochen worden von Robert, Sur deux inscriptions grecques (wie Anm. 172) 795-812 = 990-1007, bes. 804-812 = 999-1007. Es handelt sich um einen Altar, als dessen Dedikanten ein Mann (Name nicht erhalten), der neben dem Amt des ἀρχιμαγα[ρ]εύς (zur Erg. hiern. Anm. 178) auch noch dasjenige eines ἀρχινεωκόρος und des πατὴρ σπηλλέου (= σπηλαίου) ausgeübt hat, sowie eine Frau namens Aurelia Sosipatra auftreten, die sich als γαλακτηφόρος bezeichnet und außerdem vermerkt, sie habe 30 Jahre lang als κισταφόρος fungiert.

177 Nach Roberts Deutung liegt eine Weihung für die phrygischen Gottheiten vor. Der Altar aus Thesssaloniki trägt auf den Schmalseiten Reliefs, die einmal ein *pedum*, einmal einen *caduceus* zeigen; auf beiden Seiten ist eine Fackel hinzugefügt. Das *pedum* weist auf Attis, der *caduceus* auf Hermes (vgl. zu diesem ikongraphischen Element jetzt G. Siebert, L'invention du caducée, Ktèma 21, 1996, 343-347). In Kulten der Magna Mater erscheinen beide Gestalten tatsächlich auch häufig zusammen (Robert ebd. 802 = 997 m. Anm. 2), einige Male auch mit diesen Attributen. Hier ist insbesondere ein Grabrelief eines Kybele-Priesters aus Porto zu nennen, das den Verstorbenen als Dedikanten vor der Göttin zeigt, die von den beiden anderen Gottheiten umgeben ist; diese tragen die genannten Attribute (ebd. 803 = 998 m. Anm. 1). Auch gallo-römische Taurobolienaltäre bieten wiederholt dieses Bildprogramm (ebd. Anm. 2 und 3). Die κίστη ist fest etabliertes Requisit in Kybele-Kulten. Die Rolle der Milch im Kult ist weniger klar; am wahrscheinlichsten handelt es sich doch um Libationen (vgl. K. Wyss, Die Milch im Kultus der Griechen und Römer, RgVV 15,2, Gießen 1914, 13ff.), obwohl es auch Andeutungen gibt, daß Milch in Mysterienkulten von Kultteilnehmern rituell konsumiert wurde (Sall. De dis et mundo 4,10).
Ch. Picard/Ch. Avezou, BCH 37 (1913) 97-100 Nr. 7, und erneut Ch. Picard, RevPhil 3,1 (1927) 325f., wollten in dem Altar hingegen ein Monument des Mithras-Kultes erkennen; gegen diese Interpretation richtet sich Roberts Beitrag, und auch F. Cumont, AJA 37 (1933) 258-260, lehnte Picards Verständnis ab. Die Haupteinwände bestehen – neben der Tatsache, daß es zu wenige spezifisch und exklusiv mithrazistische Elemente in Inschrift und Bildprogramm gibt – darin, daß die κίστη keine Rolle im mithräischen Ritual zu spielen scheint, vor allem aber Frauen von den kultischen Ämtern und Einweihungsgraden ausgeschlossen waren. Da eine weitere Inschrift aus Thessalonike, die ein Kultverein von θρησκευτῶν καὶ σηκοβατῶν Θεοῦ Ἑρμανούβιδος hat aufstellen lassen, einen ἀρχινακόρος nennt, ist auch vorgeschlagen worden, auch der hier diskutierte Altar könnte dieser ägyptischen Gottheit geweiht sein (P. Roussel, Bull. ép. 1914, S. 454), doch ist der Titel eines ἀρχινεωκόρος auch sonst verbreitet (Belege bei Robert 804f. = 999f. Anm. 4), namentlich in kleinasiatischen Kulten (Zeus in Aizanoi, Aphrodite im karischen Aphrodisias, Herrscherkult in Milet). Die Frage, welcher Gottheit oder welchen Göttern der Altar geweiht war, läßt sich letztlich nicht mit Sicherheit entscheiden.
Auch ein bakchisch-dionysischer Kultverein scheint durchaus denkbar, eine Ansicht, die Cumont ebd. 259 Anm. 2 vertreten hat, doch siehe die Bedenken bei Robert ebd. 801 = 996 Anm. 1 und 803f. = 998f. Anm. 4. Als Indizien könnten immerhin neben der Grotte die κισταφόρος und die

In seiner genauen Bedeutung problematisch ist das zu μέγαρον gestellte Adjektiv τετράγυιον. Es kann schwerlich mit dem epischen τετράγῡος identisch sein,[179] das zu dem Landmaß γύης/γύαι gehört,[180] da an unserer Stelle

---

Rolle von Milch im Ritual gewertet werden. Cumont stellte die Verbindung im Zuge seiner ausführlich kommentierten Publikation (zusammen mit A. Vogliano) der im Anschluß vieldiskutierten langen Liste von Mitgliedern eines bakchischen Kultvereins her, die in der Umgegend von Rom gefunden worden ist. Sie ist prosopographisch etwa auf die Mitte des 2. Jh. n. Chr. einzugrenzen und enthält 480 Namen, die unter ihren jeweiligen kultischen Ämtern subsumiert sind, AJA 37 (1933) 215-263 = IGUR 160 (gleichfalls mit ausführlichem Komm.). Die μύσται haben eine Statue ihrer Priesterin gestiftet; unter den auf der Statuenbasis aufgezählten Kultfunktionären finden sich auch zwei ἀντροφύλακες (III B 28). Zu diesem Kulttitel, der sich recht nah zu dem πατὴρ σπηλαίου des Altars aus Thessalonike zu gesellen scheint, P. Boyancé, RendPontAccArch 33 (1960-61) 106ff.; vgl. Robert ebd. 799 = 994. Weiter zu dieser Urkunde M.P. Nilsson, En marge de la grande inscription bacchique du Metropolitan Museum, StudMatStorRel 10 (1934) 1-17 (= Opuscula selecta 2, 524-541); ders., Dionysiac mysteries, 1957, 51-66, bes. 51f.; A. Bruhl, Liber Pater: origine et expansion du culte dionysiaque à Rome et dans le monde romain, BÉFAR 175, Paris 1953, 274-276. R. Turcan, Liturgies de l'initiation bacchique à l'époque romaine (LIBER): documentation littéraire, inscrite et figurée, Mém. de l'Acad. des Inscr. et Belles-Lettres N.S. 27, Paris 2003, zieht in seinem Repertorium der dionysischen Kultämter (ebd. 51-93) *passim* die Inschrift von Torre Nova heran.
Zu Grotten in dionysischen Kulten mehr bei Cumont ebd. und bereits zuvor W. Vollgraf, BCH 51 (1927) 455f. Schon Picard/Avezou wiesen aber in der Wiederveröffentlichung der thessalonizensischen Inschrift 1913 darauf hin, daß Grotten in zahlreichen Kulten bekannt sind und eine Epiklese Σπηλαΐτης etwa nach Paus. 10,32,5 in Phrygien bei so verschiedenen Göttern wie Hermes, Apollon und Herakles vorkommt. Pausanias liefert eine lokale Aitiologie dieser Epiklese, die in Themisonion als Sammelbezeichnung verwendet wurde (vgl. dazu A. Wilhelm, Ἐπίγραμμα ἐκ Λυκίας, Πρακτ. τῆς Ἀκαδ. Ἀθηνῶν 6, 1931, 319-334 = ders., Akademieschriften 2, 319-334 [sic], h. 322-324). In Makedonien ist ein Hermes Σπηλαΐτης mehrfach bezeugt. Grotten spielen ansonsten insbesondere auch in Pan- und, wenig überraschend, Nymphen-Kulten eine Rolle, vgl. Ph. Borgeaud, Recherches sur le dieu Pan, Bibl. Helv. Rom. 17, Rom 1979, 75-81. 146-149. 233f. 245f., und Roscher 3,1,500-567; dann im Bereich der Mysterien auch bei Sabazios und eben Magna Mater (Lit. bei Robert ebd. 799 Anm. 3 und 4). Man denke darüberhinaus an die schon erwähnte Diskussion bei Porph. Antr. 6 (o. Anm. 170). Vgl. noch Vollgraf ebd. Anm. 9 für ältere Lit. zu Grotten im Kult verschiedener Götter.

178 Beim fraglichen zweiten Titel des Kultfunktionärs aus Thessalonike muß ein Buchstabe ergänzt werden, der Stein bietet ἀρχιμαγα|[.]ευς. Robert diskutiert zwei Ergänzungen, beides bisher noch nicht belegte Wörter, die allerdings von der Wortbildung her vollkommen akzeptabel wären. (1) ἀρχιμαγαδεύς, zu ἡ μάγαδις, einem Saiteninstrument lydischer Herkunft (Athen. 634 CF; vgl. 636 A), über dessen rituelle Verwendung allerdings keine Zeugnisse vorliegen, obwohl Musik in den Mysterien von Kybele und Attis eine wichtige Rolle spielte (Hinweise bei Robert 809 = 1004); (2) ἀρχιμαγαρεύς, die wahrscheinlichere Ergänzung.
Wenn μάγαρον eine Alternative zu τὰ μέγαρα, wie es an den in Anm. 170 genannten Stellen verwendet ist, sein und damit auch die Menander-Stelle sich auf Rituale in Verbindung mit Demeter beziehen sollte (dann in Eleusis oder bei den Thesmophorien?), läge auch für den Kult in Thessalonike diese Interpretation (Demeter und/oder Kore) nahe, wobei dann aber die Bildsymbole *pedum* und *caduceus* zu erklären blieben. (Die eine der beiden Inschriften aus Porto, die vom *magarum* spricht, deutet nochmals in eine andere Richtung, handelt es sich dort doch um einen Isis-Kult.) Aber diese Verbindung (zu der sich etwa LSJ Suppl. 1996 s.v. entscheidet) kann nicht bewiesen werden, so daß μάγαρον – und damit auch der ἀρχιμαγαρεύς aus Thessalonike – als Nebenform zu μέγαρον auch mit einer der vorstehend diskutierten Bedeutungen (eine Art von – möglicherweise unterirdischem – Kultbau oder ein großer Altar) zu erklären sein könnten. Wenn auch die Gottheiten, denen der hinter diesem Altar verborgene Kult gilt, sich aus dem Titel des

die durch -υι- entstehende Länge gefordert ist; vor allem aber wäre eine Opfergrube »*mit einem Ausmaß von vier* γύαι« schwer vorstellbar. In einer der Lexikographen-Erklärungen findet sich allerdings ein Hinweis, daß von anderen Gelehrten γύης auch mit ὄργυια ›Klafter‹ gleichgesetzt worden sei,[181] was ein akzeptableres Maß für die Opferanlage ergäbe.[182] Die an derselben Stelle verzeichnete zusätzliche Erklärung γύης· (...) καὶ ἡ τῶν ἀστραγάλων σύνθεσις irritiert allerdings zusätzlich: Kommt hier auch Divination in den Kontext der chthonischen Riten hinein?[183] Das prosodische Problem bestünde freilich auch hier. Will man einen Zusammenhang mit ὄργυια nicht akzeptieren, so wäre auch eine Ableitung von γυῖον ›Glied‹ zu erwägen, sei es mit der Bedeutung ›vier Fuß tief‹ oder aber ›vierseitig‹:[184] Diese letztere dürfte vor dem Hintergrund der Ritualpraxis wohl am ehesten das richtige treffen. In jedem Fall ist davon auszugehen, daß wir es auch hier mit einer der zahlreichen Neubildungen in den Versorakeln zu tun haben.

ἀρχιμαγαρεύς also nicht eindeutig erschließen lassen (auch Edson in IG 10,2,1 entscheidet sich nicht), so fügen sich die zahlreichen Hinweise auf Kulte mit chthonischen Aspekten, in denen ein μέγαρον eine Rolle spielt, jedenfalls gut zu der Opferbestimmung unseres Orakels aus Hierapolis, in der das Annihilationsopfer für Gê in ein μέγαρον hinein vorgenommen werden muß; namentlich die Inschrift aus dem pontischen Apollonia für Gê Χθονία lieferte eine enge Parallele (oben Anm. 172).

179 Od. 7,113 τετράγυος ὄρχατος (›Garten‹) mit ΣΣ, Apoll. Rh. 3,411f. und Call. H. 3,175 νειὸς (›Brache‹) τετράγυος, Argon. Orph. 871 τετραγύῳ (-ον codd.) θέμενος σπόρον αὔλακι. Der Ausdruck wird also stets im Zusammenhang mit einer Landfläche und Ackerbau verwendet.

180 Das Wort wurde in der antiken Homerexegese erklärt, etwa im Homer-Lexikon des Apollonios Sophista (p. 151,27 Bekker), ΣΣ Od. 7,113, Hesych. s.v.

181 Bei Hesych s.v., in der bei den Lexikographen üblichen Form des verdeckten Zitats. Henrichs, Megaron 36, erwägt deswegen kurz, im Orakel τετρόργυιον auch herzustellen, verwirft dies aber sogleich als zu starken Eingriff. Aber die Notiz des Hesych erlaubt eben auch anzunehmen, daß τετράγυιον selbst diese Bedeutung gehabt haben könnte.

182 So übersetzen dann auch Merkelbach/Stauber.

183 Wahrscheinlich ist aber bloß gemeint, daß ein bestimmtes Wurfmuster der Astragale als γύης bezeichnet wurde, was sich aus der Bedeutung als Flächenmaß herleiten ließe. Auch den weiteren Eintrag bei Hesych, γύαι· ὁδοί, könnte man mit unserem Text zu verbinden suchen: ein *megaron* ›mit vier Zugängen‹?

184 Henrichs, Megaron 36f., diskutiert hierzu folgende Möglichkeiten: Da Hesych (s.v.) γυῖα als ein allgemeines Wort für verschiedene Körperteile und insbesondere die Extremitäten versteht, könnte man an eine Variante für das als Maßangabe übliche τετράπους denken; mir scheint allerdings, daß man die Hesych-Glosse (γυῖα· μέλη, χεῖρές τε καὶ πόδες καὶ τὰ λοιπά) explikativ verstehen muß, indem der Lexikograph Beispiele für ›Glieder‹ aufführt, die unter dem Oberbegriff subsumiert sein können, so daß eine Gleichsetzung mit einem Einzelbegriff aus dieser Gruppe dadurch nicht gedeckt erscheint. ›Viergliedrig‹ ließe sich wohl einfacher als Variante zu τετράγωνον verstehen; laut Henrichs würde Koenen sogar eine Änderung des Steines von τετράγυιον in τετράγωνον vornehmen wollen. Man kann antiquarische Diskussionen über die Form von βόθροι dazustellen, die am *locus classicus* der Nekyia anknüpfen, der ja für alles spätere Verständnis chthonischen Kults prägend geworden ist: ΣΣ Od. 10,517 und Eustath. p. 1668,12ff., der ausdrücklich die Möglichkeit eines βόθρος τετράγωνος gegenüber einem βόθρος στρόγγυλος abwägt. Für diese Möglichkeit könnte die Übereinstimmung mit den archäologischen Befunden in Priene und Lykosura sprechen, o. Anm. 172 a. E.

In einer zweiten Gruppe von Opfern erhalten Aither und *»die himmlischen Götter«* ein *»unzerteiltes«* Opfertier,[185] das, wie das Rinderopfer für Gaia, mit Duftstoffen geröstet werden muß (τεθυώμενα). Eine dritte und letzte Gruppe von Opferempfängern ist aus Demeter (hier als Δηοῖ), den chthonischen Göttern und den chthonischen Heroen – jeweils summarisch (ἐνερτερίοις τε θεοῖσιν ... ἥρωσίν τε χθονίοις) – und Apollon Kareios[186] gebildet: Demeter ebenso wie den chthonischen Göttern sind Brandopfer im chthonischen Ritus des ἐναγισμός darzubringen (εὐαγέεσσι θυηλαῖς V. 14), bei den Heroen ist nur von Libationen die Rede.

Apollon Kareios wird besonders hervorgehoben mit der bemerkenswerten Begründung, es bestehe eine genealogische Beziehung zwischen den Hierapolitanern und Apollon *Klarios* (V. 17): *»Ihr gehört dem* γένος *nach zu mir und zu Mopsos, der eure Stadt* (oder: *euren Burgberg*) *besitzt* (πολισσούχοιο Μόψου)«.[187] Diese Aussage spielt ohne Zweifel auf die aus

185 Worum es sich bei diesem Opfertier handelt, ist wegen einer Lücke auf dem Stein nicht kenntlich; Pugliese Caratelli wollte ἀμν]ὸν oder μῆλ]ον ›Schaf‹ ergänzen. – Daß ein Opfertier ἀδαίετος sein soll, war bisher nur aus der Beschreibung des mitternächtlichen Opfers an Hekate, das Medea Iason als Voraussetzung der gewünschten Wirkung der Zaubersalbe aufgibt, bei Apollonios bekannt (3,1033), eine Beschreibung, die neben der unübersehbaren Orientierung am Modell der *Odyssee*-Szene zwischen Kirke und Odysseus durchaus auch von guten ritualistischen Kenntnissen des Orakelverfassers zeugt. Das dort beschriebene Ritual weist viele der Charakteristika des chthonischen Opfers auf, die auch in dem Text aus Hierapolis auftauchen: Es muß nachts vorgenommen werden (μέσσην νύκτα διαμμοιρηδὰ φυλάξας 1029), und ein Bad des Opfernden im fließenden Wasser ist als vorgängige Reinigung erforderlich (1030). Diese Bestimmung kann man vielleicht zur Notiz bei Plutarch, V. Phok. 28,6, stellen, daß ein eleusinischer Myste zusammen mit dem Schwein, das er zu opfern gedenkt, zuvor im Meer badet, möglicherweise eben am Tag ἅλαδε μύσται; dazu Burkert, HN 285. In diesen Zusammenhang gehören ganz offenbar Münzbilder des 4./3. Jh. v. Chr. mit der Legende ΕΛΕΥΣΙ und einem Schwein auf der Rückseite, deren Vorderseite Triptolemos auf seinem Wagen zeigt; diese Münzen wurden offenbar speziell für den Handel mit den Opfertieren anläßlich der eleusinischen Mysterienfeier geprägt: vgl. L. Robert, Une épigramme satirique d'Automédon et Athènes au début de l'empire, REG 94 (1981) 338-361 = OMS 6,432-455, h. 345f. = 439f., mit den Verweisen auf die numismatische Literatur.
Das Schaf muß sodann in einen runden *bothros* geopfert (σφάζειν 1033) und *»unzerteilt roh auf den Altar gelegt«* werden, ἀδαίετον ὠμοθετῆσαι (ebd.), um dann über dem *bothros* verbrannt zu werden (1034); darüber wird eine Honiglibation ausgebracht (1036). Wie in Hierapolis, geht es darum, die Gottheit zu *»besänftigen«* (μειλίσσοιο 1035, ἱλάσσηαι 1037). Wenn das Opfertier nicht zerteilt werden darf, ist dies auch in Hierapolis so zu verstehen, daß es der Opfermahlzeit entzogen bleiben soll und auch hier, wie in den übrigen Opferanweisungen des Orakels, ein holokaustisches Opfer gemeint ist. Weitere Belege für das Wort, auch inschriftlich, scheinen erstaunlicherweise nicht vorzuliegen.

186 Obwohl der Text es nicht ausdrücklich festhält, denke ich, daß die Formulierung *»gedenkt beständig des Apollon Kareios«* (16) ebenfalls im Sinne einer Opferanweisung verstanden werden muß, zumal sie mit τε an die beiden Opferkomplexe für ἐνερτέριοι θεοί und ἥρωες χθόνιοι angehängt ist. Im Lichte der im einzelnen für uns zwar nicht ganz durchsichtigen, in jedem Fall aber engen Beziehung zwischen Apollon Kareios und dem klarischen Apollon ist mit diesem Vers aber sicher auch schon zu den Ausführungen über die Aufstellung von Kultbildern im Typus des klarischen Gottes (V. 18-20) übergeleitet.

187 Der Form nach ähnlich heißt es im Zeus-Hymnus des Kleanthes, V. 4, ἐκ σοῦ γὰρ γένος ἐσμέν, und bei Arat 5 τοῦ γὰρ καὶ γένος εἰμέν.

unserem Text zu erschließenden Ansprüche des klarischen Heiligtums an, in dem lokalen Kult des Kareios einen Filalkult zu besitzen, der in mythhistorischer Zeit von Mopsos als klarischem Propheten im Zusammenhang mit der Gründung der phrygischen Stadt gestiftet worden sei. Nicht nur, daß diese Konstruktion selbstverständlich unhistorisch ist, sondern auch die Unsicherheiten darüber, wie die Hinweise in unserem Text selbst aufeinander zu beziehen sind, wurden bereits dargelegt.[188]

Der klarische Apollon als Übel abwehrender Schütze an den Stadttoren: Die Ambivalenz des pfeilschießenden Gottes. Hilfreiche Statuen als wirkmächtige Agenten gegen die Bedrohung. Rettende Götterbilder stellen die übernatürliche Hilfe dauerhaft sicher. Nähe zu ›magischer‹ Religionspraxis.

Die Erwähnung des Kultes für Apollon Kareios, mit der der dreiteilige Opferkatalog beschlossen worden ist, führt im Argumentationsgang des Orakels zu der Bestimmung über die Aufstellung von Kultbildern des klarischen Apollon an allen Toren der Stadt. Die Formulierung τεμενίξατε ἄγαλμα muß dabei gewiß wörtlich verstanden werden: Die Kultbilder sollen jeweils innerhalb von kleinen τεμένη für Apollon Klarios eingerichtet werden, wobei das *temenos* eben neben einer Umgrenzung nur aus dem *agalma* bestanden haben wird. Die Götter fordern auch sonst in den Orakeln häufiger die Aufstellung von Standbildern, was angesichts der zentralen Stellung der Dedikationspraxis in der antiken Religion neben dem Opferkult nicht überraschen kann,[189] doch verdient die vom Gott hier getroffene präzsie Bestimmung von Typus und Aufstellungsplatz genauere Betrachtung.

Diese Bilder des klarischen Apollon sollen den Gott im Typus des bogentragenden, pfeilschießenden Phoibos zeigen. Zwar wird der Bogenschütze Apollon hier explizit (V. 19f.) nicht als der Gott, der die Pestpfeile schießt, sondern in der ›negativen‹ Umkehrform als der Bekämpfer der Seuche vorgestellt: *»dessen heiliges Götterbild mit Krankheit vertreibendem Bogen ausgezeichnet ist, wie er fernhin die wasserlose Seuche schießt«.*[190] Doch ist auch hier die charakteristische Ambivalenz im ›theo-

188 Oben S. 81-83.

189 Etwa im Hekate-Orakel, das Porph. Philos. ex orac. 317 F Smith (= Eus. PE 5,12,1) überliefert: ἀλλὰ τέλει ξόανον κεκαθαρμένον, ὥς σε διδάξω; ebd. 319 F (= Eus. PE 5,12,3) ξόανον δ' ἐν αὐτῷ | μορφή μοι πέλεται Δημήτερος ἀγλαοκάρπου κτλ. In der Folge wird auch das gewünschte Material präzisiert, Marmor oder Elfenbein, und die anzubringenden Verzierungen und Ausgestaltungen. Porphyrios berichtet diese Orakel mit den einleitenden Worten: ὅτι δὲ καὶ τὰ ἀγάλματα αὐτοὶ ὑπέθεντο πῶς χρὴ ποιεῖν καὶ ἐκ ποίας ὕλης, δήλωσει κτλ. Porphyrios führt zu diesem Punkt Orakel der Hekate, des Sarapis und des Pan an.

190 τόξοις ἱρὸν ἄγαλμα κεκασμένον ὠλεσινούσοις, | οἷον ὀιστεύοντος (sc. Φοίβου) ἀναρδέα τηλόσε λοιμόν: Ist, wenn die Seuche hier als ›unbewässert‹, ›wasserlos, trocken‹ bezeich-

logischen‹ Hintergrund des Textes zu sehen, die schon bei der am Beginn des Steins noch erhaltenen Aitiologie zum delphischen Python-Mythos aufgefallen ist: Derselbe Gott, der durch sein Handeln, ikonographisch

---

net wird (ἄρδω ›bewässern‹), gemeint, daß Dürre der Epidemie besonders günstige Ausbreitungsbedingungen verschafft? Oder daß infolge der darniederliegenden Arbeiten die Felder unbewässert bleiben? Oder ist der λοιμός tatsächlich hier eine Dürre und gar keine Epidemie? Das Wort war bisher nur in einem Fragment des alexandrinischen Dichters Euphorion bekannt, Suppl. Hell. 443 (= P.Oxy. 2526 B fr. 3), 6, wo im Zusammenhang des Aristaios-Mythos und dem mit seiner Figur verbundenen Ritual von der trockenen Hitze der Hundstage, die durch ein Opfer für Sirius und einen Zeus Ἰκμαῖος (›den Feuchten‹) überwunden werden soll, gesagt wird: γούνατ' ἀναρδέα σειραίνονται (= ξηραίνονται, Etym. Magn. 710,22), im Anschluß an Hes. Op. 587 κεφαλὴν καὶ γούνατα Σείριος ἄζει (»*trocknet aus*«). Auch hier bringt im übrigen eine Intervention des delphischen Orakels das rituelle Geschehen in Gang, vgl. Apoll. Rh. 2,518f. τόν γ' ἐκάλεσσαν ἐφημοσύνῃς Ἑκάτοιο | λοιμοῦ ἀλεξητῆρα, Σ zu 498 ἐκ θεοπροπίου (nicht bei Parke/Wormell oder Fontenrose). Die Tatsache, daß das Wort bei Euphorion von einer Dürre gebraucht ist, ließe auch für den hierapolitanischen Text daran denken, zumal Dürreperioden und sich daraus ergebende Versorgungsprobleme sich in Zentralkleinasien leicht einstellten.

Zu Aristaios und seinen Kulten A. Schachter, NP 1 (1996) 1087f.; ders., Cults of Boiotia 3, 107f.; Pfeiffer ad Call. fr. 75,32-37. 64-69. Wichtigste Quelle ist Apoll. Rh. 2,516-527 mit Σ ad 498; die übrigen Stellen bei Burkert, HN 126 Anm. 1. Zur mythischen Figur im Zusammenspiel mit dem auf der Ägäis-Insel Keos angesiedelten Ritual, das in der gelehrten Tradition als Aition der Etesien fungiert, siehe vor allem Burkert, HN 125-133, der insbesondere auch die genetische Beziehung und gleichzeitig Strukturparallele zu Lykaion und seinem Fest behandelt, bei dem ebenfalls in der Aitiologie eine Dürre und ihre Überwindung durch Gebet und Ritual eine entscheidende Rolle spielen (Paus. 8,38,3f.). Vgl. dazu Jost, Cultes 251f.; dies., in: Pausanias, Description de la Grèce, Livre VIII: L'Arcadie, Coll. Budé, Paris 1998, 255. Burkert, HN 130-133, vergleichend zu den Geschichten um Aiakos (dazu o. Anm. 36), Aristaios und dem Ritual im Lykaion, die sich alle um rituelle Überwindung von Dürre und Mißwuchs drehen; vgl. noch dens., GR 398f. Alle Schlüsselmotive kamen auch im Gedicht des Euphorion vor, wie das Papyrusfragment zeigt.

Interessanterweise wird im Mythos des Aristaios auch die »Erfindung« von Honig und Öl erzählt. Beim Stieropfer für Zeus Ἰκμαῖος habe Aristaios nämlich als erster eine Libation von *melikraton* dargebracht, Nonn. 5,269-278, bes. 270-273; Σ Apoll. Rh. 2,498 b – mit *melikraton* soll auch in Hierapolis beim Holokaustopfer für Gê libiert werden, V. 10 (oben S. 97f.). Lloyd-Jones/Parsons vergleichen in ihrer Kommentierung des Euphorion-Fragments mit Bezug auf unseren Text auch Il. 21,346, ein Gleichnis für den Feuersturm, den Hephaistos auf Geheiß Heras zur Unterstützung Achills gegen den sich ihm wild entgegenstellenden Skamandros entfacht. Das Feuer dörrt und verbrennt die überschwemmte Skamanderebene, πᾶν δ' ἐξηράνθη πεδίον, σχέτο δ' ἀγλαὸν ὕδωρ (345). Darauf fährt der Dichter – in für die homerischen Gleichnisse bezeichnendem Kontrast zu der verheerenden Feuersbrunst – mit einem friedlichen Bild aus dem Landbau fort (346f.): ὡς δ' ὅτ' ὀπωρινὸς Βορέης *νεοαρδέ'* ἀλωὴν (»*die frisch bewässerte Ebene*«) | αἶψ' ἀνξηράνῃ· χαίρει δέ μιν ὅς τις ἐθείρῃ. Der Text war freilich bei den antiken Philologen umstritten, Apollonios hielt in seinem Homer-Lexikon s.v. fest (vgl. auch Hesych. und Phot. s.v.): ἔνιοι *νεοαλδέα* … νεοαύξητον· ἀλδαίνειν γὰρ τὸ αὐξάνειν σημαίνει. Das Wort kehrt wieder Opp. Hal. 1,692, dort freilich in der Bedeutung ›neugeboren‹ von Robbenjungen. Aristophanes von Byzanz wollte für ἀνξηράνῃ vielmehr ἐξευαίνειν konjizieren, woraus Heyne im Anschluß an Aristoph. fr. 659 Kassel-Austin dann ἐξαυαίνῃ mit Bedeutungsgleichheit zur Lesung der Hss. hergestellt hat. Aber die modernen Editoren tasten die Vulgata hier nicht an, obwohl West aufgrund der Emendation des Aristophanes aus V. 347 in V. 345 im App. ἐξηυάνθη anstelle von ἐξηράνθη erwägt. Die Homerverse zitiert Gal. Temp. 1,2 p. 513 Kühn, der V. 347 mit dem auch in Hss. belegten Beginn αἶψα ξηραίνῃ kennt. – Weitere epigraphische Belege für ἀναρδής scheinen bisher nicht vorhanden zu sein.

verdichtet in den Pfeilen, die er verschießt, das Leid über die Menschen gebracht hat – sei es nun, daß die Pfeile im homerischen Sinne selbst als Verdinglichung der Krankheit angesehen werden, sei es, daß unter Inanspruchnahme des Mythos durch den so hervorgerufenen Zorn der Gaia Kausalität im Medium der Erzählung hergestellt wird –, ist auch der Helfer, der durch ebendiese Pfeile den λοιμός *»fernhin«* bannen kann.[191]

Kultbilder des klarischen Apollon als *toxotes* gehören dann auch zum immer wieder verwendeten Repertoire des Orakels in Klaros, wenn es von einer Stadt konsultiert wurde, die sich durch eine solche Epidemie bedroht sah. Man kann geradezu sagen, daß die Empfehlung dieses rituellen Mittels einen verläßlichen Indikator dafür darstellt, einen ansonsten nicht zuzuordnenden Orakeltext nach Klaros zu weisen.[192] Die diesen Götterbildern zugeordnete Wirkung hebt sich von der sonst üblichen Funktion antiker Kultbilder ab:[193] Die Statuen stellen keine Weihungen als Dankesleistungen dar; ihre Aufrichtung soll vielmehr in der rituellen Sequenz unmittelbar auf den Vollzug der Schlachtopfer folgen,[194] bei denen der orakelgebende Gott selbst durchweg nicht zu den Empfängern zählt.

Das *agalma* des Apollon Klarios *Toxotes* ist damit selbst das apotropäisch wirksame Element; im Götterbild ist der Bogenschütze präsent als die Instanz, die den Angriff der Pestdämonen zurückschlägt[195]. Die Vorstel-

191 Zu dieser theologischen Konstruktion vgl. Weinreich, Heilungswunder 145f.

192 Dieselbe Maßnahme auch in den Orakeln für Kaisareia Troketta, **Klaros 8**, und Kallipolis, **Klaros 9**, s. Kap. 2.1.3 und 2.1.4. Andere Götterbilder werden in weiteren Orakeln aus Klaros gefordert: In **Klaros 10** eine nicht näher spezifizierte Gruppe von τῶν θεῶν ἀγάλματα (auch der Anlaß ist unklar), in **Klaros 11** ein goldenes Kultbild der Artemis (in diesem Orakel ist neben anderen Parallelen die Bestimmung über die Aufstellung des Bildes ein entscheidendes Argument für die Zuweisung an Klaros; Anlaß ist ebenfalls ein λοιμός, V. 7; siehe die Besprechung in Kap. 2.1.5), in **Klaros 12** eine Statue der Hygieia. In **Klaros 15** und **16** ordnet Apollon Statuengruppen von Ares, Hermes und Dike bzw. Thesmos an, deren Bedeutung wiederum auf der Ebene einer ›allegorischen‹ Theologie zu suchen ist, siehe die Besprechung unten S. 256 m. Anm. 627.

193 Vgl. zum folgenden Faraone, Talismans 61-64.

194 Burkert, HN 49f. mit Anm.19, vergleicht die entsprechende Vorgabe in **Klaros 9** mit dem römischen Ritual der Weihung eines *terminus*, das er im Typus des Bauopfers versteht (Grom. Vet. 1,141 Lachmann: *consumptisque igne omnibus dapibus super calentes reliquias lapides conlocabant*; vgl. Ov. Fast. 2,639-678). Danach zu urteilen, seien die Standbilder auf dem Aschehaufen der vorangegangenen, mit den Libationen übergossenen holokaustischen Opfer errichtet worden, wodurch die Verbindung zwischen Opfer und wirkmächtigem Kultbild noch enger gezogen würde.

195 Faraone, Talismans 64: »The image was erected as part of a ritual designed to end the plague and not to commemorate it after the fact.« Allerdings schließt das nicht aus, daß *nach* erfolgreicher Überwindung der Krise eben diese so offensichtlich hilfreichen Götterbilder dauerhaft Kult empfangen konnten, wobei sich Gegengabe für die erhaltenen Hilfe mit einer neuem Unheil vorbeugenden Verehrung vermischten; so auch Faraone ebd. mit Verweis auf die kyrenäische lex sacra SEG 9,72 = LSS 115, A 4-7: »The subsequent treatment of these statues may, however, lead to confusion over their original purpose, as there are indications that after a plague was successfully repulsed in this manner, a statue could become the focus of later rites aimed at procuring the same results.« Ähnliche Überlegungen zur entsprechenden Bestimmung in **Klaros 8**,27f. unten S. m. Anm. 353f. – Siehe o. S. 45-49 mit Anm. 9 und bei Anm. 15 zum Zusammenhang von Heeres-

lung wirkmächtiger Götterbilder, die Übel bringen oder abwehren, rückt diese Kultform unversehens in die Nähe ›magischer‹ Religionspraxis, in der Figurinen und Amulette ähnlich eingesetzt werden: Parallelen finden sich bereits im altorientalischen Kontext. In denselben Zusammenhang gehört auch die Position der Apollon-Statuen an den Stadttoren und nicht in einem Heiligtum – gerade Apollon ist, wie auch Hermes oder Artemis, immer wieder mit den Türen der Häuser und Toren der Städte verbunden und gerade als solcher Übelabwehrer, Ἀποτρόπαιος und Ἀλεξίκακος.[196] Mit konstanter Ikonographie und Metaphorik ist im 2. Jh. n. Chr. in der kleinasiatischen Region und den angrenzenden Gebieten der klarische Apollon als Bogenschütze der göttliche Helfer gegen Seuchen.

---

zügen und überhaupt militärischen Ereignissen wie Invasionen oder Niederlagen und λοιμοί: Es ist daher möglicherweise kein Zufall, daß auch die Abwehr der Seuche durch Apollon einer militärischen Bildsprache folgt und als Gegenangriff vorgestellt wurde; vgl. Faraone, Talismans 64-66.

196 Zu Apollon als Gott an den Toren, Προπύλαιος, siehe nach Weinreich, Apollon Propylaios, jetzt mit reichem Belegmaterial vor allem Graf, Nordionische Kulte 173-176, der auch die ältere Literatur und Material zu weiteren Göttern in dieser Funktion vorstellt. Vgl. u. S. 191f. m. Anm. 434 zu **Klaros 11**,3 und Kap. 3, Anm. 18 zu **Didyma 25**,5f. Nahe verwandt dem Typus des klarischen Apollon an den Stadttoren, wie er auch noch in den anschließend zu besprechenden Orakeln **Klaros 8** und **9** vorkommt, ist eine Statue des Apollon Πυλαῖος auf einer Befestigungsanlage der Insel Megiste, die zur rhodischen Peraia vor der lykischen Küste gehörte: Einer der rhodischen ἐπιστάται auf der Insel – ein militärisches Beamtenkollegium, das Aufgaben in der Verteidigung der Stadt ausübte – weiht Standbilder für ihn und Artemis Soteira, die in einem πυλών, einem Torbogen der Festung, aufgestellt werden, den er hat errichten und überdachen lassen: G. Susini, ASAA 30-32 (1952-54) 341-343 Nr. 1. In der Toranlage, die auch als πύργος bezeugt ist, erhielt auch Hermes Propylaios Kult (CIG 4301; verbesserter Text: M. Holleaux, BCH 18, 1894, 390-395 = Études 1,427-432; vgl. Susini ebd.). Zu den rhodischen ἐπιστάται: M. Holleaux, BCH 17 (1893) 52-60 = Études 1,409-417; P.M. Fraser/G.E. Bean, The Rhodian Peraea and islands, Oxford 1954, 86-88; R.M. Berthold, Rhodes in the Hellenistic age, Ithaca 1984, 86f.; kurz H.-U. Wiemer, Krieg, Handel und Piraterie: Untersuchungen zur Geschichte des hellenistischen Rhodos, Klio Beih. 6, Berlin 2002, 269f. m. Anm. 55.
Die Funktion des wunderwirkenden und der Feinde wehrenden göttlichen Hüters an der Grenze der Stadt lebte auch in christlicher Zeit weiter, wie der Bericht über eine Christus-Ikone an den Stadttoren von Antiochia zeigt (Hinweis bei P. Brown, Society and the holy in late Antiquity, London 1982, 278 Anm. 128; vgl. u. Anm. 355): Th. Nissen, Unbekannte Erzählungen aus dem Pratum spirituale, ByzZ 38 (1938) 351-376, h. 367f. § 12: … ἐν τῷ Χερουβὶμ οὕτω καλουμένῳ τόπῳ … ἐστὶν δὲ ὁ τόπος πάνυ σεβάσμιος ἐν ᾧ τόπῳ λέγουσιν οἱ εἰδότες *εἰκόνα* ἵστασθαι *φοβερωτάτην* τὸ ἐκτύπωμα τοῦ σωτῆρος ἡμῶν Ἰησοῦ Χριστοῦ ἔχουσαν (p. 368, 10-13). Ioh. Malalas Chron. 10,45 (p. 197 Thurn [Corpus fontium historiae Byzantinae 35, Berlin 2000] = p. 260f. Dindorf) erläutert die Ortsbezeichnung: Nach der Zerstörung des Tempels in Jerusalem durch Titus Οὐεσπασιανὸς δὲ … ἔκτισεν ἐν Ἀντιοχείᾳ τῇ μεγάλῃ τῆς Συρίας τὰ λεγόμενα Χερουβὶμ πρὸ τῆς πύλης τῆς πόλεως. ἐκεῖ γὰρ ἔπηξε τὰ Χερουβὶμ τὰ χαλκᾶ, die Titus im Tempel vorgefunden hatte: ἀφείλατο αὐτὰ ἐκεῖθεν καὶ ἐν Ἀντιοχείᾳ αὐτὰ ἤνεγκεν σὺν τοῖς Σεραφίμ κτλ.

Dankesleistungen nach Überwindung der Krise: Das Ritual in Klaros. Eine weitere Aitiologie der Krise und ihre Bedeutung für das Gesamtverständnis des Orakels. Reziprozität im Verhältnis von Göttern und Menschen. Die Deutungshoheit Apollons innerhalb des Pantheons: Vorgriff auf einen Henotheismus? Heroenkult in Hierapolis.

Die noch folgenden Partien des erhaltenen Textes betreffen Maßnahmen, die als rituelle Dankesleistungen nach Überwindung der Seuche zu erbringen sind.[197] Apollon fordert die Hierapolitaner auf, dann Chöre aus Jungen und Mädchen nach Klaros zu schicken, eine Praxis, die in den in Klaros gefundenen Gesandtschaftslisten ja vielfach bezeugt ist.[198] Im klarischen Heiligtum sollen sie Opfer (»*Hekatomben*«) und Libationen darbringen. Die Kinderchöre werden dabei interessanterweise als μόλποι bezeichnet, eine Bezeichnung, die wir bisher nur aus Milet, Ephesos und ihren jewei-

197 Dankrituale für die Zeit nach der Überwindung der Krise werden auch in anderen Orakeln aus Klaros verfügt: In **Klaros 8** sollen Primitialopfer dargebracht werden (V. 25f.), »*die schönsten Opfer aus wiederauflebendem Ertrag*« (sowohl vegetabile als auch Schlachtopfer können gemeint sein). In **Klaros 11** wird für den Zeitpunkt, wenn das Abwehrritual wirksam gewesen ist (ἐπὴν *τελέσητε* θεῇ προστάγματ' ἐμεῖο V. 10, Aorist), ein Opferfest mit Hymnen und Ephebenbekränzung anberaumt.
Merkelbach/Stauber ad loc. weisen allerdings darauf hin, daß der Sinn von V. 21 ἀπὸ κῆρες ἵκωνται zumindest von der sprachlichen Seite her nicht eindeutig ist. Es könnte auch bedeuten »*wenn die* Κῆρες *wiederkehren*«: Dann folgte hier ein Maßnahmenkatalog für den Fall, daß die Seuche wieder aufflammt und die zuvor durchgeführten Rituale nicht den gewünschten Schutz und die Besänftigung des Götterzorns erbracht haben. Aber vor dem Hintergrund des Vergleichs mit den genannten anderen Texten, in denen das Orakel den Konsultanten Dankesleistungen aufgegeben hat, und insbesondere im Lichte der Parallele mit dem Orakel für Kyzikos (s. nächste Anm.) liegt es näher, die Passage im ersten Sinne zu verstehen. Daß gleichsam eine »Rekursmöglichkeit« vom Orakel erwogen würde, was den Konsultanten zu tun bliebe, wenn sich die zuvor aufgeführten Interventionen als fruchtlos, das Ritual als fehlgeschlagen erweisen sollten, wäre ohne Parallele in unserem Corpus; die Doppelorakel etwa aus Didyma (**24**, **29**, **30/31**) haben alle ritualtechnische Gegenstände und betreffen Fragen der Konsultanten zur weiteren Präzisierung des ergangenen Bescheides. Eine solche Wiedervorlage nach erfolglosem Erstspruch würde auch die Autorität der in den Orakeln vermittelten religiösen Botschaft erschüttern, die doch immer wieder den Wahrheitsanspruch ihrer Worte bekräftigen. Dies wäre von der kommunikationstheoretischen Seite her eine nicht sehr wahrscheinliche »Inversionsschleife«, wenn man auch zugeben muß, daß wir in den inschriftlichen Quellen kaum je Einblick in Reinterpretationsvorgänge erhalten – mögen sie nun auf Seiten der Orakelinstanz oder auf der der Konsultanten erfolgt sein –, wie sie nach kontingenten Geschehensabläufen in der Folge einer Konsultation doch immer wieder unvermeidlich sein mußten. Siehe zur Problematik etwa Manetti, Linguaggio del dio 129-134.

198 In den erhaltenen Orakeln aus Klaros findet sich die Aufforderung allerdings bloß hier. Eine unerwartete Parallele hat aber das neue Orakel des Ammon für die Stadt Kyzikos erbracht, SGO 08/01/01 = **Klaros Verw3** (besprochen u. Kap. 2.3), wo nach der glücklichen Ergänzung der Herausgeber offenbar eine Aufforderung des Gottes in Siwa gestanden hat, die Kyzikener mögen eine *theoria* von ὑμνη]τῆρας nach Klaros entsenden, die dort Opfer und Götterhymnen entbieten solle. Die durch diese Stelle ganz neu beleuchtete Frage nach dem Verhältnis der verschiedenen Orakelkulte untereinander und insbesondere auch danach, inwieweit es sich da eher um ein Zusammenspiel oder um Konkurrenz handelte, hat im Anschluß an diesen Text Somolinos, Relaciones, diskutiert (auch dazu u. S. 308-312).

ligen Kolonien, darunter namentlich auch Olbia, kannten;[199] der Beleg aus Hierapolis kommt neu hinzu.

Während es sich allerdings in Milet und, soweit kenntlich, auch in seinen Kolonien ursprünglich wohl um einen gentilizischen Kultverein, dann um ein eigentliches Kollegium handelt, dessen genuine Zuständigkeit für musikalische Ritualhandlungen, insbesondere die Aufführung von Päanen,[200] im Laufe der Zeit von einer magistratischen Funktion überlagert worden ist,[201] bedeutet der Ausdruck hier soviel wie ὑμνῳδοί,[202] ohne daß wohl ein formell konstituiertes, ständiges Gremium der Stadt gegeben wäre: Diese Gruppen von μόλποι wurden, so ist anzunehmen, für die *theoria* nach Klaros ad hoc zusammengestellt.

Als er die Gesandtschaft nach Klaros verlangt, beklagt sich Apollon über mangelnden Opfereifer der Hierapolitaner in der Vergangenheit. Obwohl er sie oft aus Notlagen errettet habe (σαώσας), habe er nie den gebührenden Opferanteil (δημοῖο μενοεικέος αἶσαν) erhalten (V. 24f.). Man kann sich fragen, was genau damit gemeint sein konnte: Es wird ja damit behauptet, Hierapolis habe schon wiederholt Orakel aus Klaros eingeholt, in denen dann möglicherweise keine Bestimmungen über Dankesleistungen enthalten gewesen waren. Oder etabliert die vorliegende Orakelserie erst eine Beziehung zwischen der Stadt und dem ionischen Heiligtum, indem hier Klaros den lokalen Kult des Kareios mit Hilfe eines genealogischen Mythos für sich beansprucht und diesen Anspruch dadurch unterstreicht, daß es den Schutz der Hierapolitaner durch den Lokalgott (und möglicherweise dessen Orakelkult?) in der Vergangenheit nun vermittels

199 Wichtigste Literatur zu den Molpen: F. Poland, RE Suppl. 6 (1935) 509-520; R. Gordon, NP 8 (2000) 349f.; Milet: Herda, Molpoi-Satzung; F. Graf, Apollon Delphinios, MusHelv 36 (1979) 2-22; Olbia: ders., Das Kollegium der Μόλποι von Olbia, ebd. 31 (1974) 209-215. Personennamen mit diesem Bestandteil sind in den entsprechenden Gebieten häufig und dürften an allen diesen Orten auf einen institutionellen Hintergrund hinweisen.

200 Bei der jährlichen Prozession der Molpen von Milet nach Didyma führten sie an mehreren Stationen der Prozession Päane auf, und zwar für verschiedene Gottheiten: L. Käppel, Paian: Studien zur Geschichte einer Gattung, UaLG 37, Berlin/New York 1992, 59-62.

201 Dies ist bekanntermaßen vor allem für Milet gut bezeugt durch die eponymen Stephanephorenlisten aus dem Delphinion (I.Milet 122-128 [Milet 1,3,106-151]) und das Kultgesetz der Molpoi (I.Milet 133 [ebd. 153-155] = LSAM 50), das jetzt unter den historischen und religionsgeschichtlichen Aspekten erschöpfend von Herda, Molpoi-Satzung, kommentiert worden ist. Der eponyme Stephanephor Milets war gleichzeitig Aufsichtsbeamter (oder Präsident?) der Molpoi, αἰσυμνήτης τῶν Μολπῶν. Für die Zeit nach 31 n. Chr. vgl. I.Milet 134 (ebd. 160-162) = LSAM 53. Das Kollegium selbst hatte seine wichtigste Aufgabe nach Ausweis der Kultsatzung in der Durchführung der jährlichen Prozession nach Didyma mit der erwähnten Darbietung der Päane und zahlreichen Opfern; zu einem Element des Ritualprogramms u. Anm. 672. Zum archäologischen Befund des Festes siehe K.B. Goedecken, Beobachtungen und Funde an der Heiligen Straße zwischen Milet und Didyma, ZPE 66 (1986) 217-253, h. 235-253.

202 So freilich wohl auch in Ephesos und Lindos, wie Listen von Kultfunktionären aus diesen Poleis zu bezeugen scheinen, I.Ephesos 14,21, vgl. 900f.; 1897a; I.Lindos 487,20. Hier wird man freilich von ständigen Kollegien ausgehen können, die nicht nur aus gegebenem Anlaß gebildet wurden. Vgl. noch Hesych. s.v. μολπός· ᾠδός, ὑμνῳδός, ποιητής.

der Behauptung, Klaros habe noch keinen Dank für schon erbrachte Hilfeleistungen erhalten, für sich beanspruchen will?

Mit dem Rückbezug auf noch unvergoltene σωτηρίαι aus früherer Zeit stellt das Orakel nach dem Verweis auf den delphischen Mythos der Pythontötung eine weitere Aitiologie für das gegenwärtige Unglück der Konsultanten bereit. Durch die Vernachlässigung von religiösen Pflichten, und das heißt eben vor allem: des Opferdienstes, ist eine ernste Beeinträchtigung der *pax deorum* eingetreten, das Verhältnis zwischen Gottheit und Menschen ist gestört. Die Aussage des orakelgebenden Gottes ›Ich habe euch oft geholfen, doch ihr habt mir nie den gebührenden Dank erwiesen‹ erweist sich als eine in auffälliger Weise invertierte Variation der von der *Ilias* an verbreiteten Theologie der Gebete des Musters ›du [der jeweilige Gott] hast mir doch in der Vergangenheit schon oft geholfen‹ oder ›ich habe dir immer wieder Opfer dargebracht‹, ›*darum* hilf mir jetzt in dieser Angelegenheit‹ und folgt darin einem auch sonst belegten Typus.[203]

Insbesondere wenn zu Anfang des erhaltenen Textes der Python-Mythos als Aition für die momentane Bedrängnis angeführt worden ist, müßten sich mit der hier gegebenen Begründung (ἐπεὶ V. 24) Apollons für Opferleistungen in Klaros den Empfängern des Spruchs wiederum Probleme der Deutungskohärenz innerhalb des Textganzen gestellt haben: Wie verhielten sich die beiden Ursachen für ihre Notlage zueinander, die auf der mythischen Ebene angesiedelte und diejenige, die ihr konkretes eigenes Verhalten im Kult des Gottes, an den sie sich wandten, zum ausschlaggebenden Faktor erklärte?

Ein weiteres Mal sieht der äußere Betrachter immanente ›theologische‹ Probleme zwischen den an den verschiedenen Stellen spezifizierten Epiklesen des Gottes und dem übergeordneten *einen* Götternamen: In V. 18ff. sieht es doch so aus, als sei der klarische Apollon, für den die Aufstellung der Kultbilder gefordert wird, in der 3. Person genannt und spreche der orakelgebende Gott *über* ihn; die Dankopfer in Klaros selbst werden dann aber mit der Begründung verlangt, daß die Hierapolitaner *»mir«* trotz oftmals erwiesener Hilfe keine Opfer verrichtet hätten.

Auch hier bleibt also verworren, wie sich der klarische Apollon, der lokale Archegetes, der delphische Apollon und Apollon Kareios bzw. Kareios als eigenständige Gottheit in der Perspektive des Orakels zueinander verhalten – und letztlich auch, wer von ihnen nun als Autor des Orakels angesehen werden soll: oder ob eben eine Absicht dieser Verse gerade auch darin besteht, die Identität all dieser vier Figuren zu behaupten. Angesichts der Ausstrahlung und der Dominanz des Kultes von Klaros im 2.

203 Vgl. S. Pulleyn, Prayer in Greek religion, Oxford 1997, 16-38; J.N. Bremmer, Modi di comunicazione con il divino: la preghiera, la divinazione e il sacrificio nella civiltà greca, in: S. Settis (Hg.), I greci: storia, cultura, arte, società, 1: Noi e i Greci, Turin 1996, 239-283, h. 240f.; F. Graf, Prayer in magical and religious ritual, in: Faraone/Obbink, Magika hiera 188-213.

und 3. Jh. n. Chr. über andere Apollon-Kulte und der ablesbaren Entwicklung zu ›theologischer‹ Spekulation gerade in Klaros scheint dies nicht abwegig. Dies hätte eine gewisse Parallele darin, daß die Stellung des Orakelgotts, der detaillierte Vorgaben für den Kult anderer Götter macht, implizit auf einen henotheistischen Anspruch hinausläuft, demzufolge der Gott, der souverän über die Erklärungen der Geschehenszusammenhänge in der Welt verfügt und daran Anteil geben kann, einen besonderen Rang gegenüber den anderen Gestalten des Pantheons besitzt.

Eine letzte Bestimmung, die vor dem Abbrechen des Textes noch erhalten ist, bleibt etwas rätselhaft (V. 26-29). Es sollen offenbar Heroenkulte für *»gottesfürchtige«* Bürger eingerichtet werden, εὖ ῥέξαντες bzw. θεουδεῖς ἄνδρες V. 26f., die man *»nicht vergessen«* dürfe.[204] Ähnlich wie bei der Einforderung der *theoriai* nach Klaros, wo Apollon es unmißverständlich sagt, könnte hier in der Formulierung implizit auf ein Versäumnis der Stadt in der Vergangenheit Bezug genommen sein, jedenfalls in den Augen der klarischen Priester.

Um was für Leute es sich aber bei diesen εὖ ῥέξαντες ἄνδρες handelt, wissen wir nicht: ob sie sich in diplomatischen oder anderen politischen Diensten um die Stadt verdient gemacht haben oder – angesichts der Formulierung θεουδεῖς ἄνδρες und aus dem Munde Apollons wahrscheinlicher – die Beziehung zum klarischen Heiligtum bereits zuvor, vielleicht auf privater Ebene als Kultverein, gepflegt haben, möglicherweise eben sogar in die Annexion des Kareios-Kults durch das Heiligtum von Kolophon auf der Seite der Hierapolitaner als Partei (gegen Widerstände der Anhänger des lokalen Kults?) involviert waren – alles dies schiene denkbar, muß aber vollständig Spekulation bleiben. Jedenfalls wird die Pflege derartiger Kulte vom Orakel in direkten Zusammenhang mit dem künftigen Wohlergehen der Stadt gestellt (ἀφνειότεροι καὶ σωότεροι V. 29); ihre Vernachlässigung wäre ein verhängnisvoller *»Fehler«*, ἀμπλακία (V. 28) – wir können verstehen: Das sorgfältige Versehen dieser Heroenkulte könne der bedrängten Stadt als zusätzlicher Schutz gegen ein neuerliches Eintreten einer Katastrophe ähnlichen Ausmaßes dienen. Die gegenwärtige Notlage soll als Antrieb zu verstärkter religiöser Observanz genutzt werden.

---

204 In V. 27 ἦν ἔρδηθ' ὅσ' ἔοικε θεουδέσιν ἀνδράσι τεύχειν ist es sprachlich auch möglich, die θεουδεῖς ἄνδρες auf die Angesprochenen zu beziehen, deren Verehrung für die εὖ ῥεξάντες ἄνδρες dann ihre Gottesfurcht belegte. Dies scheint gegenüber der variierenden Bezeichnung der mit kultischen Ehren zu bedenkenden Heroen und der syntaktischen Beziehung auf τεύχειν aber blasser. – λήσμων bisher sonst nur noch Themist. Or. 22, 268 C. Das Substantiv λησμοσύνη ist laut LSJ s.v. jeweils einmal bei Hesiod (Op. 55) und Sophokles (Ant. 151) belegt.

Rückblick: Einordnung in die Gruppe der ›Pestorakel‹. Fragen zur Kultgeschichte in Hierapolis. Die theologischen Konzepte und die argumentative Strategie. Konkurrierende Kausalbezüge. Die Orientierungsleistung der rituellen Pragmatik: Neues Vertrauen in die Ordnung der Welt als Ertrag des religiösen Handelns.

Wenn wir diesen Haupttext aus der Gruppe der Orakelaufzeichnungen aus Hierapolis noch einmal im Überblick betrachten, so ist zunächst festzuhalten, daß die Übereinstimmung vieler Einzelmerkmale keinen Zweifel daran zuläßt, daß wir diesen Text in die Gruppe der ›Pestorakel‹ einzuordnen haben, was die Zuordnung in das klarische Corpus von vornherein plausibel macht. Zwar scheinen auf der ›theologischen‹ Ebene innerhalb des Orakeltextes Widersprüche zu bestehen. Verschiedene kultische und mythische Ebenen lassen sich für uns nicht ohne weiteres in ein stimmiges Gesamtbild einordnen: der Rückgriff auf den delphischen Mythos, die Art der Beziehung zwischen Klaros und dem autochthonen Kult des Kareios, die Frage, mit welchem dieser Götter wiederum der in der Dedikation genannte Apollon Archegetes zu identifizieren ist. Damit kann auch die argumentative Strategie des (ohnehin uns an Anfang und Ende nicht vollständig erhaltenen) Textes nur partiell nachvollzogen werden.

Dennoch sind die Indizien für eine klarische Provenienz des Orakels deutlich: neben dem Hinweis auf eine myth-historische Genealogie besonders die Bestimmungen über die Aufstellung von Statuen des klarischen Apollon als Bogenschützen und über die Entsendung von Ephebenchören, die in Klaros Hymnen und Opfer vollziehen sollen.

Ob die für uns offenbleibenden Fragen zum Zusammenhang der einzelnen ›theologischen‹ Konzepte tatsächlich auch von den zeitgenössischen Rezipienten als mangelnde Kohärenz der religiösen Botschaft wahrgenommen wurden (und dadurch das Orakel an seiner Überzeugungskraft Einbußen erlitt), wird nicht deutlich. Gerne wüßte man mehr vor allem zum Verhältnis zwischen dem klarischen Apollon und dem lokalen Kult in Hierapolis: Begründet diese Orakelserie womöglich erst den Anspruch von Klaros auf den hierapolitanischen Kult als Filiale und ist darum auch als Kultpropaganda anzusehen? Ist Kareios schon vorher als Apollon interpretiert worden? Und war diese Deutung des heimischen Kults und die Verbindung mit dem Orakelheiligtum (und den vom klarischen Apollon geforderten Leistungen, die diese nach sich zog und von denen das Orakel ja beredt Zeugnis ablegt) unumstritten? Alle diese Hintergründe durchschauen wir leider nicht im Detail, wenn auch die in unserem Text hergestellte enge Beziehung unzweifelhaft ist.

Es ist offensichtlich, daß ein Element der kommunikativen Strategie dieses Textes darin besteht, Aitiologien für die kontingente Situation anzubieten, in der die Konsultanten sich an das Orakel wenden, sei es auf mythologischer Ebene oder auf der des rituellen Vollzugs. Wiederum bleibt für uns der Eindruck, daß die verschiedenen Ebenen, auf denen Kausalitäten hergestellt werden, nicht wirklich miteinander verknüpft und in ein in sich verbundenes, nachvollziehbares Begründungsgeflecht gebracht werden – aber es können uns auch entscheidende Wissensbausteine fehlen, die entweder in den verlorenen Textpartien enthalten waren oder die, wie so oft, zum vorausgesetzten Wissen der Rezipienten gehörten.

In dieselbe Richtung, das vorliegende Geschehen in Kausalbezüge einzuordnen, zielt auch die am Anfang formulierte Einordnung der Notsituation der Konsultanten in das zeitgeschichtliche Umfeld, in dem sich auch zahlreiche andere Städte vom λοιμός betroffen sehen – zu den Aitiologien tritt eine Relativierung als weiteres Deutungsangebot, um das unverfügbare Geschehen annehmbar zu machen und psychologisch den Boden für seine rituelle ›Bearbeitung‹ zu bereiten. Freilich kann man sich fragen, ob eine in dieser Form vorgenommene Relativierung nicht der Absicht Apollons zuwiderläuft, das angewiesene Ritualprogramm als das einzig adäquate, aber auch zuverlässige Mittel der Abhilfe gegen die Bedrängnis darzustellen, ein Programm, das mit diesen Elementen ja auch gezielt der hier konsultierenden Stadt angeboten wird.

Das rituelle Programm, das als Weg der Abhilfe vom Gott vorgeschlagen wird, entfaltet schon allein dadurch eine Wirkung, daß es in einer Situation der objektiven wie subjektiven Ohnmacht den Beteiligten eine strukturierte, gerichtete Handlungsmöglichkeit eröffnet – und sei sie auch in unseren Augen nur symbolisch. Darin liegt eine grundlegende Einsicht, die für alle der sogenannten Pestorakel und darüberhinaus für alle in Krisensituationen ergangenen Orakel gilt, ganz gleich, ob diese Transformation der Krise nun durch die verschiedenen Opfer geleistet wird, durch Feste und Hymnen oder aber durch Gaben in Form von Dedikationen, wie sie mit den Standbildern verlangt sind: Gemeinsam ist diesen verschiedenen Arten rituellen Handelns, daß die kommunikative Beziehung der Stadt mit den Göttern – mit dem lokalen eigenen Pantheon einerseits, dem orakelgebenden Gott mit seinem umfassenderen Anspruch auf kosmologisches Wissen andererseits – dadurch gestärkt, ja: wieder in intakte Bahnen gelenkt wird. Dadurch wird den Beteiligten auch plausibel, daß das Geschehen der gegenwärtig erlittenen Not sich auf ebendiesen Bahnen bewegt und insofern kontrolliert abläuft, also innerhalb der Ordnung verbleibt, in der auch Menschen und Götter ihre Plätze haben.

Im Ergebnis schafft die Teilhabe am Wissen des Gottes und das daraus abgeleitete kultische Handeln bei den Betroffenen neues Vertrauen – Vertrauen in die Ordnung der Welt, wie sie von den einzelnen erfahren wird.

Der Text aus Hierapolis zeichnet sich darüberhinausgehend dadurch aus, daß hier wiederholt auch die spätere Situation nach der Überwindung der akuten Krise Berücksichtigung findet: Um künftig in Sicherheit und Wohlfahrt zu leben,[205] werden kontinuierliche kultische Leistungen angemahnt. In Anbetracht der realen Unbeherrschbarkeit der Epidemie, wie sie sich in den wiederkehrenden Seuchenschüben über viele Jahre hin zeigen sollte, wird man dies als eine wohlüberlegte, vorausschauende Erweiterung der Antwort des Gottes betrachten.

2.1.2.3 Fragmente dreier weiterer Orakel in der Sammelaufzeichnung

Die übrigen drei Texte der Orakelkodifikation,[206] die auf den beiden Seiten des anderen Steins stehen, sind so stark fragmentiert, daß die Deutung nicht gesichert werden kann und nur einzelne rekonstruierbare Partien Hinweise auf den möglichen Sinnzusammenhang liefern. In allen drei Fällen handelt es sich wiederum um hexametrische Versorakel in archaisierend-episierender Sprache.

Es sind kaum Aussagen darüber möglich, ob diese Orakel im selben Situationskontext wie das Pestorakel ergangen sind. Die Tatsache, daß sie von --]llianos in einer Kodifikation zusammengefaßt worden sind, ist dafür kein sicheres Indiz. Es ist genausogut möglich, daß er bzw. der Demos von Hierapolis die besondere Beziehung der Stadt zu Apollon dokumentieren und unterstreichen wollte und aus dieser Motivation heraus ursächlich nicht zusammengehörige Bescheide aus Klaros versammelt hat.

Erstes Fragment: Orakel für einen Propheten Apollons über Opferteile und mantische Inspiration. Rituelle Ekstase, magische Zwangsmittel, Fackelprozessionen der Frauen.

[κ]ωλῆς ἐμπάσσαιο· θεοῦ ὀπί σε πνύοντος
[θε]ῖ̣α λέγεις, αὐτ‹ὸ›ς δὲ κλύεις ἱερῶν ἐνοπάων.
[αὐ]τ̣ὰρ θεσμὰ γεγειοτέρων φύσεώς τε ΤΛΟΣΟΝΙΣ
[. .]α λεώς· μαγ̣ί̣η δὲ καὶ̣ ἀθανά̣[τ]ο̣ι̣σι β̣ι̣α̣σμο‹ύ›ς
[. . .]λ[.] Α̣ΝΥΚ̣ΕΝΗ[ ] σ [
(unlesbar)
]ιν ἀμαλθευθεντ[
] φ̣α̣ειγ̣οφό̣ρω̣[ν] τε γυναικῶν
]ΗΓΥ[ ]ενος ἐστίν
]ε βροτοῖσιν
ἀπ]εχθές
]λ̣οιο

(Text nach Merkelbach/Stauber)

205 Wenn es sich nicht vielmehr um eine »Rückkehr« der Bedrohung handelt, für die diese Anweisungen ausgesprochen werden: s.o. Anm. 197 zu V. 21ff.; zuvor S. 113 zu V. 28.

206 Vgl. die Literaturangaben zu **Klaros 3-7** o. Anm. 92.

Übersetzung

…
du vom Hüftstück ißt. Wenn dich der Gott mit seiner Stimme anbläst,
sprichst du Göttliches und hörst selbst die heiligen Rufe.
Die Satzungen der Alten jedoch und der Natur …
… Volk: In Raserei auch Zwangsmittel gegen die Unsterblichen …
…
…
… ernähren …
… Fackeln tragender Frauen …
…
… den Sterblichen
… verhaßt
…

Einigermaßen gesichert scheint in **Klaros 5** die Deutung der ersten beiden Verse. Offenbar ist ein *prophetes* des Orakelgottes selbst Empfänger der Botschaft, wie aus dem ausdrücklichen Verweis auf die mantische Inspiration des Orakelpriesters oder -propheten hervorgeht: *»Wenn ein Gott dich mit seiner Stimme anbläst* (also: inspiriert[207]), *sprichst du Göttliches und hörst selbst seinen Ruf.«* Dies überrascht auf den ersten Blick, doch kann man an verschiedene Orakel aus Didyma für religiöse Spezialisten denken, darunter die zahlreichen Bestätigungen von *prophetai* durch das Orakel[208] und insbesondere die Gruppe der Anfragen von Kultfunktionären aus Milet und Didyma, die Auskünfte zu teilweise subtilen ritualtechnischen Einzelheiten erhalten,[209] – Texte, die L. Robert aufgrund des sich in ihnen äußernden ausgeprägten Bewußtseins, sich in allem korrekt gegen die Götter verhalten zu wollen, einem gemeinsamen religiösen Zeitgeist zuordnen wollte.[210] Merkelbach/Stauber gehen in ihrer Übersetzung von einer zweifachen Ansprache durch das Orakel aus: Während in den ersten beiden Versen der Prophet Apollons der Adressat sei, finde sich im Anschluß in Z. 4 der hierapolitanische Demos – nach einem Vorschlag Merkelbachs zur Worttrennung – mit λεώς angesprochen.[211]

207 Die Form πνύοντος gehört zu πνέω und ist an Epizismen wie dem Imp. ἄμπνυε, den defektiven Perfecta πέπνυμαι, πεπνυμένος und dem davon abhängigen Verbaladjektiv πνυτός orientiert. Der Zusammenhang all dieser Ableitungen mit dem Stamm von πνέω wird heute in der Sprachwissenschaft nicht mehr angezweifelt, vgl. Frisk s.vv. πνέω, πέπνυμαι. Im anschließenden Orakeltext **Klaros 6** kommt V. 4 πεπνύμενος vor.

208 Etwa **Didyma 17**, **25** (Satornila, hier Kap. 3.1), **A1**, **A5**, **B2**, **B3**, **B4**, **B5**, **App9**.

209 **Didyma 22/23** (für die Demeterpriesterin Alexandra über Epiphanien und den Götterkult), **28** (für den *tamias* Hermias über die Versetzung eines Altars), **29** (für einen Propheten über Aufstellung von Altären), **30/31** (dass.)

210 Vgl. Robert, Trois oracles 593f. = OMS 5,609f.: »On consulte personnellement sur des questions rituelles … Dans ces questions … se fait jour l'anxiété, le scrupule«; ebd. 597 = 613: »C'est la marque d'une évolution de la pensée religieuse dans le grand sanctuaire oraculaire et de préoccupations répandues à cette époque dans la philosophie«.

Am Anfang ist noch erkennbar, daß von einer Opfermahlzeit die Rede gewesen sein muß: »... *du das Hüftstück verzehrst*«, endet hier ein Satz.[212] Verschiedene Interpreten sind von einer Verbindung der in diesen beiden Versen angesprochenen Themen ausgegangen, so daß der Verzehr des Opferfleisches als der Inhalt der Botschaft des Gottes an seinen Propheten anzusehen wäre, vielleicht eine Bestimmung über den Opferanteil, der dem angesprochenen Diener des Gottes zustand.[213] Daß der Schluß des Satzes über das Essen von Fleisch und der Folgesatz über die mantische Inspiration zusammengehören, liegt tatsächlich nahe, da keine Partikel gliedernd dazwischentritt. Diese Hypothese erscheint darum besser begründet als der Gedanke, Hierapolis habe durch eine Gesandtschaft in Klaros anfragen lassen, ob Apollon Schlachtopfer wünsche.[214]

Im folgenden lassen sich nur noch die Gegenstände benennen, von denen nach Ausweis der erhaltenen Reste in dem Orakel die Rede war. Apollon spricht von den »*Satzungen der Vorfahren und der Natur*«,[215] einer interessanten Verknüpfung von Traditionsbewußtsein mit einem Naturbegriff, der den Einfluß philosophischer Diskussion anzuzeigen scheint

211 Doch ist die Auffassung von λεώς V. 4 als Vokativ, womit die Rede an ein Kollektiv, also z.B. die Polis von Hierapolis, gerichtet wäre, ebenso wie die Worttrennung [..]α λεώς nicht sicher; man kann auch [..]αλεως lesen und mit einem Adverb rechnen. Merkelbach vermutet in der Endung]α, zusammen mit dem bisher nicht gedeuteten Ende des vorangehenden Verses, einen Imperativ und übersetzt versuchsweise »*o Volk, halte ein die Satzungen* ...«.

212 Die Funktion des Opt. ἐμπάσσαιο läßt sich nicht mehr sicher bestimmen, und damit muß auch offen bleiben, ob es sich um einen Haupt- oder Nebensatz handelt. Die Übersetzung »*iß von dem Hüftstück*« von Merkelbach/Stauber ist damit nicht gesichert. Es ist eher unwahrscheinlich, daß eine imperativische Funktion des Optativ vorliegt. Eher möchte man an einen Nebensatz denken, in welchem ein Potentialis oder ein Obliquus zu erwarten wäre.

213 So bemerkt West, Apollo Kareios 186: »The god authorizes one of his prophets or prophetesses to receive a ration of the sacrificial meat«. Ebenso Lane Fox, Pagans 236: »A god laid down the rights of his spokesman to receive parts of the sacrificial meat«.

214 Merkelbach/Stauber ad loc., die in verschiedenen der inschriftlichen Versorakel Spuren eines gewandelten Opferverständnisses weg von den blutigen Opfern hin zu »reineren« Gottesdienstformen mit Räucheropfern, Hymnen und Gebeten sehen. Doch scheint diese Lesart in vielen der herangezogenen Fälle forciert, ja bisweilen ein aus einer entwicklungsgeschichtlichen Logik sich ergebender Zwang, deren Grundlagen zunächst einer kritischen Prüfung bedürften. Vgl. u. S. 299-303 in der Besprechung des Ammon-Orakels für Kyzikos, **Klaros Verw3** = SGO 08/01/01 = SEG 33,1056, und von **Didyma B1** = I.Didyma 217.

215 V. 3 θεσμὰ γεγειοτέρων φύσεως τε; darauf folgt das rätselhafte Versende. γέγειος ›alt‹ ist ein seltenes, aber altes Wort und war bisher nur aus Hekataios (FGrHist 1 F 362) und seiner gelehrten Rezeption bei Kallimachos bekannt (fr. 277 Pfeiffer = Hecale fr. 102 Hollis, fr. 510 [inc. sedis] Pfeiffer), alle diese Stellen überliefert das Etym. Gen. s.v. Hinzu kommt der Komparativ in Aetia fr. 59 Pfeiffer = Suppl. Hell. 265. Das Fragment aus der kallimacheischen *Hekale* steht in kultgeschichtlichem Zusammenhang, vermutlich der Rinderzucht unter der Verwaltung eines Heiligtums zu Opferzwecken. Für mögliche Zuweisungen an bestimmte Kulte vgl. Pfeiffer in app. und Hollis ad loc.; Belege für Herdenhaltung in Heiligtümern zur Gewährleistung des Opferbetriebs stellt Burkert, HN 23f. Anm. 20, zusammen (ohne die Kallimachos-Stelle).

216 Daß γεγειοτέρων φύσεως τε als genitivische Attribute zu θεσμά syntaktisch zusammengehören, ist angesichts des bisher nicht verstandenen Versschlusses gleichfalls nicht sicher.

– wenn denn beide Bestimmungen so zu verbinden sind.[216] Im nächsten Vers ist offenbar von μανία und von βιασμοί im Zusammenhang mit den Göttern die Rede, doch scheint die Interpretation durchaus unsicher.[217]

Während Ekstase im mantischen Kontext nach dem ausdrücklichen Verweis auf die direkte Inspiration des Propheten gut vorstellbar scheint, wird man zögern, sich dem Vorschlag Merkelbachs anzuschließen, der für die βιασμοί die Zauberpapyri zum Vergleich heranzieht, wo wiederholt von ἐπάναγκοι, ›Zwangsmitteln‹, in magischen Ritualen gesprochen wird,[218] und annimmt, es sei danach gefragt worden, ob die Menschen die Götter zwingen könnten. Die ἐπάναγκοι von Göttern haben aber, soweit wir sehen, im Schadens- und Liebeszauber ihren Platz, nicht in den Formen der magischen Divination, in denen der Ausübende eine Teilhabe am Wissen der Gottheit rituell herbeizuführen versucht.

Porphyrios behandelt allerdings in seiner *Orakelphilosophie* eine Gruppe von Orakelsprüchen, in denen die Götter einigen Konsultanten auch Formeln verraten haben, durch die sie ihre Präsenz rituell herzustellen vermögen (καὶ ἐπανάγκους ἑαυτῶν ἐκδιδόασιν), darunter auch mehrere Orakel Apollons.[219] Wenn man den kultischen Ursprung der bei Porphyrios über-

217 μανίῃ δὲ καὶ ἀθανά[τ]οισι βιασμούς. Die Übersetzung von Merkelbach/Stauber ist nicht völlig klar: *»im Wahnsinn gegen die Unsterblichen Zwangsmittel«*. Damit wird καί nicht berücksichtigt; μανία und ἀθανάτοισι scheinen nach dem erhaltenen Text doch zunächst gleichgeordnet zu sein – freilich muß das je nach Verb, das in V. 5 folgte, nicht der Fall sein. Vorstellbar wäre dann tatsächlich auch ein καί *explicativum*: *»in* mania *auch gegen die Unsterblichen Zwangsmittel anzuwenden«* o.ä.; ἀθανάτοισι also als dat. incomm. Der Stein bietet im übrigen βιασμοῖς, was Merkelbach in einen Akkusativ ändert; freilich wäre erst, wenn wir das Verb in V. 5 kennten, dieser Änderung wirkliches Gewicht verliehen.

218 Etwa PGM 4,2896. 2901. 2915; 57,14. Merkelbach/Stauber vergleichen auch Apul. Met. 3,15 *secreta, quibus ... coguntur numina.*

219 Porph. 348 F Smith = Eus. PE 5,8,8-10 (Philos. ex orac. 2, p. 159f. Wolff). Zum terminus technicus ἐπάναγκος im magischen Ritual Wolff ebd. Anm. 1 und Buresch, Klaros 20. Vgl. Porph. 310 F = Eus. PE 3,14,3f. (Philos. ex orac. 1, p. 125f. Wolff); 350 F = Eus. PE 5,8,13ff. (Philos. ex orac. 2, p. 162-165 Wolff). Eus. Laud. Const. 13 p. 236,18-20 Heikel (GCS) spricht in einer antipaganen Polemik über die zwischenweltlichen Mächte, die nach heidnischer Auffassung in der Sphäre des Aer angesiedelt seien und als πάρεδροι der Götter durch magische Techniken beeinflußt werden können: αὐτοῖς καταδέσμοις τισὶν ἀπειρημένης γοητείας, ἐκθέσμοις τε καὶ ἐπανάγκοις ᾠδαῖς καὶ ἐπῳδαῖς, δυνάμεις ἀφανεῖς ἀμφὶ τὸν ἀέρα ποτωμένας παρέδρους ἑαυτοῖς ἐφειλκύσαντο.
Porphyrios hat in dieser Diskussion über das Herbeirufen der Götter durch Theurgie und die anschließende Lösung der Bindung den antiquarischen Autor Pythagoras von Rhodos ausgezogen, der ansonsten nur noch aus Aeneas von Gaza, einem philosophischen Rhetor des 6. Jh. n. Chr., bekannt ist. Dieser rhodische Pythagoras ist außer durch den *terminus ante quem* kaum zu datieren (»ob noch in hellenistische Zeit – nach Xenokrates – hinaufreichend, läßt sich schwerlich ausmachen«: K. Ziegler, Pythagoras 11, RE 24, 1963, 304f.); er hat ein Werk περὶ θεῶν geschrieben, möglicherweise mit dem Titel Ψυχομαντεία. Porphyrios leitet seine Erörterung des Themas mit ausdrücklichem Hinweis auf Pythagoras ein, 347 F Smith = Eus. PE 5,8,1ff.: ὀρθῶς καὶ τοῦτο ὁ Ῥόδιος Πυθαγόρας ἀπεφήνατο, ὅτι οὐχ ἥδονται οἱ (del. mal. Ziegler) κληζόμενοι ἐπὶ ταῖς παρουσίαις θεοί, ἀνάγκῃ δέ τινι ἀκολουθίας συρόμενοι (*»herbeigezogen«*) παραγίνονται κτλ. Es ist durchaus möglich, daß er auch die nachfolgend angeführten Orakel Hekates und

lieferten Orakeltexte zumindest in einer gewissen Zahl von Fällen nicht für ausgeschlossen hält, wird man hierin ein Argument sehen können, die βιασμοί in Hierapolis ähnlich zu verstehen. Daneben zeigt die zentrale Rolle eines ›magischen‹ Rituals im klarischen Orakel für eine Stadt am Hermos, daß mit Einflüssen aus dem Bereich des Schadenzaubers und der Abwehrmittel dagegen in den klarischen Orakeln durchaus zu rechnen ist.[220]

In der Folge ist im wesentlichen nur noch erkennbar,[221] daß von »*fakkeltragenden Frauen*« die Rede war, also wohl ein Ritual, möglicherweise eine Prozession,[222] beschrieben worden ist. Am Ende ist etwas »*verhaßt*« – handelt es sich doch auch hier um ein λοιμός-Orakel? Es bleibt, daß eine Besonderheit dieses Textes darin liegt, daß ein Kultspezialist des orakelgebenden Gottes angesprochen wird, wohl ein Prophet des Orakels bzw. der *thespiodos*, wenn es um einen Kultfunktionär aus Klaros selbst gehen sollte,[223] dessen Inspirationsgebundenheit ausdrücklich festgehalten wird.

Apollons über rituelle ἐπάναγκοι aus Pythagoras entnommen hat (Porphyrios sagt: τοῦ γὰρ Πυθαγόρου ταῦτ' εἰρηκότος παρετήρασα ἐκ τῶν λογίων ὡς ἀληθές ἐστιν τὸ εἰρημένον, wobei die Beziehung des einleitenden Genitivs nicht eindeutig ist). Bei Aeneas von Gaza heißt es (Theophrastus p. 61 Boissonade = p. 54,4-10 Colonna [M. E. Colonna, Enea di Gaza: Teofrasto, Neapel 1958]; diese Passage auch bei Wolff, ed. Porph. 154 Anm. 4): ὁ γοῦν Πυθαγόρας, οὐχ ὁ Σάμιος, ἀλλ' ὁ Ῥόδιος, μέλλων ψυχομαντείαν παραδιδόναι, τίνες οἱ καλούμενοι τὸ πρῶτον ἐπιζητεῖ, πότερον θεοὶ ἢ δαίμονες ἢ τούτων ἀπόρροιαι ... καὶ πολλὴν τῶν παλαιῶν καὶ τῶν ὕστερον ταραχὴν (also philosophisch-theologische Spekulation seit den Vorsokratikern) ὑπογράφων, τέλος προΐεται δαίμονος ἀπόρροιαν εἶναι τὸ φάσμα. – Siehe Wolff ebd. 154-158; Ziegler ebd. – Vgl. u. die Besprechung von **Klaros 8**,3-5, S. 138f. mit Anm. 289.

220 **Klaros 11**, hiernach Kap. 2.1.6. Dort kommen die konzeptuellen Anleihen freilich aus dem Bereich der Abwehr von Defixionen, also von Schadenzauber, was von aktivem magischen Ritual in der Art theurgischer Praktiken zu unterscheiden ist: Die ἐπάναγκοι haben im letztgenannten Bereich ihren Platz, der auf die Herstellung einer direkten Kommunikation zwischen Magier und Gottheit im Beschwörungsritual zielt, der σύστασις von Zauberer und Gott, und besonders in der magischen Divination instrumentalisiert wurde, wo der Magier durch das Ritual die Gottheit zur Preisgabe ihres Wissens zwingen will. Siehe Graf, Schadenzauber 198-201; dens., Magic and divination. – Neuere Literatur zu den rituellen Aspekten der Theurgie und ihrem Verhältnis zur Magie und zur Divination: J.P. Anton, Theurgia – demiourgia: a controversial issue in Hellenistic thought and religion, in: R.T. Wallis/J. Bregman (Hg.), Neoplatonism and gnosticism, New York 1992, 9-31; B.A. Pearson, Theurgic tendencies in Gnosticism and Iamblichus' conception of theurgy, ebd. 253-275; G. Shaw, Theurgy and the soul: the Neoplatonism of Iamblichus, University Park, Pennsylvania 1995, 170-188; S.I. Johnston, Charming children: the use of the child in ancient divination, Arethusa 34 (2001) 97-117.

221 ἀμαλθευθεντ[-- in V. 7 leiten Merkelbach/Stauber von ἀμαλλεύω ›zu Garben binden‹ (nur Etym. M. 76,6) ab, aber das ist morphologisch schwerlich möglich. Dagegen kommt Soph. fr. 95 TrGF ἀμαλθεύω ›ernähren‹ (aus Phot. Lex., Hesych.) vor, wohin sicher auch der mythologische Name der Ἀμαλθεία gehört.

222 Wie in den Bestimmungen über das korrekte Verhalten in einer Frauenprozession in **Klaros 14 = Didyma B8**.

223 Im Lichte des archäologischen Befundes in Klaros in Kombination mit dem Bericht Iamblichs (Myst. 3,11) hat Robert, Claros 310-312 (siehe ebenfalls: Annuaire du Collège de France 1957-58 = OMS 4,163; Oinoanda 614 = OMS 5,634 und Claros 1,3 Anm. 10), vorgeschlagen, daß der inspirierte Empfänger der Orakelbescheide in Klaros der θεσπιῳδός war, der ›Sänger der göttlichen Worte‹, der nach Iamblich durch den Trunk aus der Quelle heiligen Wassers im unterir-

Die erteilte Weisung wird nicht recht deutlich; erkennbar sind die Elemente Opfer und Wahrung der Traditionen. Vermutlich standen noch weitere Ausführungen zu Rituellem dort, wo von μανία und βιασμοί gesprochen worden ist.

Zweites Fragment: Orakel für Beamte von Hierapolis über das Verhältnis zur römischen Provinzialverwaltung?

σκεθραὶ πάμπαν ἔασι διοτρεφέων [αἰζηῶν]
βουλαί τε πραπίδες τ', ἐπιμηθείης τ' ἀ[πέλαυσαν]
κηδόμενοι σφετέρης· θεσμῷ τ' ἐν βήμ[ατι κρίνων]
π̣ε̣π̣νύμενος π̣ι̣κρῆς ἑ̣ρ̣μηνείης με[θίησιν
]Α̣Σ̣. .μ̣ε̣ναι καὶ π̣[
]ΚΑ . . . Ε̣ . . ΛΕΙ καὶ μεμβλ[
ὧδε γὰρ οὐκ ἀφαμαρτήσεις ὧν τοι θε[ὸς αὐδᾷ,]
ἐκ δὲ θεουδείης κύρσεις, ἥ σ' οὔ τι [κακώσει,]
ἀλλὰ συνωρότερον καὶ ἀοσσηρώ[τερον
. . .

(Text nach Merkelbach/Stauber)

Übersetzung

Ganz und gar sorgfältig sind der von Zeus genährten Männer
Ratschlüsse und Verstand, und ihnen steht es frei, sich noch einmal zu besinnen
in Sorge um euch. Wenn er nach der Satzung auf dem Richterstuhl entscheidet,
hebt er verständig seine scharfe Auslegung auf
…
…
Denn so wirst du nicht verfehlen, was der Gott zu dir spricht,
und aus Gottesfurcht wirst du es erlangen, die dir nicht zum Schaden gereichen kann,
vielmehr wirst du besser Zusammengefügtes und Hilfreicheres …

dischen Bereich des Heiligtums in Kontakt mit Apollon kam und dann die Worte des Gottes verkündete. Aufgabe des προφήτης, eines Jahrespriesters der Stadt Kolophon, wäre es danach gewesen, die vom θεσπιῳδός empfangenen Worte zu versifizierten Orakelbescheiden auszuarbeiten und den Konsultanten auszuhändigen. Die Chronologie der Gesandtschaftslisten in Klaros zeigt aber jetzt, daß in den älteren Dokumenten aus dem früheren 2. Jh. n. Chr. zwar der προφήτης, aber noch nicht der θεσπιῳδός genannt wird, so daß zumindest für diese Phase das Modell Roberts nicht gesichert ist; siehe Ferrary, Chronologie. Die umgekehrte Rollenverteilung ist in der Forschung ebenfalls vertreten worden (s. etwa Burkert, GR 187; Parke, Apollo in Asia 220f., der sich auch – freilich ohne zu überzeugen – mit Roberts Position auseinandersetzt). Auch ist zu klären, wie sich der ἱερεύς in diese Aufgabenverteilung fügt – die wahrscheinlichste Annahme ist, daß er die präliminalen Opfer für die Konsultanten durchführte. In den späteren Listen aus dem letzten Viertel des Jahrhunderts können diese Ämter bisweilen auch in Personalunion ausgeübt werden (etwa Robert, Laodicée 302f. Nr. 22).

Für das Stück **Klaros 6** hat ein von M. L. West gemachter Vorschlag vorläufig Akzeptanz gefunden, obwohl auch hier über die Deutung angesichts des fragmentierten Zustandes des Steins keine Sicherheit bestehen kann. West nahm an,[224] hier sei von Magistraten die Rede, deren Verständigkeit, Einsicht und Milde in ihren Entscheidungen vom Orakel gelobt würden. Allerdings ruht diese Rekonstruktion des Sinns gewichtig auf den jeweils ergänzten Versschlüssen[225] und wird darum mit Vorsicht bewertet werden müssen.

Merkelbach/Stauber bauen auf dieser Hypothese auf und entwerfen ein noch weitergehendes Bild der Situation. Es liege eine Konsultation der Stadt anläßlich einer für sie nachteiligen Entscheidung des Proconsul Asiae vor. Hierapolis habe angefragt, ob man sich dieser Verfügung widersetzen solle, doch das Orakel rate zu einer abwartenden Haltung: Man könne damit rechnen, daß ein verständiger Beamter seine Entscheidung revidieren werde. Die Annahme, es sei von der Möglichkeit der Meinungsänderung des Magistraten gesprochen worden, stützt sich auf die Passage ἐπιμηθείης (›Nachbesinnung‹) τ' ἀ]---[226] | κηδόμενοι σφετέρης (V. 2f.).

Im Anschluß ist nach Wests Rekonstruktion von einer Gerichtsverhandlung die Rede gewesen.[227] Sicher ist jedenfalls, daß von einem βῆμα gesprochen wird, danach wohl von einer πικρὴ ἑρμηνείη, was ebensogut eine ›Auslegung, Interpretation‹ wie auch eine eigentliche ›Übersetzung‹ meinen kann. Für den letzteren Fall denken Merkelbach/Stauber an die Übersetzung eines auf lateinisch ergangenen Rechtsbescheids ins Griechische:[228] Dann läge hier ein interessanter Reflex der lateinischsprachigen

224 West, Apollo Kareios 187.

225 West ergänzte V. 1f. σκεθραὶ πάμπαν ἔασι διοτρεφέων [βασιλήων] | βουλαί τε πραπίδες τ', wogegen Merkelbach/Stauber einwenden, daß damit in dieser Zeit der römische Kaiser gemeint sein müsse. Sie schlagen deshalb in Anlehnung an den Versschluß von Hom. Il. 4,280 [αἰζήων] vor.

226 ἀ]πέλαυσαν West, acc. Merkelbach/Stauber.

227 Für die bei Wests Ergänzung (die er allerdings als »e.g.« kennzeichnet, während sie Merkelbach/Stauber in den Text setzen) θεσμῷ τ' ἐν βήμ[ατι κρίνων] entstehende Junktur θεσμῷ κρίνων finde ich allerdings nicht ohne weiteres Parallelen; θεσμῷ soll also wohl instrumental verstanden werden.

228 Ein Beispiel für die Zweisprachigkeit im Rechtsverkehr der römischen Provinzverwaltung im Osten findet sich etwa in P.Oxy. 1201, einer Petition eines gewissen Aurelius Eudaimon S. d. Katillios an den Praefectus Aegypti L. Mussius Aemilianus, den wir durch Eus. Hist. eccl. 7,11,9 kennen und ins Jahr 257/258 n. Chr. datieren können. Es geht um eine Erbangelegenheit des ohne Testament verstorbenen Vaters des Gesuchstellers; Aurelius hat sein Gesuch in lateinischer Sprache eingereicht. Auf dem Papyrus folgt die Paraphe mit der Zustimmung des römischen Beamten; darauf die Übersetzung von Petition und Bewilligung ins Griechische, unter der Überschrift: ἑρμηνεία τῶν Ῥωμαϊκῶν (Z. 12). Die schriftliche Aufzeichnung hat eine andere Person für Aurelius vorgenommen: Αὐρήλιος Θέων Ἁρπάλου ἔγραψα ὑπὲρ αὐτοῦ μὴ ἰδότος γράμματα. Vgl. auch das Lemma von A.S. Hunt in P.Oxy. – Lateinisch-griechisch zweisprachige Petitionen waren nicht selten: ähnlich P.Oxy. 1114 (ebenfalls eine Erbangelegenheit) oder ebd. 720 (eine Vormundschaftssache). Auf Rechnungen sind Zahlungen περὶ ἑρμην(ε)ίας belegt (Sammelbuch 9355,1-2).

Verwaltungspraxis in den Provinzen des Ostens vor, deren Rechtsakte erst in die griechische Verkehrssprache umgesetzt werden mußten.[229]

In der nach zwei weitgehend verlorenen Versen wieder etwas besser erhaltenen Schlußpartie begegnet eine auch aus anderen Orakeln bekannte allgemein gehaltene Zusicherung, die den Konsultanten für den Fall, daß sie den Spruch des Gottes beherzigen, Sicherheit und Wohlfahrt in Aussicht stellt; es ist von Gottesfurcht (θεούδεια) und Hilfe die Rede.[230] In den beiden kaum kenntlichen Versen (5f.) müssen nähere Handlungsanweisungen gestanden haben, denn der Gott fährt resümierend fort (V. 7): *»Auf diese Weise wirst du nicht verfehlen, was der Gott sagt«* und thematisiert damit deutlich das Problem der richtigen Auslegung und der richtigen Schlußfolgerungen aus einem Orakelbescheid: ›Wenn ihr *so* handelt, wird dies die angemessene Auslegung meiner Botschaft sein‹.

---

229 Vgl. R. Thomas, Bilingualism, OCD³ 240f.: »Decisions of the Roman courts were probably always given in Latin«, während administrative Urkunden sonst üblicherweise auch in Griechisch in Umlauf kamen. Der Umgang mit der Zweisprachigkeit in der römischen Verwaltung des Ostens und im Rechtsverkehr ist in sozialgeschichtlicher Hinsicht jedoch noch nicht systematisch erforscht und läßt interessante Aufschlüsse für die Akkulturationsprozesse der Kaiserzeit erwarten; die bisher vorliegenden Untersuchungen sind stark linguistisch geprägt. Mit der Aufmerksamkeit, die das Phänomen der ›Globalisierung‹ im Imperium gegenwärtig erfährt, dürfte die Frage auch für den administrativen Bereich stärker in den Blick kommen. Aktuelle Forschungsansätze zur Zweisprachigkeit im Reich etwa in den Akten eines Kongresses in Reading im Jahr 1998: J.N. Adams/ M. Janse/S. Swain (Hg.), Bilingualism in ancient society: language contact and the written word, Oxford 2002 (darin etwa die Einführung von J.N. Adams und S. Swain, bes. 10-20); J.N. Adams, Bilingualism and the Latin language, Cambridge 2004 (Rez.: Th. Fögen, Gymnasium 113, 2006, 384-387). Untersuchungen zur Verwaltungspraxis: R.A. Kearsley, Greeks and Romans in imperial Asia: mixed language inscriptions and linguistic evidence for cultural interaction until the end of AD III, IK 59, Bonn 2001; J. Kaimio, The Romans and the Greek language, Comm. hum. litt. 64, Helsinki 1979.

230 συνωρότερον V. 9 gehört zum nicht seltenen συνωρίς ›Gespann‹ (dazu auch συνωριστής, das in den Papyri vorkommt), welches auch schon früh im übertragenen Sinn gebraucht wird (vgl. Aeschyl. fr. 381 TrGF ὅπου γὰρ ἰσχὺς συζυγοῦσι καὶ δίκη, ποία ξυνωρὶς τῶνδε καρτερωτέρα; möglicherweise orientiert an Sol. fr. 36,15-17 West ταῦτα μὲν κράτει ὁμοῦ βίην τε καὶ δίκην ξυναρμόσας ἔρεξα nach dem Vorschlag von W. Jaeger, RhMus 100, 1957, 380 = ders., Scripta minora 2, Storia e letteratura 81, Rom 1960, 519). Das Adjektiv war bisher nur aus der Glosse des Hesych bekannt, σύνωρον· σύμφωνον, ὁμολογούμενον ἢ συγγενῆ. Also ›zusammengespannt‹ wohl im Sinne von ›zueinander passend, stimmig‹. – Die letzten erhaltenen Buchstaben ἀοσσηρω[hat West in Cruces gesetzt; Merkelbach/Stauber sehen darin ein neues Wort, das von dem allein beim Bukoliker Moschos belegten ἀοσσέω ›helfen‹ abgeleitet sei (zur selben Wurzel gehört wohl auch das häufigere, seit Aischylos belegte, bedeutungsgleiche ἀοζέω, davon ἀοζία, ἄοζος ›Helfer‹). Bei Homer kommt immerhin mehrfach (Il. 15,254; 22,333) der ἀοσσητήρ vor. Merkelbach/Stauber ergänzen parallel zu συνωρότερον im selben Vers dann auch hier einen Komparativ ἀοσσηρώ[τερον, ›hilfreicher‹. Schwierigkeiten bereitet es dagegen, V. 9 ungeachtet des einleitenden ἀλλά mit κύρσεις aus V. 8 zu verbinden, wie Merkelbach/Stauber vorschlagen. Aufgrund von ἀλλά dürfte V. 9 syntaktisch eher auf derselben Ebene stehen wie der voranstehende Relativsatz mit der Negation, der die θεούδεια näher qualifiziert.

Drittes Fragment: Orakel für Hierapolis über die Rettung vor einer weiteren Naturkatastrophe oder Seuche. Apollon bekräftigt die Glaubwürdigkeit und Autorität des Orakels. Die Weisungen des Gottes und seine Mahnungen an die Stadt. Die Reinigung von der ›Befleckung‹.

…
ὃς πινυτώτατος ἀθανάτων δέα[τ' εἶναι ἑαυτῷ
πειρᾶταί τε δολοφρονέων ΩΝΕ[
οὔ οἱ σωοσύνῃ βιοτῆς μελάνωτις ὁμ̣[αρτεῖ.]
ἀλλ' ἔμπης καὶ τῆδ', Ἱερὴ πόλι, πευθο[μένῃ μευ]
ἀμφ' ὑδάτων ἐρέω πειρητύος οὐκ ἀλ[απαδνῶς.]
[τρ]ι̣σσῶν ἐκ χώρων ἐπαναίνεο τ̣ρις̣[σὰ πάροιθεν]
λει]βομένη· ποῖόν κεν ἄγους ‹ε›ὶς ὕσ[τερον εὕροι]
[φάρμακο]ν ἄστυ δ̣ι̣αμπερέως ὧν π̣[
[οὔ τοι ἀφ]αυρότατος τόνδ' ἔννεπον [εὔφρονα μῦθον],
[γαῖ' ἱερή, δαί]μων, κἢν δυσπελὲς εἴδ[εται εἶναι]
]νεαινησει δυνατῶν εφε[
]ρευσειης ξύνεσις με̣[
] ἐπενήνοθε μῶλυ[
π]ηγῆς ἔλαθον τ[
] Θ̣Ο̣ΝΩ̣ΣΕΝΘ̣[
] ΗΣΦΙΣ̣ [
] μεγα[

(Text nach West)

Übersetzung

…
der sich selber klüger als die Unsterblichen vorkommt …
versucht sich an listensinnenden …
und der schwarze Trappe geht nicht mit Lebenssicherheit einher für ihn.
Aber dennoch will ich dir auch deshalb, heilige Stadt, auf deine Frage an mich
über das Erproben der Wasser eine wirksame Antwort erteilen.
An drei Orten lehne es ab, nachdem du zuvor dreimal
Spenden dargebracht hast – denn was für ein Heilmittel gegen die Befleckung
wird die Stadt später noch jemals finden können von denen …
Nicht als ein kraftloser Gott habe ich dir dieses wohlgesonnene Wort zugesagt,
heilige Stadt, auch wenn es unnahbar scheint …
… mächtiger …
… Verstehen …
… wächst das Moly-Kraut (?) …
… von einer Quelle haben sie verborgen …
…

Im vierten Text der Orakelkodifikation, **Klaros 7**, war möglicherweise erneut eine Naturkatastrophe oder Seuche der Gegenstand der Anfrage, wenn man V. 5 ὑδάτων πειρητύος *»Erproben der Wasser«* im Sinne einer

Dürre oder aber von durch Krankheitserreger verseuchtem Wasser deutet.[231] In jedem Fall ist in dem Verspaar 4f. die Stadt Hierapolis als Kollektiv, das die Anfrage eingereicht hat,[232] angesprochen und ganz offenbar das Thema der Konsultation benannt: *»Nun, jedenfalls will ich dir, heilige Stadt* (ἱερὴ πόλι), *auch deshalb auf deine Anfrage an mich über das Erproben der Wasser* (πευθο[μένῃ μευ] ἀμφ' ὑδάτων) *eine wirksame*[233] *Antwort erteilen.«* Die Einleitung von V. 4 mit einer zum Voranstehenden kontrastierenden Partikelformel (ἀλλ' ἔμπης καὶ τῇδε) macht deutlich, daß die hier gemachte Aussage – *»ich werde eine verläßliche Antwort erteilen«* – in einem Gegensatz zum Anfang des Textes steht.

Für die ersten drei Verse ist eine zuverlässige Interpretation bis jetzt nicht gefunden, aber möglicherweise gehen die Überlegungen von West und Lane-Fox in die richtige Richtung. Sie knüpfen beide am Beginn bei ὃς πινυτώτατος ἀθανάτων δέα[τ' εἶναι ἑαυτῷ (suppl. West) an, *»der am klügsten unter den Unsterblichen zu sein scheint«* bzw. *»der klüger als die Unsterblichen zu sein scheint«*.[234] West schlägt vor, wir hätten hier eine Selbstreflexion des Orakelgottes über den Status seiner Offenbarungen innerhalb des polytheistischen Systems vor uns, und zwar eine Art einschränkender Selbstkritik, indem der Gott zu bedenken gebe, daß es für keinen Olympier geraten sei, sich für verständiger als die übrigen Götter zu halten.[235]

Dies liefe auf eine Relativierung seiner Allwissenheit in der Orakeltätigkeit hinaus und könnte als Strategie des Orakels gesehen werden, sich bei widrigen Geschehensverläufen in der Folge einer Konsultation darauf zurückzuziehen, daß eben auch andere Götter des Pantheons ihre begründeten Ansprüche auf Macht und Einfluß geltend machen könnten und darum Apollon in seinen Weisungen nicht unbedingt sämtliche ausschlaggebenden Faktoren berücksichtigen könne. *»Aber dennoch«*, ungeachtet

---

231 Dabei ist ἡ πειρητύς ein bisher nicht belegtes Wort.

232 Wenn West paraphrasiert: »Apollo will give an answer to this priestess about testing for water«, ist ihm wohl ein Lapsus unterlaufen: πευθ[ομένῃ ist, falls korrekt ergänzt, zwar fem., aber geht doch wohl auf die angesprochene Ἱερὴ πόλι.

233 ἐρέω ... οὐκ ἀλαπαδνῶς: zu ἀλαπάζω ›leeren, austrocknen, erschöpfen‹, also ›was sich leicht erschöpfen läßt, schwach, kraftlos‹.

234 Lane Fox, Pagans 720 Anm. 51 möchte πινυτώτερος lesen: »I feel we must surely read πινυτώτερος ... the text should be re-examined«. Aber der Sache nach wäre diese Auffassung auch mit dem Superlativ möglich, vgl. die Verwendung des Superlativs anstelle des Komparativs etwa bei Homer. – δέαται ist ein isoliertes Defectivum mit der Bedeutung von δοκεῖ: Hesych. s.v. δέαται· φαίνεται, δοκεῖ; s.v. δεάμην· ἐδοκίμαζον, ἐδόξαζον. LSJ s.v. δέατο nennen auch noch »δέασθεν (prob.)· ἐδόκουν, Hsch.«, aber ein solcher Eintrag ist bei Hesych nicht zu finden. – Latte verweist zur sprachwissenschaftlichen Erläuterung auf J. Wackernagel, Sprachliche Untersuchungen zu Homer, Forsch. z. griech. u. lat. Gramm. 4, Göttingen 1916, 61.

235 Ebd.: »The first three verses are a dignified confession by the god that he does not know everything: it is not wise for a god to think he is cleverer than the other gods, or to enrich himself on the strength of false claims«. Es ist mir allerdings unklar, worauf die Paraphrase des zweiten Gedankens gründet (»to enrich himself«): Was ergänzt West stillschweigend zu ὠνε[in V. 2?

dieser Einschränkung, fährt der Gott fort, wolle er im vorliegenden Fall auf die Frage der Stadt eine Auskunft erteilen.

Der kontrastierende Anschluß mutet etwas weniger pointiert an, wenn wir mit Lane Fox annehmen, am Anfang sei vielmehr an Menschen Kritik geübt, die sich für klüger als die unsterblichen Götter hielten – sicher eine konventionellere, damit aber a priori auch wahrscheinlichere Lesart. Auch nach einer solchen Warnung, die eigene menschliche Einsicht nicht zu überschätzen, läßt sich eine Fortsetzung in der Weise *»bedenke das – aber gleichwohl will ich dir nun antworten«* denken. Ist die Partie so zu verstehen, fänden wir hier eine für die Theologie der Orakel noch typischere Aussage, nämlich den Verweis an die Konsultanten, daß die Götter mehr wissen als Menschen, womit in der Absetzung gegen die menschlichen Fähigkeiten zur Einsicht in die Geschehenszusammenhänge eine Begründung der Autorität des Orakels und seines Spruchs formuliert wäre.[236]

In jedem Fall scheint es sich um eine Einleitungsformel mit einer allgemeingehaltenen Reflexion über den Stellenwert der Divination zu handeln, die in irgendeiner Weise auf die Glaubwürdigkeit (πινυτώτατος) der Orakel abhebt und zugleich bekräftigt, raffiniertes oder intrigantes Planen,[237] sei es nun eines Gottes oder der Menschen, sei zur Erfolglosigkeit verurteilt (πειρᾶταί τε δολοφρονέων ὠνε[--). Zur eigentlichen Anfrage wird erst V. 4ff. übergegangen.

Rätselhaft bleibt bei alldem allerdings V. 3 mit der Erwähnung eines *»schwarzen Trappen«* (?), μελάνωτις;[238] nach der Lesung von West wäre zu übersetzen *»und der schwarze Trappe geht nicht mit Lebenssicherheit einher für ihn«* (sc. denjenigen, von dem im vorangehenden Relativsatz gesagt ist: ὃς πινυτώτατος ... δέα[ται -- | πειρᾶταί τε δολοφρονέων ωνε[--),[239] was wohl soviel heißen müßte wie: *»Das Erscheinen eines schwarzen*

---

236 Einer der ›Elementarbausteine‹ einer Orakelantwort in Fontenroses Typologie: »Assertion of mantic authority«. Siehe Delphic oracle 178f., Didyma 100f. und hier Kap. 5.3, S. 612.

237 Die »false claims« in der Paraphrase Wests (zuvor Anm. 235). Das Adjektiv δολοφρονέων ebenso wie die Variante δολοφραδής und das abgeleitete Substantiv δολοφροσύνη entstammen der epischen Sprache und sind seit Homer bzw. den homerischen Hymnen belegt.

238 Das Wort, *si vera lectio,* wäre neu und gehörte zu ἡ ὠτίς, ἴδος ›Trappe‹. Pugliese Carratelli änderte den Stein freilich in μελανῶπις ›schwarzgesichtig‹, was einmal in einem Fragment über Fische des medizinischen Lehrgedichts des Markellos von Side aus dem 2. Jh. n. Chr. bezeugt ist: E. Heitsch, Die griechischen Dichterfragmente der römischen Kaiserzeit 2, Abh. Akad. d. Wiss. in Göttingen, Philos.-hist. Kl. 3,58, Göttingen 1964, 20, V. 64f.: πέρκης (›Barsch‹) δ' αὖ περὶ σαρκὶ κυλινδομένην μελανῶπιν | σηπεδόνα (›schwarzgesichtige Verwesung‹) κρατέει πυρὸς ἄσθματι ἰσοφαρίζον). Einem Verständnis der Stelle kommt man damit freilich ebenfalls kaum näher.

239 Wests ὁμ[αρτεῖ am Schluß von V. 3 ist natürlich ganz unsicher. Der übertragene Gebrauch des Verbs ist immerhin in poetischer Sprache seit Aischylos und Sophokles belegt. – V. 3 σωοσύνη ist neu, gehört aber doch eher zu σῶος ›sicher, bewahrt‹ als zu σώομαι = σεύομαι mit der Bedeutung ›Beweglichkeit‹ (so Merkelbach/Stauber).

Trappen bedeutet für ihn Lebensgefahr«. Die einleitenden Verse bleiben mithin einigermaßen rätselhaft.

Nachdem die Zusicherung eines verläßlichen Bescheids erfolgt und damit auch der Gegenstand der Konsultation angesprochen (V. 4f.) – und in diesem Zusammenhang auch die Tatsache der Konsultation im Orakel selbst nochmals festgehalten – worden ist, ist schon aufgrund der Strukturtypologie der (ausführlicheren) Orakelbescheide davon auszugehen, daß nun vom Gott die zu befolgenden Weisungen mitgeteilt werden. In diese Richtung weist formal auch der folgende Imperativ ἐπαναίνεο, den wir sachlich allerdings nur schwer einzuordnen vermögen: etwas soll abgelehnt, verweigert werden.[240] Man würde vermuten, daß irgendwelche Verrichtungen an drei Orten ([τρ]ισσῶν ἐκ χώρων scheint nicht zweifelhaft) dreimal vorgenommen werden sollen, aber warum soll die angesprochene Stadt dies *»ablehnen«*? Nach Wests einleuchtendem Vorschlag[241] handelt es sich um dreifache Libationen an den drei verschieden Orten, aber das Problem des Imperativs ist damit nicht gelöst.

Auch in der Folge scheinen die von West exempli gratia gemachten Ergänzungen recht plausibel: *»Denn was für ein Heilmittel gegen die Befleckung* (ἄγος) *wird die Stadt später* (d.h. wenn die jetzigen Anweisungen nicht befolgt werden) *noch je finden können?«*[242] Damit wäre also die Stadt, die die Anfrage stellt, nach V. 4 ein zweites Mal angesprochen, wenn auch hier indirekter in der 3. Person: Man wird das so verstehen müssen, daß an der ersten Stelle mit ἱερῇ πόλι die anwesende Gesandtschaft gemeint ist, während der Gott dann hier *über* die Stadt und ihre Einwohnerschaft insgesamt spricht, in deren Namen die *theoria* vorstellig geworden ist – eine solche Erklärung könnte man jedenfalls versuchen, wenn denn der Text so zu rekonstruieren sein sollte. Nachdem das Orakel offenbar schon mit einer Warnung vor Vermessenheit eingesetzt hat, stände dann hier eine erneute Mahnung, den erteilten Bescheid nicht in den Wind zu schlagen, da es für die Stadt nur diese Rettung gebe.[243]

---

240 Das Kompositum ἐπ-αναίνομαι ist neu; ἀναίνομαι ›ablehnen, verweigern, sich weigern; verleugnen, nicht anerkennen‹ aber geläufig.

241 6f. [τρ]ισσῶν ἐκ χώρων ἐπαναίνεο τρισ[σὰ πάροιθεν | λει]βομένη.

242 ποῖόν κεν ἄγους εἰς ὕσ[τερον εὕροι | φάρμακον ἄστυ δ̣ιαμπερέως; Der fehlende Artikel bei ἄστυ stört an dieser Stelle freilich, obwohl in Versinschriften ja diesbezüglich grundsätzlich Lizenz besteht. Hingegen ist die Änderung von ΟΙΣΥΣ̣[auf dem Stein zu εἰς ὕσ̣[τερον geringfügig. διαμπερέως im zeitlichen Sinne ›durchweg, für immer‹, auch ›dauerhaft, kontinuierlich‹. Die rhetorische Frage lautete umgewandelt dann: *»Für immer und ewig wird die Stadt kein Heilmittel gegen die Befleckung finden können«* (sc. wenn sie die im Orakel getroffenen Anordnungen nicht befolgen sollte).

243 Die Deutung, die West offenbar zu dieser Passage geben will, leuchtet allerdings nicht recht ein: »He [Apollo] then throws the whole blame upon the land itself, and reasons with it«. Es scheint doch nach Wests eigener Rekonstruktion des Textes eher um eine Bekräftigung der Gültigkeit der erteilten Weisungen zu gehen; eine verhängnisvolle Entwicklung wird für den Fall, daß die Hierapolitaner sie unbeachtet lassen sollten, vor Augen gestellt. Es ist nicht zu erkennen, daß

Eine Orakelantwort, in der der Gott derart massiv auf seine Autorität und exklusive Kompetenz für die Überwindung der Krise pocht, wäre unter den erhaltenen Texten ein Sonderfall. Auch dafür, diesen Anspruch in Form einer die Überlegenheit noch unterstreichenden rhetorischen Frage darzutun, findet sich im besprochenen Corpus keine Parallele.

Mit V. 9 scheint bereits wieder der Übergang zur allgemeinen Bekräftigung des Bescheids erfolgt zu sein: οὔ τοι ἀφ]αυρότατος τόνδ' ἔννεπον [εὔφρονα μῦθον, | γαῖ' ἱερή, δαί]μων (West), *»nicht als ein kraftloser Daimon habe ich dir dies günstige Wort angesagt«*. In dieser Rekonstruktion des Textes folgt also noch eine weitere Apostrophe an die Stadt. Ebenso läßt sich noch erkennen, daß Apollon die Schwierigkeiten der Umsetzung seiner Weisungen durchaus eingestanden hat (V. 10 κἠν δυσπελὲς εἴδ[εται εἶναι][244]), von denen sich die Konsultanten aber nicht entmutigen lassen sollten – so wird man den Gedanken weiterspinnen, ohne daß die erhaltenen Buchstaben in V. 11 befriedigend verstanden wären.

In diesem Zusammenhang wohl wird auch von ihrer (?) Einsicht in das Orakel (V. 12 ξύνεσις) gesprochen.[245] Offen bleibt, ob mit V. 13 nochmals ein Abschnitt über rituelle Anweisungen eingeleitet wird – verständlich scheint noch ἐπενήνοθε[246] μῶλυ[, (*»darauf wuchs das Moly-Kraut«*?), aber ob es sich hier tatsächlich um den Namen des geheimnisvollen Gewächses der Kirke handelt, ist nicht sicher.[247] Vielleicht ist in V. 14 von einer Quelle die Rede, aber von nun an lassen sich aus den erhaltenen Buchstaben auch keine Bruchstücke von Sinn mehr gewinnen.

Apollon ihnen die Schuld am Auftreten des ἄγος als solchem zuwiese. Oder hängt Wests Deutung an ἐναναίνεο? Aber da handelt es sich um eine Aufforderung und nicht um eine verneinte Aussage.

244 δυσπελής ist bisher unbekannt, dürfte aber zu πελάζω ›sich nähern‹ gehören, also wohl ›dem man sich nicht nähern kann/soll‹ und von daher ›schwierig‹.

245 Zu der Stelle muß Wests Kommentar »[Apollo] reasons with it« (sc. der Stadt) gehören.

246 Dieses defektive Perfekt bzw. Plusquamperfekt erscheint fünfmal in den homerischen Epen und bedeutet offenbar soviel wie ›darauf wachsen, sich darauf befinden, daran haften‹; Frisk (s.v. ἐνθεῖν) versteht ›emporquellen‹ bzw. ›sich über etwas hingießen, ausbreiten, herabwallen‹, Chantraine (s.v. ἀνήνοθεν) ›s'élever, monter à la surface‹. Es ist etwa von Blut gesagt (Il. 11,266: »jaillissant« Chantraine), von Fettdampf (Od. 17,270), Fell und Haaren (Il. 2,219; 10,134), von Öl, mit dem der Körper der Götter eingerieben ist (Od. 8,365); übertragen dann bei Apoll. Rh. 1,664: ἡμετέρη μὲν νῦν τοίη μῆτις παρενήνοθε, sagt Hypsipyle von ihrem Vorschlag, den sie den Lemnierinnen gemacht hat. Über die Herkunft des Worts freilich herrscht Rätselraten: Während Frisk (im Anschluß an K.H. Johansson, IndogermForsch 3, 1894, 203f.; 8, 1898, 180f.) die Verbindung mit dem seinerseits defektiven aor. ἐνθεῖν favorisiert, der zwar gleichbedeutend, aber wohl nicht morphologisch zusammengehörig mit ἐλθεῖν sei, erachtet Chantraine die Verknüpfung dieser Perfekt-Defectiva mit dem mehrheitlich in dorischem Gebiet auftretenden ἐνθεῖν als ebenso ungesichert, wie sie zu ἄνθος, ἀνθεῖν – was semantisch auf den ersten Blick befriedigender schiene – zu ziehen (mit Verweis für letzteres auf die Arbeiten von V. Pisani, Riv. Ist. Lomb. 77, 1943-44, 548, und J. Aitchison, Glotta 41, 1963, 273f.). Chantraine schließt ratlos: »Que faire alors de ἀνήνοθε?«

247 Weitere mögliche Ableitungen gehen auf μῶλυς ›weich, schwach‹ oder μωλύω ›halb gar kochen, sieden, gären‹.

2.1.3 Ein rächender Dämon wütet unter den Menschen – rituelle Reinigungen, Erstlingsopfer und ein Bild des klarischen Gottes retten die Stadt: Versorakel für Kaisareia Troketta in Lydien

Θεοῖς σεβαστ[οῖς] | κατὰ χρησμὸν Κλαρίο[υ] | Ἀπόλλωνος Καισαρεῖς | Τροκεττηνοὶ καθιέρωσαν | Ἀπόλλωνα Σωτῆρα, χαρ[ι]|σαμένου τὸ ἀργύριο[ν] | εἰς τὸν θεὸν καὶ τὴν βά|σιν Μειλήτου τοῦ Γλύ|κωνος Παφλαγόνος | τοῦ ἱερέως αὐτοῦ, ὑπο|[σ]χομένου τὴν ἐργεπ[ι|σ]τασίαν Ἑρμογένους το[ῦ | - - -

χρησμός·

οἱ νεμέθεσθε Τρόκεττα πα[ρ]αὶ νιφόεντι Τυμώλῳ,
τειό[μ]ενοι Βρομίῳ καὶ ὑπερμενέι Κρονίωνι,
τί δὴ νύπερ τεθηπό[τ]ες βηλῷ προσοιμέεσθε,
ἐελμένοι νημερτίην ἐς οὐάδας πελάζειν;
οἷσιν μεμηλόσιν φάτιν πανατρεκῆ βοήσω.
φεῦ φεῦ, κραταιὸν πῆμα προσθρώσκει πέδῳ,
λοιμὸς δυσεξάλυκτος, ἧ μὲν ἀμπαφῶν
ποιναῖον ἆορ χειρί, τ‹ῇ›δ' ἀνηρμένος
νεουτάτων ἴδωλα δυσπενθῆ βροτῶν.
τρύει δὲ πάντῃ [δ]άπεδον ἐνπολεύμενον,
ἀμᾶι νεογνὸν – πᾶσα δ' ὄλλυται φύτλη –
φύρδην δὲ τείρειν φῶτας ἐκβιάζεται.
καὶ τὰν ποσὶν μὲν τοῖα μήδεται [κακά]
. . .

[ἀ]τὰρ ἐσ‹σ›ύμενοι τῶνδ' ὑπά[λ]υξιν, ‹φ›ῶτες, κατὰ τεθμὸν ἰδέσθαι,
οἳ μάλα δῆθ' εἰς ἐπ' ἐμὴν πελάειν πάνυ μερμ‹ηρ›αίρετ' ἀρωγήν,
ἀπὸ μὲν λιβάδων ἑπτὰ ματεύειν καθαρὸν ποτὸν ἐντύνεσθαι,
ὃ θεειῶσαι πρόσσωθεν ἐχρῆν καὶ ἐπεσ‹σ›υμένους ἀφύσασθαι,
ῥῆναί τε δόμους αὐτίκα νύμφαις, αἱ θ' εἱμερταὶ γεγάασιν,
ὡς ἀνούτητοί γε φῶτες ἐνλελειμμένοι πέδῳ
ἐκ παλινβίων ὀφελμῶν κάλλιμα ῥέζωσι ἅδην.
αὐτὰρ ἐντύνεσθε Φοῖβον μέσσον ἱδρῦσαι πέδου,
τῇ μὲν ἀμπαφῶντα [τόξον - - -

(Text nach Merkelbach/Stauber)

Übersetzung

Den verehrungswürdigen Göttern. Gemäß einem Orakelspruch des klarischen Apollon haben die Bürger von Kaisareia Troketta eine Statue des Retters Apollon geweiht, und Meiletos, Sohn des Paphlagoniers Glykon, sein Priester, hat das Geld für das Bild des Gottes und für die Basis gestiftet, wobei Hermogenes, der Sohn des ..., die Bauausführung übernommen hat ...

Orakel

Die ihr Troketta bewohnt beim schneereichen Tmolos,
geehrt von Bromios und dem übermächtigen Kronos-Sohn,
3 warum nähert ihr euch nun voller Staunen meiner Schwelle
mit dem Wunsch, daß die Wahrheit euch zu Ohren komme?
Da dies euer Anliegen ist, will ich euch ein gänzlich untrügliches Wort verkünden.
6 Weh, weh, ein mächtiges Leid springt die Ebene an,
ein Seuchendämon, dem man nicht entfliehen kann – mit der einen Hand führt er
ein rächendes Schwert, mit der anderen hebt er
9 die gar schmerzlichen Bilder frischgetöteter Sterblicher empor.
Vollends zermürbt er den frisch aufgeworfenen Boden,
mäht dahin das jung Gewachsene – jeder Sproß geht zugrunde –,
12 mit Gewalt setzt er alles daran, die Männer ganz zu zerstreuen und aufzureiben.
Von dieser Art sind die Übel zu unseren Füßen, die er ersinnt
…

Da ihr nun eifrig bemüht seid, ein Entrinnen aus dieser Not, ihr Männer, nach der Satzung zu erblicken,
21 und gar sehr darauf bedacht seid, euch meiner Hilfe zu nähern:
Versucht, von sieben Quellen einen reinen Trank zu bereiten,
den ihr von ferne schwefeln und dann eilends schöpfen müßt,
24 um unverzüglich die Häuser mit dem Wasser zu besprengen, das so ersehnt ist,
damit die Männer, die in der Ebene noch unverwundet übriggeblieben sind,
aus wiederauflebendem Ertrag die schönsten Opfer ausreichend darbringen können.
27 So beeilt euch, Phoibos mitten in der Ebene aufzustellen,
mit der einen Hand den Bogen spannend …

Das Monument: Weihinschrift für eine Statue Apollons des Retters und Orakelaufzeichnung. Metrische Gestalt des Versorakels. Zusammenhang von Orakelkodifikation und Kultbild. Die Person des Stifters und ihre Beziehung zum Orakel des Asklepios Glykon in Abonuteichos.

Erst durch den zufälligen Fund der nun zu besprechenden Inschrift durch den Kleinasien bereisenden Epigraphiker Karl Buresch im Jahre 1888[248] ist

248 **Klaros 8** = Buresch, Klaros 8-11, mit reichem Kommentar und Interpretation ebd. 1-29; jetzt auch als SGO 04/01/01. Die Inschrift aus Kaisareia bildet recht eigentlich den Ausgangspunkt von Bureschs nach wie vor wertvoller Monographie; um diesen Kern herum sind alle anderen Teile des Buches organisiert. Daneben sind folgende Arbeiten zu nennen: J. Keil/A. v. Premerstein, Bericht über eine Reise in Lydien und der südlichen Aiolis, Denkschr. ÖAW 53,2 (1908) 8-12 Nr. 16 m. Abb. 7 a-c (erneute Lesung des Steins mit Nachzeichnungen, siehe hiern. S. 131 m. Anm. 252); Picard, Pergame 193; Magie, RRAM 2,1534 Anm. 9; Gilliam, Plague

der Name einer kleinen Stadt in Lydien südlich des Hermostales bekannt geworden, die gleichfalls aus Anlaß eines *loimos* das klarische Orakel konsultiert hat. Die Inschrift nennt den Namen ihrer Einwohner, Καισαρεῖς Τροκεττηνοί; die Stadt liegt im Bereich des Tmolosgebirges, das in der Ansprache der Konsultanten vom Orakelgott auch genannt wird.[249]

Unter den klarischen Orakeltexten weist dieser – zusammen mit dem noch zu diskutierenden Orakel aus Kallipolis, **Klaros 9** – die Besonderheit mehrfach wechselnder Metren auf: Auf Hexameter zu Beginn (V. 1f.) folgen zunächst iambische Tetrameter (V. 3-5), dann eine längere Partie iambischer Trimeter (V. 6-13); im zweiten erhaltenen Teil stehen zunächst katalektische Tetrameter aus Anapästen (V. 20-24), schließlich solche aus Trochäen (V. 25-28). Während aus der Kaiserzeit in Delphi ja nur wenige Versorakel bekannt sind und diese durchweg in hexametrischer Form gefaßt sind, stellen wir damit für Klaros nicht nur lange, sondern auch metrisch anspruchsvolle Orakeltexte als ein Merkmal der Blütezeit des Kults während des 2./3. Jh. n. Chr. fest.

Herausgehoben ist das Orakel aus Kaisareia Troketta auch dadurch, daß es mit dem Aufstellungsbeschluß zusammen aufgezeichnet und erhalten geblieben ist, wie es auch für das pergamenische Orakel **Klaros 2** der Fall war.[250] Genauer, wir haben hier die Weihung der im Orakel geforderten[251] Statue Apollons vorliegen. Die Weihinschrift in Prosa und das Versorakel stehen auf drei Seiten eines würfelförmigen, relativ kleinen Marmorblocks, an dem auffällt, daß er jeweils an der unteren Kante auf Anschluß gearbeitet war, woraus zu schließen ist, daß der Text sich auf einem zweiten, darunter befindlichen Block fortsetzte.[252] Wir können davon ausgehen, daß beide Blöcke zusammen als Basis für die Statue des klarischen Apollon diente, welche die Trokettener aufstellen sollten. Sie haben das Orakel befolgt, die Weisungen ausgeführt und eine Weihinschrift zusammen mit dem Orakel unter der Statue angebracht: καθιέρωσα[ν] 'Απόλλωνα Σωτῆρα. Die Titulatur Σωτῆρα deutet – wie das Faktum der Weihung und

235; Wiseman, Plague 179; Robert, DAMM 98 Anm. 5; ders., Oinoanda 608 = 628 Anm. 1; ders., Lucien en son temps, 405-414, bes. 405-408 (vgl. SEG 30,1388); Robinson 283-287; Parke, Apollo in Asia 150-152; Várhelyi, Claros 21-23; Huber, Seuchenabwehr 139f.

249 Die Herkunftsbezeichnung erscheint in der Dedikation Z. 3f. Καισαρεῖ[ς] | Τροκεττηνοί. Apollon spricht die Bewohner zu Beginn des Orakels an, V. 1 οἱ νεμέθεσθε Τρόκεττα πα[ρ]αὶ νιφόεντι Τυμώλῳ. Der Name des Gebirgszuges erscheint in den Formen Tymolos, Timolos und Tmolos (letzteres die Variante bei Homer). Ausführliche Erörterung der antiken Überlieferungen zum Namen und den damit verbundenen Angaben zur historischen Geographie bei Buresch, Klaros 11-16.

250 Oben S. 54f.

251 V. 27f., u. S. 151f.

252 Vgl. Beschreibung mit Skizze bei Buresch, Klaros 5, und die Nachzeichnung der drei beschrifteten Seiten bei Keil/v. Premerstein (o. Anm. 248); letztere wird reproduziert bei Merkelbach/Stauber ad loc.

Aufzeichnung des Orakels überhaupt – auf eine erfolgreiche Überwindung der Seuche hin: Den Erfolg schrieb man dem Orakel zu.[253]

Die Weihung geschieht θεοῖς σεβαστοῖς, womit gemäß der in der Kaiserzeit üblichen Dedikationsformel die römischen *Augusti* gemeint sein dürften. Man könnte die θεοὶ σεβαστοί hier aber auch als kollektive Götteranrufung verstehen wie in der vertrauten Formel πάντες θεοί (καὶ πᾶσαι θεαί).[254] Dann bezöge sie sich vermutlich in erster Linie auf die in der Stadt besonders verehrten Götter, die im Orakel auch eigens genannt werden, Dionysos und Zeus (V. 2). Die Prosainschrift liefert uns auch den expliziten Beleg für die Zuweisung des nachstehenden Orakels an Klaros, denn die Weihung werde κατὰ χρησμὸν Κλαρί[ου] | Ἀπόλλωνος vorgenommen (Z. 2f.).

Wie im Präskript des pergamenischen Orakels die beiden Leiter der Gesandtschaft aufgeführt wurden, die die Stadt nach Klaros geschickt hatte, ist bei der Weihung in Troketta der Stifter der Statue zusammen mit dem Bildhauer genannt, der die Arbeit – sicher die Herstellung des Götterbildes, vielleicht auch die Meißelung der Inschrift – übernommen hat,[255] ein gewisser Hermogenes.

Ganz ähnlich lautet der Aufstellungsbeschluß für nicht näher bezeichnete Götterstatuen (τὰ προκείμενα τῶν θεῶν ἀγάλματα) aus dem thrakischen Anchialos infolge klarischer Orakel, κατὰ χρηζμοὺς (sic) τοῦ κυρίου Ἀπόλλωνος Κολοφωνίου,[256] wobei freilich der Bescheid selbst nicht mit der

253 Vgl. die ganz ähnliche Benennung des klarischen Apollon in Kallipolis, **Klaros 9**,30, als λοιμοῦ ὑποσευαντῆρα.

254 Für diese Variante sprechen sich – jedoch ohne nähere Begründung – Merkelbach/Stauber aus.

255 Z. 10ff. ὑπο[σ]χομένου τὴν ἐργεπ[ισ]τασίαν κτλ.

256 **Klaros 10** = IGBulg 1^2,370; der Text in IGRom 1,767 ist fehlerhaft. Besprochen bei Robert, Inscriptions de Bulgarie 189-191 = OMS 5,219-221. – Der Titel κύριος, der Apollon hier beigegeben wird, läßt sich mit den Anreden des Gottes als δεσπότης in einigen didymäischen Orakeln (aber auch anderswo, s. hiern. Anm. 281 zum Glykoneion in Abonuteichos) vergleichen. Man kann sich fragen, ob dies in einem allgemeineren Sinne als Ausdruck der empfundenen Abhängigkeit von der Gottheit und der praktizierten Verehrung verstanden werden muß, als Hinweis auf eine herausgehobene Stellung dieses Gottes im lokalen Pantheon oder aber als Indiz der Überwindung einer Krisensituation, in der das Orakel eingeholt worden ist, indem man den Gott daraufhin mit diesem besonderen Herrschaftstitel apostrophierte. Wie ausgeführt, ist die Bezeichnung als σωτήρ in Kaisareia Troketta und anderswo sicher in dieser Weise zu deuten. Dies führt auch auf die übergeordnete Frage, inwieweit sich in der verstärkten Verwendung solcher ›asymmetrischen‹ Kulttitel die zunehmende Hierarchisierung der sozialen Beziehungen im Herrschaftsgefüge des Kaiserreichs spiegelt. Vgl. H.W. Pleket, Religious history as the history of mentality: the ›believer‹ as servant of the deity in the Greek world, in: Versnel, Faith 152-192, bes. 174-178; Graf, Schadenzauber 206f. (zu den Entwicklungen innerhalb der Magie hin zu hierarchisierten Panthea); Veyne, Évolution 259f. 279-283. – Die Ansicht Nocks (Oracles théologiques 287 = Essays 1,165), daß der Plural κατὰ χρησμούς auf eine umlaufende Orakelsammlung zu beziehen sei, die man an verschiedenen Orten für Weihungen zum Anlaß genommen habe, so daß – so ist Nock implizit zu verstehen – keine Konsultation der Stadt in Klaros angenommen werden müsse, läßt sich schwerlich allein mit einer solchen Pluralform stützen, wenn auch seiner übergeordneten Ar-

Weihinschrift aufgezeichnet worden ist. Dort ist der Bildhauer, an den der Auftrag zur Fertigung der Standbilder erteilt worden ist, nicht als ἐργεπιστάτης, sondern als ἐπιμελητής bezeichnet. Außerdem liegt dort noch der besondere Fall vor, daß die Ausführung vom Sohn des ursprünglich beauftragten Handwerkers übernommen worden ist, vielleicht weil der Vater sich aus dem Geschäft zurückgezogen hat oder zwischenzeitlich verstorben ist.[257] Der Auftrag war *»auf Beschluß* (δόγμα) *des trefflichen Rates der Stadt«* vergeben worden.[258]

Die Aufwendungen für die Statue und die Weihinschrift[259] in Kaisareia Troketta hat ein gewisser Meiletos übernommen, der als Priester Apollons in der Stadt amtet (Z. 10), während der ἐργεπιστάτης Hermogenes sich der Arbeit angenommen hat. Meiletos – eine lokale Schreibung für Miletos – bezeichnet sich nun bemerkenswerterweise als *»Sohn des Paphlagoniers Glykon«*: Er behauptet also, sein Vater sei der mantische Schlangengott Glykon, dessen Prophet Alexander in Abonuteichos war und über den Lukian im *Alexandros* polemisch berichtet, für dessen Kult es daneben aber auch eine Reihe epigraphischer und numismatischer Zeugnisse gibt.[260]

Offensichtlich war die Mutter des Miletos also wegen Fruchtbarkeitsproblemen als Pilgerin nach Abonuteichos gekommen, wie es typisch für die verschiedensten Heilkulte, insbesondere die Asklepieia, war. Sie wurde dann auch prompt dort oder im Anschluß an diese Pilgerfahrt schwanger. Im Sinne der ἰάματα, die wir aus der Kultpropaganda der Asklepieia, etwa in Epidauros und unterdessen auch in Pergamon, kennen,[261] be-

---

gumentation, keine strikte Trennlinie zwischen den ›Theologischen‹ und den inschriftlich überlieferten Orakeltexten zu ziehen, zuzustimmen ist.

257 [φ]υλα[ὶ] ... ἀνέθηκαν τὰ ... ἀγάλματα ... διὰ ἐπιμελητοῦ Τίτου Φλαουίου Ἀγεικήτου διαδε[ξ]αμένου τ[ὴ]ν ἐπιμέλειαν τῶν [ἔργω]ν παρὰ τοῦ πατρ[ο]ς κτλ. 8-13.

258 κατὰ τὸ τῆς (κ)[ρα]τ[ίστης] βουλῆς [δόγ]μα 14f. suppl. Mihailov.

259 Der Vorgang ist hier sehr präzise bezeichnet: χαρ[ι]σαμένου τὸ ἀργύριο[ν] εἰς τὸν θεὸν καὶ τὴν βάσιν κτλ. (Z. 5ff.)

260 Grundlegend hier die Arbeit von Robert, Lucien en son temps, die das Verständnis der lukianischen Schrift auf ein völlig neues Niveau gehoben hat. Während zuvor sämtliche Auseinandersetzungen mit dem Text und seinem Gegenstand die polemisch-satirische Perspektive Lukians übernahmen oder – was als eine Konsequenz dieser Lesart zu betrachten ist – bestimmte Punkte seiner Schilderung als literarische Überzeichnungen abtaten, hat Robert als erster konsequent den Bericht des Autors durch die verfügbaren Realien beleuchtet, ohne die Gattungsgesetze, die der Schrift Lukians zugrundeliegen, zu verkennen. Zum folgenden bes. 405-414. Daß eine Beziehung des Stifters mit diesem Patronym zum Kult von Abonuteichos anzunehmen ist, wird auch schon bei Buresch, Klaros 10, angedeutet. Vgl. auch Sfameni-Gasparro, Alessandro di Abonutico 2, 281.

261 Jetzt bequem gesammelt bei M. Girone, Iamata: guarigioni miracolose di Asclepio in testi epigrafici. Con un contributo di Maria Totti-Gemünd, Pinakes 3, Bari 1998, und L.R. LiDonnici, The Epidaurian miracle inscriptions: text, translation and commentary, Soc. of Biblical Literature, Texts and Translations 36, Graeco-Roman Series 11, Atlanta 1995. Die klassische Sammlung hatte R. Herzog, Die Wunderheilungen von Epidauros, Philologus Suppl. 22,3, Leipzig 1931 unternommen. Eine gute Einführung in die Gattung dieser Heilungsberichte bei Guarducci, Epigrafia greca 4,143-166, die im Zusammenhang ihrer Arbeit an den kretischen Inschriften vor allem die

zeichnet ihr Sohn Glykon als seinen *»Vater«*, da die Ritualfiktion den Beischlaf des Gottes mit der unfruchtbaren Frau (typischerweise mittels Inkubation) annahm. Lukian wendet dies polemisch so, daß Alexander selbst die unfruchtbaren Klientinnen geschwängert habe, oft eben mit Erfolg,[262] aber tatsächliches Eintreten von Schwangerschaften muß man auch ohne solche Konstruktionen aufgrund der psychosomatischen Imponderabilien der Empfängnis nicht für unwahrscheinlich halten: In Wirklichkeit dürfte es sich wohl doch eher um Inkubation gehandelt haben.[263]

Auch der Name M(e)iletos[264] läßt sich mit der Verbindung seines Trägers zum Kult in Abonuteichos in Verbindung bringen. Nach Lukians Zeugnis[265] versuchte Alexander von Antoninus Pius die Umbenennung der Stadt Abonuteichos in Ionopolis zu erreichen, da er offenbar Ion als mythischen Vorfahr aller Ionier für seinen Kult beanspruchen wollte, um dessen überregionale Ausstrahlung zu erweitern. Milet wiederum, Metropolis zahlreicher Gründungen im Pontosbereich, war ionisches Gebiet.

Alexander war mit seiner Demarche erfolgreich, wie die Beischriften der Münzbilder der Stadt zeigen,[266] und die Berufung auf ionische Gründer in Abonuteichos-Ionopolis fügt sich gut zum Bestreben vieler kleinasiatischer Städte in der Kaiserzeit, sich auf mutterländischen griechischen Ursprung zurückzuführen.[267] Alexander selbst stammte obendrein aus Sinope,[268] einer milesischen Gründung.[269] Aus diesen Gründen kann man annehmen, daß der Priester Miletos von seiner Mutter diesen Namen erhielt, nachdem sie in Abonuteichos-Ionopolis von ihrer Unfruchtbarkeit Heilung erfahren hatte,[270] galt doch der eponyme Heros der Stadt Milet als

---

iamata des Asklepieions von Lebena auf Kreta in der Nähe von Gortyn untersucht hat (I miracoli di Asclepio a Lebena, Historia 8, 1934, 410-428). Siehe auch den Übersichtsartikel von M. Dorati und G. Guidorizzi, La letteratura incubatoria, in: O. Pecere/A. Stramaglia (Hg.), La letteratura di consumo nel mondo greco-latino: atti del convegno internazionale, Cassino, 14-17 settembre 1994, Cassino 1996, 343-371. Das *iama* aus Pergamon ist publiziert und eingehend kommentiert worden von H. Müller, Ein Heilungsbericht aus dem Asklepieion von Pergamon, Chiron 17 (1987) 193-233.

262 Alex. 42: πολλαὶ (sc. γυναῖκες) δὲ καὶ ηὔχουν τετοκέναι παρ' αὐτοῦ, καὶ οἱ ἄνδρες ἐπεμαρτύρουν ὅτι ἀληθῆ λέγουσιν.

263 Robert, Lucien en son temps 407.

264 Der Name ist nicht selten: Parallelen in Inschriften der hellenistischen und römischen Zeit stellt Robert ebd. 408 mit Anm. 61-64 zusammen.

265 Alex. 58.

266 Robert, Lucien en son temps 409 m. Anm. 74-76.

267 Ebd. 412-414.

268 Alex. 11.

269 Ehrhardt, Milet 55-58. In Sinope galten in der älteren Überlieferung zwar zwei thessalische Heroen, Autolykos und Phlogios, als Stadtgründer (Ps.-Skymn. 989-991), doch seit Xenophon (Anab. 6,1,15) spricht die Überlieferung konstant von einer milesischen Apoikie; Milesier hätten die Stadt nach dem Kimmerier-Einfall auch neu gegründet. Die inschriftlichen und archäologischen (Amphorenstempel) Zeugnisse weisen in dieselbe Richtung; man kennt in Sinope den typisch milesischen *aisymnetes*, und Apollon Delphinios und Ietros hatten hier Kulte.

ktistes pontischer Städte, die milesische Gründungen waren.[271] Dazu paßte dann auch sein Apollon-Priestertum, da Apollon Delphinios Hauptgott der milesischen Kolonien zu sein pflegte; so auch in Sinope.[272]

Es lohnt, noch einen Moment bei der Beziehung des Stifters zu Abonuteichos zu verweilen. Ein analoger Fall eines »Glykon-Sohnes«, der die Selbstbezeichnung des Meiletos noch anschaulicher einzuordnen hilft, liegt in dem Grabepigramm des Niketes aus Tieion vor,[273] einer kleinen Stadt an der Grenze von Paphlagonien und Bithynien: Νικήτης Γλύκωνος Τειανὸς ἰατρός, ἥρως ἐτῶν ιθ'.[274] Neben der Inschrift war eine Schlange aufgemalt, von der sich Reste erhalten haben,[275] was ebenso die Profession des Verstorbenen als Arzt wie seine Beziehung zum Orakelgott von

270 Robert, Lucien en son temps 412.

271 Ehrhardt, Milet 532 Anm. 17 (ausgehend von Miletuteichos, dem späteren Miletupolis, in der Propontis); L. Robert, REA 65 (1963) 315 Anm. 5 = OMS 3,1510; ders., Arbinas 41 = OMS 7,419 m. Anm. 116; ders., A travers l'Asie mineure 90.

272 Ehrhardt, Milet 57; Ch. P. Jones, A monument from Sinope, JHS 108 (1988) 193f. (dazu SEG 36,1168 bis).

273 I.Mus.Leyden 10 = SEG 18,519 = I.Smyrna (IK 23) 442 und I.Smyrna Bd. 2,2 (IK 24,2), S. 373 (der Text auch bei Robert, Hell. 11-12,233, in der Besprechung der Arbeit von Pleket). Die Inschrift ist in Leiden ohne Fundort nur mit der vagen Herkunftsangabe ›Kleinasien‹ inventarisiert. Pleket hat die Vermutung aufgestellt, der Stein stamme aus Smyrna, und G. Petzl hat ihn dann provisorisch in sein Corpus der Stadt aufgenommen. Jones, Glykon, hat nun aber wahrscheinlich gemacht, daß die Marmorplatte doch von einem Grabstein in Tieion selbst stammt. Daß das Ethnikon genannt wird, braucht in einer kaiserzeitlichen Inschrift kein Hindernis dafür darzustellen, daß der Stein in ebendiesem Ort aufgestellt gewesen ist, vgl. ebd. 108 mit Verweis auf Bull. ép. 1974, 330; 1976, 567. L. Robert hatte schon früh darauf aufmerksam gemacht, daß die Grabsteine von Tieion die Besonderheit aufweisen, daß in die Granitblöcke offenbar Marmortafeln eingelassen waren, auf denen die Epitaphe angebracht waren (Études anatoliennes 274 m. Anm. 3f.; eine solche Tafel, jedoch nicht *in situ*: ebd. 284 Anm. 8 mit Taf. 22,3; ders., Voyages dans l'Anatolie septentrionale, RevArch 1934, 88-94, h. 93 Abb. 5 [nicht in OMS aufgen.]). Bei dem Grabepigramm des Niketas könnte es sich ebenfalls um eine solche Grabtafel aus Tieion handeln. – Zur Stadt Tieion siehe W. Ruge, RE 6 A (1936) 856-862; Robert, Études anatoliennes 266-291; ders., A travers l'Asie mineure 176-190. Die Stadt zeigte, wie andere auch, Glykon auf ihren Münzen: ders., Lucien en son temps 399; A.V.B. Miron, Alexander von Abonuteichos: zur Geschichte des Orakels des Neos Asklepios Glykon, in: W. Leschhorn u.a. (Hg.), Hellas und der griechische Osten: Festschrift für Peter Robert Franke zum 70. Geburtstag, Saarbrücken 1996, 153-188, h. 164f. mit Taf. 7; Jones, Lucian 138. – Zur Interpretation noch Lane Fox, Pagans 720 Anm. 6.

274 Die Bezeichnung des Verstorbenen als ἥρως ist in den Grabinschriften der Kaiserzeit nicht ungewöhnlich; für die Städte der kleinasiatischen Westküste und die Ägäis umfassend untersucht bei Graf, Nordionische Kulte 128-135. Siehe Robert, Hell. 13,207 m. Anm. 3; dens., Trois oracles 581 = OMS 5,597 m. Anm. 4; s. Kap. 3, Anm. 277. Jones, Glykon 107 mit Anm. 3, weist darauf hin, daß nach einer in manchen dieser Texte erkennbaren Vorstellung der Tote, wie es für Heroenkulte – nach dem Modell des Götterkults – auch sonst typisch ist, in einem kommunikativen Verhältnis zu seinen lebenden Bezugspersonen steht, möglicherweise auch in ihre Lebenswelten eingreift. Ein markantes Beispiel hält etwa das sog. Testament des Epikrates aus Nakrason im lydisch-mysischen Grenzgebiet bereit. Der Text gehört vermutlich ins frühere 1. Jh. n. Chr. (Herrmann/Polatkan, Testament des Epikrates S. 22f.). Der Vater spricht über sein verstorbenes Kind, das ihm immer wieder erscheint: καὶ ὀνείροις καὶ σημείοις καὶ φαντάσμασιν αὐτοῦ μοι τοῦ ἥρωος ἐναργῶς πολλάκις ἐπιφοιτῶντος (das signifikante Verb für Visionen in Träumen: *»er*

Abonuteichos illustriert. Niketes ist also nur 19 Jahre alt geworden.[276] Niketes könnte zu den Jungmannschaften von Chören gehört haben, die im Heiligtum des Glykon in Abonuteichos als θεηκόλοι dienten,[277] oder hat möglicherweise als medizinischer Assistent im Inkubationsheiligtum gewirkt.[278]

Da in der historischen Realität das Glykon-Orakel nicht zuletzt als Heilkult sein Renommee erworben zu haben scheint, ist dies für den jungen Arzt, der mit der Vatersbezeichnung auch seinen handwerklichen Lehrer angäbe, durchaus eine plausible Annahme. Daß es in Tieion Kultanhänger des Glykon gab, berichtet Lukian selbst:[279] Er schildert eine Konsultation, die ein Mann aus der Stadt mit dem sprechenden – aber sicher nicht von Lukian erfundenen[280] – Namen Sacerdos mit Glykon in Form einer mehrfach hin- und hergehenden Wechselrede geführt habe.[281] Dieser Klient des Glykon habe das Protokoll dieser Konsultation *»in goldenen Buchstaben«*, also in einer Prunkinschrift, an seinem Haus angebracht.[282]

---

tritt heran«). Daher stiftet er einen großen *alsos* für die Grabanlage: ταῦτα πάντα ἀφώρισται καὶ ἀνεῖται καὶ συνκαθωσίωται τῷ μνημείῳ καὶ ἥρωι (31-36).

275 Jones, Glykon 107 m. Anm. 5.

276 Fälle von sehr jung verstorbenen Ärzten stellt Pleket zu I.Mus.Leyden 10 S. 27 Anm. 3 zusammen. Gerade sie werden oft als ἥρωες bezeichnet, Graf, Nordionische Kulte 131 mit reichem Belegmaterial in Anm. 78. Möglicherweise hat Niketes sich auch noch in seiner Ausbildung befunden; aber aus seinem jugendlichen Alter kann man das nicht zwingend schließen. Er wäre wohl in jedem Fall von seinen Angehörigen ἰατρός genannt worden. Ähnlich der Fall des Collega (Κολλήγας) σοφὸς ἰητρός aus dem pisidischen Antiochia, der im 20. Lebensjahr verstorben ist, MAMA 8,404: C.P. Jones, Phoenix 36 (1982) 269-271; R. Merkelbach/J. Stauber, Unsterbliche Kaiserpriester: drei Dokumente der heidnischen Reaktion, EpigrAnat 31 (1999) 157-164, h. 164 (es scheint aber ungewiß, ob dieses Epigramm tatsächlich in den religionsgeschichtlichen Zusammenhang gehört, in das es die Verf. stellen wollen; ἀρετῆς θάλος ἀθανατοῖο V. 2 muß nicht auf Verbindung mit einem Mysterienkult gehen, sondern kann auch bloß poetische Überhöhung in der laudatio sein). Der ἠΐθεος κοῦρος Epaphroditos aus Stratonikeia hat vielen Kranken geholfen (νοσέοντας ἔγειρας) und ist doch selber jung gestorben, Peek, GV 1934 = I.Stratonikeia 1202 = SGO 02/06/13 = McCabe, Stratonikeia (PHI # 7) 99.

277 Alex. 41: ταῖς γὰρ πόλεσι ταῖς Παφλαγονικαῖς καὶ ταῖς Ποντικαῖς ἐπήγγελλε θεηκόλους πέμπειν εἰς τριετίαν ὑμνήσοντας παρ' αὐτῷ τὸν θεόν κτλ. Auf den Gebrauch von θεηκόλος als an verschiedenen Orten belegte Amtsbezeichnung eines Kultfunktionärs hat L. Robert aufmerksam gemacht: Inscriptions de l'antiquité et du Bas-Empire à Corinthe, REG 79 (1966) 733-770, h. 745f. = OMS 6,551-588, h. 563f. (= Rez. von Corinth 8,3: J.H. Kent, The Inscriptions 1926-1950, Princeton 1966), mit Hinweis auf die Zusammenstellung von Belegen bei Ch. Michel, Théokolos, in: Ch. Daremberg/E. Saglio, Dictionnaire des antiquités grecques et romaines 5, Paris 1919, 206. Ursprünglich gehört der Titel offenbar zum Zeuskult in Olympia. Die Kinderchöre in Abonuteichos könnten ihrerseits ein Abbild der klarischen Praxis sein, Chöre aus den konsultierenden Städten aufzubieten; vgl. Sfameni-Gasparro, Alessandro di Abonutico 2, 291.

278 Vgl. Alex. 23: πολλοὺς ἤδη περὶ αὐτὸν ἔχων συνεργοὺς καὶ ὑπηρέτας κτλ. Robert, Lucien en son temps 419f. Anm. 137 zum bei Lukian § 60 genannten ἰατρός Pätus, der unter den Prätendenten für die Nachfolge des Prophetes Alexander auftrat, und zum sachlichen Hintergrund dieser Gestalt am Heiligtum von Abonuteichos.

279 Alex. 43.

280 Für Kleinasien hat Robert, Hell. 13,65-68, anläßlich einer neuen Lesung von MAMA 8, 260 (Perta in Lykaonien) die Belege versammelt.

Die Anrede der Gesandtschaft durch den Gott. Erstaunen und Unwillen Apollons gegenüber den Konsultanten. Der Gott erkundigt sich nach dem Anlaß der Befragung und versichert eine zuverlässige Auskunft.

Das Orakel für Troketta leitet die Anrede der Konsultanten einerseits mit einem geographischen Verweis auf ihre Heimat (οἳ νεμέθεσθε[283] Τρόκεττα πα[ρ]αὶ νιφόεντι Τυμώλῳ), andererseits mit der Nennung der in ihrer Stadt maßgeblich wichtigen Kulte ein. Diese Struktur findet sich ganz ähnlich im Orakel für Pergamon und im anschließend zu besprechenden Bescheid für Kallipolis wieder.[284] Bereits diese formalen Entsprechungen sind starke Hinweise auf die gemeinsame Herkunft der Texte aus Klaros in ungefähr demselben Zeitraum, da man hinter solchen Parallelen die Hand ein und desselben Orakeldichters vermuten mag.[285]

---

281 Zu diesem Dialog zwischen Konsultant und Gott vgl. Robert, Lucien en son temps 399 m. Anm. 20 mit weiterem Vergleichsmaterial, und die klassische Arbeit von A.D. Nock, A vision of Mandulis Aion, HThR 27 (1934) 53-104, h. 70f. = Essays 1,357-400, h. 370f., ausgehend von der Besprechung der ganz ähnlichen Anfrage eines Kultanhängers des Mandulis im nubischen Talmis, E. Bernand, Inscriptions métriques de l'Égypte gréco-romaine, Paris 1969, 577 Nr. 166, 3-5: σημῖά σού τινα λαμπρὰ θεάμενος ἐπενόησα καὶ ἐπολυπράγμοσα ἀσφαλῶς ἰδέναι θέλων εἰ σὺ ἶ ὁ ἥλιος. So lautet auch die eröffnende Frage des Sacerdos εἰπὲ γάρ μοι, ὦ δέσποτα Γλύκων, τίς εἶ; Diese Art Fragen nach Identität und Wesen der Gottheit sind dann charakteristisch für die sog. Theologischen Orakel, die wir aus Porphyrios und der Theosophie kennen. Man vergleiche etwa **Klaros 26** aus Theos. 13 Erbse = 1,2 Beatrice, von dem die letzten drei Verse in Oinonanda auf einem Stein gefunden worden sind (**Klaros 25**); das Lemma lautet: ὅτι Θεοφίλου τινὸς τοὔνομα τὸν Ἀπόλλωνα ἐρωτήσαντος· »σὺ εἶ θεὸς ἢ ἄλλος;«, ἔχρησεν οὕτως· κτλ. Ähnlich ein im Kern womöglich authentisches Orakel, das im 4. Jh. v. Chr. Serapis dem zypriotischen König Nikokreon von Salamis erteilt habe, bei Macrob. Sat. 1,20,16f.: *oratus a Nicocreonte Cypriorum rege, quis deorum haberetur, his versibus sollicitam religionem regis instruxit:* εἰμὶ θεὸς τοιόσδε μαθεῖν οἷόν κ' ἐγὼ εἴπω κτλ. – Robert, Lucien en son temps 403, bemerkt zum weiteren Verlauf der bei Lukian geschilderten Unterredung, die mit ihren sich versichernden Nachfragen an die Doppelorakel aus Didyma (**24**, **29**, **30/31**, s.o. Anm. 197) denken läßt: »Il est intéressant de voir le sentiment du consultant et son inquiétude«, insbesondere im Bezug auf seine Unsicherheit hinsichtlich der Stellung des Glykonorakels im Verhältnis zu den etablierten Apollonorakeln: τὰ δ' ἄλλα χρηστήρια, τὸ ἐν Διδύμοις καὶ τὸ ἐν Κλάρῳ καὶ τὸ ἐν Δελφοῖς, ἔτι σου τὸν προπάτορα ἔχει τὸν Ἀπόλλωνα χρησμῳδοῦντα ἢ ψευδεῖς εἰσιν οἱ νῦν ἐκπίπτοντες ἐκεῖ χρησμοί; »Des oracles inspirés par Apollon et de l'oracle de son descendant, ce dernier seul est-il ἀληθής, ἀψευδής et les autres ψευδεῖς, ou tous sont-ils encore inspirés?«, paraphrasiert Robert. Vgl. auch Miron (wie Anm. 273). – Siehe noch Sfameni-Gasparro, Alessandro di Abonutico 2, 294-297.

282 Robert, Lucien en son temps 399f. m. Anm. 17: »Le texte était gravé sur une paroi en marbre ou avec incrustations de marbre et les lettres, au lieu d'être peintes en rouge, l'étaient en or. C'est aussi une protection pour la maison que cette inscription.«

283 Diese Nebenform zu νέμω begegnet in der Bedeutung ›wohnen‹ allein hier. Das Medium kommt einmal in der *Ilias* vor, 11,635 von den »pickenden« Tauben auf dem Becher des Nestor; das Aktiv hat der ja aus Kolophon stammende und möglicherweise am Orakel als Orakeldichter tätige Nikander, Ther. 430.

284 Pergamon: **Klaros 2**,1ff. Τηλεφίδαις, οἳ Ζηνὶ πλέον Κρονίδηι βασιλῆϊ | ἐξ ἄλλων τιεσκόμενοι Τευθραντίδα γαῖαν | ναίουσιν καὶ Ζηνὸς ἐρισμαράγοιο γενέθλη κτλ. Oben S. 56-62. Kallipolis: **Klaros 9**,1 Ἀρφείης υἱῆϊ τεειμένον ἱερὸ[ν ἄστυ].

Hauptgötter von Kaisareia sind demnach offenbar Dionysos – der hier Βρόμιος genannt wird, *»der mit einem Rauschen kommende Gott«* – und, typisch für das innere Kleinasien, Zeus. Dionysos war in Lydien und da besonders im Tmolos-Gebiet eine wichtige Gottheit, wie schon die literarischen Zeugnisse klassischer Zeit wissen,[286] und auch für Zeus liegt eine alte Überlieferung über seine Geburt auf dem Tmolos in den Κορινθιακά des Eumelos vor, die wohl noch ins 8. Jh. v. Chr. gehören. Auf dem Kamm des Tmolos gebe es einen Ort, der *»früher«* die Bezeichnung Γοναὶ Διός Ὑετίου getragen habe, der Name des Heiligtums sei zur Zeit des Autors aber *»durch Veränderung, Verfälschung des Ausdrucks«* zu Δεύσιον entstellt worden.[287] Bei diesen lokalen Kulttraditionen ist an die schon besprochene Mythenvariante der Geburt des Zeus auf der Akropolis von Pergamon zu denken.[288]

Auch in den folgenden Versen (3-5) läßt sich eine auch aus anderen Orakeltexten bekannte Art der Eröffnung der Orakelantwort erkennen. In verschiedenen Fällen zeigt sich der orakelgebende Gott unwillig über die

---

285 Genausogut könnte es sich aber auch um Lokaltradition am Heiligtum handeln, die von den Funktionären untereinander weitergegeben wurde. Die Gemeinsamkeiten erstrecken sich auch auf die »die ihr ... wohnt«-Formel sowie die Nennung der Hauptgötter der Stadt in mythologisierender Form; in Kaisareia wird diese allerdings im Unterschied zu Pergamon nicht ausgebaut, sondern es heißt mehr im Vorübergehen: Βρομίῳ καὶ ὑπερμενέι Κρονίωνι. In allen drei Texten geschieht die Erwähnung der Hauptgötter der Polis bzw. der durch das Orakel begünstigten lokalen Götter in einer Formel mit dem Verb τίω. Vgl. dazu auch das klarische Orakel für Ailios Aristeides, **Klaros 21** = Or. 49 [Or. Sacr. 3], 12 Keil, V. 2f. Ἀσκληπιός, πόλισμα Τηλέφου κλυτὸν τιμῶν und, sehr ähnlich, Isyll. 5,5 Ἀσκληπιὸς ... τιμῶν Ἡρακλέος γενεάν. Weitere Beispiele für solche Eingangsformeln in Orakeln Paus. 9,18,5; 8,42,6; Dem. Mid. 60.

286 Eur. Bacch. 55f. (der Gott spricht zu seinen Kultdienerinnen) ἀλλ', ὦ λιποῦσαι Τμῶλον, ἔρυμα Λυδίας, θίασος ἐμός; Das Chorlied dieser Kultdienerinnen setzt ein ebd. 65 Ἀσίας ἀπὸ γαίας ἱερὸν Τμῶλον ἀμείψασα θοάζω Βρομίῳ πόνον ἀδύν; und Dionysos nennt als seinen Geburtsort ebd. 462 *»den lydischen Tmolos«*. In H.Orph. 48,4f. wird die Geburt des Dionysos in Lydien auf dem Tmolos situiert: Zeus, Φρυγίης μεδέων (also Lydien), habe den Dionysos in seinem Schenkel eingenäht getragen, ὅπως τετελεσμένος ἔλθοι Τμῶλον ἐς ἠγάθεον zur Amme Hipta, der wiederum H. Orph. 49 gilt, ebenfalls mit Nennung des Tmolos V. 5f. Vgl. zur historischen Geographie, die hinter diesen Anrufungen zu erkennen ist, A.-F. Morand, Études sur les hymnes orphiques, RGRW 143, Leiden 2001, 174-181. – Arr. Anab. 5,1,2 nennt konkurrierende Varianten für die Herkunft des *»thebanischen Dionysos«*, nämlich aus Theben oder aber vom Tmolos. Zeus und Dionyos (der auch dort Βρόμιος genannt wird) in der lydischen Kapitale Sardeis dokumentiert Anth.Pal. 9,645,3-6.

287 Eumelos fr. 18 Bernabé (Poetae epici Graeci 1,114) = Joh. Lyd. Mens. 4,71 p. 123,14 Wünsch (dazu Buresch, Klaros 17; M. Untersteiner, Scritti minori: studi de letteratura e filosofia greca, Brescia 1971, 179): ἔτι γὰρ καὶ νῦν πρὸς τῷ δυτικῷ τῆς Σαρδιανῶν πόλεως μέρει ἐπ' ἀκρωρείας τοῦ Τμώλου τόπος ἐστίν, ὃς πάλαι μὲν Γοναὶ Διὸς Ὑετίου, νῦν δὲ παρατραπείης τῷ χρόνῳ τῆς λέξεως Δεύσιον προσαγορεύεται. Bei der ebenfalls überlieferten Lesart Δευσίου wäre die Epiklese des Gottes bezeichnet. Zu Δεύσιον bzw. Δεύσιος siehe H. Schwabl, Zeus, RE 10 A (1972) 297; Cook, Zeus 2,2,957 Anm. 2. Zur Verbindung des Zeus mit Regen Cook ebd. 3,1,319-338. Kulte des Zeus Ὑέτιος gab es an verschiedenen Orten, so auch in Didyma, wo er mit dem Fest der Βοήγια verbunden war und im *temenos* des Zeus Soter wohnte: ebd. 561-570; Fontenrose, Didyma 141f. m. Anm. 35.

288 **Klaros 2**,7-9: oben S. 60f.

Anfrage,[289] und wenn Apollon hier sich überrascht über das Erscheinen der – immerhin ja weitgereisten – Konsultanten gibt[290] und Unwissenheit über ihr Anliegen vorschützt, muß man darin eine Variation dieses Motivs der Ungehaltenheit des Gottes gegenüber seinen Klienten, die ihn »stören«, sehen: *»Was nähert ihr euch voller Staunen der Schwelle meines Tempels mit dem Wunsche, die Wahrheit zu hören?«* (V. 3).[291] Darauf folgt die Ankündigung einer wahrheitsgemäßen Auskunft, wie wir sie in zahlreichen anderen Bescheiden ebenfalls lesen (φάτιν πανατρεκῆ βοήσω V. 5).

289 Einige weitere Beispiele für Erstaunen oder Unwilligkeit der Gottheit über das Erscheinen der Konsultanten sowie die Frage des Gottes nach dem Anliegen, welche durchweg einem ähnlichen sprachlichen Muster folgen: Die Auskunft für Menelaos und Paris, die noch vor der Entführung der Helena ein Orakel konsultieren, Σ (A) Hom. Il. 5,64 (= PW 406): τίπτε δύω βασιλῆες ... οὐ καθ' ὁμὰ φρονέοντες ἐμὸν ποτὶ νηὸν ἔβητε κτλ. (Buresch, Klaros 19, gibt den Text nach den Didymos-Scholien, wie ihn auch Eustathius kannte: οὐκέθ' ὁμοφρονέοντες ἐμὸν δόμον εἰσανέβητε). – Im Roman des Xenophon von Ephesos (1,6) wird ein Orakel erzählt, das angeblich in Klaros erteilt worden sei (**App12**): τίπτε ποθεῖτε μαθεῖν νούσου τέλος ἠδὲ καὶ ἀρχήν; – In einem keiner Gottheit näher zugeschriebenen Orakel bei Porph. Philos. ex orac. 350 F 8 Smith (= Eus. PE 5,9,2) heißt es τίπ' ἐπιδευόμενοι δηρὸν βροτὸν αἰκίζεσθε (*»behandelt schlecht, quält, belästigt«*; βροτόν: »deum tanquam mortalem: nam quasi homo est, quum intra hominis corpus inclusus sit« Wolff ed. Porph. Philos. ex orac. p. 162 Anm. 4 mit Verweis auf 350 F 12 Smith παύεο δή, περίφρων, ὀάρων, ἀνάπαυε δὲ φῶτα und F 29 ἄρατε φῶτα γαίηθεν ἀναστήσαντες, ἑταῖροι). – Ebd. 347 F 28 Smith (= Eus. PE 5,8,6) ein Orakel der Hekate: τίπτε δ' ἀεὶ θείοντος ἀπ' αἰθέρος (θέω ›scheinen‹) ὧδε χατίζων (›wessen bedürftig, was brauchend‹) θειοδάμοις Ἑκάτην με θεὴν ἐκάλεσσας ἀνάγκαις; – Eusebios und ebenso seine Vorlage Porphyrios haben solche Stellen bereits systematisch unter der Thematik ›Zwingen/Lösen‹ bzw. ›Herbeieilen‹ der Götter zusammengenommen; Eusebios etwa nimmt sie als Beleg dafür, ὅτι μὲν ἀναγκάζονται: ἱκανὰ καὶ ταῦτα παραστῆσαι. ὅτι δὲ καὶ ἀξιοῦσιν ἀπολυθῆναι ὡς οὐκ ἐπ' αὐτοῖς τῆς ἀναχωρήσεως κειμένης, μάθοις ἂν ἐκ τούτων· κτλ. Und er übernimmt die folgende Liste aus Porphyrios, der sie mit den Worten einleitet: ὅτι σπεύδουσιν ἀναχωρεῖν οἱ κληθέντες θεοί, δηλώσει τὰ τοιαῦτα. Wir bewegen uns also in den Bahnen der spätantiken Religionsantiquare paganer und christlicher Partei und schreiben ihre Klassifikationsmuster fort, wenn auch wir diese Motive aussondern und sammeln. S. auch hiern. Anm. 384. – Merkelbach/Stauber (zu **Klaros 9**,3) erinnern daran, daß Götter auch sonst Menschen beschimpfen, mit denen sie in Kontakt geraten, vor allem den göttlich inspirierten Dichter, so die Musen den Hesiod in Th. 26, Aletheia oder Dike den Epimenides (FGrHist 457 F 2 = 3 B 1 Diels/Kranz mit Max. Tyr. 10,1; vgl. Diog.L. 8,3; 1,109; Plut. Mor. 784A).

290 Vgl. das Orakel für Kallipolis, **Klaros 9**,3f. τίπτε πέρας πό[ντου κτλ.: hiern. S. 164f. m. Anm. 362.

291 προσοιμεῖσθαι ist neu und gehört zu οἶμος ›Weg, Straße‹ (so LSJ) oder zu οἰμάω ›sich (herab)stürzen, schweben über‹ (etwa vom Raubvogel gesagt). »Kaum zu οἰμώζω« (›klagen, jammern‹), fügen Merkelbach/Stauber ad loc. hinzu. – *»Mit dem Wunsche«*, ἐελμένοι: = ἐελ(δ)μένοι = ἐελδόμενοι: ἐέλδομαι ist epische Variante zu ἔλδομαι, ›wünschen, begehren‹. – Schwieriger ist der Rest des V. 4, νημερτίην ἐς οὐάδας πελάζειν. Zwei Deutungen konkurrieren: zum einen die Auffassung von οὐάδας als Akk. Pl. einer fem. Nebenform οὐάς, άδος zu οὖς, ὠτός (Merkelbach/Stauber nach einem Hinweis von Blümel), ›zu Ohren gelangen‹. Es gibt immerhin τὸ οὖας bei Simonides (PMG 543,20), wovon auch die homerischen Formen οὔατος, οὔατα, οὔασι gebildet zu sein scheinen. Zum anderen dachte Buresch an eine zerdehnte Form zu οὖδας ›Boden‹. Wohl kaum zu οὐδός ›Schwelle‹, das sonst in Orakeln und von Heiligtümern nicht selten gebraucht ist (Hom. Il. 9,404; Od. 8,80; Ael. Var. Hist. 3,43). Buresch ändert νημερτίην dann in νημερτίης und versteht *»auf den Grund/Boden der Wahrheit zu gelangen, der Wahrheit auf den Grund zu kommen«*.

Unter den hier eingehender diskutierten Orakeltexten findet sich die Haltung des erstaunten Unwillens – neben dem Eingang des Orakels aus Kallipolis – auch im Orakel aus Didyma über die Wahl der Priesterin der Athena Polias in Milet, wenn Apollon die Stadt tadelt, daß sie sich mit dem Problem – ob man das Amt der Athenapriesterin auch mit einer verheirateten bzw. verwitweten Kandidatin besetzen dürfe – nicht früher an ihn gewandt habe: ὀψὲ μὲν, ὦ ναέται, ζακόρου πέρι κρατογενείης | ὀμφῆς μαντιπόλοιο θεοκλυτέοντες ἵκεσθε.[292] Merkelbach/Stauber versuchen eine psychopathologische Erklärung dieser Stellen im Zusammenhang der mantischen Ekstase,[293] aber so sehr die Aufmerksamkeit auf ›Realien‹, die in diesen kultischen Texten erwähnt oder angespielt sind, grundsätzlich begrüßenswert ist, bildet in diesem Fall der topische Charakter des Motivs doch eine wesentliche Komponente: Es ist gerade bei den Orakeln auch mit einem textsortenabhängigen Stil und stereotypen Bauelementen zu rechnen, wie sich im Verlaufe der Untersuchung bereits mehrfach gezeigt hat – dies beginnt bereits bei der episierend-archaisierenden Sprache und ihren entlegenen Wendungen.

Eine apokalyptische Schreckensvision in einprägsamen Bildern: Wie der unentrinnbare loimos *in der Ebene von Troketta mit dem Racheschwert die Menschen dahinrafft. Analyse der ekphrastischen Bildsprache.*

Auf die Elemente ›Anrede der Konsultanten mit Erwähnung ihres Herkunftsorts und seiner Hauptkulte‹ (V. 1-2), ›Erkundigung nach dem Anliegen der Konsultanten‹ (V. 3-4) und ›Zusicherung einer zuverlässigen Auskunft‹ (V. 5) schließt sich im Orakel aus Troketta eine höchst imaginative, schonungslose Ausmalung der Schrecken der Seuche an, die über die Ratsuchenden gekommen ist (V. 6-13). Eine ähnlich ausführliche, ekphrastische Beschreibung des Wütens der Epidemie im Stile einer apokalyptischen Schreckensvision hat auch am Beginn des Orakels für Kallipolis gestanden, ist dort aber nur noch in Bruchstücken erhalten.[294] Die augenscheinliche Ähnlichkeit beider Texte in diesem Punkt hat zu der Vermutung Anlaß gegeben, sie gingen auf denselben Verfasser zurück.[295] Der λοιμός wird personalisiert: Das übermächtige Leiden *»fällt die Ebene an«*

292 **Didyma 25**,1f. Diese Inschrift wird ausführlich besprochen in Kap. 3.1.

293 Zu **Klaros 9**,3. Sie übernehmen dabei Gedanken und Formulierungen von J. Krauss in seiner Publikation dieses Orakels in I.Sestos (IK 19) 11, S. 77f.: »Der Orakel gebende Priester muß sich in eine exaltierte Stimmung versetzen und dabei versuchen zu ermitteln, was für den Orakelsuchenden das Richtige sein könnte. Dies bedeutet zweifellos eine große Anstrengung, auch körperlich, und ist fast eine Zumutung, so daß die Entrüstung des Priesters sehr wohl begründet ist. Es handelt sich also nicht um ein ›Motiv‹, sondern um (psychische) Realität.«

294 **Klaros 9**,9ff.: φεῦ, φεῦ ... ἄχους ἐφορμαίνοντ[ο]ς ... βρότοις ἔπεισι πῆμ[α. Ebd. in V. 13-16 ist offenbar gleichfalls das Wüten der Seuche bildlich ausgemalt.

wie ein Raubtier.[296] Die *»unentrinnbare Seuche«*[297] ist in diesem Bild ein Dämon, der in der einen Hand ein *»Racheschwert«* (ποιναῖον ἄορ V. 8) hält,[298] in der anderen die *»gar schmerzlichen Bilder* (εἴδωλα) *gerade getöteter sterblicher Menschen«*, νεουτάτων ἴδωλα δυσπενθῆ βροτῶν V. 9.

Die Bezeichnung der Getöteten als εἴδωλα könnte zunächst überraschen. Man denkt unwillkürlich an die εἴδωλα καμόντων der homerischen Jenseitsvorstellung, was Buresch von sich weisen wollte, jedoch ohne triftigen Grund. Die »zu Zerrbildern entstellten Leichen«[299] können in der homerisierenden Sprache und Vorstellungswelt des Orakels den »Schattenbildern«, die für Homer den Hades bevölkern, angeglichen worden sein. Daß die εἴδωλα bei Homer längst schon Verstorbene sind, die nun ein zeitloses Dasein als Schattengestalten in der Gegenwelt verbringen, während hier ausdrücklich von den *»soeben erst tödlich Getroffenen«* (νεουτάτων[300]) gesprochen wird, stellt dafür kein Hindernis dar.[301]

Dafür, daß εἴδωλα ›Leichen, tote Körper‹ bezeichnen können, hat Buresch auf eine Stelle in den *Moralia* Plutarchs hingewiesen, wo in vegetaristischer Tendenz mit rhetorischer Überhöhung und in Anlehnung an die Form einer Kulturentstehungslehre vom Beginn des Fleischgenusses bei

---

295 Merkelbach/Stauber ad loc. Weitere sprachliche Übereinstimmungen scheinen diese Annahme in der Tat zu stützen, vgl. hiern. Anm. 297.

296 προσθρῴσκει V. 6.

297 λοιμός δυσεξάλυκτος V. 7: zu ἀλύσκω ›fliehen, meiden‹. Das Adjektiv findet sich nur noch bei Hesych, δυσεξάλυκτα· δυσέκφευκτα. Wieder (vgl. o. Anm. 283) liefert Nikander von Kolophon einen Beleg: Alexiph. 251. 533 kommt δυσάλυκτος vor. – Der Dichter des Orakels aus Kaisareia Troketta hat Gefallen an der Wortgruppe gehabt, im weiteren heißt es V. 20 nochmals τῶνδ' ὑπά[λ]υξιν, und wiederum ist auch im Orakel für Kallipolis von ἄχους ὑπεξάλυξιν die Rede (**Klaros 9**,21).

298 Zu ποιναῖον ἄορ vgl. Porph. Philos. ex orac. 320 F 17 Smith (= Eus. PE 5,14,2) aus einem Orakel des Pan: ξίφος τὸ ποίνιμον (wächserne Statuette der Hekate mit Fackel, Schwert und Peitsche, wohl in einem magischen Ritual zur Dämonenabwehr; vgl. u. S. 201f. m. Anm. 470 zu **Klaros 11**,6-9). – In der spätantiken Sammlung von Liebesbriefen, die unter dem Namen des Aristainetos überliefert ist, mahnt Akontios seine Geliebte Kydippe, nicht meineidig zu werden, μηδὲ Ἄρτεμις ἐπί σε ποιναῖον βέλος ἀφῇ καὶ ἀνέλῃ (1,10 p. 23,62f. Mazal). In dieser Passage lehnt sich der Autor eng an die Elegie von Akontios und Kydippe im dritten Buch der *Aitia* des Kallimachos an; auch wenn für diese Formulierung – anders als für die Stellen unmittelbar zuvor und danach – kein unabhängiger Zeuge vorhanden ist, dürfte sie auf den Wortlaut des Alexandriners zurückgehen (vgl. Pfeiffer ad fr. 74 in app.). – Buresch, Klaros 21, verweist noch auf den Begriff des *gladius ultor* in den kaiserzeitlichen römischen Rechtskodifikationen (etwa Cod. Iust. 9,18,5).

299 So paraphrasieren Merkelbach/Stauber ad loc., die dann aber bloß mit *»Leichen«* übersetzen.

300 Ein homerisches Wort (Il. 13,539; 18,536, zitiert im *Scutum* 157), zu οὐτα[ζ]ω ›schlagen, treffen, verwunden‹. Der Autor dieses Orakels hat den Stamm gleich nochmals verwendet, V. 25 ἀνούτητοί γε φῶτες.

301 Bureschs Absetzung gegen die homerische Vorstellung ist nicht recht nachvollziehbar: »Es sind nicht die εἴδωλα καμόντων oder *larvae* gemeint, denn es handelt sich nicht um Schattenbilder, sondern um jüngst entseelte Körper« (21). Das ist für die Sprache des Orakels aber eine zu feine Differenzierung: Auch die eben verstorbenen Opfer der Seuche konnten als εἴδωλα be-

den Menschen der Vorzeit gehandelt wird:[302] Diese hätten *»mit ihren Lippen das Fleisch toter Lebewesen berührt und,* νεκρῶν σωμάτων καὶ εἰδώλων προθέμενοι τραπέζας, *Speise genannt, was noch kurz zuvor geschrien und Laute von sich gegeben und sich bewegt und Augenlicht gehabt habe«.* Hier könnten die νεκρὰ σωμάτα durch die εἴδωλα expliziert werden. Allerdings ist die handschriftliche Tradition an dieser Stelle angezweifelt und zu ἑώλων *»vom gestrigen Tag, nicht mehr frisch, schon verdorben«* emendiert worden,[303] ein Ausdruck, der typischerweise von Lebensmitteln gebräuchlich ist.

Die drastischen Bilder, die die Wirkungen der Epidemie beschreiben, werden in den nächsten Versen fortgeführt (10-13): Der Seuchendämon *»zermürbt den aufgeworfenen Boden,*[304] *er mäht dahin, was jung gewachsen ist – jeder Sproß geht zugrunde –, er setzt all seine Macht daran,*[305] *unterschiedslos die Männer zugrundezurichten – solche Übel, wie wir sie hier vor uns sehen,*[306] *ersinnt er«.*

Offensichtlich ist, daß hier absichtsvoll Bilder des Feldbaus mit der Sphäre menschlichen Leidens assoziiert werden, während wir uns natürlich auch die realen Folgen der Katastrophe auf beiden Ebenen vorstellen können: Der Verlust an Menschenleben und die seuchenhygienischen

---

zeichnet werden. Buresch verzichtet auf eine eigene Wiedergabe: »εἴδωλον in einer eigentümlichen Bedeutung, auf deren Übersetzung man verzichten muß« (ebd.), so daß seine eigene Auffassung unscharf bleibt.

302 De esu carn. 1,1, 993B. Zu den beiden *logoi* Plutarchs, die unter diesem Titel überliefert sind, siehe K. Ziegler, Plutarchos, RE 21 (1951) 732-735.

303 Durch E. Bruhn, Plutarchea, in: Genethliacon Gottingense: Miscellanea philologica in honorem Seminarii regii philologici Gottingensis scripserunt philologi Gottingenses XXIV, Halle/S. 1888, 7; übernommen in der Teubneriana durch Hubert (6,1 p. 94,5), wo die Emendation fälschlich erst Herwerden (Mnemosyne 37, 1909) zugeschrieben wird.

304 τρύει ist ganz ähnlich bereits im Orakel für Pergamon, **Klaros 2**,11 verwendet: ὡς μὴ δηρὸν ὑπ' ἀργαλέῃ τρύοιτό γε νούσωι | Αἰακίδης λαός. – δάπεδον ἐνπολεύμενον: Das Kompositum nur hier, es gehört zu πολέω ›hin- und herbewegen, umwenden‹ (sc. die Erde mit dem Pflug), ἐνπολεύμενον also ›gepflügt, (frisch) aufgeworfen‹. Auch dies ist einmal konkret – die für die Aussaat frisch gepflügten Äcker –, dann metaphorisch von der gewaltsamen Auflösung der Generationen zu verstehen. Gleiches gilt für V. 11 φύρδην ›durcheinandergeworfen, aufgewühlt, in Aufruhr und Unordnung‹. – Buresch wollte in ἐνπολεύμενον einen Ionismus zu ἐμπολέω ›handeln, verkaufen‹ sehen und verband dies mit seiner Lesung Ἄ(ι)δαι in der nächsten Zeile, *»der Totenwelt übereignet«*; aber seit der Revision des Steines durch Keil und von Premerstein wird dort ἀμᾶι gelesen.

305 ἐκβιάζεται *»er müht sich mit aller Anstrengung, setzt gewaltsam ins Werk«:* Das Wort wird sonst nicht in dieser Weise verwendet; gewöhnlich heißt es ›(mit Gewalt) vertreiben, verdrängen‹ und dann allgemeiner ›drängen, antreiben‹.

306 καὶ τὰν ποσίν μὲν μήδεται [κακά]: Die Ergänzung ist durch verschiedene Tragikerstellen nahegelegt, Soph. Ant. 1327 (Chor) βράχιστα γὰρ κράτιστα τὰν ποσὶν κακά; Eur. Andr. 397 ἀτὰρ τί ταῦτ' ὀδύρομαι, τὰ δ' ἐν ποσὶν | οὐκ ἐξικμάζω καὶ λογίζομαι κακά; (die Verse werden aber von den Herausgebern angezweifelt); Eur. Alc. 739 (Admetos) τοὐν ποσὶν γὰρ οἰστέον κακόν. Vgl. auch die Wendung Platons, Theaet. 174 A τὰ ἔμπροσθεν αὐτοῦ καὶ παρὰ πόδας; ebd. C περὶ τῶν παρὰ πόδας καὶ τῶν ἐν ὀφθαλμοῖς. Ähnlich dann Luc. Cal. 1 τὸ πλησίον καὶ παρὰ πόδας.

Probleme der hohen Mortalität sind ohne Zweifel mit entsprechenden Notlagen in der Lebensmittelversorgung einhergegangen, und die Felder werden ebenso von der Infektion in Mitleidenschaft gezogen worden sein wie aufgrund des Mangels an Arbeitskräften brachgelegen haben.

Die drastische Metaphorik ist in ihrer doppelten Beziehung besonders in V. 11 mit ἀμᾶι νεογνόν augenfällig,[307] was sowohl von sterbenden Kindern und Säuglingen als auch von der Zerstörung der Felder und Mißernte verstanden werden kann. Ebenso zweideutig ist die folgende Phrase, *»jeglicher Wuchs geht zugrunde«*, πᾶσα δ' ὄλλυται φύτλη. Auf eine Mißernte wird dann auch ex negativo, als Vorausschau wiedergewonnener Lebensordnung, im Weisungsteil V. 26 angespielt: ἐκ παλινβίων ὀφελμῶν *»aus wiederauflebendem Ertrag«* sollen Dankopfer entrichtet werden. Der Nähe dieser Passage – zusammen mit ihrem Schwesterstück im Orakel für Kallipolis – zu apokalyptischen Visionen müßte noch näher nachgegangen werden.[308]

Mit diesen Versen bricht die Schilderung der Schrecken der Epidemie ab; wieviele Verse nun fehlen, läßt sich nicht sagen.[309]

---

307 Die Vorstellung vom »dahinmähenden« Tod findet sich bereits im sophokleischen *Troilos*, 625 TrGF = Hesych. s.v. ἀμάσεται· ἀπὸ τῆς ἀμήσεως οἱονεὶ σφάξει. Das Wort wird dann zweimal in diesem Sinn von Apollonios von Rhodos benutzt, 3,1187 von Ares, der die Gefährten des Kadmos getötet hat (Ἄρεος ἀμώοντος ὅσοι ὑπὸ δουρὶ λίποντο), und 1381f. von Jason, als er in seiner Aristie die γηγενεῖς dahinmetzelt: γυμνὸν δ' ἐκ κολεοῖο φέρεν ξίφος· οὗτα δὲ (siehe νεουτάτων in **Klaros 8**,9 und ἀνούτητοι 25, oben Anm. 300) | ἀμώων. Apollonios baut das Motiv sodann in ein homerisches Gleichnis aus (1386-1391), bei dem man ebenfalls Anklänge an die Bildsprache der V. 7-12 des Orakels finden kann: *»Wie wenn ein Krieg zwischen Nachbarn* (ἀγχούροις, zu ἄγχι und ion. οὖρος für ὅρος) *ausgebrochen ist und der Bauer voll Furcht, daß sie ihm die Felder vorher abmähen, mit den Händen die wohlgebogene, frischgeschärfte Sense ergreift und die noch unreifen Ähren eilig abmäht und nicht bis zur Erntezeit wartet, um sie von den Strahlen der Sonne reifen zu lassen: So schnitt Jason das Gewächs der Erdgeborenen«* (ὡς δ' ὁπότ' ἀγχούροισιν ἐγειρομένου πολέμοιο | δείσας γειομόρος μὴ οἱ προτάμωνται ἀρούρας, | ἅρπην εὐκαμπῆ νεοθηγέα χερσὶ μεμαρπώς | ὠμὸν ἐπισπεύδων κείρει στάχυν, οὐδὲ βολῇσιν | μίμνει ἐς ὡραίην τερσήμεναι ἠελίοιο· | ὡς ὅγε (Ms. τότε) γηγενέων κεῖρεν στάχυν; Übersetzung in Anlehnung an R. Glei/St. Natzel-Glei, Apollonios von Rhodos: Das Argonautenepos, Bd. 2, Darmstadt 1996).

308 Buresch, Klaros 23, zieht den Linos-Mythos, den Paus. 1,43,7f. erzählt, heran: Apollon schickt den Argivern die Ποινή, die Pausanias rationalisierend als νόσος λοιμώδης qualifiziert, ταύτην τοὺς παῖδας ἀπὸ τῶν μητέρων φασὶν ἁρπάζειν κτλ. Ähnlich bildhaft wie die Schilderung im Orakel ist dann auch die breit ausgeführte Erzählung bei Stat. Theb. 1,599-640 von dem Dämon, den Apollon sendet, um seine Geliebte Psamathe zu rächen, und seiner Überwindung durch Koroibos. Man lese etwa V. 601ff.: *haec tam dira Lues nocturno squalida passu* | *illabi thalamis animasque a stirpe recentes* | *abripere altricum gremiis morsuque cruento* | *devesci* ... 608-611 *illa novos ibat populata penates* | *portarum in bivio: lateri duo corpora parvum* | *dependent, et iam unca manus vitalibus haeret* | *ferratique ungues tenero sub corde tepescunt.*

309 Die eine Lücke von genau sechs fehlenden Versen suggerierende Zählung bei Merkelbach/Stauber ist willkürlich angesetzt, da wir nicht wissen, wie groß der Stein noch gewesen ist; die Herausgeber sprechen im Komm. denn auch von einer Lücke ungewisser Größe.

Der Weisungsteil: Formale Struktur und Platz im Gesamtgefüge des Textes. Reinigungsritual mit Schwefel und Wasser. Dankopfer in Klaros. Aufstellung einer Statue des klarischen Apollon vor der Stadt. Rückbezug auf die Verheerungen der Seuche.

Auf der Rückseite des Steins folgen zunächst Anapäste, dann Trochäen auf die Iamben, die das bestimmende Metrum des ersten Teils des Orakels waren. Der Text setzt offenbar genau beim Übergang zum Weisungsteil ein, wie die einleitende Partikel ἀτάρ in V. 20 zeigt. Von diesem Teil, der den eigentlichen Orakelbescheid enthält, scheint am Anfang somit nichts verloren zu sein.

Die V. 20-21 bilden eine eigentliche Überleitungsformel mit der Wendung des sprechenden Orakelgottes an die Konsultanten, nachdem die Anredesituation der ersten Verse, die die Konsultanten mit Bezug auf ihren Herkunftsort begrüßten und nach ihrem Anliegen fragten, durch die narrativ gehaltene Schilderung der Wirkungen der Epidemie bereits fernergerückt ist. Der Grund ihres Kommens und ihr Wunsch werden nochmals zusammengefaßt, »*eifrig darauf bedacht, eine Rettung* (ὑπάλυξιν) *aus dieser Lage nach der Satzung zu erblicken, die ihr so sehr darauf sinnt,*[310] *euch meiner Hilfe zu nähern*«.

Hieran schließen sich übergangslos in einer Infinitivkonstruktion die rituellen Bestimmungen an; man muß also ergänzen: »*die ihr Hilfe in dieser Angelegenheit sucht und euch dafür an mich wendet, [euch rate ich folgendes]*«. Diese Übergangsverse nehmen den Anfang des Orakels wieder auf, wo es ja bereits geheißen hatte: »*Ihr nähert euch der Schwelle meines Tempels mit dem Wunsche, daß euch die Wahrheit zu Ohren komme*«. Wieder besteht eine enge Parallele zum Orakel für Kallipolis bis in die Verwendung derselben Ausdrücke.[312]

Die zentrale rituelle Weisung, die Apollon erteilt, besteht in einer Besprengung der Häuser der Stadt mit geschwefeltem Wasser, das aus »*sieben Quellen*« zu schöpfen ist: »*Aus sieben Brunnen sollt ihr einen reinen Trank zu bereiten versuchen, / den ihr zuvor schwefeln müßt, um ihn dann eifrig zu schöpfen / und sogleich mit den Wassern, den ersehn-*

310 μερμ‹ηρ›αίρετ(ε) emendieren *metri causa* Merkelbach/Stauber. Die konjizierte Form, die eine Nebenform zu μερμηρίζω (c. inf.) ›planen, beabsichtigen‹ (zu μέριμνα ›Gedanke, Sorge‹) sein soll, wäre freilich ein *hapax*. Gegen diese Konjektur und für die Ergänzung ‹ἐπ›αρωγήν durch Keil/v. Premerstein spricht, daß einfaches μερμαίρω überliefert ist, Suid. s.v.: = μερμηρίζω.

311 V. 21 εἰς ἐπ' ἐμὴν πελάειν … ἀρωγήν schließt an V. 4 ἐελμένοι νημερτίην ἐς οὐάδας πελάζειν an.

312 **Klaros 9**,21: εἰ δή νύ περ μήδεσθε ἄχους λεύσειν ὑπεξάλυξιν, worauf gleichfalls übergangslos die rituellen Bestimmungen in aneinandergereihten Infinitiven folgen (V. 22-26). ὑπεξάλυξιν wiederholt ὑπάλυξιν aus **Klaros 8**,20, μήδεσθε gesellt sich zu μήδεται [κακά] in **Klaros 8**,13 – dort freilich mit dem Seuchendämon als Subjekt –, und ἄχους ist aus der Beschreibung der Auswirkungen der Katastrophe zu Beginn des Kallipolis-Orakels selbst wiederaufgenommen, **Klaros 9**,10 ἄχους ἐφορμαίνοντ[ο]ς.

ten, die Häuser besprengen« (V. 22-24). In dieser praktischen Anweisung wird man – insofern eine Ausnahme unter den ›Pestorakeln‹ – den Hauptinhalt der Botschaft des Gottes für die bedrängten Trokettener sehen können, deutet das Schwefeln doch auf eine durchaus rationale Desinfektionsmaßnahme für das bei Seuchen ja wesentlich betroffene Trinkwasser. Hier geht es also ganz konkret auch um Nothilfemaßnahmen, welche die weitere Ausbreitung der Gefahr bannen helfen können. Daß hier für einmal ein handfester seuchenmedizinischer Aspekt in den religiösen Texten mit ihren sonst meist symbolischen, innerkultischen Bewältigungsstrategien aufscheint, braucht im Lichte der Tempelmedizin der Asklepieia und anderer Heilkulte, wo sich religiös kodierte Handlungsangebote mit ›handwerklichen‹ medizinischen Einwirkungen verbinden, nicht zu erstaunen.

Die Schwefelung kennt man in verschiedenen Reinigungsritualen auch sonst.[313] Vorbild für die literarischen Belege[314] ist Homer, wenn in der *Odyssee* nach dem Freiermord das Haus mit Schwefel geräuchert wird.[315] Platon spricht im *Kratylos* in einer Aufzählung von Reinigungsmitteln

313 Belege sind zusammengestellt von H. Blümner, Schwefel, RE 2 A (1921) 796-801, h. 798f.; F. Pfister, Rauchopfer, RE 1 A (1914) 267-286, h. 284f. Das neuere inschriftliche Material der *leges sacrae* und der Opferkalender ist m.W. nicht aufgearbeitet.

314 Wie Eur. Hel. 865-867, wo die ägyptische θεσπιῳδός (V. 145) Theonoe mit einem kathartischen Ritual ihren Auftritt einleitet. Zum Text vgl. Kannicht ad loc., der Herrmanns Emendation θείου favorisiert; darin folgt ihm Diggle in der Oxoniensis. Triklinios (Text bei Kannicht ad loc.) las im 13. Jh. im Laurentianus noch θεῖον, verstand aber in der Sache schon richtig (zu 866): θεῖον λέγει ᾧ καὶ Ὀδυσσεὺς παρ' Ὁμήρῳ χρώμενος 'θειοῦται μέγαρον' (also nicht zu θεῖος). Er versucht auch eine Erklärung des Rituals: θεῖον σύμβολον αἰθέρος διὰ τὸ τάχυ ἐξάπτον. Die Entzündung ist natürlich zentraler Bestandteil des Rituals, vgl. Blümner (vorige Anm.) 798 und die in der nächsten Anm. genannten Stellen aus Homer. Zu den Adnotationen des Triklinios im Laurentianus siehe A. Turyn, The Byzantine manuscript tradition of the tragedies of Euripides, Illinois stud. in language and literature 43, Urbana, Ill. 1957, 222-258, bes. 224-226; G. Zuntz, The political plays of Euripides, Manchester 1955, 146-152; dens., An inquiry into the transmission of the plays of Euripides, Cambridge 1965, passim, bes. 193-216. 276-281; sowie Kannicht 1,97-102. – Inhaltlich erscheint zunächst problematisch, daß Theonoe hier gerade den Äther mithilfe einer Schwefelung reinigen will (vgl. die Aufzählung von Reinigungsmitteln, in der *aer* neben Schwefel erscheint, bei Serv. In Verg. Aen. 6,741: *in sacris omnibus tres sunt istae purgationes: nam aut taeda purgant aut sulphure aut aqua abluunt aut aere ventilant*); Kannicht versucht eine Erklärung aus der speziellen Konstellation im Stück. Traditionell hat man für die Stelle aus der *Helena* den Bericht über regelmäßige ἀναθυμιώσεις des ἀήρ bei Plutarch in einem Exkurs über den Stellenwert der Reinigungsriten bei den Ägyptern beigezogen, deren wichtigster Grundsatz für den Umgang mit den reinen Göttern sei, nur selber rein und in einem Umfeld der Reinheit an diese heranzutreten, De Isid. 79, 383 BC. Dagegen wendet sich Kannicht 2,232 Anm. 9 mit m.E. nicht stichhaltigen Argumenten und der Behauptung, die Schilderungen seien nicht vergleichbar. Dieser Eindruck ergibt sich ihm aber nur aus seiner ›philosophischen‹ Deutung des Zwecks von Theonoes καθαρμός, welcher durchaus auch im Sinne der Ritualtechnik verstanden werden kann.

315 Od. 22,493f.: ἤνεικεν δ' ἄρα (sc. ἡ Εὐρύκλεια) πῦρ καὶ θήιον. αὐτὰρ Ὀδυσσεὺς | εὖ διεθείωσεν μέγαρον καὶ δῶμα καὶ αὐλήν. Schwefel als κακῶν ἄκος: ebd. 481, Odysseus zu Eurykleia: »οἶσε θέειον, γρηῦ, κακῶν ἄκος, οἶσε δέ μοι πῦρ, | ὄφρα θεειώσω μέγαρον«, wozu Eustathios bemerkt (p. 1934,61f.): θέειον δὲ θυμιάματος εἶδος καθαίρειν δοκοῦντος τοὺς μιασμούς. Rückblick darauf im Bericht der Amme an Penelope, 23,50f.

(καθαρμοί) von αἱ ταῖς μαντικοῖς (sc. φαρμάκοις) περιθειώσεις im selben Atemzug wie von Bädern (λουτρά) und Besprengungen (περιρράνσεις)[316] zum selben Zwecke.

Eine Passage aus der menandrischen Komödie *Phasma,* »Die Erscheinung«, weist recht enge Übereinstimmungen mit dem von Apollon vorgeschriebenen Orakel auf.[317] Dem jungen Mann, der durch den Anblick des Mädchens ganz verstört ist, den er sich nur als Epiphanie einer Gottheit zu erklären weiß, wird der Rat erteilt, sich einem Reinigungsritual zu unterziehen: Frauen, im Kreis um ihn versammelt, sollten seine Verunreinigungen »*abwischen*« (περιμαξάτωσαν[318]) – was man sich möglicherweise so vorstellen muß, daß er zuvor mit Schlamm oder dergleichen eingerieben worden ist[319] –, ihn dann ringsherum schwefeln (περιθεατωσάτωσαν[320]) und schließlich mit Wasser aus drei Quellen, das mit Salz und Linsen versetzt worden ist, von allen Seiten abspritzen (περιρράναι). Durch die Verwendung im komischen Genos von seinem ursprünglichen Anwendungsbereich verschoben, kann man hierin dennoch die Züge realer Reinigungsrituale abgebildet sehen.

Ähnlich schildert Plutarch, möglicherweise seinerseits nach einer Szene des gleichnamigen Stücks Menanders,[321] die Behandlung des δεισιδαίμων, der περιθειούμενος καὶ περιματτόμενος in seinem Hause sitzt – die

316 Crat. 405 AB. περίρρανσις nur hier. All diese καθαρμοί haben zum Ziel, καθαρὸν παρέχειν τὸν ἄνθρωπον καὶ κατὰ τὸ σῶμα καὶ κατὰ τὴν ψυχήν (ebd.)

317 Phasma 54-56. Hinweise zur Sache auch bei Sandbach im Komm. zu V. 45. Die Verse 50-56 überliefert neben dem Petersburger Palimpsest, dem man den Anfang der erhaltenen Teile des Stücks verdankt, auch Clem. Strom. 7,27,1. Solange nur die indirekte Überlierferung durch Clemens bekannt war, ordnete man auch diese Szene dem Δεισιδαίμων Menanders zu (s. hiern.), vgl. Meineke, Frag. Com. Gr. 4,100 = ed. min. 2,888.

318 μάττω eigentlich ›kneten, in eine Mulde oder Form pressen‹ (vgl. **Klaros 11**,8 μάγματα κηροῦ, u. S. 202f. m. Anm. 473f.), dann auch ›wischen‹. Mit dieser Bedeutung wird dann meist das Kompositum περιμάσσω verwendet; von ritueller bzw. magischer Reinigung zusätzlich zur hiern. angeführten Plutarch-Stelle auch noch Phil. De special. legibus 3,101 (5,178,16 Cohn-Wendland = 2,316 Mangey) in einer Polemik gegen Liebes- und Schadenzauber, wie sie μηναγύρται καὶ βωμολόχοι in Ausübung ›falscher‹ μαγική betreiben: Sie versprechen ihren Kunden περιμάττειν καὶ καθαίρειν. Die Stelle scheint stark von der Polemik Platons gegen die ἀγύρται τε καὶ μάντεις in Resp. 1, 364 B inspiriert. Für Philon ist dies eine κακοτεχνία im Unterschied zur ἀληθὴς μαγική, ᾗ τὰ τῆς φύσεως ἔργα τρανοτέραις φαντασίαις αὐγάζεται. Gute Analyse der Verwendung des aus der forensischen Rhetorik entnommenen Begriffs der κακοτεχνία bei Philon durch M. Alexandre, ed. De congressu eruditionis gratia (= Œuvres 16) (CERF), Paris 1967, 203 Anm. 4.

319 Das legt die hiern. (s. Anm. 322) besprochene Plutarch-Stelle nahe.

320 Die antiken Codices hatten περιθέτωσαν, was sich sowohl im Petropolitanus als auch in der Handschrift der Stromata erhalten hat; die metrisch erforderliche Emendation hat Bentley vorgenommen, sein περιθεια- dann Meineke zu περιθεα- berichtigt.

321 Vom Δεισιδαίμων kennen wir mit sicherer Zuweisung nur einige wenige, kurze Fragmente (97-99 Körte). Die alte These Meinekes (o. Anm. 317), Vorlage Plutarchs für diese Schilderung sei Men. fr. 754 Körte (aus Porph. Abst. 4,15), hat O. Hense, Teletis reliquiae, Tübingen ²1909, lix-lxii, dahingehend modifiziert, daß Plutarch den Kyniker Bion benutzt habe (den er im Anschluß auch ausdrücklich zitiert), der seinerseits die Menander-Szene wiedergegeben habe.

milde Form der Krisenbewältigung, wenn es ihm noch bestens geht, wie Plutarch süffisant anmerkt.[322] Interessant ist an der Szene aus Menanders *Phasma* das Detail, daß das Wasser aus mehreren, hier drei, Quellen zu schöpfen sei, was sich zu der Bestimmung des Orakels aus Troketta stellen läßt und in der Zahlensymbolik zugleich an die – in ihrem Gehalt freilich nicht mehr sicher kenntliche – Bestimmung aus dem letzten Orakel der Kodifikation von Hierapolis erinnert, etwas sei *»an drei Orten* (oder *von drei Orten her*) *dreimal«* abzulehnen.[323] Eine Vermutung lautete, dort sei ebenfalls von Libationen gesprochen worden.[324]

Weitere Parallelen zum Schöpfen von Wasser aus mehreren Quellen zu kathartischen Zwecken hat schon vor langem Erwin Rohde in der ersten Appendix zur *Psyche* zusammengestellt.[325] Sie umfassen auch den Akt des περιμάττειν als einen in seiner elementaren Symbolik unmittelbar einsichtigen und dementsprechend weit verbreiteten Ritus in der Kathartik ebenso wie den Vorgang des περιρραίνειν, das unmittelbar zum Detail des Orakels für Troketta paßt, die Häuser mit dem geschwefelten Wasser, das man aus den Quellen geschöpft hat, zu besprengen (ῥῆναί τε δόμους αὐτίκα νύμφαις V. 24).

Prominent sind die freilich nicht mehr sicher in ihren Zusammenhang einzuordnenden Verse aus den *Katharmoi* des Empedokles, nach denen Wasser zur Reinigung aus fünf Quellen *»mit unzerstörbarer Bronze geschnitten«* wird.[326] Gleich am Morgen wäscht sich rituell auch der δεισι-

322 ἂν δ' ἄριστα πράττῃ καὶ συνῇ πράως δεισιδαιμονίᾳ De superstit. 7,168 D. Zuvor (C) wird geschildert, wie der »schwerere Fall« sich *»im Schlamm wälzt und dabei seine Verfehlungen herausruft«* (wohl auch eine Homer-Imitation nach Il. 22,414 κυλινδόμενος κατὰ κόπρον, vgl. Teles p. 34,2f. Hense): πολλάκις δὲ γυμνὸς ἐν πηλῷ κυλινδούμενος ἐξαγορεύει τινὰς ἁμαρτίας αὐτοῦ καὶ πλημμελείας. Im Lichte dieser Darstellung möchte man περιματτόμενος im *Phasma* im ausgeführten Sinne verstehen. – περιθειούμενος ist Konjektur von Hercher, die Hss. lesen περιθυόμενος.

323 **Klaros 7**,6. Vgl. o. S. 127.

324 West, Apollo Kareios; der Ergänzungsvorschlag ist zitiert o. Anm. 241.

325 7./8. Aufl., 2,405-407 (zu 2,75f.). Rohdes umfassende Aufmerksamkeit beweist sich auch hier, wenn er das erst kurz vorher (die fragliche Appendix erscheint ab der 2. Aufl. von 1897) durch Bureschs Bericht bekannt gewordene Orakel aus Kaisareia Troketta bereits berücksichtigt. Material zur Sache hat auch O. Jahn in seinem Komm. zu Pers. 2,16 versammelt, wo ein übertriebenes Reinigungsritual in satirischer Überzeichnung beschrieben wird. Die Kritik bei Kißel ad loc. an Jahns Verbindung des antiquarischen Materials mit der Persius-Stelle, speziell zum Punkt der mehrfachen Waschung, überzeugt nicht – womit nicht bestritten sein soll, daß das Motiv ein literarisches Eigenleben hat entwickeln können und durch sein Element der rituellen Vervielfachung sich zur mokanten Darstellung übertriebener Religiosität anbot. Bei Kissel ebd. noch zusätzliche Stellen aus dem römischen Bereich. Weiterhin S. Eitrem, Varia, SymbOsl 29 (1952) 129-131, h. 130; E. K. Borthwick, Notes on »The superstitious man« of Theophrastus, Eranos 64 (1966) 106-119, h. 106-108.

326 31 B 143 Diels/Kranz = Diels, Poet. philos. frag. 5 B 143: κρηνάων ἄπο πέντε ταμόντ' <ἐν erg. Diels nach S. Karsten, Philos. Graec. vet. … operum reliquiae 2, 1838> ἀτειρέι χαλκῶι. Vgl. zu Text und Verständnis des Verses, dessen Bildlichkeit deutlich nach Hom. Il. 5,292 τάμε χαλκὸς ἀτειρής geformt ist, H. Diels, Studia Empedoclea, Hermes 15 (1880) 161-179, h.

δαίμων des Theophrast mit Wasser aus drei Quellen, doch ist das Detail nur eine – freilich gut begründete – Konjektur zu der in der Handschrift verderbten Stelle.[327]

173-175; ders. in Poet. philos. frag. ad loc. Die idiosynkratische Verwendung von τέμνειν forderte bereits die antike Aufmerksamkeit heraus und wird von Aristoteles in der *Poetik* als Beispiel für eine Metapher, die eine ὀνόματος ἀλλοτρίου ἐπιφορὰ ἀπ' εἴδους ἐπὶ εἶδος darstellt, zitiert (21, 1457 b 13; zit. zu Emped. 31 B 138 Diels/Kranz): ἐνταῦθα γὰρ τὸ μὲν ἀρύσαι ταμεῖν, τὸ δὲ ταμεῖν ἀρύσαι εἴρηκεν, denn sowohl das ›Schöpfen‹ wie das ›Abschneiden‹ sei ein ›Wegnehmen‹: ἄμφω γὰρ ἀφελεῖν τί ἐστιν. Theon von Smyrna, der das Fragment vollständiger als Aristoteles überliefert (Expos. rer. math. p. 15,9f. Hiller), paraphrasiert den Vers des Empedokles (mit Verderbnis im Zitat, vgl. Diels ebd. und in Poet. philos. frag.) ὁ μὲν γὰρ Ἐμπεδοκλῆς »κρηνάων ... χαλκῶι« δεῖν ἀπορρύπτεσθαι (›sich reinigen, sich waschen‹), was in jedem Fall deutlich macht, daß der Vers bei Empedokles im Kontext eines konkreten Reinigungsrituals gestanden hat. Früher hatte man δεῖν ἀπορρύπτεσθαι bei Theon noch als wörtlichen Bestandteil des Empedokles-Zitats angesehen und zu χρὴ μὲν ἀπορρύπτεσθαι oder χεῖρας ἀπορρύψαι metrisch emendiert (vgl. die Bemerkungen bei Mullach, Fragm. philos. Graec. 1, 1883, 78, nach Karsten ebd. und Sturz sowie Diels ebd.), doch hat Diels dies seit der Edition des Fragments in Poet. philos. frag. (1901) aufgegeben.
Diels hat den Sprachgebrauch des Empedokles in den *Sibyllinischen Blättern* (Berlin 1890) 72f. (dort noch mit der Fortsetzung in den nächsten Vers) überzeugend dahingehend erklärt, daß eine Übertragung vom σφάγιον τέμνειν des – insbesondere chthonischen bzw. lustrativen – Schlachtopfers (ἔντομα, vgl. Σ Apoll. Rh. 1,587; dann natürlich auch ὅρκια τέμνειν) zur Libation vorgenommen ist, und so gezeigt, daß nicht etwa eine aberrante Exaltiertheit des Empedokles vorliegt: »Das Schöpfen des Weihwassers wird parallel gesetzt mit dem Schöpfen des Blutes, d.h. dem ταμεῖν des Opfertieres«. Im Opferritual bezeichnet es ursprünglich das ›Ausschneiden‹ der Genitalien des Opfertieres; dazu Stengel, Opferbräuche 78-85 (zum Eidopfer) und ebd. 103-105 (ἔντομα) und unten S. 172f. m. Anm. 384. So versteht er auch V. 32 aus dem zweiten Androgynen-Orakel, das aus Anlaß der augusteischen Säkularspiele den Sibyllinischen Büchern entnommen wurde, νηφαλίων ἀρνῶν τε ταμὼν χθονίοις τάδε ῥέξον (Sibyll. Bl. p. 115: Phleg. Mirab. 10,2 B p. 206 Giannini). Der Genitiv ist partitiv zu verstehen, »es wird immer nur ein Teil des Weihetrankes und des Opfertieres den Flammen übergeben, bis schließlich alles verzehrt ist« (ebd. 73f.). Auf halbem Wege zu dieser Übertragung befindet sich eine Stelle in dem Apollon-Hymnus, den Porphyrios in Antr. 8 gibt (p. 61,10-16 Nauck = Porphyry, The Cave of the Nymphs in the Odyssey, Arethusa Monogr. 1, Buffalo, N.Y. 1969, p. 10,6-12) und in dem von den Nymphen gesagt wird: σοὶ δ' ἄρα πηγὰς νοερῶν ὑδάτων | τέμον ἄντροις μίμνουσαι γαίης – diese Quellen (die so oder so metaphorisch zu verstehen sind, da sie »*geistige Wasser*« spenden) können sowohl angezapft (πηγὰς ὑδάτων τέμνειν scheint, zumal poetisch, als Enallage von ὕδατα ἐκ πηγῶν τέμνειν möglich) als auch in den Fels der Grotte ›geschnitten‹, also erst eröffnet, werden.

327 ὁ δὲ δεισιδαίμων τοῦτός τις, οἷος ἀπὸ γ' κρουνῶν (ἐπιχρωνῆν V) ἀπονιψάμενος τὰς χεῖρας καὶ περιρρανάμενος ἀπὸ ἱεροῦ δάφνην εἰς τὸ στόμα λαβὼν οὕτω τὴν ἡμέραν περιπατεῖν. Die Emendation hat H. Diels, Studia Empedoclea (wie vorige Anm.) 175, vorgeschlagen; akzeptiert von C.I. Babick, De deisidaemonia veterum quaestiones, Leipzig 1891, 4, und dann erneut – mit Glättung zu dem paläographisch (Vokalmetathese) noch näherliegenden ἐπὶ γ' κρηνῶν – von Borthwick (wie Anm. 325) 106f. Zum im Mund getragenen Lorbeerzweig vgl. PGM 1, 264-280 (mit Borthwick ebd. 107f. m. Anm. 5) sowie G. Vitelli/M. Norsa, Papiri greci e latini (PSI) 11 (1935) 115-120 Nr. 1214 (Erstpubl.: dies., SIFC n.s. 10, 1933, 119-124. 247-253; m. Komm. auch in: D.L. Page, Select Papyri [Loeb] 3,328-331 Nr. 73) in einem magischen Ritual vermutlich apotropäischen Charakters: δάφναν παρ' τὸ ὦας 4 (wohl aus einem der μῖμοι γυναικεῖοι des Sophron mit dem Titel ταὶ γυναῖκες αἵ φαντι τὰν θεὰν ἐξελᾶν, Athen. 11,59, 480 B, vgl. fr. 3-9 Kaibel [Comic. Gr. Fr. 1,1,154f.]). Bei diesem Ritual ist auch eine Theoxenie erkennbar: πότνια, δεί[πν]ου μέν τυ καὶ | [ξ]ενίων ἀμεμφέων ἀντα[- - 17f. – Drei Quellen möglicherweise auch in Soph. Oed. Col. 479 τρισσάς γε πηγάς, obwohl es in 470 so aussieht,

Bei den *»sieben Quellen«* wird die Sieben in ihrer verbreiteten symbolischen Überhöhung als heilige Zahl, die besonders mit Apollon und seinem Geburtstag am Monatssiebten verbunden ist, anzusehen sein,[328] wie es auch bereits in der Bestimmung über das siebentägige Opferfest im pergamenischen Orakel wahrscheinlich war.[329] Die Bezeichnung des – unverseuchten – Wassers als νύμφαι ist ungewöhnlich, doch ist die metonymische Bedeutung auch im Apollon-Orakel über die Zuordnung der verschiedenen Götterklassen zu Opfertypen belegt, das Porphyrios bewahrt hat,[330] und erscheint auch inschriftlich im Zusammenhang von Wasserleitungsbau.[331]

Apollon fügt an diese, wie uns Heutigen wohl scheint, durchaus sachangemessenen Reinigungsvorschriften die Aufforderung zu Dankopfern – doch wohl in Klaros, obwohl das nicht ausdrücklich gesagt wird – an (V. 25f.); gleichzeitig wechselt das Metrum zu trochäischen Tetrametern. Diese Aufforderung erfolgt hier sprachlich in Form einer Zweckbestimmung: Die Trokettener sollen die zuvor erläuterten Reinigungsprozeduren durch-

---

als seien mehrere lustrierende Güsse von einer einzigen Quelle gemeint; doch versteht Σ ad loc. ἀντὶ τοῦ τὸ ὕδωρ ἀπὸ τριῶν πηγῶν.

328 ›Sieben Quellen‹ auch in einem Zauberrezept zur Behandlung von Kopfschmerzen, PGM 20 (= Select Papyri [Loeb] 3,146), 4-10 ἑπτὰ λύκων κρήνας, ἕπτ' ἄρκτων, ἑπτὰ λεόντων ἑπτὰ δὲ παρθενικαὶ κυανώπιδες ἤρυσαν (ἀρύω ›Wasser schöpfen‹) ὕδωρ; PGM 1,234f. ἀπόκλυσον ἐς ὕδωρ πηγαῖον ἀπὸ ζ' πηγῶν καὶ πίε αὐτὸ ἐπὶ ἡμέρας ζ' νήστης κτλ.; PGM 4,1081. 1249. 2190ff. Im auf Johannes Tzetzes zurückzuführenden Anecdoton Estense der Theokrit-Prolegomena erhält Orest ein Orakel, er solle sich vom Mord rituell reinigen (p. 8,24f. Wendel; ebd. p. xxii zum Anecd.): ἐν ἑπτὰ ποταμοῖς ἐκ μιᾶς πηγῆς ῥέουσιν ἀπολούσασθαι. Denselben Mythos, jedoch wieder mit drei Quellen, berichtet Lampridius, Heliogalabal 7,7: *se apud tria flumina ... ex responso purificavit.* Siehe noch Suid. s.v. ἀπὸ δὶς ἑπτὰ κυμάτων· ἐκ μεταφορᾶς τῶν ἐπὶ φόνοις καθαιρομένων· οὗτοι γὰρ δὶς ἑπτὰ κύμασι πλύνουσι τὰ ἱμάτια.

329 **Klaros 2**,30 ἑπτὰ γεραιρόντων εἰς ἤματα μῆρ' ἐπὶ βωμῶν.

330 **Klaros App10** = Porph. Philos. ex orac. 314 F Smith (ap. Eus. PE 4,8,5ff.); s. Wolff, ed. Porph. 111-118. – V. 13 von der Libation mit Melikraton und Wein im Opfer für die chthonischen Götter, die über das in den *bothros* geopferte Tier dargebracht werden muß: χεῦε μέλι νύμφαισι Διωνύσοιο τε δῶρα.

331 Ehrendes Epigramm in elegischen Distichen aus Megara für Herkulios, den *praefectus praetorio* der illyrischen Diözese (zu der die Provinz Achaia und damit Megara zählte) unter Theodosius II. 408-412 n. Chr., der offenbar den Bau einer Wasserleitung veranlaßt hat, CIG 1081 (»1801« Druckfehler in der Zählung bei Boeckh) = Kaibel 913 = IG 7,93 τείχεα δείμα[τ]ο [κ]αὶ [πόρ]ον ἔμπε[δ]ον ὤπα[σ]ε νυμφ[ῶν? -αις? (zur Ergänzung vgl. Boeckh in CIG). Siehe auch Robert, Hell. 4,60f. (m. Text). – Um den Bau einer Wasserleitung handelt es sich auch in einem Orakel aus Chalkedon (ap. Zon. 13,16): ἀλλ' ὅτε δὴ νύμφαι ἱερὸν κατὰ ἄστυ χορείην | τερπόμεναι στήσονται ἐϋστρεφέας κατ' ἀγυιάς. Man beachte das Motiv der *»erfreuten Wasser«*, νύμφαι τερπόμεναι, das sich im Orakel für Troketta ebenfalls findet: νύμφαις, αἵ θ' εἱμερταὶ [= ἱμερταὶ] γεγάασιν 24. Dann im Weihepigramm des Apollon-Priesters Bassos aus Didyma, **Didyma App22** = I.Didyma 82 = SGO 01/19/22, A1: Apollon fährt über die Wellen des Meeres dahin, νυμφῶν ἐποχούμενος οἶδμα; zu diesem Text unten S. 262-264 mit Anm. 640. 645. Das bei Zonaras überlieferte Orakel macht noch deutlicher, daß hinter der Metonymie die Vorstellung des personalen weiblichen Göttervereins der Nymphen steht, die in Freude einen Tanz in den Straßen der Stadt aufführen, χορείην στήσονται. Siehe auch das magische Rezept Orph. Lith. 684f. αἱματόεντα δαεὶς λίθον αἰὲν ἑταίρους | πινέμεναι νύμφαις ἐνὶ νηιάδεσσι κέλευε.

führen, *»damit«* sie anschließend Erstlingsopfer von den wieder gedeihenden Feldfrüchten darbringen können, nachdem im ersten Teil des Orakels in der Schilderung der Auswirkungen der Epidemie deutlich auf eine Mißernte angespielt worden war.[332]

Dennoch darf die Formulierung *»das Schönste aus wiederauflebendem Ertrag«* (ἐκ παλινβίων ὀφελμῶν κάλλιμα) sicher nicht auf vegetabile ἀπαρχαί verengt verstanden werden, sondern ist vielmehr mit der Neigung dieser Art Kultpoesie zu metaphorischer Sprache zu lesen: Daß auch Schlachtopfer gemeint sind, legt schon das Verb ῥέζωσι nahe, und auch das wieder gesunde Vieh kann bei den παλίνβιοι ὀφελμοί durchaus mit im Blick sein,[333] sind sich doch die antiken Berichterstatter darin einig, daß das Vieh erster Leidtragender von Seuchen ist, wie ja auch bereits die Pestschilderung der *Ilias* es traditionsbildend festhielt.[334] Aelius Aristides bestätigt es denn auch für die Pest des 2. Jh., deren Ausbruch die hier erörterten Orakel geschuldet sind.[335]

Darüberhinaus dürfte mit den παλίνβιοι ὀφελμοί überhaupt der wieder normalisierte Gang des Lebens und der Geschäfte ins Auge gefaßt sein, was ja auch die Voraussetzung für Pilgerfahrten und jegliche rituellen Kompensationsleistungen für die nun erfahrene Hilfe darstellt: In anderen der ›Pestorakel‹ wird unter dem Rubrum ›Dankleistungen‹ besonders die Entsendung von Ephebenchören vom Gott genannt, die dann in Klaros, verbunden mit Opferfesten, Hymnen darbringen und so zum Glanz und Ruhm des Heiligtums beitragen sollten.[336]

Apollon ist allerdings sehr deutlich, wenn er diese Aussicht auf Rettung durch die Formulierung einschränkt, das Schwefelwasser solle ausgebracht werden, damit wenigstens die Überlebenden der Seuche ihm an-

---

332 V. 11 (sc. ὁ λοιμὸς) ἀμᾶι νεογνὸν, πᾶσα δ' ὄλλυται φύτλη.

333 Darauf wies auch schon Buresch, Klaros 27f. hin. – ὁ ὀφελμός ist ein *hapax*, sonst findet sich τὸ ὄφελμα: ›Wachstum, Gewinn, Ertrag, Vorteil‹ (zu ὀφέλλω ep. ›vermehren, stärken‹). Photios s.v. ὄφελμα weiß, daß das Wort sich bei Sophokles im Sinne von αὔξημα verwendet finde.

334 Il. 1,50 οὐρῆας μὲν πρῶτον ἐπῴχετο καὶ κύνας ἀργούς mit Latacz u.a. ad loc.; dort der Hinweis auf die medizinhistorische Arbeit von C. Urso, Ipotesi sul morbeo Acheo, Pathologica 86 (1993) 441-443. So auch im kallimacheischen Artemis-Hymnus, 125 κτήνεά φιν λοιμὸς καταβόσκεται. F. Bornmann ad loc. (Call. Hymn. in Dianam: Introd., teste e comm., Bibl. di studi superiori 55, Florenz 1968, 62f.) erinnert an die Bemerkung Strabons, die Artemis neben Apollon als Pestgottheit kennzeichnet: καὶ τὰ λοιμικὰ δὲ πάθη καὶ τοὺς αὐτομάτους θανάτους ἀνάπτουσι τοῖς θεοῖς, nämlich Apollon, Helios, Artemis und Selene – also mit evidenter Paarbildung (14,1,6 p. 635 Casaubon).

335 Or. 48 (Or. sacr. 2), 38 p. 403,7 Keil ἔκαμνε δὲ καὶ τὰ ὑποζύγια.

336 Dankopfer *nach* Überwindung der Notlage auch **Klaros 4**,21-24; **Klaros 11**,10-17; vgl. **Klaros Verw3**,10f. im Orakel des Ammon für Kyzikos, wo der Gott in Siwa zu Hymnen im ionischen Heiligtum auffordert (unten Kap. 2.3.4). In Pergamon, **Klaros 2**,13ff., gehören die Hymnen für die Polisgötter zur Begleitung von Opfern und Libationen bereits zum eigentlichen Ritualprogramm, mit dem die Seuche bekämpft werden soll; desgleichen im anschließend diskutierten Orakel aus Kallipolis, **Klaros 9**,22-29a.

schließend Dank abstatten könnten: *»damit die Männer, die die Seuche nicht getroffen, sondern der Ebene* (sc. in der die Stadt liegt) *übriggelassen hat«,* solche Opfer entbieten. Das wird man kaum als Ausdruck der Erwartung lesen dürfen, daß die Bewohnerschaft als ganze ἀνούτητος, *»unverwundet«*, aus der Notlage hervorgehen werde, sondern als unmißverständlichen Hinweis auf die Toten, die die Pest unter der Bevölkerung von Troketta in jedem Fall gefordert haben wird.

Hiermit schließt der Orakeldichter an die martialische Schilderung des Wütens der Seuche aus dem ersten Teil des Orakels an (V. 6-9) und nimmt folgerichtig das dort verwendete νεούτατος aus der furchtbaren Szene der *»jämmerlichen Schattenbilder frisch dahingemetzelter Sterblicher«* mit den ἀνούτητοι φῶτες in V. 25 wieder auf.[337]

Vor Abbruch der Inschrift lesen wir noch die Bestimmung über die Errichtung einer Apollon-Statue, und wir können zuversichtlich hinzufügen: einer Statue des klarischen Gottes im Typus des τοξότης, wie es uns aus anderen klarischen Pestorakeln eine vertraute Maßnahme ist.[338] Das in der trokettenischen Ebene aufzustellende Apollon-Bild soll in der einen Hand einen Bogen halten – damit bricht der Text ab, wir erfahren nicht mehr, was die andere Hand tragen sollte.[339]

Die Ausdrucksweise nimmt fast wörtlich die Schilderung des Aussehens des Pestdämons im ersten Teil des Orakels auf, der in der einen Hand das *»rächende Schwert«*, in der anderen die Leichen der Opfer gehalten hatte (V. 7) – dazu muß es hier einen sinnfälligen Kontrast gegeben haben.[340] Während aber im Orakel für Hierapolis[341] und in jenem für Kallipolis[342] eine Aufstellung des Bildes an den Stadttoren verfügt wird,[343] der

337 ἀν-ούτητος ionisierend für das epische ἀν-ούτᾰτος, vgl. oben Anm. 300 zu V. 9 νεούτατος: ›unverwundet, nicht getroffen; unverwundbar‹. Wieder ist es Nikander, der neben dem homerisierenden Nonnos den einzigen anderen Beleg für die ionisierende Form bietet, Ther. 719. Das homerische ἀνούτατος begegnet entsprechend in der späteren epischen Tradition bei Apollonios, Quintus von Symrna und Nonnos.

338 Wie Keil/von Premerstein dann in V. 28 auch plausibel ergänzen: τῇ μὲν ἀμπαφῶντα [τόξον]. Im Hintergrund steht wohl auch die homerische Formel über Apollon τόξον ἐΰξοον ἀμφαφάασθαι, Od. 8,215; 19,586.

339 Merkelbach/Stauber ad loc. vermuten, der Gott habe mit der anderen Hand den Pfeil an die gespannte Sehne des Bogens gelegt, und unterscheiden den Typus damit vom Bild des delischen Apollon, der in der rechten Hand Statuetten der Chariten und in der linken den Bogen hielt, vgl. etwa Call. fr. 114,8 Pfeiffer (aus den *Aitia*) und [Plut.] Mus. 14, 1135F-1136B, was zu zahlreichen theologischen Spekulationen anregte (siehe Pfeiffer ad loc.). Die Bezeugung läßt sich bis zu Antikleides von Athen (»Anfang der Diadochenzeit« Jacoby) und den Ἀπόλλωνος ἐπιφάνειαι des Istros (3. Jh. v. Chr., Umkreis des Kallimachos) zurückverfolgen (Antikleides 140 F 14 FGr Hist und Istros 334 F 52 FGrHist = Tresp, Kultschriftsteller fr. 163, aus [Plut.] l.c.). Siehe etwa die Auslegung bei Phil. Leg. ad Gaium 95 (6,173,5 Cohn-Wendland = 2,559 Mangey) τὰς δὲ κολάσεις ὑποστέλλειν καὶ τὴν καταδεεστέραν χώραν κεκληρῶσθαι τὴν ἐπ' εὐώνυμα (sc. χεῖρα).

340 V. 7f. ἧ μὲν ἀμπαφῶν | ποιναῖον ἄορ χειρὶ, τῇδ' ἀνηρμένος | νεουτάτων ἴδωλα δυσπενθῆ βροτῶν; hier V. 28 τῇ μὲν ἀμπαφῶντα [τόξον …

341 **Klaros 4**,18-20.

Gott also spezifisch in der Funktion eines θεὸς προπύλαιος wirken soll,[344] trifft dies im Fall von Troketta nicht zu. Hier soll die Statue *»in der Mitte der Ebene«* errichtet werden, nachdem die Ebene, in der die Felder der Stadt lagen, schon mehrfach im Orakel genannt worden ist.[345] Handelte es sich bei Kaisareia Troketta um eine Streusiedlung? Man kann auch annehmen, daß die Stadt nicht befestigt war, so daß aus diesem Grunde Apollon nicht die Aufstellung des Götterbildes vor den Toren der Stadt anordnen konnte.

Es läßt sich nicht sicher entscheiden, ob die Errichtung des Kultbildes zu den Dankesleistungen gehört, die Apollon von den Konsultanten als Tribut für die Hilfe einfordert und die erst nach einer Normalisierung der Lage fällig werden, oder ob es sich – wie in Hierapolis und Kallipolis – um einen Bestandteil der akuten rituellen Interventionen gegen die bestehende Gefahr handelt. Die Stellung im Text *nach* den Ausführungen über die später zu leistenden Kompensationen könnte zu der Annahme führen, auch die Dedikation eines Götterbildes gehöre dazu, doch kann die Passage über die *aparchai* auch durch die finale Verknüpfung nach vorne gerückt sein (*»tut dies, damit ihr dann ...«)*; die Bestimmung über das Standbild ist davon mit αὐτάρ[346] abgesetzt. Die Parallen mit den ganz ähnlichen Bestimmungen über Apollonbilder aus den anderen Pestorakeln sprächen ebenfalls dafür, daß es hier nochmals um die sofort zu treffenden Maßnahmen zur Überwindung der Krise geht.

---

342 Unter Verwendung des einschlägigen Terminus: **Klaros 9**,29f. στῆσαι δέ νυ καὶ προπύλαιον | τοξοφόρον Φοῖβον, λοιμοῦ ὑποσευαντῆρα.

343 Das verwendete Verb ἐντύνεσθε ist wiederum gesuchter Sprachgebrauch. Seine Grundbedeutung (zu ἔντεα) ist ›ausrüsten, (zu)bereiten‹; daraus wird hier mit Infinitivrektion ›darauf drängen, sich beeilen, etw. zu tun‹.

344 Das reiche Material über die θεοὶ προπύλαιοι, das die griechischen Inschriften bieten, hatte L. Robert in einer groß angelegten Untersuchung versammeln wollen; Vorarbeiten dazu an verschiedener Stelle, siehe unten S. 331f. mit Anm. 18 zum Präskript von **Didyma 25**. Vgl. weiter das von Graf, Nordionische Kulte 173-176, diskutierte Material (oben S. 109 mit Anm. 196). Ähnliche Strukturen im Kult des Asklepios in Messene hat P. Sineux behandelt: A propos de l'Asclépieion de Messène: Asclépios poliade et guerrisseur, REG 110 (1997) 1-24.

345 V. 6 προσθρῴσκει πέδῳ, V. 10 τρύει δὲ πάντῃ δάπεδον ἐνπολεύμενον, V. 25 φῶτες ἐνλελειμμένοι πέδῳ.

346 In derselben Weise, wie der Beginn des Weisungsteils gegen das Vorhergehende – doch wohl noch die Schilderung der Folgen der Pest – mit ἀτάρ abgegrenzt ist.

Rückblick: Einordnung in die Gruppe der ›Pestorakel‹. Die Monumentalisierung des Orakelbescheides in ihrem Zusammenhang mit dem Götterbild: Das Orakel als Teil eines Votivensembles. Apotropäisches Kultbild – apotropäisches Gotteswort? Rituelle Effizienz jenseits ritueller Performanz: Wie die wahrheitkündende Stimme des Gottes dauerhaft wird. Die amulettartige Qualität des Orakeltextes: Die Offenbarung wird ablösbar von ihrem Anlaß.

Auch das dritte der bekannten Pestorakel dokumentiert die Konsultation einer Polis-Gesandschaft, in diesem Fall aus einer lydischen Stadt, die uns ansonsten nicht bekannt ist. Das Orakel aus Kaisareia Troketta sticht vor allem durch seine drastische, bildhafte Ausmalung der Wirkungen der Seuche gegenüber den anderen Texten hervor; die von einem ähnlichen Tableau noch erkennbaren Spuren im Orakel für Kallipolis sind ein starkes Argument dafür, hinter beiden Texten dieselbe Hand oder doch wenigstens eine gemeinsame Ortstradition zu erkennen.

Die Seuche – ὁ λοιμός, dieser sehr allgemeine Begriff, dessen Bedeutungsspektrum von ›Seuche, Pest‹ über ›Mißernte‹ bis zu ›Hungersnot‹ reicht und der sich in den verschiedensten Zeugnissen über in Krisensituationen eingeholte Orakel geradezu stereotyp ohne nähere Differenzierung findet,[347] ein analytisch kaum ausgearbeitetes Konzept mithin – wird in diesem Orakel unzweideutig personifiziert und als anthropomorpher Rachedämon gezeichnet, der sich durch Blutdürstigkeit und Zerstörungslust hervortut.

Der Gedanke ist dann aber nicht zu einem Götterkampf des σωτήρ Apollon gegen diese Gegenweltsgestalt weiterentwickelt, für den ja Bausteine aus dem umfangreichen mythischen Material zu Kulturbringern zur Verfügung gestanden hätten, sondern findet sich recht unverbunden neben den rituellen Anweisungen – wobei aber zu bedenken bleibt, daß eine Überleitung in dem zwischen beiden Teilen fehlenden Text gestanden haben kann.[348]

Das mit insgesamt 21 Versen wiederum lange Orakel, das – zusammen mit dem Text aus Kallipolis – mit hexametrischen, iambischen, anapästischen und trochäischen Versen einen überraschenden metrischen Reichtum aufweist, bleibt dem uns bereits bekannten ionisierend-episierenden Stil treu und sticht ebenfalls durch eine Vorliebe für seltene Ausdrücke oder Neubildungen hervor. Wie lang der Text ursprünglich gewesen ist, können wir nicht sagen, da zwischen den beiden Teilen Textverlust von

347 Man sehe die zahlreichen Fälle von Orakeln aufgrund von λοιμός-Situationen, die etwa Pausanias oder die Lokalhistoriker berichten.

348 Angesichts des mit [ἀ]τὰρ in V. 20 kontrastiv einsetzenden Weisungsteils halte ich das allerdings nicht für sehr wahrscheinlich. Eine solche Verbindung hätte wohl durch erkennbare Rückverweise im Weisungsteil angedeutet sein müssen, wofür sich aber keine Hinweise finden. Der Weisungsteil selbst scheint zu Beginn vollständig, wie die Partikel zeigt.

unbestimmter Länge vorliegt; auch am Ende kann noch einiges gefolgt sein. Wie fast durchweg in den Orakeltexten aus Klaros, ist uns die Anfrage nicht überliefert, aber aus den Andeutungen in der Antwort, die die Frage der Konsultanten wieder aufzunehmen scheinen,[349] läßt sich eine Anfrage des Typs ›Welche Hilfe gibt es gegen die Seuche, die uns dahinrafft?‹ auch hier erschließen.

Die Weisungen sind differenziert und reichen von konkreten, praktischen Maßnahmen zur Eindämmung der epidemischen Gefahren – Besprengung der Häuser mit geschwefeltem Quellwasser –, die freilich einer rituellen Verankerung nicht entbehren, über die schon aus Hierapolis bekannte Anweisung, ein Kultbild des pfeilschießenden klarischen Gottes aufzustellen, bis hin zu Primitialopfern im Anschluß als Kompensationsleistung für die erfahrene Hilfe. Daß eine der verordneten Maßnahmen seuchenhygienisch effektiv gewesen sein dürfte, stellt einen Sonderfall unter unseren Texten dar, die sich gewöhnlich auf solche rituellen Maßnahmen beschränken, die für den modernen Blick ausschließlich die symbolische Ebene besetzen. Wichtig bleibt dabei, daß dies allein eine Differenzierung aus heutiger Sichtweise ist, während für die Beteiligten selbstverständlich auch diese Form der Lustration rituell kodiert war.[350]

Aus der Tatsache, daß das Orakel kodifiziert und zusammen mit dem Standbild und seiner Dedikationsinschrift veröffentlicht worden ist, können wir schließen, daß die Trokettener nicht völlig dezimiert worden sind und später ihr Überleben dem Ratschluß Apollons zugeschrieben haben, den sie in Klaros erhalten hatten. Die Monumentalisierung des Textes, die ja als Kultpropaganda für Klaros wirken mußte, wird man über die geforderten Opfer hinaus als weitere Dankesleistung der Stadt an den Gott verstehen können, dessen Hilfe sie sich verpflichtet wußte.

Der Orakeltext ist wohl im Sinne einer Validierung der Weihinschrift auf der Basis der Apollonstatue angebracht worden, deren Errichtung das Orakel im Schlußteil verfügt. Damit ist, vom Gesichtspunkt der religiösen Praxis her betrachtet, die Statue mit der Prosainschrift das zentrale Monument, der Orakeltext hingegen in seiner Funktion für das Votivensemble, dessen Teil er ist, zu verstehen.

Während man zunächst annehmen könnte, der aufgezeichnete Orakelbescheid habe – zusammen mit Weihung und Statue – nur noch kommemorativen Charakter gehabt, nachdem er der Situation der konkreten Krisenbewältigung entrückt war, kann man unter einem funktionalen Blickwinkel noch einen Schritt weitergehen: Die Inschrift sollte im Verbund mit Kultbild und Weihung als sichtbares Monument die Abwehr eines dro-

349 V. 4 ist sehr allgemein: ἐελμένοι νημερτίην ἐς οὐάδας πελάζειν; deutlicher dann zu Beginn des Weisungsteils V. 20: [ἀ]τὰρ ἐσ<σ>ύμενοι τῶνδ' ὑπά[λ]υξιν, φῶτες, κατὰ τεθμὸν ἰδέσθαι. Eben nach der ὑπάλυξις muß gefragt worden sein.

350 Vgl. oben S. 144-146 mit Anm. 313ff.

henden λοιμός auch über den konkreten Anlaß der Orakelkonsultation hinaus für die ungewisse Zukunft bewahren.

Mit der Autorisierung durch die Worte des Gottes, die unterhalb der Figur zu lesen standen, wurde auch die schützende Wirkung des apotropäischen Götterbildes selbst verstärkt – zumal im Orakel dieses ja mit der Person des Gottes identifiziert war, der den Bescheid erteilte. Text und Kultbild gehen hier also eine denkbar enge, auf rituelle Effizienz gerichtete Verbindung ein, die das zunächst für *einen* konkreten Anlaß vorgegebene und insofern einmalige Handlungsprogramm über diese zeitlich und örtlich gebundene Performanz[351] hinaushebt und ihm so – als eine bereits einmal

---

351 Der Begriff wird hier in der Prägung verwendet, die er in der Soziologie zur Beschreibung sozialen Handelns erhalten hat, und bezeichnet die vielfältigen Bedingungen des Vollzugs einer Handlung sowie diesen Vollzug selbst. ›Performanz‹ charakterisiert also den Handlungscharakter eines Phänomens, der sich stets in einer Konstellation gesellschaftlicher Beziehungen zwischen den die Handlung vollziehenden Subjekten entfaltet. Dieser Gebrauch ist zu unterscheiden von der sprachwissenschaftlichen Verwendung im Sinne der auf J.L. Austin zurückgehenden Sprechakttheorie, nach der durch performative Sprechakte (›Sprechhandlungen‹, im Unterschied zu konstativen, aber auch kommemorativen oder adhortativen Äußerungen) eben dadurch, daß sie geleistet werden, bereits eine Handlung vollzogen wird (wobei eine performative Äußerung erfolgreich sein, aber auch mißlingen kann). Dieser Begriff des Performativen wird etwa in der Erörterung magischer Texte, aber auch zum Verständnis anderer Gebets- oder Ritualformeln herangezogen. H.S. Versnel hat sich in zahlreichen Studien mit dieser Problematik auseinandergesetzt, s. etwa: The poetics of the magical charm: an essay on the power of words, in: Mirecki/Meyer, Magic and ritual 105-158.

Das Konzept der ›Performanz‹ ist neben dem der ›Dynamik‹, das die Prozesse der (historischen, kulturellen) Veränderung von Ritualen in den Blick nimmt, ein leitender Aspekt des Heidelberger Sonderforschungsbereichs zur »Ritualdynamik« (o. Kap. 1, Anm. 14): vgl. Chaniotis, Ritual dynamics, sowie J. Mylonopoulos/H. Roeder, Archäologische Wissenschaften und Ritualforschung: einführende Überlegungen zu einem ambivalenten Verhältnis, in: dies. (Hg.), Archäologie und Ritual: auf der Suche nach der rituellen Handlung in den antiken Kulturen Ägyptens und Griechenlands, Wien 2006, 9-21, h. 13-17. Prägend für die performative Qualität einer rituellen Handlung ist danach ihre Ereignishaftigkeit und der inszenatorische Charakter der Handlungssequenz. Häufig wird daraus die Heraushebung von Ritualen aus den Alltagsvollzügen der Gemeinschaft abgeleitet, doch wäre eine Polarisierung irreführend: Rituale erscheinen – etwa im Kontext des Opferfestes – zwar tatsächlich ausgegliedert aus der ›normalen‹ Zeit, doch können sie ebensogut ergänzende Bausteine *innerhalb* einer Matrix des Alltagshandelns und insoweit ›gewöhnlich‹ und unspektakulär sein. Dementsprechend weisen Mylonopoulos/Roeder auf die Unterscheidung »alltagsakzessorischer« von »alltagstranszendierenden« Ritualhandlungen in der systematisch-religionswissenschaftlichen Begriffsbildung hin (13 Anm. 27), nachdem sie allerdings selbst zuvor undifferenziert von der »Alltagsenthobenheit« des Rituals gesprochen haben (ebd.). – Verwandt ist die aus der soziologischen Handlungstheorie (etwa bei A. Giddens) abgeleitete Kategorie der *ritual agency*, die das Gesamtgefüge ritueller ›Praxis‹ beschreibt: Es wird durch die Akteure und ihre auf konkrete Ziele gerichteten Handlungsinterventionen, aber auch durch die Kontextbedingungen ihres Handelns im gegebenen gesellschaftlichen Umfeld (Zeit, Ort, soziale Ordnungsmuster, kommunikative Partner, deren Autorität und Prestige) und den Kommunikationsprozeß selbst gebildet. Einführend etwa O. Krüger/M. Nijhawan/E. Stavrianopoulou, »Ritual« und »agency«: Legitimation und Reflexivität ritueller Handlungsmacht, Forum Ritualdynamik 14, Heidelberg 2005; D. Harth, Handlungstheoretische Aspekte der Ritualdynamik, in: ders./G.J. Schenk (Hg.), Ritualdynamik: kulturübergreifende Studien zur Theorie und Geschichte rituellen Handelns, Heidelberg 2004, 95-116.

bewährte *coping strategy* – Dauer verleiht, ohne es tatsächlich erneut ablaufen lassen zu müssen.

Dies geht einher mit der Vorstellung des unmittelbar wirkmächtigen, die heranstürmenden Unheilsdämonen mit Pfeil und Bogen zurückwerfenden Götterbildes, das von nun an als zuverlässiger Wächter die Stadt an den Toren gegen die Gefahren von außen schützt – eine Vorstellung, die von der sonst üblichen Dedikation eines Kultbildes innerhalb eines Heiligtums

---

Hilfreich, um die Ablösung eines Textes, der in einem rituellen Verfahren mit einmaligen Kontextbezügen (der Epidemie in Troketta) produziert worden ist, von diesem historisch präzisen Punkt und seine Überführung in ein dauerhaft wirksames Schutzmittel zu verstehen, ist die Unterscheidung von primären und sekundären Adressaten der kommunikativen Handlung, die sich in der Offenbarung des helfenden Wissens durch den orakelgebenden Gott vollzieht: Die unmittelbare Reichweite der performativen Handlung, die sich in die einzelnen Schritte der Orakelkonsultation gliedert, erstreckt sich auf die primäre Empfängergruppe, die ins Heiligtum gereiste Gesandtschaft der gepeinigten Stadt. Hier haben wir den Zug der Ereignishaftigkeit ebenso wie den der Inszenierung als bestimmende Größen; hinzu tritt – als Eigenart des divinatorischen Rituals – die zu leistende hermeneutische Arbeit. Darüberhinaus entfaltet das Ritual jedoch vermittels seines Ergebnisses – der kodifizierten göttlichen Botschaft – eine Wirkung auf eine sekundäre Empfängergruppe, auch nachdem die Performanz des primären Anlasses und der vollführten Konsultation verklungen ist. Die Unabhängigkeit dieser Wirkung vom performativen Rahmen ist eben dem Textcharakter der verschriftlichten Botschaft des Gottes zuzuschreiben, die sich dadurch, in die Zukunft ausgreifend, an eine noch unbestimmte künftige Empfängergruppe richten kann, die aus den Worten des Gottes in einer ähnlichen Situation erneut Rat und Hilfe schöpfen wird. Somit ist in den hier betrachteten Fällen das von Mylonopoulos/Roeder entwickelte Konzept des ›primären‹ vs. ›sekundären‹ Adressaten (und entsprechend einer ›primären‹ und einer ›sekundären‹ Wirksamkeit des Rituals) in variierter Form aufzunehmen. Während diese Autoren den unmittelbar ins rituelle Geschehen involvierten Teilnehmer, der als ›primärer Adressat‹ eine Statusveränderung durch das Ritual erfährt, von den ›sekundären Adressaten‹ abheben, an die sich die Ritualinszenierung indirekt richtet (weitere Teilnehmer, die zugegen sind, oder aber die städtische Gemeinschaft insgesamt) und denen sie gemeinschaftlich geteilte Sinnmuster vermittelt, verläuft bei den aufgezeichneten Orakelbotschaften die Unterscheidung entlang der zeitlichen Dimension: Primär zielt die im Ritual erlangte und entschlüsselte Botschaft auf die Bewältigung der aktuellen Krise, in der sich die historischen Konsultanten sahen; sekundär erreicht das Produkt des kommunikativen Handelns darüberhinaus eine noch gar nicht bestehende, künftige Gemeinschaft und erhält dadurch einen offenen Vektor.

Zur ›Performanz‹ aus religionswissenschaftlicher Perspektive, in die das Konzept vor allem durch V. Turner, C. Geertz, R. Schechner und St. Tambiah eingeführt worden ist, vgl. R.L. Grimes, Performance theory and the study of ritual, in: P. Antes u.a. (Hg.), New approaches to the study of religion, 2: Textual, comparative, sociological, and cognitive approaches, Religion and reason 43, Berlin 2004, 109-138, der sich kritisch mit der ›Dekonstruktion‹ der Positionen dieser Forscher durch C. Bell und ihrem Plädoyer für eine handlungstheoretische Deutung (etwa: Ritual theory, ritual practice, Oxford 1992) auseinandersetzt. Weiter: E. Fischer-Lichte u.a. (Hg.), Performativität und Ereignis, Tübingen 2003; A. Belliger/D.J. Krieger, Einführung, in: dies. (Hg.), Ritualtheorien: ein einführendes Handbuch, Opladen 1998, 7-33 (ebd. 227-250: deutsche Übersetzung von St. Tambiah, A performative approach to ritual, Proc. Brit. Acad. 65, 1981, 113-169, unter dem Titel: Eine performative Theorie des Rituals); U. Wirth (Hg.), Performanz: zwischen Sprachphilosophie und Kulturwissenschaften, Frankfurt a. M. 2002; D. Harth, Leib und Gedächtnis: über die Bedeutung rituellen Handelns für die Konstruktion und Interpretation symbolischer Ordnungen, Forum Ritualdynamik 4, Heidelberg 2003. Siehe nochmals Kap. 4, Anm. 8. – Analytisch kaum ergiebig, da nicht über eine Darstellung von Einzelquellen hinausgehend, der Abschnitt zur schriftlichen Fixierung von Orakeln bei Rosenberger, Orakel 166-172.

abzuheben ist.[352] Das Götterbild bezieht seine fortdauernde Abwehrkraft eben aus dem Orakeltext, der darum mit ihm unauflöslich verbunden wird: Das Orakel verkündet die Kraft der Statue des bogenschießenden Gottes, seine Worte legen dem materiellen Objekt die verläßliche Bedeutung bei, die es fortan besitzt:[353] Auch wenn das Ritual nicht mehr abläuft, ist damit die schützende Wachsamkeit des Gottes sichergestellt.

Damit leistet die Monumentalisierung von Orakeln, die die erfolgreiche Kommunikation mit den Göttern im eigentlichen Sinne ›festschreibt‹, damit sie bei Bedarf wieder aufgerufen werden kann, eine Kontinuierung religiöser Handlungsmuster, die sonst durch die Periodizität von Opferkalendern und wiederkehrenden Festen erreicht wird. Damit kommt der in seiner Wirkmächtigkeit dauerhaft konservierte und jederzeit wieder aktivierbare Text in der Funktion einem Amulett gleich, das selber imstande ist, seinen Besitzer bei drohender Gefahr zu schützen.[354] Das im Text festgehaltene

---

352 Siehe oben S. 106-109 mit Anm. 195f. zu der entsprechenden Bestimmung in Hierapolis, **Klaros 4**,18-20, und zu Kontinuitäten im christlichen Bezugsrahmen.

353 Graf, Power of the word 98f.: »The written amuletic text is not different from the amuletic statue or image ... the statues derived their power from the way they were fabricated or consecrated ... thus, although they are not part of an ongoing ritual, they retain the memory of a ritual process that conferred power onto them, or of a preceding ritual that made clear what power they had.«

354 Graf ebd. 98, ausgehend von den an die Häuserwände geschriebenen Zauberformeln zum Schutz gegen Feuer, die Plin. Nat. hist. 28,20 anführt: »Here, ritual is absent, as is actual utterance: the text in its written form seems powerful enough to fulfill its purpose, to keep away danger: the text functions as an amulet.« – Ich verdanke F. Graf die Anregung, diese Funktion der monumentalen Verschriftlichung der ursprünglich mündlich kommunizierten Orakelbescheide genauer herauszuarbeiten.
Vergleichbar, wenn auch in der Pragmatik der Texte abweichend, ist die Funktion der aus Lydien bekannten Votivstelen zu verstehen, die gemeinhin als ›Beichtinschriften‹ angesprochen werden. Hier spricht nicht die Gottheit zu ihren Verehrern, sondern der in seinem Verhältnis zur Gottheit betroffene Mensch wendet sich an den Betrachter. Die Erzählung des Anhängers der Gottheit über seine ›Verfehlung‹, die göttlichen ›Strafen‹, die er – uneinsichtig – deswegen hinzunehmen hatte, und schließlich seine geläuterte Einsicht in das Vermögen der Gottheit, die sich in der Errichtung der Stele manifestiert – dies die feststehende narrative Sequenz –, beabsichtigen die Verherrlichung ihrer Macht, Größe und ihrer vom Gläubigen wiedererlangten Zugewandtheit. Mit dem Ausdruck der individuellen Dankbarkeit des Gläubigen ist die Funktion dieser Votive aber nur unvollständig beschrieben: Durch die Monumentalisierung und öffentliche Sichtbarmachung der Erzählung wird aus der Aretalogie der Gottheit, ähnlich wie bei den Pestorakeln, etwas über die aktuelle rituelle Situation (des flehenden Gebets und der preisenden Anrufung) Hinausreichendes: Es wird Erinnerung konstituiert, die über den Moment hinauswirken wird; der monumentalisierte Text – oft mit der Darstellung des Dedikanten im Gebetsgestus darüber – wird zum μαρτύριον. Hierauf hat N. Belayche den Akzent gelegt: Les stèles dites de confession: une religiosité originale dans l'Anatolie impériale?, in: L. de Blois/P. Funke/J. Hahn (Hg.), The impact of imperial Rome on religions, ritual and religious life in the Roman empire, Proc. of the 5th Workshop of the international network Impact of Empire (Roman empire, 200 B.C.–A.D. 476), Münster, June 30–July 4, 2004, Impact of Empire 5, Leiden 2006, 66-81, bes. 67f. 80f. Vgl. auch dies., ›Au(x) dieu(x) qui règne(nt) sur ...‹: *basileia* divine et fonctionnement du polythéïsme dans l'Anatolie impériale, in: A. Vigourt u.a. (Hg.), Pouvoir et religion dans le monde romain: en hommage à Jean-Pierre Martin, Paris 2005, 257-269; dies., Rites et »croyances« dans l'épigraphie religieuse

Ritual hatte seine Funktion im zeitlichen Kontext, in den hinein das Orakel gesprochen war; es muß bei erneutem Auftreten der Bedrohung nicht wiederholt werden, damit das Orakel selbst seine apotropäische Wirkung entfalten kann: Dies leistet der nach Art eines Amuletts aufgeladene Text selbst, darum hält man ihn für die Zukunft fest.

---

de l'Anatolie impériale, in: Rites et croyances dans les religions du monde romain, Entretiens sur l'Antiquité classique 53, Vandœuvres/Genf 2007, 73-103 (Diskussion 104-115).

So sagen in der Inschrift Corp. Monum. Religionis Dei Menis 1,63,5-7 die der Artemis Anaïtis und dem Men von Tiamos dedizierenden Eheleute von sich: μαρτυροῦντες τὰς δ[υνά]μις τῶν θεῶν ἀπέδω[καν] τὴν εὐχήν. Die errichtete Stele als Objekt ist ein μαρτύριον der Größe und des Wirkens der Gottheit ebenso wie die auf ihr festgehaltene Erzählung, die im geschilderten Leiden des Dedikanten ebenso das göttliche Handeln festhält. Dabei ist die schriftliche Fixierung der εὐλογία von entscheidender Bedeutung; der Akt der Aufzeichnung wird in den Texten auch explizit mit dieser Funktion in Verbindung gebracht: Men ἐκέλευσε ἐνγράψαι τὰς δυνάμις τοῦ θεοῦ (Petzl, Beichtinschriften 65,6f.); ebenso sagt der Gläubige von sich ἀνέγραψα τὰς δυνάμις τοῦ θεοῦ (11,7f.). Die Aretalogie im Gewand der persönlichen Erzählung bleibt als μάρτυριον aber nicht auf den Dedikanten beschränkt, sondern entfaltet einen adhortativen Sprechgestus gegenüber künftigen Betrachtern des Monuments: Die fromme Erzählung wird dem Gott noch weitere Anhänger gewinnen, die durch die Lebensgeschichte seines Verehrers von dem Erweis seiner Wirkmächtigkeit überzeugt werden. Die Schriftlichkeit der Erzählung in ihrer öffentlichen Sichtbarkeit erhält dadurch eine Funktion in der Kultpropaganda: »l'action de grâce permanente, voire catéchétique – sinon prosélyte«, Belayche, Les stèles … (wie zuvor) 68; ebd. 80: »La stèle objective la transformation du fidèle« und kann dadurch dem Gott neue Verehrer zuführen. Dabei spielt die Schriftlichkeit mit der Ikonographie zusammen, s. ebd. 81 zur Darstellung des Oranten: »Sa représentation appuyée sur un texte lui-même arétalogique confère à l'objet-stèle une fonction prosélyte dans laquelle l'image intensifie les mots.«

Die ›Beichtinschriften‹ sind derzeit Gegenstand intensiver Diskussion, vgl. neben den zuvor genannten Arbeiten A. Chaniotis, Illness and cures in the Greek propitiatory inscriptions and dedications of Lydia and Phrygia, in: Ph.J. v. d. Eijk/H.F.J. Horstmanshoff/P.H. Schrijvers (Hg.), Ancient medicine in its socio-cultural context: papers read at the congress held at Leiden University, 13-15 April 1992, Bd. 2, Amsterdam 1995, 323-344; ders., Under the watchful eyes of the gods: aspects of divine justice in Hellenistic and Roman Asia minor, in: S. Colvin (Hg.), The Greco-Roman East: politics, culture, society, Yale Stud. in Class. Philol. 31, Cambridge 2004, 1-43; R. Gordon, Raising a sceptre: confession-narratives from Lydia and Phrygia, JRA 17 (2004) 177-196; F. Graf, Confession, sin, and ancient societies, in: B. Luchesi/K. v. Stuckrad (Hg.), Religion im kulturellen Diskurs: Festschrift für Hans G. Kippenberg zu seinem 65. Geburtstag, Berlin 2004, 259-271; E.J. Schnabel, Divine tyranny and public humiliation, NT 45 (2003) 160-188; vgl. SEG 53,2221. Eine interessante soziolinguistische Analyse liefert C. Brixhe: Individu, langue et communauté sociale: à propos des confessions païennes du Moyen Hermos, in: C. Consani/L. Mucciante (Hg.), Norma e variazione nel diasistema greco: colloquio di Chieti-Pescara, 30 sett.–2 ott. 1999, Alessandria 2001, 101-108 (Bull. ép. 2003, 463).

In der römischen Religion ist das Verhältnis von Ritual und Schriftlichkeit ein zentrales Thema, das in jüngerer Zeit vermehrt Aufmerksamkeit erfahren hat. Wichtige Grundlagen haben die Arbeiten von J. Scheid (vgl. zuletzt: Oral tradition and written tradition in the formation of sacred law in Rome, in: C. Ando/J. Rüpke, Hg., Religion and law in classical and Christian Rome, Potsdamer Altertumswiss. Beitr. 15, Stuttgart 2006, 14-33), M. Beard (etwa: Writing and religion: »ancient literacy« and the function of the written word in Roman religion. Question: What was the role of writing in Graeco-Roman paganism? In: dies. u.a., Literacy in the Roman world, JRA Suppl. Ser. 3, Ann Arbor 1994, 35-58) und – mit abweichenden Akzenten – D. Feeney (Literature and religion at Rome: cultures, contexts, and beliefs, Cambridge 1998) gelegt. Für den aktuellen Stand vgl. die Beiträge in A. Barchiesi u.a. (Hg.), Rituals in ink: a conference on religion and literary production in ancient Rome held at Stanford University in February 2002, Stuttgart 2004;

Es liegt nahe, diese Möglichkeit der Ablösung vom ursprünglichen Anlaß und der Öffnung für Rekurrenz an den offenbarenden Charakter des Textes zu binden: Weil er einen mit der Autorität der göttlichen Stimme versehenen Ausschnitt aus der höheren Einsicht der Götterwelt darstellt, die über die Kenntnis der kausalen Zusammenhänge im Kosmos verfügt, kann ihm auch jenseits des primären Anlasses die gleiche Verläßlichkeit und Effizienz zukommen wie durch Tradition und Kultsatzungen etablierten Opfern und Festen.

---

darin bes.: J. Rüpke, Acta aut agenda: relations of script and performance, 23-43 (zuvor als: Acta aut agenda: Schrift-Performanz-Beziehungen in der römischen Religionsgeschichte, in: B. Kranemann/ders. (Hg.), Das Gedächtnis des Gedächtnisses: zur Präsenz von Ritualen in beschreibenden und reflektierenden Texten, Europ. Religionsgesch. 2, Marburg 2003, 11-38). Siehe auch Kap. 4, S. 562-564 mit Anm. 18.

355 Graf, Power of the word 99, spricht mit Blick auf magische Rezepte in den Zauberpapyri, die vom Anwender aufgeschrieben und als Amulette bei sich getragen werden sollen, von »frozen voices that repeat the ritual text over and over ... the power of the inscribed amuletic word is based on the ritual whose memory it retains as long as the text is written ... that is that the voice is not muted«. Prominentes weiteres Beispiel für derart die Funktion von Amuletten erfüllende Texte sind die sog. Orphischen Goldblättchen, die dem Toten, mit dem sie begraben wurden, göttlich autorisiertes und damit verläßliches Wissen über die Orientierung im Jenseits und die dort drohenden Gefahren mit auf seinen Weg gaben. Auch sie beziehen sich auf ein Ritual, nämlich das der Einweihung des nun Verstorbenen in die dionysischen Mysterien, und dort zelebrierte *makarismoi* zurück und halten die in dieser außerordentlichen Erfahrung vermittelte Botschaft präsent. – Die Literatur zu den Goldblättchen ist unüberschaubar geworden; hier sei verwiesen auf C. Riedweg, Initiation – Tod – Unterwelt: Beobachtungen zur Kommunikationssituation und narrativen Technik der orphisch-bakchischen Goldblättchen, in: F. Graf (Hg.), Ansichten griechischer Rituale: Geburtstagssymposium für Walter Burkert, Castelen bei Basel, 15.-18. März 1996, Stuttgart 1998, 359-398, bes. 387-389; dens., Poésie orphique et rituel initiatique, RHR 219 (2002) 459-481; sowie nun F. Graf/S.I. Johnston, Ritual texts for the afterlife: Orpheus and the Bacchic gold tablets, London 2007, h. 165-184, bes. 183f. Graf/Johnston unterscheiden mehrere Klassen von Täfelchen nach ihrer kommunikativen Funktion: Der Charakter der einen Gruppe ist ›informativ‹/›instruktiv‹ (Wegleitung im Jenseits) bzw. ›mnemonisch‹ (Wiederaufrufen des Einweihungsrituals); die Wirkung der anderen, für die sie den Begriff der »proxy type tablets«, »Stellvertreter-, Vollmachtstäfelchen«, vorschlagen, hingegen ›performativ‹: Die materialisierte und dadurch konservierte ›Stimme‹ des dem Verstorbenen mitgegebenen Texts selbst öffnet ihm als *symbolon* die Tore zum Hades. Graf/Johnston orientieren sich dabei am sprachwissenschaftlich geprägten Begriff der ›Performativität‹ (die »performative function ... focuses on causing things to happen by virtue of the text's very existence«, der »instantly effect[s] the desired change«) und beziehen sich in der Anwendung dieser Taxonomie auf religiöse Texte auf S. Gill, Nonliterate traditions and holy books, in: F.M. Denny/R.L. Taylor (Hg.), The holy book in comparative perspective, Columbia, S.C. 1985, 224-240, sowie auf die Aufnahme des Konzepts bei D. Frankfurter, Sacred texts and canonicity: introduction, in: S.I. Johnston (Hg.), Religions of the ancient world: a guide, Cambridge, Ma., 622-633. Zum davon abweichenden Gebrauch des Konzepts der ›Performanz‹ in der hier vorliegenden Arbeit s. zuvor Anm. 351.

Die Verselbständigung von niedergeschriebenen Texten, die von ihrem ursprünglichen (literarischen oder pragmatischen) Kontext abgelöst werden und die Funktion von Amuletten annehmen, lebt in der Alltagsreligion der byzantinischen Zeit weiter (Hinweis von F. Graf), wo ihre magische Verwendung sich problemlos in den christlichen Kontext einzufügen vermochte. Vgl. etwa E. Dauterman Maguire/H.P. Maguire/M.J. Duncan-Flowers (Hg.), Art and holy powers in the early Christian house, Illinois Byzantine Stud. 2, Urbana, Ill. 1989, 16f.; C. Bonner, Studies in magical amulets, chiefly Graeco-Egyptian, Univ. of Michigan Stud., Humanistic Ser. 49, Ann Arbor

Die Stimme des Gottes, die in der historischen Situation den Ausweg gewiesen hat, kann mithilfe der Schrift auf dem Stein lebendig erhalten werden:[355] Kehrt die Not zurück, können die Verehrer des Gottes sein vor Unheil und Verderben rettendes Wissen wieder abrufen.

1950, 215; J. Spier, Medieval Byzantine magical amulets and their tradition, J. Warburg Courtauld Inst. 56 (1993) 25-62, bes. 29-31; R.P.H. Greenfield, A contribution to the study of Palaeologan magic, in: H. Maguire (Hg.), Byzantine magic, Washington 1995, 117-153, h. 131-135.
Die monumentalisierten Pestorakel unterscheiden sich von diesen Beispielen allerdings doch darin, daß hier ausführliche, argumentierende Texte, die in einen präzise zu benennenden situativen Zusammenhang hinein gesprochen wurden und eine klare pragmatische Dimension in diesem Kontext aufweisen, aus dem performativen Rahmen herausgelöst und konserviert werden: Das Handlungs- und Ritualprogramm, das der Gott in der damaligen Situation in einem adhortativen Sprechgestus zur unmittelbaren Ausführung mitgeteilt hat, ist nicht zur späteren Wiederholung im Bedarfsfall bestimmt – der Text steht dann für sich alleine. Die Aufzeichnungsklausel in einem Volksbeschluß aus Stratonikeia über den Doppelkult von Zeus und Hekate in der Stadt und im Panamareion von Lagina macht die transformative Funktion deutlich: Die Inschrift soll an einer genau bezeichneten Stelle im Buleuterion aufgestellt werden πρὸς τὴν αἰωνίαν διαμονὴν τῆς εὐσέβειας τῶν θεῶν (I.Stratonikeia 1101 = LSAM 69 = McCabe, Stratonikeia [PHI # 7] 5, 6-9; zu dieser Inschrift u. Anm. 788f.). In den magischen Amuletten werden demgegenüber Texte wiederverwendet, die zwar auch handlungsorientiert sind, etwa Anrufungen aus Gebeten, aber nicht in einem definierten historischen Kontext stehen; ihre pragmatische Dimension ist darum direkter wiederaufzurufen. Einige Beispiele für ausführliche, narrative Texte als Amulette bei Greenfield ebd. 133 m. Anm. 46; bes. die Geschichte vom Sieg über den Dämon Gylou: ebd. 127 Anm. 23, ders., Saint Sisinnios, the archangel Michael and the female demon Gylou: the typology of the Greek literary stories, Βυζαντινά 15 (1989) 83-142.
Die kommunikative Funktion, die der sakralisierte Text im Amulett erfüllt, konnte auch im Medium des Bildes realisiert sein – die Umkehr des Abstraktionsvorganges, der in der Produktion des Bildes als Zeichen gelegen hatte, läßt sich in seiner Rematerialisierung ebenso beobachten wie bei dem als aufgeschriebenem Text verfestigten gesprochenen Wort. Im byzantinischen Kontext fällt dabei auf, daß eigentliche Reliquien und Bilder als Objektgruppen verschmelzen. Bilder von Heiligen oder heiliger Orte auf den Außenseiten von Reliquienbehältern, die um den Hals getragen wurden, sind von den Reliquien selbst, die darin mitgeführt wurden, funktional nicht mehr unterscheidbar: Beider Berührung ist wundertätig, und die Übertragung kann soweit gehen, daß Bilder aus eßbarem Material hergestellt wurden, deren Verzehr Heilung bringen sollte. »Das Bild hat in diesen Fällen keine selbständige Existenz, sondern ist Zeichen des Heiligen, auf das dessen Heilkraft übertragen schien«, schließt daraus H. Belting, Bild und Kult: eine Geschichte des Bildes vor dem Zeitalter der Kunst, München ^{2}1991, 73f. Bemerkenswert ist, daß dieser Aufladung des Bildes seine Reproduzierbarkeit keinen Abbruch tut: Bilder aus den Wallfahrtsorten mächtiger Heiliger, die zuvor mit dem Körper des Heiligen (auch zu Lebzeiten), mit seinem Grab oder Kultbild in Berührung gebracht worden waren, wurden massenhaft produziert und über große Reichweiten vertrieben – man schrieb ihnen deswegen keine geringere Wirkung zu (Belting ebd.).
Die Positionen in der ideologischen Bewertung der Verschmelzung von Abbild und heiligem Objekt im Bilderstreit des 8. Jh. in Byzanz behandelt P. Brown, A dark age crisis: aspects of the iconoclastic controversy, in: ders., Society and the holy in late antiquity, London 1982, 251-301 (zuerst: English Historical Rev. 88, 1973, 1-34), h. 257-259. Ebd. 277-280 zur Mobilität von Ikonen seit dem 6. Jh.: »The sense of living in a world with frequent interchange pushed to the fore the standardized images of universal figures – icons of the Christ and the virgin.« Brown sieht darin – gewiß zutreffend – eine Verlängerung paganer Entwicklungen, wo die traditionelle Ortsgebundenheit der Kulte ebenfalls von Elementen der Beweglichkeit überlagert wurde, und führt dazu Robert, Hell. 13,124, an: »De plus en plus, au cours de l'époque hellénistique et de l'époque romaine, il y a des transferts de culte, des transferts de copies de statues divines. En face des cultes locaux s'établit le grand dieu, aux pouvoirs éprouvés, sous la forme canonique de son

2.1.4 Visionen eines Orakelpriesters in mantischer Ekstase, Vernichtungsopfer und helfende Götterbilder als Heilmittel und ein Vorausgriff Apollons auf die Wiederkehr des Unheils: Das ›Pestorakel‹ für Kallipolis auf der thrakischen Chersones

ὁ δῆμος κατὰ χρησμὸν

Ἀρφείης υἱῆϊ τετειμ‹έ›νον ἱερὸ[ν ἄστυ
ἀρχαίων ἵδρυμα [- - -
τίπτε πέρας πό[ντου νυ ἐμὴν φάτιν ἐξερέεσθε
εἰ χαῖνον πελάσε[ιεν ἄχος - - -

τί μ' ὑπὸ σπλάνχν[οις - - -
στόματος [- - -
βαιὴ δ' ἀγ‹ῶ›να ι[- - -
βάρυται κραδίη τ[- - -

φεῦ, φεῦ δι' αὐτῶν ν[ῦν φρενῶν στείχει βέλος
ἄχους ἐφορμαίνοντ[ο]ς α̣λ̣[- - -
βρότοις ἔπεισι πῆμ[α. . . . . . .]ΕΙΣ[. . . .]Σ
πέμπειν Δ[. . . . . πέμ]πεται λεγο[. . . .]μη

φονῶσαι [. . . .]Υ[. . . . .] τὰ μὲν κείνου νόος
ἕ̣ρδοι, τὰ δ' α[ὖ . . .]οιο[.] ἔνκειται πέδῳ
[. . . . . . .]χε̣ι̣ν̣ γυμνασθε[- - -
[. . . . .]Ε[. . .]Σ σευήσομαι

[. . . . .] κ̣ατευχῆς εἰ δέος
ὡς ἐς μυχο‹ὺ›ς κευθμῶνος ἀίξωσι ἄφαρ,
ὅπη τὸ [Τ]αρτάρειον εἴδεται βάθρον.
ἀλλ' ὦ κραταιόχειρες οἰκηταὶ πέδου,

εἰ δή νύ περ μήδεσθε ἄχο̣υ̣ς λε̣ύσειν ὑπεξάλυξιν,
ἔρδειν ὑπουδαίοις θεοῖς, εὖ [ἵ]σθ' ἕ̣κ̣αστα, λοιβάς,
καὶ τῷ μὲν Εὐχαίτῃ ταμεῖν κνηκόν, θεῇ δὲ μ̣ῆλον,
κελαινὰ δ' ἄμφω, ῥεζ[έ]με[ν]· βόθρους δ' ἐπὴν ἐσέλθῃ

αἷμα μέλαν, τότε δὴ 'π̣ιχύτην καταχεῦσαι ὕπερθεν
σὺν ἀθροῖσιν ἄκεσσι· τὰ δ' αὐτίκα δαινύσθω φλόξ
εἶθαρ σὺν θυέεσσι καὶ εὐόδμοις λιβάνοισι·
καὶ δὲ νυ πυρκαϊὴν χρὴ ἀφη[δῦ]ναι αἴθοπι οἴνῳ

idole. Le prosélytisme répand des dieux qui deviennent universels.« Roberts Überlegungen, der das Beispiel der von Pergamon ausgehenden Asklepios-Kulte heraushebt, knüpfen an die Bedeutung des Wortes ἀφίδρυμα ›Kopie eines Kultbildes‹ an; vgl. dazu hier Kap. 3, Anm. 394.

καὶ πολιῷ γλάγεϊ, στῆσαι δέ νυ κ[α]ὶ προ[π]ύλαιον
τοξοφόρον Φοῖβον, λοιμοῦ ὑποσευαντῆρα·
εἰ δ' [ἑτ]έρῃ δ‹ήμ›ῳ στ‹υ›[γε]ρὴ πελάσειεν ἀνείη
μήδ[ε]σ‹ι›ν ἀ‹ν›δροελ‹έσ›σιν, ἐ‹λ›εύσεται εἰσέτι ποινή.

ἐπιμεληθέντων τῶν ἀρχόντων | καὶ ταμιῶν Τ. Φλαβίου Διογειανοῦ | καὶ Τι. Κλαυδίου Σεβήρου.

(Text nach Merkelbach/Stauber, mit Ergänzungen von Kaibel und Buresch)

Übersetzung

Das Volk (hat) nach einem Orakelspruch (die folgende Inschrift aufzustellen beschlossen):

Heilige Stadt, vom Sohn der Arpheia geehrt,
eine Gründung der Alten …
Warum erfragt ihr nun von jenseits des Meeres meinen Spruch,
wenn sich ein Unheil mit weit aufgerissenem Schlund nähert …

Wie mir in den Eingeweiden …
des Mundes …
eine kleine … den Kampf …
bedrückt ist das Herz …

Weh, weh, mitten durch den Sinn dringt jetzt das Geschoß,
wenn das Unglück mit Gewalt heranstürmt …
greift Leid die Sterblichen an …
zu senden … wird gesandt …

dahinzumorden … einerseits dessen Sinn
es vollbringe, andererseits … steht in der Ebene
… aufgerieben (entkleidet?) …
… will ich sie verjagen

… wenn sie Furcht vor der Verfluchung haben,
damit sie geradewegs in den hintersten Winkel der Höhle davonstürzen,
wo der tiefste Grund des Tartaros erscheint.
Nun, ihr starkarmigen Bewohner der Ebene,

wenn ihr also sehr darauf sinnt, einen Weg des Entrinnens aus dem Unglück zu erblicken,
dann bringt den unterirdischen Göttern Trankspenden dar – wißt gut ein jedes, das zu tun ist! –
und dem Schönhaarigen opfert einen Ziegenbock, der Göttin ein Schaf,
von schwarzer Farbe beide. Wenn dann in die Grube hinabfließt

das schwarze Blut, dann gießt aus von oben herab hinzu eine weitere Spende
mit allen Heilmitteln zusammen darin: Sogleich soll dann die Flamme sie verzehren,
unverzüglich gemeinsam mit den Opferstücken und dem wohlriechenden Weihrauch.
28 Dann müßt ihr die Flammen süß machen mit feurigem Wein

und grauer Milch, und außerdem vor den Toren der Stadt aufstellen
den Bogenträger Phoibos, der die Seuche verscheucht.
Wenn aber ein weiteres furchtbares Unheil sich dem Volk nähert
32 mit männermordenden Absichten, wird auch noch Vergeltung kommen.

Die Archonten und Schatzmeister Titus Flavius Diogenianus und Tiberius Claudius Severus haben für die Aufzeichnung gesorgt.

Form des Monuments, metrische Struktur des Orakeltextes. Anrede an die Konsultanten und Erkundigung nach ihrem Anliegen.

Schon mehrfach ist in der Diskussion der bisherigen Texte auf das Orakel aus Kallipolis[356] vorverwiesen worden, insbesondere in der Erörtertung des nahe verwandten Bescheids für die Bürger von Kaisareia Troketta. Auch hier handelt es sich wieder um ein langes Versorakel von 32 Versen; dadurch, daß, jeweils in Prosa, zu Anfang der Aufstellungsbeschluß und am Schluß der Inschrift die Angabe der Magistrate, die für die Steinaufzeichnung und Aufstellung des Orakels verantwortlich zeichnen, erhalten sind, können wir sicher sein, daß wir das vollständige Orakel auf dem Stein vorliegen haben. Dieser ist schon lange bekannt, dann im 19. Jahrhundert noch zweimal revidiert, schließlich von Buresch als klarisch erkannt und der Gruppe der ›Pestorakel‹ zugeordnet worden.

Kallipolis liegt auf der thrakischen Chersones und damit im Raum der Propontis zwar durchaus im nördlichen Ausstrahlungsbereich des klarischen Orakels,[357] bildet jedoch zusammen mit den beiden Bescheiden, die Delegationen von der westlichen Pontosküste eingefordert haben,[358] die

356 **Klaros 9**: H. Kiepert/I. Franz, Annali dell'Ist. Arch. di Roma 14 (1842) 136-138 Nr. 1 (die Subscriptio war schon früher bekannt, CIG 2012). Auf Kiepert beruht die Wiedergabe bei Kaibel 1034. Neue Revision des Steins durch J.H. Mordtmann, AthMitt 6 (1881) 260-264, h. 261. Buresch, Klaros 81f., gibt den Text unter Rücksicht auf beide Vorgänger. Zuletzt aufgenommen von Th. Krauss in das Corpus von Sestos, I.Sestos (IK 19) 11, danach bei Merkelbach/Stauber, Klaros. – Literatur: G. Kaibel, Hermes 19 (1884) 261 Nr. 7; J. Keil, ebd. 20 (1885) 630; Buresch ebd. 81-86; H. v. Prott, AthMitt 24 (1899) 257; Ch. Picard, BCH 46 (1922) 190-197; Weinreich, Apollon Propylaios 199-206; Gilliam, Plague 235; Wiseman, Plague 179; Robinson, Theological oracles 71. 287-290; Parke, Apollo in Asia 150-157; Várhelyi, Claros 19-21; Huber, Seuchenabwehr 141f.

357 Vgl. die Antworten für Nikomedeia (**Klaros 13**) und Kios (**Klaros 14**) in Bithynien.

kleine Gruppe von Orten auf dem europäischen Festland, aus denen Anfragen bei dem ionischen Orakelkult bezeugt sind.

Das Orakelgedicht folgt einem System von acht Strophen zu je vier Versen, von den freilich die ersten vier stark beschädigt sind, so daß sich hier nur noch Anhaltspunkte für Inhalt und Gedankenentwicklung ergeben; meist sind in dieser Partie die Versanfänge noch am besten erhalten.

Die enge Verwandtschaft zum Orakel für Troketta zeigt sich sogleich durch das Merkmal der metrischen Vielfalt: Auf eine erste Strophe in Hexametern – auch das trokettenische Orakel begann mit hexametrischen Langversen – folgt eine Strophe in Anapästen; der Hauptteil ist durch Iamben gekennzeichnet, auf drei Strophen aus iambischen Trimetern folgt eine weitere mit katalektischen iambischen Tetrametern; zwei Systeme wiederum aus Hexametern beschließen das Versorakel. Da die Polymetrie das exklusive Kennzeichen der beiden Versorakel aus Troketta und Kallipolis ist,[359] möchte man gerne annehmen, daß derselbe Orakeldichter hier am Werk gewesen ist – die Übereinstimmungen in Diktion und Stil verleihen dieser Vermutung zusätzliches Gewicht.

In der schon vertrauten Weise beginnt das Orakel mit der Anrede an die Konsultanten, die offenbar einen Verweis auf den Kult des Gründerheros der Stadt enthält: Die Anknüpfung an die lokale Mythologie verbindet sich mit dem konventionellen Bezug auf die Hauptkulte der konsultierenden Stadt, wie wir es bereits mehrfach beobachtet haben. Kallipolis, ἱερὸν ἄστυ und ἀρχαίων ἵδρυμα, ist *»geehrt vom Sohn der Arpheia«*; die mythologische Gestalt ist uns nicht bekannt, aber nach analogen Bildungen von Stadtnamen mit einem Bestandteil, der durch den Namen des eponymen Gründers geliefert wird,[360] könnte man in Arpheia die Mutter eines *ktistes* Kallias sehen. Die Tatsache der kultischen Verehrung in der Heimatstadt der Konsultanten wird auch hier wieder mit τετειμένον bezeichnet, fast gleichlautend wie in Troketta und Pergamon.[361]

An die Anrede schließt sich offenbar, wie im Orakel für Troketta, der Ausdruck des Erstaunens des Gottes über die Ankunft der Gesandtschaft und die Frage nach ihrem Anliegen an: *»Warum denn kommt ihr von jenseits des Meeres ...?«* Der erhaltene Beginn dieses Verses läßt auf eine enge Parallele der Formulierung zur entsprechenden Partie im Orakel für Troketta schließen, so daß hier auch *exempli gratia* eine plausible Ergänzung des Wortlautes versucht worden ist.[362]

358 **Klaros 18** für Odessos und **Klaros 10** für Ulpia Anchialos.

359 Anapäste übrigens auch im Orakel Apollons über den ἐπάναγκος, Porph. Philos. ex orac. 348 F Smith (= Eus. PE 5,8,10).

360 Etwa Abonuteichos als Ἀβώνου τεῖχος und Miletupolis als Μιλήτου πόλις.

361 τετειμένον von Kaibel hergestellt. **Klaros 2**,2 τιεσκόμενοι, **8**,2 τειόμενοι.

362 Buresch, Klaros 81, ergänzte e.g. τίπτε πέρας πό[ντου νυ ἐμὴν φάτιν ἐξερέεσθε im Lichte von **Klaros 8**,3f. τί δὴ νύπερ τεθηπό[τ]ες βηλῷ προσοιμέεσθε κτλ. Vgl. die Bespre-

Möglicherweise war hier auch erneut das Motiv der Ungehaltenheit des orakelgebenden Gottes über die Störung ausgestaltet; gewiß aber erfolgte die förmliche Erkundigung nach dem Anliegen – das ja im realen Ablauf der Konsultation dem Gott bereits durch die vorausgehende Einreichung der Anfrage durch den *theopropos* bekannt war. So scheint Apollon auch sogleich im nächsten Vers die Antwort auf seine eigene Frage geliefert zu haben; bereits hier am Ende der ersten Strophe war wohl schon von der Seuche die Rede.[363]

Der Orakelpriester als inspirierte Stimme seines Gottes schildert seine mantische Ekstase und seine Vision der verhängnisvollen Seuche. Die kommunikative Funktion dieser Vergegenwärtigung und ihre Transformation durch die Monumentalisierung des Orakels: Die Stabilisierung der göttlichen Botschaft. Apollon verflucht die Pestdämonen in die Unterwelt: Antagonismen zwischen den transzendenten Mächten. Eine dreiseitige Kommunikationsstruktur: Orakelgott, Unheilsmächte und hilfesuchende Menschen.

In der zweiten Strophe wechselt, soweit es sich noch erkennen läßt, die Perspektive von der Ausgangslage der Konsultanten wieder zum Sprecher des Orakels, wie es bereits in dem Motiv der Überraschtheit und Verwunderung des Gottes angesichts des Erscheinens der Gesandtschaft der Fall war. Die erhaltenen Bruchstücke lassen unzweifelhaft deutlich werden, daß es hier um den inspirierten Orakeldichter geht, der sprachlich nicht von der Person des Gottes getrennt wird, dessen Botschaft er vermittelt:[364] So wie sonst in der 1. Person der Versorakel stets Apollon selbst sprechend zu verstehen ist und der *prophetes* bzw. *thespiodos* nicht als eigene Persönlichkeit im Orakeltext erkennbar wird, obwohl er den Bescheid den Konsultanten doch tatsächlich übermittelt und vermutlich im Wortlaut – also unter Beibehaltung der 1. Person – vorgetragen hat, so werden hier offenbar die Symptome der mantischen Ekstase des Orakelpriesters in einer Art »Echtzeitdarstellung« geschildert. Dem Gegenstand angemessen ist das dafür gewählte Metrum der dramatisierenden Anapäste.

Daß nun der Orakelpriester spricht, der in mantischer Ekstase vom Gott ergriffen wird, muß freilich nicht eigens als Sprecherwechsel im Text markiert werden – eine Scheidung zwischen dem Gott und seinem menschli-

---

chung des Topos mit weiteren Beispielen o. S. 138-140. πέρας πόντου nimmt aus der Perspektive des kleinasiatischen Orakels auf die Lage der Stadt am europäischen Ufer der Ägäis Bezug.

363 V. 4 εἰ χαῖνον (zu χάσκω, *»gähnend, den Schlund aufreißend«*) πελάσε[ιεν ἄχος Buresch.

364 Es muß betont werden, daß die hier folgenden Ausführungen nur mit Vorsicht gemacht werden können, da sie sich nur auf die wenigen erhaltenen Bruchstücke dieser Verse stützen können.

chen Sprachrohr wird konzeptionell gar nicht durchgeführt. Es kann vielmehr formal ein gleitender Übergang gestaltet werden, ohne daß das sprechende Subjekt wechselte: Der Orakelpriester hat eine intermediäre Position zwischen Gott und Menschenwelt und gehört auf beide Seiten – indem der Orakelpriester von sich spricht, hören wir doch auch immer noch den Gott, und genauso geht die Sprecherrolle in der Folge ohne Einschnitt wieder auf den Gott selbst über. Wir finden hier also in der sprachlichen Durchführung das rituelle Phänomen der mantischen Ekstase, der physischen und mentalen Inbesitznahme des Mediums durch die sich mitteilende Gottheit, in direkt ablesbarer Weise übersetzt.

In dieser Partie sind offenbar verschiedene körperliche und die sinnliche Wahrnehmung betreffende Phänomene geschildert worden, die der unter dem Einfluß seines Gottes stehende Prophet an sich beobachtete und die Teil des Orakelspruchs geworden sind. Von diesen Wirkungen des medialen Zustandes scheinen vor allem innere Organe – die ja auch als Sitz der Emotionen galten – betroffen gewesen zu sein: Es heißt ὑπὸ σπλάγχνοις (V. 5), στόματος (V. 6) und βάρυται κραδίη.[365] In der Form einer direkten Schilderung solcher Ekstasephänomene mit ihren psychosomatischen Symptomen steht dieser Text meiner Kenntnis nach nicht nur unter den Orakelantworten aus Klaros und Didyma isoliert da.

Wir kennen Beschreibungen ritueller Ekstasen in verschiedenen Kontexten, doch stets aus einer mehr oder weniger distanzierten Beobachterperspektive (mit der Folge, daß wir die Verschiebungen, die durch den selektiven Blick von außen eingetreten sind, zumeist nicht abschätzen können). Eine Zwischenstellung nimmt die in der späteren Rezeption dessen, was als (weibliche) Gottergriffenheit verstanden wurde, außerordentlich wirksame Darstellung der Ekstase der Sibylle in der *Aeneis* ein,[366] bei der gleichfalls literarische Gestaltung vorliegt, die reflektierende Position des Autors allerdings verdeckt bleibt. Daß wir jedoch ein derartiges Selbstzeugnis im Orakel aus Kallipolis ungefiltert und aus erster Hand lesen, ist ein bemerkenswerter Sonderfall, so daß man nur umso mehr den schlechten Erhaltungszustand dieser Verse bedauern muß.

Wenn in der Folge die erhaltenen Fragmente den Schluß zulassen, daß hier wiederum die dramatischen Auswirkungen der Seuche mit prägnanten Bildern vergegenwärtigt wurden, so bestätigt sich darin die enge Ver-

---

365 βάρυται dürfte eine abweichende Bildung für βαρύνεται sein. Kaibel muß dieses Wort allerdings anders gedeutet haben, wenn er das nächste Wort versuchsweise zu τ[ετέρακται vervollständigt.

366 Verg. Aen. 6,77-80, wo der Autor die Rolle des Gottes als Subjekt des Geschehens in den Vordergrund rückt; der Prophet ist nurmehr Objekt der göttlichen Gewalt: *at Phoebi nondum patiens immanis in antro / bacchatur vates, magnum si pectore possit / excusisse deum; tanto magis ille fatigat / os rabidum, fera corda domans, fingitque premendo.* Diese Schilderung der gottbesessenen Sibylle war auch für das moderne Bild der Ekstase der Pythia prägend, vermutlich stärker als die Schilderungen bei Plutarch (Def. or. 51; Pyth. orac. 7).

wandtschaft mit dem trokettenischen Orakel: *»Weh, weh, mitten durch den [Sinn nimmt seinen Weg der Seuchenpfeil]«* ist der Auftaktvers dieses Abschnitts ergänzt worden, *»wenn die Not mit Gewalt herandrängt«* und *»zu den Sterblichen das Leid tritt«* lauten weitere Versanfänge dieser dritten Strophe[367] – das Metrum hat mit Beginn dieses Themas zu iambischen Trimetern gewechselt –, und danach ist vom *»Dahinmorden«* (φονῶσαι[368]) die Rede, was an das *»rächende Schwert«* und die *»leidvollen Bilder frisch getroffener Sterblicher«* im Text aus Troketta erinnert. Das Bruchstück ἔνκειται πέδῳ (V. 14) klingt an die mehrfache Nennung des πέδον in jenem Stück[369] an, und im Vers φεῦ, φεῦ, κραταιὸν πῆμα προσθρώσκει πέδῳ, | λοιμὸς δυσεξάλυκτος κτλ. des Orakels aus Troketta finden sich viele Elemente der hier betrachteten Passage, teils mit wörtlichen Entsprechungen, wieder.[370]

An den so eng verwandten Partien beider Orakel ist in jedem Fall bemerkenswert, daß das Orakel auf die Situation der Konsultanten, die ihrem Ersuchen um einen Bescheid zugrundeliegt, ausführlich eingeht. Auf den ersten Blick scheint das unter kommunikationstheoretischem Gesichtspunkt nicht unmittelbar einleuchtend: Der Wunsch der Konsultanten geht ja auf eine konkrete Handlungsanweisung aus, die ihnen in ihrer Malaise einen Ausweg eröffnet; ihre eigene Lage kennen sie ja selbst, und wenn der Gott sie noch dazu in solchen Schreckensbildern evoziert, scheint das zunächst kaum eine Erleichterung verschaffen zu können.

Aber ähnlich wie das Motiv des vorgeblich erstaunten Fragens nach dem Begehren der Klienten muß man auch diese Partien wohl in ihrer mittelbaren Funktion als *coping strategy* für die Bedrängten analysieren. Die Anfrage ist ja notwendig doch vorher bereits bei den Funktionären des Heiligtums eingereicht worden – wenn der Gott sich in seiner Antwort zunächst noch einmal unwissend gibt, liefert dies die Gelegenheit, innerhalb des Orakels selbst eine kommunikative Anfangsspannung aufzubauen, indem eine Dialogsituation im Moment der Orakelerteilung fingiert wird. Das sich anschließende nochmalige, eingehende Schildern der Notlage kann man vielleicht im Sinne eines psychotherapeutischen ›Abarbeitens‹ der traumatischen Erlebnisse durch deren erneute Vergegenwärti-

---

367 9 φεῦ, φεῦ δι' αὐτῶν ν[ῦν φρενῶν στείχει βέλος (Kaibel)… 10 ἄχους ἐφορμαίνοντ[ο]ς … 11 βρότοις ἔπεισι πῆμα … 12 πέμπειν δ[(in dieser Zeile sind nach ca. 8 Buchstaben Lücke noch eine Reihe weiterer Buchstaben erhalten, aus denen sich aber bislang kein Sinn hat gewinnen lassen).

368 Das Wort ist sonst nur bekannt aus Opp. Cyn. 4,192 πεφονωμένον ἔγχος, ›mit Blut befleckt‹.

369 **8**,6. 10. 25. 27. In **9**,20 werden die Konsultanten als κραταιόχειρες οἰκηταὶ πέδου apostrophiert.

370 φεῦ, φεῦ wörtlich **8**,6 ~ **9**,9, ebenso πῆμα **8**,6 ~ **9**,11; προσθρῴσκει **8**,6 ~ ἐφορμαίνοντος **9**,10, ἔπεισι 11; δυσεξάλυκτος **8**,7, ὑπάλυξιν 20 ~ ὑπεξάλυξιν **9**,21; κραταιόν **8**,6 findet eine gewisse Entsprechung in der Anrede der Kallipolitaner als κραταιόχειρες οἰκηταὶ in **9**,21.

gung verstehen – der Gott demonstriert seine Empathie, und umso prägnanter und den Hörern umso erwünschter schließt sich dann die Eröffnung von Auswegen aus der furchtbaren Situation durch konkrete rituelle Handlungsangebote an.

Dabei kann man ganz wie bei den rituellen Weisungen, bei denen Apollon auf die jeweiligen bestehenden lokalen Kultverhältnisse hin ausgerichtete Anordnungen trifft,[371] auch hier davon ausgehen, daß sich Details in der Schilderung der Ausgangssituation aus dem Bericht ergaben, den die Konsultanten beim Eintreffen im Heiligtum und in der Phase der Vorbereitung der eigentlichen Konsultation den Kultfunktionären gegeben hatten – wiewohl bei den mehrfachen Anfragen aus Anlaß der Seuche der Gott auch bereits über ein Repertoire an Bildern und Motiven verfügen mußte, auf die er dann in den einzelnen Bescheiden zurückgreifen konnte.

Trifft die Annahme zu, die Nachbildung der Anfragesituation und die empathische Schilderung der Not der Konsultanten habe eine emotionale Kompensationsfunktion für die Gesandtschaft erfüllt, die nach Klaros gekommen war, so ist zu fragen, wie sich diese im schriftlich festgehaltenen Orakeltext wandelt. Zunächst wohl vom klarischen Kultpersonal auf vergänglichem Material aufgezeichnet und dem *theopropos* übergeben, nach Rückkehr der Gesandschaft auf Beschluß der Stadt als Inschrift öffentlich aufgestellt und so dauerhaft fixiert, wurde er ja der unmittelbaren Kommunikationssituation entzogen, in die hinein die verlebendigenden Worte gesprochen waren.

Da die eigentlichen Empfänger des rettenden Spruchs aber ja die Stadt als ganze war, die Gesandtschaft nur als *pars pro toto* im Heiligtum vorstellig geworden war, dürfte es eben in der kommunikativen Pragmatik eines solchen Bescheides gelegen haben, daß mit seiner Verschriftlichung und Archivierung auch die emotionale Vergewisserung und Neuausrichtung transportiert wurde. So konnten die Leser der Inschrift in Kallipolis – in der aktuellen Bedrängnis ebenso wie auch später noch nach Überwindung der Krise – den empathischen Ausbruch des Propheten nachvollziehen und darin auch ihre eigene Gefährdung und nachfolgende Errettung nochmals symbolisch durchleben.

Ähnlich wie in der Weisung, apotropäische Standbilder Apollons aufzustellen, läßt sich hier erkennen, wie auch der Orakeltext selbst durch seine Überführung in eine monumentalisierte und damit permanent stabilisierte Form zu dauerhafter Wirksamkeit gebracht wurde: Die Worte des Gottes gerinnen zum Text, aber dieser behält die lebendige Kraft der direkten Interaktion im Gespräch zwischen dem Gott und den Menschen, die sich an ihn wenden.

---

371 Siehe oben S. 56-62 zu **Klaros 2**.

Die auch im Orakel für Kallipolis offenbar drastische Schilderung des Leidens, das die Seuche über die Stadt und ihre Bewohner gebracht hat, erstreckte sich mit Sicherheit über zwei strophische Systeme mit iambischen Trimetern (V. 9-16); gegen Ende des zweiten (V. 16) scheint bereits der Übergang zum folgenden Gedanken eingeleitet – und von diesem dritten iambischen System an (V. 17-20) gelangen wir endlich in sichereres Gewässer beim Verständnis, denn der Stein ist nun weitgehend unversehrt.

Es spricht nun ganz eindeutig wieder der Gott, während die Schilderung der leidvollen Lage der Konsultanten auch noch der Orakelpriester mit eigenen Worten hätte geben können. Doch ist, wie bereits dargelegt, die Trennung der Sprecher in der Binnenperspektive der Beteiligten wohl gar nicht sinnvoll, und auch der Vergleich mit dem Orakel aus Troketta, wo eben eine ähnliche Schilderung der Lage der Stadt vorliegt, liefert keine Indizien für einen markierten Sprecherwechsel zum Kultfunktionär.

Apollon verspricht, so kann man rekonstruieren, den Pestdämon zu *»verjagen«* (σευήσομαι[372] V. 16), und zwar, wie das folgende zeigt, in den Tartaros. Der Schluß des nächsten Verses ist in seinem Sinn nicht sehr klar, *»wenn Furcht vor einer* κατευχή *besteht«.* Wer sich da zu fürchten hat, ist nicht mehr zu erkennen; wenn aber σευήσομαι am Ende der vorhergehenden Strophe im skizzierten Sinne richtig verstanden ist, scheint die von Merkelbach/Stauber vorgeschlagene Deutung, *»wenn sie* (die Krankheitsgeister*) Furcht haben vor der Verwünschung* (sc. durch Apollon)*, so daß sie ...«* einiges für sich zu haben, obwohl man zunächst den ὡς-Satz wohl lieber final verstände.

Sollte diese Interpretation zutreffen, so wäre bemerkenswert, daß Apollon sich gleichsam einer *defixio* – κατευχή – gegen die Dämonen bedienen kann. Furcht der dem chthonischen Bereich angehörenden Pestdämonen vor dem überlegenen olympischen Gott wäre ein interessantes Motiv, das freilich schon seit den *Eumeniden* des Aischylos thematisiert worden war. Auch das hiernach zu diskutierende Orakel für eine nicht genannte Stadt im inneren Kleinasiens bezieht ja an zentraler Stelle ein nur aus magischer Praxis erklärbares Ritual ein, das auf die Vorstellung der *defixio* Bezug nimmt, freilich nicht mit der Gottheit als Akteur, sondern in der Analyse eines den Konsultanten zugefügten Schadenzaubers.[373]

Die Pestmächte – der Plural in V. 18 zeigt unzweideutig ihre Mehrzahl an – sollen *»schleunigst in den hintersten Winkel der Höhle verschwinden«*: Die extremen Orte des selbst schon marginalen Tartaros sind die angestammten Aufenthalte solcher Krankheitsdämonen. Eine solche bildliche Ausmalung des Tartaros greift anschaulich ins Repertoire der griechischen Jenseitsvorstellungen; mit recht ähnlichen Worten rühmt sich der

372 Abweichendes Futur mit passivischer Form zu σεύω. Zum Sinn vgl. V. 17ff. und 30.

373 **Klaros 11**,6-9, besprochen hiernach Kap. 2.1.6

Held im *Prometheus*, Kronos und die Titanen schmachteten nun in der *»schwarztiefen Höhle des Tartaros«*.[374]

Einen gewissen Widerspruch zu diesem mythisch-rituellen Antagonismus zwischen den Einflußsphären der transzendenten Wesen könnte man im vorliegenden Text darin erblicken, daß nachfolgend chthonische Opfer gefordert werden (V. 22ff.). Doch schließt die Ankündigung Apollons, gegen diese dunklen Mächte vorzugehen, nicht aus, daß es ihrerseits Aufgabe der Menschen ist, die ὑπουδαῖοι θεοί (V. 22) mit den ihnen eigentümlichen Opfern zu besänftigen und so ihr verderbliches Tun einzudämmen: Beide Seiten, der helfende Gott und die auf Opfer und Gebete verwiesenen Menschen, haben ihre je spezifischen Aufgaben.

Überhaupt deutet dies auf die trianguläre Kommunikationsstruktur in der Theologie der Orakel: Apollon offenbart den Ratsuchenden Zusammenhänge eines Wirkens, das von Dritten in der Götterwelt ausgeht; er rät, wie sich die Menschen diesen gegenüber verhalten sollen, sagt aber gleichzeitig auch eine eigene Intervention gegen diese offenbar auch ihm gegnerischen Mächte zu. Die Empfänger des Orakels müssen sich wiederum in ihren Handlungen nicht allein an die Urheber ihres Leids wenden und diese befriedigen, sondern schulden mit einem weiteren Handlungsvektor auch dem durch Orakelspruch und Abwehrhandlung hilfreichen Gott Kompensation.

Damit ist eine komplexe Kommunikationssituation erkennbar, in der sich die im Text projektierten Handlungsebenen überkreuzen. Zu bedenken bleibt dabei erneut, daß die Kohärenzansprüche der damaligen Beteiligten auf der Ebene der ›theologischen Systemlogik‹ nicht ohne weiteres mit unseren Rationalitätskriterien gemessen werden dürfen,[375] so daß wir also in unseren Erwartungen an die innere Schlüssigkeit der Deutungsmuster nicht zu weit gehen sollten.

Der Weisungsteil: Holokaustische Opfer und Libationen für die chthonischen Götter im Typus des enagismos. *Vergleich mit der Opfertypologie in des Porphyrios Schrift über die Orakelphilosophie. Die klarischen Orakelspezialisten als Anreger einer philosophisch reflektierten Theologie des Opfers und der Strukturen des Pantheons?*

Der Beginn des zweiten Teils des Orakels mit den Weisungen (V. 21-30) ist – noch vor dem Metrenwechsel in der Strophe, die zur Hauptsache noch

374 Aeschyl. Prom. 219-221: ἐμαῖς δὲ βουλαῖς Ταρτάρου μελαμβαθὴς | *κευθμὼν* καλύπτει τὸν παλαιγενῆ Κρόνον | αὐτοῖσι συμμάχοισι. Die Niederlage und Verbannung der Titanen in den Tartaros wird ähnlich auch Il. 8,479-481 und Hes. Th. 717-720 geschildert, vgl. auch ebd. 620-623 und 851.

375 Vgl. oben S. 77-79. 89 zu **Klaros 4** und den sich dort überlagernden ›Stimmen‹ mehrerer Apollon-Gestalten.

die Flucht der Pestgeister zum Thema hatte – durch eine erneute Wendung an die Konsultanten markiert (V. 20). In diesem Aufbau zeigt sich weiterhin die enge Verwandtschaft mit dem Orakel aus Kaisareia Troketta.

Beide Versorakel gliedern sich in zwei Hauptteile: In einem ersten Block folgt auf ein Bekunden von Überraschung und vorgeblicher Unkenntnis aus dem Munde des Orakelgotts – in Kallipolis erweitert durch eine Beschreibung der mantischen Ekstase, die der Orakelpriester *in actu* erleidet – eine Ausmalung der Ausgangslage der Konsultanten in drastischem, schonungslosem Realismus. Mit einer neu einsetzenden Ansprache an die Konsultanten wird dann der ausführliche Weisungsteil eingeleitet. Auch in der Diktion sind die Parallelen zwischen beiden Texten in diesem Abschnitt erneut äußerst eng.[376]

Gefordert werden an erster Stelle Opfer für die »*unterirdischen Götter*« (ὑπουδαίοις θεοῖς[377] V. 22), und zwar zunächst Libationen für diese Göttergruppe in ihrer Gesamtheit (ἔρδειν ... λοιβάς), dann speziell das Opfer eines Ziegenbocks für Hades (oder Dionysos) und eines Schafs für Persephone. Beide Opfertiere müssen von schwarzer Farbe sein. Während wenig Zweifel bestehen werden, daß sich hinter der anonymen Benennung als »*die Göttin*« Persephone verbirgt, können für die andere Bestimmung zwei Deutungen erwogen werden: Εὐχαίτης, »*der Schönhaarige*«, könnte als euphemistischer Deckname für Dionysos, dem der Ziegenbock oft als Opfertier zugeordnet ist, verwendet sein.[378] Im Zusammenhang des

376 V. 21 εἰ δή νύ περ: Vgl. im Orakel für Kaisareia Troketta **8**,3 τί δὴ νύπερ κτλ. – Ebd. ὑπεξάλυξιν (von Kaibel hergestellt): Ganz ähnlich im Orakel für Troketta V. 7 λοιμὸς δυσεξάλυκτος und 20 ἀτὰρ ἐσσύμενοι τῶνδ' ὑπάλυξιν, φῶτες, κατὰ τεθμὸν ἰδέσθαι. – In der Apostrophe an die Konsultanten ist V. 20 κραταιόχειρες hingegen für uns neu, aber die Variante καρτερόχειρ steht im homerischen Ares-Hymnus (H. Hom. 8,3), der nach der These M. Wests (ClassQuart 20, 1970, 300) von Proklos stammt; sodann H. Orph. 12,2 (Herakles) und in einem Epigramm auf den Kaiser Anastasios (Anth. Pal. 9,210,4) im frühen 6. Jh.

377 ὑπ-ουδαῖος zu τὸ οὖδας ›Boden, Grund‹, das im trokettenischen Orakel V. 4 vorkommt; s. die Diskussion zu dem schwierigen Ausdruck o. Anm. 291. Die Junktur ὑπουδαῖοι θεοί findet sich nur noch bei Plut. Qu. Rom. 11, 266 E, als die Frage erörtert wird, warum das Opfer für Kronos mit unverhülltem Haupt vorgenommen werde: Kronos ist ein θεὸς ὑπουδαῖος καὶ χθόνιος. – Vgl. insgesamt auch Stengel, Opferbräuche 17-33. 126-145 (s. zuvor Anm. 167).

378 εὐχαίτης als Beiwort des Dionysos ist in der kaiserzeitlichen Dichtung belegt, etwa Anth. Pal. 9,524,6; 11,409,3; vgl. Himer. Or. 21,8. In einem der von Porphyrios zitierten Apollon-Orakel heißt freilich Kronos ὁ εὐχαίτης (Philos. ex orac. 336 F 8 Smith). – Der Ziegenbock als Opfertier des Dionysos ist ganz üblich, vgl. etwa das große koische Opfergesetz, LSCG 151 A 44f.; in der antiquarischen Überlieferung etwa Σ Aristoph. Plut. 1129 und Cornut. Nat. deor. 30. Mehr bei Roscher 1,1,1058f. Allerdings erhalten auch andere Götter einen Ziegenbock, etwa Gê einen τράγος παμμέλας in Marathon (Opferkalender der Tetrapolis, LSCG 20 B 17f. = IG 2^2, 1358; jetzt: St.D. Lambert, The sacrificial calendar of the Marathonian Tetrapolis: a revised text, ZPE 130, 2000, 43-70, h. 46), zu opfern interessanterweise ἐπὶ τῷ μαν[τε]ίῳ, das seit Prott/Ziehen (1,52) mit dem Delion identifiziert wird, von wo aus die marathonische *theoria* nach Delos ihren Ausgang nahm (Philochoros 328 F 75 = Σ Soph. Oed. Col. 1047; vgl. Jacoby ad loc. und knapp Parker, Athenian religion 332). Der Name der Gê im Opferkalender ist zwar ergänzt, erscheint aber auch Lambert (ebd. 60) an dieser Stelle richtig.

chthonischen Opfers und der Verbindung mit Persephone steht er aber hier wohl doch für Hades, für den das Beiwort dann als Deckname in Anspruch genommen wird.[379] Im selben Zuge wird auch für das Opfertier, das diesem nur verhüllt benannten Gott gebührt, ein Deckname verwandt: κνηκός, »*der Gelbe*«, steht für den Ziegenbock.[380]

Der Opfermodus wird nun genau spezifiziert: Es ist ein Opfer im Typus des *enagismos* vorgesehen, die Schlachtung muß über dem *bothros*, in den das Blut fließen soll, erfolgen.[381] Darauf folgt der Holokaust des Opfertiers.[382] ταμεῖν in V. 23, obschon überhaupt *terminus technicus* der Opfersprache in Bildungen wie σφάγια τέμνειν,[383] ist hier spezifisch vom Opferritus des *enagismos* gebraucht, wie er in der Folge beschrieben wird, so wie die antiquarischen Zeugen Begriffe wie ἔντομα und τόμια dem chthonischen Ritual zuordnen und den ἱερεῖα, welche den Olympiern dargebracht werden, gegenüberstellen.[384]

---

379 Dies der Vorschlag von H. v. Prott, AthMitt 24 (1899) 257; zuvor schon Roscher 1,1, 1397. v. Prott assoziiert dies mit Ἅιδης κυανοχαίτης. So heißt Hades tatsächlich einmal H. Hom. in Cer. 347, während das Beiwort aber sonst bei Homer durchweg – und dann auch bei Späteren meist – Poseidon (und von daher auch Pferden) zukommt. Richardson ad H. Hom. in Cer. 18 (Hades fährt Persephone auf seinem Pferdegespann hinab) referiert die Überlegungen der Forschung, wonach möglicherweise Hades auch kultisch mit Pferden assoziert war. In Eur. Alc. 439 ist Hades μελαγχαίτας; im großen Grabepigramm des Marcellus Sidetas für Regilla, die Gattin des Herodes Atticus, aus dem Triopeion bei Rom heißt er κυανέου Ἅιδος (IGUR 1155, 84 zu dieser Inschrift ausführlich Wilamowitz, Sitz.-Ber. Preuß. Akad. d. Wiss. Berlin 1928, 3-33 = ders., Kl. Schr. 2,192-228). Weitere Belege für Hades εὐχαίτης sind mir jedoch nicht bekannt. – Diese Bezeichnung gehört unter die euphemistischen Bezeichnungen des Hades (vgl. Plat. Crat. 403 A), A. Henrichs, OCD[3] s.v. 661. Vgl. zur signifikanten Polarität in der Vorstellung dieser Figur des Pantheons dens., Namenlosigkeit und Euphemismus: zur Ambivalenz der chthonischen Mächte im attischen Drama, in: H. Hoffmann/A. Harder (Hg.), Fragmenta dramatica: Beiträge zur Interpretation der griechischen Tragikerfragmente und ihrer Wirkungsgeschichte, Göttingen 1991, 161-201 (ausgehend von Aristoph. fr. 504,12f. PCG καὶ θύομεν <γ'> αὐτοῖσι τοῖς ἐναγίσμασιν ὥσπερ θεοῖσι). Nochmals ders., Anonymity and polarity: unknown gods and nameless altars at the Areopagos, IllinClassSt 19 (1994) 27-58.

380 Die Stellen hat Buresch, Klaros 84, zusammengetragen. Siehe insbesondere Theocr. 3,5; 7,15f. m. Σ, dazu noch Anth. Pal. 6,32. Die Farbe kann freilich auch dem Wolf zukommen (Babr. 113,2; vgl. 122,12 κνηκίας). Sie pointiert die verrätselnde Orakelsprache, die den offensichtlichen Widerspruch nutzt: κελαινὰ δ' ἄμφω 24. Schwarze Opfertiere sind charakteristisch für das chthonische Ritual: Stengel, Opferbräuche 187-190 (ebd. 188 zu unserer Inschrift), sowie Henrichs, Sacrifice as to the immortals, s. hiern. Anm. 384 a.E.

381 βόθρους δ' ἐπὴν ἐσέλθῃ | αἷμα μέλαν V. 24f.

382 V. 26 δαινύσθω φλόξ.

383 Vgl. o. Anm. 326.

384 Das wichtigste Zeugnis für τέμνειν als *terminus technicus* insbesondere des *enagismos* und weitere Ableitungen davon ist Σ Apoll. Rh. 1,587 (p. 51 Wendel) ἔντομα δὲ τὰ σφάγια· κυρίως τὰ τοῖς νεκροῖς ἐναγιζόμενα διὰ τὸ ἐν τῇ γῇ αὐτῶν ἀποτέμνεσθαι τὰς κεφαλάς. οὕτω γὰρ θύουσι τοῖς χθονίοις. Weiter Eustath. In Od. 11,23 p. 1671,61f. οἱ παλαιοὶ … ἐπὶ … νεκρῶν τόμιά φασι καὶ ἔντομα, ἐπὶ δὲ θεῶν ἱερεῖα. Thuc. 5,11,1 ὡς ἥρωι ἐπιτέμνουσι mit Σ ad loc.: ἐναγίζουσιν, ἐναγίσματα προσφέρουσιν. Opfer des Konsultanten im Psychomanteion am Avernersee, Max. Tyr. 8,2 ἐντεμὼν σφάγια, vgl. Plut. Sol. 9 (Heroenkult). Aristoph. Lys. 192 εἰ λευκόν ποθεν ἵππον λαβοῦσαι τόμιον ἐντεμοίμεθα. Der Bereich des Eidesri-

Der *enagismos* unterliegt dabei im Orakel für Kallipolis einer Variation, die gleichfalls präzise angegeben wird: Nicht näher genannte »*Heilmittel*« sollen in das fließende Blut eingestreut werden,[385] eine zusätzliche Maßnahme, die sicher durch den besonderen Anlaß dieser Opferhandlungen

tuals gehört ebenfalls wesentlich hierher, ὅρκια τέμνειν. Siehe zuvor Anm. 326. Weiteres Material findet sich bei Stengel, Opferbräuche 78-85. 103-105, und bei Wolff, Philos. ex orac. 114 Anm. 4, der dort V. 11 des Opferorakels **Klaros App10** = Porph. 314 F Smith (= Eus. PE 4,9, 2) kommentieren will (zu diesem Text siehe auch hiern.): τῶν χθονίων *διάειρε* τριχῇ θυσίας ἐναγίζων. Hier besteht freilich das Problem, daß διάειρε eigentlich zu διαείρω = διαίρω ›hochheben‹ gehören muß, während das zu erwartende διαιρέω den imp. διαίρει bildet. Daher fragt Mras (ed. Eus. PE, S. 179, app. ad l. 17): »Hat der Dichter διαίρω mit διαιρέω verwechselt?« Allerdings könnte man in einem solchen Text auch mit Ungenauigkeiten (vor allem *metri causa*) und morphologischen Freiheiten rechnen (so Zink, Eus. PE 4-5,1-17 [Sources chrét. 262], 1979: 129 Anm. 2). Wenn eine Form von διαιρέω beabsichtigt war, könnte entweder ›trennen, aufteilen‹ im Sinne der dreifachen Untergruppierung der Opferklassen (τριχῇ θυσίας ἐναγίζων: für die νερτερίοι, die ἀμφὶ γέην πωτώμενοι – also die Götter des Aer, dazu Wolff 115f. Anm. 3 – und diejenigen des Meeres) gemeint sein (Zink ebd.) oder das Zerlegen der Opfertiere, so Wolff ebd.: »διαιρεῖν est dimovere ... itaque h.l. ›dissecato‹.« Dann könnte »*dreifach*« das Tranchieren meinen: »tres partes, in quas victimas dissecari iubentur, videntur caput, femora, corpus esse« Wolff.

Bei der Benutzung der antiken Antiquare ist freilich stets mit zu bedenken, daß ihre Klassifikationen und Ordnungsschemata nicht unbedingt mit der historischen Realität deckungsgleich zu sein brauchen, sondern in gelehrten Diskussionen wurzeln können. Gerade bei der Aufteilung der Götterklassen und der Zuordnung von Riten zu diesen Gruppen kann dies eine Rolle gespielt haben, und die scharfe Dichotomie von ›olympischem‹ und ›chthonischem‹ Ritual könnte sich wenigstens teilweise als Konstrukt theologischer Reflexion und des Ordnungsbedürfnisses intellektueller Betrachter erweisen. Dieser Gefahr entgeht auch Várhelyi, Claros, nicht, wenn sie (ebd. 20) die Akzentuierung ›chthonischen‹ Rituals gegen ›olympisches‹ Ritual in der Erörterung des Orakels aus Kallipolis zu einer Konstituente ihrer These von der »Aushandlung« gegensätzlicher religiöser Optionen macht (siehe oben S. 70f. Anm. 87): Die Gegenüberstellung, die gerade für den Neuplatoniker Porphyrios zur Strukturierung der übernatürlichen Sphäre von Interesse ist – und deretwegen er eben das bei Eusebios überlieferte Orakel überhaupt zitiert –, kann nicht ohne weiteres als Antagonismus in die rituelle Praxis bzw. die kultische Exegese übertragen werden. Vielmehr haben sich die Kategorien in der kultischen Realität, soweit wir sehen, mehrfach überlagert und koexistieren.

Vgl. zum Problemkomplex R. Schlesier, Olympian versus chthonian religion, ScrClassIsrael 11 (1991-92) 38-51; dies., Olympische Religion und chthonische Religion, in: U. Bianchi (Hg.), The notion of ›religion‹ in comparative research: selected proceedings of the XVIth Congress of the International Association for the History of Religions, Rome, 3rd–8th September, 1990, Storia delle religioni 8, Rom 1994, 301-310. Eine – ebenfalls gut begründete – Gegenposition hat in dieser Kontroverse S. Scullion bezogen, der die ›etische‹ Taxonomie durch den Status des jeweiligen göttlichen Empfängers der kommunikativen Ritualhandlung bestätigt sieht: Olympian and chthonian, ClassAnt 13 (1994) 75-119; im Lichte der neuen Lex sacra aus Selinous (Jameson u.a., Lex sacra from Selinous = SEG 43,630): ders., Heroic and chthonian sacrifice: new evidence from Selinous, ZPE 132 (2000) 163-171. Das »Sixth International Seminar on ancient Greek cult« 1997 in Göteborg war, ausgehend von der durch die genannten Beiträge angestoßenen Diskussion, insgesamt der Frage nach dem historischen Stellenwert dieser Kategorisierung gewidmet: siehe die Beiträge in R. Hägg/B. Alroth (Hg.), Greek sacrificial ritual, Olympian and chthonian, Skrifter utg. av Svenska Institutet i Athen, Ser. in-8°, 18, Stockholm 2005. Zu den Schwierigkeiten, zu klaren Kategorien zu kommen, die den Quellen gerecht werden, besonders Henrichs, Sacrifice as to the immortals (ebenfalls mit Rücksicht auf den neuen Text aus Sizilien); von einem an-. deren Ausgangspunkt aus R. Parker, Ὡς ἥρωι ἐναγίζειν, ebd. 37-45. Siehe auch Graf, Libation.

motiviert ist. Dadurch kommen das Opferfleisch (θυέεσσι V. 27) und Weihrauch[386] im Holokaust zusammen. Das Feuer wird schließlich gelöscht[387] mit einer weiteren Libation, deren Zusammensetzung angegeben wird: Sie soll aus *»rotem Wein«* und *»grauer Milch«* gemischt sein (V. 28-29).

Man kann sich fragen, ob die in V. 22 genannten λοιβαί für die ὑπουδαῖοι θεοί, wie gerade angenommen, tatsächlich dem nachfolgenden Tieropfer vorangehende Libationen sind (dann wäre nicht spezifiziert, womit die Güsse zu erfolgen haben) oder ob in freier Ausdrucksweise die im Anschluß detailliert vorgegebenen *enagismoi* zuvor zusammenfassend als λοιβαί beschrieben werden,[388] so daß die Opferanweisung nur aus den beiden Holokausten mit darüber auszugießenden Libationen (V. 28f.) bestünde – letzteres wäre jedenfalls eine der Syntax des Normalopfers eher entsprechende Abfolge. Träfe der erste Fall zu, hätte man somit gern weitere Belege für Opfersequenzen, in denen einem Tieropfer zunächst Libationen vorausgehen;[389] im zweiten Fall Belege dafür, daß das beim *enagismos* fließende Blut als λοιβή bezeichnet werden kann. Allerdings ist in einem derartigen Versorakel mit sprachlichen Freiheiten und unbelegtem Gebrauch stets zu rechnen.

Die schwarze Farbe der Opfertiere ist ein charakteristisches Element chthonischer Opfer im *enagismos*-Typus. Dies findet sich bestätigt, wenn Porphyrios in seiner Schrift *Über die aus den Orakeln zu gewinnende Philosophie,* Περὶ τῆς ἐκ τῶν λογίων φιλοσοφίας, mit dem Interesse des Platonikers an der Kosmologie und Struktur der Götterwelt ein Orakel des Apollon wiedergibt, in dem der Gott Regeln für das richtige Opfern kundgetan habe. Angaben zu dem Heiligtum, an dem Apollon dieses Orakel erteilt habe, finden sich nicht; Porphyrios dürfte eine bereits zusammengestellte Sammlung von λόγια benutzt haben.

---

385 (ἐ)πιχύτην καταχεῦσαι ὕπερθεν σὺν ἀθροῖσιν *ἄκεσσι* V. 25f. Zum Verbaladjektiv ἐπιχύτην (ἐπιχέω) ist zu verstehen χοήν; das Polyptoton paßt zur dichterischen Sprache. v. Prott (wie Anm. 379) forderte ein Substantiv und wollte darum zu ἐπίχυτον oder ἐπίχυσιν ändern.

386 Nicht eindeutig ist erkennbar, ob der Weihrauch (εὐόδμοις λιβάνοισι V. 27) zusätzlich zu den *»Heilmitteln«*, die in V. 26 genannt sind (ἄκεσσι), beigegeben wird oder ob es sich bei den εὔοδμοι λίβανοι um eine Konkretisierung jener *»Heilmittel«* handelt. Buresch, Klaros 85, optiert für letzteres.

387 V. 28f. πυρκαίην χρὴ ἀφη[..]ναι: die Verbform ist wohl mit Buresch zu ἀφηδῦναι, ›süßen, abmildern‹, zu ergänzen. ἀφ[α]γ[νίσ]αι wollte Wilamowitz herstellen (bei Kaibel ad loc., der es in den Text setzt), doch ist dies am Stein nicht zu halten (η ist sicher gelesen).

388 So implizit Buresch ebd. 85.

389 Stengel, Opferbräuche 103, vertrat die Ansicht, daß λοιβαί immer eine eigene Opfergabe darstellen, während die das Opfer begleitende Libation χέρνιψ genannt werde. Diese klare Trennung scheint in den Quellen aber nicht durchgehalten; auch ist nicht klar, wie sich die Bezeichnungen χοή und σπονδή dazu fügen, die nach der verbreiteten Auffassung dem chthonischen bzw. olympischen Kult zugeordnet sind: Wie liegen diese beiden Matrices übereinander? Mit diesem Muster kann die im vorliegenden Orakeltext sich stellende Frage nicht ohne weiteres beantwortet werden.

Die in dieser ›Opferlehre‹ gemachten Zuordnungen sind den Einteilungen und Hierarchisierungen des Pantheons analog – dies der Punkt, auf den es Porphyrios in seinem ausführlichen Kommentar ankommt –, und so findet sich für die chthonischen Götter folgende Angabe: »*Ich will verkünden, wie die Satzung verlangt, Opfer lebendiger Wesen zu vollziehen ... einmal für die irdischen, einmal für die himmlischen Götter: glänzende Opfer für die Himmlischen, den Unterirdischen aber solche, die ihnen in der Farbe gleichen.*«[390]

Diesen Punkt nimmt Porphyrios in seiner anschließenden Paraphrase des Orakels verallgemeinernd noch einmal auf:[391] »*Es gibt ja Götter unter der Erde und auf der Erde, und von diesen werden die einen unterirdische und niedrige genannt, die anderen als auf der Erde befindliche und chthonische Götter angerufen, doch gemeinsam ist beiden Gruppen, so das Orakel, daß ihnen schwarze Vierfüßler zu opfern sind.*« Diese Zuordnungen folgen den Analogiebildungen, die sämtliche Vorschriften dieses Orakels prägen: Den Olympiern gehören weiße Opfertiere, so wie der Himmel »*weißglänzend*« ist, den chthonischen Göttern »*schwarze*«, der Farbe der Erde entsprechend. Das Prinzip, daß den oberen Göttern weiße Opfertiere, den unteren schwarze zustanden, ließ sich bereits in der *Ilias* finden und ist von den antiken Antiquaren auch sonst als Anwendung eines ›natürlichen‹ Analogieprinzips gedeutet worden.[392]

Im Hintergrund der Partie in unserem Orakel steht ohne Zweifel der literarische *locus classicus* für ein *enagismos*-Ritual, nämlich die Nekyia der *Odyssee*, wo Kirke Odysseus Anweisungen gibt, wie er das nekromantische Ritual ausführen solle: »*Einen* bothros *grabe von der Länge einer Elle im Quadrat, und da ringsherum bringe Güsse für alle Toten aus, zuerst mit* melikreton, *danach mit süßem Wein, schließlich mit Wasser ...*«.[393] Im Orakel finden sich einige auffällige sprachliche Anschlüsse an

390 **Klaros App10** = Porph. Philos. ex orac. 314 F 7-10: ζῴων δ' ὡς θέμις ἐστὶ τελευτῆσαι καθαγισμοὺς | ἀείσω ... | τοῖς μὲν ἐπιχθονίοις, τοῖς δ' οὐρανίοισι θεοῖσι· | φαιδρὰ μὲν οὐρανίοις, χθονίοις δ' ἐναλίγκια χροιῇ. – Bei χθονίοις ἐναλίγκια muß χθονός ergänzt werden. χροιῇ ist *dativus respectus.*

391 Ebd. 315 F 4-8: ὄντων γὰρ ὑποχθονίων καὶ ἐπιχθονίων θεῶν καὶ τῶν μὲν ὑποχθονίων καὶ νερτερίων καλουμένων, τῶν δ' ἐπιχθονίων καὶ χθονίων κληθέντων θεῶν, κοινῶς μὲν τούτοις ἱερεῖα τετράποδα μέλανα θύειν παρακελεύεται.

392 Hom. Il. 3,103 οἴσετε δ' ἄρν' ἕτερον λευκόν, ἑτέρην δὲ μέλαιναν Γῇ τε καὶ Ἠελίῳ mit Σ ad loc.: τὰ οἰκεῖα ἑκάστῳ θεῷ ἱερουργούμενα εἰσάγει· τῷ μὲν γὰρ Ἡλίῳ λαμπρῷ ὄντι καὶ ἄρρενί φησι καὶ λευκὸν ἱερουργηθῆναι ἄρνα, τῇ δὲ γῇ μέλαιναν καὶ θήλειαν, ἐπεὶ τοιαύτη ἡ θεός. Der Christ Arnobius fragt sich (7,18): *quae in coloribus ratio est, ut merito his albas, illis atras conveniat nigerrimasque (*sc. *hostias) mactari? quia superis diis ... color laetus acceptus est. at vero diis ... sedes ... habitantibus inferas color furvus est gratior.* Entsprechendes im römischen Opfer bezeugen Festus s.v. *furvum bovem*; Val.Max. 2,4,5. Weiteres bei Wolff, ed. Porph. 120 Anm. 6.

393 Od. 10,517ff.: βόθρον ὀρύξαι ὅσον τε πυγούσιον (›von der Länge eines πυγών‹, einer Elle) ἔνθα καὶ ἔνθα, | ἀμφ' αὐτῷ δὲ χοὴν χεῖσθαι (vgl. die ganz ähnliche *figura etymologica* in **Klaros 9**,25 ἐπιχύτην καταχεῦσαι sc. χοήν) πᾶσιν νεκύεσσι, | πρῶτα μελικρήτῳ, μετέπειτα

die homerische Schilderung, etwa für das Ausgießen der Libationen oder die Weinspende.[394]

Statt μελίκρατον wird in unserem Orakel Milch vorgeschrieben (V. 29), aber Milch galt zumindest für die homerische Zeit durchaus als Bestandteil des μελίκρατον, stellt Eustathios zur Odyssee-Passage fest.[395] Er trug damit natürlich nur eine gelehrte Ansicht weiter, deren Hintergrund nicht positive Informationen bildeten. Vielmehr ›wußte‹ man nur allgemein, daß die Heroen Homers es jedenfalls ›anders‹ machten als die jetzigen Menschen, die folglich das *melikraton* aus Honig und Wasser mischten, während die homerischen Menschen dazu Honig und Milch nahmen.

δὲ ἡδέι οἴνῳ (vgl. **Klaros 9**,28 ἀϕ[ηδ]ῦναι αἴθοπι οἴνῳ), | τὸ τρίτον αὐθ' ὕδατι κτλ. Dann in der Nekyia selbst, Od. 11,34f. τὰ δὲ μῆλα λαβὼν ἀπεδειροτόμησα ἐς βόθρον, ῥέε δ' αἷμα κελαινεϕές. Das Scholion zu 10,527 (ἔνθ' ὄιν ἀρνειὸν θῆλύν τε μέλαιναν εἰς Ἔρεβος στρέψας, αὐτὸς δ' ἀπόνοσϕι τραπέσθαι) ist im einzelnen nicht ganz klar; es will offenbar die Abwendung des Opfernden erklären: αἰνίττεται δὲ διὰ τούτου τὸ μὴ ἀνεῖσθαι μηδ' ἐπ' ἐξουσίας εἶναι τοὺς τετελευτηκότας, ἀλλὰ (μεμετρῆσθαι κατὰ τὸν σύμμετρον βόθρον καὶ Eustath.) ὥσπερ ἔχεσθαι καὶ ἐγκεκλεῖσθαι καθάπερ καὶ οἱ δάκτυλοι. Der Hinweis auf die Daktyloi ist rätselhaft: Warum waren diese beim Ort des Geschehens *»eingeschlossen«*? Ein *bothros*, in den das Blut der Opfertiere zu fließen hat, auch bei Trophonios (Paus. 9,39, 6) und in sonstigen nekromantischen Seancen (Luc. Necyom. 9; Philops. 14); im Heroenkult: Paus. 5,13,1 (Aition: Herakles opfert dem Pelops einen schwarzen Widder).

Der älteste Atthidograph Kleidemos gibt im Abschnitt περὶ ἐναγισμῶν seines *Exegetikon* (323 F 14 FGrHist = Tresp, Kultschriftsteller fr. 1) eine genaue Anweisung zur Ritualdurchführung: ὀρύξαι βόθυνον πρὸς ἑσπέραν τοῦ σήματος. ἔπειτα παρὰ τὸν βόθυνον πρὸς ἑσπέραν βλέπε, ὕδωρ κατάχεε λέγων τάδε· ὑμῖν ἀπόνιμμα οἷς χρὴ καὶ οἷς θέμις. ἔπειτα αὖθις μύρον κατάχεε. Der Lexikograph Dorotheos, der die Stelle zur Erklärung des Begriffs ἀπόνιμμα exzerpiert hat (bei Athen. 9,78, 409 F–410 B), bezieht diese Handlungsvorschrift auf zwei Arten von Riten, nämlich einerseits τὰ εἰς τιμὴν τοῖς νεκροῖς γινόμενα, andererseits τὰ τοὺς ἐναγεῖς καθαίροντα. Dies ist das einzige sicher dem *Exegetikon* zugewiesene Fragment; aus dem Werktitel folgert Jacoby ad loc., daß Kleidemos zu den athenischen ἐξηγηταί gehörte, wozu der Charakter einer präzisen Ritualanweisung tatsächlich gut paßt. Anschließend fügt Dorotheos noch eine ganz ähnliche Vorschrift aus einer anonymen Sammlung Εὐπατριδῶν πάτρια hinzu, die bei der Reinigung von Schutzflehenden zu beachten ist (356 F 1 FGrHist). Auch dieses Corpus von rituellen Regeln gehört in den Kreis der ἐξηγηταί, deren Zuständigkeit eben τὰ πάτρια, *»die väterlichen Riten«*, waren. Jedoch sind hier die ἐξηγηταί aus dem Genos der Εὐπατρίδαι die Urheber, die neben den für die athenischen Gesandtschaften nach Delphi bestimmten ἐξηγηταὶ πυθόχρηστοι gleichfalls Autorität in der Auslegung der religiösen Traditionen Athens beanspruchten. Beide Gruppen verfügten also über normative Ritualhandbücher. Zu den ἐξηγηταὶ ἐξ Εὐπατριδῶν siehe auch IG 2^2,5049 und 7447.

394 Im Orakel könnte V. 25 (ἐ)πιχύτην καταχεῦσαι von der *figura etymologica* in χοὴν χεῖσθαι an der Stelle der *Odyssee* angeregt sein; ähnlich auch im Orakel für Hierapolis, **Klaros 4**,15 ἥρωσίν τε χοὰς χθονίοις κατὰ τεθμὰ χέασθε. Odysseus soll als drittes mit *»süßem Wein«*, ἡδέι οἴνῳ, libieren – im Orakel des klarischen Apollon ist das Ablöschen des Opferfeuers mit *»brandrotem Wein«*, αἴθοπι οἴνῳ, verlangt.

395 Eustath. In Od. 10,519 p. 1668,22-24 μελίκρατον οἱ παλαιοὶ μίγμα ϕασὶ μέλιτος καὶ γάλακτος ἐνταῦθα. οἱ μέντοι μεθ' Ὅμηρον μέχρι καὶ ἐσάρτι κρᾶμα μέλιτος καὶ ὕδατος τὸ μελίκρατον οἴδασι. Mit Milch wird im Grabkult libiert, Eur. Or. 114. Porph. Antr. 18 (p. 69,17f. Nauck = Porphyry, The Cave of the Nymphs in the Odyssey, Arethusa Monogr. 1, Buffalo, N.Y. 1969, p. 20,6f.) verknüpft hingegen Honig und Tod: πεποίηνται ἤδη τὸ μέλι καὶ θανάτου σύμβολον· διὸ καὶ μέλιτος σπονδὴν τοῖς χθονίοις ἔθυον.

Hier markiert ›Milch‹ eine ›andere‹, vorkulturelle und von der Jetztzeit grundverschiedene Welt. Ihre Verwendung zeigt Anormalität in zwei Hinsichten an: Es handelt sich hier nicht um die reguläre Opferpraxis des alltäglichen Speiseopfers, sondern um ein – qua Inversion – ›atypisches‹ Sonderopfer, bei dem mit einer als besonders gekennzeichneten ›Sonderflüssigkeit‹ libiert wird.[396] Wenn der Homer-Erklärer den Opfermodus des Epos mit der Praxis seiner Umwelt vergleicht, wird darüberhinaus deutlich, daß diese Libation in eine ferne, zeitlich entrückte Welt führt, in die Welt der homerischen Helden, in der nicht die selben Maßstäbe und Vorgehensweisen galten wie ›heute‹.

Die im Orakel für Kallipolis entwickelte Opfersequenz weist recht enge Übereinstimmungen mit dem Opfer für Gaia, die »*Allmutter*«, im chthonischen Ritus auf, das der klarische Apollon den Hierapolitanern aufgegeben hat,[397] freilich mit Abweichungen im Detail: Während der *enagismos* dort in ein μέγαρον τετράγυιον[398] erfolgen sollte, muß das Blut hier in den üblichen *bothros* fließen. Holokaustisch sind beide Opfer,[399] und ebenfalls in beiden Fällen werden Kräuter und andere wohlriechende Essenzen in das Opferfeuer gestreut;[400] in Hierapolis wird über den verbrannten Kadaver mit *melikreton* libiert, in Kallipolis soll die Flamme mit Wein und Milch abgelöscht werden.[401]

In dem schon erwähnten großen Apollon-Orakel über die Götterklassen und die Art der ihnen jeweils angemessenen Opfer, das in Porphyrios' Orakel-Schrift überliefert ist, liest man für die den chthonischen Gottheiten gebührenden Opfer ähnliche Bestimmungen:[402] Es soll über einem *bothros* so geopfert werden, daß das Blut in die Grube hinabrinnt, und dann mit

---

396 Zur Stellung der Libationen mit ›Sonderflüssigkeiten‹ wie Milch, Honig, Wasser sowie *melikraton* einerseits (alle weinlos) und ungemischtem Wein andererseits gegenüber der ›Normallibation‹ mit gemischtem Wein vgl. Graf, Libation, bes. 217-220. Erstere verweisen in ihrer Codicrung als ›vorkulturell‹ auf die Sonderopfer, die im Totenkult, Heroenkult und dem Kult der chthonischen Götter darzubringen sind. Siehe auch A. Henrichs, The sobriety of Oedipus: Sophocles OC 100 misunderstood, HSCPh 87 (1983) 87-100, bes. 99f.; J. Rudhardt, Notions fondamentales de la pensée religieuse et actes constitutifs du culte dans la Grèce classique, ^{2}Paris 1992, 246-248. Quellen zu den weinlosen Spenden, νηφάλια, bei Wächter, Reinheitsvorschriften 109-115.

397 **Klaros 4**,7-11, besprochen o. S. 96-98.

398 Zur problematischen Bedeutung des Ausdrucks ausführlich ebenfalls oben S. 98-104 mit Anm. 168-184.

399 **Klaros 4**,9 πυρὶ δαίσατ' … ἐξανύσῃ φλόξ gegenüber **Klaros 9**,26 δαινύσθω φλόξ.

400 **Klaros 9**,25 (ἐ)πιχύτην καταχεῦσαι ὕπερθεν | σὺν ἀθροῖσιν ἄκεσσι, 27 εὐόδμοις λιβάνοισι; **Klaros 4**,8 ἅμ' εὐόδμοις θυέεσσιν; in **Klaros App10** in der Bestimmung über die Opfer für die Götter des Aer, 18: ἀτμούς τε λιβάνοιο καὶ οὐλοχύτας ἐπίβαλλε.

401 **Klaros 4**,10 λοιβῇσίν τε μελικρήτοις … ἀμφιχέασθε, **Klaros 9**,28f. καὶ δέ νυ πυρκαϊὴν χρὴ ἀφη[δῦ]ναι αἴθοπι οἴνῳ … καὶ πολιῷ γλάγεϊ.

402 **Klaros App10** = Porph. Philos. ex orac. 314 F Smith, 9-13. V. 12ff. νερτερίων κατάθαπτε καὶ ἐς βόθρον αἷμα ἴαλλε (vgl. auch Od. 11,35: oben Anm. 393 zit.) | χεῦε μέλι νύμφαισι Διωνύσιό τε δῶρα κτλ.

aus Honig und Wasser[403] hergestelltem *melikreton* und mit ungemischtem Wein[404] über den Kadaver libiert werden, so daß diese drei Flüssigkeiten in den *bothros* auf das bereits darin liegende, mit Erde überschüttete Opfer ausgegossen werden.

Die charakteristische Verbindung von *enagismos* und in das Blut gegossener Spende aus diesen Flüssigkeiten hat ihre Parallele im Orakel für Kallipolis: Wein und *melikreton* bei Porpyhrios passen zu Wein und Milch[405] in Kallipolis, während die zusätzliche Angabe, das verbrannte Opfertier – eine Herdenkuh, βοῦς ἀγελαία, in Hierapolis, das Orakel bei

403 V. 13 χεῦε μέλι νύμφαισι: vgl. S. 149 mit Anm. 330f. zu dieser metonymischen Verwendung von νύμφαι im trokettenischen Orakel, **Klaros 8**,24; dort weitere Belege. χεῦε μέλι νύμφαισι Διωνύσοιό τε δῶρα umschreibt gewiß das *melikraton*. Eine Libation aus Honig und Wein *»für die Nymphen«* kann schwerlich gemeint sein, da einerseits nicht ersichtlich ist, warum die Nymphen hier ausgesondert sein sollten, obschon sie wohl zu den ἐπιχθόνιοι gezählt wären, andererseits Libationen mit (ungemischtem) Wein im Nymphenkult nicht bekannt sind. Vgl. auch Wolff, ed. Porph. 115 Anm. 1.

404 Dies ist offenbar mit dem Beiwort *αἴθοπι* οἴνῳ angezeigt. Als struktureller Grund, daß ungemischter Wein gemeint ist, läßt sich die Parallelstellung mit Milch als Libationsflüssigkeit in der analogen Ritualsequenz heranziehen: Beides sind als ›gegenweltlich‹ codierte Opfergüter. Zu solchen Gruppenbildungen ›normale vs. marginale Flüssigkeiten‹ in der Libation siehe wiederum Graf, Libation 217-220. – Explizit kein Wein für die Nymphen in Elis, Paus. 5,16,6: μόναις δὲ ταῖς Νύμφαις οὐ νομίζουσιν οἶνον οὐδὲ τῇ Δεσποίνῃ σπένδειν. νηφάλια u.a. für die Nymphen in Athen: Polem. Perieg. fr. 42 Preller ap. Σ Soph. Oed. Col. 100 mit Suid. s.v. νηφάλιος θυσία. Honig für die chthonischen Götter auch in der neuplatonischen theologischen Literatur, Porph. Antr. 18 (zit. o. Anm. 395).

405 Milch in Ritualen: vgl. G. Herzog-Hauser, RE 15 (1932) 1576-1578; L. Ziehen, νηφάλια, RE 16 (1934) 2482-2489 (wichtiger Artikel); K. Hanell, Trankopfer, RE 6 A (1934) 2131-2137; H. Usener, Milch und Honig, RhMus 51 (1902) 117-145 (= ders., Kl. Schr. 4, Leipzig/Berlin 1918, 398-417); K. Wyss, Die Milch im Kultus der Griechen und Römer, RgVV 15,2, Gießen 1914. Zahlreiche Beispiele, daß vor- oder außerkulturelle Barbaren von Milch leben, stellt Graf, Libation 217, zusammen: An prominentester Stelle ist natürlich der Kyklop der *Odyssee* zu nennen (12,219-223. 246-249; dazu G. Kirk, Myth: its meaning and function in ancient and other cultures, Sather Class. Lect. 40, Cambridge 1970, 162-171). Zeus zieht sich zu den *»milchessenden Rossemelkern«*, den Ἱππημολγοὶ γλακτοφάγοι, zurück, Il. 13,5f. Die Σεληνῖται, die ›Mondmenschen‹ Lukians, schnupfen einen bitteren Honig aus, μέλι δριμύτατον, und schwitzen bei Anstrengungen Milch (!); wenn sie geronnen ist, fabrizieren sie mit den hinzugesetzten Honigtropfen Käse daraus, Luc. Ver. hist. 1,24. Bei den Skythen: Ephoros FGrHist 70 F 42 ap. Strab. 7,3,9 (Milch), Pomp.Trog. ap. Iustin. 2,2 (Milch und Honig); demgegenüber Weinlosigkeit Hdt. 4,60,2, ungemischter Wein ebd. 6,84,1, Ael. Var. hist. 3,41. In Rom libierte Romulus noch mit Milch statt mit Wein, Plin. Nat. hist. 14,88, dazu G. Piccaluga, StudMatStorRel 33 (1962) 99-103. – Milch im magischen Ritual: PGM 1,20 (an den Magier gerichtet) καὶ λαβὼν τὸ γάλα σὺν τῷ μέλιτι ἀπόπιε πρὶν ἀνατολῆς ἡλίου; 4,2191 (Milch, Honig, Wein, Öl); Orph. lith. 733 τὰ δὲ λείψανα γαῖα καλύπτοι | καί σφιν ἐπισπεῖσαι λευκὸν γάλα καὶ μέθυ ἡδύ | καὶ λίπ' ἐπήρατον ἠδὲ μελίσσης ἄνθιμον εἶδαρ (epische »Nahrung«). Vgl. noch PGM 1,287 (σπονδὴν ἀπὸ οἴνου καὶ μέλ[ι]τος καὶ γάλακτος καὶ ὀμβρίου ὕδατος); 4,2972 (rituelle Reinigung, περίρρανσις, des ῥιζοτόμος, dessen Fähigkeit darin liegt, Zauberpflanzen zu schneiden: τὴν διὰ τοῦ γάλακτος σπονδὴν χεάμενος zieht er die Pflanze aus); 4,3149 (Schutzzauber für einen Ort oder ein Heiligtum: σπένδε δὲ αὐτῷ, nämlich einer Osiris-Statuette, γάλα βοὸς μελαίνης πρωτοτόκου καὶ πρωτοτρόφου).

Milch als Libation sowie Räucherwerk, jedoch explizit kein Weihrauch im Opfer an den chthonischen Dionysos, H. Orph. 53 θυμίαμα πάντα πλὴν λιβάνου, καὶ σπένδε γάλα. Milch zu-

Porphyrios macht hierzu keine Aussage – zur Gänze mit Erde zu überhäufen und so auch visuell zu ›vernichten‹, seine Entsprechung im Orakel für Hierapolis findet: Dort ist vom ›Herumgießen‹ (ἀμφιχέασθε **4**,10) der Erde um den Tierkörper in der Grube die Rede, als handle es sich auch hierbei um eine Gußspende; das ›Theologische‹ Orakel spricht vom *»Begraben«* (κατάθαπτε **App10**,12).[406]

---

sammen mit Wasser, Honig und ungemischtem Wein ist besonders im Totenritual am Platze, und zwar bei den χοαί, einer Sonderform der Libation, bei der der gesamte Schaleninhalt ausgeleert wird: J. Casabona, Recherches sur le vocabulaire des sacrifices en grec, Aix-en-Provence 1966, 286. 293; Burkert, GR 122; vgl. **Klaros 4**,15 ἥρωσιν χοὰς χέασθε, **Klaros App10**,13. 19. So Iphigenie am Grab Orests (Wasser, Milch, Wein, Honig: Eur. Iph. Taur. 159-165), Elektra am Grab Klytaimnestras (*melikraton*, Wein: Eur. Or. 115, vgl. Iph. Taur. 633-635); Odysseus am Eingang des Hades (*melikraton,* Wein, Wasser: Od. 10,519f.), Atossa am Grab des Dareios (Milch, Honig, Wasser, ungemischter Wein, Öl: Aeschyl. Pers. 611-617). Entsprechende Vorschriften auch in Kultgesetzen, etwa LSCG 97 = IG 12,5,593 = Syll.^{3} 1218, A 8f. aus Keos (5. Jh. v. Chr.), um nur ein Beispiel zu nennen (Öl, Wein). Die νηφάλια für die Eumeniden in Athen (die im Gegensatz zum Normalopfer nachts dargebracht werden – eine weitere Strukturopposition) bestehen aus Wasser, Honig, Milch (Belege bei Graf, Libation 218). Das jährliche Opfer für die Toten von Plataiai wird mit einer Milchlibation begangen, Plut. Aristid. 21,3; dazu vgl. Burkert, HN 69, der weitere Charakteristika eines Ausnahmerituals an dieser Feier aufzeigt. Interessant auch die komplexe Voropfersequenz im Ritual des Festes für Zeus Polieus auf Kos (das Hauptopfer ist ein großes Stieropfer), LSCG 151 A = Syll.^{3} 1025, 27-44 (4. Jh. v. Chr.): vielfache Libationen, u.a. auch mit *melikraton,* also Honig mit Wasser oder Milch, über ein auf dem Altar verbrennendes, ausgenommenes Ferkel; nachdem dessen Eingeweide verbrannt sind, wird nochmals *melikraton* ins Feuer gegossen: Graf, Libation 210f. 218f.
Honig als Oppositionszeichen zu (gemischtem) Wein und als Flüssigkeit mit marginalem Charakter schließlich auch bei den Pythagoreern: Pythogoras trinkt Honig statt Wein, Diog.L. 8,19. Zur Weinlosigkeit des Pythagoras Iambl. Vit. Pyth. 107; mehr bei Wächter, Reinheitsvorschriften 112 m. Anm. 1. Zu Honig in strukturalistischer Deutung M. Detienne, Orphée en miel, QUCC 12 (1971) 7-23.

406 Begraben des Opfers weiterhin in einem aitiologischen Mythos in Sparta über Tyndareos, Paus. 3,20, 9: θύσας ἐνταῦθα ἵππον τοὺς Ἑλένης ἐξώρκου *(»die sie hatte schwören lassen«)* μνηστῆρας ἱστὰς ἐπὶ τοῦ ἵππου *τῶν τομίων*· – siehe oben Anm. 384 zu τέμνειν, ἔντομα, τόμια – (…) ἐξορκώσας δὲ τὸν ἵππον *κατώρυξεν* ἐνταῦθα, weswegen der Ort Ἵππου μνῆμα heiße. *»In Ägypten«* τὸ ἱερεῖον καὶ θάπτουσι μόνον ἀποσφάξαντες, Luc. Sacrif. 15.
Vernichtungsopfer sind auch weitere der im Orakel bei Porphyrios für die übrigen Opferklassen beschriebenen Riten: so für die Götter des Aer (V. 14 ὅσσοι δ' ἀμφὶ γέην πωτώμενοι αἰὲν ἔασιν, die Aufteilung der Göttergruppen ist aber im Lichte von V. 22ff. nicht ganz klar; dazu unten S. 181f. m. Anm. 413), wo gefordert wird (V. 16): ἐν πυρὶ βάλλε δέμας; und ebenso für die Meeresgötter (V. 19 κὰκ κεφαλῆς θυσίαζε καὶ εἰς βαθὺ κῦμα θαλάσσης *ζῷον ὅλον* προΐαλλε). Eine dritte Opferklasse, die sich auf die Gestirns- und Äthergötter bezieht (V. 23-28), scheint zwar im *enagismos*-Typus eingeleitet zu werden (V. 24 αἷμα μὲν ἐκ λαιμῶν [›Rachen, Kehle‹] κρουνώμασιν [= κρουνός, ›Quelle, Brunnen‹, zu κρήνη] ἀμφὶ θυηλὰς [›Opferteile‹] | λιμνάζειν [›in einen See verwandeln‹, ›tränken, befeuchten‹]), aber dann soll das Fleisch doch in der Weise des Speiseopfers verteilt werden (V. 25f.): die γυῖα den Göttern zum Mahl bereitet, die Extremitäten (ἄκρα) verbrannt (oder ist Ἡφαίστῳ δόμεναι nicht metonymisch zu verstehen?) und *»der Rest«* im Festmahl verzehrt werden.
Weiteres zu Annihilationsopfern des Typs, daß die Opfergabe ins Meer geworfen wird, bei Wolff, ed. Porph. 116 Anm. 8, der darum auch die in diesem Orakel vorgeschriebenen Opfer als Reinigungsopfer verstehen will. Im Sündenbockritual wird das Opfer ins Meer gestürzt, Phot. s.v. περίψημα (ψάω ›[weg]wischen‹, also ›reinigen‹): οὕτως ἐπέλεγον τῷ κατ' ἐνιαυτὸν ἐμβαλλομέ-

Die Parallelen zwischen den drei Orakeltexten aus Kallipolis, Kaisareia Troketta und Hierapolis insbesondere im Punkt der geforderten Opfertechnik könnten dazu veranlassen, die angesichts weiterer Übereinstimmungen zwischen den Texten aus Kallipolis und Troketta schon geäußerte Hypothese der Identität der Orakeldichter auf das für Hierapolis gegebene Orakel auszuweiten. Doch schiene es mindestens ebenso begründet, eben auch im Lichte weiterer Belege wie dem ›Theologischen‹ Orakel bei Porphyrios, hierin konstitutive Elemente eines ›Regelwerks‹ des chthonischen Opfertypus zu erkennen, wenn auch mit einem Spektrum von Variationen im Detail, wobei die Grenze zwischen sprachlicher Variation in der Kultpoesie der Versorakel und Abweichungen in den realen Handlungsabfolgen schwer zu ziehen ist.

Offen bleiben muß, ob wir ein die zeitgenössischen Diskussionen formendes Element eben in der vom klarischen Orakel entwickelten Theologie zu sehen haben, wie sie sich in den hier betrachteten Bescheiden für die anfragenden Städte zeigt und so räumliche Verbreitung erfahren haben kann. Die vom Rituellen ausgehenden Reflexionsmuster über die Götter, ihre Verehrung und Besänftigung, wie sie Klaros entwickelte, hätten auf diese Weise Eingang in die bei den Philosophen und Antiquaren des 2. und 3. Jh. n. Chr. umlaufenden Sammlungen von Apollon-Orakeln gefunden, wobei die gelehrten Rezipienten die Texte dort nach eigenen ›Stichworten‹ ausgewählt und nach ihren eigenen Kriterien der Klassifikation geordnet hätten.[407]

νῳ τῇ θαλάσσῃ νεανίᾳ ἐπὶ ἐπαλλαγῇ τῶν συνεχόντων κακῶν· »περίψημα ἡμῶν γενοῦ«· ἤτοι σωτηρία καὶ ἀπολύτρωσις· καὶ οὕτως ἐνέβαλον τῇ θαλάσσῃ *ὡσανεὶ τῷ Ποσειδῶνι ἀποτινύντες*. Das delphische Orakel befiehlt den Einwohnern von Tiryns, Poseidon einen Stier zu opfern und diesen »*ohne Lachen*« im Meer zu versenken, Theophr. fr. 709 Fortenbaugh (Athen. 6,79, 261D; ohne Nennung Theophrasts auch Eusthat. In Od. 18,100 p. 1839, 47-53; Fontenrose L 86 = PW 328). Die generische Anschauung ist bereits bei Homer faßbar, Il. 1,314 οἱ δ' ἀπελυμαίνοντο καὶ εἰς ἅλα λύματ' ἔβαλλον; dann Eur. Iph.Taur. 1193 θάλασσα κλύζει πάντα τἀνθρώπων κακά: Diese Stellen zeigen gut die Herkunft solcher Riten aus elementaren kulturellen Reinigungstechniken.

Annihilationsopfer im Meer sind gerade mit Poseidon und Pferden verbunden: *»Im Illyricum«* kennt Festus s.v. *Hippius* (also ein Kult des Ποσειδῶν Ἵππιος) ein Pferdeopfer, wo ebenfalls die Opfertiere im Meer versenkt werden, *in Illyrico quaternos equos iaciebant nono quoque anno in mare*. Ähnlich auf Rhodos, id. s.v. *October equus*: *Rhodii quotannis quadrigas Soli consecratas in mare iaciunt*. Die Argiver am Jahresfest des Poseidon am Ort Δίνη (ein sprechender Name, *»Strudel«*): τὸ δὲ ἀρχαῖον καὶ καθίεσαν ἐς τὴν Δίνην τῷ Ποσειδῶνι ἵππους οἱ Ἀργεῖοι κεκοσμημένους χαλινοῖς, Paus. 8,7,2. Die Trojaner versenken Pferde in den δῖναι des Skamander, Il. 21,131 ᾧ δὴ δηθὰ πολέας ἱερεύετε ταύρους, ζῳοὺς δ' ἐν δίνῃσι καθίετε μώνυχας ἵππους. In Phrygien werden die Opferstücke in die Quellen von Mäander und Marsyas als Gabe für die beiden Flußgötter geworfen, Max. Tyr. 2,8; Eus. Hist. eccl. 7,17 παρὰ ταῖς … πηγαῖς … κατά τινα ἑορτῆς ἡμέραν σφάγιόν τι καταβάλλεσθαι. Als apotropäischer Ritus werden in Ägypten Köpfe der Opfertiere in den Fluß geworfen, Hdt. 2,39; Plut. Is. 31, 363B.

407 Es ist im Lichte von **Klaros App10** und der anschließenden Ausdeutung (s. hiern.) kaum von der Hand zu weisen, daß Porphyrios eine homogene theologische Interpretation der Orakel, die er in seinem Traktat zusammengestellt hat, im Hinblick auf ›den‹ richtigen Gottesdienst auf

In dieser Weise könnten die rituellen Muster und die sie begleitenden mythologisch-theologischen Spekulationen, die wir hinter den Texten aus Klaros fassen, in der Zeit der großen Resonanz des Orakels seit dem 2. Jh. n. Chr. die Funktion einer vermittelnden Zwischenstufe zwischen den alten rituellen Paradigmen, wie sie seit Homer aufscheinen, und der gelehrten Spekulation über das Wesen der Götter (und teilweise daran anschließender individueller Ritualausübung) im intellektuellen Diskurs der Kaiserzeit erfüllt haben.

Porphyrios' eigene Exegese[408] des Apollon-Orakels zeigt hinsichtlich der Aufteilung (διαίρεσιν[409]) des Pantheons im übrigen beispielhaft die Deutungsarbeit der antiken Antiquare und ›Theologen‹ an den Überlieferungen zur Ritualpraxis, die sie vorfanden. Sie kann daher vor Augen führen, daß wir unsere antiken gelehrten Quellen entnommenen Klassifikationen und Begriffe, die Unterschiede im rituellen Verhalten beschreiben sollen, mit gewisser Vorsicht verwenden und nicht als ›objektive Werkzeuge‹ ansehen sollten.[410]

Im Zuge seiner διαίρεσις führt Porphyrios die theologische Bedeutung dieser Klassifikationen und Zuordnungen aus.[411] Sie folgen seiner Ansicht nach dem Analogieprinzip τῷ γὰρ ὁμοίῳ χαίρει τὸ ὅμοιον: Schwarze Vierfüßler, die auf dem Festland leben, sind den χθόνιοι θεοί darzubringen,

der Grundlage seiner kosmologisch-philosophischen Systemannahmen anstrebt. Da die Quellenfrage letztlich nicht sicher zu beantworten ist, kann bei allen Übereinstimmungen mit anderen Zeugnissen zur Ritualpraxis die Möglichkeit nicht völlig ausgeschlossen werden, daß es sich um gelehrte Kultpoesie literarischer Herkunft handelt, die sich den Anstrich von Kultbezogenheit gibt. Selbst unter dieser Prämisse wären diese Texte für ein religionshistorisches Interesse aber nicht wertlos. Denn nicht allein, daß an ihnen sich eine *Sicht* auf Religion bei antiken Experten ablesen läßt, reflektieren sie doch auch so immer noch – in einem intellektualisierten Verständnis zweifellos – reale, angewandte Traditionen: Formen religiösen Handelns, die die zeitgenössischen Betrachter dokumentiert vorfanden und in ein in ihrer Welt plausibles Deutungsschema einzuschreiben versuchten. Mit anderen Worten: Sollten die als »*Orakel des Apollon*« von Porphyrios und anderen wie dem Autor der *Theosophie* angeführten Verse keinen kultischen Ursprung haben, wäre die Folge nur, daß sich das Bild für eine historische Analyse komplizierte. Es ginge dann darum, die Schicht der Deutung vom Substrat historischer Primärwirklichkeit abzuheben.

408 Siehe Eusebios' einleitende Worte zu Porph. 315 F Smith, PE 4,9,3: καὶ μετ' ὀλίγα ἐπεξηγεῖται τὸν χρησμὸν ἑρμηνεύων ὧδε. – Interessant ist die Selbstreferenz des sprechenden Orakelgottes mit Bezug auf den Vorgang der Niederschrift und Kodifizierung der Anweisungen, plaziert als Übergang zwischen dem kosmologischen Einleitungsteil und den detaillierten Opferanweisungen, 314 F 8 Smith: δέλτοις δὲ χαράσσετε (die Form offenbar von Wolff emendiert, obwohl eine Angabe bei Smith fehlt; vgl. Wolff, ed. Porph. 113 Anm. 3) χρησμὸν ἐμεῖο. Die Wortwahl χαράσσετε deutet daraufhin, daß die Monumentalisierung als Inschrift gefordert ist: ein Indiz dafür, daß Porphyrios eine literarische Sammlung benutzt hat, die ihrerseits, so kann man annehmen, von in den Heiligtümern und Städten aufgestellten Orakelsteinen zusammengestellt worden war. Vgl. dazu die Bemerkungen Roberts, Trois oracles 584. 590. 592.

409 315 F 4 Smith.

410 Siehe dazu nochmals Schlesier (wie Anm. 384) und Henrichs, Sacrifice as to the immortals.

411 315 F 28 Smith ἆρ' οὖν δεήσει ἐξηγήσασθαι τῶν θυσιῶν τὰ σύμβολα τῷ εὐσυνέτῳ δῆλα; κτλ.

mit Vorzug gehört ihnen also das πρόβατον als Opfertierklasse. Die Differenzierung von Altar- und Bothrosopfer (mit Begraben des Opfertiers im zweiten Fall) entspreche den kosmischen Bereichen der jeweiligen Götter, die entweder auf der Erde oder unter der Erde zu finden seien.[412] Für den Bereich des *»schwarzen«* Meeres seien die schwarzen Opfertiere passend, für den lichtdurchfluteten Aer weiße. Die Himmels- und Äthergötter erhielten die ἄκρα der Opfertiere, da diese Teile die leichtesten seien.

Nach einem dualistischen Modell geht Porphyrios von unterschiedlicher Wirkungsmacht der Göttergruppen aus: Himmels- und Äthergötter seien δοτῆρες ἀγαθῶν, deshalb habe man ihnen (Dank-) Opfer auszurichten, wozu der Typus des Speiseopfers dient. *»Alle übrigen«*[413] müßten hingegen durch Opfer befriedigt werden, damit sie Übel abwehren (τῶν κακῶν κωλυτῆρες).

Zurück zum Orakel des klarischen Apollon für Kallipolis. Nach den mit sieben Versen ausführlichen Angaben zur Opfersequenz schließt sich die zweite Aufforderung sehr knapp an (V. 29f.): Die Bürger sollen Standbilder Apollons im *Toxophoros*-Typ, wie er für den klarischen Gott kennzeichnend war, vor den Stadttoren von Kallipolis errichten. Der Orakelgott soll also als θεός προπύλαιος die Bürgerschaft vor einer Wiederkehr der Epidemie bewahren. Diese Funktionalität der Statue wird in Form einer appositionellen Prädikation[414] eigens benannt: Der *»bogentragende Phoibos«* heißt λοιμοῦ ὑποσευαντῆρα.[415]

Wie schon im Orakel für Hierapolis, ist das Götterbild hier unmittelbar wirksam verstanden: Es ist das *agalma* der Gottheit selbst, das die Seuche zurückschlägt.[416] Der Text bietet ein gutes Beispiel für die Identifizierung von Gottheit und Kultbild, da die Statue hier direkt mit dem Namen des Gottes bezeichnet wird: στῆσαι δέ νυ κ[α]ὶ προ[π]ύλᾳιον | τοξοφόρον Φοῖβον.[417] Diese rituelle Maßnahme macht die Annahme der Herkunft des Ora-

412 Andernorts wird oft zwischen βωμοί für die olympischen und ἐσχάραι für die chthonischen Götter unterschieden, etwa Porph. Antr. 6 (p. 60, 14-17 Nauck = Porphyry, The Cave of the Nymphs in the Odyssey, Arethusa Monogr. 1, Buffalo, N.Y. 1969, p. 8,23-25), Σ Eur. Phoen. 274 (m. Schwartz ad loc.). 284, Neanthes FGrHist 84 F 7 (ap. Eustath. In Od. 6,305 p. 1564,28-34; aus dem dritten Buch seines Werks Τὰ κατὰ πόλιν μυθικά); Paus. 5,13,8; Fest. s.v. *altaria*; Steph. Byz. s.v. βωμοί; Anecd. Bekk. 236,32; Ammon. Diff. adfin. voc. 113 s.v. βωμός. Vgl. auch Wolff, ed. Porph. 121 Anm. 1. – Porphyrios' Ausführungen zu den Vögeln als Opfertieren scheinen in unseren Augen reichlich gesucht, knüpfen jedoch möglicherweise an antike Etymologie an: πτηνά = πάντα θεῖ, offenbar in Anlehnung an Plat. Crat. 397 CD.

413 Das sind im Orakel sowohl die ἐπί- als auch die ὑποχθόνιοι θεοί, offenbar aber auch die Aer-Götter: 315 F 44f. Smith.

414 Als Element der Gebetssprache klassisch behandelt bei Norden, Agnostos theos 143-176, h. 163-166.

415 Zu dieser Bildung Weinreich, Apollon Propylaios 199.

416 Siehe die Erörterung oben S. 106-109 zu **Klaros 4**,18-20.

417 Beispiele für diesen Gebrauch bei Faraone, Talismans 64 (Apollon Alexikakos in Athen im Zusammenhang der perikleischen Pest bei Paus. 1,3,4); 55f. (zu Σ Aristoph. Av. 436 als Erklärung des Begriffs ἐπιστατής: πήλινον [›aus Lehm‹] Ἥφαιστον πρὸς ταῖς ἑστίαις ἱδρυμένον

kels aus Klaros und auch seinen Platz in der Gruppe der ›Pestorakel‹ der 160er Jahre so gut wie sicher, denn dieselbe Weisung liest man nicht nur im Orakel für Hierapolis, sondern auch im Bescheid für Kaisareia Troketta.[418] Auch sonst waren gerade Apollon-Standbilder an den Stadttoren als θεοὶ προπύλαιοι mit Schutz- und Abwehrfunktion für die Stadt verbreitet.[419]

»Vergeltung für künftiges Unheil«: Mahnung zu ritueller Konformität oder Zusicherung göttlichen Schutzes vor gegenweltlichen Mächten? Die Ambivalenz des Reziprozitätsmotivs. Gefährdung und Verläßlichkeit der Lebensordnung. Fürsorgliche Götter: Vorgriff auf geschichtstheologische Deutungsmuster und Absicherung der Divination gegen kontingente Geschehensverläufe.

Das Orakel schließt mit einer theologisierenden Wendung, deren Deutung aufgrund der bisher nicht befriedigend gedeuteten Versanfänge schwierig bleibt. Soviel scheint verläßlich erkennbar, daß Apollon mit einem Ausblick in die Zeit nach Überwindung der aktuellen Krise seinen Spruch abrundet, und zwar offenbar in Form eines Bedingungsgefüges: *»Wenn ... sich Unglück nähert, ... wird auch Vergeltung kommen.«*[420] Zwei Deutungen scheinen vorstellbar.

Der Gedanke der ποινή findet sich auch in der Schlußwendung eines in Ephesos gefundenen Orakels, das eine nicht genannte Stadt am Hermos wohl in Klaros erhalten hat.[421] Dort handelt es sich um eine drohende Mahnung an die Anfragenden für den Fall, daß sie die rituelle Observanz vernachlässigen sollten:[422] Dies werde πυρὸς ποιναί, *»Feuerstrafen«*, heraufbeschwören, womit nach Ausweis der kleinasiatischen Beichtinschrif-

---

ὡς ἔφορον τοῦ πυρός); 75f. (Ares in Thrakien, Anth. Pal. 9,805); 108f. mit Anm. 42 (Artemis). Der Gebrauch ist gerade bei Pausanias häufig, siehe Graf, Nordionische Kulte 298 Anm. 27. Ganz ähnlich auch im Orakel für das pamphylische Syedra, das ein Dreierbild mit Ares, Hermes und Dike mit dem Motiv des gefesselten Götterstatue verbindet, **Klaros 15** (auch dazu Faraone ebd. 75). – Zu dieser Verwendung von θεός bereits Weinreich, Heilungswunder 145f.

418 **Klaros 8**,27f.: αὐτὰρ ἐντύνεσθε Φοῖβον μέσσον ἱδρῦσαι πέδου, | τῇ μὲν ἀμπαφῶντα [τόξον] ---; **Klaros 4**,18-20: πάσαις δ' ἀμφὶ πύλαις Κλαρίου τεμενίξατε Φοίβου | τόξοις ἱρὸν ἄγαλμα κεκασμένον ὠλεσινούσοις | κτλ.

419 Vgl. etwa die erste Rede des Aelius Aristides für Smyrna, Or. 17,14 Keil, wo er einen Fluß in Smyrna, den Meles, preist als ὁ δὲ δὴ πρὸ θυρῶν κόσμος, ἀντὶ Ἀπόλλωνος ἀγυιέως προπύλαιος τῇ πόλει. – Siehe zur Thematik des θεός προπύλαιος oben S. 108f. mit Anm. 196 sowie unten Kap. 3, Anm. 18; Faraone, Talismans 54-73.

420 V. 31 εἰ δ̣' [..]ερη δ̣ιστω στη[..]ρη (dies die Kombination der von Kiepert und Mordtmann gelesenen Buchstaben) πελάσειεν ἀνείη | μήδ[ε]σιν ἀ‹ν›δροελέ‹σ›σιν, ἐλεύσεται εἰσέτι ποινή. Kaibel hatte ergänzt εἰ δ' ἑτέρη δημῷ στυγερὴ κτλ.; die Herstellung von V. 32 stammt von Buresch. ἀνείη ist gedehnte Form des epischen (seit der Od.) ἀνίη, ›Unglück, Trauer, Verhängnis‹; Bureschs ἀνδροελής wäre ein (gut möglicher) Neologismus.

421 **Klaros 11**, hiernach besprochen. Zum erwähnten Punkt vgl. S. 223-225.

422 18 εἰ δέ τε μὴ τελέοιτε, πυρὸς τότε τείσετε ποινάς.

ten Fieber bezeichnet ist, das wiederum verallgemeinernd für die Ansteckungssymptome von Seuchen überhaupt steht.

In dieser Weise könnten die ποιναί auch in Kallipolis zu lesen sein: Zeigen die Angesprochenen kein *commitment* mit Blick auf die Weisungen des Orakelspruchs, werden die Götter das als Vergehen, als Vernachlässigung durch die Bürgerschaft ansehen und ποινή senden – das wird sich daran ablesen lassen, wenn erneut Unglück, ἀνίη, die Gemeinschaft trifft. Allerdings setzt diese Lesart eine solche Aitiologie auch für die gegenwärtige Situation voraus, die die vorliegende Anfrage motiviert hat – das ist in den erhaltenen Partien für uns freilich nicht erkennbar, und auch in den übrigen Orakeln der hier behandelten Gruppe scheint an den Stellen, wo Ansätze einer Ursachenbegründung erkennbar sind, die Notlage nicht auf ein (kultisches oder anderes) Versagen der Bürgergemeinde zurückgeführt zu werden.[423]

Wenn die Lesung der fraglichen Verse als Bedingungszusammenhang das richtige trifft, scheint jedoch noch ein anderes, ungewöhnlicheres Verständnis denkbar: Eine allfällige Rückkehr der Seuche werde auch ποινή nach sich ziehen – ›Vergeltung‹ nunmehr in dem Sinne der (erneuten) Zurückdrängung der Unheilsmächte durch Apollon, der auch dann wieder rettende Weisungen erteilen und so die Kräfte in ihre Schranken weisen wird, welche den die Götter ehrenden Menschen feindlich gegenüberstehen. Die ποινή gälte dann der dunklen Gegenwelt, welche mit Seuchen und Unheil, στυγερὴ ἀνείη, die kosmische Ordnung bedroht.

Dabei wird das Reziprozitätsmotiv in anderer Weise als in der zuerst diskutierten Variante benutzt: Dort zieht mangelnde Verehrung der Götter ›Vergeltung‹ der so Mißachteten nach sich, die sie an den Menschen üben, und stabilisiert dadurch das ins Ungleichgewicht geratene Verhältnis zwischen Menschen und Göttern, das eben durch die ehrfurchtsvolle Unterordnung der Sterblichen unter die Unsterblichen definiert ist. In der zweiten Lesart bedeutet ›Vergeltung‹ einen Ausgleich der in eine Asymmetrie geratenen ›Kraftfelder‹ und die Restabilisierung ihres ›richtigen‹ Verhältnisses dadurch, daß der rettende Gott zugunsten der ihm zugewandten Menschen in das Geschehen eingreift und durch zuverlässige Weisungen ihre sichere Existenz bewahrt: Die Sterblichen stehen unter dem Schutz der Götter, denen sie im Kult das Schuldige zukommen lassen – Opfer, Hymnen, Gebete –; dafür treten die göttlichen Helfer dann auch für sie ein, wenn gegenweltliche Potenzen dieses wechselseitige Verhältnis (erneut) gefährden. Apollon wird auch dann mit einer φάτις παν-

423 In Hierapolis wird, soweit erkennbar, eine mythologische Begründung herangezogen, die ganz auf der Handlungsebene der göttlichen Akteure bleibt; in der Stadt am Hermos nimmt die Erklärung einen Schadenzauber – wohl durch einen außerhalb der Stadtgemeinschaft stehenden Magier – in Anspruch.

ατρεκής, wie es im Orakel aus Troketta heißt, dafür sorgen, daß die kosmologische Ordnung gewahrt bleibt.

Während wir es im einen Fall mit einem tendenziell negativ konnotierten Weltbild zu tun haben, in dem die hierarchische Unterordnung der Menschen unter mächtigere und potenziell bedrohliche, ›strafende‹, Götter die Ordnung konstituiert, die prekär bleibt, weil die Menschen sich darin immer wieder ›Vergehen‹ zuschulden kommen lassen, schafft nach der alternativen Deutung der Götterkult die Grundlage für das Vertrauen der Menschen in eine stabile, letztlich zu Zuversicht berechtigende Weltordnung, die die Götter, den Menschen zugetan, auch gegen von außen drohende Gefährdung absichern.

Trotz dieser herausgehobenen Machtstellung ›guter‹ Götter bleibt damit eine dualistische Vorstellung von ›Welt‹ und ›Gegenwelt‹ im Hintergrund erhalten (letztere freilich diffus und ohne klare, personale Konturen[424]) – kein größeres Ganzes, das darüberstehenden Prinzipien folgt, überwölbt die Polarität.

Ist die Ankündigung der ποινή in dieser Weise zu verstehen, äußert sich darin ein Bewußtsein rettender und loyaler Götter, wie es der Orakelgott Apollon ist, die die im Kult begründete Gemeinschaft mit den Menschen nicht verraten. Einem Gott, der zu diesem Zweck Anteil an seinem umfassenden Wissen über die Wirkungszusammenhänge im Weltgeschehen gibt – auch wenn diese Botschaft von Menschen richtig verstanden und umgesetzt werden muß –, ist diese Rolle in besonderer Weise angemessen. Damit scheint das Motiv der fürsorglichen Götter auf, die als θεοὶ σωτῆρες die Garanten eines sicheren und unbeschadeten Lebens der Menschen sind – und mit dieser Bewahrung der Lebensordnung sich auch die von den Menschen mit ihnen im Kult geübte Gemeinschaft erhalten.

Trifft diese Lesart zu, weist solches Ausgreifen in die Zukunft auf Ansätze von geschichtstheologischen Deutungsmustern. Wäre das als vorbeugende Absicherung seitens des Orakels zu verstehen? Sie lautete: Wenn erneut eine Epidemie auftreten sollte, obwohl die angegebenen rituellen Maßnahmen wie Opfer und Aufstellung der apotropäischen Statuen befolgt worden sind,[425] so darf dies nicht so aufgefaßt werden, daß

---

424 Das ist zumindest ansatzweise anders im nachfolgend erörterten Orakel **Klaros 11**, wo die Gefährdung der Gemeinschaft von einem μάγος ausgeht, die durch gezieltes Eingreifen der Artemis ausgeräumt werden kann.

425 Gerade die Statuenaufstellung ist ja gewiß in der Perspektive des ›rituellen Selbstverständnisses‹ der Beteiligten so zu sehen, daß durch den »Wächter Apollon« an den Stadttoren auch für die Zukunft und dauerhaft Sicherheit gegen den Einfall von Seuchen bestehen soll. Umso mehr besteht also Veranlassung für den Gott, ein Erklärungsmuster für den Fall eines gegenteiligen Geschehensverlaufs bereitzustellen. Damit ist für die Orakel ein bemerkenswertes Niveau theologischer Reflexion erreicht, das in Grundzügen ein Bewußtsein für die Notwendigkeit verrät, mit im-

der kausale Ereigniszusammenhang gestört und damit außer Kontrolle, unter den Einfluß der Chaosmächte gelangt sei. Das Unheilsgeschehen ist nicht kontingent.

Vielmehr wird die einer verläßlichen Weltordnung folgende Kausalität der Ereignisse weiterhin von den Göttern kontrolliert und garantiert, auch wenn dies zunächst nicht manifest vor Augen liegt: »*Vergeltung*« wird dann »*noch* (sc. später) *erfolgen*«. Ist der Doppelvers so zu verstehen, so äußert sich darin eine Strategie vorausgreifender Validierung und Kontingenzabsicherung: Die orakelgebende Instanz ist darauf bedacht, künftige Reinterpretationen der Botschaft schon im Vorfeld auszuschließen.

Eine solche theologisierende Absicherung wäre unter den inschriftlichen Orakeltexten freilich neu. Obwohl die entscheidenden Wörter auf dem Stein von der Chersones eindeutig gelesen zu sein scheinen, kann der Argumentationsgang im einzelnen doch nicht hinreichend zuverlässig rekonstruiert werden. Angesichts der noch nicht sicher hergestellten Anfangspartien der beiden Verse wird man also vorläufig beide Arten des Textverständnisses für vertretbar halten – jedes der skizzierten Modelle wäre in der religiösen Vorstellungswelt der Griechen verankert. Das der Götter, die als umfassende und mächtige Beschützer der Menschen auch in die Zukunft ausgreifen, mag sich womöglich noch passender in die Entwicklungen des religiösen Denkens der Zeit und in die gesellschaftliche Umfeld der Kaiserreichs einordnen lassen.[426]

Die Aufstellung des Orakelbescheides im öffentlichen Raum: Selbstdarstellung der Stadt und Kultpropaganda, Verewigung der göttlichen Botschaft. Nähe zu den Orakeln für Hierapolis und Kaisareia Troketta.

Dadurch, daß am Anfang und Ende der Inschrift aus Kallipolis das Protokoll der Errichtung der Inschrift erhalten ist, sind wir sicher, daß wir den in der Länge vollständigen Text des Orakels auf dem Stein lesen. Der δῆμος hat die Aufstellung κατὰ χρησμόν veranlaßt, wobei offenbleiben muß, ob es ein zusätzliches Orakel (aus Klaros) gegeben hat, das die Monumentalisierung geboten hat,[427] oder ob nach Auffassung der Empfänger das vorliegende Orakel implizit auch das Geheiß zu seiner öffentlichen Aufstellung beinhaltete. Letzteres deutete auf eine Konvention, nach der die eingeholten Orakel nach Normalisierung der Lage auch sichtbar zu dokumen-

manenten Widersprüchen des Deutungssystems umzugehen und Lösungsangebote zur Überwindung von Hürden vorzulegen, die sich einer in sich kohärentenWeltauffassung entgegenstellen.

426 Vgl. Veyne, Évolution 266-279.

427 Vgl. die ähnliche Ambivalenz zwischen Präskript und Orakeltext in der Inschrift aus Hierapolis, wo die Nennung des Apollon Archegetes in der Dedikation als der Instanz, die die Inschriftensetzung angewiesen habe, die Situation zusätzlich verkompliziert: siehe oben S. 73. 78.

tieren waren, um sie Bürgern und auswärtigen Besuchern, die die gerettete Stadt aufsuchten, vor Augen zu führen – und so auch zu Ausstrahlung und wachsendem Einfluß des jeweiligen Kults beizutragen.

Eine solche Norm leuchtet besonders ein, wenn der Bescheid aus Anlaß einer akuten Krise der Polis ergangen war und deren Überwindung auf den Spruch des Gottes zurückgeführt werden konnte. Die konsultierende Partei wollte durch die visuelle Präsenz des die wechselseitige Beziehung zwischen Stadt und Heiligtum bezeugenden Textes ihre Verpflichtung und Loyalität gegenüber dem Gott anzeigen; zugleich manifestiert sie damit, daß sie sich unter den vorzüglichen Schutz derjenigen Gottheit gestellt sieht, deren Offenbarung sie ihre Errettung verdankt.

Diese Motive der Selbstdarstellung und Kultpropaganda überlagern sich mit dem Bewußtsein der Möglichkeit, durch die Materialisierung des göttlichen Wortes dessen Wirksamkeit über den einmaligen, durch die Konsultation rituell markierten Anlaß, zu dem der Bescheid ergangen ist, zu verlängern und aus der Verhaftung an die damalige Situation zu lösen – als Schutzmittel gegen künftiges Eindringen bedrohlicher Mächte in den eigenen Lebensraum[428]. Aus diesem Konglomerat von – teilweise erst in Ansätzen erkennbaren – Absichten wird die Monumentalisierung der Texte in den betroffenen Städten einsichtig, deren Vollzug dann die κατὰ χρησμόν-Formeln auf den Steinen protokollieren.

Ein übergreifender Blick auf den Text aus Kallipolis rückt, unbeschadet der Besonderheiten wie des ποινή-Gedankens zum Abschluß, noch einmal die engen Parallelen – bis in einzelne Bilder hinein im Sprachlichen, doch genauso im Sachlichen – zu den Orakeln aus Hierapolis und Kaisareia Troketta ins Bild; besonders zu letzterem ist die Verwandtschaft, angefangen bei der metrisch vielfältigen Struktur, eng.

Überall haben wir von einer *theoria*, deren Polis durch einen λοιμός in Not geraten ist, erbetene Bescheide in Form langer Versorakel mit episierender Sprache und diversen Neubildungen im Ausdruck. In allen Fällen können wir die Anfrage nur erschließen, die auf Rat gedrungen haben muß, welche rituellen Maßnahmen man zur Abhilfe ergreifen könne. Einerseits sollen diese nach Ausweis der Antwort in Kallipolis wie an den beiden anderen Orten in der Aufstellung von Bildern des pfeilschießenden klarischen Gottes an den Stadttoren bzw. vor der Stadt bestehen, andererseits sind in Kallipolis und Hierapolis Opfer im chthonischen Ritus – Holokauste mit Libationen von Honig, Milch und Wein – verlangt und in ihrer Durchführung genau beschrieben.

---

428 Vgl. S. 167f. die Überlegungen zur Überführung der pragmatischen Leistung des Orakels, wie sie an der empathischen Nachbildung der Leidenssituation der Konsultanten in den Worten des Propheten ablesbar ist, aus der direkten Kommunikationssituation in die schriftliche Form des Textes.

Nur aus der Tatsache der Aufstellung des Textes können wir auch hier zu der Schlußfolgerung gelangen, daß die Bürger, als die Seuche über sie hinweggegangen war, dies dem Rat, den sie aus Klaros erhalten hatten, dankbar zugeschrieben haben: Den Zusammenhang von gegenwärtiger Situation, Orakel und – unvorhersehbarem – künftigen Geschehen problematisiert das Orakel in der Schlußwendung, in der Apollon das weitere Wohlergehen an das rituelle Wohlverhalten der Bürger bindet, weil ansonsten neues Unheil drohe – oder aber einen Ausgleich von Krisen durch verläßliche göttliche »Vergeltung« verspricht.

2.1.5 Ein wundertätiges Bild der Artemis aus Ephesos: Magisches Ritual und städtischer Kult in einem Orakel für eine Stadt in Lydien

[. . . .]Α̣ . Η̣ . [- -]Ω̣Ι̣Δ̣Α̣Π̣[. . . . . . .]ΗΣ[- -
[Ἄρ]τεμιν εὐφαρέτρειαν ἐμῆς γενεῆς γεγαυῖαν·
[π]άσης γὰρ πόλιος προκαθηγέτις ἐστὶ γενέθλης
μαῖα καὶ αὐξήτειρα βροτῶν καρπῶν τε δότειρα·
ἧς μορφὴν Ἐφέσοιο κομίσσατε χρυσοφάεννον,
κάτθετε δ' ἐν νηῷ πολυγηθέες· ἥ κεν ἀλύξει
πήματα καὶ λοίμοιο βροτοφθόρα φάρμα[κ]α λύσει
λαμπάσι πυρσοφόροις νυχίᾳ φλογὶ μάγματα κηροῦ
τηΐξασα μάγου κακοτήϊα σύμβολα τέχνης·
αὐτὰρ ἐπὴν τελέσητε θεῇ προστάγματ' ἐμεῖο
ὕμνοις ἰοχέαιραν ἀπρόσμαχον ἰθυβέλειαν
καὶ θυσίαις ἅζεσθε κλυτὴν ἐπιωπέα κούρην
ἔν τε χοροῖς ἔν τ' εἰλαπίναις κοῦραί θ' ἅμα παισίν
παρθένον ἁλμήεσσαν ὑπὲρ χθόνα Μαίονος Ἕρμου
πάντῃ κυδαίνοντες ἀναστέφε‹τ'› εὐρέα μύρτα
κεκλόμενοι γαίης Ἐφεσηΐδος Ἄρτεμιν ἁγνήν
εἰς αἰὲν ὅππως ὔμμι πέλοι ἄχραντος ἀρωγός·
εἰ δέ τε μὴ τελέοιτε, πυρὸς τότε τείσετε ποινάς.

Χρηματισθεὶς ὑπο τοῦ Ἀπόλλωνος

(Text nach Merkelbach/Stauber)

Übersetzung

Artemis mit dem schönen Köcher, aus meinem Geschlecht entsprungen:
Denn einer jeden Stadt Anführerin und Beschützerin ist sie, bei der Geburt
Hebamme und Mehrerin der Sterblichen, Spenderin der Feldfrüchte.
Ihre goldschimmernde Gestalt bringt aus Ephesos herbei
und stellt sie im Tempel auf und versammelt euch dabei zu einem großen Fest:
Denn sie wird euch fernherl.envernichtenden Zaubergifte der Seuche auflösen,
indem sie durch feuertragende Fackeln mit nächtlicher Flamme Wachsfiguren
schmilzt, bösartige Zeichen der Kunst eines Zauberers.
Nachdem ihr dann meine Anweisungen für die Göttin ausgeführt habt,
verehrt mit Hymnen die Pfeilschießende, Unbezwingbare, Gerade-Treffende,
und mit Opfern das weitgerühmte, scharfblickende Mädchen,
und mit Chortänzen und Festmählern, die Mädchen zusammen mit den Jungen,
preist den Ruhm der Jungfrau am salzigen Ufer des mäonischen Hermos
überall und legt breite Myrtenkränze um eure Häupter
und ruft sie an als die reine Artemis des ephesischen Landes,
damit sie auf ewig euch zur unbefleckten Retterin werde.
Wenn ihr all das aber nicht vollendet, werdet ihr mit Feuerstrafen dafür büßen.

Dieses Orakel hat Apollon gegeben.

Die Gruppe der bekannten ›Pestorakel‹, die mutmaßlich alle in den zeitgeschichtlichen Kontext der Jahre nach 165 gehören und vom klarischen Orakelkult ergangen sind, hat sich erst Anfang der 1990er Jahre um ein neues Stück vermehrt. Bei den österreichischen Ausgrabungen in Ephesos wurde eine Inschrift gefunden,[429] die, ursprünglich eine Kassettenfüllung, in zweiter Verwendung im Straßenpflaster verbaut worden war,[430] und zwar in unmittelbarer Nähe zum Monumentalaltar des Lucius Verus zur Kommemoration des Sieges im Parther-Krieg.

Der Block ist bei der Wiederverwendung oben beschnitten worden, so daß ein nicht zu bemessendes Stück am Textanfang verloren ist.[431] Der Herausgeber der Inschrift hat vermutet, daß diese Kassettenfüllung ursprünglich in das sog. Parther-Monument gehört habe.[432] Wie bei allen anderen Stücken aus der Gruppe der ›Pestorakel‹, sind keine textinternen Datierungskriterien gegeben; die Buchstabenformen weisen aber auch hier auf das 2. Jh. n. Chr.

---

429 **Klaros 11**. Erstpublikation: D. Knibbe, Das »Parthermonument« von Ephesos: (Parthersieg)altar der Artemis (und Kenotaph des Lucius Verus) an der »Triodos«, Ber. u. Mat. ÖAI 1 (1991) 14f.; ders. u.a., Neue Inschriften aus Ephesos 12, JÖAI 62 (1993) 113-150, h. 130-132 Nr. 25; Alpers/Halfmann, Suppl. Ephesium (PHI # 7) 2102*1; SGO 03/02/01. Zum Verständnis: Merkelbach, Artemis von Koloe; Graf, Oracle against pestilence (grundlegend für die religionsgeschichtliche Deutung; EBGR 1992, 84 [Kernos 9, 1996, 373]; Bull. ép. 1993, 49); ders., Gottesnähe und Schadenzauber 150f.; Somolinos, Mántica y propaganda (ich danke dem Verfasser herzlich für die Übersendung eines Sonderdrucks); Várhelyi, Claros 16f.; Huber, Seuchenabwehr 136-139.

430 In der Nähe der Kreuzung der »Theaterstraße« mit der »Kuretenstraße«.

431 Siehe einige Vermutungen über den möglichen Inhalt hiern. S. 191 sowie u. S. 228.

432 In dem Altar dürften mehrere derartige Stücke eingesetzt gewesen sein, so daß auch eine mehrfache Aufstellung dieses Textes in weiteren Exemplaren im Bereich des Möglichen liegt, worauf Graf, Oracle against pestilence 267 aufmerksam gemacht hat. – Grundlegend zum sog. Parther-Monument bleibt die Analyse von C.C. Vermeule, Roman Imperial art in Greece and Asia minor, Cambridge, Ma. 1968, 95-123. Mehrere neue Beiträge in H. Friesinger/F. Krinzinger (Hg.), 100 Jahre Österreichische Forschungen in Ephesos, Denkschr. ÖAW 260; Archäol. Forsch. 1), Wien 1999, 619-653; die dort versammelten Studien betreffen aber v.a. die Ikonographie der Friese; nichts zu der hier besprochenen Inschrift. Vgl. noch P. Scherrer (Hg.), Ephesos: der neue Führer, Wien 1996, 134. Die Datierung des Monuments in die Jahre nach 166 n. Chr. und damit die Deutung in Verbindung mit dem Feldzug des Verus hat J. Nollé noch einmal erhärten können (Ein ephesischer Kult der *Victoria Romanorum* und das Parthermonument, Chiron 33, 2003, 459-484, h. 472-480). Er weist darauf hin (ebd. 473), daß wir nur die Friesplatten und möglicherweise Sockelplatten, aber weder weitere Bauelemente noch sichere Fundamente besitzen, so daß Ort, Umfang und Gestalt des Gesamtdenkmals ungewiß bleiben. Sein Deutungsvorschlag besteht darin, in der Anlage einen Monumentalaltar der Epheser für die Victoria Romanorum zu erkennen (ebd. 477-480). Die Etablierung dieses Kults ist durch eine Münzprägung von Ephesos aus der Zeit des Marc Aurel und des Lucius Verus gesichert (ebd. 459-461), der zugehörige Festagon der Epinikien gut bezeugt (ebd. 464f.). Der Kult ist, so Nollé (ebd. 480-482), vor dem Hintergrund der vor allem bei den Provinzialstädten des Ostens im 2. Jh. zu beobachtenden Tendenz zu sehen, sich mit den militärischen Expansionen der *invicti Romani* zu identifizieren, und zwar durchaus im Sinne der Abgrenzung gegen *barbari*. Insofern könne man von einer mentalen ›Romanisierung‹ als dem »Einbezug von Reichsidentität in das politisch-religiöse Selbstverständnis der Stadt« sprechen.

Artemis als Schutzgöttin der anfragenden Stadt. Einholung eines vergoldeten Kultbildes der fackeltragenden Artemis aus Ephesos und Weihung im Heiligtum der anfragenden Stadt.

Nach einer Zeile, aus deren Buchstabenresten sich kein Sinn mehr herstellen läßt, beginnt der Text für uns recht unvermittelt mit einer ausführlichen Benennung der Artemis in aretalogischem Stil (V. 2-4). Wir lesen hier vermutlich den Abschluß einer Begründung, warum Artemis bei diesem Anliegen die zuständige Göttin sei, an die sich die Stadt um Hilfe wenden solle; vielleicht hat in dem ersten uns erhaltenen, stark zerstörten Vers ein Imperativ *»verehrt | Artemis, die ...«* gestanden.[433]

Man kann vermuten, daß Artemis in der konsultierenden Stadt ebenso wie in Ephesos, wie die nächsten Verse zeigen, Hauptgottheit gewesen ist. Sie wird hier von Apollon jedenfalls als Polisgottheit par excellence qualifiziert, πάσης πόλιος προκαθηγέτις.[434] In Ephesos selbst trägt die Göttin, wenig überraschend, einen ganz ähnlichen Titel, προκαθηγεμών, und ist προεστῶσα τῆς πόλεως;[435] im karischen Iasos ist Artemis 'Αστίας Haupt-

433 Ähnlich versteht es auch Graf in seiner Übersetzung (268): »*[... For help, you have to look to] Artemis ...*«.

434 Belege für das Epitheton bzw. sehr ähnliche Kulttitel in Kleinasien in Lykien, und zwar in Phaselis (Athena Polias: CIG 4332 = IGRom 3,764, 8-10; verbesserter Text: A.W. v. Buren, JHS 20, 1908, 188f. Nr. 17) und Sidyma (Hekate zusammen mit Artemis und Apollon: TAM 2,188 mit 2,189,7; = Benndorf/Niemann, Reisen 68f. Nr. 44f. = IGRom 3,583f.). In Ionien ist Dionysos in Teos προκαθηγεμών, LSAM 28,8f. mit Robert, Études anatoliennes 20-39. Es gab in der Stadt einen imposanten Tempel des Gottes (Vitr. 3,8), und Diodor berichtet von Wundern und Epiphanien des Gottes, aufgrund derer die Teer die Geburt des Gottes in ihrer Stadt beanspruchten (3,66,2). Der Gott ist hier auch ἀρχηγέτης und προεστώς, vgl. Robert ebd. und dens., Carie 226 Anm. 12. In Milet ist es Apollon Delphinios, der als προκαθηγεμών der Stadt fungiert, so im kaiserzeitlichen Kultgesetz über die Molpoi, I.Milet 134,6-8 (Milet 1,3,160); in Karien Herakles in Herakleia Salbake (Robert, Carie 190f. Nr. 94 = MAMA 6,105). Zu Artemis in Iasos hiern. m. Anm. 436. In der Ägäis trägt Pan Lykeios auf Tegea den Titel (IG 5,2,93), auf Kos Asklepios (προκαθηγεμὼν καὶ σωτὴρ θεός: Paton/Hicks, I.Cos 408), auf Kalymna Apollon (TitCalym 145 = IGRom 4,1027). In Nubien ist Mandulis προκαθηγεμών, CIG 5039. – Zu den Epitheta der Gruppe (προ)καθηγεμών, (προ)καθηγέτης, ἀρχηγέτης usw. in verschiedenen Kulten hat sich L. Robert mehrfach geäußert, siehe etwa Amyzon 171f. Sie gehören in den Zusammenhang der poliadischen Götter, ihrer Funktionäre und Heiligtümer, die in verschiedenen Varianten auch als θεοὶ πρὸ πόλεως oder προπύλαιοι bezeichnet werden, siehe oben S. 109 m. Anm. 196, S. 183 m. Anm. 419 sowie unten Kap. 3, Anm. 18. Bei den Epitheta der Gruppe καθηγέτης und καθηγεμών tritt die Berufung auf die Rolle der Gottheit in den Gründungslegenden der Städte hinzu; diese Rolle der Figur Apollon reflektiert Detienne, Apollon archégète: un modèle politique de la territorialisation, in: ders., Tracés de fondation 301-311; vgl. dens., Apollon 85-104. 272-280.

435 I.Ephesos (IK 11,1) 26,10: Dekret der ephesischen Gerusie aus Anlaß der Stiftung eines Nikomedes über die Finanzierung des von den Gerusiasten darzubringenden Opfers an Artemis Soteira, τῇ τε προκαθηγε[μόνι τῆς πόλεως ἡμῶν θεᾷ, und an Commodus am Jahresfest der Göttin. Der Beschluß gehört also in die Jahre zwischen 180 und 192 n. Chr. Zu diesem Text siehe Oliver, Sacred gerusia (o. Anm. 175) 96-100. – Aus der Zeit, in die der hier besprochene Text gehören dürfte, stammt der ephesische Volksbeschluß während des Proconsulats des C. Popillius Carus Pedo (162-164 n. Chr.), der den gesamten Monat Artemisiôn der Artemis weiht, ihn

gottheit der Stadt, ihr Heiligtum befindet sich an zentraler Stelle unmittelbar neben Agora und Buleuterion.[436] Die Orakel für Hierapolis erteilte Apollon als θεὸς ἀρχηγέτης,[437] wobei dort nicht klar ist, ob damit der klarische Apollon, der indigene Apollon Kareios oder aber der delphische Gott gemeint ist.[438]

Müssen wir die Bezeichnung der Artemis als προκαθηγέτις in unserem Orakel so verstehen, daß sie bei der Gründung der Stadt eine entscheidende Rolle als Archegetin gespielt hat? Wenn ja, könnte dies zur Identifizierung der anfragenden Stadt helfen. Doch dürfte *πάσης* πόλιος προκαθηγέτις im Lichte der nachfolgenden Passage eher als eine allgemeine Qualifikation des Wirkungsbereichs der Göttin zu deuten sein,[439] die auf die Ansprüche der ephesischen Artemis auf Vorrang und *»Führung«* in weiteren Städten ihres Ausstrahlungskreises im westlichen Kleinasien verweist, ohne daß wir damit notwendig auf die myth-historische Lokalgeschichte der einzelnen Stadt schließen können.

Artemis wird dann weiter mit drei ausgewählten engeren Funktionsbereichen identifiziert: als Geburtshelferin, γενέθλης μαῖα,[440] als die Instanz, die die Kontinuität der Generationen durch Kindersegen und dessen gedeihliche Entwicklung garantiert (αὐξήτειρα βροτῶν), schließlich als Förde-

---

unter ἐκεχειρία stellt und die ἑορταί der Göttin, die πανήγυρις der Artemisia und die ἱερομηνίαι auf diesen Zeitraum konzentriert. Dieser Text legt Zeugnis ab vom überregionalen, panhellenischen wie auch in die nicht hellenisierten Gegenden Kleinasiens reichenden Anspruch des Stadtkultes von Ephesos und begründet diesen mit Epiphanien der Göttin an verschiedenen Orten (ἐναργεῖς ἐπιφανεῖαι), wenn es in den Motiven heißt (I.Ephesos [IK 11,1] 24 B 8-14): [ἐπειδὴ ἡ π]ροεστῶσα τῆς πόλεως ἡμῶν θεὸς Ἄρτε[μις | οὐ μόνον] ἐν τῇ ἑαυτῆς πατρίδι ṭειμᾶται, ἣν ἀ[πασῶν | τῶν πόλεων] ἐνδοξοτέραν διὰ τῆς ἰδίας θειότητ[ος πεποίη|κεν, ἀ]λλὰ καὶ παρ̣ὰ [Ἕλλησίν τε κ]α̣ὶ [β]α̣ρβά̣ρ[ο]ις, ὥ[στε παν]ταχοῦ ἀνεῖσθαι αὐτῆς ἱερά τε κα[ὶ τεμένη, ναοὺς δὲ] | αὐτῇ τε εἱδρύσθαι καὶ βωμοὺς αὐτῇ ἀνακεῖσθαι διὰ | τὰς ὑπ' αὐτῆς γεινομένας ἐναργεῖς ἐπιφανείας κτλ. – In ähnlicher Weise rühmt sich die Stadt Demetrias in Thessalien des Schutzes durch Apollon Koropaios, indem sie in der Begründung des Kultgesetzes über die Reorganisation des Orakelbetriebs festhält (LSCG 83 = IG 9,2,1109 = Syll.[3] 1157, 8-13; ca. 100 v. Chr.): ἐπεὶ τῆς πόλεως ἡμῶν καὶ πρὸς τοὺς ἄλλους μὲν θεοὺς | εὐσεβῶς διακειμένης, οὐχ ἥκιστα δὲ καὶ πρὸς τὸν Ἀπόλλωνα | τὸν Κοροπαῖον καὶ τιμώσης ταῖς ἐπιφανεστάταις τιμαῖς διὰ τὰς | εὐεργεσίας τὰς ὑπὸ τοῦ θεοῦ προδηλοῦντος διὰ τοῦ μαν|τείου καὶ κατὰ κοινὸν καὶ κατ' ἰδίαν ἑκάστῳ περὶ τῶν πρὸς ὑγίεια[ν] | καὶ σωτηρίαν ἀνηκόντω(ν), δίκαιον δέ ἐστιν καὶ καλῶς ἔχον κτλ. Zu dieser Satzung und insbesondere zum Ablauf der Konsultationen in Korope siehe die Ausführungen von Robert, Hell. 5,16-28.

436 ἡ προκαθηγεμὼν τῆς πόλεως Ἄρτεμις Ἀστιάς I.Iasos (IK 28) 88,3; 92,7; 248,5; vgl. Polyb. 16,12,4. Zum archäologischen Befund des zwischen Buleuterion und Agora gelegenen *temenos* siehe F. Berti: Iasos di Caria, in: ders. u.a., Scavi italiani 189-247, h. 226-228. Der schon in der Antike namhafte (Polyb. 16,12,4) Haupttempel selbst ist noch nicht ergraben. Möglicherweise schon seit hellenistischer Zeit sind wohl auch ägyptische Kulte im Heiligtum vertreten gewesen, worauf der Fund einer aus Ägypten stammenden Osiris-Skulptur aus Basalt hindeutet (Berti ebd.), die sich zu kaiserzeitlichen Münzen und Inschriften mit Nennung von Isis, Serapis und Anubis stellen läßt.

437 **Klaros 3**,1 κατ' ἐπιταγὴν θεοῦ [ἀ]ρχηγέτου Ἀπόλλ[ω]νος.

438 Vgl. die Diskussion in der Erörterung von **Klaros 4**, o. S. 78f.

439 Es heißt eben nicht *τῆς πάσης* πόλιος προκαθηγετίς.

rerin des Landbaus und Garantin des Erntesegens (καρπῶν δότειρα). Man könnte überlegen, ob in diesen aretalogischen Prädikaten rituelle Titel der Hymnen zu erkennen sind, die dann im zweiten Abschnitt der Weisungen von Apollon für seine Schwester gefordert werden (V. 11).

Apollon stellt die genealogische Beziehung zwischen sich als Orakelautorität und der Gottheit, deren Kult er empfiehlt, heraus (V. 2 ἐμῆς γενεῆς γεγαυῖαν). Der Vergleich mit den schon besprochenen Orakelbescheiden zeigt, daß dies ein wiederkehrendes Motiv in Klaros bei den Anfragen ist, in denen die den Konsultanten erteilte Weisung nicht auf Kult für den orakelgebenden Gott selbst lautet: so, wenn Apollon im Orakel für Pergamon sagt, daß die Hilfe »*meinem Sohn Asklepios angelegen sein wird*«.[441] Eine ähnliche Verknüpfung auf mythischer Ebene liegt im Orakel für Hierapolis vor, wo von Apollon offenbar die Pythoktonie als Aitiologie eingeführt wird: Da Gê Apollon wegen der Tötung ihres Sohnes grolle, soll die Stadt, die Apollon in seinem Orakelsitz in Klaros verehrt, sie durch Opfer versöhnen.[442]

Wenn zuvor erörtert worden ist, ob die prominente Nennung von Artemis mit ihren wohltätigen Funktionen für die Bürgergemeinschaft anzeige, daß sie Polisgöttin der hier in Klaros anfragenden Stadt gewesen ist, so deutet die sich daran anschließende erste Aufforderung an die Konsultanten, die Apollon verkündet (V. 5ff.), eher darauf hin, daß ein Filialkult der ephesischen Artemis in der Stadt neu eingerichtet werden solle: Dann läge also ein Auftrag zur Kulttranslation aus Ephesos vor.[443]

Es wäre freilich auch denkbar, daß Artemis als πόλιος προκαθηγέτις bereits poliadische Göttin der Stadt war und nun die ephesische Artemis als Nothelferin hinzugeholt werden soll. Zwar ist πάσης πόλιος προκαθηγέτις wohl eher als allgemeine Qualifikation zu verstehen und dadurch Bestandteil der Begründung, warum die ephesische Artemis in der gegenwärtigen

440 Diese Charakterisierung könnte aber auch im weiteren Sinne als ›Fördererin = Garantin des Nachwuchses‹ verstanden werden, dann käme sie in der Sache dem nächsten Titel nahe. Oder aber μαῖα καὶ αὐξήτειρα βροτῶν gehören zusammen, so daß γενέθλης als separativer Genitiv im Sinne von ἐκ γενέθλης, ›von Geburt an‹, zu verstehen wäre (dann müßte die ›Geburt‹ der Stadt gemeint sein, so Graf: »from its origins«). Ich finde diese Auffassung des bloßen γενέθλης als gen. sep. aber schwierig, und die Verbindung mit μαῖα im nächsten Vers scheint auch semantisch die natürlichere; daß das Versorakel sonst keine Enjambements enthält (Beobachtung und Einwand von Graf 269), wiegt m.E. weniger schwer.

441 **Klaros 2**,12f. τὸ δ' ἐμῶι κεχαρισμένον ἔσται | υἱέι. Nochmals V. 19 Ἀσκληπιόν ... ἐμὸν φίλον υἱέα.

442 **Klaros 4**,1 und die Diskussion der – für unser Verständnis – in sich nicht völlig stimmigen ›theologischen‹ Bezüge in diesem Text o. S. 92-96.

443 E. Schmidt, Kultübertragungen, RgVV 8,2, Gießen 1909, besprach in seiner bei R. Herzog angefertigten Dissertation die Einführung der Magna Mater und des Asklepios in Rom sowie die des Serapis in Alexandria, behandelte das Phänomen aber nicht auf einer systematischen Ebene. Eine zusammenhängende Darstellung neueren Datums ist mir nicht bekannt. Wichtige Hinweise bei Robert, Hell. 13,120-124, ausgehend vom Wort ἀφίδρυμα (siehe auch das Zitat o. Anm. 355 sowie Kap. 3, Anm. 394).

Krisensituation neu im lokalen Pantheon zu etablieren sei, so daß aus diesem Kulttitel allein wohl noch kein Argument dafür gewonnen ist, daß die Göttin bereits in der Stadt etabliert war.

Doch muß das »Holen des Kultbilds« (κομίσσατε V. 5) nicht unbedingt auf die eigentliche Etablierung eines Filialkultes im Sinne der Translation zielen, sondern kann auch nur das Einholen eines Götterbildes bezeichnen, das in einen bereits bestehenden Kult integriert wird,[444] so wie es ja die Regel war, daß in den Heiligtümern Statuen mehrerer Götter zur Aufstellung kamen und hier Kult empfingen, ohne daß man eine davon als vorrangiges oder gar ausschließliches Tempelkultbild ansprechen könnte.[445] Umso leichter konnte dies bei weiteren Ausprägungen ein und derselben göttlichen Figur der Fall sein.

Aus dem Wortlaut des Orakels geht nun nicht eindeutig hervor, ob das goldene (χρυσοφάεννον[446]) Kultbild als *synnaos theos* in einem bereits vor-

---

444 Letztlich ist die Frage nicht zu entscheiden, ob es sich um eine regelrechte Translation und Kultgründung handelt oder nur das Götterbild in einen bereits bestehenden lokalen Artemis-Kult einbezogen, oder anders ausgedrückt: dieser Kult durch das Bild der ephesischen Göttin um eine neue Dimension, nämlich des Schutzes der Stadt gegen eine Seuche, erweitert wird. Die Einschätzung hängt auch daran, wie man den Transfer eines Götterbildes in der griechischen Religion grundsätzlich bewertet: Impliziert das Verbringen eines Götterbildes in einen anderen Tempel bereits per se die Gründung eines Filialkults, da ein Götterbild im sakralen Raum immer als Kultempfänger fungiert und insoweit seine Präsenz *eo ipso* einen selbständigen Kult schafft, oder sieht man die Aufnahme in einen bereits von weiteren Göttern bewohnten sakralen Raum als eine niedrigere Stufe kultischer Eigenständigkeit, die keine unabhängige Existenz im Pantheon der aufnehmenden Stadt zur Folge hat? Dies liegt, streng genommen, ja schon bei jeder neuen Dedikation einer Statuette in einem Heiligtum vor. Dann ist in unserem Fall aber auffällig, daß zu dieser Einführung der ephesischen Artemis vom Orakel ein aufwendiges Begrüßungsfest gefordert wird. – Vgl. zum Zusammenhang von Epiphanie und Kultbild: B. Gladigow, Präsenz der Bilder – Präsenz der Götter: Kultbilder und Bilder der Götter in der griechischen Religion, Visible Religion 4-5 (1985-86) 114-133; Burkert, Epiphany; Graf, Eigensinn der Götterbilder; ders., Trick or treat 124-127.

445 Dazu Scheer, Gottheit und ihr Bild 132-138, die einschlägige Beispiele vor allem aus Pausanias diskutiert.

446 χρυσοφάεννος bzw. χρυσοφαής kann auch ein bloß vergoldetes oder sogar nur aus Bronze gefertigtes Bild meinen (da Bronze unpatiniert wie Gold aussieht). In den Quellen oftmals schlicht als *»golden«* bezeichnete Statuen waren in der Regel tatsächlich nur (teil-) vergoldet; Massivgold als Material muß, soweit griechische Bilder betroffen sind, außerordentlich selten gewesen sein. Siehe dazu J.E.G. Whitehorne, Golden statues in Greek and Latin literature, Greece & Rome 22 (1975) 109-119; D.B. Thompson, The golden Nikai reconsidered, Hesperia 13 (1944) 173-209, h. 178-181 (zu den beiden athenischen Niken des 5. Jh. v. Chr., in denen ein Teil der Goldreserve der Stadt verarbeitet war; inschriftlich bezeugt seit dem Jahr 434 v. Chr.: Meritt u.a., Athenian Tribute Lists D 2 = IG I^3 52 B 2f.); A.A. Donohue, *Xoana* and the origins of Greek sculpture, American Class. Stud. 15, Atlanta 1988, 141 Anm. 336 (vergoldete ξόανα bei Pausanias) und ebd. 500, Index s.v. ›gold‹, für die Erörterung der übrigen einschlägigen Zeugnisse aus ihrer Testimoniensammlung zum *xoanon*. Die naturphilosophische Mythenallegorese der Kaiserzeit mit ihren kosmologischen Interessen knüpfte assoziativ wohl auch an reale vergoldete Kultstatuen an, wenn sie das ›Goldschimmernde‹ in der physikalischen Auslegung des Mythos von der Goldkette evozierte, an der Zeus – für diese Interpreten der kosmische Schöpfergott – die übrigen Götter vom Olymp herab halte (Hom. Il. 8,119): Zeus habe Hera mit goldenen Ketten am Äther

handenen Artemis-Tempel der Stadt (oder auch einem Tempel einer noch anderen Gottheit) aufgestellt oder ob ein neuer Tempel errichtet werden soll. Diese Variante ist freilich schon deswegen unwahrscheinlicher, weil der dafür nötige Aufwand in der bedrängten Situation der Stadt weder realistisch noch opportun erscheint: Selbst bei immensen Bemühungen konnte ein neuer Tempel wohl kaum innert nützlicher Frist in Auftrag gegeben und erstellt werden, um in der akuten Notlage der Epidemie noch Abhilfe schaffen zu können.[447]

Wörtlich verstanden, wäre das Kultbild selbst aus Ephesos zu holen;[448] eine mögliche Deutung dieser Formulierung bestünde darin, daß es in der anfragenden Stadt selber gefertigt werden sollte, so daß μορφήν im Sinne von ›Typus‹ (sc. der ephesischen Artemis) aufzufassen wäre.[449] Die Weihung des neuen Kultbildes soll jedenfalls in einem großen öffentlichen Fest erfolgen (κάτθετε ... πολυγηθέες).

Die rituelle Ausgestaltung der »Einholung« könnte sich ähnlich der Art und Weise zugetragen haben, wie sie für die Überführung des Kultbildes der Artemis Leukophryene in das neue Heiligtum in Magnesia am Mäander im Jahr 221/220 v. Chr. beschrieben ist. Vorausgegangen war eine Epiphanie der Göttin, woraufhin die Stadt das delphische Orakel konsultierte. Apollon gebot die Errichtung des *Parthenon* sowie die Einrichtung des Festes der *Leukophryena*; der vorliegende Volksbeschluß beschreibt dessen Inaugurationsritual.[449a]

---

aufgehängt (κεκρεμακέναι τε ἐκ τοῦ αἰθέρος τὴν Ἥραν χρυσαῖς ἁλύσεσι), damit die Gestirne *»etwas Goldschimmerndes haben«* (τῷ χρυσοφανές τι ἔχειν τὰ ἄστρα), Cornut. Nat. deor. 17, p. 26,18f. Lang. Hera wird mit Gê gleichgesetzt, so daß sie nun für den gelehrten Interpreten im Bild Homers den Übergang zwischen Aer und Aither bezeichnet: ἀλλ' ἔοικε τὸ μεταίχμιον (›Zwischenraum‹) αἰθέρος τε καὶ ἀέρος χρυσῷ μάλιστα τὴν χρόαν ἐμφερὲς εἶναι· πάνυ δὴ πιθανῶς καθ' ὃ μέρος ἀλλήλοις ἐπισυνάπτουσι ... χρυσοῦν ὑπεστήσατο δεσμόν, Heracl. Alleg. Hom. 23. Mehr bei I. Ramelli: Anneo Cornuto, Compendio di teologia greca: saggio introduttivo e integrativo, traduzione e apparati di I.R., Mailand 2003, 343-345.

447 Graf, Oracle against pestilence 269, versteht κάτθετε δ' ἐν ναῷ explizit im ersten Sinne: »The temple, thus, is already there: Artemis' cult is long established in the town«.

448 Ἐφέσοιο κομίσσατε V. 5 ist ein separativer Genitiv. – Eine Übersicht zu den unterschiedlichen Anlässen und Formen des Transfers von Kultbildern jetzt bei N. Icard-Gianolio/C. Lochini, Rites et activités relatifs aux images de culte: Déplacements – transferts définitifs, in: ThesCRA 2,471-476.

449 V. 5: ἧς μορφὴν Ἐφέσοιο κομίσσατε χρυσοφάεννον. Deutung von μορφήν als ›ikonographischer Typus‹, ›Modell‹ der Sache nach bei Merkelbach/Stauber, Klaros 184. Belege für die Bedeutung ›Kultbild‹ oder ›Kultbildtypus‹ sind sonst offenbar rar. Der Begriff kehrt dann in der christlichen Theologie im Zusammenhang der Gottesebenbildlichkeit des Menschen (die ihm der Schöpfer durch διατύπωσις verliehen hat) wieder, wo der θεία μορφή die καθ' ὁμοίωσιν μορφή des Menschen entspricht, vgl. Lampe, A Greek Patristic Lexicon s.v. B 5. Am Beginn der Entwicklung, die schließlich zu solchen schöpfungstheologischen Spekulationen führt, stehen die Überlegungen im paganen Kontext, wie sich die personale Gottheit und ihre Materialisierungen in Kultbildern zueinander verhalten. Wenn nach Auffassung des Orakels die μορφή der ephesischen Artemis die Seuche in der eigenen Stadt vernichten kann, lassen sich darin Ansätze einer solchen ›impliziten Theologie‹ erkennen.

Der *neokoros* und die Priesterin der Artemis stehen dort im Mittelpunkt des aufwendigen Rituals der ἀποκατάστασις τῆς θεοῦ, das in einem *»glänzenden«* Opfer kulminiert (μετὰ θυσίας τῆς ἐπιφανεστάτης 23). Unter Führung der Artemis-Priesterin veranstalten die Frauen der Stadt die Auszugsprozession in das neue Heiligtum (ἔξοδος 26) und verrichten dort dann den Dienst am Kultbild (παρεδρία τῆς θεοῦ 28). Die unverheirateten Mädchen führen – finanziert durch den *neokoros* – Hymnen für Artemis auf. Am Tag der Überführung gilt allgemeine ἐκεχειρία, die Kinder werden nicht unterrichtet und die Sklaven von der Arbeit freigestellt. Vor dem Buleuterion kommt der Demos zusammen – der Tag des Festes ist auch ein Markttag (τὴν περὶ τῶν ὠνίων οἰκονομίαν 34f.). Zugegen sind auch die Funktionsträger der Stadt in Festgewändern und mit Lorbeer bekränzt: die *polemarchoi,* die *oikonomoi,* der Ratssekretär, der Stratege, die Hippar-

449a Zum Dossier über die zweistufige Einführung des Agons der Leukophryena, in dessen Zentrum I.Magnesia 16 = Syll.[3] 557 = McCabe, Magnesia (PHI # 7) 6 = Rigsby, Asylia 185-190 Nr. 66 steht, s. Kap. 3, Anm. 193. Ebenfalls in diesem Dokument sind Anfrage und Bescheid aus Delphi überliefert: Fontenrose H 45 = PW 347. – Volksbeschluß über die Einholung des Kultbildes in der Festprozession: I.Magnesia 100 = Syll.[3] 695 = LSAM 33 = McCabe, Magnesia (PHI # 7) 3, 21-48: τὸν μὲν νεωκόρον καὶ τὴν ἱέρειαν τῆς | Ἀρτέμιδος ... συντε|λέσαι τὴν ἀποκατάστασιν τῆς θεοῦ εἰς τὸν Παρθενῶνα μετὰ θυσίας | τῆς ἐπιφανεστάτης, τὴν δὲ ἡμέραν τήνδε ἀναδεδεῖχθαι εἰς τὸν ἀε[ὶ] | (25) χρόνον ἱεράν προσαγορευομένην Ἰσιτήρια, καὶ ἔστωσαν ἐν αὐτῆι ἐκε|χειρίαι πᾶσι πρὸς πάντων, γινέσθω δὲ καὶ γυναικῶν ἔξοδος εἰς τὸ | ἱερὸν καὶ παρεδρευέτωσαν ἐν τῶι ἱερῶι τὴν ἐπιβάλλουσαν τιμὴν καὶ | παρεδρείαν ποιούμεναι τῆς θεοῦ. συνελείτω δὲ ὁ νεωκόρος καὶ χο|ροὺς παρθένων ἀιδουσῶν ὕμνους εἰς Ἄρτεμιν Λευκοφρυηνήν, ἀνιέ[σ]|θωσαν (30) δὲ οἱ παῖδες ἐκ τῶν μαθημάτων, καὶ ἀπὸ τῶν ἔργων δοῦλοί τε | καὶ δοῦλαι, ἐν ἧι ταῦτα ἡμέραι συντελεσθήσεται· (...) ὑπάρχειν δὲ ἐν αὐτῆι ταύτηι τῆι ἡμέραι καὶ τὴν περὶ τῶν | (35) ὠνίων οἰκονομίαν ... | ... τὸν δὲ ἱεροκήρυκα ... | ... πληθούσης ἀγορᾶς συμπαρόντων ἐν ἐσθῆσ[ιν] | ἐπισήμοις καὶ δάφνης στεφανοις πολεμάρχων, οἰκονόμω[ν, γραμ]|ματέως (40) βουλῆς, στρατηγοῦ, ἱππάρχων, στεφανηφόρου, ἀν[τιγρα]|φέως εὐφημίαν καταγγείλαντα πρὸ τοῦ βουλευτηρίου μετὰ [τῶν παί]δων κατευχὴν καὶ παράκλησιν παντὸς τοῦ πλήθους ποιεῖσ[θαι τήν]δε· ›παρακαλῶ πάντας τοὺς κατοικοῦντας πόλιν καὶ χώρ[αν τὴν Μα]||γνήτων ἐπὶ καλοῖς Ἰσιτηρίοις κατὰ δύναμιν οἴκου κεχ[αρισμένην θυ]|σίαν (45) συντελεῖν Ἀρτέμιδι Λευκοφρυηνῆι τῆιδε τῇ ἡμέ[ραι, εὔχεσθαι δὲ]| καὶ Μάγνησιν αὐτοις τε διδόναι καὶ γυναιξὶν ὑγ[ί]ει[αν καὶ πλοῦτον Ἄρ]|τεμιν Λευκοφρυηνήν, καὶ γενεὰν τήν τε ὑπά[ρχουσαν σώιζεσθαι] | καὶ εὐτυχεῖν καὶ τὴν ἐπιγονὴν μακαρίαν [γίνεσθαι - - -. Stavrianopoulou, Normative interventions 140-142, betrachtet das von einem gewissen Diagoras eingebrachte Dekret unter dem Blickwinkel der Legitimation ritueller Innovation im Spannungsfeld mit der Tradition, dem πάτριον (16): Das neu errichtete repräsentative Heiligtum, das zum Kranzagon mit internationaler Ausstrahlung aufgewertete Fest und die durch diese Maßnahmen markierte Heraushebung der Artemis als bevorzugter Kultempfängerin der Stadt bedeuten eine Umformung und Neuschaffung von ›Tradition‹, die der Initiant des Gesetzes mit dem Willen der Gottheit und ihrer Epiphanie als Zeugnisses ihrer Absicht begründen muß: ἐπειδὴ θείας ἐπινοίας καὶ παραστάσεως γενομένης κτλ. (11) Auf die Korrektur der Tradition wird im Motiv ausdrücklich eingegangen: Der neu errichtete Parthenon *»unterscheidet sich in höchstem Maße in seiner Großartigkeit von demjenigen, den uns von unseren Vorfahren von alters her überkommen ist«* (τῇ μεγαλοπρεπείᾳ πλεῖστον διαφέρων τοῦ ἀπολειφθέντος ἡμῖν τὸ παλαιὸν ὑπὸ τῶν προγόνων 14-16). Normative Spannung mit der Tradition bestand auch durch die offenbare Abweichung von der Weisung, die Apollon zunächst gegeben hatte, während der Zeitspanne zwischen der Konsekration des Heiligtums mit dem Translationsritual und der Etablierung des von Delphi geforderten Kranzagons mehr als ein Jahrzehnt später: s. Kap. 3, Anm. 193.

chen, der eponyme Stephanephor und der *antigrapheus*. Der *hierokeryx* gebietet nun Schweigen (εὐφημίαν καταγγείλαντα 41), verrichtet gemeinsam mit den *paides* ein Gebet um Wohlergehen der Stadt und richtet schließlich eine παράκλησις (42) an die versammelte Menge: Jeder *oikos* soll nach seinen Möglichkeiten am Festtag der Göttin ein Opfer darbringen und um Gesundheit, Wohlstand und Unversehrtheit für die Magneten, die Familien und insbesondere ihre Frauen bitten, für die gegenwärtige und folgende Generationen. Das Stiftungsfest erhält den Namen Ἰσιτήρια und soll in den Folgejahren mit identischem Ablauf wiederholt werden, worauf der Volksbeschluß mehrfach insistiert.

Eine ungewöhnliche Aitiologie des Unheils: Die Seuche als magischer Angriff gegen die Stadt. Das wundertätige Bild der Artemis vernichtet die Seuche: Ein nächtliches Löseritual mit wächsernen Zauberobjekten und Fackelschein. Artemis Phosphoros als rettende Göttin. Erwägungen zur Pragmatik des Rituals. Symbolische Konnotationen von Gold, Licht, Feuer im Ritual.

Im detailliert beschriebenen Ritual, das die Seuche zurückdrängen soll (V. 7ff.), kann nun charakteristischerweise nicht mehr zwischen der Göttin als ›theologischer Person‹, welche als Subjekt der Abwehr anzusehen wäre, und ihrem Kultbild, das ganz konkret in das Ritual einbezogen ist und seinerseits als helfendes Subjekt dargestellt wird, unterschieden werden: Die Bezeichnung des zu weihenden Kultbildes als μορφή machte auf dessen artifiziellen Status sogar noch besonders aufmerksam; der nachfolgende relativische Anschluß (ἥ κεν ἀλύξει V. 6) kann unterschiedslos auf die Göttin selbst oder auf ihre μορφή bezogen werden.[450]

Diese Unschärfe wird zusätzlich von jener überlagert, die für alle in den ›Krisenorakeln‹ vorgegebenen Rituale kennzeichnend ist, daß nämlich Apollon von den Menschen Handeln, rituelles Handeln verlangt, die ›Vertreibung‹ oder in anderen Bildern gefaßte Überwindung der Gefahr aber von Apollon oder weiteren Göttern als handelnden Subjekten vollführt wird. Hier tut sich eine ›syntaktische‹ Leerstelle auf: In welchem Kausalitätszusammenhang stehen das rituelle Tun auf menschlicher Seite und die Hilfe der Götter? Diejenigen Orakel, die keine Aitiologie des Unheils enthalten,[451] füllen diese Leerstelle nicht; anstelle eines expliziten Deutungs-

450 Dazu auch Graf, Eigensinn der Götterbilder. Die Problematik wird anhand älterer Zeugnisse systematisch vertieft bei B. Gladigow, Epiphanie – Statuette – Kultbild: griechische Gottesvorstellung im Wechsel von Kontext und Medium, Visible Religion 7 (1990) 98-121. – ἀλύξει zum epischen ἀλύσκω, sonst stets ›aus dem Weg gehen, meiden, fliehen‹, hier bisher singulär in kausativem Sinne ›fernhalten, abwehren‹.

451 Etwa das Orakel für Pergamon, **Klaros 2**, wo die Polisgottheiten der Stadt Empfänger der angeordneten Opfer sind, deren Schutzfunktion damit ›aktiviert‹ werden soll, die aber nicht als die Verursacher der Seuche verstanden sind, die beschwichtigt werden müßten. Im Orakel für Kaisa-

angebots setzen die Verfasser der Anweisungen wohl ein implizites Wissen der Empfänger voraus, daß ›Frömmigkeit‹ in Form von rituellen Leistungen wie Opfern, Hymnen und Gebeten in jedem Fall die Götter zum Handeln zugunsten der Menschen und zum Intervenieren in der speziellen Krisensituation veranlasse.

Wenn sich eine Aitiologie erkennen läßt, ist die Verknüpfung wohl über das Theologem ›Wiedergutmachung durch die Menschen von Fehlverhalten oder Unterlassungen gegenüber den Göttern‹ beabsichtigt, die durch rituelle Leistungen wieder versöhnt und besänftigt werden müssen.[452] Doch zeigte das Beispiel des Python-Mythos im Orakel für Hierapolis, daß die logischen Bezüge dabei nicht unbedingt streng durchkonstruiert worden sind:[453] Wenn dort in einer eigentümlichen ›theologischen‹ Verbindung der Zorn der Erdgöttin auf den Orakelgott Apollon als Töter ihres Sohnes Python den *»Zorn der Götter«* gegen die Stadt zur Folge hat, der beruhigt werden müsse, so will das zunächst nicht völlig einleuchten – eine Verwicklung der Stadt in diesen Kausalzusammenhang kann nur darin gesehen werden, daß sie sich an Apollon als Orakelgott um Rat gewandt hat und vermutlich selbst einen lokalen Apollon-Kult besaß, der pythisch interpretiert wurde. Die empfohlenen Opfer berücksichtigen in Hierapolis dann jedenfalls auch besonders die chthonischen Gottheiten, allen voran Gaia selbst.

In dieser Hinsicht nimmt das ephesische Orakel nun eine Sonderstellung ein: Die gegenwärtige Notlage wird als magischer Angriff eines – individuellen – Zauberers, eines μάγος, gedeutet.[454] Die vom Orakel als ad-

---

reia Troketta, **Klaros 8**, wird zwar das Wüten der Krankheit schonungslos beschrieben, aber in den erhaltenen Teilen keine Erklärung geliefert (diese könnte sich freilich an die Schilderung der Auswirkungen der Seuche in der Lücke vor Beginn des Weisungsteils angeschlossen haben – doch spricht eher dagegen, daß der unmittelbar mit der Beschreibung der Auswirkungen der Seuche einzusetzen scheint – ἀτὰρ ἐσσύμενοι τῶνδ' ὑπάλυξιν –, vgl. o. S. 144). – In Kallipolis, **Klaros 9**, ist der Anfangsteil zu stark zerstört, als daß man eine Aussage treffen könnte, aber nach den erkennbaren Spuren und aufgrund der nahen Verwandtschaft mit dem Orakel für Troketta ist wahrscheinlich, daß nur die Ekstase des Propheten und das Wüten der Krankheit in emotionalen Bildern dargestellt worden sind (vgl. o. S. 163-165). Allerdings werden ähnlich wie in Hierapolis Opfer im chthonischen Ritus für die Unterweltsgottheiten verlangt.

452 Entsprechend ist vom *»Groll«* (χθὼν ἱερὴ κοτέουσα) und vom *»Zorn der Götter«* (θεῶν ὀδυσημοσύνῃσιν, ὧν ἀπαλεύασθαι κέλομαι χόλον ἀλγινόεντα) die Rede, **Klaros 4**,4f.

453 Oben S. 76f. 89. 92f.

454 V. 7 βροτόφθορα φάρμακα, 9 μάγου κακοτήϊα σύμβολα τέχνης. – Es gibt einige Belege für einen adjektivischen Gebrauch von μάγος, etwa bei dem frühhellenistischen Tragiker Sosiphanes aus Syrakus (1. H. d. 4. Jh. v. Chr.), TrGF 92 F 1 μάγοις ἐπῳδαῖς, und zu Beginn von Philostrats Vita des Apollonios von Tyana (1,2 ὡς μάγῳ τέχνῃ ταῦτ' ἔπραττεν). Aus Inschriften ist mir jedoch kein Beleg für eine adjektivische Verwendung bekannt. Doch änderte eine solche Auffassung an unserer Stelle (wo sie von der Wortstellung her durchaus denkbar wäre), die mir gegenüber C. Riedweg angeregt hat, am Ende wenig an der vorliegenden Grundkonstellation: Auch wenn der Verursacher des λοιμός nicht persönlich gedacht wird, ist das Entscheidende doch das in jedem Fall erforderliche Gegenritual der Göttin in Gestalt des Kultbildes. Wenn es sich hingegen doch um die *»schlimmen Zeichen der Machenschaften eines* μάγος*«* handelt, wird diese

äquat vorgeschlagene Reaktion zeigt folgerichtig eine eigentümliche Kombination der »konventionellen« rituellen Maßnahmen im zweiten Teil der Weisungen (V. 10-16) mit einem den Analogiemustern magischer Praxis verpflichteten Gegenzauber (V. 6-9).

Dieser wird aber auffälligerweise statt einem Kultfunktionär, der als »Gegenzauberer« auftreten könnte, der als Helferin empfohlenen Gottheit selbst im Wortsinne in die Hand gelegt. Indem der Gegenzauber allerdings der rituellen Fiktion nach vom aus Ephesos einzuholenden Kultbild ausgeführt werden soll, das die räumlich-visuelle Präsenz der Gottheit herstellt, ist die Nähe zu den Formen sonstiger magischer Rituale wieder gegeben, in denen Kultbilder häufig eine zentrale Rolle spielen.[455] Passend zu einem Gegen- bzw. Lösezauber, wird die Aktivität des Kultbildes auch mit dem Verb λύσει (V. 7) beschrieben.

Während in allen ›Pestorakeln‹ die Ursachen der Seuche in einer Störung des Verhältnisses zwischen Göttern und Menschen gesucht worden sein dürften,[456] ist dieses Orakel das einzige bisher bekannte Beispiel

---

Gegenfigur gleichwohl nicht klarer konturiert. Das liegt wohl auch daran, daß die zugrundeliegenden Kausalitätskonzepte nicht streng ausgearbeitet sind, wie die nachfolgende Diskussion noch zeigen wird: Die gegenweltlichen Kräfte haben keinen klar erkennbaren kosmologischen Platz, sondern bleiben – in nur diffuser Abgrenzung – Teil der Gesamtsphäre, über die letztlich die olympischen Götter bestimmen, wie schon die Deutungsautorität Apollons als solche erweist. Daher wäre eine adjektivische Ausdrucksweise *»magische Künste«* nur ein noch weitergehender Schritt in Richtung einer nur schwach personalisierten Vorstellung der Unheilsmächte.

455 In den magischen Papyri erfüllen Kultstatuetten (die oft eigens für das Ritual verfertigt werden sollen) vor allem als φυλακτήρια eine wichtige Funktion; vgl. die bei Faraone, Talismans 110 Anm. 43, diskutierten Beispiele. Wichtig ist eben, daß das wirksame Kultbild an den Ort gebracht werden muß, an dem auch die Gefährdung präsent ist. Es gibt keine Fernwirkung, sondern eine physische Bindung an die Örtlichkeit, was mit der materiellen Auffassung des Zaubers zusammenhängt, der in Objekten inkorporiert gesehen wird. Daher verlangt auch Apollon, eine μορφή der Artemis in die bedrohte Stadt zu holen (κομίζειν) und sie dort in einem Heiligtum zu konsekrieren: Eine Pilgerfahrt der Bürger etwa zum ephesischen Heiligtum genügte nicht. – Zu Kultbildern in magischen Ritualprogrammen siehe auch F. Graf, Die Ritensammlung der Zauberpapyri und die griechisch-römische magische Ritualistik, in: ThesCRA 3,289-299, sowie dens., Magic and divination.

456 Für den modernen Betrachter überrascht, daß in der Antike das religiöse mit dem medizinisch-naturwissenschaftlichen Erklärungsmodell koexistiert; s. dazu Parker, Miasma 256-280; Lloyd, Disease. Der vorliegende Text, der eine mutmaßlich epidemiologische Ausnahmesituation mit einer ›magischen‹ Kausalitätszuordnung versieht, macht deutlich, daß Medizin und Religion – letztere im konventionellen wie im ›magischen‹ Ritual – in der antiken Gesellschaft zwei komplementäre ›Register‹ sind, um eine Krisensituation zu bewältigen: Beide bringen ihre je inhärente Rationalität zur Geltung, um eine sozial akzeptable Justierung der eingetretenen Asymmetrie herbeiführen zu helfen. – Parker ebd. 257f. zum weitgefaßten Konzept von λοιμός, das umfassender als nur ›Seuche‹ und ›Hungersnot‹ ist, ausgehend vom Beginn des *Oidipous Tyrannos* mit seiner Schilderung der Ausgangssituation in Theben: Mißwuchs, Aussetzen der Generationenfolge bei Menschen und Tieren und ›Pest‹: »This is a typical situation that constantly recurs both in myth and in the Greeks' own perception of historical reality. The name for this whole complex is *loimos*, which is thus much broader than ›plague‹ by which it is commonly rendered«. Parker verweist auf die klassische Studie von M. Delcourt, Stérilités mystérieuses et naissances maléfiques, Liège 1938, 9-38, bes. 15f. 23.

für die Rückführung einer kollektiven Krise auf einen von Menschen ausgeübten Schadenzauber, dessen gegen die Polis gerichteter schädlicher Einwirkung diese durch ein magisches Gegenritual begegnen muß.

Magie als religiös kodiertes Kausalitätsmodell ist in der klassischen Antike gemeinhin auf den Bereich privater oder individueller gesellschaftlicher Beziehungen beschränkt gewesen.[457] Die einzige bekannte Ausnahme scheinen die *defixiones* der ionischen Stadt Teos zu sein, von denen eine gegen Menschen gerichtet ist, *»die* φάρμακα δηλητήρια *gegen die Teer, sei es in gemeinschaftlichem oder privatem Ritual, verfertigen«*[458] – obendrein als Gegenzauber eine wichtige Entsprechung zu unserem Orakel, von dem es sich andererseits dadurch unterscheidet, daß in Teos die Bürgergemeinschaft als Kollektiv der *defigiens* des Gegenzaubers ist, im Orakel aber die Durchführung des Löserituals der Schutzgottheit der Stadt übertragen wird.

Wie sieht nun das Löseritual gegen den Seuchen-Zauber des *magos* im einzelnen aus? Wenn das goldscheinende Kultbild der Artemis, das aus Ephesos geholt bzw. nach *»ephesischem Modell«* gefertigt und in der Stadt im Heiligtum konsekriert werden soll, Fackeln in den Armen trägt, so folgt dies auffälligerweise nicht dem Typus der ephesischen Artemis mit ihrer vertrauten, jedoch nach wie vor rätselhaften Ikonographie,[459] sondern vielmehr dem der Artemis Phosphoros, der *»Lichtbringerin«*, für die gerade die Fackeln in den Händen das charakterisierende Attribut sind.[460] Eine solche Artemis wird freilich immer wieder auf ephesischen Münzen zwischen Späthellenismus und hoher Kaiserzeit gezeigt,[461] und die häufige Abbildung dieser Göttin über einen so langen Zeitraum läßt darauf schlie-

---

457 So schon die ἀγυρταὶ καὶ μάντεις Platons, die individuellen Gegnern ihrer Klienten zu schaden versprechen, Resp. 1, 364 C; Leg. 11,933 CE.

458 Syll.[3] 37 = Meiggs-Lewis Nr. 30 A 1-5: ὅστις φάρμακα δηλητήρια ποιοῖ ἐπὶ Τηίοισιν τὸ ξυνὸν ἢ ἐπ' ἰδιώτηι κε̑νον ἀπόλλυσθαι καὶ αὐτὸν καὶ γένος τὸ κένου. Auf den Sondercharakter des neuen Orakels in dieser Hinsicht hat Graf, Oracle against pestilence 276f. m. Anm. 55, aufmerksam gemacht. Ebd. 277 Anm. 57 wird eine mögliche weitere Ausnahme kurz besprochen (CIL 11,3639). – Zu ἀραί von Städten s. W. Speyer, Fluch, RAC 7 (1969) 1160-1288, h. 1203-1209; K. Latte, Heiliges Recht: Untersuchungen zur Geschichte der sakralen Rechtsformen in Griechenland, Tübingen 1920, 68-77; M. Wörrle, Chiron 8 (1978) 230-236 (zu einem Dekret aus dem lykischen Telmessos, 279 v. Chr. unter Ptolemaios II.; SEG 28,1224).

459 Grundlegend die Arbeit von R. Fleischer, Artemis von Ephesos und verwandte Kultstatuen aus Anatolien und Syrien, EPRO 35, Leiden 1973 (= Fleischer, Artemis von Ephesos); vgl. auch dens., Artemis Ephesia, LIMC 2,1 (1984) 755-763; ArchAnz 1983, 81-89 (zu G. Seiterles Stierhodendeutung). Fleischer weist insbesondere auch darauf hin, daß dieser Kultbildtypus nicht alt, möglicherweise erst kaiserzeitlich ist, stammen doch alle bekannten Abbildungen erst aus nachhadrianischer Zeit. Siehe jedoch Graf, Oracle against pestilence 270 Anm. 8, zu einem möglichen numismatischen Gegenzeugnis.

460 Artemis Phosphoros wird detailliert besprochen, ausgehend vom Kult in Erythrai, bei Graf, Nordionische Kulte 228-236; weiterhin Robert, Stèles funéraires 154-159.

461 Imhoof-Blumer, Kleinasiatische Münzen 1,54 Nr. 42 m. Taf. II 15; ebd. 60 Nr. 66 m. Taf. II 20 (als »Artemis-Hekate«, aber mit zwei Hirschen); BMC Ionia 104 Nr. 373 (als »Hekate«); mehr ebd. 60.

ßen, daß hier ein tatsächlich in einem ephesischen Heiligtum stehendes Kultbild wiedergegeben wird.

Artemis als Übelabwehrerin ist nicht die gängigste Vorstellung, die mit ihrer Gestalt verbunden wird; typischer besetzt Apollon als *Alexikakos* diese Rolle. Allerdings kann Artemis häufiger Σώτειρα genannt werden,[462] und ihre Ikonographie und Mythen sind bisweilen mit Fackeln und Feuer verbunden. *Eine* Fackel ist dabei noch recht häufig und nicht sehr spezifisch,[463] zwei Fackeln hingegen ein seltenes und sehr spezifisches Attribut.[464]

Diese Ikonographie wird in den zugehörigen aitiologischen Mythen mit der Hilfe der Göttin in einer kollektiven Krise und insbesondere auch mit Feuer- oder Lichterscheinungen verbunden.[465] Ähnlich kann die Symbolik der hier geforderten goldenen Statue verstanden werden: ihre leuchtende Erscheinung verheißt sinnfällig Hilfe in der Gefahr[466] – und der ohnehin starke visuelle Effekt muß im Widerschein des nächtlichen Feuerrituals noch eindrucksvoller gewesen sein.

Die mit Fackeln ausgestattete Göttin kommt in ihrer Ikonographie Hekate nahe, und manche Münzbilder der *Phosphoros* sind angesichts dieser konzeptionellen Nähe nur schwierig der einen oder der anderen Göttin zuzuordnen.[467] In unserem Text kommt das magische Gegenritual hinzu, welches die Artemis, die hier helfen soll, ebenfalls in die Nähe Hekates stellt, die ja typischerweise mit magischen Ritualen verbunden ist. Eine Hekate in einem ähnlichen Typus erscheint als Übelabwehrerin in einem Orakel des Pan, das Porphyrios nennt,[468] in dem es offenbar um die Ab-

---

462 Vgl. Graf, Nordionische Kulte 242f. m. Anm. 188-190.

463 Graf ebd. 228; siehe etwa Call. Hymn. 3,6-12.

464 Artemis Soteira in Megara (Head, HN 394; L. Lacroix, Les reproductions des statues sur la monnaie grecque, Bibl. de la Fac. de Philos. et Lettres de l'Univ. de Liège 116, Liège 1949, 293f.; Robert, Stèles funéraires 157) und auf Delos (Relief I.Délos 2379 = BCH 90, 1966, 454 Abb. 6; zwei Statuetten I.Délos 1417 B ii 57. 68). Artemis Phosphoros in Byzanz (Münzbilder bei Robert ebd. 155) und Odessos (IGBulg 1^2,88); in Philippi als Diana Lucifera, BCH 57 (1933) 331 Nr. 7, dazu ein Relief, P. Ducrey, in: Mélanges d'histoire ancienne et d'archéologie offerts à Paul Collart, Cahiers d'archéologie romande 5, Lausanne 1976, 155.

465 In Megara versetzt eine nächtliche Erscheinung der Artemis die Soldaten des Mardonios in Angst, so daß den Verteidigern der Stadt ein leichter Sieg zufällt (Paus. 1,40,2). In Byzanz warnt Artemis die Verteidiger der Stadt durch nächtliche Feuererscheinungen am Himmel vor dem Angriff der Armee Philipps II. (Hesych. Miles. FGrHist 390 F 1; Steph. Byz. s.v. Βόσπορος). In Athen schließlich weist Artemis Phosphoros den Demokraten um Thrasybulos durch eine Feuersäule den Weg, als sie 404/403 von Phyle aus zur Besetzung des Piräus und zum Sturz der Dreißig aufbrechen, Clem. Strom. 1,163,2, der den Ort der Erscheinung als den Platz präzisiert, »*wo heute ein Altar der Artemis Phosphoros steht*«. Vgl. Graf, Oracle against pestilence 274, und mehr Material zur konzeptionellen Verknüpfung von Licht mit ›Leben‹ und ›Rettung‹ bei dems., Nordionische Kulte 232 m. Anm. 121.

466 Siehe nochmals hiern. S. 204f. zum dadurch evozierten Assoziationsraum.

467 Graf, Oracle against pestilence 269f. m. Anm. 7. Weitere Belege für die Doppelbezeichnung als »Artemis-Hekate« bei Graf, Nordionische Kulte 229f.

468 Porph. Philos. ex orac. 320 F Smith (= Eus. PE 5,14,2) mit Wolff, ed. Porph. 134-137.

wehr von feindlichen übernatürlichen Kräften geht.[469] Als Abhilfe wird eine Statuette der Hekate empfohlen, die Fackel, Schwert und Peitsche hält[470] und um die herum sich eine Schlange windet.[471] Diese Statuette ist interessanterweise aus Wachs herzustellen, und zwar aus weiß, rot[472] und schwarz gefärbtem; die Art des durchgeführten Rituals wird in den von Porphyrios ausgezogenen Versen allerdings nicht mehr berichtet.

Gemäß dem von Apollon ergangenen Spruch sollen dem Kultbild offenbar echte Fackeln in die Hände gesteckt werden, die in einem bei Nacht auszuführenden Ritual angezündet werden und aus Wachs gefertigte Knetfiguren (V. 8 μάγματα κηροῦ[473]) schmelzen sollen,[474] die die Seuche symbolisieren:[475] Die Wachsfiguren *sind* jetzt die σύμβολα des Wirkens des Zauberers.

---

469 Vgl. den Beginn des trochäischen Versorakels: τούσδ' αὖ ἐλαύνετε. Das Orakel ist also deutlich am Anfang unvollständig, möglicherweise auch am Schluß.

470 V. 9ff.: λαμπὰς ἔστω πρὸς χέρας | καὶ ξίφος τὸ ποίνιμον | ... | μάστιγος ψόφος πολύς. Neben Feuer- und Lichteffekten spielen akustische Effekte, etwa mit apotropäischer oder bindender Wirkung, in den magischen Ritualen eine bedeutsame Rolle; die sirrende Peitsche der Hekate gehört in diesen ästhetischen Komplex. Siehe S.I. Johnston, The song of the *iynx*: Magic and rhetoric in *Pythian* 4, TAPhA 125 (1995) 177-206, bes. 178-191, ausgehend von Pyth. 4, 213-219: Iason erhält von Aphrodite eine *iynx*, mit deren Hilfe er Medeas Widerstand brechen kann. Dabei spricht Pindar auch von der μάστιξ der Peitho – beide Instrumente sind mit charakteristischen Geräuschen assoziiert.

471 Vgl. S.I. Johnston, Hekate Soteira: a study of Hekate's roles in the Chaldaean oracles and related literature, American Class. Stud. 21, Atlanta 1990, 130-133. Schlangen in den Haaren sind in Darstellungen der Hekate einschlägig. Dies könnte im Pan-Orakel gemeint sein, vgl. V. 21 δεινὸν ἀμφὶ κρᾶτα θεὶς, ohne deswegen mit Wolff (135 Anm. 5) in V. 20 konjizieren zu müssen.

472 τὸ πῦρ φαεσφόρον V. 5: Es ist also, ganz wie bei der Goldstatue der Artemis in unserem Orakel, eine markante Farbwirkung beabsichtigt.

473 μάγμα zu μάσσω, ›kneten, in eine Vertiefung drücken‹ (etwa Teig), also ›Knetfiguren (aus Wachs)‹. Vgl. Hsch. s.v. μάζ(ε)ινος βοῦς· ὁ ἐξ ἀλφίτων: offensichtlich ein ungebackener Opferkuchen aus Gerste in Form eines Ochsen – ein interessantes Sublimationsbeispiel für die vegetabile Opferpraxis: Das Tieropfer wird durch eine äußerliche Angleichung nachgeahmt, aber doch nicht als Schlachtopfer ausgeführt. Die geläufigere Bedeutung von μάγμα ist allerdings meist ›(dickflüssige) Salbe‹; das Wort ist entsprechend in medizinischen Zusammenhängen gebräuchlich.

474 Dieser Vorgang hat eine interessante Parallele in der Gußtechnik, die bei antiken Kleinbronzen zur Anwendung kam, worauf mich A. Kaufmann-Heinimann hinweist. Denn die Wachsfiguren stellen an sich die Vorstufe zu Metallfiguren dar: Weiches Wachs wird dabei entweder freihändig oder mithilfe von Negativformen zu einer Figur modelliert (vgl. hier μάσσω); aus diesen Einzelteilen wird eine Figur zusammengesetzt, die mit Ton ummantelt wird. Das Tongebilde wird erhitzt, so daß das Wachs ausfließt (deshalb *à la cire-perdue*-Technik genannt); in den Hohlraum gießt man flüssiges Metall. Um die Metallfigur zu gewinnen, muß die Tonform zerschlagen werden. Sicher wurden als Votivfiguren auch solche aus Holz, Teig oder Wachs hergestellt und verkauft. Wachsfiguren waren also an sich kaum etwas Außergewöhnliches, aber in diesem Ritual verhinderte man sozusagen, daß aus ihnen etwas Dauerhaftes (und also dauerhaft Böses) werden konnte. Vgl. dies., Götter und Lararien aus Augusta Raurica: Herstellung, Fundzusammenhänge und sakrale Funktion figürlicher Bronzen in einer römischen Stadt, Forsch. in August 26, August 1998, 16-20, und zur antiken Gußtechnik überhaupt etwa R. Thomas, Griechische Bronzestatuetten, Darmstadt 1992, 14-18.

Es ist freilich nicht zu entscheiden, ob das in dieser Weise im Wortsinne zu verstehen ist oder ob das Kultbild nicht eher in der konventionellen Weise als *Phosphoros* mit den Fackeln aus demselben Material wie die Statue selbst – also hier Gold oder ein vergoldetes Metall – gefertigt[476] und die Wachsfiguren im Angesicht des Kultbildes in einem Feuer verbrannt werden sollen. Dann wäre die Aussage »*Artemis wird die Seuche lösen, indem sie die* μάγματα *schmilzt*« im uneigentlichen Sinne als Ritualfiktion zu verstehen, das Ritual jedoch auch in dieser Hinsicht – ohne die weitergehende »Inszenierung« real brennender Fackeln in den Armen des Götterbildes – von den menschlichen Teilnehmern durchgeführt worden. Letzteres ist wohl wahrscheinlicher, da auch die Wachsfiguren in Wirklichkeit wohl eigens für das Ritual angefertigt werden, um die Seuche zu verdinglichen und sie so konkret faßbar zu machen[477] – ein magischen Ritualen ja immer wieder zugrundeliegendes Prinzip, das in seiner psychischen Wirksamkeit für die Beteiligten gut nachvollziehbar ist.[478] Der Text will auf der theologischen Ebene freilich so verstanden sein, daß die Knetfiguren Produkte des Schadenzaubers (und des Zauberers) selbst seien.

Es spricht in jedem Fall viel dafür, daß das Schmelzen ein realer Bestandteil des Rituals war, mithin tatsächlich vorhandene Figuren in einem tatsächlich entzündeten Feuer aufgelöst wurden und nicht bloß eine vergoldete Artemis Phosphoros mit dargestellten Fackeln aufgestellt werden soll – die Verse Apollons sind deutlich als Ritualanweisung zu lesen. Entscheidend ist, daß die Wirkungsmacht der rituellen Vernichtung der Seuche bei der Göttin liegt;[479] die rettenden Flammen dieser Artemis sind das

475 V. 9 ist μάγου κακοτήϊα σύμβολα τέχνης als Apposition zu μάγματα κηροῦ aus V. 8 konstruiert. – κακοτήϊος ist eine idiosynkratische Hybridbildung zu κακός; τηΐξασα ist gebildet, als ob das Verb τηΐκω lautete.

476 So die Ansicht von Merkelbach/Stauber, Klaros 184.

477 Außerdem ist bei Fragen nach der rituellen Umsetzung der formale sprachliche Charakter der Versorakel in Rechnung zu stellen, wo Ritualabläufe mit Anspielungen oder der Tradition entlehnten Bildern in einiger Gestaltungsfreiheit ausgedrückt sein können, ohne daß man im Hinblick auf damit bezeichnete Realien die Interpretation zu eng an den Wortlaut binden dürfte. Dieser Spielraum dürfte im übrigen auch für die zeitgenössischen Empfänger gegolten haben, die das konkrete Ritual in einer Auslegung der in den Versen gemachten Anweisungen zu konstruieren und auszugestalten hatten.

478 Diese Identifizierung gilt es festzustellen, ohne deswegen vom Vorgang der Verdinglichung gleich auf eine ›primitive Mentalität‹ zu extrapolieren, welcher das Abstraktionsvermögen ermangele, wie es das Frazersche Magie-Modell wollte.

479 Graf, Gottesnähe und Schadenzauber 151, zieht aus diesem Umstand implizit die Schlußfolgerung, daß im Ritual gar keine μάγματα vorgekommmen seien: »Die Heilung läuft vollständig auf dem Niveau des städtischen Kultes ab – und hat den Vorteil, daß man die Diagnose nicht durch physische Objekte zu bestätigen brauchte.« Dies bedeutete aber, daß die Wachsstatuetten nur ein Bild auf der Textebene des Orakels wären, wo sie zur ›Codierung‹ der vorgefundenen Situation als ›magisch‹ dienten (›zu einer *defixio* gehören Zauberpuppen‹), ohne in der Realität überhaupt vorhanden zu sein. Dies hat aber die einfachere unmittelbare Lesart des Textes gegen sich – selbst wenn die Statuetten nicht vorgängig ›gefunden‹ worden sein sollten, waren sie doch offensichtlich als Paraphernalia des nächtlichen Rituals erforderlich. Und auch Graf formuliert nicht ganz eindeu-

Agens der Gefahrenüberwindung, womit die Lösung des Zaubers ganz auf der Ebene der Götter bleibt.

Der Verursacher der Krise wird vage als ein gegnerischer *magos* apostrophiert, der aber bezeichnenderweise nicht näher identifiziert wird. Den Ausschlag für die Effizienz von Orakel und Ritual gibt, daß die Göttin aus Ephesos mit ihren Fackeln über Instrumente verfügt, die es ihr ermöglichen, diesen Angriff auf die Stadt abzuwehren: Der ›Gegenzauber‹ erfolgt durch die Göttin, nicht durch die Opfer des magischen Angriffs selbst, und sie benutzt dabei Mittel, die auch ohne Verbindung mit einem magischen Ritual zum Repertoire der *»Retterin Artemis«* gehören, Licht und Feuer in einem nächtlichen Fest, die hier aber in den Zusammenhang der Lösung einer *defixio* gestellt werden, wenn dazu wächserne Statuetten als Vergegenständlichung des Zaubers im Feuerfest verwendet und vernichtet werden.

Das Konnotationsfeld von ›Gold‹, ›Licht‹ und ›Feuer‹, das mit dem Kultbild der Artemis Phosphoros und dem nächtlichen Ritual verbunden ist, besitzt in der Überlieferung zahlreiche Anschlüsse, die die semantische Reichweite des nächtlichen Rituals im Artemis-Tempel verdeutlichen: Gold ist einerseits als Material für Amulette bekannt,[480] am prominentesten in den Orphischen Goldblättchen. Andererseits wird es für Reinigungsrituale verwendet, wie zahlreiche Belege zeigen, so im Kultgesetz mit Reinheitsvorschriften für die Priesterinnen der Demeter aus Kos,[481] in der *lex*

tig, wenn es unmittelbar zuvor heißt (ebd. 150): »Man hatte weder Zauberpuppen noch andere Indizien für Magie gefunden – und doch mußten, wie immer, die magischen Objekte beseitigt werden.« Mit ähnlicher Unschärfe erneut ders., Image 115. Siehe zum Problem noch einmal hiern. S. 208-211.

480 PGM 7,580 (dort allerdings alternativ zu Silber, Zinn und Papyrus); 7,719; 11a,39; 12, 210. Die archäologisch bezeugten magischen Goldblättchen bespricht R. Kotansky, Incantations and prayers on inscribed Greek amulets, in: Faraone/Obbink, Magika hiera 107-137, h. 114-116. Plin. Nat. hist. 33,84 kennt Gold in Rezepten (*remedia*) gegen Schadenzauber und speziell Vergiftungen: *aurum pluribus modis pollet in remediis ... ut minus noceant quae inferantur veneficia*, eine Ausdrucksweise, die an den Ausdruck βροτόφθορα φάρμακα in unserem Orakel (V. 7) denken läßt.

481 Herzog, ARW 10 (1907) 400-415 = ders., Heilige Gesetze 8 = LSCG 154: A 29 (Vergehen gegen ein Speiseverbot im Tempelbezirk) καὶ ἀπὸ χρυσίου καὶ προσπερμεία[ς (›Hinzustreuen von Körnern‹, es könnten die Gerstenkörner aus der Opfersequenz gemeint sein) καθαράσθω καὶ περιρανάσθω; anschließend wird dasselbe Reinigungsritual auch für die anderen aufgeführten Verunreinigungen zusätzlich empfohlen (30). Vgl. Herzog ebd. 409f.; Wächter, Reinheitsvorschriften 33. Das Ritual wird noch mehrfach im Kultgesetz gefordert, ebd. A 44. B 2. 6. 15. 26; sicher zu Recht ergänzt in LSCG 156 A 15. Es ist wohl ein goldenes Gefäß gemeint, aus dem lustrierendes Wasser versprengt wurde (Parker, Miasma 228), wie in der Tempelreinigung im *Ion* des Euripides, 146-150: χρυσέων δ' ἐκ τευχέων ῥίψω Γαίας παγάν, | ἃν ἀποχείονται | Κασταλίας δῖναι, | νοτερὸν ὕδωρ βάλλων, | ὅσιος ἀπ' εὐνᾶς ὤν. Ebd. 434-436: ἀλλὰ χρυσέαις | πρόχοισιν ἐλθὼν εἰς ἀπορραντήρια | δρόσον καθήσω. Nach Apollodor (Π. θεῶν, FGrHist 244 F 110) kann hingegen Bronze bei Mondfinsternissen ebenso wie nach Kontakt mit Verstorbenen reinigen, und zwar in einem akustischen Ritual: τὸν δὲ χαλκὸν ἐπήχουν ἐν ταῖς ἐκλείψεσι τῆς σελήνης καὶ ἐπὶ τοῖς κατοιχομένοις, ἐπειδὴ ἐνομίζετο καθαρτικὸς (καθαρὸς

sacra von Selinus, wenn das Ritual beschrieben wird, das vom Kontakt mit ἐλάστεροι reinigt ebenso wie von Mord,[482] wozu Gold auch bei den Pythagoreern dient.[483]

Feuer ist als rituell reinigendes Element, kaum überraschend, ebenfalls gängig, wozu auch die Assoziationen mit dem heiligen Herdfeuer und dem Opferritual beigetragen haben werden. Gerade mithilfe von Fackeln wird es in Reinigungsritualen eingesetzt.[484] Wasser, Gold und Feuer nennt Pindar gemeinsam in der ersten Olympischen Ode und preist ihren Glanz in der Nacht,[485] und einen so starken visuellen Eindruck muß auch das *»goldschimmernde«* Standbild der Artemis[486] im nächtlichen Tempelritual hinterlassen haben: eine Göttin in Licht und Feuer, die einen rettenden Neuanfang bringt.[487]

---

cod.) εἶναι καὶ ἀπελαστικὸς τῶν μιασμάτων· διόπερ πρὸς πᾶσαν ἀφοσίωσιν καὶ ἀποκάθαρσιν αὐτῷ ἐχρῶντο.

482 Jameson u.a., Lex sacra from Selinous 16 = SEG 43,630 B 11: διορίξας hαλὶ καὶ χρυσôι ἀπορανάμενος ἀπίτο. Das Ziehen einer symbolischen Abgrenzung mit Salz ist ein Trennungsritual vom liminalen Ort des Altars, auf dem der von dem ἐλάστερος Heimgesuchte zuvor (vermutlich dem Zeus) ein erwachsenes Schaf geopfert hat, wohl im Rahmen einer Theoxenie für die Dämonen (vgl. Jameson ebd. 75f.). Das Reinigungsritual ist komplex und umfaßt mehrere Abschnitte, die Reinigung *»mit Gold«* (wohl wiederum: mit Wasser aus einem goldenen Gefäß) beschließt die Sequenz. Die Kommentatoren überlegen, ob es sich bei der Zweigliedrigkeit des Ausdrucks nur um eine rhetorische Figur handelt und das Versprengen von gesalzenem Wasser gemeint ist. Dies geschieht in einem Reinigungsritual bei Theocr. 24,97f., in dem als weiteres liminales Element auch noch Wolle benötigt wird (dazu Gow ad loc.). Salzwasser auch in einer rituellen Reinigung am Grab auf Keos, IG 12,5,593 = Syll.[3] 1218 = LSCG 97 A 14-17; auf Kos: Herzog, Heilige Gesetze 2 = LSCG 151 B = Syll.[3] 1026 = Iscr. di Cos ED 241, 23f.; schließlich Men. Phasma 53-56.

483 Iambl. V. Pyth. 153: παραγγέλλει δέ, ἐν ἱερῷ ἄν τι ἀκούσιον αἷμα γένηται, ἢ χρυσῷ ἢ θαλάττῃ περιρραίνεσθαι. Zur Reinigung nach Mord Wächter, Reinheitsvorschriften 64-76; Parker, Miasma 114. 135. 350. 370-374.

484 Bei Euripides ist mehrfach vom καθάρσιον πῦρ die Rede, Hel. 869, Herc. 937, Iph. Aul. 1112. 1471. Fackeln: etwa Iph. Taur. 1224; vor allem aber in den Szenen der eleusinischen Mysterienreliefs. Mehr bei Parker, Miasma 227 m. Anm. 111f. (mit Hinweis auf M. Vassits, Die Fackel in Kultus und Kunst der Griechen, Diss. München 1899, 6-8); 285 m. Anm. 19

485 Ol. 1,1f. ἄριστον μὲν ὕδωρ, ὁ δὲ χρυσὸς αἰθόμενον πῦρ | ἅτε διαπρέπει νυκτί. Feuer verschaffe die Erfahrung, den Sinneseindruck *(experimentum)* von Gold, sagt explizit Plinius, Nat. hist. 33,59: *aurique experimentum ignis est ut simili colore rubeat ignescat et ipsum.*

486 *»Goldschimmernd«* ist auch das Antlitz des Helios: Eur. Hec. 636 (χρυσοφαής); PGM 3,133 (χρυσοαυγής, χρυσοπρόσωπος).

487 Artemis Phosphoros als Lichtbringerin und dadurch Retterin: Vgl. nochmals Graf, Nordionische Kulte 228-236, bes. 232. Vgl. zuvor S. 200-202 m. Anm. 460.

Parallelen zum Ritual in der Stadt am Hermos – phänomenologische Übereinstimmungen und konzeptueller Unterschied: Der Eid der Kolonisten von Thera. Rituelle Vernichtung magischer Objekte in Gegenzaubern der altorientalischen Magie. Rituelle Inszenierung und kommunikationspsychologische Effizienz: Der Status der Ritualfiktion. Zwei wichtige Randbedingungen: ›Aufladung‹ des Rituals durch die religiöse Autorität des Orakels und Performanz des rituellen Vollzugs.

Es gibt kein genaues Vergleichsmaterial zu diesem Löseritual unter den bekannten magischen Ritualen aus dem griechisch-römischen Bereich; allein die ins späte 7. Jh. v. Chr. gehörige Eidesformel, mit der die Bürger von Thera gemeinsam mit den nach Kyrene ausgesandten Kolonisten das Statut der Koloniegründung beschwören, liefert eine gewisse Parallele.[488] Es werden Wachsfiguren hergestellt (die hier κολοσοί heißen) und anschließend verbrannt;[489] dieses Ritualelement der Eidesleistung wird in der gesprochenen Formel im Sinne einer *defixio* gedeutet: Wer die gesetzten Regeln verletzt, *»soll dahinschmelzen und dahinfließen wie diese Figuren«.*[490] Damit bewegt sich die Vorstellung aber in den Bahnen der aus den altorientalischen Quellen wie aus den Beispielen privaten Schadenzaubers in Griechenland bekannten Gegenüberstellung des Verfluchenden und seines Opfers, das von ihm gebunden wird – dies die übliche Perspektive der magischen Texte.

Das Beispiel des Orakels ist hiervon zweifach verschieden: Einmal beschreibt es ein Schutzritual *gegen* eine *defixio*, ein Löseritual, das die Wirkung gegnerischen Schadenzaubers zu neutralisieren vermag. Sodann wird dieser Gegenzauber auf die Ebene der Götter als handelnden Instanzen transponiert, die in Thera an dieser Stelle gar keine direkte Rolle spielen. Die Abwehr der zerstörerischen Aktivitäten (τέχνη) des (mutmaßlich menschlich verstandenen – aber das bleibt bezeichnenderweise unklar) *magos* bleibt im Orakel ganz der Gottheit überlassen, die alles Erforderliche zur Lösung des Zaubers selbst in ihrem eigenen Wirkkreis – nämlich dem ihr geweihten Heiligtum, in dem sie in ihrem Bild zugegen ist – tut. Die Menschen kommen »nur« als Ausführende des Rituals ins Spiel, von der theologischen Ebene des Textes her gesehen sogar allein dadurch, daß sie Artemis in das Heiligtum bringen und ihre μορφή dort weihen – auf der

488 Meiggs-Lewis 5 = SEG 9,3, 40-51. Das ›magische‹ Element in diesem Eidritual ist der Ausgangspunkt für eine umfassende Zusammenstellung früher Zeugnisse ›sympathetischer‹ Magie in altorientalischen und frühgriechischen Eidesritualen bei C.A. Faraone, Molten wax, spilt wine and mutilated animals: sympathetic magic in Near Eastern and early Greek oath ceremonies, JHS 113 (1993) 60-80, der damit für eine frühe Datierung dieses Kernstücks der kyrenäischen Inschrift (das lange für eine Rückprojektion des 4. Jh. gehalten wurde) argumentiert.

489 κηρίνος πλάσσαντες κολοσὸς κατέκαιον 44.

490 τὸμ μὴ ἐμμένοντα τούτοις τοῖς ὁρκίοις ἀλλὰ παρβεῶντα καταλείβεσθαί νιν καὶ καταρρὲν ὥσπερ τὸς κολοσός 46-48.

pragmatischen Ebene durch die Inszenierung des Feuerrituals, in dessen Mittelpunkt die Göttin steht.

Dies sind wesentliche Unterschiede in der Perspektive und in der theologischen Konstruktion – es bleibt aber die Parallele des Formens und Einschmelzens von Wachsfiguren in einem rituellen Kontext, der mit Schadenzauber zu tun hat.

Der Vorgang einer rituellen Annihilation von Statuetten als magischen Objekten findet darüberhinaus eine begrenzte Parallele – aus der man freilich noch nicht auf Abhängigkeit schließen sollte[491] – in der mesopotamischen Magie, wenn im assyrischen Ritualbuch *Maqlû*, das Gegenrituale gegen identifizierte Schadenzauber enthält, bei denen man Urheber und wirkende Medien kennt, beschrieben wird, wie ein Reinigungspriester mithilfe von Fackeln Statuetten zum Schmelzen bringt, die unter anderem aus Wachs hergestellt sind.[492]

Die Parallele liegt zunächst im grundlegenden narrativ-rituellen Muster von Aitiologie und Gegenritual: Die aitiologische Fiktion geht davon aus, daß sich der Ursprung der schädlichen Einwirkung in bestimmten, in der Realität zum Zwecke ihrer ›Entdeckung‹ und/oder Vernichtung erst hergestellten Objekten identifizieren läßt. Diese schädigende Wirkung kann, einmal erkannt, durch ein Gegenritual aufgehoben werden, das auf die Zerstörung der ›Symbole‹ zielt – im klarischen Orakel wie im *Maqlû* ist vom *»Einschmelzen«* die Rede; das Feuer soll also zuvorderst die objekthafte Konturierung rückgängig machen und die Objekte in elementare Substanzen zurückverwandeln. Insgesamt lassen sich also Übereinstimmungen in der Rolle von Figuren in den Erklärungsmodellen für den Schadenzauber, in deren Verbrennung als wirksamem Gegenritual und schließlich in den dabei verwendeten rituellen Paraphernalia wie Fackeln erkennen.

---

491 Darauf beharrt Graf, Oracle against pestilence 277-279: »One is left with a closely comparable etiology … and the very general fact that burning figurines undoes a witchcraft attack. Thus, one could only argue for a vague Near Eastern influence on our oracle.« Es ist angesichts der vielfältigen magischen Praktiken im griechischen Bereich (Defixionen, Voodoo-Puppen) freilich durchaus nicht unumgänglich, einen direkten Einfluß aus dem altorientalischen Bereich auf die Vorstellungen, die im Orakel zum Tragen kommen, anzunehmen, ebd. 278 und Anm. 66 mit Beispielen.

492 Maqlû 1,135-143 Text: G. Meier, Die assyrische Beschwörungssammlung Maqlû, Arch. f. Orientforsch., Beih. 2, Berlin 1937; Übersetzung der Stelle bei Graf, Oracle against pestilence 278, und T. Abusch, Mesopotamian witchcraft: toward a history and understanding of Babylonian witchcraft beliefs and literature, Ancient magic and divination 5, Leiden 2002, 17f.; mit Erläuterungen ebd. 128f. m. Anm. 37-39. Der gesamte Band von Abusch ist dem Maqlû gewidmet; einführend: 99-111 (zuerst: JNES 33, 1974, 251-262). 114-116. Siehe außerdem (Hinweise bei Graf 277 Anm. 62): J. Bottéro, Mythes et rites de Babylone, Genf/Paris 1985, 163-219; M.-L. Thomsen, Zauberdiagnose und schwarze Magie in Mesopotamien, The Carsten Niebuhr Inst. of Near Eastern Stud., Publications 2, Kopenhagen 1987, 9-14; T. Abusch, Babylonian witchcraft literature: case studies, Brown Judaic Stud. 132, Atlanta, Ga. 1987. – Es gibt noch eine Reihe weiterer derartiger Stellen mit Beschwörungen, die die Verbrennung von Statuetten beinhalten; Graf verweist etwa noch auf Maqlû 4,27-47.

In unserem Orakel ist nicht klar, ob die Wachsfiguren als κακοτήϊα σύμβολα de facto erst für das Ritual hergestellt wurden, um eine Materialisierung und Konkretisierung der Gefahr zu erhalten, die dadurch rituell behandelbar wurde, oder ob die schädlichen Objekte »gefunden« worden waren, wie es das verbreitete Muster in den Quellen zu Defixionen bzw. bei Verdacht auf Schadenzauber ist: Die magischen Objekte müssen »gefunden« werden, damit man sie – so ist die rituelle Sequenz zu ergänzen[493] – anschließend beseitigen kann.

Der Orakeltext macht jedenfalls hierzu keine Aussagen; wenn man davon ausgeht, daß die ›magische‹ Aitiologie des Übels erst durch das Orakel mit diesem Bescheid gebildet worden ist, wäre es wohl erforderlich, daß sich der Gott auch zum Auffinden der σύμβολα äußert. Er könnte freilich in dem Fall davon abgesehen haben, wenn die Deutung als Angriff eines *magos* bereits eine Vermutung war, die die Konsultanten selbst dem Orakel vorgelegt haben, etwa nachdem sie verdächtige Objekte selber in ihrer Stadt gefunden hatten.[494]

---

493 Dieser Schritt wird in den Texten aber gemeinhin nicht mehr erwähnt. Einige Beispiele, wo das doch der Fall ist, bei Graf, Oracle against pestilence 277; ders., Gottesnähe und Schadenzauber 152-157. Magische Wachsfigurinen unter Türschwellen kennt Platon in der schon erwähnten Passage der *Nomoi* (o. Anm. 457), 11,933 B.

494 Mit dieser Möglichkeit rechnet Várhelyi, Claros 17, im Zusammenhang ihrer These, daß die Lösungsmöglichkeiten, die Apollon jeweils anbietet, auf Informationen beruhen, die die Konsultanten selbst dem Gott zur Verfügung gestellt haben, etwa in vorbereitenden Gesprächen mit den Priestern des Heiligtums im Vorfeld der eigentlichen Konsultation: »We need to ask ... whether the people of Sardis came to Claros in order to discuss how to counter what they had already identified as a magic defixio«. Siehe o. in der Besprechung von **Klaros 2**, S. 70f. m. Anm. 87.
In diesem Kontext betont Várhelyi die Notwendigkeit, zwischen einem ›normativen‹ und einem ›deskriptiven‹ Verständnis zu unterscheiden. Sie verwendet die Begriffe in dem Sinne, daß die Entscheidung, das Phänomen ›magisch‹ zu erklären – sowohl in der von ihr angenommenen Analyse durch die Konsultanten selbst als auch in der, wie sie dann folgert, zustimmenden Haltung der klarischen Priester zu diesem Ansatz – ›normativ‹ sei, in der Weise, daß es sich um eine interpretierende Intervention der zeitgenössischen Beteiligten handle, die auch eine andere Sichtweise auf das Geschehene hätten wählen können. Dem stellt sie die ›deskriptive‹ Verwendung der Kategorie ›Magie‹ gegenüber, bei der der Sprecher eine feste Kausalitätszuordnung vornimmt und gleichsam ontologisch argumentiert: Ein Befund wie Bedrohung durch eine Seuche »ist« ›Magie‹. Doch unterläuft Várhelyi, wie es scheint, eine Vermischung der hermeneutischen Ebenen zwischen dem Standpunkt des modernen Betrachters und dem der zeitgenössisch Beteiligten: Daß die magische Deutung eines Geschehens nur eine hermeneutische Option ist, sollte sich für den Religionshistoriker von selbst verstehen – denn würde heute noch jemand ernsthaft »Frazerianisch« und ontologisch argumentieren wollen? Für die historisch Beteiligten hingegen ist die Erklärung des λοιμός durch den Schadenzauber eines μάγος notwendig ›deskriptiv‹ und damit – in der ›emischen‹ Sicht – keine willkürliche Zuordnung mehr, nachdem einmal ›normativ‹ – so stellt der distante moderne Betrachter in ›etischer‹ Retrospektive fest – diese Deutungsvariante gewählt worden ist (sei es nun von ihnen selber oder vom Orakel). Dieser Übergang ist sogar notwendig, da die Deutung und das daraus abgeleitete Handlungsmuster nur Glaubwürdigkeit und damit Geltung erhalten, wenn sie ab diesem Moment nicht mehr austauschbar sind. Hierbei muß freilich ›deskriptiv‹ nicht unbedingt ›exklusiv‹ bedeuten, wie das problemlose Nebeneinander verschiedener Register religiösen Handelns in unserem Text zeigt. ›Normativ‹ in diesem Sinne muß also die historische Perspektive des modernen Betrachters sein, ein ›deskriptiver‹ Zugang wäre hier vorwis-

Ansonsten legen auch die altorientalischen Zeugnisse nahe, daß die Figuren erst für das Gegenritual hergestellt wurden; im *Maqlû* ist dies eindeutig der Fall. Allerdings wird auch hier die rituelle Fiktion aufgebaut, daß sie Werke des gegnerischen Zauberers seien, so daß die Nähe zu μάγου τέχνης im kleinasiatischen Orakel auf der Textebene durchaus gegeben scheint. Unterschiedlich ist dagegen die repräsentative Funktion der Statuetten: Im mesopotamischen Text symbolisieren sie den gegnerischen Zauberer persönlich, nicht das Resultat von dessen Intervention, und der Priester bittet folglich den Feuergott, den Zauberer zu vernichten, nicht dessen Produkte.[495]

Der moderne Betrachter wird vielleicht Zweifel anmelden, daß die Verfertigung von Figuren im Kontext des Rituals selbst, um sie anschließend wieder durch Schmelzen auflösen zu können, eine glaubwürdige Repräsentation der drohenden Gefahr abgebe, da das Ritual dadurch zu eindeutig als Fiktion ausgewiesen würde.

Doch ist zu erkennen, daß ein solcher Einwand Religionskritik im modernen Sinne der Aufklärung voraussetzt, denn selbstverständlich handelt es sich bei der gesamten von Apollon vorgegebenen Sequenz um eine rituelle Fiktion, was ihr aber nichts von ihrer psychologischen Wirksamkeit bei den Teilnehmern rauben mußte: Sie beruhte ebenso auf der mit den Augen mitzuverfolgenden Annihilation objekthafter Repräsentationen der Bedrohung in Form der vergehenden Wachsfiguren wie auf dem liminalen Erlebnis des nächtlichen Feuerrituals, das Reinigung und Neubeginn symbolisierte – dabei konnte man durchaus um den Charakter der rituellen Inszenierung wissen und doch von der Botschaft der nach überwundener Krise wiederhergestellten Ordnung erreicht werden.[496]

---

senschaftlich; für die historisch Beteiligten *kann* aber gerade dieser Vorgang nicht zu Bewußtsein kommen, denn im selben Moment böte die Interpretation keine Deutungsverläßlichkeit mehr und damit auch keine Entlastungsfunktion.
Unberücksichtigt bleibt bei der Auffassung des Begriffspaars ›normativ/deskriptiv‹, wie es Várhelyi verwendet, die geläufigere Anwendung der Termini, um den vor dem Hintergrund gesellschaftlich vereinbarter Taxonomien wertenden Zugriff auf ein Phänomen von dem rein empirisch beschreibenden abzuheben, der den Einfluß gesellschaftlicher Werthaltungen auf die eigene Sichtweise fernzuhalten versucht. Auch hier gilt: ›Normativ‹ ist das Sprechen von ›Magie‹ in aller Regel bei den Teilnehmern einer Gesellschaft, in der Magie praktiziert wird, nämlich im Sinne der sozial nicht akzeptablen, »falschen« religiösen Praxis. ›Deskriptiv‹ muß das Leitbild der wissenschaftlichen Analyse sein – das aber notwendig unerreichbar bleibt, wie wir heute wissen, da sich auch in jede wissenschaftliche Beschreibung unversehens wieder die Normen unserer eigenen Gesellschaft drängen und das Urteil des Historikers beeinflussen. Es geht dann darum, diese Einflüsse selbst zu analysieren und offenzulegen.

495 Graf 278; Abusch, Babylonian witchcraft literature (wie Anm. 492) 2-4; ders., Mesopotamian anti-witchcraft literature: texts and studies 1, JNES 37 (1985) 91-100.

496 Unterstellt man nicht mit der Annahme, daß es gar keine μάγματα κηροῦ als rituelle Artefakte gegeben haben könne, da dies zu durchschaubar für die Beteiligten, sozusagen als »Priestertrug« zu erkennen gewesen sei, ein naiv unmittelbares (»deskriptives« im Sinne Várhelyis, s. Anm. 494), gleichsam auf eine direkte 1:1-Relation von materieller und symbolischer Ebene ver-

Das materielle Vorhandensein der μάγματα überhaupt in Zweifel zu ziehen, ginge aber wohl doch zu weit – der Text spricht eindeutig von ihnen und ihrer Funktion im vorgesehenen Ritual. Daß es sich um eine Ritualfiktion handelt – in dem Sinne, daß kein *magos* als Hersteller der σύμβολα aufgetreten sein mußte, sondern man symbolische Gegenstände für das Ritual herbeigeschafft hatte –, heißt noch nicht, daß auch diese Elemente des Rituals nicht vorhanden gewesen und benutzt worden wären: Der Zauberer als Repräsentant der Unheilsmächte kann, ja muß wohl sogar undeutlich bleiben (wenn denn nicht ein *scapegoat* gesucht und gefunden werden soll) und braucht darum bloß apostrophiert zu werden, doch das Vorhandensein von σύμβολα seiner τέχνη war erforderlich, um Anhaltspunkte seines Wirkens zu haben, an denen das rituelle Handeln ansetzen konnte.

Entscheidend für das Funktionieren der Gesamtanordnung aus gegebenem Anlaß, erteiltem Orakelbescheid und ritueller Lösung ist dabei das Merkmal der rituellen Performanz.[497] Ihre Dynamik macht die psychologische und kommunikative Effizienz sowohl der Orakelkonsultation als auch des angewiesenen Gegenrituals aus: Die im Orakel erteilte Botschaft ist mit der religiösen Autorität des Orakels versehen und ergeht im rituellen Rahmen des Konsultationsgeschehens. So mit Autoritätswert ausgestattet und in einen performativen Kontext gestellt, erhält sie einen glaubwürdigen Deutungsanspruch für die Beteiligten.

Das in der Folge von den Konsultanten gemäß dem Bescheid auszuführende Ritualprogramm ist durch die vorausgegangene Konsultation und das dadurch verfügbar gewordene und kodifizierte Gotteswort autorisiert und ›aufgeladen‹. Es hat Sinn erhalten, an dessen Verläßlichkeit nicht zu zweifeln ist, steht doch der Gott mit seinem überlegenen Orientierungswissen dafür. Dieses Deutungsangebot erhält nun in der Überführung in eine Handlungssequenz vermittels des rituellen Vollzugs (das an den μάγματα vollzogene Schmelzritual) eine performative Qualität, die die kommunikativ-psychologische Wirkung auszulösen vermag, die der am Ereignis teilnehmenden Gemeinschaft eine akzeptable Deutung des Geschehens und neues Vertrauen bietet.[498] So kann das von Apollon angeordnete nächtli-

---

wiesenes Verständnis der Beteiligten? Nach allem, was auch die Ethnologie über den Umgang traditionaler Gesellschaften mit praktiziertem Ritual weiß, ist eher davon auszugehen, daß sich die zeitgenössischen Teilnehmer und Mitwirkenden des spielhaft-inszenierten und symbolisch-repräsentativen Charakters von Ritualen durchaus bewußt waren – was aber dem Ernst des Tuns und der emotionalen Entlastungsfunktion keinen Abbruch tun mußte.

497 Zur Verwendung dieses Begriffs vgl. oben Anm. 351.

498 Hierin liegt der entscheidende Einwand gegen die Annahme, das Schmelzritual sei gar nicht ausagiert worden, sondern die Aussagen des Bescheides seien metaphorisch zu verstehen: Die performative Qualität des Rituals bedarf der konkreten Inszenierung, zu der auch das mimetische Element des Einschmelzens der Figuren erforderlich ist. Jedenfalls wäre die Performanz erheblich eingeschränkter, wenn darauf verzichtet würde – was eben der Text auch durchaus nicht nahelegt.

che Tempelritual kollektive Entlastung schaffen und ›Komplexität reduzieren‹.

Hinsichtlich der das Ritual ausführenden Person ist das Orakel nicht eindeutig, wie bereits angesprochen: Auf der Textebene ist es Artemis in Gestalt ihres Kultbildes, die diese Wachsfiguren mit dem Feuer ihrer Fakkeln zum Schmelzen bringen wird; dahinter könnte aber in der rituellen Praxis doch auch der spezialisierte Kultfunktionär stehen. Im *Maqlû* wird der Reinigungspriester eindeutig als der Handelnde genannt, so daß sich eine direkte Konfrontation von Zauberer und kathartischem Priester ergibt: Der Gegenzauber ist dort also eine Art Kräftemessen, ob der Zauberer oder sein Gegner über die stärkere Macht verfügt.

Im Ritual, das Apollon vorgibt, hat der gegenweltliche *magos* die Göttin des städtischen Kults als Gegenspielerin, der er *a priori* unterlegen ist, ist sie doch Artemis *Soteira*, die Retterin – diese auf der theologischen Ebene vorgegebene Konstellation ist für die Sinndeutung, die der Text anbietet, das Entscheidende, unabhängig von der pragmatischen Realisierung, wie sie dann von der Bürgergemeinschaft bzw. den Kultfunktionären im Ritual umgesetzt wurde. Erneut liegt also ein Sonderfall in der ephesischen Inschrift gegenüber möglichen altorientalischen Mustern vor, wie er auch schon im Vergleich des Orakels mit dem Eid aus Kyrene aufgefallen ist.

Die zweite Phase des Ritualprogramms: Opferfest für die helfende Artemis und ihr neues Kultbild im Tempel. Fehlen Apollons im Bitt- und Dankesritual. Hinweise zur Lokalisierung der Stadt. Ein ländliches Heiligtum der Artemis. Das Heiligtum von Klaros und die Artemis von Ephesos. Artemis in Ephesos und in Sardeis in hellenistischer Zeit: Die religiösen Beziehungen zwischen den Städten nach Ausweis einer Prozeßinschrift in Ephesos. Wie die Orakelinschrift ihren Platz in Ephesos fand.

Die zweite Phase des Rituals im Orakel aus Ephesos (V. 10-17) trägt wieder die Züge des üblichen Götterkults – ein Zusammenhang mit einer magischen Deutung der Epidemie und einer magischen Konzeption des antwortenden Rituals wie in der ersten Phase ist nicht mehr erkennbar. Es soll ein Fest für die neu in die Stadt geholte Artemis gefeiert werden – auf die Translation des Kultbildes wird nochmals Bezug genommen[499] –, bei dem, wie wir es schon in den anderen ›Pestorakeln‹ gesehen haben, Opfer und Hymnen dargebracht werden sollen.

---

499 V. 10 ἐπὴν τελέσητε θεῇ προστάγματ' ἐμεῖο: Dies kann sich kaum auf das Ritual des Einschmelzens der Wachsfiguren beziehen, denn auf der theologischen Ebene des Orakels wird dieser Vorgang als Handlung der Göttin dargestellt (ἥ κεν ἀλύξει κτλ. V. 6ff.). Es muß darum das Einholen des Bildes aus Ephesos und seine Konsekration im Heiligtum der Stadt gemeint sein (V. 5f.), womit sich das im folgenden beschriebene Fest als eine Fortsetzung der Translation erkennen läßt.

Die Opfer werden hier nicht näher spezifiziert; die Kulttitel, mit denen Artemis in den Hymnen akklamiert werden soll, sind dagegen aufgeführt, wobei die Wortstellung zusammen mit der asyndetischen Struktur[500] (ὕμνοις ἰοχέαιραν ἀπρόσμαχον ἰθυβέλειαν | καὶ θυσίαις ἄζεσθε κτλ. V. 11f.) ganz deutlich werden läßt, daß die verschiedenen Epitheta als konkrete kultische Anweisungen für die Abfassung der Hymnen zu verstehen sind und nicht bloß als aretalogische Titel auf der immanenten Textebene des Orakels. Auf diese beiden Gabenformen ›Hymnen‹ und ›Opfer‹ beziehen sich dann die anschließend genannten situativen Formen ›Chöre‹ und ›Festmähler‹ (V. 13).[501]

Eine zusätzliche Aufgabe fällt, ähnlich wie in Pergamon,[502] der Jugend der Stadt zu: Mädchen und Jungen sollen sich in einem nicht näher ausgeführten Ritual unter Anrufung der Göttin (V. 16) mit Myrten bekränzen.[503] In der Anrufung wird noch einmal deutlich die Herkunft der ›neuen‹

---

500 Solche Reihungen sind ein typisches Element des Hymnenstils. Vgl. W.D. Furley, Praise and persuasion in Greek hymns, JHS 115 (1995) 29-46; M. Depew, Enacted and represented dedications: genre and Greek hymn, in: dies./D. Obbink (Hg.), Matrices of genre: authors, canons, and society, Center for Hellenic studies colloquia 4, Cambridge, Ma. 2000, 59-79. Dasselbe stilistische Muster auch im delphischen Orakel für Tralleis, I.Tralleis (IK 36,1) 1 = SGO 02/02/01 (PW 471 = Fontenrose H 68), 5ff., das ebenfalls Hymnen für Poseidon aus Anlaß eines Erdbebens anrät: καλείσθω | εἰνάλιος, τεμενοῦχος, ἀπότροπος, ἵππιος, ἀργής ... ἐν χορῷ εὖ αἰνεῖν Σεισίχθονα κ̣α̣ὶ Δία μεῖλαξ. Die Reihung der Epitheta bezieht sich auch hier direkt auf die Anrufungen in den darzubringenden Hymnen.

501 Auch syntaktisch muß m.E. die Angabe ἔν τε χοροῖς ἔν τ' εἰλαπίναις zum Vorherstehenden gehören, also eine Art Epexegese zu den zuvor mit einem instrumentalen Dativ (zu ἄζεσθε) bezeichneten Hymnen und Opfern bilden, welche von der gesamten Polis zu verrichten sind. Dafür sprechen eben auch die sachlichen Erwägungen. Deutlich wird mit κοῦραι *θ'* ein neues Kolon eingeleitet, das W.D. Lebek (aus – m.E. nicht zwingenden – sachlichen Gründen, bei Merkelbach/Stauber ad loc.) sogar als Parenthese fassen will. Merkelbach/Stauber in ihrer Einleitung ziehen es hingegen zu dem »Sonderauftrag« an die Jugend: »ein Freudenfest ..., an dem die Jugend Tänze und Lieder vortragen ... solle«. Das ist m.E. sprachlich schwer möglich.

502 **Klaros 2**,25.

503 Myrtenbekränzung im rituellen Kontext ist von der Prozession an den Panathenäen bekannt: Darauf deutet das von Athenaios zitierte, noch ins 6. Jh. gehörige Skolion (15,50 p. 695 A = Poet. Mel. Graec. 893; für seine Bekanntheit vgl. Aristoph. Lys. 632 mit Σ und Suid. s.v. ἐν μύρτου κλαδί, Hesych. s.v. ἐν μύρτου κλάδῳ), das den Myrtenkranz mit den Tyrannenmördern Harmodios und Aristogeiton verbindet, den diese »*Bringer der Isonomie für Athen*« (ἰσονόμους τ' Ἀθήνας ἐποιησάτην) an den Panathenäen getragen hätten (vgl. L. Ziehen, Panathenaia, RE 18,3 [1949] 457-493, h. 469). Ganz ähnlich noch einmal Athen. ebd. B = Poet. Mel. Graec. 895. – Im attischen Bereich begegnet Myrtenbekränzung auch im Zusammenhang mit Demeter und Kore: So tragen der Hierophant, der Daiduchos, die Hierophantiden und die übrigen weiblichen Priesterinnen Myrtenkränze, die auch dem Kultbild der Demeter umwunden werden, Istros FGrHist 334 F 29 (Σ Oed. Col. 681). Es ist nicht klar, ob sich dies auf die πομπή nach Eleusis oder auf die Mysterienfeier selbst bezieht. Vgl. dazu auch Aristoph. Ran. 330f. mit Σ und Artemid. 1,77. Siehe P.G. Maxwell-Stuart, Myrtle and the Eleusinian mysteries, WienSt 85 (1972) 145-161; zur schwierigen Rekonstruktion von Ablauf und Struktur der Prozession nach Eleusis Graf, Pompai 61-64; ders., Umzüge. Auch in Messenien steht die Myrte in Beziehung zu Demeter, Paus. 4,26f. Doch ist die Pflanze – vor allem mit ihrer olfaktorischen Valenz – besonders mit Aphrodite verbunden. Sie fand im kultischen Bereich nach Aristoph. Av. 159-161 in Athen bei

Göttin zur Sprache gebracht, der *»heiligen Artemis des ephesischen Landes«*. Der Typus solcher προσκυνήσεις als Dankesritualen begegnete ja auch in den klarischen Orakeln für Hierapolis und Kaisareia Troketta.[504] In Hierapolis waren es ebenfalls Kinderchöre, die nach überstandener Krise sich auf den Weg ins klarische Heiligtum machen sollten. Hier nun soll das Fest ganz eindeutig in der konsultierenden Stadt stattfinden und ihrer Göttin, die Apollon ja auch als die Helferin in der Not benennt, gelten.

Wenn es denn zutrifft, daß auch dieses Orakel aus Klaros stammt, ist es auffällig, daß bei den Maßnahmen der Abhilfe Apollon selbst nicht in Erscheinung tritt, wie es sonst in den ›Pestorakeln‹ durch die verlangten Statuen des Bogenschützen immer wieder der Fall ist. In Pergamon ist es zwar auch nicht Apollon, der eingreifen wird, aber er delegiert diese Aufgabe doch immerhin an seinen *»lieben Sohn«* Asklepios. Ähnlich verweist der Gott auch im Text aus Ephesos auf die genealogische Abhängigkeit der Göttin, die Rettung bringen kann, vom Herrn des Orakels.[505]

Das Ritual des pergamenischen Orakels weist auch insofern eine strukturelle Nähe zum neuen Text auf, als dort ebenfalls Kinderchöre, aber eben nicht – wie im hierapolitanischen Text – in Klaros, sondern in Pergamon selbst mit Hymnen die Hilfe der einheimischen Hauptgötter herbeirufen sollen. In den Akklamationen der Göttin durch die myrtenbekränzten Epheben im Text aus Ephesos ist sicher ein Bestandteil des großen Opferfestes der Stadt für Artemis zu erkennen. Daher ist wahrscheinlich, daß das *gesamte* Ritual, von der Aufstellung des goldenen Kultbildes bis zum Opferfest mit seinen Hymnen und unter Einschluß der ›magischen‹ Sequenz, im Heiligtum, das das neue Götterbild empfängt, stattfinden soll.

Im Zusammenhang mit den Preisungen der Artemis durch die Epheben wird eine Angabe zur Örtlichkeit gemacht, die dazu beitragen kann, die Stadt geographisch einzugrenzen, die diese Anfrage an den Gott gerichtet hat: *»Überall im salzigen Land des mäonischen Hermos«* sollen die Mäd-

der Bekränzung der jungverheirateten Frauen Verwendung (vgl. auch Artemid. 1,77); nach Σ ad 1099 wurden die παρθένια λευκότροφα μύρτα von den Frauen verzehrt. Der hellenistische Ethnograph Polycharm von Naukratis berichtet (FGrHist 640 F 1 = Athen. 15, 675F-676C), daß eine Kultstatuette der Göttin von Paphos, die Herostratos, ein Kaufmann aus Naukratis, im Heiligtum erworben hatte, das auf der Rückreise in Seenot geratene Schiff rettete: Als die Passagiere sich schutzflehend an das Bild klammerten, wurde das Schiff mit einem Mal von Myrtenduft, ὀδμὴ ἡδίστη, erfüllt und von der Göttin auf sicherem Kurs ans Ziel gesteuert. Dort weihte Herostratos das seit dem Wunder myrtenumwundene Kultbild im lokalen Aphrodision und richtete ein Opferfest ein, bei dem die Teilnehmer mit Myrten bekränzt wurden, dem στέφανος Ναυκρατίτης. Wir haben also in der Erzählung des epiphanischen Wunders die Aitiologie des Festes vor uns, in dessen Zentrum die rituelle Myrtenbekränzung stand. Vgl. zur Myrte in Kult und Mythos der Aphrodite I. Chirassi, Elementi di culture precereali nei miti e riti greci, Incunabula Graeca 30, Rom 1968, 17-38; Pirenne-Delforge, Aphrodite 146-148 m. Anm. 113; ebd. 412-414; Maxwell-Stuart (wie zuvor) 158-161; Fehrle, Keuschheit 239-242; A. Steier, Myrtos, RE 16 (1933) 1171-1183, h. 1180f.

504 **Klaros 4**,21-25; **8**,25f. Vgl. Robert, Trois oracles 591f. = OMS 5,571f.

505 Siehe oben S. 193.

chen und Jungen den Ruhm der Göttin singen (V. 14). »*Mäonisch*« steht dabei, wie oft, für »lydisch«, und zwar sowohl im engeren Sinne für das Obere Lydien als auch für Lydien insgesamt.[506] Das »*salzige Land des mäonischen Hermos*« hat R. Merkelbach als den Gygäischen See, einen Salzsee nordwestlich von Sardeis, identifiziert,[507] der schon bei Homer als Γυγαία λίμνη erscheint.[508]

Hier kennt Strabon[509] ein bedeutendes Heiligtum der Artemis Koloëne. Daraus ist freilich noch nicht zu folgern,[510] daß die Adressaten des Ora-

506 Dafür vgl. Steph.Byz. s.v. Μαιονία; Ov. Met. 3,583; 6,103.

507 Merkelbach, Artemis von Koloe.

508 Il. 2,865f. τὼ Γυγαίη τέκε λίμνη, | οἳ καὶ Μῄονας ἦγον ὑπὸ Τμώλῳ γεγαῶτας.

509 13,4,5 p. 626 Casaubon (= J.G. Pedley, Ancient literary sources on Sardis, Cambridge, Ma. 1972 Nr. 234): ὅπου τὸ ἱερὸν τῆς Κολοηνῆς Ἀρτέμιδος μεγάλην ἁγιστείαν ἔχον. Zu diesem Heiligtum kurz J. Keil, Die Kulte Lydiens, in: Anatolian studies Ramsay 239-266, h. 252; dann G.M.A. Hanfmann, Lydiaka, HSCPh 63 [= Festschr. W. Jaeger] (1958) 65-88, h. 73-76; ders., On the gods of Lydian Sardis, in: R.M. Boehmer/H. Hauptmann (Hg.), Beiträge zur Altertumskunde Kleinasiens: Festschrift für Kurt Bittel, Bd. 1, Mainz 1983, 219-231, h. 222 m. Anm. 16. Strabon weiß von einem Fest im Heiligtum von Koloë; das Ritual, das seine Quelle dafür nennt, kommt ihm aber unglaubwürdig vor: φασὶ δ' ἐνταῦθα χορεύειν τοὺς καλάθους κατὰ τὰς ἑορτὰς οὐκ οἶδ' ὅπως ποτὲ παραδοξολογοῦντες μᾶλλον ἢ ἀληθεύοντες. Im Anschluß zitiert Strabon den Homer-Vers über den Gygäischen See und äußert sich zu den Diskussionen um die Stelle in der antiken Homer-Philologie.

Der *kalathos* ist eigentlich der Wollkorb; in verkleinerter Nachbildung in der frühen Zeit eine häufige Votivgabe vor allem in Heiligtümern der Artemis (ThesCRA 5,267 Nrn. 722-724) und der Demeter. Er ist besonders mit der Sphäre der Frauen verbunden und markiert einen *rite de passage*, wenn er jungen Mädchen geschenkt wird, die ihn dann über ihr ganzes Leben hin verwenden. Er spielt als Kultgegenstand, gefüllt wohl mit Wolle oder Naturalien, gerade bei Artemis eine wichtige Rolle. Das Tanzfest in Koloë könnte ein Frühlingsfest sein; in Bithynien heißt ein solches Fest der Artemis Bendis selbst κάλαθος, Kallinikos, Vita S. Hypatii 45,2 Bartelink; es dauert erstaunlicherweise 50 Tage. Ein Frühjahrsfest mit kultischem Tanz, gegebenenfalls verbunden mit Kleiderweihungen, würde gut zu einem Passageritus für junge Frauen an der Schwelle des Erwachsenwerdens stimmen; Artemis ist überhaupt immer wieder mit Tanz assoziiert. Tanzfeste mit κάλαθοι sind auch für Demeter bekannt, in ähnlich rätselhafter Formulierung wie bei Strabon für Koloë: Eustath. Od. 9,247 p. 1627,50 οἱ τῆς Δήμητρος (sc. κάλαθοι) οὓς ὀρχεῖσθαι μῦθος ἔν τινι τελετῇ Δημητειακῇ. Auf einem frühklassischen Tonpinax aus dem Persephoneion in Lokroi Epizephyrioi tanzen drei Frauen vor einer Göttin (Demeter oder Persephone?); eine hält der Göttin einen *kalathos* im Opfergestus entgegen (ThesCRA 5,268 Nr. 734; die Gabenszene und andere Rituale mit *kalathoi* zeigen auch weitere Pinakes aus diesem Heiligtum: ebd. Nrn. 733. 735f.). Wie Artemis mit den Naturassoziationen eines Frühlingsfests und dem kultischen Tanz in die Sphäre erwachsenwerdender Mädchen gehört, so fügen sich die Beziehungen zu Demeter und Naturalien, Fruchtbarkeit und Ernte zur Welt der erwachsenen Frauen. Zur Überlieferung Nilsson, Feste 253-255; K. Scherling, RE 11,1 (1921) 1108f.; H. Usener, RhM 50 (1895) 145f. zum Bericht des Kallinikos. Den *kalathos* als Kultgegenstand behandelt zusammenfassend S.Th. Schipporeit, ThesCRA 5,265-269. Zu den *gender*-Aspekten sieht S.G. Cole, Domesticating Artemis, in: S. Blundell/M. Williamson (Hg.), The sacred and the feminine in Ancient Greece, London 1998, 27-43.

Interessanterweise ordnet auch ein Orakel aus Klaros oder Didyma, nämlich für das bithynische Kios (**Klaros 14 = Didyma B8** = LSAM 6, 1-3), eine Frauenprozession an, der ein *kalathos* vorangetragen werden soll. Das Ritual ist von typischen liminalen Separationsmarkierungen gekennzeichnet: πᾶσαι ἀνιλίποδες (= ἀνηλίποδες ›barfuß‹, wohl zu ἦλιψ, einem besonderen Schuh nach Σ Theocr. 4,56, vgl. Merkelbach ad loc.) τε κ[αὶ] εἵμασι φαιδρυνθῖσαι (also wohl in wei-

kels die Einwohner einer Stadt Koloë an diesem See seien. Es gibt zwar zwei lydische Städte mit diesem Namen, doch liegen sie viel weiter landeinwärts, und die hier gegebene geographische Beschreibung paßt nicht auf sie; am Gygäischen See selbst scheint es nur eine unbedeutende Siedlung mit Namen Koloë gegeben zu haben.[511]

Aber die lydische Metropole Sardeis, die F. Graf in die Diskussion gebracht hat, scheint mit dem Hinweis auf das Gebiet des Oberlaufs des Hermos in Lydien ein aussichtsreicher Kandidat für den Platz der Polis, die diese Anfrage nach Hilfe gegen Unheil gestellt hat. Der Text scheint jedoch das Dankesritual gerade nicht in der Stadt der Konsultanten selbst vorzusehen, sondern, wie die erwähnte Formulierung in V. 14 nahelegt, vielmehr in einem Heiligtum außerhalb der Stadtgrenzen. Wenn es nicht ein ländliches Heiligtum ist, wie es auf das von Strabon bezeugte am Gygäischen See zuträfe, könnte man auch an den Ort denken, woher die Hilfe gegen die Seuche kommen soll, also Ephesos.[512] In Ephesos lag zumindest das kaiserzeitliche Artemision im salzigen Ufergebiet; aber der Fluß, der hier mündet, ist der Kaystros und nicht, wie im Orakel präzisiert, der Hermos. Damit scheint Ephesos wieder auszuscheiden.

Weiter ist kein Artemis-Heiligtum an der Mündung des Hermos bekannt, so daß immer noch am meisten für das von Strabon als bedeutend genannte Heiligtum der Koloëne spricht. Dies bedeutete, daß das Orakel aus Klaros ein Dankesritual für Artemis, die am See Koloë verehrt wird, den Einwohnern einer Stadt aufträgt, die mutmaßlich in der Nähe dieses Heiligtums liegt,[513] als Erwiderung der Hilfe, die die Artemis von Ephesos

---

ßen Gewändern; vgl. die Prozession zur Überführung des Bilds der Artemis Leukophryene in Magnesia, I.Magnesia 100 = LSAM 33, 37f. ἐν ἐσθῆσ[ιν] ἐπισήμοις, vgl. S. 196f. m. Anm. 449a) | τῷ καλάθῳ συνέπεσθε, τὰ δὲ χρύσια θέτ' οἴκοις. Die Gottheit, von der im nächsten Vers zur Begründung gesagt wird, daß sie Goldschmuck bei der Prozession *»hasse«* (ἐχθραίνει 4), ist im erhaltenen Fragment nicht genannt, es dürfte sich aber mit einiger Wahrscheinlichkeit um Artemis oder Demeter handeln. – Nach dem Bericht des Clemens im Protr. 2,21,2 kam im Einweihungsritual in Eleusis ein κάλαθος in enger Verbindung mit der κίστη vor: Die ἱερά werden vom Initianden aus der κίστη in den κάλαθος gelegt und von dort wieder zurück in die κίστη; jedenfalls nach den Worten des vom Initianden gesprochenen σύνθημα. Dazu will freilich nicht recht passen, daß der *kalathos* in der eleusinischen Ikonographie und den bekannten Votiven kaum eine Rolle spielt. Zur Diskussion um den Quellenwert des Clemens-Zeugnisses und den *kalathos* siehe Burkert, HN 292-302, bes. 297f.; G.E. Mylonas, Eleusis and the Eleusinian Mysteries, Princeton 1961, 288-305.

510 Graf, Oracle against pestilence 270, *contra* Merkelbach, Artemis von Koloe 71.

511 Zu den Bezeugungen der drei Orte Magie, RRAM 738; Robert, A travers l'Asie mineure 334f.

512 Eine Parallele böte auf den ersten Blick das Orakel für Hierapolis, **Klaros 4**, wo V. 21ff. das Dankesritual nach überwundener Gefahr in Klaros ausgeführt werden soll. Doch liegt der Fall nur bedingt ähnlich, da hier Apollon ja eine *andere* Gottheit als Helferin einführt und die Einholung ihres Kults empfiehlt. Allerdings ist Kult für andere Götter als den klarischen Apollon regelmäßig wiederkehrender Bestandteil der Anweisungen der klarischen Orakel.

513 Es könnte damit als extramurales Heiligtum dieser Stadt betrachtet werden: Eine solche Definition wäre etwa im Fall von Sardeis angesichts der gegebenen räumlichen Nähe (der See liegt

ihnen hat zuteil werden lassen. Hiermit wird ein mehrfach verknüpftes Netz von Beziehungen zwischen Orten und Kulten aufgespannt: Enge kultische Verbindungen zwischen Artemis Koloëne und dem ephesischen Artemision sind damit wohl vorauszusetzen.

Zugleich sollte aber die Möglichkeit nicht unterschätzt werden, daß mit Orakelbescheiden, die kultische Anweisungen enthielten, auch religiöse Innovationen herbeigeführt wurden, indem die Worte des Gottes mit ihrer religiösen Autorität etwa Beziehungen zwischen Kulten und Heiligtümern stifteten, die den Interessen des Orakelgottes und seines Heiligtums folgten. Daher nahm oft auch der klarische Apollon selbst in diesem Beziehungsgefüge einen Platz ein. Manchmal konnten die Interessen von Klaros aber wohl auch andere Konstellationen nahelegen wie im vorliegenden Fall, wo der ephesische Artemis-Kult die bestimmende Größe darstellt.

Da die Beziehungen zwischen Ephesos und dem ganz in der Nähe liegenden Klaros[514] für uns sonst kaum faßbar sind,[515] wirft das Orakel ein interessantes Schlaglicht auf dieses Verhältnis: Hier war es für den klarischen Apollon offenkundig opportun, die Ausstrahlung des Kults der ephesischen Stadtgöttin nach Lydien zu fördern. Festigung und Ausbau der eigenen Autorität, von Einfluß und Reichweite sowie die Gewinnung von ›Partnern‹ in den Panthea und Kulten der anfragenden Städte, im vorliegenden Fall aber – mittels der gewählten theologischen Konstellation – auch der mächtigen eigenen Nachbarstadt mit ihrem weitausstrahlenden poliadischen Kult dürften die Absichten des Orakelheiligtums gelenkt haben.

Darüberhinaus mochte aber auch die Adaptierung und Weiterentwicklung der eigenen theologischen Konzepte hineinspielen, wie sie durch die intellektuellen Tendenzen der Zeit nahegelegt wurde. Solche Impulse, wahrscheinlich zunächst experimentellen Charakters, konnten in die Richtung einer philosophischen Gottesvorstellung und der Spekulation über

---

nach Strab. 13,4,5 p. 626 Casaubon 40 Stadien, also gut 7 Kilometer, nördlich der Stadt) durchaus akzeptabel. Vgl. unten S. 218f.

514 Tatsächlich lag Klaros ja viel näher an Ephesos als an Kolophon, zu dessen Gebiet das Heiligtum gehörte, war allerdings von jenem durch den Flußlauf des Kaystros, vor allem aber durch das Massiv des Gallesion getrennt, so daß eine direkte Verbindung nur über das Meer zwischen den Häfen von Notion und Ephesos bestand.

515 L. Robert hat sogar eine Rivalität zwischen beiden Städten sehen wollen, die auch das Fehlen von ephesischen Konsultationen in Klaros erkläre und auf die Zerstörung der Stadt und Deportation ihrer Einwohner in das neugegründete Ephesos durch den Diadochen Lysimachos im frühen 3. Jh. v. Chr. zurückgehe. Vgl. zum Fehlen ephesischer Konsultationsprotokolle Robert, Fouilles de Claros 26 = OMS 6,546; dens., Claros 1, 6. 85; zu den historischen Ereignissen unter Lysimachos ebd. 77-85. Bull. ép. 1982, 289 S. 371 zu kolophonischen Münzprägungen mit Darstellung einer Artemis *Claria Colophonia* im Typus der ephesischen Artemis: für Robert Ausdruck des Selbstbewußtseins des klarischen Orakels gegenüber der mächtigen Göttin von Ephesos – doch kann man sich auch eine Überlagerung aufgrund der Dominanz des Nachbarkults vorstellen. Vgl. nochmals hiern. Anm. 551.

die Struktur des Pantheons zielen, aber auch – wie hier – auf das Repertoire magischer Ritualformen zugreifen, die sich für Erklärung und Lösung der Krise nutzen ließen.

Ein – freilich nicht völlig sicherer – Hinweis auf Beziehungen zwischen dem ephesischen Artemis-Heiligtum und dem Artemision von Koloë könnte sich in der Steinkodifikation eines Todesurteils gegen Bürger von Sardeis aus dem 4. Jh. v. Chr. finden,[516] die eine *theoria* aus Ephesos nicht den religiösen Erfordernissen gemäß behandelt hatten.

Dieser Text dokumentiert enge religiöse Beziehungen zwischen der ionischen und der lydischen Metropole: Es wird ein Artemision in oder bei Sardeis genannt, das von den Ephesern als eine ephesische Kultstiftung betrachtet wird, τὸ ἱερὸν τῆς Ἀρτέμιδος τὸ ἱδρύμενον ὑφ' Ἐφεσίων (8f.). Es war eine Gesandtschaft von Ephesos dorthin geschickt worden, die offenbar neue Kultgewänder für Artemis in ihr sardisches Heiligtum bringen sollte: θεωρῶν ἀποσταλέντων ὑπὸ τῆς πόλεως ἐπ[ὶ] χιτῶνας τῆι Ἀρτέμιδι κατὰ τὸν ν[ό]μον τὸμ πάτριογ (3-6).[517] Gewandweihungen für Artemis erinnern sogleich an das attische Brauronion.[518] Aus nicht genannten Grün-

516 I.Ephesos 2 = SEG 27,733 = SEG 36,1011 (verbesserter Text nach Masson, s. hiern.) = McCabe, Ephesos (PHI # 7) 572. Erstpublikation: D. Knibbe, JÖAI 46 (1961-63) 175-182; vgl. Bull. ép. 1963, 211; 1965, 342; 1966, 369; Robert, Inscriptions d'Éphèse 32-36 = OMS 5,372-376, bes. 34f. = 374f.; H. Engelmann, EpigrAnat 8 (1986) 33; H. Wankel, ebd. 9 (1987) 79f.; Masson, Condamnés à mort (m. Text u. Übers.; inbesondere onomastische Analyse der Inschrift); Ph. Gauthier, Bull. ép. 1988, 400. Pleket, SEG 36,1011, faßt die Ergebnisse der Diskussion zusammen (s. auch nächste Anm.). Robert datiert den Text auf die Jahre zwischen 340 und 320.

517 So auch F. Sokolowski, A new testimony on the cult of Artemis of Ephesus, HThR 58 (1965) 427-431 (zu Unrecht ablehnend Bull. ép. 1966, 369). H. Wankel, EpigrAnat 9 (1987) 79f., hat eine abweichende Deutung der Formulierung ἀποσταλέντων ... ἐπ[ὶ] χιτῶνας τῆι Ἀρτεμίδι vorgebracht (und möchte darüberhinaus ἐπ[ὶ τοὺς] χιτῶνας ergänzen; soviel Text scheint aber am Zeilenende nicht abgeschlagen zu sein, vgl. O. Masson, wie vorige Anm.): Die Gesandten hätten umgekehrt neue Gewänder für das Artemision in Ephesos aus dem Filialheiligtum der Göttin aus Sardeis holen sollen, die die Bürger von Sardeis regelmäßig abliefern mußten. Vor einem solchen Hintergrund würde der Konflikt, der sich abgespielt hat, tatsächlich leicht vorstellbar. Pleket in SEG 36,1011 weist aber darauf hin, daß die Aussage τῶν ἱερῶγ κα[ὶ] τῶν θεωρῶν παραγενομένων εἰς Σ[άρ]δεις 6f. einer solchen ›Richtungsumkehr‹ entgegensteht, wenn mit den ἱερά die heiligen Chitone gemeint sind (s. aber hiern. Anm. 519). – Noch anders Fleischer, Artemis von Ephesos 200f., der in den *theoroi* Gesandtschaften sieht, die die griechischen Städte Kleinasiens zu einem Fest Χιτῶνες τῇ Ἀρτέμιδι eingeladen hätten. Damit wäre der Inschrift nichts über unmittelbare rituelle Beziehungen zum Filialkult in Sardeis zu entnehmen. Robert wiederum (Bull. ép. 1965, 342; 1966, 369) vermutet eine Ortsbezeichnung in ἐπὶ χιτῶνας.

518 Weihungen von Chitonen sind im Brauronion durch die athenischen Inventare der ἐπιστάται des Kults gut bezeugt, siehe T. Linders, Studies in the treasure records of Artemis Brauronia found in Athens, Skrifter utg. av Svenska Institutet i Athen, Ser. in-4° 19, Stockholm 1972; Günther (s. hiern.) 231-234. Die prosopographischen Informationen über die Dedikanten, die sich aus den Inventaren entnehmen lassen, hat R. Osborne für die Sozialgeschichte der attischen Demen ausgewertet (Demos: the discovery of classical Attica, Cambridge 1985, 154-172, bes. 158-161).

In Milet ist ein Schatzverzeichnis gefunden worden (I.Milet 1357 [Milet 6,3,213-215] = SEG 38, 1210), das neben Objekten aus Edelmetall vor allem – teils wertvolle – Kleidervotive nennt, und zwar auffälligerweise ausschließlich alte, unbrauchbar gewordene Kleider; dieser Umstand wird bei

den kam es zu einem Konflikt der Bürger von Sardeis mit den Abgesandten aus Ephesos; das Urteil hält nur fest, τά τε ἱ[ερὰ] ἠσέβησαγ καὶ τοὺς θεωροὺς ὕβρι[σαν][519] (9f.), und verkündet die Todesstrafe (τίμημα τῆς δίκης θάνατος 11). Daß es religiöse Gründe für den Zusammenstoß gab, wird man schon wegen der gewählten Terminologie (ἠσέβησαν, ὕβρισαν) nicht ausschließen können; auch sind unter den Verurteilten zwei Kultfunktionäre.[520]

Es bleiben eine Reihe von Fragen, zunächst die nach der Identifikation des Artemis-Heiligtums, das das Ziel der *theoria* aus Ephesos war. Es kann sich nicht um den großen Tempel der Artemis in Sardeis gehandelt haben, der erst im 3. Jh. erbaut worden ist;[521] von den Ausgräbern ist das ältere Heiligtum an diesem Ort einem Kult der persischen Göttin Anahita zugeschrieben worden, der dann in der Gestalt der Artemis von Sardeis hellenisiert worden sei. Nach Ausweis lydischer Inschriften aus Sardeis gab es aber an der Wende vom 6. zum 5. Jh. hier auch bereits einen Kult der ephesischen Artemis, die ein eigenes Heiligtum gehabt haben muß.[522]

---

jedem Eintrag nochmals betont (etwa 6f. ἱμάτιον σελ‹α›γινον περιπόρφυρ[ον] παλαιὸν ἠχρειωμένον; bei anderen Einträgen heißt es κατακεκομμένον ἀχρεῖον *»zerrissen und unbrauchbar«*). Es läßt sich daran ablesen, daß einmal der Gottheit geweihte, dadurch sakralisierte Objekte unveränderlich in ihrem Besitz blieben; sie mußten darum auch in diesem Zustand vollständig verzeichnet werden. Die Inschrift wurde herausgegeben und interpretiert von W. Günther, »Vieux et inutilisable« dans un inventaire inédit de Milet, in: D. Knoepfler (Hg.), Comptes et inventaires dans la cité grecque: actes du colloque international d'épigraphie tenu à Neuchâtel du 23 au 26 septembre 1986 en l'honneur de Jacques Tréheux, Univ. de Neuchâtel, Recueil de travaux publiés par la Fac. des Lettres 40, Neuchâtel/Genf 1988, 215-237. Günther, der im Kommentar die Zeugnisse für Kleiderweihungen insgesamt behandelt, hat die Verbindung des Inventars, in dem die Nennung der besitzenden Gottheit nicht erhalten ist, zum Kult der Artemis Κιθόνη in Milet hergestellt, deren Epiklese eine abweichende Graphie von Χιτώνη darstellt (Nilsson, GGR 1,494 Anm. 3; Masson, Condamnés à mort 230). Die Göttin ist in der Stadt bereits seit archaischer Zeit belegt (I.Milet 1239 [Milet 6,3,151f.], Weihung eines spätarchaischen Perirrhanterions), dann wieder bei Kallimachos (H. in Dianam 225ff.). Wir kennen eine *lex sacra* dieses Kults aus dem 1. Jh. v. Chr. mit Reinheitsvorschriften (I.Milet 202 [Milet 1,7,287-290 = 6,1,19-22. 199] = LSAM 51 = SEG 15,683). – Zur Einordnung vgl. noch Cole (wie Anm. 509) 38f.

519 Worin dieses ὑβρίζειν bestand, ist nicht klar; schon die bloße Verhinderung der Ausführung ihres Ritualauftrags könnte wohl so bezeichnet und entsprechend drakonisch bestraft werden. Die ἱερά dürften die Festgewänder selbst gewesen sein (s. vorige Anm.) oder aber andere der Artemis heilige Gegenstände, die mit den Chitonen überführt wurden. Robert verstand unter den ἱερά die mitgeführten Opfertiere, die im sardischen Heiligtum zum Jahresfest der Göttin dargebracht werden sollten, an dem das Einkleidungsritual stattfand (Inscriptions d'Éphèse 34 = OMS 5,374), doch diese Annahme hat Skepsis hervorgerufen (Hanfmann, Masson, Gauthier).

520 Ein ἱερεύς 43 und ein ἱεροκῆρυξ 53.

521 Hier ist Robert ein Irrtum unterlaufen (Inscriptions d'Éphèse 34 = OMS 5,374 Anm. 8), worauf nach Hanfmann (s. nächste Anm., 5) auch Masson (Condamnés à mort 229 m. Anm. 16) und Graf (Oracle against pestilence 271 Anm. 13) hinweisen.

522 G.M.A. Hanfmann, The sacrilege inscription: the ethnic, linguistic, social and religious situation at Sardis at the end of the Persian era, Bull. Asia Institute (Detroit) N.S. 1 (1987) 1-8; ders., Sardis from prehistorical to Roman times, Cambridge, Ma. 1983, 129f.; ebd. Abb. 159: Stele des Atrastas mit der Nennung der ephesischen Artemis in der lydischen Inschrift. Siehe auch dens., On the gods of Lydian Sardis (zuvor Anm. 509) 221f. Hanfmann, Leiter der amerikani-

Die Annahme ist plausibel, daß die Chitonweihung, von der die Inschrift spricht, sich eben hier abspielen sollte.

Im Lichte des neuen Orakeltextes würde man sich das Ritual ἐπὶ χιτῶνας zunächst auch im extramuralen Heiligtum von Koloë vorstellen wollen. Apollon insistiert jedoch deutlich auf der Neuerung im Kult, die durch die Einholung eines Kultbildes der Artemis Ephesia zu vollziehen sei, so daß es schwerfällt, dies mit den in der Sakrileginschrift bereits auf die zweite Hälfte des 4. Jh. v. Chr. als *terminus ante quem* festgelegten kultischen Beziehungen zwischen Ephesos und dem Kult der Artemis in Sardeis selbst zu verbinden.

Umgekehrt wird die Kulteinführung der ephesischen Göttin als Retterin und Beschützerin im ländlichen Artemis-Heiligtum der Stadt in Koloë eher noch einsichtiger, wenn in der Stadt selbst durch den innerstädtischen Kult bereits alte Beziehungen mit Ephesos bestanden. Es bleibt bemerkenswert, wie die Urteilsbegründung betont, daß dieses Heiligtum *»von den Ephesern* selbst *gegründet worden«* sei – das Engagement des Mutterheiligtums ging hier möglicherweise über ein bei Filialkulten übliches Maß hinaus.

Der Prozeß selbst wirft ebenfalls Fragen auf – beginnend damit, daß nicht klar ist, wo er geführt worden ist, in Ephesos oder in Sardeis. Sollte das Verfahren in Ephesos vorgenommen worden sein, bedeutete dies, daß die Angeklagten aus Sardeis überstellt worden sein müssen; dann wären sie wohl auch in der fremden Stadt inhaftiert und schließlich hingerichtet worden, wofür es aber keine Vergleichsfälle gibt. Jedoch erklärte sich so der Fund der Inschrift in Ephesos am einfachsten – zumindest auf den ersten Blick.

Es ist auch erwogen worden, ob Prozeß und Verurteilung *in absentia* stattgefunden haben; damit wäre dem Recht der Göttin Rechnung getragen worden, ohne daß es zur Vollstreckung des Urteils hätte kommen

---

schen Ausgrabungen in Sardeis von 1958 bis 1975, nimmt an, daß es seit dieser Zeit zwei Artemis-Heiligtümer gab, eines der ephesischen Artemis (möglicherweise nur einen Kultbezirk mit Altar, jedoch ohne Tempel) und das eigentlich lokale der Artemis Anaitis, das dann hellenistisch zu dem der Stadtgöttin Artemis Sardiane geworden sei; hier ist ein Altar aus persischer Zeit nachgewiesen (zu Heiligtum und archaischem Altar zusammenfassend W.E. Mierse, in: Hanfmann, Sardis … [wie zuvor] 119-121). Für die Zeit nach dem 4. Jh. v. Chr. fehlen bisher Zeugnisse für die ephesische Artemis in Sardeis; unser Orakel weist zumindest für das 2. Jh. n. Chr. auf erneute Bedeutung des Kults, nun wohl im Heiligtum von Koloë vor den Toren der Stadt – vielleicht war das städtische Heiligtum der Ephesia tatsächlich nicht mehr aktiv. Hanfmann hält es für denkbar, daß hinter dem Fehlen der Belege für die hellenistische Zeit der Bedeutungszuwachs der lydischen Artemis von Sardeis erkennbar wird, die unter seleukidischer Herrschaft die Ausstrahlung der Stadt nach ganz Kleinasien hinein getragen habe. Paus. 7,6,6 nennt das Heiligtum das der Artemis Περσική, und Xen. Anab. 1,6,6f. situiert wohl an jenem ersten Altar aus persischer Zeit (ἐλθὼν ἐπὶ τὸν τῆς Ἀρτέμιδος βωμὸν) den Freundschaftseid zwischen dem jüngeren Kyros und Orontas.

523 Masson, Condamnés à mort 228f.

müssen.[523] Daß die ephesischen Anklagevertreter προήγοροι ὑπὲρ τῆς θεοῦ (1), *»Prozeßbevollmächtigte für die Interessen der Göttin«*, genannt werden, könnte jedoch eher darauf hinweisen, daß das Verfahren in Sardeis stattgefunden hat.[524] Die Aufstellung der Inschrift in Ephesos hätten diese ephesischen Beamten dann bei ihrer Rückkehr als Nachweis veranlaßt, daß sie die Interessen ihrer Stadt und ihrer Göttin in Sardeis erfolgreich verfochten haben und *hybris* und *asebeia* damit gesühnt sind.

Mit einer gleichlautenden Inschrift wäre im übrigen, wenn diese Hypothese zutrifft, auch in Sardeis selbst zu rechnen, ähnlich wie es auch sonst bei offiziellen Dokumenten bekannt ist, die zwischenstaatliche Beziehungen betreffen. Schließlich könnte es sich bei dem ephesischen Exemplar auch um eine Kopie handeln, die von Sardeis zur Herstellung des Rechtsfriedens nach Ephesos geschickt worden ist. Eine ähnliche Deutung bietet sich auch für die Orakelinschrift an, wie noch gezeigt werden soll.[525]

Die Konfrontation, die nach einer Denunziation[526] zu dem harten Urteil gegen die zahlreichen genannten Bürger der lydischen Stadt führte, be-

---

524 Masson ebd.; vorsichtig zustimmend auch Ph. Gauthier, Bull. ép. 1988, 400. προήγορος ist der ›Anwalt‹, der ›Rechtsbeistand‹ oder ›-vertreter‹. Vgl. Masson ebd. nach R. Baladié: »Ce sont des magistrats d'Éphèse ou des citoyens de cette ville investis d'une fonction de défense des intérêts de la ville ou de la déesse Artémis.« Robert, Hell. 9,7-25, h. 8, publiziert einen fragmentarischen Volksbeschluß von Sardeis aus augusteischer Zeit, von dem nur das Präskript erhalten ist, und erörtert ebd. 11-14 ausführlich die Amtsbezeichnung, die in anderen Belegen mit συνήγορος wechselt; siehe auch H. Schäfer, RE 23,1 (1957) 104-107. Der Beschluß, gefaßt von den Buleuten, den drei Strategen und den προήγοροι (es ist nicht klar, ob sie mit den Strategen identisch sind, vgl. Robert 11), betraf die Verteilung der städtischen Einkünfte auf die Kulte der Stadt, περὶ τῆς δια[τ]άξε[ως τῶν] ε[ἰς τὰς θυσί]ας καὶ τοὺς ἀγῶνας προσεπευξημένων (Graphie für προσεπηυξημένων) προσόδων, und enthielt darum sehr wahrscheinlich eine Liste der Heiligtümer. Erhalten ist noch der erste Eintrag, in dem die Verwendung einer privaten Spende (ἐπίδοσις) für die Panatheneia und die Eumeneia festgesetzt wird. Die Funktionen des προήγορος werden im Ehrendekret des Bulagoras im samischen Heraion aus der Mitte des 3. Jh. v. Chr. (IG 12,6,11) ausgeführt; der Geehrte hatte sich erfolgreich für die Restituierung samischen Festlandsbesitzes bei Antiochos II. eingesetzt: προχειρισθείς τε πλειονάκις ὑπὸ τοῦ δήμου προή[γ]ορος ταῖς δημοσίαις δίκαις ἐκτενῆ καὶ πρόθυμον ἑαυτὸν παρεχόμενος διετέλεσεν καὶ πολλὰ τῶν χρησίμων καὶ συμφερόντων περιεποίησεν ἐκ τῶν κρίσεων τῆι πόλει (vgl. Gauthier, Bienfaiteurs 69f.; C. Schuler, Ländliche Siedlungen und Gemeinden im hellenistischen und römischen Kleinasien, Vestigia 50, München 1998, 177-180). In einer Inschrift aus dem syrischen Byblos wird der Zusammenhang von politischen und religiösen Interessen der Stadt in solchen Streitfällen deutlich, wie er auch für Ephesos in Sardeis vorlag; hier wird ein Rhetor genannt τὸν προήγορον τῶν ἱερῶν καὶ τῆς πόλεως (M. Dunand, Fouilles de Byblos 1: Texte, Études et documents d'archéologie 1, Paris 1939, Nr. 1326; Bull. ép. 1941, 154); ähnlich I.Ephesos 3057, Ehrung eines Archiereus auf der Agora περὶ τῆς συνηγορίας τῆς πατρίδος ἡμῶν.

525 Hiern. S. 222f.

526 Ein Bürger von Sardeis informiert die ephesischen Behörden und erhält dafür das Bürgerrecht der Stadt, R. Heberdey, Das Theater in Ephesos, ForschEph 2, Wien 1912, Nr. 10 = I.Ephesos 2010: ἐπειδὴ οἱ θεωροὶ κατασταθέντες εἰς τὴν -- (wohl: zum Heiligtum der ephesischen Artemis in Sardeis) Σαρδια]νὸς προθύμως ἐβοήθησεν τῶι ἱερῶι καὶ διέσ[ωισεν -- (wohl: das Heiligtum der ephesischen Artemis) ὅταν τὰ ἀδικήματα ἐξετασθῆ τὰ περὶ τῆ[ς -- (sc. gegen die *theoria* aus Ephesos) ἐξητασμένων τῶν ἀδικημάτων. Die Beziehung zur Sakrileginschrift hat L. Robert erkannt: Inscriptions d'Éphèse 32-36 = OMS 5,372-376.

zeugt gleichwohl positiv die bestehenden Verbindungen zwischen dem Artemis-Kult von Ephesos und einem Filialkult in Sardeis. Damit wird man, selbst unter Berücksichtigung des großen zeitlichen Abstands, die Bestimmungen des Orakels verknüpfen dürfen. Trifft die Hypothese zu, wäre die Tatsache, daß der in der Urteilsinschrift dokumentierte, vermutlich isolierte Fall zum Zeitpunkt der Orakelanfrage schon lange zurücklag, sogar ein Argument dafür, daß Apollon vorbehaltlos auf die über die Gestalt der Artemis artikulierte kultische Verwandtschaft beider Städte Bezug nehmen konnte. In ihr liegt schließlich wohl auch der tiefere Grund, warum die Urkunde in Ephesos aufgestellt worden ist.

Noch einmal zurück zum in Ephesos gefundenen Orakeltext. Es ist nach dem Wortlaut auf dem Stein auch nicht völlig auszuschließen, daß das Heiligtum, in dem das Kultbild der ephesischen Artemis aufgestellt werden soll (ἐν ναῷ V. 6) und in dem unter Beteiligung der Bürgerschaft (πολυγηθεές ebd.) das Löseritual mit dem Schmelzen der Figuren stattzufinden hat, *nicht* mit dem Heiligtum *»im marschigen Land des mäonischen Hermos«* (V. 14), also etwa dem Heiligtum von Koloë, identisch ist, folgt doch die Ortsbezeichnung erst im Abschnitt über das Dankesritual, mit dem die κοῦραι ἅμα παισίν beauftragt werden. Es ist daher ebenfalls vorstellbar, daß die Weihung des Kultbildes und das Löseritual im (innerstädtischen) Artemision von Sardeis ihren Platz haben, während das Dankesfest im ländlichen Heiligtum der Artemis Koloëne stattfindet.

Doch bleibt die schon angesprochene Unsicherheit über die Präsenz des ephesischen Artemis-Kults in Sardeis selbst während der hellenistischen und römischen Zeit. Das Orakel stellt den Vorgang deutlich erkennbar als die Konsekration eines neuen Kultbildes dar – ob es zu dieser Zeit noch ein Heiligtum der ephesischen Artemis in der Stadt selbst gab oder ob es inzwischen auch möglich war, daß die Göttin im großen Artemision von Sardeis Gastrecht erhielt, wissen wir nicht.

Da schon die anderen Orakel aus Klaros gezeigt hatten, daß Apollon in seinen Bescheiden die jeweiligen kultischen Charakteristika der anfragenden Stadt zu berücksichtigen wußte,[527] muß, das bleibt festzuhalten, sich die konsultierende Stadt in jedem Fall durch einen Artemis-Kult von be-

527 Besonders deutlich in Pergamon, **Klaros 2**, mit den Ritualanweisungen für die vier Hauptgötter der Stadt. Hierapolis war mit seinem autochthonen Kult ein Zentrum der Kybele, und entsprechend prominent ist das genau beschriebene, aufwendige Holokaustopfer für Gaia im Orakel; gleichzeitig erkennt man eine komplizierte Interaktion zwischen dem klarischen Gott und einem lokalen Apollon (o. S. 78-87). Auch in Kallipolis muß der Kult von Hades und Persephone, denen unter den ὑπουδαῖοι θεοί an erster Stelle ein mehrgliedriges Holokaustopfer gebührt, alteingesessen gewesen sein. In diesen Fällen ist dann die Bestimmung, Kultbilder des klarischen Apollon als Bogenschützen zu errichten, gleichsam als der »klarische Anteil« am Ritualprogramm anzusehen, der die Unterstützung für die einheimischen Kulte durch Apollon ergänzt und spezifisch koloriert. Im Text aus Ephesos tritt Apollon – zumindest im erhaltenen Text; wir wissen nicht, ob zuvor weitere Ritualelemente entwickelt worden sind – ganz hinter Artemis zurück; es bleibt nur der genealogische Hinweis in V. 2.

sonderer Wichtigkeit ausgezeichnet haben. Der Tempel, in dem die Artemis-Statue ihren Platz finden soll, wird offensichtlich als bekannt und bereits bestehend vorausgesetzt (V. 6).[528] Schließlich und vor allem ist die Göttin in dieser Stadt προκαθηγετίς[529] und damit eine, wenn nicht *die* prominente Gottheit der Bürgerschaft. Nach der recht wahrscheinlichen Hypothese zur Deutung der Ortsangabe in V. 14 muß das Heiligtum eine Verbindung mit dem See von Koloë gehabt haben. Die Stadt muß schließlich bedeutend und wohlhabend genug gewesen sein, um über Kinderchöre zu verfügen, was man wohl eher nur bei größeren Städten wird annehmen können.[530]

Damit kommt Sardeis in die engere Wahl wegen der relativen Nähe der Stadt zum Gygäischen See[531] und der wichtigen Stellung des Artemis-Kults in der Stadt. Außerdem verfügte Sardeis, wie skizziert, seit langem über enge Bindungen an Ephesos, und der dortige Artemis-Kult war überhaupt in Westkleinasien seit früher Zeit dominant – sei es nun, daß er lokale Kulte überformte, sei es, daß er in Konkurrenz zu ihnen trat[532] –, so daß von einer Ausstrahlung ausgegangen werden kann, die diese Translation der ephesischen Artemis in einer Krisensituation motivieren konnte.

So könnte sich schließlich auch die Aufstellung unserer Inschrift in Ephesos erklären:[533] Ein Kultbild der Artemis aus Ephesos war von den Einwohnern der Stadt auf Geheiß des Orakels eingeholt – oder ein Kultbild ihres Typus dort hergestellt – und wohl im Heiligtum der Artemis Koloëne aufgestellt worden. Man fertigte dann in der konsultierenden Stadt eine Kopie des dort bzw. im zugehörigen Artemision aufgestellten Originals der Orakelinschrift an und gab diese als Dankesgabe nach Ephesos, woher die Hilfe gekommen war.

Den neuen Filialkult der ephesischen Artemis rechnete man sich in Ephesos dem eigenen Prestige zugute, so daß man die empfangene Kopie der Inschrift auch in Ephesos öffentlich aufstellte. Dort, so kann man wei-

528 Theoretisch könnte sie auch als *parhedros* zu einem anderen, bereits in der Stadt etablierten Gott gezogen sein, aber in einem solchen Fall könnte wohl schwerlich so lakonisch nur mit κάτθετε ἐν ναῷ auf den Ort verwiesen werden.

529 Vgl. die Diskussion o. S. 191-194.

530 So Pergamon (**Klaros 2**,13ff.); Hierapolis (**Klaros 4**,21ff.) war ein wichtiges Kultzentrum der Kybele, wie Strabon bestätigt (13,4,14 p. 630 Casaubon), und dürfte von daher über die erforderlichen Ressourcen verfügt haben.

531 Siehe oben S. 214-216 m. Anm. 509.

532 Auch diese nicht nur für den Befund in Sardeis bisher kaum zu beantwortende Frage bei Kultübertragungen zeigt die Notwendigkeit einer umfassenden Aufarbeitung des Phänomens für die griechischen Stadtstaaten. Siehe zuvor Anm. 443f.

533 Vgl. Graf, Oracle against pestilence 274. Der begründende Ausgriff auf die Zukunft entspricht dem Baustein »F« im Analysemodell der Versorakel bei Fontenrose: s. Kap. 5.3, S. 612. Vgl. auch **Didyma 20**,12 (dem Beter werden sich die Götter als Helfer erweisen: λισσόμενος βουλαῖσι τεαῖς ἐπαρήγονας ἕξεις) und **45** (Artemis als ἐπαρωγός in der verstörenden Epiphanie des Pan).

ter vermuten, wurde sie gleichzeitig im Sinne des Herrscherkults eingesetzt und in das Siegesmonument des Lucius Verus eingefügt. Das war durch die Beziehung beider Ereignisse, nämlich die Überwindung der Pest, die in der Folge dieses Feldzuges eingetreten war, auch sachlich begründet.[534]

Ausblick auf die Zukunft: Beistand der Artemis oder aber Strafe für unterlassene Verehrung. Stabilisierung der Lebensordnung und Reziprozität im Verhältnis zwischen Göttern und Menschen. ›Feuerstrafe‹: Nähe zu den lydischen ›Beichtinschriften‹. Uneinheitlichkeit des kosmologischen Kausalitätsmodells. Überlagerung von interpretatio magica *und traditionellem städtischem Kult. Die spezifische Orientierungsleistung dieser Mischform ritueller Pragmatik.*

Die korrekte Ausführung des Rituals soll den Bürgern den dauernden Beistand der Göttin, die aus diesem konkreten Anlaß als Nothelferin eingeführt wird, auch für die Zukunft garantieren (V. 17). Eine Wiederkehr der Seuche wird also auch hier ins Auge gefaßt, aber zuversichtlich ausgeschlossen für den Fall, daß die Konsultanten die rituelle Konformität wahren.

Darin liegt ein Unterschied zur Behandlung desselben Gedankens am Schluß des Orakels für Kallipolis,[535] wo mit einer vageren Prognose versprochen wird, daß im Fall einer Rückkehr der Epidemie dann auch ein solch erneuter Einbruch der Krankheit »*Vergeltung*«, ποινή, erfahren werde. Ein Wiederaufflammen, auch wenn es die Gottheit einzudämmen vermag, wird hingegen in Ephesos nicht ausgemalt; indem Apollon im Spruch für Kallipolis die Möglichkeit der Rekurrenz der Krise einbezieht, erhält jener Orakelbescheid eine zusätzlich Reflexionsebene. Gleichwohl schließt das Orakel aus Ephesos gleich wie das von der thrakischen Chersones mit einer Absicherung gegen allfällige kontingente Störungen der wiederhergestellten Harmonie zwischen Menschen und Göttern in der Zukunft: Bei Erfüllung der geforderten rituellen Leistungen wird im Gegenzug dauerhafte kosmologische Stabilität zugesichert.

Allerdings wird das theologisierende Motiv der ποινή in umgekehrter Weise zum Bescheid für Kallipolis verwendet, wenn die für jenen Passus vorgeschlagene Deutung das Richtige trifft, nämlich zur Androhung der Folgen ritueller Unterlassung: Die Konsultanten wird, wenn sie der Göttin für die geleistete Hilfe den Lohn in Form von Opfern und Hymnen beim neuen Kultbild schuldig bleiben[536] und so von ihrer Seite aus die Reziprozität vernachlässigen, ποινή ereilen.

---

534 Zu dieser möglichen inhaltlichen Verknüpfung noch einmal u. S. 227.

535 **Klaros 9**,31. Zum Deutungsspektrum vgl. o. S. 183-186. 188.

536 Im Orakel wird nicht mit letzter Sicherheit deutlich, ob die geforderten Kulthandlungen – wie in Pergamon – die Hilfe der Göttin erst motivieren und herbeiführen sollen oder ob zumindest

Der Reziprozitätsgedanke wird dabei sehr deutlich ausgedrückt in der Formulierung *»ihr werdet Vergeltung zahlen«,* τείσετε ποινάς. Das Orakel präzisiert dabei sogar die Art der *»Vergeltung«*: πυρὸς ποιναί werden angedroht. Mit »Feuerstrafe« dürfte das die Seuche begleitende Fieber gemeint sein. Darüberhinaus wird man darin auch einen Anschluß an das Fackelritual beim Kultbild sehen können, wo im Sinne der Analogiebeziehungen das »Feuer« des Pestfiebers durch das Einschmelzen der Verkörperungen der Seuche vermittels des Feuers des Fackelbrandes unschädlich gemacht wird.

Zorn und Strafen der Götter nach unterlassener Dankesleistung der Menschen für ergangene Hilfe in Notlagen, obwohl die Betroffenen sich durch ein Votum dazu verpflichtet hatten, äußern sich aber auch sonst oft gerade in Form von Fieber, das als πῦρ bezeichnet wird. In den lydischen Beichtinschriften und in Fluchtäfelchen finden sich zahlreiche Beispiele für Fieber – oft in der Metaphorik von ›Feuer‹ – als typische Sanktion der vernachlässigten Götter.[537]

Damit zeigt sich eine konzeptuelle Nähe unseres Orakels zum Komplex der Beichtinschriften, die gerade für den Zeitraum zwischen der ersten Hälfte des 1. und der ersten Hälfte des 3. Jh. n. Chr. im Bereich des Berglandes am Oberlauf des Hermos im Dreieck Lydien – Phrygien – Mysien gefunden wurden und bisher auch auf diese Region begrenzt geblieben sind. Es ist darin folglich wohl ein gemeinsamer westanatolischer Hintergrund religiöser Mentalität und ritueller Praxis zu erkennen.

Die Konsultation eines Orakels dürfte vor diesem Hintergrund funktionell ähnlich zu werten sein wie die individuelle Hilfe von Göttern etwa bei Gesundheitsproblemen nach einem entsprechenden Votum: Wer das Orakel des Gottes konsultiert, läßt sich darauf ein, den vom Orakel unterbreiteten Kausalitätserklärungen gemäß auch die angeordneten Maßnahmen auf sich zu nehmen, bei Strafe der sonst fälligen Konsequenzen. Man

---

der zweite Teil, die Hymnen und Schlachtopfer (V. 10-16), als Dankesleistungen nach überwundener Krise gemeint sind (vgl. die Diskussion oben S. 211-213). Doch die klare Gliederung durch V. 10 (αὐτὰρ ἐπὴν τελέσητε θεῇ προστάγματ' ἐμεῖο) mit dem Aorist des Verbs spricht sehr dafür, daß in der Einholung des Kultbilds die Voraussetzung und in dem ›magischen‹ Ritual die Durchführung der akuten Hilfsmaßnahmen liegt, während das folgende die Kompensation zum Nutzen der Göttin beschreibt, nachdem diese ihren Teil beigetragen hat.

537 Petzl, Beichtinschriften Nrn. 65 (Kinderwunsch) und 62 (Gesundheit des Sohns). Vgl. F. Steinleitner, Die Beicht im Zusammenhang mit der sakralen Rechtspflege in der Antike, Leipzig 1913, 98. In Fluchtäfelchen: Vgl. H.S. Versnel, Πεπρημένος: the Cnidian curse tablets and ordeal by fire, in: R. Hägg (Hg.), Ancient Greek cult practice from the epigraphical evidence: Proc. of the second International Seminar on ancient Greek cult, organized by the Swedish Institute at Athens, 22-24 November 1991, Skrifter utg. av Svenska Institutet i Athen, Ser. in-8°, 13, Stockholm 1994, 145-154. Ähnlich in den Gebeten um Wiedergutmachung: ders., Beyond cursing: the appeal to justice in judicial prayers, in: Faraone/Obbink, Magika hiera 60-106. Andere Strafen der Götter in Sühneinschriften: M. Paz De Hoz, Die lydischen Kulte im Lichte der griechischen Inschriften, Asia minor Stud. 36, Bonn 1999, 115-117.

würde von daher eigentlich erwarten, daß das Motiv der Androhung mißlicher Folgen bei Unterlassung der geforderten rituellen Leistungen konstitutiv für die Krisenorakel wäre, doch findet sich im hier betrachteten Material der Gedanke nicht noch einmal so ausdrücklich formuliert.[538] Aber auch diese Verwendung des ποινή-Motivs dient letztlich der Aussage, die Stabilität der kosmologischen Kausalitätsbeziehungen durch die Götter sei gesichert; im Weltgeschehen, soweit es die Menschen betrifft, ist damit kein »unerklärter Rest« übrig: Dieses Deutungsangebot ist die spezifische Leistung des Orakels.

Damit wird die *unde malum*-Frage allerdings uneinheitlich beantwortet: Einerseits ist die Epidemie das Werk eines übelwollenden *magos* (V. 9), dem mit einem Analogieritual, das die *defixio* der ganzen Stadt wieder ›löst‹,[539] das Handwerk gelegt werden kann. Andererseits wird die Gottheit, die die Macht hat, zu helfen und den Angriff des *magos* abzuwehren (ἀλύξει V. 6) – und es tun wird, sobald die rituellen Leistungen, die der Orakelgott als notwendig enthüllt, vollführt sind –, zur (dann offenbar gerechtfertigten) Strafe der Menschen für eine Fortdauer der Plage sorgen, wenn ihr diese Gaben vorenthalten werden.

Damit erscheint nun mit einem Mal anstelle des *magos* die Gottheit als die eigentlich Verantwortliche im Hintergrund,[540] und es wird das φθόνος θεῶν-Motiv berührt. Diese Involvierung der Göttin paßt auch besser zum kosmologischen Gesamtanspruch, die Götter hielten ›alle Fäden in der Hand‹, der auch an den anderen Stellen das leitende Konzept abgibt, wo in den Orakeln die Frage der Wiederherstellung der durch die Krise ins Wanken geratenen kosmischen Ordnung aufscheint.

Die Uneinheitlichkeit ist durchaus aufschlußreich für die theologischen Folgen der Vermischung von *interpretatio magica* (und der Ausrichtung des Rituals daran) und dem traditionellen Götterkult als weiterem Interpretations- und Handlungsrahmen, der nicht aufgegeben wird. Es gibt hier deutlich keine Abgrenzung zwischen beiden religiösen Sphären und Konzeptbereichen; ja, man kann sich fragen, ob die durch unsere Ideen- und Begriffsgeschichte hervorgebrachte Unterscheidung zweier selbständiger Bereiche hier nicht eine Aufspaltung an die Phänomene heranträgt, die

---

538 Wenigstens indirekt und ex negativo findet er sich im Orakel für Hierapolis, **Klaros 4**,27-29: ἣν ἔρδηθ' ὅσ' ἔοικε … οὔποτ' ὀιζυρῇσιν ἐν ἀμπλακίῃσιν [ἔσεσθε], ἀλλ' ἀφνειότεροι καὶ σωότεροι …: *e silentio* sind die Folgen bei Nichtbeachtung klar. So auch **Klaros 6**,7-9 ὧδε γὰρ οὐκ ἀφαμαρτήσεις ὧν θε[ὸς αὐδᾷ] κτλ.

539 Vgl. die Formulierung in V. 7 λοιμοῖο βροτόφθορα φάρμακα λύσει. Vgl. o. S. 198-200 m. Anm. 454.

540 Hierbei wird der Orakeltext allerdings darin nicht völlig eindeutig, ob diese Sanktion dann von Artemis – als der nicht gebührend mit Kult bedachten Gottheit – oder aber vom Orakelgott, dessen Spruch nicht beachtet wurde, ausginge. Doch ist diese Frage vielleicht auch unangemessen, da hinter jeder ποινή, die sich aus der mangelnden Würdigung einer anderen Gottheit des Pantheons ergäbe, ohnedies Apollon als Mittler aller göttlichene Beschlüsse und damit als Garant der kosmologischen Ordnung stünde.

den Subjekten dieser religiösen Systeme ganz fremd war: Die Überlagerung beider Teilsequenzen ist fugenlos – das ›magische‹ Ritual findet an dem ›traditionell‹ nach einer Translation im Tempel geweihten Kultbild statt, und an das Feuerritual schließt sich wiederum ein ›normales‹ Opferfest an –, ohne daß im Text etwelche Legitimationsbedürfnisse für diesen Übergang erkennbar würden.

Die ›magische Deutung‹ dürfte in der akuten und gravierenden Krisensituation der nicht überschaubaren Seuche sogar das attraktivere und griffigere Deutungsangebot sein, das auch eine rituelle Antwort bereithält, die durch die Sinnfälligkeit ihrer Analogiebildungen größere psychische Entlastungswirkung verspricht: Es ist anschaulicher, die Figuren, die die Seuche »in sich tragen«, einzuschmelzen, als allein Opfer zu verrichten und Hymnen darzubringen, die beide in ihrer Zielgerichtetheit viel unspezifischer erscheinen müssen.

Dies müßte auf der Ebene der theologischen Argumentation zu Schwierigkeiten und mangelnder Kohärenz führen, da die Kausalitätsbeziehungen sich nicht mehr in ein gemeinsames Koordinatensystem einschreiben lassen.[541] Doch offenbar empfindet eben mehr der moderne Betrachter dieses gewisse Ungenügen – die zeitgenössischen Empfänger des Textes scheinen keine Probleme mit dieser Deutung ihrer Situation und einem daraus abgeleiteten Handlungsprogramm gehabt zu haben, auch wenn sie kein wirklich logisch stimmiges Erklärungssystem für die kausalen Zusammenhänge zu bieten vermochte. Sie sahen ihre Lage nun offenbar vielmehr als beherrschbar an – die Monumentalisierung des Orakels wird man als nachträgliche Zustimmung zur Wirksamkeit der erhaltenen Hilfe verstehen müssen.

Einordnung in die Gruppe der ›Pestorakel‹. Integration in das ›Parther-Monument‹. Gründe für die Aufstellung des Bescheides in Ephesos. Ein lokales Orakel Apollons im Prytaneion von Ephesos? Religionspolitik von Kulten und Städten: Klaros fördert die kultischen Beziehungen zwischen Ephesos und der anfragenden Stadt und verbreitet den Ruhm der Helferin Artemis.

Die Gottheit, die das Orakel erteilt, ist im Text auch hier nicht präsent; nur die von den Dedikanten angebrachte *subscriptio*, daß das vorstehende Orakel *»von Apollon gesprochen«* sei, klärt unzweifelhaft, daß wir es mit einem Orakel des Gottes zu tun haben, ohne jedoch festzuhalten, von wel-

541 Für die Beibehaltung der konzeptuellen Zweigleisigkeit ›Religion – Magie‹ hat H.S. Versnel aus vergleichbaren Gründen optiert: Some reflections on the relationship magic – religion, Numen 38 (1991) 177-197. – Ähnliche Inkohärenzen, dort allerdings bei wechselnden Zuordnungen von Kausalitäten auf der Ebene der (mythischen) Theologie, hatten wir bereits in anderen Orakeln beobachtet, so im Bescheid für Hierapolis: o. S. 92-96.

chem Kult der Bescheid ausgegangen ist. Wie schon erwähnt, hat Apollon im aufgestellten Ritualprogramm dann auch selbst keine Funktion. Die Merkmale, die auf eine Verwandtschaft mit der Gruppe der übrigen ›Pestorakel‹ hinweisen, die wohl sämtlich nach Klaros gehören, sind aber so dicht, daß sie auch dieses Orakel unter jene einordnen lassen.

Ein wichtiges Indiz dafür unter den einzelnen Elementen der ergangenen Weisung ist die Weihung einer Götterstatue, die auch in zahlreichen anderen klarischen Orakeln und insbesondere unter den ›Pestorakeln‹ begegnet. Dort handelt es sich allerdings durchweg um Statuen des klarischen Apollon selbst als *toxophoros*,[542] was den Konsultanten ein ebenso anschauliches Deutungsmuster für die vom Orakel verheißene Hilfe im Modell von Analogie und Umkehrung zur Verfügung stellte, wie es hier das magische Gegenritual erlaubt: Apollon, der die Pestpfeile ja auch selber schießt, erschießt wiederum die Pestdämonen mit seinen Pfeilen. Unverkennbar liegt hier eine Funktionsanalogie zwischen den Pfeilen des Apollon *toxophoros* und den Fackeln der Artemis *phosphoros* vor, die im Abwehrritual die die Seuche in sich tragenden Wachsfiguren aufzulösen vermögen.

Dafür, daß auch das Orakel aus Ephesos unter die klarischen ›Pestorakel‹ zu zählen ist, spricht außerdem seine mutmaßliche Integration in das sog. Parther-Monument zu Ehren des Lucius Verus von 165 n. Chr.: Es ist die Kommemoration eben des Feldzugs, von dem die römische Armee durch Kleinasien zurückkehrte und dabei die Seuche eingeschleppt hatte. Die Dokumentation eines Orakels des Apollon von Klaros, das in dieser Lage Abhilfe geschaffen hatte, als Bestandteil des in dieselbe Situation gehörigen Siegesaltars der Artemis (der auch in anderen Städten wie etwa Sardeis gestanden haben kann), leuchtet unmittelbar ein. Auch wenn der spezielle Bescheid nicht den Ephesern gegolten hatte, konnte doch in Ephesos das Motiv des patriotischen Stolzes über den Filialkult der eigenen Göttin und den Beweis ihrer rettenden Macht hinzukommen.

Viele wichtige Charakteristika der klarischen Orakel[543] treffen auch auf den Text aus Ephesos zu: Die Kodifikation des Orakelbescheids und die Aufstellung der Inschrift erfolgen nicht im Orakelheiligtum (wie in Didyma), sondern in den Heimatstädten der Konsultanten – in unserem Fall ist ein Original in Sardeis zu postulieren. Meist sind es offizielle Gesandtschaften der Polis, welche die Orakel einholen, und nicht Privatpersonen (wie in Didyma). Typischer Gegenstand der Anfragen sind schließlich Krisen, die die ganze Bürgergemeinschaft betreffen, wie Naturkatastrophen – etwa Erdbeben, Überschwemmungen und Mißernten – oder Seuchen oder Bedrohung durch äußere Gegner[544] und nicht Fragen ritueller Orthopraxie als solche (wie häufig in Didyma[545]).

542 **Klaros 4**,18-20; **8**,27f.; **9**,29f.

543 Vgl. Robert, Trois oracles 590-592 = OMS 5,570-572.

Typischer Bestandteil der empfohlenen Maßnahmen ist die Errichtung eines Götterbildes. In den anderen klarischen Orakeln ist dessen Weihung generell allerdings der Schlußpunkt eines aufwendigen, oft detailliert beschriebenen Opferrituals, von dem wir hier nichts hören; für uns beginnt die Sequenz mit Einholung und Konsekration des Götterbildes. Ein solches vorbereitendes Ritual könnte uns jedoch wegen des verlorenen Anfangs nicht mehr kenntlich sein.[546] Während sonst die Errichtung einer Statue des klarischen Apollon im Typus des *toxophoros* angeordnet wird, handelt es sich hier um die Einholung der Artemis aus Ephesos: Es kommt neben Klaros und der konsultierenden Stadt ein dritter Kultort ins Spiel, was erheblich komplexere aitiologische Bezüge im Hintergrund vermuten läßt.

Die Weisung der Kulteinholung einer anderen Gottheit durch Apollon hat keine Parallelen in Klaros. Dazu kommt die entsprechende weitere Abweichung von der Regel der klarischen Orakel, daß die Inschrift mit dem Orakeltext im vorliegenden Fall nicht in der konsultierenden Stadt gefunden worden ist, sondern eben in Ephesos. Der Erstherausgeber wollte vor diesem Hintergrund den vorliegenden Orakelbescheid mit einem lokalen Orakelkult Apollons im ephesischen Prytaneion in Verbindung bringen,[547] wo man eine Weihung für den μαντεῖον τῆς πόλεως Ἀπόλλωνα kennt.[548]

Doch da vom Wirken dieses Apollon-Orakels, das allein durch die Prytaneionsinschrift für das frühe 2. Jh. n. Chr. bezeugt ist, keine weitere Überlieferung existiert, der Apollon im Prytaneion dann in den Inschriften

---

544 Letzteres etwa in den Orakeln aus Syedra (**Klaros 15**) und Ikonion (**Klaros 16**) anläßlich drohender Plünderungen durch ›Seeräuber‹.

545 Natürlich kommt der Aspekt ritueller Korrektheit dann in den spezifischen Weisungen der Texte auch in Klaros durchaus hinein, wie die teilweise höchst detaillierten Opferanweisungen deutlich machen. Sie bilden aber eben nicht selbst den Anlaß der Anfrage, wie bei vielen der didymäischen Orakel, die in einer rituellen Unsicherheit ihren Ausgangspunkt haben, wie in dieser oder jener kultischen Frage richtig zu verfahren sei. Vgl. u. S. 264-266 m. Anm. 648 und die S. 390f. m. Anm. 162 besprochenen Beispiele aus Didyma.

546 Ein Anklang könnte in V. 10 zu hören sein: αὐτὰρ ἐπὴν τελέσητε θεῇ προστάγματ' ἐμεῖο. Die *»Anweisungen«* könnten mehr als die Überführung der Götterstatue enthalten haben.

547 D. Knibbe, JÖAI 62 (1993) 130-132; ders., Prytaneion 102f. Anm. 203.

548 Knibbe, Prytaneion 27 Nr. B 24 = I.Ephesos 1024 = McCabe, Ephesos (PHI # 7) 111, vgl. Bull. ép. 1982, 298. Die Inschrift ist zwischen 105 und 120 n. Chr. datiert worden. Es handelt sich um eine Kuretenliste, der ein Ehrendekret für den Prytanen Dionysodoros S. d. Dionysios vorangestellt ist. Er hat seine hervorragende εὐσέβεια erwiesen, indem er sich um die Instandsetzung des lange Jahre vernachlässigten Prytaneions und die Wiederbelebung der dort gepflegten Kulte verdient gemacht hat. Unüblicherweise ist in diesem Ehrendekret der Ratifikationsvermerk von Rat und Volk den Motiven prominent vorangestellt, was vielleicht als besondere Auszeichnung des Geehrten zu verstehen ist, indem der offizielle Charakter des Textes und der Vollzug der Ehrung gleich zu Beginn angezeigt werden. Dionysodoros hat sich als ein besonders gottesfürchtiger Amtsinhaber gezeigt, τὴν ἱερωτάτην ἐκπληρῶν πρυτανείαν εὐσεβεστα[τη]ν μὲν εἰς πάντας τοὺς θεοὺς πεποίηται θρησκείαν (4f.): Er hat das Prytaneion ἐκ τῶν ἰδίων wiederhergerichtet und ihm den ὀφειλόμενον κόσμον wiedergegeben. Besonders hervorgehoben wird seine Weihung für Apollon, für die er einen eigenen Bereich im Prytaneion hat abteilen lassen: καθείδρυ-

des frühen 3. Jh. n. Chr. aber explizit Κλάριος genannt wird,[549] ist es leichter anzunehmen, daß der hier diskutierte Orakelbescheid der anfragenden Stadt in Klaros erteilt worden ist und die Aufstellung einer Kopie in Ephesos als sekundär zu betrachten ist. Dies wird auch durch die stilistischen Ähnlichkeiten mit den übrigen ›Pestorakeln‹ und die inhaltliche Zugehörigkeit zu dieser Serie in Anlaß und – wenn auch nur partiell – Weisung des Gottes nahegelegt.

Apollon ging in diesem Bescheid für die Bürger der von der Seuche heimgesuchten oder bedrohten Stadt auf die besonderen kultischen Abhängigkeiten ein, die sie mit Ephesos verbanden, so daß sich in seinem Rat ein Beziehungssystem zwischen den drei Orten abbildete, das für die Abwehr der Gefahr ein theologisches Modell bieten konnte. Solche Sonderbeziehungen zwischen den beiden Städten, die über den Kult der ephesischen Hauptgöttin konzipiert waren,[550] machen einsichtig, warum ein Ex-

κέν τε ἐν αὐτῷ καὶ τὸν μαντεῖον τῆς πόλεως Ἀπόλλωνα ἱεροπρε[π]ῆ κατασκευάσας εἰς τὴν θέσιν αὐτοῦ θαλαμεῖδα (6f.). Damit nicht genug, hat er die Altäre der einheimischen Götter in der ganzen Stadt teils wiederhergestellt, teils neu gestiftet: τούς τε καθ' ὅλην τὴν πόλιν καὶ τοὺς ἐν τοῖς πατρίοις ἱεροῖς βωμοὺς καὶ ἐπ[ε]σκεύακεν καὶ ἐκ τῶν ἰδίων καινοὺς καθιέρωκεν (7f.). Für Hotz, Ritual discourse 285. 291f., ist Dionysodoros ein Exponent des für die soziale Elite des 2. Jh. n. Chr. in den Städten charakteristischen religiösen Traditionalismus, der aus dem Vergangenheitsbezug religiöse Innovation im Sinne der kreativen ›Erneuerung‹ von Kult und Ritual motiviert. Das Vorgehen des Dionysodoros zeige, »how tradition can be applied as an argument for adapting to new political and religious constellations« (ebd. 289).

549 Dankinschriften von Prytanen nach glücklich vollendeter Amtsführung: Unter den Göttern des Prytaneions, denen Dank ausgesprochen wird, wird auch Ἀπόλλων Κλάριος genannt, Knibbe, Prytaneion 55 C 1 = I.Ephesos 1060, 3f.; ebd. 67 F 12 = I.Ephesos 1072, 12f.; vgl. ebd. 67 F 11 = I.Ephesos 1071, 9 (erg.). Siehe auch Robert, Hell. 10,100; Bull. ép. 1961, 538.

550 Was nicht heißt, daß der ikonographische Typus mittransportiert wurde: Wir haben im Orakel eben eine Artemis im *Phosphoros*-Typ und nicht die Artemis *Ephesia* mit dem archaistischen Kultbild, s.o. S. 200-202. Das bedeutet entweder, daß μορφή in V. 5 nicht zu eng als ›ikonographischer Typus‹ verstanden werden darf – oder aber, daß der metropolitane Artemiskult, dessen Filiale das neue Kultbild erhalten soll, auch in Ephesos einer anderen Artemis, möglicherweise eben einer *Phosphoros* oder *Soteira*, galt: Dies schiene selbst bei Berücksichtigung dessen, daß Apollon sie hier Ἐφεσηΐς Ἄρτεμις nennt, denkbar. Wie schwierig hier zu klaren Abgrenzungen zu gelangen ist, zeigt im Gegenzug aber, daß auf einer von L. Robert herangezogenen Münzserie aus Kolophon eine Göttin im Typus der ephesischen Artemis die Beischrift *Colophonia Claria* trägt (s. nächste Anm. und zuvor Anm. 515). Der Gestalt fehlen im übrigen die sonst charakteristischen »Brüste« der *Ephesia*, die mithin nicht verbindlich für die Ikonographie waren – die freilich in Kleinasien eine Vielzahl von Varianten kannte, s. Fleischer, Artemis von Ephesos. Und auch in Sardeis gab es mehrere Artemiskulte (s.o. S. 218f. m. Anm. 522, S. 222 m. Anm. 532); es ist nicht klar – wenn denn die Identifikation der Stadt, die das Orakel erhalten hat, mit Sardeis zutrifft –, ob in dem im Urteil gegen die Frevler an der *theoria* aus Ephesos genannten Artemision (ebd.), das, wie es dort heißt, von Ephesos errichtet worden sei, der ναός der Artemis in unserem Text wiedererkannt werden darf. Jedenfalls sind aus Sardeis und umgebenden Städten mehrere Münzprägungen bekannt, die Artemis im ephesischen Typus zeigen, vor allem seit hadrianischer Zeit, was gut zu dem neuen Text aus Ephesos paßt. Siehe Fleischer ebd. 188-201, bes. 188-190. Besonders interessant in unserem Zusammenhang ist eine Homonoia-Prägung zwischen Ephesos und Sardeis, die unter Marc Aurel emittiert worden ist, Beschreibung ebd. 189 m. Taf. 79 a = BMC Ionia 112 Nr. 146 m. Taf. 38,3.

emplar dieses Orakels auch in Ephesos seinen Platz erhielt, und diese Tatsache spricht auch dafür, daß von den Beteiligten der Abzug der Seuche eben als die helfende Tat der Artemis angesehen wurde: Deren Ruhm als ἄχραντος ἀρωγός, als die sie das Orakel am Schluß den Bürgern empfiehlt, wollte man in Ephesos verständlicherweise nur allzu gern allen verkündet sehen.

---

551 Die Beziehungen zwischen Ephesos und dem Orakel von Klaros bleiben gleichwohl für uns undeutlich (siehe dazu schon o. S. 216 m. Anm. 515); jedenfalls ist festzuhalten, daß Ephesos nicht unter den Klientenstädten des Orakels erscheint, deren Konsultationslisten im Heiligtum gefunden wurden: Robert, Fouilles de Claros, 25-29, bes. 26; ders., Claros 1, 6. 85. Die Kultstiftung des Prytanen Dionysodoros (zuvor Anm. 548) ist von Robert, Bull. ép. 1982, 298, im Anschluß an die Auffassung des Herausgebers D. Knibbe (Prytaneion 29; 102f. m. Anm. 203; 165 m. Anm. 369) als Zeichen der Kultkonkurrenz zwischen Ephesos und Kolophon in trajanischer Zeit verstanden worden: Die ephesischen Prytanen hätten den Kult des lokalen Ἀπόλλων μαντεῖος im Prytaneion ihrer Stadt eingerichtet, um in Absetzung vom klarischen Gott Ephesos eine unabhängige Orakelinstanz zu verschaffen: »L'inscription du prytanée ... nous montre ... l'installation d'un Apollon strictement éphésien – oui, c'est un remplaçant de l'Apollon de Claros et destiné à permettre d'éviter celui-ci«; Knibbe 103 Anm. 203 spricht von einem »geradezu kompensative(n) Pendant zum klarischen Apollon«. Robert zieht zur Stützung seiner These kolophonische Münzprägungen aus trajanischer Zeit heran, die seiner Ansicht nach gewissermaßen die Position der »Gegenseite« beleuchten, wenn dort eine Artemis *Claria Colophonia* im Typus der ephesischen Göttin und ein sitzender Apollon dargestellt werden, der in seiner Rechten eine Statuette der klarischen Artemis hält und dadurch auf den Primat des Orakelkults und einen in Klaros selbst beheimateten Artemis-Kult hinweist. Dies fügt sich im übrigen gut zu der Betonung der Abhängigkeit zwischen den beiden Göttern im Orakeltext (Z. 2), Ἄρ]τεμιν εὐφαρέτρειαν ἐμῆς γενεῆς γεγαυῖαν.
Angesichts fehlender sonstiger Indizien für einen selbständigen lokalen Orakelkult in Ephesos (der dann als ein pythischer Apollon verstanden worden wäre?) und der Präsenz des Apollon Κλάριος in Inschriften des Prytaneions aus dem 3. Jh. (s. zuvor Anm. 549) scheint aber die von Knibbe und Robert vertretene Hypothese, der sich Hotz, Ritual discourse 292, anschließt, recht weitgehend. Skeptisch kommentiert auch Graf: »It is somewhat odd that this local oracle should not have been better attested in a town as well known as Ephesus« (Oracle against pestilence 273). Die θαλαμ(ε)ίς für die Weihung, die Dionysodoros im Prytaneion einrichtet, dürfte kaum für ein eigenständiges Orakelheiligtum stehen, dessen Eingliederung in ein Prytaneion schon typologisch ungewöhnlich wäre. Der Terminus θαλαμ(ε)ίς ist sonst bisher nicht bekannt; Knibbe versteht darunter »einen separierten Nebenraum für eine Gottheit innerhalb eines größeren Heiligtums«, Robert übersetzt »une chambrette«. Dieser kleine Kultraum wird die Statuette mit der Weihung aufgenommen, aber schwerlich den Rahmen für einen regelrechten Orakelbetrieb abgegeben haben. Gleichwohl war eine bauliche Anpassung erforderlich, die Dionysodoros wohl im Zuge der von ihm veranlaßten Instandsetzungsmaßnahmen selber finanziert hat (vgl. Knibbe, Prytaneion 165).
Die Aufstellung einer Kopie unseres Orakelbescheides in Ephesos deutet eher darauf, daß die religiöse Autorität des klarischen Apollon im Zuge der wachsenden Ausstrahlung des Orakels spätestens nach der Mitte des 2. Jh. n. Chr. auch im nahegelegenen Ephesos zur Untermauerung des überregionalen Anspruchs der eigenen Stadtgöttin beansprucht wurde. Es gab übrigens neben dem – möglicherweise schon bald unter die Gestalt des Klariers geratenen – mantischen Kult im Prytaneion mindestens noch einen weiteren Apollon-Kult in Ephesos, nämlich den mit der Gründungslegende verbundenen Apollon Pythios am Hafen, Kreophylos FGrHist 417 F 1 = Athen. 8,62 p. 361 C, dem das Fest der Pythia, die auch Μεγάλα Πύθια genannt werden, galt (I.Ephesos 1107 = SEG 26,1261, 6f., vgl. Bull. ép. 1977, 419; I.Ephesos 1618, vgl. Bull. ép. 1974, 516; L. Robert, in: Études déliennes, BCH Suppl. 1, 1973, 476). – Dionysodoros hat auf die von ihm vor-

Die Aufstellung dort war sicherlich zunächst von der prominenten Rolle der Stadtgöttin als Retterin der bedrohten Polis in der Weisung Apollons motiviert – vielleicht trug aber die hier von den klarischen Theologen initiierte Verbindung zwischen dem eigenen Apollon und der Stadtgöttin von Ephesos mit dazu bei, daß es dann einige Jahrzehnte später zur Identifikation des lokalen μαντεῖος τῆς πόλεως Ἀπόλλων mit dem Ἀπόλλων Κλάριος kam.[551]

---

genommene Einrichtung einer Kultnische für Apollon im Prytaneion besonderen Wert gelegt und sie wohl als wichtiges Ergebnis seiner Amtsführung betrachtet, wie die abschließenden Bestimmungen seines Ehrendekrets zeigen, in denen die Übergabe an den Amtsnachfolger genau geregelt wird. Es werden dazu detaillierte Inventare verwendet (10f.): τὸν μὲν Ἀπόλλωνα ... παραδιδόμενον χρηματισμῷ ὑπὸ τοῦ ἐξιόντος εἰσιόντι ... αὐτὸν (nämlich das Verzeichnis, τὸν χρηματισμόν) εἰς τὸ ἱερὸν ἀποθέσθαι ἀντιγραφῖον. Volk und Demos haben zuvor beschlossen, daß die Kultnische mit der Weihung auf Dauer im Prytaneion verbleiben soll: τὸν μὲν Ἀπόλλωνα τὸν μαντεῖον διαμένειν εἰς τὸ διηνεκ[ὲς ἐν] ᾧ νῦν καθείδρυται τοῦ πρυτανείου τόπῳ 9f.

2.2 Ein Krisenorakel aus Didyma in hellenistischer Zeit: Kult für Poseidon Asphaleios zum Schutz vor Erdbeben

Θεὸς ἔχρησεν·

Ἀσφάλεον θυσίαισι Ποσειδάωνα ἱλάσασθε
τῶιδε ἐπὶ σημείωι καὶ αἰτεῖσθ' ἵλαον ἱκνεῖσθαι
3 σώιζειν θ' ὑμετέρης κόσμον πόλεως ἀσάλευτον
ἐκτὸς κινδύνου· μάλα γὰρ πέλας ἵεται ὑμῶν.
ὃν χρὴ καὶ πεφυλάχθαι ἀρᾶσθαί θ', ὡς μετέπειτα
6 πρὸς γῆρας βαίνητε κακῶν ἀδαήμονες ὄντες.

τεταμιευκὼς δὲ καὶ ἐν τῷ ἱερῷ Ἀνδρόνικος Ποτάμωνος ἐπιστατῶν τῆς οἰκοδομίας τοῦ ναοῦ τοῦ Ἀπόλλωνος τοῦ Διδυμέως κατὰ τὴν ὑπόσχεσιν δωρεὰν ἐφ' ἔτη δέκα

Ἀσφαλέωι Σωτῆρι Ποσιδάωνι μεγίστωι
ἱερὰ καλὰ ἱερῶν ταυροθύτοις θυσίαις,
9 οὗ ἕνεκεν Ποτάμωνος ὁ φὺς ῥίζης ἀπ' ἐκείν[ης]
βωμὸν λαΐνειον τόνδε ἀνέθηκε θεῶι.

(Text nach Rehm = Merkelbach/Stauber)

Übersetzung

Der Gott hat gesprochen:

Den Poseidon, der vor dem Fallen bewahrt, stimmt euch gnädig mit Opfern
auf dieses Vorzeichen hin und fleht ihn an, freundlich zu kommen
3 und Ordnung und Schmuck eurer Stadt unerschüttert zu bewahren
fern von Gefahr: Denn gar sehr kommt er eilends euch nahe.
Vor ihm müßt ihr euch in Acht nehmen und ihn mit Gebeten anrufen, damit ihr sodann
6 auf das Alter zugeht, ohne Übel kennengelernt zu haben.

Das Amt des Schatzmeisters hat auch im Heiligtum Andronikos, Sohn des Potamon, ausgeübt und war Aufseher für den Bau des Tempels des Apollon von Didyma entsprechend einem Gelübde auf seine eigenen Kosten für die Dauer von zehn Jahren,

indem er dem Beschützer vor dem Fall, dem Retter, dem größten, Poseidon,
schöne Opfer geopfert hat durch stiertötende Opfergaben,
9 weswegen der Sproß des Potamon – von jener Wurzel stammt er ab –
diesen steinernen Altar geweiht hat dem Gott.

552 **Didyma 14** = I.Didyma 132 = SGO 01/19/02 = McCabe, Didyma (PHI # 7) 570. Der Text wird als ganzes oder unter Einzelaspekten besprochen von Rehm ad loc., Fontenrose, Didyma 145f.; Robert, Trois oracles 570f. 576f.; Robinson, Theological oracles 35. 61. 199. 219. 228; Somolinos, Oraculos 256-260.

553 Zum Amt des *tamias* in Didyma Fontenrose, Didyma 57-59. Der *tamias* war, soweit wir sehen, diesem untergebener Mitarbeiter des *prophetes* in Didyma (bisweilen wird er παρεδρεύων des *prophetes* genannt); beide zusammen stellen die wichtigsten Kultfunktionäre im Heiligtum

2.2.1 Orakelaufzeichnung und Altarweihung: Überlegungen zur Pragmatik eines komplexen Monuments

Auch in Didyma werden Anfragen in kollektiven Krisen gestellt. Das Monument: Form und Struktur. Die Weihinschrift des Altars. Zur Person des Stifters Andronikos, Tempelbaumeister und Schatzmeister Apollons in Didyma und Verehrer des Poseidon.

Wenn kollektive Krisen wie Naturkatastrophen oder Seuchen unter den aus dem Heiligtum von Didyma bekannten Orakeln auch nur einen geringen Teil der Anlässe für eine Konsultation ausmachen, so soll doch ein Fall hier näher vorgestellt werden, um zu zeigen, daß die Thematik nicht auf Klaros beschränkt war und Übereinstimmungen in Gedankenführung und Formulierung durchaus vorhanden sind. Da der Text noch vor dem Ende des 2. Jh. v. Chr. zu datieren ist, liefert er gleichzeitig ein den klarischen Krisenorakeln zeitlich weit vorausliegendes Beispiel für die Behandlung dieser Thematik durch eines der kleinasiatischen Apollon-Orakel.

Die Inschrift[552] setzt unmittelbar mit dem hexametrischen Orakel ein, eingeleitet durch die auf den didymäischen Orakelinschriften regelmäßig begegnende Überschrift Θεὸς ἔχρησεν. Der Stein als ganzer ist eine Altarweihung für Poseidon, wie der auf das Orakel folgende Stiftungstext des Andronikos deutlich macht. Der Altar aus bläulichem Marmor ist in der östlichen Stützmauer des Apollon-Tempels verbaut gefunden worden.

Der Stiftungstext beginnt zunächst erwartungsgemäß in Prosa, wechselt dann aber in den abschließenden vier Zeilen zu elegischen Distichen: Wir lesen also ein Weihepigramm. Der Zusammenhang zwischen dem Orakel und der Altarweihung wird im Text nicht deutlich; erst recht können wir darum über den Anlaß sowohl der Konsultation als auch der Stiftung nur Vermutungen anstellen. Tatsächlich könnte die Weihinschrift auch für sich stehen, an keiner Stelle wird auf das Orakel Bezug genommen.

Der Stifter, Andronikos, Sohn des Potamon, war *tamias* im didymäischen Heiligtum[553] und gleichfalls *epistates* des Tempelbaus daselbst (ἐν

dar. Der *prophetes* war offensichtlich der Oberbeamte mit den zentralen kultischen Zuständigkeiten, der *tamias* besaß die Verantwortung für den Tempelschatz und insbesondere die Verwaltung der Votive. Außerdem umfaßten seine Pflichten auch Aufgaben bei den Opfern und Prozessionen (Belege bei Fontenrose Anm. 22; vgl. **Didyma 12** = I.Milet 150 [Milet 1,3,233] = Syll.[3] 633, 19ff.: τὸμ μὲν προφήτην μετὰ τοῦ ταμίου τοῦ πα[ρεδ]ρεύοντος ἐν τῶι ἱερῶι θυσίας ποιήσασθαι καὶ προσόδους ἱερῶν κτλ., ›Prozessionen der Opfertiere‹), bei denen der *prophetes* die Leitung hatte. Wenn die Annahme zutrifft, daß sich seine Kompetenz nicht nur auf den Tempel des Apollon selbst, sondern auch auf die Heiligtümer anderer Götter innerhalb des Didymeion erstreckte, und wir davon ausgehen, daß der Altar für Poseidon Asphaleios im Didymeion errichtet wurde, wäre ein funktionaler Bezug zwischen dem Amt des Andronikos und der Stiftung, die er hier selber vornimmt, gegeben. Rosenberger, Orakel 103, hält den Umstand für bemerkenswert, daß der *tamias* Andronikos das Orakel, dessen Kultbeamter er war, selbst konsultierte. Es braucht allerdings weniger zu überraschen, wenn man die diversen Orakel Apollons für seine *prophetai*

τῷ ἱερῷ ... ἐπιστατῶν τῆς οἰκοδομίας τοῦ ναοῦ τοῦ Ἀπόλλωνος τοῦ Διδυμέως). Das letztgenannte Amt hatte er aufgrund eines Gelübdes für den ungewöhnlich langen Zeitraum von zehn Jahren übernommen (κατὰ τὴν ὑπόσχεσιν[554]), und er vermerkt besonders einen weiteren außerordentlichen Punkt, nämlich daß er die Aufwendungen für das ohne Zweifel sehr kostspielige und dadurch eben prestigeträchtige Amt der Bauaufsicht aus seiner Privatschatulle übernommen hat.[555] Der Herausgeber der didymäischen Inschriften, A. Rehm, hat darauf hingewiesen, daß aus der Selbstbezeichnung des Stifters als ἐπιστατῶν τῆς οἰκοδομίας sich ein Datierungskriterium für die Inschrift gewinnen läßt, da die Bauberichte für das Didymeion ab Ende des 2. Jh. v. Chr. für dieses Amt die Formulierung προνοῶν τῆς οἰκοδομίας verwenden.[556]

---

bedenkt, vgl. **Didyma 17**, **29**, **A1**, **A5**, **B2-5**, **App9**. Bei den Ernennungen oder eher Bestätigungen von Propheten durch ein Orakel Apollons ist allerdings oft nicht klar, ob der Kandidat selbst konsultiert hat oder vielmehr die Stadt dem Gott einen Vorschlag zur Approbation unterbreitet hat. Neben Andronikos gibt es im erhaltenen Material auch noch einen weiteren *tamias*, der sich an den Gott, dem er diente, mit einer Anfrage gewandt hat: Hermias, der nach einem Orakel Apollons einen Altar für Zeus Hypsistos weiht (**Didyma 26**) und in einer weiteren Anfrage (**27**) beim Gott um Zustimmung zu seinem Plan nachsucht, den Altar der Tyche an einen neuen Ort innerhalb des Didymeions zu versetzen. Zu dieser aufschlußreichen Konsultation ausführlicher u. S. 249 m. Anm. 603; S. 225-228 m. Anm. 244-247. Überhaupt sind es in Didyma ja gerade die religiös (und damit gleichzeitig auch politisch für ihre Stadt) besonders Engagierten, die als Konsultanten in Erscheinung treten, und das sind eben in vielen Fällen auch diejenigen Personen aus der bürgerlichen Oberschicht, die Ämter im Kult übernommen haben.

554 ὑπόσχεσις für *votum*, ›öffentliche Selbstverpflichtung‹ zur Übernahme von Ämtern oder zum (finanziellen) Engagement in der Stadt und damit auch im Bereich der Polisreligion: So weiht im karischen Euromos, das mit Mylasa in einer Sympolitie verbunden war (Robert, Villes 59f.), ein Stephanephore Säulen des Tempels des Zeus Lepsynos (zum Kult Laumonier, Cultes indigènes 164-175; neues Kultgesetz: Kap. 3.1, Anm. 79), στεφανηφορῶν ἐξ ὑποσχέσεως, McCabe, Euromos (PHI # 7) 7 = CIG 2713 = Le Bas/Waddington 313 (von Böckh im Anschluß an Chandler fälschlich nach Labraunda gewiesen). – Ehrendekret für einen verstorbenen Bürger (μετηλλακχότα sc. τὸν βίον; zum Typus der ›Konsolationsdekrete‹ Robert, Hell. 13,229f. sowie u. Anm. 770) aus dem karischen Aphrodisias, MAMA 8,473 = Th. Reinach, REG 19 (1906) 134f. Nr. 65 ἄνδρα περὶ τὰ κοινὰ τῆς πόλεως φιλότειμον ἔν τε ἀρχαῖς καὶ ὑποσχέσεσιν καὶ ἐργεπιστασίαις καὶ ταῖς λοιπαῖς εἰς τὴν πατρίδα ὑπηρεσίαις πρόθυμον γενόμενον. Vgl. auch die ὑπόσχεσις des Euergeten P. Licinius Priscus Iuventianus, der im Gegenzug für die Übertragung der Agoranomie in Korinth große öffentliche Gebäude am Isthmos zu errichten verspricht, IG 4,203 mit I.Corinth 306 (Corinth: results of excavations conducted by the American School of Classical Studies, 8,3: The inscriptions: 1926-1950, by J.H. Kent, Princeton 1966, 119-121; Teile derselben Inschrift). Vgl. O. Broneer, An official rescript from Corinth, Hesperia 8 (1939) 181-190; Robert, Hell. 1,43-53; ders., REG 79 (1966) 754f. = OMS 6,572f.

555 δωρεάν 13 ist als adverbialer Akkusativ seit Herodot (5,23) vor allem im Zusammenhang der Bekleidung von öffentlichen Ämtern gebräuchlich, ›ohne Bezahlung, als Geschenk‹. Der Ausdruck kehrt in den didymäischen Inschriften noch in den Propheteninschriften I.Didyma 237 II 5 (λαβὼν τὴν προφητ[εί]αν δωρεάν) und 248,6 ([παρ]αλαβὼν τὴν προφητεί[αν ὑπὲρ τῆ]ς πατρίδος δωρεάν) wieder.

556 Nach Rehms Rekonstruktion Gruppe 5 der Bauberichte, I.Didyma 45-47. Für Rehm bestätigt die Schriftform den Zeitraum, »Schrift des späteren 2. Jh. v. Chr.«

Andronikos gehört damit in die Gruppe der besonders engagierten Anhänger des didymäischen Gottes, aber eben auch der öffentlichen Kultpflege in Milet überhaupt, indem er diesen Altar für Poseidon Asphaleos stiftet und dem Kult durch aufwendige Stieropfer Glanz verleiht (14f.): *»indem er dem großen Poseidon, dem Beschützer, dem Retter, schöne Opfer durch Stieropfer darbrachte«*.[557] Dieser letzte Punkt unter den frommen Leistungen des *tamias* Andronikos scheint für eine Neueinrichtung des Poseidon-Kults zu sprechen, an dessen ritueller »Erstausstattung« er durch seine Opferliturgie maßgeblichen Anteil gehabt hat, so daß er sie folgerichtig in der Altarweihung für diesen Kult erwähnt.

Zur Pragmatik des Gesamtmonuments: Verhältnis zwischen Altarweihung und Orakelaufzeichnung.

Die letzten Herausgeber der Inschrift, R. Merkelbach und J. Stauber, sind der Ansicht, der Text stelle einen Zusammenhang zwischen dem Amt des Andronikos für den Tempelbau in Didyma einerseits und der Altarweihung für Poseidon mit der Aufzeichnung des Orakels andererseits dadurch her, daß Andronikos darauf abhebe, er habe diese Opfer für Poseidon in seiner Funktion als ἐπιστάτης veranlaßt und könne deswegen nun auf eine so lange und gelungene Tätigkeit zurückblicken. Den Altar weihe er nun am Ende seiner Amtszeit als Tempelbaumeister des Didymeions zum Zeichen seiner erfolgreichen Amtsführung.[558]

---

557 Die Formulierung ist an Pleonastik schwer zu überbieten: ἱερὰ καλὰ ἱερῶν (zu ἱερόω) ταυροθύτοις θυσίαις. Neben gewissen metrischen Problemen (die erste Hälfte des Pentameters in 15 ist prosodisch nicht klar) fällt sprachlich weiter vor allem auf, daß dem Hauptsatz (τεταμιευκώς 8 … θυσίαις 15) ein Hauptverb fehlt: Es sind nur die drei Partizipien, die die Ämter des Andronikos bezeichnen, aneinandergereiht, τεταμιευκώς 8 … ἐπιστατῶν 10 … ἱερῶν 15. Darauf folgt eindeutig ein Nebensatz, dessen Anknüpfung freilich ebenfalls etwas ungelenk wirkt: οὗ ἕνεκεν … ἀνέθηκε 16f. Undeutlich ist vor allem der Bezug von οὗ ἕνεκεν; am ehesten ist wohl die letzte ruhmvolle Tat des Andronikos gemeint, die Stieropfer für Poseidon, die möglicherweise sogar für die Stiftung des Kults überhaupt stehen: *»Aus diesem Grund hat der Sohn des Potamon ... geweiht«*. οὗ ἕνεκεν könnte sich aber auch resümierend auf alle drei zuvor genannten Leistungen beziehen: *»(Weil Aristonikos sich durch all diese Taten als frommer Mann erwiesen hat), deswegen hat er ...«*. Gesucht wirkt dann auch die Selbstbezeichnung des Andronikos im Hexameter der vorletzten Zeile, nachdem er sich zu Beginn des Prosastücks ganz normal mit der Filiation vorgestellt hatte (bereits da irritiert allerdings, daß der Satz nicht mit der Nennung des Namens beginnt und ἐν τῷ ἱερῷ durch die dann folgende Namensnennung künstlich vom zugehörigen ἐπιστατῶν κτλ. getrennt ist; vgl. Rehm im Komm.): *»Der Sproß des Potamon von jener Wurzel ...«*. ὁ φύς ist natürlich höchst manieriert für υἱός, und ῥίζης ἀπ' ἐκείν[ης] rätselhaft: Wird damit nur noch einmal die Filiation aufgenommen (ähnlich pleonastisch wie in der Phrase über die Stieropfer) oder – so fragt Rehm – eine Abstammung der Familie von Poseidon behauptet? Dann läge auch ein Wortspiel mit dem Vatersnamen Ποτάμων, der sich auf den Flußgott beziehen ließ, im Bereich des Denkbaren. »Was Andronikos … von sich aus sagt, ist alles wunderlich ausgedrückt« (Rehm).

Diese Lesart schafft zwar einen einleuchtenden pragmatischen Bezug zwischen drei Elementen: der Altarweihung mit dem Orakel, der Selbstvorstellung des Andronikos mit Verweis auf seine Ämter bei Apollon und seinem Engagement im Kult des Poseidon. Doch fehlt nach wie vor eine explizite Verbindung zwischen der Nennung des *epistates*-Amtes, wo Andronikos sein Gelübde, seine finanzielle Eigenleistung und die lange Dauer von zehn Jahren hervorhebt, den Ausführungen über die von ihm durchgeführten Stieropfer für Poseidon sowie dem Altar für Poseidon auf der einen und der Aufzeichnung des Orakels, auf das der Kult zurückgeht, auf der anderen Seite.[559]

Der implizierte Konnex zwischen der Dedikation und dem auf der Weihung angebrachten Orakel muß wohl doch darin bestehen, daß Andronikos die Erfüllung der Weisung des Orakels in den aufwendigen Stieropfern erkannte, die er daraufhin finanziert hat. Deshalb, so seine Sicht, ist das im Vorzeichen (σημεῖον[560]) schon heraufziehende Unheil an der Stadt vorbeigegangen und hat er selber seine Ämter im Didymeion so erfolgreich und langjährig ausfüllen können.

Man möchte annehmen, daß der hier geweihte Altar derjenige sei, der dem vom Orakel geforderten neuen (?) Kult dienen sollte, so daß die zahlreichen Stieropfer, die Andronikos im Weihepigramm erwähnt, auf eben diesem Altar dargebracht werden sollten.[561] Jedoch ist der Text darin ein-

---

558 Vgl. die Formulierung im Lemma zu SGO 01/19/02: »Andronikos ist dem Rat gefolgt und hat *während seiner Dienstzeit* dem Poseidon viele Stieropfer dargebracht; *so* hat er sein Amt 10 Jahre lang erfolgreich geführt. *Am Ende* hat er einen Altar des Gottes errichtet und in zwei Distichen seinen Erfolg verkündet« (meine Hervorhebungen).

559 Sprachlich wäre es durchaus auch denkbar, daß das Kolon κατὰ τὴν ὑπόσχεσιν δωρεὰν ἐφ' ἔτη δέκα zum folgenden gehört und Andronikos die ἱερὰ καλά *»gemäß einem Gelübde auf eigene Kosten zehn Jahre lang«* veranstaltet habe. Von der Sache her schiene das, besonders für die ὑπόσχεσις, zunächst sogar passender als der Bezug auf das Bauamt. Auf den ersten Blick kommt zwar der Einwand in den Sinn, der Altar, um dessen Errichtung es hier erst geht, solle ja vermutlich diese Opfer empfangen, so daß sie nicht schon in der Vergangenheit erfolgt sein könnten, doch führen die Überlegungen zum Verhältnis der verschiedenen im Text erwähnten Elemente (Orakelkodifikation, Ämter des Andronikos bei Apollon, Tieropfer und Altarweihung) darauf, daß die erwähnten Opfer wohl nicht mit dem Altar direkt zusammengebracht werden können. Siehe hiern. Wichtiger noch ist aber der formale Einwand, daß nach dem Kolon κατὰ τὴν ὑπόσχεσιν δωρεὰν ἐφ' ἔτη δέκα der Übergang zu den elegischen Distichen erfolgt. Es ist sehr unwahrscheinlich, daß ein Glied aus dem Prosateil hier syntaktisch überlappt und der formale Einschnitt nicht auch in der Sacheinteilung beachtet ist. Diese Fragen führen am Ende nochmals auf das Problem, daß dic syntaktische Makrostruktur der Z. 8-17 diffus ist, da drei Partizipien τεταμιευκώς 8 ... ἐπιστατῶν 10 ... ἱερῶν 15 ohne Hauptverb bleiben und die Hauptaussage ἀνέθηκεν wiederum formal in einem Nebensatz steht: s. zuvor Anm. 557.

560 Zu einer Deutungsvariante unten S. 250-253.

561 Dafür könnte auf den ersten Blick auch das präsentische Partizip sprechen: ἱερὰ καλὰ *ἱερῶν* ταυροθύτοις θυσίαις ... ἀνέθηκεν. Hat Andronikos den Altar erst nach langjährigen Opfern für Poseidon Asphaleios gleichsam als krönenden Abschluß geweiht (aber waren die Opfer nicht die größere Leistung?), betont das Präsenspartizip vielmehr die Häufigkeit seiner Opfer über den langen Zeitraum hin (s. Rehm i. Komm.), was ja die fromme Selbstdarstellung des Dedikanten unterstützt. Bei der »wunderlichen« (Rehm) Ausdrucksweise, derer Andronikos sich beflei-

deutig, daß Andronikos die Weihung erst am Ende seiner Amtszeit vornimmt. Sollte das Vorzeichen aber erst zu diesem Zeitpunkt geschehen und damit auch der Orakelbescheid erst jetzt eingeholt worden sein, wäre doch zu erwarten, daß dieses Zusammentreffen und das Ereignis selbst in der Weihinschrift deutlicher angezeigt wären.[562]

Wenn das Orakel aber zum Zeitpunkt der Altarweihung schon länger zurücklag, kann die Dedikation schwerlich die Ausführung seiner Anweisungen gewesen sein – das wäre ein recht fragwürdiger Ausdruck von Gehorsam gegenüber der Autorität des Gottes, und es versteht sich, daß in einer Krisensituation der Ratschlag des Gottes ohne Verzug zu befolgen war. Von daher muß man annehmen, daß Andronikos hier das Orakel im Rückblick auf seinen Dienst für Apollon noch einmal festhalten wollte; es hatte für ihn als Leitmotiv über seinen Ämtern im Didymeion gestanden. So jedenfalls mag man sich den Zusammenhang zwischen beiden Teilen der Inschrift vorstellen – da auf der Textebene aber keine Verbindungsglieder vorhanden sind, sondern wir nur das Faktum der Einheit im Monument und die Übereinstimmung besitzen, daß Andronikos mit Poseidon Asphaleios der Gottheit Altar und Opfer weiht, deren Kult eben mit Opfern und Gebeten Apollon im Orakel angeraten hat, läßt sich hier keine Gewißheit erreichen.

Unzweifelhaft ist in jedem Fall, daß Andronikos seine Leistungen für die Stadt und ihre Kulte insgesamt rühmend bekanntmachen will und er dazu das Orakel und die dadurch begründeten Kulthandlungen wie die Stieropfer und die Altarweihung ebenso wie seine Ämter als *tamias* und Tempelbaumeister in Didyma zur Sprache bringt. Ob er einen näheren Zusammenhang zwischen den aufwendigen Opfern für Poseidon und seiner Funktion als *epistates* in Didyma sah und hier ausdrücken wollte, das eine habe zum Erfolg des anderen besonders beigetragen, ist ungewiß.[563] Von der Sache her scheint eine solche Verbindung nicht sehr naheliegend, wenn auch der Schutz der Stadt und ihrer Bauwerke vor Erschütterungen

---

ßigt, sollte man auf die Feinheiten der Tempuswahl allerdings wohl nicht allzu viel geben, zumal die Syntax Unklarheiten aufweist (s. zuvor). Und auch bei der Deutung, die die Opfer mit der Altarweihung enger verbinden möchte, müßte die Beziehung zwischen Partizip und Hauptverb lose und leicht inexakt gefaßt werden: *»... Opfer darbringend, hat er den Altar geweiht«* stünde dann für eine in der Sache futurisch-finale Aussage, *»er hat den Altar geweiht und wird (darauf) Opfer darbringen«* oder *»... um (darauf) Opfer darzubringen«*: Die Opfer lägen dann zum Zeitpunkt der Weihung erst in der Zukunft.

562 Auszuschließen ist eine solche Konstellation freilich nicht: Dann wären das Versorakel und die beiden Distichen der Weihinschrift inhaltlich enger aufeinander bezogen – auf den Orakelbescheid des Apollon hin hätte Andronikos den Altar geweiht, darauf die Weihinschrift mit der Wiedergabe des Spruchs Apollons angebracht und auf diesem Altar die Stieropfer für Poseidon darbringen lassen. Zu diesem Zeitpunkt hätte er schon über zehn Jahre hin die Ämter des *tamias* und des *epistates* ausgeübt.

563 Merkelbach/Stauber gehen stillschweigend auch von einer gleichen zeitlichen Ausdehnung der verschiedenen Ämter und Taten des Andronikos aus, wenn sie paraphrasieren, *»am Ende«* sei-

durch Erdbeben dem Verantwortlichen für die Bautätigkeit am Didymeion besonders am Herzen liegen mußte.[564]

Andronikos meint aber sicher auch in dem allgemeineren Sinne, er habe sich durch diese Leistungen als ein frommer und gottesfürchtiger Mann erwiesen und dadurch um seine Stadt verdient gemacht. Von dieser Überzeugung war er ohne Zweifel erfüllt, und ein Orakel des Gottes, dem er durch seine Ämter besonders nahestand, mußte in seinen Augen natürlich als ein eindrückliches Zeugnis des Wohlgefallens der Gottheit an seiner Person gelten.[565] Bei der Bilanzierung solcher *eusebia* machte es dann letztlich wohl auch keinen Unterschied, um welche Götter und Kulte das Verdienst erworben worden war. Daß der didymäische Apollon, dem Andronikos ohne Zweifel sich besonders verbunden fühlte, es sich angelegen sein ließ, auch für Poseidon einzutreten und dafür, daß dieser das ihm Zustehende erhielt, zeigte ja der Orakelspruch, und so konnte Andronikos sich seine Taten für die Götter und ihren Kult zum Ausweis seiner Frömmigkeit und seiner Bürgertugend anrechnen.

Die Anfrage der Stadt und der Auftrag des Andronikos.

Aus der Tatsache, daß Andronikos das Orakel mit auf seiner Altarweihung hat aufzeichnen lassen, kann man schließen, daß er auch derjenige war, der die Anfrage an den Gott – zu dem er ja durch seine für das Heiligtum versehenen Ämter bereits in enger Beziehung stand – gestellt hat. Allerdings spricht Apollon in seiner Antwort immer eine Mehrzahl von Personen an.[566] Von daher scheint es auch gut möglich, daß, wie auch sonst in Didyma üblich, der milesische Demos die Anfrage gestellt hat und Andronikos dann mit der Kulterrichtung bzw. der Durchführung der Rituale beauftragt wurde. Daß er es *»gemäß einem Gelübde«* gegenüber dem Gott – hier könnte sowohl Apollon als auch der nach dem Orakel zu ehrende Poseidon eintreten – getan hat, schließt nicht aus, daß er den Auftrag auf Ersuchen seiner Mitbürger übernommen und daraufhin sich

ner zehnjährigen Amtsdauer als *epistates* habe Andronikos, um seine erfolgreiche Amtsführung zu dokumentieren, diesen Altar geweiht. Es ist freilich genausogut möglich, daß Andronikos nach Empfang des Orakels den Altar weiht und Opfer für Poseidon verspricht und sich zu diesem Zeitpunkt bereits einer zurückliegenden langen Amtszeit als *epistates* rühmen kann. Siehe vorige Anm.

564 So auch Somolinos, Oraculos 258: »Hay pocas dudas de que el trasfondo de la pregunta debió ser algún temblor de tierra, en Mileto o en los alrededores, que sembró la inquietud entre las personas encargadas de la construcción del templo.«

565 Wobei beachtet werden muß, daß angesichts der Pluralia, mit denen Apollon sich im Orakel an eine Mehrzahl von Konsultanten wendet, keine Sicherheit besteht, daß das Orakel auch von Andronikos selbst eingeholt und die Antwort an ihn gerichtet war, sondern auch die Stadt Milet als Kollektiv das Orakel erhalten haben kann: S. hiern.

566 ἱλάσασθε 2, αἰτεῖσθ' 3, ὑμετέρης 4, πέλας … ὑμῶν 5, βαίνητε 7.

auch religiös zu der Dedikation verpflichtet hat. Möglicherweise ist mit der ὑπόσχεσις aber auch die profane Bindung gegenüber der Polis und kein Votum gegenüber der Gottheit bezeichnet.

Ein Ablauf, nach dem hier doch die Polis als anfragende Instanz aufgetreten ist, diese dann aber Andronikos, der die Aufwendungen für den Poseidon-Kult zu übernehmen sich bereit gefunden hatte, autorisiert oder beauftragt hat, das an die Bürgergemeinschaft gerichtete Orakel auf seiner Weihinschrift zu dokumentieren, scheint plausibler als die Variante, daß Andronikos zwar als Konsultant alleine aufgetreten ist, sich Apollon aber im Bescheid in der Person des *tamias* an den *demos* als ganzen wendet – wäre dies der Fall, dann wohl, weil Andronikos im Zusammenhang eines öffentlichen religiösen Vorhabens und nicht als Privatmann über individuelle Angelegenheiten angefragt hat.

Man könnte auch überlegen, ob die Mehrzahl an Andronikos zusammen mit seiner Familie oder den Leuten, die er im Rahmen des Tempelbaus beschäftigte, gerichtet ist.[567] Da es aber um eine Frage der Sicherheit für die ganze Stadt ging, ist eher davon auszugehen, daß doch der *demos* konsultiert hat oder aber – dies als weitere denkbare Alternative – Andronikos auch formell im Namen seiner Bürgerschaft die Anfrage bei Apollon eingereicht hat.

2.2.2 Der Kult des Poseidon Asphaleios in Didyma: Schützer vor Erdbeben und Rettergott

Der Kult des Poseidon Asphaleios in Milet und Didyma. Weitere Kultorte. Ein Versorakel aus Delphi an die Stadt Tralleis über Kult für Poseidon Seisichthon.

Das Orakel nennt das Epitheton des zu ehrenden Gottes sogleich zu Beginn des ersten Verses: Poseidon Asphaleios, ›der Beschützer vor dem Stolpern, Zufallkommen, Erschüttertwerden‹, insbesondere der Beschützer vor den Erschütterungen der Erde,[568] dann auch vor Seenot und Gefahren

567 Dies schlägt als weitere Möglichkeit en passant Fontenrose, Didyma 190f., vor.

568 Ähnlich wie Apollon die Pestpfeile sendet *und* als Bogenschütze die Seuche zurückdrängen kann, ist Poseidon der *»Erderschütterer«* (Σεισίχθων) *und* der Gott, der dem Schwanken der Erde Einhalt gebietet. Eine analoge Doppelstruktur gilt auch für seine Verbindung mit dem Meer, wo er für die Gefahren der rauhen See verantwortlich ist, Sturm und Wellen aber auch glättet und sichere Fahrt gewährt, weswegen er vor Antritt einer Schiffsreise ein Opfer erhalten kann. Siehe J. Mylonopoulos, Poseidon, der Erderschütterer: religiöse Interpretationen von Erd- und Seebeben, in: E. Olshausen/H. Sonnabend (Hg.), Naturkatastrophen in der antiken Welt, Stuttgarter Colloquium zur historischen Geographie des Altertums 6 (1996), Geographica historica 10, Stuttgart 1998, 82-89. In Verbindung mit dem Schutz vor Meeresgewalten, wie Rehm und Fontenrose erwägen, nach deren Auffassung eine Überflutung Anlaß der Konsultation gewesen sei, scheint aber Poseidon Asphaleios in Milet nicht zu stehen. Die Belege andernorts für den Kult geben kein klares Bild (s. nächste Anm. und hiern. Anm. 576f.): Es geht bei Poseidon Asphaleios im Blick

des Meeres.[569] Poseidon war in Milet wohl bereits seit früher Zeit heimisch,[570] wie man aus dem vor einigen Jahrzehnten gefundenen Kultgesetz für Poseidon Helikonios weiß,[571] das mit seinem demokratischen Formular ins 5. Jh. v. Chr. gehört. Angesichts der Bezeugung des Poseidon Helikonios in den milesischen Kolonien kann man aber noch weiter zurückgehen; eine Einführung aus Athen im Zuge der Ionischen Wanderung ist wahrscheinlich.

In Milet und Didyma kennt man neben unserem hellenistischen Text noch weitere Weihungen, in denen Poseidon gleichfalls als Gott der Erdbeben in den Blick kommt. So sind in der Stadt noch zwei weitere kaiserzeitliche Altäre des Poseidon Asphaleios gefunden worden, von denen

---

auf das Meer einerseits um Schutz vor den Gefahren der Seefahrt (Graf, Nordionische Kulte 175), in Hafenstädten aber auch um die Zerstörungsgefahr durch Flutwellen infolge von Seebeben (vgl. L. Robert, JournSav 1973, 170 = OMS 7,234 m. Anm. 35a zu I.Side 15: »Poseidôn sous son aspect de protecteur contre les tremblements de terre et les raz de marée«; in dieser Funktion »dans les cités côtières il est naturel qu'il soit adoré dans les ports«; Nollé ad loc. sieht dagegen auch hier den Aspekt der *euploia*).

569 Solange in der älteren Literatur (s. Anm. 577 a.E.) vor allem die literarischen Belege betrachtet wurden, wurde die Funktion als Bewahrer vor Erdbeben zugunsten der Provinz des Meeresgottes unterschätzt; recht ausgewogen allerdings bereits Gruppe, Griech. Mythol. u. Religionsgesch. 1157-1159. In den maritimen Bereich gehören wohl Weihungen an Poseidon Asphaleios von Tenos, IG 12,5,913,10 (durch rhodische Seesoldaten auf ein delphisches Orakel hin, zusammen mit weiteren Gottheiten, 177 v. Chr., PW 426 = Fontenrose H 50), aus dem Hafen des kilikischen Aigai, wo sein Kult mit dem der Aphrodite Euploia verbunden ist, die sichere Fahrt garantiert (IGLSyr 3,715 = IGRom 3,921 = CIG 4443), und aus Side (Nollé, I.Side 15 = G. Bean, Inscriptions of Side, Ankara 1965, 41 Nr. 140). Die Verbindung mit Aphrodite Euploia in Aigai spricht dafür, daß hier die sichere Ausfahrt auch für Poseidon der bestimmende Aspekt war; ebenso dürfte die Weihung aus Rhodos zu deuten sein. Zu Aphrodite Euploia: E. Miranda, Osservazioni sul culto di Euploia, Misc. greca e romana 14 (1989) 123-144; G. Pugliese Caratelli, Sul culto di Afrodite Euploia in Napoli, ParPass 47 (1992) 58-61. Die Weihung aus Aigai gilt an erster Stelle dem θεὸς σεβαστὸς Καῖσαρ und könnte mit der Rückreise des Augustus aus dem Osten 20 v. Chr. zusammenhängen. Die Deutung auf wohlbehaltene Seefahrt kennt auch der Scholiast zu Aristoph. Ach. 682: τιμᾶται δὲ Ποσειδῶν Ἀσφάλειος παρ' αὐτοῖς ἵνα ἀσφαλῶς πλέωσιν, doch wird bezweifelt, daß dies schon für die Zeit des Aristophanes in Athen zutrifft (vgl. Nollé ebd. S. 271 Anm. 71; Graf, Nordionische Kulte 175 Anm. 104). Wenn das Opfer für den Gott im Themistokles-Dekret aber keine nachträgliche Erfindung ist, könnte diese Dimension doch auch in Athen schon im 5. Jh. präsent sein (vgl. hiern. Anm. 577). – Metaphorisch kann sich dann Aristeides auf diesen Aspekt des Gottes beziehen, wenn er in der Isthmischen Rede auf Poseidon eingangs auf seine Genesung zu sprechen kommt: Διός γε Σωτῆρος τυχὼν καὶ Ποσειδῶνος ἀδελφοῦ Διὸς Ἀσφαλίου καί *τινος οἷον λιμένος* τῆς τε παρούσης ταύτης ὑγιείας τε καὶ σωτηρίας λαβόμενος Or. 46 Keil = 29 Dindorf, 1.

570 Die Belege bei Fontenrose, Didyma 145-147; Ehrhardt, Milet 1,171; 2,474 Anm. 480.

571 I.Milet 1218 (Milet 6,3,128-131) mit ausführlichem Kommentar. Ableitung der Epiklese vom *temenos* des Gottes in Helike und Verknüpfung mit der Gründungslegende von Milet in den Ἱστορίαι des Kleitophon von Rhodos (Σ Hom. Il. 20,404 = Müller, FHG 4,368; von Jacoby für ein Grammatikerfragment gehalten und darum nicht in FGrHist 293 aufgenommen; vgl. Komm.) – Die *lex sacra* kannte Rehm noch nicht; daher ist seine Aussage (Komm. zu **Didyma 14** = I.Didyma 132), Poseidon habe in Milet keine führende Rolle gespielt, zu nuancieren. Mit der *lex* für Poseidon Helikonios, dem hellenistischen Orakel und den kaiserzeitlichen Altären liegen nunmehr Zeugnisse über die gesamte Stadtgeschichte hin vor.

einer auf einen Orakelbescheid hin geweiht worden ist;[572] in Didyma eine Weihung für Poseidon Σεισίχθων.[573] In Milet befand sich auf der nördlichen Agora ein Altar des Poseidon – ohne Epitheton –, der auf ein Orakel aus Didyma hin errichtet worden ist,[574] und auf der südlichen Agora ein Altar für Zeus, Apollon, Poseidon und die θεοί ἐνθεμέλιοι, was an das Beiwort θεμελιοῦχος des Poseidon denken läßt. Auch hier ist also die Verbindung mit der Erde, dem ›Grund‹, das Charakteristische.[575]

Doch ist sonst Poseidon Ἀσφάλειος an vielen Orten in der griechischen Welt zuhause, Belege für lokale Kulte finden sich in Kleinasien auch in

---

572 **Didyma App22a** = I.Milet 1294 (Milet 6,3,184) = McCabe, Milet (PHI # 7) 293 Ποσειδῶνος Ἀσφαλίου κατὰ χρησμόν. Ein zweiter Orakelbescheid neben unserem Orakel mit Kultempfehlung für denselben Gott ist auffällig; allerdings stammt der Altar I.Milet 1294 wohl aus der hohen Kaiserzeit. Zum Hintergrund läßt sich nichts Genaueres sagen. – Weiterer Altar für Poseidon Asphaleios: I.Milet 1317 (Milet 6,3,197), Dedikation eines Diogenes. In einem anderen Orakel aus Didyma wird ein Altar des Poseidon (ohne Epiklese) gefordert, hiern. Anm. 574.

573 I.Didyma 133.

574 **Didyma 32** = I.Milet 191 (Milet 1,6,107 = Milet 6,1,12) = SEG 1,427 = McCabe, Milet (PHI # 7) 292, spätes 2. oder Beginn des 3. Jh. n. Chr. (?): κατὰ τὸ λόγιον τοῦ θεοῦ τοῦ Διδυμέος Ἡλίου Ἀπόλλωνος. Wegen der Verschmelzung des didymäischen Apollon mit Helios (die auch in **Didyma 30/31**, dem Doppelorakel für den Propheten Damianos – besprochen u. Kap. 3, Anm. 247 –, vorkommt) wollte Rehm die Inschrift in die Zeit des Kaisers Julian datieren. Dies scheint aber in übergeordneten ideologischen Motiven begründet, die »dieser Spätzeit« ein bestimmtes religionsgeschichtliches Entwicklungsmuster zugrundelegen (in Rehms Corpus ist für die Blütezeit Didymas im 2. und 3. Jh. n. Chr. immer wieder vom »drohenden Niedergang« und »Zerfallserscheinungen« die Rede). Es gibt demgegenüber keinen triftigen Grund, gegen die mutmaßliche Datierung der Schrift auf die Zeit um 300 n. Chr. nochmals um ein halbes Jahrhundert oder mehr hinunterzugehen. Vgl. Robert, Trois oracles 583 Anm. 5, in der Besprechung von **Didyma 30/31** = I.Didyma 504, 9: »Cette assimilation peut fort bien être faite au IIIe siècle en tout cas … cela souligne encore à quel point cette désignation du dieu est alors rituelle, canonique, théologique. On doit admettre qu'un oracle du dieu lui-même l'a introduite officiellement«. Robert führt eine ägyptische Inschrift noch aus dem 2. oder dem frühen 3. Jh. n. Chr. an, in der die milesische Kolonie in Alexandria τὸν πάτριον θεὸν Διδυμέα Ἥλιον Ἀπόλλωνα mit einer Weihung ehrt, Sammelbuch 1530 = E. Visser, Götter und Kulte im ptolemäischen Alexandrien, Amsterdam 1938, 72f. Nr. 5. Ausführlich zur Entwicklung einer ›Solartheologie‹ in Didyma Robinson, Theological oracles 240ff. – Helios und Apollon werden auch in klarischen Orakeln miteinander identifiziert, so vermutlich im Orakel für das bithynische Nikomedia, **Klaros 13** = TAM 4,1,92 = SGO 09/ 06/01,2 (hinter der elaborierten Umschreibung σελώπυρον ὡρομέδοντα, *»den feuertragenden Herrn der Jahreszeiten«*, verbirgt sich ganz offenbar Helios; allerdings wird aus den Resten der nach den ersten Versen nur an den Rändern erhaltenen Inschrift nicht klar, ob Apollon und Helios hier wirklich gleichgesetzt worden sind oder ob nur Kult für Helios gefordert wird), und sicher in der Weihung eines Familienaltars in Phrygien aufgrund eines klarischen Spruchs, **Klaros 19** = ClassRev 11 (1897) 31 Nr. 4. Siehe nochmals unten S. 298 m. Anm. 745 zu **Klaros Verw3**,12.

575 I.Milet 298 (Milet 1,7,352 = 6,1,84). θεμέλια = θέμεθλα, ›Grundmauern, Fundament, Gründung‹ (zu τίθημι). Poseidon heißt θεμελιοῦχος in der Theologie des stoischen Philosophen Cornutus (22 p. 42, 22 Lang; s.u. Anm. 579). In lokalen Kulten trägt der Gott dieses Epithet etwa auf Delos (I.Délos 290,116, 3. Jh. v. Chr.) und in einem Ehrendekret aus Eleusis (SEG 30,93, 17, s. K. Clinton, The sacred officials of the Eleusinian mysteries, TAPhS 64,3, Philadelphia 1974, 50-54). Wie in Milet, sind auch in Ephesos Weihungen für das Kollektiv der θεοὶ ἐνθεμέλιοι bekannt, SEG 34,1127 = D. Knibbe/B. Iplikcioglu, JÖAI 55 (1984) 108f. = McCabe, Ephesus (PHI # 7) 887 θεοῖς ἐπηκόοις ἐνθεμελίοις. – θεοὶ ἐπήκοοι, *»die die Gebete erhören«*, in

Erythrai, Kyzikos, Kaunos und Side, in Mysien sowie in Anazarbos und Aigai in Kilikien;[576] in Athen schon im 5. Jh.; auf der Peloponnes in Epidauros, Patras, Megalopolis, Sparta, für den Poseidon von Kap Tainaron und an weiteren Orten in Lakonien; in der Ägäis auf Delos, Paros, Mytilene, der Heiligen Insel zwischen Thera und Therasia, auf Rhodos, in Kalymna, auf Tenos und Syros; schließlich auch in der Magna Graecia in Elea.[577] Auf Kos finden sich eine Reihe von Weihungen; der Kult ist hier

---

Didyma: kollektiv I.Didyma 512; ein nicht näher genannter θεὸς ἐπήκοος I.Didyma 137; Sarapis ist θεὸς ἐπήκοος in I.Milet 200 (Milet 1,7,286 = 6,1,18) = Vidman, SIRIS 148 Nr. 287 = Weinreich, Θεοὶ ἐπήκοοι 149 Nr. 84 und in I.Ephesos 1073. Poseidon ist im erwähnten delphischen Orakel für Tralleis auch τεμενοῦχος, PW 471 = Fontenrose H 68, hiern. S. 244 m. Anm. 581, und auf Mykonos heißt er τεμενίτης, LSCG 96 = Syll.[3] 1024, 5f.

576 Erythrai: I.Erythrai 207 = LSAM 26, 6f. (im Festkalender erhält Poseidon Asphaleios sein Opfer in einer Gruppe mit Herakles Kallinikos, Apollon und Artemis οἱ ἐν τῶι πυλῶνι, also den gegen Unheil von außen schützenden Torgottheiten, s. Graf, Nordionische Kulte 173-176, bes. 175). Kyzikos: delphisches Orakel, hiern. S. 244f. m. Anm. 585f., und Syll.[3] 799 II (Weihung des Architekten Bakchios, 38 n. Chr.; Name des Gottes von Dittenberger sicher ergänzt). Kaunos: I.Kaunos 31 (C. Marek, Die Inschriften von Kaunos, Vestigia 55, München 2006, 164f.) = LSAM 87, 41. Side: I.Side 15 (zuvor Anm. 569). Mysien: F.W. Hasluck, JHS 26 (1906) 28 = Robert, BCH 102 (1978) 399f. = ders., DAM 95f. (Altarweihung ohne Beiwort, aber wohl aus Anlaß eines Erdbebens auf Geheiß eines Orakels oder Traumgesichts, s. Robert). Anazarbos: I. Anarzabos 49 = AnatSt 2 (1952) 148 Nr. 36 = SEG 12,513 (Bull.ép. 1954, 238), Weihung zusammen mit Zeus Soter und Gê Ἑδραία (›die Ruhende‹). Vgl. Et. Mag. s.v. ἀσφαλής· ἑδραῖος und Nollé zu I.Side 15, S. 271 Anm. 69 mit Hinweis auf TAM 2,403 aus Patara, Weihung für Poseidon Ἑδραῖος. Aigai: IGLSyr 3,715 = IGRom 3,921 = CIG 4443 (s. zuvor Anm. 569; L. Robert, JournSav 1973, 162-172 = OMS 7,226-236).

577 Athen: Im Dekret des Themistokles über die Mobilisierung für die Schlacht am Artemision erscheint der Gott mit Zeus Παγκρατής, Athene und Nike unter den Empfängern der Opfer vor der Bemannung der Flotte, Meiggs/Lewis 23 = M.H. Jameson, Hesperia 31 (1962) 311f., 39f. Für eine kurze Übersicht über die Diskussion zur Authentizität des Textes, der erst in der ersten Hälfte des 3. Jh. aufgezeichnet worden ist, jedoch inhaltlich durch das Referat des Aischines bei Dem. Or. 19,303 immerhin für die Mitte des 4. Jh. gesichert ist, s. Meiggs/Lewis. Die geäußerten Zweifel betreffen auch die genannten Gottheiten, doch sprechen sich die beiden Autoren dafür aus, den Beschluß in der Sache im wesentlichen als historisch zuverlässig anzusehen. Hinzuziehen ist Σ Aristoph. Ach. 682 (zuvor Anm. 569). – Epidauros: IG 4,1,1063,4. Patras: Weihung Θεοῦ σωτῆρος Ἑδραίου Ἀσφαλοῦς (also eine selbständige Gottheit) καὶ Ποσειδῶνος Ἑδραίου καὶ Ἡλίου Ἀπόλλωνος, E. Hicks, JHS 10 (1889) 81 Nr. 34. Paus. 7,21,7 identifiziert das Heiligtum nicht, sondern trifft die allgemeine Aussage: Ποσειδῶνι παρὲξ ἢ ὁπόσα ὀνόματα ... ἰδίᾳ σφίσιν ἐπιχώρια ὄντα ἕκαστοι τίθενται, τοσαίδε ἐς ἅπαντας γεγόνασιν ἐπικλήσεις αὐτῷ, Πελαγαῖος καὶ Ἀσφάλιός τε καὶ Ἵππιος. Vgl. zum topographischen Befund A.D. Rizakis, Achaïe 1: Sources textuelles et histoire régionale, Meletèmata 20, Paris 1995, 182; Münzen: F.W. Imhoof-Blumer/P. Gardner, Ancient coins illustrating lost masterpieces of Greek art: a numismatic commentary on Pausanias, new enlarged ed. by A.N. Oikonomides, Chicago 1964, 80f. m. Taf. Q, Nr. xix. xxi [= [1]London 1886]). Poseidon Ἑδραῖος in Patara, Gê Ἑδραία in Anazarbos: s. vorige Anm. – Megalopolis: IG 5,2,454. Sparta: Paus. 3,11,9-11 (dazu Hitzig-Blümner), vgl. Xen. Hell. 4,7,4 (s. Anm. 580); EphArch 1892, 23 Nr. 6; Σ Aristoph. Ach. 510 (= Suid. s.v. Ταίναρον). Lakonien: IG 5,1,559, 14. – Delos: Opfer für Poseidon Asphaleios zusammen mit Poseidon Ὀρθόσιος (›der aufrecht erhält‹ oder ›wieder aufrichtet‹: der sachliche Bezug ist deutlich, der Kulttitel nur auf Delos belegt) am Fest der Posideia, I.Délos 440 (vgl. 406. 445. 464); dazu Bruneau, Recherches 261. 265. Paros: Poseidon Asphaleios ist unter den Göttern, denen gemäß den für die Stiftung des Mnesiepes eingeholten delphischen Orakeln Kult im Archilo-

wohl nach dem großen Erdbeben in der Zeit des Antoninus Pius populär geworden.[578] Seine Funktion als Schützer vor Erdbeben war auch der antiken theologischen Spekulation unzweifelhaft[579] und ist durch historiographische Berichte bestätigt.[580]

Wichtig ist im Zusammenhang des didymäischen Orakels für Poseidon Asphaleos auch das delphische Versorakel für Tralleis im Mäandertal,[581]

---

chion erwiesen werden soll, LSCG 180 = SEG 15,517 A 6. 12. Mytilene: Zeus und Poseidon παναςφάλιοι IG 12 Suppl. 30. Thera und Rhodos: Strab. 1,16 p. 57 Casaubon (s. Anm. 580); Rhodos: Head, HN 542; TitCamir 129; G. Konstantinopoulos, ArchDelt 23 (1968) 445f. (Bull. ép. 1970, 416). Tenos: IG 12,5,913,10 (vgl. zuvor Anm. 569, wie in Kyzikos κατὰ τὸν ἐκ Δελφῶν χρησμόν, neben Poseidon Weihung u.a. auch an Zeus und Athena Σωτῆρες, nach 180 v. Chr.). Das Heiligtum auch IG 12,5,802,4-6 und 868,19f. 29; vgl. Tac. Ann. 3,63,3: Bestätigung der Asylie durch ein delphisches Orakel, etwa 250 v. Chr. (PW 344 = Fontenrose H 41). Syros: IG 12,5,671. – Elea: M. Guarducci, ParPass 21 (1966) 280-282; vgl. Bull. ép. 1967, 690; Nollé ad I.Side 15, S. 270 Anm. 64; Graf, Nordionische Kulte 175 Anm. 105. Auch Octavian unterließ es im Jahre 36 v. Chr. nicht, dem Poseidon Asphaleios vor der Seeschlacht gegen Sextus Pompeius zu opfern, App. Bell. civ. 5,98 (vgl. Gabba ad loc.). – Vgl. noch die bei Graf ebd. Anm. 104 genannten weiteren Stellen sowie Nollé zu I.Side 15; zuvor: Nilsson, GGR 1,513; O. Jessen, Asphaleios, RE 2 (1896) 1726; S. Wide, Lakonische Kulte 36; E. Wüst, Poseidon, RE 22 (1953) 446-557, h. 494f.

578 Poseidon Asphaleios auf Kos: TitCalym 33 (Bull. ép. 1953, 153 a.E.), Weihung für Zeus Hypsistos, Hera Urania, Poseidon Asphaleios *»und alle übrigen Götter«* durch die σακκοφόροι, den Verein der Lastenträger im Hafen von Kos. Zu Berufsvereinigungen von σακκοφόροι siehe L. Robert, BCH 101 (1977) 91f. = DAM 49f. In Milet gab es möglicherweise ein συνέργιον τῶν σακκοφόρων Ἑρμαϊστῶν, I.Milet 1368 (Milet 6,3,224) = W. Günther, Ehrungen für einen milesischen Periodoniken, in: H. Kalcyk/B. Gullath/A. Graeber (Hg.), Studien zur Alten Geschichte Siegfried Lauffer zum 70. Geburtstag am 4. August 1981 dargebracht von Freunden, Kollegen und Schülern, Historica 2, Rom 1986, Bd. 1, 313-328, h. 323-326 Nr. 2 = SEG 36,1053 (Dittmann-Schöne, Berufsvereine 167f. Nr. 2.5.3; vgl. auch I.Milet 1367 [Milet 6,3,222f.]). In Kyzikos sind gleich mehrere Vereine von σακκοφόροι belegt, so am Hafen das ἱερώτατον συνέδριον τῶν σακκοφόρων λιμενιτῶν (I.Kyzikos 291 = Barth/Stauber, Mysien-Troas [PHI # 7] 1937 = Dittmann-Schöne, Berufsvereine 118 Nr. 1.3.4; vgl. Robert ebd. m. Anm. 9) und am Wein- und Ölmarkt ein ἱερὸν συνέδριον τῶν σακκοφόρων τῶν ἀπὸ τοῦ μετρητοῦ (ein Flüssigmaß), J.H. Mordtmann, AthMitt 6 (1881) 125f. Nr. 8 = Barth/Stauber, Mysien-Troas (PHI # 7) 1584. Für die Bezeichnung der milesischen Korporation als συνέργιον siehe die Bemerkungen von Robert ebd. Anm. 4 mit Literaturhinweisen und weiteren Belegen, ausgehend von einer ähnlichen Vereinigung im kilikischen Tarsos, Robert ebd. 88 = DAM 46 (Erstveröff.) = SEG 27,947 = Dittmann-Schöne, Berufsvereine 240 Nr. 6.6.1 τὸ συνέργιον τῶν ἐν τῇ σειτικ[ῇ] ὠμοφόρων (Bemerkungen zu dieser seltenen, wenngleich sprechenden Berufsbezeichnung ebd.; zur σειτική sc. ἀγορά I.Cilicie 124 = SEG 37,1300). – In der Stadt Kos selbst eine Weihung für dieselben Gottheiten wie in Kalymna ὑπὲρ σωτηρίας τῆς πόλεως, Iscr. di Cos EV 199. Diese Weihungen – zusammen mit EV 6. 101. 127 – hat Segre mit dem Erdbeben und anschließendem Wiederaufbau der Städte unter Antoninus Pius verbunden, vgl. Paus. 8,43,3. Zu diesem schweren Erdbeben, das in der Ehreninschrift des Euergeten Oproamoas von Rhodiapolis, der damals den Wiederaufbau lykischer Städte finanzierte, κοσμικὸς σεισμός genannt wird (IGRom 3,739 = TAM 2,905 = Kokkinia, Opramoas 13 D 3f.), vgl. Magie, RRAM 1,631f.; 2,1491f.; L. Robert, BCH 102 (1978) 402 = DAM 98 m. Anm. 57; Bull. ép. 1973, 460.

579 Macrob. Sat. 1,17,22 (das lange Kapitel widmet sich *rationem ... tantae sub uno numine in nominibus diversitatis aperire,* § 1) heißt es: *nec mirum si gemini effectus variis nominibus celebrantur, cum alios quoque deos ex contrario in eadem re duplici censeri et potestate accipiamus et nomine, ut Neptunum quem alias* Ἐνοσίχθονα *id est terram moventem, alias* Ἀσφαλίω-

das die Errichtung eines Altars für Poseidon Σεισίχθων in einem *alsos* und Opfer für Poseidon und Zeus verlangt ὑπὲρ τῆς σωτηρίας τῆς πόλεως, wie das Lemma sagt, um den *»tausendjähigen Zorn des Zeus«* gegen die Stadt zu besänftigen. Dieses χειλίετες μήνειμα wird offenbar für ein Erdbeben, das die Stadt heimgesucht hat, verantwortlich gemacht. Poseidon wird nur mit seinem Beiwort genannt, zweimal Σεισίχθων, einmal Εἰνάλιος;[582] die Stadt soll ihm und Zeus auch Hymnen darbringen, wofür, ganz ähnlich wie im Orakel für die Stadt am mäonischen Hermos,[583] die Kulttitel im Orakel spezifiziert werden: Da ist Poseidon auch *»Besitzer des Heiligtums«* (Τεμενοῦχος[584]), dazu *»Übelabwehrer«* ('Αποτρόπος), *»Pferdegott«* ("Ιππιος), *»Glänzender«* ('Αργής) – und eben auch 'Ασφάλιος (V. 6).

Möglicherweise ebenfalls aus Anlaß eines Erdbebens hat sich im 2. Jh. v. Chr. das mysische Kyzikos an das delphische Orakel gewandt – es sind noch zwei weitere Anfragen der Stadt in delphischen Inschriften aus helle-

---

να *id est stabilientem vocant.* Ganz ähnlich Eustath. Il. 1,36 p. 32,24f.: ὥσπερ γὰρ Ποσειδῶν πῇ μὲν σεισίχθων τὸ φοβερόν, πῇ δὲ ἀσφάλιος τὸ εὔφημον, οὕτω καὶ ἥλιος πῇ μὲν ἀπόλλων (die schon seit Archilochos, Hipponax und Aischylos vertraute antike Etymologie des Götternamens zu ἀπόλλυμι), πῇ δὲ ἀλεξίκακος. Van der Valk, der die Macrobius-Stelle nicht heranzieht, merkt im App. an, »nescimus unde Eust. has annotationes de Apolline Neptunoque hauserit«. Das Motiv der doppelten Götterepitheta für zusammengehörige, konträre Wirkungsbereiche und die Art des gewählten Ausdrucks sind jedoch derart ähnlich wie bei Macrobius, daß eine gemeinsame Quelle für diese Spekulation über Götternamen zu vermuten ist. – Der Bereich der Erdbeben steht, wenn auch nicht explizit, doch wohl auch im Hintergrund der Ausführungen des Cornutus über Poseidon Asphaleios, Cornut. Nat. deor. 22 p. 42, 22–43,1 Lang: γαιήοχος λέγεται ὁ Ποσειδῶν καὶ θεμελιοῦχος ὑπό τινων καὶ θύουσιν αὐτῷ 'Ασφαλείῳ Ποσειδῶνι πολλαχοῦ ὡσὰν ἐπ' αὐτῷ κειμένου τοῦ ἀσφαλῶς ἑστάναι τὰ οἰκήματα ἐπὶ τῆς γῆς.

580 Xen. Hell. 4,7,4: Päane für Poseidon Asphaleios in Sparta nach Erdbeben. Die Rhodier richten einen Kult des Poseidon Asphaleios nach schweren, mehrtägigen Seebeben auf der Heiligen Insel bei Thera ein: Strab. 1,16 p. 57 Casaubon (s. zuvor Anm. 577).

581 I.Tralleis (IK 36,1) 1 = McCabe, Tralles (PHI # 7) 145 = SGO 02/02/01 (PW 471 = Fontenrose H 68). Dieses Orakel war im Hinblick auf die Aitiologie, die es für ein Erdbeben bietet, bereits in der Besprechung des klarischen ›Pestorakels‹ für Hierapolis heranzuziehen, oben S. 91f. zu **Klaros 4** m. Anm. 154 (dort Lit.).

582 Also 'Ενάλιος, ›der Meeresgott‹.

583 **Klaros 11**,11; s. oben S. 212 m. Anm. 500.

584 Zu diesem Epithet des Poseidon vgl. Callim. fr. 813 Pfeiffer αὐτόν με πρώτιστα συνοικιστῆρα †γαίας† | ἔσδεξαι τεμενοῦχον; Pfeiffer führt die in der grammatischen Tradition anonym überlieferten Verse unter den *fragmenta incerti auctoris* auf. P. Maas, Epische Citate bei Apollonios Dyskolos, Hermes 46 (1911) 608-612, h. 610-612 (= Kl. Schr. 127-131, h. 129-131), hatte erkannt, daß die Randbemerkung im Codex Πινδάρου ἡ χρῆσις nicht als Autorenangabe der Verse zu verstehen ist (so noch O. Schroeder, Pindari carmina, Leipzig 1900^5, 463 fr. 186; nicht mehr bei Snell/Maehler), sondern auf das Vorkommen von συνοικήτωρ bei Pindar verweist. Da es sich um epische Daktylen handelt, die nicht aus Homer oder Hesiod entnommen sind, dürfte Apollonios, wie sonst in diesen Fällen, vielmehr aus Kallimachos zitieren. Maas erwog den Streit Poseidons mit Athene um Attika in der *Hekale*, vgl. fr. 70,9-12 Hollis (= fr. 260 Pfeiffer = Suppl. Hell. 288, 25-28), doch kämen auch die *Iamben* infrage (vgl. Pfeiffer). O. Kern, Poseidon Τεμενοῦχος, Hermes 51 (1916) 480, schloß sich im Lichte des delphischen Orakels für Tralleis (s. zuvor m. Anm. 581), das Poseidon Σεισίχθων nennt, Maas' Vermutung an, doch siehe Pfeiffer ebd.: Es ist nicht klar, wer der Sprecher ist.

nistischer Zeit dokumentiert[585] – und daraufhin den Rat erhalten, Kulte für Gê und Poseidon Asphaleios einzurichten.[586]

Anlaß der Konsultation in Didyma: Hilfe in akuter Not oder Zusicherung allgemeiner Wohlfahrt?

Auch bei der Suche nach dem Anlaß dieser Konsultation in Didyma wird man dazu neigen, die Formulierung in V. 3f., σώιζειν θ' ὑμετέρης κόσμον πόλεως ἀσάλευτον[587] | ἐκτὸς κινδύνου, als Anspielung auf ein – eingetretenes oder befürchtetes – Erdbeben zu deuten. Fontenrose hat freilich darauf hingewiesen, daß, für sich genommen, die Ausdrucksweise auch metaphorisch verstanden werden könnte,[588] *»Ordnung und Schmuck der Stadt unerschüttert und fern von Gefahr zu bewahren«*. Der κόσμος πόλεως soll von der Gottheit gewahrt werden, deren wohlwollender Gesinnung sich Milet versichern will; als Zusicherung in diesem Sinne kann dann μάλα πέλας ἵεται ὑμῶν verstanden werden. Dann gehörte der Bescheid in die große Gruppe der Orakel, in denen einer Polis ganz allgemein Wohlergehen und Prosperität zugesichert wird.[589]

---

585 (1) Wohl aus dem späten 3. Jh. v. Chr. (Schriftcharakter): IG 11,4,1298 und 1027 zusammen mit FD 3,3,342 = Syll.[3] 1158, zu benutzen in der Herstellung von Robert, Fête de Cyzique 466. 476 = DAM 162. 172 und mit seiner Behandlung ebd. 460-477 = 156-173 (= PW 341, »présentation inutilisable« Robert, = Fontenrose H 38; Dittenbergers Herstellung des Anfangs wird durch Robert korrigiert), siehe unten Kap. 3.2, Anm. 355. Es geht um die Erhebung des Agons der Soteiria zu einem panhellenischen Fest und im Zusammenhang damit um die Asylie von Kyzikos als Kultzentrum der Kore. (2) Aus dem 2. Jh. v. Chr. (Schriftcharakter) die stark zerstörte Anfrage FD 3,3,344, in der es möglicherweise ebenfalls um die Asylie des Territoriums von Kyzikos und um einen Gründerkult ging (PW 343 = Fontenrose H 40).

586 FD 3,3,343 = SGDI 2970, 3-7 (PW 342 = Fontenrose H 39). In Z. 1 wollte H. Parke, A note on FD III 3,343, in: Études delphiques, BCH Suppl. 4, Athen 1977, 137, nach ὁ θεὸς ἔχρησε statt dem KAI[, welches Haussouiller auf dem Stein gelesen hatte (Erstveröff., BCH 6, 1882, 454 Nr. 87; übernommen von G. Daux in FD), XAI erkennen und schlug die Ergänzung χαί[ρειν vor (= SEG 27,122); »impossible« Bull. ép. 1977, 239. Bei den beiden Götternamen in Z. 2f. ist bei Poseidon nur das Epitheton erhalten (aber dieses unversehrt); bei Gê hat Haussouiller die Epiklese ergänzt: Γᾶι Κα[ρποφόρωι. Vielleicht ist auch Κα[ρποτρόφωι zu erwägen, das alternativ als Beiwort Demeters in der zweiten Anfrage des Damianos im didymäischen Doppelorakel **31**,24 erscheint (*si vera lectio*, vgl. die Besprechung der Anfrage Kap. 3, S. 387 und Anm. 247).

587 Robert, Trois oracles 577, führt das satirische Distichon des Lucilius Anth. Pal. 11,83 an, das einen Athleten mit den Worten preist: τὸν σταδιῇ πρῴην Ἐρασίστρατον ἡ μεγάλη γῆ | πάντων σειομένων οὐκ ἐσάλευσε μόνον. Das Verb σαλεύω verweist hier in der ironischen Wendung ebenfalls auf den Gebrauch im Zusammenhang mit Erdbeben. Siehe dens., Les épigrammes satiriques de Lucillius sur les athlètes: parodie et réalités, in: L'épigramme grecque, Entretiens Fond. Hardt 14, Vandœuvres 1968, 179-291, h. 259-276, bes. 259. 274.

588 Fontenrose, Didyma 191.

589 Hier trifft man freilich auf das heuristisches Problem, daß in vielen Fällen der Anlaß der Konsultation weder in einer Anfrage noch durch indirekte Erwähnung im Orakelbescheid dokumentiert ist; daß die Texte darüber hinweggehen, muß aber noch nicht bedeuten, daß in der historischen Realität kein konkreter Anlaß vorlag. Erst recht läßt sich bei fragmentierten Texten nicht

Doch scheint die Verbindung gerade dieses Poseidon mit Erdbeben, die im westlichen Kleinasien ja eine ständige Gefahr darstellen, zu eng, um nicht eher den konkreten Bezug hinter der poetischen Diktion zu vermuten.[590] Und wenn Apollon die Bürger aufruft, Poseidon *»sich gnädig zu stimmen«* (ἱλάσασθε 2), läßt diese Wortwahl – obschon ἱλάσκεσθαι auch in einem allgemeinen Sinne vom Götterkult gesagt werden kann[591] – ebenfalls auf eine akute Krisensituation schließen, in der das Wohlwollen des involvierten Gottes durch ein ihm genehmes Ritual wiederherzustellen war.

Bei beiden Deutungen leuchtete es jedenfalls ein, daß der κόσμος ὑμετέρης πόλεως einem Mann wie Andronikos von ganz besonderer Wichtigkeit war und er auch darum dieses Orakel gerne auf seiner Stiftung wiedergegeben haben wird, hatte er sich doch in mehreren Ämtern als ein Bürger hervorgetan, dem die öffentlichen und religiösen Belange seiner Stadt besonders am Herzen lagen – und einiges Geld wert waren.

Die Überlegung Rehms,[592] ob nicht im anschließenden Satz μάλα γὰρ πέλας ἵεται ὑμῶν eine verklausulierte Anspielung auf eine Überflutung zu erkennen sei, überzeugt zwar nicht in ihrem konkreten Bezug, lenkt aber doch den Blick auf die Ambivalenz der Aussage Apollons: Das *»Nahekommen«* ist zwar durchaus im übertragenen Sinne des rettenden Nahens des Gottes zu verstehen, der der ihn ehrenden Stadt zur Hilfe eilt, wie es schon vorher als Inhalt der Bitten, die die Milesier an ihn richten sollen, von Apollon angesprochen worden war[593] – doch ist Poseidon eben auch der *»Erderschütterer«*: Wenn er im Zorne den Sterblichen *»nahekommt«*, weil ihm die gebührende Ehre von den Bürgern nicht zuteil wurde, ist er ein gefährlicher Gott, der die Ordnung der Stadt umzustürzen vermag (κόσ-

entscheiden, ob der Bezug auf den konkreten Anfragegrund bloß nicht erhalten ist oder es sich um einen allgemeinen Segenszuspruch handelt. Wie sich gezeigt hat, konstitutiert sich auch das Corpus der sog. Pestorakel nur durch die Ähnlichkeit von Motiven und Argumentationen in den einzelnen Bescheiden – ein derart dichtes Überlieferungsfeld von fünf Orakelbescheiden aus mutmaßlich demselben Geschehenszusammenhang (bei aller zu konzedierenden räumlich-zeitlichen Spreizung der »antoninischen Pest«) ist aber eine große Ausnahme in der Überlieferung und wohl nur dem ›welthistorischen‹ Ausmaß (κοσμικὸς σεισμός, s. zuvor Anm. 578) des Ereignisses zu verdanken.

590 So auch Robert, Trois oracles 577: »Le danger à craindre … (est dans un) tremblement de terre. Cela est clair par l'épithète même d'Asphaleios pour le dieu qui à la fois protège contre les séïsmes et qui les provoque. Il y avait des tremblements de terre tout proches et l'on comprend assez l'inquiétude des gens dans un tel cas, voisins de la zone sinistrée et craignant la suite des secousses.« Robert hat den Nachrichten über Erdbeben in der kleinasiatischen Epigraphie eine eigene Studie gewidmet, Documents d'Asie mineure 5: Stèle funéraire de Nicomédie et séismes en Asie mineure, BCH 102 (1978) 395-408, bes. 398-400 (= DAM 91-104, bes. 94-96). – Ein weiteres Orakel für Milet nach einer Naturkatastrophe, mit farbig-bildhafter Schilderung, die an die klarischen ›Pestorakel‹ aus Troketta und Kallipolis erinnert: **Didyma App22**. Der Anlaß ist nicht klar, Phoibos Apollon wird in rasender Fahrt über Meer und Land evoziert: Man kann ebenfalls an ein Beben, an Flutwelle und Sturm oder Unwetter denken. Siehe hiern. S. 262-264 mit Anm. 640.

591 Vgl. etwa **Didyma 24** = I.Didyma 501, Ἥραν ἱλάσασθαι.

592 Ad loc.

593 αἰτεῖσθ' ἵλαον ἱκνεῖσθαι | σῴζειν θ' 2f.

μον σαλεύειν, σφάλλειν). Darum lautet Apollons Rat eben auch, vor ihm *»auf der Hut zu sein«* (πεφυλάχθαι) und ihm Opfer und Gebet zu leisten – wie nach der überkommenen Vorstellung die antiken Götter überhaupt, hat auch der Helfer und Retter ein zweites Gesicht.

An den hier betrachteten Orakeltexten läßt sich freilich gerade die Entwicklung dieses traditionell ambivalenten Gottesbildes hin zu tendenziell entpersonalisierten, abstrakten höchsten Wesen beobachten, die, je mehr ihre Macht gesteigert vorgestellt wird, umso stärker disambiguiert werden – bis hin zu den zuverlässig den Menschen hilfreich zugewandten Göttern, die ihren Verehrer eine persönliche Nähe und Vertrautheit spüren lassen, den θεοὶ σωτῆρες.

Die θεοὶ σωτῆρες *in Didyma und ihr Kultbezirk innerhalb des Apollon-Heiligtums.*

Wenn Andronikos den Gott in seinem Weihepigramm als Ἀσφάλεος Σωτὴρ Μέγιστος apostrophiert (14),[594] könnte dies vermuten lassen, daß Poseidon fortan – vorausgesetzt, es handelt sich um die Stiftung eines neuen Kults – unter die θεοὶ σωτῆρες zählte, die in Didyma verehrt wurden.[595]

Die kollektive Bezeichnung der θεοὶ σωτῆρες erscheint in dem Inventar, das Seleukos I. im Jahre 288/87 v. Chr. dem Schreiben beigab, in dem er den Milesiern eine reiche Stiftung für das Heiligtum in Didyma ankündigte,[596] die sog. Große Schatzstiftung. Lampen sowie goldenes und silbernes Geschirr für die θεοὶ σωτῆρες soll der Abgesandte des Königs in Didyma

594 Freilich läßt es sich nicht entscheiden, ob die zusätzlichen Beiwörter nur auf das Konto einer freien Kultpoesie in den Distichen des Andronikos gehen oder formelle Titel im realen Kult für den Gott waren. Zwar präzisiert das Orakel nur Ἀσφάλειος als Kulttitel und insistiert womöglich sogar besonders auf diesem Beiwort Poseidons: τῶιδε ἐπὶ σημείῳ (u. S. 251f.) – was aber dennoch schwerlich heißt: »und unter keinem anderen = weiteren«. Denn allgemeinere Epitheta wie Μέγιστος oder Σωτήρ sind durchaus kombinierbar mit individuierenden Epiklesen wie Ἀσφάλειος oder auch Διδυμεύς, ohne daß deswegen die Identität mehrerer Götter zusammenfließen mußte wie etwa bei Ἀπόλλων Ἥλιος. Die Frage, welche Klassen von Epitheta kombinierbar waren und inwieweit jeweils die theologische Semantik davon berührt war, auch, wo der Übergang verlief zwischen frei kombinierbaren Kultepitheta einerseits und Götternamen, die ›Persönlichkeiten‹ mit individuellen Zügen abgrenzten, andererseits, wäre für die historische Kultpraxis eine größere Untersuchung wert (im Bereich der literarischen Dichtung, so sie nicht lokalhistorischen oder -aitiologischen Charakter trägt, sind hierfür keine historisch brauchbaren Resultate zu erwarten). Andererseits legt der Charakter der abschließenden vier Verse als eines Weihepigramms, das den Altar der Gottheit übereignet und den künftigen rituellen Gebrauch definiert, doch eine gewisse Förmlichkeit fest, so daß die Beiwörter – die auch genau einen Hexameter füllen – kaum zufällig und nur nach dichterischem Gusto gewählt sein dürften.

595 Zu diesen bespricht das Material Fontenrose, Didyma 161f.

596 I.Didyma 424 (ausführliche Bemerkungen zum Ensemble der auf dem »Großen Pfeiler« überlieferten Schatzurkunden I.Didyma 424f. 462f. 465-471 bei Rehm S. 249-255, bes. 252-255; dort 254f. auch zur Datierung anhand der Stephanophorenlisten). Grundlegend zu den Schatzurkunden die Behandlung durch Haussouiller, Milet 193-245 (195-197 Text u. epigr. Komm. zu I.Didyma 424); dann Günther, Orakel von Didyma 43-50 (44-46 Text u. Übers.)

weihen lassen.[597] In dem nachfolgenden Inventar wird dann (45f.) neben Votiven für Einzelgötter auch eine Oinochoe für die θεοὶ σωτῆρες aufgeführt. Das ist offensichtlich so zu verstehen, daß einerseits die einzeln aufgezählten Götter als Gruppe gesamthaft als die θεοὶ σωτῆρες firmierten,[598] andererseits es *innerhalb* dieser Gruppe nochmals θεοὶ σωτῆρες als nicht näher definierten Götterverein gab. Poseidon ist in dieser hellenistischen Urkunde nicht unter den Empfängern von Weihgeschenken des Königs, was der Annahme zusätzliches Gewicht verleiht, der Kult des Poseidon Asphaleios sei eben erst durch unser Orakel instituiert und möglicherweise in diese Gruppe aufgenommen worden.

Poseidon ist nicht die einzige Gottheit in Didyma, die mit dem Beiwort *»Retter«* belegt wurde; auch Zeus, Kore, Asklepios und Apollon selbst waren hier σωτῆρες.[599] Anhand der Anfrage des Propheten Damianos, der Apollon um die Zustimmung bittet, einen Altar der Kore Σώτειρα in den πάνθεος περιβωμισμός innerhalb des Apollon-Heiligtums von Didyma zu setzen,[600] läßt sich vermuten, daß dieser in das Didymeion integrierte Tempelbezirk die Altäre der diversen θεοὶ σωτῆρες beherbergte.[601] Er unterstand somit der kultischen Autorität des Didymeions und seiner Funktionäre, wie wohl auch die Tempel anderer Gottheiten, die innerhalb des *temenos* angesiedelt waren.[602]

---

597 11-16 ἀφεστάλκαμεν εἰς | τὸ ἱερὸν τοῦ Ἀπόλλωνος τοῦ ἐν Διδύμοις | τήν τε λυχνίαν τὴν μεγάλην καὶ ποτήρια | χρυσᾶ καὶ ἀργυρᾶ εἰς ἀνάθεσιν τοῖς θεοῖς | τοῖς Σωτῆρσι κομίζοντα Πολιάνθην ἐπι|γραφὰς ἔχοντα (also die Dedikationsinschriften auf den Votiven).

598 Fontenrose, Didyma 161f., meint sogar, alle in Didyma verehrten Götter hätten kollektiv unter diesem Titel vereinigt werden können. Jedenfalls scheint das Beispiel Poseidons darauf hinzudeuten, daß zumindest der Bestand der θεοὶ σωτῆρες variieren und gerade durch eine Sanktion des Orakels auch neue Götter zu dieser Gruppe hinzukommen konnten.

599 Zeus Soter hatte einen Altar im Delphinion von Milet, I.Milet 130 (Milet 1,3,152), vgl. Fontenrose, Didyma 140f., und ein *hieron* in Didyma, s. hiern. Anm. 601. Kore Soteira ist die Göttin, um deren Kult im Didymeion sich der Propeht Damianos sorgt, **Didyma 30/31**; möglicherweise liegt ein Bezug zu Kyzikos vor, wo Kore Soteira Stadtgöttin war, s.u. S. 277 m. Anm. 677. Asklepios ist σωτήρ in der Weihung I.Didyma 121, und Ἀπόλλωνος Διδυμέως Σωτῆρος gehören die Altäre auf der südlichen Agora von Milet, I.Milet 279-281 (Milet 1,7,348 = 6,1,80).

600 **Didyma 30/31** = I.Didyma 504, besprochen u. Kap. 3, S. 387 und Anm. 247: ἐν τῷ ἱερῷ σου καὶ πανθέῳ περιβωμισμῷ **30**,3f.; ἐν τῷ ἱερῷ σου περιβωμισμῷ **31**,19f.

601 Fontenrose, Didyma 162f. Eine Ausnahme bildet vermutlich der Kult des Zeus Soter, der ein eigenes *hieron* innerhalb des Didymeion besaß, siehe die Inschrift über eine Neubelebung des Boegia-Festes in augusteischer Zeit, I.Didyma 199 I 13f. Zu diesem Zeugnis siehe neben Rehm v.a. B. Haussouiller, Le culte de Zeus à Didymes: la Βοηγία, in: Mélanges Henri Weil, Paris 1898, 147ff., und A. Wilhelm, Beiträge 177f.; J. Fontenrose, Notes on some Didymean Inscriptions, Univ. of California Publ. in Class. Philol. 12 (1942) 165-174; dens., The festival called Boegia at Didyma, Univ. of California Publ. in Class. Archaeol. 1,11 (1944) 291-304, dazu Bull. ép. 1946-47, 349). Möglicherweise gehörte Zeus Soter noch ein weiteres *temenos* in Didyma, I.Didyma 486,29 mit dem Komm. von Rehm und I.Milet 797 (Milet 6,2,94) = P. Herrmann, Urkunden milesischer Temenitai, IstMitt 30 (1980) 223-239, h. 224-226 = SEG 30,1339 = Mc Cabe, Miletos (PHI # 7) 209, 5-7, aber dieses Heiligtum könnte auch einem anderen in Didyma verehrten Zeus geweiht gewesen sein, vgl. Fontenrose, Didyma 141-144, über weitere in Didyma belegte Zeus-Kulte. Die besondere Bedeutung des Zeus Soter für den Staatskult Milets geht insbe-

Eine andere Anfrage an den didymäischen Apollon, die die Versetzung eines Altars in diesen *peribomismos* betrifft, macht deutlich, daß nicht alle weiteren Altäre, die innerhalb des Didymeions errichtet waren, Teil des *peribomismos* waren.[603] Dies gilt a fortiori für diejenigen Gottheiten, die eigene Heiligtümer und *temene* innerhalb des Didymeion besaßen,[604] wie, um die prominentesten Beispiele zu nennen, Artemis Pythiê, Zeus Soter und sicher auch Leto.[605] In Milet konnten diejenigen Götter, deren kleinere Heiligtümer auf dem Areal einer anderen, übergeordneten Gottheit unter-

---

sondere auch aus seinem Platz unter den Göttern hervor, die zur religiösen Bestätigung der Schließung des Isopolitie-Vertrages zwischen Milet und Herakleia am Latmos mit Opfern bedacht werden, **Didyma 12** = I.Milet 150 (Milet 1,3,233), 21f.: s. hiern. Anm. 605.

602 Ganz analog waren die Strukturen offenbar in Klaros; vgl. Robert, Oracle de Claros 309, und die Ergebnisse der neuen französischen Grabungen in Klaros, die auch die frühen Phasen des Artemis-Kults innerhalb des Heiligtums verdeutlicht haben. Vgl. Kap. 1, S. 36 m. Anm. 30. In römischer Zeit erhält die über die Jahrhunderte am Ort kontinuierlich verehrte Artemis Κλαρία, der der an den Tempel Apollons angrenzende kleinere Tempel im ionischen Stil gehörte und die von den kolophonischen Münzen wohlbekannt ist, ebenfalls einen Monumentalaltar. Vgl. für den Bezirk der Artemis die Vorberichte aus den Grabungskampagnen der 1950er Jahre, Robert, OMS 4,155. 161. 183. 221f. (mit Hinweis auf die Weihinschrift, die eine archaische Kore als Kultbild der Artemis identifiziert und damit auch die Zuordnung von Tempel und Altar sichert); für den großen Altar de la Genière, Bilan 248.

603 **Didyma 27**, Anfrage des *tamias* Hermias (besprochen u. S. 425-427). Er möchte sich von Apollon seinen Plan sanktionieren lassen, den Altar der Tyche aus dem heiligen Bezirk des *»Gartens«,* ἐν τῷ λεγομένῳ παραδείσῳ (4f.), der bereits innerhalb des Didymeions liegt (ἐν τῷ ἱερῷ σου 3), in den περιβωμισμός zu versetzen, da er an seinem alten Platz durch Verbauungen nicht mehr zur Geltung komme (περιοικοδομημένων αὐτῷ οἰκιῶν 5f.). Dies ist ein Beleg für die – archäologisch bisher nicht nachgewiesenen – Wohnbauten innerhalb des *temenos,* wohl für die Bediensteten des Heiligtums, οἱ τὸν ἱερὸν κατοικοῦντες, die mehrere Inschriften nennen, siehe Fontenrose, Didyma 30 Anm. 4. Hierauf könnte sich auch die κώμης κατοικία beziehen, von der Strabon spricht, s. nächste Anm. Im *peribomismos* wird der Altar der Tyche dann *»in der Nachbarschaft der übrigen Götter«* zu stehen kommen, τῇ θεῷ προσφιλὲς μετὰ τῶν λοιπῶν θεῶν καὶ τοῦτον τὸν βωμὸν περιβωμίζεσθαι (10-12).

604 Die Ausdehnung des *temenos* des Apollon Didymeus ist allerdings nicht sicher, da die entscheidende antike Quelle, Strab. 14,1,5 p. 634 Casaubon, möglicherweise mit verschwommenen Begriffen arbeitet und nicht auf Autopsie der Verhältnisse am Ort beruht. Bei Strabon heißt es: κώμης γοῦν κατοικίαν *ὁ τοῦ σηκοῦ περιβόλος* δέδεκται καὶ ἄλσος ἐντός τε καὶ ἐκτὸς πολυτελές· *ἄλλοι δὲ σηκοὶ τὸ μαντεῖον καὶ τὰ ἱερὰ συνέχουσιν*. Fontenrose, Didyma 30f., vermutet, Strabon gebrauche hier σηκός, um die gesamte Ausdehnung des Asyls für das Didymeion in vorcaesarischer Zeit zu bezeichnen; unklar ist, inwieweit er σηκός (›Eingrenzung‹) vom τέμενος und wiederum vom Gesamtterritorium von Didyma unterschieden hat. Die inschriftlichen Quellen (ebd. Anm. 4) sprechen abwechselnd von μαντεῖον, ἱερόν und τέμενος. Damit läßt sich auch nicht sicher sagen, in welchem Grade die übrigen Kulte in Didyma der Territorialverwaltung der Kultfunktionäre des didymäischen Apollon unterstanden. Vgl. noch Tuchelt, Topographie 24f. 28-31. Zum *alsos* in Didyma Graf, Bois sacrés 26-28.

605 Für Leto fehlt allerdings bisher der explizite Beleg für ein eigenes Heiligtum in Didyma. Doch erweisen eine Reihe von Zeugnissen (etwa eine prominente Weihung in der seleukidischen Schatzstiftung, I.Didyma 424,34-36, oder ihr Platz in einer Reihe mit Apollon Didymeus, Artemis und Zeus Soter bei den vom Orakel **Didyma 12** vorgeschriebenen Opfern, die den Isopolitie-Vertrag zwischen Milet und Herakleia am Latmos sanktionieren), daß ihr Kult in Didyma innerhalb der apollinischen Trias, erweitert um Zeus, besonders wichtig war. Vgl. Fontenrose, Didyma 134f. m. Anm. 23.

gebracht waren, offenbar kollektiv als ἐντεμένιοι θεοί bezeichnet werden, wie das Kultgesetz über die Vergabe des Priesteramtes für Asklepios πρὸ πόλεως[606] deutlich macht: Der Priester versieht den Kult des Asklepios καὶ τῶν ἐντεμενίων αὐτοῦ θεῶν πάντων,[607] und im Delphinion weiht ein Stephanephor Apollon *»und den* ἐντεμένιοι θεοί« eine Basis.[608]

2.2.3 Das Orakel für die Milesier: Besänftigende Opfer für den vernachlässigten Gott können drohendes Unheil abwenden – Kausalitätsmodell und Kommunikationsstrategie

Beunruhigende Vorzeichen lassen die Milesier das Orakel konsultieren. Apollon ordnet die Einrichtung eines Kults für Poseidon Asphaleios und Stieropfer an.

Apollon fordert die Konsultanten auf, Poseidon Asphaleos τῶιδε ἐπὶ σημείωι (V. 3) mit Opfern gnädig zu stimmen. Dies ist in seiner Bedeutung nicht ganz klar: Wenn σημεῖον den Kulttitel des Gottes bezeichnet, stünde hier ein expliziter Hinweis Apollons, unbedingt dieses Epitheton zu verwenden: *»Stimmt ihn gnädig, indem ihr ihn mit diesem Titel anruft«.*[609] Es käme dann darauf an, wie oft in den Orakeln[610] – doch wird im allge-

606 Asklepios war also poliadische Schutzgottheit in Milet, wie auch Athena Polias nach Ausweis von **Didyma 25** = Chiron 1 (1971) 292f., V. 5f.: vgl. P. Herrmann, ebd. 294 m. Anm. 9 und die Besprechung dieses wichtigen Textes hier Kap. 3.1, S. 323-394.

607 I.Milet 204 (Milet 1,7,299 = 6,1,31) = LSAM 52 = SEG 15,684, a 5-8. 1. Jh. n. Chr. (Schrift). Wohl aus dem Asklepieion, doch vgl. P. Herrmann, Nachtrag in Milet 6,1,200f.; W. Müller-Wiener, IstMitt 40 (1990) 77f. (der Bau könnte als Caligula-Tempel zu identifizieren sein).

608 I.Milet 159 (Milet 1,3,260), 2.

609 So auch Robert, Trois oracles 577 = 593 Anm. 1: »Il est naturel que l'on précise qu'il faut supplier le dieu avec cette épithète: l'*épiklésis* qui désigne le dieu est alors qualifiée, dans les vers de l'oracle, de ›marque, signe‹«; Robinson, Theological oracles 376; Somolinos, Oraculos 256f. Für σημεῖον in der Bedeutung ›Kulttitel, Beiwort‹ sind mir allerdings keine weiteren Belege bekannt. Auch wenn an unserer Stelle wohl nicht von einem Kultbild die Rede ist (das deiktische τῶιδε paßt im Kontext der Altarweihung nicht dazu), ist für eine Verwendung von σημεῖον in religiösem Kontext eine vieldiskutierte Stelle in der Beschreibung der Kultbilder im Tempel der Atargatis und des Hadad im syrischen Hierapolis von Interesse, Luc. Dea Syria 33, wo nach dem Berichterstatter (die Autorschaft Lukians ist umstritten) zwischen den Statuen des Götterpaares ein Objekt stand – der Autor nennt es *»ein weiteres goldenes* ξόανον, *in keiner Weise den anderen* ξόανα *gleich«* –, das die Einheimischen als σημήϊον bezeichneten. Seine Ikonographie lasse sich mit keiner Gottheit identifizieren; stattdessen ist ihm eine eigentümliche theologische Semantik beigelegt: τὸ δὲ μορφὴν μὲν ἰδίην οὐκ ἔχει, φορέει δὲ τῶν ἄλλων θεῶν εἴδεα. Sowenig dieses σημήϊον eine eigene μορφή hat, so wenig hat es ein οὔνομα ἴδιον; es gibt keinen Mythos seiner Herkunft (οὐδὲ γενέσιος αὐτοῦ καὶ εἴδεος λέγουσιν; zur Konstruktion s. den Kommentar von Lightfoot, hiern.). Es spielt eine wichtige Rolle in einem zweimal jährlich gefeierten Prozessionsritual (das Bild *»reist zum Meer, um das Wasser zu holen«*: ἀποδημέει δὲ δὶς ἑκάστου ἔτεος ἐς θάλασσαν ἐς κομιδὴν τοῦ ὕδατος). Die Stelle und besonders das σημήϊον werden ausführlich erörtert bei J.L. Lightfoot: Lucian, On the Syrian Goddess, Oxford 2003, 446-449. 540-

meinen nicht so nachdrücklich auf diesen Punkt verwiesen wie in diesem Bescheid[611] –, im Gott den Träger der richtigen, für das in Rede stehende Anliegen passenden Epiklese anzurufen und zu ehren.

Die alternative Auffassung besteht darin, σημεῖον als ein prodigiöses Zeichen zu verstehen, das Andronikos und die Milesier beunruhigt habe, so daß sie sich für eine Erklärung an den Gott wendeten.[612] Zwar würde man erwarten, daß ein solcher Verweis auf das σημεῖον schon in der Anfrage an das Orakel oder dann in einem Präskript zur Orakelaufzeichnung erfolgte und nicht erst im Orakelbescheid selbst. Aber für die Bezeichnung eines *»beunruhigenden Vorzeichens«* als σημεῖον, das den Anlaß zu einer Orakelkonsultation bildet, gibt es eine Reihe signifikanter Parallelen;[613] es ist überhaupt die geläufigere Bedeutung. ἐπί wäre hier dann kausal von den handlungsbegründenden Umständen gebraucht, *»stimmt aufgrund*

547). Auf den ikonographischen Zeugnissen sieht man das σημήϊον abgebildet (vgl. ein Kultrelief ebd. 447 Abb. 36; eine Tetradrachme unter Caracalla, 541 Abb. 47); es handelt sich mit Lightfoot um einen Ständer, eine Stütze oder ein Gestell, an dem vermutlich kleinere Objekte von kultischer Bedeutung, vielleicht auch Statuetten, angebracht wurden. Lightfoot weist auf zwei Stellen aus Josephus hin, wonach im Tempel in Jerusalem die Büsten der Kaiser an σημαῖαι befestigt waren (Bell. Iud. 2,169; Antt. Iud. 18,55). Das nach *Dea Syria* 33 von den Ἀσσύριοι in Hierapolis als σημήϊον bezeichnete *xoanon* ist im Unterschied zu Lightfoods Erklärung auch als Göttername einer syrisch-mesopotamischen Gottheit verstanden worden, die beim Autor der *Dea Syria* fälschlich dem griechischen Wort assimiliert worden sei, so LSJ Suppl. 1996 s.v. II 1. Doch plädiert Lightfoot ebd. 547 dafür, die angeführten syrischen Inschriften alle als Bezugnahmen auf das Objekt im Tempel von Hierapolis zu verstehen, das in itazistischer Schreibung mit dem griechischen Wort bezeichnet worden sei. – σημιαφόροι als Kultbeamte Apollons im phrygischen Hierapolis: o. Anm. 96.

610 Von zentraler Bedeutung ist die Wahl der richtigen Epiklese in Didyma namentlich im Doppelorakel für eine Frau, die Hera verehren will (**Didyma 24**) und auf ein erstes von Apollon erhaltenes Orakel hin, das ihr die Anweisung Ἥραν ἱλάσασθαι erteilt hatte, die präzisierende Auskunft wünscht, ποίαν ἱλάσηται, *»welche Hera sie verehren solle«*. Im nachfolgenden Orakel nennt Apollon freilich keine Epiklese, sondern beschreibt einen Platz in Milet, wo sich das Heiligtum befand, in dem die Frau Hera Kult leisten solle – wir kennen den Ort und damit die Epiklese nicht. Vgl. die Besprechung dieses Textes u. S. 386 m. Anm. 148. Wichtiger noch ist in diesem Zusammenhang das Doppelorakel für den Propheten Damianos (I.Didyma 504), der nach einem ersten Bescheid Apollons, einen Kult der Kore Soteira einzurichten (**Didyma 30**), ebenfalls nachfragt und Apollon ersucht, καὶ τῆς εὐφήμου καὶ ὑμνικῆς εἰς αὐτὴν προσαγορεύσεως αὐτόν σε νομοθέτην γενέσθαι. Apollon bestätigt dann bloß noch einmal das bereits vereinbarte Epitheton Σώτιρα (**Didyma 31**). Vgl. Kap. 3, S. 387 und Anm. 247.

611 Wenn diese Auffassung zutrifft, könnte man auch die Stellung der Epiklese an erster Stelle als eine Pointierung in diesem Sinne verstehen: *»Als den Beschützer verehrt Poseidon mit Opfern ...«*. Siehe hiern.

612 So Merkelbach/Stauber, SGO 01/19/02, Lemma und Komm. zu V. 2. Diskutiert auch bei Somolinos, Oraculos 259.

613 In [Dem.] 43,66 (Πρὸς Μακάρτατον, ein Streitfall anläßlich einer Erbfolgefrage) wird ein delphisches Orakel für den athenischen *demos* nach rätselhaften Vorzeichen am Himmel zitiert (PW 271 = Fontenrose H 29), datierbar nur mit dem mutmaßlichen Datum der Rede als *terminus ante quem*, ca. 370–365 v. Chr. (siehe L. Gernet, Démosthène, Plaidoyers civils 2, Coll. Budé, Paris 1957, 93f.): ἐπερωτᾷ ὁ δῆμος ὁ Ἀθηναίων περὶ τοῦ σημείου τοῦ ἐν τῷ οὐρανῷ γενομένου, ὅ τι ἂν δρῶσιν Ἀθηναίοις ἢ ὅτῳ θεῷ θύουσιν ἢ εὐχομένοις εἴη ἐπὶ τὸ ἄμεινον ἀπὸ τοῦ σημείου. Die Antwort des Gottes nimmt das Anfrageformular im Wortlaut wieder auf: συμφέρει

dieses Zeichens gnädig«.[614] Ein solches σημεῖον könnte eben auch in Angst auslösenden Erdstößen oder ähnlichem bestanden haben.

Schließlich erwägt Rehm, ob das σημεῖον, auf das deiktisch hingewiesen wird, nicht auch den Altar bezeichnen könne, dessen Weihung die Inschrift ja vornimmt. Da jedoch die Weihung erst der Anlaß für die Errichtung des Altars gewesen ist, ist es schwer möglich, daß Apollon bereits in seinem Orakelspruch auf den – noch gar nicht errichteten – Altar mit dem deiktischen Pronomen τῶιδε hinweisen konnte,[615] so sehr ein solcher den

---

Ἀθηναίοις περὶ τοῦ σημείου τοῦ ἐν τῷ οὐρανῷ γενομένῳ θύοντας καλλιερεῖν κτλ. Dieses Orakel ist im übrigen in Anfrage und Bescheid ein Musterbeispiel für die Standardform antiker Orakel für Städte, sowohl sachlich (Vorzeichen als Anlaß; die von Apollon empfohlenen rituellen Maßnahmen) als auch stilistisch, insbesondere wenn man die Prosaorakel in den Blick nimmt (etwa die ἄμεινον-Formel in der Konstruktion mit den Partizipien im Dativ). Dieser Gebrauch von σημεῖον findet sich auch in der Anfrage von *theopropoi* aus Magnesia am Mäander in Delphi über eine Kultstatuette des Dionysos (ἀφείδρυμα Διονύσου), die in einer vom Sturm geborstenen Platane gefunden wurde, I.Magnesia 215 = SGO 02/01/02 = McCabe, Magnesia (PHI # 7) 324 (PW 338 = Fontenrose L 171; FGrHist 482 F 5): ὁ δῆμος ὁ Μαγνητῶν ἐπερωτᾶι τὸν θεὸν *περὶ τοῦ σημείου τοῦ γεγονότος* ὅτι πλατάνου ... κλασθείσης ... εὑρέθη ἐν αὐτῇ ἀφείδρυμα Διονύσου κτλ. (3f.). Siehe Kap. 3, Anm. 194 und 197. Die frühere Skepsis gegenüber der Authentizität dieses Orakels (Kern, Wilamowitz, natürlich Fontenrose) ist durch die Untersuchung von A. Henrichs, Greek maenadism from Olympias to Messalina, HSCPh 82 (1978) 121-160, h. 123-130, nachhaltig erschüttert worden; siehe auch Graf, Trick or treat 111f.

In Theben werden im Vorfeld der Einnahme der Stadt durch Alexander verschiedene unheilvolle Orakel und Vorzeichen bemerkt, Diod. 17,10,2-6, φήμαις δέ τισι μαντέων καὶ θεῶν σημείοις ἠποροῦντο (vgl. Arrian 1,9,8). Zuerst bemerkt man im Heiligtum der Demeter Thesmophoros ein unerklärlich großes Spinnennetz mit den Ausmaßen eines *himation*, das in den Farben des Regenbogens schillert, κύκλῳ δὲ περιφαῖνον ἶριν τῇ κατ' οὐρανὸν ἐοικυῖαν. Man sendet eine *theoria* nach Delphi, Apollon verkündet (PW 273 = Fontenrose Q 220): σημεῖον τόδε πᾶσι θεοὶ φαίνουσι βροτοῖσι, | Βοιωτοῖς δὲ μάλιστα καὶ οἳ περιναιετάουσι. Diese Antwort war offensichtlich nicht so nützlich wie erhofft; man befragt zusätzlich (einer der seltenen Belege für Parallelkonsultationen mehrerer Orakel!) auch das einheimische Orakel des Apollon Ismenios (zu diesem Kult Holleaux, Études 1,195-209), dessen Antwort allerdings ebenfalls wenig weiterhilft: ἱστὸς ὑφαινόμενος ἄλλῳ κακόν, ἄλλῳ ἄμεινον. Diodor berichtet dann von einer Vielzahl weiterer unheilvoller Zeichen, schwitzenden Statuen, Geräuschen aus dem Boden, Blutspuren auf dem Wasser und am Tempeldach in Delphi (Diodors Angaben zum Gebäude bereiten Schwerigkeiten: s. P. Goukowsky ad loc., Coll. Budé, S. 173). Vorzeichendeuter, οἱ ἐπὶ τὴν τῶν σημείων διάκρισιν ἀσχολούμενοι, haben für alle diese Omina Erklärungen zur Hand. So bedeute das Spinnennetz im Tempel den Auszug der Götter aus der Stadt: σημαίνειν ἔφασαν τὸ μὲν ὕφασμα θεῶν ἀπὸ τῆς πόλεως χωρισμόν. Alle diese Götterzeichen ergäben zusammengenommen eine klare Botschaft: τῶν θεῶν φανερῶς σημαινόντων τὴν ἐσομένην τῇ πόλει συμφοράν. Das delphische Orakel zum Spinnennetz kennen auch Ael. Var. hist. 12,57 (mit dem Detail, daß das Spinnengewebe das Gesicht des Kultbildes der Demeter verhüllt habe) und Paus. 9,6,5f., der in einer bemerkenswerten Variante von einem Doppelzeichen berichtet: Es gab schon einmal ein Spinnennetz im Demeter-Tempel, vor der Schlacht von Leuktra; da war es von weißer Farbe und lag über den Toren des Heiligtums; jetzt war es schwarz: προεσήμαινεν αὐτίκα ὁ θεὸς τὸν ἐπιόντα ὄλεθρον.

614 An den in der vorigen Anm. erwähnten Vergleichsstellen wird regelmäßig die Wendung *περὶ* τοῦ σημείου verwendet. Dieser Unterschied kann aber damit erklärt werden, daß dies die normale Ausdrucksweise im Lemma der Orakelanfrage ist (ἐπερωτᾷ τὸν θεὸν περὶ ...); im Bescheid selbst ist die Sprechsituation davon verschieden. Hinzu kommt, daß in den Versorakeln Abweichungen des poetischen Sprachgebrauchs von den üblicherweise verwendeten Formularen, wie es etwa im delphischen Orakel PW 271 (vorige Anm.) vorliegt, nicht selten sind.

Betrachter auf das Objekt lenkender Gestus in einem Weihepigramm am Platz wäre.

Die Art der Aufforderung des Orakels zur Verehrung Poseidons spricht dafür, daß durch dieses Orakel die Einrichtung eines neuen Kults in Milet veranlaßt worden ist: ἱλάσκειν ist das in den didymäischen Bescheiden gängige Wort für eine Kultstiftung,[616] für die Apollon hier neben Gebeten die reichen Tieropfer als zentrales Element nennt. Die kostspieligen Stieropfer, die Andronikos dann in seinem Weihepigramm so herausstellt (ἱερὰ καλὰ ἱερῶν ταυροθύτοις θυσίαις V. 8), deuten gleichfalls darauf hin, daß es hier um die Etablierung des Poseidon Asphaleios in Milet geht und nicht bloß zur verstärkten Ausübung eines bereits bestehenden und etwa nicht hinreichend gepflegten Kultes in der Polis ermahnt wurde. Auch die als Auftakt des Orakels prägnant gesetzte Epiklese (in prädikativer Konstruktion: *»als Asphaleios stimmt Poseidon gnädig ...«*) weist in die Richtung einer Kultstiftung: Apollon offenbart die Identität des Gottes, der den Konsultanten in der Gefahr zum Helfer werden kann.[617]

Charakter des Kultdienstes als Versöhnungsleistung. Schlußfolgerungen für das Kausalitätsmodell und die sich ergebende Orientierungsleistung. Öffnung der Perspektive auf die Zukunft. Die Behandlung des künftigen Geschehensverlaufs in anderen Orakelbescheiden.

Wenn somit der Zweck des Orakels in einer Neustiftung liegt, so steht dies nicht im Widerspruch zum Charakter der geforderten Kultdienste als Versöhnungsleistungen, die den derzeit den Konsultanten offensichtlich nicht günstig gestimmten Gott der Erdbeben ihnen wieder freundlich zuwenden sollen.[618] Poseidon Asphaleos ist eben bisher in Milet nicht präsent gewesen, was *eo ipso* bedeutet: Er ist vernachlässigt worden. Man hatte bisher nicht erkannt, daß er Anspruch auf Kultleistungen besaß.[619]

---

615 Dieser Einwand bei Robert, Trois oracles 577 Anm. 1.

616 Robert ebd. 576f.; Robinson, Theological oracles 218-220. Zu vergleichen ist etwa **Didyma 24** (s. oben Anm. 610 und unten S. 386), **Didyma App40** (Orakel für Poplas in schwierigen Lebensumständen: ἱλάσκου Ζηνὸς βιοδώτορος ἀγλαὸν ὄμμα Theos. 23 Erbse = 1,20 Beatrice) sowie **Didyma A3**: Anfrage einer Einzelperson, die sich auf einen früheren Spruch Apollons bezieht, der einen Kult empfohlen hatte, ἐπεὶ χρησαμε[--]ν ἱ<λ>άσκεσθαι πυθομέ[ν--]σω ἐθέσπισας ἐν Δι[δύμοις. Daraufhin hat sich ein Traum und ein Statuenfund ereignet, weswegen der Konsultant sich erneut an den Gott wendet.

617 Dieser Gestus würde noch verstärkt, sollte sich auch τῶιδε ἐπὶ σημείωι auf die spezifizierende Epiklese beziehen; s. zuvor.

618 Ein solcher Widerspruch klingt bei Fontenrose, Didyma 191, an: »The response appears to direct the founding of a new cult rather than the propitiation of an established god.«

619 So beschwert sich der klarische Apollon im Orakel für die Hierapolitaner, wenn er als Dankesleistung Hymnenchöre und Opferhekatomben in seinem Heiligtum verlangt, **Klaros 4**,24f.: ἐπεὶ ἦ μάλα πολλάκις ὔμμε σαώσας | οὔτινος ἐκ δημοῖο λάχον μενοεικέος αἶσαν.

Sein Aufbegehren dagegen zeigt sich in der akuten Bedrohung der Wohlfahrt der Stadt, des κόσμος πόλεως, und Apollon vermag den Zusammenhang zwischen der von den Menschen bisher unbemerkten Unterlassung und ihrer Notlage aufzuzeigen: Wenn sie ihn *»versöhnen«* und *»durch Opfer gnädig stimmen«*, wird sein Wirken ihnen wieder segensreich sein.

Diese Kommunikationsstruktur ist überhaupt charakteristisch für eine Vielzahl der Orakel, die aus einer sei es kollektiven oder individuellen Notlage erfragt werden: Der Gott liefert dem oder den ratsuchenden Konsultanten einen Kausalitätszusammenhang – typischerweise eben mit dem Hinweis auf einen bisher nicht gepflegten Kult oder, im Rahmen eines bereits etablierten Kults, ein bisher nicht vollzogenes Ritual –, der dem Frager bisher verborgen geblieben war und nun sowohl ein Verständnis des Geschehens als auch eine Handlungsoption eröffnet.[620] Immer wenn Apollon die Ratsuchenden darauf verweist, sie sollten diesen oder jenen Gott verehren, ist dies ja so zu verstehen, daß von Seiten der oder des Konsultanten bisher dieser Gottheit nicht die nötige Aufmerksamkeit zuteil geworden ist. Wenn Kult für diese Gottheit eine Abhilfe aus der krisenhaften Situation bedeutet, so ist die bisherige Unterlassung dieser Kultleistungen der bisher verborgene, unerkannt gebliebene Grund für eine Störung im Verhältnis zwischen Menschen und Göttern.

2.2.4 Die Götter als Helfer der Sterblichen

Das Motiv der rettenden Götter in den übrigen Bescheiden aus Didyma und Klaros. Seine Inversion im Motiv der ›Vergeltung‹.

Apollon verbindet abschließend die Aufforderung zur Verehrung des Poseidon Asphaleos mit der Zusicherung, daß die Observanz seines Kultes den Konsultanten in Zukunft Sicherheit und Wohlfahrt garantieren werde (V. 6f.): *»Vor dem müßt ihr Acht haben und zu ihm beten, damit ihr danach auf das Alter zugeht, ohne Kenntnis von Übeln erlangt zu haben«* (ὡς μετέπειτα πρὸς γῆρας βαίνητε κακῶν ἀδαήμονες ὄντες). Eine derartige

620 Dabei bleibt die Herstellung der Kausalbeziehung implizit in allen den Fällen, wo das Orakel keine Aitiologie des Problems liefert, das in der Anfrage vom Konsultanten an den Gott herangetragen worden ist. Explizite Aitiologien sind, wie schon bei den klarischen ›Pestorakeln‹ deutlich wurde, eher die Ausnahme (s. zuvor S. 197f. m. Anm. 451; gegeben in **Klaros 11**), so daß man in den meisten Texten nicht *beide* Glieder der Kausalverknüpfung im Orakeltext ausgedrückt findet: die Ursache der Situation, die zur Anfrage geführt hat, *und* den Vorschlag zur Abhilfe und beider Verknüpfung über eine begründende Partikel. Dabei gilt es natürlich den für uns fragmentarischen Charakter vieler Bescheide zu bedenken. Gut erkennbar ist die Struktur in **Didyma 25**,8ff. (u. S. 369-385): Die Vorgabe der Polis (ἐχρῆν 8), daß eine Frau aus einer der vornehmen Familien von Milet das Amt der Athena-Priesterin übernehmen soll; das Problem (ἀλλ' 10), das die Kandidatin Satornila in Hinsicht auf die Anforderungen kultischer Reinheit stellt;

Öffnung der Perspektive auf die Zukunft ist nicht untypisch, ja geradezu ein regelmäßiges Merkmal der Orakel sowohl aus Klaros, wie wir bereits gesehen haben,[621] als auch in Didyma, und zwar ebenso in Bescheiden für Poleis wie in solchen für private Konsultanten.[622]

So enden auch zwei der klarischen Orakel für Hierapolis mit einer Vergewisserung des Wohlergehens, die ausdrücklich an die Erfüllung der vom Gott gemachten Vorgaben geknüpft wird. Im Pestorakel für Hierapolis heißt es am Ende: *»Falls ihr ausführt, was gottesfürchtigen Männern zu tun geziemt, werdet ihr niemals mehr euch in Verderben bringende Fehler verstricken, sondern wohlhabender und sicherer ...«.*[623] Ein in seinem Anlaß nicht mehr klar einzuordnendes klarisches Orakel für das bithynische Nikomedia entläßt den anfragenden πτολιάρχης der Stadt mit der Aussicht: *»Wenn ihr dies so, wie ich es künde, ausführt, Bürger, werdet ihr so reichlich Frucht mähen, daß sie zu guter Ernte verhilft«.*[624]

Erweitert um die negative Perspektive, als Androhung von ποινή im Fall der Unterlassung seitens der Konsultanten – ein Fall, der uns so ausdrücklich bisher nur dieses eine Mal bekannt ist –, beschließt das Motiv auch das zuvor behandelte Orakel über die Einholung der ephesischen Ar-

---

schließlich die Entscheidung der Götter (τοίγαρ πειθόμενοι κτλ. 14). In **Didyma 45**, dem von Porphyrios berichteten Orakel über den Tod von neun Waldarbeitern, sind die Gewichte gegenüber der üblichen Verteilung verlagert: Breiten Raum nimmt hier die vom Gott dargebotene Aitiologie des Vorfalls ein (Epiphanie Pans, darauf Entrückung der Männer durch Artemis); die daraus abgeleitete Botschaft an die Konsultanten folgt hingegen sehr knapp im Schlußvers, aber mit der charakteristischen Zusicherungsformel: ἣν καὶ χρὴ λίσσεσθ' ἵνα σοι γίγνητ' ἐπαρωγός (11). S. noch einmal hiern.

621 Teils wird die Aussicht auf die unmittelbare Ablösung der Krise gelenkt (so **Klaros 2**, 28f., indirekt als Inhalt des empfohlenen Gebets; **Klaros 8**,25f. als Folge der Reinigungsriten, Finalsatz: ὡς ἀνούτητοί γε φῶτες ἐνλελειμμένοι πέδῳ | ἐκ παλινβίων ὀφελμῶν κάλλιμα ῥέζωσι ἄδην; **Klaros 13**,18f.), teils auf eine allgemeiner gefaßte, dauerhafte Situation der Sicherheit und des Wohlergehens (**Klaros 4**,29; **6**,9; **9**,31f.). Siehe hiern.

622 Dasselbe leistet auch das formelhafte λῷον καὶ ἄμεινον ἔσεσθαι, wenn es im Bescheid selbst (und nicht nur in der Anfrage) verwendet ist, etwa **Didyma App5**,10f. τοῖς δὲ ταῦτα διαφυλάσσουσιν καὶ ποιοῦσιν ἄμεινον ἔσεσθαι.

623 **Klaros 4**, 27-29 ἀλλ' ἀφνειότεροι καὶ σωότεροι ... Wenn der Gott von ἀμπλακίαι spricht, klingt das so, als solle das gegenwärtige Unglück auf eigene Verfehlungen der Konsultanten zurückgeführt werden, obwohl anfangs mythisch-theologische Gründe angeführt zu werden scheinen und sonst keine weiteren Aitiologien im Text geboten werden. Siehe oben S. 113-115 zu den Unschärfen des Textes in dieser Hinsicht. Ganz ähnlich das Ende von **Klaros 6**,7-9, ebenfalls aus der Orakelkodifikation von Hierapolis: ὧδε γὰρ οὐκ ἀφαμαρτήσεις ὧν θε[ὸς αὐδᾷ,] | ἐκ θεουδείης κύρσεις, ἤ σ' οὔ τι [κακώσει,] | ἀλλὰ συνωρότερον καὶ ἀοσσηρώ[τερον? ... (wohl zu ἀοσσέω ›helfen‹, s. die Besprechung o. S. 123 m. Anm. 230).

624 **Klaros 13** = TAM 4,1,92 = SGO 09/06/01, 18f. Dementsprechend liegt die Annahme nahe, daß die Anfrage aus Anlaß einer Mißernte oder aus vorausgreifender Sorge der Bürger um den Ernteertrag der Felder gestellt worden ist. Auch die Paraphrasierung des Gegenstands der Anfrage zu Beginn des göttlichen Bescheides, ἀμφὶ πολυτραφίης γεοθάλπεος, *»zur Frage über erderwärmten Nahrungsüberfluß«,* weist in die Richtung dieser Interpretation. Allerdings deckt gerade im Zusammenhang der Orakel das Wortfeld καρπός, ›Ernte‹, ›Ertrag‹, auch den weiteren Sinn von ›Wohlfahrt, Sicherheit, Wohlergehen‹ (mit) ab.

temis in eine lydische Stadt, wenn der Gott die Anordnung der Einführung der Göttin nochmals aufnimmt, *»damit sie euch für immer zur unbefleckten Helferin werde – wenn ihr es aber nicht vollführt, werdet ihr noch Feuersstrafen zu büßen haben«.*[625]

Es gibt weitere Beispiele im Corpus der klarischen Orakeltexte: Die Zusicherung, bei einer Rückkehr der Gefahr werde ποινή, ›Vergeltung‹ – zu verstehen ist: zugunsten der Konsultanten – erfolgen, am Ende des ›Pestorakels‹ für Kallipolis formuliert denselben Gedanken aus anderer Perspektive, mit Blick auf die gegenwärtige Krise.[626] Am Ende des Orakels aus Syedra über Schutz gegen die Bedrohung durch Seeräuber verheißt Apollon den Einwohnern des pamphylischen Syedra, die Errichtung einer Statuengruppe mit Ares, Hermes und Dike, vereint mit einem mutigen Abwehrkampf gegen die Eindringlinge, werde sie schützen: *»So werdet ihr euch jeglichem Schaden* (?) *entziehen können«.*[627]

Helios Apollon wünscht von der Familie des Symmachos in Phrygien einen geosteten Altar, *»damit ich als beständiger* (?) *Helfer den Wagen anspanne* (?: oder *die reifen Früchte gewähre, die Früchte zur rechten Zeit reifen lasse*). *Denn ich bin es, der den Sterblichen die Früchte liefert, den Menschen, die ich retten will und denen ich meinen Ruhm zu überbringen weiß«.*[628] Der Priester des Kults des *heros ktistes* des phrygi-

625 **Klaros 11**,17f.: εἰς αἰὲν ὅππως ὔμμι πέλοι ἄχραντος ἀρωγός· εἰ δέ τε μὴ τελέοιτε, πυρὸς τότε τείσετε ποινάς. Vgl. o. S. 223-225.

626 **Klaros 9**,31f. Zur Deutung vgl. o. S. 183-186.

627 **Klaros 15** = SEG 41,1411, 13: οὕτω γὰρ μάλα πᾶσαν ὑπεγδύσε[σθε κ]όλο[υσιν (erg. von den Erstherausgebern Bean/Mitford). κόλουσις zu κολούω ›beschneiden, stutzen, kurz schneiden‹, also ›Beschneidung, Kürzung, Zurückschneiden‹. LSJ s.v. nennen als Belege nur Prosastellen aus hortologischem Fachschrifttum oder in daraus entlehnter Ausdrucksweise, Aristot. Pol. 1311 a 21; Theophr. Caus. Plant. 2,15,4; 5,17,5. In übertragenem Sinne (δυνάμεως) Plut. V. Arist. 7; die Bedeutung ›Verstümmelung‹ (Merkelbach/Stauber), ›mutilation‹ (Robert, DAMM 93) scheint sonst aber bisher nicht belegt. Die Ergänzung muß darum unter Vorbehalt stehen (siehe auch Robert ebd. Anm. 5). – Zum historischen Hintergrund des Textes vgl. Ph. de Souza, Romans and pirates in a late hellenistic oracle from Pamphylia, ClassQuart 47 (1997) 477-481 (vgl. EBGR 1997, 106 [Kernos 13, 2000, 164f.]); dens., Piracy in the Graeco-Roman world, Cambridge 2000, 139f.; zuletzt K. Tomaschitz, Zur historischen Einordnung eines Orakelspruchs des Apollon von Klaros, in: H. Heftner (Hg.), Ad fontes! Festschrift für Gerhard Dobesch zum 65. Geburtstag am 15. September 2004, Wien 2004, 419-430.

628 **Klaros 19** = ClassRev 11 (1897) 31 Nr. 4, 11f.: *(»verrichtet mir Opfer«)* ὄφρα κεν ἀλκήτωρ τε[λέ]θων τὰ συνώρια τεύχω· τῶν καρπῶν γὰρ ἐγὼ πέλομ[αι μ]ερόπεσσι παρέκτω[ρ | οὓς] ἐθέλω σῶσαί (ΣΩΗΣ auf dem Stein, korr. A. Petrie, in: W.M. Ramsay, Hg., Studies in the history and art of the eastern provinces of the Roman empire, London 1906, 128; vgl. ebd. 200) τε κὲ (= καὶ) [οἷς] κλέος οἶδα φορέσκειν (= φέρειν, vgl. τιεσκόμενοι in **Klaros 2**,2). Die Details sind, wie auch in der Übersetzung angedeutet, nicht ohne Probleme: τελέθων als Partizipialadjektiv zum poet. τελέθω ›sein, werden‹ (verwandt mit τέλομαι, dor. für πέλομαι und πέλω) geben Merkelbach/Stauber mit ›beständig‹ wieder, doch findet sich kein Beleg für einen solchen Gebrauch in LSJ s.v. Ist es besser nur als poetischer Ersatz für ὤν zu verstehen? Unklarer noch ist das neue Wort τὰ συνώρια. Es bestehen zwei mögliche Ableitungen: (a) zu συνωρίς ›Zweigespann‹ und synonym damit; dann wären hier also die zusammengespannten Rosse am Wagen des Sonnengottes bezeichnet; oder (b) zu ὥρα; συνώριος hieße dann ›gereift, zur Jahreszeit‹,

schen Aizanoi fragt an wegen einer Verlängerung seiner Amtszeit (ὑπὲρ τοῦ μένειν ἱερέα), und Apollon ermuntert ihn zu diesem *»Fischzug«*, βολετισμός:[629] *»denn er wird dir reichen Ertrag bringen, den ich gewähre«.*[630]

Auch die Orakel für Privatpersonen, die unter den aus Didyma bekannten Texten das Übergewicht haben, kennen diesen Schluß des Bescheides mit einer Wendung, die dem Konsultanten unter der Voraussetzung, daß er den gegebenen Anweisungen genau Folge leistet, einen positiven Verlauf seiner weiteren Lebensgeschichte in Aussicht stellt und ihn des Beistands und der Loyalität der Götter versichert, die er gemäß den Vorgaben Apollons verehren wird. Wenn der Tierdresseur und »Performancekünstler« Appheion-Heronas aus Alexandria den didymäischen Gott besorgt anfragt, ob seine Karriere weiterhin gut verlaufen werde und welche Götter er dazu ehren solle,[631] heißt ihn Apollon, zu dem aus seinem heimatlichen Alexandria stammenden Gott Sarapis, zu Nemesis als Göttin der Stadien und Arenen und zu ihm, Apollon, selbst zu beten, *»dann wirst du sie als Helfer bei deinen Plänen haben«.*[632]

Mit einer ganz ähnlichen Formel endet das von Porphyrios überlieferte Orakel des didymäischen Apollon über den rätselhaften Tod von neun Waldarbeitern, die im Wald einer Epiphanie des Pan ausgesetzt waren, aus der sie dann Artemis Ἀγροτέρη entrückt und so – gegen den Augenschein – gerettet habe. Den Landbewohnern, die sich nach Didyma gewandt

und τὰ συνώρια wären entsprechend ›die gereiften Früchte der jeweiligen Jahreszeit, die Ernte‹, welche der Sonnengott wachsen läßt (so auch LSJ s.v.) – Schließlich ist auch παρέκτωρ eine bisher unbelegte, freilich unzweideutige Bildung.

629 ὁ βολετισμός ist eine abweichende Bildung zu ὁ βόλος, ὁ βολετός, ›Fischzug‹, über das (seinerseits von diesen Nomina abgeleitete) Verb βολετίζω. Der Herausgeber der Inschrift aus Aizanoi, A. Körte (s. nächste Anm.), hat in diesem Vers eine Nachahmung eines bei Herodot überlieferten hexametrischen Orakels gesehen, mit welchem der akarnanische *chresmologos* Amphilytos Peisistratos ermutigte, seine militärischen Ambitionen auf Athen zu verfolgen und dort zum dritten Mal seine Herrschaft zu etablieren, Hdt. 1,62,4: ἔρριπται δ' ὁ βόλος, τὸ δὲ δίκτυον ἐκπεπέτασται, | θύννοι (›Thunfische‹) δ' οἰμήσουσι σεληναίης διὰ νυκτός. Fontenrose, Delphic oracle 157 Anm. 17, vergleicht die Struktur der Verse des Amphilytos mit dem delphischen Orakel für Philipp II. vor seinem Feldzug gegen die Perser 337/36 v. Chr., Diod. 16,91,2 und Paus. 8,7,6 (PW 266 = Fontenrose Q 213): ἔστεπται μὲν ὁ ταῦρος, ἔχει τέλος, ἔστιν ὁ θύσων.

630 **Klaros 20** = A. Körte, AthMitt 25 (1900) 398-401 Nr. 1 = MAMA 9,180 P 58 = SGO 16/23/01, 6-8: δώσει γὰρ ἐπήτριμα, τοῖσι φερείω. – τὰ ἐπήτριμα ist hier offenbar als Nomen verwendet. Das Adjektiv ist ein homerisches Wort unklarer Bildung und Bedeutung (Risch, Wortbildung 105 § 37): Die antiken Grammatiker leiteten es von τὸ ἤτριον, der ›Kette‹, dem ›Aufzug‹ des Webstuhls, ab (problematisch: vgl. C. Arbenz, Die Adjektive auf -ιμος, Diss. Zürich, Tübingen 1933, 25f.) und verstanden ›dicht, fest gewoben‹ als ›dicht, zahlreich, kontinuierlich, gedrängt‹, vgl. etwa Hesych. s.v.: ἄλλα ἐπ' ἄλλοις, πυκνά (aus einem Homer-Komm. zu Il. 18, 211). Den isolierten Gebrauch an unserer Stelle haben Körte und H. Diels (bei Körte) versuchsweise als ›reichen Ertrag, Gewinn‹ interpretiert.

631 **Didyma 20** = I.Milet 205a (Milet 1,7,301f. = 6,1,33f.) = Vidman, SIRIS 286 a, 12. Grundlegend die Ausführungen bei Robert, Études épigr. et philol. 106f.; Hell. 11-12, 356; Trois oracles 578f. 592f.

632 βουλαῖσι τεαῖς ἐπαρήγονας ἕξεις. – ἐπαρήγονας ist aufgrund eines quer verlaufenden Bruchs im Stein nicht mehr gut lesbar, aber nach Rehm im App. doch unzweifelhaft.

hatten, erklärt Apollon, sie sollten darum für Artemis einen Kult einrichten, damit sie ihnen auch künftig *»als Helferin beistehe«*.[633]

Entwicklung des Konzepts der helfenden Götter in den ›Theologischen Orakeln‹.

Das Theologumenon der Götter als Helfer der Menschen ist dann auch in die ›Theologischen Orakel‹ eingegangen, wie wir sie bei Porphyrios und in der *Tübinger Theosophie* lesen. Bei diesen Texten kann auch dann, wenn sie als Autor nur »Apollon« ohne nähere Spezifikation anführen, nicht ausgeschlossen werden, daß sie – gegebenenfalls über Zwischenstufen – aus den Heiligtümern von Didyma oder Klaros stammen, zumindest in den Fällen, in denen inhaltliche und formale Kriterien auf enge Verwandtschaft mit inschriftlichen Orakeln weisen.[634] In anderen Fällen – etwa dem zuvor

633 **Didyma 45** = Porph. 307 F Smith (= Eus. PE 5,6), V. 11: ἣν καὶ χρὴ λίσσεσθ', ἵνα σοι γίγνητ' ἐπαρωγός. – Positive Ausgriffe in die Zukunft sind vermutlich auch erkennbar im archaischen Orakel für Olbia, **Didyma App2**, obwohl über dessen Interpretation im einzelnen wie über den Gesamtcharakter dieses Textes noch keine Einigkeit herrscht: μακαρίζω ἐκεί(νην) 6, s. Burkert, Olbia 54. Apollon hat Seleukos I. positive Aussichten über sein Leben und seine Herrschaft eröffnet, **Didyma 43** = Lib. Or.11,99: χρησμὸς αὐτὸν ἦγεν, ὃν ... ἐκ Μιλήτου δεξάμενος ἀνεθάρρησεν, ὅς τήν τε μέλλουσαν ὑπισχνεῖτο τύχην καὶ λαβόντι τὴν Σύρων ἀρχὴν κτλ.

634 Eine grundlegende Neubewertung dieser literarisch überlieferten Orakel hat Robert, Trois oracles, geleistet, wo exemplarisch (das betont Robert: »Il y aura d'autres attributions à proposer: je n'ai voulu apporter ici que des identifications qui m'ont paru incontestables«, 599 = 615) die in Theos. 24-26 Erbse = 1,21-23 Beatrice stehenden Orakel als authentische didymäische Bescheide interpretiert werden. Zum Stellenwert dieser Studie vgl. Robinson, Theological oracles 2 Anm. 2; ebd. 184ff.

Die Gegenposition wird – wie in Delphi – von der Hyperkritik J. Fontenroses (Didyma 217-222; 243f.) eingenommen, der sämtliche bei Porphyrios bzw. Eusebios und in der *Theosophie* überlieferten Orakel für literarische Produkte der religionsphilosophischen Spekulation spätantiker Intellektueller und von »poets of a somewhat philosophical temper« (221) hält, seien sie nun neuplatonischer oder christlicher Schule, die an Gottesvorstellungen interessiert und tendenziell monotheistisch orientiert gewesen seien. Dieser Dissens läßt sich nicht bereinigen, denn Fontenroses Einwände können bei der gegebenen Quellenlage nicht definitiv widerlegt werden – doch umgekehrt sind auch keine über jeden Zweifel erhabene Beweise zu ihren Gunsten möglich. Folgerichtig nimmt Fontenrose auch immer wieder zu *petitiones principii* und vorgefaßten Aussagen seine Zuflucht, wie: »it is unlikely that any oracle made such statements« (217 zu **Didyma 44**), »it can hardly be an authentic pronouncement« (220 zu **47**), »it is unlikely that ... this response ... came ... from Didymean records« (226 zu **52**), ohne dies im einzelnen näher zu begründen (s. nächste Anm.).

Robert hat einige formale Kriterien für eine Authentizitätsprüfung der in spätantiker theologischer Literatur überlieferten Orakel aufgestellt, die über eine Gemeinsamkeit in Themen, Aussagen, Stil und ›Machart‹ mit den Steinorakeln hinausgehen. Sie setzen am Lemma des antiken Zeugen an und lenken den Blick darauf, ob ein Konsultantenname genannt ist, ob das Orakel einem spezifischen Heiligtum zugewiesen wird und ob sich Angaben des Lemmas, insbesondere zu Anlaß und Gegenstand der Konsultation und der gestellten Frage, aus dem Orakelbescheid ableiten lassen. Letzteres ist zwar ein besonders tauglicher Prüfstein, doch bei positivem Befund kein zwingender Beweis einer »Fälschung«, wie auch das Fehlen von Konsultanten- oder Heiligtumsname. Diese Kriterien ergänzen sich wechselseitig, und in der Summe können sie einen Eindruck untermauern.

angeführten Waldarbeiterorakel – ist das Heiligtum denn auch genannt.[635] In einem dieser Orakel, die nach Angabe des antiken Autors Apollon erteilt habe, sprechen *»die Götter«* über ihr Verhältnis zu den Menschen: *»Den frommen Sterblichen sind wir geschwinde Helfer ... leichthin gelangen wir zu den sich mühenden Menschen«.*[636] Die für die didymäischen

---

Erschwert wird ein abschließendes Urteil insbesondere durch unsere Unkenntnis, wie und in welcher Form unsere Zeugen an ihre Texte gelangt sind, ob etwa Porphyrios oder einer seiner Zuträger die in Didyma aufgestellten Steine bei einem Besuch selber abgeschrieben hat. Das ist durchaus nicht ausgeschlossen: So sind eine nicht geringe Zahl von Epigrammen, die in die *Anthologia Palatina* gelangt sind, noch in der Antike von Steinen an ihren Aufstellungsplätzen abgeschrieben worden, worauf Robert immer wieder hingewiesen hat. Entsprechend wurden sie von Merkelbach/Stauber in ihre *Steinepigramme* aufgenommen; vgl. in unserem Material **Didyma App21** aus Anth. Pal. 14,72. Auch muß man davon ausgehen, daß Bücher Περὶ τῶν τοῦ ἐν Διδύμοις bzw. τοῦ Κλαρίου 'Απόλλωνος χρησμῶν umliefen; doch stellt sich hier die Frage nach dem Quellenwert der nächsten Überlieferungsstufe – und so mit jeder weiteren Zwischenstufe neu. Vgl. immerhin die Einschätzung bei Robert, Trois oracles 591 = 607, über die antike Verbreitung der didymäischen Texte: »Les oracles de Didymes sont nombreux dans le sanctuaire même et à Milet ... il était facile, sans consulter les archives du *chresmographeion*, de faire une collection d'oracles en copiant les inscriptions (sc. die an den verschiedenen Plätzen öffentlich aufgestellt waren) ... les questions étaient normalement gravées avant l'oracle«.
Wahrscheinlich ist allerdings, daß eine Anzahl der in den spätantiken literarischen Quellen überlieferten Orakel, die sich als Bescheide Apollons geben, »am Schreibtisch« philosophisch-theologischer Schriftsteller entstanden sind. Doch ist eine monotheistische Tendenz dafür noch kein sicheres Indiz, wie der Fall des klarischen Orakels auf einem Stein in Oinonanda zeigt (**Klaros 25**), das teilweise mit einem Orakel der *Theosophie* (§ 13 Erbse = 1,2 Beatrice = **Klaros 26**) identisch ist. Auch hier gibt es allerdings mehrere Argumentationsmöglichkeiten; die Verse müssen in Oinoanda nicht unbedingt als Orakel aufgezeichnet worden sein. In einer mittlerweile unübersichtlich gewordenen Bibliographie zu dem Textkonglomerat **Klaros 25-27** bleibt Robert, Oinoanda, die grundlegende Arbeit; zur Diskussion vgl. jetzt Busine, Paroles 35-40. Zuletzt hat Bendlin, Nutzen 191-193, das Verhältnis zwischen den drei auch literarisch überlieferten ersten Zeilen der Inschrift und der anschließenden Exegese (durch Funktionäre des Orakels, theologische Spezialisten in Oinonanda oder die Dedikantin?) thematisiert und die Möglichkeit betont, daß es sich um einen religiösen Text handelt, der im Verlaufe eines Prozesses der Literarisierung Kommentare erhalten hat. Das Orakel selbst sieht er als »eine theologisch-spekulative Collage von stoischen und platonischen Motiven der römischen Kaiserzeit«. Der Gesamtbefund ist sicher gemischt; neben authentischen stehen bei Cornelius Labeo, Porphyrios, Laktanz, Eusebios, Augustinus usw. wohl durchaus auch pseudo-authentische Orakel – gerade ihre Gegenüberstellung mit authentischen Kulttexten konnte ihre Glaubwürdigkeit erhöhen. Deutlich scheint, daß die für die professionelle religionsphilosophisch-theologische Spekulation attraktiven Texte spätestens mit dem 3. Jh. in literarische Sammlungen mit dem Charakter von Florilegien eingehen, wie sie dann von Labeo und seinen Nachfolgern benutzt werden: »Das Orakel als Text ist durch seine literarische Diskursivierung autonom geworden«, hält Bendlin zutreffend fest.
Die neuere Forschung neigt in geringerem Maße dazu, von absichtsvollen »Fälschungen« solcher Texte auszugehen, wohl auch, weil man die Konvergenzen zwischen spätantiker paganer Theologie und jüdisch-christlichen Gottesvorstellungen (und beider lange Koexistenz) inzwischen deutlicher sieht. Die pagane Spekulation konnte eine quasi monotheistisch verstandene, henotheistische ›Gottheit‹ mit der alltäglichen polytheistischen Kultpraxis durchaus vereinbaren und hob diese in den Orakeln meist in eine hierarchische Kosmologie auf, in der ein oberster Gott die vielen ›Provinzialgötter‹ als seine »Diener« umfaßte. Konzeptionell ist dabei die Vorlage in der Machtstruktur des real existierenden politischen Imperiums deutlich erkennbar. Auch spricht viel dafür, daß die ›monotheistische‹ Variante paganer Götterspekulation, die wir in den philosophischen Milieus

Orakel typische Zusicherungsformel hat Eingang noch in die philosophischen Spekulationen über das Schicksal der menschlichen Seele gefunden, die in den ›Theologischen Orakeln‹ zu lesen sind, wenn Apollon dort erklärt, nach der Befreiung aus der Leiblichkeit (ἀνάλυσις) steige sie *»alterslos und für immer unauslöschlich«* in den Äther auf.[637]

---

fassen, bereits seit dem 2. Jh. n. Chr. auch von den Kultfunktionären in den Orakelheiligtümern rezipiert worden war, so daß sie auf entsprechende Fragen von Konsultanten nach dem Wesen der Gottheit solche ›Theologischen Orakel‹ als Antworten gaben. Namentlich in Klaros und Didyma war man offenbar dazu übergegangen, derartige Anfragen mit Bescheiden zu versehen, die einem stärker spekulativen Weltbild Rechnung trugen. Siehe auch u. S. 319f. 538f. 553-556.
Einen Überblick über die Thematik im Lichte neuerer Herangehensweisen geben – neben der detaillierten Untersuchung im zweiten Teil der Arbeit von Busine, Paroles 227-431 – etwa T. Sardella, Oracolo pagano e rivelazione cristiana nella Theosophia di Tubinga, in: M. Mazza/C. Giuffrida (Hg.), Le trasformazioni della cultura nella tarda antichità: atti del convegno di Catania, Università degli studi, 27 sett.–2 ott. 1982, Rom 1985, 545-573, sowie diverse Arbeiten von S. Pricoco, beispielsweise: Per una storia dell'oracolo nella tarda antichità: Apollo Clario e Didimeo in Lattanzio, Augustinianum 29 (1989) 351-374; ders., L'oracolo teologico, in: A. Garzya (Hg.), Metodologie della ricerca sulla tarda antichità: Atti del primo convegno dell'Associazione di studi tardoantichi, Neapel 1989, 267-285. Zum Prozeß der Literarisierung dieser Texte siehe T. Barnes, Monotheists all? Phoenix 55 (2001) 142-159, h. 155-159; G. Fowden, Between pagans and Christians, JRS 78 (1988) 173-182, h. 178f. (= Rez. v. Lane Fox, Pagans; vgl. dort 256-261).

635 Neben dem ›Waldarbeiterorakel‹ **Didyma 45** (ὁ ἐν Βραγχίδαις Ἀπόλλων) ist das für das milesische Heiligtum auch in **Didyma 46** (Porph. 309 F Smith = Eus. PE 5,7,4f.) der Fall, wo das Lemma des Porphyrios lautet: αὐτοὶ (sc. οἱ θεοὶ) δεδηλώκασιν (sc. die Pflichten der Menschen gegenüber den Göttern), ὥσπερ ὁ Διδυμαῖος διὰ τούτων· κτλ. **Didyma 47** und **48** (Porph. 322 F Smith = Eus. PE 5,16) reiht selbst Fontenrose in sein Corpus der didymäischen Antworten ein, obwohl das Heiligtum nicht benannt ist; er hält sie freilich dessenungeachtet für literarische Erfindungen. Der scheinbare Widerspruch ist Fontenroses komplizierter Taxonomie geschuldet: Diese Texte gehören für ihn in die Gruppe der »Quasi-historical responses«, der Q-Gruppe in *The Delphic oracle*, da sie nicht mehr durch Zeitzeugen dokumentiert sind, sondern durch Berichterstatter, deren Lebenszeit nicht mehr das – sei es fiktive oder reale – Datum der Konsultation umfaßt. Innerhalb dieser Gruppe – genau wie in den »Historical responses«, denjenigen Antworten, die durch Zeitzeugen überliefert sind – kann es aber sowohl authentische als auch »not genuine« Bescheide geben. Dafür sind die Kriterien dann allerdings weniger eindeutig, s. vorige Anm., und meistens gibt Fontenrose bei verworfenen Texten eine mittelbare, abgeleitete Begründung: Das vorliegende Orakel sei »not genuine«, weil es angeblich »unlike any of the certainly historical oracles« sei. Das bedeutet zum einen einen hermeneutischen Zirkelschluß (die Ähnlichkeitskriterien sind eben durch ein solches Ausschlußverfahren festgelegt) und ist zum anderen in den Einzelpunkten nur schwer zu sichern.
Didyma 47 setzt eine Anfrage voraus, in der nach der Aktivität der Orakelheiligtümer in Delphi und Klaros oder nach der Verläßlichkeit ihrer Bescheide gefragt wurde, wie aus V. 1 des Orakels zu erschließen ist. Da die Antwort lautet, nur noch Didyma, Delphi und Klaros seien aktiv, dürfte der Text aus Didyma stammen; ist er ein literarisches Produkt, wollte ihn der Verfasser offenbar diesem Heiligtum zuschreiben. Dasselbe Thema des Schweigens der Orakel betrifft **48**, nach Porphyrios' Lemma eine Anfrage der Einwohner von Nikaia. Hier wird das Verstummen der Orakelstimme Apollons *tout court* behauptet, ohne daß zwischen Heiligtümern differenziert würde (doch paradoxerweise ist oder gibt sich diese Auskunft eben als ein Orakel Apollons). Dennoch sollten die Nikäer Apollon θεόπροπα θύματα, *»mantische Opfer«*, zukommen lassen – eine erstaunliche Weisung. Da **48** sich übergangslos anschließt und das kurze Lemma Νικαεῦσι δὲ χρῶν ἔφη dasselbe Subjekt weiterführt, könnte, wenn in **47** der didymäische Apollon der vorgebliche Sprecher ist, auch **48** ihm gehören. Aber es ist unklar, ob Porphyrios in seiner Orakelschrift (bzw. die Sammlung, die er benutzt hat) zwischen den Apollines der verschiedenen Heiligtümer unterschie-

2.2.5 Ein weiteres Krisenorakel aus Didyma?

ὁππότε Φοῖβος ἄναξ Νυμφῶν ἐποχούμενος οἶδμα
καὶ ζαθέης γαίης ἐπιείμενος εὐρέα νῶτ̣α̣
3 τ̣λήμονα παντοίω̣ν ἔργων μεδέουσαν ἀ̣[νάγ]κ̣η̣ν,
ἤϋσεν δειν[ῶς . .]Ν[. . . . .] ξ[ε]νίης τε
τείειν ἀθανάτ[ων τε θεῶν] ὀμφάς τ̣' αἶσ̣α̣ν̣ τ̣ε̣ [. . .]ΟΥ[. .],
6 εἵσατο τόνδε λί[θο]ν [Βά]σσος ξοΐδεσσι τορέσσας

ἱρεὺς ὁ Φοίβου Βάσσος, ὃς Βάσσου φύη·
τιμῆς ἀνάγκην τῇδε γῇ θέσπι[ζ'], ἄναξ
- - -

(Text nach Merkelbach/Stauber)

Übersetzung

Als Phoibos, der Herrscher, auf dem Schwall der Nymphen dahinreitend
und über den breiten Rücken der hochheiligen Erde dahinjagend,
3 nach der jämmerlichen Notwendigkeit, die viele Werke ersinnt,
mit gewaltiger Stimme rief … und des Gastrechts,
in Ehre zu halten die Worte der unsterblichen Götter und das Geschick …,
6 da hat aufgestellt diesen Stein Bassos und mit Meißeln behauen lassen.

Der Priester des Phoibos, Bassos, der von Bassos entsprungen ist:
Die Notwendigkeit der Verehrung verkünde diesem Land, Herr,
…

---

den hat oder ob es für ihn der eine Gott Apollon war, der durchweg sprach – dann könnte aus der Fortführung des Subjekts mit ἔφη nicht ohne weiteres der genannte Schluß gezogen werden. Weiter ist zu bedenken, daß das Thema des ›Verstummens der Orakel‹ in der philosophisch-religiösen Literatur seit Plutarchs Schrift allem Anschein nach ein Eigenleben geführt hat und zum Topos geworden ist, ohne daß dies mit der Realität in den Heiligtümern wie den drei großen apollinischen Orakeln übereinstimmte, wo nach wie vor lebendige Konsultationspraxis herrschte. Dieser Eindruck kann tatsächlich zu Skepsis gegenüber der Authentizität von Texten wie **Didyma 47** und **48** führen. Im übrigen ist auch Plutarchs Schrift wohl eher als ein Produkt solcher in bestimmten intellektuellen Kreisen verbreiteten Ansichten denn als ihr Auslöser anzusehen.

636 **Didyma App31** = Theos. 34 Erbse = 1,31 Beatrice: ὁ Ἀπόλλων ἔχρησεν οὕτως· Εὐσεβέσιν μερόπεσσιν ὀτρήμονές ἐσμεν *ἀρωγοί,* | … | ῥίμφα δ' ἐπ' ἀνθρώποισι πονειομένοισι περῶμεν κτλ. – Sprachliches: ὀτρήμων ist ein *hapax legomenon,* eine abweichende Bildung zu ὀτρηρός, welches zum homerischen ὀτρύνω ›antreiben, in Bewegung setzen, beschleunigen‹ gehört; also ›schnell, geschwind, eifrig, bereit‹. Vgl. Risch, Wortbildung 52; Erbse im App. der ed. Theos. (1995) verweist ad loc. auf die Sammlung von Adjektiven auf -ήμων bei L. Sternbach, Meletemata Graeca, Wien 1886, 38ff.

637 **Didyma 50**,4f. ἐς αἰθέρα πᾶσα φορεῖται | αἰὲν ἀγήραος οὖσα, μένει δ' εἰς πάμπαν ἀτηρής.

638 Siehe o. S. 238f.

639 Neben dem hier besprochenen Text **Didyma App22** wären noch folgende Corpuseinträge zu nennen:
(1) Ein Orakel für die Rhodier über Kult für Attis, der mit Adonis und Dionysos identifiziert wird (zwei Hexameter), **Didyma App28** = Socr. Hist.eccl. 3,23. Im Lemma sagt der Kirchenhistoriker:

Die Altarweihung des Propheten Bassos

Es ist trotz der zuvor betrachteten Parallelen nicht zu übersehen, daß das Orakel für Andronikos – oder den milesischen *demos*[638] – als ein Krisenorakel aus Anlaß einer (drohenden) Naturkatastrophe im umfangreichen Corpus der didymäischen Orakeltexte mit nur einigen wenigen weiteren Beispielen[639] recht vereinzelt dasteht, während in Klaros die Anfragen von Städten, die sich von einer derartigen Gefahr, etwa einer Seuche, einer Mißernte oder einem Erdbeben, bedroht sehen, charakteristisch sind und das Schwergewicht in der uns verfügbaren (allerdings etwa nur halb so viele Zeugnisse zählenden) Dokumentation der klarischen Orakelbescheide ausmachen.

Ein mögliches weiteres Orakel aus Didyma für Milet nach einem verheerenden Naturereignis soll hier kurz Erwähnung finden. Das Versepigramm des Propheten Bassos[640] ist eine Altarweihung für Apollon mit einem eigentümlichen Text. Auf einer Nebenseite (B) stehen zwei iambische Trime-

Ῥοδίοις *συμφορᾷ περιπεσοῦσιν* ἐδόθη χρησμὸς κτλ. Sokrates weist das Orakel keinem Kult zu; Robinson, Theological oracles 224-226, hat aufgrund der für die didymäischen Orakel typischen Formel ἱλάσκεσθε und aufgrund mehrerer dokumentierter rhodischer Konsultationen in Didyma eine Zuordnung zum Corpus des Orakels vorgeschlagen. Doch muß dieser Eintrag mit einem Fragezeichen versehen bleiben. Auch ist nicht auszuschließen, daß der Verweis des Sokrates auf einen Krisensituation topischen Charakters ist (so vielleicht schon in seiner Vorlage).

(2) **Didyma 36** = Heracl. Pont. fr. 50 Wehrli (von Fontenrose für nicht authentisch gehalten): Orakel im 6. Jh. v. Chr. für die oligarchische Partei Milets zu Prodigien, die nach der brutalen Niederwerfung eines Aufstandes eintraten, und das folgende lange Schweigen Apollons gegenüber den Herrschenden in Milet. Dieses Orakel kann zugleich aber unter die Rubrik ›Innere Konflikte‹ eingeordnet werden, in die auch **Didyma 19**, **9** und **A4** gehören, und ebenfalls in eine Gruppe mit übernatürlichen Ereignissen und Prodigien als auslösenden Vorkommnissen, siehe bei (3).

(3) Das schon angesprochene Orakel bei Eusebios über den Tod der Waldarbeiter, **Didyma 45**, das ebenfalls in die Gruppe der Orakel zu rechnen ist, die nach unerklärlichen, auf übernatürliche Ursachen zurückgeführten Ereignissen, nach Prodigien, Wundern oder Götterepiphanien eingeholt werden: vgl. **Didyma 22** (eine Demeter-Priesterin erkundigt sich über Göttererscheinungen, behandelt Kap. 3, Anm. 404) und **Didyma A3** (Statuenfund nach einem bedeutsamen Traum). In Klaros gehört **Klaros 23**, eine Anfrage der Antiochener nach dem Fund eines rätselhaften gigantischen Leichnams im Orontes, in diese Kategorie.

640 **Didyma App22** = I.Didyma 82 = SGO 01/19/22, nach der Schrift (»sehr häßlich, spät« Rehm im Lemma) spätes 2. oder 3. Jh. n. Chr. Daß Bassos Prophet war, schließt Rehm daraus, daß er sich ἱρεὺς τοῦ Φοίβου (B1) nennt; aber die Frage, ob es neben dem Propheten auch einen Priester in Didyma gegeben hat, ist umstritten, vgl. Georgoudi, Porte-parole 352-355, bes. 353. Wir kennen die Person aus der Siegerinschrift I.Didyma 183 = McCabe, Didyma (PHI # 7) 256 (der Name ist so selten in Milet und Didyma, daß eine Identität mit großer Wahrscheinlichkeit anzunehmen ist: Rehm zu I.Didyma 183), wo er sich seiner Siege gleich in einer Vielzahl von Agonen rühmt: als τραγῳδός bei den Didymeia *»im Heiligtum«* (es gab also Tragödienaufführungen innerhalb des heiligen Bezirks: das ist eine neue Information), als κιθαρῳδός bei den Großen Didymeia in Milet (daß diese offenbar wenigstens zum Teil auch in der Stadt Milet selbst stattfanden, wissen wir nur aus dieser Inschrift), dann im Tragödienwettbewerb eines Festes im Kaiserkult namens Νέα Σεβαστά (noch einmal erwähnt I.Didyma 255,5) und schließlich als κωμῳδός an den Ἀρτεμίσια in Ephesos (zum Fest – das sonst auch Ἐφέσεια heißt – vgl. Nilsson, Feste 243-247; daß es Komödienaufführungen an diesem Fest gab, ist neu).

ter, in denen sich Bassos als ἱρεὺς Φοίβου bezeichnet und ein Gebet an Apollon, den er als ἄναξ anruft, richtet, der Gott solle in einem Orakel (θέσπι[ζ']) die Notwendigkeit einer (gemeint ist doch wohl: verstärkten) Verehrung seiner selbst oder der Götter überhaupt verkünden.[641]

Auf der Vorderseite (A) liest man eine farbige, geradezu dramatische Schilderung, wie Apollon über das aufgewühlte Meer dahinfährt und über das Land jagt und dabei nach der ἀνάγκη[642] ruft, ja es wird sogar der Ausruf des Gottes wörtlich wiedergegeben: Soweit diese Partien noch erkennbar sind, verlangt Apollon von den Menschen, die Götter, insbesondere ihre Orakel (ὀμφάς), das Gastrecht (ξενίης[643]) und das den Menschen verhängte Geschick (αἶσαν) zu ehren.

Die poetischen Umschreibungen des Textes für das Dahinreiten Apollons über die Wellen und sein Dahinjagen über Land[644] können wohl am ehesten auf eine Naturkatastrophe bezogen werden. Die Bildlichkeit mag einerseits auf eine Flutwelle, andererseits auf einen zerstörenden Sturm, beides wiederum auf ein Erdbeben deuten, das diese Naturphänomene ausgelöst hat.[645] Wenn Bassos Apollon »*laut rufen*« oder gar »*schreien*«

---

641 So ist wohl τιμῆς ἀνάγκην τῇδε γῇ θέσπιζ(ε) zu verstehen. Hiermit bricht der Text auf der Nebenseite ab: Nach Haussouiller folgten noch zwei weitere Trimeter, aber Rehm konnte am Abklatsch nichts mehr davon erkennen.

642 Sprachlich ist schwierig zu entscheiden, worauf V. 3 τλήμονα παντοίων ἔργων μεδέουσαν ἀ[νάγ]κην zu beziehen ist: Wozu gehört τλήμονα? Nach Merkelbach/Stauber zu ἀνάγκην, dann in der Bedeutung ›der elenden, unglücklichmachenden, »verwegenen«‹; nach Rehm mit Enallage zu γαίης V. 2, grammatikalisch aber zu νῶτα, dann mit der Grundbedeutung von τλήμων, ›geduldig, duldend‹. Rehms Lösung scheint mir aber grammatikalisch problematisch, zumal νῶτα bereits durch ein Attribut erweitert ist. Die gleiche Frage stellt sich bei μεδέουσαν (wieder erscheint mit Merkelbach/Stauber der Bezug auf ἀνάγκην sprachlich und hier auch sachlich einfacher). Wozu gehört schließlich V. 3 als ganzer? Merkelbach/Stauber konstruieren τλήμονα … μεδέουσαν ἀνάγκην als Objekt zu ἤϋσεν V. 4 – obwohl sie nach V. 3 interpungieren –, um dieses dann nochmals durch die Infinitivkonstruktion mit τείειν V. 5 zu füllen: *»Gewaltig rief er nach der Notwendigkeit, der verwegenen ..., man müsse ... ehren«*. Rehm faßt hingegen V. 3 eben noch als attributive Ergänzung von γαίης νῶτα aus V. 2: *»... über den breiten Rücken der heiligen Erde dahinschreitend, der duldenden, der Erde, die auf den Zwang zu mancherlei Werk sinnt«*. Während die doppelte Konstruktion zu ἤϋσεν bei Merkelbach/Stauber nicht ganz einfach ist, ist sachlich der Bezug von τλήμονα … μεδέουσαν ἀνάγκην als Apposition zu γαίης νῶτα – einmal ganz abgesehen von der harten Enallage – nicht befriedigend: Die *»unerbittliche Notwendigkeit«* paßt tatsächlich sehr viel besser als Inhalt des vom Gott erteilten Orakels. Das zeigt auch die Wiederaufnahme des auf der Vorderseite A Gesagten auf der Nebenseite B, wo Bassos Apollon bittet, seine Landsleute an die τιμῆς ἀνάγκη zu mahnen. Dies scheint mir den Ausschlag zu geben. Die doppelte Konstruktion von ἤϋσεν kann man durchaus akzeptieren, wenn man die Infinitivkonstruktion τείειν κτλ. als epexegetisch zum nominalen Objekt ἀνάγκην versteht.

643 Oder ist ξενίης sc. γῆς zu verstehen, *»[in der Heimat und] im fremden Land«*? So Rehm und Merkelbach/Stauber.

644 ἐπιείμενος ist nach dem Vorschlag Rehms (von Merkelbach übernommen) eine idiosynkratische Präsensbildung des Dichters zu ἐπιείσομαι, εἴσατο ›anstürmen, heraneilen‹, wovon eigentlich nur der Futur-/Aorist-Stamm gebildet wird. Die Lesung am Stein ist sicher. Die reguläre Perfekt-Bildung ἐπιειμένος zum ebenfalls epischen ἐπι-έννυμι ›eingekleidet, angelegt mit, umhüllt mit‹ ergibt an dieser Stelle keinen akzeptablen Sinn. Bei Pindar findet sich γῆν ἐπιεσσόμενος für ›begraben sein‹ (Nem. 11,16), danach auch bei späteren Dichtern (vgl. LSJ s.v.).

läßt (ἤϋσεν δειν[ῶς A4), so könnte das ebenfalls noch das Heulen des dahinstürmenden Gottes und damit das Heulen des Sturmes ausmalen, aber zusammen mit τείειν ἀθανάτ[ων τε θεῶν] ὀμφάς (A5) legt es die Annahme nahe, es sei hier auf die Verkündung eines Orakels Bezug genommen.

Es scheinen dabei zwei Auffassungen denkbar: Entweder wurde eine eingetretene Naturkatastrophe als Strafwunder für ein zuvor von den Milesiern mißachtetes Orakel Apollons verstanden; zumindest hätte sein Kultfunktionär Bassos diese Deutung aufgebracht und propagiert.[646] Oder Apollon ist auf ein zuvor eingetretenes Naturereignis hin konsultiert worden und hat befohlen, man solle den Rat der Götter befolgen und ein intaktes Verhältnis von Menschen und Göttern anstreben, dessen Grundkonstanten durch die Konzepte von ξενία und αἶσα umschrieben werden. Weitere Einzelanweisungen, etwa ritueller Art, wären dann in dem Gedicht des Bassos nicht ausgeführt worden.[647]

Typologie der didymäischen Orakelbescheide.

Viel typischer als Krisenorakel angesichts von Naturkatastrophen sind in Didyma[648] Fragen zur Ritualistik, vor allem aus dem Wunsch heraus, einen Kult zu stiften oder zu reformieren. Bei diesen Anliegen sind individuelle Anfragen von Einzelpersonen die Regel, die oftmals als besonders eifrige Anhänger des Orakels und seines Gottes mit einem lebhaften Interesse für kultische Fragen erkennbar werden. Daneben steht eine Zahl von Anfragen, die sich auf die persönliche Lebenssituation beziehen, sowie von individuellen Fragen nach religiösen Sinnzusammenhängen.

In Klaros muß es ebenfalls Privatkonsultationen gegeben haben, von denen wir aber nur wenige Spuren haben,[649] wohl auch deshalb, weil eben

645 Flutwelle: νυμφῶν ἐποχούμενος οἶδμα A 1, Sturm und/oder Erdbeben: ζαθέης γαίης ἐπιείμενος εὐρέα νῶτα A 2. Merkelbach/Stauber wollen eher an ein schweres Gewitter denken, da Phoibos in seinem Dahineilen über Meer und Land hier offenbar als Helios-Apollon gemeint sei. Auch das erscheint vorstellbar, und ein vom Meer heranrollender schwerer Gewittersturm könnte wohl in den gleichen Bildern gezeichnet werden.

646 Aufgrund der präsentischen, am einfachsten gleichzeitig zu verstehenden Partizipien ἐποχούμενος καὶ ἐπιείμενος ist diese Lösung sprachlich vielleicht vorzuziehen.

647 Dies in der Sache und vor dem Gesamtbefund der in dieser Arbeit untersuchten Orakel womöglich die wahrscheinlichere Variante. Da die Periode in jedem Fall aber auf die Selbstaussage des Propheten hinausläuft, er habe diese Mahnung auf den Stein meißeln lassen, ohne daß eine weitere kausale Verknüpfung erkennbar wäre, sind Abfolge und Zusammenhang der im Temporalsatz zusammengefaßten Ereignisse nicht mit Sicherheit zu bestimmen.

648 Auf diese charakteristischen Unterschiede zwischen den für beide Kulte erhaltenen Orakeltexten hat Robert, Trois oracles 590-594 = 606-610, hingewiesen.

649 Unter den inschriftlichen Texten bildet das Orakel für die Familie des Symmachos, die einen Altar für Helios-Apollon errichten soll, eine Ausnahme, **Klaros 19**. Vgl. o. S. 256f. mit Anm. 628. Freilich geht aus der Tatsache, daß der Altar von Symmachos und seinen beiden Söhnen errichtet worden ist, weder zwingend hervor, daß es sich um einen privaten Kult handelte,

allem Anschein nach im klarischen Heiligtum selbst keine Bescheide auf Stein kodifiziert wurden[650] und es nach den Resultaten der bisherigen Grabungen auch kein Archiv wie das (freilich bisher auch nicht gefundene, aber inschriftlich gesicherte) χρησμογραφεῖον in Didyma gegeben zu haben scheint.[651] Die inschriftlich erhaltenen Texte verdanken sich durchweg der öffentlichen Aufstellung in den Städten, die diese Bescheide in Klaros erhalten hatten bzw. aus denen die Konsultanten stammten, wo sie zur Dokumentation der Beziehungen mit dem bedeutenden Heiligtum und als Ausweis der eigenen εὐσέβεια allgemein sichtbar gemacht wurden.

Daneben sind auch Anfragen im Zusammenhang mit der Besetzung religiöser Ämter in Didyma häufig.[652] Hier ließ man offenbar gerne den Gott

---

noch, daß sie bzw. der Vater als Privatleute in Klaros vorstellig geworden sind, auch wenn den Namen in der Weihung keine magistratischen Amtsbezeichnungen beigegeben sind. Vielleicht sind sie doch als Konsultanten ihrer ungenannten Stadt nach Klaros gereist, oder aber die Stadt hat durch andere Theoren anfragen lassen, Symmachos dann aber als Dedikant die Errichtung des Altars übernommen. Aus dem Orakel selbst läßt sich kein Anhaltspunkt für eine Beantwortung dieser Frage entnehmen; Apollon spricht sehr allgemein von *»den Menschen«*, die *»zu retten«* ihm angelegen sei und bei denen er sein *kleos* bekannt machen wolle; er charakterisiert seine eigene Macht als die des παρέκτωρ τῶν καρπῶν für die Sterblichen. Diese Begriffe (σῶσαι, καρποί) könnten durchaus auch auf eine kollektive Krise wie eine Mißernte oder Seuche deuten. Typischerweise wird eben ein solcher Anlaß nur in unpräzisen Begriffen wie λοιμός oder καρποί beschrieben: Zu dieser sich durch so gut wie alle Krisenorakel ziehenden Unschärfe o. S. 149-151 sowie Anm. 456. – Weiter ist das Orakel für Ailios Aristeides zu nennen, das den Kranken nach Pergamon zu Asklepios wies (**Klaros 21** = Ael. Arist. 49 [Or. Sacr. 3], 12 Keil), sowie die Orakel, die der Kyniker Oinomaos von Gadara in Klaros erhalten haben will (**Klaros 22** = fr. 14-15 Hammerstaedt), wenn man denn die Rahmenerzählung für authentisch hält. Orakel für öffentliche Personen wie Angehörige von Herrscherhäusern (**Klaros 1**, **App2**, **App3**) oder charismatische ›Weise‹ wie Apollonios von Tyana (**Klaros App4**) kann man nicht im eigentlichen Sinne als Privatkonsultationen rechnen. Bei den mutmaßlich nach Klaros gewiesenen ›theologischen‹ Orakeln (**App9-11**, **App13-17**) ist meistens der Konsultant nicht benannt oder die Angabe ist unspezifisch und nicht weiter überprüfbar. – Siehe auch o. S. 67 m. Anm. 74.

650 Robert, Trois oracles 590 = OMS 5,606: »Dans le sanctuaire de Claros, on n'a pas trouvé un seul oracle gravé, pas le moindre fragment, et l'on peut admettre que l'on n'y gravait pas les oracles; la situation est comparable à celle de Delphes.« Nochmals ders., Fouilles de Claros 20 = OMS 6,540.

651 Rehm sah im Anschluß an Th. Wiegand (Achter vorläufiger Bericht über die von den Staatlichen Museen in Milet und Didyma unternommenen Ausgrabungen, Abh. Preuß. Akad. d. Wiss., Philos.-Hist. Kl. 1924,1, Berlin 1924, 17ff.; vgl. Tuchelt, Topographie 72) das χρησμογραφεῖον als einen Raum des – gleichfalls nicht lokalisierten – ›Prophetenhauses‹ an: I.Didyma S. 104. 155-157; ihm ist auch Günther, Orakel von Didyma 119-123, gefolgt. Das ist aber unwahrscheinlich; vermutlich war es ein eigenes Gebäude nordwestlich des Tempels, s. Tuchelt ebd. 49f. 62; Fontenrose, Didyma 43. Das χρησμογραφεῖον wird in Bauinschriften genannt, aus denen hervorgeht, daß es nicht Teil des Tempels war (I.Didyma 31,5-9; 32,7-9). Zum ›Prophetenhaus‹ Tuchelt ebd. 72-77. Erwähnt ist es wohl in der Propheteninschrift des Granianos Maker aus dem 3. Jh. n. Chr., dessen Ehefrau Agatho τὴν στ[οὰν τῆς προ]φητικῆς (sc. οἰκίας) ἐστέ[γ]ασεν καὶ ἔχρεισ[εν, I.Didyma 302 + 303: Sie hat Renovierungsarbeiten in Auftrag gegeben, nämlich die Neueindeckung des Dachs und neuen Verputz; dazu archäologische Überlegungen bei Tuchelt ebd. 61f. Die Zusammengehörigkeit der beiden Inschriftenfragmente hat Robert, Hell. 11-12, 460-462, erkannt und die Deutung auf die Stifterin vornehmen können. Zu diesem Propheten s. Kap. 3.1, S. 336-339; ein Stammbaum bei Rehm S. 146 zu seiner Siegerinschrift I.Didyma 182.

die Entscheidung treffen oder eine von der Bürgerschaft vorbereitete Entscheidung sanktionieren. Dabei konnten sowohl einzelne Bürger, aus persönlichem Interesse oder weil sie durch ein übernommenes Amt betroffen waren, wie auch die Stadt als Konsultanten auftreten.

Letzteres ist insbesondere bei bedeutsamen inner- oder zwischenstaatlichen Angelegenheiten der Fall, so in Milet bei öffentlichen Bauvorhaben beim Gymnasion oder beim Theater, der Einbürgerung von Fremden oder bei Staatsverträgen wie dem mit Herakleia am Latmos. Es gab auch Anfragen, in denen sich der religiöse und der außenpolitische Aspekt überlagerten, wie anläßlich der Ankündigung eines internationalen Agons.[653]

652 Einige Fälle dieser Art werden in Kap. 3 eingehender betrachtet.

653 Fertigstellung des Didymeions: **Didyma 13**; Bau von Gymnasion und Bädern: **Didyma 18**; Theaterbau: **Didyma 19**; Einbürgerung von kretischen Auswanderern: **Didyma 5-7**; Isopolitievertrag mit Herakleia: **Didyma 12**. – Erhebung der Didymeia zum Kranzagon: **Didyma 10**.

2.3 Das Orakel von Klaros und andere Orakelkulte: Orakel des Ammon für die Vereinigung seiner Kultanhänger in Kyzikos

Ἀγαθῇ τύχῃ· χρησμό[ς]·

ἱππαρχοῦντος Αὐτοκράτορος Τραιανοῦ Ἁδ[ριανοῦ Καίσαρος] Σεβαστοῦ τὸ β' τρίτῃ ἀπιόντος Ἀρτεμεισιῶ[νος χρησμὸς κο]μισθεὶς Ἄμμωνος ποιουμένου τὴν ἀνάδειξ[ιν τοῦ στεφανοῦ] τοῦ Ἄμωνος ὑπὸ Κλ. Οὐάρου Εὐμένους

οὐκ ἂν δειμαίνουσα θεούς, ὦ Κύζικε, λύπης
ἄταις [δμηθείης κακοῦ οὕνε]κεν ἐν θαλίαισιν,
3 οὔθ' ἄν, κευθόμενον Λίβυος στέ[γει ἣν θησαυρόν]
Ἠελίῳ φήνῃς, ἀπαλινφροσύνῃ ἀκάχοιο.
αὖθις γὰρ [τάχα φῶς ὄρφνῃ] θεοῦ ἀκτείνεσσιν
6 φοιβότερον σφετέρῃ θήσῃ θ[υσίαις ἢ τὸ πρίν]·
ἀλ‹λ›ὰ θυηπολίης Νασαμωνίδος ἐνπασμοῖσ[ιν]
[εὐσεβέεσσι φάει] προπολεύ‹ε›μεν Ἠελίοιο,
9 ὄφρα ‹τ›έκῃ θείης μ[ετὰ βουλῆς ὥρια γῆς] σῆς.
καὶ δ' ἐμέθε{ι}ν μνῆσιν θεμένη Κλάρον ε[ἰς ἀγακλειτήν]
[ὑμνη]τῆρας ἴη{δο}λον ὁμοῦ θυέεσ‹σ›ι θεωρούς
12 ο[ἶκον ἐς Ἀπόλλωνος], ὄφρ' ἔνπεδον ὄλβον ἕλῃε,
φρασθεῖσ' ἐκ θ[εόφιν μήπως κακότη]τι δαμῆναι.

(Namen der Vereinsmitglieder)

ἱππαρχοῦντος Κλ. Κυρεῖνα Λουκιανοῦ· Τ[ιβέρ]ιος Φουνδάνιος Βάσσος διοικῶν ἀνέστησα τὸ[ν τε]λαμῶνα ἐκ τῶν ἰδίων κὲ ἐχαρισάμην τοῖς νε[ω]κόροις καὶ εὐσεβεῖσιν κὲ φιλοσεβάστοις Ἀμμωνείταις.

(Text nach Merkelbach/Stauber, im Versorakel teilweise mit den Ergänzungen von Peek, Ammon)

Übersetzung

Zum guten Gedeihen! Orakelspruch:

Als der Imperator Trajan Hadrian Caesar Augustus zum zweiten Mal Hipparch war, wurde am dritten Tag der zweiten Hälfte des Monats Artemision ein Orakelspruch des Ammon gebracht. Die Präsentation des Kranzes des Ammon hat Claudius Varus Eumenes vorgenommen.

Wenn du die Götter fürchtest, Kyzikos, wirst du auch im Unglück nicht von unheilvollem
Verderben überwältigt werden in deiner Festfreude
3 noch wirst du, wenn du den im Haus des Libyers verborgenen Schatz dem
Helios zeigst, dich durch Reuelosigkeit betrüben.

Denn mit den Strahlen des Gottes wirst du rasch wieder Licht über deine Dunkelheit
6 bringen, glänzender als zuvor, wenn du die Opfer verrichtest.
Nun aber sollst du mit frommem Sorgen für einen Opferdienst nach Art der Nasamoner
dem Licht des Helios dienen,
9 damit er mit seinem göttlichen Ratschluß nach den Jahreszeiten die Früchte deines Landes reifen läßt.
Und wecke die Erinnerung an mich, indem du zum hochberühmten Klaros
Gesandte mit Opfergaben schickst, die dort Hymnen aufführen sollen,
12 in das Haus des Apollon, damit du feststehenden Wohlstand gewinnst,
darauf bedacht, nach dem Götterspruch nicht mehr vom Unglück bezwungen zu werden.

(Namen der Vereinsmitglieder)

Als Claudius Lucianus aus der Tribus Quirina Hipparch war, habe ich, der Schatzmeister Tiberius Fundanius Bassus, den Stein auf eigene Kosten aufgestellt und habe ihn den frommen und kaiserliebenden Tempeldienern des Ammon zum Geschenk gemacht.

Zum Abschluß der Behandlung der Krisenorakel aus Klaros und Didyma soll dieser vor gut zwei Jahrzehnten bekannt gewordene Orakelbescheid besprochen werden, den eine Gesandtschaft aus der mysischen Stadt Kyzikos an der südlichen Pontosküste im Orakel des Zeus-Ammon in der nordafrikanischen Oase Siwa erhalten hat.[654] Es handelt sich damit zwar nicht um einen Text, der in den beiden kleinasiatischen Apollon-Orakeln entstanden ist, doch findet sich darin ein höchst interessanter Verweis auf das klarische Heiligtum.

Damit ist dieses Zeugnis geeignet, einen – wenn auch nur schlaglichtartigen – Einblick in die Modalitäten der Koexistenz der verschiedenen Orakelheiligtümer von überregionaler Bedeutung in der Kaiserzeit zu geben – eine Frage, die auch vor dem Hintergrund der stetig wachsenden ökonomischen, sozialen und religiösen Integration im Imperium von Interesse ist und sich dadurch eignet, Aspekte eines religiösen Pluralismus in den verschiedenen Reichsteilen und damit das Verhältnis von Lokalität

654 **Klaros Verw3**: R. Merkelbach/E. Schwertheim, Die Inschriften der Sammlung Necmi Tolunay in Bandirma (Teil 2): Das Orakel des Ammon für Kyzikos, EpigrAnat 2 (1983) 147-154, Erstveröffentlichung (zit. als: Merkelbach/Schwertheim, Orakel des Ammon) = SEG 33,1056 = Barth/Stauber, Mysien-Troas (PHI # 7) 1713 = SGO 08/01/01 (mit Änderungen gegenüber der Erstpublikation). Nach der Erstveröffentlichung behandelt von Peek, Ammon (in SEG berücksichtigt); Bull. ép. 1984, 342 (in diesem Kap. nur als Bull. ép. zit.); Somolinos, Relaciones (vgl. SEG 39,1326); R. Merkelbach, 'Απαλίντροπος, ἀδίαυλος, ἀπαλιμφροσύνη, EpigrAnat 30 (1998) 111f. Erwähnt ohne nähere Behandlung bei P. Matern, Helios und Sol: Kulte und Ikonographie des griechischen und römischen Sonnengottes, Istanbul 2002, 18f. m. Anm. 136.

und Überregionalität von Kulten, von ›Globalisierung‹ und ›Regionalisierung‹ religiöser Orientierungen zu beleuchten. Die Bedeutung eines solchen Hinweises in einem inschriftlichen Zeugnis ist umso größer, wenn man die ansonsten äußerst schwierige Quellenlage für diese Fragestellung in Betracht zieht.

Zusätzlich liefert der neue Text aus Kyzikos willkommene Aufschlüsse über die institutionelle Einbindung von Orakelkonsultationen in das öffentliche Leben der griechischen Städte.[655] Er illustriert auf mehreren Ebenen die Abläufe auf der Seite der Klienten: bei der Entsendung der Konsultantengruppe, der Einholung des Spruchs im Heiligtum, seiner Rezeption nach Rückkehr der *theoria* und schließlich seiner Archivierung oder Monumentalisierung im öffentlichen Raum – Gesichtspunkte, die bereits in mehreren anderen Fällen anzusprechen waren und hier eingehender zu betrachten sind.

2.3.1 Ein Orakel aus Siwa wird im mysischen Kyzikos festlich verkündet: Bemerkungen zum Gesamtmonument und seiner kommunikativen Funktion. Die Prosateile: Datierung, Personen, Stiftungsurkunde

Struktur des Monuments. Drei Kommunikationsebenen. Der Zeitpunkt der Verkündigung des Orakels in Kyzikos. Befragungen griechischer Städte in Siwa seit der klassischen Zeit.

Es handelt sich um eine Marmorplatte, die in Kyzikos gefunden worden ist; der genaue Fundort im Territorium der Stadt ist bei diesem aus einer privaten Sammlung publizierten Stein unbekannt, aber eine noch zu besprechende weitere Inschrift aus Kyzikos könnte aus demselben Zusammenhang stammen. Die Urkunde bietet – nach einer Überschriftszeile – eine Datierung mit Angaben zu den Umständen der Einholung des Orakels, danach die dreizehn Hexameter des Orakels, anschließend eine lange Liste von Namen des kyzikenischen Kultvereins der Ammonitai, schließlich das Aufstellungsprotokoll der Inschrift, die ein gewisser Bassos hat anfertigen lassen, mit einer eigenen Datierung. Über die Inschrift ist in einem Giebelrelief, von einem Bogen überwölbt, eine Büste des Zeus-Am-

655 Zu Kyzikos vgl. Ehrhardt, Milet 40-42, mit Zusammenstellung der wichtigsten Literatur ebd. 308f. Anm. 263. Die Arbeit von F.W. Hasluck, Cyzicus, Cambridge 1910 (= Hasluck, Cyzicus), ist bisher nicht ersetzt. In einem Anhang (263-295) hat er alle zu seiner Zeit bekannten Inschriften zusammengestellt und thematisch gegliedert, allerdings ohne die Texte nur mit Verweis auf die Veröffentlichung. Übersicht über die später veröffentlichten Inschriften: Ehrhardt ebd. 309f. Anm. 267f. Größere systematische Ausgrabungen fehlen; die Inschriftenfunde des 19. Jh. sind im wesentlichen in den Ruinen erfolgt, vor dem Ersten Weltkrieg wurden sie auch durch Steinbewegungen aufgrund militärischer Baumaßnahmen begünstigt. Viele Steine sind aber auch verschleppt worden.

mon gesetzt mit den charakteristischen Widderhörnern und dem ebenso typischen Bart.[656] An den Seiten ist das Giebelrelief mit Akroteren verziert.

Das Monument hat eine komplexe Funktion: Das Orakel ist Thema der Stele, die Überschrift lautet darum ἀγαθῇ τύχῃ χρησμός. Das Monument als ganzes dient aber einem kommunikativen Zweck auf drei Ebenen: als Kommemoration des an die Stadt ergangenen Orakels mit Hinweis auf eine begleitende Kranzzeremonie, als Ehrung für den Verein der Ammonitai durch einen wohlhabenden Bürger und schließlich wohl auch als Weihung des Ammon-Reliefs, das man bekränzte. Um diese Polyvalenz zu verstehen, scheint es ratsam, vor der näheren Betrachtung des eigentlichen Orakeltextes auf die übrigen Partien der Inschrift genauer einzugehen.

Das Präskript des Orakels im Anschluß an die Überschrift beginnt mit der Datierung des Zeitpunktes, zu dem das Orakel in Kyzikos eingetroffen und offiziell bekannt gemacht worden ist, nämlich in der zweiten eponymen Hipparchie Hadrians in der Stadt, die nach den Überlegungen des Herausgebers mit den Reisen des Kaisers nach Kleinasien zusammenhängt und darum in den Zeitraum zwischen 123 und 132 n. Chr. fallen dürfte,[657] am dritten Tag der zweiten Monatshälfte des Monats Artemision, in Kyzikos wie in der Mutterstadt Milet der Jahresendmonat.[658] Kaiser und Götter als eponyme Beamte griechischer Städte sind keine Seltenheit.[659]

---

656 Zur Ikonographie J. Leclant/G. Clerc, Ammon, LIMC 1,1 (1981) 666-689 m. Taf.; dort 668f. ausführliche Bibliographie. Die Autoren gehen im Artikel nicht weiter auf die bekannten Konsultationen in Siwa ein, obwohl sich in der Bibliographie ein nützliches Verzeichnis der wichtigsten Arbeiten im Zusammenhang mit dem Besuch Alexanders findet. Die Widderhörner werden regelmäßig auch von den literarischen Quellen hervorgehoben, freilich als einziger ikonographischer Zug, etwa Phaistos, Lakedaimonika FGrHist 593 F 1 (= Σ Pi. Pyth. 4,28 und 9,90 d), mehr bei Leclant/Clerc ebd. 668. Der Bart ist dennoch ein fester Bestandteil aller Bildnistypen, ebd. 669. – Für die Geschichte des Kults in Siwa bleibt man damit im wesentlichen immer noch auf die Arbeit von Parke, Oracles of Zeus 194-252, angewiesen; zur Beziehung mit Kyrene: F. Chamoux, Cyrène sous la monarchie des Battiades, BÉFAR 177, Paris 1953, 331-339; numismatische Zeugnisse: A. Laronde, La Cyrénaïque romaine, des origines à la fin des Sévères (96 av. J.-C.–235 ap. J.-C.), ANRW 2,10,1 (1988) 1006-1064, h. 1042 Anm. 286. ANRW 2,18,6, wofür seit langem ein Beitrag von Laronde über »Les cultes de Cyrène« angekündigt ist, ist bisher nicht erschienen. Einzelarbeiten gelten seit jeher vor allem der Überlieferung zu Alexander: Eine nützliche Studie jüngeren Datums ist etwa L. Prandi, Gli oracoli sulla spedizione asiatica di Alessandro, Chiron 20 (1990) 345-369. Grundlegend für das Verständnis von Kult und Ritual aus ägyptologischer Perspektive, die in den Behandlungen von klassisch-altertumswissenschaftlicher Seite zu lange vernachlässigt worden ist, ist die 1988 erschienene umfassende Untersuchung von K.P. Kuhlmann: Das Ammoneion: Archäologie, Geschichte und Kultpraxis des Orakels von Siwa, DAI Kairo, Archäolog. Veröff. 75, Mainz 1988 (= Kuhlmann, Ammoneion). Sie ist m.W. bisher außerhalb der Ägyptologie kaum rezipiert worden. Der Autor geht allerdings nicht auf Konsultationen nach dem Besuch Alexanders ein.

657 Die Argumentation bei Schwertheim in Merkelbach/Schwertheim, Orakel des Ammon 148f.; die Eckdaten werden nach dieser Rekonstruktion durch die beiden Reisen Hadrians bestimmt.

658 Hasluck, Cyzicus 252f., mit Ehrhardt, Milet 406-408 Anm. 195 und 205. Artemision in den milesischen Quellen: Ehrhardt ebd. 401f. Anm. 152.

659 Vgl. Robert, Études épigr. et philol. 143-150; dens., Hell. 1,15 Anm. 1; 2,51 Anm. 1.

Ein gewisser Claudius Varus Eumenes hat – offenbar als *theopropos* – eine Delegation von Kyzikos ins weitentfernte nordafrikanische Siwa angeführt, von dort ein Orakel des Ammon nach Kyzikos gebracht und daraufhin eine Kranzweihung für Ammon ausgerichtet.[660]

660 Allerdings haben Merkelbach/Stauber – in Abweichung von ihrer Erstveröffentlichung – in der jüngeren Wiedergabe des Textes in SGO 08/08/01 die fragliche Stelle so ergänzt, daß nicht mehr von einer Kranzweihung die Rede ist; dazu u. S. 279f. – Es gibt ein syntaktisches Problem im Verständnis des Präskripts: χρησμὸς κο]μισθεὶς ... ποιουμένου τὴν ἀνάδειξ[ιν - -] ... *ὑπὸ* Κλ. Οὐάρου Εὐμένους. Ich möchte Schwertheim (Merkelbach/ders., Orakel des Ammon 150) darin folgen, χρησμὸς κομισθείς nicht als freistehend zu betrachten, sondern mit ὑπὸ Κλ. Οὐ. Εὐμένους zu verbinden, wozu dann ergänzend das *participium coniunctum* ποιουμένου κτλ. tritt. Dies hat trotz der problematischen Wortstellung den Vorteil, daß man ὑπό unterbringen kann und nicht als »négligence de rédaction« erklären muß wie Robert, Bull. ép. 1984, 342 S. 476 (»ὑπό n'y avait sa place, c'était une confusion avec une autre formule«). Einer anderen Linie folgt Peek, Ammon 202, der Schwertheims Ergänzung ποιουμένου τὴν ἀνάδειξ[ιν τοῦ στεφάνου] τοῦ Ἄμμωνος verwirft, die von der noch zu erörternden kyzikenischen Inschrift BCH 14 (1890) 537f. Nr. 2 = Barth/Stauber, Mysien-Troas (PHI # 7) 1445 angeregt ist (u. S. 276-279 m. Anm. 673), und stattdessen [τοῦ προφήτου] ergänzen will. Diese Variante hat den Vorteil, daß damit ποιουμένου κτλ. zu einem regelrechten *genitivus absolutus* wird, was von der Wortstellung sicher einfacher ist als ein vorangestelltes *participium coniunctum*, das mit dem nachfolgenden präpositionalen Ausdruck ὑπὸ Κλ. Οὐ. Εὐμένους zu verbinden ist. Es bleibt freilich auch so die ungewöhnlich weite Sperrung von κομισθεὶς ... ὑπὸ Κλ. Οὐ. Εὐμένους, die durch einen dazwischengestellten *genitivus absolutus* sogar noch verschärft wird. Es ist Peek freilich zuzugeben, daß angesichts der Schwierigkeiten bei beiden anderen Lösungen – Roberts *de-facto*-Tilgung von ὑπό und Schwertheims schwieriger Wortstellung – einiges dafür spricht, eine Lösung des syntaktischen Problems in der Lücke nach τὴν ἀνάδειξ[ιν Z. 4 zu suchen. Für Peek geht es bei der ἀνάδειξις dann jedoch um die ›Verkündigung‹ des Orakels selbst (wie auch im geänderten Text von Merkelbach/Stauber in SGO, s. hiern.): Eumenes hätte die *theoria* nach Siwa angeführt und das Orakel von dort nach Kyzikos gebracht, ein Prophet des Ammon hätte es dann dort in einer Zeremonie »*verkündet*«. Wir wissen zwar kaum etwas über die Riten, von denen hier die Rede ist, und ebenfalls wenig über die in Kyzikos bestehenden religiösen Ämter, aber es ist schwer vorstellbar, daß es einen Propheten des Ammon *in Kyzikos* gegeben haben soll.
Ein προφήτης kann, nach den uns besser bekannten Verhältnissen in Klaros und Didyma zu urteilen, nur im Ammoneion selber sein Amt ausgeübt haben und muß an das Heiligtum gebunden gewesen sein. Er ist also gewiß nicht mit den kyzikenischen *theoroi* von Libyen nach Kleinasien gereist, um dort den Bescheid feierlich zu eröffnen. Die Überbringung und Verkündigung des in Siwa erhaltenen Orakels kann nur der *theopropos* Cl. Eumenes vollzogen haben. Der Verein der Kultanhänger des libyschen Orakelgottes in Kyzikos selbst hat wohl kaum einen eigenen Propheten in seiner Heimatstadt gestellt: Die *prophetai* sind fast immer Kultbeamte des Orakelheiligtums selber, aber nicht mit den religiösen Ämterstrukturen der konsultierenden Städte verbunden. Eine Ausnahme von dieser Regel scheinen die Delegationslisten der phrygischen Stadt Laodikeia am Lykos zu sein, die regelmäßig an der Spitze der παῖδες, die für die Hymnenaufführungen ins Heiligtum kommen, den Propheten des Apollon Pythios nennen (Robert, Laodicée 298-303; zur zeitlichen Abfolge Ferrary, Chronologie). Es handelt sich, wie die Listen zeigen, um ein Jahrespriesteramt, das wenigstens im 2. Jh. n. Chr. immer von einem Kind ausgeübt wurde, begleitet von seinem Vater als *theopropos* der Delegation. Das Amt kann mit dem der Agonothesie eines Zeus-Festes (Δεῖα) in Laodikeia kumuliert sein; Zeus war der Hauptgott der Stadt. Die Verhältnisse in Laodikeia, wo auch ein pythischer Agon (verschmolzen mit Ἀσκληπιεῖα, FD 3,1,550; Robert ebd. 292-294) und eine Phyle Apollonis bezeugt ist (ebd. 296), erklären sich am ehesten durch die Annahme, daß der auf die seleukidische Gründung und die damit verbundene Kultpropaganda zurückgehende Kult des delphischen Apollon in hellenistischer Zeit zunächst auch selbst divinatorische Funktion besessen hat, mit der wachsenden Ausstrahlung von Klaros in die Region

Befragungen des Ammon-Orakels, das namentlich durch die Kolonie in Kyrene, die Ammon auf ihren Münzen zeigte, in den griechischen Gesichtskreis getreten war, unter Überwindung großer Distanzen sind auch sonst bekannt, namentlich die spartanischen und athenischen Konsultationen in der nordafrikanischen Oase im 5. und 4. Jh. v. Chr.[661] So schickte Kimon im Laufe seines Feldzugs zur Rückeroberung Zyperns 451 v. Chr. Abgesandte nach Siwa,[662] und Athen konsultierte offiziell neben Apollon in Delphi und Zeus in Dodona auf Ansinnen des Alkibiades auch Ammon am Vorabend der Sizilischen Expedition.[663] Auch die Parabase der aristophanischen *Vögel* nennt das Ammoneion zusammen mit Delphi und Dodona als die maßgeblichen Orakelkulte.[664]

Unzweifelhafte Belege für die wichtige Rolle des libyschen Orakels für Athen liefern dann im 4. Jh. mehrfach Einträge in den Rechenschaftsberichten der *tamiai* der Athena Nike auf der Akropolis, die eine Silberphiale für Ammon verzeichnen;[665] Opfer der Strategen für Ammon hält einige Jahrzehnte später ein Rechenschaftsbericht der *tamiai* der Athena und der ἐπὶ τὰς νίκας καὶ τὰ πομπεῖα αἱρεθέντες fest.[666] Ein Volksbeschluß des Jahres 363, der Dedikationen für verschiedene Götter, an erster Stelle für Zeus Ammon, festsetzt, kann bereits als Hinweis auf das Heiligtum des

in der Kaiserzeit (Hierapolis, Empfänger des ›Pestorakels‹ **Klaros 4**, ist benachbart, genau wie weitere durch Delegationslisten bezeugte Städte der Gegend, vgl. Robert 303) diese aber eingebüßt hat: »Le prophète d'Apollon sert ... d'intermédiaire pour la divination; il va quérir, rapporter et communiquer les oracles d'Apollon Clarien« Robert 305. Vgl. auch ebd. 294-298 zu den übrigen Hinweisen auf den lokalen Apollon-Kult.

661 Zu den athenischen Konsultationen siehe Woodward, Oracle of Ammon (wichtig auch für die epigraphischen Zeugnisse zu Ammon in Athen, s.u.); M. Zorat, Atene e il santuario di Ammone: per una storia delle relazioni greco-libiche, Hesperìa (Rom) 1 (1990) 89-123.

662 Plut. V. Cimon. 18,7. Zu den verschiedenen Hypothesen über die Hintergründe dieser Konsultation L. Piccirilli in: Plutarco, Le vite di Cimone e Lucullo, a cura di C. Careno ed altri, Fond. L. Valla, Mailand 1990, 264-266.

663 Plut. V. Nic. 13,2; 14,7, jeweils mit Piccirilli ad loc., in: Plutarco, Le vite di Nicia e di Crasso, a cura di M.G. Angeli Bertinelli ed altri, Fond. L. Valla, Mailand 1993.

664 Aristoph. Av. 716, vgl. 618.

665 Sicher in IG 2^2,1424 a col. 2,176; 1428 col. 1,73, nach Ergänzung durch Woodward, Oracle of Ammon, auch schon in IG 2^2,1415,6f.; 1421; 1423 (für alle ist *terminus post quem* 385/84). Siehe auch W.S. Ferguson, The treasurers of Athena, Cambridge, Ma. 1932, 180; St. Dow, The Egyptian cults in Athens, HThR 30 (1937) 183-232, h. 184f. (Konsultation über die Einführung des Isis-Kults).

666 Ein sog. δερματικόν, Verzeichnis über die aus dem Verkauf der Häute der Opfertiere eingenommenen Gelder, IG 2^2,1496,96 col. 4 A = Syll.[3] 1029,34f., 333/2 v. Chr.: ἐκ τῆς θυσίας τῶι Ἄμμωνι παρὰ στρατηγῶν (folgt die Geldsumme). Vgl. zum Verständnis der Gesamturkunde die Erläuterungen von Hiller v. Gaertringen in Syll.[3]; es ist jedoch unwahrscheinlich (*contra* Foucart, REG 6, 1893, 1, dem Kirchner ad Syll.[3] 281 Anm. 3 zugestimmt hatte), daß dieses Opfer mit der Weihung des Ammoneions im Piräus in Verbindung stand, das tatsächlich wohl schon seit den 360er Jahren existierte, vgl. Parke, Oracles of Zeus 217. – Aus demselben Jahr stammt IG 2^2,338 = Syll.[3] 281, ein Ehrendekret für Pytheas, S.d. Sosidemos, aus der Phyle Alopex, der als αἱρεθεὶς ἐπὶ τὰς κρήνας die Quellen und Wasserleitungen im Ammoneion und im Amphiareion erneuert hat (15-18).

Gottes im Piräus gewertet werden.[667] Etwa zur selben Zeit erwähnt ein Verzeichnis zahlreicher Dedikationen im Heiligtum des Zeus Ammon athenische *theoroi*, die goldene Weihgeschenke im Namen des athenischen Demos nach Siwa gebracht haben, und zwar mehrfach.[668]

Im späteren 4. Jh., wohl in den 330er Jahren, benannte Athen dann sogar eine seiner beiden heiligen Triremen als 'Αμμωνίς,[669] woraus zu schließen ist, daß man regelmäßig *theoriai* nach Afrika entsandt hat; Zweck solcher Reisen werden immer auch Konsultationen des Orakels gewesen sein. – Sparta war durch Kyrene von vornherein auch mit dem Ammoneion verbunden; die historiographische Tradition stellt hier eine Konsultation durch Lysander im Jahre 403/2 v. Chr. in den Vordergrund, die im Kern zwar historisch sein dürfte, deren Deutungen in den Quellen aber mannigfache Probleme aufwerfen.[670]

Diese Beispiele zeigen, daß die enorme Entfernung, die es für die Gruppe aus dem mysischen Kyzikos bedeutete, nach Siwa zu reisen, um dort ein Orakel zu erhalten, nichts Einzigartiges war und die extreme Lage des Heiligtums in der libyschen Wüste keineswegs bedeutete, daß Konsultationen vom griechischen Mutterland aus außergewöhnlich gewesen wären. Gleichwohl stellt sich die Frage, ob die Erwähnung von Klaros am Ende des Textes nicht doch etwas mit den räumlichen Verhältnissen zu tun haben könnte. Es ist ja unbezweifelbar, daß es für eine Stadt wie Kyzikos grundsätzlich sehr viel näherliegend und einfacher war, etwa das kolophonische Orakel zu konsultieren. Auf diese Überlegung ist noch zurückzukommen.

---

667 SEG 21,241; Erstpublikation durch A. Dain, Inscriptions grecques du Musée du Bardo, Paris 1936, 12-21. Weitere Ergänzungen zu diesem stark zerstörten und nur auf der linken Seite erhaltenen Text hat Woodward, Oracle of Ammon, vorgeschlagen (in SEG berücksichtigt; bedauerlicherweise sind dort allerdings nur Teile der Inschrift abgedruckt und für die weiteren Partien bloß die Ergänzungen Woodwards isoliert in einem Apparat genannt, so daß man weiterhin auf die ursprüngliche Veröffentlichung von Dain angewiesen bleibt). Der Name des Antragstellers ist allerdings recht sicher ergänzt, und die sechs Nennungen Ammons als Empfänger von δωρεαί im Inventar – zusätzlich zur Nennung im Präskript – sind unzweifelhaft. Die Stele stammt ursprünglich aus dem Piräus und damit wohl aus dem Ammoneion. Jetzt auch bei C.L. Lawton, Attic document reliefs: art and politics in ancient Greece, Oxford 1995, Nr. A22.

668 IG 2^2,1642, 10 und 14f., Mitte d. 4. Jh. v. Chr.: Kirchner; vor 360 v. Chr.: Woodward, Oracle of Ammon 8, auf den auch die Deutung auf mehrere Gesandtschaften zurückgeht.

669 Aristot. Ath. Pol. 61,7; Dinarch. fr. 14,2 Conomis. Überlegungen zum zeitgeschichtlichen Kontext bei Parke, Oracles of Zeus 218f.

670 Hauptzeugen Plut. Lys. 20,4-7 (= FGrHist 596 F 29 a); ebd. 25,3f. = Ephoros FGrHist 70 F 206; Paus. 3,18,3 (= FGrHist 596 F 29 b), der bei dieser Gelegenheit ein Heiligtum für den Gott in Sparta nennt und die besondere Verehrung der Spartaner für ihn hervorhebt, die sich häufig an das Orakel des Ammon gewandt hätten,: ... ἱερόν ἐστιν Ἄμμωνος· φαίνονται δ' ἀπ' ἀρχῆς Λακεδαιμόνιοι μάλιστα Ἑλλήνων χρώμενοι τῷ ἐν Λιβύῃ μαντείῳ (folgt die Lysander-Episode). Eine ähnliche Meinung spiegelt [Plat.] Alcib. min. 148 D–149 B wider. Gleichzeitig illustriert diese Geschichte aber auch erneut die Bedeutung des Ammon-Kults für Athen; vgl. auch Plat. Leg. 5, 738 C. Ein Ammon-Heiligtum im benachbarten Gythion: Paus. 3,21,8.

Einholung des Orakels und Kranzzeremonie der Ammoniten in Kyzikos. Einmaliges Ereignis oder wiederkehrendes Fest für Ammon in Kyzikos? Zur Person des Führers der Gesandtschaft nach Siwa, Claudius Eumenes, und seinen öffentlichen Ämtern in Kyzikos. Ein abweichender Ergänzungsvorschlag im Präskript.

Wenn das Präskript festhält, Eumenes habe die ἀνάδειξις des Kranzes des Ammon vorgenommen, so stellt sich die Frage, in welchem Zusammenhang dieses Zeremoniell mit der Einholung des Orakels (χρησμὸς κομισθεὶς) steht.[671] Der Bekränzung einer Statue des Gottes – oder eher noch

671 Dazu Robert, Bull. ép. S. 476, der auf eine Untersuchung von E. Bickermann über die Verwendung des Ausdrucks für ein Zeremoniell feierlicher Verkündigung hinweist: 'Ανάδειξις, Annuaire de l'Inst. de philologie et d'hist. orientales et slaves 5 (1937) (= Mélanges Émile Boisacq 1) 117-124. ἀναδεικνύναι »désigne l'acte de présentation solennelle d'un prince au peuple«; so sei auch NT Luk 1,80 zu verstehen: Johannes der Täufer zieht sich in die Wüste zurück, bis er von Gott seinem Volk *»gezeigt«* wird. So spricht Diodor in seinem ägyptischen Logos von der rituellen Präsentation des Apis-Stieres als ἀνάδειξις (1,85,4): Sie ist zugleich eine Epiphanie des Osiris, dessen Seele im heiligen Tier inkarniert ist. Der Möglichkeit dieses Gebrauchs von ἀνάδειξις in einer übertragenen Bedeutung außerhalb des semantischen Feldes des Götter- oder Herrscheradvents wäre näher nachzugehen. Vgl. grundsätzlich H. Cancik, Epiphanie/Advent, in: HrwG 2,290-296.
Um die abweichenden Ergänzungen von Peek und Merkelbach (in SGO) für Z. 4 des Präskripts zu bewerten (ποιουμένου τὴν ἀνάδειξ[ιν τοῦ προφήτου Peek bzw. τοῦ χρησμοῦ Merkelbach 1998), müßten die Belege für ἀναδεικνύναι/ἀνάδειξις im Sinne von ›Verkündigung, Bekanntmachung‹ eines Texts oder einer Urkunde überprüft werden (etwa im Zusammenhang von Herrscher- oder Kaiserbriefen an Städte). So ist für den Gebrauch an unserer Stelle ein delphisches Dekret aus der Zeit Eumenes' II. (182 v. Chr.) interessant, in dem die Amphiktyonen den pergamenischen Agon der Nikephoria anerkennen und in Verbindung damit die Asylie des Heiligtums der Athena Nikephoros *»verkünden«*: Syll.^{3} 630 = FD 3,3,261, 23f. ἀναδεδεῖχθαι ... τὸ ἱερὸν τῆς 'Αθηνᾶς Ν̣[ικ]ηφόρου τὸ πρὸς Περγά[μ]ωι ἄσυλ[ο]ν εἰς ἅπαντα τὸν χρόνον. Bei Polybios und Plutarch ist das Wort für die feierliche Amtseinführung, ›Proklamation‹, von Magistraten gebraucht: Polyb. 4,48,3, vgl. 22,4,3; Plut. Vit. Mar. 8; Vit. Cat. min. 44. 46; Vit. C. Gracchi 12 τῶν συναρχόντων ἡ ἀναγόρευσις καὶ ἀνάδειξις. Opfer anläßlich der Königskrönung in Alexandria, Polyb. 15,26,7, πρὸς τὴν τοῦ διαδήματος ἀνάδειξιν; vgl. 25,11: Eid der Soldaten bei der Thronbesteigung Ptolemaios' V., wie er κατὰ τὰς ἀναδείξεις τῶν βασιλέων (*»avènement«* übersetzt Weill, Coll. Budé) üblich sei (εἰθισμένοι).
Für die häufigere Bedeutung ›weihen‹, in der die Vorstellung einerseits des zeremoniellen Beginnens, andererseits des ›Zeigens‹ durchweg mit enthalten ist, vgl. etwa die folgenden Stellen: I.Magnesia 98 = Syll.^{3} 589 = LSAM 32, Kultgesetz für Zeus Σωσίπολις 196 v. Chr. anläßlich des Friedensvertrages mit Milet: Jeweils zur Getreideeinsaat (ἀρχομένου σπόρου) ist ein Stier zu konsekrieren, ἀναδεικνύσθαι ἑκάστου ἐνιαυτοῦ τῶι Διὶ ταῦρον 6f., vgl. ebd. 14. 21. 35. 59 (zur Bestätigung der Datierung des Friedensvertrages, I.Milet 148 [Milet 1,3,217-220], siehe jetzt M. Wörrle, Chiron 34, 2004, 45-57: hier Kap. 3, Anm. 251). – Apollonios, der Stifter des delischen Sarapieions, erhält von seinem Gott im Traum den Auftrag, ihm ein eigenes Heiligtum zu weihen: IG 11,4,1299 = P. Roussel, Les cultes égyptiens à Délos du IIIe au Ier siècle av. J.-C., Paris/Nancy 1916 Nr. 1 = H. Engelmann, Die delische Sarapisaretalogie, Beitr. z. Klass. Phil. 15, Meisenheim/Glan 1964, 17, 14f.: ὁ θεός μοι ἐχρημάτισεν κατὰ τὸν ὕπνον ὅτι Σαραπιεῖον δεῖ αὐτῶι ἀναδειχθῆναι ἴδιον καὶ μὴ εἶναι ἐν μισθωτοῖς καθὼς πρότερον; »da lebte er irgendwo in einem Gäßchen von Delos als irgendeiner unter vielen, nur die kleine Schar seiner Verehrer fand den Weg zu ihm«, notiert Engelmann ad loc. – ἀνάδειξις eines Tempels auch Strab. 8,26,23 p. 381 Casaubon; im übertragenen Gebrauch von einer Landschaft, die einer Gottheit ›geweiht‹ wird: 9,2,25 p. 410 Casaubon, wo explizit die Synonymie mit καθιεροῦν deutlich wird.

dieses vorliegenden Monuments selbst mit seiner Ammon-Büste im Relief? – ging offenbar eine feierliche Proklamation oder Zurschaustellung des Kranzes voraus, er wurde der Öffentlichkeit zeremoniell *»gezeigt«*, ἀνεδείχθη, ohne daß uns dieses Ritual deutlicher würde.[672] Diese Zeremonie

---

Ähnlich Plut. Vit. Pomp. 52,4: Pompeius eröffnet sein Theater in Rom (ἀναδείξας), dazu finden ἐπὶ τῇ καθιερώσει Spiele und Wettkämpfe statt, ἀγῶνας γυμνικοὺς καὶ μουσικούς. – Der Tag der Tempelinauguration und Kultbildweihung für Artemis Leukophryene wird für alle Zukunft als heilig erklärt: I.Magnesia 100 = Syll.^{3} 695 = LSAM 33 A 24 τὴν ἡμέραν τήνδε ἀναδεδεῖχθαι εἰς τὸν ἀεὶ χρόνον ἱεράν. Ähnlicher Sprachgebrauch für die Sakralisierung von Territorien, besonders im Zusammenhang der Asylie: etwa OGIS 234 = FD 3,4,2,163, 23-25; Syll.^{3} 630 = FD 3,3,261, 20 (zu dieser Urkunde G. Daux, Delphes au IIe et au Ier siècle depuis l'abaissement de l'Étolie jusqu'à la paix romaine, 191–31 av. J.-C., BÉFAR 140, Paris 1936, 293-298; Holleaux, Études 2,63-72); OGIS 383 = IGLSyr 1,1 = Laum, Stiftungen Nr. 210, 44-46 ἱερὸν … ἀναδεῖξαι θεῶν ἐνθρόνισμα (Kommagene, Brief des Antiochos I.). Mit dem Bedeutungsfeld ›weihen‹ hat das Wort dann den Weg in die altkirchlichen liturgischen Zeugnisse genommen und findet sich dort in den Einsetzungsworten des Abendmahls: E. Peterson, Die Bedeutung von ἀναδείκνυμι in den griechischen Liturgien, in: Festgabe für Adolf Deissmann zum 60. Geburtstag 7. November 1926, Tübingen 1927, 320-326.

672 »On ne voit pas précisément ce qu'était cette ›proclamation‹ et ›ostension‹; sans doute la couronne était proclamée et montrée à la communauté avant d'être posée sur la tête du dieu« Robert, Bull. ép. – Bekränzung bei der Konsultation selbst ist bei verschiedenen Orakeln bezeugt, vgl. Soph. Oed. Rex 82f. und Σ Eur. Hipp. 792 ὅτε ἤρχοντο ἀπὸ μαντείας, ἐστεφανωμένοι ἤρχοντο καὶ πάντες τοῦ οἴκου προσεκύνουν αὐτούς; die Bekränzung der Delegation bei der Rückkehr in die Heimatstadt läßt sich vielleicht zum Text aus Kyzikos stellen. Kultgesetz des magnetischen Bundes über das Reglement des Orakels des Apollon Koropaios in Ätolien, IG 9,2, 1109 = Syll.^{3} 1157 = LSCG 83 A 39f.: καθήσθωσαν ἐν τῷ ἱερῷ κοσμίως ἐν ἐσθῆσι λαμπραῖς ἐστεφανωμένοι στεφάνοις δαφνίνοις. In Delphi: Liv. 23,11,4, Bericht des Fabius Pictor über seine Konsultation 216 v. Chr.: *sicut coronatus laurea corona et oraculum adisset et rem divinam fecisset.* Auf Seiten des Orakelpersonals spricht Kassandra von ihren *»Seherbinden um den Hals«* μαντεῖα περὶ δέρῃ στέφη, Aeschyl. Ag. 1264f. – Kränze haben in der jüngeren Forschung vor allem Aufmerksamkeit als Priester- und Amtsinsignien erfahren; s. auch u. Kap. 3, S. 340f. und 345-352 mit Anm. 63 über das Aufsetzen des apollinischen Kranzes durch die Propheten in Didyma bei ihrer Amtsantrittszeremonie, der eine Bestätigung durch ein Orakel des Gottes vorausging. Die Zeugnisse zur rituellen Verwendung von Kränzen hat umfassend M. Blech, Studien zum Kranz bei den Griechen, RgVV 38, Berlin/New York 1982, untersucht, der die Überlieferung zu den Kulten Apollons und des Dionysos ins Zentrum seiner Arbeit stellt; 269-278 zur Bekränzung von Kultgegenständen, Götterstatuen und ganzen Heiligtümern, ebd. 302-308 Überlegungen zur Bekränzung als Zeichen des Ritualbeginns (mit dem Akzent auf der Opfersequenz und der Mysterieninitiation). Zur Bekränzung von Kultbildern s. weiterhin Baus, Kranz 19-23; C. Lochin/N. Blanc, Couronnes végétales, guirlandes, rameaux et bandelettes pour l'image cultuelle, ThesCRA 2,451-456. L. Robert, Une nouvelle inscription grecque de Sardes: règlement de l'autorité perse relatif à un culte de Zeus, CRAI 1975, 306-330 = OMS 5,485-509, hat ein Kultgesetz für die Priester (νεωκόροι θεραπευταί) des Zeus behandelt, nach dessen Bestimmungen es zu ihren Aufgaben gehört, im *adyton* des Heiligtums *»den Gott zu bekränzen«*, τοῖς εἰσπορευομένοις εἰς τὸ ἄδυτον νεωκόροις θεραπευταῖς αὐτοῦ καὶ στεφανοῦσι τὸν θεόν 5-9. Ebd. 319f. = 498f. Anm. 45 weitere Beispiele. Ein *locus classicus* ist die Διονυσιακὴ πομπή des Ptolemaios Philadelphos in Alexandria, die Kallixenes von Rhodos detailliert beschreibt, mit einer Vielzahl bekränzter Kultstatuen (FGrHist 627 F 2), vgl. Baus ebd. 19f. Anm. 126. Kränze bei der Tempelinauguration: Σ Aristoph. Nub. 308; mehr bei Baus ebd. 25f.
Schließlich ist die Prozession nach Didyma anläßlich des milesischen Neujahrsfestes zu erwähnen; für Graf, Pompai 60f.; dens., Umzüge 101-104, ein Beispiel für den Typus der ›zentrifugalen‹ Prozession, die die Verbindung der Polis mit ihrem extramuralen Heiligtum herstellt, wobei Graf

fand unter der Leitung von Eumenes statt, der offenbar als Vorsitzender der Kultvereinigung der Ἀμμωνεῖται, denen die Pflege des Ammonkults in Kyzikos oblag, mit diesem Ritual betraut war; eine Liste mit 50 Namen der Ἀμμωνεῖται folgt unmittelbar auf den Text des Orakels. Die Vermutung liegt nahe, daß die ἀνάδειξις des Kranzes mit dem Eintreffen und der Bekanntmachung des Orakels in Kyzikos verbunden war, wie auch die enge Verknüpfung beider Tatbestände im Präskript nahelegt, wo die Einholung (χρησμὸς κομισθείς) offenbar der ἀνάδειξις vorangegangen ist.

Schwer zu entscheiden ist, ob dieses Ritual einmalig aus diesem Anlaß durchgeführt wurde oder ob es sich um ein wiederkehrendes Zeremoniell handelte, das nur in diesem Fall auch mit dem Eintreffen des Orakelspruchs verbunden war: Vorstellbar wäre etwa ein Fest für Ammon in Kyzikos, das die Kultvereinigung jährlich ausrichtete, wobei man dann im vorliegenden Fall die feierliche Verkündigung des Orakels auf den Termin des Festes für den Gott gelegt hätte. Bekränzung scheint auch sonst ein Merkmal gerade regelmäßig durchgeführter Rituale zu sein.

Bei dieser Frage kommt einer weiteren Inschrift aus Kyzikos besondere Bedeutung zu,[673] die uns erneut auf Claudius Eumenes treffen läßt. Diese

---

selber erwägt, ob man gerade im Fall von Milet und Didyma nicht genauer von Bipolarität statt von Zentrum und Peripherie sprechen müsse, da »dem verlassenen Zentrum als Pol ein zweites, neues Zentrum gegenübergestellt [wird], wo die Begegnung mit dem Göttlichen in fest institutioneller, mit der Ordnung der Polis verklammerter Form stattfindet«. Bei der *pompe* spielen zwei wohl als Grenzmarkierungen zu verstehende sakrale Steine, γύλλοι, eine Rolle, die Anfangs- und Endpunkt des Weges bezeichnen. In der sog. Molpen-Satzung ist festgehalten, daß der eine von ihnen vor der Prozession bei einer Hekate-Statue an den Stadttoren aufgestellt, bekränzt und mit einer Spende ungemischten Weines übergossen wird: I.Milet 133 (Milet 1,3,153-155) = Syll.[3] 57 = LSAM 50, 25-27. Zu dieser Passage jetzt eingehend Herda, Molpoi-Satzung 249-259; kurz auch Graf, Umzüge 103. Der andere Stein ist am Monumental-Tor des Apollon-Tempels in Didyma zu plazieren, wo möglicherweise dasselbe Ritual vorgenommen wird (zu diesem Bereich s. K. Tuchelt, Didyma: die Ausgrabungen des Heiligtums, 1: Das Gebiet bei der Heiligen Straße, IstMitt 30, 1980, 102-121, h. 115-121). Bereits im archaischen Kultkalender I.Milet 31 (Milet 1,3,38f.) = LSAM 41 aus dem 6. Jh. ist von der Bekränzung zweier γύλλοι die Rede (2f.), hier wohl an den milesischen Dionysien (Herda ebd. 228 Anm. 1607). Auf den ersten Blick irritiert die Verbindung der Bekränzung mit einer Libation ungemischten Weines in der Molpen-Satzung, da das Ausgießen von ἄκρατος generell als Abweichung zum normalen Kult kodiert ist und Kränze dabei fehlen, teils sogar ausdrücklich in den Kultsatzungen verboten werden: Herda ebd. 255 Anm. 1818, der aber darauf verweist, daß Trankspenden über Grabstelen und deren Bekränzung sich häufig kombiniert finden (ebd. m. Anm. 1819f.). Auch im Kultgesetz des 4. Jh. für Zeus Polieus auf Kos erscheinen beide Elemente zusammen, wenn gemischter und ungemischter Wein und ein Kranz im Opferfeuer verbrannt werden: I.Cos 37 = Herzog, Heilige Gesetze 1 = Syll.[3] 1025 = LSCG 151 A, 36-38 [ἱερεὺς] δ̣ὲ̣ τοῖς ἐντέροις ἐπιθυέ[τω θ]ύ̣η (Räucherwerk, vgl. Ziehen, RE 18, 1939, 587) καὶ τ̣ο̣ὺ̣ς̣ φθόιας (Opferkuchen) καὶ σπονδὰς [ἄκρατο]ν (Paton-Hicks, acc. Herzog, Sokolowski, Herda; ἄοινον Dittenberger, Hiller v. G.) καὶ κεκραμέναν καὶ στέ[μ]μα (zum Kranzopfer Baus, Kranz 17-19).

673 Th. Reinach, BCH 14 (1890) 537f. Nr. 2 = Barth/Stauber, Mysien-Troas (PHI # 7) 1445 (Hasluck 265 Nr. 1,24). Der Name ist hier verkürzt zu ὑπὸ Κλ. Εὐμένους, aber die Identität der Personen ist dennoch sehr wahrscheinlich, auch wenn man die internen eponymen Datierungen der kyzikenischen Inschriften nicht in eine verläßliche Chronologie einordnen kann: s. Hasluck 304f.

Ehreninschrift für Eumenes und einen Moschos, Sohn des Stratios, nimmt möglicherweise auf denselben Vorgang Bezug:[674] Unter der Hipparchie des verstorbenen (ἥρως) Claudius Eteoneus ἀνεδείχθη εὐτυχῶς[675] ὁ τοῦ Ἄμμωνος στέφανος ὑπὸ Κ‹λ›. Εὐμένους καὶ Μόσχου τοῦ Στρατίου, der die Ämter des Strategen,[676] bereits zum zweiten Mal dasjenige des Priesters der Stadtgöttin von Kyzikos, Soteira Kore, und des ἐξηγητὴς τῶν μεγάλων μυστηρίων τῆς Σωτῆρας Κόρης innehatte.

Wie man sieht, war auch der Kollege des Eumenes bei diesem Zeremoniell ein bedeutender Mann unter den Notablen der Stadt, der zentrale religiöse und politische Ämter übernommen hatte: Die Kore-Mysterien waren der prominenteste und wichtigste Kult der mysischen Stadt, der auch nach außen ausstrahlte.[677] Eumenes selber stand seinem Partner aber an öffentlichem Rang kaum nach,[678] hat er doch neben dem aus unserer Inschrift zu erschließenden Vorsitz des Kultvereins für Ammon – oder doch zumindest einem wichtigen Amt in dieser offenbar halboffiziellen Organisation der Stadt – auch das Amt eines γραμματεύς der Prytanen, zusammen mit zwei anderen Bürgern aus den Phylen Ἰουλεῖς und Σεβαστεῖς, bekleidet[679] und war Mitglied des speziell aus Kyzikos bekannten Gremiums καλλίον.[680] In derselben Prytanenliste[681] erscheint auch sein namensgleicher Sohn Κλ. Εὐμένης νεώ(τερος) als erster in einer Gruppe von μύσ-

674 Da Peek im Präskript der neuen Inschrift ποιουμένου τὴν ἀνάδειξ[ιν τοῦ προφήτου] τοῦ Ἄμμωνος lesen will (o. Anm. 660), besteht für ihn folgerichtig auch kein Zusammenhang mit der zweiten Inschrift, da, selbst wenn es sich um dieselbe Person handelt, nicht mehr von einem identischen Vorgang die Rede ist, vgl. Peek, Ammon 202 Anm. 2. Der Einwand, daß das Formular in der von Reinach publizierten Inschrift abweiche, da dort ein Empfänger des Kranzes im Dativ genannt sei, ist aber wohl unzutreffend nach der Korrektur der Auffassung des Erstherausgebers durch A. Wilhelm, s. nächste Anm.

675 Die Abschrift des Cyriacus von Ancona, aus der allein die Inschrift bekannt ist, hat εὐτυχεῖ, was Reinach als Eigennamen interpretiert hatte: korrigiert zu εὐτυχῶς von A. Wilhelm, Klio 5 (1905) 299 (acc. Robert, Bull. ép. S. 475), der auch ἐπὶ τύχῃ oder σὺν τύχῃ erwog. Die Lesung des Cyriacus ἀνεδείχθη war von Wilhelm ebenfalls in Zweifel gezogen worden (er schlug ἀνεδέχθη vor), ist jetzt aber durch die ἀνάδειξις des neuen Steins wohl unzweifelhaft bestätigt worden, wenn es denn in beiden Fällen um eine Kranzweihung geht und Peeks Einwand (vorige Anm.) ins Leere läuft.

676 Er wird auch im Strategenkollegium, das im Anschluß an die eponyme Hipparchie im Datierungsteil genannt wird, aufgeführt, Z. 2-4.

677 »Une affaire d'État dans le culte de la déesse patronne de la ville«: Robert, Bull. ép. S. 477. Zum Kore-Kult von Kyzikos, mit besonderer Berücksichtigung der Münzbilder (H. v. Fritze, Die Silberprägung von Kyzikos, Nomisma 9, 1914, 34-56), siehe Robert, Fête de Cyzique 470-473. Zu erinnern ist auch an das didymäische Doppelorakel für den Propheten Damianos, **Didyma 30/31** = I.Didyma 504, der aus Kyzikos stammte und für seine ἁγιωτάτη πάτριος θεὰ Σωτίρα Κόρη einen Altar im πάνθεος περιβωμισμός im Heiligtum von Didyma neben dem der Demeter Karpotrophos errichten möchte; Apollon stimmt zu: siehe Kap. 3, S. 387 und Anm. 247.

678 Es irritiert allerdings etwas in der von Reinach publizierten Inschrift über die Kranz-ἀνάδειξις, daß bei Eumenes keinerlei Magistraturen genannt sind, bei Moschos hingegen gleich eine Vielzahl seiner Funktionen. Ist das dadurch erklärlich, daß Eumenes so prominent war, daß die Nennung seines bloßen Namens genügte? Es bleibt ungewöhnlich.

ται, womit in Kyzikos die Großen Mysterien der Soteira Kore gemeint sein müssen, als deren Exeget wir den Kollegen des Eumenes bei der Kranzweihung, Moschos, kennengelernt haben.

Vor allem aber ist Cl. Eumenes postum sogar das Amt des Hipparchen, also des eponymen Oberbeamten der Stadt, zugesprochen worden: Wir begegnen ihm erneut in der Datierungsformel des Präskripts einer weiteren kyzikenischen Inschrift, das die Einholung eines anderen Orakels für Kyzikos, nun jedoch aus Didyma, durch die Stephanephoren der Stadt bezeugt.[682] Das Orakel selbst fehlt, ist entweder nicht aufgezeichnet worden

679 Nach einer Liste der Prytanen für den Monat Apaturiôn und der Mitglieder des καλλίον für den Monat Poseideôn, die Mitglieder beider Phylen sowie der μύσται der Kore aufzählt: Th. Wiegand, AthMitt 26 (1901) 121-124 = Barth/Stauber, Mysien-Troas (PHI # 7) 1455 (Hasluck 266 Nr. 2,8); das Präskript auch IGRom 4,153. Eumenes als γραμματεύς: A 9. Die Inschrift wird in hadrianische Zeit datiert. Zu den Institutionen von Kyzikos, besonders dem Phylensystem und den Magistaturen: N.F. Jones, Public organization in ancient Greece: a documentary study, Mem. of the Americ. Philos. Soc. 176, Philadelphia, Pa. 1987, 287-290. 294.

680 Das Ausüben dieser Mitgliedschaft wird mit καλλιάζειν bezeichnet, so hier Z. 7; der Vorsitz mit καλλιαρχεῖν, etwa CIG 3661 = Barth/Stauber, Mysien-Troas (PHI # 7) 1482 (Hasluck ebd. Nr. 2,1). Im Präskript der erwähnten Prytanenliste AthMitt 26 (1901) 121 = Barth/Stauber, Mysien-Troas (PHI # 7) 1455 wird der ἄρχων τοῦ καλλίου als Element der Datierung genannt. Worin die Aufgaben des καλλίον in Kyzikos bestanden, ist nicht klar. Den gleichen Namen trug auch ein bloß aus antiquarischen Quellen bekanntes Gerichtslokal in Athen, ohne daß sich eine Beziehung zu Milet oder Kyzikos herstellen ließe (F. Gschnitzer, Prytanis, RE Suppl. 13, 1973, 792): Androtion ap. Poll. 8,121; Bekker, Anecd. Gr. 1,269f.; abwegig sicher Phot. s.v.: nach dem Erbauer Kallias. Vgl. J.H. Lipsius, Das attische Recht und Rechtsverfahren, Bd. 1, Leipzig 1905, 171. Die gemeinsame Nennung mit der Prytanie zeigt aber, daß es ein hochrangiges Amt in Kyzikos war. Hasluck ebd. 212f. 252 hatte die These entwickelt, καλλίον bezeichne das Mysterienheiligtum der Kore in Kyzikos, doch die von ihm gemachten Voraussetzungen sind nicht haltbar: Ehrhardt ebd. Anm. 1240. – Das Amt der καλλιάζοντες ist nicht unter den von Magie, RRAM 1,57-67, besprochenen Magistraturen der kleinasiatischen Poleis. v. Geisau, Kallion, RE 10 (1919) 1654, kennt die kyzikenische Institution nicht.

681 Ebd. A 46.

682 **Didyma A9** = J.H. Mordtmann, AthMitt 6 (1881) 121 = H. Lechat, BCH 13 (1889) 518f. = Barth/Stauber, Mysien-Troas (PHI # 7) 1714 (Hasluck 263 Nr. 1,2b; vgl. A. Wilhelm [wie Anm. 675]): ἱππαρχοῦντος Τι. Κλ. Εὐμένους ἥρωος χρησμὸς στεφανηφόρων ὃν ἔχρησεν αὐτοῖς Ἀπόλλων ἐν Διδύμοις. Trotz der erneuten Namensvariante ist von Identität auszugehen. Lechat möchte den Stein (Wiederverwendung der Rückseite eines Proxeniedekrets des 4. Jh. v. Chr.) ins 1. Jh. n. Chr. datieren, Fontenrose erst in severische Zeit (ohne Begründung). Wenn die prosopographischen Kombinationen zutreffen, ist dagegen eher von der Mitte des 2. Jh. auszugehen (so auch Hasluck 305). – Reinach hat in seiner Veröffentlichung der Inschrift, BCH 14 (1890) 537f. Nr. 2 (zuvor Anm. 673), die Meinung vertreten, man habe speziell in Kyzikos die Bezeichnung ἥρως auch für Lebende, die besonders geehrt wurden, verwendet. Ebd. Anm. 4 führt er dazu die folgenden Inschriften an: CIG 3665 = IGRom 4,154 (datiert ἱππαρχούσης Αὐρ. Ἰουλίας Μενελαΐδος ἡρωΐδος); BCH 12 (1888) 193 = IGRom 4,130 (städtische Ehreninschrift für einen Beamten ἥρωα, die aber offenbar in einem anderen Text zitiert wird – ἐπιγεγραφῆναι –, der von einem Heroon für diesen Bürger spricht); AthMitt 7 (1882) 254 Nr. 24 = Barth/Stauber, Mysien-Troas (PHI # 7) 1771 (städtische Ehreninschrift ebenfalls mit dem Zusatz ἥρωα). Diese Zeugnisse erbringen allerdings nicht den erforderlichen Beweis einer Abweichung von der besonders in Kleinasien verbreiteten Praxis, verstorbene Magistrate oder Honoratioren als ἥρωες zu ehren. Die Inschriften wurden dann auch gerne auf ihren ἡρῷα angebracht, wie das von Reinach selbst angeführte Beispiel IGRom 4,130 illustriert. Vgl. Robert, Hell. 13,207 (m. Lit.); dens.,

oder der Text ist uns auf dem wiederverwandten Stein verlorengegangen. Da Kyzikos eine milesische Gründung war,[683] ist es von vornherein plausibel, daß man sich von dort aus um Orakel nach Didyma wandte.

Aus der Inschrift, die die Kranzweihung durch Eumenes und Moschos festhält, zu schließen, daß es sich bei der ἀνάδειξις nicht um eine einmalige oder durch das Eintreffen dieses Orakels begründete, sondern eine (etwa im Festkalender der Stadt bereits enthaltene) regelmäßig wiederkehrende Zeremonie gehandelt habe, ist freilich nicht zwingend, wäre es doch möglich, daß auch dann ein anderes, nicht erhaltenes Orakel aus Siwa den Anlaß *ad hoc* gebildet hatte – wenn der Kultverein der Ammonsanhänger in Kyzikos Einfluß besaß, ist durchaus davon auszugehen, daß die Stadt, ungeachtet der beträchtlichen Entfernungen, nicht nur einmal beim libyschen Orakel eine Anfrage gestellt hat. Eine solche Vorstellung kommt freilich einem regelmäßigen Ritual der ἀνάδειξις, das die Eröffnung jedes neuen Orakelspruchs aus Siwa begleitet hat, schon sehr nahe; dieses mit einem wiederkehrenden Fest des Kultvereins der Ammonsanhänger in der mysischen Stadt zu verbinden, mußte ein den Kyzikenern sich aufdrängender Schritt sein.

In der jüngsten Edition der Ammon-Inschrift[684] hat R. Merkelbach seine Auffassung der fraglichen Stelle im Präskript nochmals geändert und will nun lesen: χρησμὸς κο]μισθεὶς Ἄμμωνος ποιουμένου τὴν ἀνάδειξ[ιν τοῦ χρησμοῦ] τοῦ Ἄμμωνος ὑπο Κλ. Οὐάρου Εὐμένους. Damit bestünde auch kein Bezug mehr zu der schon länger bekannten Inschrift, in der von einer ἀνάδειξις στεφάνου durch Eumenes und seinen Kollegen Moschos die Rede ist; allerdings ist Merkelbach nach wie vor der Ansicht, daß es sich um dieselbe Person handle. Dann wäre im Präskript des Orakels von der öffentlichen Verkündigung des Orakelbescheids selber die Rede – Merkelbach mutmaßt, die Antwort des Gottes sei aus Siwa in einem verschlossenen Umschlag herbeigebracht worden und das Zeremoniell der ἀνάδειξις habe in dessen Eröffnung bestanden.[685]

Auch wenn diese Lösung auf den ersten Blick methodisch den Vorteil bietet, keinen neuen Sachverhalt an der zu ergänzenden Stelle einführen zu müssen, ist es sprachlich doch eher unwahrscheinlich (wenn auch

---

Trois oracles 581 = 597 Anm. 4 zu **Didyma 19**; Laodicée 265f. (266 Anm. 2: Ehrung am Heroon) und 324; dort die Verweise auf weitere Stellen bei dems. Siehe hier Kap. 3, Anm. 277. ἥρως in Grabinschriften: oben Anm. 274.

683 Anaximenes von Lampsakos FGrHist 72 F 26 (= Strab. 14,1,6 p. 635 Casaubon) (zweite Hälfte des 4. Jh. v. Chr.); Plin. Nat. hist. 5,142. Zu den Beziehungen von Kyzikos nach Didyma vgl. unten S. 308f. m. Anm. 768f.

684 SGO 08/01/01.

685 Ad loc. Das Konstruktionsproblem mit ὑπό wird auch so nicht gelöst. Das kann auf befriedigende Weise tatsächlich nur durch die Einführung eines weiteren Subjekts für einen *genitivus absolutus* in der Lücke geschehen wie bei Peek (o. Anm. 660 und 674), wobei eben die Stellungsprobleme nach wie vor nicht behoben sind.

nicht unmöglich), daß τοῦ χρησμοῦ τοῦ Ἄμμωνος in einem solchen – sachlich durchaus denkbaren – Fall gleich noch einmal zu τὴν ἀνάδειξιν gesetzt worden wäre, nachdem es gerade zuvor bei κομισθείς stand.[686] Dieser Einwand, vor allem aber auch die Parallele mit der Ehreninschrift aus Kyzikos, die ein Kranzritual ebenfalls als ἀνάδειξις bezeichnet und dafür wahrscheinlich ein und dieselbe Person nennt, spricht dafür, bei der früheren Ergänzung bleiben.

An die Namensliste des Kultvereins schließt sich – mit eigener Datierung durch einen Hipparchen Claudius Lucianus aus der Tribus Quirina[687] – die Notiz des Dedikanten, des Schatzmeisters (56 διοικῶν[688]) Tiberius Fundanius Bassus, über die Aufstellung von Inschrift[689] und Relief an, die

686 Oder gibt es signifikante Parallelen in der Sprache der Dekrete für derart pleonastische Ausdrucksweisen?

687 Merkwürdig ist die Nennung der Tribus unmittelbar nach dem *praenomen*, während das Nomen Lucianus erst an dritter Stelle folgt. Die normale Abfolge *praenomen – nomen gentile – filiatio – tribus – cognomen* liest man in einer Ehreninschrift für einen Notablen aus dem kyzikenischen Miletupolis, der ebenfalls der Tribus Quirina angehörte, offenbar im Kaiserkult ein Amt ausübte und sich als Gymnasiarch verdient gemacht hatte, I.Kyzikos 2 (IK 23) 29: Τίτος Φλ[άουιος Φλά]ουίου Ἀσ[- *(gen.)* υἱὸς Κυ]ρείνα Ἀσ[-- κτλ. – Zur Hipparchie als dem eponymen Amt von Kyzikos vgl. Ehrhardt, Milet 194f.

688 Der διοικητής ist mehrfach in kyzikenischen Inschriften bezeugt: etwa AthMitt 10 (1885) 203f. Nr. 29 = Barth/Stauber, Mysien-Troas (PHI # 7) 2019, 2 (1. Jh. v. Chr.); Bollettino del Museo dell'Impero Romano 9 (1938) 39-41 = AnnÉp 1940, 43 = Barth/Stauber, Mysien-Troas (PHI # 7) 2033, 1; CIG 3665 = Barth/Stauber, Mysien-Troas (PHI # 7) 1458, 12 (ca. 222–235 n. Chr.) – Eine abweichende Auffassung des Partizips διοικῶν an unserer Stelle bestünde darin, es nicht als verbale Umschreibung für das Amt des διοικέτης anzusehen, sondern es mit ἀνέστησα zu verbinden: Das Verb wäre dann hier in der Bedeutung ›bereitstellen, zur Verfügung stellen‹ (nämlich τὸν τελαμῶνα, s. nächste Anm.) gesetzt. Zu dieser Verwendung s. LSJ s.v. I 2 und C. Habicht, Eine Urkunde des akarnanischen Bundes, Hermes 85 (1957) 86-122, h. 121f., der den Volksbeschluß über die Panathenäen ap. Dem. 24,27 anführt: ὅπως ... εἴ τινος ἐνδεῖ πρὸς τὰ Παναθήναια διοικηθῇ, τοὺς πρυτάνεις ... καθίσαι νομοθέτας κτλ. Siehe noch D. Roques, Ktèma 15 (1990) 53. Für diese Deutung könnte – trotz der Bezeugungen für das Amt des διοικητής in Kyzikos – sprechen, daß es im Inschriftenmaterial der Stadt keinen weiteren Beleg für eine solche verbale Umschreibung des Amtes zu geben scheint.

689 Bassus verwendet den Ausdruck ἀνέστησα τὸ[ν τε]λαμῶνα (56). ὁ τελαμών ist eigentlich ein ›breites Band, Riemen, Gurt‹, um etwas zu tragen oder zu halten, dann bezeichnet es aber in einer Sonderbedeutung auch die Basis einer Stele oder auch die Stele selbst. In diesem monumentalen Sinne ist das Wort in bestimmten Gegenden häufig, nämlich insbesondere an der Westküste des Pontos (Odessos: IGBulg 1^2,41-43; Mesambria: ebd. 312. 315; Apollonia: ebd. 391) und in der südlichen Propontis, besonders in Bithynien: so in Byzanz (vgl. auch I.Milet 153,39 [Milet 1,3,253], Ehrenbeschluß durch Volk und Rat von Byzanz für einen milesischen Richter und seinen γραμματεύς, Mitte 2. Jh. v. Chr.), Kios (I.Kios 16 A 14; 22,16) und Strobilos, dem Hafenort von Pylai im Grenzgebiet von Bithynien und Mysien auf der heutigen Halbinsel Yalova (I.Apameia 116). Vgl. L. Robert, RevPhil 3,10 (1936) 130 = OMS 2,1209; dens., Hell. 7,32-34; Bull. ép. 1984, 327 S. 476. Wort und Gebrauch sind aber nicht auf Kleinasien beschränkt, sondern bereits um die Mitte des 5. Jh. v. Chr. in einer Weihung der ἱερομνάμονες im Heraion von Argos bezeugt: IG 4,517 = SEG 11,303 = Jeffery, LSAG 170 Nr. 32 = C.D. Buck, The Greek dialects, Chicago 1955, 282 Nr. 82 = Lazzarini, Formule delle dediche votive Nr. 937 = H. v. Effenterre, Nomima: recueil d'inscriptions politiques et juridiques de l'archaïsme grec 1, Rom 1994, Nr. 86; vgl. LSJ s.v. II 2. Der Text unterscheidet dabei στήλη und τελαμών. Beide Begriffe

er den Ammoniten zum Geschenk macht (ἐχαρισάμην 57). Über den Stifter weiß man nichts weiter, er erscheint jedenfalls nicht in der voranstehenden Liste der Vereinsmitglieder. Plausibel scheint die Vermutung,[690] daß die Hipparchie des Cl. Lucianus im Jahr nach der zweiten Hipparchie Hadrians und damit im Jahr unmittelbar nach dem Empfang des Orakels aus Siwa und der Kranzweihungszeremonie liegt, so daß die Aufstellung der Stele nur kurze Zeit nach den in ihr geschilderten Zeremonien erfolgt ist, da der dafür genannte Monat Artemision das kyzikenische Jahr beschließt.

Analyse der Kommunikationsstruktur des Gesamtmonuments. Der Kultverein der Ammonsverehrer in Kyzikos. Schwierigkeiten der Abgrenzung zwischen ›privatem‹ Kultverein und ›öffentlicher‹ Religion.

Um das Monument als ganzes richtig einzuordnen, ist es wichtig, sich noch einmal vor Augen zu führen, daß der letzte Teil der Inschrift mit der Dedikationsformel des Bassus die oberste Textebene und, von der Kommunikationssituation her betrachtet, den Haupttext des Ensembles bildet. Seine eigenständige Datierung ergibt die zeitliche Situierung des Gesamtensembles. Ein wohlhabender Bürger und Euerget, Tiberius Bassus, spendet dem halböffentlichen Kultverein der Ammonsanhänger in Kyzikos ein Monument, das die Einholung eines Orakels für die Stadt vom Ammon-Heiligtum in Siwa durch eine Delegation mit dem Haupt der kyzikenischen Ammonitai, Claudius Eumenes, an der Spitze dokumentiert, indem das Orakel aufgezeichnet und dazu die Mitglieder des Vereins im Anschluß an den Orakelwortlaut aufgeführt werden.

Das Orakel selber ist in Form des offiziellen Protokolls seiner förmlichen Bekanntmachung und Anerkennung durch die Stadt in dieses Dokument eingebettet, weshalb der Wiedergabe des Versorakels seinerseits ein (von dem der Dedikation durch Bassus unabhängiges) Präskript mit eponymer Datierung und Nennung der zeremoniellen Handlungen – nämlich der ἀνάδειξις – bei der Verkündigung des Orakels vorangestellt ist.

---

kehren im argivischen Sympolitie-Beschluß für das pamphylische Aspendos wieder, der in drei Exemplaren im Heraion und im Lykeion von Argos sowie im Zeus-Heiligtum von Nemea aufgestellt war (die letztgenannte Kopie hat sich erhalten) und wohl noch in das 4. Jh. v. Chr. gehört: R.S. Stroud, An Argive decree from Nemea concerning Aspendos, Hesperia 53 (1984) 193-216, h. 195 = SEG 34,282, 15-18, mit dem Kommentar von Stroud ebd. 207-209. Während das eigentliche Dekret (τὸ δόκημα 15) auf der στήλη aufgezeichnet wird, gab es im Lykeion einen τελαμών mit einer Liste der auswärtigen Bürgerrechtsinhaber, der nun auch der Demos von Aspendos kollektiv hinzugefügt werden soll (π̣[ὸτ] τ̣ὸν τελαμῶνα τὸν ἐν τῶι τοῦ Λυκε[ίου] ἰ̣α̣[ρ]ῶι̣ [τὸν δᾶ]μ̣ον τῶν Ἀσπ̣εγ̣[δίω]ν ποτα[να]γ[ρ]άψαι (16-18).

690 Schwertheim in Merkelbach/ders., Orakel des Ammon 150. Siehe zuvor S. 270.

691 Vgl. die Bemerkungen von Robert in Bull. ép. S. 476f.

Dafür spielt es keine entscheidende Rolle, ob es sich beim Ritual der ἀνάδειξις um eine Kranzweihung handelt oder (wenn die Lücke anders zu ergänzen ist) vom *»Vorzeigen«*, also der feierlichen Proklamation des erhaltenen Orakeltextes selbst, die Rede ist – denn auch das *»Zeigen des Kranzes«* ist auf jeden Fall als eine rituelle Handlung aufzufassen, die die Bekanntgabe des Orakeltextes in Kyzikos begleitet. Die am Anfang der Inschrift stehende Datierung ist also, wie sich am Ende zeigt, ein ›Text im Text‹, ein Zitat, und dadurch dem am Schluß stehenden zweiten Formular untergeordnet, das die Schenkung des Bassus datiert: Diese stellt die tatsächliche ›Überschrift‹ und das Protokoll des Gesamtmonuments dar.

Beachtung verdienen auch die den Ἀμμωνεῖται von Tib. Bassus in seiner Stiftungsurkunde beigelegten Qualifikationen:[691] Er nennt sie als erstes νεωκόροι – sie sind also mit dem Unterhalt des Heiligtums ihres Gottes Ammon in Kyzikos betraut –, bevor er ihre Frömmigkeit überhaupt und ihren Eifer für den Kaiserkult heraushebt (εὐσεβεῖσιν κὲ φιλοσεβάστοις 58). Wir hören nichts von einem Priester, den die Stadt dem Kult beigegeben hätte; also oblag dieser zwar ›privat‹ dem Kultverein, der aber quasihoheitliche Funktionen für seine Stadt übernahm, wie das vorliegende Beispiel der Orakeleinholung zeigt: Sie muß im Namen der Stadt erfolgt sein, wie der offizielle Charakter der Verkündigungsprozedur, die zugleich als eine Ratifikation durch die Gremien der Polis zu verstehen ist, und die öffentliche Aufzeichnung – auch Bassos' Stiftungsurkunde ist offiziell datiert! – zeigen. So ist der Vorgang ein instruktives Beispiel dafür, daß die Trennung ›privat – öffentlich‹ bei Kultvereinen in Poleis oftmals keine adäquate Beschreibung liefert.

Die Ammonitai werden vom Stifter als zweites mit dem Prädikat εὐσεβεῖς belegt. Der Titel εὐσεβής findet in der Kaiserzeit als festes Beiwort bestimmter religiöser Körperschaften Verwendung, es wird *de facto* zum Bestandteil ihres Amtstitels: so bei den Propheten und Hydrophoren in Didyma, in Samos bei den ναωποιοί, bei Priestern im karischen Keramos, den δαμιουργοί in Kamiros, in Ephesos bei den Kureten, bei den Hermes-Priestern in Hamaxia, einer Küstenstadt im westlichen Kilikien unweit Syedras, den πυλωροί der athenischen Akropolis, den μύσται in Samothrake und anderen mehr.[692] An dritter Stelle heißen die Ammoniten φιλοσέβαστοι, worin sich ihre prominente Rolle im Kaiserkult der Stadt zeigt; diesen Titel

---

692 Didyma: Robert, Hell. 11-12,458. – Samos: IG 12,6,1,185-198; vgl. E. Buschor, Samische Tempelpfleger, AthMitt 68 (1953) 11-24; P. Herrmann, Die Inschriften römischer Zeit aus dem Heraion von Samos, AthMitt 75 (1960) 68-183, h. 170-172. – Keramos: I.Keramos 34. 36. 38. 40. 41. 42. 44A (= McCabe, Keramos [PHI # 7] 45. 36. 31. 32. 41. 33. 43). – Kamiros: Robert, Monnaies grecques 45 m. Anm. 2 (dort auch zu Keramos). – In Ephesos etwa im Ehrenbeschluß für den Prytanen Dionysodoros vom Beginn des 2. Jh. n. Chr. (zu dieser Inschrift auch o. Anm. 548. 551), der von einer Kuretenliste beschlossen wird: Knibbe, Prytaneion 27 Nr. B 24 = I.Ephesos 1024 = McCabe, Ephesos (PHI # 7) 111, 14 κουρῆτες εὐσεβεῖς φιλοσέβαστοι, und so regelmäßig in den Kuretenlisten der Stadt, I.Ephesos 1001-1053 *passim*. – Hamaxia: R. Heber-

konnten verschiedene Vereine, Gruppen und Institutionen einer Polis führen.[693] Die Kumulation dieser Adjektive läßt keinen Zweifel an der herausgehobenen Stellung dieser Korporation in Kyzikos.[694]

2.3.2 Ein Ritual für Helios in Siwa und wiedererlangte Wohlfahrt. Einzelprobleme, Ergänzungen, Textverständnis des Versorakels

Der Text ist in »dunkler« Orakelsprache gehalten, wie wir sie in den längeren inschriftlichen Versorakeln bereits mehrfach kennengelernt haben, mit seltenen und gesuchten Wörtern, darunter wiederum vier für uns neuen. Vorab ist zu sagen, daß die teilweise recht großen Lücken die Entscheidung über mögliche Ergänzungen oft sehr ungewiß lassen. Die von W. Peek an Text und Textverständnis Merkelbachs in der Erstausgabe geübte Kritik[695] ist in vielen Punkten zwar überzeugend, aber sein eigener ergänzter Text befriedigt an zahlreichen Stellen ebensowenig. Angesichts mannigfaltiger Probleme im einzelnen, die die Auffassung des Textes je nach Lösungsansatz beeinflussen, ist es unerläßlich, in der Folge zunächst auf Verständnis und nötige Ergänzungen an den jeweiligen Stellen ausführlicher einzugehen.

Text und Übersetzung des Versorakels bei Merkelbach (SGO 08/01/01)

οὐκ ἂν δειμαίνουσα θεούς, ὦ Κύζικε, λυπῆς
ἄταις [βουφονίων ἔσει εἵνε]κεν ἐν θαλίαισιν,
οὔθ' ἄν, κευθόμενον Λίβυος στε[φάνοις θησαυρόν]
Ἡελίῳ φήνῃς, ἀπαλινφροσύνῃ ἀκάχοιο.
αὖθις γὰρ̣ [⏑ ⏑ –⏑ ⏑ –] θεοῦ ἀκτίνεσσιν
φοιβότερον σφετέρῃ θήσῃ ο̣[⏑ –⏑ ⏑ –]·
ἀλ‹λ›ὰ θυηπολίης Νασαμωνίδος ἐνπασμοῖσ[ιν]
[εὐσεβέεσσι φάει] προπολεύ‹ε›μεν Ἡελίοιο,
ὄφρα ἔκηθ' ἱ‹ρ›ῆς μ[⏑ ⏑ –⏑ ⏑ –⏑ ⏑ –]σῆς·
καὶ δ' ἐμέθε{ι}ν μνῆσιν θεμένη Κλάρον ε[ἰς ἀγακλειτήν]
[ὑμνη]τῆρας ἴη{δο}λον ὁμοῦ θυέεσ‹σι› θεωρούς

---

dey/A. Wilhelm, Reisen in Kilikien, Denkschr. ÖAW 44,6, Wien 1896, 138 Nr. 228 (Priesterliste). – Athen: IG 2^2,2292,30. – Listen samothrakischer Mysten aus verschiedenen Poleis: IG 12, 8,160-223 *passim*; außerdem IG 12 Suppl. 346. Es findet sich auch die Formel μύσται καὶ ἐπόπται εὐσεβεῖς (IG 12,8,186,4f.) oder μύστης εὐσεβὴς καὶ ἐπόπτης (188,7). – Vgl. insgesamt auch Robert, Bull. ép. S. 476.

693 Wie etwa auch die ephesischen Kureten, s. vorige Anm.

694 Robert, Bull. ép. S. 477: »On sent l'importance dans la cité de ce groupement et son caractère officiel: la ›cérémonie de la couronne d'Ammon‹ était célébrée par de hauts personnages … les Ammônites devait grouper des notabilités de la ville.«

695 Peek, Ammon 202f.

ο[⏑ ⏑ –⏑ ⏑ -], ὄφρ' ἔνπεδον ὄλβον ἔληαι,
φρασθεῖσ' ἐκ θ[εόφιν ⏑ ⏑ –⏑ ⏑ -]τι δαμῆναι.

Weder, wenn du, Kyzikos, in deiner Torheit aus Furcht die Götter betrübst,
wirst du infolge der Rinderopfer in Festfreude sein,
noch wirst du ihn durch Starrsinn kränken, wenn du den verborgenen Schatz des Libyers in Kränzen
dem Helios vorzeigst,
denn sogleich wird Helios mit seinen Strahlen …
noch viel glänzender machen …
sondern du sollst dem Licht des Helios dienen
durch frommes Sich-Kümmern um nasamonischen Opferdienst;
…
und indem du mich in Erinnerung bringst, schicke Festgesandte
nach dem hochberühmten Klaros, die Lieder vortragen zusammen mit (geistigen) Opfern
… damit dein Wohlstand feststehe …

Text und Übersetzung des Versorakels bei Peek (Peek, Ammon)

οὐκ ἂν δειμαίνουσα θεούς, ὦ Κύζικε, λύπης
ἄταις [δμηθείης κακοῦ οὕνε]κεν ἐν θαλίαισιν,
οὔθ' ἄν, κευθόμενον Λίβυος στέ[γει ἣν θησαυρόν]
Ἠελίῳ φήνῃς, ἀπαλινφροσύνῃ ἀκάχοιο.
αὖθις γὰρ [τάχα φῶς ὄρφνῃ] θεοῦ ἀκτείνεσσιν
φοιβότερον σφετέρῃ θήσῃ θ[υσίαις ἢ τὸ πρίν]·
ἀλ‹λ›ὰ θυηπολίης Νασαμωνίδος ἐνπασμοῖσ[ιν]
[ἱρῇ χρὴ δυνάμει] προπολευ‹έ›μεν Ἠελίοιο,
ὄφρα ‹τ›έκῃ θείης μ[ετὰ βουλῆς ὥρια γῆς] σῆς.
καὶ δ' ἐμέθε{ι}ν μνῆσιν θεμένη Κλάρον ἐ[κπαράλειπε·]
[ἀλλ' ἱκ]τῆρας ἴη{δο}λον ὁμοῦ θυέεσ‹σ›ι θεωρούς
ο[ἶκον ἐς ἡμέτερόνδ'], ὄφρ' ἔνπεδον ὄλβον ἕλῃε,
φρασθεῖσ' ἐκθ[ύμως μήπως κακότη]τι δαμῆναι.

Wenn du, Kyzikos, die Götter fürchtest, wirst du, denke ich, nicht von traurigem
Verderben bezwungen werden wegen eines Unheils in deinem (bisherigen) Wohlergehen.
Und du wirst sicher auch nicht, wenn du den im Haus des Libyers versteckten Schatz
dem Helios offenbar werden läßt, dadurch Kummer haben, daß du deinen Sinn nicht änderst.
Denn mit des Gottes Strahlen wirst du durch Opfer rasch wieder Licht über deine Finsternis
bringen, strahlender als zuvor.

Nur mußt du durch im nasamonischen Opferdienst übliche Aufstreuungen
der heiligen Macht des Helios dienen,
9 auf daß er mit göttlichem Ratschluß die Jahreszeiten-Früchte erzeugt (reifen läßt).
Und im Gedenken an mich lasse auch Klaros ganz beiseite.
Nein, schicke Bittgesandte mit Opfergaben
12 in mein Haus, damit du dauerndes Glück gewinnst,
mit ganzem Herzen darauf bedacht, daß du in keiner Weise von Unglück bezwungen wirst.

Die Verse 1 bis 6: Anrede an die Stadt. Zusicherung des Wohlergehens als Gegenleistung für Götterfurcht. Ein Dedikationsritual für Helios in Siwa. Kritik der These, Ammon weise blutige Opfer und materielle Votivgaben zugunsten ›reinerer‹ Kultformen zurück. Die Krise schlägt in eine Situation wiedergewonnener Sicherheit um.

Der Auftakt des Orakels mit der Wendung an die Konsultanten ist typisch für die Versorakel: Gerade in den in Klaros von Städten eingeholten Orakeln ist eine solche Apostrophe ein kennzeichnendes Element. Im Text aus Kyzikos steht die persönlich gedachte Stadt für die Konsultanten; sie wird vom Gott in der 2. Person angesprochen, die sich nicht, wie sonst oft, an den Führer der Gesandtschaft wendet. Dies wird auch aus den mehrfach verwendeten femininen Partizipformen deutlich.[696]

Schwerwiegende Probleme bestehen zunächst bei Merkelbachs Auffassung der ersten vier Verse des Orakels. Diese Probleme sind sowohl syntaktischer als auch inhaltlicher Art. Danach stehe ἄν in V. 1 (οὐκ ἂν δειμαίνουσα κτλ.) für ἤν, was aber in Steinepigrammen und Versorakeln nicht vorzukommen scheint;[697] gravierender ist, daß schwerlich hintereinander einmal ἄν für ἤν und dann ἄν als Partikel verwendet sein können:[698] Die Abfolge οὐκ ἂν ... οὐδ' ἄν ... ἀκάχοιο muß vielmehr parallel aufgefaßt werden, mit der Folge, daß auch im ersten Glied ein Optativ als Prädikat eines potentialen Hauptsatzes zu erwarten ist, weswegen Peek οὐκ ἂν ... δμηθείης[699] οὐδ' ἄν ... ἀκάχοιο ergänzt. Merkelbach dachte sich am Ende

696 δειμαίνουσα V. 1, φρασθεῖσ[α] V. 13.

697 So Peek ebd.

698 Diesem Einwand hat Merkelbach in SGO inzwischen Rechnung getragen; er will nun auch οὐδ' ἄν in V. 3 als Konjunktion lesen mit φήνῃς V. 4 als Prädikat dieses zweiten Bedingungssatzes. Dadurch werden allerdings die weiteren Probleme nicht behoben, s. hiern.

699 Das Wort kommt am Ende des letzten Verses noch einmal vor und steht dort sicher auf dem Stein; eine solche doppelte Verwendung des für ein Orakel zum Thema ›Krise/Bedrohung – Überwindung der Gefahr/Glück‹ gut passenden Verbs müßte nicht überraschen. – Weniger glücklich scheint die weitere Ausfüllung der Lücke durch Peek: [δμηθείης <κακοῦ> οὕνε]κεν ἐν θαλίαισιν. Peek, Ammon 206, spricht zur Erläuterung von einem quasi haplographischen Ausfall von κακοῦ vor οὕνεκεν, doch da beide Wörter ja in der Lücke stehen, ist es gewagt, diese zu-

von V. 1 λύπῃς als Prädikat des von ihm angenommenen durch ἄν eingeleiteten Konditionalsatzes, doch wäre, wenn man denn bei dieser Lösung bleiben wollte, eher ein Optativ im Aorist λυπήσῃς neben dem Futur ἔσει, das Merkelbach ergänzt, zu erwarten. Daher schlägt Peek vor, λύπης ἄταις zusammenzunehmen, *»Verderben bringende Handlungen der Betrübnis«*, also ›unheilvolle Taten, die dich (noch) betrüben werden‹. Diese Junktur erscheint in der Tat leichter und auch sprachlich befriedigend, wenn sie auch ein Enjambement vorraussetzt.[700]

Bei Merkelbachs Auffassung wäre auch nach Parallelen für die Vorstellung, daß Menschen durch eine ›falsche‹ Art der Kultausübung die Götter *»betrüben«* können, zu suchen. Wenn mithin im ersten Glied – gegen die Erstherausgeber – keine weitere Unterordnung durch einen Konditionalsatz vorliegt, ist auch der Satzbau mit dem Partizip δειμαίνουσα leichter und der Sinn befriedigender, da die Götterfurcht dann zum üblichen positiven Aussageelement des Orakels wird: *»Wenn du die Götter fürchtest, wirst du nicht von unheilvollem Verderben überwältigt werden ... in deinem Wohlergehen«.*

Ein noch gewichtigerer Einwand gegen Merkelbachs Text ist aber, daß nach seiner Ergänzung der Verse 1-2 und seiner Sachinterpretation dieser Passage durch die logische Gleichordnung (οὐκ ἄν ... οὐδ' ἄν ...) auch für das zweite Glied in den Versen 3-4 der Ausdruck einer in ihren Folgen negativen Handlung, von der das Orakel abrät, zu erwarten wäre: *»Weder wirst du, wenn du die Götter ... betrübst, in Festfreude sein, noch wirst du, wenn du ... vorzeigst, ...«*. Im zweiten Glied V. 3f. läuft aber οὐδ' ἄν ... ἀπαλιμφροσύνῃ ἀκάχοιο gerade auf eine bestärkende, zusichernde Aussage hinaus, wie sie im übrigen, nach dem Corpus der uns erhaltenen Orakel zu urteilen, auch viel typischer ist.[701]

In Peeks Verständnis wird umgekehrt, so wie das erste, auch das zweite Glied zu einer in der Sache positiven Aussage, in einer doppelten Negation, wie sie in verrätselnd-kryptischer Orakelsprache nicht überraschen müßte: *»... noch wirst du, wenn du ... vorzeigst, dich nicht durch Nicht-Reue* (also: ›dadurch, daß du bei deiner Ansicht bleibst‹) *betrüben«*, also: *»dann wirst du keinen Grund zum Klagen haben«*. Wenn man φήνῃς nicht gegen den Stein in φήνασα ändern will, wie es Merkelbach in seiner

---

sätzliche Hypothese einzuführen. Gravierender ist die Frage, ob οὕνεκεν in dieser Weise quasi instrumental gebraucht werden kann.

700 Das ist allerdings auch in Merkelbachs Lesart von der Verse 1-2 gegeben, wo ἄταις als adverbiale Bestimmung zu λυπῇς gehört. Eine ähnliche Frage stellte sich bereits in **Klaros 11**,3f. γενέθλης μαῖα: o. S. 192f. m. Anm. 440. Zur Erweiterung von ἄταις durch einen *genitivus definitionis* vergleicht Peek ebd. Lycophr. 318 ἄτην στεναγμάτων m. Holzinger ad loc., der weitere derartige Verbindungen zusammenstellt. Der Ausdruck scheint gut in den Orakelstil zu passen.

701 Vgl. Robert, Trois oracles 588f., zum Orakel für Stratonikos, **Didyma App8** = Theos. 24 Erbse = 1,21 Beatrice, und dem zuvor besprochenen Orakel über Kult für Apollon Asphaleios in Didyma nach einer Naturkatastrophe, **Didyma 14** = I.Didyma 132.

Erstpublikation tat, muß man eine Konjunktion ergänzen;[702] darum liest Peek [ἢν] in V. 3.[703]

In der positiven Form laufen die Verse 3-4 dann auf die Aufforderung einer Dedikation hinaus; eine geläufige Weisung in einem Orakel: *»Wenn du dich gottesfürchtig zeigst«* – was das bedeutet, wird dann im folgenden ausgeführt; klar ist aber jedem Zeitgenossen von vornherein, daß in einem Orakeltext Opfer, Dedikationen und dergleichen gemeint sein werden –, *»wirst du auch im Unglück die Festfreude nicht verlieren, und«* – jetzt folgt die erste Explikation – *»du wirst es auch nicht bereuen müssen, wenn du aus dem im Haus des Libyers*[704] *verborgenen Schatz* (?) *dem Helios eine Weihung* (oder *Spende*) *gibst«.*

---

702 Merkelbach hat auf die Änderung von ΦΗΝΗΣΑΠΑΛΙΝΦΡΟΣΥΝΗ... in φήν‹α›σα παλιμφροσύνῃ wieder verzichtet (EpigrAnat 30, 1998, 111f., siehe o. Anm. 654; danach SGO 08/01/ 01) und liest jetzt ebenfalls (mit Peeks Abtrennung) φήνῃς ἀπαλινφροσύνῃ. Die benötigte Konjunktion bezieht er wiederum aus ἄν zu Beginn von V. 3, doch ist das ungeachtet des schon angeführten Einwands, daß sich keine Belege für ἄν in den Steinepigrammen finden lassen, an dieser Stelle auch deshalb kaum möglich, weil die Partikel ja für den potentialen Optativ in ἀκάχοιο benötigt wird, wo sie nie fehlen kann. Dies muß Merkelbach übersehen haben; man sieht nicht, wie er den unbestreitbaren Optativ sonst auffassen will, und seine futurische Übersetzung (*»noch wirst du ... kränken«*) beweist ja, daß er hierin einen Potentialis sieht. In der Erstveröffentlichung hatte Merkelbach noch die Ansicht vertreten, παλινφροσύνη als neues Wort werde nicht in ἀπαλιμφροσύνη verkehrt worden sein, doch das Argument überzeugt nicht; schließlich ist das Wort bloß zufällig uns noch nicht bekannt gewesen. Eher wäre zu fragen, ob solche ἀ-Privativbildungen in der Orakelsprache auch sonst begegnen.

703 ἤν ist in den klarischen Versorakeln nicht unüblich, etwa in den Bescheiden für Hierapolis, **Klaros 4**,27 (zuvor zweimal bereits ἐπήν, V. 9. 21); **Klaros 7**,10 κἢν δυσπελὲς εἴδ[εται εἶναι]. Peek, Ammon 203 Anm. 3, verweist noch auf J. Keil, Anz. ÖAW, Phil.-hist. Kl., 1953, 16-20 Nr. 1 = LSAM 84 = I.Mus.Leyden 70 = SEG 14,752 = I.Smyrna 728, 6, doch handelt es sich bei diesem Text, der vielleicht aus Smyrna stammt, nicht um ein Orakel, wie Peek sagt, sondern um ein kaiserzeitliches Kultgesetz für Mysterien des Dionysos mit verschiedenen Reinheitsvorschriften und einer Erwähnung der Titanen, was auf orphischen Charakter des Kults deuten könnte (vgl. Pleket in I.Mus.Leyden S. 91f. m. Anm. 4). In Z. 11 übrigens das Wort ἰάλ[λειν, das auch in unserem Orakel in V. 11 herzustellen ist, dazu u. Anm. 734. Die Vorschriften sind kommentiert bei Pleket ebd. 90-93; M.P. Nilsson, The Dionysiac mysteries of the Hellenistic and Roman age, Lund 1957, 133-143; Nock, Cult ordinance; vgl. Parker, Miasma 352-356.

704 Peeks στέγει in V. 3f. κευθόμενον Λιβύος στέ[γει ἢν θησαυρὸν] | Ἠελίῳ φήνῃς ist sicher besser als Merkelbachs auch syntaktisch etwas in der Luft hängendes στεφάνοις, das entweder mit κευθόμενον oder mit φήνῃς verbunden werden müßte (letzteres will wohl Merkelbach: *»wenn du den verborgenen Schatz des Libyers in Kränzen dem Helios vorzeigst«*); beide Möglichkeiten überzeugen sachlich nicht. Dafür, daß Weihgaben für die Dedikation bekränzt wurden, sind mir keine Belege bekannt (nichts bei Blech [zuvor Anm. 672]; Baus, Kranz; Rumscheid, Kranz und Krone; F. van Straten, Gifts for the gods, in: Versnel, Faith 65-151). Vielleicht kann man in Anbetracht der nur schwach konzipierten Grenze zwischen Votivstatuette und Kultbild die Bekränzung der Laren in den römischen Hausheiligtümern ebenso wie in den *compita* heranziehen (Plaut. Trin. 39; Aul. 23f.; Cat. Agr. 143,2; Tib. 1,10,20-22 *hic [sc. ligneus deus] placatus erat, seu quis ... dederat sanctae spicea serta comae*; 2,1,59f.). Zur Bekränzung von Götterbildern vgl. Baus, Kranz 17f. 19-23 (20 m. Anm. 129 zu den Laren). 26. – Das στέγος Λιβύος könnte ein Heiligtum (des Helios?) in Libyen meinen, entweder beim Ammoneion oder auch im Gebiet der in V. 7 dann für die auszuführenden Rituale erwähnten Nasamoner.

Es stört bei dieser Auffassung etwas, daß θαλίαι (V. 2) eine allgemein verstandene Wohlfahrt bezeichnet. Vom Wort her wäre eher zu erwarten, daß es zur Beschreibung von Riten gehört, die das Orakel empfiehlt, nämlich Tieropfer und das sich daran anschließende Festmahl.[705] Doch ließe sich diese Auffassung mit Peeks Text vereinbaren, ohne daß eine solche Bedeutungsebene unbedingt zuvor – wie in Merkelbachs ursprünglicher Ergänzung βουφονίων ἔσει εἵνε]κεν ἐν θαλίαισιν – bereits benannt sein müßte, denn Ausdruck von ›Götterfurcht‹ sind ja zuallererst Opfer und Libationen.

Nach der nun auch von Merkelbach übernommenen Auffassung der zweiten Aussage in V. 3-4 *»auch wenn du den verborgenen Schatz (?) ... vorzeigst, würdest du nicht durch Reuelosigkeit/Festigkeit des Sinns betrübt sein«*, kann damit aber nicht mehr vom Gott gesagt sein, ihm sei eine Golddedikation »gleichgültig«[706]. Tatsächlich läuft die verklausulierte doppelte Verneinung doch auf eine Aufforderung zu einer solchen Dedikation hinaus: *»... wirst du Gewinn haben dadurch, daß du bei diesem Vorsatz* (nämlich dem eines kostbaren Weihgeschenks) *bleibst«.*[707]

Merkelbachs Bestehen auf seiner von Anfang an vertretenen Auffassung hängt aber offensichtlich mit seinem Gesamtverständnis des Textes zusammen, wonach in den ersten beiden Verspaaren Kultformen zurückgewiesen würden – Schlachtopfer und dann eben Dedikationen wertvoller Objekte –, während in der Folge »reinere« bzw. »geistige Opfer« wie Räucherungen, Hymnen und Gebete favorisiert würden. In Peeks Deutung enthält das Orakel durchgehend eine positive Botschaft für den Konsultanten, nämlich zuerst (V. 1-2) eine Zusicherung des Schutzes durch die Gottheit, wenn die »Götterfurcht« geachtet wird, wozu mit ἐν θαλίαισιν ein

---

705 Den selbstverständlichen Zusammenhang von Freude am Festschmaus, θαλίαι, und Opfer zeigt etwa das Chorlied der Wolken bei Aristophanes über die τελεταί in Eleusis, Nub. 305-310: οὐρανίοις θεοῖς τε δωρήματα ναοί θ' ὑψερεφεῖς καὶ ἀγάλματα καὶ πρόσοδοι μακάρων ἱερώταται εὐστέφανοί τε θεῶν θυσίαι θαλίαι τε παντοδαπαῖσιν ὥραις. Vgl. knapp Schmitt-Pantel, Cité au banquet 39f.; M. Casevitz, Repas, festins et banquets: un peu d'histoire des mots grecs, Cahiers d'études anc. 24 (1990) (= Hommage à la mémoire d'Ernest Pascal, 2) 201-221, h. 215f., mit Hinweis auf die *loci classici* Hom. Il. 9,142f. und Od. 11,602f., die beide, wenn auch indirekt, in der »opulence, la prospérité, l'état florissant, la splendeur et la luxuriance« deutlich das Festmahl evozieren. Daneben ist in verschiedenen Formeln auch das Adjektiv θάλειος bei Homer gebräuchlich, etwa θάλεια δαίς (Il. 7,475).

706 Merkelbach beharrt im Lemma zu SGO 08/01/01 auf der in der Erstpublikation (Orakel des Ammon 151) bezogenen Position: »Ob Kyzikos ihm Schlachtopfer darbringe oder Gold schenke, das sei ihm gleichgültig.«

707 Anders gesagt, Merkelbach kann nicht Peeks ἀ-παλινφροσύνῃ anerkennen (womit die Verneinung dieses Satzes zur doppelten wird und sich so aufhebt) und gleichzeitig auf seiner Deutung beharren, hier werde eine materielle Weihgabe zurückgewiesen. Anders war das in der Erstveröffentlichung, wo οὐδ' ἂν ... παλινφροσύνῃ ἀκάχοιο tatsächlich ja hieß *»und nicht wirst du dich durch Reue = Änderung deines Sinns betrüben«,* also bedeuten mußte *»nur durch Änderung deiner Absicht* (nämlich eine kostbare Weihgabe dem Helios zu spenden) *wirst du Erfolg haben«, »handle anders* (als du beabsichtigt hast)«.

indirekter Hinweis darauf gegeben wird, daß diese »Götterfurcht« sich in prächtigen Opfern und den anschließenden gemeinschaftlichen Festmählern äußern solle; dann (V. 3-4) die Aufforderung zu einem Weihgeschenk für Helios, dessen Kult in diesem Orakel vor allen anderen empfohlen zu werden scheint.

Bei genauerer Betrachtung kann die von Merkelbach vertretene Auffassung der ersten Verse kaum überzeugen. Insbesondere der Gedankengang des ersten Verspaares bereitet in der postulierten Form erhebliche Schwierigkeiten: ›Götterfurcht‹ ist doch stets ein positiver Gedanke in den Orakeln; die Götter zu ›betrüben‹ durch ›Götterfurcht‹, die sich in Tieropfern ausdrückt, ist eine völlig unübliche Sicht des Kults. ἄταις steht in dieser Konstruktion wenig glücklich isoliert und nachklappend am Ende der in V. 1 gemachten Aussagen; eine Ergänzung wie βουφονίων in V. 2 sollte, wenn schon, noch zur Aussage von V. 1 gehören und das λυπεῖν ἄταις erläutern. Schließlich ergibt sich für ἐν θαλίαισιν in diesem Verständnis eine negative Aussage – die abgelehnte Opferform des Festschmauses –, wo wiederum vom Wort her eine positiv konnotierte rituelle Bedeutung zu erwarten ist.

Im zweiten Verspaar (V. 3-4) besteht ein logischer Widerspruch zur beanspruchten Gesamtdeutung, daß der Gott materielle Votivgaben ablehne, wenn Merkelbach jetzt ebenfalls ἀπαλινφροσύνη liest, da dann im Ergebnis das »Geschenk an Helios« empfohlen wird. Nach dem Verständnis der Stelle in der Erstveröffentlichung hätten wir hingegen den sachlich wenig glaubhaften Gedankengang, daß der Gott dazu auffordere, von einem Weihgeschenk aus dem *»Schatz des Libyers«* Abstand zu nehmen, was in Anbetracht der kontinuierlichen und ungebrochenen Dedikationspraxis in den Heiligtümern in hadrianischer Zeit schwer vorstellbar ist.

Die von Merkelbach in der jüngsten Edition der Inschrift in den *Steinepigrammen* beigegebene Übersetzung *»noch wirst du ihn durch Starrsinn kränken«* ist noch in weiteren Punkten nicht nachvollziehbar: *»ihn«* soll offensichtlich Helios bezeichnen, der im Nebensatz als (potentieller) Empfänger des Weihgeschenks genannt wird; doch wie rechtfertigt sich das aktivische *»noch wirst du ... kränken«* bei der medialen Form ἀκάχοιο? Schon erwähnt wurde, daß die Partikel ἄν in V. 3 ohne Zweifel für ἀκάχοιο benötigt wird und darum nicht als Konjunktion zu φήνῃς verwendet werden kann.

In Merkelbachs Deutung von V. 5ff. ist, worauf ebenfalls Peek zu Recht hingewiesen hat, αὖθις nicht berücksichtigt bzw. in einem Lapsus mit αὐτίκα verwechselt worden (*»sogleich«* Merk.).[708] αὖθις bezeichnet hier das

708 Tatsächlich hat αὖθις stets einen kontrastierenden, adversativen Charakter, der das in der Folge Gesagte vom vorhergehenden Satz abhebt oder es ihm sogar entgegenstellt. Vgl. D. Pinte, Exégèse des vers 35 et 36 des *Travaux* d'Hésiode: le sens de l'adverbe αὖθι, Rech. de Philol. et de Ling. 2 (1968) 139-146; I. Avotins, Glotta 60 (1982) 252f.

Eintreten der für die Konsultanten ›wieder‹, »in turn« positiven Situation nach durchstandener Krise. Dies deckt sich mit dem typischen Gebrauch des Wortes in Orakeltexten. θεοῦ ἀκτείνεσσιν | φοιβότερον ... θήσῃ V. 5-6 bringt in jedem Fall eine zuversichtliche, ermutigende Aussage.[709] Möglicherweise ist etwas Konkretes bezeichnet, das *»durch des Gottes* (nämlich des Helios) *Strahlen wieder glänzender gemacht wird«*, eben zum Beispiel fruchttragende Felder und reiche Ernte, statt auf metaphorischer Ebene »Licht in der Dunkelheit«, Glück nach Unglück in einem unbestimmten, allgemeinen Sinne, wie es Peek will.

Die Markierung des ›Umschlagspunkts‹ im Text durch αὖθις, der die Aussicht auf eine wieder ›normale‹ Situation nach Überwindung der Krise eröffnet, könnte auf den ersten Blick ein Argument für Merkelbachs Gesamtverständnis des Orakels sein: Die ersten vier Verse beschrieben danach die Gottesdienstarten, die keinen Nutzen für den Kultanhänger bringen, alle folgenden die dem Gott besonders erwünschten Kultformen. Aber in den bekannten inschriftlichen Orakeln gibt es keine Beispiele für ein Abraten des Gottes von Kultformen[710] genausowenig wie von anderen Absichten der Konsultanten.

Das ganze Orakel scheint sich um Kult für Helios zu drehen, dem offenbar laut V. 3-4 ein Weihgeschenk dargebracht werden soll. V. 5f. deutet erneut auf Helios: θεοῦ ἀκτείνεσσιν | φοιβότερον ... θήσῃ *»wirst du durch die Strahlen des Gottes ... glänzender machen«.*[711] Ein drittes Mal ist Helios dann in der nächsten Bestimmung des Orakels in V. 7-8 genannt. Es

709 Dies dürfte auch dann noch zutreffen, wenn Peeks Ergänzungen ([φῶς ὄρφνῃ] in V. 5 und θ̣[υσίαις] V. 6 nicht zu halten sein sollten (θυσίαις erscheint mir dabei erheblich wahrscheinlicher als die metaphorische Aussage mit dem seltenen ὄρφνη ›Dunkelheit, Finsternis‹). Für σφετέρῃ (statt τεῇ) wird man tatsächlich, wie Peek zu Recht anmahnt, ein nominales Bezugswort im dat. sg. fem. finden müssen, das freilich ungezwungener nachfolgend in der zweiten Hälfte von V. 6 stehen könnte.

710 Merkelbachs Deutung des Orakels aus Kyzikos orientiert sich insgesamt an **Didyma B1** = I.Didyma 217, wo nach den Ergänzungen der fehlenden Versanfänge in der Anfangspassage (1-3) durch R. Harder Apollon in ähnlicher Weise die traditionellen Kultformen zurückgewiesen habe. Doch beruht gerade die Form der rhetorischen Frage dort nur auf den Ergänzungen und kann darum nicht als unzweifelhaft angesehen werden. Siehe ausführlich hiern. S. 299-303 m. Anm. 749.

711 Die Auffassung von θήσῃ als 2. sg. fut. med. ist gegenüber der Annahme einer 3. sg. coni. act. (so bei Merkelbach) vorzuziehen, wobei jedoch der Konjunktiv zu begründen bleibt, zumal mit αὖθις γάρ offensichtlich ein Hauptsatz eingeleitet worden ist (wodurch ausgeschlossen wird, daß in der Lücke eine Konjunktion stand, die einen Konjunktiv nach sich gezogen hätte; und auch Merkelbach ergänzt hier nicht daneben noch ein zusätzliches Verb für den Hauptsatz). Wenn weiterhin Helios Subjekt zu einem solchen θήσῃ 3. sg. sein soll, ist es schwierig, daß der Gott in θεοῦ ἀκτείνεσσιν nochmals im Genitiv genannt ist (vgl. Peek, Milesische Versinschriften 204 zu I.Didyma 260,3, besprochen hiern. Kap. 3, S. 346-348 m. Anm. 64). Wenn man θήσῃ als 2. sg. fut. versteht, irritiert wiederum, daß die angesprochene Stadt selbst als Subjekt der Besserung des gegenwärtigen Zustandes auftritt, während die Gottheit nur als Genitivattribut zu ἀκτείνεσσιν erscheint: Wenn die θεοῦ ἀκτῖνες das Mittel dieser Besserung sind, müßte eigentlich der Gott auch Subjekt sein, doch entsteht dann eben das Problem, wie θεοῦ neben einem identischen Subjekt und wie der Konjunktiv zu erklären ist.

ist bemerkenswert, daß Ammon in diesem Orakel nichts für sich selbst und sein eigenes Heiligtum zu verlangen scheint, das doch immerhin den Konsultanten den Orakelbescheid liefert, sondern nur zugunsten des Kults anderer Gottheiten spricht, des Helios und – mit dem noch zu besprechenden Hinweis auf das klarische Orakel – des klarischen Apollon. Ähnliches war bereits beim Apollon-Orakel für die Stadt am Hermos aufgefallen, das ganz die Leistungen der Artemis und den ihr geltenden Kult in den Mittelpunkt stellte, wie auch beim hellenistischen Orakel aus Didyma für Milet, das zum Schutz vor Erdbeben die Verehrung des Poseidon Asphaleios empfahl.[712]

Die Verse 7 bis 9: Opfer für Helios »nach Art der Nasamoner«. ἐμπασμός, ἐμπάζεσθαι. *Herodots Bericht über das libysche Volk der Nasamoner. Lohn des Kultdienstes: Aussicht auf wieder gedeihende Feldfrüchte?*

Mit V. 7 wird zu einem neuen Gedanken übergeleitet (ἀλλά). Es ist genug Text erhalten, um zweifelsfrei zu erkennen, daß von Opferbestimmungen für Helios die Rede ist: ἀλλὰ θυηπολίης Νασαμωνίδος ἐνπασμοῖσ[ιν] | [- - -] προπολευέμεν Ἠελίοιο. Für Merkelbach beginnt erst hier, mit ἀλλά stark markiert,[713] der positive Teil der Weisungen des Gottes, nachdem zuvor andere Kultformen zurückgewiesen worden seien.[714] ἐμπασμός ist ein für uns neues Wort, für dessen Ableitung verschiedene Möglichkeiten in Betracht kommen: Entweder gehört das Nomen zum epischen ἐμπάζομαι ›sich sorgen, sich kümmern um‹,[715] oder man hat darin eine Nebenform zu dem einmal in einem Fragment des kaiserzeitlichen Arztes Antyllos

712 Darin unterscheiden sich diese Orakelbescheide etwa vom ›Pestorakel‹ für Hierapolis, das nach dem Opferkatalog für die chthonischen Gottheiten der Stadt, die Heroen und den lokalen Apollon Kareios ausführliche Dankesriten mit Hekatomben und Ephebenchören in Klaros anordnet, *»sobald die Unheilsgöttinnen besänftigt sind und die Stadt verlassen haben«* (**Klaros 4**,21-25). Der Gott pointiert dies sogar noch durch den Vorwurf, daß er für bisherigen Beistand nicht die gebührenden Gegengaben erhalten habe (24f.). Siehe o. S. 111f. Sowohl in Hierapolis als auch in Troketta (**Klaros 8**) und Kallipolis (**Klaros 9**) schließt sich an die Opferprogramme für die lokalen Gottheiten auch die Aufforderung zur Weihung von Kultstatuen des klarischen Apollon an; auch dies ist, auch wenn es nicht in seinem Heiligtum erfolgt, eine Kultleistung für den Orakelgott. Dem Orakel aus Kyzikos entspricht wiederum auch das ›Pestorakel‹ für Pergamon (**Klaros 2**), das ausschließlich die Kulte der Empfängerstadt bedenkt und ausdrücklich nur diese Götter nennt, von denen das *»Heilmittel«* gegen den λοιμός zu erflehen ist (27f.).

713 Doch kann ἀλλά bekanntlich auch ohne einen antithetischen Sinn den Beginn eines neuen Gedankens markieren und bloß zu etwas Neuem überleiten.

714 Für Merkelbach gehört auch noch das Verspaar 5-6 begründend (γάρ V. 5) zu den beiden negativen Aussagen, in welcher Weise die Kyzikener die Götter *nicht* ehren sollten: Auch ein aufwendiges Weihgeschenk verbiete sich (V. 3-4), da Helios auch dieses sogleich mit seiner viel größeren Kraft ›überstrahlen‹ werde (V. 5). Dabei wird aber αὖθις V. 5 übergangen, s. zuvor m. Anm. 711.

715 So Merkelbach/Schwertheim, Orakel des Ammon 152.

bezeugten ἔμπασμα zu erkennen, welches zu πάσσω ›versprengen, verstreuen, (be)sprenkeln‹ und dem Kompositum ἐμπάσσω ›daraufstreuen‹ zu ziehen ist.[716] Als dritte Variante ist schließlich eine Ableitung von πάσασθαι, πατέομαι ›essen‹ vorgeschlagen worden,[717] woraus aber kaum ein akzeptabler Sinn an der Stelle zu gewinnen ist. Von der Wortbildung her betrachtet, scheinen alle diese Ableitungen denkbar.

Das homerische ἐμπάζομαι ist etymologisch unklar;[718] interessant sind aber die Kontexte von ἐμπάζομαι bei Homer, wo es mehrfach im Zusammenhang mit einer göttlichen Weisung bzw. der an eine bestimmte Person gerichteten Botschaft eines Gottes – gleichsam einem persönlichen ›Orakel‹ – erscheint: Das Wort kommt einmal in der *Ilias* vor, und zwar in Achills Antwort auf Patroklos' Bittrede, ihn in den Kampf zu schicken; Achill antwortet,[719] er könne sich für seinen Zorn und seine Kampfesenthaltung zwar nicht auf eine göttliche Botschaft berufen, οὔτε θεοπροπίης ἐμπάζομαι ἥντινα οἶδα, aber sein Herz schreibe ihm sein Verhalten vor.

Nach der *Ilias*-Stelle modelliert ist die Entgegnung des Telemachos an Eurymachos,[720] der ihm Mut zusprechen wollte: *»Nein, mein Vater ist tot, und ich vertraue auf keine Botschaft mehr, woher sie auch zu mir komme«*, οὔτε θεοπροπίης ἐμπάζομαι, ἥν τινα μήτηρ | ἐς μέγαρον καλέσασα θεοπρόπον ἐξερέηται. Dies macht sehr schön die unmittelbare Anknüpfung von θεοπροπίη an den θεοπρόπος deutlich, für Homer noch der Experte in Divinationssachen, der *mantis*.[721] Auch an einigen weiteren Stellen in der *Odyssee* liegt ein religiöser Kontext des Wortes vor,[722] an denen vom Respekt für *hiketai* die Rede ist und vom Tieropfer, das die Gottheit nicht annimmt:[723] ὁ δὲ (sc. Ζεὺς) οὐκ ἐμπάζετο ἱρῶν. Es ist auffällig, daß im epi-

716 So Peek, Ammon 205, in seiner Übersetzung (ohne Erläuterung). ἔμπασμα im medizinischen Kontext: Antyllos ap. Oribas. 10,31,1-3 περὶ ἐμπασμάτων (CMG 6,1,2,72f.); vgl. 8,6,7 (CMG 6,1,1,257).

717 Merkelbach alternativ zur Ableitung von ἐμπάζομαι in SGO 08/01/01 ad loc.

718 Vgl. Frisk s.v.

719 16,50.

720 Od. 1,413-416.

721 Die in den Inschriften dann übliche Verschiebung der Bedeutung zum ›Gesandten‹, der, meistens im Namen seiner Polis, zur Konsultation zu einem Orakelheiligtum geschickt wird, entweder allein oder als Leiter einer offiziellen Delegation, spielt im Epos noch keine Rolle. – Dieselbe Formel erneut Od. 2,201.

722 Penelope schilt den Freier Antinoos für den geplanten Anschlag auf Telemachos, 16,422: οὐδ' ἱκέτας ἐμπάζει, οἷσιν ἄρα Ζεὺς | μάρτυρος; Nochmals 19,134, Penelope zum – unerkannten – Odysseus über ihr Leben ohne den Ehemann und bedrängt von den Freiern: τῷ οὔτε ξείνων ἐμπάζομαι οὔτε ἱκετάων | οὔτε τι κηρύκων, οἳ δημιοεργοὶ ἔασιν. Als δημιοεργοί, *»public-working professionals«* (J. Russo, A commentary on Homer's *Odyssey* 3, Oxford 1992, ad loc.), werden in 17,382-385 verschiedene andere Gruppen von öffentlich tätigen Berufen aufgezählt, nicht jedoch, wie hier, die κήρυκες. Eumaios entgegnet dort Antinoos auf dessen Vorhaltungen, daß er den vermeintlichen Bettler ins Haus geführt habe: τίς γὰρ δὴ ξεῖνον καλεῖ ἄλλοθεν αὐτὸς ἐπελθὼν | ἄλλον γ', εἰ μὴ τῶν οἳ δημιοεργοὶ ἔασι, | μάντιν ἢ ἰητῆρα κακῶν ἢ τέκτονα δούρων | ἢ καὶ θέσπιν ἀοιδόν, ὅ κεν τέρπῃσιν ἀείδων.

723 9,553.

schen Sprachgebrauch ἐμπάζεσθαι gerade auch im Zusammenhang mit göttlichen Prophezeihungen Verwendung finden kann. An unserer Stelle wäre dann die kultische Observanz bezeichnet, die wohl hauptsächlich auf Opfer zielt (θυηπολίη). Wenn hingegen die Verbindung mit πάσσω zutreffen sollte, wäre vielmehr ein rituelles Detail bezeichnet, ›Ausstreuungen‹ von nicht näher bezeichneten Stoffen.[724]

Peeks und Merkelbachs Rekonstruktionen unterscheiden sich, anders als in der ersten Hälfte des Orakels, in V. 7-8 in der Struktur nicht mehr, ungeachtet der abweichenden Erklärungen von ἐμπασμοῖσιν. Es ist unstrittig, daß an dieser Stelle der Gott positive Aufforderungen zur Leistung bestimmter Kultakte ausspricht. Doch ist in der Sache unklar, worum es sich bei der Νασαμωνὶς θυηπολίη handelt. Für Merkelbachs nicht näher begründete Gleichsetzung mit Weihrauchopfern finden sich, soweit ich sehe, in den antiken Quellen zu den Nasamonern keinerlei Anhaltspunkte.[725] Von dieser nomadisierenden nordafrikanischen Ethnie, die tatsächlich ihr Siedlungsgebiet in Libyen im Raum der Großen Syrte, südwestlich der Kyrenaika, hatte, berichtet Herodot zwar Verschiedenes auch zu den religiösen Bräuchen, jedoch nichts, was die Anspielung an unserer Stelle zu erhellen vermag.[726]

Herodot macht insbesondere Ausführungen zu ihrem Grabkult und dessen Verbindung mit divinatorischen Praktiken: Eide würden mit Auflegen der Schwurhand auf die Gräber der verdientesten Vorfahren geleistet, und dort werde auch Inkubation praktiziert. Träume, die man nach einem Gebet im Schlaf an ihren Gräbern erhalte, würden als mantisch angese-

724 Man assoziiert die οὐλοχύται des griechischen Opferrituals (Burkert, HN 11f.; ders., GR 102; Stengel, Opferbräuche 13-16, bes. 14f.; ders., Kultusaltertümer 110f.), wobei die mit Salz gemischte (πάσσω gerade vom Ausstreuen von Salz, vgl. LSJ s.v. 1) Gerste auf das Tier geworfen wird, und das Besprengen der Umstehenden, des Altars und des Opfertiers mit Wasser ebenfalls in der Einleitungsphase des Opferrituals (χέρνιψ, χερνίπτεσθαι); auch die am Opfer Teilnehmenden selbst besprengen ihre Hände mit Wasser: Stengel, Kultusaltertümer 109; ders., Opferbräuche 34-39. In einem Liebeszauber in Luc. Dial. meretr. 4,5 wird das an einem Haken aufgehängte magische Objekt – hier die Schuhe des Mannes, τὰς κρηπῖδας – mit Schwefel geräuchert (ὑποθυμιᾷ τῷ θείῳ) und dabei Salz über dem Feuer ausgestreut (πάττουσα καὶ τῶν ἁλῶν ἐπὶ τὸ πῦρ). Dann werden die Namen des Paares von der Magierin ausgesprochen und ein Rad (ῥόμβος) gedreht; dazu spricht sie in unverständlichen *voces magicae* eine ἐπῳδή *»mit rascher Zunge«* (ἐπιτρόχῳ τῇ γλώττᾳ). In den *Pharmakeutriai* Theokrits *»streuen«* die Zauberinnen in ihrem magischen Ritual symbolisch die Knochen des Geliebten aus; die ganze Szene folgt unübersehbar der Sequenz des Opferrituals: ἄλφιτά τοι πρᾶτον πυρὶ τάκεται (Σ: τύφεται, θυμιᾶται· γράφεται δὲ καὶ ›κάεται‹, doch vgl. Gow ad loc.)· ἀλλ' ἐπίπασσε (...) πάσσ' ἅμα καὶ λέγε ταῦτα· ›τὰ Δέλφιδος ὀστία πάσσω‹ (18-21). Die *»ausgestreute«* Gerste wird also als Substitut mit den Gebeinen des ›geopferten‹ Mannes in Entsprechung gesetzt; s. Graf, Gottesnähe und Schadenzauber 159. 162, der allerdings vermerkt, daß für solchen ›sympathetischen‹ Annihilationszauber die magischen Papyri gerade keine Belege liefern, so daß unklar bleibt, wieweit wir es mit ritueller Wirklichkeit oder aber literarischer Konvention zu tun haben. Die Stelle wird weder bei Gow noch bei Dover ad loc. thematisiert.

725 Siehe Windberg, Nasamones, RE 16 (1935) 1776-1778.

726 Im Libyer-Logos in Buch 4 ist Kap. 172 den Nasamonern gewidmet.

hen.[727] Im ägyptischen Logos Herodots wird im Zusammenhang der Frage nach den Nilquellen eine Geschichte erzählt, die von einer Beziehung der Nasamoner zum Ammon-Orakel in Siwa weiß.[728] Doch gelingt es nicht, den spezifischen Gehalt eines *»Opferdienstes nach Art der Nasamoner«* genauer zu fassen, solange keine Zeugnisse über die Opferpraxis in Siwa in der römischen Zeit vorliegen: Es ist ja davon auszugehen, daß die vom Orakel des Ammon vorgeschriebenen Opfer im Einklang mit der lokalen Tradition standen, da diese – im Unterschied zu den Bestimmungen in V. 10-13 – sicher von der Delegation aus Kyzikos bereits im Rahmen ihres Aufenthalts im Ammoneion im Orakelheiligtum selbst verrichtet werden sollten.[729]

An die Bestimmung über den *»nasamonischen Opferdienst«* hat sich eine Finalbestimmung angeschlossen (ὄφρα V. 9), deren Sinn sich aufgrund einer größeren Lücke nicht sichern läßt. Nach ὄφρα zu Beginn liest man auf dem Stein eine Buchstabenfolge, die einen editorischen Eingriff wohl unvermeidlich macht: ΕΚΗΘΕΙΗΣΜ[--. Peeks Lösung, vom Ausfall ei-

727 § 3: ὀμνύουσι μὲν τοὺς παρὰ σφίσι ἄνδρας δικαιοτάτους καὶ ἀρίστους λεγομένους γενέσθαι, τούτους τῶν τύμβων ἁπτόμενοι, μαντεύονται δὲ ἐπὶ τῶν προγόνων φοιτῶντες τὰ σήματα καὶ κατευξάμενοι ἐπικατακοιμῶνται· τὸ δ' ἂν ἴδῃ ἐν τῇ ὄψει ἐνύπνιον, τούτῳ χρᾶται. Diese Information über die besondere Art der Divination bei den Nasamonern war in der antiken Ethnographie wohlbekannt; sie findet sich auch bei Heracl. Pont. fr. 134 Wehrli (= Tert. Anim. 57,10; aus der Schrift Περὶ χρησμῶν, wohl schon bei Herakleides aus Herodot); Pomp. Mela 1,46; Plin. Nat. hist. 5,45. Nach verschiedenen Berichten sind solche Traditionen auch noch in der Moderne bei den Berberstämmen Nordafrikas lebendig: vgl. O. Bates, The eastern Libyans, London 1914, 318-322; G. Camps, Aux origines de la berberie: monuments et rites funéraires protohistoriques, Paris 1961, 191-193; dens., Storia della storiografia 7 (1985) 55-58; dens., Berbères: aux marges de l'histoire, Toulouse 1982, 233-242. Zu den Eidesriten siehe noch F. Decret/ M. Fantar, L'Afrique du nord dans l'antiquité, Paris 1981, 257-259.

728 2,32: Herodot sagt, er habe seine Informationen über die Lage der Nilquellen u.a. von Männern aus Kyrene, die ihm berichtet hätten, daß sie im Ammoneion eine Unterredung mit dem König der Ammonier, Etearchos, gehabt hätten. Etearchos habe ihnen erzählt, eine Delegation von Nasamonern sei nach Siwa gekommen und habe auf Befragen berichtet, daß eine Jungmannschaft, gebildet aus den Söhnen der Stammesfürsten, auf einer Expedition ins Innere der libyschen Wüste vorgedrungen und dabei auch zu einem Fluß gekommen sei, den Etearchos für den Nil hielt, worin ihm Herodot beipflichtet. Zum modernen Disput, ob dies der Nil oder vielmehr der Niger gewesen sei, vgl. Lloyd ad loc. Neben dem deutlich erkennbaren und glaubwürdigen Motivkern der Jugendinitiation mit dem Überschreiten der zivilisatorischen Grenzen enthält die Geschichte mythische Motive, wie viele solcher Berichte Herodots über sagenhafte Erkundungen in unbekanntem Gebiet, und ist darum sicher kaum vollständig als verläßliche historische Quelle anzusehen. Aber sie bezeugt doch deutlich die – von den geographischen Verhältnissen her nicht überraschende – Beziehung der Nasamoner zum Orakel in Siwa. – Vgl. Kuhlmann, Ammoneion 92f.

729 Keine weiteren Aufschlüsse liefert Kuhlmann, Ammoneion 127-159, der sich intensiv v.a. mit dem Orakel für Alexander befaßt und die von U. Wilckens Untersuchungen geprägte *communis opinio* in entscheidenden Punkten korrigiert. Die beiden zentralen historiographischen Berichte über die Konsultation Alexanders bei Strab. 17,1,43 p. 813f. Casaubon und Diod. 17,50f. zielen ganz auf das Prozessionsorakel mit der Götterbarke selbst, sprechen jedoch nicht von den präliminalen Riten. Kuhlmann untersucht allerdings keine Zeugnisse für spätere Konsultationen. Ebenfalls keine näheren Hinweise zur Opferpraxis in Siwa in der Besprechung der Zeugnisse für die griechischen Konsultationen bei Parke, Oracles of Zeus 194-241, noch bei Cook, Zeus.

nes Buchstabens auszugehen und <τ>έκῃ θείης μ[ετὰ βουλῆς zu lesen, hat den Vorteil, das nach der Konjunktion benötigte Verb im Konjunktiv zu liefern und Änderungen in der Folge überflüssig zu machen. θείης paßt gut in den Zusammenhang und muß so nicht angetastet werden. Der Ausfall eines τ in der Wortfuge ist weniger schwerwiegend, als ΕΙΗΣ zu ΕΙΡΗΣ zu emendieren und dann noch eine Graphie von ἱρῆς als εἰρῆς annehmen zu müssen, wie es Merkelbach will.[730] Allerdings könnte in der am Versende erhaltenen Buchstabenfolge ΣΗΣ sich ohne weiteres auch das geforderte Verb im Konjunktiv verbergen (-σῃς), und ἔκηθ' mit einem Genitiv wäre durch epischen Sprachgebrauch in einem Versorakel durchaus gedeckt.

Was nun das Objekt zu <τ>έκῃ gewesen sein könnte, ist schwer zu sagen. Peek hat vorgeschlagen, daß hier – wie oft in den Versorakeln, auch in den schon behandelten aus Klaros – von den Feldfrüchten gesprochen werde, die wieder gedeihen sollen, wenn die geforderten Kultleistungen für Helios erbracht sind.[731] Wie in anderen Orakeln, wo von καρποί, ihrem Gedeihen oder Ausbleiben, die Rede ist, stünden dann womöglich auch hier die *»den Jahreszeiten gemäß reifenden Früchte«* metaphorisch für ein ungefährdetes Dasein der Menschen mit genügendem Auskommen, wenn denn nicht der Anlaß der Befragung auch in diesem Fall eine akute Versorgungskrise durch Dürre, Unwetter oder Mißernte gewesen ist. Eine Naturkatastrophe als Hintergrund der Befragung würde auch die zuvor (V. 5) in Aussicht gestellte Hilfe durch den Lebensspender Helios,[732] der etwas *»mit seinen Strahlen glänzender macht«,* mit einem konkreten und zu der Bildlichkeit sich gut fügenden Sinn versehen.

730 Allerdings fehlen Belege für derartige Schreibungen nicht ganz, vgl. etwa I.Didyma 370,16 εἰερείας (= ἱερείας) διὰ β[ίου - -; I.Didyma 50,1 A 38 (Stadionstufe) Γναίου Ἐπιγόνου εἰεροῦ (= ἱεροῦ).

731 ὄφρα <τ>έκῃ θείης μ[ετὰ βουλῆς ὥρια γῆς] σῆς, wofür Stellen wie **Klaros 13**,19 oder **19**,5 einen Anhaltspunkt bieten könnten. Der Versschluß mit … γῆς] σῆς behagt freilich nicht recht. Wie schon erwähnt, kann man weiter nicht ausschließen, daß das Prädikat des Finalsatzes in -σῃς steckt; so wäre nochmals die angesprochene Stadt Kyzikos das Subjekt. Doch fällt die dann wohl unumgängliche Änderung ΕΙΗΣ - ΕΙΡΗΣ - ἱρῆς gleichfalls schwer. Es scheint bis jetzt noch keine Lösung gefunden, die ohne Änderungen des Steins auskäme.

732 Zur Konzeption des (mit Apollon überlagerten) Sonnengottes hiern. S. 298 m. Anm. 745 und S. 306-308. Gê und Helios sind αἴτια καρπῶν Σ Hom. Il. 3,103.

Die Verse 10 bis 13: Verweis auf Klaros. Aufforderung zu einer Gesandtschaft in das ionische Heiligtum mit Sängern und Opfertieren. Kritik des Textverständnisses von Peek: Keine vorausgegangene erfolglose Anfrage der Kyzikener in Klaros, keine Kultkonkurrenz zwischen Ammon und Apollon. Betrachtete das Ammoneion von Siwa Klaros als verwandten Kult? Schlußwendung: Zusicherung von Wohlergehen und Rettung.

Die letzten vier Verse des Orakels (10-13) bilden erneut eine zusammengehörige Gruppe, in der die Erwähnung des klarischen Orakels diesem Text besondere Aufmerksamkeit sichert. Unstreitig sind folgende erhaltenen Elemente:

καὶ δ' ἐμέθεν μνῆσιν[733] θεμένη Κλάρον ἐ[- - | - -]τῆρας ἴηλον[734] ὁμοῦ θυέεσσι θεωροὺς | ο[- - -], ὄφρ' ἔνπεδον ὄλβον ἔλῃε[735] | φρασθεῖσ' ἐκ θ[- - -]τι δαμῆναι.

Und indem du meiner gedenkst, schicke nach ... Klaros ... Gesandte mit Opfern ..., damit du feststehenden Wohlstand gewinnst, darauf bedacht, ... bezwungen zu werden.

In diesem Abschnitt erheben sich schwere Bedenken gegen die von Peek vorgebrachten Ergänzungen und seine damit einhergehende Interpretation:

καὶ δ' ἐμέθεν μνῆσιν θεμένη Κλάρον ἐ[κπαράλειπε·[736] | ἀλλ' ἱκ]τῆρας ἴηλον ὁμοῦ θυέεσσι θεωροὺς | ο[ἶκον ἐς ἡμέτερόνδ'], ὄφρ' ἔνπεδον ὄλβον ἔλῃε | φρασθεῖσ' ἐκθ[ύμως μήπως κακότη]τι δαμῆναι.

Und im Gedenken an mich lasse auch Klaros ganz beiseite. Nein, schicke Bittgesandte mit Opfergaben in mein Haus, damit du dauerndes Glück gewinnst, mit ganzem Herzen darauf bedacht, daß du in keiner Weise von Unglück bezwungen wirst.

Daß Ammon hier den Kyzikenern von der Konsultation des »Konkurrenten« Klaros abraten wolle, ist kaum glaubhaft; man kennt auch sonst keine Beispiele für eine in dieser Weise ausgespielte Kultkonkurrenz. Umgekehrt

---

733 μνῆσις ist als Simplex bisher nicht belegt gewesen. – Auf dem Stein steht ΕΜΕΘΕΙΝ; die Korrektur ist unumstritten.

734 Der Stein hat ΙΗΔΟΛΟΝ, was Ebert (bei Peek, Ammon 203) als eine Art Dittographie angesehen und zu ἴηλον, Imperativ Aorist von ἰάλλω ›schicken, senden‹, berichtigt hat. Diese Korrektur wird von Merkelbach akzeptiert, und tatsächlich sieht man keine Möglichkeit, in dem überlieferten Wortlaut eine brauchbare Lesart zu erkennen.

735 ἔλῃε ist als variierende Schreibung für (episch dissimiliertes) ἔλῃαι möglich und muß nicht unbedingt zu ἔλῃαι korrigiert werden.

736 An dieser Stelle dürfte eher ein Beiwort zur Charakterisierung des klarischen Heiligtums gestanden haben. Trifft das zu, dann ist es näherliegend, daß in dieser Phrase auch die Zielangabe zu ἴηλον V. 11 enthalten war; s. aber nochmals u. S. 298. Peek merkt zu Merkelbachs Vorschlag für diese Stelle an, daß ἀγακλείτην im Vers immer ⏑ – – – gemessen werde und hält κλυτόμαντιν für eine denkbare Alternative, die er dann freilich nicht wählt.

ist es nicht unglaubwürdig, daß Ammon den Kyzikenern eine Konsultation des für sie in der Nähe gelegenen Orakels in Klaros in ihrer Angelegenheit empfohlen hat.[737] Da die Erwähnung von Klaros im Text steht und sich nicht leugnen läßt, muß Peek den Spieß umkehren: »Die Abweisung der ›Konkurrenz‹ Klaros mag sich so erklären, daß die Kyzikener ihr Erscheinen vor Ammon mit einem in Klaros erhaltenen Spruch begründet hatten, der unbefriedigend ausgefallen war.«

Für eine zweite Befragung eines *anderen* Orakels, nachdem ein erster Bescheid in den Augen des oder der Konsultanten nicht genügte, unvollständig, nicht klar genug oder unwillkommen war, gibt es jedoch ebenfalls keine Parallelen. Bei den in Didyma mehrfach belegten Doppelorakeln, in denen der Konsultant präzisierend nachfragt, richtet sich die zweite Frage ja durchweg an denselben Gott wie zuvor und wird von den Konsultanten nie in einer Haltung des Unwillens oder der Ungläubigkeit, sondern stets mit dem Gestus der Unterordnung unter den wissenden Gott gestellt: Man hat bis jetzt nicht genau genug verstanden oder noch nicht präzise oder vollständig genug gefragt, um eine verläßliche Handlungsoption vom Gott erhalten zu können.

Will man die Passage so verstehen, der Gott fordere hier die Konsultanten zu einer zusätzlichen Konsultation in Klaros in derselben Angelegenheit auf, kann man auch annehmen, die kyzikenische Delegation habe in ihrer Anfrage im Ammoneion eine Konsultation in Klaros bereits angesprochen.[738] Soweit wir in den überlieferten Texten von den Anfragen erfahren, wurden oft die Elemente der Antwort bereits in den Fragen mitgegeben. *De facto* sanktionierten die Antworten dann eine von den Konsultanten gemachte Vorgabe.[739] Doch ist es wahrscheinlicher, daß die kyzikenischen Theoren wegen einer akuten Krise allgemein angefragt haben, wie sie Hilfe erlangen könnten. Es war dann erst Ammon, der ihnen mit der Aufforderung, auch nach Klaros zu gehen, entweder riet, einen Teil des Weisungsprogramms – Hymnen und Opfer – im kolophonischen Heiligtum auszuführen, oder – weniger wahrscheinlich – vorschlug, auch noch den Rat des klarischen Apollon einzuholen, der auf Abhilfe in Krisensituationen wie Dürre oder Mißernten[740] sozusagen spezialisiert war, um *»feststehendes Glück«* zu erreichen.

---

737 *Contra* Peek, Ammon 203: »Soll man wirklich glauben, Ammon habe den Kyzikenern noch den Besuch von Klaros empfohlen und mit solchem Appell seine Auskunft beschlossen und darauf vier ganze Verse verwandt?« Im Gegenteil spricht nichts gegen die Annahme einer solchen ›Vermittlung‹ an einen anderen Orakelkult; dazu u. S. 308. 312. 320-322.

738 Anders Peek, Ammon 206: »Von der Absicht, auch noch dort anzufragen, können sie kaum geredet haben«.

739 Fontenroses »A2«-Modus, vgl. dens., Didyma 88. 94f. und dens., Delphic oracle 14f.; u. S. 606.

740 Darauf wäre nach Peeks Rekonstruktion ja bereits in V. 9 Bezug genommen.

Daher sollte die Ergänzung am Anfang von V. 11 [ὑμνη]τῆρας (Merkelbach) im Lichte der vielfach belegten klarischen Praxis, Chöre von Konsultanten ins Heiligtum nach Kolophon zu bestellen, nicht aufgegeben werden.[741] Peeks ἱκ]τῆρας sind demgegenüber viel blasser und vor allem seiner Absicht geschuldet, Ammon eben nicht einen Auftrag zur Aussendung einer *theoria* nach Klaros geben zu lassen.[742]

Sollte weiter die Zielangabe zu ἴηλον doch erst am Anfang von V. 12 gestanden haben,[743] wäre dort wohl ο[ἶκον ἐς Ἀπόλλωνος] die einfachste Ergänzung.[744] In seiner Sicht einer Kontrastierung beider Heiligtümer will Peek ο[ἶκον ἐς ἡμέτερόνδ'] lesen. Diese Ergänzung könnte möglicherweise aber in einer anderen Weise etwas Richtiges treffen: Ammon könnte mit der Aufforderung, Theoren *»in unser Haus«* zu schicken, auch vom klarischen Orakel sprechen, wenn im Hintergrund eine Identifikation von Ammon-Zeus, Helios und Apollon steht. Für Ammon-Zeus liegt die Überlagerung mit Helios durch die ägyptische Tradition einer Identifikation Amuns mit Re nahe, und in Klaros wie in Didyma sind wiederum Ansätze einer apollinischen Solartheologie vielleicht schon im 2. Jh. n. Chr. greifbar – die einschlägigen Texte sind nur grob datierbar und bilden in jedem Fall nur einen *terminus ante quem*.[745] Vor diesem Hintergrund könnte die Priesterschaft in Siwa Klaros als verwandten Kult betrachtet haben.[746]

Doch auch wenn darüber keine Sicherheit zu gewinnen ist, zeigt unzweifelhaft der Eingang von V. 10, *»indem du meiner gedenkst, schicke Gesandte ... nach Klaros«*, daß eine Beziehung zwischen beiden Heiligtümern vorausgesetzt ist. Daher ist durchaus auch die Aufforderung an die Konsultanten vorstellbar, im klarischen Heiligtum die Botschaft zu über

741 Diese Ergänzung und Deutung bei Merkelbach akzeptieren auch Robert, Bull. ép., und Somolinos, Relaciones, und bauen ihre weitergehenden Überlegungen darauf auf. Zu den in der vorliegenden Arbeit aus dieser Passage des Orakels gezogenen Schlüssen unten S. 308-322.

742 Damit braucht Peek auch eine adversative Partikel, um den Kontrast zum – seiner Ansicht nach – von Ammon verworfenen klarischen Kult herzustellen: [ἀλλ', was den verfügbaren Platz einschränkt und eine Ergänzung wie [ὑμνη]τῆρας schon nicht mehr zuließe.

743 Dazu schon zuvor Anm. 736.

744 Dies Peeks Vorschlag in der kritischen Würdigung von Merkelbachs Lösung der Schlußpartie (der selber diese Lücke offenläßt), wenn man an seiner Auffassung festhalten wolle (Peek, Ammon 203).

745 **Klaros 13**,1f.: Orakel für Nikomedeia in Bithynien, die Gleichsetzung ist implizit in σελώπυρον ὡρομέδοντα, *»feuertragender* [?] *Lenker der Jahreszeiten«*. **Klaros 19**: geosteter Altar für Apollon-Helios als Fruchtbringer auf dem Sonnenwagen, τὰ συνώρια τεύχω 4. **Didyma 30** = I.Didyma 504, 9: Der Prophet Damianos wendet sich an seinen Gott, δέσποτα Διδυμεῦ Ἥλιε Ἄπολλον, wegen Kultes für *»seine Schwester«* Kore Soteira. **Didyma 32** = I.Milet 191 (Milet 1,6,107 = 6,1,12): Weihung eines Altars für Poseidon κατὰ τὸ λόγιον τοῦ θεοῦ τοῦ Διδυμέος Ἡλίου Ἀπόλλωνος. Eventuell liegt eine Identifikation auch in **Didyma App22** = I.Didyma 82 = SGO 01/19/22 vor (Phoibos Apollon im Kontext von Naturgewalten, oben S. 261-264 m. Anm. 640 und 644). – Siehe die Diskussion o. Anm. 574, hiern. S. 306-308 sowie Robinson, Theological oracles 240-242.

746 Vgl. das unten S. 320f. zusammengestellte Material zu den Beziehungen des klarischen Apollon zu anderen lokalen Gottheiten; siehe auch o. S. 291 m. Anm. 712.

bringen, mit diesem Besuch und der Gabe von Opfern und Weihgeschenken erfülle man einen Auftrag des (verwandten) Orakelgottes in der libyschen Wüste.

Die Erwähnung von θεωροί und Opfern paßt jedenfalls sehr gut zu einer Weisung, Chöre, hier θεωροὶ ὑμνητῆρες genannt,[747] nach Klaros zu entsenden, sind doch Chöre zur Aufführung von Götterhymnen und aufwendige Opfer die beiden geradezu kanonischen Elemente der Bestimmungen der klarischen Orakel für bedrängte Städte. Und zu dieser wohlbekannten Typologie paßt dann ebenso, daß das Orakel in der üblichen Weise mit einer Zusicherung des Wohlergehens und Gedeihens beschlossen wird für den Fall, daß die Empfehlungen befolgt werden (V. 12f.).[748]

2.3.3 Weihgeschenk und Schlachtopfer: zu Thema und Gedankengang des Orakels und einigen Stereotypen der modernen Religionsgeschichtsschreibung

Keine Ablehnung traditioneller Schlachtopfer: Kritik der Auffassung Merkelbachs. Ideologische Muster in der modernen Sicht auf die Entwicklung der antiken Religion.

Die von Merkelbach in seinen Auseinandersetzungen mit diesem Text vertretene Überzeugung, das Orakel handle von der Ablehnung traditioneller Schlachtopfer und empfehle stattdessen im Sinne einer von neuplatonischem Gedankengut beeinflußten Theologie »geistige Opfergaben« wie Hymnen und Weihrauchopfer, steht auf schwachen Füßen. Damit wird auch die Verbindung fraglich, die er zu einem didymäischen Orakel über Hymnenaufführungen im Heiligtum herstellt, die, so Apollons Worte, er Schlachtopfern, *»gutgenährten Hundertopfern«* (ζατρεφεῖς ἑκατόμβαι) und kostbaren Weihgeschenken vorziehe.[749] Daß es dieses Thema der Bedürfnislosigkeit der Götter an materiellen Gütern in den Versorakeln des 2.

747 Das Bedenken (Peek, Ammon 206), daß θεωροί sonst nicht mit Adjektiven erweitert zu werden scheint, wiegt für mein Gefühl die sachlichen Argumente zugunsten der Ergänzung [ὑμνη]τῆρας nicht auf, die sich aufs beste zu Klaros und den Hauptmerkmalen der in diesem Heiligtum üblichen Ritualpraxis fügt. Im übrigen hält auch Peek sie nicht für ausschlaggebend, ergänzt er doch mit ἱκ]τῆρας gleichfalls ein Attribut zu θεωρούς.

748 Vgl. o. S. 254-258 (zu **Didyma 14**,5f.) m. Anm. 621f. zu diesen Schlußwendungen. Für den vorliegenden Text ist eine entsprechende Auffassung des abschließenden Kolons ὄφρ' ἔμπεδον ὄλβον κτλ. unstrittig. V. 13 ergänzt Merkelbach φρασθεῖσ' ἐκ θ[versuchsweise zu ἐκ θεόφιν, *»nach der Weisung des Gottes«* oder *»auf die Stimme des Gottes hin«*; Peek schlägt φρασθεῖσ' ἐκθ[ύμως vor, *»aus vollem Herzen eingedenk«*. Beide Fortführungen erscheinen passend und denkbar; Merkelbachs Variante ist prägnanter, da der Gott so nochmals auf den Vorgang der Orakelerteilung zurückkommt und seine mantische Autorität hervorhebt. Am Ende der Lücke denkt Peek an μήπως κακότη]τι δαμῆναι, vielleicht eine gute Lösung (so auch Merkelbach). In jedem Fall muß in diesem Vers noch eine Negation der von φρασθεῖσ(α) abhängigen Infinitivkonstruktion mit δαμῆναι gestanden haben.

und 3. Jh. n. Chr. immer wieder gibt, braucht darum nicht bestritten zu werden, durchaus auch verknüpft mit der ethischen Maxime, die Götter freuten sich vielmehr an rechtschaffener Frömmigkeit der Menschen[750] – beide Gedanken sind in der literarischen Tradition ja schon seit der Kritik am homerischen Götterbild in der Philosophie und seit der Tragödie präsent. Auch liegt auf der Hand, daß die Frage nach der richtigen Art der Verehrung für eine bestimmte Gottheit zu einem sehr verbreiteten Anfragetypus gehören würde.

---

749 **Didyma B1** = I.Didyma 217 = SGO 01/19/01. In diesem Text wünscht Apollon tatsächlich Hymnen von Kinderchören *anstelle* von Schlachtopfern und Weihgeschenken. Aber die Gegenüberstellung dieser Kultformen im Sinne einer Wertskala ist in unserem Material vereinzelt; eine *Kombination* der Leistungsklassen ist die Regel. Eine ähnliche Verbindung von *»alten«* Kultliedern mit Opfern jetzt auch in einem neuen Versorakel aus Didyma aus dem 3. Jh. n. Chr., **Didyma App43** (s. Kap. 3, Anm. 247). – Angesichts der verlorenen Versanfänge wäre auch die Möglichkeit zu bedenken, ob Apollon hier nicht aufgrund einer bedrängten Lage der Stadt auf teure Tieropfer und Dedikationen *verzichtet* und sich mit Hymnen zufriedengibt (vgl. Rehm, Komm.), die für die Milesier im Unterschied zu den von weither zur Konsultation kommenden Städten ja leicht zu organisieren waren; im Fall des entfernten Hierapolis erstaunt es nicht, daß Apollon die Entsendung der Chöre erst nach überstandener Krise verlangt. Daß es sich auch bei diesem Text um ein Krisenorakel handeln könnte, wird vielleicht durch das abschließende Verspaar angezeigt: - -] ἐγὼ πολυκηδέας ἤλασα νούσους | [- -] ἀλεγεινὰ δυσωπήσας λίνα Μοιρῶν. Nicht ganz eindeutig δυσωπήσας: *»beschämt, aus der Fassung gebracht«*, d.h. ›von ihrem Plan (sc. den Menschen zu schaden) abgebracht‹, oder ›inständig gebeten, angefleht‹, vgl. Heliod. 2,10, also *»durch Bitten erweicht habe«* (Merkelbach in SGO); das Objekt ist mit Enallage in Μοιρῶν zu suchen. Die Aoriste ἤλασα ... δυσωπήσας können gnomischen Charakter haben; oder – was sachlich auf dassselbe hinausläuft – Apollon verweist in einer akuten Krise auf seine frühere Hilfe, vgl. **Klaros 4**,24f.

Nachdem schon Rehm den Text mit einem gewissen Zögern als Orakel eingeordnet hatte, bestreitet Fontenrose, Didyma 238f., daß es sich um ein Orakel handle: Es fehle die Überschrift Θεὸς ἔχρησεν o. ä., wie sie in den inschriftlichen Orakeln aus Didyma die Regel sei (der Freiraum oberhalb der ersten Zeile trug keine Buchstaben), und der Text weise weder in Inhalt noch Stil Ähnlichkeit mit den von ihm als authentisch angesehenen inschriftlichen Orakeln auf. Fontenrose hält ihn für eine theologisch-spekulative Versdichtung, wofür er auch viele der bei Eusebios/Porphyrios und Laktanz zitierten ›theologischen‹ Orakel ansieht, und stellt ihn in den Kontext des Interesses paganer Intellektueller und Religionsphilosophen der Spätantike an der jüdisch-christlichen Überlieferung, woher Themen aus der dort seit den Psalmen und den Propheten des Alten Testaments verankerten Diskussion über die ›richtige‹ Verehrung Jahwes (Gottesfurcht und Dankbarkeit seien besser als Schlachtopfer) auch in die pagane Religionsdebatte eingedrungen seien. Ein so beeinflußter didymäischer Prophet habe dieses Gedicht über den richtigen Kult verfaßt (der Marmorblock stammt von einer Wand des Prophetenhauses in Didyma) und Apollon in den Mund gelegt.

Eindeutig spricht hier allerdings ein Gott in der 1. Person; Fontenrose räumt ein, dafür außerhalb der epischen und dramatischen Dichtung keine Belege beibringen zu können, die *keine* Orakel seien. Und wo ist die Trennschärfe zum ›Orakel‹, wenn ein Prophet Apollon in eigener Autorität sprechen läßt? Die zeitgenössische Religionsphilosophie hat, wie **Klaros 25** zeigt, tatsächlich auch die Orakel der Zeit beeinflußt, so daß vieles dafür spricht, daß es sich auch hier um ein Orakel handelt, das ja *de facto* immer vom Propheten oder jedenfalls einem religiösen Funktionär des Heiligtums verfaßt worden war. Fontenrose scheint hier Gefangener seiner eigenen Theorie, wie alle authentischen Orakel auszusehen hätten, und darum nicht in der Lage, die ›theologischen‹ Orakel als Produkte der Orakelkulte anzusehen. Ein ähnlicher Zirkelschluß war bereits bei seiner Diskussion der Authentizität von **Didyma 47** und **48** über das Verstummen der Orakel festzustel-

Die These, Gegenstand dieses Ammonorakels sei das Thema ›spirituelle vs. Schlachtopfer‹ gewesen, ruht in diesem Text aber allein auf (1) den wiederholten Erwähnungen des Helios, der der Hauptempfänger der ausgesprochenen Kultempfehlungen zu sein scheint,[751] (2) Merkelbachs Er-

---

len, oben Anm. 635. Die Konvergenz des Themas ›Blutige Opfer vs. reiner Gottesdienst‹ mag auch mit jüdisch-christlichen Kontakten der Orakelkulte in der hohen Kaiserzeit erklärt werden, wie auch die Orakel über Jahwe oder die Natur Christi zu zeigen scheinen (**Klaros 28**, **Didyma 49-51**), ist aber darüberhinaus eine allgemeine Entwicklungslinie in einem Teil, nämlich den philosophisch beeinflußten Strömungen, der paganen kaiserzeitlichen Religion.
Beispiele für diese Thematik, die zeigen, daß das Thema im paganen Bereich durchaus etabliert war, lassen sich beibringen. Eine besonders enge Parallele für die Lehre ›Keine blutigen Opfer – dafür Hymnen und unblutige Opfer‹ bietet vielleicht ein Weihepigramm (wohl für einen lokalen Zeus mit dem Beinamen Κερσοῦλλος oder aber, wahrscheinlicher, für Artemis) aus dem mysischen Hadrianoi, I.Hadrianoi (IK 33) 36 = SGO 08/08/03 = Barth/Stauber, Mysien-Troas (PHI #7) 2753 (1. Jh. v. Chr. bis 1. Jh. n. Chr.), das diese Form des Kultes explizit wertend als νομίμη *(s.v.l.)* θυσία bezeichnet: σοὶ δ' ἐγὼ οὐ δαπάνας πολυμενφέας (!) οὐδ' ἐπὶ βωμοὺς | ἁρπάξας ταύρους ἄξομαι ἀλλοτρίους, | ἀλλὰ τεῇ πεύκῃ (›Kiefernholzfackel‹, woraus sich vielleicht Artemis als Empfängerin erschließen läßt) σε καὶ ἡμ[ερίο]υ λιβάνοιο | χόνδροις (›Körnchen, Klümpchen‹) εἱλάσομαι καὶ ν[ομίμ]ῃ θυσίῃ. Allerdings könnte sich die implizite Kritik hier weniger auf die Blutigkeit der Stieropfer als den darin liegenden materiellen Aufwand beziehen: Es heißt eben δαπάνας πολυμενφέας, welche sich besonders in teuren Opfern von Großtieren zeigen. Dann gehörte die Kritik eher in den Zusammenhang der Anti-Luxus-Ideologie, die sich häufiger in griechischen Sakralgesetzen wiederfindet, oft auch mit entsprechenden Kleider- und Habitusvorschriften verbunden, die als Trennungsmarker verstanden werden können (vgl. **Klaros 14** = **Didyma B8** über die Frauen im Kult von Kios/Bithynien). Auch ist zu fragen, ob *καὶ* νομίμῃ θυσίῃ unbedingt explikativ verstanden werden muß: Ist ausgeschlossen, daß angemessen aufwendige Tieropfer (also etwa Schafe und nicht ἀλλότριοι ταῦροι) als *»von der Tradition gefordertes Opfer«* bezeichnet werden können? – In dem von Merkelbach (zu SGO 08/08/03) herangezogenen kyzikenischen Grabepigramm Kaibel 240 = Pfuhl/Möbius 1106 = SGO 08/01/53 läßt sich die hier besprochene Thematik nicht wiederfinden. Dort wird an die Teilnahme des verstorbenen jungen Prytanen an den Symposien der Bürger von Kyzikos erinnert und auf die dabei dargebrachten σπονδαί Bezug genommen – aber damit müssen nicht unbedingt ›Trankopfer‹ und Abstinenz von Schlachtopfern und Opfermählern gemeint sein. Als σπονδαί können durchaus auch Libationen beim Schlachtopfer bezeichnet werden, und überhaupt muß die alleinige Erwähnung von Gußopfern nichts über eine ideologische Abkehr von blutigen Opfern aussagen.
Didyma B1 enthält möglicherweise einen Hinweis auf das Ritual der Mitteilung der Orakel an die Konsultanten, V. 7f.: Apollon fordert von παῖδες gesungene Hymnen, ὅταν μέλλῃ φάτιν ἄξων | [ἀμφαίνειν ἀδ]ύτων. [ἀμφαίνειν] Peek, Milesische Versinschriften 196-200 Nr. 4, h. 198: *»zu offenbaren«* (vgl. Bull. ép. 1971, 593). Zuvor hatte H. Hommel (Akte des 4. Internationalen Kongresses für griechische und lateinische Epigraphik, Wien, 17.-22. September 1962, Wien 1964, 140-156, h. 143f. [Bull. ép. 1965, 353]) [χρήστης ἐξ ἀδ]ύτων ergänzt, da er ἄξων fälschlicherweise als Partizip mit μέλλῃ verbinden wollte, und sich auf Hesych. s.v. χρήστης· ὁ μάντις berufen. In I.Didyma 394,3 ist aber doch προφήτης zu lesen, womit Hiller v. Gaertringens χρ-ήσ]της (in: Th. Wiegand, Siebenter vorläufiger Bericht über die von den Königlichen Museen in Milet und Didyma unternommenen Ausgrabungen, Abh. Preuß. Akad. d. Wiss., Phil.-Hist. Kl. 1911, Anh. 1, Berlin 1911, 50) hinfällig wird; es gibt freilich einen ὑποχρήστης ebd. Z. 5 und I.Didyma 353,18. Tatsächlich wird aber in **B1**,7f. ein Infinitiv zu μέλλῃ benötigt. In der überarbeiteten Fassung des Beitrags in seinen Kleinen Schriften (Sebasmata: Studien zur antiken Religionsgeschichte und zum frühen Christentum, Bd. 1, Wiss. Unters. z. NT 31, Tübingen 1983, 210-227, h. 226) hat Hommel dann nach Vorschlag von G. Bean χρήσειν ἐς ἀδ]ύτων ergänzt und Lyk. 1051 χρήσει … φάτιν verglichen. – Iamblich sagt in seiner Beschreibung der mantischen Rituale in den drei großen Apollon-Orakeln (De myst. 3,11 p. 123-128 Parthey), die Pro-

gänzung von [βουφονίων] in V. 2, die aufgrund der problematischen Gedankenfolge und Syntax in seiner Rekonstruktion der Versgruppe 1–4 zweifelhaft ist, und (3) der nicht näher begründeten Gleichsetzung der Νασαμωνὶς θυηπολίη in V. 7 mit Weihrauchopfern, wofür sich, wie erwähnt,[752] in den Quellen zu den Nasamonern keinerlei Anhaltspunkte finden.

---

phetin in Didyma habe *»auf dem* ἄξων *sitzend«* die Zukunft vorhergesagt, so daß darunter wohl ein Gerät oder eine Vorrichtung im *adyton* zu verstehen ist, die vermutlich als die ›Himmelsachse‹ oder ›Erdachse‹ angesehen wurde. Damit wäre der mantischen Séance in Didyma ein kosmologischer Bezug gegeben worden. Das Konzept der ›Achse der Erde‹ ist etwa von Aristarch von Samos (ca. 310-230 v. Chr.) in seiner Theorie der Eigendrehung der Erde (die selber wiederum um die Sonne kreise) entwickelt worden, Plut. De fac. in orbe lunae 6, 923 A ἐπειρᾶτο μένειν τὸν οὐρανὸν ὑποτιθέμενος, ἐξελίττεσθαι δὲ κατὰ λοξοῦ κύκλου τὴν γῆν ἅμα καὶ περὶ τὸν αὐτῆς ἄξονα δινουμένην. Mit dieser Theorie der Drehung der Erde um ihre Achse fußte er auf Herakleides Pontikos, siehe fr. 104 Wehrli = Aet. 3,13,3 τὴν γῆν ... τροχοῦ δίκην ἐνηξονισμένην (ἐν-αξονίζω ›sich in der Achse drehen‹ nur hier) ... περὶ τὸ ἴδιον αὐτῆς κέντρον (vgl. auch fr. 107, wo allerdings das Wort ἄξων nicht fällt, dafür das κέντρον wiederholt wird, und fr. 108, wo es die πόλοι der Taggleiche sind; vgl. auch Wehrlis Komm.), doch spielt sie auch schon in den geozentrischen Weltbildern eine Rolle (vgl. Aristot. De caelo 293 b 30, Plat. Tim. 40 B). Die Lehre hat auch Eingang in die mythische Kosmologie der philosophischen Homer-Allegorese gefunden, Eustath. Od. 1,52 p. 1389,59 ἄλλοι δὲ Ἄτλαντα τὸν νοητὸν ἄξονα νοοῦσι τὸν διὰ μέσης τῆς γῆς ἐληλαμένον *(»mitten hindurchgetrieben«)*. – Vgl. auch Busine, Consultation 196f.; Levin, Decline 1623f. m. Anm. 89.
Eine andere Interpretation der Stelle **B1**,7f. will im ἄξων im Anschluß an die ἄξονες in Parm. B 1,19 Diels/Kranz die ›Türangel‹ erkennen (dort steht aber der Plural; sonst kommt die Bedeutung ›Türangel‹ nicht noch einmal vor, und im übrigen liegt auch bei Parmenides ein kosmologischer Bezug vor). Dann wäre wohl vom Öffnen der monumentalen Orakeltür im didymäischen Tempel im Zuge der Mitteilungszeremonie die Rede. So wird jedenfalls gemeinhin die Funktion jener 14 Meter hohen Doppeltür an der Ostwand des Zweisäulensaales erklärt, die sich zum Pronaos öffnet. Das Erstaunliche am Baubefund ist eben, daß der Pronaos anderthalb Meter tiefer liegt, aber nicht durch eine Treppe mit der Tür verbunden ist (wie auf der gegenüberliegenden Seite des Zweisäulensaales mit der großen Freitreppe), so daß die Tür eine Art Bühne darzustellen scheint. Vgl. für einen kurzen Überblick über den archäologischen Befund etwa B.K. Weis, Didyma: das Orakelheiligtum des Apollon, Ludwigsburg 1983, 62-70; Tuchelt, Branchidai 12f.
Die Iamblich-Stelle scheint aber den Ausschlag dafür zu geben, daß man hier einen als ἄξων benannten Platz im Adyton bezeichnet sehen muß, eben wohl mit kosmologischer Theorie im Hintergrund. Wegen der Lücke ist auch nicht auszuschließen, daß ἄξων futurisches Partizip zu ἄγω sein könnte (Fontenrose, Didyma 239; ein Bezugswort könnte in den Versanfängen von 6 oder 7 gestanden haben). Auch ist nicht sicher, ob ἀδ]ύτων tatsächlich für ἐξ ἀδύτων steht und [ἀμφαίνειν (oder ein anderes Verb) näher bestimmt. Schließlich irritiert der fehlende Artikel, wenn ἄξων ein Nomen ist.

750 **Didyma B1**,4f.: [οὐ μὴν ἀθ]άνατοι κτεάνων ἐπιδευέες εἰσιν, | [ἀλλὰ θεμιστ]είης *(»Tradition«)*, ἧπερ φρένας ἰαίνονται. Nochmals V. 11 [τῆς δὲ θεοφ]ροσύνης ἔσται χάρις αἰὲν ἀμεμφής. – V. 4 erg. Harder (o. Anm. 154) 92f. = 142. V. 5 und 11 erg. Merkelbach in SGO 01/19/01; Harder hatte in einer Antithese die Menschen als Subjekt zu ἰαίνονται verstanden und ergänzt οὐδὲ βροτῶν χρ]είης (sc. ἀθάνατοι ἐπιδευέες εἰσιν, bedürftig materieller Güter und fleischlicher Nahrung), ἧπερ φρένας ἰαίνονται. Das von Merkelbach in V. 11 vorgeschlagene θεοφροσύνη ist sonst nur durch Hesych s.v. bezeugt; Harder (90f. = 139f.) und Peek (Milesische Versinschriften 196-200 Nr. 4; h. 199) erwogen [τοίης εὐφ]ροσύνης bzw. [τῆσδε μοι εὐφ]ροσύνης, Merkelbach ebd. auch σαοφ]ροσύνης.

751 V. 4. 5f. 7f.; siehe oben S. 285-295.

752 Oben S. 291-294 mit Anm. 725-727. 729.

Schließlich stützt sich diese Auffassung auf das – freilich überzeugend – ergänzte [ὑμνη]ἱτῆρας in Vers 11. Schon ὁμοῦ θυσίαις im selben Vers jedoch muß Merkelbach entschärfen, wenn er an dieser Stelle die neuplatonische λογικὴ θυσία ins Spiel bringt, so daß angeblich Gebete gemeint seien[753] – diese Erklärung wirkt gesucht; der Text spricht ohne Umschweife von θυσίαι. Auch sieht es in Klaros nicht so aus, daß Apollon je sich gegen Schlachtopfer erklärt hätte; im Gegenteil nennen die Gesandtschaftslisten unter den religiösen Funktionären, die bei den Konsultationen und den vorbereitenden Zeremonien zugegen waren, stets auch den ἱερεύς, der die Opfer der Theoren vollzog,[754] und der beim Tempel gefundene große Altar[755] veranschaulicht diese kontinuierliche Praxis: Hymnen einerseits, Hekatomben andererseits sind da kein Widerspruch, und so nennen auch die klarischen Orakeltexte immer wieder beides gemeinsam unter ihren Kultempfehlungen.[756]

Hier folgt Merkelbach, wie auch in seiner Deutung des Hymnen-Orakels aus Didyma, dem religionsgeschichtlichen Entwicklungsmodell einer zunehmenden Abkehr vom Tieropfer und sinkender Akzeptanz des traditionellen Kults hin zu »reineren«, soll heißen: theologisch-philosophisch reflektierten Gottesdiensten, ja, letztlich zu einer moralisch einwandfreien Lebensführung als der den Göttern gefälligsten Form ihrer Verehrung – eine Entwicklung, deren Anfangspunkt Theophrasts Schrift Περὶ εὐσεβείας markiere und die seitdem zumindest in den »gebildeteren Kreisen« zunehmend das Bild des rechten Verhältnisses der Menschen zu den Göttern geprägt habe.[757] Es ist das Modell, das schon Wilamowitz im *Glauben der Hellenen* entworfen hat.

---

753 So Merkelbach/Schwertheim, Orakel des Ammon 152: »Ein Opfer in Worten, welches die reine Gesinnung des Menschen zeigt.«

754 Parke, Apollo in Asia 220; Georgoudi, Porte-parole 352; Busine, Paroles 50f.; dies., Officials 287-289.

755 Der hellenistische Tempel, erbaut im späteren 2. Jh. v. Chr., verfügte über einen Altar, der in seinen Dimensionen weit über den bereits ebenfalls großen Altar des mittleren 6. Jh. v. Chr. hinausging, welcher bis ins ausgehende 4. Jh. v. Chr. in Betrieb geblieben war. Dieser hatte wiederum den Rundaltar aus geometrischer Zeit ersetzt, der seinerseits bereits einen Durchmesser von 6 Metern besaß. Die Ausmaße des hellenistischen Altars sowie angrenzende Anlagen für das Anbinden von hundert oder mehr Opfertieren führen darauf, daß hier Stiere in aufwendigen, kostspieligen Opferritualen dargebracht wurden. Siehe Kap. 1, S. 35f. m. Anm. 32.

756 Vgl. die Dankopfer im Orakel für Hierapolis **Klaros 4**,6-17 und 21-25 nach Befreiung von der Seuche: μόλπους σὺν λοιβῆσιν ... ἠδ' ἑκατόμβαις 23, mit der bezeichnenden Klage des Gottes im Anschluß, obschon er den Hierapoliten schon oft die Rettung gebracht habe, sei er bei den Opfern immer zu kurz gekommen. Im Orakel für die Stadt am Hermos **Klaros 11**,11ff. ὕμνοις ... καὶ θυσίαις ἅζεσθε ... ἔν τε χοροῖς ἔν τ' εἰλαπίναις. Ebenso charakteristisch wie die Verbindung von Hymnen mit Opfern ist in Klaros die von Opfern mit der Weihung bzw. Aufstellung einer Statue des Apollon Klarios im Typus des *toxotes*.

757 Merkelbach/Stauber 3: »Die Kenntnis der Philosophie hatte sich über die ganze griechisch-sprechende Welt verbreitet. Platons ›Eines‹, identisch mit ›dem Guten‹, war eine eindrucksvolle Konzeption, neben welcher die traditionellen kultischen Riten kaum bestehen konnten; vor

Entwicklung einer religionsphilosophischen Perspektive auf das Opfer in der Antike. Ambivalenz der neuplatonischen Position. Kultpraxis in Klaros im 2. und 3. Jh. n. Chr.

Diese teleologische Konstruktion – die regelmäßig geradezu zwangsläufig ins Christentum mündet – beschreibt jedoch bereits die rituelle Haltung der Neuplatoniker nicht mehr zutreffend, bei denen theologische Spekulation und Opferpraxis durchaus zusammengehen konnten.[758] Die Position des Porphyrios in *De abstinentia*[759] war nicht die einzig mögliche, und es kann durchaus sein, daß er selbst in Περὶ ἐκ λογίων φιλοσοφίας sich eine andere Sichtweise zu eigen gemacht hat.[760] In den Exzerpten des Eusebios

allem die blutigen Opfer ... schienen geradezu unfromm. (...) Man suchte überall nach einer reineren Form des Gottesdienstes ... die Zukunft gehörte einer theologischen Religion.«

758 Das breite Spektrum möglicher Haltungen zum Tieropfer auf paganer Seite in der Kaiserzeit (angefangen bei derjenigen, es *nicht* zu problematisieren, sondern die überkommene kulturelle Praxis einfach weiterzuführen) und die daraus entstehenden, ebenso divergenten Praxisformen – wobei aus geäußerten ideologischen Positionen durchaus nicht immer damit übereinstimmendes Handeln folgen mußte – umreißt zutreffend Lane Fox, Pagans 70f. 221. Prominent wird die Verbindung neuplatonischer Kosmologie mit aktiver Opferpraxis dann erneut im 4. Jh. bei Julian, der seine religionspolitischen Maßnahmen zur Wiederbelebung der Opfer überall in den Heiligtümern der traditionellen Götter vor dem Hintergrund der spekulativen Theologie mit ihrer hierarchischen Ableitung der göttlichen Entitäten von einem primordialen obersten Seinsgott vornimmt. Seine Haltung ist in den Reden des Libanios gespiegelt, etwa 12,87. 91; 15,79; 17,4; 18,171. Der Julian nahestehende Philosoph Sallustios brachte den Zusammenhang auf die Formel (De dis et mundo 16,1): αἱ μὲν χωρὶς θυσιῶν εὐχαὶ λόγοι μόνον εἰσίν, αἱ δὲ μετὰ θυσιῶν ἔμψυχοι λόγοι, τοῦ μὲν λόγου τὴν ζωὴν δυναμοῦντος, τῆς δὲ ζωῆς τὸν λόγον ψυχούσης. Vgl. S. Bradbury, Julian's pagan revival and the decline of blood sacrifice, Phoenix 49 (1995) 331-356; R. Smith, Julian and his gods: religion and philosophy in the thought and action of Julian the Apostate, London 1995, 216-218. 221f.; H.-U. Wiemer, Libanios und Julian: Studien zum Verhältnis von Rhetorik und Politik im vierten Jahrhundert n. Chr., Vestigia 46, München 1995, 175-178 (der stärker den Zusammenhang von παιδεία und Götterkult bei Julian betont). Lane Fox, Pagans 148-150, bespricht Julians enges Verhältnis zu den Göttern im Lichte der in der Kaiserzeit allgemein zu beobachtenden intensiven Beschäftigung mit der erfahrbaren Präsenz der dem einzelnen zugewandten göttlichen Mächte und der daraus sich ergebenden verschiedenen Formen persönlichen Umgangs mit ihnen. Seine Diskussion nimmt ihren Ausgang von der Erörterung des didymäischen Orakels für die Demeter-Priesterin Alexandra, die sich um die Götterepiphanien (ἐπιστάσεις) unter den Menschen sorgt (**Didyma 22/23**; zu diesem bemerkenswerten Zeugnis u. Kap. 3, Anm. 404).

759 Abstin. 2,13-20.

760 Siehe etwa **Klaros App10** = Porph. 314 F Smith, die große »Opferlehre« Apollons mit Darlegung der Struktur des Pantheons, das durch die verschiedenen Götterklassen gegliedert ist, und detaillierten Anweisungen, wie die Opfer für die einzelnen Göttergruppen jeweils korrekt darzubringen seien; dazu ausführliche Exegese des Porphyrios in 315 F. Porphyrios übt auch sonst in der Orakelschrift keine Kritik am Tieropfer; s. R. Goulet, Hypothèses récentes sur le traité de Porphyre *Contre les chrétiens*, in: M. Narcy/E. Rebillard (Hg.), Hellénisme et christianisme, Villeneuve d'Ascq 2004, 61-109, h. 103. Die widersprüchlichen Positionen zwischen *De abstinentia* und *De philosophia ex oraculis* versuchte Eusebios für seine Argumentation im vierten Buch der *Praeparatio evangelica* zu nutzen, s. Busine, Paroles 339-343. Die argumentative Situierung der im wesentlichen nur aus den von Eusebios zitierten Fragmenten bekannten Orakelschrift in das Gesamtwerk – verknüpft mit der Frage der zeitlichen Ansetzung des Traktats, für die es keine externen Anhaltspunkte gibt, so daß sie von der angenommenen intellektuellen Entwicklung des

aus dieser für unser Thema so wichtigen Schrift ist leider oft nicht recht zu erkennen, welche Position Porphyrios selbst eingenommen hat und wofür genau er die jeweils zitierten Orakel als Beleg anführt.[761]

Dort wo sich die neuplatonische Gottesspekulation mit der Magie und Theurgie überschneidet, ist die Grenze jedenfalls noch viel weniger eindeutig zu ziehen.[762] Unbestreitbar ist auch, daß es diese Diskussion bereits seit der klassischen Zeit gegeben hat, wie literarische Texte seit Herodot belegen[763]. Daraus wird zugleich deutlich, daß mit solchen Entwicklungsmodellen die moderne Wissenschaft Linien auszieht, die in der Antike selbst bereits einen möglichen intellektuellen Standpunkt – meist aus einem aufklärerischen Impetus heraus – umschrieben.

Aus dem Umstand, daß es dieses Thema durchaus gab und es im erwähnten Versorakel aus Didyma wohl tatsächlich mit der Stoßrichtung gestaltet ist, die Merkelbach auch im Orakel des Ammon erkennen möchte, sollten noch keine verallgemeinernden Schlüsse auf grundsätzliche religionsgeschichtliche Entwicklungen gezogen werden. Eher handelt es sich um eine Variante des Themas ›den Göttern opfern‹, das *auch* so akzentuiert werden konnte – die Einzelbefunde zu extrapolieren, besteht deshalb noch kein Anlaß. Neben der in dieser Ideologie für »reiner« angesehenen Opferpraxis konnte der von alters her etablierte Modus der Tieropfer und materiellen Votive weiter existieren, sogar mit besonderer Intensität verfolgt werden, wie die aufwendigen Opferprogramme einiger der besprochenen Versorakel verdeutlichen – die Frage nach dem ›richtigen Opfern‹ mochte also je nach religiösem Kontext anders beantwortet werden.

Porphyrios ausgehen muß – ist notorisch umstritten; Übereinstimmungen wie Widersprüche mit Aussagen zur paganen Religion in den sonst überlieferten Texten des Philosophen lassen sich aufdecken. Siehe dazu C. Riedweg, Porphyrios über Christus und die Christen: *De philosophia ex oraculis haurienda* und *Adversus Christianos* im Vergleich, in: L'apologétique chrétienne gréco-latine à l'époque prénicénienne, Entretiens sur l'antiquité classique 51, Vandœuvres/Genf 2005, 151-198 (199-203 Diskussion). Die Orakelschrift zielt insgesamt auf eine Bestätigung der paganen Religionstradition durch deren Einordnung in ein philosophisch schlüssiges Gesamtsystem. Obwohl dabei die Grundeinstellung zum Christentum ohne Zweifel negativ ist (s. die Belege ebd. 184 und in unserem Corpus **Didyma App44** = Porph. 343 F Smith), scheint der Traktat nicht von einer antichristlichen polemischen Stoßrichtung bestimmt. Dagegen sprechen vor allem im Ergebnis positive Aussagen über Jesus, dessen Tod und Auferstehung im System der platonischen Seelenlehre gedeutet wird (Orakel der Hekate: 345 F Smith). Riedweg spricht von einer »integrativen Position« (ebd. 186). Siehe auch die umfassende Analyse des Werks bei Busine, Paroles 233-295.

761 Die Diskussion wird resümiert und weitergeführt bei Busine, Paroles 242-245. 256-285.

762 Siehe S.I. Johnston, Sacrifice in the Greek magical papyri, in: Mirecki/Meyer, Magic and ritual 344-358; Graf, Magic and divination. – Zur Thematik vgl. auch die Übersichtsstudie von G. Sfameni Gasparro, Critica del sacrificio cruento e antropologia in Grecia: da Pitagora a Porfirio. 2: Il *De abstinentia* porfiriano, in: Sangue e antropologia nella teologia: atti della VI settimana di studi, Roma, 23-28 novembre 1987, Rom 1989, 461-505.

763 Vgl. Parker, Miasma 323 m. Anm. 8; ebd. 324 Anm. 3.

Eine lineare Entwicklung der Religionspraxis in die bezeichnete intellektualistische Richtung hat es auch unter dem – als solchem unbestreitbaren – Einfluß von philosophischen Zeitströmungen nicht gegeben. Es sind darin vielmehr Variationsmöglichkeiten in einem breiten Spektrum der Formen des Umgangs mit den göttlichen Mächten zu erkennen.

Der Gedankengang des Orakelbescheids. Anlaß der Befragung: Mißernte, Dürre, Hungersnot? Helios als Erzeuger und Erhalter des Lebens.

Die in Peeks Rekonstruktion zugrundegelegte Gedankenabfolge bereitet – unbeschadet der bereits erläuterten Zweifel an diversen Ergänzungen im einzelnen – geringere Probleme, entspricht sie doch in ihren Grundzügen der Gedankenabfolge, die bereits aus anderen Bescheiden vertraut ist. Am Anfang steht danach die Anrede an die konsultierende Stadt, verbunden mit Zuspruch und einer allgemeinen Mahnung zur ›Götterfurcht‹ (V. 1-2). Es schließt sich vermutlich die Aufforderung zu einer Dedikation an (V. 3-4). Diese beiden *de facto*-Aufforderungen der ersten beiden Versgruppen erscheinen – parallel gestellt – in einer negativen Formulierung verklausuliert, dadurch aber mit noch größerem Nachdruck versehen.

Nun wird eine Besserung des Zustandes in Aussicht gestellt (V. 5-6) und zu Kult für Helios aufgefordert, wobei das gemeinte Ritual für uns unklar bleibt (V. 7-8). Das Ergebnis der korrekten Durchführung der zuvor empfohlenen Kulthandlungen wird in von Helios befördertem Wachstum und Gedeihen der Feldfrüchte liegen (V. 9). Die Gruppe der abschließenden vier Verse (10-13) fordert dagegen – abweichend von Peeks Vorschlag – tatsächlich zur Entsendung einer *theoria* nach Klaros auf, die dort opfern und Hymnen vortragen soll.

Das Orakel wird abgeschlossen mit erneutem Zuspruch an die Konsultanten in Form einer Finalitätsaussage (ὄφρα ... ἕλῃε), die an die zuvor ausgesprochene Empfehlung, nach Klaros zu senden, anschließt, verbunden mit einer Mahnung wohl des Inhalts, die Konsultanten sollten der im Orakel ausgesprochenen Ratschläge eingedenk bleiben, um nicht erneut von Übel bedrängt zu werden.

Der Gedanke, Helios als Erzeuger und Erhalter des Lebens[764] sorge für Wachstum und Gedeihen der Ackerfrüchte, so daß bei Befolgung der rituellen Maßnahmen eine Krise infolge Dürre und Mißwuchs überwunden

764 So sind auch die Opfer für den Gott an den Pyanopsien und den Thargelien in Athen zu verstehen (Σ Aristoph. Eq. 729; Plut. 1054; πομπή für Helios und die Horen am zweiten Tag der Thargelien: Porph. Abst. 2,7; vgl. Deubner, Feste 190f. 200f.). Im Orakel für Pergamon ist es hingegen Dionysos, der φυσιζῷος genannt wird (**Klaros 2**,5). – Zu den religionsgeschichtlichen Aspekten wenig ergiebig die vor allem archäologisch ausgerichtete Arbeit von P. Matern (wie Anm. 654), 9-20. Nach wie vor nützlich die Materialzusammenstellung bei Roscher 1,2021f.

werden könne, findet sich auch in den klarischen Orakeln mehrfach ausgedrückt, etwa zu Beginn des nach den ersten vier Versen stark fragmentierten Orakels für Nikomedeia mit der Umschreibung von Helios-Apollon, den die Stadt im Verbund mit Selene, *»der mit ihren Tautropfen überallhin gelangenden Herrin«*, und den Winden, *»die alles, was wächst, mit ihrem Hauch fett machen«*, ehren solle.[765]

Die Identifikation von Helios mit Apollon könnte auch in unserem Ammon-Orakel im Hintergrund stehen. Sie begegnet dann etwas später mehrfach sowohl in den klarischen als auch in den didymäischen Orakeln des 2./3. Jh. n. Chr.[766] und markiert den Ausgangspunkt in der Kultpraxis für

---

765 **Klaros 13** = TAM 4,1,92, 2 λε]ιῆναι (Merkelbach; κρη]ῆναι Dörner in TAM) κέλομαί σε σ[ε]λώπυρον ὡρ<ο>μέδοντα, *»daß du versöhnen* (?) *sollst den feuertragenden Herrscher der Jahreszeiten«* (Merk.) – λεαίνω, aor.1 ἐλέηνα, ep. (ἐ)λείηνα heißt eigentlich ›glätten, ebnen, polieren‹ und wäre dann hier offenbar im übertragenen Sinne von ›erweichen, versöhnen, gnädig stimmen‹ gebraucht, wenn denn Merkelsbach Ergänzung das Richtige trifft. Für diese übertragene Bedeutung finden sich aber keine stichhaltigen Belege. Wenn die spartanischen Gesandten in Athen gegen Alexander sprechen, um ein Bündnis der Athener mit den Persern zu verhindern, μηδὲ ὑμέας ᾿Αλέξανδρος ... ἀναγνώσῃ *(»soll euch nicht überreden«)* λεήνας τὸν Μαρδόνιον λόγον, *»indem er die Worte des Mardonios glättet = gefälliger wiedergibt«* (sc. als sie in Wirklichkeit waren) (Hdt. 8,142,4), so ist der übertragene Gebrauch des Wortes viel einfacher. Auch Philostrat. Imag. 2,11 τὸ ἐπίχολον *(»die gallige Stimmung«)* λεαίνειν τῷ ὕπνῳ ist nicht vergleichbar. – σελώ-πυρος ist neu; Merkelbach/Stauber übersetzen mit ›feuertragend‹, aber der erste Bestandteil ist nicht klar (LSJ s.v. σέλω: »dor. = θέλω«).
ὡρο-μέδων ›der über die Jahreszeiten gebietet‹ sonst nur noch in einem Hymnus für den delischen Apollon von Tenos, IG 12,5,893 = Kaibel 1025, 3 (2./3. Jh. n. Chr.), in dem es wohl um die Restituierung eines geraubten Kultbildes geht. Dort ist ὡρομέδων ein Titel Apollons, es liegt also wiederum eine Theokrasie mit Helios vor. Die Hymne spricht den Gott auch als Herrn von Klaros und Didyma an: [Φοῖβε ἄναξ Δ]ήλου μεδέων, φαεσίμ[βρ]οτε Τειτάν [ἄντροις ὀ]μφαίοισι Κλάρου Βράνχου τε ΙΡΟΝΤΟ (ἱεροῖσι Kaibel; τε γέροντος erwägt Hiller, verwirft es aber) [τειόμ]εν', *ὡρομέδων*, Μουσηγέτα, χρυσοέθ[ειρε] *(»mit goldenem Haar«)*. Die Anrede Apollons als *»Titan«* bezeugt ebenfalls die Überlagerung mit Helios: vgl. ein Grabepigramm aus Korkyra (2./3. Jh. n. Chr.), IG 9,1^2,4,1024 = Peek, GV 1978 = Peek, Grabgedichte 456, 3f. Σελήνην νυκτὶ κελεύσας | πείθεσθαι, Τειτᾶνα ἡμεριναῖς χάρισι, sowie das äolisierende Weihepigramm der Iulia Balbilla auf den Besuch Hadrians an den *kolossoi* des Memnon im ägyptischen Theben: A. und E. Bernand, Les inscriptions grecques et latines du Colosse de Memnon, Inst. Franç. d'archéol. orientale, Bibl. d'étude 31, o.O. (Kairo) 1960, 80-85 Nr. 28 = Kaibel 990 = Sammelbuch 8210 = SEG 8,715 = Schwyzer, DGEEP 649,8f. Τίταν δ' ὄττ' ἐλάων λεύκοισι δι' αἴθερος ἴπποις | ἐνὶ σκίαι ὠράων δεύτερον ἦχε μέτρον. – In der synkretistisch-spekulativen Theologie der Zauberpapyri ist Helios gleichfalls der Erzeuger, zugleich aber auch der potentielle Vernichter allen Lebens auf der Erde, Anfang und Ende, Ursprung und Untergang, wie in der Hymne PGM 4,1960-1962: γεννῶν αὐτὸς ἅπαντα, ἅπερ πάλιν ἐξαναλύεις, | κόσμον ἅπαντα τρέφων γε τετράτροπον εἰς ἐνιαυτόν. | ἐκ σοῦ γὰρ στοιχεῖα τεταγμένα σοῖσι νόμοισιν. Eine ähnliche Vorstellung in der Anrufung der Hymne P.Oxy. 412, der »magischen Nekyia« aus den Κεστοί des Julius Africanus (s. oben Anm. 108): καὶ γε]νεὰ καὶ ἀφηβιοτὰ καὶ πῦρ καλλιαιθές 34; vgl. Hopfner (wie Anm. 108). ἀφη-βιοτά (Eitrem; Pap. ἀπ-) ›der vom Leben wegführt, das Leben aufhebt‹ ist sonst nicht belegt (nicht in LSJ m. Suppl.; DGE; Preisigke, Wörterbuch der griechischen Papyrusurkunden [m. Suppl.]). R. Wünsch erklärt die Bildung so: »Von βιοτά, ›Leben‹, ist unter Einfluß von ἀπεβίουν ein ἀπεβιοτά gebildet, mit verschlepptem Augment wie in ἀνήλωμα ... dann ist dieses Augment unter dem Zwang des Verses gedehnt.« (ARW 12, 1905, 13). Vgl. ἀφηβάω ›die Blüte des Lebens hinter sich lassen, altern‹.

die Spekulationen über die Zusammenhänge der Götterwelt, die die ›Theologischen Orakel‹ prägen – weshalb nicht erstaunen kann, daß auch diese Texte wenigstens zum Teil wohl den beiden kleinasiatischen Heiligtümern zugewiesen werden müssen.[767]

2.3.4 Ammon weist die Kyzikener nach Klaros: Diversifikation und Integration im ›globalisierten religiösen Markt‹ des Imperium Romanum

Kyzikos und die Apollon-Orakel von Didyma, Delphi und Klaros. Der Kultverein der Ammonsanhänger in Kyzikos. Die Konsultation in Siwa als Reise an einen liminalen Ort. Keine Hinweise auf Konkurrenz zwischen den Orakelkulten. Erfolg der klarischen Kultpropaganda.

Daß allem Anschein nach hier eine Überweisung der Konsultanten durch einen Orakelgott an einen anderen vorliegt, ist ein bemerkenswertes Faktum, das aber nicht für unwahrscheinlich gelten muß. Wir wissen nicht, warum die Kyzikener überhaupt in die weitentfernte ägyptische Oase eine Gesandtschaft haben reisen lassen, und genausowenig läßt sich eine sichere Antwort darauf geben, warum Ammon einerseits ein elaboriertes Versorakel erteilt, andererseits die Konsultanten aber an das klarische Orakel verweist – das ihnen eigentlich von vornherein räumlich viel leichter erreichbar gewesen wäre.

Der didymäische Apollon war offenbar mit der Gründungslegende der milesischen Kolonie verbunden,[768] und die literarische Überlieferung deutet auf Konsultationen in archaischer Zeit;[769] aber auch in der Kaiserzeit

766 Siehe oben S. 298 m. Anm. 745.

767 Neben denjenigen literarisch überlieferten Orakeln, bei denen eines der beiden Heiligtümer als Herkunftsort benannt ist, ist für das Zusammenkommen beider Stränge – der theologischen Reflexion und der Überlieferung aus einem kultgebundenen Kontext – besonders an das ›theologische‹ Orakel aus Oinoanda **Klaros 25** zu denken, das zusätzlich zum epigraphischen Zeugnis auch aus der *Theosophie* und aus Laktanz bekannt ist. Siehe zuvor S. 258-260 m. Anm. 634.

768 **Didyma 34** = Ael. Arist. Or. 27 Keil (Panegyris über das Kore-Heiligtum von Kyzikos), 5: Während Apollon gemeinhin Oikisten zur Gründung von Städten entsandt habe und durch die ihnen auf den Weg gegebenen Orakel als ἐξηγητής für die Städte wirke, habe er Kyzikos *»selbst«* als Oikist gegründet und sei darum hier ἀρχηγέτης und μάρτυς. Dies dürfte in der historischen Realität auf ein Orakel des Apollon in Didyma an die Milesier über die Gründung von Kyzikos und die Wohlfahrt der neuen Kolonie deuten (so auch Hasluck 163). Fontenrose ad loc. vergleicht Apollons direktes Eingreifen als Oikist mit seiner Rolle bei der Gründung des ebenfalls in der Propontis gelegenen Apollonia am Rhyndakos, I.Milet 155 (Milet 1,3,255f.) = McCabe, Milet (PHI # 7) 27, 17 καθηγησαμένου τῆς στρατείας Ἀπόλλωνος Διδυμέως. Auch hier muß ein Kolonisationsorakel im Hintergrund stehen (= **Didyma App1**), vgl. Kap. 3, Anm. 241. Skeptisch gegenüber dem Aussagewert der Aristides-Stelle äußert sich Ehrhardt, Milet 429f. Anm. 424: Apollon werde als ἀρχηγέτης auch in Städten verehrt, die nicht als Kolonien angesehen wurden; so stehe hinter dem Apollon Archegetes im Isopolitie-Vertrag zwischen Milet und Tralleis, I.Milet 143 (Milet 1,3,194-196) = I.Tralleis 20 = McCabe, Milet (PHI # 7) 20 B 65, kein Ver-

haben Beziehungen bestanden, wie ein Orakel für die Stephanephoren der Stadt wohl aus severianischer Zeit erkennen läßt.[770] Zugleich gibt es im 3. und 2. Jh. v. Chr. inschriftliche Zeugnisse für Konsultationen in Delphi im Zusammenhang der Erhebung des Festes der Kore Soteira zu einem internationalen Agon und der Asylie des Stadtgebietes, möglicherweise aber auch aus Anlaß eines Erdbebens oder einer anderen Naturkatastrophe.[771]

Unter den durch Inschriftenfunde im Heiligtum belegten kaiserzeitlichen Delegationen von Städten, die im 2. Jh. n. Chr. in wichtigen Angelegenheiten ihrer Stadt nach Klaros kamen, fehlt Kyzikos hingegen, während an-

hältnis zwischen Kolonie und Mutterstadt (vgl. auch dens., in: Actes du IXe Congrès international d'épigraphie grecque et latine, Sofia 1987, 103f.). Es ist zwar zuzugeben, daß Aristides in seiner Rede für die Kyzikener das enge Verhältnis zu Apollon hyperbolisch darstellt, doch scheint es gezwungen, die ausdrückliche Bezeichnung οἰκίστης und damit ein Gründungsorakel nur als rhetorische Figur zu verstehen, da die Gründung durch Milet feststeht. Die wichtigsten literarischen Quellen dazu bei Hasluck, Cyzicus 163f.; Ehrhardt ebd. 309 Anm. 265.

769 **Didyma 35** = Apoll. Rh. 1,955-960 m. Σ ad 959: Bei der Landung in Kyzikos tauschen die Argonauten ihren Ankerstein gegen einen größeren und schwereren aus und lassen ihn *»unterhalb der Quelle Artakie«* (957), also im kyzikenischen Hafenort Artake, zurück. *»Nach einem Orakel Apollons«* (θεοπροπίαις Ἑκάτοιο 958) weihen ihn die milesischen Kolonisten (Νηλεΐδαι Ἰάονες 959) im Heiligtum der Athena Iasonia in Kyzikos. In der Aufstellung des heiligen Steins auf einen Orakelspruch Apollons hin ist die Gründungserzählung des kyzikenischen Athena-Heiligtums zu erkennen; der Scholiast resümiert: Μιλήσιοι δὲ ἐνοικήσαντες κατὰ χρησμὸν Ἀπόλλωνος ἄραντες τὴν ἄγκυραν ἀνιέρωσαν ἐν τῷ ναῷ τῆς Ἰασονίας Ἀθηνᾶς. Die Quelle des Apollonios dürfte nach Σ zu V. 966 der Lokalhistoriker Deiochos (FGrHist 471: Περὶ Κυζικοῦ, ca. 400 v. Chr.: Jacoby) oder der Kultantiquar Sokrates von Kos (mit seinem mindestens 12 Bücher umfassenden Werk Ἐπικλήσεις: Tresp, Kultschriftsteller fr. 175-177 = FHG 4,499; 2. Jh. v. Chr.) sein. Der Kult kann tatsächlich auf die Gründungszeit der Stadt zurückgehen; die Kyzikener selbst sahen ihn als den ältesten Asiens an (Anth. Pal. 6, 342,5f.: ὑψίστᾳ Τριτωνίδι νηὸν ἔτευξεν Κύζικος ἅδ' ἱρᾷ πρῶτον ἐν Ἀσιάδι). Die Epiklese wurde nach Deiochos auch von Apollon in Kyzikos getragen (F 5): Δηίοχος δὲ τὸ ἱερὸν (das die Argonauten nach ihrer Landung durch eine Altarweihung begründeten) οὐκ Ἐκβασίου Ἀπόλλωνός φησιν εἶναι (so Apollonios), ἀλλ' Ἰασονίου Ἀπόλλωνος (Σ Apoll. Rh. 1,966). Der Beiname deutet damit auf Nähe zu dem in vielen anderen milesischen Kolonien des Pontos-Gebietes vorherrschenden Apollon Ietros. Später geriet der Kult der Athena in Kyzikos möglicherweise unter Einfluß Pergamons (Hasluck 236 mit Hinweis auf Münzbilder). In der frühen Kaiserzeit erscheint die Göttin als Athena Polias Nikephoros und Athena Soteira: F.W. Imhoof-Blumer, Griechische Münzen: neue Beiträge und Untersuchungen, Abh. d. Bayer. Akad. d. Wiss., Philos.-Philolog. u. Hist. Kl. 18,3, München 1890, 614 (= Ndr. Graz 1972, 89) Nr. 168. Auch werden Panathenaia veranstaltet (Ehrenbeschluß aus der Zeit des Tiberius: IGRom 4,144 = SEG 4,707 [Hasluck 254 Nr. 1,12]). Das Heiligtum der Athena Polias ist nach einem plausiblen Ergänzungsvorschlag auch in einem Ehrenbeschluß des 1. Jh. n. Chr. zu erkennen, vgl. M. Sève (nächste Anm.) 359 (zu Z. 79).

770 **Didyma A9**. Die Aufzeichnung (der Bescheid selbst fehlt) ist datiert mit der Hipparchie des Eumenes; die Person ist offensichtlich identisch mit dem Auftraggeber der Inschrift der Ammoniten. Siehe oben S. 278f. m. Anm. 682. – Als wichtiger indirekter Beleg für den Einfluß des Didymeions in Kyzikos ist eine große Ehreninschrift aus dem zweiten Viertel des 1. Jh. n. Chr. hinzugekommen, ein sog. Trostbeschluß mit Bestimmungen über die anläßlich des öffentlichen Begräbnisses einer Bürgerin namens Apollonis zu verleihenden Ehren: E. Schwertheim, Ein postumer Ehrenbeschluß für Apollonis in Kyzikos, ZPE 29 (1978) 213-228 = M. Sève, Un décret de consolation à Cyzique, BCH 103 (1979) 327-359 = SEG 28,953 (zur Publikation Schwertheims Bull. ép. 1978, 393; zu Sève L. Robert, CRAI 1978, 553-556 und Bull. ép. 1980, 424). Zur Gattung der ›Trostbeschlüsse‹ vgl. die Hinweise bei Sève 333 Anm. 3; grundlegend bleibt K.

dere Städte an der Propontis wie Parion in der Troas, das auf der europäischen Seite der Meeresenge auf der thrakischen Chersones gelegene Kallipolis oder in Bithynien Apameia Myrleia, Nikaia und Nikomedeia mit Gesandtschaften im Heiligtum dokumentiert sind.[772] Deutlich scheint immer-

---

Buresch, Die griechischen Trostbeschlüsse, RhMus 49 (1894) 424-460. Hier ist ein Kultverein der Πυθαϊστρίδες erwähnt (60. 62), in dem die Verstorbene das Priesteramt der Artemis ausgeübt hat. Es muß sich um einen Kult der Artemis Pythie handeln (Schwertheim 223; Sève 358; Robert, CRAI 1978, 555), der in Didyma neben dem des Apollon stand: Prominent vor allem durch die das Gegenstück zu den Prophetentexten darstellenden Hydrophoreninschriften und unterdessen auch durch den Fund des *temenos* mit einem in hellenistischer Zeit vergrößerten Altarbezirk und einer heiligen Quelle an der Heiligen Straße von Milet nach Didyma lokalisiert. Der Kult an dieser Stelle hat seit dem 7. Jh. bestanden. Vgl. die Grabungsberichte: K. Tuchelt u.a., Didyma: Bericht über die Arbeiten der Jahre 1980-1983, IstMitt 34 (1984) 193-344, h. 225-234 (siehe bes. 230-233); ders., Bericht über die Arbeit der Jahre 1975-1979, IstMitt 30 (1980) 99-176, h. 109-113. Zusammenfassend zu Artemis Pythie in Didyma: Fontenrose, Didyma 123-132.

Mit dem Kult Apollons muß in archaischer Zeit auch derjenige der Artemis Pythie von den milesischen Siedlern nach Kyzikos gebracht worden sein, der in Apollonia an der westlichen Pontosküste, einer anderen milesischen Kolonie, durch eine archaische Weihinschrift bereits für die frühe Zeit nachgewiesen ist (SEG 3,557; vgl. L. Robert, RevArch 6,1-2, 1933, 133f. = OMS 3, 1588f., und dens., Inscriptions de Bulgarie 226f. = OMS 5,256f.; trotz des Monendum von Robert ebd. weder in IGBulg 1^2 noch im Nachtragsband 5 unter die Inschriften der Stadt aufgenommen). Durch Münzbilder ist Artemis in Kyzikos seit dem 5. Jh. faßbar (Ehrhardt, Milet 152 m. Anm. 642). In der Ehrung der Apollonis erfahren wir auch von weiteren Ämtern, die wohl ebenfalls zum Kult der Artemis Pythie in Kyzikos gehören, so von weiblichen ἱεροποιοί (als Frauenamt nur in Kyzikos belegt hier und in der Ehreninschrift CIG 3657, dort im Kult der Μήτηρ Πλακιάνη, wo sie auch θαλάσσιαι heißen, was auf die Waschung eines Kultbildes deuten kann) und von ἱέρειαι: Zusammen mit den Πυθαϊστρίδες bekränzen sie (61-63) am 7. Artemision (zum Datum Sève ebd. 358) ein ἄγαλμα der Geehrten im Heiligtum der Chariten (Χαριτήσιον), wofür dort eine Kultnische einzurichten ist (ἀγαλματοθήκην 57, neu). Vgl. Sève ebd. 357-359; Ehrhardt, Milet 151f. In Kyzikos gab es noch weitere Kulte der Göttin: Artemis Πηδιάνη und Artemis Θερμαία (Hasluck 232f.; Ehrhardt, Milet 450 Anm. 644) sowie eine Artemis Μουνυχία (die in CIG 3657 geehrte Kleidike hat auch in diesem Kult als stellvertretende Priesterin offiziert, προϊερωμένην), deren Epiklese – wohl direkt und nicht über die milesische Zwischenstation: Ehrhardt, Milet 152 m. Anm. 641 – nach Athen zurückweist und dort dem Typus der Hekate verwandt ist, die im Pontos-Gebiet ebenfalls verbreitet ist. Schließlich spricht Aelian von einem weiblichen Kultverein der Artemis in Kyzikos mit Namen Δόλων· οὕτω καλεῖται ὁ παρὰ τοῖς Κυζικηνοῖς τὴν Ἄρτεμιν θεραπεύων γυναικεῖος θίασος fr. 46 Hercher (= Suid. s.v.). Δολίονες bzw. Δολιεῖς kannte Hekataios als Namen der milesischen Kolonisten in Kyzikos (FGrHist 1 F 219 = fr. 232 Nenci, aus Steph. Byz.; vgl. L. Pearson, Early Ionian historians, Oxford 1939, 72). Ehrhardt, Milet 449f. Anm. 636, macht auf die Parallele zur kultischen Struktur in Milet aufmerksam: Auch in der Metropolis gab es eine Vielzahl von Artemis-Kulten. – Interessanterweise trägt aber auch die Artemis von Klaros den Titel Pythie (Robert, OMS 4,183, vgl. Hell. 11-12, 466 Anm. 1), so daß zu überlegen wäre, ob im Lichte der neuen Inschrift über die Konsultation der Ammoniten der Kult zumindest in späterer Zeit auch eine Verbindung zum klarischen Heiligtum gefördert haben kann. Zum Artemision in Klaros o. Anm. 602.

771 Anerkennung der Soteiria: Robert, Fête de Cyzique 460-477 = DAM 156-173 (PW 341 = Fontenrose H 38). Asylie: FD 3,3,344 (PW 343 = Fontenrose H 40). Kult für Gê und Poseidon Asphaleios (Erdbeben?): FD 3,3,343 = SGDI 2970 (PW 342 = Fontenrose H 39). – Siehe o. S. 244f. mit Anm. 585f.

772 Parion: Robert, Hell. 10,275f. (Bull. ép. 1956, 251) = SEG 15,713-715; ders., Amyzon 34 m. Anm. 22 = SEG 33, 964f. – Kallipolis: **Klaros 9** = I.Sestos 11, zuvor Kap. 2.1.4. – Apameia Myrleia: I.Apameia T 7 = Picard, Éphèse et Claros 696 Nr. 3 – Nikaia: Robert, Fouilles de

hin die intensive Beziehung der Stadt zu Apollon, wo im Stadtgebiet und in der *chora* gleich mehrere Kulte durch Weihinschriften und Reliefs bezeugt sind.[773]

Wir wissen aus der Inschrift, daß es in Kyzikos einen (offenbar halböffentlichen) Kultverein der Ammonsanhänger gegeben hat. Dadurch begründete besondere Beziehungen der mysischen Stadt zu dem so weit entfernten Orakel in der ägyptischen Wüste mögen der Grund gewesen sein, in einer außerordentlichen Krisensituation, von der wir in den erhaltenen Partien nur indirekte Andeutungen lesen können,[774] sich zunächst dorthin zu wenden, statt eines der naheliegenden Orakel Kleinasiens aufzusuchen.

Dabei ginge ja eine außergewöhnliche, auch außergewöhnlich bedrohliche Situation mit dem Vollzug eines extremen, die Grenzen der alltäglichen Praxis sprengenden Rituals – hier also dem beschwerlichen und langwierigen Weg in die ägyptische Wüste – typologisch gut zusammen; solche

---

Claros 25. – Nikomedeia: ebd.; vgl. Picard, Éphèse et Claros 206 Nr. 1. – Die Zuweisung einer Konsultation von Kios in Bithynien, unweit von Apameia und Nikaia, ist nicht klar (LSAM 6 = I.Kios 19 = SGO 09/01/01): Robert wollte sie aufgrund der Nachbarschaft mit den beiden am klarischen Orakel bezeugten Poleis nach Klaros weisen (Laodikeia 337; akzeptiert von Merkelbach/Stauber), **Klaros 14**, während zuletzt Busine, Paroles 46f. 131f., wie schon Robinson und Fontenrose, sie in Didyma situiert hat, **Didyma B8**, da Kios eine milesische Gründung ist und in hellenistischer Zeit Weihungen nach Didyma gesandt hat, wie das Tempelinventar I.Didyma 427, 6f. aus dem ersten Viertel des 3. Jh. v. Chr. zeigt (vgl. zu den Schatzurkunden neben Rehm auch Günther, Orakel von Didyma 125-127). Zu den Beziehungen von Kios mit seiner Mutterstadt vgl. Ehrhardt, Milet 47f.

773 Reliefs mit Darstellungen eines Apollon Βαθυλιμενείτης (von der Bezeichnung des Kultortes, βαθὺς λιμήν) und eines Apollon Κρατεανός: Robert, Hell. 10,125-153 = SEG 15,766f. 771-773; vgl. Ehrhardt, Milet 429 Anm. 418. Apollon Lykeios (Weihung mit Relief des Gottes als Kitharoden: ebd. 152f.; Bull. ép. 1959, 5 S. 151f.), hier als Λύκηος geschrieben, trägt die auch andernorts häufige Epiklese (s. Ehrhardt ebd. 143f. und umfassend Graf, Nordionische Kulte 220-226), die in Kyzikos wohl aus dem milesischen Kult importiert ist: I.Milet 282 (Milet 1,7, 348 = Milet 6,1,80), vgl. auch Robert, Hell. 10,153 Anm. 1; Bull. ép. 1961, 264. Daneben sind auch noch ein Apollon Μεκάστενος und ein Apollon Ταδοκομείτης belegt (Ehrhardt ebd.). Siehe auch die Erörterung bei Hasluck 228-232. Gegen die Einschätzung von Ehrhardt, Milet 135, im kyzikenischen Apollon-Kult sei die Beziehung zu Milet nicht mehr stark erkennbar, sprechen die erwähnten beiden literarischen Zeugnisse für Konsultationen in archaischer Zeit, die Beziehung zur milesischen Artemis Pythie sowie das Kultzeugnis für Apollon Lykeios. Seit hellenistischer Zeit wurde sie aber offenbar durch die Kontakte zu Delphi überlagert, das den Mysterienkult der Kore in Kyzikos durch sein Orakel förderte und den pythischen Apollon mit der Göttin in Verbindung brachte. Kyzikos nutzte das intensiv zur Kultpropaganda in seiner Münzprägung, die beide Götter zusammen zeigte, vgl. Robert, Fête de Cyzique 472-474 = DAM 168-170 mit 473 = 168 Anm. 74. Die besondere Verehrung Apollons in Kyzikos hob bereits Hekataios von Milet hervor (FGrHist 1 F 217 = fr. 230 Nenci = Strab. 12,3,22 p. 551 Casaubon). Es gab ein gemeinsames Heiligtum des Apollon mit Asklepios, wo der Heilgott wohl unter pergamenischem Einfluß hinzugekommen war: H.G. Lolling, AthMitt 9 (1884) 31-34 = F.W. Hasluck, JHS 23 (1903) 89f. = IGRom 4,159, 17 (Ehreninschrift um 25 v. Chr.). Die Münzen zeigen Apollon seit dem 5. Jh. v. Chr.: Ehrhardt ebd. Anm. 420.

774 Am klarsten noch μήπως κακότη]τι (?) δαμῆναι in V. 13, vielleicht auch λύπης ἄταις V. 1f., dann *ex negativo* in der Bezeichnung des Umschlags in einen segenbringenden Ausgang, φοιβότερον … θήσῃ V. 6, und nochmals V. 12 ὄφρ' ἔνπεδον ὄλβον ἕλῃε.

Muster sind aus Initiations- und Mysterienritualen wohlbekannt. Andererseits überwiegen sowohl in Didyma (wo wir in erster Linie Milesier als Konsultanten kennen) als auch in Klaros die Klienten aus der näheren und weiteren Umgebung; solch entfernte Herkunftsorte wie bei dem aus Pausanias bekannten klarischen Orakel für Antiochia[775] sind die Ausnahme. Umgekehrt ist auf die athenischen Konsultationen in Siwa bereits hingewiesen worden; Siwa war eben nicht nur bei Konsultanten aus Alexandria oder Kyrene populär.[776]

Der Einwand,[777] daß wir über das Verhältnis der einzelnen Orakelstätten untereinander zu schlecht informiert seien, als daß wir den Hintergrund der letzten Verse richtig deuten könnten, ist zwar nicht unzutreffend, aber die Auffassung, wir hätten hier ein explizites Zeugnis der Konkurrenzsituation auf dem ›religiösen Markt‹, hat dennoch in diesem Fall wenig für sich. Peek argumentiert, da für die Kyzikener eine Konsultation des klarischen Apollon aus geographischen Gründen besonders nahegelegen habe, sehe sich Ammon hier veranlaßt, sie davon abzubringen, sich an seinen ›Konkurrenten‹ zu wenden und diesen mit Kult- und Opferdienst zu begünstigen.

Aber entscheidend ist ja, daß die Kyzikener sich an Ammon gewandt *haben* ungeachtet der großen Entfernung und der Tatsache, daß es für die Stadt nicht der angestammte Orakelkult gewesen sein kann. Ein Zusammenwirken der verschiedenen Orakelkulte erscheint von daher durchaus vorstellbar,[778] und Ammon dokumentiert mit dieser Weiterweisung an Klaros, wie weit der Ruhm des kleinasiatischen Orakelheiligtums in dieser Zeit ausstrahlte. Wenn der Anlaß, wie hier vermutet, für die Anfrage der Kyzikener eine Naturkatastrophe war, lag es für die Kultfunktionäre in Siwa noch näher, auch den klarischen Kult in ihre Weisung miteinzubeziehen, der sich im 2. Jh. n. Chr. für Anfragen aus diesem Bereich eine unbezweifelbare Reputation erworben hatte.[779]

---

775 **Klaros 23** = Paus. 8,29,3f.

776 Oben S. 272f. mit Anm. 661-670.

777 Peek, Ammon 206.

778 So urteilt auch Somolinos, Relaciones 288: »… la imagen de un cierto sentimiento de solidaridad oracular entre los distintos santuarios en esta época de esplendor de su actividad, un sentimiento de comunidad oracular bien avenida.«

779 So auch Robert, Bull. ép. S. 476: »Cela marque bien la célébrité de Claros au temps d'Hadrien, alors que se répand l'usage de graver à Claros la composition des théories, avec des chanteurs, envoyées par les villes … nous voyons comment les oracles se renvoyaient l'un à l'autre les clients.«

Beispiele für Beziehungen zwischen Orakelkulten: Das Orakel des Asklepios Glykon in Abonuteichos weist seine Klienten weiter an die großen Apollon-Orakel. Unterschiedliche Ausgangssituationen: Das Glykon-Orakel muß sich am religiösen Markt etablieren. Ein Bescheid des Sarapis an die Einwohner von Stratonikeia in Karien und ein Orakel des Zeus Panamaros. Verhältnis beider Gottheiten in Stratonikeia.

Wenn auch die Quellenbasis für eine solche Praxis der Überweisung von Klienten zwischen verschiedenen Orakelkulten insgesamt schmal ist, so gibt es doch einige Indizien. Im Orakel des Νέος Ἀσκληπιός Glykon im paphlagonischen Abonuteichos verwies sein Prophet Alexander die Klienten an die namhaften kleinasiatischen Orakel in Didyma und Klaros und an das Orakel des Amphilochos, des Sohns des mythischen Sehers Amphiaraos, im kilikischen Mallos[780] weiter, wozu Lukian die zu diesem Zweck verwandten kurzen Versorakel anführt.[781] Tatsächlich ist der inschriftliche

780 Bereits in der zweiten Hälfte des 1. Jh. n. Chr. zählt dieses zentralkleinasiatische Orakel zu den bedeutenden Kulten, vgl. Plut. Def. or. 45, 434 D, wo der Gesprächspartner Demetrios erklärt: ἔτι δ' ἤκμαζεν ἐμοῦ παρόντος καὶ τὸ Μόψου καὶ τὸ Ἀμφιλόχου μαντεῖον. Der genaue Zeitpunkt, zu dem Plutarch den Dialog spielen läßt, ist umstritten; diskutiert werden Ansätze um 63 (Bayet, Rescigno) oder 83 n. Chr. (Ziegler, Ogilvie), vgl. Plutarco: L'eclissi degli oracoli, a cura di A. Rescigno, Corpus Plutarchi Moralium 19, Neapel 1995, 10-21. – Bereits Alexander der Große hatte in Mallos dem Heros geopfert, Strab. 14,5,17 p. 676 Casaubon; Arr. Anab. 2,5,9. Nach Lukians Worten war das Amphilocheion von Mallos ein wichtiges Modell für Alexander beim Aufbau des Glykoneions, παρ' Ἀμφιλόχου τοῦ ἐν Κιλικίᾳ τὸ ἐνδόσιμον (›die Tonart‹, ›den Grundton‹) λαβών Alex. 19. Die Lage des Orakels in Kilikien hängt mit dem mythisch-historischen Komplex der ›wandernden Seher‹ und der Gestalt des Mopsos zusammen, der im aitiologischen Mythos als Konkurrent des Amphilochos erscheint (Strab. 14,5,16 p. 675 Casaubon; vielleicht schon in der hesiodeischen *Melampodie* erzählt: R. Merkelbach/M.L. West, Fragmenta Hesiodea, Oxford 1967, 138; *contra* Scheer, Vorväter 169 Anm. 7). Die gesamte Überlieferung zu diesem Thema hat Scheer ebd. 168-174 behandelt; die Quellen auch bei I. Krauskopf, LIMC 1,1 (1981) 713-717, und E. Bethe, RE 1 (1894) 1938-1940. Da die Stadt noch nicht sicher lokalisiert ist, sind Inschriften aus dem Amphilochion bisher nicht bekannt.

781 Luc. Alex. 29: Die nach Klaros Geschickten erhielten den Hexameter Ἐς Κλάρον ἵεσο νῦν τοὐμοῦ πατρὸς ὡς ὄπ' ἀκούσῃς. Für Didyma lautete die Weisung Βραγχιδέων ἀδύτοισι πελάζεο καὶ κλύε χρησμῶν; nach Mallos sandte Glykon seine Klienten mit dem Vers ἐς Μαλλὸν χώρει θεσπίσματα τ' Ἀμφιλόχοιο. Zu den Beziehungen zwischen dem Glykoneion und den anderen kleinasiatischen Orakeln siehe die Bemerkungen bei Robert, Lucien en son temps 403-405. Daß Glykons Orakel hier nur aus jeweils einem Vers bestanden, muß nicht erstaunen; gerade in Didyma etwa sind Versorakel mit nur einem Hexameter durchaus häufig. – Trotz der polemischen Färbung Lukians wird gleichwohl erkennbar, daß Alexander auf diese Weise gute »diplomatische« Beziehungen zu den angesehenen und einflußreichen Orakeln Kleinasiens unterhielt – in den Augen seines Kritikers deshalb, weil er sich an ihrem Erfolg darin, die Leichtgläubigkeit der Menschen auszunutzen (Lukian spricht im *Alexander* ausdrücklich in der Haltung des epikureischen Religionskritikers), ein Beispiel genommen habe und ihr Renommee zur Unterstützung seines eigenen Kults habe nutzen wollen (28): εἰδὼς δὲ τοὺς ἐν Κλάρῳ καὶ Διδύμοις καὶ Μαλλῷ καὶ αὐτοὺς εὐδοκιμοῦντας ἐπὶ τῇ ὁμοίᾳ μαντικῇ ταύτῃ φίλους αὐτοὺς ἐποιεῖτο πολλοὺς τῶν προσιόντων πέμπων ἐπ' αὐτούς. Wir können ergänzen: Lukian unterstellt Alexander wohl die Erwartung, auch er werde von diesen großen Heiligtümern im Gegenzug Kunden überwiesen bekommen. Im Zusammenhang des großen Seuchenzugs in Kleinasien, aus Anlaß dessen die ›Pestorakel‹ in Klaros für verschiedene Städte ergingen, erteilte auch Glykon einen Orakelvers (Alex.

Beleg für die Überweisung von Konsultanten durch ein Orakelheiligtum an ein anderes, den die Inschrift aus Kyzikos darstellt, höchst willkommen als Beweis für die Glaubwürdigkeit der Aussagen Lukians über die entsprechende Praxis in Abonuteichos. Weinreich hatte in seiner Studie zum Glykon-Orakel nur pauschal behauptet, dies sei gängige Praxis der Orakelkulte gewesen, aber noch keine weiteren Belege für eine solche Vorgehensweise beibringen können.[782]

Doch sind auch die Grenzen der Vergleichbarkeit nicht zu übersehen: Alexander versuchte, einen neuen Kult durch eine *bricolage* verschiedener Elemente der religiösen Tradition und unter Rücksicht auf den ›religiösen Markt‹ seiner Zeit ins Leben zu rufen und zu verbreiten. Beziehungen mit etablierten Kulten im weiteren Umfeld seiner eigenen Gründung und insbesondere dorthin, wo bereits religiöse Bindungen seiner (potentiellen) Klienten bestehen mochten, anzuknüpfen, war da eine Strategie zur Festigung der eigenen Stellung, indem durch das Aussenden von Klienten starke Partner in anderen Heiligtümern gewonnen werden konnten. Auf den ersten Blick sieht es so aus, als lasse Alexander die traditionellen Kulte an seinem rasanten Aufstieg teilhaben. Tatsächlich war er jedoch in diesem Markt religiöser Angebote sicher der nehmende Part, der von eingespielten Beziehungen zu profitieren und seinen Platz im Geschäft von Orakelbetrieb, Pilgertum und Votivpraxis zu erringen hoffte.[783]

In dieser Situation des Neulings, der seinen Platz noch behaupten muß, war das alteingesessene Orakel des Ammon in Siwa ohne Zweifel nicht, doch mag auch bei der Weiterweisung der Kyzikener nach Klaros Kultpropaganda des Ammoneion und das Bestreben im Spiel gewesen sein, trotz der eigenen marginalen geographischen Lage an der Ausstrahlung des in diesen Jahrzehnten immer mehr die Aufmerksamkeit vieler Städte auf sich ziehenden Apollon-Orakels an der ionischen Küste teilzuhaben.

Beziehungen zwischen Orakelheiligtümern unterschiedlicher Gottheiten, aus denen sich für eine konsultierende Stadt eine Abfolge von Befragun-

---

36), der, ganz im Einklang mit der uns bekannten epigraphischen Dokumentation, auf die Kompetenz Apollons – doch wohl des klarischen Gottes – für die Überwindung der Seuchengefahr hinweist: Φοῖβος ἀκερσεκόμης λοιμοῦ νεφέλην ἀπερύκει. Nach Lukians Worten war dieses kurze Versorakel in den Städten ganz Kleinasiens zu sehen und wurde überall auf den Toren der Gebäude angebracht ὡς τοῦ λοιμοῦ ἀλεξιφάρμακον, was sich auch inschriftlich erhärtet hat, siehe oben Anm. 9.

782 O. Weinreich, Alexandros der Lügenprophet und seine Stellung in der Religiösität des II. Jahrhunderts nach Christus, Neue Jb. f. d. klass. Altert. 47 (1912) 129-151, h. 134 = ders., Ausgewählte Schriften 1, 520-551, h. 528.

783 Vgl. zur »Wettbewerbssituation« des Glykoneions D. Elm v.d. Osten, *Alexander oder der Lügenprophet*: ein religiöser Spezialist und ein Text zwischen Tradition und Innovation: ein Beispiel für die Darstellung, Legitimierung und Plausibilisierung von Religion im lokalen und reichsweiten Kontext, in: H. Cancik/J. Rüpke (Hg.), Römische Reichsreligion und Provinzialreligion: Globalisierungs- und Regionalisierungsprozesse in der antiken Religionsgeschichte, Erfurt 2003, 34-46; Robert, Lucien en son temps 402-405.

gen in mehreren Heiligtümern ergeben konnte, lassen sich auch in der Aufzeichnung eines Orakels des Zeus Panamaros im karischen Stratonikeia erkennen, das aus Anlaß befürchteter Barbareneinfälle – vielleicht ist die Bedrohung Kleinasiens durch die Goten um 265 n. Chr. unter dem Kaiser Gallienus gemeint – von der Stadt eingeholt wurde.[784]

Den divinatorischen Aspekt dieses Hauptkults der Stadt kennen wir einzig aus dieser Orakelinschrift. Der Text enthält Hinweise, daß man zuvor bereits Sarapis in derselben Angelegenheit um Rat gefragt hatte. In ihrer Anfrage an Zeus Panamaros vermerken die Stratonikeer diese vorausgegangene Konsultation und bitten Zeus offensichtlich um eine Stellungnahme zu der Auskunft des anderen Gottes,[785] es sei mit einem Überfall auf die Stadt noch in diesem Jahr zu rechnen. Zeus gibt sich allerdings einigermaßen ratlos und wiederholt in einem eher defensiv anmutenden Gestus nur mehrfach, er jedenfalls sei der Stadt nur wohlgesonnen und könne keinen Grund für die Besorgnisse ausmachen.[786]

---

784 I.Stratonikeia 1103 = Vidman, SIRIS 282 = McCabe, Stratonikeia (PHI # 7) 199: [χρηστήριον Δ]ιὸς Πα‹ν›ημερίου. [ἡ πόλις, ὡς ἐκέλευσε] καὶ Σέ[ρα]πις, ἐρωτᾷ διὰ Φιλοκάλου β' οἰκονόμο[υ, εἰ] ἐπιστήσονται οἱ ἀλιτήριοι βάρβαροι [τῇ πό]λει ἢ τῇ χώρᾳ τῷ ἐνεστῶτι ἔτει. ὁ θεὸς ἔχρησε· [ταρ]άττοντας ὑμᾶς ὁρῶν οὐκ ἔχω τὴν αἰτίαν τούτου [σ]υνβαλ(ε)ῖν· οὔτε γὰρ ἐγὼ πορθήσων τὴν πόλιν ὑμῶν ἐστάλην *(»habe ich vor«)* [ο]ὔτε δούλην ἐξ ἐλευθέρας ποιήσων οὔτε ἄλλο τῶν ἀγαθῶν οὐδὲν ἀφαιρησόμενος. Die Inschrift war schon vor Entdeckung des Heiligtums 1886 bekannt: R. Chandler, Inscriptiones antiquae, Oxford 1774, 28 Nr. 67 = CIG 2717 = Le Bas-Waddington 518. So gut wie ohne Kommentar bei Sahin, I.Stratonikeia; auch Oppermann, Zeus Panamaros (s. hiern. Anm. 787) streift den Text nur am Rande. – Die historische Anknüpfung geht auf Boeckh zurück, CIG 2717. Mit diesen Ereignissen verbindet man auch ein Quellwunder Apollons im Didymeion, das aus drei Epigrammen bekannt ist, welche an die Erneuerung der Quellen einige Jahrzehnte später erinnern, **Didyma Verw2** = SEG 4,467 = SGO 01/19/37 = McCabe, Didyma (PHI # 7) 564. Siehe auch unten Kap. 3.2, Anm. 246. Zum Kult des Zeus Panamaros in Stratonikeia siehe hiern. Anm. 787f.

785 Nach der zögernden (»iam ut aliqua constet structura, tale quiddam fingendum est«) Ergänzung des Anfangs durch Boeckh (danach bis zu Sahin übernommen, vgl. Oppermann, Zeus Panamaros 65) hätte Sarapis den Stratonikeern sogar den Auftrag erteilt (also auch durch ein Orakel), in dieser Lage (auch noch) Zeus Panamaros zu konsultieren: [ἡ πόλις, ὡς ἐκέλευσε] καὶ Σέ[ρα]πις, ἐρωτᾷ κτλ. Durch die Parallele der neuen Inschrift aus Kyzikos wird die Lesart gestützt.

786 Dieser Typus einer ausweichenden bzw. den Anlaß der Konsultation infragestellenden Antwort steht, soweit ich sehe, isoliert. Anders liegt die Sache bei den Auskünften, die Glykon bei Lukian dem Sakerdos aus Tieion erteilt, der nach dem Wesen der Gottheit fragt (Alex. 43) – ein Fragetypus, der dann in den ›Theologischen Orakeln‹ immer wieder bezeugt ist. Glykon verweigert eine über die Kultepiklese (ἐγὼ Ἀσκληπιὸς νέος) hinausgehende Antwort mit dem Verweis auf das Geheimhaltungsgebot, eine typologische Anleihe bei den Mysterienkulten: οὐ θέμις ἀκοῦσαί σε τοῦτό γε. Dieselbe Ablehnung folgt dann auch auf die Frage nach dem Verhältnis des Kultes in Abonuteichos zu den drei großen Apollon-Orakeln in Klaros, Didyma und Delphi; für den Konsultanten eine naheliegende Frage, da Alexander die Beziehungen des Kults zu den Orakelheiligtümern Apollons ja zu pflegen bemüht war. Auch hier wird er abschlägig beschieden: μηδὲ τοῦτο ἐθελήσῃς εἰδέναι· οὐ γὰρ θέμις. Zum Topos der Geheimhaltung vgl. hier nur Victor, Alexandros 45f. Ähnlich **Klaros App14** = Theos. 21 Erbse = 1,18 Beatrice: Auf die Frage τί θεός; ergeht zunächst eine eher ausweichende Antwort, die mit der Weisung σὺ παῦε τὰ μὴ θέμις ἐξερεείνων χεἵνεκα σῆς φυσικῆς σοφιῆς τάδ' ὑπέρτερα νωμῶν *(»in deinem Sinn hin- und her*

Zeus Panamaros war Bundesgott des karischen *koinon* der Panamarer; das große Bergheiligtum in Panamara lag ungefähr zehn Kilometer von der Stadt Stratonikeia entfernt.[787] Neben dem ländlichen Konföderationsheiligtum gab es in Stratonikeia selbst ein städtisches Heiligtum des Zeus Panamaros und weiterer Götter, aus dem das Orakel stammt. Dieses Heiligtum war in das Buleuterion der Stadt integriert und beherbergte neben Kultbildern der beiden poliadischen Hauptgötter, Zeus Panamaros und Hekate, auch solche der Artemis, des Asklepios und der Hygieia.[788]

Die enge Zusammengehörigkeit der Kulte des Zeus Panamaros und des Sarapis in Stratonikeia zeigt ein Volksbeschluß über Hymnen für Zeus Panamaros und Hekate, die von Kinderchören unter Führung des παιδονόμος und unter Aufsicht der δημόσιοι παιδοφύλακες täglich im Heiligtum beider

---

zu bewegen«) vom Gott beschlossen wird. Zu diesem Orakel Nock, Oracles théologiques 285 = Essays 1,164; Robert, Oinoanda 610f. = OMS 5,630f. m. Anm. 1.

787 Nach den zahlreichen gefundenen Inschriften hat Oppermann, Zeus Panamaros, das Material zum Kult aufgearbeitet. Zum Hauptfest der Panamaria und den weiteren Festen am Heiligtum Nilsson, Feste 27-31. Siehe weiterhin Laumonier, Cultes indigènes 221-343; zum Hekate-Heiligtum in Lagina ebd. 344-425.

788 Dies erfahren wir aus einer der Priesterinschriften des Euergeten Marcus Sempronius Clemens, der die Kultbilder gestiftet hat: I.Stratonikeia 289 = McCabe, Panamara (PHI # 7) 222, 10 [κ]αὶ ναὸν κατασκευάσας ἐν τῷ βουλευτηρίῳ καὶ κοσμήσας ἀξιοπρεπῶς καθιέρωκεν ἀγά‹λ›ματα θεῶν Παναμάρου, Ἑκά[τ]ης, Ἀρτέμιδος, Ἀσκληπιοῦ, Ὑγείας. Diese Euergesie wird nochmals in I.Stratonikeia 293 = McCabe, Panamara (PHI # 7) 226 erwähnt, einer Ehreninschrift von Volk, Rat und Gerusia für Sempronius, in der neben einer Vielzahl von ausgeübten Ämtern hervorgehoben wird: κατεσκευακότα ναὸν ἐν τῷ περιστώῳ τοῦ βουλευτηρί‹ου› σὺν τοῖς ἀγάλμασιν ἐν παντὶ τῷ κόσμῳ (27-29). Die Kultbilder des Zeus Panamaros und der Hekate aus dieser Gruppe begegnen wieder in der *lex sacra* über die Reform des Kultes der beiden Gottheiten, I.Stratonikeia 1101 = LSAM 69 = McCabe, Stratonikeia (PHI # 7) 5, 5 (zu dieser Inschrift nochmals nächste Anm.): καθίδρυται δὲ ἀγάλματα ἐν τῷ σεβαστῷ βουλευτηρίῳ τῶν προειρημένω[ν θεῶν. Z. 2f. dieses Kultreglements zeigt, daß sie unter den in I.Stratonikeia 289 aufgezählten Göttern im Kollektivheiligtum des Buleuterions die Haupt- und Schutzgottheiten der Stadt waren: τὴν πόλιν ... τῇ τῶν προεστώτων αὐτῆς μεγίστων θεῶν [προνοίᾳ, Διὸς Π]ανημε[ρίου καὶ Ἑ]κάτης, ἐκ πολλῶν καὶ μεγάλων καὶ συνεχῶν κινδύνων σεσῶσθαι.
Die hier genannten Bedrohungen könnten mit den Kriegsgefahren zu identifizieren sein, die den Gegenstand des Orakels des Zeus Panamaros bilden, da der Beschluß durchaus aus dem 3. Jh. n. Chr. stammen kann, vgl. Robert, Études anatoliennes 521f. Anm. 6. Doch sind sie wegen der Anspielung auf die von diesen Göttern zugunsten der Römer vollbrachten »*Wunder*«, προφανεῖς ἐναργείας 3f., eher auf Konflikte mit den Parthern in der Folge der Mithridatischen Kriege zu beziehen (so schon Robert im Anschluß an P. Roussel, Le miracle de Zeus Panamaros, BCH 55, 1931, 70-116, bes. 93 Anm. 5). Auch wird der Bericht über diese Ereignisse mit ἄνωθεν 2 eingeleitet, was nicht erst jüngst vergangene Geschehnisse bezeichnen kann. Wichtigstes Zeugnis für die Vorgänge ist die Kommemoration des Wunders des Zeus Panamaros in dem Volksbeschluß I.Stratonikeia 10 = McCabe, Panamara (PHI # 7) 2, der den Ausgangspunkt der Arbeit von Roussel bildet. Im Unterschied zu den meisten anderen Städten Kleinasiens hatte Stratonikeia erfolgreich dem angreifenden parthischen Heer unter dem republikanischen General und Überläufer Quintus Labienus Widerstand geleistet, der von Brutus und Cassius im Vorfeld von Philippi zu König Orodes entsandt worden war, um ihn für einen Vorstoß nach Westen zu gewinnen. Ungeachtet der Niederlage der Republikaner in Makedonien 42 v. Chr. stieß diese Armee im Jahr 40 rasch bis ins westliche Kleinasien vor (s. Magie, RRAM 4330f. m. 1280f. Anm. 10). Am Panamareion jedoch hielt die Epiphanie des Zeus die Angreifer mit Blitz, Feuer und Sturm auf und schlug sie in die

Götter innerhalb des Buleuterions sowie beim Jahresfest der Hekate in ihrem Heiligtum in Lagina darzubringen sind. Dort befand sich, in struktureller Parallele zum Bundesheiligtum des Zeus in Panamara, der extramurale Hauptkultort der Göttin.[789]

Flucht. Währenddessen brannten die ganze Zeit über still die Lichter im Tempel des Gottes: οἵ τε λύχνοι τοῦ θεοῦ καιόμενοι εὑρέθησαν καὶ διέμειναν μέχρι τῆς πολιορκίας 27. Vgl. Graf, Trick or treat 118-120; A. Chaniotis, War in the hellenistic world, Oxford 2005, 159; Pritchett, War 3,6f. Ähnlich wie bei Artemis in **Klaros 11** gehen die Wunder vom Kultbild aus, vgl. I.Stratonikeia 1101, 5f. ἀγάλματα ... ἐναργ]εστάτας (oder ἐπιφαν]εστάτας) παρέχοντα τῆς θείας δυνάμεως ἀρετάς; ebd. 6 τοῖς οὕτως ἐπιφανεστάτοις θεοῖς. – Vgl. zu Epiphanien und Wundern in Krisensituationen, besonders bei militärischer Bedrohung in scheinbar hoffnungsloser Lage: Robert, Études anatoliennes 460-462, ausgehend von I.Iasos 613 = McCabe, Bargylia (PHI # 7) 4, 3; dens., Hell. 11-12,542-555 (ebd. 542f. auch zum Wunder des Panamaros in I.Stratonikeia 10, vgl. unten Kap. 3, Anm. 73 a.E.); Pritchett, War 3,11-47; Chaniotis (wie zuvor) 157-160; W. Speyer, Die Hilfe und Epiphanie einer Gottheit, eines Heroen und eines Heiligen in der Schlacht, in: E. Dassmann/K.S. Frank (Hg.), Pietas: Festschrift für Bernhard Kötting, JbAC Erg.-Bd. 8, Münster 1980, 55-77 (wieder in: ders., Frühes Christentum im antiken Strahlungsfeld: ausgewählte Aufsätze, Bd. 1, Wiss. Unters. z. NT 50, Tübingen 1989, 269-291, mit Nachträgen ebd. 499-501).

In einem anderen Volksbeschluß des Demos von Stratonikeia ist wiederum von der wundertätigen Epiphanie der Hekate von Lagina die Rede, I.Stratonikeia 512 B 6f. = McCabe, Lagina (PHI # 7) 6,26f.: φανερὰν πᾶσιν ἀνθρ[ώ]ποις ὑπάρχειν τὴν τη, B 6f.ς θεᾶς ἐνάργειαν (vgl. Robert, Études anatoliennes 461f.). Auch darin manifestierte sich für die Stadt, daß sie wegen ihrer εὐσέβεια καὶ εὐχαριστία (A 5) auch in der gegenwärtigen Gefahr τυγχάνων τῆς παρὰ τῶν θεῶν ἐπισημασίας (›Zeichen der Gunst, der Unterstützung‹) διεσώθη ἐκ τῶν κινδύνων καὶ ἐκ τοῦ περιστάντος αὐτὸν καιρου (A 6-8). – ἐπισημασία wird üblicherweise in der politischen Sphäre von den ›Zeichen der Dankbarkeit‹ der Polis gegenüber Euergeten gebraucht und stellt ihre ›Auszeichnung‹ heraus, etwa TAM 5,1,48, 11f. ἡ τοῦ δήμου ἐπισημασία εἰς τοὺς εὖ ποιοῦντας: vgl. den Kommentar P. Herrmanns zum Begriff in der Erstveröffentlichung der Inschrift (Ergebnisse einer Reise in Nordostlydien, Denkschr. ÖAW 80, Wien 1962, 19 Anm. 69; Inschrift: ebd. 18f. Nr. 14), sowie bereits A. Wilhelm, ClassRev 48 (1934) 210f., und L. Robert, Rapport sommaire sur un premier voyage en Carie, AJA 39 (1935) 331-340, h. 335f. (Bull. ép. 1936, 385) zu den Ehrendeketen I.Mylasa 119 = McCabe, Mylasa (PHI # 7) 17 und I.Mylasa 120 = McCabe, Mylasa (PHI # 7) 42 mit der Formel τοὺς ἀγαθοὺς τῶν ἀνδρῶν καὶ ἀξίους ἐπισημασίας καὶ τιμῆς. Vgl. auch Robert, Noms indigènes 488f. mit 489 Anm. 2, im Kommentar zu einem Ehrendekret aus dem kappadokischen Hanisa, Michel, Recueil 546 = Robert ebd. 458f., 21 μὴ ἀπαρασήμαντον ἐᾶσαι τὴν τοῦ ἀνδρὸς καλοκαγαθίαν. Derselbe Sprachgebrauch auch im milesischen Ehrendekret für Eirenias aus dem didymäischen Heiligtum, I.Didyma 124,24. Die Übertragung in den religiösen Bereich zur Benennung der ›Auszeichnung‹ einer Stadt durch eine Gottheit wäre weiter zu untersuchen. Kommt eine solche παρὰ τῶν θεῶν ἐπισημασία vielleicht auch für Individuen vor, an denen sich dadurch das besondere Wohlgefallen der Götter manifestiert?

Auf die erwähnte Epiphanie Hekates wird schließlich auch im *senatus consultum* für Stratonikeia aus dem Jahre 81 v. Chr. Bezug genommen, das die Privilegien der Stadt bestätigt, insbesondere die Asylie des Bundesheiligtums in Panamara und des Hekateions in Lagina, die sie für die Loyalität zu Rom gegen Mithridates von Sulla zugesprochen bekommen hat, OGIS 441 = I.Stratonikeia 505 = McCabe, Lagina (PHI # 7) 10, 59: τό τε ἱερὸν τῆς] Ἑκάτης ἐπιφανεστά[της καὶ μεγίστης θεᾶς. Vgl. zu diesem Dokument auch Magie, RRAM 1,235 mit 2,1112f. Anm. 9; Sherk, Documents 105-111 Nr. 18 mit weiterer Literatur, der den Text jedoch nur bis Z. 129 wiedergibt. Auch der (zusammen mit dem *senatus consultum* aufgezeichnete) Volksbeschluß von Stratonikeia über eine öffentlich aufzustellende Liste der Städte, die die Asylie des Heiligtums von Lagina anerkannt und an den Hekatesia teilgenommen haben, erwähnt die Epiphanie der Göttin, I.Stratonikeia 507,4-7 = OGIS 441,133-136 τήν τε ἀσυλίαν τοῦ ἱεροῦ καὶ τὸ[ν] ἀγῶνα τὸν τιθέμενον

In einem zweiten Abschnitt dieses Dekrets, vor dem eine unbestimmte Menge Text wohl mit weiteren Präzisierungen zu den Aufführungen durch die παῖδες ausgefallen ist, wird die Aufstellung dieses Kultgesetzes in drei Heiligtümern stipuliert: Zunächst durch den παιδονόμος im Pronaos des Serapieions ἐν τῇ παιδικῇ, also in einem der Kultausübung der παῖδες vorbehaltenen Bereich, der ebenso für die Hymnenaufführungen wie für Votivgaben gedient haben mag und nach unserem Zeugnis auch Stelen beherbergte. Dann soll der Priester der Hekate im Heiligtum der Göttin in Lagina einen Auszug mit den *»Hauptpunkten«*[790] deponieren. Das Originalexemplar soll dann schließlich in der Exedra des Buleuterions zu stehen kommen, wo sich das städtische Heiligtum des Zeus Panamaros und der Hekate befand. Diese letztgenannte Ausfertigung des Gesetzes ist der

... Ἑκάτηι σωτείραι ἐπιφανεῖ καὶ Ῥώμηι θεᾶι εὐεργέτιδι. So ergibt sich ein weiteres Argument für die Verbindung der Passage im Kultgesetz I.Stratonikeia 1101,2f. mit den Mithridatischen Kriegen.

789 I.Stratonikeia 1101 = LSAM 69 = SEG 15,655 = McCabe, Stratonikeia (PHI # 7) 5; zu diesem Text siehe bereits die vorige Anm. Grundlegende Fortschritte in Lesung und Verständnis beruhen auf Robert, Études anatoliennes 516-523 (vgl. ebd. 29); vgl. auch den Komm. in LSAM sowie die Bemerkungen bei Chaniotis, Negotiating religion 186-189. Sahin gibt in I.Stratonikeia im wesentlichen bloß noch einmal Sokolowskis Text aus LSAM. Rom bestätigt die Asylie aufgrund der *»Wunder«* (προφανεῖς ἐπιφάνειαι) dieser beiden Götter zugunsten der römischen Herrschaft (zum Hintergrund s. vorige Anm.). Die Ergänzung in Z. 3 σε[σήμασθαι (i.e. σεσημάσθαι?) wird von Sahin nicht ausgewiesen; Robert 519 hatte ein Verb des Sinns *»a declaré, a reconnu«* verlangt, aber keine Ergänzung vorgeschlagen. Es wird ein finites Verb zu ἡ ἱερὰ σύγκλητος δόγματι benötigt; σε[σήμασθαι ist wohl ein Druckfehler für σε[σήμασται. Die Passage lautet im Zusammenhang (A 3-5): (Διὸς Πανημερίου καὶ Ἑκάτης), ὧν καὶ τὰ ἱερὰ ἄσυλα καὶ ἱκετικὰ (›mit dem Recht ausgestattet, ἱκέται aufzunehmen‹, Robert 519 Anm. 5) καὶ ἡ ἱερὰ σύγκλητος (der römische Senat) δόγματι σε[σήμασται (?) δι' ἃς ὑπὲρ] τῆς τῶν κυρίων Ῥωμαίων αἰωνίου ἀρχῆς ἐποιήσαντο προφανεῖς ἐναργείας. – Tägliche Hymnen im Buleuterion: A 7ff.; am Jahresfest im Heiligtum in Lagina: A 15ff. – καταλέγειν ... παῖδας καθ' ἕκαστον [ἐνιαυτὸν] καὶ αὐτοὺς ἄσοντας τὸν συνήθη ὕμνον τῇ θεῷ, καθὼς ἄνωθεν ἐγείνετο A 16 (nämlich in der Bestimmung über den Kult im Buleuterion) ist trotz des Nachsatzes so zu verstehen, daß, wie die Auswahl der Kinder (zu καταλέγειν Robert, Études anatoliennes 14 Anm. 2; ders., Études épigr. et philol. 41) einmal jährlich vorgenommen werden soll, so auch die Hymnen in Lagina – im Unterschied zum städtischen Heiligtum – nur zum Jahresfest der Göttin aufzuführen sind. Auch der Priester des ländlichen Heiligtums ist nicht ständig, sondern nur zu diesem besonderen Anlaß präsent (τὸν καθ' ἕκαστ[ον ἐνιαυτὸ]ν γεινόμενον ἱερέα A 15). Auch aus praktischen Gründen wird es kaum möglich gewesen sein, die Kinderchöre, wie in Stratonikeia selbst, täglich kommen zu lassen.
Bemerkenswert ist bei aller engen Zusammengehörigkeit die Asymmetrie zwischen den beiden Kulten, die sich in diesem Gesetz zeigt: Die Hymnen für Zeus Panamaros erklingen allein im städtischen Heiligtum in Stratonikeia selbst; Hekate erhält Hymnen ebenfalls dort, zusätzlich aber am Fest ihres großen Konföderationsheiligtums in Lagina. Von Hymnenaufführungen im Zeus-Heiligtum von Panamara ist dagegen nicht die Rede. Das mag freilich so gedeutet werden, daß die drei in Panamara gefeierten Feste, Παναμάρεια, Κομύρια und Ἥραια, bereits so aufwendig gestaltet waren (vgl. Nilsson, Feste 27-31; Oppermann, Zeus Panamaros 56-77; J. Hanslik-Andrée, Panamaros, RE 18, 1949, 450-455, h. 452-454), daß man eine weitere Steigerung der kultischen Intensität in dem ohnedies bedeutenderen und über die Region hinaus ausstrahlenden Heiligtum nicht für nötig erachtete.

790 τὰ διαφέροντα τοῦ ψηφίσματος B 5f.

Stein, den man gefunden hat, wie die Ausgrabung des Buleuterion inzwischen erwiesen hat.[791]

Die zusätzliche Aufstellung eines Beschlusses, der den Kult des Zeus Panamaros und der Hekate regelt, im Serapieion zeigt neben der Bedeutung des Sarapis im städtischen Pantheon Stratonikeias, gekennzeichnet offenbar durch besondere kultische Funktionen der παῖδες,[792] vor allem den Zusammenhang dieser drei Kulte untereinander, wie ihn auch das Orakel des Zeus Panamaros noch erkennen läßt.[793]

Der klarische Apollon und andere Kulte: Erwähnung der anderen großen Apollon-Heiligtümer in den ›Theologischen Orakeln‹: Historisches Zeugnis oder literarischer Topos? Apollon in Didyma als Exeget von Ritualen für andere Götter. Die klarischen Orakel fordern Kult für Gottheiten in den anfragenden Städten.

Ausgangspunkt dieser Überlegungen war die Frage nach Parallelen zur Weiterweisung von Klienten durch Orakelheiligtümer und sich daraus ergebenden Austauschbeziehungen zwischen divinatorischen Kulten. Ob man die Erwähnungen der jeweils anderen namhaften apollinischen Orakel durch den Gott in denjenigen ›Theologischen Orakeln‹, die sich mit dem Motiv des ›Verstummens der Orakel‹ befassen, ebenfalls als Zeugnis für solche Beziehungen zwischen den Orakeln und ihre »Solidarität« untereinander werten soll, muß offen bleiben.[794] Die Herkunft dieser Texte aus kul-

791 Es handelt sich also nicht um das Exemplar aus dem Serapieion, wie man zuvor angenommen hatte; vgl. das Lemma bei Sahin in I.Stratonikeia 1101.

792 Für deren Rolle im Kult anderswo siehe die Beispiele bei Sokolowski zu A 7; Robert, Études anatoliennes 29f.

793 Von der Verknüpfung beider Kulte in Stratonikeia zeugt auch das Dankepigramm vierer Bürger, die in auswärtigen Konflikten militärische Dienste geleistet hatten, I.Stratonikeia 1104 = Vidman, SIRIS 280 = SGO 02/06/05 = McCabe, Statonikeia (PHI # 7) 97, mit einer Angleichung des ägyptischen Gottes an Zeus-Helios: Ζηνὶ Πανη[μερί]ῳ καὶ Ἡλίῳ Διῒ Σεράπει σωθέντες ἐκ πολέμων μεγάλων καὶ ἀλλοδαποῖο θαλασσῶν εὐχῆς ἵνεκε ταῦτ' ἐπέγραψαν κτλ.

794 Diese Ansicht vertritt Somolinos, Relaciones 290. Es handelt sich um **Didyma 47** = Porph. Philos. ex orac. 322 F 1-14 (›nur noch Didyma, Delphi und Klaros sind als Orakelstätten aktiv‹) und **Didyma 48** = **Klaros App9** = Porph. 322 F 15-20 Smith: ›Das mantische Sprechen des Pythiers läßt sich nicht wiederbeleben, doch opfert ihm weiterhin, ὡς ἔθος ἐστι, θεόπροπα θύματα‹ – in der Tat eine paradoxe Anweisung. Porphyrios führt diesen Bescheid allerdings unter Nennung der Einwohner von Nikaia als Konsultanten an, ein Indiz für Authentizität. Im Auszug des Eusebios aus Porphyrios wird nicht ausdrücklich gesagt, von welchem Heiligtum des Gottes diese Orakel stammten (es heißt nur αὐτὸς ὁ Ἀπόλλων ἔχρησε τάδε). Aber da im ersten Vers von **Didyma 47** ein Orakel über *»Pytho«* und Klaros angekündigt wird, die Aussage hinterher jedoch die *drei* großen Kulte einschließlich Didymas umfaßt, liegt der Schluß nahe, der didymäische Apollon spreche diese Verse (oder solle als Sprecher verstanden werden). **Didyma 48** schließt sich unmittelbar an, Νικαεῦσι δὲ χρῶν ἔφη, aber, wie schon bemerkt (o. Anm. 635), ist nicht klar, ob Porphyrios in den verschiedenen Heiligtümern des Gottes auch verschiedene göttliche Personen erkannte oder ob er vielmehr einen Spruch aus einem anderen Orakel des Gottes anschließen konnte, ohne ein neues Subjekt einzuführen. In diesem Fall waren die lokalen Erschei-

tischem Kontext ist zumindest nicht über jeden Zweifel erhaben, und die drei großen Orakelkulte könnten hier auch als Inbegriff der aus der Tradition bekannten Tätigkeit Apollons an diesen Orten – als des Orakelgottes *par excellence* – angeführt sein: Delphi, Klaros und Didyma waren da als die kanonischen drei Orakelkulte immer zu nennen.

Darüberhinaus gibt es eben durchaus zahlreiche Fälle unter den Orakeltexten aus Klaros und Didyma, in denen Apollon (bisweilen ausschließlich, bisweilen zusätzlich zu Kultleistungen, die er für sein eigenes Heiligtum verlangt) die Verehrung weiterer Götter empfiehlt – man könnte sogar sagen, das sei der Normalfall in beiden hier betrachteten Orakelheiligtümern. Und nicht nur, daß Apollon in seinen rituellen Weisungen andere Gottheiten bedenkt; er wird auch, besonders in Didyma, als Orakelgott von seinen Klienten ausdrücklich immer wieder befragt, wie die Verehrung für diese oder jene Gottheit am besten geschehen solle.

Die komplexen Beziehungen des klarischen Apollon zu anderen lokalen Apollon-Kulten erkennen wir nur in Umrissen, etwa sein Verhältnis zum Apollon Kareios in Hierapolis mit einer für uns nicht recht durchsichtigen genealogischen Verknüpfung,[795] wobei zugleich aber im angeführten aitiologischen Mythos wiederum die Identifikation mit den delphischen Lokalmythen um Apollon Pythios und die Tötung des Python durch den vom Heiligtum Besitz ergreifenden Gott vorgenommen wird.

Apollon sorgt sich in Klaros auch sonst nicht ausschließlich um seinen eigenen Kult, sondern rät wiederholt zur Verehrung anderer Götter für Abhilfe in Krisensituationen: So werden im Orakel für Pergamon Rituale für die Hauptgötter der konsultierenden Stadt vorgeschrieben, Zeus, Dionysos, Athena, Asklepios;[796] ihn, *»meinen lieben Sohn«*, beauftragt Apollon mit der Errettung der Pergamener.[797] Auch den kranken Aelius Aristi-

---

nungsformen der pagenen Götter für den Philosophen als *eine* »Persönlichkeit« anzusprechen, die in der theologischen Interpretation des Weisen zu einer Seins-Entität zusammenflossen. – Deutlich auf literarischer Konvention beruhende Reihungen der »kanonischen« Apollon-Orakel finden sich auch Luk. Alex. 8 (Delphi, Delos, Klaros, Didyma – die Erwähnung von Delos verdankt sich nur dem homerischen Apollon-Hymnos) und Bis accus. 1 (Delphi, Klaros, Xanthos, Delos, Didyma). Vgl. Robert, Lucien en son temps 402f. Ganz anders dann Alex. 28f., wo es um die konkrete ›Politik‹ gegenüber den anderen Orakeln geht, o. Anm. 781; vgl. auch die Episode über Sakerdos aus Tieion, Alex. 43, zuvor Anm. 786 und in der Besprechung von **Klaros 8**, S. 136f. m. Anm. 279-282. Es ist aber zu bedenken, daß es sich bei den erwähnten Lukian-Stellen um rhetorisch ausgestaltete Passagen mit präziser literarischer Absicht handelt, wovon sich die erwähnten ›theologischen‹ Orakel – bei aller Unsicherheit über ihren ›Sitz im Leben‹ – doch deutlich unterscheiden. Vgl. zu **Didyma 47/48** noch Wolff, ed. Porph. 172-174; Buresch, Klaros 41f. Anm. 8; Parke, Apollo in Asia 91f.; Robinson, Theological oracles 342.

795 **Klaros 4**,16f.: Καρείου τε μέδεσθε διαμπερὲς Ἀπόλλωνος | ἐκ γὰρ ἐμεῦ γένος ἐστέ. Vgl. o. S. 78-87 mit Anm. 108f. Unklar bleibt bis jetzt auch, ob jener lokale Apollon Kareios in Hierapolis auch selber einen Kult mit wenigstens teilweise divinatorischem Aspekt besessen hat.

796 **Klaros 2**,13ff.

797 Ebd. 12: τὸ δ' (nämlich die Errettung der Stadt) ἐμῶι κεχαρισμένον ἔσται | υἱέι. Natürlich liegt diese »Delegierung« der Hilfe von Apollon an Asklepios durch die mythologische Ge-

des schickt Apollon in das große Inkubationsheiligtum des pergamenischen Asklepios: ἰήσεται σε νοῦσον ἠδ' ἀκέσσεται 'Ασκληπιός.[798]

Im Pestorakel für Hierapolis empfangen Gaia, Aither und die Himmelsgötter als eine Gruppe, Demeter und die chthonischen Götter als eine andere die von Apollon empfohlenen Opfer;[799] im Orakel für Kallipolis gelten die Opfer ebenfalls chthonischen Göttern.[800] Im Orakel für die Stadt am Hermos rät Apollon zum Kult für Artemis,[801] die πόλιος προκαθηγετίς in der Stadt der Konsultanten, und begründet dies wiederum mit einer genealogischen Verknüpfung, wenn er sie als ἐμῆς γενεῆς γεγαυῖαν einführt (V. 2). Das Orakel für die bithynische Stadt Nikomedeia, wohl nach einer Mißernte, ist bereits erwähnt worden, das neben Opfern für Helios, der nicht mehr vom sprechenden klarischen Gott unterschieden wird, auch die Verehrung der Selene und der Winde verlangt.[802]

Ammon anerkennt die Kompetenz des klarischen Gottes in Krisenlagen. Die zweite Phase des Ritualprogramms für Kyzikos: Rückkehr in die gefestigte Ordnung, Dankesrituale nach überwundener Not in Klaros.

Es ist vor diesem Hintergrund nicht abwegig, daß Ammon in seinem Orakel auf den Kult in Klaros verwiesen hat. Vermutlich erkannte Ammon die spezielle Kompetenz des klarischen Apollon in der vorliegenden Sache – Mißernte, Hungersnot, Seuche? – an und riet darum zum Besuch in Klaros.[803]

---

nealogie besonders nahe, obwohl ja auch historisch, gerade in Milet und im ionischen Raum überhaupt, Asklepios als Heilgott eine Funktion absorbiert hat, die vormals Apollon als Ιητρός versehen hatte. Vgl. N. Ehrhardt, Apollon Ietros: ein verschollener Gott Ioniens, IstMitt 39 (1989) 115-122.

798 **Klaros 21** = Ael. Arist. 49 (Or. sacr. 3), 12 Keil, 1f. Der Bericht des Aristides ist ein wertvolles Zeugnis für den Ablauf der Konsultationen in Klaros, zumindest für das bei individuellen Klienten angewandte Reglement: Der Rhetor ließ seinen Diener Zosimos an seiner Statt den Gott aufsuchen und die Frage seines Herrn dort einreichen – Stellvertreterkonsultationen waren also durchaus möglich. Außerdem berichtet Aristides, daß es offenbar festgesetzte Nächte gab, in denen die Konsultationen stattzufinden hatten: Als er in die Nähe Kolophons kam, καὶ ἡ νὺξ ἐτύγχανεν ἡ ἱερὰ ἐπικειμένη.

799 **Klaros 4**,7ff.

800 **Klaros 9**,22ff.

801 **Klaros 11**, besonders 2-4.

802 **Klaros 13**,1-4, h. oben S. 306f. In dem stark zerstörten Hauptteil des Orakels dürften Opferanweisungen, vielleicht auch für noch weitere Gottheiten, gestanden haben. Mißernte als Anlaß: In V. 1 umschreibt Apollon die ihm eingereichte Anfrage mit ἀμφὶ πολυτραφίης γεοθάλπεος, *»um reiche Nahrung von gewärmter Erde«* (vgl. oben Anm. 624), und am Schluß stellt der Gott eine Besserung der Lage mit den Worten εὐθενίης *(»zu guter Ernte«)* ἐπίκουρον ἅδην ἀμήσετε καρπόν in Aussicht. Die Möglichkeit einer metaphorischen Bedeutung kann natürlich nicht ausgeschlossen werden.

803 Zu dieser Ansicht gelangt auch Somolinos, Relaciones 291, der von »especialización oracular« spricht: »Apollo Clario se especializó como dios ἀλεξίκακος en sentido amplio, y así la

Unabhängig davon mag man in Siwa auch berücksichtigt haben, daß für die Kyzikener das klarische Orakel so viel näher lag, daß sich der Vollzug zumindest eines Teils des rituellen Programms dort anbot. Da aber der Hinweis auf das kleinasiatische Orakel im Schlußteil steht und andere Anweisungen an die Kyzikener vorangehen, ist wohl wahrscheinlicher als der Rat einer weiteren Konsultation in derselben Angelegenheit, daß die von Ammon für Klaros vorgesehenen Kultleistungen – eine Gesandtschaft, die Hymnen und Tieropfer darbringen soll – als Dankesrituale *nach* überwundener Krise zu verstehen sind.

Die im ersten Teil genannten Rituale, bei denen Opferfeste gefeiert und Helios ein *»verborgener«* Gegenstand *»gezeigt«* werden sollen, und auch die Νασαμωνὶς θυηπολίη sind demgegenüber offenbar in Siwa selbst zu verrichten. Bevor der Blick auf das klarische Heiligtum gelenkt wird, ist bereits die Verheißung von Wohlergehen und Rettung ausgesprochen, die Schritte der Krisenbewältigung sind also abgeschlossen – die nachfolgenden Riten stellen wieder den Anschluß an die Normalität geordneter Beziehungen zwischen Menschen und Göttern her. Eine solche Struktur begegnete bereits im klarischen Orakel für das phrygische Hierapolis, wo zunächst die große Opfersequenz für die chthonischen Gottheiten in der anfragenden Stadt zu erfolgen hat, ebenso wie die Aufstellung der apotropäischen Statuen des pfeilschießenden Apollon Klarios, dann aber, nach überwundener Bedrohung, aufwendige Dankesrituale in Klaros gefordert werden.[804]

Man kann nicht ausschließen, daß die Kyzikener selbst Ammon nach einer möglichen Einbeziehung von Klaros gefragt haben. Der Orakelgott kann eine solche Empfehlung aber sicher auch aus eigenem Antrieb ausgesprochen haben, konnte doch das Zusammenwirken mit dem einflußreichen und angesehenen Orakel im fernen Ionien dem eigenen Prestige in der griechischen Staatenwelt gewiß nur nützlich sein.

---

mayoría de las consultas que conocemos son de ciudades y se refieren a problemas como la peste, sequía y esterilidad de la tierra, terremotos e incluos piratas.« Vgl. ebd. 289 zur ›Überweisung‹ des Aristides durch den klarischen Apollon an Asklepios in Pergamon: »El tipo de relación que se establece entre ambos santuarios se explica del mejor modo pour un principio que podemos llamar de especialización oracular.«

804 **Klaros 4**,21ff. Im Orakel aus Ephesos ist das Dankesritual ebenfalls durch einen klaren Einschnitt abgegrenzt (**Klaros 11**,10 αὐτὰρ ἐπὴν τέλεσητε θεῇ προστάγματ' ἐμεῖο | κτλ.), das dann detailliert beschrieben wird (11-16). Es wird jedoch nicht deutlich, ob diese Ritualsequenz gleichfalls in der Heimatstadt der Konsultanten, im extramuralen Artemision oder in Klaros stattfinden soll. Vgl. oben S. 110f. m. Anm. 197 und S. 211-216 m. Anm. 512. Indirekt findet sich der Gedanke des Dankesrituals im Orakel für Kaisareia Troketta, wenn die unmittelbar gegen die Bedrohung einzusetzenden Riten (**Klaros 8**,20-24) mit der typischen Finalphrase abgeschlossen werden, die auf den erstrebten Zustand der Rettung vorausweist (25f.): Die überlebenden Bürger der Stadt werden dann aus neuem Wohlstand (ἐκ παλινβίων ὀφελμῶν) reichliche Opfer bringen – ob sie Apollon gelten und ob sie in Klaros erwartet werden, wird nicht gesagt. Im Anschluß ist jedenfalls noch von einer Statue des Bogenschützen Apollon in der Ebene von Troketta die Rede, bevor der Text abbricht.

3 Apollon und das öffentliche Leben der Polis: Anfragen zur Ritualistik und zur Besetzung von religiösen Ämtern

Um eine Untersuchung der Orakel zu Kulteinrichtungen und -reformen und religiösen Ämtern einzuleiten, bietet es sich an, den günstigen Umstand auszunutzen, daß wir gleich mehrere inschriftlich erhaltene Orakel kennen, die Fragen der Bestellung von Kandidaten für Priesterämter gewidmet sind. Diese Terl. von Didyma gestellten Fragen als besonders charakteristisch gelten. Dabei betreffen die drei Texte, die hier herausgegriffen werden, Kulte der Athena und der Artemis: In den Fällen aus Milet und Lykien geht es um den persönlichen Status der Priesterinnen, die der lokalen Tradition nach unverheiratet sein sollen; in Herakleia um die Art und Weise, wie der Priester der Athena zu bestimmen ist. Zwar ist nur bei einem der Orakel die Herkunft aus Didyma unzweifelhaft, für die beiden anderen ist es aber zumindest wahrscheinlich. Davon abgesehen, sind die sachlichen Vergleichspunkte so zahlreich, daß sie eine gegenüberstellende Betrachtung der drei Stücke auch ohne die völlig gesicherte gemeinsame Herkunft lohnend erscheinen lassen.

3.1 Religiöse Ämter, *gender* und soziale Elite: Das Orakel des Apollon von Didyma für die Milesier über die Wahl der Augustalin Satornila zur Priesterin der Athena Polias

- - - Σατορνεῖλαν τὴν ἀξιολο]γωτάτην [ἀρχιέρεια]ν τῶν Σεβασ[τῶν], συνγενίδα συ[νκλη]τικῶν καὶ ἀ[σιαρ]χῶν Ἀσίας καὶ ἀ[ρχιερ]ειῶν καὶ ἱέρε[ιαν] διὰ βίου τῆς πρ[ὸ πόλε]ως Πολιάδο[ς Ἀ]θηνᾶς αἱρεθ[εῖσαν] ὑπὸ τοῦ ἀψε[υδε]στάτου θεοῦ Διδ[υμέω]ς Ἀπόλλωνος ἐπ[ὶ] σωφροσύνῃ καὶ [σεμν]ότητι ὑπὸ τῶν θ[εί]ων αὐτοῦ λογίων καὶ ἐνκωμιασθεῖσαν ο[ὕ]τως·

ὀψὲ μέν, ὦ ναέται, ζακόρου πέρι κρατογενείης
ὀμφῆς μαντιπόλοιο θεοκλυτέοντες ἵκεσθε,
ἣ κορυφὴν ῥήξασα ἐρισώφρονος [οὗ] γενετῆρος
εἰνόπλιον σκιρτ[ῶσ]α παρ' ἀθανάτοισι χόρευσεν·
ἔνθεν παντοί[ων ἐφ]έπειν λάχεν ἀκροπόληας,
ἐσθλὴ μὲν πο[λίεσ]σι βοηθόος, ἐν δὲ τέχναισιν

εὐπάλαμος κλ[ειτο]ῖσιν ἐπιστάτις ἐργοπόνοισιν·
αὐτοφαν[οῦς κούρ]ης γὰρ ἐχρῆν ἱερηΐδα τειμήν
9 θηλυτέρην δέξασθαι ἀφ' αἵματος εὐγενετήρων,
ἀλλ' ἐπεὶ α̣ἶ̣σαν ἑλεῖν γεράων φθάσεν Ἀφρογενείης·
δη[ρ]ιά‹α̣› δὲ Κύπρις ποτὶ παρθένον Ἀτρυτώνην·
12 ‹ἡ› μὲν γὰρ θαλάμοιο καὶ {οὐκ} ἔστ' ἀμύητος ἔρωτος,
ἡ δὲ γάμοισι τέθηλε καὶ εὐκελάδοις ὑμεναίοις.
τοίγαρ πειθόμενοι Μοίραις καὶ Παλλάδι σεμνήν
15 Σατορνεῖλαν θέσθε ἱερηφόρον ἀρήτειραν.

Μᾶρκοι Αὐρήλιοι Ἑρμείας καὶ Μιννίων οἱ Ἑρμείου τὴν γλυκυτάτην μητέρα·
εὐτυχῶς

(Text nach Merkelbach/Stauber)

Übersetzung

... Satornila, die höchstgeachtete Erzpriesterin im Kaiserkult, eine Verwandte von Senatoren und Gouverneuren der Provinz Asien und Erzpriesterinnen, Priesterin auf Lebenszeit der Athena Polias, die schützend vor ihrer Stadt steht, erwählt von dem ganz untrüglichen Gott, dem Apollon von Didyma, aufgrund ihrer Verständigkeit und Ehrwürdigkeit durch seine göttlichen Orakelsprüche und auf folgende Weise verherrlicht:

Spät kommt ihr, Einwohner, um über die Tempeldienerin der aus dem Kopf Geborenen
die orakelgebende göttliche Stimme zu hören!
3 Das Haupt hat sie gespalten ihres gar weisen Erzeugers
und hat in Waffen unter Sprüngen vor den Unsterblichen getanzt.
Von da aus erhielt sie es als ihr Teil, Schutzherrin über die Burgen vieler Menschen zu sein,
6 den Städten eine edle Helferin, in den Künsten
eine geschickte Schutzpatronin den weithin geachteten Handwerkern.
Der selbsterscheinenden Jungfrau priesterliche Ehre mußte nämlich
9 eine Frau vom Blut edler Vorfahren empfangen,
aber nachdem sie zuvor bereits ihren Anteil an den Gaben Aphrodites genommen hat.
Denn es streitet die zyprische Göttin mit der unverheirateten Unbezwungenen:
12 Die eine ist nicht eingeweiht in das eheliche Schlafgemach und die begehrende Liebe,
die andere ist erblüht angesichts von Ehen und wohltönenden Hochzeitsliedern.
Daher gehorcht den Moiren und Pallas und setzt die ehrbare
15 Satornila zur Priesterin ein, die die heiligen Gegenstände trägt.

Marcus Aurelius Hermias und Marcus Aurelius Minnion, die Söhne des Hermias, für ihre liebste Mutter: Zum guten Glück!

3.1.1 Die Athena-Priesterin Satornila in ihrem sozialen Umfeld

Das Monument, seine Struktur und Datierung.

Erst 1971 ist eine Inschrift aus Milet veröffentlicht worden, die bereits zu Anfang des Jahrhunderts gefunden worden war; die zugehörigen Aufzeichnungen waren seitdem aber in den Inventaren der deutschen Grabung verblieben.[2] Der Stein ist nur kurze Zeit nach seiner Auffindung bereits zertrümmert worden, so daß der Herausgeber auf die nach dem ursprünglichen Fund erstellte Abschrift und einen dabei gemachten Abklatsch verwiesen blieb. Im Depot der Miletgrabung befinden sich heute acht Bruchstücke der Rundsäule, auf der die Inschrift steht. Außerdem existieren auch von heute verlorenen Stücken des unteren Segments der Säule Teilabklatsche.

Es handelt sich bei diesem Monument um eine Ehreninschrift der Milesier Hermeias und Minnion für ihre Mutter, die hochgeehrte Bürgerin Satornila, die das Amt der Priesterin der Athena Polias auf Lebenszeit bekleidet hat. Unter den Leistungen ihrer Mutter stellen die Söhne das Priesteramt in den Mittelpunkt, und zu diesem Zweck zitieren sie das Orakel, mit dem Apollon die Berufung ihrer Mutter zu dieser Ehre sanktionierte.

Wenn sich die beiden Dedikanten als Marci Aurelii bezeichnen, gewinnen wir aus dieser Benutzung des römischen *praenomen* und *nomen gentile* ein Indiz, daß die Inschrift nach dem Erlaß der Constitutio Antoniniana im Jahre 212 n. Chr. mit ihrer Ausdehnung des römischen Bürgerrechts auf den Großteil des Imperiums errichtet worden ist. Gerade in Kleinasien war es in diesen Jahren üblich, daß das *praenomen* und die *gens* des Kaisers Marcus Aurelius Antoninus Caracalla, dem man den neuen Status verdankte, als Bestandteile des eigenen Namens aufgenommen wurden, wie es in Rom, aber ebenso im Reich von jeher schon die *liberti* mit dem

1 **Didyma 25** = McCabe, Milet (PHI # 7) 484 = I.Milet 1142 (Milet 6,3,94f.) = SGO 01/20/03: Erstveröffentlichung durch Herrmann, Athena Polias (hiern. als Herrmann zit.). Mit Veränderungen am Text: Merkelbach, Didymäisches Orakel; Drew-Bear/Lebek, Oracle at Miletus (hiern. als Drew-Bear/Lebek zit.); letztere Arbeit mit vielen weiterführenden Klärungen zum Textverständnis. Vgl. Bull. ép. 1972, 399 und 401 (zu Herrmann und Merkelbach); 1974, 524 (zu Drew-Bear/Lebek); Robinson, Theological oracles 253-258; Parke, Apollo in Asia 84-86; Fontenrose, Didyma 97f. 199-202.

2 Ihre Veröffentlichung hat 1998 mit dem hauptsächlich die Grabinschriften sowie die Bauurkunden enthaltenden Band 6,2 der Milet-Publikation des Deutschen Archäologischen Instituts durch P. Herrmann begonnen (siehe auch Bull. ép. 1999, 4); darunter das Orakel **Didyma 19** über den Fortgang der Arbeiten am Theater, jetzt I.Milet 935 [Milet 6,2,121f.] = SGO 01/20/01. Zu diesem Text s. hiern. Anm. 23. 146. 277. Das Inschriftencorpus ist im Jahr 2006 mit Milet 6,3 vorläufig abgeschlossen worden, nach dem Tod von P. Herrmann herausgegeben von N. Ehrhardt und W. Günther. Hiermit liegen nun auch die bisher unpublizierten öffentlichen Texte vor. Siehe oben Kap. 1, Anm. 40f. Die Corpora enthalten daneben auch schon an verschiedenen Orten publizierte Inschriften.

Namen ihres *patronus* getan hatten.[3] Da die Marci Aurelii als Namensteile im griechischen Raum insbesondere in den Jahrzehnten nach 212 populär wurden, wird man unsere Inschrift in diese Zeit setzen, wozu auch der Schriftcharakter sich fügt.[4]

Die Ehreninschrift der Söhne der Satornila für ihre Mutter. Ämter und sozialer Rang der Geehrten. Die Erzpriesterschaft im Kaiserkult.

In der eigentlichen Ehreninschrift, die der Wiedergabe des Orakels vorangestellt ist, stand der Name der Mutter im verlorenen Anfang; wir können ihn aber aus der Nennung am Schluß des Orakels (V. 15) hier ergänzen. Ihre Söhne bezeichnen Satornila als *»höchst geachtet«* (ἀξιολο]γωτάτην Z. 1f.[5]) und heben den sozialen Rang der Mutter hervor: An erster Stelle steht ihre Funktion als Oberpriesterin des Kaiserkults, ἀρχιέρεια τῶν Σεβαστῶν (Z. 2);[6] weiter wird ihre Verwandtschaft mit verschiedenen hochgestellten Personen herausgestellt, deren Ränge die Möglichkeiten sozialer Exzellenz im kaiserzeitlichen Kleinasien anschaulich illustrieren: Zu ihrer Familie gehören Senatoren (συνκλητικοί), Provinzgouverneure (ἀσιάρχαι Ἀσίας[7]) und andere Augustalinnen (ἀρχιέρειαι) wie sie selbst.

3 Vgl. H. Wolf, Die Constitutio Antoniniana und Papyrus Gissensis 40, Diss. Köln 1976, 9-25. 298-314, bes. 298 Anm. 16; A.N. Sherwin-White, The Roman Citizenship, Oxford 1973², 380-388.

4 »Buchstaben des ausgehenden 2. oder des 3. Jahrhunderts«: Herrmann 291. Fontenrose datiert »second century A.D.?« ohne Angabe von Gründen.

5 Zu diesem Begriff im Vokabular von Ehreninschriften vgl. Quaß, Honoratiorenschicht 53 Anm. 159 mit zahlreichen Belegen.

6 Die Ergänzung [ἀρχιέρεια]ν τῶν Σεβασ[τῶν] wird gestützt durch die Hydrophoreninschrift I.Didyma 370, 4; siehe unten S. 329-331 m. Anm. 16.

7 Dieses Amt, für das wir einen Inhaber in Ephesos kennen (I.Ephesos 4110 = Die Marienkirche in Ephesos, ForschEph 4, Wien 1932, Nr. 10 = McCabe, Ephesos [PHI #7] 1298, 1-4; zu dieser Ehreninschrift E.L. Bowie, The Vedii Antonini and the temple of Hadrian at Ephesus, Part 2, in: E. Akurgal, Hg., Proceedings of the 10th International Congress of Classical Archaeology, Ankara/Izmir 23.-30.9.1973, Ankara 1978, 867-874, h. 870), war im wesentlichen wohl durch die Zuständigkeit für die Heiligtümer des Kaiserkults in der Provinz charakterisiert, wie die vollständigere Form in I.Ephesos 692 = JÖAI 45 (1960) Beibl. 55f. = McCabe, Ephesos (PHI #7) 1240, 10, Ehrung für einen ἀσιάρχης τῆς Ἀσίας ναῶν τῶν ἐν Ἐφέσῳ, und – ohne das Attribut τῆς Ἀσίας – in I.Didyma 370,6f. (nach der Ergänzung durch Herrmann, hiern. Anm. 16) ἀσιάρχαι ναῶν τῶν ἐν Σάρδεσιν zeigt. Unklar bleibt, ob das Amt des Asiarchen vom ἀρχιερεὺς τῆς Ἀσίας zu unterscheiden ist, wie es Magie, RRAM 2,1301, vertrat. Der nämliche M. Claudius Poplius Vedius Antoninus Sabinus, den I.Ephesos 4110 (o.) als ἀσιάρχης τῆς Ἀσίας präsentiert, ist auch als ἀρχιερεὺς τῆς Ἀσίας bezeugt (I.Ephesos 732 = JÖAI 10, 1907, 292 = McCabe, Ephesos [PHI #7] 1385, 4f.). Und auch der ἀρχιερεὺς Ἀσίας kann in Ephesos dieselbe nähere Bestimmung seiner Kompetenzen erhalten wie der ἀσιάρχης in I.Ephesos 692 (s. zuvor), wenn in I.Ephesos 686 M. Iulius Aquila geehrt wird ἀρχ[ιερατεύσαντα] | ἐνδόξω[ς] τῆς Ἀσία[ς] | ναῶ[ν τ]ῶν [ἐν Ἐ]φ[έσῳ] (zu Person und Inschrift s. nächste Anm.). Herrmann 295f. m. Anm. 19 neigt zur Annahme der Identität der durch beide Titel bezeichneten Ämter. – Die erwähnten ephe-

Die Erzpriesterschaft im Kaiserkult ist gerade im 2. Jh. n. Chr. ein Amt, das in Kleinasien von Frauen ausgeübt werden konnte, in der Regel gemeinsam mit ihrem Ehemann oder – nach dessen Tode – ihrem Sohn.[8] Mit ihren repräsentativen Funktionen erlaubte die Aufgabe im provinzialen Kaiserkult Frauen aus sozial hochrangigen Familien, politischen und sozialen Einfluß über die Grenzen der eigenen Stadt hinaus zu gewinnen, im Unterschied zu den Priesterämtern städtischer Kulte, die auch von Frauen versehen wurden, aber in ihrem Prestige in aller Regel auf den lokalen Horizont begrenzt blieben.[9]

---

sischen Ehrungen gehören alle in den Zeitraum zwischen ca. 130 n. Chr. und dem frühen 3. Jh. n. Chr.

8 Aufschlußreich ist der Fall der ἀρχιέρεια Aelia Ammia aus dem phrygischen Amorion (R. M. Harrison, AnatSt 38, 1988, 181 Nr. 2 = SEG 37,1099 bis), den M. Wörrle, Neue Inschriftenfunde aus Aizanoi 1, Chiron 22 (1992) 337-376, h. 368-370 (vgl. SEG 40,1197), diskutiert und dabei die sozialgeschichtlichen Einschätzungen von R.A. Kearsley korrigiert, in dieser Amtsausübung zeige sich eine Emanzipation aus den Grenzen der Familie und der traditionellen Normen für Frauen, da Ammia das Amt alleine ausgefüllt habe (Asiarchs, archiereis, and the archiereiai of Asia, GRBS 27, 1986, 183-192; dies., Asiarchs, archiereis and archiereiai of Asia: new evidence from Amorium in Phrygia, EpigrAnat 16, 1990, 69-80). Eben diese Voraussetzung der Überlegungen von Kearsley beruht aber auf einer irrigen Lesung der Inschrift. Durch Heirat kam Ammia nach Ephesos, wo sie ebenfalls mit einer Statue geehrt wurde (I.Ephesos 689 Αἰλίαν Ἀ[μμί]αν, s. Wörrle ebd. mit Anm. 153f.). Hier ist festgehalten, daß sie das Amt gemeinsam mit ihrem Sohn M. Iulius Aquila ausübte, συν[ιερασα]μένην τῷ ṿịῷ (11f., mit Herstellung durch Wörrle ebd. 369), dessen Priesterschaft im Kaiserkult der Provinz Asia mit Zuständigkeit für die ephesischen Tempel in einer eigenen Ehreninschrift, I.Ephesos 686, nochmals bezeugt ist (s. vorige Anm.). Plausibel ist die Annahme, daß beide Statuen nebeneinander aufgestellt waren (Wörrle ebd. Anm. 161). Zur gemeinsamen Amtsausübung von Frauen mit dem Ehemann, in Einzelfällen auch einem männlichen Verwandten, van Bremen, Limits of participation 113-141; im Kaiserkult: ebd. 117-125 mit 118f. Anm. 17; zu Aelia Ammia 121 m. Anm. 26. Zu den ἀρχιέρειαι auch P. Herz, Asiarchen und Archiereiai: zum Provinzialkult in der Provinz Asia, Tyche 7 (1992) 93-115, mit den Nuancierungen von H.W. Pleket, SEG 40, 1197, die Ausübung magistratischer Funktionen durch Frauen sei »a matter of wealth and public ›ritual‹ rather than of (power) politics« gewesen, wobei mit »public ritual« hier »the willingness to perform in full publicity« gemeint ist. Auch die Ehrung für Satornila zeigt unmißverständlich die konservative Werthaltung (ἐπ[ὶ] σωφροσύνῃ καὶ [σεμν]ότητι 6f.), die – hier *pars pro toto* von den Söhnen – an eine weibliche Vertreterin sozial hochgestellter bürgerlicher Kreise selbstverständlich herangetragen und nicht mit der Ausübung prestigeträchtiger kultisch-politischer Ämter im Widerspruch gesehen wurde.
Als weitere Beispiele für die paarweise Ausübung der ἀρχιερωσύνη auf Provinzialebene seien herausgegriffen: eine Familiendokumentation aus dem Stadion von Aizanoi auf mehreren Orthostatenplatten, Wörrle ebd. 351 Kol. 2 b, Komm. ebd. 360 m. Anm. 110; ein Grabepigramm aus Side, I.Side (IK 44) 226 = SEG 35,1427 = J. Nollé, Grabepigramme und Reliefdarstellungen aus Kleinasien 1: Grabepigramm aus Side, ZPE 60 (1985) 117-126; schließlich eine Ehreninschrift für C. Iulius Severus in Ankara (E. Bosch, Quellen zur Geschichte der Stadt Ankara im Altertum, Ankara 1967, 122f. Nr. 105), die das Zusammenwirken der Eheleute – und dabei den unverändert bestehenden Primat des Mannes – deutlich herausstellt (ἀρχιερασάμενον … τὴν γυναῖκα καταστήσαντα ἀρχιέρειαν; der Aorist ἀρχιερασάμενον zeigt an, daß Severus zunächst das Amt erlangt hat, um dann auch seine Frau in den Kultdienst mit aufzunehmen). Zur gemeinsamen Amtsführung von Eheleuten in Kulten, auch außerhalb des provinzialen Kaiserkults, vgl. van Bremen, Limits of participation 114-141; zum letztgenannten Text ebd. 117 Anm. 11. Die Zeugnisse ließen sich vermehren.

Nicht uninteressant ist die Reihenfolge, in der aufgezählt wird, was nach Ansicht der Stifter der Urkunde den Ruhm der Satornila und den Stolz ihrer Nachfahren begründet: zuoberst das leitende Amt im Kaiserkult, dann die Verwandtschaftsbeziehungen mit den über Milet hinaus einflußreichen Politikern und Beamten, an dritter Stelle dann ihr eigenes lebenslanges Priesteramt im Kult der Athena, zu dem sie durch das Orakel Apollons in Ansehung ihrer σωφροσύνη[10] und ihrer σεμνότης bestimmt worden ist, *»durch die göttlichen Sprüche des allerwahrhaftigsten Gottes, Apollon von Didyma, gewählt und mit diesen Worten verherrlicht«* (Z. 5-8).

Das Amt im Kaiserkult steht also für die Familie hinsichtlich des Prestiges offensichtlich voran, und auch die familiären Beziehungen zu hochrangigen Funktionären der Reichsverwaltung rangieren noch vor dem Priestertum der Athena – in welchem Satornila aber dann doch nach Auffassung ihrer Familie ihre größten Verdienste erworben haben muß und wozu sie vor allem durch einen Spruch Apollons auserwählt worden war. Die Voranstellung der übrigen Ämter und Verwandtschaftsbeziehungen läßt sich mit deren über den lokalen Rahmen Milets hinaus ausstrahlendem Prestige erklären. Oder ist in der Abfolge vielmehr eine Klimax zu sehen, die auf die Wiedergabe des Orakels im Zentrum des Monuments gerichtet ist? Eine gleich zu erörternde Inschrift aus Didyma könnte diese Überlegung stützen.

Prosopographische Einordnung der Person und ihrer Familie. Die Athena-Priesterin in einer Hydrophoren-Inschrift.

Obwohl Satornila also eine recht prominente Person in der milesischen Führungsschicht war, läßt sich ihre Figur prosopographisch nur annäherungsweise fassen.[11] Einige Hinweise sind gleichwohl vorhanden: Der Familienname Satorn(e)ila, der als Variante neben Σατορνῖνος vorkommt[12] und das lateinische Gentiliz *Saturninus* wiedergibt, ist in Milet auch vor-

---

9 J. Nollé, Frauen wie Omphale? Überlegungen zu ›politischen‹ Ämtern von Frauen im kaiserzeitlichen Kleinasien, in: M.H. Dettenhofer (Hg.), Reine Männersache? Frauen in Männerdomänen der antiken Welt, Köln 1994, 229-259, bes. 253-258 (anhand von südkleinasiatischen Zeugnissen aus Selge, Sillyon und Perge). Zum gesellschaftlichen Normenhintergrund auch Wörrle, Stadt und Fest 101-105.

10 Ich denke, daß man dies auch dann nicht mit *»Keuschheit«* übersetzen sollte (Merkelbach in SGO), wenn die Interpretation zutreffen sollte, daß Satornila Witwe war und die Milesier bei ihrer Wahl davon ausgingen, daß sie als solche sexuell enthaltsam leben würde; s. hiern. S. 377-379 m. Anm. 133. An dieser Stelle ist doch wohl ihre moralisch-intellektuelle Qualität überhaupt bezeichnet: vgl. die Diskussion zu ἁγνεία S. 353-356 m. Anm. 79.

11 Die nachfolgenden Überlegungen nach Herrmann 295.

12 Rehm, I.Didyma S. 103 mit Verweis auf Schwyzer, Griech. Gramm. 1,259.

her in namhaften Familien bezeugt, etwa durch einen Propheten und Stephanephoren L. Malius Σατορνῖνος des 1. Jh. n. Chr.[13] Der eine der Söhne Satornilas heißt Marcus Aurelius Minnion und findet sich möglicherweise als Präsident des Prytaneions in Milet zur Zeit Elagabals,[14] doch ist der Name in Milet häufig, und man kennt in der Zeit zwischen dem 1. Jh. v. Chr. und dem 1. Jh. n. Chr. mehrere Stephanephoren mit dem Namen Minnion.[15]

Nach Ansicht Hermanns ist Satornila in einer didymäischen Hydrophoreninschrift wiederzufinden,[16] in der sie nach den von ihm vorgeschlage-

---

13 I.Didyma 223 B; 343,3.

14 Münsterberg, Beamtennamen 99: Die Münzlegende lautet αρχ πρυ, aufzulösen als ἄρχων πρυτανείας oder πρυτάνεων. Minnion war also ἀρχιπρύτανις. (Im Index der Beamtennamen bei Münsterberg mit Druckfehler ἄρχων πρυτανείαν.) Für diesen Vorsitzenden des sechsköpfigen Prytanenkollegiums begegnet in den Inschriften der ersten Hälfte des 2. Jh. n. Chr. bisweilen auch der Titel κοσμόπολις sc. ἄρχων; das Kollegium heißt dann nur οἱ ἄρχοντες. Siehe L. Robert, RevNum 19 (1977) 11 = OMS 6,173 Anm. 28; Baldus, Gesandtschaftsreise 193, und vgl. I. Milet 20 (Milet 1,2,95f.); I.Milet 230f. (Milet 1,7,312f. = Milet 6,1,44f. mit Rehm zu Nr. 231); IG 2^2,3300. In I.Milet 17 (Milet 1,2,94f.) wird das Amt umschrieben ψηφισαμένων τῶν περὶ Μᾶρκον Οὔλπ[ιο]ν Πωλλίων[α] ἀρχόντων. Zu einer milesischen Münze für einen Archiprytanen mit der Legende επι αρχ = ἐπὶ ἄρχοντος sc. πρυτάνεων unten Anm. 152.

15 Vgl. die Stammbäume in I.Didyma S. 171. 217. I.Didyma 187 ehrt einen Aurelius Sescennius Minnion als Sieger des Fackellaufs bei den Didymeen. Zur Verbreitung des Namens siehe die Namensindizes von I.Didyma und Milet 1,3.

16 I.Didyma 370 = McCabe, Didyma (PHI # 7) 486 mit den Ergänzungen durch Herrmann 296 (Bull. ép. 1972, 400). Nach Rehm hatte bereits Robert, Hell. 11-12,476-479, die Inschrift behandelt und weitere Verbesserungen angebracht; vgl. noch Bull. ép. 1962, 633. Nach Herrmanns Verknüpfung mit der Orakelinschrift, die er mit Entschiedenheit vertritt (»es scheint mir kaum ein Zweifel daran möglich, daß die Mutter der uns unbekannten Hydrophore ... mit unserer Satornila zu identifizieren ist« 296), lautet der erste Abschnitt des Textes (1-7) folgendermaßen: ... μητρὸς | τῆ]ς ἀξιολογ[ωτάτης --- Σατορνεί]|[λ]ῃς, ἱερείας διὰ [βίου τῆς Πολιάδος 'Αθηνᾶς] | κατὰ τὰ λόγια τ[οῦ 'Απόλλωνος καὶ ἀρχιερεί]|ας τῶν Σεβαστῷ[ν καὶ συγγενίδος συγκλη]|τικῶν καὶ ἀρχιερ[ειῶν καὶ ἀσιάρχων ναῶν τῶν] | ἐν Σάρδεσιν κτλ. In epigraphischer Hinsicht entscheidend ist, daß Herrmann die Zeilen deutlich verlängert hat; da der Stein oben und rechts abgebrochen ist, ist dies eine mögliche Hypothese (nach der Bruchkante bei Rehm 13-15 Buchstaben, bei Herrmann 20-22). Trifft sie zu, sind die Ergänzungen Rehms in der Anfangspartie hinfällig, namentlich ein Priestertum der Kureten in Z. 3, ἱερείας διὰ [βίου Κουρήτων], das aus I.Didyma 182,12 und 243,12 (dieselbe Priesterin, s. auch hiern. Anm. 30f.) sowie 277,9 (ein Priester) bekannt ist; nach Rehms Rekonstruktion wäre dieses Kureten-Priestertum Gegenstand eines Spruchs Apollons gewesen. Dasselbe gilt für die Ergänzung Roberts (4-6 ἀρχιερεί]|ας τῶν Σεβαστῷ[ν ναῶν τῶν πολι]|τικῶν) (kein Einwand von Robert gegen Herrmanns Annahmen in Bull. ép. 1972, 399f.).

Damit wäre Satornila hier also, ganz wie im neuen milesischen Text, als ἀξιολογωτάτη gepriesen und an erster Stelle als durch λόγια Apollons beglaubigte Athena-Priesterin vorgestellt worden. Weiterhin wären auch ihre Funktion als Kaiserpriesterin und ihre hochgestellte Familienzugehörigkeit angeführt. Beim letzten Punkt würde dann das im Präskript der Orakelinschrift nur als ἀσιάρχης 'Ασίας bezeichnete Amt präziser als ἀσιάρχης ναῶν τῶν ἐν Σάρδεσιν benannt. Wenn die angesprochenen Verwandten der Satornila Milesier gewesen sind – wovon *a priori* auszugehen ist –, erfahren wir durch die Amtsbezeichnung, daß diese Funktionäre in der provinzialen Kultverwaltung, die ja nicht in der Durchführung und Oberhoheit der Polis, sondern der römischen Provinzadministration stand, offenbar reisende Beamte waren und ein milesischer Notabler die Aufsicht über *»die Tempel«* (des Kaiserkults – oder *aller* Kulte in der Stadt?) im reichlich entfernten

nen neuen Ergänzungen mit fast denselben ehrenden Bezeichnungen wie in der Orakel-Inschrift in ausführlicher Titulatur als Mutter der geehrten Hydrophore der Artemis Pythie genannt wird. Diese selbst hat sich durch teure Stiftungen für das Heiligtum aus Bronze und Silber, vermutlich eine bronzene Abschrankung des Kultbildes[17] und eine silberne Reliefar-

---

lydischen Sardeis ausübte. Dies scheint bei dem sonst aus den Inschriften zu gewinnenden Eindruck, daß diese gesellschaftlich engagierten Bürger fast immer nur im Rahmen ihrer Polis handelten (mit Ausnahme von diplomatischen Missionen in die Provinzhauptstadt oder nach Rom), ein bemerkenswertes Faktum. Eine Inschrift aus Sardeis selbst hatte bereits mit einem ἀρχιερεὺς Ἀσίας ναῶν τῶν ἐν Σάρδεσιν bekannt gemacht, I.Sardis 47. Von den Eleern wird in den Jahren zwischen 221 und 224 n. Chr. Aurelius Septimius Apollonius aus Antiochia am Mäander geehrt, Rhetor und gleichfalls ἀρχιερεὺς Ἀσίας ναῶν τῶν ἐν Σάρδεσιν: E. Kunze, 6. Bericht über die Ausgrabungen in Olympia: Winter 1953/1954 und 1954/1955, Berlin 1958, 221-223 = SEG 17,200. – Vgl. J. Deininger, Die Provinziallandtage der römischen Kaiserzeit, Vestigia 6, München 1965, 41-50, und Robert, Laodicée du Lycos 266 Anm. 7.

Im zweiten Abschnitt der Inschrift (7-16) wird die Verwandtschaft der Hydrophore mit zwei hochdekorierten Athleten des Namens Marcus Aurelius Thelymitres und einer Tochter des Thelymitres herausgestellt, die selber Hydrophore, Stephanephore (!), Kaiserpriesterin und Inhaberin eines weiteren Priesteramtes auf Lebenszeit war. Ein Stammbaum findet sich in Milet 6,3,223 zu I.Milet 1367. Vater und Sohn Thelymitres waren beide Sieger an großen Agonen wie den Pythia und den Capitolia in Rom, der Sohn sogar περιοδονίκης, also Sieger an allen großen internationalen Agonen, die seit dem Hellenismus als die περίοδος zusammengefaßt wurden (vgl. R. Knab, Die Periodoniken, Diss. Gießen 1934; L. Moretti, Noti sugli antichi *periodonikai*, Athenaeum 32, 1954, 115-120; M. Lämmer, Die Bedeutung epigraphischer Zeugnisse für die Geschichte griechischer Gymnastik und Agonistik, Köln 1968; W. Günther, Ehrungen für einen milesischen Periodoniken, in: H. Kalcyk/B. Gullath/A. Graeber, Hg., Studien zur Alten Geschichte Siegfried Lauffer zum 70. Geburtstag am 4. August 1981 dargebracht von Freunden, Kollegen und Schülern, Historica 2, Rom 1986, Bd. 1, 313-328, h. 319 Anm. 16). Damit nicht genug, war der jüngere Thelymitres vor allem ein bedeutender Euerget Milets, εὐεργέτης ἐν πολλοῖς τῆς πατρίδος αὐτοπροαιρετός (*»aus freiem Willen handelnd«*, sonst meist αὐθαίρετος, s. L. Robert, BCH 101, 1977, 91 = DAM 49), wie eine Ehrung feststellt, I.Milet 939 (Milet 6,2,123) = Robert, Hell. 11-12,478 = Günther ebd. 316f. = SEG 36,1051 = McCabe, Milet (PHI # 7) 358, 5f. (der Text m. Komm. auch bei Dittmann-Schöne, Berufsvereine 166f. Nr. 2.5.1.) Für seine sportlichen Siege (ἐπὶ τῇ ἀθλήσει 8) mit Steuerbefreiung geehrt (ἀνενοχλησία 9, neues Wort), hat er einen Teil des Proskenions (oder seine Renovation oder Instandsetzung) im Theater von Milet finanziert, wofür ihm an der nämlichen Stelle die Korporation der Leinenweber, τὸ οἰκουμενικὸν καὶ σεμνότατον συνέδριον τῶν λινουργῶν, eine Statue errichtet (11-13). Hängt das selbstbewußte οἰκουμενικόν in der Selbstbezeichnung der Gilde mit dem internationalen Ruhm des Periodoniken zusammen? Fragmente noch vier weiterer Ehreninschriften für diesen Mann, dessen Nichte zu sein die Hydrophore sich rühmt, also möglicherweise ein Onkel der Satornila, hat Günther ebd. 322f. Nr. 1, 323-325 Nr.2, 326 Nr. 3 und 326-328 Nr. 4 publiziert (= I.Milet 1367-1370 [Milet 6,3,222-225] = SEG 36,1052-1055; vgl. Dittmann-Schöne, Berufsvereine 167f. Nr. 2.5.2/3). Sein Name findet sich in drei Sitzreihen des Theaters eingemeißelt, also einer Ehrenloge für seine Familie (I.Milet 940 j [Milet 6,2,125f.], vgl. Günther ebd. 328 Abb. 5). Die Ehrung I.Milet 1369 = SEG 36,1054 durch die *boule* von Milet könnte auch auf den Vater gehen, vgl. Günther 326 ad loc. »Der hier zutagetretende Familienkonnex zwischen angesehenen Athleten und Inhabern höchster Priesterstellen ist … charakteristisch für einen der gesellschaftlichen Aspekte in der städtischen Führungsschicht der Kaiserzeit« (Herrmann 298). Auch die Hydrophoreninschrift I.Didyma 371 gehört nach den Rekonstruktionen Rehms in den Kreis der Familie des Athleten Thelymitres. – Im Schlußteil von I.Didyma 370 (16-21) werden die aufwendigen Stiftungen der geehrten Hydrophore, deren Namen in den verlorenen Anfangszeilen gestanden hat, für ihre Göttin Artemis genannt.

beit, einen Namen gemacht. Ihre Freigebigkeit paßt gut zu dem gesellschaftlichen Rang der Mutter und vermag den an unserer Inschrift gewonnenen Eindruck zu bestärken. In der Hydrophoreninschrift sind nach Herrmanns Ergänzung das Priesteramt der Mutter im Kult der Athena Polias und der uns vorliegende Orakelbescheid des Apollon ausdrücklich erwähnt worden.

3.1.2 Der Kult der Athena Polias in Milet. Athena als Schutzgöttin der Stadt. Ihr Priesteramt

Athena ist in Milet Polisgottheit, τῆς πρ[ὸ πόλε]ως Πολιάδο[ς Ἀ]θηνᾶς Z. 5f., und als Gottheit πρὸ πόλεως[18] in besonderem Maße Schutzgottheit ihrer Stadt; ja, es ist mit Apollon Delphinios zusammen der Hauptkult Milets.[19] In diesem Rang läßt sich ohne Zweifel ein Anspruch Milets auf eine herausgehobene Rolle in der ionischen Kolonisation erkennen. Ganz dazu passend, nimmt das neue Orakel in seinen theologisierenden Ausführungen über die Geburt der Athena auch ausdrücklich Bezug auf ihre besondere Funktion als Schutzgottheit von Städten, wenn es heißt, *»sie erhielt*

17 Z. 18 ergänzt Robert, Hell. 11-12,477 τοὺς χαρκείους κα[γκέλλους τοὺς περὶ] τὸ ἄγαλμα ἀνατε[θεικυῖα]. Die κάγκελλοι sind *cancelli* (zu *cancer* ›Gitter‹); die Belege für diesen *terminus technicus* des Tempelwesens bei Robert, Hell. 9,47-49, mit einem Nachtrag: Inscriptions grecques de Sidè en Pamphylie (époque impériale et Bas-Empire), RevPhil 3,32 (1958) 15-53, h. 36 = OMS 5,155-193, h. 176. Zu χαρκεῖος statt χαλκεῖος siehe LSJ s.v. χαρκεύς und Schwyzer, Griech. Gramm. 1,213. – Die Hydrophoren könnten zumindest in der Kaiserzeit Vorsitzende des Kultvereins der Artemis Pythie gewesen sein; das in dieser Periode stets von Mitgliedern von Familien aus der Oberschicht versehene Amt verlangte – ebenso wie die Prophetie – erhebliche finanzielle Leistungsfähigkeit, da die Finanzierung der Opfer und des Festes damit verbunden war. Siehe Herda, Molpoi-Satzung 298 m. Anm. 2123; zum Kult der Artemis Pythie in Didyma insgesamt Fontenrose, Didyma 123-132. – Zu den didymäischen Hydrophoreninschriften ist jetzt eine zusammenfassende Untersuchung erschienen: M.-Chr. Marcellesi, Les hydrophores d'Artémis Pythiè à Milet, in: M.-Fr. Baslez/F. Prévot (Hg.), De l'archéologie à l'histoire: prosopographie et histoire religieuse. Actes du colloque réuni à Paris XII en octobre 2000, Paris 2004, 85-112 (Bull. ép. 2006, 344). L. Robert hatte in seinen kritischen Anmerkungen zu I.Didyma die Inschriftengruppe (I.Didyma 307-388) behandelt: Rez. Rehm 666f. = OMS 3,1631f.; Hell. 11-12,463-489.

18 Vgl. zum Konzept der θεοὶ πρὸ πόλεως P. Herrmann, Antiochos der Große und Teos, Anadolu 9 (1965) [1967] 77. Belegmaterial hat L. Robert an verschiedenen Orten zusammengestellt: Études anatoliennes 23-27. 37-39; Hell. 6,79; La Carie 2,226 m. Anm. 12; Bull. ép. 1958, 99-101; 1969, 495 S. 504; ebd. 496; Fouilles d'Amyzon 171-176. Vgl. auch A. Wilhelm, Griechische Grabinschriften aus Kleinasien, Sitz.-Ber. Preuß. Akad. d. Wiss. Berlin, Phil.-hist. Kl. 1932, 792-865, h. 803 = dens., Akademieschriften 2,336-409, h. 347. Siehe auch o. S. 109 mit Anm. 196 und S. 151f. mit Anm. 344.

19 Ehrhardt, Milet 1,162-164; 2,458-461, und Komm. zu I.Milet 1272 (Milet 6,3,168-170), s. hiern. Anm. 21. Die epigraphischen Zeugnisse für den Kult der Athena aus Milet selbst sind bisher nicht zahlreich, so daß das hier zu besprechende didymäische Orakel als Zeugnis für seine Bedeutung in der Kaiserzeit besonderen Rang erhält, nicht zuletzt durch seine theologisierenden Partien V. 3-7 und 11-13.

es als ihr Teil, Herrin über viele Akropolen zu sein, den Städten eine hervorragende Beschützerin«.[20]

Der milesische Athena-Tempel geht in seiner ältesten Phase in das 7. Jh. v. Chr. zurück, ein Nachfolgerbau wurde wohl noch im ausgehenden 6. Jh. errichtet.[21] Nach der Perser-Zerstörung ist kein neuer Tempel im Bereich des Heiligtums mehr errichtet worden. Sichere Zeugnisse für die Aktivität des Kults gibt es erst wieder in der hellenistischen Zeit,[22] dann durch die Ehrung der Satornila in der hohen Kaiserzeit,[23] wobei eine Verlegung des Kultplatzes nicht ausgeschlossen werden kann.

Das Priesteramt der Athena Polias in Milet ist aus zwei weiteren didymäischen Inschriften bekannt: zunächst aus einer Siegerinschrift des 3. Jh. n. Chr. für den jungen P. Aelius Granianos (III) Ambivius Maker,[24] προκιθαρίστης καὶ χορηγός des Apollon Delphinios, der als παῖς in der Prozession der Molpen mitgewirkt[25] und in einem rhetorischen Agon als ἐν-

---

20 V. 13-15 παντοί[ας ἐφ]έπειν λάχεν ἀκροπόληας, ἐσθλὴ{ν} μὲν πο[λίεσ]σι βοηθό[ς.

21 Umfassend zu den einzelnen Phasen der Anlage und zur Grabungsgeschichte jetzt W. Held, Das Heiligtum der Athena in Milet, Milesische Forsch. 2, Mainz 2000, 3-94; zur Geschichte des Heiligtums in vorhellenistischer Zeit zuvor G. Kleiner, Alt-Milet, Sitz.-Ber. d. Wiss. Ges. a. d. Joh.-Wolfg.-Goethe-Univ. Frankfurt a. Main 4,1, Wiesbaden 1966. Die Tempelanlage im Bereich des späteren Nordmarkts wird im Rahmen der deutschen Grabungen seit 1903 erschlossen. Aus der spätarchaischen Periode sind mehrere Weihinschriften bekannt: I.Milet 1272-1274. 1276-1278 (Milet 6,3,168-174); alle Texte stammen wohl aus der zweiten Hälfte des 6. Jh. v. Chr. Eine später beim Heiligen Tor in der Stadtmauer verbaute Statuenbasis wohl aus dem 1. Jh. v. Chr., I.Milet 401,2 (Milet 2,3,132 = 6,1,148), nennt Athena Σώτειρα, die mit der Polisgöttin identisch sein könnte (*contra* Herrmann 294 Anm. 6; vgl. Ehrhardt, Milet 2,459 Anm. 748). – Nichts zu Athena Polias in Milet in der ganz auf Athen fokussierten Untersuchung von C.J. Herington, Athena Parthenos and Athena Polias: a study in the religion of Periclean Athens, Publ. of the Fac. of Arts of the Univ. of Manchester 7, Manchester 1955.

22 Altar: I.Milet 1275 (Milet 6,3,171), 3./2. Jh. v. Chr. Athena (ohne Epiklese) ist im Isopolitie-Vertrag zwischen Milet und Herakleia am Latmos (180 v. Chr.) unter den poliadischen Göttern, die Opfer und Prozessionen (πρόσοδοι θεῶν) empfangen: I.Milet 150,21 (Milet 1,3,233). Priester der Athena Nike im frühen 2. Jh. v. Chr.: I.Milet 1086 (Milet 6,3,57f.) = SEG 48,1416. Die Epiklese der *Polias* ist außerhalb Athens ganz ungewöhnlich (vgl. zu vereinzelten Belegen aus dem ionischen Raum Graf, Nordionische Kulte 216f.). In Athen ist der Kult seit dem mittleren 5. Jh. bis in die hellenistische Zeit durchgehend prominent und insbesondere mit den Panathenäen verbunden. Das Erscheinen in Milet könnte mit der neuen Bedeutung des Festes im 2. Jh. v. Chr. zu tun haben, als auch milesische Theoren nach Athen kamen (athenische Ehrendekrete für die milesischen Gesandten: IG 2^2,992 und I.Milet 1038 [Milet 6,3,19f.]): W. Günther, Komm. zu I.Milet 1086. Auch hier könnte – entsprechend der Betonung der Rolle der Athena Polias als Schutzgottheit von Städten im vorliegenden Text – der Anspruch Milets eingeflossen sein, die gemeinsame kultische Identität der ionischen Städte zu repräsentieren, s. dens., EpigrAnat 19 (1992) 143; Chiron 28 (1998) 26-28.

23 Die Weisung des Apollon von Didyma an die anfragenden Bauleute in der sog. Oikodomoi-Inschrift, **Didyma 19** = I.Milet 935 (Milet 6,2,121f.) = SGO 01/20/01, die auch Opfer für Παλλὰς Τριτογένεια und Herakles enthält, gehört ebenfalls ins späte 2. oder bereits frühe 3. Jh. n. Chr. Zu diesem Text u. Anm. 277.

24 I.Didyma 182 = McCabe, Didyma (PHI # 7) 239, um 230 n. Chr., Jahr der Prophetie des Vaters P. Aelius Granianos (II) Phanias (hier Z. 3-5 und 21f.). Vgl. Rehm S. 146 und Robert, Hell. 11-12,446-449.

κομιαστής an den Großen Didymeen gesiegt hat.[26] Die Großmutter des jungen Maker, Aelia Aurelia Ulpiana,[27] war Priesterin der Athena Polias.[28] Diese Frau begegnet uns dann nochmals in derselben Funktion in einer weiteren der insgesamt sieben erhaltenen Ehreninschriften ihres Enkels,[29] als dieser zum Propheten aufgestiegen ist; wir erfahren hier, daß sie das Amt wie Satornila auf Lebenszeit erhielt.[30] In diesem Text ist zu erwägen,

---

25 Ebd. 17-19. Die χορηγία wird dabei in aller Regel von ἀμφιθαλεῖς ausgeübt, Rehm zu I.Didyma 84 mit Robert, Rez. Rehm 663. Weiter ders., Amphithalès, in: Athenian studies presented to William Scott Ferguson, HSCPh Suppl. 1, Cambridge, Ma. 1940, 509-519 = OMS 1,633-643; ders., Hell. 11-12,560f. Anm. 6 mit der aufschlußreichen Passage Ioh. Antioch. Sermo de Anna 3,4 (PG 54,658).

26 νεικήσαντα τὰ [Μεγά]λα Διδ[υμεῖ]α ἐνκω[μίῳ oder -κώ[μιον 19f., nach der Korrektur der Ergänzung Rehms durch Robert, Hell. 11-12,446-449. Bereits aus I.Didyma 181,4-7 wußte man, daß die Großen Didymeen auch einen Agon der Jugendlichen in der asianischen Redekunst (die Teilnehmer hießen ἡγησιασταί, nach dem Begründer des Stils, dem magnetischen Rhetor Hegesias) und der tragischen Kitharodie beinhalteten (die τειμοθεασταί nannten sich nach Timotheos), s. Rehm i. Komm. und dens., Neue Wörter aus Didyma, Zs. f. Indogerm. Forsch. 61 (1954) 170-186, h. 178-180; Bull. ép. 1955, 196. Die *Perser* des Milesiers Timotheos wurden etwa noch an den Nemeen des Jahres 206/5 v. Chr. aufgeführt (Plut. Philop. 11,2; Paus. 8,50,3), und um 170 v. Chr. trägt ein teischer Gesandter im kretischen Knosos kitharodische Dichtung des Timotheos vor, wie ein Asyliedekret der Stadt für Teos zeigt, I.Cret. 1,8,11 = Schwyzer, DGEEP 190; zu diesem Text M. Guarducci, Mem. Accad. Lincei 6,2, 1929, 646f. 664f. Enkomiastische Agone für Kinder an den Pythien *»und den anderen heiligen Agonen«* bezeugt etwa I.Iasos 111 = McCabe, Iasos (PHI # 7) 247, 8-10 (vgl. Robert, Études épigr. et philol. 27-29): νικήσαντα ἐνκωμίωι Πύθ[ια καὶ ἄλ]λους ἱεροὺς ἀγῶνας παῖδα σωφροσύνῃ διαφέροντα. Vgl. zur Sache weiter Robert ebd. 21-30. Die Sieger in diesen Agonen haben sich aller Wahrscheinlichkeit nach auch als Kultverein formiert, Bull. ép. 1955, 196; ebd. 178 S. 249 zu den Orakeln des parischen *Monumentum Archilochium* (IG 12,5,445), die die private Stiftung des Archilochion durch Mnesiepes zur Folge hatten: So wie in diesem Museion die parischen Dichter und Redner sich in Agonen zur Ehre des Archilochos miteinander maßen und dem Heros opferten, haben auch die ἡγησιασταί und τειμοθεασταί an ihrem Agon in Didyma ihre beiden heroisierten Archegeten verehrt. – Rehm hatte in I.Didyma 182,20 hingegen ἐν κω[ταρχεία ergänzt, aber bereits irritiert bemerkt, daß dann die Disziplin, in der Maker gesiegt hatte, nicht spezifiziert worden wäre, und behelfsweise angenommen, daß er auch an den Didymeen als προκιθαριστὴς καὶ χορηγός sich einen Namen gemacht habe. Das Fehlen der Nennung der Disziplin mußte aber skeptisch machen; auch wäre es sprachlich merkwürdig, wenn die für den stadtmilesischen Kult des Apollon Delphinios genannten Funktionen hier noch weitergeführt worden wären. Entscheidend ist aber der von Robert (vorige Anm.) gemachte Einwand, daß die Choregie bei den Molpen im Kindesalter übernommen, die κωταρχεία aber allen Anzeichen nach – wie die Prophetie – nur von Erwachsenen im reiferen Alter bekleidet wurde. Der κωτάρχος ist ein Priester im milesischen Kabirenkult (der Titel kommt andernorts nicht vor), über dessen Amt wir kaum Näheres wissen, vgl. O. Kern, Kabeiroi, RE 10 (1919) 1399-1450, h. 1407-1409; Robert, Hell. 11-12,447f. m. 448 Anm. 1. Der vollständige Titel in I.Didyma 252,4: κωτάρχος τῶν Μεγάλων Θεῶν Καβίρων. Wir kennen rund 20 Belege in Didyma, vgl. I.Didyma, Index IV s.v. Die Etymologie ist ungeklärt. Die von L. Robert angekündigte eingehende Behandlung dieses Priestertitels ist nicht erschienen.

27 Stammbaum bei Rehm S. 146.

28 ἱερείας τῆς Πολιάδος 'Αθ[ηνᾶς I.Didyma 182,16.

29 Vgl. Rehm im Stammbaum (wie Anm. 27); dazu kommt I.Didyma 302/303, wie Robert erkannt hat, Hell. 11-12,460-463. S. hiern. Anm. 36.

30 **Didyma B3** = I.Didyma 243 = McCabe, Didyma (PHI # 7) 409, 15 ἱερείας διὰ βίου τῆς Π[ολιάδος 'Αθηνᾶς. Zu dieser Inschrift s. auch nächste Anm.

ob die μαρτυρία, von der die Rede ist, auf ein Orakel Apollons für die Großmutter Makers Bezug nimmt, die Priesterin der Athena Polias διὰ βίου, in dem sie, wie Satornila in unserer Inschrift, für das Priesteramt empfohlen worden war.[31] Damit gäbe es eine recht genaue Parallele zu der neuen Inschrift.

3.1.3 Exkurs: Zur Bezeichnung einer Orakelerteilung als μαρτυρία des Gottes

Didymäische Propheten erhalten »Zeugnisse« von ihrem Gott.

Daß die Erteilung eines Orakels in Didyma als μαρτυρία bezeichnet werden konnte,[32] zeigt auch eine Reihe weiterer Propheteninschriften aus Didyma, die hier kurz vorgestellt werden sollen:[33] Der προφήτης αὐτεπάγγελτος T.

---

31 Z. 8: Der Prophet Maker rühmt sich, γένους αὐτοφαν[ῶν προγόν]ων zu sein – siehe zu diesem Ausdruck auch unten S. 370-373 m. Anm. 121 –, ὡς ὁ Διδυμεὺς ἐμαρτύρησ[εν. Diese Interpretation wurde vorgeschlagen von Herrmann, Athena Polias 294f. Anm. 10 (Bull. ép. 1972, 401). Seine Ausführungen sind m.E. nur insofern leicht zu korrigieren, als die Bestimmung γένους αὐτοφαν[ῶν προγόν]ων, zu der die Parenthese ὡς ὁ Διδυμεὺς ἐμαρτύρησ[εν gehören muß, nicht auf die zuvor genannte Mutter Ambivia Ulpiane, sondern auf den Z. 1-3 die Inschrift im Akkusativ des Geehrten eröffnenden Maker selber zu beziehen sein dürfte. Auch so ist die μαρτυρία für seine Begünstigung durch Apollon freilich noch sehr indirekt, wenn denn ein Orakel für die Großmutter (die selber erst viel später, Z. 14f., nach dem Großvater Granianos Phanias angeführt wird) damit gemeint ist: Apollon hätte dann die Zugehörigkeit des Propheten Maker zu einem γένος αὐτοφανές dadurch *»bezeugt«*, daß er dessen Großmutter zur Athena-Priesterin vorgeschlagen hat. Daß die Erwähnung der μαρτυρία in diesem Text so entfernt von der mutmaßlichen Empfängerin steht, mag zur Skepsis gegenüber dieser Deutung anhalten. Andererseits paßt der etwas überzogene Anspruch des Propheten auf die Gunst des Gottes über mehrere Stufen seiner Aszendenz recht gut zu dem Selbstbewußtsein und ausgeprägten Familienstolz, die aus den Inschriften dieser sozialen Elite Milets im 3. Jh. n. Chr. sprechen. Auch Robert, Hell. 11-12,463 (zu I.Didyma 303, 13f.), wertet unsere Stelle als Hinweis auf ein ergangenes Orakel.

32 Diese *»Bezeugungen«* können, müssen aber nicht mit Orakeln verbunden sein – auch Inkubation, Träume und andere Formen von Epiphanien können so bezeichnet werden. In Palmyra gewährt der πατρῷος θεός der Stadt Iarhibol, innerhalb der Bel-Triade der solare Gott, μαρτυρίαι in Form von Orakeln, die in den auf der Agora aufgestellten Ehrungen dokumentiert werden (H. Seyrig, Inscriptions grecques de l'agora de Palmyre, Syria 22, 1941, 223-270, h. 246 Nr. 15 = J. Starcky, L'agora, Inventaire des inscriptions de Palmyre 10, Damaskus 1949, 85 = Chr. Delplace/J.B. Yon, Les inscriptions de l'agora, in: dies./J. Dentzer-Feydy, L'agora de Palmyre, Ausonius Mémoires 14, Bibl. archéol. et histor. de l'Inst. franç. du Proche-Orient 175, Bordeaux/Beirut 2005, 167 Nr. V.08; Starcky ebd. 115 = Delplace/Yon 168f. Nr. V.10). Es gab im Heiligtum des Iarhibol, dem um eine heilige Quelle zentrierten Hauptkult von Palmyra, das alljährlich wechselnde Amt eines von der Stadt bestellten *mantis*, der die Konsultationen durchführte, s. J.T. Milik, Recherches d'épigraphie proche-orientale 1: Dédicaces faites par des dieux (Palmyre, Hatra, Tyr) et des thiases sémitiques à l'époque romaine, Inst. franç. d'archéologie de Beyrouth, Bibl. archéol. et histor. 92, Paris 1972, 279f. Der Gott bestimmt auf diese Weise Sakralbeamte, so den ἐπιμελητής der heiligen Quelle Ekpha in seinem Bezirk (OGIS 634 = J.B. Chabot, Choix d'inscriptions de Palmyre, Paris 1922, 75) und einen Symposiarchen der Bel-Priesterschaft (CISem 2, 3919 = J. Cantineau, Le sanctuaire de Bêl, Inventaire des inscriptions de Palmyre 9, Beirut 1933,

Flavius Ulpianus, der mehrere Anfragen an Apollon über Kultprobleme gestellt hat, sagt von sich selbst, daß *»der Gott ihm durch seine göttlichen Botschaften schon oft klar und deutlich Zeugnis abgelegt habe«*;[34]

---

19). Gemeinsam mit dem römischen Militärpräfekten zeichnet er zwei städtische Strategen aus (OGIS 640 = CISem 2,3932 = J. Cantineau, La grande colonnade, Inventaire des inscriptions de Palmyre 3, Beirut 1930, 22 = Delplace/Yon ebd. 242f. Annexe 21 = Kh. Asad/J.B. Yon, Inscriptions de Palmyre: promenades épigraphiques dans la ville antique de Palmyre, Beirut 2001, 18) und gemeinsam mit den kaiserlichen Proprätoren *»und der* πατρίς« einen στρατηγὸν τὸν ἐπὶ τῆς εἰρήνης κατασταθέντα (H. Ingholt, Syria 12, 1932, 279 = SEG 7,138 = Deplace/Yon 235 Annexe 1). Nicht deutlich ist, ob der Gott die μαρτυρίαι beim Amtsantritt erteilt (so wie er im ersten Beispiel die Wahl des Betreffenden sanktioniert) oder als Auszeichnung beim Ausscheiden der Beamten. Alle diese Inschriften beginnen in severischer Zeit und reichen bis in die Mitte des 3. Jh.; sie werden diskutiert von Seyrig ebd. 245-248 (wieder in: ders., Antiquités syriennes 3, Paris 1946, 189-192) und von Delplace/Yon ebd. 209f. Y.-B. Yon, Les notables de Palmyre, Bibl. archéol. et histor. de l'Inst. franç. du Proche-Orient 163, Beirut 2002, 122f. m. Anm. 197-199 (die Stellen ebd. 245 s.v. μαρτυρέω), betont, daß, gleich ob die μαρτυρίαι vom Gott oder von römischen Beamten ausgingen, in aller Regel ein entsprechender Beschluß der Volksversammlung den Prozeß in Gang gesetzt hatte. Das entspricht dem auch in Didyma zu postulierenden Verfahren.

Die μαρτυρίαι, die eine Gottheit gewährt, und die *»Zeugnisse«* der politischen Funktionsträger – sei es der Kaiser mit seinen Stellvertretern in Gestalt hoher Beamten, sei es die personifizierte Polis mit ihren Institutionen – sind, wie die letztgenannnten Beispiele bereits verdeutlicht haben, konzeptionell gleich gefaßt. Sie können vom Schutzgott der Stadt genauso wie von *boule* und Demos und vom römischen Legaten oder dem Provinzgouverneur ausgehen – das *»Zeugnis«* legt stets eine übergeordnete Instanz ab, wobei der Übergang von der religiösen zur politischen Sphäre fließend ist. Ehrende μαρτυρίαι erhalten so gerade auch Euergeten: In der monumentalen autobiographischen Inschrift des Opramoas von Rhodiapolis (IGRom 3,739 = TAM 2,905, jetzt Kokkinia, Opramoas) ist an zahlreichen Stellen die Rede von den μαρτυρίαι, die er vom lykischen *koinon* erhalten hat und die von den römischen Autoritäten bestätigt wurden, s. Kokkinia ebd. 232f. und 269 Index s.v. μαρτυρία, μαρτυρέω. Vgl. zu weiteren Beispielen im Kontext des Euergetismus Robert, Hell. 3,21-23; 13,207 m. Anm. 5; dens., Carie 181; Bull. ép. 1964, 499. Weiter A. Wilhelm, Zu Inschriften aus Kleinasien, in: Anatolian studies Ramsay 415-439, h. 423 (= ders., Inschriftenkunde 3,27-51, h. 35); ders., Anz. ÖAW 1928, 133-135 (= ebd. 3,221-223); ders., JÖAI 12 (1909) 132 (= ebd. 1,354); ebd. 17 (1914) 26. 119f. (= ebd. 1,492. 585f.).

33 Zusätzlich zu den im folgenden zu erörternden Texten verbirgt sich mit großer Wahrscheinlichkeit in der metrischen Propheteninschrift I.Didyma 234 B1 = SGO 01/19/30 = McCabe, Didyma (PHI # 7) 554 (*term. ante q.* 17/16 v. Chr., »späthellenistische Schrift« Rehm: zur Datierung s.u.) ebenfalls ein Orakel Apollons (= **Didyma App9**) für den Amtsträger und dessen Söhne, die ebenfalls die Prophetie erreicht haben, auch wenn die betreffenden Zeilen zu Beginn des Textes stark fragmentiert sind: αὐτὸς δὲ [--- Ἀπόλλων?] ἀψευδῆ θήσει [--- μαρτυρίαν?] ἄστεϊ Μιλήτου (versuchsweise Ergänzungen von Merkelbach/Stauber). Literarische Belege von Verbindungen mit ἀψευδής geben Merkelbach/Stauber zu V. 2, die sich in religiösem Kontext regelmäßig auf Orakelbescheide beziehen. Im didymäischen Material kann man zunächst auf die in diesem Kapitel zur Diskussion stehende Satornila-Weihung hinweisen, wo es im Präskript mit Bezug auf den Orakelspruch Apollons von der Priesterin heißt αἱρε[θεῖσαν] ὑπὸ τοῦ ἀψε[υδε]στάτου θεοῦ Διδ[υμέω]ς Ἀπόλλωνος (siehe oben S. 328); sodann auf die Weihung einer Apollon-Statue durch die Einwohner von Rhodos in zwei elegischen Distichen an den didymäischen Gott zum Dank für mehrere Orakel (deren Anlaß und Inhalt nicht genannt werden), **Didyma App41** = I.Didyma 83 = SGO 01/19/20 = McCabe, Didyma (PHI # 7) 552: τόνδε θεῷ Διδυμῆϊ Ῥόδου ναετῆρες ἔθεντο | οἰκεῖον Φοίβῳ Φοῖβον ἀκειρεκόμην | οὕνεκεν εἰρομένοισιν *ἀεὶ νημερτέας ὀμφὰς* | θέσπισεν *ἀψεύστων* πολλάκις *ἐκ τριπόδων*. Die Erwähnung eines τρίπους in der didymäischen Orakelpraxis irritiert: Wird das delphische Modell in poetischer Freiheit verallgemeinert? Eigenwillig

so habe der Gott ihn auch jetzt wieder im Heiligtum *»angesprochen«*.[35] In einer weiteren Ehreninschrift rühmt sich der schon erwähnte Prophet Gra-

---

mutet auch die Hervorhebung der Identität von Empfänger des Weihgeschenks und Kultbild an, die durch die verschränkte Wortfolge noch betont wird, so daß man fast theologische Spekulation über die Identität von Kultbild und Gottheit hinter einer solchen Formulierung vermuten möchte. Zu dieser Inschrift nochmals u. Anm. 194.

Anlaß für des Epigramm **Didyma App9** war offenbar der Stolz der Familie, daß wie der Vater so auch seine Söhne in das Prophetenamt aufgestiegen sind. Das Futur θήσει in v. 2 verwundert: Sind die Orakel doch noch nicht ergangen, sondern nur eine Ambition des Vaters für seine Söhne? Aber angesichts der Lücken in den ersten drei Versen ist hier keine Sicherheit zu gewinnen. Interessant, aber bei dem Erhaltungszustand des Steines ebenfalls nicht näher aufzuklären ist der Bezug auf die Stadt Milet: Wenn die Ergänzung von Merkelbach/Stauber in die richtige Richtung geht *(»wird der Stadt Milet ein untrügliches Zeugnis bestätigen«)*, ist das in den Propheteninschriften, die auf ein sanktionierendes Orakel Apollons für den Amtsinhaber hindeuten, ein einmaliger Verweis auf die übergeordneten politischen Institutionen. – Die Übersetzung in SGO enthält übrigens m.E. einen Lapsus: πόρον v. 4 kann ja nicht 3. sg. und damit Apollon hier nicht mehr Subjekt sein, es sei denn, der Gott spräche in diesem Teil des Epigramms in direkter Rede, womit wir dann sogar ein wörtliches Zitat des Orakels erhielten (das ist m.E. vorstellbar). Gleichfalls finde ich es schwierig, θείης v. 6 als eine unpersönlich zu fassende 2. sg. opt. aor. zu τίθημι zu verstehen, zumal die Modalpartikel für einen Potentialis fehlt (vielleicht besteht hier aber auch gemäß den Freiheiten der Versinschriften Lizenz; oder man könnte an einen Optativ des Wunsches denken); wahrscheinlicher ist, daß die Form zu θεῖος gehört und das Bezugswort in der verlorenen Fortsetzung stand.

Die Datierung ist dadurch kompliziert, daß hier Bruchstücke sehr verschiedener Dokumente auf demselben Stein stehen. Die letzte von vier Inschriften enthält die Datierung und kann nach Rehm unter Heranziehung von I.Didyma 390 B auf 17/16 v. Chr. gesetzt werden. Der dort genannte Prophet M. Antonius Polites Tryblichos hat offenbar diverse Dokumente, die die Verdienste und Ehrungen seiner Vorfahren illustrierten, zu einer Sammelurkunde vereinigt. Voran steht vielleicht der Schluß eines Psephismas über die Siegerehrungen bei Tragödienagonen (τρα]γῳδοῖς 2; oder handelt es sich um eine Siegerinschrift?), dann möglicherweise ein erstes Epigramm (fast völlig verloren) und schließlich die hier besprochenen Verse. Trifft nun Rehms Vermutung zu und wollte der Prophet Polites Tryblichos seinem Familienruhm durch eine solche Zusammenstellung älterer Dokumente Ausdruck verleihen, verfügen wir für diese nur über einen *terminus ante quem*. Die genannten Texte und damit auch das Epigramm mit dem für uns namenlosen Propheten, dessen Nachfahr Polites Tryblichos womöglich war, können beträchtlich älter sein; auch die Schrift gibt ja nur einen Anhaltspunkt für *diese* Aufzeichnung des Epigramms.

34 αὐτεπάγγελτος ist in den milesischen Inschriften ein technischer Begriff, *»der sich selbst für das Amt gemeldet hat«*, ohne daß er von seinem Demos aufgefordert und nominiert worden wäre (zu einem solchen Vorgehen vgl. auch die u. Anm. 75 besprochene Inschrift aus dem thrakischen Dionysopolis, IGBulg 1^2,13 = Syll.^{3} 762,15 παρακληθεὶς ὑπὸ τῶν πολιτῶν ἐπέδωκεν ἑαυτὸν). Möglicherweise bezeichnet es das Verfahren in dem Fall, daß es nur einen Kandidaten gab, so daß ein Losentscheid nicht sinnvoll herbeizuführen war, Rehm, I.Didyma S. 324; Fontenrose, Didyma 48: »In some years there was only one candidate, and when this happened the formality of drawing lots was sometimes dispensed with, and the man was appointed *aklērôtos* or *aklērôtei* … occasionally someone volunteered to take the office before any nominations were made, and the demos of the Milesians elected him by acclamation. For in some instances a prophet calls himself *autepangeltos* … it ist not likely that a volunteer had to face other candidates«. In zwei Texten (der zuvor bei Anm. 30f. besprochenen Inschrift des Granianos Ambivius Maker, I.Didyma 243 = McCabe, Didyma [PHI # 7] 409, 2, und I.Didyma 288 = McCabe, Didyma [PHI # 7] 395, 3) stehen nach den Ergänzungen von Rehm denn auch beide Qualifikationen, αὐτεπάγγελτος und ἀκλήρωτος, zusammen bei einer Person. Allerdings ist an beiden Stellen mindestens einer der beiden Termini vollständig ergänzt, und auch Rehm setzt jeweils Fragezeichen. Es ginge

nianos Ambivius Maker[36] nicht nur, freigebig den Buleuten und einem Hymnen-Chor,[37] wohl im Zusammenhang mit dem Fest der Molpen in Mi-

---

aber wohl zu weit, aus dieser Doppelbezeichnung im Umkehrschluß zu folgern, in den Fällen, wo ein Prophet sich nur αὐτεπάγγελτος nennt (I.Didyma 241,2; 252,1; 269,3f.; 270,4; 277,1), sei ungeachtet der Einzelkandidatur eine formelle Bestimmung im Losverfahren impliziert.
αὐτεπάγγελτος zusammen mit αὐτοετής, ›der im selben Jahr die Prophetie und ein weiteres Amt innegehabt hat‹ (zu diesem Begriff u. Anm. 47): I.Didyma 244,2f.; 278,3. Andernorts wird einfaches ἐπάγγελτος für die Bereitschaft zur Amtsübernahme verwendet, vgl. Quaß, Honoratiorenschicht 291f. m. Anm. 1223 mit einem illustrativen Beispiel aus Histria, I.Istros 54 = Syll.^{3} 708, u. Anm. 74; ebd. 331f. m. Anm. 1410 zur ἐπαγγελία der Priester in Panamara, u. Anm. 73. Daß die Qualifikation als αὐτεπάγγελτος das Fehlen einer Bestätigung bzw. einer formellen Auswahl durch Apollon in Form eines Orakels bedeutet hätte, macht eben der hier diskutierte Text mit der nachdrücklichen Anführung der *»Zeugnisse«* Apollons unwahrscheinlich (s. nächste Anm.), abgesehen davon, daß für die sich stets als εὐσεβεῖς darstellenden Propheten ja ein Mangel darin läge, den man schwerlich als rühmendes Prädikat erwarten würde. Die Mutmaßungen von Parke, Apollo in Asia 84-86, zum historischen Hintergrund gehen sicher in die Irre (vgl. unten S. 389-394 mit Anm. 157).
Interessant ist die Frage, ob αὐτεπάγγελτος nicht vielmehr auf die Aufforderung durch den Gott geht (ἐπαγγέλλω ›anordnen, auffordern, aufrufen‹). Dann käme es dem Gedanken der μαρτυρία nahe: Der Prophet rühmt sich seiner individuellen *»Berufung«* durch Apollon, die sich etwa in einer Epiphanie im Traum oder in einer ekstatischen Erfahrung ereignet haben könnte (Hinweis von F. Graf). In diesem Fall wäre der Begriff religiös erheblich aufgeladener als bei der bloßen Unterstreichung bürgerschaftlichen Engagements und wiese auf ein privilegiertes Verhältnis des Amtsinhabers zu seinem Gott. Epiphanien als Thema in unserem Corpus: **Didyma 22/23** (Doppelorakel für Alexandra, u. Anm. 404); **A3** (Statuenfund nach Traum); **A6** (Traum; Erscheinung der Artemis?); **45** (Pan und Artemis, u. Anm. 412 und Kap. 2, Anm. 620). Explizite Belege für eine Epiphanie des orakelgebenden Apollon selbst fehlen freilich; doch siehe das »Höhlenwunder« des Gottes im lykischen Sidyma, u. S. 504f. m. Anm. 412. Weihungen, die Götter in Träumen verlangt haben, sind häufig belegt: Robert, Hell. 1,72 Anm. 1; 2,148; ders., Noms indigènes 381 m. Anm. 1; Bull. ép. 1977, 270. Schließlich mündet das Thema in die ›Theologischen Orakel‹ in der Spekulation über das Wesen der Gottheit ein, die αὐτοφανής sei, vgl. **Klaros App14**.
Im selben technischen Sinne, wie bei den Prophetien in Didyma der Ausdruck αὐτεπάγγελτος Verwendung findet, wird die Formel ἐξ ἐπαγγελίας regelmäßig in den Priesterinschriften des Panamareion, des karischen Bundesheiligtums bei Stratonikeia (siehe dazu u. S. 348f. und Anm. 71-73), gebraucht. So erscheint der Ausdruck im Zusammenhang mit der Gymnasiarchie am Fest der Komyria (etwa I.Stratonikeia 203 = McCabe, Panamara [PHI # 7] 135, 3f.) und der Heraia (etwa I.Stratonikeia 276 = McCabe ebd. 210, 5-9), beides Funktionen im Aufgabenbereich des Priesters des Zeus Panamaros. Er findet sich aber auch sonst für die Übernahme der Priesterämter des Zeus und der Hekate (I.Stratonikeia 249 = McCabe ebd. 182, 5-8) und anderer Ämter (Kaiserkult und Stephanephorie: etwa I.Stratonikeia 295 a = McCabe ebd. 227, 13-15; gleichlautend, für dasselbe Ehepaar: I.Stratonikeia 295 b = Mc Cabe ebd. 228, 16-24). Vgl. noch L. Robert, Inscriptions de Carie, RevPhil 3,14 (1940) 38-44 (Bull. ép. 1940, 153a; nicht in OMS); Oppermann, Zeus Panamaros 50-55; Laum, Stiftungen 1,118-120; sowie zum Verfahren insgesamt die Bemerkungen bei E. Ziebarth, Das griechische Vereinswesen, Stuttgart 1896, 7 Anm. 3, und dems., Schulwesen 11f. m. 12 Anm. 1.
In dem allgemeineren Sinne ›nach einem Versprechen, gemäß der (freiwilligen) Zusage‹, in dem sonst die Formel κατ' ἐπαγγελίαν verbreitet ist, wird ἐξ ἐπαγγελίας im Ehrenbeschluß des *koinon* der Panamareer für den Lokalhistoriker und Priester des Zeus Panamaros, Leon von Alabanda (3./2. Jh. v. Chr.), gebraucht: I.Stratonikeia 7 = Chaniotis, Historiker 302f. E 9 (mit wichtigen Bemerkungen zum Text) = McCabe, Panamara (PHI # 7) 7. Er hatte als Ergebnis seiner antiquarischen Arbeiten in den Tempelarchiven eine Geschichte des Heiligtums vorgelegt, in der er alle Privilegien und insbesondere die Asylie-Ansprüche des Panamareions zusammenstellte, und damit

let,[38] Festbankette ausgerichtet und Unterstützungen gezahlt, auch Baumaßnahmen im Heiligtum finanziert, ja überhaupt *»die Traditionen erneuert«* zu haben.[39] Er läßt auch nicht unerwähnt, daß Apollon ihm *»oft ein Zeugnis durch Orakel erteilt«* habe.[40] Dieser Text bringt auch die In-

---

beim Volk einen Beschluß zu erwirken vermocht, mithilfe dessen er dem Kult des Bundesgottes größeren Glanz zu verleihen beabsichtigte: ψή]φισμα ἀποδοὺς καὶ παραθεὶς (zum Verb u. Anm. 382) ἔκ τε [τ]ῶ[ν] [ἱστοριῶ]ν καὶ τῶν ἀρχαίων γραμμάτων καὶ συστησά[μενος τὰς ἄν]ωθεν τιμὰς καὶ ἀσυλίας ὑπαρχούσας τῶι Δ̣ι̣ῒ καὶ Παναμαρεῦσιν ἔπεισεν τὸν σύνπαντα δῆμον εἰς τ̣[ὸ] τὰς θυσίας ἐπιφανεστέρας καὶ μείζονας συντελεῖν. In dem Antrag, der diesem Beschluß zugrundelag, könnte Leon die internationale Verkündigung des Kults, verbunden mit der Einladung der anderen Poleis zum Fest der Panamareia, vorgeschlagen haben, denn er wurde, als der namhafte Verfasser der Heiligtumsgeschichte, selbst – vermutlich an der Spitze von *theoriai* des *koinon* – entsandt, um diese diplomatischen Missionen zu leiten (ἐπελθών τε ἐπί τινας δήμους ἔπεισε καὶ ἐκείνους συνθύειν 7f.). Die Kosten seiner Ehrung (goldener Kranz, Standbild mit Ehreninschrift und Aufzeichnung des Volksbeschlusses) sollen ἐξ ἐπαγγελίας (26), *»durch eine Selbstverpflichtung«*, aufgebracht werden. Die Person, die sie leisten soll, ist aber zum Zeitpunkt der Beschlußfassung offenbar noch nicht bestimmt; sie ist jedenfalls kaum identisch mit dem nachstehend (27-31) gewählten Kallimedes, der den Beschluß des *koinon* bei Rat und Demos (doch wohl Stratonikeias) erläutern soll (ἀποδότω τόδε τὸ ψήφισμα κτλ.) – Die Formel κατ' ἐπαγγελίαν von euergetischen Leistungen etwa in Lydien, Robert, Hell. 9,7-25 (Sardeis; s. Bull. ép. 1951, 201; zu diesem Volksbeschluß schon o. Kap. 2, Anm. 524); ebd. 35-38 = TAM 5,3, 1520 (Spende zugunsten einer συμβίωσις, eines kultischen oder beruflichen Vereins, aus der Nähe von Philadelphia; Bull. ép. 1951, 202). Ganz fernzuhalten ist der athenische Rechtsbegriff der ἐπαγγελία im Antragsverfahren der Volksversammlung (Ankündigung einer δοκιμασία gegen einen Antragsteller), obwohl es die einzige Verwendung ist, welche die verschiedenen Sachenzyklopädien s.v. behandeln.

35 **Didyma 29** = I.Didyma 277 = SGO 01/19/10, 9-12: ᾧ κ(αὶ) ὁ θεὸς διὰ θείων θεσ[πισ]μάτων πόλλακις *ἐμαρτύρησεν* ἐν[αργῶς· κ(αὶ) νῦν] ἐν χρηστηρίῳ προσ(ε)ῖ[πεν αὐτὸν διὰ τὴν ε]ὐσέβειαν. – ἐν[αργῶς 11 ergänzt Merkelbach in SGO, Rehm ἐν [ὄψει: dann hätte Ulpianos zuvor häufige Traumerscheinungen Apollons gehabt und erst jetzt ein Orakel erhalten. Aber Apollon ist in Didyma keine Inkubationsgottheit; man wendet sich zwar *nach* Träumen mit der Bitte um Aufklärung an ihn (**A3**, **A6**), doch wird nirgendwo von Traumgesichten des Gottes berichtet (vorige Anm.). Außerdem heißt es auch im Orakel eindeutig 15f. μ'] εἰσαῦθις ἀνειρομένῳ, so daß es stimmig ist, wenn Ulpianos in seinen eigenen Worten auf vorgängige Konsultationen Bezug nimmt. – προσ(ε)ῖ[πεν ebenfalls Merkelbach, -ι[πὼν mit leicht veränderter Syntax Rehm. Zum Gegenstand der Anfragen des Ulpianos vgl. im Orakel selbst 19f. ἀμφὶ θυη[πολίην βωμ]ῶν πέρι φροντίδα θῆκας. Auf das angeführte Orakel Apollons folgte noch ein weiterer Bescheid: Wie Ulpianos anschließend an das Versorakel in eigenen Worten hinzufügt, hat er nachgefragt, an welchem Ort genau er Apollon den neuen Altar errichten solle, 21-23 [καὶ πάλιν χρω]μένῳ αὐτῷ, ποῦ τὴν ἱερὰν | [τράπεζαν στήσει τι]μῶν αὐτὸν ἀνεπι[σφα|λῶς - - - (erg. Rehm). Man muß davon ausgehen, daß diese Antwort weiter unten auf dem Stein ebenfalls festgehalten war. Weitere Doppelorakel aus Didyma, die jeweils durch eine Nachfrage des Konsultanten mit Bitte um Präzisierung zustandekommen (in allen genannten Fällen sind beide Antworten erhalten oder zumindest klar erkennbar): **24** = I.Didyma 501 (Kult für Hera); **30/31** = I.Didyma 504 (für den Propheten Damianos über die Errichtung eines Altars für Kore Soteira im περιβωμισμός Apollons, besprochen unten Anm. 247); **A5** = I.Didyma 503 (bakchische Riten?); vielleicht auch **A4** = I.Didyma 502 (stark zerstört; Meinungsverschiedenheiten im Verein der Φιλοδιονύσιοι?).

36 **Didyma App12** = McCabe, Didyma (PHI # 7) 396. Robert, Hell. 11-12,460-463, konnte die bei Rehm noch als I.Didyma 302 und 303 getrennt gegebenen Fragmente zusammenfügen und die so rekonstruierte Inschrift dem Propheten zuweisen. Er erkannte die Nennung seiner Gattin Ἀγαθώ in I.Didyma 302,10, die ihrem Mann im milesischen Delphinion eine Statue mit dem Epigramm I.Milet 175 (Milet 1,3,395f.) = SGO 01/19/28 geweiht hat; vgl. auch nächste Anm.

formation, daß unter der Prophetie des Maker seine Frau Agatho die Säulenhalle des Prophetenhauses mit einem neuen Dach ausgestattet und weitere Baufinanzierungen übernommen hat.[41] Auf ein Orakel Apollons spielt auch ein Epigramm auf den Propheten Ulpios Menandros an, *»dem Gott Phoibos teuer; Zeuge deiner Vortrefflichkeit ist nicht ein Sterblicher, sondern der Gott«*.[42]

Ist diese Frau identisch mit der in Athen gestorbenen Ἀγαθὼ Μιλησία in IG 2^2,9366? Vgl. Robert ebd. 461 Anm. 3.

37 I.Didyma 302,3-5 καὶ τὰ δε[ῖπνα - - -] | τῷ τε ἱερῷ χο̣[ρῷ? - - πᾶ]|σιν βουλευτα[ῖς - - -.

38 Vgl. das Kultgesetz aus dem Delphinion über die Reform der Feiern der Molpen, das den Stephanephoren und den didymäischen Propheten die Pflicht zur Finanzierung der Festmähler der Molpen und der Κόσμοι auferlegt, I.Milet 134 (Milet 1,3,284-286) = LSAM 53 (Ende des 1. Jh. n. Chr.), 13-17: δεδόχθαι τοὺς προφήτας καὶ τοὺς στεφανηφόρους ἐπάναγκες ἐπιτελεῖν τὰς εὐωχίας τῶν τε κόσμων καὶ τῶν μολπῶν κατὰ τὰ π[ά]τρια ἔθη, καθὼς προνενομοθέτηται κ[αὶ] προεψήφισται. Der Beschluß hält fest (39f.), daß ein Exemplar davon auch im Apollonheiligtum von Didyma aufgestellt werden solle, doch ist dieser Stein nicht gefunden worden.

39 ἔθη τε π[άτρια ἀ]νενεώσατο 8. Hinter diesem Ausdruck stehen bei den Propheten von Didyma wohl vor allem die Finanzierung der Festbankette und weitere Geldzuweisungen. Er kehrt wieder in zwei der Inschriften für den Propheten Ti. Claudius Damas, I.Didyma 237 II = McCabe, Didyma (PHI # 7) 358, 8 und I.Didyma 268 = McCabe ebd. 365, 5, einmal in der verkürzten Form ἀνανεοῦσθαι τὰ πάτρια. Der erstgenannte Text zeigt, daß damit auch nur die Übernahme des Amtes nach einer Vakanz bezeichnet werden kann (ἀνενεώσατο τὰ πάτρι[α] τοῦ πρὸ αὐτοῦ ἐνιαυτο[ῦ] ἀπροφητεύτου γενομ[έ]νου 7-11). Zur Person vgl. die Bemerkungen von Rehm zu I.Didyma 237 II. Als Archiprytane in Milet hat er das in der vorigen Anm. genannte Kultgesetz über die Festmähler der Molpen und der Κόσμοι eingebracht. – Die Formel findet sich weiterhin in den Propheteninschriften I.Didyma 264,16 (ebenfalls im Zusammenhang von ›Verteilungen‹, διανομαί, an Rat, Bürger – dies ergänzt – und die Frauen) und I.Didyma 289,3 (dort mit der Spezifizierung κατ]ακλείνας τοὺς π[ολίτας, *»indem er die Bürger bewirtete«*; weitere Konkretisierungen werden genannt gewesen sein, sind aber nicht mehr erhalten). – Anders zu verstehen ist die auf gelehrten Forschungen beruhende ἀνανέωσις in Vergessenheit geratener kultischer Regelungen und Traditionen, wie sie sich der lykische Rhetor Hieron zur Aufgabe gemacht hat: hiern. Kap. 3.3.

40 In 13f. heißt es nach Roberts Herstellung (ebd. 463) ᾧ διὰ χρη[σμῶν πολλάκις ὁ θ]εὸ{ι}ς ἐμ[αρτ]ύρησεν.

41 οὗ προφητεύοντ[ος ἡ σεμ]νοτάτη σύμβιος Ἀγαθὼ τὴν στ[οὰν τῆς προ]φητικῆς (sc. οἰκίας Robert ebd. 462) ἐστέ[γ]ασεν 9-11. Als Fortsetzung in 11f. schlägt Robert ebd. 463 *exempli gratia* vor: καὶ ἔχρεισ[εν (Adverb von ca. 4 Buchst.?) ὑφ' ἧ]ς ἐτελέ[σ]θη καὶ τὰ χρ[είσματα ὧν ὁ δεῖνα κα]τήρξατο. Zu κίχρημι, χρῆσθαι zur Bezeichnung der Finanzierung von Baumaßnahmen, speziell Verputzen und Stukkaturen: ders., Carie 363f.

42 **Didyma App11** = I.Didyma 223 A = SGO 01/19/25, 1f.: Οὔλπιε θεῖε Μένα[νδρε,] θεῷ μεμελημένε Φοίβῳ, | μάρτυς σῆς ἀρετῆς οὐ βροτός, ἀλλα θεός. Vgl. W. Peek, Rez. Rehm, Didyma 2, Helikon 4 (1964) 565. Die Formulierung θεῷ μεμελημένε Φοίβῳ kommt den Worten der Agatho in ihrem Epigramm über ihren Mann, den Propheten Granianos Maker, nahe (zuvor Anm. 36), I.Milet 175 (Milet 1,3,395f.) = SGO 01/19/28, 1f. τὸν φίλον Φοίβωι Μακέρα προφήτην.

Orakel und Kranzzeremonie in der Amtsinvestitur der Propheten. Wahl der Propheten durch die demokratischen Institutionen der Stadt und Autorität des Orakels. Losentscheid und Orakel.

Ganz ähnlich ist die Formulierung in der Ehreninschrift des Philodemos, Stephanephore des Jahres 67/66 v. Chr. und Prophet, die nach Präskript und Datierung ein Epigramm bietet, zu dessen Beginn es heißt: »*Zum Zeugen deiner frommen Seele wird Apollon selbst, der dir im selben Jahr die heiligen Kränze aufgesetzt hat.*«.[43] Die Umstände dieser Konsultation könnten sich so erklären, daß die milesischen Verantwortlichen ihre Entscheidung zu der Ämterkumulation sich von Apollon hatten sanktionieren lassen.[44] Auf dem Stein sind oberhalb der Inschriften[45] vier Kränze in Relief gearbeitet: zwei Wollbinden (στρόφια), einmal mit einem Knoten, einmal mit einer Schleife, ein Goldreif und ein Lorbeerkranz.[46]

Es liegt zunächst nahe, diese Kränze auf die besondere Auszeichnung des Philodemos zu beziehen, die das Epigramm in den Mittelpunkt stellt: die doppelte Amtsführung von Prophetie und eponymer Stephanephorie im selben Jahr.[47] Die Kränze wären dann mit jeweils einem der Ämter zu verbinden:[48] Während die Wollbinden vom Propheten bei seiner Amtsinvestitur getragen wurden und der Lorbeerkranz wohl zur Leitung der Ora-

43 **Didyma B2** = I.Didyma 229 II = Robert, Hell. 11-12,449f. = SGO 01/19/27, 7f. *μάρτυς* μὲν ψυχᾶς ὁσίου πέλει α[ὐ]τὸ[ς Ἀπ]όλλων | αὐτοετεῖς ἱεροὺς θεὶς ἔπι σοὶ στεφάνους. Zu dieser Inschrift grundlegend Robert ebd. 450-453; weiter ders., RevPhil 3,32 (1958) 60 = OMS 1,395 (zum milesischen Demos der Tichiesseis, aus dem Philodemos stammt, Z. 2f.); Günther, Orakel von Didyma 114. 118; Robinson, Theological oracles 62. Zum Kranz als priesterlicher Insignie s. hiern. Anm. 63.

44 Fontenrose, Didyma 240, hält einen solchen Verlauf ohne nähere Begründung für »very unlikely«.

45 Eine kurze weitere, nicht zugehörige Propheteninschrift wurde später noch über der des Philodemos angebracht.

46 Abb. bei Robert, Hell. 11-12 Taf. 28, reproduziert in SGO, sowie bei Günther, Selbstdarstellung 450.

47 αὐτοετεῖς στεφάνους 8, vgl. 11f. μόνος ἐμ πάτρᾳ στεφανηφόρος ἠδὲ προφή[της] | κληζόμενος. Zu diesem Begriff der milesischen Beamteninschriften B. Haussouiller, Sur la signification du mot αὐτοετής, RevPhil 2,20 (1896) 99f. Die Amtsperioden überschnitten sich in diesem Jahr um drei Monate, da in dieser Zeit das Propheten- und das Stephanephorenjahr nicht übereinstimmten, s. Rehm, Chronologie 31f.; Philodemos war danach wohl noch einmal Prophet, I.Didyma 220 mit Rehms Komm. Verschiedene vorgeschlagene Deutungen zu αὐτοετής in den Propheteninschriften, auch zum hier besprochenen Text **Didyma B2** = I.Didyma 229 II (zuvor Anm. 43), diskutiert Fontenrose, Didyma 48f., und bezieht dann selbst eine sehr vorsichtige Position: αὐτοετής konnte demnach bei verschiedenen Ämterkombinationen von Propheten gebraucht werden, die im Jahr ihrer Prophetie noch ein anderes hohes Amt innehatten; in einer Reihe von Fällen scheint es mit der Bezeichnung πανηγυρικός übereinzustimmen und anzuzeigen, daß der Prophet sein Amt im Jahr der Großen Didymeen innehatte. Ebd. 49 Anm. 6 werden die relevanten Belege angeführt.

48 So die Deutung der Vierzahl bei Robert, Hell. 11-12,452f.; im wesentlichen akzeptiert von Merkelbach/Stauber in SGO.

kelkonsultation gehörte, wäre der goldene Kranz vom eponymen Oberbeamten bei besonderen Anlässen getragen worden.[49]

Vor einigen Jahren ist allerdings ein ähnliches Dokument aus Didyma bekanntgeworden, das wenigstens drei Propheten verschiedener Amtsjahre in einer Sammelurkunde ehrt und dieselbe Ikonographie der vier unterschiedlichen Kränze aufweist.[50] Das spricht dafür, daß alle vier Kränze Amtsinsignien des Propheten sind, die bei unterschiedlichen Gelegenheiten Verwendung fanden.[51] Jedoch läßt sich diese Deutung nicht leicht mit den Formulierungen der Inschrift des Philodemos verbinden, die von den *»Kränzen im selben Jahr«* (αὐτοετεῖς στεφάνους) spricht und damit ausdrücklich auf die doppelte Bekleidung von Prophetie und Stephanephorie durch den von Apollon herausgehobenen Milesier Bezug nimmt. Man wäre so gezwungen, die Ikonographie des Monuments vom Text völlig zu trennen, was bei der expliziten Referenz des mit der bildlichen Darstellung eng verbundenen Epigramms auf *»Kränze«* nicht überzeugt.

Die plausible Annahme, daß der Beschluß zur Wahl des Propheten tatsächlich durch die zuständigen Institutionen der Polis erfolgt war, steht zu einer Konsultation des Gottes nicht im Widerspruch, da es sich um die Sanktionierung der politischen Entscheidung durch die religiöse Instanz handelte, wie sie auch in anderen Angelegenheiten der Polis, in denen das Orakel konsultiert wird, die Regel ist.[52] Man kann vermuten, daß Philode-

49 Wollbinden bei der Antrittszeremonie: Robert, Hell. 11-12,459. Belege für χρυσοφορία aus verschiedenen Orten diskutiert A. Wilhelm, JÖAI 17 (1914) 36-42 = ders., Inschriftenkunde 1,502-508.

50 Günther, Selbstdarstellung (vgl. Bull. ép. 2004, 296; SEG 53,1270). Die Inschriften sind jeweils von verschiedenen Händen. Von der ersten Aufzeichnung ist nur noch der Schluß erhalten, ohne daß wir den Namen der Person erführen; die beiden anderen Funktionäre haben die Prophetie in den Jahren 58 bzw. 52 v. Chr. innegehabt. Zumindest der dritte Prophet hat in seiner Ämterkarriere auch die Stephanephorie bekleidet, allerdings erheblich früher, so daß der Herausgeber einen Bezug auf dieses Amt in der Ikonographie für ausgeschlossen hält.

51 Günther ebd. 455.

52 *Pace* Fontenrose, Didyma 241 zu **B5**, der darum in den μαρτυρίαι, auf die sich die Propheten berufen, keine Orakelbescheide erkennen will. Ein unbestreitbarer Fall für die Ernennung eines Kultfunktionärs durch ein Orakel des didymäischen Apollon liegt jedoch – neben der Satornila-Inschrift – in einer für die Organisation des Orakelbetriebes wichtigen, erst in den 1970er Jahren gefundenen Hydrophoreninschrift vor, **Didyma 17** = W. Günther, in: K. Tuchelt, Didyma: Bericht über die Arbeiten der Jahre 1975-1979, IstMitt 30 (1980) 170 = SEG 30,1286 = McCabe, Didyma (PHI # 7) 450. In der Ehrung der Hydrophore Platainis wird ihre Großmutter Tryphosa erwähnt, ἣν ὁ θεὸς χρησσμῶι (eher als -σζ- auf dem Stein) κατέστησε (4f.) Dieser eindeutige Beleg stört natürlich Fontenroses These, er erklärt ihn darum zur Ausnahme (ebd. 56). Diese Inschrift hat darüberhinaus den definitiven Beleg dafür erbracht, daß es in Didyma wenigstens seit der hellenistischen Zeit eine Prophetin gegeben hat (3f. μήμης προφήτιδος Τρυφώσης) deren Rolle im divinatorischen Prozeß Iambl. Myst. 3,11 beschreibt. In einer anderen Inschrift beruht die Erwähnung einer Prophetin auf Ergänzung: I.Didyma 273 (2. Hälfte d. 2. Jh. n. Chr.) [- τῇ προφ]ήτιδι [τοῦ Διδυμέως Κλεο]πάτραι κτλ. In I.Didyma 235 B (1. Jh. v. Chr./1. Jh. n. Chr.) liest Rehm das sonst nicht bezeugte Hypochoristikon προφητίσκῃ, doch Robert konnte auf dem ihm vorliegenden Abklatsch Haussouillers das -σ- nicht erkennen und gibt den Text folgendermaßen wieder (Rez. Rehm 665): Γάϊς (= Γάϊος) εὐχαριστῶ τῇ καλῇ προφητικῇ. Während Rehm ein

mos bereits als Stephanephore für das fragliche Jahr amtierte, als er dann vor Ablauf der eponymen Magistratur auch noch die Prophetie antreten sollte,[53] die vielleicht unter unvorhergesehenen Umständen nicht wie geplant besetzt werden konnte. Da es für die gefundene Lösung keine Präzedenzfälle gab, unterbreitete sie man zunächst Apollon.

In die ψυχὰ ὅσιος sollte man im übrigen keine Spiritualität hineinlesen. Es ist die poetische Sprache des Epigramms und heißt nichts anderes, als wenn sich die Propheten als εὐσεβεῖς bezeichnen:[54] Das »rechte Verhältnis zum Göttlichen«[55] wird so benannt, in dem religiöse, auf die Gottheit

---

ihm rätselhaftes »Spott-Graffitto« in dem kurzen Text sehen wollte, findet Robert ebd. darin den Typus der »acclamation de remerciement« mit weiteren Belegen in Hell. 10,58-62. Doch bleibt der Text *pace* Robert unklar, insbesondere das Verständnis von προφητικῇ, und unter den didymäischen Zeugnissen isoliert. Die Inschrift steht auf einer Kalksteinsäule mit drei normalen Propheteninschriften, allerdings auf einer darunterliegenden eigenen Trommel. – Für die ›Wahl‹ von religiösen Funktionären durch die Götter hat bereits A.D. Nock einige charakteristische Belege zusammengestellt: Intrare sub iugum, ClassQu 20 (1926) 107-109 (ausgehend von CIL 8, 24034 = Dessau, ILS 9289, wo mit dem Begriff der Amtsantritt des Priesters des Saturnus Africanus bezeichnet wird); ergänzt: ders., A diis electa: a chapter in the religious history of the third century, HThR 23 (1930) 251-274 = ders., Essays 1,252-270, h. 254 = 255 Anm. 11 (ausgehend vom Status der Vestalinnen im Rom des 3. Jh. n. Chr.).

53 Dieser Umstand wird im Präskript des Epigramms **Didyma B2** herausgestellt: προφήτης Φιλόδημος Παμφίλου ... ἐπὶ στεφανηφόρου αὐτοῦ Φιλοδήμου. Seine Stephanephorie im Jahr 67/66 v. Chr. ist durch die Liste I.Milet 125,31 (Milet 1,3,269) dokumentiert. Rehm findet ihn auch I.Didyma 220 genannt. Ein Familienstammbaum findet sich I.Didyma S. 167.

54 Wörrle, Athena Latmia 48 m. Anm. 116, spricht von einer »religiösen Prädisposition«, die er neben die in den didymäischen Propheteninschriften so regelmäßig betonte εὐσέβεια stellt (dazu auch Chaniotis, Ritual dynamics 152-155; s. Anm. 163). Das in dieser Hinsicht mehr auf die politisch-sozialen Belange der konsultierenden Stadt eingehende Orakel für Herakleia (**Didyma App14**, behandelt in Kap. 3.2) möchte er davon abheben. Das komplexe Bedeutungsspektrum von ὅσιος, das nicht so sehr auf das Verhältnis zu den Göttern als solches, sondern mehr auf dessen Konsequenzen für die persönliche Lebensführung innerhalb des städtischen Bürgerverbands ausgeht, wird in der Formulierung des Ehrendekrets Kolophons für den smyrnäischen *chresmologos* Menophilos deutlich, der im 2. Jh. v. Chr. die Verwaltung des Orakels von Klaros innehatte: Das Amt wird ihm übertragen διά τε τὴν πρὸ[ς θεοὺς εὐσέβει]αν καὶ τὴν πρὸς ἀνθρώπους ὁσιό[τητα (**Klaros App1** = Robert, Chresmologue 279 = SEG 42,1065, 8f.). Die mit den Begriffen ὅσιος, ἁγνός, ἱερός und δίκαιος verbundenen Konzepte hat, ausgehend von einer Passage des hippokratischen Eids, H. v. Staden differenziert: Character and competence: personal and professional conduct in Greek medicine, in: Médicine et morale dans l'Antiquité, Entretiens sur l'Antiquité classique 43, Vandœuvres/Genf 1997, 157-195 (Diskussion ebd. 196-210), h. 179-194, bes. 186-188 (überarb. Fassung von: »In a pure and holy way«: personal and professional conduct in the Hippocratic Oath, JHistMed 51, 1996, 404-437). Vgl. desweiteren W.R. Connor, »Sacred« and »secular«: *hiera kai hosia* and the classical Athenian concept of the State, AncSoc 19 (1988) 161-188; J.Ch. Bolkestein, Ὅσιος en εὐσεβής: bijdrage tot de godsdienstige en zedelijke terminologie van de Grieken, Diss. Utrecht 1936, Amsterdam 1936, 179-210; W.J. Terstegen, Εὐσεβής en ὅσιος en het grieksch taalgebruik na de IVe eeuw, Diss. Utrecht 1941, 143-173; G. Kittel u.a., Theol. Wörterbuch zum NT s. vv. Zum Gebrauch in den öffentlichen Texten interessante Beobachtungen und Belege bei J. Crampa, Labraunda 3: The Greek inscriptions (Part 2), Skrifter utg. av Svenska institutet i Athen, Ser. in-4°, 5,3,2, Lund 1972, 125f. In der kyrenäischen *lex sacra* (SEG 9,72 = LSS 115, 21-25) bezeichnet ὁσία den erlaubten Zutritt zu einem sakralen Ort bzw. die legitime Teilnahme an einem Ritual oder Fest durch denjenigen, der nicht durch Kontakt mit einem Toten rituell verunreinigt ist: C. Dobias-Lalou, Le cinquième commandement de la loi

bezogene, und soziale, auf die Polis bezogene, Aspekte so zusammenfließen, daß eine Differenzierung der Ebenen kaum sinnvoll ist – Polis, Götter und das Individuum stehen in einer Austauschbeziehung, in der Interdependenz aller drei Seiten besteht.

Auch im Epigramm des dreifachen Propheten Poseidonios findet sich eine Anspielung auf ein Orakel Apollons bei seinem Amtsantritt, wenn es heißt *»Apollon selbst hat dich als Propheten begrüßt«.*[56] Die folgende ungewöhnliche Formulierung nimmt auf dieses Orakel wohl nochmals Bezug: *(»Apollon begrüßte dich«,)* λῆμμα κρίσιν μητρὸς τ' εὐσεβίην δικάσας (V. 4), *»seine Entscheidung und die Frömmigkeit deiner Mutter für einen Gewinn haltend«.*[57] Die Mutter hat gewiß als Hydrophore gedient, vielleicht aber auch noch andere Ämter innegehabt. Man könnte einwenden, daß die *»Wahl, Entscheidung«* (κρίσιν) Apollons für Poseidonios und die Frömmigkeit seiner Mutter – die doch vielmehr Motiv dafür sein muß, daß die Wahl des Gottes auf den Sohn fällt – in dieser Weise parallelisiert etwas inkonzinn wirken.

Eine andere Erklärung der Passage, die von R. Merkelbach vorgebracht worden ist,[58] vermeidet dieses Problem, indem sie ein neues Wort λημμάκρισις annimmt, das eine Eigenschaft des Poseidonios bezeichne: So wären zwei parallele Begründungen für das *»Urteil«* (δικάσας) des Apollon genannt.[59] Nach dieser Auffassung ist auf die Unbestechlichkeit und un-

---

sacrée de Cyrène, in: L. Bacchuelli/M. Bonanno Aravantinos (Hg.), Scritti in memoria di Sandro Stucchi, Studi miscellanei 29, Rom 1996, 73-78 (vgl. Bull. ép. 1997, 702; EBGR 1996, 69 [Kernos 12, 1999, 240]; SEG 46,2200). Zum Problem der Gruppe der ὅσιοι in den delphischen Inschriften jetzt Gh. Jay-Robert, Les *hosioi* de Delphes, Euphrosyne 25 (1997) 25-45. Siehe die Überlegungen zum Konzept der ἁγνεία u. Anm. 79 und den Gebrauch von ὅσιος in einer neuen *lex sacra* aus Karien (ebd.), SEG 43,710,5f. [ἱ]ερὸς δόμος ... τοῖς δ' ὁσίοις [ὁ]σίους ἀντινέμε[ι χάριτας].

55 Diese sehr glückliche Paraphrase bei Wörrle ebd.

56 **Didyma B5** = I.Didyma 282 = SGO 01/19/23 = McCabe, Milet (PHI # 7) 455, 3: Ἀπόλλων σε προφήτην *ἠσπάσατ'* αὐτός. Zu dieser Inschrift Robert, Hell. 11-12,456-459. Fontenrose, Didyma 241, will darin kein Orakel sehen, äußert sich aber nicht darüber, was er unter einer solchen *»Begrüßung«* verstehen möchte. Derselbe Poseidonios begegnet womöglich auch in I.Didyma 281, dort mit einer bemerkenswerten Ämterhäufung, 4-10 προφήτης ἅμα καὶ κωτάρχης (zu diesem Amt im milesischen Kabirenkult o. Anm. 26) ... εὐσεβὴς καὶ στεφανηφόρος καὶ γυμνασιάρχης πατέρων καὶ γυμνασιάρχης νέων καὶ ἀρχιερεὺς τῆς [Ἰ]ωνί[ας καὶ] στρατηγὸς τῆς πόλεως (Korrektur zu 15f. bei Robert, Rez. Rehm 666 = 1631), sowie in der Sammelinschrift mit Propheten-Ehrungen I.Didyma 236 C II und IV.

57 Nach A. Dain, Sur deux inscriptions, in: Mélanges d'études anciennes offertes à Georges Radet, REA 42 (1940) 89-92, h. 89f. (Bull. ép. 1941, 130): »L'élection de Poseidonios, à la suite d'un tirage au sort, doit être considérée par Apollon lui-même comme un beau coup au jeu: c'est une prise avantageuse (λῆμμα) que le dieu vient de faire (εἷλεν).« Siehe LSJ s.v. I und Stellen wie Dem. 5,12 und 45,14 für diesen allgemeineren Gebrauch von λῆμμα im Sinne von κέρδος. Zum Zusammenhang an unserer Stelle Robert, Hell. 11-12,458: »La formule peut paraître quelque peu contournée. C'est à mon avis parce qu'elle reprend les termes d'un oracle, par lequel le dieu a salué son prophète et a ›rendu témoignage sur lui‹«. Eine Anspielung auf die κρίσις kann man nochmals in V. 5 sehen, wenn es heißt ἄνδρα γὰρ εἷλεν, *»er nahm, wählte diesen Mann«.*

58 ZPE 6 (1970) 288 (Bull. ép. 1971, 591; ohne Stellungnahme). Vgl. zu SGO 01/19/23.

tadelige Amtsführung des Poseidonios in seinen zahlreichen Funktionen angespielt:[60] Apollon *»traf seine Unterscheidung nach deiner korrekten Behandlung von Geschenken«*. Das bisher nicht bezeugte λημμάκρισις ist danach das ›Unterscheidungsvermögen über das, was man nehmen darf und was nicht‹. Eine Entscheidung über diesen Vorschlag wird man aber zurückstellen müssen, bis ein allfälliger neuer Beleg für dieses Wort zutagegetreten ist.

Diese Inschrift ist auch eines der Zeugnisse für die Wahl des Propheten durch Losentscheid,[61] ein Verfahren, das aber die Bestätigung der so getroffenen Wahl durch ein zusätzliches Orakel des Apollon nicht ausschloß.[62] Der Anfang des Epigramms bestätigt, wenn man die Formulie-

---

59 Bei dieser Deutung ist δικάσας im Sinne von ›etwas beurteilen, zur Grundlage eines Urteils machen‹ zu verstehen. – Das Epigramm stand auch bei F.G. Welcker, Epigrammata Graeca ex marmoribus collecta, Bonn 1819, Nr. 12, der nach Jacobs (vgl. zu dessen Ausgaben Robert, OMS 7,531 Anm. 2) λῆμμα als Graphie für λῆμα ›Wille, (rechte) Haltung, Gesinnung‹ (zu λῶ) ansah (bei Rehm i. app.). Danach paraphrasierte Boeckh in CIG 2884 »iudicans indolem tuam, praeiudicium de te latum matrisque pietatem«, und so dann Peek, Milesische Versinschriften 203: *»Deine Haltung und die Frömmigkeit deiner Mutter als für die Wahl entscheidendes Kriterium billigend«*. Diese Auffassung würde die Asymmetrie gleichfalls ausräumen.

60 5f. ἄνδρα ... τῶν πρὶν λειτουργῶν οὐδενὶ λειπόμενον.

61 εὐσεβέσιν κλήροις ... σε λαχόντα 1f.

62 *Contra* Fontenrose, Didyma 46f. 241, der annimmt, daß die Bestimmung durch das Los selbst als die »Wahl« Apollons angesehen wurde: »No oracular pronouncement is indicated; the man chosen by lot to the prophethood is Apollo's choice«. Allerdings hält er im Fall von **Didyma A1** = I.Didyma 278 eine (zusätzliche) Bestätigung durch Apollon für möglich. Dieser Bescheid ist allerdings so stark fragmentiert, daß der Anlaß der Befragung nicht mehr zu erkennen ist; eindeutig immerhin, daß der Konsultant ein Prophet ist. Die Konsultation mag auch eine Veränderung oder Dedikation im Kult des Apollon oder der Leto betroffen haben.
Diese Orakelinschrift ist darüberhinaus von besonderem Interesse, weil es heißt, der Gott habe Athenagoras seinen Bescheid ἐ[ν αὐ]τοματισμῷ erteilt. Einleuchtend ist die Deutung, Apollon habe *»spontan, von sich aus«* gesprochen, d.h. bevor der Konsultant eine Frage gestellt hat (so H.W. Parke, A note on αὐτοματίζω in connection with prophecy, JHS 82, 1962, 145f.; vgl. auch W. Günther, IstMitt 21, 1971, 100 Anm. 11).
Fontenrose, Didyma 103. 232, ist dagegen der Meinung, ἐν αὐτοματισμῷ bezeichne eine Antwort zu einem Thema, das durch die gestellte Frage gar nicht berührt war, und argumentiert mit dem delphischen Orakel für Battos, Fontenrose Q 47 = PW 39 und 71. Siehe auch u. S. 610 »Question formula« Nr. 17. Im kyrenäischen Volksbeschluß, der die Ansprüche der Einwohner von Thera auf Bürgerrecht und Niederlassung in Kyrene bestätigt (4. Jh. v. Chr.), wird auf das Orakel an Battos verwiesen, SEG 9,3,10f. ἐπεὶ Ἀπόλλων *αὐτομάτιξεν* Β[άτ]τωι καὶ Θηραίοις ἀποι[κίξαι] Κυράναν. Nach Herodot hatte Battos aber tatsächlich schon eine Frage gestellt (ἐπειρωτῶντι δέ οἱ χρᾷ ἡ Πυθίη τάδε 4,155,3; vgl. auch Pind. Pyth. 4,3-9. 107) und erhält bloß eine Antwort auf eine andere, gar nicht gestellte Frage (nämlich daß er die Apoikie gründen solle). Dies ist ohne Zweifel die Pointe der bei Herodot berichteten Version. In SEG 9,3,10f. liegt eher eine Interpretation der Geschichte in dem Sinne vor, daß die (scheinbar) unpassende Antwort der Pythia als ›spontan‹ bezeichnet wird: nämlich ›ohne daß eine (d.h. die dazugehörige) Frage gestellt worden ist‹. Der durch die besondere Konstellation des Battos-Orakels motivierte Sondergebrauch des Worts sollte nicht ohne weiteres für die didymäische Orakelinschrift angenommen werden. Auch kann Pind. Pyth. 4,60 αὐτοματισμῷ κελάδῳ (›Schrei, Ruf‹), gesagt von der Rede der Pythia an Battos, in dieser Weise befriedigend verstanden werden. Fontenrose, Didyma 103, betrachtet **Didyma 23**, **25** und **29** als Beispiele für Bescheide, in denen der Gott lange Ausfüh-

rungen genau betrachtet, das Aufsetzen der Kränze als symbolische erste Amtshandlung des neu in seine Funktion eintretenden Propheten, bei der offenbar auch das bestätigende Orakel Apollons bekanntgegeben oder noch einmal formell verkündet wurde: *»Ich sehe dich, Poseidonios, der du mit frommen Losen schon dreimal* (die Prophetie) *erlangt hast, in Didyma mit den unsterblichen Binden, so wie dich Apollon selbst als Propheten begrüßt hat ...«.*[63]

Hinter der Formel von der *»Begrüßung«* des didymäischen Propheten im Amt, die im Epigramm auf den dreifachen Propheten Poseidonios zu lesen war, dürfte sich also ebenfalls ein bestätigendes Orakel Apollons für den neuen Oberbeamten seines Heiligtums verbergen.

---

rungen (über die Natur der Götter, ihre Provinzen u.ä.) macht, ohne auf die eigentlich gestellte Frage einzugehen, und dies erst kurz am Schluß nachholt. Das ist aber kein auffälliges Merkmal (von αὐτοματισμός ist dort auch nicht die Rede), sondern vielmehr ein typisches Baumuster der langen Texte unter den Orakeln aus Didyma und Klaros. Im Sinne der ›spontanen Antwort‹ ohne vorherige Anfrage scheint das Wort auch bei Ael. Arist. Or. 28,103 Keil verwandt: ἢ καὶ τὴν Πυθίαν αὐτὴν καὶ τοὺς χρησμολόγους, ὅταν αὐτοματίζωσιν, ἀκριβῶς ἐξετάσεις (s. auch Amandry, Mantique apollinienne 56 Anm. 1).

63 **Didyma B5**,1-3: εὐσεβέσιν (Rehm schreibt mit einem Lapsus εὐσεβίην, korrigiert von Robert, Hell. 11-12,456 Anm. 5) κλήροις, Ποσιδώνιε, τρίς σε λαχόντα | δέ[ρ]κομαι ἐν Διδύμοις στέμμασιν ἀθανάτοις | τοῖον ὄν 'Απόλλων σε προφήτην ἠσπάσατ' αὐτός. Die στέμματα sind eben der Kranz des Propheten, den er bei seiner Amtseinführung feierlich anlegte; auf der zuvor S. 340-343 diskutierten Inschrift des Philodemos **Didyma B2** = I.Didyma 229 II sind seine στέφανοι im Relief abgebildet (vgl. Robert, Hell. 11-12,451. 458; W. Günther, Chiron 33, 2003, 450). Zum Zusammenhang der Elemente dieser rituellen Sequenz vgl. Robert 459: »L'épigramme nous apprend que le prophète était dans ce costume lorsqu'Apollon l'a salué, ἠσπάσατο. Comme il est naturel, dès qu'il avait été désigné par le sort, le nouveau prophète se revêtait de ses insignes.« Siehe auch nochmals hiern. S. 346-348 m. Anm. 64f. 69 zu I.Didyma 260.
Ganz ähnlich erfolgte die Bekränzung von Agonotheten bei Beginn ihrer Amtsausübung, wie die Ehreninschrift der dionysischen Techniten für den Agonotheten eines musischen Agons aus dem syrischen Gerasa erweist, C.B. Welles, in: C.H. Kraehling u.a., Gerasa, New Haven 1938, 443 Nr. 192 = SEG 7,825, 11 ἀναδεξάμενος τὰ στέμματα μετὰ πάσης προθυμίας (nicht bei Jaccottet, Choisir Dionysos). Er ist dabei in ein Purpurkleid gehüllt (15 ἐντραφέντα τῇ πορφύρᾳ). Die gleiche Kranzinvestitur ist gemäß dem Stiftungsdossier auch für den Agonotheten des Apollon- und Kaiserfests der Demostheneia in Oinoanda anzunehmen: Wörrle, Stadt und Fest 186-188. Während des Festes, aber auch an anderen öffentlichen Anlässen in der Stadt wie den Neujahrsfeiern trägt er dann den goldenen Kranz mit Bildern des Herrschers und des Apollon, den zu stiften der Euerget Demosthenes ebenfalls sich bereiterklärt (ἐπηνγείλατο), Wörrle ebd. 10 = SEG 38, 1462, 52f. Vgl. zu dieser Passage auch u. Anm. 482. Der von Demosthenes vorgesehene Kranz gehört zum Typus der sog. Büstenkronen, die aus archäologischer Perspektive umfassend Rumscheid, Kranz und Krone 7-51, untersucht hat; zur Stiftung in Oinoanda ebd. 10f. 38f. Rumscheid kommt zu dem Ergebnis, daß diese Form des Kranzes nicht auf einzelne magistratische oder religiöse Ämter begrenzt war, sondern stets auf die Agonothesie der Person verweise. Gerade bei den ἀρχιερεῖς des Kaiserkults, die eben oft auch eine Agonothesie übernehmen, ist sie aber häufig, vgl. A. Chaniotis, EBGR 2001, 159 (Kernos 17, 2004, 242), der dies mit dem Ehrenepigramm für den Kaiserpriester Demetrios von Synnada SEG 6,246 illustriert, ὃν πάντων φωναί φασι πολυστέφανον. Darauf, daß in diesem Punkt die Ikonographie weniger eindeutige Zuordnungen als die inschriftlichen Zeugnisse erlaubt, da hier meist generell die Teilnehmer eines Rituals bekränzt gezeigt werden, hatte schon L. Robert hingewiesen: BCH 57 (1933) 522f. = OMS 1,490f.

Sie ist wohl auch in dem nur aus einer stark fehlerhaften Abschrift bekannten Epigramm für den Propheten Herakleon anzutreffen, in dem sich auch das Motiv der Kränze als Amtszeichen des Propheten, die er bei Beginn seines Jahres feierlich aufsetzte, und die Bestimmung durch das Losverfahren wiederfinden: *»Apollon selbst hat dich als seinen heiligen Propheten begrüßt, indem er als Zeugen deiner Frömmigkeit die Zweige des Gottes dir auf die weiße Stirn gesetzt hat, und auch das Los hat dir in gleicher Weise wie die Verständigkeit der meerumspülten Männer* (der Bürger Milets) *den Kranz umgelegt: Denn damals zog er das ruhmvolle Los zur Freude aller Bürger und seiner Frau, Mutter schöner Kinder«.*[64]

Allgemein zu Kränzen, wie sie zusammen mit dem Purpurgewand vielerorts zur Amtstracht der kaiserzeitlichen Priester wie der Agonotheten gehören: L. Robert, Nouvelles remarques sur l'édit d'Ériza, BCH 54 (1930) 262-267 = OMS 2,966-971; ders., Notes d'épigraphie hellénistique, BCH 59 (1935) 434-436 = OMS 1,191-193 (ausgehend vom Kultgesetz für Poseidon Helikonios aus Sinope, LSAM 1,8. 12 ἄ]νθινος στέφανος); ders., Une vision de Perpétue martyre à Carthage en 203, CRAI 1982, 229-276 = OMS 5,791-839, h. 258f. = 821f.; V. Pirenne-Delforge, Personnel de culte, monde grec: prêtres et prêtresses, ThesCRA 5, 3-31, h. 29f.; Baus, Kranz 10-12; C.P. Jones, Processional colours, in: B. Bergmann/C. Kondoleon (Hg.), The art of ancient spectacle, Stud. in the history of art 56 = Center for Advanced Study in the Visual Arts, Symposium series 34, Washington, D.C. 1999, 247-257.
Purpurgewänder als Trennungsmarkierung des Priesters im Ritual: Koisches Kultgesetz für Nike, 2. Jh. v. Chr., A. Wilhelm, AthMitt 51 (1926) 7-9 = LSCG 163 = Iscr. di Cos ED 89, 8-14: Während der πομπή, beim Aufenthalt im Heiligtum und bei allen Opferhandlungen hat der Priester einen Purpurchiton, einen goldenen Ring und einen Kranz aus Olivenblättern, στέφανος θάλλινος, zu tragen. Zu allen anderen Zeiten muß er sich hingegen in ein weißes Gewand kleiden (λε]υχιμονίτω 12, s. Sokolowski ad loc. zu Wort und Sache) und die kultische Reinheit wahren (ἁγνευέσθω ebd.) Der Priester bleibt hier also in seiner gesamten Lebensführung – auch außerhalb seiner im engeren Sinne kultischen Aufgaben – den Anforderungen eines besonderen sakralen Status unterworfen; das ist für griechische Priesterschaften eher ungewöhnlich. Innerhalb dieser religiös markierten Sphäre sind aber die eigentliche Kultführung und das übrigen Leben des Priesters durch die entgegengesetzten Farbkodierungen deutlich voneinander abgehoben. Eine ähnlich ganzheitliche Abtrennung des religiösen Spezialisten von der Welt der ›normalen‹ Menschen ist für das arkadische Heiligtum der Artemis Hymnia in der *chora* von Orchomenos bei Paus. 8,13,1 bezeugt, wo alle Aspekte der Lebensführung des Priesterpaares – und zwar lebenslang – betroffen sind: τούτοις οὐ μόνον τὰ ἐς τὰς μίξεις ἀλλὰ καὶ ἐς τὰ ἄλλα ἁγιστεύειν καθέστηκε τὸν χρόνον τοῦ βίου πάντα, καὶ οὔτε λουτρὰ οὔτε δίαιτα λοιπὴ κατὰ τὰ αὐτά σφισι καθὰ τοῖς πολλοῖς ἐστιν; auch betreten sie keine Privathäuser. Vgl. Jost, Cultes 416f. – Der liminale Bereich des priesterlichen Wirkens kann nicht nur durch eine purpurne, sondern auch durch weiße Tracht markiert sein, so in den Verkaufsbestimmungen für das Priestertum des Herakles Kallinikos ebenfalls auf Kos, Iscr. di Cos ED 180, 22-24: weißer Chiton, Kranz aus Blättern der weißen Pappel (στέφανος λεύκινος) sowie goldene Ringe und Schleifen (ἄφαμμα: neu, zu ἀφάπτω).

64 **Didyma App10** = I.Didyma 260. Der Text ist jeweils mit erheblichen Abweichungen von Kaibel 859, Rehm und Peek, Milesische Versinschriften 204 (m. Kritik an Kaibel und Rehms Fassung ebd. 202-204), hergestellt worden; einige weitere Vorschläge von Merkelbach in SGO 01/19/24. McCabe, Didyma (PHI # 7) 555, hat Peeks Text aufgenommen. Alles basiert auf der Majuskelabschrift eines englischen Kapitäns, die Le Bas-Waddington als Nr. 243 gegeben hatten. Auf die Schwierigkeiten der Textkonstitution kann hier nur flüchtig eingegangen werden; wirklich befriedigende Lösungen sind für die in der Abschrift besonders verderbten ersten beiden Distichen noch nicht gefunden. Der im Text gegebenen Übersetzung liegt folgender Text zugrunde (V. 1-6; gegenüber der Abschrift geänderte Buchstaben sind nicht gekennzeichnet): αὐτὸς ὁ Λοξιδίας σε

Alle vorgeschlagenen Herstellungen dieser Verse werfen im einzelnen Probleme auf,[65] aber aus den unstrittigen Partien ist doch erkennbar, daß von den Zweigen des Kranzes, den der Prophet trug,[66] sowie von der Wahl durch das Los[67] gesprochen wurde.

Die Ergänzung des Anfangs aus der in dieser Partie kaum Sinn ergebenden Abschrift ist allerdings so unsicher, daß es nur ein Vorschlag blei-

---

προφήτην [ἠσπάσ]ατ̣ο ἱρό[ν] (Kaibel) | μάρτυρας εὐσεβίης κλῶνας [ἐπὶ κ]ροτά[φοις] (Waddington) | ἀργεννο[ῖς σ]ε θεοῦ στ[έφ]ων (das Part. mein Vorschlag, στ[εφθ]έ[ντ]α Waddington, ἀργεννο[ῖσι τι]θε[ίς Kaibel, στ[έψ]εν Rehm, acc. Peek; s. nächste Anm. a.E.), καὶ ὁ κ[λῆ]ρος ὁ[μοίως] | φραδ[μ]οσύνα[ι]ς σ̣ε̣ ἀ̣γ̣δρῶν ἀμφιάλων στεφαν[ῶν·] | τῆμος γὰρ κλεινὸν π̣άλον ἥρατο π]ᾶσ[ι πολίται]ς (Rehm) | χάρμα καὶ εὐτέκνωι γῆθος ἅπαν ἀλόχ[ω]ι̣ (Peek). Zu γῆθος und dem zugehörigen Verb γηθεῖν, die typischerweise einen heortologischen Hintergrund haben, der im Kontext einer Propheteninschrift auch anklingen mag, vgl. das von L. Robert, BCH 102 (1978) 488 = DAM 184 Anm. 51, zusammengestellte Material.

65 Peek ändert Sinn und Syntax zu Beginn beträchtlich, wenn er liest: αὐτὸς ὁ Λ̣οξιδίας, ὁ̣π̣[ό]τ' ἠσ[πάσ]ατ̣ο π̣ρὶ[ν ἔχοντα] | μάρτυρας εὐσεβίης κλῶνας [ἐπὶ κ]ροτά[φοις,] | ἀργεννό[ς σ]ε θεοῦ στ[έψ]εν καὶ ὁ κ[λῆ]ρος ὁ[μοίως,] | φραδ[μ]οσύνα[ι]ς σ̣ε̣ ἀ̣γ̣δ̣ρῶν ἀμφιάλων στεφαν[ῶν]. Die hinter ἠσπάσατο πρὶν ἔχοντα … κλῶνας κτλ. steckende Auffassung des sachlichen Ablaufs ist aber kaum haltbar: »Herakleon hat, als er sich zur Wahl stellte, das Orakel des Gottes befragt oder ist auch nur im Gebet vor ihn hingetreten und hat bei dieser Gelegenheit durch einen Anruf des Gottes dessen Zustimmung erfahren; zu diesem Anlaß hatte er sich bekränzt und damit einen Beweis seiner frommen Gesinnung gezeigt. Der κλῆρος hat diese Vorentscheidung bestätigt, indem Apollon die verständigen Gedanken der Milesier so gelenkt hatte, daß der Ausgang des Wahl-Losverfahrens Herakleon den Kranz verschaffte« (204). Peek will hinter dem hier Geschilderten also eine Art spontanes Orakel sehen (vgl. zuvor Anm. 62 zu αὐτοματισμός), durch das der Prophet die Berufung zu seinem Amt erfahren habe. Dazu habe sich dann hinterher die Zustimmung durch das Los gefügt. Aber es ist viel wahrscheinlicher, daß zunächst unter den zur Verfügung stehenden Kandidaten einer durch das Los bestimmt wurde (daß das Losen hier an zweiter Stelle genannt ist, muß nicht unbedingt temporal verstanden werden; die syntaktische Verknüpfung ist obendrein ganz unsicher). Der erloste Bewerber wurde dann Apollon zur Bestätigung durch einen Orakelspruch präsentiert. Das Aufsetzen der Kränze war sicher Teil der Investiturzeremonie und nicht ein vom Bewerber vorgängig zum Ausdruck seiner Gottesfürchtigkeit beanspruchtes Symbol, s. zuvor zu verwandten Riten der παράληψις στεφάνου an anderen Orten.
Im hier angenommenen Text stört ohne Zweifel die Doppelung der Partizipien στ[έφ]ων 3 … στεφαν[ῶν] 4; das Partizip in V. 3 ist dann schwer zu vermeiden, wenn man in V. 1 σε προφήτην [ἠσπάσ]ατ̣ο und damit auch den Hauptsatz halten will (doch auch bei Peek ist die Dublette wenigstens semantisch, στ[έψ]εν … στεφαν[ῶν]). Schwierig ist auch zu entscheiden, ob der Anfang von V. 3 ἀργεννο[… noch zum Vorherigen (μάρτυρας εὐσεβίης κλῶνας κτλ.) gehört (Kaibel, Rehm) oder zum Folgenden, wo vermutlich mit ὁ κλῆρος ein neues Subjekt eingeführt ist (Peek). In jedem Fall scheint es aber besser, in der Folge von V. 3 die sinnvolle Wortfolge der Abschrift θεοῦ στ[έψ]εν (oder eben στ[έφ]ων) möglichst wenig anzutasten (was mit Kaibels ἀργεννο[ῖσι τι]θε[ίς, ἐπ]ει[ή … einträte). In V. 4 hat die Abschrift ΑΙΑΡΩΝΑΜΦΙΑΛΩΝΣΤΕΦΑΝ[- -. Die Korrektur zu ἀνδρῶν scheint plausibel, und das so auch abgeschriebene ἀμφιάλων ›vom Meer umgeben‹ ist als Bezeichnung von Plätzen und ihren Bewohnern durchaus bezeugt, Hom. Od. 1, 386. 395 von Ithaka, danach etwa bei Sophokles (Lemnos, Philoct. 146) oder bei Pindar (von den Isthmien, Ol. 13,40). Merkelbach schlägt demgegenüber ἀμφι<β>αλὼν στέφαν[ον] vor, was immerhin eine willkommene Variation des Ausdrucks für den Vorgang der Bekränzung mit sich brächte. In V. 5 stammt ἥρατο von Kaibel, die Abschrift hat ein sinnloses EMATO; Peek will daraus εἵλατο machen; in der Aussage ergibt sich kaum eine Differenz.

66 V. 2 μάρτυρας εὐσεβίης κλῶνας.

67 V. 3 ὁ κ[λῆ]ρος ist sehr wahrscheinlich (alle Herausgeber); V. 5 κλεινὸν πάλον.

ben kann, hier sei die aus dem Epigramm für Poseidonios bekannte Formel von der ›Begrüßung‹ des Propheten durch Apollon benutzt worden. Sie wird allerdings, wenn auch hergestellt aus unterschiedlichen Buchstabenfolgen der Abschrift, von allen bisherigen Bearbeitern angenommen.[68] Jedoch ist nicht zu bestreiten, daß das Bild des ›Bezeugens‹ im ersten Distichon des Epigramms nicht zur Bezeichnung eines Orakels zum Amtsantritt des Propheten eingesetzt wird. Vielmehr sind hier die Zweige seines Kranzes *»Zeugen der Frömmigkeit«*, die Amtsinsignie das Sinnbild der εὐσέβεια des Propheten. Doch vermischt hier die poetische Sprache des Epigramms wohl die Vorgänge von Orakelerteilung, Kranzinvestitur und Losentscheid.[69]

Die Kranzzeremonie der didymäischen Propheten im Vergleich mit anderen Kulten.

Man kann dieses Ritual der Kranzinvestitur mit ähnlichen Zeremonien in anderen Kulten vergleichen,[70] an erster Stelle mit der παράληψις τοῦ στεφάνου des Priesters des Zeus Panamaros im karischen Bundesheiligtum nahe Stratonikeia, die durch eine Vielzahl von Inschriften bezeugt ist.[71]

Auch hier handelt es sich um das Zeremoniell des Amtsantritts des Priesters im Heiligtum, an das sich nach Ausweis der Inschriften ein viertägiges ephebisches Fest im Gymnasion anschloß, bei dem der neue Priester des Zeus Panamaros als Gymnasiarch fungierte und insbesondere das Öl für die Athleten zu stiften hatte.[72] Darüberhinaus gehörten offensicht-

68 Kaibel, der diesen Vorschlag zuerst gemacht hat, bezog sich dabei auf das zuvor besprochene Epigramm des Poseidonios, **Didyma B5** = I.Didyma 282, 3.

69 So implizit auch Robert, Hell. 11-12,458 (zit. o. Anm. 57) mit Anm. 2 zu I.Didyma 260, 4-6; vgl. ebd. 459 (zit. zuvor Anm. 63).

70 Siehe auch die Belege bei Laumonier, Cultes indigènes 229; Robert, Hell. 11-12,459 m. Anm. 2 (ἀνάληψις στεφάνου); Baus, Kranz 10-12. In einer Ehreninschrift aus Sardeis *»weihen und bekränzen«* (καθιερώσαντες ἐστεφάνωσαν) Priester ihrerseits einen herausragenden Bürger der Stadt (τὸν πρῶτον τῆς πόλεως) für seine Verdienste um die Kulte der Stadt oder speziell den ihres Hauptgottes Zeus Polieus, die schon seine Vorfahren erworben hatten (διακείμενον ἐκ προγόνων πρὸς τὸ θεῖον εὐσεβῶς), I.Sardis 22, etwa 100 v. Chr. Die Priester sind mit derselben Formel οἱ τοῦ Διὸς θεραπευταὶ τῶν εἰς τὸ ἄδυτον εἰσπορευομένων noch in einem kaiserzeitlichen Kultgesetz (1. Hälfte d. 2. Jh. n. Chr.) bezeichnet, in dem es zu ihren Aufgaben gehört, ihrerseits das Kultbild des Gottes zu bekränzen: L. Robert, CRAI 1975, 308 = OMS 5,487, siehe Kap. 2, Anm. 672. Zu Zeus Polieus in Sardeis siehe Robert ebd. 321 = 500 Anm. 52.

71 Zusammengestellt bei Oppermann, Zeus Panamaros 56-58; vgl. auch Laumonier, Cultes indigènes 227-234, bes. 229f. Zu diesem Kult siehe bereits oben S. 315-319 m. Anm. 787-793 und hier Anm. 34. Bisweilen erscheint auch die Formel παράληψις τοῦ θεοῦ, was Oppermann (ebd. 57) als verkürzten Ausdruck für παράληψις τοῦ στεφάνου τοῦ θεοῦ erklärt. – Wichtige Bemerkungen zu den Formularen dieser Priesterinschriften, besonders zu den Ölspenden im Zusammenhang der Gymnasiarchie (s. Anm. 73), hat A. Wilhelm in einem Exkurs seines Beitrags: Zu neuen Inschriften aus Pergamon, Sitz.-Ber. Preuß. Akad. d. Wiss. Berlin, Phil.-hist. Kl. 1933, 836-859, h. 847-852 = ders., Akademieschriften 2,414-438, h. 425-430, angebracht, wo er auch diverse Ergänzungen diskutiert.

lich auch Ölzuteilungen an die gesamte Bürgerschaft von Stratonikeia und weitere Stiftungsliturgien in den Frauenbädern und im Hekate-Heiligtum von Lagina zu seinen Pflichten,[73] da diese Aufgaben stets im Zusammenhang mit der *»Kranzübernahme«* genannt werden.

---

72 Vgl. etwa I.Stratonikeia 316 = McCabe, Panamara (PHI # 7) 250, 5-8 γυμνασιαρχήσας τάς τε τῆς ἑορτῆς τῶν Παναμαρίων ἡμέρας δέκα καὶ τὴν μετὰ παράληψιν τοῦ θεοῦ τετράδα. Dieses Fest nach Amtsantritt des Priesters heißt stets nur ἡ τετράς. Die Gymnasiarchie hierbei zu Beginn der Amtszeit nach Annahme der Amtsinsignien ist also von den zehntägigen Panamareia zu trennen; diese werden offensichtlich dem Rang nach als erste genannt, obwohl sie der παράληψις und dem viertägigen athletischen Fest zeitlich gefolgt sein müssen (Oppermann, Zeus Panamaros 57). Aus der Pflicht der Ölverteilung wird der athletische Charakter dieser Gymnasiarchie zusätzlich deutlich.

73 Ölverteilungen an alle Bürger: etwa I.Stratonikeia 202 = McCabe, Panamara (PHI # 7) 134, 9-12 παραλαμβάνοντες μὲν τὸν στέφανον τοῦ θεοῦ ἤλειψαν πανδημεὶ τὴν πόλιν ἐν τῷ ἄστει und I.Stratonikeia 242 = McCabe ebd. 176, 11f. ἀλείψαντες δὲ καὶ τῇ τοῦ στεφάνου π[αραλ]ήψει καὶ τοὺς ἄνδρας καὶ τὰς γυναῖκας. Zu beiden Inschriften nochmals hiern. – Leistungen in Zusammenhang mit der Gymnasiarchie in Frauenbädern und im Hekate-Heiligtum (ebenfalls Ölspenden?): Weihung eines χαριστήριον an Zeus Panamaros 'Αργύρου und Hera, I.Stratonikeia 311 = McCabe ebd. 245, 17-23 γυμνασιαρχήσαντες σὺν καὶ τῇ παραλήψ(ε)ι τοῦ στεφάνου ... ἐν ἑκατέροις τοῖς γυμ‹ν›ασίοις καὶ ἐν τοῖς γυναικ(ε)ίοις βαλαν(ε)ίοις καὶ ἐν τῷ ἱερῷ τῆς Ἑκάτης.
Die angeführte Priesterinschrift I.Stratonikeia 242 = McCabe ebd. 176 bietet ein anschauliches Bild der vielfältigen euergetischen Leistungen, die mit diesen Ämtern verbunden waren – neben den Ölspenden vor allem ständig neue Festbankette – und stellt damit auch die kultischen Abläufe an den angesprochenen Festen lebendig vor Augen. Dieser und ein nahestehender weiterer Text seien darum in ihren Haupttteilen im Zusammenhang angeführt. Zwei Eheleute halten hier ihre Verdienste fest, Aristippos, Priester an den Heraia in Panamara, und seine Frau Hegemonis Apphion. Er hat zuvor schon als ἀρχιερεύς geamtet und dafür Ehrenbeschlüsse von Rat und Volk erhalten (3-5); beide haben sich um ihre Funktionen selber beworben (ἐξ ἐπαγγελίας 6, siehe oben S. 334-339 m. Anm. 34f. zu **Didyma 29**,1; vgl. Quaß, Honoratiorenschicht 331f. Anm. 1410). Weiter heißt es (6-31): αὐξήσαντε[ς] τὸ μέγεθος τῆς ἱερωσύνης εὐσεβῶς καὶ φ[ι]λοτείμως (Bewirtung *»aller«* an Festbanketten:) πρὸς τὴν πάντων ὑποδοχὴν ο[ὐ] μόνον ταῖς καθ' ἡμέραν δαπάναις καὶ ἀναλ[ώ]μασιν διὰ παντὸς τοῦ ἔτους πρὸς τὰς ἑστι[ά]σεις, ἀλείψαντες ... γυναῖκας (s. o.), (Ölverteilung an den Panamareen:) γ[υμ]νασιαρχήσαντες δὲ καὶ τῇ ἑορτῇ καὶ πανηγύρει τοῦ θεοῦ ἐπιρρύτῳ ἐλαίῳ ... παντὶ τῷ χρόνῳ τῆς ἐπιδημίας τοῦ θεοῦ (›Aufenthalt‹ des Gottes während des zehntägigen Fests, wie auch die Menschen jetzt *»anwesend«* sind und dem Gott bei seinem Fest begegnen, s. im folg.) πάσῃ τύχῃ καὶ ἡλικίᾳ τῶν ἐπιδημούντων ἀνθρώπων ... (Bewirtung bei musischen Agonen:) ἐμισθώσαντο δὲ καὶ το[ὺς] ἐπ[ιδη]μήσαντας παρ' ἑκάστ[ῳ] τῶν θ[υμελικ]ῶν, (Geldspenden für die Frauen bei den Heraia, die gleichfalls im Heiligtum von Panamara stattfanden; bemerkenswert, daß hier Freie und Sklavinnen gemeinsam teilnehmen:) ἐν δὲ τοῖς Ἡραίοις μετὰ τ[ῶν ἄ]λλων παρέσχον τ[αῖς γυναιξ]ὶν καὶ δούλαις καὶ ἐλευθέραις μετὰ τῆς ἄλλης χο[ρη]γίας καὶ ἀργυρίου ἑκάστῃ ἀνὰ (Monogramm) γ', (weitere Bankette:) ἀπέδοσαν δὲ καὶ τὰ δεῖπνα τοῖς ἀνακομίσασιν πᾶσιν, (Bereitstellung von Opfertieren und Organisation des Opferfestes:) ἐχαρίσαντο δὲ καὶ τὰ ἱερὰ τοῖς θύσασι διὰ προγράμματος (›öffentliche Bekanntmachung‹) παρακαλέσαντες ἐπὶ τὰς θυσίας, (nochmals Ausrichtung von Festmählern, wobei die Speisen im Unterschied zu den zuvor genannten Opferfesten mit nach Hause genommen werden durften:) ἔδοσαν δὲ καὶ ταῖς δημοθυνίαις (= -θοιν-) πᾶσιν τοῖς ἀνελθοῦσιν ἀποφόρητα δεῖπνα.
In Z. 28f. ἀπέδοσαν δὲ καὶ τὰ δεῖπνα τοῖς ἀνακομίσασιν πᾶσιν ist die Bedeutung von ἀνακομίζειν zu klären. Es muß wohl ein Objekt ergänzt (χρήματα oder ἱερά?) oder, sprachlich einfacher, noch einmal δεῖπνα hinzugezogen werden: *»sie gaben die Speisen denen zurück, die sie*

Auch an anderen Orten wird in verschiedenen Kulten von einer ἀνάληψις στεφάνου gesprochen, so in Istros an der westlichen Pontosküste beim Priester des Zeus Polieus und dem des Apollon Ἰητρός,[74] im thrakischen Dionysopolis beim Priester des Dionysos und dem der samothrakischen Großen Götter[75] und schließlich auch im Kaiserkult, so in Amastris[76].

---

mitgebracht hatten«. So versteht die Stelle auch Schmitt-Pantel, Cité au banquet 363: »leur faire remise des repas qu'ils ont apportés pour le dieu«. Die Geehrten verzichten also großzügig auf die sonst übliche Ablieferung von Gaben für die Festbankette an die Priester und überlassen sie den Teilnehmern selbst zum Verzehr. So wird die im Normalverhältnis zwischen Gemeinde und Priester herrschende Reziprozität des Gabentauschs durch die überbordende euergetische Freigebigkeit außer Kraft gesetzt, die nicht nur selber gibt, sondern auch noch zurückgibt, was ihr gegeben wird. Damit wird in der Übersteigerung das grundlegende Prinzip der Balance nochmals zugespitzt. Es scheint kein Problem dabei empfunden worden zu sein, daß die Opfergaben, die ja eigentlich durch den Priester in die Sphäre des Gottes übergehen sollten, durch das Durchbrechen der Gabenbeziehung den Gott gar nicht erreichen. Oder ist dies in der Abfolge von ἀνακομίζειν und ἀποδιδόναι bereits gegeben? – Ganz ähnlich ist die Ausdrucksweise in I.Stratonikeia 202 = McCabe ebd. 134, 15f., wo diese Deutung in den anschließenden Z. 16-18 Bestätigung finden könnte, s. hiern. Ein absoluter Gebrauch des Verbs läßt sich sonst, soweit ich sehe, nicht belegen außer möglicherweise in einem delischen Tempelinventar der ἱεροποιοί mit alleinstehendem ἀνακομίσασιν: IG 11,2,219 = J. Tréheux, REG 99 (1986) 293-301 Nr. 1 = SEG 36,731, 30 (Bull. ép. 1988, 152).

Sehr ähnlich und gleichermaßen anschaulich sind die Angaben in der gemeinsamen Priesterinschrift der Eheleute Ti. Flavius Aeneas Theophanes und Flavia Paulina, I.Stratonikeia 202 = McCabe ebd. 134, 9-38: Zu Beginn wird die Amtsübernahme vermerkt (9f. παραλαμβάνοντες μὲν τὸν στέφανον τοῦ θεου), Ölverteilungen für die Gesamtbürgerschaft (11f. ἤλειψαν πανδημεὶ τὴν πόλιν ἐν τῷ ἄστει), *»Empfang«* der Pilger im Heiligtum über das ganze Amtsjahr hin mit Speisungen (12-16): ὑπεδέξαντο δὲ διὰ παντὸς τοῦ ἔτου[ς] πάντας τοὺς ἀνερχομένους εἰς τὸ ἱερόν, ἀπέδοσαν δὲ τὰ δεῖπνα τοῖς ἀνενενκοῦσι πᾶσι (siehe zuvor zu I.Stratonikeia 242 = McCabe ebd. 176, 28f.). Dann ein Ausdruck besonderer Euergesie: Die Geehrten verteilen ihre eigenen Fleischanteile am Opfer an die Festgemeinde (16-18): ἐχαρίσαντο δὲ τοῖς θύουσι καὶ τὰ ἴδια τοῦ ἱερέως τῶν θυσιῶν ἱερά (das scheint die oben vorgetragene Deutung von ἀποδιδόναι τοῖς ἀνενενκοῦσι bzw. ἀνακομίσασιν nochmals zu bestätigen). Bei den Banketten bewirten sie neben den anderen Magistraten von Stratonikeia, den Epheben und den παῖδες *»auch das übrige Volk«* (19-22): ὑποδεξαμένοι δὲ καὶ ἐν ταῖς δημοθυνίαις ὁμοῦ συναρχίαις ἐφήβοις τε καὶ τοῖς παισὶ καὶ τὸν ἄλλον λεών. Schließlich erhalten die Pilger auch beim Verlassen des Heiligtums noch eine Speisung auf Kosten der Priester (22f.): ἀπιοῦσι τῆς ε̣ὐωχίας ἔδοσαν ἑκάστῳ δεῖπνον. Alles bisher Gesagte umfaßte den laufenden täglichen Betrieb im Heiligtum (s.o. Z. 13). Zusätzlich waren aber während des zehntägigen Hauptfestes der Panamareen weitere Pflichten im Rahmen der Gymnasiarchie zu versehen, und zwar, wie es ausdrücklich heißt, *»Tag und Nacht«* (24-29): καὶ τὴν ἑορτὴν τῶν Παναμαρείων τὰς δέκα ἡμέρας ἐγυμνασιάρχησαν πάσῃ τῇ πανηγύρ(ε)ι νυκτός τε καὶ ἡμέρας ἀκωλύτως. Hierzu gehörte die Verteilung von Öl und Salben, Wein und einem Geldbetrag beim Fest im Hera-Heiligtum an freie Frauen und Sklavinnen (wie in I.Stratonikcia 242) (30-38): ἔθεσαν δὲ καὶ ταῖς γ̣υναιξὶ πάσαις ἔλαιον κα[ὶ] μύρα καὶ (ε)ἰς τὸ Ἡραῖον καλέσαντες πάσας τάς τε ἐλευθέρας καὶ δούλας οἶνόν τε παρέσχον αὐταῖς εἰς εὐωχίαν ἄφθονον καὶ ἔδοσαν ἑκάστῃ δραχμὰς γ' κτλ.

Deutlich ist, daß nur zu außerordentlichem Wohlstand gelangte Bürger eine Liturgie in diesen Dimensionen übernehmen konnten. Die für die rituelle Praxis aufschlußreichen Priesterinschriften aus den Heiligtümern um Stratonikeia haben noch keine eingehende religionsgeschichtliche Kommentierung und Auswertung erfahren, wenn man von der Arbeit Oppermanns, der sie aber auch nur kurz behandelt und im wesentlichen andere Ziele verfolgt, und dem insgesamt problematischen Werk Laumoniers (vgl. Bull. ép. 1959, 71) absieht. Unter dem Aspekt der Euergesie sind sie etwa von L. Robert und von Quaß, Honoratiorenschicht 315-317, berücksichtigt worden, der

In Kyrene hält ein Ehrendekret aus der Zeit des Augustus fest, daß der verdiente Bürger neben seinem Amt als Augustale und verschiedenen diplomatischen Missionen in militärischen Konflikten, in denen er persönliche Gefahren nicht gescheut habe, auch *»den Kranz des Gründers unserer Stadt, Apollon, übernommen und den Verkehr mit den Göttern eifrig*

---

daran erinnert, wie sehr die Vorhaltung solch immenser Lebensmittelvorräte, die für Volksspeisungen wie die hier geschilderten nötig waren, nicht nur vom Vermögen des Euergeten, sondern von verschiedenen prekären Bedingungen (Ernteerfolg, Preisentwicklung, sichere Transportwege) abhängig war: Mißernten, wegen Piraterie ausbleibende Schiffsladungen, plötzliche Einfuhrknappheit und daraus resultierende Teuerungen waren an der Tagesordnung. Im Hinblick auf die Bewirtungen erörtert Schmitt-Pantel ebd. 360-364 die hier vorgeführte Inschrift I.Stratonikeia 202 und wirft dabei auch einen Blick auf die didymäischen Propheten- und Hydrophoreninschriften (361f.). Innerhalb ihrer »Annexe 3« liefert sie (547-549) eine detaillierte tabellarische Auswertung des gesamten Corpus aus Panamara/Lagina nach den jeweiligen euergetischen Leistungen. Vgl. ihr Resümee: »Assumer la prêtrise suppose en effet une grande diversité de préoccupations et offre à la générosité du bienfaiteur une multitude d'occasions de s'exercer« (362); »quand on sait que les mêmes personnages revêtaient fréquemment les deux prêtrises [sc. in Panamara und in Lagina] et que les foules des pèlerins devaient atteindre plusieurs centaines de personnes, on apprécie mieux le poids de ces magistratures sur la fortune des grandes familles mais aussi leur rôle déterminant dans la carrière et la vie politique de l'évergète« (363). Unter dem Stichwort der Gymnasiarchie hatte sich auch Ziebarth, Schulwesen 73ff., den Texten zugewandt. An der Heidelberger Tagung »The impact of the Roman Empire on the dynamics of rituals« (2006) widmete sich E. Stavrianopoulou den öffentlichen Speisungen in der römischen Kaiserzeit; die Vorträge werden in der Reihe *Impact of Empire* erscheinen. – Bei Robert, Hell. 11-12,542-555, bes. 542f., Überlegungen zur Zusammengehörigkeit von ›Wundern‹, großartigen euergetischen Leistungen von Priestern, wie sie die Priesterinschriften des Panamareions zeigen, und dem Wohlergehen der Stadt: In der Gottgefälligkeit der Funktionäre und ihrer Amtsführung liegen die Gründe für die ›Zeichen‹, die die Gottheit als Ausdruck ihrer Zufriedenheit damit in Form der reichen Gaben der Priester und des Glücks der Gemeinschaft sendet. Diese Ideologie findet sich explizit etwa in der Ehreninschrift des Aristagoras I.Istros 54,36-38, s. nächste Anm.
Es bleibt ein *caveat*: Die Ehreninschriften zeichnen, entsprechend der Diskursstrategie, deren Ausdruck sie sind, ein einseitiges Bild. Die Texte aus dem Panamareion sind ein eindrucksvolles Beispiel für eine soziale Praxis, die in diesem Ausmaß sicher nicht den Alltag in den Heiligtümern und überhaupt im Leben der Städte bestimmt hat. Erwähnenswert für den Geehrten war aber selbstverständlich nur das außergewöhnliche Maß seines eigenen Engagements. Hier gab es eine Dynamik der Steigerung und gegenseitigen Überbietung, die das System bisweilen an die Grenzen seiner Effektivität – im Sinne der Anhäufung symbolischen Kapitals – führen mußte. Es sind diese Steigerungen, die sich in den Inschriften niederschlagen, die man aber nicht für das ganze Bild der sozialhistorischen Realität nehmen sollte. Vgl. dazu die Anmerkungen von Ph. Gauthier in der Anzeige von Quaß, Honoratiorenschicht, Bull. ép. 1994, 194, S. 107f.: »La question, que nous pouvons rarement résoudre, mais qu'il faut toujours garder présente à l'esprit, est celle-ci: dans telle cité, à telle période, quelle proportion numérique y avait-il entre les années où telle fonction avait été assumée avec éclat par un évergète, ensuite comblé d'honneurs (décret gravé), les années où la même fonction avait été remplie sans brio par un magistrat néanmoins dévoué, honoré ensuite d'un simple éloge (pas de décret gravé), et les années où la cité n'avait trouvé aucun candidat pour occuper cette fonction? (…) Par définition, les années calmes ne laissent guère des traces. Il faut donc constamment prendre garde au caractère déséquilibré de la documentation (…).« In dieselbe Richtung zielt auch Eck, Euergetismus.

74 I.Istros (D.M. Pippidi, Inscr. Scythiae Minoris Graecae et Latinae 1 = Inscr. Daciae et Scythiae Minoris antiquae 2,1, Bukarest 1983) 54 = SEG 24,1104 = Syll.[3] 708, Ehreninschrift für Aristagoras, Sohn des Apaturios, etwa aus der Mitte des 1. Jh. v. Chr.; über dem Text fünf Lorbeerkränze in Relief. Der Text schildert die Übernahme des Priesteramtes des Zeus Polieus (19f.:

und mit frommer Gesinnung ausgeführt« habe. Der Geehrte hat also die Funktion des Priesters des Apollon κτίστης ausgefüllt.[77]

Die μαρτυρίαι *des Apollon von Klaros: Orakel für eine Artemis-Priesterin aus Stobi. Die makedonische Stadt als Klientin des Heiligtums von Klaros.*

Die Formel der μαρτυρία für ein bestätigendes Orakel über die Wahl in ein religiöses Amt oder über seine Ausübung war auch in Klaros gebräuch-

---

Διὸς τοῦ Πολιέως ἀναλαβῶν στέφανον), dann auch die des Hauptgottes der Stadt, Apollon Ietros, durch eigene Bewerbung (21-23): εἶτα παραγεν[ηθε]ὶς ἐπάγγελτος (siehe vorige Anm. zu I.Stratonikeia 242,6) καὶ τὸν ἐπώνυμον τῆς πόλεως Ἀπόλλωνος *ἀναδεξάμ[ενο]ς στέφανον* πανηγύρεσι πανδήμοις καὶ πομπαῖ[ς ἱε]ροπρεπέσιν καὶ φυλῶν ἐπιδόσεσιν (Geldspenden) τοὺς θεοὺς καὶ τὴν πόλιν ἐτείμ[η]σεν. Es wird folgende interessante theologische Begründung für diesen Einsatz gegeben (24-26): τοῦτο βουλόμενος ἐμφαίνειν, ὅτι τοῖς εὐσεβέστατα καὶ κάλλιστα πολειτευομένοις καὶ παρὰ θεῶν τις χάρις καὶ παρὰ τῶν εὐεργετηθέντων ἐπακολουθεῖ. Nach sich über drei Jahre erstreckenden Einfällen durch βάρβαροι suchte man wieder einen Priester des Apollon, *»in einer Lage, als die Einkommensverhältnisse der Privatleute äußerst schwierig waren«* (τεθλιμμένων τῶν ἰδιωτικῶν βίων 28), aber Aristagoras sprang in die Bresche und *»verdoppelte«* seine Anstrengungen (28-31): ἐπέδωκεν ἑαυτὸν καὶ παρελθὼν εἰς τὴν ἐκκλησίαν ἀνέλαβεν τὸν αὐτὸν στέφανον τοῦ θεοῦ διπλασιάζων ἑαυτῷ καὶ τὰς παρὰ τῶν θεῶν καὶ τὰς παρὰ τῶν εὐεργετουμένων χάριτας. Nach Ablauf seiner Amtszeit fehlt ein Nachfolger (34-36), aber der Euerget ließ auch jetzt seine Stadt nicht im Stich: μετὰ ενία[υ]τόν τε μηδενὸς ἑαυτὸν ἐπιδιδόντος *τὸν αὐτὸν ἀναλαβὼν στέφανον* ἱερήσατο οὐδενὸς φεισάμενος οὔτε τῶν πρὸς τοὺς θεοὺς οὔτε τῶν πρὸ[ς] τοὺς πολείτας δικαίων. Und auch darauf folgt wieder eine theologisierende Begründung (36-38), die nun aber nicht mehr allein den Euergeten, sondern die Stadt als ganze in den Blick nimmt: ἐφ' οἷς συνέβη τήν τε πόλιν εὐσταθεῖν καὶ τοὺς πολείτας σώ[ζ]εσθαι. – Zum Apollon-Kult von Istros D.M. Pippidi, A propos du culte d'Apollon à Istros, in: Στήλη· τόμος εἰς μνήμην Νικολάου Κοντολέοντος, Athen 1980, 40-43.

75 IGBulg 1^2,13 = Syll.^{3} 762 (um 48 v. Chr.), eine ganz ähnliche Situation wie im Fall aus Istros (vorige Anm.). Die Priesterstelle des Hauptgottes der Stadt war seit mehreren Jahren vakant (13f. τοῦ τε ἐπωνύ[μου τῆς πόλεως Διον]ύσου οὐκ ἔχοντος ἱερῆ ἀφ' ἐτῶν πληόν[ων]), da wendet sich die Bürgerschaft an den hier Geehrten, der sich bereitfindet (15f.): [παρακληθεὶς ὑ]πὸ τῶν πολιτῶν ἐπέδωκεν ἑαυτὸν (gleiche Formulierung wie im Dekret für Aristagoras, I.Istros 54, 28 [vorige Anm.]). Auch dieser Priester tut sich nach Amtsantritt durch die Organisation aufwendiger Prozessionen und Opfer sowie durch Fleischverteilungen an die Bürger hervor (16-19): κ[αὶ] ... *ἀναλαβ[ὼν] [τὸν στέφανο]ν* τοῦ θεοῦ τάς τε πομπὰς καὶ θυσίας [ἐπετέλεσε καλ]ῶς καὶ μεγαλομερῶς καὶ τοῖς πολίταις μ[ετέδωκε κρε]ῶν ἀφθόνως. Nicht genug damit, engagiert er sich in derselben Weise auch für den Mysterienkult der samothrakischen Götter in Dionysopolis, wo er das Priesteramt auf Lebenszeit übernimmt (19-22): θεῶν τε τ[ῶ]ν ἐν Σαμοθρᾴκ[η *στέφα]νον ἀνειληφὼς διὰ βίου* τάς τε πομπὰς κ[αὶ τὰς θυσία]ς ἐπιτελεῖ ὑπέρ τε τῶν μυστῶν καὶ τῆς π[όλεως. Zur Praxis der Fleischverteilung hat Mihailov im Komm. zu Z. 11 und 18f. weitere Beispiele aus verschiedenen Kultgesetzen zusammengestellt.

76 I.Amastris 7 (Chr. Marek, Stadt, Ära und Territorium in Pontos-Bithynia und Nord-Galatia, IstForsch 39, Tübingen 1993, 160) = E. Kalinka, JÖAI 28 (1933) Beibl. 73 Nr. 21: Das Pontische *koinon* ehrt den noch jungen Erzpriester von Pontos im Kaiserkult, T. Iulius Aquila, ἀναλαβόντα στέφανον (7f.). Zwei Beispiele aus Isis-Kulten in Italien diskutiert Robert, Hell. 11-12, 459 Anm. 2. – In Amastris wird Aquila gelobt als ἀσύνκ[ριτ]ον καὶ θαυ[μάσ]ιον καὶ νέων [πρ]ῶτον ἀρ[ισ]τέα (12-14): ὁ ἀριστεύς war ein fester Titel, so im lykischen Kibyra für einen Euergeten, SEG 32,1306 = J. Nollé, ZPE 48 (1982) 267-273, 15; im pontischen Odessos,

lich, wie eine Ehreninschrift des 2. Jh. n. Chr. aus dem nordmakedonischen Stobi zeigt.[78] In ihr wird auf ein Orakel des klarischen Apollon Bezug genommen, in dem der Gott die Amtsführung einer gewissen Claudia Prisca als Priesterin der Artemis Lochia und Priesterin im Kaiserkult gutgeheißen hat. Ihre Enkelin hat zur Aufstellung dieser Ehrenstele vom Rat der Stadt einen Platz auf öffentlichem Grund angewiesen bekommen; sie sagt von ihrer Großmutter, daß sie »*ihre Priesterämter in der gottgefälligsten Weise* (ὁσιώτατα) *während 60 Jahren* (!) *versehen und vom Apollon in Klaros ein Zeugnis für ihre Reinheit erhalten hat* (μαρτυρηθεῖσαν ἐπὶ ἁγνείᾳ)«.

Man hat hier die ἁγνεία, die Apollon der Claudia Prisca bescheinigt, als ›Frömmigkeit‹, als stünde εὐσέβεια, oder als ›Reinheit des Herzens, reinen Sinn‹ verstehen wollen,[79] doch ist wohl eher rituelle Reinheit gemeint, die

---

IGBulg 1^2,150; aber auch im Athen hadrianischer Zeit in einer Ephebenehrung (IG 2^2,3733,15), ähnlich wie in Amastris. In der Weihung I.Didyma 84,13 steht der Titel inmitten der langen Ämterliste des Dedikanten, weswegen Rehm darin – singulär – ein städtisches Amt und keinen Ehrentitel erkennen will; es ist der einzige Beleg aus Milet. Vgl. zu ἀριστεύς noch Robert, Hell. 7,80 und dens., Études anatoliennes 375f. Anm. 3.

77 OGIS 767 = IGRom 1,1041 = Schwyzer, DGEEP 237 = SEG 9,6 = V. Ehrenberg/A.H.M. Jones, Documents illustrating the reigns of Augustus and Tiberius, Oxford 1955^2, 64 Nr. 47 (Dittenberger Anm. 7: kurz nach 20 v. Chr.): παρλ<α>βών τε τὸν τῶ κτίστα τ[ᾶ]ς πόλιος ἁμῶν Ἀπόλλωνος σ{π}τέφανον καὶ τὰ πρὸς θεὸς ἐκτενῶς καὶ εὐσεβῶ{ι}ς ἐτέλ[ε]σεν κ(αὶ) τὰ ποτὶ τὸς ἀνθρώπος μεγαλ[ο]ψύχως καὶ πλουσίως ὑπὲρ δύναμιν κτλ. Vgl. zu diesem Beschluß auch Robert, Études épigr. et philol. 39 Anm. 2.

78 **Klaros App6** = N. Vulic, Srpska kraljevska Akademija, Spomenik 71 (1931) 239 Nr. 637; erneut herausgegeben von Ch. Picard, D'Ephèse à la Gaule et de Stobi (Macédoine) à Claros, REG 70 (1957) 109-117 (dazu kritisch Bull. ép. 1958, 303) = SEG 17,319. Das Corpus der Inschriften von Stobi soll in IG 10,2,2,2 publiziert werden. Der Text lautet: [Ἀρτέμι]δος Λοχίας ἱέρειαν καὶ Σεβαστῶν [Κ]λαυδίαν Πρείσκαν ἱερασαμένην ὁσιώτατα ἔτεσιν ξ' μαρτυρηθεῖσάν τε ἐπὶ ἁγνείᾳ ὑπὸ τοῦ Κλαρίου Ἀπόλλωνος Μεστρία Πρεῖσκα ἡ ἔγγονος λαβοῦσα τόπον δόγματι βουλῆς. – Zu Stobi ein hilfreicher Überblick bei Papazoglou, Villes de Macédoine 313-323; zur Inschrift ebd. 320.

79 »Piety«: Robinson, Theological oracles 305 (der sich zu Unrecht auf Bull. ép. 1958, 303, beruft, wo S. 267 die nicht-rituelle, spiritualisierende Interpretation bei Picard implizit abgelehnt wird); »pureté de cœur«: Picard (vorige Anm.) 115; »wohl allgemeine Frömmigkeit«: Nilsson, GGR 2^2, 476f. Anm. 8.

Das Konzept ἁγνεία δ' ἔστι φρονεῖν ὅσια, wie nach Porph. Abstin. 2,19,5 die Tempelüberschrift in Epidauros lautete, hat es in der griechischen Religion durchaus gegeben. Der erste Teil des von Porphyrios gegebenen Distichons fällt bei Zitaten in modernen Werken allerdings gerne weg: ἁγνὸν χρὴ *ναοῖο θυώδεος* ἐντὸς ἰόντα | ἔμμεναι· ἁγνεία κτλ. Die Verbrennung von Weihrauch gehört aber seit jeher zum Schlachtopfer (Burkert, HN 11; ders. GR 101), auch wenn dann tatsächlich in orphischen und pythagoreischen Kreisen das Rauchopfer die *Alternative* zum blutigen Opfer darstellen konnte. Auch im Distichon aus Epidauros ist somit das ὅσια φρονεῖν deutlich an den θυώδης ναός gebunden, in dem also Rauchopfer durchaus rituellen Charakters stattfanden (die übliche Opferpraxis ist auch für das epidaurische Asklepieion nicht zu bezweifeln). Die Formel ist mithin nicht im Sinne einer *Substitution* der Forderungen nach ritueller Reinheit im sakralen Bereich durch ein Konzept verinnerlichter ›Reinheit‹ des Denkens zu verstehen, sondern als eine Ergänzung und Erweiterung ›materieller‹ Formen von ›Reinheit‹ im Kontakt mit der Sphäre der Götter.

der Gott gelobt hat, vielleicht auch ein nach der Geburt der Tochter sexuell enthaltsames Leben. Die Formel, mit der auf das Orakel des Apollon ange-

---

Neben Porphyrios tritt als weiterer Zeuge für die Verse – mit evidentem ideologischen Interesse an Polemik gegen die Opferpraxis (die an dieser Stelle allerdings implizit bleibt) – Clem. Strom. 5,1,13,3, indirekt wiedergegeben bei Ps.-Phocyl. Sent. 228 und Anth. Pal. 14,71 und 74. Vgl. J. Bouffartigue (zu Porph. l.c., Budé-Ed. 2,206 Anm. 7) zu den sich aus der Zitierweise der Inschrift bei Porphyrios (ἐν γοῦν Ἐπιδαύρῳ *προεγέγραπτο* Plusquamperfekt) ergebenden Fragen. J. Bernays (Theophrastos' Schrift über Frömmigkeit, Berlin 1866) hat die *communis opinio* begründet, die Zitat sei von Porphyrios – wie in großen Teilen der gesamte erste Abschnitt über die Opfer in Abstin. 2,5-32 – Theophrasts Schrift Περὶ εὐσεβείας entnommen worden (fr. 584 A Fortenbaugh = Π. εὐσεβ. fr. 9 Pötscher). Dies hat Bouffartigue mit Hinweis auf die von Porphyrios beachteten Zitierregeln bezweifelt (ebd. 17-28, bes. 22f.; 206 Anm. 5); ihm schließt sich J.N. Bremmer an: How old is the ideal of holiness (of mind)?, ZPE 141 (2002) 106-108. Damit wäre das Konzept nicht mehr für das 4. Jh. v. Chr. belegt, so daß auch die Tempelinschrift in Epidauros nach Bremmer nicht früher als die inschriftlichen Belege für die Kombination der rituellen mit einer internalisierten Auffassung von ἁγνεία angesetzt werden sollte, nämlich nicht vor dem 1. Jh. v. Chr. Doch führt Chaniotis, EBGR 2002, 15 (Kernos 18, 2005, 436f.), das Epigramm I. Cret. 1, 23,3 = SGDI 5112 = CCCA 659 aus Phaistos aus dem 2. Jh. v. Chr. ins Feld, wo das Verhältnis der Menschen zu den Göttern – hier im Mysterienkult der Μεγάλα Μάτηρ, die mit der lokalen Leto Φυτία zu identifizieren sein mag (s. SEG 44,731 bis) – ebenfalls bereits in moralischen Kategorien gefaßt und dazu das Begriffspaar ὅσιος/ἁγνός herangezogen wird: Den ὅσιοι zeigt die Göttin ein θαῦμα μέγα (1-3); hingegen τοῖς δὲ παρεσβαίνουσι θιῶν γένος ἀντία πράτει· πάντες δ' εὐσεβίες τε καὶ εὔγλωθοι πάριθ' ἁγνοὶ ἔνθεον ἐς Μεγάλας Ματρὸς ναόν· ἔνθεα δ' ἔργα γνωσῆθ' ἀθανάτας ἄξια τῶδε ναῶ (4-12). Ob hingegen der ναὸς θυώδης in einem Epigramm des 4./3. Jh. v. Chr. aus Rhamnus (B.C. Petrakos, Πρακτικὰ τῆς ἐν Ἀθήναις Ἀρχαιολογικῆς Ἑταιρίας 1999, 30f. Nr. 5 = SEG 51,239) im Sinne des ›spiritualisierten‹ Opfers zu verstehen ist, wie Chaniotis meint, scheint mir im Lichte des oben Gesagten fraglich. Davon unabhängig ist es aber durchaus möglich, daß hier die epidaurische Tempelüberschrift das Vorbild war – womit diese dann doch für die Bauzeit des Asklepieions anzusetzen wäre.

Aus der Gruppe der Kultgesetze, in denen der ›reine Sinn‹ mit den konkret-rituellen Aspekten von ›Reinheit‹ (bei Sexualität, Geburt, Tod, Fleischgenuß usw.) zusammenspielt, seien beispielhaft drei Inschriften von Lindos angeführt: I.Lindos 484 = LSS 86, 3 χρῆσεν καὶ θύ(ε)ιν οἷς καὶ τὸ συνειδὸς ἄριστον (ca. 200 n. Chr.); IG 12,1,789 = Syll.³ 983 = LSCG 139, 3-7 πρῶτον μὲν καὶ τὸ μέγιστον, χεῖρας καὶ γνώμην καθαροὺς καὶ ὑγιε[ῖς] ὑπάρχοντας καὶ μηδὲν αὑτοῖς δεινὸν συνειδότας (2. Jh. n. Chr.; Bull. ép. 1951, 55); I.Lindos 487 = LSS 91, 3-5 [ἴ]ναι ὅσιον ... [ἀ]πὸ παντὸς ἐναγοῦς, ἀνάγνου, ἀθέσμου, μὴ τὸ [σῶ]μα μόνον, ἀλλὰ καὶ τὴν ψυχὴν κεκαθαρμένους (3. Jh. n. Chr.; vgl. Bull. ép. 1942, 113). Weiter noch I.Délos 2529 = LSS 59 aus dem Heiligtum des Zeus und der Athena auf dem Berg Kynthos, 10-13 ἰέναι εἰς τὸ ἱερ[όν] ... χε]ρσὶν καὶ ψυχῇ καθαρᾷ (54 v. Chr.; zur Datierung Bruneau, Recherches 228f., *contra* Sokolowski).

Vieldiskutiert sind die Bestimmungen des Reglements des Kultvereins im οἶκος des Dionysios aus dem lydischen Philadelphia, TAM 5,3,1539 (Erstveröff.: J. Keil/A. v. Premerstein, Bericht über eine dritte Reise in Lydien und den angrenzenden Gebieten Ioniens, Denkschr. ÖAW 57,1, Wien 1914, 18-21 Nr. 18; = Syll.³ 985 = LSAM 20), 14ff.: Eidleistung (?) *»bei allen Göttern«* δόλον μηθένα μήτε ἀνδρὶ μή[τε γυναικὶ εἰδό]τες κτλ. Es folgen Verbote verschiedener magischer Handlungen in Vorsatz und Durchführung, *e contrario* zusammengefaßt 23 εὐνοεῖν τῶι οἴκωι τῶιδε. Der Text spricht explizit von den Sanktionen der Götter gegen Übertretungen dieser παραγγέλματα; die Götter *»überwachen«* die Einhaltung, θεοί ... τ[αῦτα ἐπισκοποῦ]σιν (Weinreich, Syll.³ 985 Anm. 23) καὶ τοὺς παραβαίνοντας τὰ παραγ[γέλματα οὐκ ἀνέ]ξονται 33f. Es geht in der Passage vor allem um den Status der Frauen, die von freiem Stand und ἁγναί sein, insbesondere auch in ehelicher Treue leben müssen (35ff.). Diejenige, die dagegen verstößt, ist μεμιασμένην καὶ μύσο[υ]ς ἐμφυλίου πλή[ρ]η (die Konsequenzen für die Gemeinschaft werden

spielt wird, ähnelt im übrigen der im Präskript der Söhne Satornilas für die Ehrung ihrer Mutter, die *»für ihre Verständigkeit und Würdigkeit vom untrüglichen Gott, Apollon von Didyma, durch seine göttlichen Sprüche*

---

also hervorgehoben) καὶ σ[έβεσθαι ἀναξίαν] τὸν θεόν (37-39). Ihre Teilnahme an Opfern, ἁγνισμοί und Reinigungsritualen (καθαρμοί) wird ausgeschlossen (39-41) und dann angefügt: μηδὲ ὁρᾶν ἐπιτελούμ[ενα τὰ μυστήρια. Die Sanktionen des Gottes sind streng: κακὰς [ἀρὰς παρὰ τῶν] θεῶν ἕξει [τὰ πα]ραγγέλματα [παρορῶσα· ὁ θεὸς γὰρ] ταῦτα οὔτε βούλεται γίνεσθαι μηθ[αμῶς οὔτε θέλει, ἀλ]λὰ κατακολουθεῖν (43-45). Denn auch hier beruht das Verhältnis zwischen Göttern und Menschen auf Reziprozität und (symbolischem) Gabentausch: Den Menschen, die ihre Gebote befolgen, gewähren die Götter Gutes; die sich aber dagegen vergehen, τοὺς τοιούτους [μισήσουσι καὶ με]γάλας αὐτοῖς τιμωρίας περιθήσου[σιν (49f.).

An der Kultordnung aus Philadelphia ist häufig ein Übergang der Polisreligion in private Religiösität im Raum des οἶκος als eines ›Vergemeinschaftungskerns‹ abgelesen worden, der dann in den Zusammenhang der etwa zeitgleichen Belege gerade aus Zentralkleinasien für christliche »Hauskirchen« gerückt wird (vgl. S.C. Barton/G.H.R. Horsley, A hellenistic cult group and the New Testament Church, JbAC 24, 1981, 7-41). Dagegen wendet sich S.K. Stowers, A cult from Philadelphia: *oikos* religion or cultic association?, in: A.J. Malherbe/F.W. Norris/J.W. Thompson (Hg.), The early church in its context: essays in honor of Everett Ferguson, Leiden 1998, 287-301; vgl. SEG 48,1455: »This text does not testify to a change from polis religion to a religion of individualism and voluntarism practiced in an egalitarian cult of a religious association.« Dem ist zwar zuzustimmen, doch siehe die Nuancierungen H.W. Plekets ebd.: οἶκος muß hier nicht, wie Stowers meint, einen ›Hauskult‹ bezeichnen, der ganz unabhängig von der öffentlichen Religion gewesen wäre, sondern kann auch für einen (öffentlichen) Kultverein stehen (Verweis auf W. Eck/B. Zissu, SCI 20, 2001, 91f.). Der Text wendet sich mit seinen umfassenden Reinheitsvorstellungen in für Mysterienkulte bezeichnender Weise gerade an *»alle freien Menschen und Sklaven«* (15. 53) und nicht bloß an den engeren häuslichen Umkreis des Dionysios. Auch an der Betonung des μύσος ἐμφύλιον (38) zeigt sich die Interdependenz des – von Gruppencharakter und individualisierenden Zügen zugleich geprägten – Mysterienkults mit der Polisreligion, durch die das Verhältnis der Gemeinschaft zu ihren Göttern gestaltet wird. So zielen auch die gegen die μεμιασμέναι verhängten Sanktionen mit dem Ausschluß von den zentralen rituellen Gemeinschaftshandlungen (ἁγνισμοί, καθαρμοί sowie dem *»Sehen«* des Vollzugs der Mysterien, τὰ ἐπιτελούμενα μυστήρια) gerade auf die Exklusion von der sozialen Kerngruppe als den Akteuren des Rituals – und damit von dem emotionalen Erlebensraum, in dem die göttlichen Botschaft empfangen wird (ὁρᾶν). Vgl. auch A. Chaniotis, Rituals between norms and emotions: rituals as shared experience and memory, in: Stavrianopoulou, Ritual and communication 211-238, h. 235. – Die Ergänzung μηδὲ ὁρᾶν ἐπιτελού[μενα τὰ μυστήρια] ist aufgrund der Epoptieformel wahrscheinlich; dagegen Wilamowitz (Glaube der Hellenen 2, Berlin 1932, 370 Anm. 1): »Was ist hier überhaupt mystisch?« ἱερά Wilamowitz, νόμιμα Nock (ClassRev 38, 1924, 58f.); τὰ ἱερόθυτα Stowers (ebd. 291 Anm. 31).

Detailliert ausgeführt findet sich der Grundgedanke einer umfassend verstandenen ›Reinheit‹ in einem neugefundenen Kultgesetz aus dem karischen Euromos (2. Jh. v. Chr./1. Jh. n. Chr.), das den Zugang zum Tempel des Stadtgottes Zeus Lepsynos regelt (zur Stadt s. Robert, Hell. 8,35-38): R.M. Errington, EpigrAnat 21 (1993) 29f. = SEG 43,710 (Bull. ép. 1995, 528; EBGR 1993-94, 73 [Kernos 10, 1997, 270f.]). Die elegischen Distichen waren vermutlich an den Toren des Tempels angebracht: Εἰ καθαράν, ὦ ξεῖνε, φέρεις φρένα καὶ τὸ δίκα[ι]ον / ἤσκηκες ψυχῇ, βαῖνε κατ' εὐίερον· / εἰ δ' ἀδίκων ψαύεις καί σοι νόος οὐ καθαρεύει, / πώρρω ἀπ' ἀθανάτων [ἔ]ργεο καὶ τεμένους· / οὐ στέργει φαύλους [ἱ]ερὸς δόμος ἀλλὰ κολάζει, / τοῖς δ' ὁσίοις [ὁ]σίους ἀντινέμε[ι χάριτας]. Ergänzungen und Deutung (der Charakter des Textes war von Errington noch nicht erkannt worden) bei E. Voutiras, EpigrAnat 24 (1995) 15-19 (Bull. ép. 1996, 388; EBGR 1994-95, 368 [Kernos 11, 1998, 365]), die auch den Schlußvers hergestellt hat. Zum *schema polyptoton* ὁσίοις ὁσίους verweist sie auf Eur. Alc. 10 (Apollon ist Diener des Admetos ὁσίου ἀνδρὸς ὅσιος ὤν). ἀντινέμειν kann in Versinschriften aktivisch sein und ist

gewählt« worden sei, αἱρεθ[εῖσαν] ... ἐπ[ὶ] σωφροσύνῃ καὶ [σεμν]ότητι ὑπὸ τῶν θ[εί]ων αὐτοῦ λογίων (Z. 5-7).[80]

---

dann gerade in der Verbindung mit χάριν oder χάριτας am Versschluß gebraucht, etwa in einem Grabepigramm aus Halikarnassos, Peek, GV 1079 (Bull. ép. 1951, 55 S. 142), oder in einem hellenistischen Epigramm aus Lindos, I.Lindos 197,11f. Zu ὅσιος bereits o. Anm. 54 ausgehend von **Didyma B2** = I.Didyma 229 II, 1 μάρτυς ψυχᾶς ὁσίου.

Es ist auffällig, daß das Konzept der geistigen ›Reinheit‹, die für den Eintritt in ein Heiligtum gefordert wird, mehrfach in Versinschriften zu finden ist; bisweilen ist innerhalb einer Prosainschrift sogar nur diese Partie metrisch (so in I.Lindos 487,24-26 [s. zuvor] und LSS 108,4-7 von Rhodos, s. hiern., jeweils elegische Distichen). Petrovic, Metrical sacred regulations, zeigen gerade an solchen metrischen Partien in Kultinschriften, die in einen Prosatext eingefügt sind, daß hier Verse, fast durchweg eben elegische Distichen, als ›Marker‹ der Sphäre des Heiligen und damit besonderer religiöser Autorität ihres (impliziten) Sprechers eingesetzt werden; vgl. ebd. 168. 174f. 178f. und o. Kap. 1, Anm. 14. Siehe auch Nock, Cult ordinance 417f. = dens., Essays 850-852 (ausgehend von den Bestimmungen eines dionysischen Mysterienkults im 2. Jh. n. Chr., I. Smyrna 728 = LSAM 84; vgl. Bull. ép. 1955, 189; 1956, 249). – Zu den Kultgesetzen jetzt kurz Lupu, NGSL 17f.; eine Liste der bekannten Zeugnisse bei Bremmer (wie zuvor) 107. Ausführlich widmet sich der Thematik A. Chaniotis, Reinheit des Körpers – Reinheit der Seele in den griechischen Kultgesetzen, in: J. Assmann/Th. Sundermeier (Hg.), Schuld, Gewissen und Person: Studien zur Geschichte des inneren Menschen, Stud. z. Verstehen fremder Religionen 9, Gütersloh 1997, 142-179 (auch eingehend zum Text aus Philadelphia; 164f. ebenfalls mit einer Übersicht der relevanten Inschriften; vgl. auch SEG 47,2340). Zu den inschriftlichen Belegen vgl. noch Bull. ép. 1958, 303; Sokolowski zu LSS 91 und 108; Wächter, Reinheitsvorschriften 7-11.

M.W. Dickie, Who were privileged to see the gods?, Eranos 100 (2002) 109-127, hat die These vertreten, die (rituellen wie moralischen) Reinheitsvorschriften für den Zutritt zu Heiligtümern begründeten sich aus der Präsenz der Gottheit im Ritual; eine unwürdige Person störe den korrekten Ablauf der Kommunikation zwischen ihr und ihren Verehrern und könne ihr Fernbleiben verursachen. Er sieht eine psychologische Ursache: die Furcht und emotionale Anspannung, die von der Erwartung der Gegenwart der Gottheit im Heiligtum bei den Verehrern ausgelöst wird. A. Chaniotis, SEG 52,1968 und EGBR 2003,39 (Kernos 19, 2006, 359) weist aber darauf hin, daß die Einschränkungen der *leges* nicht nur die Tage von Festen, sondern den Zugang zum heiligen Bezirk generell betreffen; vgl. auch dens., Rituals between norms and emotions (wie zuvor) 235.

Die Formel der epidaurischen Inschrift, wie sie Porphyrios gibt, erscheinen wörtlich in Kultgesetzen aus Rhodos und Mytilene: S. Accame, Memorie dell'Ist. storico-archeol. di Rodi FERT 3 (1938) 71 = LSS 108 = Guarducci, Epigrafia greca 4,31, 4-7 ἁγνὸν χρὴ ναοῖο θ[υ]ώδεος ἐντὸς ἰόντ[α] ἔνμεναι· οὐ λουτρῶι ἀλλὰ νόῳ καθαρόν (1. Jh. n. Chr.) (Bull. ép. 1946-47, 157); IG 12 Suppl. 23 = LSS 82 ἁγνὸν πρὸς τέμενος στείχειν ὅσια φρονέοντα (Mytilene, nicht dat.). Über die Tatsache der Übereinstimmung mit Epidauros hinaus ist die versifizierte Form ein zusätzlicher Hinweis darauf, daß es sich um ein an verschiedenen Orten verwendetes Formular gehandelt haben muß, das durch die metrische Form ›transportabel‹ wurde und offenbar (von Epidauros ausgehend?) Verbreitung fand. Vgl. dazu die Wiedergabe der Überlegungen von Accame in Bull. ép. 1946-47, 157: »L'inscription de Rhodes peut avoir appartenu à un sanctuaire d'Asklépios qui aurait emprunté au culte de Sarapis la dernière partie ... de la préscription morale, ou à un sanctuaire de Sarapis, dont les prêtres auraient mêlé l'oracle d'Épidaure et celui de leur dieu.« Der zweite Teil der Formel, wie sie in der *lex sacra* aus Rhodos steht, ist wiederum gespiegelt bei Clem. Strom. 4,142,3, der sie dem Sarapis-Kult zuweist, ἴσθι μὴ λουτρῷ, ἀλλὰ νοῷ καθαρός, und identisch in einem »Orakel des Sarapis«, das in zwei Sammelhandschriften überliefert ist (vgl. G. Wolff, Griechische Orakel, Philologus 17, 1861, 551f.), Laur. 37,32 (N. Piccolos, Supplément à l'Anthologie grecque, Paris 1853, 189 = G. Wolff, De novissima oraculorum aetate, Berlin 1854, 15f.) und Vindob. Hist. Gr. 130 (Scholion zu dem den *Olympischen Oden* Pindars vorangestellten *Leben der neun Lyriker*: T. Mommsen, Scholia Germani in Pindari Olympia e codice Caesareo Vindobonensi, Kiel 1861, 2). Der Text in der korrekten metrischen Form bei Totti,

An der Angabe, daß die Enkelin die Ehreninschrift an diesem Orte gemäß einem Beschluß des Rates der Stadt Stobi errichtet hat, läßt sich die soziale Stellung der Priesterin ablesen. Möglicherweise sind mehrere Mitglieder der Familie mit verschiedenen Ämtern und Ehrungen in der Stadt bezeugt.[81] Es ist daher nicht unwahrscheinlich, daß das Orakel über die ἁγνεία der Artemis-Priesterin entweder von ihr selbst in Klaros eingeholt worden ist[82] oder die Stadt – etwa aus Anlaß einer Wiederwahl der Clau-

---

Isis und Sarapis 147 Nr. 61: ἁγνὰς χεῖρας ἔχων καὶ νοῦν καὶ (ἐπὶ Laur.) γλῶτταν ἀληθῆ / εἴσιθι μὴ λοετροῖς, ἀλλὰ νόῳ καθαρός· / ἀρκεῖ γὰρ θ' ὁσίοις ῥανὶς ὕδατος· ἄνδρα δὲ φαῦλον / οὐδ' ἂν ὁ πᾶς λούσαι χεύμασιν ὠκεανός. Wie in Rhodos, erscheint die epidaurische Formel in einem Pentameter. Daß der Text in einem Sarapis-Kult eine Rolle gespielt hat, ist angesichts der Bedeutung von Reinheitsvorschriften gerade in den ägyptischen Kulten durchaus plausibel. Die Kenntnis dieser Formeln bei Paroemiographen (Ps.-Phocyl., s.o.), Scholiasten und christlichen Apologeten wie Klemens zeigt, daß sie schon in der Antike Eingang in Anthologien (etwa Epigrammsammlungen) gefunden hatten.

Sokolowskis Ansicht, »la tendance morale ... indique une époque assez tardive« (zu LSS 82), »la tendance morale apparaît dans ... règlements de la basse époque« (zu LSS 108), ist als religionshistorische Aussage auch dann problematisch, wenn die epidaurische Tempelinschrift nicht vor dem 1. Jh. v. Chr. angebracht worden sein sollte und nicht bereits beim Bau des Tempels im 4. Jh. Sokolowski folgt implizit dem o. S. 299-306 diskutierten makrohistorischen Modell einer zunehmenden ›Spiritualisierung‹ der griechischen Religion. Überraschenderweise nennt er trotz der wörtlichen Entsprechungen die Porphyrios-Stelle nicht unter den Vergleichstexten zu LSS 82 und 108 – vermutlich, weil die etablierte Auffassung, die Quelle sei Theophrast, verunmöglicht hätte, von »basse époque« zu sprechen.

Vgl. das wohlabgewogene Urteil von Parker, Miasma 322-325: »Its significance [sc. der epidaurischen Inschrift] is easily overestimated. It did not make morality an object of religious concern for the first time; it merely assimilated the two entirely traditional requirements of *hagneia* and ›thinking *hosia*‹. Pious Greeks may normally have seen the two things as distinct, but they had always believed both to be necessary ... it is quite mistaken to see in the couplet a breaching of barriers ... morality might be included within the category of purity, but it did not replace that category's more traditional content ... within the main-stream of Greek culture the Epidaurian couplet altered nothing.« Die vermeintliche Entwicklung der antiken Religion hin zu einer ›reineren‹, auf Moralität und Geistigkeit ausgehenden Form ist in der modernen Religionsgeschichtsschreibung ausgesprochen populär – vor, in einigen Fällen aber auch unverändert nach dem Paradigmenwechsel, der durch die Arbeiten W. Burkerts am deutlichsten markiert ist. Das hat seine aufschlußreiche Parallele in der Beliebtheit solcher religionsphilosophischer Maximen in der Antike selbst, seit Platon oft dominiert vom Einfluß seines Gesellschaftsmodells. Die soziale Realität der Kulte fügte sich bereits zu dieser Zeit nicht den idealtypischen Entwürfen der intellektuellen Betrachter.

80 Zur Bedeutung von σωφροσύνη an dieser Stelle vgl. o. Anm. 10 und nochmals unten S. 374 m. Anm. 125.

81 Diverse prosopographische Beziehungen zu anderen Inschriften aus Stobi versucht Wiseman, Plague, herzustellen, namentlich zu einem C. Aelius Priscus, dem als *primipilarius* in seiner Stadt eine Ehrenstatue errichtet worden ist (Erstveröff. durch Wiseman ebd. 145f.). Darüberhinaus zieht er ein weiteres Ehrenmonument heran, das dieselbe Mestria Prisca, die auch die vorliegende Inschrift hat aufstellen lassen, der Claudia Prisca und der Aelia Priscilla, wohl ihrer Großmutter und ihrer Mutter, geweiht hat (A. v. Premerstein/N. Vulic, Antike Denkmäler in Serbien und Macedonien, JÖAI 6, 1903, Beibl. 6f. Nr. 8; Text bei Wiseman 149). Daß in der ersten Geehrten dieselbe Person wie die Priesterin unserer Inschrift zu erkennen ist, ist zumindest sehr wahrscheinlich.

82 Es gibt Indizien dafür, daß bisweilen aus weit entfernten Städten, etwa aus der Pontos-Region, nur ein einzelner *theopropos* auf die Reise nach Klaros geschickt wurde statt einer ganzen

dia Prisca oder einer Verlängerung ihrer Amtszeit – das Orakel konsultiert hat. Es ist auch möglich, daß diese Frau als wichtige religiöse Funktionärin ihrer Stadt eine Delegation nach Klaros angeführt hat.

Unter den Delegationslisten von Klaros findet sich[83] auch die Konsultation eines *theopropos* aus Stobi, Lucius Cornelius Mundicianus Crocus, der, nach der Formulierung des Protokolls zu urteilen, zwar im Namen seiner Stadt, aber alleine nach Klaros gekommen ist,[84] und zwar im Jahre 165 n. Chr. oder bald danach,[85] also innerhalb des Zeitraums, in dem mutmaßlich auch die sog. Pestorakel in Klaros erteilt worden sind.

Es heißt über diesen Konsultanten im Protokoll auch, daß er sich der *»Einweihung«* unterzogen, also das Ritual des μυστήρια ἐμβατεύειν erfahren hat. Dazu gehörte die *katabasis* in das unterirdische Gangsystem unterhalb des Tempels, wo das Orakel in einer Halle des *adyton* verkündet wurde. Dieses Ritual war vermutlich den hochrangigen, das Orakel in offizieller Mission ihrer Stadt konsultierenden Anführern von Delegationen vorbehalten, denen aber (wie der Text aus Stobi erkennen läßt) einzelne *theopropoi*, die im Auftrag ihrer Heimatstadt nach Klaros kamen, bisweilen gleichgestellt wurden. In der Regel wurde jedoch, nach dem Gesamtbild der Theoren-Listen zu urteilen, der aufwendige Konsultationsmodus, der die μύησις einschloß, nur den Anführern der großen Delegationen zuteil. Es ist dies im übrigen das einzige Konsultationsprotokoll Stobis in Klaros, so daß Gesandtschaften oder einzelne *theopropoi* aus der makedonischen Stadt kaum häufig nach Klaros gekommen sein dürften.[86]

Delegation mit Chören und Magistraten, auch wenn es sich um eine offizielle Konsultation der Stadt handelte. Die praktischen Gründe für solche Beschränkung liegen auf der Hand. Einen derartigen Fall haben wir vermutlich in **Klaros 18** = IGBulg 1^2,224 vorliegen, einem Epitaph aus Odessos, der eine Konsultation wegen einer Epidemie dokumentiert. Vgl. dort den Sing. in 7 λοιμὸν ἀπεσκέδασα: Robert, Inscriptions de Bulgarie 190 = OMS 5,220, und ders., Carie 214 zu Nr. 10. Unklar im Hinblick auf die Frage, ob die Konsultation durch eine Einzelperson oder durch eine größere Delegation erfolgte, sind zwei klarische Orakel aus kleinasiatischen Städten, ein Orakel für Laodikeia, **Klaros 17** = Robert, Laodicée du Lycos 336-338 Nr. 12 (Reste eines Versorakels, in denen offenbar der Konsultant, vielleicht aber auch der Anführer einer Delegation genannt wird, 3 κῆνος ἀνή[ρ, ὅς] πρέσβυς ἀριστ[ο - -; mit 25 Gesandtschaftslisten in Klaros zählt Laodikeia zu den wichtigen Klienten des Orakels, vgl. Robert ebd. 298-305. 359), und eine Inschrift aus Aizanoi im oberen Tembris-Tal, **Klaros 20** = A. Körte, AthMitt 25 (1900) 398-401 Nr. 1 (χρησμὸς ὁ δοθεὶς ὑπὲρ τοῦ μέν(ε)ιν ἱερέα τοῦ κτιστοῦ Δημήτριον Ἀρκεσιλάου 1-4, es folgt das Orakel in 2 Versen; von Aizanoi kennt man aber auch Gesandtschaftslisten).

83 Th. Macridy, Antiquités de Notion 2, JÖAI 15 (1912) 52 Nr. 20; wiedergegeben bei Wiseman, Plague 164. Das erste Cognomen ist nicht sicher:]νδικιανός auf dem Stein.

84 Überschrift [Σ]τοβαίων, dann 9 [θεο]πρόπος (folgt der Name) ... 12 [ἐπ]ετέλησε καὶ μυστήρια.

85 Das Protokoll ist datiert mit der *»87. Prytanie Apollons«*, die nach Bull. ép. 1955, 303 S. 267 zwischen 164/165 und 168/169 angesetzt werden muß. So jetzt auch Ferrary, Chronologie 752f. Vgl. Robert, Carie 213; Wiseman, Plague 164-166; Papazoglou, Villes de Macédoine 320.

86 Mögliche Hinweise auf weitere Konsultationen könnten zum einen in der Altarweihung liegen, die N. Vulic, Srpska kraljevska Akademija, Spomenik 71 (1931) 46 Nr. 104, publiziert und B. Saria, JÖAI 28 (1933) 139 Nr. 13, so hergestellt hat: Ἀρτεμιδ[- -] | τὸν βωμ[ὸν ἔθηκε κα-

Das Orakel für Claudia Prisca ist mit der Konsultation der von L. Cornelius angeführten Delegation aus Stobi aus der Zeit um 165 n. Chr. verbunden worden.[87] Die Stadt hat also mutmaßlich wegen derselben verheerenden Seuche in Klaros um Rat nachgesucht, die auch die ›Pestorakel‹ für die kleinasiatischen Städte ausgelöst hat.[88] Ebenfalls mit je einer Gesandtschaftsliste sind in Klaros die Städte Odessos und Dionysopolis von der thrakischen Pontosküste vertreten, also, von Klaros aus gesehen, Orte aus demselben regionalen Großraum. Ihre Konsultationen fallen in dieselbe Prytanie wie diejenige des Gesandten aus Stobi,[89] wurden auch im selben Sektor der Propyläen des Heiligtums dokumentiert; man könnte an eine gemeinsame Reise der Gesandten aus diesen drei Städten nach Klaros denken.

Vorstellbar wäre, will man der Einordnung des Orakels für Prisca in den Zusammenhang der Konsultation Stobis in den 160er Jahren folgen, daß die Anerkennung der ἁγνεία, die die Priesterin der Artemis und der Σεβαστοί an den Tag gelegt hatte, Teil des Bescheids Apollons war, wie die Stadt sich gegen die Gefahr schützen könne.[90] So könnte der Gott Empfehlungen gegeben haben, die Rituale in den beiden Kulten, für die Claudia

τὰ] | θεοῦ χρη[ματισμὸν κτλ. Vulic hat aber nachfolgend (Spomenik 77, 1934, 41 Nr. 20) andere Ergänzungen vorgeschlagen, darunter in Z. 3 einen Eigennamen Θεούχρη[στος (zum Namen vgl. Fraser/Matthews, Lexicon of Greek personal names s.n. Θεόχρηστος), so daß der Verweis auf das Orakel an dieser Stelle entfiele. Wiseman, Plague 182, akzeptiert dies und möchte dafür in Z. 7 κα[τὰ χρησμόν ergänzen. In Z. 1 sieht er als Empfängerin des Altars Ἀρτέμιδ[ι Λοχίᾳ, deren Kult in Stobi bezeugt ist, s. zuvor Anm. 78. Kult für Apollon Σωτήρ, wie der klarische Apollon ja auch an anderen Orten genannt worden ist (vgl. die Weihinschrift des Orakels für Kaisareia Troketta, **Klaros 8** = IGRom 4,1498, Z. 4f.), belegt in Stobi eine Weihung von Kultbildern des Zeus Olympios, der Hera und des Apollon Σωτήρ aus dem 3. Jh. n. Chr., N. Vulic, Spomenik 71 (1931) 47 Nr. 109 = B. Saria, JÖAI 28 (1933) 137 Nr. 8.

87 Wiseman, Plague 170f. 179-183.

88 Ein mögliches Zeugnis dafür, daß die Pest unter Lucius Verus auch im makedonischen Raum Opfer gefordert hat, könnte in einem Epitaph aus Stobi enthalten sein, A. v. Premerstein/ N. Vulic (wie Anm. 81) 7-9 Nr. 10 τᾶς νο[ύσου θ]οινᾶντο *(»werden verzehrt«)* βοραῖς [περὶ εὐ]ρέα Ἴσ[τ]ρον. (Wiseman 176 übersetzt *»those in the north along the wide Ister are eaten by the disease«* – hält er βορᾶς für eine Form von βόρειος? Aber der ganze Satz ließe sich dann ohnehin nicht mehr konstruieren.)

89 Macridy (wie Anm. 83) 50f. Nr. 15-16. Siehe zuvor Anm. 82 zum Orakelfragment aus Odessos, **Klaros 18**.

90 Wiseman, Plague 181, stellt folgende Mutmaßungen an: »The purity of Claudia Prisca might reasonably have been touched upon in the oracle concerning the manner of the appropriateness of offerings to Artemis, who might even have sent the plague … Was the purity of the priestess of Artemis questioned by the city because of the presence of the plague? If so, Clarian Apollo protected her and thereby the cults of Artemis Lochia and the Emperors at Stobi« und zieht als Beispiel für eine derartige Anfrage ein dodonäisches Täfelchen heran, SEG 19,427 = Parke, Oracles of Zeus 261f. Nr. 7 = Lhôte, Dodone Nr. 14 = Dieterle, Dodona (s. Kap. 4, Anm. 20) Nr. i74 (Erstpubl.: D. Euangelides, Ἔργον τῆς Ἀρχαιλογικῆς Ἑταιρείας 1955, 56 = ders., Πρακτικὰ τῆς ἐν Ἀθήναις Ἀρχαιλογικῆς Ἑταιρείας 1956, 171): ἐπερωτῶντι Δωδωναῖοι τὸν Δία καὶ τὰ Διώναν· ἦ δι' ἀνθρώπου τινὸς ἀκαθαρτίαν ὁ θεὸς τὸν χειμῶνα παρέχει.

Prisca fungierte, zu intensivieren oder jedenfalls diese sorgfältig und genau zu versehen.[91]

Doch bleibt diese Rekonstruktion, die auf der Verknüpfung des Protokolls aus Klaros mit der nicht genauer als in das 2. Jh. n. Chr. datierbaren Statuenbasis für die Priesterin beruht, sehr unsicher, zumal sich in den Namen keine prosopographische Anknüpfung finden läßt. Beide Dokumente bieten zu wenig Informationen, durch die die zeitgeschichtlichen Hintergründe aufgehellt würden, so daß eine hinreichend gesicherte Deutung möglich würde.[92] Man muß bedenken, daß es ja bereits bei den großen Versorakeln aus Klaros eine plausible, jedoch nicht beweisbare Hypothese bleibt, der Anlaß dazu sei in der weite Teile des Reiches heimsuchenden Epidemie der Jahre nach 165 n. Chr. zu finden.

Wenn die Bestätigung der Nominierung eines Amtsträgers durch ein Orakel Apollons, insbesondere bei einer religiösen Funktion, als μαρτυρία bezeichnet werden konnte, so war der Begriff im Kontext der kaiserzeitlichen Polis und ihrer Ämterverwaltung nicht darauf beschränkt: Bisweilen erscheint auch die Ratifikation eines Ehrenbeschlusses durch die Volksversammlung als *»Bezeugung«*.[93] Strukturell enger verwandt ist aber die mit demselben Wort gekennzeichnete Bestätigung der Entscheidung, die auf Ebene der Polis getroffen worden war, durch den römischen Statthalter[94] und damit den Kaiser: Die μαρτυρία erfolgte durch die hierarchisch übergeordnete Instanz, die kraft ihrer Positionsautorität – analog zur divi-

---

91 Ebd. 180f. hält Wiseman, entsprechend seiner Hypothese der Konsultation wegen der Pest, auch die Berücksichtigung des gemeinsamen Heiligtums des Asklepios, der Hygeia und des Telesphoros in diesem Orakel für wahrscheinlich. Das Heiligtum ist für die Kaiserzeit in Stobi gesichert, vgl. ebd. Anm. 95 und dens./D. Mano-Zissi, Excavations at Stobi 1970, AJA 75 (1971) 395-411, h. 401f. 406.

92 Siehe die Skepsis gegenüber den weit ausgreifenden Rekonstruktionen Wisemans in Bull. ép. 1974, 337; Papazoglou, Villes de Macédoine 320 Anm. 79.

93 Ehrenbeschluß für Menogenes in Sardeis, I.Sardis 8,36-38. Während der formelle Ehrenbeschluß aus rechtlichen Gründen vom Rat erst nach Ablauf einer Frist (bei Ende der Amtsperiode zum Jahreswechsel?) gefaßt werden kann, soll die darauf gerichtete Willensbekundung der Volksversammlung bereits zu Protokoll genommen werden: δεδ[ό]χθαι τῆι βουλῆι τὰς μὲν τειμ[ὰ]ς αὐτοῦ εἰς τοὺς ἐννόμους ὑπερτεθεῖσθαι (›aufgeschoben werden‹) χρόνους, τὴν δὲ τοῦ δήμου εἰς αὐτὸν μα[ρ]τυρίαν δεδηλῶσθαι διὰ τοῦδε τοῦ ψηφίσματος. Anlaß war hier die erfolgreiche Gesandtschaft des Menogenes im Namen der Stadt und des *koinon* der Provinz Asia an den römischen Hof im Jahre 5 v. Chr. Ähnlich eine Ehreninschrift aus dem lykischen Patara für Iunia Theodora, die das lykische *koinon* gegenüber dem römischen Provinzgouverneur vertreten hatte: D.I. Pallas u.a., Inscriptions lyciennes trouvées à Solomos près de Corinthe, BCH 83 (1959) 496-508 = SEG 18,143,30f. δι' ὃ καὶ οἱ πλεῖστοι τῶν πολειτῶν ἡμῶν καταστάντες ἐπὶ τῆς ἐκκλησίας διαμεμαρτύρηκαν αὐτῆι. Vgl. Quaß, Honoratiorenschicht 413f. m. Anm. 299.

94 Quaß, Honoratiorenschicht 160f. m. Anm. 473f., nennt zahlreiche Beispiele. Eindrucksvoll auch hier der Fall des Opramoas aus Rhodiapolis, der in seiner monumentalen Inschriftenkodifikation eine große Zahl Reskripte sei es des Statthalters, sei es des Kaisers selbst dokumentierte, die für ihn beschlossene Ehrungen von Städten bestätigen (ebd. Anm. 475-477; vgl. Kokkinia, Opramoas 244f. zur δικαία μαρτυρία des Kaisers, die zwischen den uneinigen Städten vermittelte).

natorischen Gottheit – zur Sanktionierung oder nötigenfalls auch zur Zurückweisung der von den Bürgern getroffenen Wahl befähigt ist.

3.1.4 Erster Teil des Versorakels: Mythologisch-poetische Theologie der Athena

Wendung an die Konsultanten im rhetorischen Gestus

Kehren wir zum Bescheid aus Didyma über die Wahl der Priesterin der Athena Polias zurück und betrachten den hexametrischen Orakelspruch selbst, mit dem Apollon sich zustimmend zur Wahl der Satornila in das Amt auf Lebenszeit geäußert hat. Ihn haben ihre Söhne in das Zentrum ihrer Ehreninschrift gestellt. Er beginnt mit dem Motiv des Tadels der Konsultanten: *»Spät kommt ihr, Bürger, um über die Priesterin der Kopfgeborenen die orakelerteilende Stimme zu hören ...«* (V. 1f.) Dieser Gestus der Kritik des Gottes zu Beginn seiner Antwort ist uns bereits in Orakelbescheiden aus Klaros begegnet, so in den Pestorakeln für Kaisareia Troketta in Lydien[95] und Kallipolis an der westlichen Propontis-Küste.[96]

Die Wendung des Gottes an die Konsultanten zum Auftakt des Bescheides ist überhaupt ein aus den klarischen Versorakeln wohlvertrautes Bauelement.[97] Ganz ähnlich wie in der milesischen Inschrift ist auch ein delphischer Orakelspruch formuliert, der in die mythische Zeit gesetzt ist: Erginos, König von Orchomenos, hat keine Dynastie begründen können und fragt Apollon, wie er zu Kindern kommen könne; der Gott sagt im zweiten Vers der aus drei Hexametern bestehenden Antwort nach der Anrede und vor seiner Botschaft: ὄψ' ἦλθες γενεὴν διζήμενος.[98] Erginos ist

95 **Klaros 9**,3 τίπτε πέρας πό[ντου - -

96 **Klaros 8**,3-5 τί δὴ νύπερ τεθηπό[τ]ες βηλῷ προσοιμέεσθε κτλ.; besprochen oben S. 138-140 mit weiterem Vergleichsmaterial ebd. Anm. 289 (Porph. Philos. ex orac. 350 F 8 Smith; ebd. 347 F 28; **Klaros App12** = Xen. Ephes. 1,6).

97 Orakel für Pergamon, **Klaros 2**,1ff. (stark ausgebaut); für Troketta **Klaros 8**,1f., nochmals im zweiten Teil nach der Ausmalung der Seuche, V. 20. Im Orakel für Kallipolis **Klaros 9** für uns erst nach der langen Einleitung über die mantische Ekstase des Sehers und das Wüten der Pest zu Beginn des zweiten Hälfte greifbar, V. 20, aber sicher wegen des mit **Klaros 8** analogen Baus auch am verlorenen Anfang anzusetzen. **Klaros 13** für Nikomedia in Bithynien (Anrede des Gesandtschaftsführers, ὦ πτολιάρχα 1); Orakel für Syedra wegen Seeräubergefahr, **Klaros 15**,1; auch im Orakel des Ammon für Kyzikos, **Klaros Verw3**,1 (oben S. 285). In einer Reihe anderer Orakel aus Klaros fehlt uns der Anfang, so daß keine Aussage möglich ist (**Klaros 4** für Hierapolis, **11** für eine Stadt am Hermos, **16** für Ikonion in Pisidien; wegen der Verwandtschaft des Bescheids für Ikonion mit dem für Syedra dürfte auch dieses Strukturmerkmal wiederholt worden sein).

98 PW 111 = Fontenrose L 5. Hauptzeugnis Paus. 9,37,4; auch bei Oenom. fr. 11 B Hammerstaedt (mit leicht verändertem Text in V. 2-3); zum geflügelten Wort geworden und so nur noch als Anspielung partiell zitiert bei Plut. An seni sit ger. res publ. 1, 784 B. Möglicherweise auch in einem auf Papyrus überlieferten Pindar-Scholion zitiert, Σ Pi. Paean 8 = P.Oxy 5,841 col. 1. Die sexuelle Metaphorik des Antwortverses Apollons *(»setze auf den alten Mastbaum eine*

dann übrigens in dieser Mythenversion Vater der Heroen Trophonios und Agamedes; Trophonios begründet nach dem aitiologischen Mythos dann ja selbst sein Orakel im böotischen Lebadeia.[99]

Die vorwurfsvolle oder zumindest sich verwundert gebende Anrede an die Bürger Milets geht unmittelbar in einen längeren Abschnitt über, in

---

neue Spitze«) hat bereits Lobeck, Aglaophamus 842f., durch Parallelen erhellt. Erkundigungen wegen ausbleibender Nachkommenschaft sind in Delphi fast nur in den mythischen Konsultationen oder den Anfragen der Frühzeit, deren Historizität umstritten ist, überliefert, wobei dann in der Regel Herrscher oder Mächtige die Anfragenden sind. In Dodona ist das Thema ›Nachkommenschaft‹ hingegen entsprechend seiner realen Bedeutung für die sozialen Beziehungen unter den die alltägliche Konsultationspraxis dokumentierenden Täfelchen gut repräsentiert.
Eine in Delphi zu dieser Thematik tatsächlich gestellte Anfrage läßt ein Wunderbericht erkennen, der von einem Orakel Apollons seinen Ausgang nimmt: FD 3,1,560/561 in der Neued. von J. Bousquet, Inscriptions delphiques, BCH 80 (1956) 547-597, h. 550-554 = SEG 16,341 = V. Longo, Aretalogie nel mondo greco 1: Epigrafi e papiri, Genua 1969, 131f. Nr. 73, 2f. (Bull. ép. 1958, 262 Nr. 2; PW 334 = Fontenrose H 34), aus dem Jahre 362/61 v. Chr. nach der Neudatierung durch Bousquet. Er erkannte in Antichares, der zu Beginn des nachfolgenden Dekrets genannt ist, den Archonten dieses Jahres. Es handelt sich um ein Weihepigramm in Hexametern zur Darbringung eines Haaropfers an den delphischen Apollon, der offenbar einem Ehemann ein günstiges Orakel über Nachwuchs erteilt hat, nachdem dessen Frau Fehlgeburten erlitten hatte (vgl. 7). Im Gegenzug verlangt Apollon die Weihung von Haaren der Kinder: - - Φ̣ο̣ῖβος γενεὰμ μαντεύμασι δῶκεν | εὐχῆς εἰσαΐων, κομίσαι τε κόμας προσέταξεν. Der Vater schildert daraufhin das Wunder der Spätgeburt seiner Tochter, die gesund und bereits mit langen Haaren zur Welt kam, welche nach der Geburt sofort schnell weiterwuchsen, und des dennoch wunderbar schmerzlosen Gebärens seiner Frau. Die Eltern nennen das Kind Δελφίς zum Dank an den Gott, μαντείας ἕνεκεμ μνημεῖά τε Δελφῶν (12). Nach weiteren vier Jahren wird eine zweite Tochter geboren, bei der sich wiederum ein Wunder ereignet zu haben scheint, das aber nicht mehr kenntlich ist; auch sie erhält einen theophoren Namen, vielleicht Pytho (16: wenn hier nicht doch in normaler Weise der Ort benannt ist, Πυθοῦς ἐρατεινῆς). Am Schluß des Gedichts steht ein Gebet an Apollon, darunter der Aufstellungsbeschluß der Delpher mit Privilegien für den Vater und seine Familie. Die Wundererzählung hat O. Weinreich behandelt: Eine delphische Mirakel-Inschrift und die antiken Haarwunder, Sitz.-Ber. d. Heidelberger Akad. d. Wiss., Phil.-hist. Kl. 15,7, Heidelberg 1925 (nicht in die *Ausgewählten Schriften* aufgenommen). Man hat insbesondere über die motivische Nähe zu den epidaurischen *iamata* diskutiert und wollte Beeinflussungen annehmen, vgl. das Resümee der Diskussion bei Longo ebd. Ein Haarwunder des Asklepios dort etwa in IG 4^2,1,121 = Syll.[3] 1168 Iama 19 (= Longo Nr. 19 = Herzog, Wunderheilungen von Epidauros p. 16 = Girone, Iamata 2.3 [s. Kap. 2, Anm. 261]).

99 Die Überlieferung zum Trophonion ist am übersichtlichsten aufgearbeitet bei A. Schachter, Cults of Boeotia 3: Potnia to Zeus, Bull. Inst. Class. Stud. Suppl. 38,3, London 1994, 66-89 (Übersicht der Quellen ebd. 66-68); vgl. schon dens., Bull. Inst. Class. Stud. 14 (1967) 1-16; Teiresias Suppl. 1 (1972) 17-30. Umfassend zu Kult und Mythos P. Bonnechère, Trophonios de Lébadée: cultes et mythes d'une cité béotienne au miroir de la mentalité antique, RGRW 150, Leiden 2003.Vgl. auch S. 22f. m. Anm. 11f. Die Verbindung mit dem König von Orchomenos ist nur einer von mehreren Abstammungsmythen des Brüderpaares; ältester Beleg für die Verbindung mit Erginos H. Hom. Apoll. 296f.; Σ Aristoph. Nub. 508 (der Scholiast kennt noch drei weitere der insgesamt sechs bekannten Varianten); Paus. 9,37,4 (vorige Anm.). Diese Genealogie scheint vor allem mit der Überlieferung zu Trophonios und Agamedes als den Baumeistern des delphischen Tempels verknüpft zu sein (siehe H. Hom. Apoll. l.c.; Paus. ebd. 5), die sich vielleicht auch im Namen des Vaters spiegelt. Hieran schließt sich – wie an andere Baumeister-Geschichten, die mit den Brüdern verbunden werden – die Meisterdieb-Geschichte an (die klassische Version Hdt. 2, 121; vgl. Paus. ebd. 5-7), in deren Verlauf Agamedes von seinem Bruder getötet wird und Trophonios in die Höhle von Lebadeia gelangt.

dem eine mythologische Theologie der Göttin Athena entfaltet wird. Diese gelehrte Darlegung ist syntaktisch mit dem Einsatz des Orakels dadurch verklammert, daß sie in Form eines den Exkurs einleitenden Relativsatzes mit der Erwähnung Athenas zu Beginn verbunden wird, wo in der Nennung der Göttin das Thema der Anfrage der Bürger resümiert wird.[100]

Dabei sind die Ausführungen zum Wesen der Göttin für die Anfrage der Konsultanten auf den ersten Blick gar nicht von direktem Belang – doch wird so die Bedeutung der Göttin für die Stadt herausgestellt und damit auch der Rang ihres Priesteramtes und die sich ergebende Tragweite der Entscheidung über seine Inhaberin verdeutlicht. Die sprachliche Bauform, wenn auch in nicht ganz so ausladender Form, war bereits unter den klarischen Orakeln anzutreffen, so im großen Bescheid für Pergamon und im Orakel für eine lydische Stadt, das in Ephesos gefunden worden ist.[101]

Eine ›Primärtheologie‹ der Athena im funktionalen Zusammenhang der Orakelerteilung. Eine intellektualistische Deutung des Geburtsmythos der Göttin. Philosophisch-gelehrte Mythenexegese im Hintergrund der Orakeldichtung.

Die folgenden Verse sind ein wichtiges Zeugnis für das religiöse Selbstverständnis und eine Art ›implizite Primärtheologie‹, die von den Kultspezialisten eines griechischen Heiligtums aus dem mythologischen Repertoire entwickelt und, mit philosophischem Gedankengut durchsetzt, in einem ›Gebrauchstext‹ zur Anwendung gebracht worden ist. Ein funktional im rituellen Kontext der Konsultation eingesetzter und darauf abgestimmter ›Gebrauchstext‹ stellt im Falle eines Orakelheiligtums ja die spezifische Leistung des Kults für seine Klienten dar – ein Text, der durch das Angebot ›theologischer‹ Deutungsmuster Orientierung und Handlungsoptionen in einer (zumindest dem Anspruch nach) offenen Situation schafft. So haben die Theologen des Orakels ihre Auswahl aus den vorhandenen Geschichten über Athena erkennbar auch unter Berücksichtigung des sachlichen Zusammenhangs getroffen, in dem die Orakelantwort von ihnen verlangt war, und die Motive daran angepaßt.

---

100 ζακόρου πέρι *κρατογενείης* ... θεοκλυτέοντες ἵκεσθε, ἤ κτλ. Die Verwendung solcher sich bisweilen lang entfaltenden Relativsätze zur Prädikation der Gottheit ist übliches Stilmittel der aretalogischen Sprache in Hymnen und Weihepigrammen; die klassische Darstellung des Phänomens bei Norden, Agnostos Theos 169-176. Vgl. schon oben S. 191-193 zu **Klaros 11**,2-4 sowie S. 182 m. Anm. 414 zur Variante der appositionellen Prädikation, die zum Ausdruck der Ritualhandlung dient.

101 **Klaros 2**,1-9, wo die Prädikationen auf vier Götter verteilt sind, Athena, Dionysos, Asklepios und Zeus; ein Mythos wird – wie im Satornila-Orakel für Athena – für Zeus referiert, nämlich die Geschichte von der Geburt auf der pergamenischen Akropolis (V. 7-9; oben S. 60-62). **Klaros 11**,2-4: fünf Prädikationen der Artemis.

Von einer ›Primärtheologie‹ der Athena, die die Gottheit mithilfe mythologischer Bausteine in einem präzisen Handlungsrahmen deutet, ist in Abgrenzung zu Interpretationen zu sprechen, die abseits konkreter kultischer Funktionen aus literarischen, philosophischen oder gelehrten Motiven sozusagen »am Schreibtisch« entwickelt worden sind – beginnend bereits mit dem Einsetzen der antiken Überlieferung und andauernd in Tradierung, Veränderung und Neuschöpfung bis heute.

Dabei werden diese ›sekundären‹ Theologien in einem durchaus nicht minder kreativen Prozeß geschaffen und stehen wiederum in ihren eigenen Begründungszusammenhängen – das Entscheidende ist, daß sie vom unmittelbaren rituellen Handlungsrahmen gelöst sind. Diese Sichtweise impliziert, daß ›Primärtheologien‹ weder einmalig noch in der Deutungsgeschichte einer göttlichen Gestalt notwendig »früh« angesiedelt sein müssen. Vielmehr ist im Sinne dieser Begriffsdifferenzierung jede Neuinterpretation, die aus einem eigenen kultischen Zusammenhang motiviert ist und darin Anwendung findet, selber wieder als eine ›Primärtheologie‹ anzusprechen, selbst wenn sie ältere Bausteine der Interpretationsgeschichte voraussetzt.

Es wird zunächst der bekannte, kanonische Geburtsmythos der Athena erzählt (V. 3ff.), die Geburt aus dem Kopf ihres Vaters Zeus, den die junge Göttin kurzerhand spaltete,[102] und der sich sogleich anschließende Waffentanz im Angesicht der Olympier, εἰνόπλιον σκιρτ[ῶσ]α παρ' ἀθανάτοισι χόρευσεν (V. 4). Wenn die junge Athena dabei in ihrem Tanz *»springt«*, ist darin schon ein Element mythischer Theologie zu erkennen, denn bei dem anschaulichen Detail der scheinbar so narrativ gestalteten Szene steht tat-

102 Der Stein hat in V. 3 ἣ κορυφὴν .ήξασα περισώφρονος [..] γενητῆρος. Der erste Buchstabe des dritten Wortes könnte vielleicht θ- oder δ- gewesen sein; von Herrmann als ein Fehler des Steinmetzen angesehen und zu ῥήξασα korrigiert (vgl. Herrmann 292). περισώφρονος paßt nicht ins Metrum; Merkelbach, Didymäisches Orakel 94, tilgt den Anfangsbuchstaben und setzt ein neues Wort ἐρι-σώφρονος an, womit durch Verschleifung der Hexameter wiederhergestellt ist. Die dann anzunehmende Verschreibung durch den Steinmetz könnte durch das *hapax* erklärt werden, obwohl auch περισώφρων ein seltenes – jedoch bedeutungsgleiches – Wort ist; vielleicht wollte der Schreiber auch den Hiat beseitigen. Drew-Bear/Lebek 66 Anm. 6 stellen eine Verschreibung für das homerische περίφρονος zur Diskussion. Diese beiden Bearbeiter haben (ebd.) in der Lücke vor γενητῆρος schließlich ein Possessivpronomen οὗ ergänzt und für die Kombination mit γενετήρ in hexametrischen Texten zwei Stellen aus Nonnos verglichen (4,303; 30,178); es könnte hier das betonte Possessiv sein: *»sie entsprang aus dem Kopf ihres eigenen Vaters«*. – Ikonographie der Kopfgeburt: F. Brommer, Die Geburt der Athena, Jb. Röm.-Germ. Zentralmus. Mainz 8 (1961) 66-83 m. Taf. 20-37; H. Cassiamatis, LIMC 2 (1984) 985-990. Die mythologisch-theologischen Verknüpfungen zwischen den beiden Götterfiguren Athena und Zeus behandelt J. Neils, die ihre Beziehung auch als Element athenischer Polisideologie beleuchtet: Athena, alter ego of Zeus, in: Deacy/Villing, Athena 219-232, bes. 224-226. Die Wandlung der Geburtserzählung bei Hesiod in einen politisch genutzten Mythos hatte zuvor N.O. Brown behandelt: The birth of Athena, TAPhA 83 (1952) 130-143. – Eine Gesamtdarstellung der Göttin versucht S. Deacy, Athena (i. Ersch.: London 2008).

sächlich gelehrte Exegese zum Beiwort Παλλάς im Hintergrund, das zum Verb πάλλειν ›schütteln, schwingen‹ gezogen wurde.

Wir fassen diese Ausdeutung, wie auch die meisten anderen der in diesem Orakel benutzten Charakterisierungen der Göttin und ihrer Macht, in einem Passus der theologischen Schrift des Stoikers Cornutus, wo sich sogar eine Reihe wörtlicher Entsprechungen finden läßt.[103] Vermutlich war es Apollodor von Athen, der zu Beginn des 2. Jh. v. Chr. das Beiwort der Athena mit dem ›Sprung‹ der Göttin aus des Vaters Haupt erklärte, die dabei ihren Speer ›schwang‹, nachdem Hephaistos die Schädeldecke des Zeus mit einer Axt gespalten hatte.[104] Die Rolle des Hephaistos[105] wird im

---

103 Corn. Nat. deor. 20 p. 38,2-5 Παλλὰς δὲ λέγεται διὰ τὴν μεμυθευμένην περὶ αὐτὴν νεότητα, ἀφ' οὗ καὶ οἱ πάλληκες καὶ παλλακαὶ *(»Jungen und Mädchen«)* προσαγορεύονται· *σκιρτητικὸν γὰρ καὶ παλλόμενον* τὸ νέον. Der Bezug zur Jugendlichkeit wird vom Verfasser des Orakels nicht eigens hergestellt. Auch daß zum Epithet Παλλάς die gelehrten Deutungen vorschweben, wird nicht explizit deutlich; das Wort selbst fällt erst gegen Ende des Orakels in V. 14. Zusammenstellungen der antiken Interpretationen zu Παλλάς/πάλλειν etwa in Apoll. Soph. p. 126,29-33 Bekker, Σ Hom. Il. D (AB) 1,200 (ἤτοι ἀπὸ τοῦ πάλλειν καὶ κραδαίνειν τὸ δόρυ ... ἢ ἀπὸ τοῦ ἀναπαλθῆναι αὐτὴν ἐκ τῆς κεφαλῆς τοῦ Διός) und Etym. Mag. p. 649,52. Im Hintergrund steht Plat. Crat. 406 D-E Παλλάδα που αὐτὴν καλοῦμεν ... τοῦτο μὲν τοίνυν ἀπὸ τῆς ἐν τοῖς ὅπλοις ὀρχήσεως ἡγούμενοι τεθῆναι ὀρθῶς ἄν ... ἡγοίμεθα· τὸ γάρ που ἢ αὐτὸν ἤ τι ἄλλο μετεωρίζειν ἢ ἀπὸ τῆς γῆς ἢ ἐν ταῖς χερσὶν ›πάλλειν‹ τε καὶ ›πάλλεσθαι‹ καὶ ὀρχεῖν καὶ ὀρχεῖσθαι καλοῦμεν. Siehe auch A. Henrichs, Philodemus *De pietate* als mythographische Quelle, CronErc 5 (1975) 24. 30-32, bes. 31.

104 Apollod. Π. θεῶν in P.Oxy. 2260 col. 2. Dazu R. Merkelbach, Ein Fragment aus Apollodoros Περὶ θεῶν, APF 16 (1956) 115-117 = ders., Philologica: Ausgewählte Kleine Schriften, München 1997, 83-86. Bei diesem Papyrus handelt es sich entweder um eine Abschrift des Werkes des Apollodor selbst oder um einen gelehrten Dichterkommentar, der dieses auszieht. In den erhaltenen Teilen findet sich eine Kritik verschiedener Erklärungen des Namens der Athena. Zunächst (col. 1) ist eine Polemik gegen die Verwendung des Adjektivs δολιχάορος als Beiwort Athenas zu lesen (das homerische ἄορ heiße ›Schwert‹ und nicht ›Lanze‹). Dieser mißbräuchliche Sprachgebrauch wird mit einem für uns neuen Fragment aus der *Phoronis* und mit einem Vers des alexandrinischen Dichters Philitas von Kos belegt, fr. 23 Powell (schon teilweise bekannt aus Σ Hom. Il. 14,385); zur Korrektur wird Od. 11,609 zitiert. Dann (col. 2) werden vier Dichterstellen als Belege für die Etymologie von Παλλάς angeführt, und zwar im Sinne des ›Sprungs‹ aus dem Kopf des Zeus und des ›Schwingens‹ der Waffen: Παλλάδα προσαγορευθῆναί φησιν (sc. Apollodor, falls er vom Kommentator zitiert wird; oder, wenn wir Apollodor selbst lesen, ein Prosaschriftsteller, den er hier wiedergibt: auf diese Bedeutung von φησίν weist Merkelbach ebd. 116 = 84 Anm. 1 hin) ὄ[νομα?] ἀπὸ τοῦ πάλματος [διὰ τὸ] κατὰ τὴν γένεσιν [ἤδη] πανοπλίαν ἔχουσαν αὐτὴν ἐξάλλεσθαι [παλλ]ομένην καὶ σ[είου]σαν τὰ ὅπλα. Es folgen die Belegstellen: Stesich. fr. 56 Page (PMG = PMGF 233), Ibyc. fr. 17 Page (PMG = PMGF 298), Eur. fr. 1009 a TrGF, Call. fr. 37 Pfeiffer. Alle diese Fragmente sind erst durch den Papyrus bekannt geworden; allein die Verse des Stesichoros lagen schon paraphrasiert in Σ Apoll. Rh. 4,1310 p. 313 Wendel vor. Diese Erklärung paßt zu den in der vorigen Anm. zitierten beiden Etymologien des D-Scholions zu Ilias 1,200. Indem die Fragmente aus den Lyrikern und aus Euripides das Spiel der Dichter mit den Etymologien zeigen, lassen sie erkennen, wie gelehrte Traditionen über Namen und Wesen der olympischen Götter seit langem fester Bestandteil des Bildungswissens waren – veranlaßt natürlich wesentlich durch die Auseinandersetzung mit Homer. Weiteres Material bei Pfeiffer zu Callim. fr. 37; vgl. noch dens., History of Classical Scholarship, Oxford 1968, 262f. Aussagen wie die von Parke (Apollo in Asia 85), derartige Theologumena seien »invented in late philology«, sind angesichts dieser Traditionslinien unhaltbar; man denke auch an die in der vori-

Orakel übergangen; es geht deutlich nur um Athena und ihre Leistungen. Vermutlich geht der Verfasser von einer Mythenvariante aus, nach der die Göttin selbst mit ihrer unbändigen Kraft und Klugheit den Kopf des Vaters entzweisprengte[106] – eine in ihrem bildhaften Intellektualismus deutlich erkennbar philosophisch geprägte Auffassung.

Schon der Ausdruck, der in der Anrede der Milesier zu Beginn des Orakels den Namen der Göttin umschreibt und sofort den Mythos von der Kopfgeburt evoziert, κρατογενείης, dürfte ein Reflex gelehrter Exegese sein. Das Wort ist in dieser Form neu und offensichtlich zum hexametrischen Gebrauch gebildet, aber κρατογενής hatte Porphyrios in seiner Allegorese eines *Odyssee*-Verses neu gebildet, um den Mythos von der Geburt Athenas in die Erklärung der homerischen Passage hineinzutragen, in der sie dem ungläubigen Odysseus nach seiner Landung markante geographische Punkte Ithakas ins Gedächtnis ruft: Sie weist ihren Schützling auf den *»Kopf der Bucht«* hin, wo ein Ölbaum steht. Der Ölbaum, so Porphyrios, gehöre zu Athena, die φρόνησις sei und darum im Mythos auch κρατογενής – deshalb habe Homer die Göttin hier auf den *»Kopf der Bucht«* weisen lassen.[107]

Die Herrschaftsbereiche Athenas: Schutzgöttin der Städte und ihrer Lebensgrundlagen in Handwerk und Gewerbe. Stoische Einflüsse in der Orakeltheologie.

Es werden die Machtprovinzen Athenas beschrieben: Sie ist an erster Stelle die Stadtgöttin und Beschützerin der Bürgergemeinschaften, ἐσθλή[108] μὲν πο[λίεσ]σι βοηθόος (V. 6). Es war nur allzu passend, diese Funktion zum Auftakt zu nennen, wo die Anfrage, wie hier in Milet, den Kult der Athena Πολιάς und damit die städtische Hauptgöttin betraf. Als solche ist sie Herrin über die Akropolen (V. 5),[109] was in theologischer Deu-

gen Anm. ausgeschriebene Stelle aus dem *Kratylos*; der platonische Dialog hat erhebliche traditionsbildende Wirkung für die Götternamenspekulation entfaltet, s. auch hiern. Anm. 111f.

105 Berücksichtigt auch beim Stoiker Chrysipp in seiner Allegorese des Geburtsmythos, zitiert von Diogenes von Babylon, s. hiern. Anm. 111.

106 Bezieht sich die Bezeichnung Athenas als αὐτοφαν[οῦς κούρ]ης in V. 8 auf diese Variation des konventionellen Mythos? Siehe dazu und zur abweichenden Ergänzung der Stelle bei Herrmann hiern. S. 369-373.

107 Od. 13,346 αὐτὰρ ἐπὶ κράτος λιμένος τανύφυλλος ἐλαίη (der Vers schon einmal 13, 102 in der Beschreibung durch den Dichter); dazu Porph. Antr. 32 (p. 78,14-16 Nauck = Porphyry, The Cave of the Nymphs in the Odyssey, Arethusa Monogr. 1, Buffalo, N.Y. 1969, 30, 23-25): Ἀθηνᾶς μὲν γὰρ τὸ φυτόν, φρόνησις δὲ Ἀθηνᾶ· κρατογενοῦς δ' οὔσης τῆς θεοῦ, οἰκεῖον τόπον ὁ θεολόγος ἐξεῦρεν ›ἐπὶ κράτος τοῦ λιμένος‹ αὐτὴν καθιερώσας.

108 Auf dem Stein ἐσθλὴν, unzweifelhaft ein weiterer Fehler des Steinmetz und bereits von Herrmann getilgt.

109 In V. 5 hatte Herrmann ἔνθεν παντοί[ας ἐφ]έπειν λάχεν ἀκροπόληας hergestellt. Merkelbach zieht παντοί[ων, *»von Menschen an allen Orten«*, vor; Drew-Bear/Lebek 67 Anm. 9 nen-

tung mit dem Mythos der Geburt aus dem Kopf, dem höchsten Körperteil (κορυφὴν V. 3), assoziiert werden konnte.[110] Der sprachliche Anschluß der Aussage über Athenas bevorzugten Herrschaftsbereich an die mythologische Szene mit ἔνθεν (V. 5) markiert dabei die Verknüpfung von Mythos und kultischer Realität über die Brücke der theologischen Konstruktionen, die für den Verfasser im Hintergrund stehen.

Für den Stoiker ist mit der Kopfgeburt auch der Bezug zu der von Athena besonders verkörperten Rationalität hergestellt, als deren Inbegriff er den Kopf ansieht, das führende und die Entscheidungen treffende Organ, τὸ ἡγεμονικὸν τῆς ψυχῆς.[111] Die Identifikation Athenas mit der Vernunft ist

---

nen δι]έπειν als Alternative zu ἐφ]έπειν. Wenn von den Provinzen der Götter gesprochen wird, ist die Verwendung von λαγχάνειν die Regel, vgl. K. Keyssner, Gottesvorstellung und Lebensauffassung im griechischen Hymnus, Stuttgart 1932, 64f. Genau so spricht Proklos (Hymn. 7,21) von Athena, ἣ λάχες ἀκροπόληα καθ' ὑψιλόφοιο κολώνης. – Athena-Heiligtümer auf Akropolen: so in Erythrai der Tempel der Athena Πολιοῦχος sive Πολιάς mit reichen archäologischen Funden sowie einem noch unpublizierten Opfergesetz des 4. Jh., s. Graf, Nordionische Kulte 209-217 mit 209 Anm. 2f. In Larissa soll der Volksbeschluß mit zwei Briefen Philipps aus den Jahren 219 und 214 v. Chr., Syll.^{3} 543 = IG 9,2,517, auf zwei Stelen ausgefertigt werden; eine davon ist im Tempel des Apollon Κερδοῖος (*»des Vorteilsbringers«*) aufzustellen, τὰν δὲ ἄλλαν ἐν τὰν ἀκρόπολιν ἐν τὸν ναὸν τᾶς Ἀθάνας (45; vgl. 21f.). Aufstellung im Akropolenheiligtum der Göttin wohl auch in einem Dekret von Karystos auf Euböa, D. Knoepfler, BCH 96 (1972) 283-301, h. 284, 8-10 (Bull. ép. 1973, 345), wobei nicht ganz ausgeschlossen werden kann, daß auch das Artemision von Amarynthos in Eretria gemeint ist, wo eine Delegation aus Karystos an den Artemisia teilnahm (7f.; vgl. Knoepfler 291-295). In Pellene ist das Athena-Heiligtum auf der Akropolis Schauplatz einer Epiphanie der Göttin in bedrohter Situation der Stadt, Polyaen. 8,59 (unten Anm. 124). – Theologische Begründungen bei Ael. Arist. Or. 37,7 Keil (s. nächste Anm.) und beim Stoiker Cornutus (s. Anm. 111).

110 Ebendiese Verbindung stellt auch Aelius Aristides in seiner Rede über Athena her, Or. 37,7 Keil: ἅτε δὲ ἐν κορυφῇ τε τοῦ Ὀλύμπου καὶ ἐκ κορυφῆς τοῦ Διὸς γενομένη πόλεων τε πασῶν τὰς κορυφὰς ἔχει κατὰ κράτος (Hss.; oder mit Behr ad loc. zu verstehen κατὰ κρατὸς *»von Kopf bis Fuß«*?; nach Keil i. app. in den Text eingedrungene Glosse für κατ' ἄκρας nach Vorbild von Eur. Hippol. 1366) ὡς ἀληθῶς ἡρηκυῖα ... Ἀθηνᾶ δὲ ἀνέχει καὶ ἐμβατεύει τηροῦσα τὸ σύμβολον τῆς αὐτῆς γενέσεως. Ebd. § 12f.: τῷ γένει ἀνθρώπων ἐπίκουρος γένηται ... καί εἰσιν αἱ πόλεις δῶρα Ἀθηνᾶς· ὅθεν δὴ καὶ Πολιοῦχος ἅπασι κέκληται. τὰς δὲ ἀκροπόλεις ἐξεῖλον αὐτῇ δικαίως, ἅμα μὲν σύμβολον τῆς γενέσεως, ἅμα δὲ ὥσπερ τοῖς βασιλεῦσιν καὶ ἡγεμόσιν τεμένη καὶ χώρους ἐξαιροῦσιν, οὕτω τῇ τοῦ παντὸς ἡγησαμένῃ θεῷ τὰ ἐπικαιρότατα ἐξεῖλον.

111 Corn. ebd. p. 35, 6-15: ἡ δὲ Ἀθηνᾶ ἐστιν ἡ τοῦ Διὸς σύνεσις, ἡ αὐτὴ οὖσα τῇ ἐν αὐτῷ προνοίᾳ ... γενέσθαι δ' ἐκ τῆς τοῦ Διὸς κεφαλῆς λέγεται, τάχα μὲν τῶν ἀρχαίων ὑπολαβόντων τὸ ἡγεμονικὸν τῆς ψυχῆς ἡμῶν ἐνταῦθ' εἶναι ... τάχα δ' ἐπεὶ τοῦ μὲν ἀνθρώπου τὸ ἀνωτάτω μέρος τοῦ σώματος ἡ κεφαλή ἐστι, τοῦ δὲ κόσμου ὁ αἰθήρ, ὅπου τὸ ἡγεμονικὸν αὐτοῦ ἐστι καὶ ἡ τῆς φρονήσεως οὐσία. Ebd. p. 37,20-38,2: καὶ πόλεως γὰρ καὶ οἴκου καὶ τοῦ βίου παντὸς προστάτιν ποιητέον τὴν φρόνησιν· ἀφ' οὗ δὴ καὶ Ἐρυσίπτολις καὶ Πολιὰς ὠνόμασται, καθάπερ ὁ Ζεὺς Πολιεύς· ἐπίσκοποι γὰρ ἀμφότεροι τῶν πόλεων. Ebd. p. 38,5-9: ἵδρυνται δὲ αὐτὴν ἐν ταῖς ἀκροπόλεσι μάλιστα ... τὴν μετεωρότητα παριστάντες τοῦ καθ' ὃ μέρος ἐστὶ τῆς φύσεως ἡ Ἀθηνᾶ. Wie leicht erkennbar, entwickelt die Stoa auch in den Interpretationen Athenas als φρόνησις platonisches Gedankengut weiter: Crat. 407 B τὴν Ἀθηνᾶν αὐτὸν νοῦν τε καὶ διάνοιαν πεποιηκέναι. Doch gibt es noch ältere Zeugnisse für diese Gleichung, beginnend mit Theagenes von Rhegion 8 B 2 Diels-Kranz und Sophr. fr. 361 TrGF. Auf die frühe stoische Exegese, die wir bei Cornutus einmünden sehen, hat die Schrift Περὶ τῆς Ἀθη-

im Orakel schon dort betont, wo es heißt, daß die Göttin den Kopf *»ihres eigenen gar weisen Erzeugers spaltete«* (ebd.): Die antiken Theologen sahen im Entspringen der Athena aus dem Verstand des Zeus – der ja zuvor die Göttin Metis verschluckt hatte – einen mythischen Ausdruck dafür, daß die Göttin selber Vernunft war. So hatte Theophrast gesagt, Athena sei φρόνησις und Zeus sei νοῦς.[112]

Aus der Funktion als Schutzgöttin der Stadt und Herrscherin über die Akropolis Milets kann der Dichter des Orakels einen weiteren für die Gemeinschaft wichtigen Zuständigkeitsbereich der Zeustochter ableiten: Athena ist Patronin der Handwerker und Kunstschaffenden, *»in den Künsten eine geschickte Vorsteherin* (ἐπιστάτις) *für die berühmten Handwerker«*.[113] Auch dieser Zug begegnet in ganz ähnlicher Formulierung in der Theologie des Cornutus.[114]

So hat der Verfasser des Versorakels die Vorstellung der Göttin mit ihren Wirkungsbereichen über drei Etappen so zu entwickeln verstanden, daß jedes der drei Motivfelder in diesen fünf Versen sich aus dem vorhergehenden Glied ergibt: Der Geburtsmythos mit der Spaltung des Zeuskopfes und dem Waffentanz im Olymp, der den Namen Pallas illustriert, lei-

νᾶς des Diogenes von Babylon entscheidenden Einfluß ausgeübt, die von Philodem in *De pietate* paraphrasiert wird, Philod. Piet. in P.Herc. 1428 col. 9,1-2 (ed. A. Henrichs, Die Kritik der stoischen Theologie im *PHerc.* 1428, CronErc 4, 1974, 5-32; vgl. auch den älteren Text Diogenes Babyl. fr. 33 SVF [3,217] und Doxogr. Gr. 549 f): τοῦτο γὰρ λέγ[ε]σθαι τὸ ›ἐκ τῆς κεφαλῆς‹ καὶ ›Ζεὺς ἄρρην Ζεὺς θῆλυς‹· τινὰς δὲ τῶν Στωϊκῶν φάσκειν ὅτι τὸ ἡγεμονικὸν ἐν τῆι κεφαλῆ· φρόνησιν γὰ[ρ] εἶναι, διὸ καὶ Μῆτιν καλεῖσθαι. Χρύσιππον δ' ἐν τῶι στή[θ]ει τὸ ἡγεμονικὸν [ε]ἶναι κακεῖ τὴν [Ἀθ]ηνᾶν γεγονένα[ι φ]ρόνησιν οὖσαν, τῶι δὲ τ[ὴ]ν φωνὴν ἐκ τῆς κεφαλῆς ἐκκρίνεσθαι λέγειν ἐκ τῆς κεφα[λ]ῆς, ὑπὸ δὲ Ἡφαίσ[του] δ[ι]ότι τέχνῃ γίνεθ' ἡ φρόνησις. Vgl. Chrysipp. fr. 910 SVF (2,258), dazu auch fr. 908f. (2,256-258). Hephaistos auch bei Apollodor im Kallimachos-Zitat, o. Anm. 104. Siehe auch Henrichs (s. nächste Anm.) 96 Anm. 97. Spätere Parallelen bei Pease zu Cic. Nat. deor. 1,41. Zur Rezeption der platonischen Dialoge in Philodems Werk D. Obbink, Philodemus, On Piety, Part 1, Oxford 1996, 379-383; G. Indelli, Platone in Filodemo, CronErc 16 (1986) 109-112, bes. 111 Anm. 19 zum Zitat aus Diogenes von Babylon; ders., Filodemo: L'ira, La scuola di Epicuro 5, Neapel 1988, 161-163.

112 Theophr. Π. θεῶν fr. 581 Fortenbaugh (= Philod. Piet. 7 c in P.Herc. 1428 fr. 23,4-6, Text bei A. Henrichs, Toward a new edition of Philodemus' Treatise *On Piety*, GRBS 13, 1972, 67-98, h. 94-97; die vollständige Edition des zweiten Teils von *De pietate*, aus dem dieser Passus stammt, wird von D. Obbink vorbereitet): τὸ τὴν μὲν Ἀθηνᾶν [φ]ρόνησιν εἶναι, τὸν [Δ]ία δὲ νοῦν. Die bei Platon angelegten Etymologisierungen zur Erklärung der Götternamen werden durch Theophrasts Schrift an die hellenistischen Schulen vermittelt; dies gilt auch für die Deutungen zu Mythos und Epitheta der Athena, die dann von Stoikern wie Chrysipp und Diogenes aufgenommen werden.

113 εὐπάλαμος κλ[ειτο]ῖσιν ἐπίστατις ἐργοπόνοισιν V. 7. Drew-Bear/Lebek 68 Anm. 14 machen darauf aufmerksam, daß κλειτός in den didymäischen Inschriften nicht belegt ist, im Unterschied zum synonymen κλεινός (drei Belege), das deswegen vielleicht vorzuziehen ist.

114 Vgl. die schon zuvor Anm. 111 im Zusammenhang mit dem Kopf-Motiv angeführte Passage aus Kap. 20 (p. 37,20-38,2 Lang): καὶ πόλεως γὰρ καὶ οἴκου καὶ τοῦ βίου παντὸς *προστάτιν* ποιητέον τὴν φρόνησιν. Sodann p. 38,16-18: τοὺς δὲ αὐλοὺς εὑρεῖν μὲν λέγεται καθάπερ τἆλλα ἐν ταῖς τέχναις γλαφυρά (›exaktes Wissen‹), ἀφ' οὗ καὶ *ἐπιστάτις* τῆς ταλασιουργίας ἐστίν.

tet über zur Provinz der Stadtgöttin, die von der Akropolis aus die Polis beschützt. Die damit angesprochene Gemeinschaft der Bürger führt den Gedanken weiter zur Provinz der Patronatsgöttin von Handwerk, Technik und Gewerbe als den Lebensgrundlagen der Gesellschaft. Der ganze Passus ist geschickt an die Anrede an die Konsultanten und die Paraphrasierung ihres Anliegens angeknüpft.

3.1.5 Zweiter Teil des Versorakels: Apollon bestimmt die Anforderungen an die milesische Athena-Priesterin

Fehlende Überlieferung der gestellten Anfrage. Athena als epiphanische Gottheit.

Die nächsten drei Verse (8-10) widmen sich der Anfrage der Milesier und gehen auf die spezielle Problematik des vorliegenden Falles ein, wobei die sachliche Auffassung der Situation ganz von der sprachlichen Analyse des die Partie abschließenden Verses abhängt. Die Anfrage ist auf der Ehreninschrift nicht mit aufgezeichnet worden, wie es in Didyma sonst die Regel ist, namentlich bei den Orakeln, die Propheten auf den Inschriften festgehalten haben, mit denen sie ihre Amtsausübung zu verewigen gedachten.

Die Söhne Satornilas interessierte nur, *daß* Apollon ihre Mutter erwählt und gelobt hatte (ἐνκομιασθεῖσαν Z. 8); das Orakel, das diese Auszeichnung enthielt und die Mutter mit Namen erwähnte, wollten sie zur Ehre der Mutter und ihrer Familie ins Zentrum ihrer Inschrift stellen. Die Anfrage schien ihnen nicht der öffentlichen Bekanntmachung wert – es mag auch eine Rolle gespielt haben, daß sie einen Problemfall anzeigte, wie gleich zu erörtern sein wird. So hängt das Verständnis des zugrundeliegenden Tatbestandes und der von Apollon eingenommenen Haltung ausschließlich von den Informationen ab, die der Orakelbescheid selber gibt.

Apollon nennt in den Versen die Bedingungen, die die Kandidatin für das Amt der Athena-Priesterin erfüllen mußte. Mit der Wahl des Vergangenheitstempus in V. 8 zeigt der Gott aber sogleich an, daß für die milesischen Bürger ein Konflikt bestand, den sie selber nicht zu lösen vermochten und darum Apollon vorlegten: *»Denn es war erforderlich, daß eine Frau*[115] *von vornehmer Abkunft die priesterliche Ehre der selbsterscheinenden Jungfrau empfing, aber ...«.*[116] Am Anfang von V. 8 hatte Herr-

115 θηλυτέρην V. 9 ist hier substantivisch gebraucht; Drew-Bear/Lebek 68 nennen als Parallele Anth. Pal. 9,495 (es spricht Agamemnon) θηλυτέρη μ' ἐδάμασσε, τὸν οὐ κτάνε δήϊος Ἕκτωρ.

116 ἐχρῆν kann auch irreal aufgefaßt werden (Vorschlag von C. Riedweg). Dann würde bereits an dieser Stelle die im Hinblick auf die Bewerberin Satornila entstehende Problematik in den Blick gerückt: *»Es wäre nämlich eigentlich erforderlich (gewesen), eine jungfräuliche Priesterin*

mann zögernd αὐτοφαν[ῶν γενε]ῆς ergänzt und auf die in der schon erwähnten Ehreninschrift für den Propheten Granianos Maker bezeugte Verwendung von αὐτοφανής als Auszeichnungsprädikat für Bürger hingewiesen, wenn denn die dortige Ergänzung zutrifft;[117] die Bedeutung ist aber auch dort nicht recht klar.[118] Auch wäre bei dieser Herstellung störend, daß das Kriterium der sozialen Herkunft der Kandidatin doppelt ausgedrückt wäre,[119] während an dieser Stelle vielmehr eine nähere Bezeichnung der Priesterschaft gefordert ist, um deren Besetzung es geht.[120]

---

aus vornehmem Geschlecht zu bestimmen, aber ...«. Diese Deutung erforderte freilich, bereits unmittelbar im Anschluß daran die in den Hauptsatz V. 15 Σατορνεῖλαν θέσθε mündende syntaktische Periode beginnen zu lassen. Die weite Sperrung bereitete jedoch Schwierigkeiten, die das Verständnis erschweren würden, siehe u. Anm. 142. Hinzu kommt, daß das epischem Sprachgebrauch entstammende θηλυτέρη keine Konnotation der Jungfräulichkeit trägt, sondern nur den Gegensatz zu ἄρσην betont, vgl. LSJ und LfgrE s.v. Schließlich würde bei dieser Lesart das Kriterium der sozialen Herkunft ebenfalls in die Irrealität gesetzt, das vielmehr Teil der Anforderungen des Gottes sein muß. Riedwegs Deutung läuft darauf hinaus, daß die Stadt zunächst eine andere, von der sozialen Gruppenzugehörigkeit her erwünschte Kandidatin ins Amt bringen wollte, die aber mit dem Problem ihres sexuellen Status belastet war. Die Frage sei Apollon vorgelegt worden, der dann im Gegenzug Satornila vorschlug – die möglicherweise nicht einer einflußreichen Familie angehört habe, aber dafür sexuell rein gewesen sei. Denn, so Apollon, da der übergeordnete Gegensatz zwischen der Welt der Athena und der Aphrodite nicht aufgehoben werden könne, sei die ursprüngliche Kandidatin nicht wählbar: Die religiöse Statusforderung setzt die politisch-soziale im Zweifelsfall außer Kraft. Riedweg weist aber selbst auf das Problem hin, daß durch den Paratext in Prosa Satornila als Mutter ihrer Söhne gekennzeichnet wird. Diese Deutung wäre also höchstens bei einer immanenten Deutung des Orakelbescheids haltbar – doch darf eben die pragmatische Ebene des Gesamtmonuments dort, wo wir sie kennen, nicht mit der Deutung des darin enthaltenen Orakeltexts selbst in Widerspruch geraten.

117 I.Didyma 243,7. Erst sind die Eltern des Propheten im Genitiv genannt (3-7), dann steht, offenbar wieder mit Bezug auf Maker, ein *genitivus qualitatis*: γένους αὐτοφαν[ῶν προγόν]ων, ὡς ὁ Διδυμεὺς ἐμαρτύρησ[εν. Herrmann hatte aus der plausiblen Überlegung, daß die μαρτυρία Apollons ein Orakel für die Großmutter des Maker andeutet, die in 14f. genannt und wie Satornila zur Priesterin der Athena Polias auf Lebenszeit gewählt worden ist, diesen Genitiv auf die zuvor genannte Mutter des Maker beziehen wollen, dazu oben S. 333f. m. Anm. 31. Drew-Bear/Lebek 68 Anm. 15 raten aber mit Recht zur Vorsicht, da die Stelle in I.Didyma 243 ebenfalls weitgehend ergänzt ist. Es kann tatsächlich nicht ausgeschlossen werden, daß hier mit αὐτοφαν[nicht von der Familie Makers, sondern von Apollon selbst die Rede ist, so daß die Bedeutung von αὐτοφανής in der Propheteninschrift vorerst offen bleiben muß.

118 Herrmann 294 m. Anm. 10 dachte an ein Synonym für αὐτόχθονος, doch gibt es dafür keine Belege.

119 Dies gilt schon, wenn αὐτοφαν[ῶν γενε]ῆς als qualifizierender Genitiv zu ἱερῆϊδα τιμήν aufgefaßt werden sollte (*»ein Priesteramt, das [nur] einem Geschlecht von* αὐτοφανεῖς *offensteht«*; ein solcher Gebrauch des Genitivs wäre allerdings ungewöhnlich); erst recht aber, wenn es – mit dann großer Sperrung über die Versgrenze hinweg – θηλυτέρην qualifizierte, *»das Priesteramt muß eine Frau aus einem Geschlecht von* αὐτοφανεῖς *übernehmen, die vom Blute der Vornehmen ist«*. Eine nähere Bestimmung von ἱερῆϊδα τιμήν scheint in jedem Fall erforderlich. – Der Halbvers ἀφ' αἵματαος εὐγενετήρων hatte Merkelbach zunächst dieses Substantiv auch als Bezeichnung des Zeus in V. 3 ergänzen lassen, ἐρισώφρονος [εὐ]γενετῆρος, aber, wie Drew-Bear/Lebek 66f. zu Recht bemerken, ist Wortwiederholung – die sonst in diesem Orakel gemieden wird, siehe unten S. 388f. – nicht zu erwarten und außerdem die Verwendung derselben Bezeichnung für den obersten Gott und die Protagonisten auf der menschlichen Ebene schwer möglich. Gleichwohl ist in der Bezeichnung der Gruppe, die die Priesterin stellen soll, als εὐγενετῆρες

Da αὐτοφανής zur Bezeichnung von Gottheiten gut bezeugt ist, die in Epiphanie, gleichsam ›von selbst‹ und aus eigener Veranlassung, erschienen sind,[121] spricht alles für die von Merkelbach gefundene Lösung αὐτο-

---

doch ein Anklang an die über allem stehende Macht des ἐρισώφρων γενετὴρ Zeus zu hören: In ihrer jeweiligen menschlichen bzw. göttlichen Ebene zeichnen sich beide durch besonderen Rang aus.

120 Merkelbach, Didymäisches Orakel 95.

121 In unseren Corpora in **Klaros App14** = Theos. 21 Erbse = 1,18 Beatrice, ein Orakel Apollons (nicht zugewiesen; als klarisch angesehen von Robinson, Theological oracles 347) auf die Frage τί θεός; Die Antwort beginnt mit einer Reihung negativer Gottesprädikate: αὐτοφανής, ἀλόχευτος, ἀσώματος ἠδέ τ' ἄϋλος. Ähnliche Aufzählungen auch in anderen ›Theologischen‹ Orakeln, so in den Versen aus Oinoanda **Klaros 25-27**, 1 αὐτοφυής, ἀδίδακτος, ἀμήτωρ, ἀστυφέλικτος, und in **Didyma App36** = Theos. 42 Erbse = 1,38 Beatrice, 1 αὐτὸς ἄναξ πάντων, αὐτόσπορος, αὐτογένεθλος. Diesen Bescheid hat Robert, Trois oracles 594-598 = OMS 5,610-614, bes. 598 = 614 Anm. 2, nach Didyma gewiesen und versuchsweise mit dem Konsultanten Ulpios Karpos verbunden, den wir aus seiner Anfrage wegen des Serapiskults in Didyma kennen (**Didyma 21**, siehe unten Anm. 242). Ulpios Karpos ist möglicherweise in zwei Ehreninschriften als Kultfunktionär τοῦ ἁγιωτάτου Θεοῦ Ὑψίστου wiederzufinden, einmal als ἱερεύς, einmal als προφήτης (OGIS 755/756 = I.Milet 1138/1139 [Milet 6,3,89-91] = McCabe, Milet [PHI # 7] 389/390). Die Ehrungen sind von zwei milesischen Berufsvereinen beschlossen worden, den Schwertmuschelfischern (I.Milet 1138 = Dittmann-Schöne, Berufsvereine 171 Nr. 2.5.10 ὁ στόλος τῶν σωληνοκεντῶν, *hapax* für σωληνιστῶν, I.Didyma 50,3 St 18/17 mit Robert, Rez. Rehm 661 = OMS 3,1626) und den städtischen Gärtnern (I.Milet 1139 = Dittmann-Schöne, Berufsvereine 171 Nr. 2.5.9 ὁ στατίων τῶν κατὰ πόλιν κηπουρῶν; zu στατίων = *statio* s. Robert, Hell. 7,202-205 und L. Moretti, Athenaeum 36, 1958, 106-116; zu den κηπουροί Th. Drew-Bear/Ch. Naour, Divinités de Phrygie, ANRW 2,18,3 [1990] 1907-2044, h. 1984f. m. Anm. 272-274, sowie Günther ad loc.), die Karpos als τὸν ἴδιον εὐεργέτην ὑπὲρ τῆς ἑαυτῶν σωτηρί[ας] auszeichnen (zum Ausdruck vgl. I.Milet 1153 [Milet 6,3,103f.], I.Milet 1370 [Milet 6,3,224f.] und o. Anm. 16 zu M. Aurelius Thelymitres; I.Milet 268,7 [Milet 1,7,339 = 6,1,71]). Siehe auch Dittmann-Schöne, Berufsvereine 170f. Für Robert, Trois oracles 594 = OMS 5,610, und St. Mitchell, Anatolia: Land, men and gods in Asia minor, Bd. 2, Oxford 1993, 49, sowie dens., Theos Hypsistos 126 (vgl. 108. 137 Anm. 136), deuten diese Weihungen darauf hin, daß der Kult des Theos Hypsistos – ganz im Gegensatz zum Apollon-Kult in Didyma etwa – seine Anhängerschaft in den sozial niedriger gestellten Milieus fand.

Bezeichnend ist die gleichzeitige Hinwendung dieses Milesiers zu Serapis, dem Hypsistos Theos und Apollon von Didyma – sie zeigt beispielhaft, wie in dieser Zeit unterschiedliche religiöse Optionen (unter denen mindestens Serapis und der Hypsistos Theos sonst durchaus auch henotheistischen Charakter annehmen konnten) jeweils mit großem persönlichen Engagement gleichzeitig wahrgenommen werden konnten – einem Engagement, das auch bewußt gegenüber der Öffentlichkeit dokumentiert wird. Die wahrscheinlichste Erklärung liegt darin, daß sich die ›Sinnangebote‹ dieser Kulte für ihre Anhänger wie auch die sozialen Rollen, die dabei auszufüllen waren, gegenseitig ergänzten. »On imaginerait volontiers un prêtre du Dieu Très Haut venant demander à l'oracle de Didymes si ce dieu n'est pas le seul à posséder certains attributs (sans commencement et sans fin), le caractère divin des autres n'étant pas mis en question. Je ne puis me défendre de penser à Ulpius Karpos prêtre du dieu Très Haut et dévot usager de l'oracle de Didymes. Voilà en tout cas un ›oracle théologique‹ qui émane de Didymes« (Robert ebd. 598 = 614 Anm. 2). Man wüßte gern, welche Funktion ein προφήτης im Kult des Θεὸς Ὕψιστος ausübte; Robert (ebd. 594) sieht hierin einen Hinweis auf Elemente eines Mysterienkults. Es ist auch eine Altarweihung an den Θεὸς Ὕψιστος bekannt, I. Milet 1255 (Milet 6,3,160f.); wieweit Zeus Ὕψιστος, für den ebenfalls Altäre erhalten sind (I.Milet 1252f., evt. 1254; Zeus Ὕπατος 1251 [alle Milet 6,3,159-161]), davon noch zu unterscheiden ist, bleibt ungewiß. Anschaulich entfaltet Mitchell, Anatolia (wie zuvor) 43-51, der auch auf Ulpios Karpos eingeht (49), das Panorama der Konvergenz der

φαν[οῦς κούρ]ης, mit der wir die gewünschte nähere Bestimmung des Priesteramtes in der Nennung der Göttin erhalten. Gleichzeitig kann der Dichter des Orakels, indem er den Phänomenbereich der Epiphanie berührt, auf den zu Anfang eingeführten Geburtsmythos noch einmal zurückverweisen, wodurch αὐτοφανής einen besonderen Akzent erhält: Athena hat *»selbst«* den Kopf ihres Vaters gespalten und sich so aus eigener Kraft –

Gottesvorstellungen und der religiösen Mentalitäten in Kleinasien zwischen dem 2. und 4. Jh. n. Chr. Diese Konvergenz läßt sich emblematisch an der Schilderung des Gregor von Nazianz über den Glauben seines Vaters ablesen, der Treue zu den traditionellen Göttern, Ὕψιστος-Verehrung und Judentum miteinander verband, bevor er zum Christentum konvertierte (Or. 18,5): ἐκ δυοῖν ἐναντιωτάτοιν συνκεκραμένης Ἑλληνικῆς τε πλάνης καὶ νομικῆς τερατείας (*»Achtung vor dem jüdischen Gesetz«*) ὧν ἀμφοτέρων τὰ μέρη φυγὼν ἐκ μερῶν συνετέθη κτλ.

Die Zuweisung von Theos. 42 Erbse = 1,38 Beatrice an Didyma ist freilich erschlossen, und im Lemma des Orakels wird der Konsultant anonym gelassen (ἐρωτήσαντός τινος). Es ist ebenfalls nicht zu sichern, daß der im Lemma genannte ὁ ὕψιστος tatsächlich als der namenlose Theos Hypsistos gedeutet werden soll, den man aus den inneranatolischen Inschriften des 2. und 3. Jh. n. Chr., besonders aus Phrygien, kennt, oder ob es hier ein allgemein-philosophisches Attribut ›der Gottheit‹ ist, wie es die spekulative philosophische Theologie benutzt. Bereits Norden, Agnostos theos 231 Anm. 1, hatte zum – seinerzeit nur aus der literarischen Überlieferung bekannten – Orakel aus Oinoanda (**Klaros 25-27**) Verse gestellt, die [Didymus] De trin. 3,2,1 (PG 39,788) in der Weise der Apologeten ohne nähere Angabe nur τοῖς ἔξω, also den Heiden, zuweist, die er kurz danach mit den Ἕλληνες identifiziert: ἀθάνατος δὲ θεός, παναγήραος, ἀστυφέλικτος, / ἄρρητος κρυφίοις ὑπὸ δήνεσιν, αὐτογένεθλος / τίκτων αὐτὸς ἑαυτόν, ἀεὶ νέος, οὐ ποιητός· / αὐτὸς ἀληθείης γενέτης, σοφὸς αὐτὸς ἀληθής. Vgl. auch Robert, Oinoanda 611 = 631. Doch sichern die Ehrungen für Ulpios Karpos und die Altarweihungen die Präsenz des Theos Hypsistos in Milet. Da wiederum zahlreiche Orakel der *Theosophie* nach Didyma gehören, ist es nicht ohne Plausibilität, die in Theos. 42 Erbse = 1,38 Beatrice an Apollon gerichtete Frage dem προφήτης und ἱερεὺς des Θεός Ὕψιστος zuzuschreiben.

Zum Kult des Θεὸς Ὕψιστος hat sich L. Robert mehrfach geäußert, besonders in: Reliefs et cultes d'Anatolie, Anatolia 3 (1958) 103-136, h. 112-120. 122-130 = OMS 1,402-435, h. 411-419. 421-429. Nachdem er die mehrfach angekündigte Monographie zum Thema nicht mehr vorlegen konnte, hat sich M. Ricl dieser Inschriften angenommen: Hosios kai Dikaios, EpigrAnat 18 (1991) 1-70 (Katalog der Inschriften), ebd. 19 (1992) 71-102 (Untersuchung), ebd. 20 (1992) 95-100 (Neufunde). Schwer erreichbar ist bisher ihre Monographie: La conscience du péché dans les cultes anatoliens à l'époque romaine: la confession des fautes rituelles et éthiques dans les cultes méoniens et phrygiens, Diss. Belgrad 1995. Dazu auch Drew-Bear/Naour (wie zuvor) 2032-2036. Vgl. zum Zusammenhang der Verehrung des Ὅσιος καὶ Δίκαιος mit den Beichtinschriften G. Petzl, Die Beichtinschriften im römischen Kleinasien und der Fromme und Gerechte Gott, Nordrhein-Westf. Akad. d. Wiss., Vortr. G 355, Wiesbaden 1998. Eine neue These hat St. Mitchell, Wer waren die »Gottesfürchtigen«?, Chiron 28 (1998) 55-64, und ders., Theos Hypsistos, vorgebracht (Ankündigung einer Monographie zum Thema: ebd. 81, noch nicht erschienen; dort auch der Hinweis auf N. Belayche, Contribution à l'étude du sentiment religieux dans les provinces orientales de l'Empire romain aux premiers siècles de notre ère: les divinités ὕψιστος: archéologie analytique des inscriptions, Thèse Paris-Sorbonne, Univ. de Paris 4, 1984). Mitchell (vgl. schon dens., Anatolia [wie zuvor] 49-51) will die θεοσεβεῖς in Kleinasien, prominent namentlich in der großen Inschrift aus der Synagoge von Aphrodisias (J. Reynolds/R. Tannenbaum, Jews and God-Fearers at Aphrodisias: Greek inscriptions with commentary, Cambridge Philol. Soc. Suppl. 12, Cambridge 1987, 5-7 = SEG 36,970), mit den Verehrern des Θεὸς Ὕψιστος verbinden. Diese These wird kontrovers diskutiert: s. N. Belayche, in: J. Rüpke u.a., Forschungsbericht Römische Religion 1990-1999, ARG 2 (2000) 283-345, h. 309f.; dies., Hypsistos: une voie de l'exaltation des dieux dans le polythéisme gréco-romain, ARG 7 (2005) 34-55; M. Stein, Die Verehrung des

und ohne die Hilfe des Hephaistos, die in der kanonischen Version der Geschichte dazugehört – die Existenz verschafft: Sie ist *»von selbst erschienen«* im Kreis der olympischen Götter.

Die Gaben der Aphrodite und das Priesteramt der Athena: Kultische Reinheit und sozialer Status als Voraussetzungen für die Ausübung des religiösen Amts. Apollon entwickelt eine Lösung für einen widersprüchlichen Fall. Fragen des Textverständnisses.

Der Anschluß der Antithese in V. 10 bereitet zunächst syntaktische Probleme. Die von Merkelbach und Drew-Bear/Lebek gemachten Vorschläge stimmen darin überein, daß sie die in diesem Vers gemachte Aussage über die Athena-Priesterin als eine Frau, die *»ihren Anteil* (αἶσαν) *an den Gaben Aphrodites* (γεράων Ἀφρογενείης) *bereits genommen hat* (ἑλεῖν φθά-

---

Theos Hypsistos: ein allumfassender pagan-jüdischer Synkretismus?, EpigrAnat 33 (2001) 119-125; G.W. Bowersock, The Highest God: with particular reference to North-Pontus, Hyperboreus 8 (2002) 353-363; M. Walraff, Pagan monotheism in late Antiquity, Mediterraneo antico 6 (2003) 534f. – In »Theos Hypsistos« behandelt Mitchell auch eingehend (81-92) das Theologische Orakel **Klaros 25**, das in Oinoanda aufgezeichnet worden ist, und interpretiert es als ein Kultzeugnis der Ὑψιστάριοι. In diesen Zusammenhang möchte er – auf den ersten Blick überraschend – auch die Weihungen *»für alle Götter und Göttinnen«* stellen, die an verschiedenen Orten des Reiches *»nach der Auslegungen eines Orakels des klarischen Apollon«* sich gefunden haben, **Klaros 24**, besonders aber das bisher einzige Zeugnis aus dem Osten: Inscriptions from Melli (Kocaaliler) in Pisidia, AnatSt 53 (2003) 139-159, h. 151-155 Nr. 13. Diese Weisung des Apollon sei Ausdruck eines »soft monotheism« (155), den Klaros in dieser Zeit vertreten und der auf die Koexistenz der traditionellen Götter mit dem übergeordneten Allgott gesetzt habe. So hätten die klarischen Theologen eine vermittelnde Position zwischen der traditionellen Polisreligion und den neuen monotheistischen Strömungen eingenommen: Zwar seien die vielen Götter dem Einen untergeordnet, aber gleichwohl – so die »Exegeten« am Orakel – seien sie weiterhin mit Kult zu versorgen. Vgl. nochmals Kap. 4, Anm. 7.

Für αὐτοφανής zur Bezeichnung in Epiphanie sich zu erkennen gebender Götter ist der Sprachgebrauch Iamblichs in De myst. zum Vergleich heranzuziehen, etwa 2,4 p. 76,15f. Parthey von Kultbildern, an denen sich τῶν θεῶν αὐτοψίαι ereignen: τὴν ἐνάργειαν τῶν αὐτοφανῶν ἀγαλμάτων ἀφορισώμεθα; ebd. 2,10 p. 92,11 Parthey über den Wahrheitsgehalt theurgischer Experimente, die τὰ ἀποπίπτοντα ἔργα τῆς αὐτοφανοῦς δείξεως nach sich ziehen (*»les actions qui déchoient de la manifestation spontanée* [sc. der Götter]« übersetzt E. des Places: Jamblique, Les mystères d'Égypte, Coll. Budé, Paris 1966). Charakteristisch für den Neuplatoniker ist dann, daß die Epiphanie zwar durch rituelle Mittel induziert wird, es sich aber in der Ideologie des Theurgen dennoch um eine autopoietische Offenbarung der Gottheit in der von ihr abhängigen materiellen Welt handelt. Der Übergang des Begriffs in die philosophische Metaphysik platonisch-aristotelischer Prägung wird dann schließlich bei den spätantiken Kommentatoren greifbar (vgl. LSJ s.v.), wo er bei der Diskussion der Eigenschaften des Göttlichen bedeutsam ist. So etwa Syrian. In Aristot. Metaph. 14,5 (1092 a 21), 937 b 36–938 a 4 (CAG 6,1,187,6-9), wo es um die Emanation der ersten Wesenheiten geht: τὰ δὲ θεῖα πάντα ... πρόεισιν αὐτογόνως ... διὰ τὴν ἑαυτῶν *αὐτοφανῆ* καὶ αὐτόγονον *ἰδιότητα*. Procl. In Plat. Alc. Prooem. p. 9,4-7 erklärt: Wie die vorbereitenden Reinigungsrituale in den Mysterienkulten προγυμνάσματα der Teilhabe am Göttlichen (τῆς τοῦ θείου μετουσίας) seien, so bedeute die philosophische Initiation (ἡ φιλόσοφος τελεσιουργία) Reinigung der Adepten εἰς τὴν ἑαυτῶν γνῶσιν καὶ τὴν *αὐτοφανῆ τῆς οὐσίας* ἡμῶν *θεωρίαν*.

σεν)«, als Bestandteil der Weisungen des Orakels ansehen: Man solle eine Frau von vornehmem Status wählen, die jedoch außerdem[122] das Kriterium erfüllt, ihre sexuellen Erfahrungen bereits gemacht zu haben, also verheiratet sein soll.

Um ein solches zweites Kriterium der Auswahl, das Apollon vorgibt, in dem Satz wiederzufinden, änderte Merkelbach φθάσεν in φθάσε ἥ, mußte dabei jedoch Verschleifung im Hiat (ἥ‿Ἀφρογενείης) und extreme Postposition des Relativpronomens annehmen. Der Vorschlag von Drew-Bear/Lebek, in ἐπὶ eine itazistische Schreibung der Konjunktion ἐπεί zu sehen, zieht weniger Härten nach sich: *»eine Frau aus vornehmem Geschlecht, aber nachdem sie ... genommen hat«.*[123]

Danach wäre die zusätzliche Qualifikation, daß die Bewerberin eine verheiratete Frau sein solle, ein integraler Bestandteil der Weisungen Apollons: Die grundlegende, allgemein geteilte Ansicht, daß eine Priesterin der Athena in sexueller Enthaltsamkeit zu leben habe,[124] werde vom Gott in

---

122 Merkelbach, Didymäisches Orakel 95, deutet ἐπί also adverbiell; darin folgt ihm Fontenrose mit freilich abweichender Auffassung der Syntax (s. hiern. S. 377f.).

123 Drew-Bear/Lebek 70; akzeptiert von Merkelbach/Stauber in SGO.

124 Keuschheit von Demeter-Priesterinnen: Call. Hymn. 2,110; Luc. Dial. meretr. 7,4 ἀνέραστος ... καθάπερ τῆς Θεσμοφόρου ἱέρειά τις mit Σ (p. 279,21 Rabe) αἱ ἱέρειαι ἐπαρθενεύοντο διὰ βίου Ἀθήνησιν (anschließend Parallelisierung mit den Vestalinnen). Mehr bei Fehrle, Keuschheit 103f.; Burkert, GR 368 Anm. 40; V. Pirenne-Delforge, ThesCRA 5,6f. Auch die lokalen Bezeichnungen von Demeter-Priesterinnen als μέλισσαι heben auf deren Asexualität ab: Suppl. Hell. 990 = Select Papyri (Loeb) 3,91, 2 (Demeter-Hymnus; der Papyrus aus dem 3. Jh. v. Chr.); Apollodor FGrHist 244 F 89 (auf Paros); Serv. auct. Aen. 1,430 (in Korinth); Σ Pi. Pyth. 4,106 c μελίσσας δὲ τὰς ἱερείας, κυρίως μὲν τὰς τῆς Δήμητρος. Siehe M. Detienne, Orphée en miel, QUCC 12 (1971) 7-23, h. 11-17. – Bestimmungen über die Besetzung des Athena-Priestertums mit unverheirateten Frauen sind, soweit ich sehe, inschriftlich sonst nicht bezeugt. Aus Pellene in Achaia schildert Polyaen, wie im Jahr 241 v. Chr. während einer Belagerung durch die Ätoler eine Epiphanie der Athena die Angreifer in die Flucht schlägt; tatsächlich habe sich die Priesterin, καλλίστη καὶ μεγίστη τῶν παρθένων, vor dem Heiligtum auf der Akropolis in Panhoplie und mit dem Helm der Göttin ihren Truppen gezeigt (8,59); s. Pritchett, War 3,35f. Plut. V. Arat. 32,1-4 geht in seiner Version auf die Wahrnehmung beider Seiten ein: Belagerte wie Belagerer sehen sich einer übermenschlichen Erscheinung gegenüber (θέαμα σεμνότερον ἢ κατ' ἄνθρωπον ἐφάνη). Während sich jedoch die Ätoler das Geschehen als eine Epiphanie der Göttin erklären (τοῖς πολεμίοις φάσμα θεῖον ὁρᾶν δοκοῦσι φρίκην ἐνέβαλε καὶ θάμβος), wissen die Pellener von der Wundertätigkeit des »alten« Kultbilds (vgl. zu diesem Motiv das Material bei Graf, Eigensinn der Götterbilder 237-240), das in der Bedrohung nach langer Zeit von der Priesterin wieder hervorgeholt und den Angreifern entgegengehalten worden sei, so daß es seine Macht entfaltet habe: ὅταν δὲ κινηθὲν ὑπὸ τῆς ἱερείας ἐκφέρηται, μηδένα προσβλέπειν ἐναντίον ἀλλ' ἀποτρέπεσθαι πάντας. Auch bei Prozessionen habe das Bild wundertätige Wirkung gezeigt; Bäume am Wegesrand trugen nicht mehr, Früchte verkümmerten: So habe es auch die Feinde kopflos gemacht und um den Verstand gebracht (ἔκφρονας καταστῆσαι καὶ παρελέσθαι τὸν λογισμόν). Auch bei Plutarch ist die Priesterin ein junges Mädchen, κάλλει κεὶ μεγέθει σώματος εὐπρεπής. Zu Berichten über Kollektivepiphanien zuletzt Graf, Trick or treat; zur Episode aus Pellene ebd. 115; über das Zusammentreffen von Epiphanie und Krisensituation ebd. 113f. (s. schon Kap. 2, Anm. 36. 788). – In Triteia, ebenfalls in Achaia, nennt Pausanias eine jungfräuliche Athena-Priesterin im Gründungsmythos der Stadt (7,22,8f.), während andernorts ein Knabe das Priestertum der Athena versah (Tegea: Paus. 8,47,2f. παῖς ... πρὶν δὲ ἡβάσκειν καὶ οὐ πρό-

das Gebot umgemünzt, eine verheiratete Bewerberin zu wählen, die ihr sexuelles Leben bereits hinter sich gelassen habe, so daß sie nun enthaltsam leben werde.[125]

Vielleicht hatte man bloß aus uns nicht bekannten Gründen – Rücksichten auf Ansprüche aus Kreisen der milesischen Elite etwa, dieses wichtige Amt im Stadtkult mit einer Frau aus ihren Reihen zu bekleiden – eben Satornila wählen wollen, und Apollon räumte mit seiner Definition, wie man in ihrem Fall die Forderung nach einer jungfräulichen Priesterin auch erfüllt sehen könne, die Schwierigkeiten aus dem Weg, die sich der Berufung zunächst entgegenzustellen schienen. Er tut dies – folgt man dieser Auffassung – in der Weise, die Beschreibungen, die auf den ›Sonderfall‹ der Satornila passen (der ›Normalfall‹ wäre eben eine noch unverheiratete junge Frau), zu einer Weisung zu erheben – die aber kaum als generelle Anforderung für die Zukunft gelten konnte, wenn erneut eine Priesterin gesucht würde. Der Gott macht vielmehr in seiner Antwort auf den individuellen Fall die Sanktionierung der Ausnahme zum Gebot.

Es mochte sich in Milet keine noch unverheiratete junge Frau aus einer der führenden Familien zur Kandidatur gefunden haben, so daß die Voraussetzung einer jungfräulichen Bewerberin nicht zu erfüllen gewesen und darum die Frage der Neubesetzung der vakant gewordenen Stelle der Athena-Priesterin lange unerledigt geblieben war. Hierin hätte dann der Anlaß der Konsultation bestanden: Man wandte sich an Apollon, nachdem man in Satornila eine Kandidatin von entsprechendem sozialen Rang hatte, die sich zur Übernahme des Amtes bereit fand, aber mit dem Problem befrachtet war, daß sie verheiratet und Mutter war. Als man dann nach der neuen Auslegung Apollons eine verheiratete Frau wählen konnte, war die Forderung nach einer keusch lebenden Priesterin der Athena wieder leichter erfüllbar.[126]

In jedem Fall ist davon auszugehen, daß die Bürgerschaft bereits mit dem Ansinnen an Apollon herantrat, Satornila in das Amt zu berufen. Der Gott lieferte mit seiner Stellungnahme zur Frage der ἁγνεία nur die (ge-

---

σω; Elateia: 10,34,8 τὸν δὲ ἱερέα ἐκ παίδων αἱροῦνται τῶν ἀνήβων πρόνοιαν ποιούμενοι πρότερον τῆς ἱερωσύνης ἐξήκειν οἱ τὸν χρόνον πρὶν ἢ ἡβῆσαι). Fehrle, Keuschheit 102f., und u. Anm. 141. 144. – παρθένος ist in den kleinasiatischen Texten generell die ›unverheiratete‹ Frau, ohne den Akzent auf Jungfräulichkeit zu legen, s. L.R. Farnell, The cults of the Greek states 2, Oxford 1896, 447-449, ausgehend von Artemis παρθένος.

125 Drew-Bear/Lebek ebd. Anm. 21 sehen in der Herausstellung der σεμνότης der Satornila in V. 14 des Orakels eine Anspielung auf das enthaltsame Leben der Mutter als Athena-Priesterin. Merkelbach/Stauber gehen in ihrer Übersetzung in SGO sogar soweit, σωφροσύνῃ καὶ σεμνότητι im Prosateil mit *»wegen ihrer Keuschheit und Ehrbarkeit«* wiederzugeben. Mit σεμνός kann aber schwerlich unmittelbar ›Keuschheit‹ bezeichnet sein, wenn auch dieses Thema der Dreh- und Angelpunkt des Orakels ist. Es läuft in der Sache zwar *auch* darauf hinaus, aber Satornila ist nicht nur aus diesem Grund *»ehrwürdig«*, sondern auch, weil sie ἀφ' αἵματος εὐγενετήρων ist. Bei dieser normalen Bedeutung sollte man deshalb bleiben. Auch die Söhne betonen in ihrer Ehreninschrift, ihre Mutter sei ἐπὶ σωφροσύνῃ καὶ σεμνότητι von Apollon erwählt worden (Z. 5-7).

wünschte) Begründung für die Wählbarkeit der Kandidatin und bestätigte dadurch die von den Bürgern portierte Bewerberin. Wie es unter den inschriftlichen Orakeln mehrfach vorkommt, sanktioniert die Gottheit hier eine von den menschlichen Akteuren bereits intendierte Handlung.[127]

Es ist ganz unwahrscheinlich, daß Apollon erst im Orakelbescheid den Blick der Bürger auf Satornila lenkte, die ja gewiß auch nur eine von vielen war, die nach diesen Kriterien infragekamen. Man konsultiert vielmehr den Gott, weil er als oberster *exegetes* für kultische Fragen der Stadt Milet die Ausnahme legitimieren kann. Man könnte daher annehmen, daß man sich nicht regelhaft zur Bestätigung aller Ernennungen für kultische Ämter an das Orakel wandte, sondern nur in unklaren oder aus anderen Gründen außerordentlichen Fällen. Doch sprechen die bereits diskutierten Orakel, mit denen Apollon den Amtsantritt verschiedener Propheten sanktionierte, eher gegen die Annahme, daß man sich nur bei besonderem Beratungsbedarf an den Gott wandte – auch wenn zuzugeben ist, daß es sich bei

---

126 Drew-Bear/Lebek ebd.: »This obligation need not seem too harsh because she has already enjoyed her full share of love.« – Nicht völlig klar in der Zielrichtung ist die Bemerkung ebd. 71 Anm. 25: »Perhaps these obligations may have some connection with the reproach uttered at the beginning of the oracle ... because if applied regularly they might have rendered this priesthood less attractive and hence difficult to fulfill«. Wenn Apollon zu Anfang auf die für die Konsultanten unlösbar scheinende Situation Bezug nimmt (›ihr kommt spät‹ = ›diese Frage ist schon lange offen bei euch‹) und diese Situation dann im γάρ-Satz V. 8-10 expliziert, müßte man im Beginn nicht mehr so sehr einen Vorwurf als eine durch γάρ in V. 8 erklärte Feststellung sehen: ›Erst spät wendet ihr euch an mich (sc. nachdem ihr schon lange in dieser Angelegenheit ratlos wart) ... *denn* es ist nötig, daß eine Frau von Rang das Amt ausübt, aber nachdem sie ... genommen hat (sc. und das ist eine schwierig zu erfüllende Forderung)‹, also: ›daß eine einerseits vornehme, andererseits enthaltsam lebende Frau das Amt ausübt (sc. bisher wußtet ihr jedoch nicht, wie ihr dieser Anforderung gerecht werden könntet)‹. Wahrscheinlich ist die Verknüpfung von γάρ jedoch lockerer zu sehen: Die Partikel leitet zum Weisungsteil über, indem eine kausale Verbindung mit den vorangestellten langen Ausführungen über die Natur der Göttin geschaffen wird (›*denn* es geht ja um die Wahl einer Priesterin dieser αὐτοφανὴς κούρη, deren Eigenschaften für die Polis ich gerade ausgeführt habe‹). Dieser erste Abschnitt, der als Strukturelement eine gewisse Analogie im Motiv-Teil von Volksbeschlüssen hat, wird allerdings bereits mit ὀψέ μέν eingeleitet (wozu tatsächlich γάρ in V. 8 formales Pendant ist). Die Variation der Bestimmung über die Jungfräulichkeit, die im ἀλλά-Satz von Apollon eingeführt wird, stellt die Adaption der allgemeinen Aussagen auf den speziellen Fall dar; mit dem Neueinsatz des Gedankens in ἀλλά präsentiert der Gott die Lösung des scheinbar unlösbaren Problems: Eine verheiratete Frau kann, recht verstanden, die Vorgaben auch erfüllen. Das im ἀλλά-Satz eingeführte Kriterium kann daher nicht mehr zur Beschreibung der (zuvor unerfüllbar scheinenden) Ausgangsbedingung gehören, in der sich die Bürger befanden. Das wäre aber der Fall, wenn man die logische Verknüpfung ὀψὲ ἵκεσθε ... γάρ eng fassen wollte. In V. 10 wird vielmehr der Schlüssel für das Dilemma angeboten, der dann in V. 11-13 (δέ) weiter erläutert wird. ἀλλά ist damit so gebraucht, daß die von Apollon vorausgesetzte, aber nicht eigens ausgesprochene Erwartung der Konsultanten, nämlich die Priesterin müsse der Sexualität fernstehen, von ihm unmittelbar durch eine entgegengesetzte Vorgabe korrigiert wird: vgl. Denniston, Greek particles 9. 13.

127 Offene Anfragen liegen hingegen beim Orakel für Herakleia am Latmos über den Bestellmodus des Athena-Priesters, s. Kap. 3.2, und vermutlich auch beim Orakel für Sidyma über den Wechsel von verheirateten Frauen zu unverheirateten Mädchen im Priesteramt der Artemis vor, Kap. 3.3.

den Propheten als den höchsten Funktionären seines eigenen Heiligtums um herausgehobene Ämter handelte.

Eine Variante der Auffassung, die Worte über die *»Gaben der Schaumgeborenen«* formal als Teil von Apollons Forderung anzusehen, haben Drew-Bear und Lebek noch als weitere Überlegung zur Diskussion gestellt.[128] Sie beruht auf einer anderen Wortabtrennung in V. 10: ἀλλ' ἔπι αἶσ' ἀνελεῖν γέρα ὧν φθάσεν Ἀφρογενείης, wobei ἔπι, wie in der epischen Sprache, für ἔπεστι stehen soll: *»Aber es ist ihr* (sc. einer Athena-Priesterin generell) *bestimmt, auf die Gaben der Aphrodite zu verzichten, die sie zuvor kennengelernt hat«.* Wir hätten damit ebenfalls eine attraktive Deutung des Textes und einen befriedigenden Sinn des Verses, aber die Autoren weisen selbst auf die Schwierigkeit hin, daß es für φθάνειν mit einem *genitivus comparationis* – eine Konstruktion, die nicht überraschen würde – und in der Bedeutung ›etwas vorher haben, über etwas vorher verfügen‹ sonst keine Belege zu geben scheint.[129]

Nach dem bisher erläuterten Textverständnis ist also in dem mit ἀλλά eingeleiteten Satz über die γέρα Ἀφρογενείης der zweite Bestandteil der Weisung Apollons zu erkennen, deren erstes Glied die Forderung nach dem sozialen Rang der Priesterin ist. Dies gilt, wenn es sich um eine Weisung mit dem Anspruch allgemeiner Gültigkeit handelt, doch ebenso, falls Apollon damit allein auf den vorliegenden Fall eingeht (*»... aber in diesem Fall wählt eine, die ... bereits genommen hat«*). Im Unterschied dazu führt ein starker syntaktischer Einschnitt am Ende des vorhergehenden Verses zu einer anderen argumentativen Gliederung:[130] *»Man muß eine Frau von vornehmer Herkunft wählen – aber* (sc. das Problem besteht in diesem Fall darin:) *sie* (sc. Satornila, die ihr zu wählen beabsichtigt) *hat bereits Aphrodites Gaben kennengelernt* (mit anderen Worten: sie erfüllt das Kriterium der Jungfräulichkeit nicht)*«*.

Erst im Anschluß folgt dann mit den Ausführungen über die sich ergänzenden Eigenschaften Aphrodites und Athenas die von Apollon indirekt angebotene Lösung: Satornila verkörpert beide Seiten weiblicher Existenz und ist darum eine würdige Kandidatin für das Priestertum der Athena. Problematisch ist an dieser Auffassung allerdings, daß Satornila im Orakel bisher noch gar nicht eingeführt ist, so daß ein Wechsel von der generellen Ebene (›man muß eine vornehme Frau wählen‹) zum vorliegenden besonderen Fall (›aber sie ist verheiratet‹) einen Bruch erzeugt: Die

128 Drew-Bear/Lebek 70 Anm. 23.

129 Sie erwägen als zweite Bedeutung *»die Gaben, über die sie sich* (sc. durch ihre Wahl zur Priesterin der Athena) *erhebt«,* also ›die für sie dann keine Bedeutung mehr besitzen‹. Auch so scheint φθάνειν aber sonst nicht gebraucht zu werden, und die folgenden Verse über die Zuständigkeiten beider Göttinnen laufen eher auf die gleichwertige Verteilung der Sinnprovinzen hinaus.

130 Dies ist die von Fontenrose, Didyma 200f., favorisierte Auffassung.

131 Dieselbe Schwierigkeit stellt sich bei einer Auffassung, die die V. 10-15 als eine Periode zusammennehmen will: Auch dann wird Satornila gedanklich bereits hier als Subjekt benötigt,

zweite Aussage ist, wenn sie auf die bestimmte Person gemünzt sein soll, an dieser Stelle noch nicht hinreichend motiviert.[131]

Eine auf den ersten Blick ingeniöse Idee für die Deutung der Situation der Satornila haben ebenfalls Drew-Bear und Lebek vorgebracht: Sie sind der Ansicht, daß diese milesische Aristokratin verwitwet und deshalb, obschon nicht mehr Jungfrau, eine geeignete Kandidatin für das Amt war.[132] Bei einer Witwe war es naheliegend, daß sie sich glaubhaft auf ein sexuell enthaltsames Leben als Athena-Priesterin einlassen konnte.[133] In der Wahl einer Witwe läge in der Tat ein eleganter Ausweg aus dem Dilemma, daß die ausersehene Amtsinhaberin nicht den sonst üblichen Status einer *parthenos* mitbrachte. Die beiden Autoren sehen eine Anspielung auf ihren Witwenstand in der abschließenden Wendung Apollons an die Konsultanten, in der er seinen Bescheid zusammenfaßt: *»Darum gehorcht den Moiren und Pallas und setzt die ehrwürdige Satornila als Priesterin ein, die die heiligen Gegenstände herbeibringt«* (V. 14f.).[134]

---

wird aber im Text erst fünf Verse später eingeführt. Siehe hiern. Anm. 142. – Fontenrose will ἐπὶ ... ἑλεῖν als Tmesis verstehen, ›ergreifen‹, aber die in LSJ s.v. genannten wenigen Belege für das Kompositum im Akt. bieten keine rechten Parallelen für diese (allerdings vom Wort her plausible) Bedeutung. Man könnte, wenn man an Tmesis denkt, ἐπί auch mit φθάσεν verknüpfen, ›[vor anderen] erreichen, erlangen‹, aber die in LSJ angeführten Beispiele treffen ebenfalls nicht den hier geforderten Sinn. Außerdem scheint die Konstruktion mit Infinitiv, die beim Simplex der Normalfall ist, für das Kompositum nicht belegt zu sein.

132 Ebd. 70f.

133 Beispiele für die Besetzung von Priestertümern, in denen Enthaltsamkeit gefordert war, mit Witwen und älteren Frauen bei Fehrle, Keuschheit 95 mit Anm. 1, der u.a. Paus. 8,5,12 anführt: Die Priesterin der Artemis Hymnia in Orchomenos ist ὁμιλίας ἀνδρῶν ἀποχρώντως ἔχουσα. Paus. 6,20,2: Die Priesterin des lokalen Gottes Σωσίπολις in Elis ist πρεσβῦτις. Plut. V. Numae 9: Priesterinnen der Hestia in Griechenland sind γυναῖκες πεπαυμέναι γάμων.

134 Die Bezeichnung als ἱερηφόρον ἀρήτειραν enthält möglicherweise einen interessanten Hinweis auf die rituellen Aufgaben der Kultfunktionärin, ohne daß wir genau sagen könnten, welche *»heiligen Gegenstände«* genau die Priesterin der Athena Polias in Milet *»getragen«* hat. Es ist unwahrscheinlich, daß es sich an dieser Stelle nur um ein abgeblaßtes Beiwort handelt; vielmehr liegt ein *terminus technicus* vor, wie zahlreiche Belege für Kultfunktionäre mit diesem Titel andernorts zeigen. Die Bezeichnung scheint insbesondere in ägyptischen Kulten verbreitet zu sein. Aus Thessalonike sind ἱεραφόροι aus mehreren Inschriften im Umfeld des Serapieions bekannt, IG 10,2,1,16,8; 222,1; 258. Die Stele IG 10,2,1,58 = Vidman, SIRIS 109 (vgl. Bull. ép. 1950, 134 S. 171) nennt eine Vereinigung von ἱεραφόροι συγκλῖται, die gleichfalls zum Serapieion der Stadt gehören (συγκλῖται in Thessalonike auch im Kult des Θεὸς Ὕψιστος, IG 10,2,1, 68-70; im nordmakedonischen Parthikopolis, IGBulg 5,5899 = SEG 36,638: also σύγκλινοι, ›Nachbarn beim Symposion‹, vgl. IG 2^2,2350 und Poll. 6,12 ὁ δὲ παρακατακείμενός τινι συμπότης συγκλίτης παρακλίτης; Wilhelm, Beiträge 51 Nr. 40; L. Robert, Collection Froehner, 1: Inscriptions grecques, Paris 1936, 5). ἱεραφόροι in ägyptischen Kulten etwa auch in Pergamon (I.Pergamon 336 = Syll.[3] 754 = Vidman, SIRIS 313), auf Paros (IG 12,5,291 I) und in Böotien, dort in Theben (IG 7,2681 = Vidman, SIRIS 52) und Chaironeia (IG 7,3426 = Vidman, SIRIS 62). In Athen ist um 120 n. Chr. ein ζακόρος ἁγιαφόρος im Kontext weiterer Ämter im Isiskult bezeugt (IG 2^2,4771), der wohl mit dem ἱεραφόρος zu identifizieren ist. Ein weiterer pergamenischer Beleg stammt allerdings aus dem Demeter-Heiligtum (AthMitt 35, 1910, 475 Nr. 62), und im akarnanischen Thyrrheion (IG 9,1^2,2,247,16) erscheint der ἱεροφόρος unter den Opferbeamten im Prytaneion der Stadt (vgl. ebd. 250,13-18; 251,12-14). Auf Samos (IG 12,6,2,600 = Vidman,

Doch dem Verlust des Ehemanns der Satornila dadurch Ausdruck zu verleihen, daß sich *die Bürger* dem Entscheid der Schicksalsgöttinnen unterordnen sollen, ist nicht recht überzeugend. Es ist wohl vielmehr gesagt, daß die Bekleidung des Amtes durch Satornila von den Moiren vorherbestimmt und gleichzeitig auch Athenas eigener Wille ist.[135]

Das paßt zur allgemeinen griechischen Auffassung, daß die menschlichen Handlungen, Pläne und Entscheidungen bereits eindeutig im Plan der Götter vorgezeichnet seien – auf dieser kosmologischen Annahme beruht ja auch die gesamte Divination. Satornila mag, auch ohne verwitwet gewesen zu sein, Anlaß zu der Annahme gegeben haben, sie werde ein der Athena gefälliges Leben führen – und schließlich hatte, wie Apollon hier sagt, ja auch Athena selbst Satornila zu ihrer Dienerin bestimmt.

3.1.6 Dritter Teil des Versorakels: »Athena und Aphrodite liegen im Streit«: Komplementarität der gesellschaftlichen Bedeutung zweier Göttinnen. Mythenallegorese und ihre deutende Anwendung im Orakel

Die Sinnprovinzen Athenas und Aphrodites: Geschlechtlichkeit und ökonomisch-soziale Leitfunktion für die Polis. Transformation der personalen Gottesvorstellungen zu abstrakten Wirkprinzipien. Einflüsse philosophischer Mythenexegese.

Nach dem Eingehen auf die Voraussetzungen, die von der zu wählenden Bewerberin zu erfüllen sind, wechselt der Text nochmals auf die mythologische Ebene der Götterwelt zurück (V. 11-13). Die Partie spricht von den Lebensbereichen, in denen Athena und Aphrodite jeweils zuhause sind, und es überrascht nicht, daß die zuvor gemachten Aussagen über den Typus der Athena-Priesterin erläuternd weitergeführt werden: Mythologische Theologumena werden zur Lösung des konkreten Falls herangezogen, der den Anlaß zu dieser Orakelkonsultation geliefert hat. Athena und

---

SIRIS 254, 3f.) weiht ein ἱεραφόρος ἑπτάστολος mit seiner Frau Serapis, Isis, Anubis und Harpokration einen Altar. Die Aufgabe des ἱεραφόρος bezieht sich auf die Prozessionen im Isis-Kult, K. Hallof in IG ad loc. und F. Dunand, Le culte d'Isis dans le bassin oriental de la Méditerranée 3: Le culte d'Isis en Asie mineure: clergé et rituel des sanctuaires isiaques, EPRO 26, Leiden 1973, 63-65. Hallof sieht im ἑπταστόλος, *»dem mit sieben Kleider Gewandeten«*, ein eigenes Amt. Den Titel trägt auch die Göttin selbst in einer kosmologischen Deutung bei Hippol. Refut. 5,7, 22f. (dazu M. Markovich, ZPE 64, 1986, 295f.). Er könnte einen Einweihungsgrad in den Isis-Mysterien bezeichnen, vgl. Plut. Isis 3, 352 B zu ἱεραφόροι καὶ ἱεροστόλοι: οὗτοι δ' εἰσὶν οἱ τὸν ἱερὸν λόγον περὶ θεῶν πάσης καθαρεύοντα δεισιδαιμονίας καὶ περιεργείας *(»von übertriebenem Eifer«)* ἐν τῇ ψυχῇ φέροντες ὥσπερ ἐν κίστῃ καὶ περιστέλλοντες (*»einkleiden«*, nämlich den ἱερὸν λόγον περὶ θεῶν), τὰ μὲν μέλανα καὶ σκιώδη, τὰ δὲ φανερὰ καὶ λαμπρὰ τῆς περὶ θεῶν ὑποδηλοῦντες οἰήσεως, οἷα καὶ περὶ τὴν ἐσθῆτα τὴν ἱερὰν ἀποφαίνεται. Wir fassen hier die theologische Symbolik der Ritualkleidung des ἑπτάστολος, wozu die rituelle Einkleidung nach der Initiation in Apul. Met. 11,24 zu stellen ist.

135 Vgl. Fontenrose, Didyma 201.

Aphrodite *»liegen im Streit«*[136] (V. 11): Das mythologische Bild läßt hier schon eine Entwicklung der Gottesvorstellung erkennen, in der die den anthropomorphen Göttergestalten zugeordneten Machtprovinzen zu abstrakten Wirkprinzipien transformiert werden. Doch werden sie nach wie vor mit den mythologischen Eigennamen der personalen Götter versehen: Die philosophisch geleitete Auffassung der göttlichen Mächte verwirft das traditionelle Bild handelnder Subjekte hier (noch) nicht, doch hebt sie ihre göttlichen Wesenskerne hervor.

In dieser Tendenz, die in der vorliegenden Passage sozusagen auf halbem Wege zu beobachten ist, wird wiederum der Einfluß der theologischen Allegorese sichtbar, die die stoisch geprägte Naturphilosophie aus älteren Traditionslinien aufgenommen und vorangetrieben hatte. Dies war bereits zu Anfang des Orakels bei der ausführlichen Schilderung von Mythos und Wesenszügen Athenas festzustellen.[137] Über der gelehrten, auf Wirkprinzipien und Sinnprovinzen hin abstrahierenden Behandlung der beiden Göttergestalten in diesem Orakel sollte jedoch nicht aus dem Blick geraten, daß auch Aphrodite im Pantheon der Kulte Milets vertreten war. Wir kennen das Heiligtum zwar nur aus literarischer Überlieferung, aber Funktionsträger der Göttin und einige Weihungen für sie sind auch in den Inschriften von Didyma zutagegetreten.[138]

---

136 Auf dem Stein steht δη[.]ια. Daraus läßt sich die Form δηριᾷ von δηριάομαι bzw. δηριάω herstellen, ›sie kämpft, steht in einem Wettstreit mit‹. Homer und die späteren Epiker verwenden durchweg das Med. δηριάομαι; das Wort gehört zu ἡ δῆρις ›Wettkampf, Streit‹. Aus metrischem Grund muß man dann die Dehnung des im Präsens eigentlich kurzen -ι- fordern. Die Alternative besteht in der Annahme einer Haplographie durch den Steinmetz, der δηριάᾳ habe schreiben wollen. Doch setzt das über den Fehler des Steinmetzen hinaus die Annahme einer unbelegten Form voraus (die freilich von der Wortbildung her in späteren Hexametern mit ihren zusätzlichen zerdehnten Formen möglich schiene, vgl. hier V. 1 κρατογενείης, 4 εἰνόπλιον, 5 ἀκροπόληας, 6 βοηθόος, 8 τειμήν, 10 γεράων; grundsätzlich K. Meister, Die homerische Kunstsprache, Leipzig 1921, 61-71, h. 67f.; R. Wachter, Grammatik der homerischen Sprache, in: J. Latacz, Hg., Homers Ilias: Gesamtkommentar: Prolegomena, München/Leipzig 2000, 81f. § 48). Die Längung des Vokals scheint die leichtere Erklärung.

137 Oben S. 363-369.

138 Das Heiligtum in Milet ist bei Theocr. 28,4 und 7,115 mit Σ e/f (p. 107 Wendel) bezeugt. Aphrodite trug hier vielleicht das Beiwort ἐν καλάμοις ›die im Schilfe‹ (vgl. 28,4), das die Lage des Kultortes im schon zur *chora* gehörigen Bezirk Oikus bezeichnete (Σ l.c.). Wir kennen es insbesondere vom Aphrodite-Kult auf Samos (Alexis FGrHist 539 F 1; Pirenne-Delforge, Aphrodite 65f. m. Anm. 281). Wir verfügen also nur über einen *terminus ante quem* im 3. Jh. v. Chr.; vgl. Wilamowitz, Rez. Milet 70 m. Anm. 3 = 422f. mit 423 Anm. 1.
Im Corpus der didymäischen Inschriften ist ein leider nur schlecht erhaltener Ehrenbeschluß eines κοινὸν τῶν τεμενιζόντων τῆι Ἀφροδίτηι καὶ τῶι Ἀπόλλωνι τῶι Διδυμεῖ erhalten, I.Didyma 486 = McCabe, Didyma (PHI # 7) 11, der aber dennoch interessante Aufschlüsse liefert. Das Dokument ist als Zeugnis ebenso für einen gemeinsamen Kultbezirk beider Götter im Didymeion als auch für die Existenz eines Kultvereins, dessen Gründungszweck offenbar eben in der Einrichtung dieses τέμενος bestand, von besonderem Interesse. Ein Vereinsvorstand von vier Männern (τῶν ἡρημένων ἀνδρῶν 5) bringt einen Antrag zur Ehrung ihres Mitgliedes Athenagoras, S. d. Paionios, ein. Oberhalb der Inschrift waren zwei Kränze angebracht, Reste des einen sind erhalten. Dieser Vereinsantrag entspricht ganz der Form städtischer Ehrendekrete: Datierung mit Stephanopho-

Für das Orakel sind es die Prinzipien von geschlechtlicher Liebe und Fortpflanzung auf der einen und politischer und ökonomisch-sozialer Leitfunktion für die Polis auf der anderen Seite, die sich in den beiden Göttinnen ausdrücken: Athena ist *»nicht eingeweiht in den Eros«* – auffällig die

---

rie (wohl 188/87, siehe Rehm); auf die Formel ἔδοξε τῶι κοινῶι τῶν τεμενιζόντων κτλ. folgen die Namen und der Antrag im Wortlaut (... εἶπαν·), eingeleitet mit den Motiven: ἐπειδὴ Ἀθηναγόρας κτλ.; in der Apodosis (δεδόχθαι) sind nach der Eingangsformel die beschlossenen Ehren nicht mehr erhalten. Dieser Athenagoras hat offenbar mehrere Grundstücke für den Verein erworben, auf denen das τέμενος errichtet werden soll: ἀπὸ τῆ[ς ἀ]ρχ[ῆ]ς ἐπιδ[εδ]ωκὼς τυγχάνει (›hat von sich aus Aufwendungen übernommen‹, ohne Objekt konstruiert, Vergleichsfälle bei Rehm i. app.) εἰ[ς] τὸ συναυξῆσαι τάς τε τῶν θεῶν τ[ι]μὰς καὶ τὰς τοῦ κοινοῦ προσόδους. Die folgenden Zeilen beschreiben, soweit die Reste erkennen lassen, offenbar detailliert die Lage von drei Grundstücken, die Athenagoras eingebracht hat. Dabei werden, für uns neu, ein Διὸς τέμενος und ein ἱερὸν ἐμπόριον genannt; ein Teil des neuen τέμενος soll auf jeden Fall hypaithral bleiben und bepflanzt werden, worum sich der Geehrte ebenfalls gekümmert hat (ὑπαίθρου καταφυτεῦσαι 30). Die Ergänzung des Beginns, ἀπὸ τῆ[ς ἀ]ρχ[ῆ]ς, ist von Robert, Rez. Rehm 669 = OMS 3,1634, nach einer verbreiteten Anfangsformel des Motivs in Ehrenbeschlüssen vorgenommen worden. Rehm hatte nach den schwer zu lesenden Abklatschen ἀπὸ τῆ[ς ἱ]ερεί[α]ς hergestellt; ἱερεία, das dann anstelle von ἱερατεία gebraucht wäre, wäre aber in Didyma nur hier belegt. LSJ s.v. nennen als einzigen weiteren Beleg für diese Bedeutung einen Ehrenbeschluß aus dem lydischen Thyateira, wo die Lesung aber auf einer schlechten Abschrift des 18. Jh. beruht, vgl. J. Keil/A. v. Premerstein, Bericht über eine Reise in Lydien, Denkschr. ÖAW 54,2, Wien 1911, 36 Nr. 1; in der Neuedition TAM 5,2,982,23 hat Herrmann vielmehr [χ]ρείαις (›Geschäfte, Unternehmungen‹ oder auch ›Funktionen‹) καὶ ὑπηρεσίαις ergänzt.

Bei der Verbindung beider Gottheiten in Didyma dürfte die Oberhoheit Apollons über das Territorium Didymas eine Rolle spielen; den Titel des Vereins wird man gleichwohl so verstehen müssen, daß hier ein gemeinsames *temenos* beider eingerichtet werden sollte. Rehms Interpretation läuft auf eine Filiale des aus Theokrit bekannten milesischen Heiligtums hinaus; er möchte in dem geehrten Euergeten den Priester dieses Kultes sehen, der die Initiative für eine Dependance in Didyma im Hoheitsbereich Apollons ergriffen habe, um das Renommee des Aphrodite-Kults durch diese Verbindung zu erhöhen. – Es gibt einige Weihungen für Aphrodite in Didyma: I.Didyma 122 (ohne Epiklese); 123 (Aphrodite Urania); 124, Weihung eines Propheten Apollons für Aphrodite Καταλλακτηρία, ›die Versöhnerin‹. Das Epitheton begegnet sonst nicht, läßt sich aber mit verschiedenen sonst bekannten Epiklesen der Göttin aus dem politischen Bereich verbinden, vgl. Pirenne-Delforge ebd. 408: »C'est précisément cette Aphrodite ›Conciliatrice‹ qui est sollicitée par les magistrats dans l'exercice de leur charge, qu'elle patronne un collège particulier ... ou qu'elle protège la magistrature dans son ensemble«. Interessant ist aber vor allem I.Didyma 92, wo ein Pytheas, S. d. Lysimachos, dem Apollon Didymeus eine Statue der Aphrodite weiht; er selbst bezeichnet sich durch die Angabe seiner Herkunft als Verehrer der Hauptgöttin seiner Stadt: Ἀπόλλωνι Διδυμέῳ (sic) τὴν πάτριον θεὸν Πυθέας Λυσιμάχου Ἀφροδεισιεύς. Man möchte gerne annehmen, daß diese Weihung der Aphrodite galt, die in dem τέμενος der Ehreninschrift für Athenagoras verehrt wurde; wenn sie ursprünglich dort aufgestellt war, ist sie später in den großen Apollon-Tempel verbracht worden, in dessen *adyton* sie gefunden worden ist.

Für ein gemeinsames Heiligtum Apollons und Aphrodites gibt es sonst nur wenige Belege. Eine strukturelle Parallele bieten aber in gewissem Sinne die Verhältnisse auf Delos (Bruneau, Recherches 331-348; Pirenne-Delforge ebd. 395-398), wo ein Aphrodite-Heiligtum ebenfalls in den dominanten Kultort des Apollon einbezogen war. Tatsächlich gab es zwei Aphrodite-Heiligtümer auf der apollinischen Insel, das Hauptheiligtum der Göttin im Tempelbezirk des Apollon selbst, τὸ Ἀφροδίσιον τὸ ἐν ἱερῷ (I.Délos 290,84), das bisher nicht gefunden worden ist, und ein kleineres im Bereich des Theaters. Dieses zu Beginn der Unabhängigkeit im ausgehenden 4. Jh. von einem Stesileos gestiftete Heiligtum hatte bis zur erneuten athenischen Dominanz über die Insel ab 166 v. Chr. den Charakter eines Familienkults und stand in einem eigentümlichen Dualismus

Verwendung der Mysterienterminologie, θαλάμοιο καὶ ἔρωτος *ἀμύητος*[139] –, Aphrodite hingegen *»freut sich an Hochzeiten und schönklingenden Hymenäen«*. Wichtig ist in dieser Sichtweise, daß die den beiden Gottheiten jeweils zugeordneten Aspekte bedeutsame soziale und kollektive Implikationen haben. So ist bei Aphrodite die eheliche Liebe und Sexualität mit

---

mit dem Kult der Göttin ἐν ἱερῷ und ihrem dort gefeierten Jahresfest (hiern.); dazu jetzt C. Durvye, Aphrodite à Délos: culte privé et public à l'époque hellénistique, REG 119 (2006) 83-113. Zur Person des Stifters und zum archäologischen Befund zuvor Bruneau, Recherches 337-341.

Für den Vergleich mit Milet interessiert der öffentliche Kult der Aphrodite. Die Beziehung zwischen ihr und Apollon ist auf Delos über den Theseus-Mythos artikuliert: Der Heros dedizierte Apollon hier auf seiner Rückkehr von Kreta das hölzerne *xoanon* des Dädalus, das er von Ariadne erhalten hatte, womit die Aitiologie für das *xoanon* im Aphrodision ἐν ἱερῷ geboten wird. Hauptzeugnis ist Plut. Thes. 21, der sich auf Dikaiarch (fr. 85 Wehrli) beruft; weiterhin Call. H. in Delum 300-313 (Bekränzung des *xoanon*) und Paus. 9,40,3f. (*xoanon* des Dädalus; vgl. A. Jacquemin, Pausanias à Délos ou un chapitre recomposé du livre imaginé des Kykladika, Ktema 25, 2000, 19-36). Dieses archaische Kultbild der Göttin stand im Zentrum des Festes der Aphrodisia im Monat Hekatombaiôn: Es wurde von den Hieropoioi bekränzt (I.Délos 354,77 κοσμήσαντι τὸ ἄγαλμα τῆς Ἀφροδίτης), und der Chor der Δηλιάδες führte in einem nächtlichen Fackelritual Tänze auf (die Hieropoioi sind dabei für die Bereitstellung von λαμπάδες und Holz zum Entzünden verantwortlich), wohl den ebenfalls mit Theseus' *xoanon*-Weihung verbundenen γέρανος, den ›Kranichtanz‹ (zu den Δηλιάδες Bruneau, Recherches 35-38; zu den Unsicherheiten der Verbindung von γέρανος und Aphrodisia Pirenne-Delforge ebd. 396-398). Mit dem γέρανος-Tanz verbindet Plutarch wiederum den Κερατών, den berühmten Altar aus Ziegenhörnern, der auch aus den Rechnungen der Hieropoioi bekannt ist; wir haben jedoch keine Hinweise auf Opfer und Festmähler. Die Zuständigkeit der *hieropoioi* und die Verzeichnung der Ausgaben für das Aphrodision ἐν ἱερῷ und die Aphrodisia in ihren Rechnungen zeigt die Abhängigkeit des Kults von Apollon und seiner Sakraladministration (auffällig ist die Aufbewahrung von Dedikationen für Aphrodite im Artemision, das aber ebenfalls in den heiligen Bezirk Apollons integriert ist, vgl. Durvye 88f. 91). Die Weihinschrift eines athenischen ἱερεύς auf Delos für seine Tochter als Kanephore belegt die gemeinsame Amtsführung der Geehrten für beide Götter: κανηφορήσασαν ἁγνῆι Ἀφροδιτηι καὶ Ἀπόλλωνι BCH 7 (1883) 367 Nr. 17 = I.Délos 2238. – Zur Deutung des mythisch-rituellen Komplexes im Zusammenhang der athenischen Hegemonie über die Insel C. Calame, Thésée et l'imaginaire athénien, Lausanne 1990, 116-121. 252-254; Pirenne-Delforge ebd. 420f.

An einigen Orten gibt es benachbarte Kultbezirke beider Götter, etwa in der *chora* des arkadischen Phigalia, wo in Bassai im Bereich des Tempels des Apollon Epikurios auch ein Quellheiligtum der Aphrodite lag (Paus. 8,41,10), und auf Rhodos (IG 12,1,736,11-14, zusammen mit Asklepios). Im Hafen von Patras (Paus. 7,21,10f.) handelt es sich um mehrere (die genaue Anzahl ist aus Pausanias' Angaben nicht eindeutig zu gewinnen) offenbar jeweils eigenständige Heiligtümer der Aphrodite, in deren Nachbarschaft sich neben dem Heiligtum des Poseidon Aisymnetes auch Kultbezirke des Apollon und des Ares sowie ein katoptromantischer Orakelkult der Demeter befanden. Die ναοί Aphrodites und Apollons liegen dabei in einem gemeinsamen ἄλσος, der wiederum an das Demeter-Heiligtum grenzt, wo nach Auskunft des Pausanias auch δρόμοι stattfanden. Vgl. zu Patras M. Osanna, Culti e santuari dell'Acaia antica, Aucnus 5, Neapel 1996, 115-117; Pirenne-Delforge 240-243; auch 433-437 zur Verbindung der Göttin mit Wasser, Häfen, Seefahrt.

139 Die Prägung γάμων ἀμύητος wird von Opp. Cyn. 1,34 von Artemis in ihrer Opposition zu Aphrodite gebraucht. – Auf dem Stein findet sich – nach den Verschreibungen in V. 3 und 6 – ein weiteres Versehen des Steinmetzen, der ἡ μὲν γὰρ θαλάμοιο καὶ {οὐκ} ἔστ' ἀμύητος ἔρωτος geschrieben hat. Die auch metrisch überzählige Negation könnte durch die nachfolgende negierte Form ἀμύητος entstanden sein. – Zur Rolle des Konzepts der Jungfräulichkeit Athenas in diversen lokalen Kulten vgl. auch das von Fehrle, Keuschheit 169-201, zusammengestellte Material.

der Perspektive auf legitime Nachkommenschaft im Blick (γάμοισι ... εὐκελάδοις ὑμεναίοις), während die sozial nicht eingebundene und nicht funktionalisierte erotische Liebe, die viel stärker das charakteristische Assoziationsfeld des Wirkens der 'Αφρογενείη ist, ganz unberücksichtigt bleibt.[140]

Im vorliegenden Fall dürfte der Status der Satornila als verheirateter Mutter zweier Söhne, die obendrein führenden Kreisen der Stadt angehörte, den Ausschlag dafür gegeben haben, diese Seite der Göttin herauszustreichen. Die Bedeutung des Kultes der Athena für das Kollektiv lag bereits offen zutage, als sie in der ersten Hälfte des Orakels als Schutzgöttin der Polis und Patronin von Handwerk und Gewerbe vorgestellt wurde.

Die Komplementarität der Wirkungs- und Zuständigkeitsbereiche beider Göttinnen und ihre wechselseitige Bedürftigkeit nach Ergänzung der fehlenden Eigenschaften durch den Bereich der anderen wird in der poetischen Theologie des Orakels mit dem mythologischen Bild des ›Streits‹ ausgedrückt: Jede der beiden Gottheiten hat, was der anderen fehlt; gemeinsam erfüllen sie eine umfassende Funktion für das Wohl der Polis. Ohne die Sexualität und die davon abhängige Fortpflanzung könnte die Bürgergemeinschaft nicht fortbestehen, aber ohne die durch Athena repräsentierte soziale Einordnung der Geschlechtlichkeit in die politischen Strukturen und gesellschaftlichen Ordnungsgefüge, in den Zusammenhang von Verteidigung nach außen und wirtschaftlicher Dynamik nach innen, liefen die ›Werke der Aphrodite‹ ins Leere und erfüllten ihre Funktion für die Gruppe nicht mehr.

Ableitung eines Lösungsvorschlages für den vorgebrachten Fall aus dem theologischen Deutungsmodell. Das Orakel etabliert eine religiöse Innovation.

Hieran kann sich die Anwendung auf den Gegenstand der Konsultation anschließen: Da es die Eigenschaften beider Gottheiten für das Gesamtwohl der Polis braucht, ist die Bürgerin Satornila eine geeignete Kandidatin, da sie beider Attribute in ihrer Person vereinigt, oder anders ausgedrückt: Aphrodite und Athena repräsentieren je zwei Abschnitte in der weiblichen Biographie; Satornila hat den ersten Abschnitt »absolviert« und steht jetzt im zweiten, dem das Priesteramt der Athena Polias ent-

140 Zu den mit Aphrodite assoziierten Vorstellungs- und Handlungsräumen siehe die Bemerkungen bei Nilsson, GGR 1^3,519-526, bes. 523, und Burkert, GR 428. 432. Verbindungen der Göttin mit dem Bereich der Ehe, der ehelichen Sexualität und legitimen Nachkommenschaft in verschiedenen lokalen Kulten bespricht Pirenne-Delforge, Aphrodite 418-428, die aber nicht auf unser Orakel zu sprechen kommt. Die kriegerischen und gewaltsamen Aspekte der Göttin analysiert G. Pironti, Entre ciel et guerre: figures d'Aphrodite en Grèce ancienne, Kernos Suppl. 18, Liège 2007.

141 Vgl. Fontenrose, Didyma 201. Eine solche Deutung spricht ebenfalls für die Auffassung von Drew-Bear/Lebek in V. 10, nach der die vorherige Bekanntschaft mit den γέρα Aphrodites

spricht. Satornila kennt beide Rollen, darum paßt sie als verheiratete Frau und Mutter zweier Söhne nun in das Amt der Athena-Priesterin.[141]

Diese Schlußfolgerung bleibt im Orakel aber nur implizit; im Text folgt stattdessen ein etwas unvermittelter, abrupter Übergang: ›Die Gottheiten liegen im Streit, der einen fehlt dies, die andere hat jenes: darum wählt Satornila‹. Das die allgemeine und die konkret-situative Ebene verknüpfende Zwischenglied fehlt.[142] Die Anwendung der mythologischen Ausführungen über Athena und Aphrodite auf den konkreten Fall in Milet ist dessenungeachtet aufschlußreich für die zugrundliegende ›immanente Theologie‹ der Beteiligten: Der Kultfunktionär soll Träger der – im mythologischen Code ausgedrückten – Charakteristika ›seiner‹ Gottheit sein und wird dadurch mit ihr identifizierbar.

Mit einer theologischen Begründung, die als Rechtfertigung der *prima vista* problematischen Kandidatur der Bewerberin dienen konnte, sanktionierte Apollon damit die von den städtischen Gremien getroffene Vorauswahl.[143] Man wird davon ausgehen können, daß für ähnlich gelagerte Fälle in der Zukunft damit auch ein Präjudiz geschaffen war, so daß man dann nicht erneut das Orakel konsultieren mußte, sondern sich auf die aus dem früheren Bescheid bekannte Auffassung des Gottes berufen konnte. Da-

---

als Teil der Kriterien zu verstehen ist, die Apollon für die Kandidatin als verpflichtend aufstellt. Zur Frage, ob in einer derartigen Bestimmung mithin doch eher eine generelle Vorgabe als nur die Sanktionierung einer Ausnahme für den hier verhandelten Fall liege, nochmals im Anschluß.

142 Dieses Problem würde auf den ersten Blick abgemildert, wenn man V. 10-15 als *eine* Periode verstehen wollte, in die die allgemeine theologische Partie über die Wesenszüge beider Göttinnen V. 11-13 als Parenthese eingeflochten ist (Vorschlag von C. Riedweg; vgl. zuvor Anm. 116). Obwohl ausladende Parenthesen im Epos – man denke an die homerischen Gleichnisse – durchaus vorkommen und die Passage dadurch möglicherweise noch einen besonderen »epischen Klang« erhielte, erscheint es mir gleichwohl schwierig, hier die weite Sperrung von V. 10 zu V. 14 anzunehmen, da im Konjunktionalsatz mit ἐπεί V. 10 dann Satornila bereits als Subjekt verstanden werden muß *(»aber nachdem sie nun einmal Anteil ... genommen hat, ... gehorcht und wählt ...«).*Die hier aufgebaute Spannung kann kaum über eine so ausgebaute Parenthese hin aufrechterhalten werden. Darüberhinaus spricht die Partikel τοίγαρ V. 14 dagegen, in den beiden abschließenden Versen die Apodosis zu V. 10 zu sehen; sie zeigt eher an, daß nun die Schlußfolgerung aus dem Theologumenon über die Eigenschaften der Göttinnen gezogen wird, und markiert damit einen syntaktischen Neueinsatz.

143 Ist diese Funktion der zweiten mythologischen Partie über die Wirkungsbereiche der Aphrodite und der Athena für die Bewertung der Person Satornilas erst einmal erkannt, sind die in der Erstpublikation der Inschrift von Herrmann (293) angestellten Überlegungen über die hinter V. 11-13 stehende Aussage hinfällig: Er fragt sich, ob es hier um die Konkurrenz zweier Kulte in Milet gehe und von Apollon ein höherrangiger Anspruch des Athena-Kultes festgesetzt werde, während Aphrodites Stellung zurückgestuft werde. Dann könne die Absicht des Orakels dahingehend gedeutet werden, daß ein von alters her bestehender, aber vielleicht vergessener (so deutet Herrmann auch ὀψέ in V. 1) oder durch die Vakanz der Priesterstelle ins Abseits geratener Kult wieder aufgewertet werden solle, und zwar nach den Worten Apollons gerade gegenüber dem Kult der Aphrodite. Herrmann denkt andererseits auch an eine regelrechte Kultstiftung für Athena, also eine Neueinrichtung (ebd.), oder (294) an die Möglichkeit, daß die Schilderung des Widerstreits der Göttinnen dahingehend zu verstehen sei, daß die Bewerberin beide Priesterschaften übernehmen solle (καί in V. 14 dann kopulativ gefaßt).

durch besitzt das zunächst auf die *eine* Abweichung von dem Brauch, unverheiratete junge Frauen zu Athena-Priesterinnen zu bestimmen,[144] bezogene Orakel dann doch generelleren Charakter für die Stadt, wenn auch sicher nicht in dem Sinne, daß alle kommenden Kandidatinnen Satornilas Biographie teilen müßten.

3.1.7 Rückblick: Bauformen des Orakelbescheides. Einordnung in die kaiserzeitlichen Orakeltexte aus Didyma

Überblickt man noch einmal das Orakel als ganzes, fallen die klaren Bauformen und die übersichtliche Struktur des in sich geschlossenen Textes ins Auge. In den ersten beiden Versen schließt sich an die Anrede der Konsultanten zum Auftakt (ὦ ναέται) mit der Konstatierung ihrer Absicht (ὀμφῆς μαντιπόλοιο θεοκλυτέοντες) sofort die Paraphrase des Gegenstands der Anfrage an, womit überschriftsartig bereits das Thema des ganzen Bescheides (ζακόρου πέρι κρατογενείης) benannt ist. Damit ist sowohl thematisch *(»die aus dem Haupt Entsprungene«)* als auch syntaktisch (Anschluß des Relativpronomens in V. 3) die Verzahnung mit den nachfolgenden langen Ausführungen über die Göttin geschaffen.

In fünf Versen (3-7) entfaltet der Orakeldichter dann in einem zweiten Abschnitt zunächst den Geburtsmythos der Göttin (3-4), dann, daraus abgeleitet (ἔνθεν), ihre Wirkungsbereiche in Politik und Gesellschaft (5-7). In der Mitte des Orakels geht der Gott als Drittes, nach den theologisch an-

144 Athena ist in verschiedenen Riten und den anhängenden mythologischen Erzählungen mit dem Leben junger Frauen vor Hochzeit und Mutterschaft verbunden, so in den initiatorischen Komplexen der Arrephoria und des Heiligtums in Brauron, aber auch im Tribut von Lokroi an das Athena-Heiligtum von Ilion. Sie ist in Mythos und Kult mit dem Vorstellungskomplex des Asexuellen als Gegenbild zum normalen Frauenleben eng assoziiert, vgl. Burkert, GR 220-225; in einem Hymnus in Herakleia am Latmos wird sie als λέκτρων [ἄ]πειρος angerufen (u. Anm. 288 und 290). Richtig ist freilich auch, daß Sexualität im Erichthonios-Mythos eine zentrale Rolle spielt, wenn Athena aus dem verschütteten Samen des Hephaistos Mutter des Erichthonios wird. Einerseits ist das kein unwichtiges Nebengleis, wenn man sich vor Augen führt, daß mit der Erzählung ja die athenische Urgeschichte verbunden ist: der Ursprungsmythos der Athener, der Panathenäen und des Heiligtums auf der Akropolis. Andererseits ist es doch bezeichnend, daß die Geschichte eine unfreiwillige Berührung der Göttin mit der Sexualität schildert, die sich ja den Nachstellungen des Hephaistos zu entziehen suchte und den Erichthonios auf eine gerade untypische Weise empfing. Die Ikonographie Athenas wiederum führt L. Llewellyn-Jones unter dem Aspekt der Kleidungsattribute (in den Spuren der *Psychology of cloths* des Psychiaters J.C. Flügel, London 1930) zu Zügen der Körperlichkeit und der Geschlechtlichkeit: Sexy Athena: the dress and erotic representation of a virgin war-goddess, in: Deacy/Villing, Athena 233-257. Das findet seine gewisse Parallele im Hinweis auf kriegerische Aspekte Aphrodites: zuvor Anm. 140. – Daß es in Milet sonst die Regel war, junge Frauen in dieses Amt zu wählen, können wir allerdings nur aus dem hier besprochenen Text selbst erschließen; im benachbarten Herakleia etwa wurde das Priestertum der Athena Latmia stets von einem Mann übernommen, wie das im nächsten Kapitel zu besprechende Orakel **Didyma App14** ausweist. Zu Vorschriften über die sexuelle Enthaltsamkeit von Priesterinnen besonders in Demeter-Kulten zuvor Anm. 124.

gereicherten Darlegungen über Athena, auf den ihm vorgelegten Fall ein (V. 8-10). Je nach Auffassung von V. 10 ist schon hier die Weisung skizziert, mit der Apollon die Situation zu lösen vorschlägt. In einem vierten Block von drei Versen (11-13) wird erneut ins mythologische Register gewechselt, nun aber nicht mehr, wie im vorangegangenen Abschnitt über das Wesen Athenas, um allgemein die Bedeutung des Priesteramtes und des Kults der Göttin hervorzuheben. Vielmehr finden die theologischen Exemplifikationen spezifisch Anwendung auf den aktuellen Fall der Milesierin Satornila: Widerspiel und Komplementarität Aphrodites und Athenas werden bildhaft beschrieben und danach gleichsam dialektisch in der Synthese aufgehoben, daß Satornila die Eigenschaften beider Göttinnen in ihrer Person vereinige.

Der fünfte Abschnitt bringt in zwei Schlußversen (14-15), als Quintessenz der weitausgreifenden theologischen Argumentation, die Weisung Apollons zu der ihm gestellten Frage, die etwa gelautet haben wird: ›Ist es besser, daß wir Satornila zur Priesterin der Athena bestimmen?‹, möglicherweise noch ergänzt: ›... obwohl sie verheiratet ist?‹. Apollon zieht den Schluß aus seinen Darlegungen mit der Antwort: ›Ja, wählt Satornila zur Priesterin der Athena Polias!‹ So läßt der Aufbau klar erkennen, wie die beiden längeren mythologischen Partien von den Abschnitten eingerahmt werden, die zu Beginn, im Zentrum und als Abschluß auf die Situation der Anfrage direkt eingehen.

Eine Reihe von Ausdrücken des Orakels sind bezeichnend für seine Herkunft aus Didyma:[145] Die *»geschickten Handwerker«*, εὐπάλαμοι ἐργοπόνοι (V. 7), lassen an den *»geschickten, vorzüglichen Mann«*, εὐπάλαμος φὼς φέριστος, denken, an den sich die Bauarbeiter des milesischen Theaters nach Apollons Spruch für die Entscheidung zu wenden haben, ob sie bestimmte Arbeiten in ihrem Abschnitt des Baus ausführen sollen[146] – passenderweise empfiehlt dieses Orakel für Handwerker und Bauleute Gebet und Opfer gerade an Athena (V. 4). Sie ist im Satornila-Orakel dann θαλάμοιο καὶ ἔρωτος ἀμύητος (V. 12), und diese Formel zur Beschreibung des enthaltsamen Lebens ist auch im Doppelorakel für eine Frau über den Kult der Hera benutzt:[147] In seiner Antwort beschreibt ihr Apollon einen Platz in Milet, wo sich das Hera-Heiligtum befindet, in dem sie die Göttin

145 Über αὐτοφανής, das auch in der Propheteninschrift I.Didyma 243,7 vorkommt, dort aber – anders als hier – als Auszeichnung von Menschen, nämlich den πρόγονοι des Geehrten (die nähere Bedeutung ist ungeklärt), siehe oben S. 369-373 mit Anm. 117-119.

146 **Didyma 19** = I.Milet 935 (Milet 6,2,121f.) = SGO 01/20/01, 1f. Der Text auch bei Dittmann-Schöne, Berufsvereine 169 Nr. 2.5.8. Ob es sich bei diesem Mann um den in der Anfrage genannten ἀρχιτέκτων Menophilos oder noch eine andere, ungenannte Person handelt, ist nicht mit Sicherheit zu entscheiden, wie überhaupt der Hintergrund der Konsultation (*»ob sie die Bögen und die Kreuzgewölbe über den Säulen spannen und diese Arbeit übernehmen oder ob sie nach einem anderen Auftrag sehen sollen«*) nicht zweifelsfrei zu deuten ist. Siehe u. Anm. 277.

147 **Didyma 24** = I.Didyma 501 = I.Magnesia 228 = SGO 01/19/09, 7.

verehren soll; es ist an einem Tanzplatz der unverheirateten Mädchen gelegen: οὗ χόρον ἱστᾶσιν κοῦραι θαλάμων ἀμύητοι.[148]

Die Bezeichnung des Priestertums der Athena in der periphrastischen Form ἱερηΐδα τειμήν (V. 8) erinnert an ähnliche Bildungen in anderen didymäischen Orakeltexten, so wenn Apollon seinen Propheten Damianos auf dessen Bitte hin einen Altar für Kore Soteira errichten läßt, Σωτίρης Κούρης περιβώμιδα τιμὴν ῥέζε,[149] wobei die Umschreibung für einen Kultbezirk ›mit Altären aller Götter‹ innerhalb des Didymeions steht, der von Damianos in seiner Anfrage als πάνθεος περιβωμισμός bezeichnet worden ist (3f.). Das in einem Brief des Kaisers Julian zitierte Orakel des Apollon von Didyma über den Schutz für die Priester der paganen Götter, ὧν κεῖνοι (die Priester) θεόσεπτον ἕλον θεραπηΐδα τιμήν, steht dem Orakel für Satornila besonders nahe[150]. Schließlich benutzt ein auch noch aus weiteren Gründen wahrscheinlich in Didyma ergangenes Orakel, das in die Orakelsammlung der *Theosophie* eingegangen ist, auf die Frage eines Poplas, ob er eine Gesandtschaft nach Rom unternehmen solle, die ähnliche, wenn

148 Oder Apollon benennt in seiner Antwort den Platz, wo die Konsultantin selbst einen neuen Schrein stiften soll. Nach einer anderen Auffassung ist nach dem richtigen Epitheton Heras gefragt, also danach, *welche* Hera aus einer Mehrzahl von Kulten der Göttin in Milet die Frau verehren solle; die Antwort bestünde in der Ortsangabe des zutreffenden Heiligtums im Stadtgebiet. Diese These hängt an der Abtrennung der Worte im Prosateil: ἐπεὶ χρησμῷ σῷ θείῳ] αὐτῇ εἶπας Ἥραν ἱλάσασθαι (der Inhalt des ersten Bescheides), (sc. ἡ δεῖνα ἐρωτᾷ) *ποίαν* ἱλάσηται. Robert, Trois oracles 578 = 594 m. Anm. 1, wollte demgegenüber – was schon O. Kern in seiner Edition in I.Magnesia erwogen hatte – ποῖ ἄν ἱλάσηται abtrennen und so die Konsultantin direkt nach dem Ort fragen lassen. Man würde für die Frage nach dem Ort freilich ποῦ erwarten; jedoch steht die Richtungsangabe überraschend und in diesem Fall unzweideutig auch im Orakel für die Pergamener über den richtigen Begräbnisplatz für zwei Euergeten, **Didyma A7** = Altert. v. Pergamon 8,3,2 πυνθανομένων Περγαμηνῶν τοῦ ἐν Διδύμοι[ς] Ἀπόλλωνος *ὅποι* ὅσιον εἴη θάπτεσθαι τοὺς ἥρωας κτλ. Schwieriger ist einzusehen, warum im abhängigen Fragesatz mit deliberativem Konjunktiv die Modalpartikel stehen soll (*contra* Robert); im Gegenteil ist einfacher Konjunktiv – oder obliquer Optativ nach Nebentempus – in deliberativen indirekten Fragesätzen die Regel: A. Kaegi, Gr. Schulgramm. § 198,2; Stahl, Syntax 560-562 m. zahlreichen Beispielen; Kühner/ Gerth, Ausf. Gramm. d. griech. Sprache^3 2,1,221-225, bes. 223 Anm. 6: »Der delib. Konj. kann zufolge seiner Verwandtschaft mit dem adhortativen Konj. ebensowenig wie dieser mit den Modaladverbien ἄν u κέ verbunden werden«. Eine scheinbare Ausnahme sind die indirekten Fragesätze mit ἐάν bzw. hom. εἴ κεν, die aber nach Kühner/Gerth 2,2,537 futurisch aufzufassen sind (›ob/wie man unter Umständen handeln werde‹, nach Verben der Überlegung u.ä.; etwa Xen. Mem. 4,4,12 σκέψαι, ἐὰν τόδε σοι μᾶλλον ἀρέσκῃ). Für die didymäische Inschrift einschlägige Vergleichsfälle sind etwa Hdt. 2,52 ἐχρηστηριάζοντο ἐν τῇ Δωδώνῃ οἱ Πελασγοὶ εἰ ἀνέλωνται τὰ οὐνόματα und Xen. Mem. 2,1,23 ὁρῶ σε ἀποροῦντα ποίαν ὁδὸν ἐπὶ τὸν βίον τράπῃ; ganz ähnlich ebd. 2,1,21; NT Mt 8,20 ὁ δὲ υἱὸς τοῦ ἀνθρώπου οὐκ ἔχει ποῦ τὴν κεφαλὴν κλίνῃ. – Im Unterschied zu Robert denke ich, daß mit ποίαν nach der Epiklese gefragt werden kann. Es ist freilich zuzugeben, daß Apollon, wenn er statt der Epiklese (wie im zweiten Orakel für Damianos, **Didyma 31**) mit der Beschreibung der Örtlichkeit antwortet, eine indirekte Auskunft erteilt hat. Vgl. auch Fontenrose, Didyma 199.

149 **Didyma 30** = I.Didyma 504.

150 **Didyma 52** = Iul. Epist. 88 Bidez, 451 AB (nochmals 89 b Bidez, 297 CD). Robert, Trois oracles 581 = 597, übersetzt die asyndetische Phrase folgendermaßen: *»dont ils ont assumé l'honneur qui vénère les dieux et les sert«.*

auch eigenwillige Formel, ihm werde es vorteilhaft sein,[151] στεῖλαι ἐξεσίην, κλυτὴν πρεσβηΐδα πίστιν, *»eine Mission, ruhmvolles Vertrauen auf eine Gesandtschaft, zu entsenden«,* um ihn zu dieser Unternehmung zu ermutigen.[152]

Der Verfasser des Orakels versucht nicht nur, sich sehr nahe an das Modell der homerischen Sprache zu halten, indem er noch häufiger als sonst in den Versorakeln üblich auf episierende Formen zurückgreift,[153] sondern wagt auch eine ganze Reihe von (mutmaßlichen) Neubildungen[154] und ist vor allem in auffälliger Weise um stilistische Variation bemüht: Wir

151 καὶ τόδε (Robert, Trois oracles ebd., hat τάδε: Druckfehler) σοι δρᾶσαι πολύ σύμφερον. Der Ausdruck σύμφορον oder συμφέρει ist ebenfalls typisch für die Sprache der Orakel; er begegnet etwa in dem zuvor Anm. 146 erwähnten Orakel beim Theaterbau in Milet, **Didyma 19**,3 ... χρῆσθαι σύμφορόν ἐστι κτλ., und in dem hiern. in Kap. 3.3 besprochenen Orakel für Sidyma, **Didyma App15** = TAM 2,174, 7,3-5 ἐσθλὰ δέχου Φοίβου ... θέσφατα τρανῶς | σύνφορον ὡς χθονὶ σῇ ναέταισί τε πᾶσιν ὃ πεύθῃ | ἔσσεται. Er stellt eine Variante zur verbreiteten Formel λῷον καὶ ἄμεινον oder bloßem ἄμεινον dar, die in sehr vollständiger Form etwa das im nächsten Kap. besprochene Orakel aus Herakleia zeigt, **Didyma App14**, 3f. ὁ δῆμος ὁ Ἡρακλεωτῶν ἐρωτᾶι πότερον αὐτῶι λώιον καὶ ἄμεινον καὶ τῆι Λατμίαι Ἀθηνᾶι προσφιλὲς κτλ. Beinahe identisch die Anfrage des Hermias zur Versetzung des Altars der Tyche im Didymeion, **Didyma 27**,8-10 πότερον λῷον καὶ ἄμεινον τῇ τε θεᾷ προσφιλὲς κτλ.

152 **Didyma App39** = Theos. 22 Erbse = 1,19 Beatrice, 4. Ailianos Poplas ist mehrfach in der didymäischen Prosopographie faßbar, I.Didyma 169; 179,12-14; 241; 277,3-5. Auf der Hydrophoreninschrift I.Didyma 363 A 5-8 werden die zahlreichen Ämter aufgezählt, die er erreicht hat: ταμίου, ἀρχιπρυτανίδος, βουλάρχου, ἀγωνοθέτου, προφήτου, στεφανηφόρου, πανηγυριάρχου, δὶς ἀρχιερέως τῶν Σεβαστῶν. Damit hat er sämtliche obersten Funktionen versehen, die ein milesischer Bürger anstreben konnte. Zur Identifikation der Person Robert, Monnaies grecques 39f. m. Anm.1, und ders., Rez. Rehm 672 = OMS 3,1637, mit dem Hinweis auf eine milesische Münze mit Bildnissen des Elagabal (nicht des Caracalla: C.J. Howgego, Ionian magistrates: Caracalla or Elagabalus?, NumChron 141, 1981, 147-149; vgl. Münsterberg, Beamtennamen 99, der auch zwei Münzen unter Caracalla hierher zieht) und der Julia Maesa, Großmutter des Elagabal und des Severus Alexander (vgl. Kienast, Kaisertabelle[2] 181), die die Archiprytanie des Ailianos Poplas erwähnt und damit auf die Jahre zwischen 218 und 222 führt. Dabei ist die Legende επι αρχ allerdings nicht als ἐπὶ ἀρχιπρυτανίδος (Robert ebd. im Anschluß an Münsterberg ebd.), sondern als ἐπὶ ἄρχοντος (sc. πρυτάνεων) aufzulösen (Baldus, Gesandtschaftsreise 193); zur Titulatur vgl. auch o. Anm. 14. Zu Poplas nochmals ausführlich Robert, Trois oracles 569-576. 580-586 = OMS 5,585-592. 596-602. Das Orakel bespricht auch Robinson, Theological oracles 183-193. Die Gesandtschaft des milesischen Notablen richtete sich nach dem einleuchtenden Vorschlag von Baldus, Gesandtschaftsreise (Bull. ép. 1989, 590), an Commodus und fiel in die Jahre zwischen 183 und 191; sie wurde auf einer milesischen κατάπλους-Prägung unter diesem Kaiser von der Stadt gefeiert ([sc. ὁ τοῦ] Ποπλᾶ κατάπλους) und betraf vermutlich Fragen des Kaiserkults in der Provinz, für den Poplas in zwei Amtsjahren Verantwortung getragen hat.

153 Daß die verwendeten Versschlüsse in vielen Fällen aus epischer Sprache stammen, zeigt ein Beleg für die Formel πρεσβηΐδα τιμὴν in den homerischen Hymnen (29,3); darauf hatte bereits Buresch, Klaros 101, in der Appendix mit der Edition der *Tübinger Theosophie* hingewiesen. Schon im Vers zuvor (3) wird epische Formelsprache benutzt; Poplas will nach Rom senden: ἐκ δὲ πάτρης στεῖλαι *γαίης βασιληΐδος* ἄστυ | ἐξεσίην (mit Enallage von βασιληΐς, das dem Sinn nach zu ἄστυ gehören sollte). Dies ist nach Hes. Theog. 461f. ἵνα μή τις ἀγαυῶν Οὐρανιώνων | ἄλλος ἐν ἀθανάτοισιν ἔχοι βασιληΐδα τιμήν gebildet; Buresch ebd. vergleicht weiterhin Orph. Frag. 101 Kern = Procl. In Plat. Crat. 396 B p. 54,21 Pasquali: (Phanes) σκῆπτρον δ' ἀριδείκετον εἷο χέρεσσιν | θῆκε θεᾶς Νυκτός, <ἵν' ἔχῃ> βασιληΐδα τιμήν, sowie Orac. Sib. 3,120; 8,201.

finden jeweils verschiedene Ausdrücke für die Priesterin und ihr Amt, und mit vielfältigen Namen werden auch die Göttinnen benannt. Das zentrale Thema der Sexualität wird gleichfalls immer wieder neu umschrieben.[155]

All diese Beobachtungen zeigen, daß wir es hier mit einem durchdacht komponierten und mit großer sprachlicher Sorgfalt gestalteten Text zu tun haben. Man darf darin gewiß keine spontane *ad hoc*-Produktion erblicken, die von der Prophetis oder dem Propheten noch im Laufe der mantischen Séance selbst in dieser Form hergestellt worden wäre.[156]

3.1.8 Das Orakel für Satornila und die Attraktivität des Poliskults: Überlegungen zum sozialgeschichtlichen Hintergrund der Rekrutierung religiöser Funktionäre für die städtischen Kulte Milets in der hohen Kaiserzeit

Entwicklungsgeschichtliche Thesen der Forschung. Kumulation religiöser Ämter. Die Selbstbezeichnung religiöser Funktionäre als αὐτεπάγγελτος.

Man hat verschiedentlich Überlegungen zum weitergehenden sozialgeschichtlichen Hintergrund dieser Anfrage angestellt.[157] Der Fall Satornilas gilt dann als ein Indiz für Schwierigkeiten bei der Besetzung von Liturgien und öffentlichen Ämtern politischer wie religiöser Art im frühen 3. Jh. n. Chr. Die Aristokratie sei immer weniger zur Erfüllung dieser Aufgaben be-

154 κρατογενείη V. 1 (neben κρατογενής in der oben Anm. 107 diskutierten Porphyrios-Stelle Antr. 32, das selbst nur dort belegt ist); ἐρισώφρων V. 3; ἱερηΐς τιμή V. 8. ἱερηΐς begegnet allerdings als Nomen anstelle von ἱέρεια, IG 7,113 = Kaibel 870, 3. 6 (Megara); AthMitt 35 (1910) 5 (unbekannte Herkunft, s. SEG 31,438 i. app.) – εὐγενετήρ V. 9; ἱερηφόρος (als ionisierende Bildung zu ἱεραφόρος und ἱεροφόρος).

155 Priesterin bzw. Priesteramt: ζακόρος V. 1; ἱερηΐς τιμή V. 8, ἱερηφόρος ἀρήτειρα V. 15. Dieses Leitthema des Orakels ist also an den drei Scharnierstellen des Orakels zu Beginn, in der Mitte und am Ende, wo das Anliegen der Konsultanten jeweils direkt angesprochen wird, stets neu zur Sprache gebracht. – Athena: κρατογενείη V. 1, ἐσθλὴ βοηθός V. 6, εὐπάλαμος ἐπιστάτις V. 7, αὐτοφανὴς κούρη V. 8, παρθένος Ἀτρυτώνη V. 11, Παλλάς V. 14. Aphrodite: Ἀφρογενείη V. 10, Κύπρις V. 11. – Sexualität: αἶσαν γεράων Ἀφρογενείης V. 10, θαλάμοιο καὶ ἔρωτος ἀμύητος V. 12, γάμοισι τέθηλε καὶ εὐκελάδοις ὑμεναίοις V. 13.

156 So urteilt auch Fontenrose, Didyma 84f.

157 Insbesondere Parke, Apollo in Asia 84-86; siehe auch Merkelbach/Stauber im Lemma zu SGO 01/20/03. Eine ähnliche Einschätzung der Verhältnisse gibt (ohne Bezug auf den Fall Satornilas) auch Chaniotis, Ritual dynamics; s. hiern. Anm. 163. – Einen guten Einstieg in die zuletzt intensiv diskutierte Frage nach dem realen politik- und sozialgeschichtlichen Gehalt des Bürgerstatus in den griechischen Städten der Kaiserzeit bietet E. Meyer-Zwiffelhoffer: Bürger sein in den griechischen Städten des römischen Kaiserreichs, in: Hölkeskamp, Sinn (in) der Antike (wie Kap. 1, Anm. 1) 375-402. Vgl. für einen Überblick auch F. Millar, The Greek city in the Roman period, in: M.H. Hansen (Hg.), The ancient Greek city-state, Kopenhagen 1993, 232-260. In diesem und dem folgenden Kapitel nicht mehr berücksichtigt werden konnte die material- und detailreiche Untersuchung von S. Dmitriev, City government in Hellenistic and Roman Asia minor, Oxford 2005, in deren Zentrum die inschriftliche Überlieferung steht.

reit gewesen, da angesichts wirtschaftlicher Schwierigkeiten einerseits die Städte den Amtsinhabern nicht mehr hinreichende Indemnitäten hätten zahlen können, andererseits die traditionelle Übernahme der im Amt anfallenden Kosten für den Inhaber der Stelle eine immer größere Zumutung bedeutet habe. Von dieser sozialgeschichtlichen These wird zur Behauptung eines »decline« der traditionellen Religiösität übergegangen, der die Bereitschaft zu Engagement und materiellen Opfern auf Seiten der Eliten zusehends habe erlahmen lassen.[158]

Parke sieht ein Zeichen einer solchen allgemeinen Entwicklung im Milet des frühen 3. Jh. auch darin, daß sich die Ausübung der religiösen Ämter auf wenige Personen bzw. Mitglieder weniger Familien konzentrierte. Sie treten dann oft gleich mehrfach im Zusammenhang mit dem Heiligtum in Didyma in Erscheinung, amten etwa als *prophetes* oder *tamias* und lassen ihre Töchter als Hydrophoren im Kult der Artemis Pythie dienen. Wenn Ailianos Poplas, der immerhin acht (!) religiöse Ämter kumuliert hat,[159] betont, daß er das Amt des Propheten αὐτεπάγγελτος übernommen habe,[160] ›indem er sich selbst gemeldet hat‹, zeige das, daß es keine Konkurrenz mehr um diese Funktionen gegeben habe und das Amt vakant geblieben wäre, hätte Poplas sich nicht bereitgefunden. In dem Hinweis auf die Freiwilligkeit läge dann der Anspruch, der eigenen Stadt eine große Malaise im Verhältnis zu ihren wichtigsten Göttern erspart zu haben. Diese bedeutende Hilfeleistung – die beträchtliche Kosten einschloß, die der Inhaber zum Wohl der Allgemeinheit auf sich nahm – wolle Poplas gebührend unterstreichen.

Die Selbstbezeichnungen als αὐτεπάγγελτος können aber auch als Hinweis auf persönliche Frömmigkeit verstanden werden: Indem der Betreffende sich zum Amt aus eigenem Antrieb meldete, ohne daß die Polis zuvor an ihn herangetreten wäre, stellte er sich als besonders eifriger und ergebener Verehrer Apollons dar.[161] Genau demselben Zweck dient es ja,

---

158 Auch in den Bemerkungen Rehms zu den inschriftlichen Orakeln aus Didyma ist immer wieder von der »Zeit des Niedergangs« und defensiven Bemühungen des Heiligtums die Rede, populärer werdende orientalische Kulte und die Konkurrenz des Judentums und Christentums zurückzudrängen. Es ist offensichtlich, wie hier erneut die makrohistorischen Konzepte der Religionsgeschichte die Perspektive beeinflussen; aus den Quellen und materiellen Befunden läßt sich eine solche Entwicklungslinie nicht mit hinreichender Deutlichkeit erkennen.

159 Siehe zuvor Anm. 152. Eine bemerkenswerte Kumulation prestigereicher Ämter zeichnet auch den didymäischen Propheten Antigonos im 1. Jh. v. Chr. aus, der neben der Prophetie auch die eponyme Stephanephorie in Milet ausgeübt hat, aber auch Hierophant in Eleusis war, wie sein Ehrenepigramm verkündet: **Didyma Verw1** = I.Didyma 216,13-20 = SGO 01/19/29 = McCabe, Didyma (PHI # 7) 299,13-20.

160 I.Didyma 241,2f. [προφήτης εὐσεβὴς α]ὐτεπάγ[γελτος Αἰλιανὸς Π]οπλᾶς [ἀρχιπρ]ύτανις.

161 Sein Verwandter T. Flavius Ulpianus, προφήτης αὐτεπάγγελτος, der die Anfrage **Didyma 29** = I.Didyma 277 = SGO 01/19/10 stellt, bietet ebenfalls ein gutes Beispiel für die hier charakterisierte Haltung. Siehe die Diskussion o. Anm. 34f. und allgemein zur Terminologie der Selbstbezeichnungen in den Ehrendekreten (εὐγενής, μεγαλόφρων, εὐσχήμων, ἐπιφανής, ἀξιό-

wenn man sich immer wieder auf die Vorfahren beruft, die selber bereits diese Ämter ausgeübt haben. Auch ist es gerade diese Gruppe, die in Didyma besonders häufig mit Konsultationen, oft subtile ritualistische Anliegen betreffend, hervortritt.[162] So läßt sich an diesen Phänomenen eher ein erhöhtes Interesse an den kultischen Institutionen und den Möglichkeiten zur Integration in die sozialen Strukturen der Stadt ablesen, die die Kulte und die durch sie eröffneten Ämter mit ihren Profilierungschancen boten.[163]

Religiöses Engagement sozialer Eliten. Anziehungskraft des Hauptkults der Stadt. Selbstdarstellung und Familientradition in der Wahrnehmung religiöser und politischer Ämter. Restriktion des Kreises der Funktionsträger auf die führenden Milieus. Sozialprestige und ökonomische Kalkulationen, bürgerschaftliche Verpflichtung und politische Steuerungspotentiale. Schlußfolgerungen für den Fall der Satornila.

Im Fall der Wahl Satornilas sollte man gegenüber der These von der Unattraktivität religiöser Funktionen und einer abnehmenden Bindungskraft der städtischen Kulte für die sozialen Eliten bedenken, daß es sich bei Athena Polias neben dem Kult des Delphinios und dem Heiligtum in Didyma um den zentralen Kult Milets handelte, der obendrein vermutlich mit

---

λογος usw.) Quaß, Honoratiorenschicht 50-53. S. hiern. Anm. 164 zur Verbindung mit der Familientradition.

162 **Didyma 29** (Titus Flavius Ulpianus, s. vorige Anm.), **30/31** (Damianos über Kult für Kore Soteira, u. Anm. 247), **A1** (Ulpios Athenagoras, unklares Thema: oben Anm. 62), **A5** (über Mänaden oder andere bakchische Riten?), **B2-5** (Orakel für Propheten, als μαρτυρία bzw. *»Begrüßung«* bezeichnet, diskutiert oben S. 340-345; **B4** für den Propheten und Arzt Q. Pomponius Pollio κληθεὶς ὑπὸ τοῦ θεοῦ); **App9** (für einen Propheten und evt. seine Söhne, oben Anm. 33); Ernennung der Prophetin Tryphosa durch ein Orakel Apollons, **Didyma 17** (oben Anm. 52). Der *tamias* Hermias ist mit drei Konsultationen bezeugt, **Didyma 26-28** (vielleicht faßbar auch in I.Didyma 348); die *tamiai* waren nach den Propheten die nächstwichtige Gruppe von didymäischen Kultfunktionären. Die Anfragen im Zusammenhang mit der Berufung in kultische Ämter müssen allerdings nicht unbedingt von den Bewerbern selber, sondern könnten ebensogut vom Demos oder dem Rat gestellt sein – darüber wissen wir nach dem derzeitigen Stand leider nichts Genaueres (**B2**, **3**, **5**, **App9**, **17**; bei **B4** ist unsicher, ob das Orakel die Berufung – κληθείς – in die Prophetie oder zum Handwerk des Arztes verkündet hat). Es ist aber gut vorstellbar, daß diese eifrigen und karrierebewußten Honoratioren sich selber um die Beglaubigung ihrer Kandidatur durch den Gott bemüht haben.

163 Ähnlich die Einschätzungen bei Fontenrose, Didyma 48f., mit Bezug auf die zweite Hälfte des 1. Jh. n. Chr.: »It [die Prophetie] was an expensive office for the incumbent, but wealthy Milesian families were surely as numerous under the Roman empire as in the Hellenistic age. One hesitates to suppose a lack of piety and civic pride among Milesians in Roman times, since inscriptions indicate that these virtues persisted, at least among some families.« Auch Chaniotis, Ritual dynamics 152-155. 162f., unterstreicht – am Beispiel des sog. Damas-Dekrets I.Milet 134, hiern. m. Anm. 167-169 – das Traditionsbewußtsein dieser Exponenten der sozial-religiösen Elite Milets, sieht aber in ihrer betont konservativ engagierten Haltung die Widerspiegelung einer veränderten Ansicht der Mehrheit ihrer Mitbürger, die diese Interessen gerade nicht mehr geteilt habe.

der ionischen Besiedlung der Stadt verknüpft wurde. Angesichts des im Gegenteil hohen religiösen Engagements der sozial tragenden Oberschichten Milets im 2. und 3. Jh., wie es die vielen Memorialinschriften aus Didyma illustrieren, dürfte kaum ein generelles Problem bestanden haben, Bewerber für Ämter in einem prestigeträchtigen städtischen Hauptkult zu finden. Die Aufmerksamkeit der politischen Entscheidungsträger und der hinter ihnen stehenden Milieus wird vielmehr gerade diesen drei besonders wichtigen Kulten gegolten haben.

Die Inschriften, die uns mit Personen aus diesen Kreisen bekannt machen, vermitteln im fraglichen Zeitraum nicht das Bild eines allgemeinen Wohlstandsverlustes und der Verarmung. Vielmehr zeigt man in langen Texten Stolz auf die Familientradition,[164] auf die im öffentlichen Leben erreichten Würden und die eifrige Verehrung der Stadtgötter. Informationen über ernsthafte ökonomische Krisen im westlichen Kleinasien in der ersten Hälfte des 3. Jh., die die soziale Stratigraphie gestört hätten, liegen denn auch nicht vor. Die Übernahme religiöser und anderer öffentlicher Ämter war schon seit dem Hellenismus für die vermögenden Bürger vor allem eine Gelegenheit, ihrer Verpflichtung gegenüber der Polis durch Munifizenz glänzenden Ausdruck zu verleihen – und damit wiederum auch die Stadt sich zu verpflichten. So untermauerten sie den eigenen Anspruch auf politischen Einfluß und Lenkungsmöglichkeiten.

Tatsächlich war die Leistung von Liturgien in der hohen Kaiserzeit für die materiell gutgestellte Oberschicht der Städte *de facto* eine Verpflichtung – nicht im formal rechtlichen Sinne, aber doch in der allgemein geteilten Erwartung der Bürgerschaft, der die Betroffenen sich nicht ohne weiteres entziehen konnten.[165] Es spricht viel dafür, für die hellenistischen und kaiserzeitlichen Städte eine Konvergenz von (regelmäßig und für einen bestimmten Zeitraum, meist von Inhabern des Bürgerrechts zu besetzenden) ›Ämtern‹ (ἀρχαί) und von öffentlichen Funktionen, die als λειτουργίαι bezeichnet wurden, anzunehmen, und zwar in dem Sinne, daß auch

164 Greifbar etwa in den ausführlichen Verweisen auf die Ämter und Leistungen der Vorfahren in den didymäischen Propheteninschriften, die bisweilen panegyrisch ausgeschmückten Stammbäumen nahekommen. Materialreicher Überblick zu diesem Merkmal aristokratischer Gruppenidentität bei Quaß, Honoratiorenschicht 56-76, dem Ph. Gauthier in seiner eingehenden Besprechung des Buches Bull. ép. 1994, 194 S. 506, die historische Entwicklungslinie hinzufügt.

165 Vgl. Quaß, Honoratiorenschicht 273f. Zu den Aufwendungen für das jeweilige Amt kam in aller Regel noch eine Erwerbsgebühr zugunsten der Stadtkasse hinzu, für die sich der aus der lateinischen Dokumentation übernommene Begriff der *summa honoraria* eingebürgert hat, s. ebd. 328-334 und hier S. 447-451 m. Anm. 300. Solche Beiträge wurden in Didyma auch von den Propheten und Hydrophoren vor Amtsantritt entrichtet. Herausragend der Fall des Propheten Menandros, der im Zusammenhang mit seinem Amt zusätzlich das Gymnasium der Faustina neu ausstattete, I.Didyma 84,5-7: ὑπὲρ τῶν τῆς προφητείας ἀναλωμάτων κοσμήσας τὸν τρίτον οἶκον τοῦ Φαυστινείου γυμνασίου τῶι παντὶ κόσμωι μετὰ πάντα τὰ τῆς λειτουργίας ἀναλώματα. Vgl. Quaß ebd. 328f. Anm. 1403; mehr 330f. Anm. 1405, 1407, 1409. Zu dieser Möglichkeit der »Verrechnung« zweier öffentlicher Leistungen ebenfalls u. Anm. 300.

die überkommenen ἀρχαί zusehends einen liturgischen Charakter erhielten, der erhebliche finanzielle Aufwendungen der Amtsträger verlangte.[166] Das traf kostspielige Ämter wie die Gymnasiarchie, die Agoranomie oder die eponyme Stephanephorie,[167] die Errichtung öffentlicher Bauten,[168] besonders aber die Ausrichtung von Kulten und Götterfesten mit den häufig angeschlossenen Agonen.[169]

Daß die Stadt die Priester für ihre Aufwendungen im Amt entschädigt hätte, ist dementsprechend nie ein vorherrschendes Modell in Griechenland gewesen; vielmehr bedeutete das Engagement gutgestellter Honoratioren für die Städte eine beträchtliche finanzielle Entlastung. Die traditionellen Anteile des Priesters am Opferfleisch werden zwar auch weiterhin als Kompensation bestanden haben (wir haben jedenfalls keinen Anlaß, das Gegenteil anzunehmen) – doch beweist sich das Gesetz der sozialen Reziprozität auch hier: Besonders vermögende Amtsinhaber konnten durch zusätzliche Fleischverteilungen und öffentliche Bewirtungen sich selber Verdienst und Ansehen erwerben.[170] Dasselbe Prinzip leitete auch den in Kleinasien häufig anzutreffenden Verkauf von Priestertümern:[171] Die Gemeinde erzielte Einnahmen von zahlungskräftigen Bürgern, aber gab im Gegenzug den Käufern die Gelegenheit, ihr individuelles Sozialprestige zu mehren und über den aus der Tempelökonomie zu ziehenden wirtschaftlichen Gewinn hinaus zugleich auch den symbolischen Gewinn des öffentlichen Engagements und erwiesener Großzügigkeit für sich zu verbuchen.

Wahrscheinlich war die Situation, die die Wahl der Satornila nahelegte, weniger grundsätzlicher Natur: Es mag ein Jahr gegeben haben, wo sich keine junge Frau fand, die im Kräftespiel der einflußreichen Familien an der

166 Quaß, Honoratiorenschicht 341-343, zu der wiederholt anzutreffenden Formel der Dekrete, der Geehrte habe πάσας τὰς ἀρχὰς καὶ λειτουργίας durchlaufen. Das Pendant dazu ist die Verleihung der ἀλειτουργησία, ebd. 341 Anm. 1452. Zu deren Konsequenzen für die Städte unten S. 461-465 m. Anm. 325.

167 I.Milet 134 (Milet 1,3,285) = LSAM 53 verwendet für die Amtspflichten der Propheten und Stephanephoren den Begriff λειτουργίαι (20) und hält im einzelnen u.a. die Ausrichtung der Festgelage der *kosmoi* und der Molpen fest: τοὺς προφήτας καὶ τοὺς στεφανηφόρους ἐπάναγκες ἐπιτελεῖν τὰς εὐωχίας τῶν τε κόσμων καὶ τῶν μολπῶν κατὰ τὰ π[ά]τρια ἔθη 13-17. Vgl. Quaß, Honoratiorenschicht 291f.

168 Ebd. 212-220. Gerade die Propheten und Hydrophoren von Didyma engagierten sich hier immer wieder, vgl. das ebd. 214f. Anm. 787f. zusammengestellte Material.

169 Ebd. 282-285.

170 Man denke an die Priesterinschriften aus dem karischen Stratonikeia mit ihren Katalogen aufwendiger Distributionen, oben S. 348f. m. Anm. 73 und Quaß, Honoratiorenschicht 315-317.

171 Die Thematik wird im nächsten Kapitel bei der Analyse des Orakels für Herakleia am Latmos eingehend erörtert: S. 447-451. 453-474. Im Unterschied zu Satornila, deren Ernennung auf die Entscheidung des Gottes zurückgeht – über die Vorbereitung ihrer Nominierung innerhalb der milesischen Institutionen, die der Konsultation zugrundelag, wissen wir leider nichts –, tritt beim Kauf von Priestertümern die eigentlich ökonomische Seite bei beiden Partnern – Stadt und Käufer – ebenso deutlich zutage wie die dadurch in Aussicht gestellte ›symbolische Kapitalvermehrung‹.

richtigen Stelle gestanden hätte; oder man hatte sonst Gründe, die Familie der Satornila mit einem ehrenvollen Amt zu bedenken, und suchte darum nach dem Rat Apollons, wie den Vorschriften ritueller Reinheit auch in ihrem Fall zu genügen wäre.

Satornila besaß, wie ihre im Präskript genannten Verwandtschaftsbeziehungen zu hohen Funktionären in der Reichsverwaltung und das von ihr bisher schon bekleidete Amt der ἀρχιέρεια im Kaiserkult zeigen, ohne Zweifel die hohe soziale Stellung, kraft derer sie für die Führungskreise der Stadt zu einer geeigneten Kandidatin für das herausgehobene Amt wurde: Sie war in das Beziehungssystem der tragenden Schicht Milets integriert und verfügte sicher über die finanziellen Voraussetzungen, das Amt auszuüben.[172] So ernannte man sie gleich zur Priesterin auf Lebenszeit – sie wird selber schon wegen des damit verbundenen Prestiges an dieser Stellung interessiert gewesen sein.

---

172 Dies umso mehr, falls die These doch zutreffen sollte, daß sie Witwe eines gewiß kaum minder einflußreichen Mannes war. – Einen vergleichbaren Fall auf Kos bespricht Wiemer, Käufliche Priestertümer 291f.; auch ebd. 310. In der ersten Hälfte des 2. Jh. v. Chr. läßt sich eine wohlhabende Bürgerin namens Kallistrate fassen, die gleich vier Priestertümer erwarb, nämlich die des Asklepios, des delischen Apollon, der Leto und des Königs Eumenes. Bemerkenswert ist in ihrem Fall, daß zumindest die Priestertümer des Asklepios und des Eumenes sonst offenbar für männliche Bewerber reserviert waren (ebd. Anm. 217). Diese Frau entstammte einer Familie, die durch Beteiligung an öffentlichen Subskriptionen (ἐπιδόσεις) mit erheblichen Summen hervorgetreten war, wie sie gerade für Kos angesichts großen Finanzierungsbedarfs der Staatskasse zur Verwirklichung ambitionierter Bau- und Kultprogramme charakteristisch waren (vgl. ebd. 306f.). Zum Instrument der ἐπιδόσεις grundlegend L. Migeotte, Les souscriptions publiques dans les cités grecques, École Pratique des Hautes Études, IVe Section, Sciences Historiques et Philologiques, 3: Hautes Études du monde gréco-romain 17, Genf 1992. Weitere Beispiele für die Kumulation von Priestertümern auf Kos aus dem 1. Jh. n. Chr., nun jedoch vermutlich nicht mehr aus Kauf resultierend: Wiemer ebd. 303 Anm. 288.

3.2 Institutionelle Verfahren demokratischer Entscheidung zur Regulierung öffentlicher Kulte: Orakel für Herakleia über den Modus der Besetzung des Priesteramtes der Athena Latmia

Mit der Frage, nach welchem Verfahren das Amt des Priesters des städtischen Hauptkults besetzt werden soll, beschäftigt sich eine im Anschluß an einen archäologischen Survey 1990 publizierte Inschrift aus Herakleia am Latmos. Sie enthält zu diesem Gegenstand ein Orakel, das mit einiger Wahrscheinlichkeit in Didyma einer Gesandtschaft der Bürgergemeinde erteilt worden ist. Es ist an dieser Stelle zu betrachten einerseits wegen der inhaltlichen Zugehörigkeit zu einer Gruppe von Bescheiden, die sich mit der Ernennung von religiösen Funktionsträgern beschäftigen, andererseits wegen seiner Integration in ein für die Institutionengeschichte aufschlußreiches Dokument, das das Zusammenspiel zwischen Orakelheiligtum und konsultierender Stadt zu erhellen vermag.[173]

Ἐπὶ στ]εφα[νηφόρου Μενάνδρου τοῦ Ἀπολλωνίου] τοῦ Καλλικράτου τὸ δεύτερον Ποσιδεῶνος.

ὁ δῆμος ὁ Ἡρακλεωτῶν ἐρωτᾶι πότερον αὐτῶι λώιον καὶ ἄμεινον καὶ τῆι Λατμίαι Ἀθηνᾶι προσφιλὲς πωλοῦντι τῆς προειρημένης θεᾶς τὴν ἱερωσύνην διὰ βίου ἢ χειροτονοῦντι αὐτῆς ἱερὴν καθ' ἕκαστον ἐνιαυτόν.

θεὸς ἔχρησεν·

ὡς ἂν Παλλάδος εὐόπλου Τριτωνίδος ἁγνῆς
ἱερὰ δρῶντα θεᾶι τε φιλῶς σύμπαντί τε δήμωι
θῆσθε σὺν ἐσθλαῖσιν γνώμαις βουλῆι τε κρατίστη[ι],
κέκλυτε Φοιβείην παναληθέα θέσφατον αὐδήν·

ὃς γένει ἠδὲ βίου τάξει προφερέστατός ἐστιν,
αἱρεῖσθε ἐκ πάντων ἀστῶν λυκάβαντος ἑκάστου
[φρ]οντίδα καὶ σπουδὴν ἣν χρὴ θέμενοι περὶ τῶνδε,
[το]ἰ̣ους γὰρ θέμις ἐστὶ θεᾶς πρὸς ἀνάκτορα βαίνειν.

Ἐπὶ στεφανηφόρου Μενάνδρου τοῦ Ἀπο[λλ]ωνίου τ̣[οῦ Κ]αλλικράτου δὸ δεύτερο[ν ἀπὸ] μ̣ηγ̣[ὸς Ἀ]νθεστηριῶνος, οἱ κατ' ἐγ̣[ιαυτὸν ἱερεῖς] ὧν ὁ πρῶτος ἱερᾶται [τοῦτον καὶ τ]ὸν ἑξῆς ἐνιαυτόν· [Ἑκατόμνως] Μέλανος - - - *(Lücke, danach Fortsetzung der Priesterliste)*

(Text nach Wörrle)

173 **Didyma App14** = SEG 40,956 = SGO 01/23/02 = McCabe, Herakleia Latmia (PHI # 7) 27. Erstpubl. und Interpretation von M. Wörrle, Inschriften von Herakleia am Latmos 2: Das Priestertum der Athena Latmia, Chiron 20 (1990) 19-58 (= Wörrle, Athena Latmia). Vgl. auch Bewertung und Resümee von Ph. Gauthier, Bull. ép. 1991, 489. Der Block ist in den Hang unterhalb der Südwand des Tempels gestürzt und dort nur unter Schwierigkeiten zu lesen, Wörrle ebd. 21. Zu den Ergebnissen des Survey A. Peschlow-Bindokat, Herakleia am Latmos: Bericht über die Arbeiten in den Jahren 1974 und 1975, ArchAnz 1977, 90-104; Anzeige der Inschrift ebd. 96.

Übersetzung

Als Menander, Sohn des Apollonios, Sohn des Kallikrates, zum zweiten Mal Stephanephore war, im Monat Posideôn.

Das Volk der Herakleoten fragt an, ob es besser und vorteilhafter für sie ist und der Athena Latmia erwünscht, wenn sie das Priesteramt der zuvor genannten Göttin auf Lebenszeit verkaufen oder wenn sie ihr einen Priester jeweils für die Dauer eines Jahres wählen.

Der Gott hat folgendes Orakel erteilt:

Wie ihr den, der der gutgerüsteten Pallas, der reinen Tritonis,
heilige Handlungen vollzieht, auf der Göttin und dem gesamten Volk willkommene Weise
bestimmen sollt mit vorzüglichen Entscheidungen und bestem Ratschluß,
darüber hört des Phoibos ganz wahre, göttlich verkündende Stimme:
Wer nach Abkunft und Lebensführung der Hervorragendste ist,
den wählt aus der Mitte aller Bürger in einem jeden Jahr
und verwendet die Sorgfalt und den Eifer, die erforderlich sind, auf diese Angelegenheit.
Denn Satzung ist, daß solche Männer zum heiligen Haus der Göttin schreiten.

Als Menander, Sohn des Apollonios, Sohn des Kallikrates, zum zweiten Mal Stephanephore war, beginnend mit dem Monat Anthesterion, (sind dies) die jährlichen Priester, unter denen der erste sein Amt in diesem und im folgenden Jahr innehat: Hekatomnos Sohn des Melas usw. *(folgt die Namensliste der weiteren Athena-Priester)*

3.2.1 Das Monument in seinem archäologischen Kontext. Ansätze zur Datierung. Prosopographische Erwägungen. Überlegungen zur Struktur des Dokuments

Die Anten des Athena-Heiligtums der karischen Stadt Herakleia am Fuße des Latmos,[174] das oberhalb des Hafens am Latmischen Golf auf einer Klippe liegt, waren völlig mit Inschriften bedeckt. Wie viele andere Tempel – prominentes Beispiel ist der Tempel ebenfalls der Athena in Priene –, diente er *de facto* als Archiv unter freiem Himmel, wo die für die Bürgergemeinschaft maßgeblichen Texte aus der Vergangenheit der Stadt monumental ausgestellt und so denjenigen zur Lektüre angeboten wurden, die in den Bereich des Heiligtums kamen: ein Ort der kollektiven Selbstvergewisserung nach innen und der Selbstdarstellung nach außen.

174 Ein Überblick über die archäologischen Befunde in der Stadt bei ders., Der Latmos: eine unbekannte Gebirgslandschaft an der türkischen Westküste, Mainz 1996, 29-42. Siehe u. S. 439-442 zur frühen Geschichte der Stadt, der Umbenennung und Neuanlage im 4. Jh. (S. 440f. m. Anm. 284) und dem zentralen Athena-Kult (S. 442f. m. Anm. 288, auch zu den lokalen mythhistorischen Traditionen um die Gestalt des Endymion in den Gründungserzählungen der Stadt).

Vergleichbares gilt auch für extramurale Heiligtümer wie die Orakel in Klaros und Didyma, wo die über das Gelände hin aufgestellten[175] Inschriften – in Klaros die Listen der zur Befragung des Gottes angereisten Delegationen aus den verschiedensten Poleis, in Didyma die als Weihungen oder persönliche Memoriale aufgestellten Orakeltexte privater Klienten – sich gleichfalls dem Blick der Konsultanten und Besucher darboten und so Anspruch und Ruhm des Orakelheiligtums dokumentierten. In Herakleia befand sich auf den Seiten der nördlichen Ante des Tempels ein Ensemble mehrerer langer Inschriften. Die erhaltenen Reste zeigen Teile eines Briefes Antiochos' III. an die Herakleoten und einer Note seines obersten Militärdiplomaten für das cistaurische Kleinasien, Zeuxis. Diese Texte dokumentieren den Übergang der Stadt unter die seleukidische Hegemonie im Zeitraum 196–193 v. Chr. und die um die dafür gewährten Bedingungen und Privilegien geführten Verhandlungen.[176]

Auf der Stirn- und der Außenseite der südlichen Ante war zuoberst ein Brief der Scipionen-Brüder an die Herakleoten angebracht – wohl aus dem Jahre 190 v. Chr., noch vor der Schlacht von Magnesia am Sipylos. Nachdem die Herakleoten den Seitenwechsel von Antiochos zu den Römern angeboten hatten, sicherten die beiden Feldherrn ihnen darin ἐλευθερία, Schutz vor Verwicklung in die militärische Auseinandersetzung mit dem seleukidischen Herrscher und freundschaftliche Beziehungen zu.[177] Darunter steht die hier zu besprechende Orakelanfrage und der Bescheid des Gottes, daran anschließend zwei lange, sich jeweils über mehrere Blöcke beider Seiten ausdehnende Listen der Inhaber des Priesteramts der Athena Latmia. Von der zweiten Liste ist am Ende ein Stück von unbestimmter Länge verloren.[178] Die Aufzeichnung des Scipionen-Schreibens war mit genauem Anschluß oberhalb der Orakelinschrift angebracht,[179] so daß der

175 Diese Aussage bedarf allerdings der Differenzierung: In beiden Heiligtümern ist nicht ohne weiteres klar, ob die unter freiem Himmel oder die innerhalb des Tempels aufgestellten Steine überwogen. In Didyma ist zusätzlich an das in seiner genauen Funktion fragliche (und nicht gefundene) χρησμογραφεῖον zu denken (nur bekannt aus zwei Bauberichten der Jahre 183/82 und 182/81, I.Didyma 31 = McCabe, Didyma [PHI # 7] 107, 6, und I.Didyma 32 = McCabe, Didyma [PHI # 7] 108, 8, wo es aber als Lager für Bauteile am Tempel, die σταθμά und das ὑπέρθυρον, gedient hat) sowie an das Prophetenhaus, in dem praktisch alle Propheteninschriften mit Orakelzitaten gefunden worden sind. Auch das Verhältnis beider Gebäude zueinander ist ungeklärt.

176 Wörrle, Herakleia; Resümee und Modifikationen bei Ph. Gauthier, Bull. ép. 1989, 277; vgl. danach auch Wörrle, Athena Latmia 19 Anm. *. – Zur Funktion des Athena-Tempels als *public display* der zentralen Dokumente der Geschichte der Stadt nochmals u. Anm. 287.

177 Sherk, Documents 35 (mit wichtigen Bemerkungen) = McCabe, Herakleia (PHI # 7) 6. Die Autorschaft der Scipionen, von denen L. Cornelius zu dieser Zeit das Oberkommando für Africa und Asien ausübte, hat nach einem Vorschlag von M. Holleaux (Στρατηγὸς ὕπατος, Paris 1918, 131-146) erst G. De Sanctis erkannt (Atti dell'Accad. di Torino 57, 1921-22, 242-249), aufgenommen wiederum von Holleaux, RivFilol 52 (1924) 29-44; in der neuen Ergänzung mit den Namen der Scipionen in Z. 1-2 dann SEG 2,566. Zum historischen Ablauf siehe A. Heuss, Die völkerrechtlichen Grundlagen der römischen Außenpolitik in republikanischer Zeit, Klio Beih. 31 = N.F. 18 (1933) 94-113, bes. 97f.; Magie, RRAM 2,949 Anm. 58.

Scipionenbrief bereits einen *terminus post quem* für die Orakelaufzeichnung bietet, da der Orakeltext mit der ersten Priesterliste kaum schon vorher auf den Blöcken gestanden haben kann.

Aus der auf das Orakel folgenden Namensliste der Priester lassen sich, wie der Herausgeber gesehen hat, gewisse Anhaltspunkte für die Datierung des Orakels gewinnen, wenn man sie mit einer fragmentarischen Liste der eponymen Stephanephoren Herakleias aus augusteischer Zeit[180] und den im Inschriftendossier der Nordseite genannten Mitgliedern der Verhandlungsdelegation mit Antiochos und seinem Bevollmächtigten Zeuxis kombiniert, ohne daß freilich ein genauer zeitlicher Ansatz daraus resultierte. In dieser Liste erscheint neben Augustus selbst auch sein Adoptivsohn C. Caesar, der im Jahre seiner Kleinasienreise 1/2 n. Chr., wie in Milet,[181] so auch in Herakleia ein erstes Mal die Stephanephorie innegehabt hat. Dies gibt einen Fixpunkt für die Datierung der einheimischen Stephanephoren dieser Liste.

Wörrle[182] kommt aufgrund einiger seltener Beinamen, die Personen auf beiden Listen miteinander teilen, zu dem Ergebnis, daß es offenbar prosopographische Überschneidungen zwischen den beiden Verzeichnissen gibt, und zwar derart, daß einige der Athena-Priester auf der neuen Liste die Väter von Stephanephoren auf jener Liste sind. Wichtig für eine Datierung der neuen Dokumente ist seine Erkenntnis, daß dies nicht unbedingt einen größeren zeitlichen Abstand implizieren muß, sondern eher mit zeitlichen Überlagerungen zu rechnen ist.

Nach diesen Kombinationen läßt sich die Einholung des Orakels auf einen Zeitpunkt wohl im ersten Viertel des 1. Jh. v. Chr. eingrenzen. Da, wie zu Beginn der Priesterliste festgehalten ist, die Bestellung der Funktionäre sogleich nach Erhalt des göttlichen Bescheids einsetzte,[183] verfügt man über einen *terminus ante quem*. Die Priester wurden, hören wir, fortan nach dem Entscheid Apollons jährlich gewählt; da sich die Zahl der Einträge auf den noch nicht gefundenen Blöcken[184] aufgrund der identischen Verjüngung beider Anten des Tempels annähernd berechnen läßt, kommt man zu einer mutmaßlichen Gesamtzahl der Priester, wonach die Priester-

---

178 Darstellung des Baubefundes mit Lage und Anordnung der einzelnen Blöcke sowie epigraphischer Kommentar bei Wörrle, Athena Latmia 19-23.

179 Wörrle, Athena Latmia 23. Der französische Archäologie O. Rayet hat diese Seite des obersten Blocks 1872 abgenommen und in den Louvre verbracht. Das Dokument war zuvor bereits 1845 das erste Mal abgeschrieben und 1852 von W. Henze publiziert worden.

180 B. Haussouiller, RevPhil 2,23 (1899) 288-291 Nr. 11 = OGIS 459 = McCabe, Herakleia Latmia (PHI # 7) 8.

181 I.Milet 127,22 (Milet 1,3,148; vgl. die Nachträge Milet 6,1,167) und I.Didyma 412. Die Chronologie hat A. Rehm aufgestellt, Chronologie 3-19.

182 Athena Latmia 27-29.

183 Siehe unten S. 417f.

184 Es besteht die Vermutung, daß weitere Blöcke von der eingestürzten Südante sich im Schutt des steilen Südabhanges befinden, s. Wörrle, Athena Latmia 20 Anm. 2.

liste etwa bis in die späten Regierungsjahre des Tiberius geführt worden sein muß.[185]

Die Inschrift aus Herakleia besteht oberhalb der Priesterliste aus folgenden Teilen: einem Präskript mit der Datierung durch die Angabe des Stephanephoren und des Monats Posideôn des herakleotischen Jahres, in dem das Orakel eingegangen ist (1-2); dann der Anfrage der Gemeinde, die sie an den Gott gerichtet hat (3-7); schließlich, unter Voranstellung der für die inschriftlichen Orakelaufzeichnungen üblichen Überschrift θεὸς ἔχρησεν (8), dem Orakelbescheid selbst in acht Hexametern (9-16 = V. 1-8). Anders etwa als in dem besprochenen Orakel des Ammon von Siwa für die Stadt Kyzikos,[186] dokumentiert die Aufzeichnung die administrativen Vorgänge nicht, welche mit dieser Konsultation in Herakleia verbunden waren,[187] sieht man davon ab, daß die Überschrift der ersten Priesterliste einen kurzen Einblick eröffnet, wie man die Weisung des Gottes umgesetzt hat.

---

185 Wörrle, Athena Latmia 26, geht von mindestens 102 Einträgen aus, von denen 57 ganz oder teilweise erhalten sind. Für die mutmaßliche Länge der Liste muß in Betracht gezogen werden, daß nach der Lücke von vermutlich drei Blöcken der nächste wieder erhaltene nach weiteren Priesternamen auf der Stirnseite – die mithin deutlich spätere Amtsjahre dokumentieren – auf seiner Außenseite keine Inschrift mehr trägt, die Aufzeichnungen also vorher eingestellt worden sind; wann, ist ohne die fehlenden Blöcke natürlich nicht zu sagen. Ein mögliches Indiz für ein solches Abbrechen sieht Wörrle (27. 30 Anm. 20) in der Übernahme des Amtes durch die Göttin selbst (natürlich in der patronoymen Form angeführt, die auch für die menschlichen Amtsinhaber verbindlich ist: Ἀθηνᾶ Διός) in einigen der letzten Jahre, deren Einträge noch erhalten sind; dies könnte ein Symptom für größere Schwierigkeiten der Stadt sein, da sich keine Kandidaten für das Amt fanden. Er erwägt die Erdbeben von 17 und 25 n. Chr., die Hilfsmaßnahmen des Tiberius in Kleinasien nach sich zogen (Magie, RRAM 499f. m. 1358f. Anm. 23; L. Robert, BCH 102, 1978, 398. 407f. = DAM 94. 103f.; vgl. Kap. 2, Anm. 590), als mögliche Anlässe einer derartigen Krise. Es können aber auch geringfügigere innere Gründe für das Ausbleiben von Kandidaten und die Übernahme des Amtes durch die Göttin verantwortlich sein, wie auch Apollon Delphinios in Milet wiederholt die Stephanephorie übernommen hat; wir wissen insgesamt zu wenig über die Hintergründe des Phänomens der Götterpriestertümer. Außerdem sind unter den letzten erhaltenen Namen der Liste von Herakleia auch wieder menschliche Amtsträger, nachdem während dreier Jahre die Göttin fungiert hatte, so daß gegenüber der Vermutung eines hier unmittelbar bevorstehenden Abbruchs der Tradition doch Vorsicht geboten scheint.

186 Oben Kap. 2.3, zu diesem Aspekt S. 274-283.

187 Wörrle, Athena Latmia 34 Anm. 43, weist noch auf andere Fälle außerhalb der Überlieferung zu Didyma hin, in der einer schriftlichen Veröffentlichung der administrativen Abläufe, die die Konsultation einrahmen, Bedeutung beigemessen wurde. In einigen Fällen wurden ihrer Dokumentation sogar offenbar gegenüber dem eigentlichen Orakelbescheid ein höherer Stellenwert eingeräumt. Dies ist offenkundig der Fall in dem Inschriftendossier aus dem dalmatinischen Pharos, das eine Konsultation der Mutterstadt Paros in Delphi im frühen 2. Jh. v. Chr. – wohl um 180 v. Chr., etwa zeitgleich mit dem noch zu erwähnenden Sympolitievertrag zwischen Milet und Herakleia – über die bedrängte außenpolitische Lage seiner Kolonisten nachzeichnet. Nach der ausführlichen Darlegung der auf beiden Seiten erfolgten institutionellen Schritte wird der Entscheid Apollons wörtlich wiedergegeben (es sind davon aber nur die ersten beiden Verse teilweise erhalten): L. Robert, Inscription hellénistique de Dalmatie, BCH 59 (1935) 489-513 = OMS 1,302-326; ders., Hell. 11-12,505-541 (Vereinigung beider Fragmente), bes. 520-537. Der zweite Teil mit dem Orakelzitat dann auch als IG 12 Suppl. 200 (PW 429 = Fontenrose H 56): 23ff. χρῆι θ[εός·]| Πρα-

Man wollte, jedenfalls an dieser Stelle, ganz offensichtlich nicht (mehr) die institutionelle Abwicklung festhalten und archivieren, so daß man darum auf die Wiedergabe der einschlägigen Volksbeschlüsse, die gefaßt worden sein müssen, kurzerhand verzichtet hat.[188] Das dokumentarische Interesse richtete sich vielmehr auf die Kommemoration der Personen, die die Würde des Priesteramtes übernommen hatten, und die darin zum Ausdruck kommenden Verdienste dieser Bürger. Die Priesterliste ist darum – anders als für den modernen Betrachter – als der wichtigste Teil der Aufzeichnung anzusehen; das Orakel bereitet sie nur vor: Es wird als Legitimation und Begründung der Namensliste vorangestellt, die die jährliche Besetzung des Priesteramts festhält, versieht diese freilich mit der Autorität des göttlichen Ratschlusses.

3.2.2 Die Orakelkonsultation im administrativen Rahmen der demokratischen Polis: Rekonstruktion des Verfahrens und vergleichende Erkenntnisse

Die mit der Befragung verbundenen Abläufe lassen sich durch einen Vergleich mit dem für andere Konsultationen vorliegenden Material einigermaßen zuverlässig rekonstruieren. Doch darf dabei nicht in Vergessenheit geraten, daß man auf diese Weise nur zu einem plausiblen Bild der Prozedur gelangt; die tatsächlichen Vorgänge mögen im einzelnen Abweichungen aufgewiesen haben. In dem uns zur Verfügung stehenden Corpus der Orakelkonsultationen ist der Vorgang nirgendwo lückenlos in allen seinen Schritten, gleichsam idealtypisch, dokumentiert. Es geht folglich allein darum, relevante Informationen zu einer heuristischen Hypothese zu vereinigen und ein wohlbegründetes Gesamtbild zu gewinnen.

Eine Sequenz von Anträgen und Volksbeschlüssen. Eingabe eines Bürgers zur Frage der künftigen Besetzung des Priesteramts und Entscheidung über eine Gesandtschaft zum Orakel.

Zu Beginn des Verfahrens muß ein erster Volksbeschluß gestanden haben. Er hielt zunächst die Anfrage eines Bürgers fest, ob man den Priester

---

ξιέπη πέμπειν Πά[ριον ---] | πρὸς δυσμὰ[ς ...]πει (danach keine sinnergebenden Reste mehr). Es handelt sich ohne Zweifel um ein hexametrisches Orakel (Robert, Hell. 11-12,535 m. Anm. 2).

188 Vgl. die treffende Formulierung des Befundes bei Wörrle, Athena Latmia 31: »Der Vorgang der Orakelbefragung ist … nur in einem Dokumentationsausschnitt festgehalten, der ein komplexes Verfahren auf dessen zentralen Punkt, städtische Anfrage und göttliche Weisung, reduziert«. Die Kenntnis des administrativen und kultischen Verfahrenszusammenhangs könnte jedoch »Bedeutung des Gegenstandes wie Ausgangssituation und Ziele der Reform uns erst verständlich machen« (ebd. 35).

der Athena inskünftig durch Verkauf der Stelle auf Lebenszeit oder aber durch jährliche Wahl aus der Mitte aller Bürger bestimmen solle, sowie seinen Antrag an das Volk, diese Frage dem Gott vorzulegen. Der Demos hat daraufhin diesem Antrag zugestimmt und die Formulierung der Frage an den Gott festgelegt. Dieses Dekret, das die ganze Angelegenheit nun in Gang setzte, dürfte weiterhin die Wahl einer Gesandtschaft bestimmt haben, die in das Heiligtum reisen und dem Gott die Frage vorlegen sollte. Abschließend werden Zahl und Namen der gewählten *theopropoi*[189] und wohl auch eine Regelung, wer für die Kosten der *theoria* aufzukommen hatte, in diesem Beschluß enthalten gewesen sein.

Erster Vergleich: Anfrage der Milesier über eine Reform des Kults der Artemis Bulephoros. Unterordnung des Souveräns unter die divinatorische Autorität. Widerspiegelung des Entscheidungsverlaufs in der Struktur der Urkunde. Verfahren der Ratifikation.

Von der Anfrage der Milesier über die Reform des Kultes der Artemis Bulephoros Skiris, die zwischen 230 und 220 v. Chr. erfolgt sein dürfte, ist der Schluß eines solchen einleitenden Dekrets erhalten.[190] Es setzt für uns mit

189 Vgl. den entsprechenden einleitenden Volksbeschluß der Milesier zur Konsultation Apollons über die zweite Einbürgerung von kretischen Söldnern aus dem Jahre 229/28 (Wörrle, Herakleia 437), **Didyma 7** = I.Milet 36 (Milet 1,3,57f.) = McCabe, Milet (PHI # 7) 56 a 36-40: Μιλησί[ου?]ς (-[οι]ς?) ἑλέσθαι [θεοπρόπους πέντε (?) ἐξ ἁπάντων, τούτους δε παραγε]ν[ομ]ένους εἰς τὸ [ἱερὸν τοῦ Ἀπόλλωνος τοῦ Διδυμέως ἐρωτᾶν τὸν] θεὸν εἰ τῶι δήμωι [τῶι Μιλησίων λῶιον καὶ ἄμεινον ἔσται τοὺς ἄνδρα]ς προσγραφα[μένωι πρὸς τὸ πολίτευμα - - (erg. Rehm). Siehe auch hiern. Anm. 194.

190 **Didyma 8** = I.Milet 1225 (Milet 6,3,143f.) = LSAM 47, gefunden im Theater von Milet (in den Louvre verbracht). Gegenstand der Anfrage ist eine Reform der Geldsammlungen (ἀγέρσεις) für den Kult, welche der dafür zuständige, offenbar halböffentliche Verein, das Kollegium der Σκιρίδαι, vorgeschlagen hat. Im erhaltenen Teil der Inschrift ist die Anfrage zunächst in dem Wortlaut wiedergegeben, in dem sie die Skiridai dem Demos vorgelegt haben, damit dieser eine Gesandtschaft an das didymäische Orakel beschließe, die dort die Anfrage im Namen des Demos stellen sollte. Die Skiridai haben sich als ›Exegeten‹ für eine Frage der Reform im Kult der Athena Boulephoros Skiris bezeichnet (καθότι Σκιρ[ί]δαι ἐξηγούμενοι εἰσφέρουσι 3f.). Sie sind also die mit der Durchführung des Kults betraute und darum für kulttechnische Fragen zuständige Instanz. Für Änderungen der bisherigen Praxis besitzt der Kultverein zwar das Vorschlagsrecht, ist aber für deren Inkrafttreten auf die Sanktionierung durch einen Volksbeschluß angewiesen. Der Verein wird also hinsichtlich der Kultverwaltung als Organ des politischen Souveräns betrachtet. Der Staat wiederum stützt sich in religiösen Fragen auf die Sanktionierung durch den didymäischen Apollon ab. Der Kultverein ist also zweifach untergeordnet und kann nicht autonom im Bereich des Kults agieren, für dessen Unterhalt er zuständig ist. Es ist zu vermuten, daß die Volksversammlung im vorliegenden Fall auch ein fiskalisches Interesse an der Kontrolle des Kultes hatte, da seine Finanzierungsbasis und damit die Einnahmesituation der Kultfunktionäre modifiziert werden sollte.
So scheint es auch bei den ἀγέρσεις für einen milesischen Poliskult gewesen zu sein, die den Gegenstand einer hellenistischen *lex sacra* (1. Hälfte des 3. Jh. v. Chr.?) bilden, **Didyma App6** = I.Milet 1224 (Milet 6,3,141-143). Auch hier wird ein Orakel erwähnt, das über die Kultneuein-

der Formulierung der Frage an Apollon ein, die der Demos festlegt. Danach wird angeordnet, daß die Delegation nach ihrer Rückkehr der Volksversammlung einen formellen Bericht über die erhaltene Antwort vorzulegen habe.[191] Auf der Grundlage dieses Berichts will das Volk beraten und so zu einem Beschluß kommen, der der Weisung des Gottes Rechnung trägt.[192]

- - - τ[ῆι θεῶι] κ[εχαρι]σμένω[ς ἕ]ξει κα[ὶ τῶι] δήμωι συμφερό[ν]|τως καὶ νῦγ καὶ εἰς τὸν ἔπειτε χρόνον συντελοῦντ[ι] | τ[ὰ]ς ἀγέρσεις Ἀρτέμιδι Βουληφόρωι Σκιρίδι καθότι Σκιρ[ί]|δαι ἐξηγούμενοι εἰσφέρουσι ἢ καθότι νῦγ γίνεται· ἃ δὲ | (5) [ἄ]ν ὁ θεὸς θεσπίσῃ οἱ μὲν θεοπρόποι εἰσαγγειλάτωσαν | εἰς ἐκκλησίαν, ὁ δὲ δῆμος ἀκού-

---

richtung und dazu bestimmte Kollekten eingeholt wurde. Die Anfrage beim Orakel und der Bescheid des Gottes sollen aufgezeichnet und oberhalb des Dekrets angebracht werden; innerhalb des Psephisma wird nur darauf verwiesen (προγρα[ψαμένους --- τὸν ἐκ] ἐπερω[τ]ήσεως τῶ[ι δήμωι περὶ τούτων] γενόμενον χρη[σμ]όν 13-16). In diesem Fall sind – im Sinne der hier entwickelten Ablauftypologie – das erste, vorbereitende, und das zweite, ratifizierende, Psephisma in einer gemeinsamen Aufzeichnung unmittelbar hintereinander gesetzt worden: Zu Beginn (soviel aus den am Anfang lückenhaften Zeilen erkennbar ist; zuvor fehlt ein unbestimmbar großes Stück) liest man die abschließenden inhaltlichen Punkte der eingebrachten Vorlage: Regelungen zur Finanzverwaltung des Kults sind noch erkennbar; es folgen die Bestimmungen über die Aufzeichnung dieses vorbereitenden Beschlusses (τὸ δὲ ψήφισμα τόδ[ε ἀναγράψαι εἰς τὴν] παραστάδα τοῦ ναοῦ 12f.) und des daraufhin bestellten Orakels (13-16, s. zuvor). Darauf folgt der Ratifikationsbeschluß (ἔδο[ξε τῶι δήμωι κτλ. 20) mit Festlegung des monatlich einzuziehenden Betrags der ἄγερσις. – Die ›Aushandlung‹ der Kultreform der Artemis Skiris in der kommunikativen Konstellation zwischen der milesischen Volksversammlung, dem Kultverein als *exegetai,* den nach Didyma entsandten *theopropoi* und dem Orakelgott untersucht Stavrianopoulou, Normative interventions 133-137. Kultkollekten in kleinasiatischen Städten diskutiert mit weiterem Vergleichsmaterial Debord, Aspects sociaux 196; vgl. auch Sokolowski zu LSAM 47 und Burkert, GR 166f.

191 ἃ δὲ ἂν ὁ θεὸς θεσπίσῃ, οἱ μὲν θεοπρόποι εἰσαγγειλάτωσαν εἰς ἐκκλησίαν 4-6. Zur εἰσαγγελία als *terminus technicus* für den Bericht einer vom Demos eingesetzten Kommission an die Volksversammlung über die von ihr erzielten Resultate siehe Robert, Amyzon 235f. m. Anm. 1 (Unterschied zwischen εἰσαγγελία und γνώμη); vgl. dens., Sinuri 32f. (zur εἰσφορά). Sicher mußten die θεοπρόποι für diesen Bericht persönlich vor der Volksversammlung auftreten; möglicherweise wurde dazu auch noch einmal ein Beschluß gefaßt. – Man könnte überlegen, ob auch die Formulierung der Anfrage an den Gott, die Entsendung einer Gesandtschaft und die anschließenden Modalitäten des Verfahrens in Milet bereits Teil des Antrags der Skiridai gewesen sein könnten. An den erhaltenen Partien läßt sich das nicht entscheiden, da der Text erst mit dem Vorschlag einer Formel für eine Frage in Didyma einsetzt, die Initianden dieser und der folgenden Klauseln jedoch schon zuvor genannt waren. Wahrscheinlicher ist aber doch, daß sie als ἐξηγηταί nur für die eigentlichen Belange der Durchführung des Kults Zuständigkeit besaßen und daher nur die Initiative zur Reform seiner Finanzierung vor das Volk gebracht haben. Alle weiteren Verfahrensfragen waren dann Sache allein des politischen Souveräns und seiner Instanzen. Es ist ebenso denkbar, daß die Skiridai ihr Gutachten erst auf Veranlassung des Demos oder der *boule* erstellt haben, weil die Stadt mit dem bisherigen Verfahren nicht zufrieden war, wie auch, daß der Kultverein sich an die städtischen Instanzen gewendet hatte – etwa weil die finanziellen Grundlagen des Kultbetriebs prekär geworden waren – mit dem Ersuchen, mit einem Gutachten zu einer Reform beauftragt zu werden.

192 ὁ δὲ δῆμος ἀκούσας βουλευσάσθω ὅπως πάντα πραχθήσεται ἀκολούθως τῆι τοῦ θεοῦ συμβουλίαι 6f.

σας βουλευσάσθω, ὅπως | πάντα πραχθήσεται ἀκολούθως τῆι τοῦ θεοῦ συμβουλ[ίαι]. | θεοπρόποι ἡιρέθησαν Φείδιππος Ποσειδωνίου, | [Α]ὐτομήδης Ἐλπήνορος, Λάμπις Λαμπίτου, Λίχας | (10) [Ἑρ]μοφάντου. ὁ δῆμος ὁ Μιλησίων ἐρωτᾶι πότε|[ρον] τῆι θεῶι κεχαρισμένον ἕξει καὶ τῶι δήμωι συμ|[φε]ρόντως ἔσται καὶ νῦγ καὶ εἰς τὸν ἔπειτα χρόνον | [συ]ντελοῦντι τὰς ἀγέρσεις Ἀρτέμιδι Βουλη|[φόρωι Σκιρίδι καθότι Σκιρίδαι ἐξηγοῦνται ἢ καθό|τι (15) νῦγ γίνεται. ὁ θεὸς ἔχρησε - - *(Abbruch des erhaltenen Texts)*

(Text nach Ehrhardt, I.Milet 1225)

Übersetzung

... (die Abgesandten sollen anfragen, ob es) der Göttin genehm und für das Volk zuträglich ist jetzt und für die kommende Zeit, wenn die Kollekten für Artemis Bulephoros Skiris so durchgeführt werden, wie die Skiridai nach einem Gutachten vor der Volksversammlung beantragt haben, oder wie es bis jetzt geschieht. Darüber, was (5) der Gott in seinem Spruch verkündet hat, sollen die Abgesandten an das Orakel der Volksversammlung einen Bericht vorlegen. Das Volk soll nach der Anhörung beraten und einen Beschluß der Art fassen, daß alles in Übereinstimmung mit dem Ratschluß des Gottes vorgenommen wird. – Als Abgesandte wurden gewählt Pheidippos, Sohn des Poseidonios, Automedes, Sohn des Elpenor, Lampis, Sohn des Lampitos, Lichas, Sohn des (10) Hermophantes. – Das Volk der Milesier fragt an, ob es der Göttin genehm und für das Volk zuträglich ist jetzt und für die kommende Zeit, wenn die Kollekten für Artemis Bulephoros Skiris so durchgeführt werden, wie die Skiridai nach einem Gutachten vor der Volksversammlung beantragt haben, oder wie es (15) bis jetzt geschieht. Der Gott hat folgende Weisung verkündet: ... *(Abbruch des erhaltenen Texts)*

Wichtig ist die Beobachtung, daß die Stadt sich schon vor der Konsultation darauf festlegt, in jedem Fall der Weisung des Gottes Folge zu leisten und sich seiner συμβουλία unterzuordnen.[193] So gesehen, kommt die Ora-

193 Zum Begriff M. Holleaux, ArchPapForsch 6 (1913) 22 = Études 3,95. Er begegnet jetzt auch im Ehrendekret für den kolophonischen χρησμολόγος Menophilos aus dem 2. Jh. v. Chr. (o. Kap. 1, Anm. 26), wo vom Rat Apollons für die Konsultanten die Rede ist, τῶν παραγινομέ[νων (sc. εἰς τὸ μαντεῖον) χάριν τῆς] τοῦ θεοῦ συμβουλίας (**Klaros App1**,15f.); siehe Robert, Chresmologue 290. Wörrle, Athena Latmia 33f. Anm. 40, spricht glücklich von »Souveränitätsverzicht« der Polis zugunsten der Autorität des Gottes und sieht dessen Problematik in wirklich kritischen Entscheidungsfällen, die schwerwiegende Konsequenzen nach sich zogen. Ein solcher Loyalitätskonflikt ist im didymäischen Corpus gespiegelt in der Erzählung von der dreifachen Konsultation des Orakels durch die Stadt Kyme, **Didyma 38/39** = Hdt. 1,157,3-159,4, als die Perser die Auslieferung des Überläufers und *hiketes* Paktyes verlangen. Fontenrose, Didyma 10f. 212-214, und Crahay, Littérature oraculaire 99-102, halten diese Befragungen freilich – wie die herodoteischen Orakelberichte fast durchweg – für literarische Erfindungen. Ohne Zweifel reflektiert die Erzählung die Institution der Hikesie und die Probleme, die sie für die Gemeinschaft mit sich brachte. In der novellistischen Form, in der Herodot die dritte Anfrage des Aristodikos erzählt (**Didyma 39**), treten jedoch gewiß Züge literarischer Gestaltung hervor. Auch ist es schwer vorstellbar, daß ein griechisches Orakel die Abweisung eines *hiketes* verfügt haben soll (**Didyma 38**), und sei es auch nur, um dadurch dann umso drastischer die absolute Geltung des Schutzes von *hiketai* zu demonstrieren. Allerdings gibt durchaus Hinweise darauf, daß das Orakel der Branchiden die persische Seite ergriffen hatte. Fontenrose scheint ebd. 94 die Historizität zumindest

kelbefragung einer ›Aussparung‹ in der normalen Sequenz der Entscheidungsfindungen der Gemeinde gleich: Eine Sachlage, die nach einem Eingreifen oder einer Entscheidung verlangt, wird vom Demos konstatiert; über den einzuschlagenden Weg zu befinden, wird aber der göttlichen Instanz anheimgestellt. Sie soll damit die Stelle besetzen, die sonst der Prozeß der demokratischen Entscheidungsfindung einnimmt.

---

der ersten Anfrage der Kymäer und der Antwort Apollons, man solle Paktyes herausgeben, doch nicht ausschließen zu wollen.

Eine zunächst nicht erfolgreiche Kommunikation zwischen Petenten und Orakelgott liegt auch im delphischen Doppelorakel für die Athener im Angesicht der persischen Invasion, Hdt. 7,141f. (PW 94f. = Fontenrose Q 146f.). Nachdem die erste Antwort Apollons von den Empfängern, den *theopropoi*, als nicht adäquat zur Lösung des Problems eingestuft worden ist, wird erst als Ergebnis einer Rückkoppelung der Gesandten mit dem Orakelgott eine Botschaft übermittelt, die befriedigend zu interpretieren ist (allerdings nicht von den *theopropoi* selbst, sondern der Volksversammlung in Athen, die sie mandatiert hatte, unter der Meinungsführerschaft des Themistokles). Die divinatorische Autorität des Orakelgebers reichte in diesem Fall also zunächst nicht aus, um nach Einschätzung der Beteiligten die ihrer Anfrage zugrundliegende Situation handhaben zu können. Sie wird jedoch von den Konsultanten bezeichnenderweise nicht als solche in ihrer Legitimation und Kompetenz bezweifelt, sondern im Wege der Intervention im Kommunikationsprozeß erneut eingefordert und dann auf Grundlage einer zweiten Botschaft anerkannt. Hierin läßt sich – in zugespitzter Form – eine Kommunikationsstruktur erkennen, von der Doppelorakel grundsätzlich geprägt sind. Siehe zu diesem Fall Stavrianopoulou, Normative interventions 143-146.

Einen Niederschlag ähnlicher Vorgänge ist vielleicht im Umgang der Magneten mit dem delphischen Orakel zur Stiftung der Leukophryena, I.Magnesia 16 = Syll.[3] 557 = McCabe, Magnesia (PHI # 7) 6 = Rigsby, Asylia 185-190 Nr. 66, 16-24, zu erkennen. Text und Interpretation sind erst von J. Ebert, Stiftungsurkunde der Λευκοφρυηνά in Magnesia am Mäander (Inschr. v. Magnesia 16), Philologus 126 (1982) 198-216 (wieder in: ders., Agonismata: Kleine philologische Schriften zur Literatur, Geschichte und Kultur der Antike, Stuttgart 1997, 258-279) mit von Kern abweichenden Ergänzungen geklärt worden, s. SEG 32,1149 und Bull. ép. 1983, 342 (m. Text); vgl. Chaniotis, Historiker 39f. Das gesamte Inschriftendossier zur Anerkennung der Leukophryena wird mit eingehendem Kommentar bei Rigsby, Asylia 179-279, geboten. Zum politischen Kontext vgl. Chaniotis ebd. 34-37; S. Dusanic, The *ktisis Magnesias*, Philip V and the Panhellenic Leukophryena, Epigraphica 45 (1983) 11-48; W.J. Slater/D. Summa, Crowns at Magnesia, GRBS 46 (2006) 275-299. Zur Einordnung in die Geschichte des delphischen Heiligtums Wörrle, Delphes et l'Asie mineure.

Die Stadt hatte nach einer Offenbarung der Artemis Leukophryene im Jahr 221/20 v. Chr. ein Orakel in Delphi erhalten (ἐπιφανοῦς δὲ γενομένης [Ἀρτέμιδος] προσδεξάμενοι τὸγ χ[ρ]ησμόν 10f.), das die Einrichtung des Artemis-Festes als Kranzagon forderte und die Asylie des Territoriums von Magnesia erklärte (Fontenrose H 45 = PW 347). Gleichwohl begründeten die Magneten zunächst einen regional begrenzten Geldpreis-Agon (ἀργυρίτης), der sich nur an die Bewohner von Asia richtete. Im vorliegenden Dokument rechtfertigen sie diese Abweichung von der Weisung Apollons damit, daß die bisherige Form sich an der traditionellen Art der Verehrung der Göttin in der Region orientiert habe und nun erst die Zeit gekommen sei, einen panhellenischen (isopythischen und penteterischen) Kranzagon zu veranstalten, der durch magnetische Gesandtschaften vielen anderen Städten nah und fern angekündigt wird; so seien auch andere Feste erst mit der Zeit von Geld- zu Kranzagonen aufgestiegen: πρῶτ[ον ἀργυρί]την ἀγῶνα θεῖναι τῶγ κατοικούντων τὴν Ἀσίαν [ἐψηφίσαν]το τὴν ἐκδοχὴν (›Ausdeutung‹) τοῦ χρησμοῦ ταύτην λαβόντες [ὅτι οὗτοι] (sc. οἱ κατοικοῦντες τὴν Ἀσίαν) τιμήσουσιν οὕτως Ἄρτεμιν Λευκοφρυηνὴ[ν] ἄλ[λως πρὸς] τ̣ὸ θεῖον εὐσεβῶς ἔχοντες ἐὰμ Μάγνησιν ἐπὶ τὸν ἀ̣[ρχαῖον ἑπό]μενοι βωμὸν Ἀρχηγέτιδι γέρα κεχαρισμέν[α ἀποδιδῶσιν], ἅτε καὶ τῶν ἄλλων ἀ[γ]ώνων τ̣ὴν ἀρχὴμ̣

Diese Verlagerung eines – freilich des entscheidenden! – Glieds in der Sequenz erhält ihre notwendige Ergänzung in der *a priori*-Erklärung der Bürgergemeinschaft, die auf der übergeordneten Ebene ergehende Handlungsanweisung in jedem Fall auch umzusetzen. Unter dieser Voraussetzung wird dann auf der Ebene der Polis und ihrer menschlichen Akteure die Sequenz nach Erhalt des Bescheides mit einem neuerlichen Beschluß fortgesetzt, der den Rat des Gottes in ein konkretes Handlungsprogramm überführt. Schließlich kann die Umsetzung der Weisungen Apollons noch eigens dokumentiert werden. Damit findet der Prozeß seinen Abschluß, der mit der Eingabe in der Volksversammlung seinen Anfang genommen hat. Zum Verständnis der administrativen Schritte auf der Seite der Polis, die das Verfahren einer offiziellen Konsultation im einzelnen umfaßte, ist die innere Struktur der einzelnen in der Kodifikation zusammengefügten Dokumente und die Art ihrer Abfolge aufschlußreich. Im vorbereitenden Psephisma folgt auf die Bestimmungen über die Berichtspflicht der zu konstituierenden Gesandtschaft und das dann vorgesehene Ratifikationsverfahren durch den Demos die Liste der vier *theopropoi*, die von der Volksversammlung für die Konsultation gewählt worden sind.[194]

μὲν ἐπ' ἀῤγ[υρίωι τε]θέντων, χρόνωι δὲ ὕστερον διὰ χρησμοὺς στεφαν[ιτῶν γεγο]ṿότων (16-24). Die ersten Leukophryena des neuen Rangs fanden dann 208/07 v. Chr. statt.

Bemerkenswert ist vor allem die Tatsache selbst, daß die Magneten sich zu einer Interpretation ihrer Tradition veranlaßt sehen und explizit auf die Abweichung von der göttlichen Weisung eingehen, die sie in ihren Einladungen an die auswärtigen Städte anführen. Die damalige Entscheidung sei eine angemessene *»Auslegung«* (ἐκδοχή) des Orakels gewesen. Die historischen Gründe für den Wechsel in der Form des Festes und die erst nachträgliche Umsetzung des Orakelbescheids sind unklar. Ebert 213f. = 277f. vermutet, daß die Ausweitung erst nach Abschluß des großangelegten Bauprogramms vorgenommen wurde und der Monumentalaltar und der neue Tempel der Artemis den Rahmen für den internationalen Agon abgaben (vgl. seine Ergänzung ἐπὶ τὸν ᾀ[ρχαῖον …] βωμόν 20f.). Nun hat P. Thonemann, Magnesia and the Greeks of Asia (I.Magnesia 16.16), GRBS 47 (2007) 151-160, vorgeschlagen, in Z. 16 *πρῶτ[οι* ἀργυρί]την ἀγῶνα θεῖναι τῶγ κατοικούντων τὴν Ἀσίαν [ἐψηφίσαν]το zu lesen und so das Eingehen der Magnesier auf die Abweichung vom delphischen Orakel zu erklären: Sie betonen, sie seien *»die ersten unter den Griechen in Asia gewesen«,* die die Einrichtung eines internationalen Kranzagons auf Initiative Delphis veranlaßt hätten. Dieses Vorgehen sei dann offenbar nicht erfolgreich gewesen; im Jahr 208 kommt es zu dem zweiten Versuch, der zu den zahlreichen Bestätigungsdekreten anderer griechischer Städte auch von weit her führt. Die Betonung der eigenen Priorität sei, so Thonemanns These, gegen Milet gerichtet, dessen Didymeia in dem dazwischenliegenden Zeitraum zu einem penteterischen Kranzagon erhoben worden waren (Syll.[3] 590 = **Didyma 10**, unten S. 479-481 m. Anm. 356), und gehöre in den Kontext der Rivalitäten der Nachbarstädte in der hellenistischen Zeit (dazu u. Anm. 251). Das Interesse an der Herausstellung des frühen Zeitpunkts der Anfrage in Delphi erkläre auch die vierfache Datierung im Präskript (11-16) nach lokaler und athenischer Eponymie, Pythien und Olympien. Gleichzeitig ist bei dieser Lesung auch die Beziehung des Genitivs τῶν κατοικούντων τὴν Ἀσίαν inhaltlich befriedigender, denn für einen regionalen Agon, der nur den kleinasiatischen Griechen offengestanden hätte, gibt es kaum Vergleichsmaterial.

Der magnetische Volksbeschluß von 221/220 v. Chr., der Fest und Prozession zur Überführung des Kultbildes in den neuen Parthenon detailliert regelte sowie die Εἰσιτήρια als Jahresfest einführte, I.Magnesia 100 = Syll.[3] 695 = LSAM 33 = McCabe, Magnesia (PHI # 7) 3, 21-48, ist besprochen o. S. 196f. m. Anm. 449a.

Es schließt sich die Anfrage an, die der Demos dann tatsächlich an den Gott gestellt hat. Sie weicht von der zuvor protokollierten Form, die man in dem der Konsultation vorangehenden Psephisma beschlossen hatte, nicht

194 θεοπρόποι ἡιρέθησαν 8 (folgen die Namen der vier Personen). Es handelt sich also im eigentlichen Sinne um eine *ad hoc* gebildete Sonderkommission, die zur Regelung einer einzelnen Angelegenheit eingesetzt wird. Wörrle, Athena Latmia 32f. m. Anm. 32-34, verweist für solche Gesandtschaften auf drei interessante Fälle:
Zunächst eine Weihung rhodischer θεοπρόποι in Didyma in der Folge mehrerer Orakel (**Didyma App41** = I.Didyma 83 = SGO 01/19/20). Sie trägt eine doppelte Datierung: einerseits mit dem amtierenden didymäischen Propheten, andererseits mit den θεοπρόποι, die sie im Namen der Rhodier in Didyma vorgenommen haben und wohl auch schon die genannten Orakel empfangen hatten. Die beiden θεοπρόποι werden mit ihrer »normalen« Berufsbezeichnung genannt, d.h. mit dem Amt, das sie außerhalb ihrer Funktion als Gesandte nach Didyma innehaben: Dichter und Priester (einer nicht genannten Gottheit in Rhodos). Dies zeigt, daß wir es bei den θεοπρόποι mit einem *ad hoc*-Amt zu tun haben: Bürger (bevorzugt mit herausgehobenen Funktionen in ihrer Polis; Inhaber kultischer Ämter, am besten solcher, die eine Beziehung zum Orakelgott nahelegen) werden für eine Gesandtschaft zum Zwecke einer kurzfristig notwendigen Orakelkonsultation aufgeboten. Bei einer neuerlichen Gesandtschaft müssen vermutlich auch erneut *theopropoi* ernannt werden; sie sind kein stehendes Gremium und in diesem Sinne also keine religiösen Spezialisten.
Sodann haben zwei magnetische *theopropoi* das Orakel über den Fund einer Dionysos-Statuette in einer vom Wind zerborstenen Platane für die Stadt am Mäander aus Delphi geholt (I.Magnesia 215 = SGO 02/01/02 = McCabe, Magnesia [PHI # 7] 324, PW 338 = Fontenrose L 171), dazu s. hiern. Anm. 197.
Gemäß einem delphischen Doppelbeschluß (B. Haussouiller, BCH 5, 1881, 398 Nr. 7 = Michel, Recueil 262 = SGDI 2645f. = Syll.^{3} 548f.; s. J. Pouilloux, Promanties collectives et protocole delphique, BCH 76, 1952, 491 Nr. 24) wollte schließlich der θεοπρόπος καὶ πρεσβευτής Metrophanes um 226 v. Chr. in Delphi die Erneuerung von Promantie, Prohedrie und ἀτέλεια für seine Heimatstadt Sardes erwirken, um in ihrem Namen den Gott konsultieren zu können. Mit seinem Vorstoß war auch eine Konsultation des Gottes verbunden; wohl deswegen, weil sie nur zu erschließen ist, ist das Zeugnis bei Parke/Wormell und Fontenrose nicht aufgenommen worden. J. Pouilloux, Les décrets delphiques pour Matrophanès de Sardes, BCH 98 (1974) 159-169 (mit Text und Übers.; Bull. ép. 1974, 293), bes. 165, korrigiert die seit Amandry mehrfach wiederholte Ansicht, daß nach Ausweis der Konsultation des Metrophanes mit einem delphischen Proxeniebeschluß ausgestattete offizielle Abgesandte von Städten auch an anderen Tagen als dem Siebten eines Monats den Gott befragen konnten. Eine Ausnahme von den Aussagen Plutarchs (Qu. Gr. 9,292 EF) zu diesem νόμος des Orakelbetriebs in Delphi liege nicht vor. Jede Stadt, die in Delphi eine Anfrage stellen wollte, benötigte einen delphischen *proxenos*; treten die Delpher, wie im Fall von Sardeis, kollektiv als *proxenos* einer anderen Stadt ein, ist dies als Privilegierung der zwischenstaatlichen Beziehungen zu verstehen. Detaillierte Diskussion bei Gauthier, Symbola 47-50, der den zweiten Beschluß für Metrophanes so versteht, daß zu einer solchen kollektiven Proxenie grundsätzlich auch noch ein individueller *proxenos* hinzutreten mußte, um die konkreten Ritualhandlungen (vor allem die προθυσία) vorzunehmen; das Besondere liegt dann hier darin, daß die Polis auch diese Rolle übernimmt. Pouilloux sieht demgegenüber eine reguläre Differenzierung nach dem Status der Konsultanten: Private Klienten benötigten einen delphischen Bürger als *proxenos*; fragten Städte offiziell an, entsprach dem die kollektive Proxenie Delphis – auch bei dieser Deutung Ausdruck diplomatischen Einverständnisses. G. Daux, Le décret de Delphes SIG^3 548, in: J. Bingen/G. Cambier/G. Nachtergael (Hg.), Le monde grec: pensée, littérature, histoire, documents: hommages à Claire Préaux, Univ. Libre de Bruxelles, Fac. de Philos. et Lettres 62, Brüssel 1975, 480-495, sieht hingegen die für Sardeis *ad hoc* getroffene Regelung als Ausnahme und warnt vor weitergehenden Rückschlüssen auf die administrative Praxis der Konsultation (s. bes. 483-485. 488f.), da sonst keine Beispiele für eine kollektive Proxenie bezeugt seien. In die Irre geht seine Deutung der Passage οὐ δυνατῶν ὄντων πλείονος χρόνου παραγενέσθαι εἰς τὸ

ab. Es handelt sich jedoch in der ›Tektonik‹ des Gesamtdossiers um zwei unterschiedliche Status desselben Dokuments, einmal als Bestandteil der prospektiven Beschlußfassung des Demos, die zur Konsultation führt, dann als Protokoll der von den *theopropoi* in Didyma tatsächlich gestellten Anfrage.

Nach der streng prozeduralen Logik der Entscheidungsverfahren in den griechischen Städten und ihrer anschließenden Verschriftlichung darf kein Schritt dieses Ablaufs undokumentiert bleiben. Das bedingt die wörtliche Wiederholung desselben Passus in Antrag,[195] Beschluß und Protokoll der Durchführung, wie es auch sonst in den inschriftlichen Aufzeichnungen von Volksbeschlüssen immer wieder zu beobachten ist.

Anschließend an die Anfrage, ob mit den Kollekten für Artemis Skiris nach dem Vorschlag des Kultvereins verfahren werden soll, ist ohne Zwei-

---

μαντεῖον διὰ τὰς αἰτίας κτλ.: Das Aussetzen der Konsultationen der lydischen Kapitale liegt zweifellos in der Vergangenheit und wird nicht, wie Daux meint, für die Zukunft vorausgesehen; der Zusammenhang mit der Formel einer ἀνανέωσις der gegenseitigen Beziehungen macht dies deutlich. Vgl. Bull. ép. 1976, 321. – Zur Datierung: Ph. Gauthier, Nouvelles inscriptions de Sardes 2, École Pratique des Hautes Études, Sciences historiques et philologiques, 3: Hautes études du monde gréco-romain 15, Genf 1989, 143-150; zustimmend Wörrle ebd. 33 Anm. 36.

Doch kann für die θεοπρόποι bzw. θεωροί praktisch auf alle aktenkundigen Konsultationen durch Städte hingewiesen werden; in Klaros insbesondere auf die so überaus zahlreich im Heiligtum aufgestellten Delegationslisten der Städte, die sich mit Anfragen an den Gott gewandt haben. So ist ihre Rolle auch in den in Kap. 2.1 besprochenen, mehrheitlich in Klaros ergangenen Krisenorakeln überall evident, auch wenn die Orakelinschriften dieser Gruppe die Weisung nicht zusammen mit den zugehörigen Dekreten der konsultierenden Poleis über Vorbereitung und Ratifikation bzw. Durchführung der Maßnahmen bieten; auch fehlt ebenfalls regelmäßig die Aufzeichnung der Anfrage. Daß wir unter den didymäischen Dossiers vergleichsweise selten Zeugnisse von städtischen Gesandten finden, liegt am Ungleichgewicht der erhaltenen Dokumentation, in der öffentliche Anfragen überwiegend nur aus den (durch die gründliche Ausgrabung besonders gut erschlossenen) stadtmilesischen Urkunden bekannt sind, während in Didyma selbst, im Unterschied zum Heiligtum in Klaros, zwar viele Orakel in Stein aufgestellt waren, die sich aber fast immer auf private Konsultationen bezogen (die wiederum für Klaros weitgehend fehlen). Die erwähnte Weihung der Rhodier in Didyma ist eine solche Ausnahme und erwähnt auch θεοπρόποι.

Es ist im übrigen bemerkenswert, daß Milet für seine offiziellen Anfragen in Didyma denselben administrativen Weg ging wie sonst räumlich entferntere Poleis und bei jedem Anlaß jeweils eine eigene Kommission für eine *theoria* bestellte. Die Entsendung von Gesandtschaften leuchtet in Klaros im Fall der Konsultationen weiter abliegender Städte oder beim abgelegenen Delphi unmittelbar ein, und selbst bei Herakleia, wenn es auch nicht allzuweit entfernt von Didyma lag, handelt es sich doch um eine auswärtige Stadt, die wohl keine Sonderbeziehungen zu Didyma unterhielt. Im Fall Milets jedoch, das seit der hellenistischen Wiederbelebung des Orakels eine politische *de facto*-Kontrolle über das Heiligtum in Didyma ausübte, ablesbar vor allem an den prosopographischen Überschneidungen zwischen den leitenden milesischen Beamten und den hohen Kultfunktionären in Didyma, mag man sich über die eigens vorgenommene Wahl von θεοπρόποι verwundern. Bei der unmittelbaren räumlichen wie institutionellen Nähe der Stadt zum Orakelkult und den regelmäßigen Konsultationen, die zur Sanktionierung innen- wie außenpolitischer Geschäfte und diverser kultischer Angelegenheiten vorgenommen wurden, würde man durchaus die Stelle eines ständigen Gesandten des milesischen Demos beim Orakel oder wenigstens ein auf eine längere Amtsdauer hin vorsorglich bestimmtes Kollegium erwarten.

195 In diesem Fall nicht erhalten.

fel der Orakelbescheid Apollons wiedergegeben worden; er ist uns ganz verloren. Die Stellungnahme des Gottes ist aber höchstwahrscheinlich als Zustimmung zu dem von den Ritualexperten ausgearbeiteten Projekt ergangen, wie auch sonst bei kultisch-ritualistischen Gegenständen Apollon durchweg die von den Konsultanten vorgegebene Handlungsweise zu sanktionieren scheint.[196] Denkbar ist, daß im Anschluß an den Orakelbescheid auch noch der Durchführungsbeschluß des Demos aufgezeichnet worden ist. Wir verfügen allerdings in keinem Fall über ein vollständiges Dossier, das uns sämtliche Dokumente eines städtischen Konsultationsvorgangs – also Antrag, vorbereitendes Dekret, Gesandtschaftsliste, Protokoll von Anfrage und Bescheid, ratifizierendes Psephisma sowie gegebenenfalls ein Protokoll der erfolgten Maßnahmen – erhalten hätte.[197]

196 Darauf weist Fontenrose immer wieder hin. Tatsächlich sind unter den inschriftlich dokumentierten Orakeln keine Fälle auszumachen, wo Apollon eine in Aussicht genommene Handlungsweise ernsthaft modifiziert oder verworfen hätte. Anders liegt die Sache, wenn, wie in Herakleia, echte Doppelfragen gestellt werden und die Konsultanten tatsächlich Rat in einer offenen Entscheidung suchen. Vgl. hiern. S. 418-420.

197 Im Fall des herakleotischen Orakels könnte man allerdings sagen, daß die angeschlossene Priesterliste strukturell die Stelle des Ausführungsdekrets einnimmt, erweist sie doch, gleichsam auf den materiellen Effekt des Vorgangs konzentriert, die Annahme des von Apollon erteilten Rats durch die Gemeinde. Die Aufzählung aller Inhaber des Amtes in den auf die Konsultation folgenden Jahren setzt ein Dekret mit der Bestimmung voraus, daß fortan jährlich der Athena-Priester gewählt werden solle, und bestätigt *eo ipso* seine Umsetzung, und zwar über einen langen Zeitraum. In diesem Sinne sagt die Namensliste qualitativ sogar mehr über die Konformität, die die Stadt mit den Weisungen, der συμβουλία, des Gottes herzustellen gewußt hat, und obendrein in der Kontinuität des geschichtlichen Verlaufs. Sie ist von daher ein besonders gewichtiges Zeugnis ihrer Loyalität gegenüber der divinatorischen Instanz. Ähnlich zu werten ist im Fall des delphischen Orakels für Magnesia über das unverhofft gefundene Dionysos-Bild (I.Magnesia 215, PW 338 = Fontenrose L 171; zuvor Anm. 194) der sich an das Versorakel anschließende Bericht über die Einrichtung der *thiasoi* in Magnesia durch die drei thebanischen Mänaden. Auch hier kann man die Protokollierung dieses Vorgangs, der die Ausführung der durch den Gott erteilten Weisungen bedeutet, als Äquivalent zu einem förmlichen Durchführungsbeschluß des Demos sehen: κατὰ τὸν χρησμὸν διὰ τῶν θεοπρόπων ἐδόθησαν ἐκ Θηβῶν Μαινάδες τρεῖς, Κοσκὼ, Βαυβὼ, Θετταλή κτλ. (30ff.) Siehe Henrichs, Greek maenadism (Kap. 2, Anm. 613) 123-130, der den historischen Quellenwert der Inschrift überzeugend darlegt.

198 **Didyma 12** = I.Milet 150 (Milet 1,3,233-236) = Syll.^{3} 633 = Ager, Interstate Arbitrations 290-292 Nr. 108. – Neue Datierung durch Wörrle, Herakleia 424-448, bes. 431-437, der durch den Vergleich mit den Dokumenten der nördlichen Ante des Athena-Tempels die Stephanephorenliste I.Milet 124 (Milet 1,3,140f.) um sechs Jahre hinaufsetzt, mit Folgen für den zeitlichen Ansatz einer Vielzahl der milesischen und didymäischen Urkunden. Die neue Chronologie hat Ph. Gauthier, Bull. ép. 1989, 277, akzeptiert. Die von M. Errington, Chiron 19 (1989) 279-288, in seiner Neuansetzung des Friedensvertrags Milets mit Magnesia am Mäander auf die Jahre zwischen 185 und 180 (I.Milet 148 [Milet 1,3,217-220]) vorgebrachten zusätzlichen Argumente sind zwischenzeitlich jedoch von Wörrle selbst zusammen mit der Umdatierung wieder infragegestellt worden (Chiron 34, 2004, 45-57; vgl. u. Anm. 251). Siehe auch Ferrary, Philhellénisme et empire (Kap. 1, Anm. 28) 154 m. Anm. 93. Zu dem, anders als die Sprache von Dekret und Vertrag zunächst vermuten lassen, im ersten Viertel des 2. Jh. in Wirklichkeit konfliktreichen Verhältnis beider Städte, vor dessen Hintergrund der Vertragsschluß zu sehen ist, vgl. die Bemerkungen von Rehm in Milet 1,3,237-239; Gauthier, Symbola 362f. Im Vertragstext wird an einer Stelle auch auf die militärische Auseinandersetzung beider Städte um umstrittenes Territo-

Zweiter Vergleich: Sanktionierung des Isopolitie-Vertrages zwischen Milet und Herakleia durch ein Orakel des didymäischen Apollon. Einbindung des Gottes in zwischenstaatliche Verfahren: Dreidimensionale Konstellation der Akteure im symbolischen Raum. Die religiöse Markierung des politischen Handelns, wie sie am Ritualprogramm anläßlich des Vertragsschlusses ablesbar wird. Struktur der Gesamturkunde, Rekonstruktion der Verfahrenssequenz, Ort und Funktion des Verweises auf die Orakelbefragung.

Die skizzierten prozeduralen Verfahren treten deutlich auch im Dekret über den Isopolitie-Vertrag zwischen Milet und Herakleia zutage, der aus den Jahren 185-180 stammt.[198] Auch dieser Staatsvertrag wurde nicht ohne Sanktionierung durch den didymäischen Apollon in Kraft gesetzt. Die uns erhaltene Inschrift dokumentiert in diesem Fall das zweite Psephisma, das den Bericht der Gesandten ratifiziert, die die Weisung des Gottes im Namen ihrer Stadt eingeholt haben. Die Unterordnung unter die Weisung des Gottes wird ebenfalls ausdrücklich festgehalten[199] und durch den Beschluß aufwendiger Opfer unterstrichen, die die verschiedenen Funktionäre der Polis aus Anlaß des Vertragsschlusses durchführen sollen.

---

rium Bezug genommen, deren Rechtsfolgen jetzt im Zusammenhang der Isopolitie zu regeln sind: εἶναι δὲ καὶ ἀμνηστίαν ὡς ἑκατέροις τῶν προγεγενημένων ἐγκλημάτων κατὰ πόλεμον καὶ ἰδίαι καὶ δημοσίαι (es folgen Ausnahmetatbestände für diese Niederschlagungsklausel).

199 ὅπως ἕκαστα συντελεσθῆι μετὰ τῆς τῶν θεῶν εὐμενείας … καθηγουμένης τῆς τοῦ Ἀπόλλωνος συμβουλίας 18f. Nach dem Vorschlag Wörrles (Athena Latmia 33f. Anm. 40) sollte eine entsprechende Passage auch im Schlußfragment des Dekrets des milesischen Demos über die zweite Kreter-Einbürgerung ergänzt werden, zu deren Sanktionierung man sich ebenfalls an Apollon wandte, **Didyma 7** = I.Milet 36 (Milet 1,3,57f.) = McCabe, Milet (PHI # 7) 56 c 81: τὸν δὲ] δῆμον κυρῶσαι καθ[ό]τι ἂ[ν συμβουλεύσῃ ὁ θεός (von P. Herrmann in Milet 6,1,162 übernommen; Rehm wollte demgegenüber καθ[ό]τι ἂ[ν συνοίσειν δοκῆι, aber der Demos hat insofern eben keinen Entscheidungsspielraum mehr). Es handelt sich hierbei um das erste, der Konsultation in Didyma vorausgehende Dekret, in dem die Kommission der θεοπρόποι bestimmt wurde, die dem Gott das Anliegen vortragen sollten, und die Frage festgelegt wurde (vgl. zuvor S. 400f. m. Anm. 189; S. 405-407 m. Anm. 194). In dem vorbereitenden Dekret hatte Rehm die Formel aus dem Isopolitievertrag zuvor schon in den Ausführungsbestimmungen über Opfer und Gebete von Beamten und religiösen Funktionären ergänzen können: ἵνα δὲ ἕκαστα κατὰ τὰ προ]δεδηλωμένα γένηται μ[ετὰ τῆς τῶν θεῶν εὐμενείας (b 62f.). – Das zweite, den Entscheid Apollons und damit die Aufnahme der Kreter ratifizierende Dekret ist in I.Milet 37 (Milet 1,3,58-61) = Mc Cabe, Didyma (PHI # 7) 55 in sechs Fragmenten zu Teilen erhalten. Wie bei der Ratifikation des Isopolitievertrags (s. nächste Anm.), sollen auch hier zur religiösen Absicherung des Vorhabens die höchsten politischen und religiösen Funktionäre Opfer darbringen und Gebete für das Gelingen des Zusammenlebens sprechen, ἵνα … πάντα προσού]σης καὶ τῆς τῶν θεῶν [εὐμενείας] τάσσηται (b 39–c 40). Dabei sind die beteiligten Personen und Götter nahezu identisch mit denen, die für die Bestätigung der Isopolitie mit Herakleia genannt werden. Die menschlichen Protagonisten sind die Inhaber derjenigen Ämter der Stadt, die das Gemeinwesen religiös und politisch repräsentieren, so daß sie in der Kommunikation mit den Göttern als symbolische Verkörperungen der für die Polis konstitutiven Institutionen anzusehen sind: Prophet und *tamias* haben in Didyma dem Apollon zu opfern, der Stephanephore in Milet dem Apollon Delphinios; Prytanen und Sicherheitsbeauftragte sollen Hestia Bulaia und Zeus Bulaios gemeinsam mit den Priestern dieser Götter

Die Breite der vorgesehenen rituellen Maßnahmen reflektiert deutlich den staatspolitischen Stellenwert, der dem Vertragsschluß und damit auch der Einbindung des Gottes in das zugehörige Verfahren von den milesischen Autoritäten zugemessen wurde. Auf diese Weise verpflichten sich die Vertragsparteien den die Opfer empfangenden Gott als Garanten der zwischen ihnen geschlossenen Äquivalenzvereinbarung. Apollon wird als in der vertikalen Dimension angesiedelte Größe in eine nunmehr ›dreidimensionale‹ Konstellation mit den beiden politischen Akteuren eingeschrieben, die auf der horizontalen, menschlichen Ebene stehen.

Diese Erweiterung um die ›vertikale‹ Dimension vermag das auf horizontaler Ebene entstandene Gefüge gleichberechtigter Partner symbolisch zu stabilisieren. Man erkennt daran eine elementare Funktion religiösen Handelns im politischen Raum der Polis: Das Aufspannen der ›dritten Dimension‹ gibt der sozialen Interaktion den Rahmen und schafft eine Instanz der Rückversicherung, die von allen Handelnden anerkannt wird und darum großes ›Vertrauenskapital‹ zu gewinnen vermag. Dabei gilt dieses Prinzip der ›symbolischen Dreidimensionalität‹, in der menschliche Akteure ihr Zusammenspiel über eine übergeordnete Größe leiten, ebenso im Binnenverhältnis der Bürger innerhalb der Stadtgemeinschaft wie in der Austauschbeziehung von Poleis als politischen Handlungssubjekten.

Die einzelnen Elemente des im Isopolitie-Vertrag vereinbarten Ritualkatalogs[200] verdienen nähere Aufmerksamkeit. Er ist geteilt zwischen Aktivitäten, die im Heiligtum von Didyma stattfinden sollen, und solchen, die in Milet selber situiert werden.[201] In Didyma soll der amtierende Prophet als höchster religiöser Funktionär zusammen mit dem ταμίας[202] Opfer für Apollon mit Artemis und Leto, für Athena und für Zeus Soter veranstalten.[203] Voran gehen Prozessionen der Opfertiere, προσόδους ἱερῶν. Das Opferritual ist also aufwendig und glanzvoll. In der Stadt Milet hat in derselben prächtigen Weise[204] der politische Oberbeamte, der Stephanephor, Opfer für Apollon Delphinios darzubringen, die sicher im Delphinion stattfinden; dazu sind ihm seine προσέταιροι beigeordnet. Schließlich opfern die Prytanen und das Kollegium der ἡρημένοι ἐπὶ τῆι φυλακῆι Hestia Bulaia; ihnen assistieren dabei der Priester und der ἱεροκῆρυξ der Göttin. Sie sollen außerdem zum Opfer ein Gebet an die Herdgöttin des Rates richten,

---

Opfer darbringen. Das Gebet – so ist die Syntax sicher zu verstehen – soll von allen drei Gruppen in gleicher Weise bei den Opfern gesprochen werden (c 40-46). Siehe auch u. Anm. 251.

200 I.Milet 150,19ff. (Milet 1,3,233f.)

201 Zu den institutionellen Aspekten siehe Müller, Volksbeschlüsse 48.

202 Seine Unterordnung gegenüber dem Propheten wird hier explizit gemacht: τὸμ μὲν προφήτην μετὰ τοῦ ταμίου τοῦ παρεδρεύοντος. Er fungiert in der vorgeschriebenen Ritualsequenz als Adjunkt des Propheten.

203 Dem kann auch ein Hinweis auf die weiteren im Bereich des Heiligtums etablierten Kultbezirke entnommen werden.

204 ὁμοίως 22.

das um Gelingen und Nutzen des geschlossenen Abkommens mit Herakleia fleht.

Man sieht, wie die religiöse Markierung des durch das Orakel sanktionierten zwischenstaatlichen Akts auf drei deutlich unterschiedene Bereiche aufgeteilt ist: In Didyma erhält das Apollon-Heiligtum Gaben, womit nochmals die Inanspruchnahme des obersten ἐξηγητής der Polis bekräftigt wird. In Milet ist einerseits das wichtigste Heiligtum der Stadt Empfänger, der Tempel des Apollon Delphinios, andererseits das Buleuterion, wo die Schutzgöttin der Rates, Hestia, Opfer empfängt. In Milet sind also die beiden tragenden Gottheiten des politischen Systems angesprochen; in Didyma erklärt die Dominanz des Orakelgottes und die Funktion als Garant der Sympolitie seine Alleinstellung. Die dritte Gruppe von Funktionären, die Opfer im Hestiaion darbringen und auch das Gebet sprechen soll, Prytanen und Sicherheitsbeauftragte, sind mit den Personen identisch, die in der Volksversammlung den Antrag auf Annahme des herakleotischen Dekrets einbringen, das um die Isopolitie mit Milet nachsuchte (1f.).[205] Sie sind erweitert um eine eigens zur Abwicklung dieses Vorgangs gebildete Kommission (οἱ ἀποδειχθέντες σύνεδροι), die zusätzlich als Antragstellerin auftritt.

Es lohnt an dieser Stelle noch ein Blick auf die Gesamtstruktur der Urkunde und den Platz, an dem in der ›Architektur‹ der Aufzeichnung zum einen der Verweis auf den Orakelbescheid, zum anderen die Bestimmungen über die Opfer stehen, die die Ratifikation religiös nachvollziehen. Das Ganze ist ein Volksbeschluß, der in der Annahme (ausgedrückt in der Einleitungsformel ἔδοξε τῶι δήμωι) des Antrags besteht, den die erwähnten drei Gruppierungen der Volksversammlung vorgelegt haben.[206] Nach der Beschlußformel ἐδοξε κτλ. macht der Antrag den gesamten Rest der Urkunde[207] aus.

Nach Nennung der Antragsteller (1-10) bezieht sich das Motiv der Vorlage (10-17), das den nachstehend geforderten Beschluß begründet, zunächst auf den Antrag der Herakleoten, den ihre Gesandtschaft in der milesischen Volksversammlung vorgelegt hat, dann auf den Orakelbescheid, mit dem Apollon den Abschluß des Vertrages empfohlen hat. Hierauf wird der Beschluß selbst beantragt (δεδόχθαι Μιλησίοις 17), und zwar in zwei Teilen: Zunächst werden – in der oben besprochenen Passage (17-25) – differenzierte Opfer verlangt, um die Übereinstimmung mit der συμβουλία Apollons und *»das Wohlwollen der Götter«* (18f.) sicherzustellen. Die

---

205 Müller, Volksbeschlüsse 49-57, zu der Gruppe von *synhedroi,* Prytanen und Sicherheitsbeauftragten als antragstellender Verhandlungskommission, bes. 49f. zum Vertrag mit Herakleia. Ebd. 43-48 zu ihrer Rolle bei der religiösen Begleitung der Vertragsschlüsse (47f. zu den Kreter-Einbürgerungen) .

206 Zur Art der Konstruktion vgl. Müller, Volksbeschlüsse 25 Anm. 2; 51 Anm. 92.

207 Bis auf den Protokollzusatz über die Eideskommission am Ende, s. hiern.

geforderten Beschlüsse über die begleitenden Opferhandlungen sind eine Art Vorspann für den nun als zweiten Punkt angeführten Kern des Antrags, daß der Vertrag mit den Herakleoten geschlossen werden solle (συνκεῖσθαι δὲ πρὸς Ἡρακλεώτας συνθήκην τήνδε 25). Darauf folgt der Wortlaut des langen Vertrages (25-115).

Am Ende stehen die Bestimmungen über die wechselseitigen Eidesleistungen, gemäß denen die Antragskommission aus πρυτάνεις, ᾑρημένοι ἐπὶ τῇ φυλακῇ und σύνεδροι und – wohl durch diese Bevollmächtigten als Vertreter der milesischen Seite – *»der Demos der Milesier«* den Herakleoten den Eid leisten soll (115-117). Es schließen sich die Paragraphen zur Publikation des Vertrages an beiden Orten an,[208] daran noch Klauseln über allfällige Revisionen (διόρθωσις 121). Sie werden an beiderseitiges Einverständnis gebunden, das durch wechselseitige Konsultationen herzustellen ist. Bestimmungen über den Umgang mit Vertragsverletzungen, die als Eidesbruch mit den entsprechenden sakralrechtlichen Konsequenzen definiert werden (ἄδικοί τε ἔστωσαν τῶν θεῶν οὓς ὤμοσαν 123), beschließen den Antrag. Ihm wird ein Protokoll über die erfolgte Wahl einer Dreierkommission angefügt, die ihrerseits den Abgesandten aus Herakleia und – wiederum stellvertretend – *»den Herakleoten«* den Eid über die Vertragsbestimmungen abnehmen soll (124-126) – es leuchtet ein, daß bei der Eidesleistung strengste Reziprozität herrschen mußte.

Der Antrag und der sich darauf gründende Volksbeschluß, die die Umsetzung der im Orakel erhaltenen Entscheidung vorsehen – Sanktionierung des Vorhabens, dem Antrag der Herakleoten zu entsprechen –, stellen gemäß der hier entwickelten Struktur das zweite Psephisma dar, das dem Bescheid des Gottes nachfolgt. Dabei ist aus dem Aufbau der Urkunde deutlich geworden, daß der Orakelbescheid an dieser Stelle nur noch mittelbar (und möglicherweise verkürzt) in indirekter Rede wiedergegeben wird, und zwar als ein Punkt des Motivs: *»Da die Herakleoten den Antrag gestellt haben ... und seine Punkte einzeln dargelegt haben und da der Gott, nachdem der Demos eine Gesandtschaft zur Konsultation über die Angelegenheit ins Heiligtum von Didyma entsandt hat, ein Orakel verkündet hat, in dem er darlegt, daß es besser für uns sei, den Vertrag mit den Herakleoten zu schließen, sollen die Milesier den Beschluß fassen ...«.*[209]

---

208 Im Falle Herakleias kaum das ganze Psephisma mit seinen spezifisch auf Milet bezogenen Regelungen, sondern ein entsprechender eigener herakleotischer Volksbeschluß, in den, wie im vorliegenden Dokument, der Wortlaut des Vertrages integriert war.

209 ἐπειδὴ Ἡρακλεῶται ... ἠξίωσαν ... καὶ ... ἐξέθεντο τὰ κατὰ μέρος ... καὶ τοῦ τε δ[ή]μου ποιησαμένου τὴν ὑπὲρ τούτων ἀναφορὰν ἐπὶ τὸ μαντεῖον τὸ ἐν Διδύμοις ὁ [θ]εὸς χρησμὸν ἐξήνεικεν ἀποφαινόμενος *ἄμεινον ἡμῖν ἔσεσθαι συνθεμένοις πρὸς Ἡρακλεώτας*, δεδόχθαι Μιλησίοις κτλ. **Didyma 12** = I.Milet 150, 10-17 (Milet 1,3,233).

Wir verfügen nicht über das vorbereitende Dekret, in dem die Kommission von θεοπρόποι, die zur ἀναφορὰ ἐπὶ τὸ μαντεῖον gewählt worden ist,[210] bestimmt und der Wortlaut der zu stellenden Anfrage festgelegt wurde. Ob in dieser zu postulierenden Urkunde auch, wie im Fall der Kultreform der Athena Skiris, ein Protokoll mit der tatsächlich in Didyma gestellten Anfrage des Demos und der Bescheid Apollons im Wortlaut beigegeben waren, läßt sich nicht entscheiden; es ist aber gut möglich.

Ebenso können wir nicht sagen, ob Apollon die Frage über den Abschluß des Staatsvertrags mit einem ausführlicheren, versifizierten Orakel behandelt oder tatsächlich nur in der knappen Form geantwortet hat, die das erhaltene Dekret referiert. Da es im didymäischen Corpus ja auch eine ganze Reihe äußerst kurzer Antworten des Gottes (auch in Versform) gibt, ist das nicht unbedingt weniger wahrscheinlich als die Möglichkeit, daß wir im Antrag der Kommission zum Isopolitie-Vertrag nur ein Resümee des Orakels lesen.

Eine detaillierte Aufforderung zu den im ersten Beschlußteil vor dem eigentlichen Vertrag festgelegten Opfern in Didyma und Milet (17-25) dürfte aber im Orakel selbst nicht enthalten gewesen sein, auch wenn es ausführlicher als das uns erhaltene Referat gewesen sein sollte. Der Gott wird sich vielmehr darauf beschränkt haben, die Absicht der milesischen Antragskommission gutzuheißen, auf das herakleotische Begehren einzutreten. Hätte der Bescheid die differenzierten Opfer im einzelnen vorgegeben, zu denen im Antrag die verschiedenen Funktionäre herangezogen werden, müßte man erwarten, daß dies auch in einem Resümee nicht verschwiegen worden wäre.

Dritter Vergleich: Konsultationen Apollons bei der Aufnahme Fremder ins milesische Bürgerrecht. Einfügung der Befragung des Gottes in die administrative Prozedur.

Eine in der gleichen Weise konstituierte Gruppe von Antragstellern hat das erste Psephisma für die Verleihung des Bürgerrechts an kretische Siedler im Jahr 229/28 eingebracht, das ebenfalls zu einer Konsultation Apollons führte. Seine Aufzeichnung nimmt von der γνώμη συνέ[δρων καὶ πρυτάνεων καὶ τῶν ἡιρη]μένων ἐπὶ τῆι φυλακ[ῆι ihren Anfang;[211] die σύνεδροι heißen dann anschließend auch hier vollständiger οἱ αἱρεθέντες σύν-

210 Zum Begriff vgl. L. Robert, REG 40 (1927) 223 = OMS 1,213.

211 I.Milet 36 aa (Milet 1,3,280-282), 1. Das Dekret gehört zu **Didyma 7**. Die Herstellung des Anfangs des Psephisma hat F.W. Schehl, TAPhA 82 (1951) 120, vorgeschlagen und P. Herrmann in Milet 6,1,162 akzeptiert; vgl. auch Müller, Volksbeschlüsse 51. Rehm hatte in Milet 1,3 noch eine Ergänzung ohne Nennung der Prytanen gewählt, aber die Zugehörigkeit des Bruchstücks 36 aa zu dem Volksbeschluß bereits erkannt, womit seine ebd. 74 gemachten Vorschläge zu Herstellung und Einordnung des Beginns überholt waren.

εδροι. Das Ratifizierungsdekret des Verfahrens wird hier von ἐπιστάται eingebracht.[212] Bei einer früheren Einbürgerung kretischer Auswanderer im Jahr 234/33[213] ging offenbar auch der Antrag auf Konsultation Apollons allein von einer (mit mindestens 24 Mitgliedern allerdings großen) Kommission von σύνεδροι aus.[214]

Interessant bei dieser früheren Einbürgerungsurkunde ist, daß die Konsultation in mehrere Anfragen aufgegliedert erfolgte: jeweils einzeln für den aus einer bestimmten Stadt bzw. einer Gruppe von Städten kommenden Personenkreis und nochmals gesondert für Leute, die sich, offenbar unabhängig von der formellen Zugehörigkeit zum Bürgerverband, den Anführern einer Gruppe persönlich angeschlossen hatten. Dies geht aus den als Appendix zum eigentlichen Dekret aufgezeichneten Anfragen hervor, von denen noch zwei für die Siedler aus Dreros und Milatos und für die Leute unter Führung eines Philanor und eines So[- - erhalten sind.[215] Für alle in der Neubürgerliste genannten Gruppen sind, so können wir annehmen, solche Anfragen – wohl der Reihe nach – gestellt worden.[216] Auf dem Fragment, das die zweite erhaltene Anfrage bietet, ist zudem noch ein Rest des voranstehenden Orakelbescheides erhalten geblieben, so daß wir insgesamt über Bruchstücke von drei Antworten verfügen.[217]

Die Fragmente lassen deutlich erkennen, daß Apollon jedesmal mit einem inviduellen Versorakel geantwortet hat – bei der erheblichen Zahl der

212 I.Milet 37,1 (Milet 1,3,58). Vgl. zu diesem Gremium die Bemerkungen von Rehm ebd. 197f.; Müller ebd.

213 Dokumentiert durch das fragmentierte Dekret I.Milet 33 (Milet 1,3,51-55) und die Bürgerlisten I.Milet 34 (ebd. 55-57). Zur Prosopographie dieser kretischen Siedler P. Brulé, REA 92 (1990) 233-258.

214 Vgl. Rehm ebd. 54 mit Überlegungen zum Charakter dieses Ausschusses.

215 **Didyma 5** = I.Milet 33 f 6-10 (Milet 1,3,53) = SGO 01/19/03 und **Didyma 6** = ebd. g 5-10 (ebd. 54) = SGO 01/19/04. »Es muß deren eine stattliche Zahl gewesen sein ... man wird nicht anders annehmen können, als daß sie die ganze dritte Kolumne füllten«: Rehm S. 50. Nach seiner eigenen Skizze ebd. Abb. 56 müssen sie mit dem Fragment f allerdings schon am Ende der zweiten Kolumne eingesetzt haben, s. hiern. Anm. 217.

216 I.Milet 34 (Milet 1,3,55-57). Dazu auch die Bemerkungen von Rehm ebd. 54f.

217 I.Milet 33 f 11-14 (Milet 1,3,53) als Antwort auf die Anfrage f 6-10; g 1-4 (ebd. 54), Schluß eines Bescheids, zu dem uns die Anfrage fehlt; g 11f. (ebd.) als Antwort auf die in g 5-10 festgehaltene Anfrage. – Die Reste der vier Verse des zweiten Orakels am Anfang des Fragments 33 g hat Fontenrose, Didyma 182, irreführend als Fortsetzung des Anfangs des am Ende von 33 f noch lesbaren Orakelbescheids unmittelbar an diesen angeschlossen und als eine einzige Konsultation **Didyma 5** gezählt, wonach wir Reste von nur zwei Bescheiden in I.Milet 33 f-g läsen. Die Darlegungen von Rehm ebd. S. 49f. und Abb. 56 ebd. machen aber klar, daß die Fragmente f und g zwar zum selben Stein gehören (Inv. 562), aber nebeneinander stehen und damit zwei verschiedenen Kolumnen des in drei Spalten an der Hallenwand des Delphinions angebrachten Textes zuzuordnen sind, so daß in g 1-4 der Schluß eines eigenständigen Bescheides zu erblicken ist. Zwischen diesem und demjenigen, dessen Anfang man in f 11-14 liest, hat eine unbestimmte Zahl weiterer Anfragen und Bescheide gestanden, die sich über die dritte Kolumne hin erstreckt haben. Wir befinden uns mit den beiden erhaltenen Stücken etwa in mittlerer Höhe der zweiten und dritten Kolumne. Richtige Zuordnungen bei Merkelbach/Stauber in SGO 01/19/04, aber ohne explizite Korrektur von Fontenrose.

zu bestätigenden Siedlergruppen eine bemerkenswerte Leistung des Orakels. Am deutlichsten wird die Zustimmung Apollons im ersten Orakel, das auf die Anfrage nach der Aufnahme der Siedler aus Dreros und Milatos antwortet: *»Nehmt freudig als Bewohner und Helfer die Männer in eure Stadt auf, denn das wird für euch vorteilhaft und besser sein«.*[218] Im Anschluß war vielleicht von inneren Konflikten in den Heimatstädten der Siedler die Rede, die sie zum Auswandern veranlaßt hatten.[219] Vom Ende des zweiten Bescheids[220] ist noch erkennbar, daß das didymäische Heiligtum angesprochen war (καὶ Διδύμων ε[- -) und der Anfang des nächsten Verses (ὡς ὑμῖν τελέσω[σι - -) wohl zu den erwünschten Folgen der Aufnahme der Kreter Stellung nahm. Die Anfrage, ob man die Gruppe unter der Führung von Philanor und So[- - zulassen solle, wurde sicher ebenfalls zustimmend beschieden; am Anfang scheint die Frage wiederaufgenommen, danach wurde vielleicht von zu erbringenden Kultleistungen gesprochen.[221]

Die Anfragen und die Antworten Apollons, die wir – bruchstückhaft – hier lesen, sind offensichtlich als Protokoll der bereits durchgeführten Konsultationen an das Dekret angehängt worden, das die Aufnahme der Kreter ins Bürgerrecht vollzieht. Die Konsultationen des Gottes müssen auch in diesem Fall zuvor beantragt und in einem vorbereitenden Dekret mit dem Wortlaut der zu stellenden Frage beschlossen worden sein.[222] Die im Staatsvertrag mit Herakleia und bei der zweiten Einbürgerung[223] dokumentierten ausführlichen Opferhandlungen, die die Ratifikation des Geset

218 [δέξασθ' ἀσπ]ασίως οἰκήτορας ἄνδρας ἀρωγοὺς | [ἐς πόλιν ὑμετ]έρην· καὶ γὰρ λῶιον καὶ ἄμεινον 33 f 11f.

219 Nach einem Vorschlag Rehms (i. app.): Κρηταιε]ῖς (?) φῶτες θεσμ[οῖσι]ν ἐπῶρ[σαν]. Besser ist vielleicht die medio-passive Form zu ergänzen.

220 33 g 1-4.

221 ἃ φρεσίν [ἐ]στε ν[οοῦντες - - | τιμαῖς δὲ ἐξω[- - 33 g 11f. Ergänzt von A. Wilhelm, Griechische Epigramme, Bonn 1980, 20 Nr. 20, der Stellen wie Hom. Od. 1,322; Il. 15,81; 22, 235 heranzog, die aber nur für die Verbindung φρεσὶν νοεῖν, nicht aber für die periphrastische Ausdrucksweise Parallelen bieten. (Zur Problematik dieser Nachlaßedition s. Bull. ép. 1981, 71.)

222 Vgl. Rehm, Milet 1,3,54.

223 I.Milet 37 b 39–c 46 (Milet 1,3,59). – Es sollte hier noch vermerkt werden, daß Fontenrose, Didyma 181f., den Rückbezug in 37 b 32-35 auf die Zustimmung Apollons zur Aufnahme der Kreter ('Απόλλων - - ... περὶ ὧν τὴν εὔνοι]αν ἀπεφήνατο (sc. ὁ δῆμος) ... καὶ προσέλαβε σύμψηφον τὴν τοῦ [θεοῦ γνώμην) und auf einen *»früheren Volksbeschluß«* (κατὰ τὸ πρό]τερον ψήφισμα 37) als Zeugnis für das Verfahren der ersten Einbürgerung von 234/233 in Anspruch nimmt und sich damit der ersten Deutung Rehms in Milet 1,3, 72. 74 anschließt. Rehm hatte jedoch im Zusammenhang mit der Auffindung von 36 aa und der Interpretation dieses Stücks als Anfang des vorbereitenden Psephisma der zweiten Einbürgerung klargestellt (Milet 1,3,281), daß dieser Rückbezug in I.Milet 37 eben dem einleitenden Volksbeschluß *desselben* Verfahrens und der dort stipulierten Konsultation in Didyma (**Didyma 7** = I.Milet 36 a 37-40 [Milet 1,3,58]) gelten muß. Das πρότερον ψήφισμα aus I.Milet 37 b 37 ist dieser vorangehende Volksbeschluß, der festsetzt, daß der Antrag auf Einbürgerung Apollon zur Stellungnahme unterbreitet werden soll. Fontenrose verfährt noch dazu widersprüchlich, wenn er die frühere Auffassung Rehms implizit übernimmt und in der Stelle einen Rückbezug auf **Didyma 5** = I.Milet 33 erblicken will, gleich-

zes ergänzen und vervollständigen, dürften genauso im Fall der früheren Bürgerrechtsverleihungen vollzogen worden sein.[224]

Es handelt sich bei den Bescheiden im Zusammenhang der ersten Kreter-Einbürgerung im übrigen um die ältesten uns bezeugten Konsultationen nach der Wiederbelebung des Orakels nach 334 v. Chr., abgesehen von den nur literarisch überlieferten Orakeln für Alexander im Jahr 331, die dem Bericht des Kallisthenes zufolge milesische Gesandte dem Feldherrn nach Memphis überbracht haben.[225]

Die vergleichenden Betrachtungen der Anfrage des milesischen Demos zur Kultreform der Artemis Skiris aus den Jahren um 225 v. Chr. und der Konsultationen, die dem Abschluß des Staatsvertrages mit Herakleia und den beiden Einbürgerungsverfahren des 3. Jh. v. Chr. galten, haben verdeutlicht, wie eine formelle Konsultation des Orakels durch die Stadt in die Schritte und Phasen des institutionellen Entscheidungsprozesses eingeordnet war und wie daraus das politische Handeln in sorgfältig strukturierten Abläufen seine Legitimation bezog. Kehren wir mit diesen Erkenntnissen nun wieder zum Anliegen der Herakleoten zurück, das sie dem Gott von Didyma über den Kult der Athena Latmia vorgetragen haben.

3.2.3 Die Datierung der herakleotischen Urkunde und die angefügte Liste der Priester der Athena Latmia: Die Umsetzung der Verfügungen Apollons wird öffentlich dokumentiert

Die Aufzeichnung aus Herakleia ist unter der zweiten Stephanephorie des Menandros, Sohn des Apollonios und Enkel des Kallikratos, datiert. Der Name ist in der Überschrift der Urkunde nur sehr bruchstückhaft erhalten, läßt sich aber sicher herstellen, da er im Anschluß an das Orakel erneut in der Datierung der ersten Priesterliste genannt ist. Die Befragung des Orakels, die im Anschluß an die Datierung protokolliert wird, wird dabei in den Monat Posideôn des herakleotischen Jahres gesetzt.

Es handelt sich bei der Datierung im Kopf des Dokuments mit einiger Gewißheit um den rückblickend für die Abfassung bzw. Publikation des öffentlichen Protokolls festgehaltenen Zeitpunkt – das im Status eben

gleichzeitig aber die in I.Milet 36 für das zweite Aufnahmeverfahren vorgesehene Befragung des Gottes als bereits erfolgte Konsultation ansieht, sie also auf dasselbe Aufnahmeverfahren bezieht. Rehm war in seiner früheren Behandlung in Milet 1,3 noch davon ausgegangen, daß dieser Teil des Antrags – er sah damals in I.Milet 36 ja nur ein Probuleuma – verworfen worden war und die Befragung Apollons nicht stattgefunden hatte. Wenn man dies aber nicht mehr annimmt (wie offenbar auch Fontenrose) und die Konsultation im zweiten Einbürgerungsverfahren als gegeben sieht, dann muß auch der Verweis auf Apollons Zustimmung in I.Milet 37 b 32ff. auf das zugehörige Vorbereitungsdekret I.Milet 36 a 37ff. zielen.

224 Rehm ebd. 55.

225 **Didyma 4** = Callisth. FGrHist 124 F 14a (= Strab. 17,1,43 p. 814 Casaubon).

einem Dekret der Ekklesie gleichkam und es *pars pro toto* vertritt –, zu dem die Delegation aus Herakleia im Orakelheiligtum die Frage vorgelegt und den Bescheid des Gottes entgegengenommen hat.

Denkbar wäre zwar auch, daß wir hierin die Datierung der Aufzeichnung als ganzer finden, was ihre Bestätigung auf Richtigkeit durch die zuständigen Polisinstanzen voraussetzt. Dagegen spricht jedoch die eigenständige Datierung der Priesterliste, die in diesem Fall integraler Bestandteil des durch eine übergreifende Datierung eingeleiteten Gesamtdokuments sein müßte. Da aber in beiden Fällen durch den identischen Stephanephoren dasselbe Jahr bezeichnet ist und der für die Priesterliste genannte Monat Anthesteriôn nach dem vorhandenen Vergleichsmaterial auf den Posideôn – möglicherweise mit weiteren dazwischenliegenden Monaten – folgte,[226] liefe diese Variante auf ein unmögliches *hysteron proteron* hinaus.

Die Datierung der Priesterliste bezeichnet den Beginn des neu eingeführten Besetzungsverfahrens und der zugehörigen Aufzeichnungen. Um die in der Liste genannten Amtsinhaber in der Geschichte der Stadt zu situieren, genügte es, das Einsetzen des neuen Auswahlmodus durch die Verknüpfung des ersten Jahrespriesters der Athena, eines gewissen Hekatomnôs S. d. Melas,[227] mit dem Stephanephorat des betreffenden Jahres zu bezeichnen.[228] Die auf den ersten Blick überraschende Präzisierung des Monats, in welchem Hekatomnôs sein Amt antrat, liegt in dem Umstand begründet, daß man mit dem Amtsantritt des ersten nach den neuen Regeln bestimmten Priesters nicht bis zum Beginn des neuen Jahres wartete, sondern die im laufenden Jahr verbleibende Amtszeit ihm zusätzlich zum ganzen folgenden Jahr übertrug.[229] Alle seine Nachfolger – und auch er

226 Dies legt vor allem der milesische Kalender nahe, wo die das Jahr beschließenden Monate Posideôn, Lenaiôn, Anthesteriôn und Artemisiôn hießen; vgl. zu Milet Wörrle, Herakleia 429 Anm. 20; A.E. Samuel, Greek and Roman chronology, Handb. d. Altertumswiss. 1,7, München 1972, 114f.; Ehrhardt, Milet 113-125. 397ff.; Trümpy, Monatsnamen 89-93. Zu den ansonsten vom Kalender Herakleias bekannten Monaten Trümpy ebd. 111-113 und zuvor Wörrle, Athena Latmia 31 Anm. 25.

227 An dieser Stelle ist bloß der Vatersname erhalten, aber die volle Namensform läßt sich aus dem Eintrag des zweiten Priestertums des Hekatomnôs in 3 A 8 herstellen.

228 Ganz ähnlich lauten die Überschriften von zwei Priesterlisten in Lindos, die für die Kulte des Zeus Patrôos und des Poseidon Hippios geführt worden sind: I.Lindos 648 (1. Hälfte des 1. Jh. v. Chr.), ἱερεῆς (= ἱερεῖς) Διὸς Πατρῴου ἀφ' οὗ ἔδοξε Τραγαδίταις (nach Blinkenberg ad loc. ein sonst nicht bekannter gentilizischer Verband im Territorium von Lindos, der einen eigenen Zeus Patrôos verehrte) κατ' ἐνιαυτὸν αἱρεῖσθαι; IG 12,1,926 = Syll.^{3} 725a (4. Jh. v. Chr.), besserer Text nach Revision bei Blinkenberg, Prêtres de Poseidon Hippios 18 Z. 5: τοίδε αἱρέθεν ἱερεῖς Πο‹τε›ιδᾶνος Ἱππίου ἀφ' οὗ ἔδοξε τοῖς Λινδίοις κατ' ἐνιαυτὸν αἱρεῖσθα[ι]. Hier wird also der Beginn der Priesterbestellung durch Jahreswahl als ein neu eingeführtes Verfahren ausdrücklich hervorgehoben; zuvor handelte es sich offenbar um auf Lebenszeit besetzte Funktionen (vgl. Wörrle, Athena Latmia 43f.) Siehe auch die Diskussion des Phänomens bei Robert, Amyzon 249f.

229 2 A 19-21 οἱ κατ' ἐν[ιαυτὸν ἱερεῖς] ὧν ὁ πρῶτος ἱερᾶται [τοῦτον καὶ τ]ὸν ἑξῆς ἐνιαυτόν.

selbst, als er etwa eine Dekade später das Amt erneut übernahm[230] – traten hingegen ihr Amt im Kult der Athena mit dem Beginn des offiziellen Jahres der Stadt an.

Diese Vorgehensweise bei der Umsetzung des Orakelspruchs – die in einem entsprechenden Volksbeschluß festgelegt worden sein muß – läßt erkennen, daß die Stadt von Apollon Rat zur Regelung einer drängenden Angelegenheit erbat; andernfalls hätte man wohl den Rhythmus der regulären Amtsjahre nicht durchbrochen und die Neuregelung mit Beginn des neuen Jahres eingeführt.[231] Welche besonderen Umstände allerdings die Bürger von Herakleia dazu veranlaßten, das Priesteramt der Athena mit möglichst geringer Verzögerung nach dem Spruch Apollons gemäß den neuen Regeln zu besetzen, erfahren wir aus der Urkunde nicht.

3.2.4 Die Anfrage an Apollon: Form, Struktur, Gegenstand und Vorstellungswelt. Der Gott als Vermittler der Kommunikation mit den Akteuren des Pantheons

Formale Typen der Anfrage an den Gott. Herakleia stellt eine Doppelfrage: Der Gott muß zwischen Alternativen entscheiden. Überlegungen zum situativen Anlaß der Konsultation. Die Geschichte des Athena-Kults in Herakleia.

Die Aufzeichnung der dem Gott vorgelegten Frage verrät die vertrauten Muster, die bei der Konsultation eines Orakels auch sonst zur Anwendung gelangten.[232] Die anfragende Partei, hier also der Demos der Herakleoten, ist zu Beginn als Subjekt genannt. Sie stellt eine Doppelfrage im πότερον … ἤ-Typ, die den Gott vor die Notwendigkeit einer Entscheidung zwischen zwei Alternativen stellte. Eine Variante zu diesem Fragetypus bestand in einer Vorlage, die nur *eine* Handlungsoption vorbrachte, so daß

230 3 A 8. Auch dreimaliges Fungieren kommt in der Liste vor, so im Fall eines Matris, S. d. Aristeas (4 A 5), dessen Sohn (der in der üblichen Weise wieder den Großvatersnamen Aristeas trägt) auf dem oben S. 398f. m. Anm. 180 besprochenen Fragment der herakleotischen Stephanephorenliste auftaucht. Die Beziehung ist ein wichtiger Ausgangspunkt für Wörrles prospographische Kombinationen zum Zweck der chronologischen Eingrenzung der Orakelbefragung.

231 Allerdings kennt man auch sonst aus verschiedenen Fällen das Verfahren, daß bei einer Reform der Amtsstruktur oder sonstigen besonderen Vorkommnissen im Laufe eines Jahres (insbesondere natürlich, wenn der Vorgänger im Amt verstorben ist) der nächste Magistrat sein Amt noch für den Rest des angebrochenen Jahres *und* das anschließende reguläre Amtsjahr führt.

232 Zum folgenden vgl. auch die von Fontenrose aufgestellte Liste der »Question formulae«, die hier in Kap. 5.3, S. 608-610, tabellarisch wiedergegeben wird. Fontenrose hat sein Schema anhand des Corpus der delphischen Orakelanfragen entwickelt, schreibt ihm aber übergreifende Gültigkeit zu. Folgerichtig bezieht er sich auch in seiner Analyse der didymäischen Konsultationen darauf, indem er Belege und Fehlstellen für die einzelnen Typen im dort überlieferten Material verzeichnet. Aufschlußreiche Beispiele für die Frageformen, mit denen sich Städte nach Ausweis der inschriftlich erhaltenen Orakel an Apollon wandten, bei Robert, Amyzon 112 Anm. 122.

die Alternative für den Gott nur in der Ablehnung der im ersten Teil der Frage entwickelten Möglichkeit bestand (πότερον ... ἢ μή). Schließlich gibt es häufig auch bloß die einfache Frage, die den Gott durch das verwendete Formular von vornherein in die Richtung der Zustimmung zu der von den Konsultanten geäußerten Absicht zu lenken versucht (einfache abhängige Frage mit εἰ ...). Von der Aussagelogik her betrachtet, kommt die Scheindoppelfrage mit πότερον ... ἢ μή der einfachen Frage – die theoretisch natürlich auch abschlägig beantwortet werden konnte – bereits sehr nahe.[233]

Die einfache Frage ist etwa in den Konsultationen verwendet worden, mit denen der milesische Demos im Jahre 234/33 v. Chr.[234] Apollon das Projekt der Einbürgerung kretischer Auswanderer unterbreitet, die im an der Grenze zum Territorium von Magnesia gelegenen Ort Myus und beim Fluß Hybandos angesiedelt werden sollen.[235] Hier ist der gesamte Entscheidungsprozeß in der Volksversammlung von vornherein auf *eine* Vorgehensweise hin angelegt: Die Bürgerschaft verfolgt das Ziel, für ein klar umrissenes Vorhaben die Sanktionierung durch die Gottheit zu erhalten. Dementsprechend wird auch die Form der Anfrage gleich daran ausgerichtet und erst gar keine Alternative formuliert.[236]

Die Herakleoten wollten demgegenüber offensichtlich eine echte Entscheidungshilfe, als sie dem Gott die Frage stellten, nach welchem Modus das Priesteramt der Athena künftig besetzt werden solle, ob durch Verkauf der Stelle auf Lebenszeit oder durch jährliche Wahl. Über die Hintergründe und den Anlaß der Demarche kann man bloß spekulieren. Möglich, daß das Priestertum seit geraumer Zeit vakant geblieben und nun eine Diskussion darüber entstanden war, wie fortan die kontinuierliche Besetzung si-

233 Hier nicht einschlägig ist der Typus der offenen Frage, wie ihn die Anfrage der Athener in Delphi bietet, die in der (möglicherweise pseudepigraphischen) Rede des Demosthenes gegen Makartatos (ca. 370-365 v. Chr.) aus dem zugehörigen Psephisma zitiert wird (Or. 43,66: PW 283 = Fontenrose H 29): ἐπερωτᾷ ὁ δῆμος ὁ Ἀθηναίων περὶ τοῦ σημείου τοῦ ἐν τῷ οὐρανῷ γενομένου, ὅ τι ἂν δρῶσιν Ἀθηναίοις ἢ ὅτῳ θεῷ θύουσιν ἢ εὐχομένοις εἴη ἐπὶ τὸ ἄμεινον ἀπὸ τοῦ σημείου. Dort ist auch die übliche Konstruktion λῷον/ἄμεινόν ἐστι mit den handelnden Personen im Dativ und angeschlossenen Partizipien zur Bezeichnung der gewünschten Tätigkeiten verwendet. Siehe zu dieser Konsultation auch oben Kap. 2, Anm. 613.

234 Neuer Datierungsansatz durch Wörrle, Herakleia 444 Anm. 86, siehe oben Anm. 198. Zu diesem ersten Einbürgerungsverfahren für kretische Einwanderer o. S. 413-416 m. Anm. 213.

235 Vgl. die Ausführungen von A. Rehm, Milet 1,3, 76f.

236 **Didyma 5** = I.Milet 33 f 6f. (Milet 1,3,53): ὁ δῆμ[ος ὁ Μιλησίων ἐρωτ]ᾶι εἰ αὐτῶι [λ]ῶι[ον] κα[ὶ ἄ]μεινον ἔσται κ[αὶ νῦν καὶ εἰς τὸν ἔπ]ειτα χρόνον προσλαβόντι κτλ.; identisch in der zweiten Konsultation desselben Zulassungsverfahrens, **Didyma 6** = I.Milet 33 g 5ff. (ebd. 54). S. ausführlicher oben S. 413-416. Die klare Intention der Konsultanten, die die Unterstützung des Gottes für ein präzises Projekt im Status eines fortgeschrittenen Gesetzgebungsverfahrens einholen möchten, schließt nicht aus, daß die nicht überschaubaren Folgen des Vorhabens in den Augen der Teilnehmer trotz des von Apollon erteilten Placet der religiösen Absicherung durch spezifische kultische Maßnahmen bedurften. Dazu einige Überlegungen unten Anm. 251.

chergestellt werden könne. Vielleicht war auch nur der bisherige Amtsinhaber unerwartet ausgeschieden oder – wahrscheinlicher – verstorben.

Indem durch die Formulierung der Überschrift der Priesterliste der entsprechend dem Rat Apollons eingeführte Jahreswahlmodus betont und der sofortige Amtsantritt des Hekatomnôs noch vor dem regulären Jahreswechsel dokumentiert wird, entsteht jedenfalls der Eindruck, daß man zuvor anders verfahren war. Bisher war wohl die Priesterstelle auf Lebenszeit verkauft worden; nun war vermutlich der letzte Amtsinhaber διὰ βίου überraschend verstorben, und ein Kandidat für die Nachfolge, der bereit gewesen wäre, sich in das Amt einzukaufen, ließ sich nicht ohne weiteres finden. In dieser Situation kam die Frage auf, ob man nicht das Verfahren der Beschickung modifizieren müsse, um die Durchführung des Kults zu gewährleisten.

Im Prinzip wäre auch denkbar, daß der Kult der Athena überhaupt neu eingerichtet werden sollte.[237] Doch ist der Tempel auf dem Felsvorsprung über dem Latmischen Golf auf jeden Fall hellenistisch und der Kult Athenas schon für das frühe 2. Jh. v. Chr. gesichert. Das erweist einmal das Bild der Göttin auf der Münzprägung der Stadt, wo die entsprechenden Serien noch aus dem ersten Viertel des 2. Jh. v. Chr. stammen können,[238] dann die Bestimmung des bereits erwähnten Isopolitie-Vertrages mit Milet aus der zweiten Hälfte der 180er Jahre, wonach ein Exemplar der Vereinbarung im Athena-Heiligtum von Herakleia aufgestellt werden sollte;[239] es hat sich freilich bisher nicht gefunden. Darüberhinaus dürfte die Verehrung der Stadtgöttin aber in die klassische und sogar archaische Zeit zurückreichen,[240] so daß zum Zeitpunkt der Anfrage an Apollon allenfalls eine Neubelebung in Frage käme.

Die Präsenz der Athena auf den Münzprägungen der Stadt ebenso wie die Aufstellung des Staatsvertrages mit Milet im Athena-Tempel zeigen deutlich, daß es sich um den Hauptkult der Stadt gehandelt hat. Daß man für die Geschichte und die politischen wie religiösen Ansprüche der Stadt vitale Dokumente wie die Vereinbarungen mit Antiochos III. und die Garantieerklärung der Scipionen ebenfalls hier für die Öffentlichkeit sichtbar angebracht hat, ist ein nicht minder beredtes Zeugnis für den Stellenwert dieses Kults im Pantheon Herakleias.

237 Eine solche Möglichkeit hatte im Fall des Orakels über das Athena-Priesteramt der Satornila (**Didyma 25**) zunächst auch P. Herrmann erwogen (Athena Polias 293f.), vgl. o. Anm. 143.

238 Vgl. Wörrle, Athena Latmia 40 m. Anm. 73; die dort angekündigte Arbeit von St. Lavva zur Münzprägung von Herakleia ist erschienen: Zur Silberprägung von Herakleia am Latmos, Chiron 23 (1993) 391-414.

239 **Didyma 12** = I.Milet 150, 117-120 (Milet 1,3,236): τὰ δὲ συγγεγραμμένα περὶ τούτων ἀναγράψαι ἑκάτερον τῶν δήμων εἰστήλην λιθίνην κα[ὶ] ἀναθεῖναι Μιλησίους μὲν ἐν τῶι ἱερῶι τοῦ Ἀπόλλωνος τοῦ Δελφινίου, Ἡρακλεώτας δὲ ἐν τῶι ἱερῶι τῆς Ἀθηνᾶς.

240 Siehe hiern. S. 439f. 442-444.

Analyse der Struktur der Anfrage. Apollon soll eine Doppelperspektive einnehmen: Nutzen der Stadt, Zustimmung der betroffenen Gottheit. Der Orakelgott hat die Autorität, Haltung und Willen anderer Götter des Pantheons mitzuteilen. Konsequenzen für die implizite Theologie der Orakel: Die Struktur des Pantheons und der Orakelgott als ›Exeget‹.

In der Anfrage ist die weit verbreitete Formel ὁ δεῖνα ἐρωτᾷ πότερον αὐτῷ λῷον καὶ ἄμεινον ... verwendet worden,[241] an die sich mit Hilfe einer Partizipialkonstruktion im Dativ die Bezeichnung der Handlung anschließt, die den Inhalt der Anfrage darstellt (πωλοῦντι ... ἢ χειροτονοῦντι). Das finite

241 Sie war auch in den besprochenen älteren Anfragen über die Verleihung des Bürgerrechts an die Kreter, **Didyma 5-6** = I.Milet 33 f-g (Milet 1,3,53f.), angebracht worden und läßt sich im vorbereitenden Psephisma der jüngeren Anfrage **Didyma 7** = I.Milet 36 a (ebd. 58) sicher herstellen; auch die hiern. S. 425-428 m. Anm. 244-246 diskutierte Anfrage des *tamias* Hermias (**Didyma 27**) benutzt sie. Zu dieser Formel sind die Bemerkungen von A. Wilhelm, Das Orakel des Mnasistratos, Neue Beiträge 3,22-27 = Akademieschriften 1,144-149, wichtig. Siehe auch Amandry, Mantique apollinienne 155. 164; Günther, IstMitt 21 (1971) 103 Anm. 29; Robert, Fête de Cyzique 462-466 = DAM 158-162, zu dem von ihm hergestellten delphischen Orakel von Kyzikos (PW 341 = Fontenrose H 38; siehe o. Kap. 2, Anm. 585 und u. Anm. 355) mit reichem Vergleichsmaterial. Wenn kein versifiziertes Orakel überliefert ist, sondern entweder nur eine Paraphrase aufgezeichnet worden oder das Orakel selbst in Prosaform ergangen ist, wird auch für den Bescheid grundsätzlich die syntaktische Form einer Partizipialkonstruktion im Dativ verwendet; vgl. Robert ebd. und dens., Hell. 11-12,535 Anm. 2. Zwischen Paraphrase eines Versorakels oder Prosaorakel läßt sich meistens kaum entscheiden. Man kann sich fragen, ob Fälle von Prosawiedergabe längerer Bescheide auch Umsetzungen in die indirekte Rede darstellen können und so in der Änderung der Form über eine Paraphrase hinausgehen. – Die Frageformel λῷον καὶ ἄμεινον kann auch in die Antwort übernommen werden, siehe den zu Beginn noch recht gut erhaltenen Bescheid Apollons auf die erste Anfrage der Milesier zur Aufnahme kretischer Neubürger 234/33 v. Chr., **Didyma 5** = I.Milet 33 f 11f. (Milet 1,3,53), wo zunächst die Weisung präzise genannt wird ([δέξασθ' ἀσπ]ασίως κτλ.) und darauf die Begründung folgt: καὶ γὰρ λῶιον καὶ ἄμεινον; anschließend folgten offenbar weitere begründende Ausführungen zum konkreten Anliegen (oben S. 415). Die Formel findet sich auch in der Antwort von **Didyma 28** (nächste Anm.) und verkürzt in der Paraphrase des zustimmenden Bescheids Apollons zum Vorhaben des Isopolitie-Vertrags zwischen Herakleia und Milet, **Didyma 12** = I.Milet 150, 16f. (Milet 1,3,233): ὁ [θ]εὸς χρησμὸν ἐξήνεικεν ἀποφαινόμενος ἄμεινον ἡμῖν ἔσεσθαι συνθεμένοις πρὸς Ἡρακλεώτας.
Vor allem aber begegnet sie bereits in der ältesten inschriftlich erhaltenen Konsultation, **Didyma 1** = I.Milet 178 (Milet 1,3,273) (Bustrophedon), wo sie sich als Bestandteil des Bescheids sicher ergänzen läßt: - -]ομυθέομαι μὴ αρ[- - (12-13 Buchst.) | (12-13 Buchst.) - -]τεως τῆι προτέρηι | νυκτὶ εἶπον· καὶ [τῶι μὲν πειθομέ|νωι λῶιον καὶ ἄ]μεινον ἔσται, τῶι δὲ μὴ πειθομένω[ι τοὐναντίον]. J.R. Somolinos, Le plus ancien oracle d'Apollon Didyméen, EpigrAnat 17 (1991) 69-71, wollte den Anfang τοῦτ]ο μυθέομαι herstellen, doch beruhte dies auf der Annahme eines syntaktischen Einschnitts danach und der nach einer Abschrift von Rehm in Milet 1,3 zunächst gegebenen Fortsetzung - -]ομυθέομ[αι· τ]ῆ[ι] αρ[- -, woraus Somolinos τ]ῆ[ι] Ἀρ[τέμιδι (Πυθείηι?) zu ergänzen versuchte. Seiner Ansicht nach folgte darauf die Aufforderung zu einer Kulthandlung für Artemis (in diesem Sinne ergänzt er den Anfang von Z. 2 ῥέζε]τε ὡς τῆι προτέρηι νυκτὶ κτλ.). P. Herrmann, EpigrAnat 19 (1992) 116f. Anm. 3 (s. inzwischen auch in Milet 6,1, 195) hat dann auf die Revision des Steines durch Rehm mit der sicheren Lesung des Anfangs (s.o.) hingewiesen, deren Ergebnis er in den Nachträgen von Milet 1,3, S. 178, mitgeteilt hatte. Die Revision hatte die von Rehm schon in der ersten Fassung i. app. vorgebrachte Ergänzung ἀπ]ομυθέομαι bestätigt, die die nachfolgende Konjunktion μή zu erklären vermag. Daß der An-

Verb der Doppelfrage im Konjunktiv (ᾖ) wird hier nicht gesetzt. Der Typus *»... ob es für ihn vorteilhafter und besser ist«*, der die Perspektive der Konsultanten einnimmt (αὐτῶι), ist in der Anfrage der Herakleoten durch ein zweites, paralleles Glied ergänzt, das die betroffene Gottheit in den Blick nimmt: *»... und ob es Athena Latmia erwünscht ist«* (καὶ ... προσφιλές).[242] Der Orakelgott wird somit als dritte, außenstehende und zugleich übergeordnete Instanz um eine Bewertung ersucht, welche Folgen die in Aussicht genommene Handlung für die auf menschlicher und göttlicher Ebene beteiligten Seiten haben wird.

Es wird durch das verwendete Anfrageformular also ein enger Zusammenhang hergestellt zwischen dem Nutzen, den die Stadt aus der vorge-

---

fang des nächsten Wortes αρ[- - zum Namen der Göttin ergänzt werden könnte, ist damit zwar noch nicht ausgeschlossen, da der Artikel bei Götternamen nicht stehen muß; aber die Ablehnung einer Kulthandlung wäre unter den uns bekannten Orakelbescheiden singulär. Herrmann vermutet, daß in αρ[- - der Anfang einer finiten Verbform im Konjunktiv zu sehen ist. Zu einem fehlenden Artikel beim Götternamen vgl. das Dekret der milesischen Apoikie Apollonia am Rhyndakos etwa Mitte des 2. Jh. v. Chr. über die ἀνανέωσις der συγγένεια mit der Mutterstadt, das einen Verweis auf ein archaisches Kolonisationsorakel des didymäischen Apollon enthält: **Didyma App 1** = I.Milet 155 (Milet 1,3,255f.) = McCabe, Milet (PHI # 7) 27, 17 καθηγησαμένου τῆς στρατείας Ἀπόλλωνος Διδυμέως vs. 20 τῶι τε Ἀπόλλωνι Διδυμεῖ ἀπονεῖμαι τὰ προσ[ή]κοντα χαριστήρια. Zu diesem Orakel und dem historischen Stellenwert der Gesamturkunde s. Ehrhardt, Milet 44-47; Curty, Parentés 143-145; vgl. Robert, OMS 4,292-294; dens., A travers l'Asie mineure 89-97.

In **Didyma 1** liegt ein in zweierlei Hinsicht bemerkenswerter Befund vor, der im hier betrachteten Material allein steht: (1) Apollon rät in einem Orakel explizit von einer durch den/die Konsultanten in Aussicht genommenen Handlung ab (ἀπομυθέομαι μή ...). (2) In strikter Symmetrie benennt der Gott die günstigen Konsequenzen der Befolgung des Rats ebenso wie die ungünstigen der Nichtbeachtung: καὶ [τῶι μὲν πειθομένωι λῶιον καὶ ἄ]μεινον ἔσται, τῶι δὲ μὴ πειθομένω[ι τοὐναντίον]. Die von Somolinos (ebd. 70 Anm. 6) beigebrachte Parallele **Didyma App5** = PW 335 = Fontenrose H 36 formuliert nur zweifach die positive Seite, ohne die Folgen der Nicht-Konformität zu beleuchten. Sie bezieht sich darin allerdings ebenfalls sehr nachdrücklich auf den Gehorsam der Konsultanten (GIBM 4,1,896 = Syll.[3] 1044 = LSAM 72, 5ff. ἔσεσθαι λῶιον καὶ ἄμεινον αὐτοῖς ἱλασκομένοις καὶ τιμῶσιν ... τοῖς δὲ ταῦτα διαφυλάσσουσιν καὶ ποιοῦσιν ἄμεινον ἔσεσθαι). Die Inschrift stammt aus Halikarnassos; das Orakel hat G. Daux, Rev Phil 3,15 (1941) 11-15, nach Delphi gewiesen (zustimmend Bull. ép. 1941, 136a). Fontenrose, Delphic oracle 256 zu H 36, erwägt auch Didyma, hat das Zeugnis dann aber nicht in seinen Katalog von 1988 aufgenommen. Wir ordnen das Zeugnis versuchsweise dem didymäischen Corpus ein. – Diese vorerst singulären Merkmale zeigen vor allem, wie wenig Verläßliches wir über die Bandbreite möglicher Kommunikationstypen in den Orakeln und über die Orakelpraxis archaischer Zeit wissen.

Zu **Didyma 1** ist weiter festzuhalten, daß das Orakel in Prosa gegeben ist und daß es offenbar einen Hinweis auf eine Doppelkonsultation enthält (für diese vgl. **Didyma A3, 24, A4** [?], **A5, 29, 30/31**): Eine erste Antwort ist *»in der vergangenen Nacht«* erteilt worden. Apollon unterstreicht hier wohl nochmals seine zuvor erteilte Weisung. Mit der Nachfrage wollten die Konsultanten den Gott zu einer modifizierten Position bewegen, aber der Gott beharrt auf seiner ersten Entscheidung und rät von der jetzt vorgebrachten Absicht ab (vgl. Somolinos ebd. 70). Nächtliche Konsultationstermine bezeugt für Klaros in der Kaiserzeit Aelius Aristides, **Klaros 21** = Or. 49 [Or. Sacr. 3], 12 Keil ἡ νὺξ ἐτύγχανεν ἡ ἱερὰ ἐπικειμένη.

242 Das Vorkommen von προσφιλές an dieser Stelle der Anfrage ist ein Indiz für die didymäische Herkunft des Orakels aus Herakleia. In gleicher Weise ist es auch in den beiden Anfragen des

sehenen Kultreform ziehen soll, und dem Wohlgefallen der Gottheit, deren Kult dadurch berührt ist. Bei einer Anfrage wegen einer Kultreform oder überhaupt zur rituellen Praxis ist eine solche Erweiterung der Frage natürlich am Platze, ja sogar besonders wichtig.

Falls eine solche Absicht den Kult anderer Gottheiten angeht, ist der das Orakel erteilende Gott nicht mehr als unmittelbar Betroffener gefragt. Seine Zustimmung genügt folglich nicht schon *eo ipso*, um das Einverständnis der Götter mit der beabsichtigten Intervention und den Fortbe-

---

tamias Hermias verwendet, **Didyma 27** = W. Günther, IstMitt 21 (1971) 97-108 Nr. 1 = SGO 01/19/06 = McCabe, Didyma (PHI # 7) 577 a, 9f. πότερον λῷον καὶ ἄμεινον τῇ τε θεᾷ προσφιλὲς κτλ. (s. hiern. Anm. 244), und **Didyma 28** = I.Didyma 499 = SGO 01/19/07 = McCabe, Didyma (PHI # 7) 575, 1 [τ]αμίας (hergestellt von Günther ebd. 100 Anm. 12) Ἑρμ[ίας ἐρωτ]ᾷ εἰ προσφιλές ἐ[στι τῷ θεῷ - -. Es geht in der Anfrage offensichtlich um eine Kalenderreform und die Ausdehnung (ἡμέρας 2) oder den Rhythmus eines Festes (ἐπετε[ίους ebd.). Apollon antwortet, man solle sich an die Tradition halten, also keine Modifikation vornehmen: [ἐ]στὶ τελεῖν [πατρικ]ῇ γνώμῃ λῷον κ[αὶ ἄμεινον]. Erneut ist die λῷον καὶ ἄμεινον-Formel auch in der Antwort des Gottes wiederaufgenommen, vgl. **Didyma 5** = I.Milet 33 f 11f. (Milet 1,3,53; s. vorige Anm.). Die Identität der beiden namensgleichen *tamiai*, die Apollon konsultieren, ist wahrscheinlich, aber nicht bewiesen, vgl. Fontenrose, Didyma 202. Eher skeptisch bleibt wegen der von Rehm als spät eingestuften Schrift von **Didyma 28** Günther ebd., der hingegen nicht zweifelt, daß derjenige Hermias, der in **Didyma 27** die Anfrage über den Altar der Tyche stellt, auch in dem Träger des gleichen Namens, S. d. Epagathos, wiederzufinden ist, der in einer Hydrophoreninschrift (I.Didyma 348,3-5) als Agonothet an den Didymeia genannt und mit dem Prädikat εὐσεβής geschmückt wird; nach Günther ist der Schriftduktus sehr ähnlich.

Der Formel προσφιλὲς τῷ θεῷ bedient sich auch der Konsultant Karpos, der wissen möchte, ob er ein gegenüber Sarapis eingegangenes Gelübde erfüllen soll, **Didyma 21** = I.Milet 205 b (Milet 1,7,302f. = Milet 6,1,34f.) = SGO 01/20/04 = McCabe, Milet (PHI # 7) 483 (die Inschrift war auf demselben Stein wie **Didyma 20** vermutlich im Serapieion von Milet angebracht): Κάρπος ἐρωτᾷ· εἰ, καθὼς προήρηται, προσφιλές ἐστιν τῷ Σέραπι τὴν εὐχὴν τελεῖν. Der Dativ des Gottesnamens muß ἀπὸ κοινοῦ auf προσφιλές und zugleich als *dat. commodi* auf τελεῖν bezogen werden. In der Formel steht er bei προσφιλές – oder seiner Entsprechung – sonst voran; daraus zu schließen, daß hier mit alleinstehendem προσφιλές die Zustimmung des Orakelgottes selbst bezeichnet sei, geht aber nicht an, da nach Ausweis der Vergleichsfälle noch das ›Wohlgefallen‹ der betroffenen Gottheit erfragt werden muß. Nach dem Vorschlag Roberts (Trois oracles 594 = OMS 5,610) ist Karpos in milesischen Ehreninschriften wiederzuerkennen, die zwei Berufsvereine für den Buleuten Ulpios Karpos, Priester und Prophet des ἁγιώτατος θεὸς ὕψιστος σωτήρ errichtet haben (I.Milet 1138/1139 [Milet 6,3,89-91] = McCabe, Milet [PHI # 7] 389/390). In ihm sieht er auch den Konsultanten, der das in der *Theosophie* (§ 42 = 1,38 Beatrice) überlieferte ›Theologische‹ Orakel **Didyma App36** erfragt hat. Siehe oben Anm. 121.

Bei Robert (ebd. Anm. 2) der Hinweis auf einen Kultverein von *hymnodoi, theologoi* und *thesmodoi* der Artemis in Ephesos, der die aus den Orakelanfragen bekannte Formel zur Bezeichnung seines engen Verhältnisses zur Göttin benutzt, deren Gottesdienst er besorgt: J. Keil, Anz. ÖAW 92 (1955) 165f. Nr. 2 (vgl. ebd. 91, 1954, 219) = SEG 17,509 = AnnÉp 1956, 11 = I.Ephesos 645 = McCabe, Ephesos (PHI # 7) 1292, Inschrift des προσφιλέ[στ]ατον τ[ῇ] ἁγιωτάτῃ [θ]εῷ Ἀρτέμιδι συνέδριον [τ]ῶν ὑμνῳδῶν [κ]αὶ θεολόγων [κ]αὶ θεσμῳδῶν. Um die Mitte des 3. Jh., unter dem Kaiser Philippus Arabs, ehrt dieses Kollegium eines seiner Mitglieder, den ὑμνῳδός Ti. Claudius Moschas, einen einflußreichen Magistraten, βούλαρχος, πρῶτος στρατηγός und εἰρήναρχος (zu diesem Amt L. Robert, BCH 52, 1928, 408 = OMS 2,879 Anm. 3). Sein Bruder war gleichfalls πρῶτος στρατηγός, darüberhinaus in Ephesos auch γραμματεύς des Demos und Agoranom, und hatte es auf der Ebene der Reichsverwaltung bis zum ἀσιάρχης gebracht (zu Prosopographie und zeitgeschichtlichem Kontext Keil ebd.; vgl. Bull. ép. 1956, 255).

stand des guten Einvernehmens zwischen der Stadt und ihren übernatürlichen Schutzmächten zu sichern. Der Orakelherr muß vielmehr als ἐξηγητής, mit dem die Gemeinde in direkte Kommunikation treten kann, auch die Situation der involvierten anderen göttlichen Mächte bewerten und seine Stellungnahme an dieser Einschätzung ausrichten. Anders als beim Orakelgott kann die Gemeinde die Zustimmung der anderen Götter – gerade wenn sie von der geplanten Maßnahme betroffen sein sollten – nicht mittels direkter Abklärung einholen, sondern muß sie über den ›Umweg‹ der Konsultation Apollons mittelbar in Erfahrung bringen.

Es ist dabei für die innere Logik der Gottesvorstellung und der Strukturgesetze, nach denen die Akteure ihr Pantheon organisieren, interessant, daß der mit divinatorischer Kompetenz ausgestattete Gott die Sichtweise und Willenslage anderer Mitglieder des Pantheons einsehen und mit unzweifelhafter Autorität für sie sprechen kann. In dem öfters in der literarischen Überlieferung ausgesprochenen Gedanken, Apollon verleihe bloß dem Willen des Zeus als des obersten Lenkers Ausdruck, ist vor diesem Hintergrund vielleicht eine Konstruktion zu sehen, durch die die divinatorische Fähigkeit und die Befugnis Apollons, über die Wünsche anderer Götter zu befinden, in ein plausibles hierarchisches Schema eingepaßt werden konnten.

Auf diese Weise war die herausgehobene Rolle des ἐξηγητής mit der die Provinzen der Einzelgötter übergreifenden Lenkungskompetenz des Zeus zu vereinbaren, die dem Göttervater außerhalb der homerischen Götterwelt im allgemeinen zuerkannt worden ist. Interessanterweise hatte Apollon ja auch im Orakel für Satornila die milesische Bürgergemeinde angewiesen, sie solle durch die Berufung der Kandidatin *»den Moiren und Pallas Gehorsam leisten«*. Von *»Gehorsam«* gegen das Orakel und die Autorität seines Inhabers wird nicht gesprochen, wohl aber vom Willen einmal der direkt betroffenen Göttin, dann jener Kollektivgöttinnen, die in dem nicht mehr sehr stark ausgestalteten ›Bühnenhintergrund‹ auf einer Handlungsebene angesiedelt sind, auf der die Einzelkulte und ihre Wirkungsbereiche transzendiert sind und auch Zeus plaziert werden konnte.[243]

243 Es versteht sich, daß die Ebene einer »Hintergrundsteuerung« nicht hinzukommen kann, wenn Zeus als Einzelperson und individueller Kultinhaber von einer Kultreform betroffen ist. Mir ist allerdings kein Fall bekannt, wo sich Apollon mit einer Anfrage zu einem Zeuskult zu beschäftigen hatte; wahrscheinlich wäre sie eher einem Zeus-Orakel vorgelegt worden. Gerade in Kleinasien besaßen die oft auf indigenen Substraten aufruhenden zahlreichen Zeus-Kulte häufig selbst einen divinatorischen Aspekt.

Vergleich mit anderen in Didyma gestellten Doppelfragen: Intention des Konsultanten und Entscheidungsspielraum der Gottheit in den Anfragen des Schatzmeisters Hermias und der Skiridai.

Die Struktur der herakleotischen Anfrage kann in sehr ähnlicher, ja weitgehend übereinstimmender Form auch in anderen Konsultationen beobachtet werden, gerade solchen, die in Didyma vorgenommen worden sind. Der ταμίας Hermias[244] möchte den Altar der Tyche innerhalb des Didymeions in den πάνθεος περιβωμισμός versetzen lassen,[245] da er an der gegenwärtigen Stelle im παράδεισος, also einem Gartenbezirk des Heiligtums,[246] zunehmend von neugebauten Häusern verstellt und den Blicken der Ver-

244 **Didyma 27** = W. Günther, IstMitt 21 (1971) 97-108 Nr. 1 = SGO 01/19/06 = McCabe, Didyma (PHI # 7) 577 a (kaiserzeitlich): ταμίας Ἑρμίας ἐρωτᾷ· ἐπεὶ ὁ τῆς Τύχης βωμὸς τῆς ἐν τῷ ἱερῷ σου συνκέκλειται ἐν τῷ λεγομένῳ παραδείσῳ περιοικοδομημένων αὐτῷ οἰκιῶν καὶ διὰ τοῦτο πολλοῖς οὐ θεωρεῖται, πότερον λῷον καὶ ἄμεινον τῇ τε θεᾷ προσφιλὲς μετὰ τῶν λοιπῶν θεῶν καὶ τοῦτον τὸν βωμὸν περιβωμίζεσθαι ἢ μή; Es folgt das Orakel in einem Hexameter, der den Charakter des *peribomismos* als eines Sammelkultorts der verschiedenen Götter, die hier alle unter der Kontrolle des Didymeions zusammengeführt sind, nochmals herausstellt: πάντας χρὴ τειμᾶν μάκαρας πάντας τε σέβεσθαι. Diese umfassende Frömmigkeit, die die Verehrung *»aller Götter«* verlangt, ist typisch für die Theologie des didymäischen Apollon in seinen Bescheiden des 2. und frühen 3. Jh. n. Chr., insbesondere wenn sie an Kultfunktionäre ergehen.

245 Obwohl er ein Kultfunktionär ist, konsultiert er hier Apollon doch deutlich erkennbar als Privatmann in der Sache eines Kults, der ihm offenbar persönlich am Herzen liegt. Die Regelung des Kults der Tyche gehörte sicher nicht zum Zuständigkeitsbereich des ταμίας des Apollon Didymeus, es sei denn, die Kompetenz der Funktionäre Apollons schloß auch die übrigen innerhalb seines Heiligtums verehrten Götter und ihre Kultinstallationen ein. Daß der Gott selbst eine übergeordnete Autorität in seinem Heiligtum besaß und so auch für die übrigen dort angesiedelten Kulte die Instanz war, deren Einverständnis für Veränderungen einzuholen war, ist anzunehmen. So war die Einordnung eines weiteren Kults in die Struktur des Didymeion ein Anlaß für Hermias, Apollon über sein Vorhaben zu befragen. Siehe auch hiern.

246 Der heilige Garten im Didymeion, ὁ λεγόμενος παράδεισος, ist sonst unter dieser Bezeichnung nicht bezeugt. Mehrere Quellen sprechen aber von einem ἄλσος im Didymeion, der hier gemeint sein dürfte: Strab. 14,1,5 p. 634 Casaubon kennt zwei *alsoi*, einmal innerhalb, einmal außerhalb des Heiligtums. Der Geograph spricht auch davon, daß bereits zu seiner Zeit eine Siedlung innerhalb der Umfassungsmauer des Heiligtums bestand: κώμης γοῦν κατοικίαν ὁ τοῦ σηκοῦ περίβολος δέδεκται καὶ ἄλσος ἐντός τε καὶ ἐκτὸς πολυτελές. Der περίβολος ist aber wohl nicht der περιβωμισμός aus der Anfrage des Hermias, sondern die Gesamtumfassung des Heiligtums, der περιβωμισμός hingegen eine Teilstruktur innerhalb dieses Territoriums. Strabon erwähnt in der Folge weitere σηκοί, die offenbar erst in der Summe das didymäische Heiligtum ausmachen: ἄλλοι δὲ σηκοὶ τὸ μαντεῖον καὶ τὰ ἱερὰ συνέχουσιν. In I.Didyma 140 = McCabe, Didyma (PHI # 7) 119 tut ein Prophet mit Gattin und Sohn kund, daß er aus Anlaß der Hydrophorie seiner Tochter eine Wasserleitungsanlage – Rohre, Brunnen, Zisterne – im ἄλσος des Heiligtums wiederhergestellt und *»den Göttern«* des Heiligtums (erg. aus I.Didyma 327,12-14) geweiht habe; Rat und Demos haben dafür der Familie Ehrenstatuen beschlossen. Call. Frg. 229,10 Pfeiffer (mit dem Nachtrag Bd. 2,119f.) aus dem *Branchos*, einer Gründungsaitiologie des Didymeions, nennt das τέμενος καλὸν ἐν ὕλῃ.
Der *alsos* erscheint jetzt auch in einer Weihung für Pan, die vor einigen Jahren wohl aus der Umgebung in das Grabungsgelände von Didyma verbracht und jetzt von W. Günther publiziert worden ist: Pan »im Hain des Phoibos«: zu einem Inschriftenneufund aus Didyma, in: R. Biering u.a. (Hg.), Maiandros: Festschrift für Volkmar von Graeve, München 2006, 105-110. Der Kult

ehrer der Göttin entzogen wird. Um Zustimmung für diesen Plan wendet er sich an Apollon. Auch in seiner Anfrage wird der Stellung der von der Veränderung betroffenen Göttin zu dem Vorhaben Platz eingeräumt, mit denselben Worten, wie es die Herakleoten für Athena tun (πότερον λῷον καὶ ἄμεινον τῇ τε θεᾷ προσφιλές κτλ.).

Da Apollon für die Kulteinrichtungen anderer Götter, die er in seinem Heiligtum beherbergte, eine Art Hausherrenrecht besessen haben wird, muß man in diesem Fall nicht einmal weitergreifende theologische Konstruktionen voraussetzen, um einzusehen, warum der Orakelgott hier ohne weiteres darüber befinden konnte, ob es *»der Göttin angenehm«* sei, wenn ihr Altar *»zusammen mit den übrigen Göttern«* in dem gemeinsamen Bezirk errichtet werde.

Gegenüber der Anfrage des Demos von Herakleia ist die Frage des Hermias noch durch einen Kausalsatz erweitert, der dem Gott eine Begründung des Anliegens aus der Sicht des Petenten liefert und auch als rhetorische Strategie und Steuerungsversuch angesehen werden muß: ἐπεὶ ὁ τῆς Τύχης βωμὸς τῆς ἐν τῷ ἱερῷ σου συνκέκλειται κτλ. Der menschliche Ak-

des Gottes war bisher am Ort nur aus einem heute verschollenen Weihrelief bekannt gewesen (K. Tuchelt, Pan und Pankult in Kleinasien, IstMitt 19-20, 1969-70, 223-236, h. 223f. m. Taf. 42,2). Die Weihung [ε]ὐαστῆρι θεῷ χιμαρήποδι (neues Wort) hat ein Artemidoros [Φ]οίβου ἐν ἄλσει aufgestellt, und zwar προφητορίῃ (neu für προφητείᾳ), *»während seiner Prophetie«*. Damit ordnet sich der Text in die beträchtliche Zahl von Prophetenweihungen aus Didyma ein. Die prosopographische Identität mit P. Ailianos Granianos (I) Phanias Artemidoros, Prophet des Jahres 202 n. Chr., ist möglich, läßt sich aber nicht erweisen: Günther 108, der die konzeptionelle Nähe des bukolischen Gottes zu dem *alsos*, der mit dem didymäischen Ursprungsmythos von Branchos verknüpft war, betont und von der Identität zwischen dem *alsos* der Weihung und dem *paradeisos* der Orakel überzeugt ist (ebd.). Ähnlich wie in **Didyma 27** und weiteren Orakeln aus Didyma läßt sich auch hier beobachten, daß die Anhängerschaft an Apollon der Verehrung weiterer Götter auch in der persönlichen Religiosität nicht im Wege stand. Allerdings ist Apollon in Didyma derart bestimmend, daß er die anderen Kulte seinem Heiligtum inkorporiert und dies auch von seinen Verehrern bei Weihungen beachtet wird: siehe Anm. 244.

Einen Hinweis auf (andauernde?) Besiedlung innerhalb des Heiligtums in späterer Zeit liefern drei Epigramme, die an die Erneuerung der Quelle im Heiligtum durch einen römischen Proconsul am Ende des 3. Jh. n. Chr. erinnern, die Apollon einige Jahrzehnte zuvor während einer Belagerung des Heiligtums durch Barbaren in einem Wunder (τὸ θαῦμα τοῦτο … τοῦ Πυθίου πηγή 1f.) hatte aufsprudeln lassen, **Didyma Verw2** = I.Didyma 159 = SEG 4,467 = SGO 01/19/37 = McCabe, Didyma (PHI # 7) 564. Man verbindet dies mit dem Angriff der Goten auf Milet um 265-268 n. Chr., die hier wie sonst auch in den antiken Quellen Skythen heißen; zu Spuren dieser Vorgänge auch oben S. 314f. mit Anm. 784-786. – Die Formulierungen in den Epigrammen müssen wohl so verstanden werden, daß es entweder zu dieser Zeit eine ständige Wohnsiedlung im Bereich des Heiligtums gab oder die Milesier sich vor den Angreifern dorthin geflüchtet hatten, weil sie sich besser zu schützen hofften; vgl. 19-22: (τὸ ὕδωρ) *ναέταισι* δὲ δῶρον | δῶκέ με (die Quelle spricht) χρυσολύρης (also Apollon) ἐν Σκυθικῷ πολέμῳ, | ἡνίκα δὴ περὶ νηὸν ἐπιβρείσαντος Ἄρηος (*»der Krieg herandrängte«*, zu ἐπιβρίθω mit später Graphie) αὐτὸς ὁ Λητοΐδης σῷζεν ἑοὺς ἱκέτας. Weitere hypothetische Überlegungen bei Parke, Apollo in Asia 100f., u.a. daß der *peribomismos* erst im Zusammenhang mit der Besiedlung des Territoriums des Heiligtums geschaffen worden sei, um die vorher über das Gelände verstreuten Altäre an einem zentralen Platz zu versammeln und um den Hauptaltar des Didymeus zu gruppieren.

teur vertraut also nicht darauf, daß der Gott die Notwendigkeit und die sachliche Begründung seines Vorhabens ohne weiteres einzusehen imstande ist. Er versucht vielmehr, durch das Vorausschicken einer Rechtfertigung seine Chancen auf Gehör zu erhöhen.[247]

Hier ist eine Haltung gegenüber der Gottheit bestimmend, wie sie häufig auch das Gebet und die Dedikation charakterisiert. Sie unterscheidet sich von der Überzeugung, der Mensch brauche sich dem wissenden Gott nur

---

247 Eine enge Entsprechung in der Art des Anliegens bietet die Doppelanfrage des Propheten Damianos (**Didyma 30/31** = I.Didyma 504 = SGO 01/19/08), der ebenfalls im πάνθεος περιβωμισμός einen Altar *»seiner heimischen Göttin«* (τῆς πατρίου αὐτοῦ θεᾶς) Kore Soteira errichten möchte. Robert, Fête de Cyzique 471-473 = DAM 167-169, hat überzeugend dafür argumentiert, daß Damianos aus Kyzikos stammt, wo Kore Soteira die Hauptgöttin war. Dazu s. bereits dens., Trois oracles 581. 583f. = OMS 5,597. 599f. Auch Damianos stellt seiner Anfrage einen Begründungssatz voran, der seine Handlungsintention expliziert und rechtfertigt: *[ἐπεὶ]* ἐν τῷ ἱερῷ σου καὶ πανθέῳ περιβωμισμῷ οὐδέπω ὁρᾷ ἱδρυμένον βωμὸν ... τῆς πατρίου αὐτοῦ θεᾶς Σωτίρας Κόρης, δ(ε)ῖταί σου, δέσποτα Διδυμεῦ Ἥλιε Ἄπολλον, θεσπίσαι αὐτῷ εἰ ἐπιτρέπεις αὐτῷ κτλ. (3-11). Indem Damianos die Grundform ›N.N. fragt, ob es (für ihn) vorteilhafter und besser ist ...‹ durch die Formulierung *»bittet er dich, ihm ein Orakel zu erteilen, ob du ihn beauftragst ...«* variiert, stellt er die Anfrage sehr viel nachdrücklicher. Wenn er sich dabei mit mehreren Kultepiklesen und zusätzlich noch mit dem Titel δέσποτα an den Gott wendet, impliziert dieser Gestus zugleich aber auch eine starke Unterordnung unter die Autorität, ja geradezu das Empfinden einer Abhängigkeit von der Gottheit.
Das ἐρωτᾶν ist bei Damianos ganz an den Beginn seiner Anfrage gerückt, gleichsam als ihr Titel (ὁ προφήτης σου Δαμιανὸς ἐρωτᾷ· [ἐπεὶ] κτλ.), und syntaktisch nicht mehr mit der eigentlichen Frage verknüpft. Genauso verfährt der Prophet in der auf Präzisierung der Antwort insistierenden Nachfrage (**Didyma 31**), wo er wiederum die Kausalhypotaxe wählt, diesmal zur wörtlichen Wiederaufnahme des auf die erste Anfrage erhaltenen Bescheids, den er aber nicht mit den Worten des Gottes, sondern denen seiner Anfrage wiedergibt. Das neuerliche Begehren drückt er noch direkter aus; nicht nur, daß er keine Frage stellt, bittet er jetzt auch nicht mehr formell um ein Orakel (zuvor hieß es ja δεῖται ... *θεσπίσαι* αὐτῷ). Damianos fordert von seinem Gott nun ohne Umschweife, ihm die korrekte Epiklese der Kore zu offenbaren: δ(ε)ῖταί σου καὶ τῆς ... προσαγορεύσεως αὐτόν σε νομοθέτην γενέσθαι (25-28). Nun geht es um die aus der ersten Instanz der Konsultation bereits gewonnene Information, die selbst zum Gegenstand der Anfrage wird, während zuvor nach einer Stellungnahme zu einer projektierten Handlung des Konsultanten selbst gefragt worden ist: Das mag die geradelinige Formulierung erklären.
Den beiden Anfragen **Didyma 27** und **30/31** steht in Motiv und Typus auch **App23** = I.Milet 1353 (Milet 6,3,209f.) = SEG 52,1156 nahe: Eutyches aus Milet, Kultfunktionär des Apollon – wohl des Delphinios in Milet –, möchte einen Kult der Musen einrichten und stellt Apollon – das ist singulär – mit der Formel πότερον ... ἤ ... ἤ ... drei Möglichkeiten zur Wahl: ob er die Göttinnen im Heiligtum des Apollon verehren solle, wo er selber seinem Gott (δέσποτα 2) diene, oder ob er vielmehr ἰδίᾳ einen Musenaltar errichten solle – also wohl in einem eigenen, von ihm zu gründenden Kultbezirk – oder aber im bereits bestehenden Museion von Milet, das hierdurch für das 2. Jh. n. Chr. erstmals gesichert ist. Abschließend fragt Eutyches auch nach der erwünschten Art des Kults (καὶ πῶς 8). Apollon wählt die erste der drei Optionen und antwortet in einem epischen Hexameter: Φοίβῳ καὶ Μούσαις ξυνήονές εἰσι θόωκοι (*»gemeinsame Sitze«*, θόωκοι = θᾶκοι). Eutyches' Frage καὶ πῶς; bleibt bemerkenswerterweise unbeantwortet.
Schließlich kommt noch ein neues Zeugnis hinzu, das ins 3. Jh. n. Chr. gehört, die Anfrage eines Propheten Agathon zu einem vernachlässigten Altar der Horen in Didyma und über Hymnen für die Göttinnen, **Didyma App43**. Der Inschriftenblock wurde im Jahr 2005 aus einer Zweitverbauung von Unbekannten ins Grabungsgelände von Didyma verbracht und wird von U. Weber voraussichtlich in IstMitt 57 (2007) publiziert (ich danke dem Verf. herzlich für die Einsicht in das

anzuvertrauen, der souverän die Zusammenhänge überblicke. Hermias benutzt für die Formulierung seines Anliegens den Typus der scheinbaren Alternativfrage (... πότερον λῷον καὶ ἄμεινον ... περιβωμίζεσθαι *ἢ μή*). In Wirklichkeit wird aber auch hier bloß der intendierte Handlungsweg ins Auge gefaßt – eine Entscheidung des Gottes zugunsten einer Alternative dagegen nicht erwartet. Stattdessen schränkt die rhetorische Form den Spielraum des Orakels auf Zustimmung oder – zumindest als theoretische Möglichkeit – einfache Ablehnung der Vorgabe ein.

Die Anfrage des milesischen Demos über den Reformvorschlag, den der für die Durchführung des Kults der Artemis Bulephoros Skiris zuständige Verein der Skiridai eingebracht hat, weist wie die herakleotische Anfrage die Struktur einer echten Doppelfrage auf. Auf die Alternative wird allerdings nur als Gegensatz zum Neuerungsvorschlag hingewiesen: *»ob es vorteilhaft ist, die Kollekten so durchzuführen, wie die Skiridai es in ihrem Gutachten* (ἐξηγούμενοι) (sc. beim Volk) *beantragt haben* (εἰσφέρουσι) *oder so, wie es jetzt geschieht«.*[248]

Wir wissen nicht, welcher der bis dahin praktizierte Modus war und wie der Reformvorschlag aussah; war er innerhalb des Dekrets wiedergegeben – wovon auszugehen ist –, so fehlt diese Partie leider. In Herakleia kennen wir zwar die Alternative, Wahl oder Verkauf, doch wird aus der Art, wie die Frage gestellt ist, nicht völlig klar, ob einer der beiden Besetzungsmodi das bisherige Verfahren darstellt. Denkbar wären neben den genannten auch Erblichkeit der Priesterstelle, Losverfahren, Wahl mit längerer Amtsperiode oder zeitlich begrenzter Verkauf.[249] Wir können nur aus dem Zu-

Manuskript des Aufsatzes und die Erlaubnis, aus dem von ihm hergestellten Text vorab zu zitieren). Auch hier findet sich die Doppelfrage: εἰ προσφιλὲς ... τοῦτον τὸν βωμὸν ὕμνοις συνπεριλαβεῖν ἢ τὴν ἡσυχίαν 8-10. Ähnlich wie der *tamias* Hermias in der Anfrage zum Kult der Tyche ist Agathon besorgt, weil der Kult der Horen vernachlässigt wird; den Grund sieht der Prophet darin, daß kein Hymnus überliefert ist: παριᾶσιν δὲ αὐτὸν [νῦν οἱ θεράπον]τες διὰ τὸ μὴ παρειλῆ[φθαι *(»überliefert sind«)* τὰς θεὰς ἐν] ἀρχαίῳ ὕμνῳ 5-7. Erwartungsgemäß plädiert Apollon für die Wiederbelebung des Kults mit Opfern und einem begleitenden Hymnus. Der Altar stand wohl gleichfalls im πάνθεος περβωμισμός. Der Horen-Kult in Didyma war bisher nicht bezeugt. Der sich in Anfrage und Bescheid zeigende rituelle Traditionalismus ist kennzeichnend für die religiösen Optionen, die die sozialen Eliten in Milet – im Einklang mit dem Kultpersonal in Didyma – im 2. und 3. Jh. n. Chr. wählten; der neue Text steht mit seiner Repristination *»alter Hymnen«* dem in der Deutung umstrittenen Text **Didyma B1** nahe (vgl. S. 399f. m. Anm. 749). Eine solche konservative Haltung findet sich freilich auch schon früher: Walter verweist auf die hellenistische Grabinschrift I.Didyma 537,11 ἀρχ[αίωι μελπέ]μεναι λογίωι, wo der Hymnus ebenfalls im Kontext von Opferhandlungen steht.

248 **Didyma 8** = I.Milet 1225 (Milet 6,3,143f.) = LSAM 47, 2-4 συντελοῦντι (die übliche Konstruktion mit Partizip im Dativ) τ[ὰ]ς ἀγέρσεις Ἀρτέμιδι Βουληφόρωι Σκιρίδι καθότι Σκιρ[ί]δαι ἐξηγούμενοι εἰσφέρουσι ἢ καθότι νῦγ γίνεται. Vgl. oben S. 406f.

249 Beim Verkauf von Priestertümern scheint die Lebenszeitklausel aber in den meisten Städten die Regel gewesen zu sein. Sie erweiterte die Abwägung von Nutzen und Risiko für beide Seiten um eine zusätzliche Dimension: Der geforderte Kaufpreis war zu den (materiellen wie symbolischen) Erträgen aus der Amtsführung über einen nicht bekannten Zeitraum in Beziehung zu setzen. Bei positivem Verlauf bedeutete die Übernahme διὰ βίου für den Inhaber aber auch eine sehr

sammenspiel mit der Priesterliste im selben Dokument schließen, daß offenbar der Verkauf auf Lebenszeit die bis dahin vollzogene Praxis war.[250]

Beim Vorhaben der Skiridai hören wir zwar explizit, daß ein Bruch mit den zuvor bestehenden Regelungen ins Auge gefaßt wird, weswegen in der Anfrage auch besonders hervorgehoben wird, daß die zu treffende Regelung *»sowohl jetzt als auch für die künftige Zeit«* vorteilhaft sein solle.[251] Mit dieser Formulierung wird gleichsam eine Brücke über den kritischen Moment zwischen dem alten, im Hinblick auf seinen Nutzen und das Einverständnis der Götter erprobten, und dem ungewissen neuen Zustand geschlagen. Über den materiellen Gehalt der Veränderung bleiben

---

gute Absicherung seiner (erneut: wirtschaftlichen wie prestigebezogenen) Gewinne. Siehe hiern. S. 449-451. 466-468. – Ein Überblick über die Dokumentation der einzelnen Verfahren in den Kultgesetzen bei Lupu, NGSL S. 44-53.

250 Siehe zuvor S. 398f. und unten S. 444-447. 454f.

251 Genauso im Dekret des ersten Einbürgerungsverfahrens für kretische Siedler (siehe oben S. 413-416 m. Anm. 213. 215). Im Unterschied zu den Weisungen sind die Anfragen identisch formuliert (siehe schon oben Anm. 236); die Lücken lassen sich also wechselseitig füllen: ὁ δῆμος ὁ Μιλησίων ἐρωτᾶι εἰ αὐτῷ λῷιον καὶ ἄμεινον ἔσται *καὶ νῦν καὶ τὸν ἔπειτα χρόνον* προσλαβόντι πρὸς τὸ πολίτευμα ἄνδρας κτλ. (**Didyma 5** = I.Milet 33 f 6ff. und **Didyma 6** = ebd. g 5ff. [Milet 1,3,53f.]). Auch in diesem Fall leuchtet ein, daß mit der Überspannung der Zeitbereiche der kritische Moment zwischen ›alt‹ und ›neu‹ abgesichert werden soll: Der Übergang von der bewährten Form des Stadtverbandes, der aus alteingesessenen (oder doch seit früheren Migrationen bereits integrierten) Bürgern bestand und das Wohlergehen und die Sicherheit der Polis zu garantieren vermocht hatte, zu der Integration der von außen hinzukommenden Fremden brachte *eo ipso* ein Instabilitätsrisiko mit sich. Der Vorgang stellte das Funktionieren und den Zusammenhalt der Bürgergemeinschaft auf eine Probe. Die erbetene Zustimmung des Gottes konnte die kollektive psychologische Basis dafür verbreitern, indem sie die Bürgergemeinschaft mit dem erforderlichen Vertrauensvorschuß ausstattete, der es ihr erlaubte, mit gestärktem inneren Zusammenhalt die Veränderung zu bewältigen. – Für einen systematischen Zugang zur Funktion von ›Vertrauen‹ in sozialen Systemen bleibt immer noch eine frühe Studie von N. Luhmann lesenswert: Vertrauen: ein Mechanismus zur Reduktion sozialer Komplexität, zuerst: Soziologische Gegenwartsfragen N.F. 28, Stuttgart 1968; 2. erw. Aufl. ebd. 1973; wieder als Uni-Tb. f. Wiss. 2185, ebd. 2000.
Freilich zeigt die in den Eidesbestimmungen enthaltene Verpflichtung der Neubürger auf Kriegsdienst zur Landesverteidigung (33 f 1-5, vgl. 37 e 82-88) wohl auch an, daß man in Milet neue Reserven für die Konflikte mit anderen Städten aufbauen wollte. P. Brulé, La piraterie crétoise hellénistique, Annales littér. de l'Univ. de Besançon 223, Centre de rech. d'hist. anc. 27, Paris 1978, 165-168, geht davon aus, daß die Grenzstreitigkeiten mit Magnesia den historischen Hintergrund dieser Maßnahmen bilden (vorsichtig zustimmend P. Herrmann, Milet 6,1,161), die dann noch im Friedensvertrag beider Städte des Jahres 196 (jedenfalls vor 188) ihre Spuren hinterlassen haben (I.Milet 148 [Milet 1,3,218-220] = Ager, Interstate arbitrations 292-296 Nr. 109), vgl. Rehm in Milet 1,3, 223f. und hier oben Anm. 198. Das erklärte auch die Ansiedlung in Myus und Hybandis in der *peraia* Milets, die Territorialansprüche gegen Magnesia im umstrittenen Mündungsgebiet des Mäander markieren. Zur Datierung von I.Milet 148 jetzt M. Wörrle, Der Friede zwischen Milet und Magnesia: methodische Probleme einer *communis opinio*, Chiron 34 (2004) 45-57, bes. 51f., der den späteren Ansatz in der zweiten Hälfte der 180er Jahre, den M. Errington, Chiron 19 (1989) 279-288, vertreten hat und der seither auf Zustimmung gestoßen ist (vgl. P. Herrmann in Milet 6,1,182; ebd. 166f. zu I.Milet 124; 185f. zu I.Milet 150), wieder unwahrscheinlich gemacht hat; vgl. schon o. Anm. 198. Zurückhaltend bleibt Ph. Gauthier, Bull. ép. 2005, 410. Vgl. zum Konflikt beider Städte, wie er sich aus dem Friedensvertrag rekonstruieren läßt, noch P. Baker, La vallée du Méandre au IIe siècle: relations entre les cités et institutions

wir aber im Dunkeln. Eine Entsprechung zwischen beiden Anfragen besteht – mit der Variation im gewählten Ausdruck – auch in der Aufnahme der Perspektive der betroffenen Gottheit, indem neben dem Nutzen für die Konsultanten auch ihre Zustimmung erfragt wird. Dieser Punkt rückt in der milesischen Anfrage sogar an die erste Stelle. In ähnlicher Weise kehrt auch die λῷον καὶ ἄμεινον-Formel wieder, wird aber sprachlich durch ein Äquivalent ersetzt.[252]

---

militaires, in: A. Bresson/R. Descat (Hg.), Les cités d'Asie mineure occidentale au IIe siècle a.C., Ausonius Études 8, Bordeaux 2001, 61-75; zum Topographischen L. Robert, Anatolia 4 (1959) 15-24 = OMS 3,1437-1446.
Die Risiken zu minimieren, die mit der kritischen Schnittstelle des Übergangs von einem alten, bekannten zu einem neuen, in seinen Konsequenzen für die menschlichen Akteure nicht hinreichend übersehbaren Zustand verbunden waren, dienten auch die jeweils differenzierten Opferprogramme und sie begleitenden Gebete in staatsrechtlichen Verfahren, zu denen zuvor die Zustimmung Apollons eingeholt worden war. Die Orakelkonsultationen stellten dabei einen ersten Schritt der Rückkoppelung mit der Ebene des städtischen Pantheons dar, der seine Fortsetzung in Opfer und Gebet der Repräsentanten der Bürgergemeinde findet. So sollen laut dem Ratifikationsdekret der zweiten Kreter-Einbürgerung der Prophet Apollons und sein *tamias* im didymäischen Heiligtum, der Stephanephore im Delphinion der Stadt und die Prytanen mit den Priestern der Hestia Bulaia und des Zeus Bulaios und den ᾑρημένοι ἐπὶ τῆι φυλακῆι bei ihren Opferhandlungen Gebete darum sprechen, daß die Verleihung des Bürgerrechts und die dadurch bewirkte Vergrößerung der Gemeinde *»allen Milesiern zur Rettung und zur Eintracht dienen möge«* (ἐπευχο-[μένου]ς τὴμ μετάδοσιν τῆς πολιτείας ἐπὶ σωτηρίαι καὶ ὁμον[οίαι πά]ντων Μιλησίων γενέσθαι I.Milet 37 c 44-46 [Milet 1,3,59], zu **Didyma 7**; vgl. zuvor Anm. 199). Anläßlich der Integration der neuen Bürger galt die besondere Sorge der Milesier der ὁμόνοια der Bürgergemeinschaft und der daran hängenden σωτηρία ihrer Stadt. In einer solchen Situation der Ungewißheit und Infragestellung der alle verbindenden Grundlagen wollte man sich des Beistands und der Wohlgesonnenheit der Götter versichern, um dem Neuen gewachsen zu sein. Die Tatsache, daß man die Einbürgerung dieser Gruppen selber betrieb, änderte nichts daran, daß sich den μετέχοντες τῆς πολιτείας die Frage nach der künftigen Verfassung ihres Gemeinwesens stellte: Eine ungewisse Zukunft stand bevor, für die man Rückhalt bei den Göttern suchte. Gleiches gilt für einen Staatsvertrag mit äußeren Mächten, so daß bei den analog gestalteten Opfersequenzen bei Abschluß der Isopolitie mit Herakleia Gebete für den beiderseitigen Nutzen der Vereinbarung gesprochen werden, ἐπευχομένους συνενεικεῖν τὰ δεδογμένα τῶι τε δήμωι τῶι Μιλησίων καὶ τῶι Ἡρακλεώτων (**Didyma 12** = I.Milet 150, 24f. [Milet 1,3,234]). In derselben Weise wie die Formel καὶ νῦν καὶ τὸν ἔπειτα χρόνον in der Anfrage bereiten die Gebete den Übergang vom bekannten *status quo* zur unerprobten Zukunft vor, der man sich dadurch mit größerer Zuversicht zuwendet.

252 **Didyma 8**, 1f. [καὶ] τ[ῆι θεῶι] κ[εχαρισ]μένω[ς ἕ]ξει κ[αὶ τῶι] δήμωι συμφερόντως καὶ νῦγ καὶ εἰς τὸν ἔπειτα χρόνον συντελοῦντ[ι] κτλ. (s. zuvor Anm. 248). Die Ergänzung der Artemis als Dativobjekt zu κ[εχαρισ]μένως ist durch die Parallele aus Herakleia gesichert; τ[ῶι θεῶι] mit Bezug auf Apollon selbst scheidet schon deswegen aus, weil die Anfrage auch im vorbereitenden Dekret, wo über ihren Wortlaut erst noch zu beschließen ist, immer in direkter Rede und damit in derselben Form gegeben wird, wie sie dann auch im Heiligtum gestellt werden soll. Daher kann der orakelgebende Gott nicht als dritte Person benannt sein.

3.2.5 Die Entscheidung Apollons und ihr institutionsgeschichtlicher Hintergrund: Wahl oder Verkauf von Priestertümern in den kleinasiatischen Städten

Die einleitenden Verse: Eingangswendung und Resümee des Anliegens. Selbstreferenz und Wahrheitsanspruch des Gottes, Zusage an die Konsultanten. Bauform des Orakelgedichts.

Die Antwort Apollons, die von der Anfrage durch die übliche, eine eigene Zeile beanspruchende Überschrift θεὸς ἔχρησεν abgesetzt und auf dem Stein durch Ausrückung hervorgehoben ist, besteht in einem Gedicht von acht Hexametern, das sich deutlich in zwei gleich lange Gruppen von Versen teilt. Die ersten vier Verse resümieren in ungewöhnlicher Ausführlichkeit das Anliegen der Konsultanten und wenden sich an sie mit der Aufforderung, dem nachfolgenden Ratschlag die gebührende Aufmerksamkeit zu zollen: *»Wie ihr denjenigen, der den Kult der gut bewaffneten Pallas und reinen Tritonis ausübt, in einer Weise, die der Göttin ebenso wie dem gesamten Volk lieb ist, mit edlen Beschlüssen und bestem Rat bestimmen sollt, darüber nun hört des Phoibos gar wahrhaftigen Orakelspruch.«*[253]

Die Einleitung übernimmt aus der Anfrage den Gedanken, daß der Nutzen, den die Konsultanten aus der gewählten Handlungsoption ziehen sollen, mit dem Gefallen der davon betroffenen Gottheit an dieser Veränderung einhergehen müsse.[254] In diesem Fall ist das ganz offensichtlich ein für beide Seiten besonders wichtiger Zug, den der Orakelbescheid nochmals hervorhebt. Am Anfang steht nicht die direkte Apostrophe an die Konsultanten, die in anderen hier untersuchten Orakeln oft mit mehr oder weniger stark ausgearbeiteten Umschreibungen ihrer Herkunft und Geschichte ausgestaltet war, oft mit Anknüpfung an die lokale Mythologie.[255] Stattdessen wird unverzüglich Athena, deren Kult die Anfrage gilt, mit zwei Beiwörtern eingeführt. Aus vielen Bescheiden kennen wir mythologisierende Ausführungen über die Götter, zu deren Kult das Orakel

---

253 ὡς ἂν Παλλάδος εὐόπλου Τριτωνίδος ἁγνῆς | ἱερὰ δρῶντα θεᾶι τε φιλῶς σύμπαντί τε δήμωι | θῆσθε σὺν ἐσθλαῖσιν γνώμαις βουλῆι τε κρατίστη[ι], | κέκλυτε Φοιβείην παναληθέα θέσφατον αὐδήν. Der voranstehende, mit ὡς eingeleitete indirekte Fragesatz, der in der Sache die Wiedergabe des dem Gott vorgetragenen Anliegens enthält und syntaktisch eine Explikation zu αὐδήν, also letztlich das Objekt zu κέκλυτε darstellt, hat einen prospektiven, vorstellenden Charakter, den der Verfasser durch die Moduspartikel markiert: Es geht im Orakel ja um die in Aussicht genommene künftige Verfahrensregelung, wie das Priestertum der Athena bestimmt werden soll, mithin auch in der Perspektive des Gottes um ein noch nicht verwirklichtes Projekt. Vgl. Stahl, Syntax 257f. Man kann den Satz auch final auffassen, wobei ἄν gleichfalls das prospektive Element bezeichnen würde, vgl. ebd. 485-487 (»steht in finalen Urteilssätzen der Konjunktiv mit ἄν, indem die Absicht als Voraussetzung des Handelnden ausgesprochen wird«).

254 Siehe S. 422f. m. Anm. 242 und S. 532f. m. Anm. 489 zu **Didyma App15**, 7,8.

Weisungen erteilt; im zuvor betrachteten Orakel für die milesische Priesterin der Athena Polias waren sie zu einer langen theologisierenden Passage von fünf Versen ausgebaut.[256] Hier begnügt sich der Gott mit der emblematischen Nennung der beiden Epitheta in der Titelzeile.

Die Selbstreferenz Apollons, in der er die Wahrhaftigkeit und Verläßlichkeit seiner Antworten betont, ist ein konventionelles Element, das auch hier eingebaut worden ist.[257] Gleiches gilt auch für die Bestimmung, den vom Gott verkündeten Bescheid zu befolgen, bedeute, sich an die hilfreichsten Beschlüsse und den besten Rat zu halten, σὺν ἐσθλαῖσιν γνώμαις βουλῆι τε κρατίστηι, mit einem Wort: den vorteilhaftesten und für das eigene Wohlergehen sichersten Weg zu wählen. Die Maxime ist, wie auch sonst, mit der an die Konsultanten gerichteten Aufforderung zur Aufmerksamkeit verknüpft.

All das zeigt, wie Apollon besonderen Nachdruck darauf legt, daß die Empfänger sich seine Entscheidung auch tatsächlich zu eigen machen. Seine Antwort auf ihr Anliegen trägt der Gott mit einem nicht relativierbaren Wahrheitsanspruch vor (παναληθέα θέσφατον αὐδήν). Eine so eindeutig formulierte Zusage enthält freilich unausgesprochen auch die Andro-

255 Dies zeichnet nach der bisherigen Quellenlage vor allem die längeren Versorakel aus Klaros aus: vgl. etwa **Klaros 2** = SGO 06/02/01 für Pergamon (V. 1-9). Apollon geht dort auf die Heimatstadt der Konsultanten mit der Nennung ihrer wichtigsten Kulte und deren aitiologischen Mythen ein, denen dann auch die vom Orakel im zweiten Teil vorgeschriebenen Kultleistungen gelten sollten: o. S. 56-62. 70f. Beide Teile sind dadurch eng verzahnt – eine Funktionalisierung, die sich dann in Herakleia (genauso wie im Satornila-Orakel in Milet) wiederfindet, wo die mythologisch-theologische Einführung der Göttin ebenfalls die Bestimmungen der anschließend erteilten Weisung vorbereitet und indirekt begründet. – In den anderen Beispielen aus Klaros bilden meist die ersten beiden Verse diesen Baustein, etwa **Klaros 8** = SGO 04/01/01 für Kaisareia Troketta; **Klaros 9** = I.Sestos 11 für das thrakische Kallipolis, auch in der Struktur des Anfangs parallel zur Anfrage aus Kaisareia Troketta gebaut (o. S. 164f.); **Klaros 15** = SEG 41,1411 für das pamphylische Syedra über kultische Maßnahmen zum Schutz gegen Seeräuber, V. 1f. Πάμφυλοι Συεδρῆες ἐπιξύν[ῳ ἐν ἀρούρῃ] | ναίοντες χθόνα παμμιγέων ε--(ca. 6 Buchst.)--ατα φωτῶν. Auch im erwähnten Orakel für Pergamon kann man erkennen, wie diese Wendung gerade in den beiden Anfangsversen eingesetzt wird, wobei sie mit einem Enjambement noch in den Anfang des dritten Verses hinübergezogen wird: Τηλεφίδαις, οἳ ... | ... Τευθραντίδα γαῖαν | ναίουσιν καὶ ... Die Konjunktion verknüpft die folgenden sieben Verse, die die verschiedenen Gottheiten anführen, mit der Apostrophe des Anfangs, wo Zeus als erste und führende Gottheit schon sofort in V. 1 genannt worden ist; der in V. 8 über die Kabiren eingeführte Geburtsmythos leitet dann wieder zum Kronossohn zurück. Vgl. oben S. 55f. – In anderen Fällen läßt sich über ein Vorkommen dieses Anfangsmotivs nichts sagen, da uns die Anfänge der Orakel verloren sind (**Klaros 4**; **11**).

256 **Didyma 25** = SGO 01/20/03, 3-7. S. zuvor S. 363-369.

257 Im Analyseschema von Fontenrose der Baustein »C«, »assertion of mantic authority«: Fontenrose, Didyma 100; ders., Delphic oracle 178f. Vgl. u. S. 612. Unter den zahlreichen Beispielen in den Corpora von Klaros und Didyma seien hier nur zwei angeführt: die Selbstaussage Apollons im klarischen ›Pestorakel‹ für Pergamon, **Klaros 2**,10 (φαίην κε ἀτρεκέως ἀψευδέσιν ἄλκαρ ἐπ' ὀμφαῖς), und die Qualifizierung des Orakelgottes durch die Söhne der Satornila, **Didyma 25**,5-8 ὑπὸ τοῦ ἀψε[υδε]στάτου θεοῦ Διδ[υμέω]ς Ἀπόλλωνος; ihre Mutter ist vom Gott geehrt worden ὑπὸ τῶν θ[εί]ων αὐτοῦ λογίων. Die dem Orakeltext vorangestellte Ehreninschrift spiegelt die Bewertung der Qualifikation des Orakelgotts durch die menschlichen Konsultanten.

hung, daß jedes Abweichen von dieser Linie unerwünschte Folgen nach sich ziehen werde.

Die Göttin ist in rahmender Komposition in den ersten beiden Versen und im letzten Vers des Orakels genannt. Am Anfang wird mit den beiden Epitheta der theologische Assoziationsraum ihres Mythos eröffnet und die Erinnerung des Hörers an die Geschichten aufgerufen, die man in Verbindung mit diesen Namen kannte. Der Schlußvers faßt noch einmal prägnant das Ergebnis der Entscheidung zusammen, wenn er mit feierlich konnotiertem Vokabular das Bild des Priesters zeichnet, der in der Opferprozession *»nach der göttlichen Satzung«* (θέμις ἐστί) zum Heiligtum der Göttin (θεᾶς πρὸς ἀνάκτορα) schreitet.

Die Epitheta Athenas im Orakelbescheid und ihr theologischer Assoziationsraum. Gelehrte antiquarische Spekulation über den Beinamen Tritonis und ihr Niederschlag im Orakel. Athena im Orakel für die Bauleute am Theater in Milet.

Die für Athena im ersten Vers gewählten Namen und Beiwörter führen die Nähe zu dem zuvor besprochenen Orakel für die Priesterin der milesischen Athena Polias vor Augen: Hier fällt der Name Παλλάς an erster Stelle, während im Orakel für Satornila das Epitheton selbst erst an später Stelle genannt, aber bereits zu Beginn mit der Evokation des Geburtsmythos und des Waffentanzes der aus dem Haupt des Zeus durch eigene Kraft entsprungenen Göttin vorbereitet wird. Wir haben gesehen, wie diese Versatzstücke des Mythos offensichtlich durch gelehrte theologische Spekulationen über den Sinn des Namens Παλλάς an ihren Platz im Orakel gekommen waren.[258]

Dieselben Elemente dieses mythologischen Repertoires stehen auch hier im Hintergrund, wenn Pallas Athene εὔοπλος genannt wird. Das auf den ersten Blick nicht sehr spezifische Beiwort ἁγνή am Versschluß wiederum zeigt sich im Lichte des Satornila-Orakels und der dort im Mittelpunkt stehenden Thematik möglicherweise als knapper Hinweis auf die für die Persönlichkeit der Göttin charakteristische Keuschheit, die auch eine Anforderung an ihre Kultfunktionäre sein konnte.[259] Freilich dreht sich die Anfrage der Herakleoten – anders als die der Milesier – nicht darum, auch

258 Vgl. oben S. 364-366, bes. Anm. 103f.

259 Prominent ist die Thematik der ἁγνεία auch im lykischen Orakel über den Artemis-Kult: u. Anm. 487. Das Wort fällt im Satornila-Orakel nicht, weder im Bescheid selbst noch in den Worten der Dedikanten. Wie oben Anm. 125 dargelegt, ist es unwahrscheinlich, daß die σεμνότης, aufgrund derer – neben ihrer σωφροσύνη – nach den Worten der Söhne die Mutter von Apollon gelobt worden war, als ›Keuschheit‹ zu verstehen ist. Zu Athena als Gegenbild zur weiblichen Geschlechtlichkeit o. Anm. 144. λέκτρων [ἄ]πειρος heißt sie auch in einem Hymnus aus Herakleia, u. Anm. 288 und 290. Zu ἁγνός Parker, Miasma 147-151; Fehrle, Keuschheit 52-54.

im Unterschied zu einem Orakeltext aus dem lykischen Sidyma, der im nächsten Kapitel betrachtet wird.

Mit gleich vier Bezeichnungen für die Göttin setzt der Auftaktvers mit gehörigem rhetorischen Aplomb ein: Athena heißt hier schließlich noch Τριτωνίς. Dieser Name wirft nochmals ein Licht auf die Darstellung der Göttin im Satornila-Orakel und bestätigt die dort schon erkannten Einflüsse gelehrter theologisch-antiquarischer Spekulation auf die mythologische Zeichnung der Göttin durch den Orakeldichter. Denn ähnlich wie über den Beinamen Pallas gab es auch über den Sinn des seit den homerischen Epen verwenden Epithetons τριτογένεια, das wiederum die klarischen Orakeldichter im Pestorakel für Pergamon verwendet haben[260], zahlreiche etymologisierende Spekulationen.[261]

Etymologisch haben das geläufige τριτογένεια und das im Orakel für Herakleia dafür als Variante gewählte τριτωνίς nichts miteinander zu tun, denn Τριτωνίς gehört eigentlich zum Götternamen Τρίτων; die Τρίτωνες sind Söhne Poseidons und der Amphitrite,[262] die denselben Namensbestandteil trägt. Als Beiwort Athenas ist diese ansonsten nur selten belegte[263] weibliche Bildung in der Antike aber zweifellos mit dem regelmäßig verwendeten Τριτογένεια verbunden worden. An einer weiteren Stelle heißt Athena auch einmal selbst Τριτώ.[264] Viel häufiger ist Τριτωνίς der

---

260 **Klaros 2**,18, und ebenso im pergamenischen Zeus-Hymnus I.Pergamon 324 = SGO 06/02/02, 17, der mit dem Orakelbescheid verbunden worden ist: oben S. 64. In einem Weihepigramm aus Pergamon heißt Athena ebenfalls τριτογένεια θεά (I.Pergamon 2 = SEG 28,962 = SGO 06/02/10).

261 Die homerischen Stellen sind Il. 4,515; 8,39 und Od. 3,378. Daneben auch Τριτογενής, so im homerischen Athena-Hymnus mit Bezug auf den Geburtsmythos (H.Hom. 28,4) und im berühmten zweiten Orakel Delphis für die Athener im Angesicht der bevorstehenden Invasion der Perser unter Xerxes 481/80, in dem Apollon verkündet, daß Zeus Athena eine hölzerne Mauer (τεῖχος ξύλινον) verschaffen werde, die ihre Stadt schützen könne (Hdt. 7,141,3f.: PW 95 = Fontenrose Q 147; skeptische Beurteilung der Historizität bei Crahay, Littérature oraculaire 295-304, und Fontenrose, Delphic oracle 124-128; vgl. zuvor Anm. 193). In diesem Orakel geht der Name der Göttin in die Bezeichnung ihrer Stadt über. – Zu den antiken Namenserklärungen vgl. Gruppe, Griech. Mythol. u. Religionsgesch. 2,1143 m. Anm. 1; E. Fehrle in Roscher 5,1146-1150; B. Große Kruse, Tritogeneia, RE 7 A (1939) 244f. (fußt auf Fehrle). Alle drei stellen freilich, darin der verbreiteten Methode ihrer Zeit folgend, auf derselben epistemologischen Ebene wie die Gelehrten der Antike moderne Erklärungsversuche daneben, die aus heutiger Sicht nicht überzeugen. Kurz auch L. Séchan/ P. Lévêque, Les grandes divinités de la Grèce, Paris 1966, 337.

262 Apollod. 1,28 (Mythogr. Gr. 1^2,13). Etymologische Zusammengehörigkeit hält man für unwahrscheinlich, obschon Τριτογένεια nicht befriedigend erklärt ist: Frisk s.v. Τριτογένεια, Chantraine s.vv. Τριτογένεια und Τρίτων.

263 Apoll. Rh. 1,109; Anth. Pal. 6,159 (Trompetenweihung für Athena, Antipater v. Sidon, 2. Jh. v. Chr.), vgl. ebd. 46 und 342,5 (Trierenweihung für Athena aus Kyzikos; der Stein stand wohl im Chariten-Heiligtum der Stadt: = SGO 08/01/02; s. Robert, DAM 172 und Bull. ép. 1978, 393; o. Kap. 2, Anm. 769). Inschriftlich auch in einem Grabepigramm aus Milet, I.Milet 754 (Milet 6,2,79) = SGO 01/20/27, 8. Τριτογένεια ist demgegenüber häufig, für Pergamon s. zuvor Anm. 260; in Athen zahlreiche Weihungen klassischer Zeit auf der Akropolis, etwa die δεκάτη IG 1^3,885 = Hansen, CEG 280 = Anth. Pal. 13,13; mehr in den Indizes von IG 1^3,3 s.v. Παλλάς und Hansen, CEG 1 und 2 s.v. τριτογενής.

Name eines in Libyen situierten Sees oder einer Quelle in Arkadien, die beide dann auch mit Geburtsmythen der Göttin verbunden werden,[265] wie auch zu einem Fluß mit dem Namen Τρίτων in Böotien ein Bezug hergestellt wurde.[266]

Man fand auch eine Reihe von Ableitungen, die abstraktere Spekulationen an das Wort Τριτογένεια knüpften, angefangen bei der auf der Ebene der mythischen Genealogie verbleibenden Annahme, Athena sei das dritte Kind des Zeus nach Apollon und Artemis.[267] Religions- und naturphilosophisch beeinflußte Erklärungen lauteten etwa, als Verkörperung der wachsenden Natur werde Athena dreimal jährlich geboren,[268] oder aber, sie sei mit der φρόνησις zu identifizieren – hier ist also Homer-Allegorese vorausgesetzt[269] –, aus der die drei entscheidenden Bindeglieder des städtischen Gemeinschaftslebens entstünden, richtiges Denken (βουλεύεσθαι καλῶς), korrektes Reden (λέγειν ἀναμαρτήτως) und Tun des Nötigen (πράττειν ἃ δεῖ).[270] Eine dritte Gruppe bilden kalendarische, an lokalen Festdaten orientierte Aitiologien, nach denen Athena am dritten Monatstag oder aber am dritten Tag der zweiten Monatshälfte dem Kopf des Va-

---

264 Anth. Pal. 6,194 (anonym, vgl. aber das Epigramm des Antipater, vorige Anm.)

265 Athena am See Tritonis geboren: Eur. Ion 872, Hdt. 4,178-180, vgl. Pind. Pyth. 4,20; an der arkadischen Quelle gleichen Namens: Paus. 8,26,6.

266 Paus. 9,33,7. Ohne Lokalisierung Apollod. Bibl. 1,20 (Mythogr. Gr. 1^2,10f.): Athena entspringt aus dem Schädel des Zeus *»beim Fluß Triton«*. Es ist unklar, ob dies mit der Genealogie des Flußgottes als Sohn des Poseidon und der Amphitrite zu verbinden ist, die ebd. 1,28 (ebd. 1^2,13) geschildert wird. Ohne geographische Zuordnung ist Athena *»an den Ufern des Flusses Triton«* auch nach dem theogonischen Fragment [Hes.] fr. 343,12 Merkelbach/West geboren, τὴν μὲν ἔτικτε πατὴρ ἀνδρῶν τε θεῶν τε | πὰρ κορυφήν, Τρίτωνος ἐπ' ὄχθῃσιν ποταμοῖο (= Chrysipp. fr. 908 [SVF 2,256] ap. Galen. Plac. Hippocr. et Plat. 3,8 p. 320 Müller; vielleicht aus der *Melampodie*, vgl. West zu Hes. Theog. 886-900; S. Kauer, Die Geburt der Athena im altgriechischen Epos, Würzburg 1959, 24; ebd. 46 zu Apollodor). Nach Σ Lycophr. 576 wäre Τρίτων ein anderer Name des Nils; vgl. die ägyptisierende Erklärung des Namens der Athene bei Diodor (hiern. Anm. 268).

267 Athena als ›Drittgeborene‹: Et. Mag. s.v. τριτογένεια p. 767,42 (col. 2150 Gaisford); Suid. s.v. τριτογενής. Zu dieser Erklärung siehe J. Tailladart, Sens et étymologie de Τριτογένεια, REG 100 (1987) xii. Es fragt sich, ob die athenischen Τριτοπάτορες, die prominent auf der neuen *lex sacra* aus Selinus erscheinen (Jameson u.a., Lex sacra from Selinous = SEG 43, 630) und ebenfalls das lange ῑ haben, zu τριτογένεια gezogen werden können und beide durch die genealogische Semantik verbunden sind.

268 Athena als Verkörperung des zyklischen Wuchses der Natur: Diod. 1,12,8 in seiner Darstellung der ägyptischen Theologie als Teil der ›Urgeschichte‹, nachdem er zunächst die philosophische Allegorie von Athena als ἀήρ herangezogen hat: ὠνομάσθαι δὲ αὐτὴν Τριτογένειαν ἀπὸ τοῦ τρὶς μεταβάλλειν αὐτῆς τὴν φύσιν κατ' ἐνιαυτόν, ἔαρος καὶ θέρους καὶ χειμῶνος.

269 Diese philosophischen Deutungen arbeiten zunächst mit ganz traditionellen Gleichungen bei den Allegorisierungen des Götternamens: vgl. oben S. 364-366 m. Anm. 103-107.

270 Allegorisierung als φρόνησις und dadurch Ursprung der sozialen Kohäsionskräfte in der Polis: Democr. 68 B 2 Diels/Kranz Τριτογένεια ἡ Ἀθηνᾶ κατὰ Δημόκριτον φρόνησις νομίζεται· γίνεται δὲ ἐκ τοῦ φρονεῖν τρία ταῦτα· βουλεύεσθαι καλῶς, λέγειν ἀναμαρτήτως καὶ πράττειν ἃ δεῖ (in einer alternativen Version heißt es τὸ εὖ λογίζεσθαι, τὸ εὖ λέγειν καὶ τὸ πράττειν ἃ δεῖ). Siehe auch o. Anm. 111 zur Allegorese beim Stoiker Cornutus.

ters entsprungen sei.[271] Plutarch weiß sogar, daß »die Pythagoreer« in ihrer mathematischen Spekulation Ἀθηνᾶ τριτογένεια als Bezeichnung für das gleichseitige Dreieck gerl.ser des Orakels steht aber offenkundig jene andere antike Erklärung im Hintergrund, die den Beinamen von einem äolischen Wort τριτώ mit der Bedeutung ›Kopf‹ herzuleiten wußte. Wir finden sie in Erklärungen mehrerer antiker Scholiasten, mit abweichender Zuordnung an den dorisch-nordwestgriechischen Dialektraum auch schon im 2. Jh. v. Chr. beim hellenistischen Dichter und Antiquar Nikander von Kolophon, der als *prophetes* im klarischen Orakel gewirkt und auch ein Werk über die Orakel des Heiligtums verfaßt hat.[273] Diese gelehrten

---

271 Kalendarische Spekulation im Zusammenhang mit den Mondphasen (ἡ τριταία): Et. Mag. s.v. τριτογένεια p. 767,45 (col. 2150 Gaisford): ἐπειδὴ (sc. ἡ Ἀθηνᾶ) τριταία γέγονεν, οἱονεὶ ἡ φαινομένη τριταία· καὶ γὰρ τὴν αὐτὴν εἶναι τῇ σελήνῃ καὶ τὴν τρίτην τοῦ μηνὸς *τριτομηνίδα* ἐκάλουν· δοκεῖ γὰρ γεγενῆσθαι τότε ἡ Ἀθηνᾶ. Die Erklärung zu τριτομηνίς und wohl auch die Verknüpfung mit Athena stammen nach dem Zeugnis des Harpokration s.v. τριτομηνίς schon aus Lykurgs Rede Περὶ τῆς ἱερείας (frg. 21 Conomis [p. 105,3ff.]). Nach dieser Quelle stand die Erklärung und die Gleichsetzung Athenas mit dem Mond danach auch im 3. Jh. beim Antiquar und Atthidographen Istros (FGrHist 334 F 24): Ἴστρος δὲ καὶ Τριτογένειαν αὐτήν φησι διὰ τοῦτο λέγεσθαι τὴν αὐτὴν Σελήνην νομιζομένην. Schon *Aristoteles ... Minervam esse Lunam probabilibus argumentis explicat et litterata auctoritate demonstrat*, weiß der Antiquar römischen Sakralrechts Granius Flaccus in der Zeit Caesars: fr. 3 Huschke, Iurisprudentiae anteiustinianae reliquiae[6] 1 p. 54 = Bremer, Iurisprudentiae antehadrianae quae supersunt 1 p. 262 (ap. Arnob. 3,31), s. auch Granius Licinianus, Reliquiae ed. N. Criniti, Leipzig 1981 (Bibl. Teubn.), xiv (»testimonia Granio Flacco adscripta«). Huschke und Bremer ordnen das Fragment der Caesar – wohl in seiner Eigenschaft als *pontifex maximus* – gewidmeten Schrift des Granius *De indigitamentis* über die Sakralbücher der Pontifices zu (der Werktitel bei Censor. Dies nat. 3, 2). Zu Granius Flaccus siehe F. Wieacker, Römische Rechtsgeschichte 1, Handb. d. Altertumswiss. 3,1,1, München 1988, 308f. m. Anm. 113; G. Wissowa, Religion und Kultus der Römer, Handb. d. Altertumswiss. 5,4, München [2]1912, 73. Die Identifikation Athenas mit dem Mond wurde von V. Rose, Aristoteles pseudepigraphus, Leipzig 1863, 616, als peripatetische Lehre angesehen und in der Folge nicht von ihm – ebensowenig wie dann von Ross und Gigon – in die Sammlungen der Aristoteles-Fragmente aufgenommen; anders zuvor Didot (fr. 348b). – Über die Beziehungen Athenas zum Mond und dem Mondmonat vgl. noch W.H. Roscher, Studien zur griechischen Mythologie und Kulturgeschichte vom vergleichenden Standpunkte 4: Über Selene und Verwandtes, Leipzig 1890, 123f. m. Anm. 530. Die Angabe Σ BT Hom. Il. 8,39 Τριτογένεια ... ὅτι τρίτῃ φθίνοντος ἐτέχθη schließlich paßt zu dem Faktum, daß der Haupttag der Panathenäen der 28. Hekatombaiôn war, der damit τρίτη φθίνοντος des Monats stattfand. Ein ganzes Bündel der antiken Deutungsversuche läßt sich auf einen Blick in dem zuvor und Anm. 267 angeführten Artikel des Et. Mag. einsehen, wo die verschiedene Ansätze zusammengeflossen sind.

272 Plut. Isis 75, 381 E οἱ δὲ Πυθαγόρειοι καὶ ἀριθμοὺς καὶ σχήματα θεῶν ἐκόσμησαν προσηγορίαις. τὸ μὲν γὰρ ἰσόπλευρον τρίγωνον ἐκάλουν Ἀθηνᾶν κορυφαγενῆ καὶ τριτογένειαν.

273 Äolisch nach Σ Aristoph. Nub. 895 und Tzetz. Σ Lycophr. 519. Nach Nikander (fr. 145 Schneider, aus den *Glossai,* zitiert von Hesych. s.v. τριτώ) war es ein Wort der Athamanen, einer Ethnie im südöstlichen Epirus im Gebirgsland des Pindos (Ἀθαμᾶνες, die Landschaft heißt Ἀθαμανία). Ihr Dialekt läßt sich aus den wenigen inschriftlichen Zeugnissen einigermaßen einordnen: Welles, Royal Correspondance 35; Staatsverträge 3,550; SEG 3,451; vgl. M.-L. Baslez, La monarchie athamane à la fin du IIIe siècle et au début du IIe siècle, in: P. Cabanes (Hg.); L'Illyrie méridionale et l'Épire dans l'antiquité: actes du colloque international, Clermont-Ferrand, 22-

Deutungen ziehen das Dialektwort τριτώ explizit oder implizit zur Erklärung des Beinamens Τριτογένεια heran; erst recht ist beim Verfasser des herakleotischen Orakels, der die augenscheinlich noch unmittelbarer zugehörige[274] Form Τριτωνίς verwendet, kaum daran zu zweifeln, daß er die gelehrte Etymologie kennt und mit der Benennung der Athena den Mythos ihrer Kopfgeburt evozieren will.

Wenn man das Orakel für Herakleia als Produkt didymäischer Orakeldichtung ansehen will, so liegt also der Schluß nahe, daß hier durch die Verwendung des Beiworts Τριτωνίς eine implizite Referenz zum Geburtsmythos hergestellt werden soll, wie er im Satornila-Orakel ausführlich dargestellt wird.[275] Dort wiederum wird das Epitheton, an das sich die etymologischen Erklärungen und die mythischen Erzählungen knüpfen, nicht explizit gesetzt. Aber unausgesprochen ist es präsent, wie die deutlichen intertextuellen Bezüge zeigen, und in der theologischen ›Werkstatt‹, aus der nach dieser These beide Texte stammen, waren der Name und seine allegorische Deutung bekannte Instrumente. Beim Satornila-Orakel war der

25 octobre 1984, Clermont-Ferrand/Paris 1987, 167-173, h. 173. Die Athamanen sind übrigens eng mit dem dodonäischen Orakel verbunden, siehe auch Ov. Met. 15,311f. – Nikander stammte nach antiker Tradition aus einer Priesterfamilie in Klaros und hat selbst das Amt im klarischen Heiligtum ausgeübt, so der alexandrinische Grammatiker Dionysios von Phaselis in seiner Schrift Περὶ ποιητῶν, die der Verfasser der *Vita Nicandri* zitiert (p. 61f. Westermann, Vitarum scriptores Graeci minores = p. 33 Crugnola, Scholia in Nicandri Theriaka: ἱερέα φησὶν αὐτὸν τοῦ Κλαρίου Ἀπόλλωνος ἐκ προγόνων τὴν ἱερωσύνην δεξάμενον) und dafür auf Ther. 958 τὸν ἔθεψε Κλάρου νιφόεσσα πολίχνη verweist; vgl. Alexiph. 11 ἑζόμενος τριπόδεσσι παρὰ Κλαρίοις Ἑκατοῖο sowie fr. 31 Schneider (keine giftigen Tiere im heiligen Bezirk). Nikander verfaßte eine Schrift περὶ τῶν ἐκ Κολοφῶνος ποιητῶν, Σ Ther. 3 p. 35 Crugnola, in der er Versorakel aus Klaros zusammengestellt haben dürfte. Er war auch der Verfasser einer Lokalgeschichte von Kolophon in mindestens sechs Büchern, Athen. 13, 569 D = fr. 19 Schneider und Harpocr. s.v. Πάνδημος Ἀφροδίτη = fr. 20 Schneider. Noch im 2. Jh. v. Chr. (?) kennen wir als einen seiner Nachfolger im Amt des klarischen Priesters Gorgos, der ebenfalls eine Sammlung klarischer Versorakel zusammengestellt hat; sein Grabepigramm ist erhalten: **Klaros Verw2** = McCabe, Notion (PHI # 7) 19 = SGO 03/05/02, 1ff.: τὸν πάσης πο‹λ›ύβυβλον ἀφ' ἱστορίης μελεδωνὸν | πρέσβυν ἀοιδοπόλων δρεψάμενον σελίδα (›Spalte‹ der Papyrusrolle, ›Seite‹) | … Γόργον | τὸν Κλαρίου τριπόδων Λητοΐδεω θέραπα | κτλ. Daß der πολύβιβλος Gorgos in der πᾶσα ἱστορία die Geschichte des Heiligtums am Leitfaden der von Apollon erteilten Orakelbescheide dargestellt hat, ist überzeugend von I. Cazzaniga vertreten worden: Gorgos di Claros e la sua attività letteraria, ParPass 29 (1974) 145-152; vgl. Bull. ép. 1976, 592. Cazzaniga erwägt auch die Möglichkeit (ebd. 147), daß Gorgos das Amt des *prophetes* ausgeübt und selbst die Weisungen seines Gottes versifiziert hat. Wie Nikander, gehört auch dieser klarische Funktionär zu einer Familie, von der mehrere Mitglieder mit dem Heiligtum in Verbindung stehen, wie Inschriften aus Kos zeigen, die Einladungen zum Agon der Klaria durch Gesandtschaften aus Kolophon dokumentieren: G. Pugliese Caratelli, ASAA 41-42 = n.s. 25-26 (1963-64) 188 Nr. 19f.; 191 Nr. 47 (vgl. Bull. ép. 1967, 438).

274 Wie erwähnt (zuvor Anm. 262), kaum im Einklang mit den tatsächlichen sprachhistorischen Abhängigkeiten, was aber selbstverständlich zur Erklärung der Autorintentionen nicht von Belang ist.

275 Gleiches gilt gewiß auch für die zuvor Anm. 264 erwähnte Stelle aus der *Anthologia Palatina*.

276 **Didyma 25**,1. Siehe oben S. 366 mit Anm. 107.

gelehrte und durchaus kreative Umgang mit Kultepitheta an dem aus demselben mythologischen Kontext neu geprägten κρατογενείῃ abzulesen.[276]

Daß die hier beobachteten Übereinstimmungen zwischen beiden Orakeltexten für die didymäische Herkunft des Orakels aus Herakleia sprechen, darauf weist übrigens auch die Bezeichnung der Athena mit denselben beiden Epitheta in einem Bescheid, dessen Erteilung in Didyma völlig gesichert ist. In einem Orakel über Unklarheiten oder Kompetenzkonflikte beim Bau des Theaters in Milet[277] werden den Bauleuten, οἰκοδόμοι, von Apollon Empfehlungen auf zwei recht unterschiedlichen Ebenen erteilt: einmal die praktische, auf das vorliegende Problem konkret eingehende, sie sollten sich an die Ratschläge eines erfahrenen Sachverständigen hal-

---

277 **Didyma 19** = I.Milet 935 (Milet 6,2,121f.) = SGO 01/20/01. Siehe o. S. 386 m. Anm. 146. Der Erstherausgeber Wiegand hatte die Inschrift wohl wegen des Namens Ulpianos in trajanisch-hadrianische Zeit gesetzt, doch könnte sie, nach der Buchstabenform zu urteilen, auch erst aus dem späten 2. oder frühen 3. Jh. stammen, vgl. Herrmann in Milet 6,2,122. Dieser Prophet Ulpianos könnte dann – beweisen läßt es sich freilich nicht – mit dem Konsultanten von **Didyma 29** = I.Didyma 277 zusammenfallen, den Apollon im Orakel (die zugehörige Anfrage ist verloren) als engagierten Förderer seines Kults lobt (ἀμφὶ θυη[πολίην βωμ]ῶν πέρι φροντίδα θῆκας 20) und der eine Vielzahl von Anfragen gestellt hat (ἡμετέροισιν ἐπὶ [χρησμοῖσι πεποι]θώς 17). So auch Ulpianos in seiner Selbstcharakterisierung: ᾧ κ(αὶ) ὁ θεὸς διὰ θείων θεσ[πισμ]άτων πολλάκις ἐμαρτύρησεν ἐν[αργῶς κ(αὶ) νῦν] ἐν χρηστηρίῳ προσ(ε)ι[πὼν αὐτόν (9-12, besprochen S. 334-336 mit Anm. 35). Dazu paßt, daß er sich möglicherweise selbst in antiquarischen Studien mit den in Didyma aufbewahrten Orakelbescheiden befaßt hat (θε[οπειθέα μῆτι]ν ἀέξων [= αὐξάνων] | θεσμοῖσιν προτέ[ροις ἠδὲ προ]τέροις λογίοισιν 18f.; hier gibt die Differenzierung von θεσμοί und λόγια Rätsel auf), wenn denn die Passage so zu verstehen ist (Deutung von Rehm; nach Merkelbach/Stauber nimmt Apollon auf frühere Konsultationen des Ulpianos Bezug, wie auch dieser selbst im Prosateil der Inschrift, 9-12, s. zuvor). Im Anschluß an den Orakelbescheid hat der Prophet Ulpianos noch einmal mit der Bitte um Präzisierung nachgefragt (hier ist die Anfrage erhalten, der Bescheid aber weggebrochen); nun hat er sich offensichtlich nach dem genauen Ort für die zuvor schon angefragte und von Apollon in seiner Antwort auch angesprochene (20, oben zit.) Altarweihung erkundigt. Wir haben also ein Doppelorakel vor uns. Ulpianos gehört zu einer prominenten Familie, in der immer wieder Mitglieder bis zur Prophetie aufgestiegen sind (vgl. den Stammbaum bei Rehm S. 192), weshalb man bei der prosopographischen Verbindung aufgrund des Fehlens weiterer Namensbestandteile in **Didyma 19** nicht zu Gewißheit kommt. Durch Heirat ist er familiär auch mit Ailianos Poplas, dem Cousin seiner Frau, verbunden, einer in der didymäischen Epigraphie notablen Person, deren öffentliches Wirken in einflußreichen Funktionen im ersten Viertel des 3. Jh. mehrfach bezeugt ist, siehe o. Anm. 152.

Die Deutung von **Didyma 19** auf einen Konflikt zwischen ausführenden Handwerkern und dem ἐργεπιστάτης Ulpianos geht auf W.H. Buckler, Labour disputes in the province of Asia, in: Anatolian studies Ramsay 34-36, zurück und ist seitdem oft wiederholt worden. Sie ist aber nicht ohne Probleme. L. Robert (Trois oracles 581 = OMS 5,597 m. Anm. 4; Hell. 13,207 m. Anm. 3, mit Vergleichsmaterial; zustimmend Fontenrose, Didyma 194; vgl. auch o. S. 135f. m. Anm. 274. 276) hat darauf aufmerksam gemacht, daß der Prophet Ulpianos, der für die Stadt die Bauaufsicht ausübte (ἐργεπιστατεῖ 3), verstorben war, da er als ἥρως bezeichnet wird (4), so daß Unsicherheit über die weitere Fortführung des Baus den Anlaß zur Befragung des Gottes gegeben haben kann – Unsicherheit sei es über Gestaltungswünsche des Bauherrn, sei es über die weitere Beschäftigung und Bezahlung des ἀρχιτέκτων Menophilos, der die Bauarbeiter engagiert hatte.

Zweifel an der ›Streikdeutung‹ hatte bereits M. Rostovtzeff, The social and economic history of the Roman empire, Oxford 1957², Bd. 2, 621 Anm. 45 geäußert; zu einem Einzelpunkt Bull. ép. 1967, 611. Man kann die Deutung auf einen Konflikt auch mit dem Element des Todes des Auf-

ten, andererseits die in den Orakeln übliche Aufforderung zu Kultleistungen, und zwar in diesem Fall Opfern und Gebeten an Herakles und Athena, Πάλλαδα Τριτογένειαν ἰδ' ἄλκιμον Ἡρακλ[ῆα]. Athena ist hier in ihrer Funktion als Schutzgöttin der Handwerker zuständig, in der sie ja auch das Orakel für Satornila präsentiert.[278] Die Opfer gelten daher mit Sicherheit Athena Polias als dem wichtigsten Kult der Göttin in Milet, wie ebenfalls das Satornila-Orakel anschaulich illustriert.

Der Kult der Athena Latmia in Herakleia. Die frühere Geschichte der Stadt und ihre Neugründung im 4. Jh. v. Chr. Das Heiligtum der Athena als zentraler Kultort mit der Funktion als Staatsarchiv. Münzbilder und ein Hymnus mit der Schilderung eines Festes der Göttin.

Der in Herakleia tatsächlich im Kult verwendete Beiname fällt nicht in der gelehrten theologischen Dichtung des Orakelbescheids, sondern in der

sichtsbeamten zusammennehmen und erwägen, daß aus dem Fehlen einer kompetenten Leitung des Bauvorhabens Unstimmigkeiten zwischen den Arbeitern und dem Architekten und Auftragnehmer Menophilos entstanden waren, um deren Schlichtung die von Menophilos angestellten Handwerker nun Apollon ersuchten. Apollon hätte dann für den Architekten Partei genommen, unter dessen Leitung sie weiterhin arbeiten sollten: so Merkelbach/Stauber im Lemma zu SGO 01/20/01. Die in der Anfrage von den οἰκοδόμοι erwogene ἄλλη ἐργοδοσία (7f.) könnte freilich auch einen anderen Auftragnehmer als Menophilos für dieses Baulos innerhalb des Gesamtprojektes des Theaterbaus (und damit einen anderen Arbeitgeber für die Bauleute) meinen. Dann riete Apollon in seiner Antwort zu der zweiten in der Anfrage genannten Alternative (ἢ] ἄλλην ἐργοδοσίαν σκέπτωνται 8), wenn er empfiehlt, sie sollten sich an einen außerordentlich sachverständigen – noch zu findenden – Mann halten. Da der Artikel in der poetischen Sprache der Epigramme nicht stehen muß, ist es nicht zwingend, daß Apollon in seinem Bescheid eine in der Anfrage bereits eingeführte und bekannte Person benennt.

Parke, Apollo in Asia 76-78, weist darauf hin, daß das Amt des Ulpianos als ἐργεπιστάτης bedeutet haben muß, daß er die Finanzierung dieses Bauloses übernommen hatte; mit seinem Tod wäre dann die Kostenübernahme für die vertraglich vereinbarten Arbeiten in diesem Bauabschnitt des Theaters und damit die Bezahlung der Bauunternehmer und ihrer Handwerker infragegestellt gewesen. Es mögen darüberhinaus nun, nachdem keine kompetente und entscheidungsbefugte Bauleitung mehr vorhanden war, auch technische Schwierigkeiten bei der Bauausführung der εἰλήματατα καὶ τετράετα κατὰ τῶν κιόνων aufgetreten sein, die sich erst im Laufe der Arbeit herausstellten und bei der Formulierung des Vertrags noch nicht absehbar gewesen waren; so erklärten sich die bautechnischen Spezifizierungen der Anfrage (5-7; vgl. zur Terminologie P. Herrmann ad I.Milet 935). Das Fehlen zuverlässiger Arbeitsanweisungen hätte die Bauleute dann zur Frage veranlaßt, ob sie die Arbeiten, mit denen sie zuvor beauftragt worden waren, nun tatsächlich noch ausführen sollen. Ähnlich denkt sich Fontenrose, Didyma 194, die Vorgänge. Vgl. noch Lane Fox, Pagans 226f., und J. Nollé, Medien, Sprüche, Astragale: zum Orakelwesen im kaiserzeitlichen Kleinasien, Nürnberger Blätter z. Archäologie 13 (1996-97) 167-182, h. 170.

278 **Didyma 25**,14-16 ἐν δὲ τέχναισιν | εὐπάλαμος κλ[ειτο]ῖσιν ἐπιστάτις ἐργοπόνοισιν. Die Übereinstimmungen klingen nochmals an, als im Theaterbau-Orakel Apollon vom ἀρχιτέκτων (sei es nun Menophilos oder ein anderer Unternehmer) als *εὐπάλαμος* φώς τε φέριστος (V. 2) spricht und die Bauleute sich in der Anfrage *ἐργολάβοι* τοῦ μέρους τοῦ θεάτρου (2f.) nennen. Sie verwenden in der Selbstbezeichnung dabei vermutlich präzises technisch-adminstratives Vokabular, das auch in einem Dekret benutzt worden wäre.

mitaufgezeichneten Anfrage der Gesandtschaft: Athena Λατμία. Das Beiwort weist bereits auf den zentralen Platz der Göttin im lokalen Pantheon: Es nimmt einerseits den Namen des Gebirgszugs im Rücken der Stadt auf, andererseits aber – und das ist wichtiger für das Alter des Kults und seinen Rang für die Gemeinde – die frühere Bezeichnung der Stadt selbst, deren Bewohner schon für die archaische Zeit durch die Weihung von Apollon-Statuen im Heiligtum von Didyma[279] bezeugt und in den athenischen Tributlisten der zweiten Hälfte des 5. Jh. als Λάτμιοι eingetragen sind.[280] Den alten Namen kennt auch Strabon noch.[281]

Die Stadt hat in der frühhellenistischen Zeit eine bewegte Geschichte erlebt und ist wohl noch im ausgehenden 4. Jh. verlegt worden. Nachdem sie bis dahin noch ihren alten Namen getragen hatte,[282] erfolgte – nach dem Zwischenspiel einer Vereinigung mit Pidasa unter dem karischen Satrapen Asandros[283] – nach 313 v. Chr. die Neugründung als Herakleia.[284]

---

279 I.Didyma 12 = McCabe, Didyma (PHI # 7) 211 = Lazzarini, Formule delle dediche votive Nr. 768 τόσ<δ>ε τὸς ἀνδριάντ[ας Λα]τμίοι ἀν[έθεσαν. Danach folgen vermutlich die Stifternamen, obwohl man aus dem Wort Δω<ρι>έων in Z. 3 auch eine Erwähnung von Doriern - gelesen und daran historische Konstruktionen geknüpft hat. Das ist aber sehr unsicher, vgl. Rehm. Der Text ist auf dem Schenkel einer Statue angebracht, das Bruchstück an der Prozessionsstraße gefunden worden.

280 IG 1^3,260-263. 265-272. 279f. = B.D. Meritt u.a., The Athenian tribute lists 1, Cambridge, Ma. 1939, 329, und Kommentar ebd. 510f.; 3,255f.

281 14,1,8 p. 635 Casaubon: ἐκαλεῖτο δὲ πρότερον Λάτμος ὁμωνύμως τῷ ὑπερκειμένῳ ὄρει. Strabon zitiert auch Hekataios FGrHist 1 F 239, der den Namen des Berges nennt.

282 Polyaen. 7,23,2; 8,53,4.

283 Der vor einigen Jahren veröffentlichte Sympolitie-Vertrag zwischen Latmos und Pidasa sichert den alten Namen noch für die Regierungszeit des Asandros und damit bis 313 v. Chr.: W. Blümel, Vertrag zwischen Latmos und Pidasa, EpigrAnat 29 (1997) 135-142 (Bull. ép. 1999, 462) = SEG 47,1563; verbesserte Lesungen und ausführlicher Kommentar: M. Wörrle, Inschriften von Herakleia am Latmos, 3: Der Synoikismos der Latmioi mit den Pidaseis, Chiron 33 (2003) 121-143 (Bull. ép. 2004, 308; SEG 53,1198). Vgl. auch A. Bencivenni, Progetti di riforme costituzionali nelle epigrafi greche dei secoli IV-II a.C., Tarsie 1, Bologna 2003, 151-168 (mit Text). Diese Sympolitie, auf Betreiben des Asandros (323-313) zustandegekommen (zu ihm auch u. Anm. 349), sah die Bildung einer neuen gemeinsamen Phyle aus Bewohnern beider Städte vor (zusätzlich zu den beiderorts bestehenden Phylen, in denen die jeweilige Mitgliedschaft der Bürger aufrechterhalten bleiben sollte). Der Beschluß soll in zwei Exemplaren hinterlegt werden, nämlich im Zeus-Heiligtum von Labraunda, das mit Mylasa zusammenhing, der Residenz des Asandros (Ph. Gauthier, Bull. ép. 1999, 462; vgl. Robert, Amyzon 99f.), und im Athena-Heiligtum von Latmos (33-36; s. auch hiern. Anm. 287). Daß kein Exemplar in Pidasa aufgestellt werden sollte, deutet darauf hin, daß der Ort in diesem Vertrag nicht als gleichberechtigt mit Latmos gesehen, sondern bereits als seine Untergliederung verstanden wird: vgl. C.P. Jones, The Union of Latmos and Pidasa, EpigrAnat 31 (1999) 1-7, h. 7. Die politische Intervention des Asandros (die neue Phyle sollte Ἀσανδρίς heißen, 6) überdauerte seine Herrschaft indes nicht: siehe M. Wörrle, Pidasa du Grion et Héraclée du Latmos: deux cités sans avenir, CRAI 2003, 1361-1379 (vgl. SEG 53, 1269). – Siehe nochmals u. Anm. 441.

284 Bis zum Bekanntwerden des neuen Dokuments hatte man die Neugründung unter dem Namen des Herakles bereits um die Mitte des 4. Jh. angesetzt, als die Stadt unter die Vorherrschaft des Maussolos (377-353) aus der Dynastie der Hekatomniden oder die seiner Schwester und Frau Artemisia (353-351) kam. So etwa S. Hornblower, Mausolus, Oxford 1982, 319-323; zu

Abgesehen von einer kurzen Periode unter dem makedonischen Heerführer Pleistarchos um 300 v. Chr., der ihr den eigenen Namen gab,[285] behielt sie von da an die neue Bezeichnung.

Maussolos vgl. auch P. Briant, L'histoire de l'empire Perse: de Cyrus à Alexandre, Achaemenid history 10, Paris 1996, 686-689. In diese Richtung schien darüberhinaus der Umstand zu weisen, daß Maussolos für seine Propaganda auch anderswo Herakles in Anspruch nahm, um sich im hellenisierten Gewand zu inszenieren: So zeigt eine koische Münzserie, die sich mindestens über den Zeitraum zwischen den späten 360er Jahren und dem Tod des Maussolos erstreckt (acht Exemplare mit verschiedenen eponymen Münzbeamten sind bekannt), den Satrapen in Gestalt des Halbgottes, etwa BMC Caria 195 Nr. 11 = Hornblower Taf. 34 c. Dieses Porträt läßt sich mit der Maussolos-Statue des British Museum verbinden, Hornblower 272 m. Anm 403; grundlegend G.F. Hill, Some coins of southern Asia minor, in: Anatolian studies Ramsay 207-224, h. 207-209. Während so das Ausgreifen des karischen Herrschers in die hellenisierten Städte der Westküste mit einer propagandistischen Einbeziehung griechischer Mythologie verbunden war, ist sonst gerade in seiner Religionspolitik die Stärkung der indigenen karischen Traditionen zu bemerken, vgl. Laumonier, Cultes indigènes 57-64. 591-644. In ein solches Bild fügt sich auch der zuvor genannte Bericht bei Polyaen. 8,53,4, der freilich heterostereotype Muster antiker Ethnographie verwendet, wenn er von der in den Augen der Griechen exotischen, innigen Götterverehrung der Fremden erzählt: Als die karische Herrscherin Artemisia mit ihren Eunuchen, Hoffrauen, αὐλητοί und τυμπανισταί im ἄλσος eines Kybele-Heiligtums unweit der Stadt den Kult der Göttin zelebrierte (ὀργιάζουσα), weckte dies die Neugier der Latmier, die ihre Religiösität und die fremden Riten bewunderten. Aber all das war nur ein raffiniertes Strategema, so der rationalisierende Militärhistoriker, denn das versteckt gehaltene Heer konnte die Stadt nun kampflos in seine Gewalt bringen. Er schließt mit der gnomischen Figur: κρατήσαντες αὐλοῖς καὶ τυμπάνοις, ἧς (sc. τῆς πόλεως) οὐκ ἐκράτησαν τοῖς ὅπλοις.

285 Steph. Byz. s.v. Πλεισταρχεία. Nach Stephanus trug die Stadt vor der Hegemonie des Pleistarchos und seiner Umbennung bereits den Namen Herakleia und führte ihn dann später erneut. Die Umstände, unter denen Pleistarchos, einer der Söhne des Antipatros und Bruder des Kassandros, die Vorherrschaft über Karien erlangte, liegen historisch im Dunkeln. A. Peschlow-Bindokat, Boreas 17 (1989) 69-76, will die Verlegung des Stadtgebietes erst mit seiner Vorherrschaft verbinden. Man hat die Notiz bei Stephanus auch im Sinne einer unabhängigen Neugründung interpretieren wollen, so daß ein weiteres Herakleia in Karien anzunehmen wäre; die *communis opinio* ist jüngst aber von O. Hülden wieder erhärtet worden (Pleistarchos und die Befestigungsanlagen von Herakleia am Latmos, Klio 82, 2000, 382-408). Pleistarchos war wohl selber karischer Herkunft: K. Buraselis, Das hellenistische Makedonien und die Ägäis: Forschungen zur Politik des Kassandros und der drei ersten Antigoniden (Antigonos Monophthalmos, Demetrios Poliorketes und Antigonos Gonatas) im Ägäischen Meer und Westkleinasien, Münchener Beitr. z. Papyrusforsch. u. antiken Rechtsgesch. 73, München 1982, 22-33; R.A. Billows, Anatolian dynasts: the case of the Macedonian Eupolemos in Karia, ClassAnt 8 (1989) 173-206, h. 188-193. Möglicherweise gehört eine Ehrung aus Samos für einen Ἡρακλεώτης in diesen zeitgeschichtlichen Kontext, die damit den Namen Herakleia noch für die Jahre unmittelbar vor Pleistarchos dokumentieren würde (Chr. Habicht, AthMitt 72, 1957, 190-192 Nr. 23 = IG 12,6,1,38 = McCabe, Samos [PHI # 7] 33 ; vgl. Wörrle, Athena Latmia 41 Anm. 81). Zu Gestalt und Politik des Pleistarchos, dessen Herrschaft in Karien nur durch wenige Zeugnisse beleuchtet wird – neben die Hauptquelle Plut. Demetr. 31f. treten noch Paus. 1,15,1 sowie Diod. 29,77,6; 20,112 – vgl. J. Kobes, »Kleine Könige«: Untersuchungen zu den Lokaldynasten im hellenistischen Kleinasien (323-188 v. Chr.), Pharos 8, St. Katharinen 1996; A.P. Gregory, A Makedonian *dynastés*: evidence for the life and career of Pleistarchos Antipatrou, Historia 44 (1995) 11-28. Robert, Sinuri 59-62, setzt sich anhand des möglicherweise nach Pleistarchos datierten Dekrets I.Sinuri 44 (Aufnahme eines Auswärtigen in die συγγένεια, das für die Verwaltung des Heiligtums zuständige Kollegium, vgl. Robert ebd. 25-31) kritisch mit der lange vertretenen Meinung auseinander, der Einflußbereich des Pleistarchos habe weit über Karien hinausgegriffen.

Auffällig ist dabei, daß der nunmehr in der Stadt am Fuße des Latmos eponyme Halbgott im lokalen Pantheon nicht an die Stelle der Athena Latmia trat, sondern ihr Heiligtum an prägnanter Stelle auf dem Felsvorsprung auch weiterhin der Hauptkult Herakleias blieb, auch wenn fortan mit einem wichtigen Herakles-Kult zu rechnen ist.[286] Daß man Dokumente von zentraler Bedeutung für die Polis, wie die Vereinbarungen mit den Seleukiden, den Staatsvertrag mit Milet und das Garantieschreiben der Scipionen-Brüder, im Heiligtum der Athena Latmia öffentlich aufstellte[287] – Texte, die, für jedermann dort lesbar, die Bürger zur Identifikation mit ihrer eigenen Geschichte einluden –, zeigt deutlich, daß das Heiligtum der Athena der Kristallisationskern des öffentlichen Kultes in Herakleia war.

Gleichwohl verfügen wir neben der Tatsache des durch den Survey einigermaßen bekannten Heiligtums und der dabei zutagegetretenen Priesterlisten mit dem zugehörigen Orakel kaum über weitere aussagekräftige Zeugnisse für den Kult. Auch die Münzen, die immer wieder Athenas Bild zeigen, geben nicht viel Aufschluß, da die Ikonographie sich dort ganz auf die allgemein üblichen, vom athenischen Modell her bestimmten Züge und Attribute der Stadtgöttin beschränkt.

Allein ein leider schlecht erhaltenes und in der poetischen Sprache schwer verständliches Bruchstück eines Hymnus, der nach L. Roberts Deutung ein städtisches Fest der Athena Latmia schildert,[288] gibt einige

---

286 Dies ergibt sich aus dem Befund der herakleotischen Münzbilder. Vgl. L. Robert, Monnaies et territoire d'Héraclée du Latmos, BCH 102 (1978) 502-518 = DAM 198-214, bes. 502-504 = 198-200, und die eingehende Untersuchung von St. Lavva, o. Anm. 238.

287 Siehe oben S. 397f. mit Anm. 176f. zu einem Königsbrief Antiochos' III. (Wörrle, Herakleia) und zum Scipionen-Brief (Sherk, Documents 35) sowie S. 420 mit Anm. 239 zu den Hinterlegungsbestimmungen des Staatsvertrages; wie dort erwähnt, ist die nach dem Wortlaut des milesischen Exemplars I.Milet 150,117-120 (Milet 1,3,236) im Athena-Tempel von Herakleia aufzustellende Ausfertigung des Vertrages nicht gefunden worden. Auch ein Exemplar des Sympolitie-Vertrags zwischen Latmos und Pidasa, ein weiteres Kardinaldokument der Stadtgeschichte, war im Athena-Tempel hinterlegt: s. zuvor Anm. 283.

288 A. Dain, Inscriptions grecques du Musée du Louvre: les textes inédits, Paris 1933, 66-73 Nr. 60 = Page, PMG 1037 = SGO 01/23/01. Dain gibt unpublizierte Anmerkungen von B. Haussouiller (69) und Wilamowitz (70-73) wieder. Die Inschrift wurde schon 1873 von O. Rayet (vgl. zu ihm die biographische Notiz von S. Reinach, in: O. R., Études d'archéologie et d'art, Paris 1888, i-xvi; siehe L. Robert, BCH 101, 1977, 80 = DAM 38 m. Anm. 19) in Herakleia gefunden und – genau wie der Scipionen-Brief – in den Louvre gebracht, ist dann aber unpubliziert geblieben. Daß von einem Fest der Athena die Rede sein muß, hat L. Robert in seiner Studie: Héraclée et les Étoliens, BCH 102 (1978) 477-490 – DAM 173-186, h. 488f. = 184f. m. Anm. 54, erkannt (dort 483 = 179 Abb. 21 ein Photo der Inschrift); vgl. nochmals dens., Retour dans le Latmos à Héraclée sans mystères, in: A travers l'Asie mineure 351-353, wo Robert die auf eine Bemerkung F. Cumonts zurückgehende langlebige Fehlinterpretation dieser Inschrift als Zeugnis eines angeblichen Mysterienkults des Endymion in Herakleia widerlegt. Endymion kommt hier vielmehr als mythischer *ktistes* von Herakleia vor (6-9, δᾶμος ὃν ἔκτισεν Ἐνδυμίων 6); in einer Höhle auf dem Latmos wurde sein ἄδυτον gezeigt (Strab. 14,1,8 p. 636 Casaubon; Paus. 5,1,5). Er galt nach einer bei Ephoros (FGrHist 70 F 122 = Strab. 10,3,2f. p. 464 Casaubon) zu fassenden Tradition als Vater des Aitolos. In der Periode der ätolischen Hegemonie über die kleinasiatische Küste im 3. Jh. beschlossen die Ätoler in Delphi ein Isopolitie-Dekret mit Herakleia und

Hinweise. Hier ist von Festmählern und Opfern, Musik, allgemeiner Eintracht und Arbeitsruhe (ἀνάπαυσις), wohl auch von Prozeß- und Rechtsfrieden, ἐκεχειρία, die Rede.[289] Jedenfalls wird die Göttin am Anfang des Fragments mit demselben Beiwort bezeichnet, das sie in abgewandelter Form auch im Orakel trägt, Τριτογενής; das sichert die Zuweisung des Hymnus an die Polisgöttin Herakleias. Auch ist am Ende der erhaltenen Partie von der Jungfräulichkeit der angerufenen Göttin die Rede.[290] Beides stellt den Text an die Seite des Satornila-Orakels ebenso wie des sachlich nahe verwandten Orakels aus dem lykischen Sidyma über die Berufung jungfräulicher Artemis-Priesterinnen.

---

sprachen von den Herakleoten als ihren ἄποικοι, IG 9,1²,173 = Moretti, Iscr. storiche ellenistiche 77, 12 (vgl. ebd. 4 τ]ὰ̣ν̣ [συ]γγένειαν ἀνενεώσαντο κτλ.; 6f. πολί[τας] ε̣ἶ̣μ̣ε̣ν̣ τ̣ο̣ὺ̣ς Ἡρα[κ]λειώτας τῶν Αἰτωλῶν κτλ.): Der Endymion-Mythos in Herakleia erhält in diesem politischen Kontext eine aitiologische Funktion. Hinweise zur verworrenen Publikationsgeschichte des ätolischen Dekrets bei Robert BCH 102 (1978) 477f. = DAM 173f. Der Vertrag wurde in den letzten beiden Jahrzehnten des 3. Jh. geschlossen. Die ätolische Einflußnahme in der Ägäis und an der kleinasiatischen Küste gehört damit erst in diese Jahre: P. Funke, Zur Datierung der aitolischen Bürgerrechtsverleihung an die Bürger von Herakleia am Latmos (IG IX 1²,1,173), Chiron 30 (2000) 505-517. – Ephoros stützte sich übrigens für die Erzählung von Aitolos, der seinerseits das väterliche Elis verließ, um das *koinon* der Ätoler zu gründen, selbst auf Inschriften, die die συγγένεια beider Völker bezeugten. So urteilt Strabon (10,3,3): τὴν μὲν οὖν συγγένειαν τὴν πρὸς ἀλλήλους τῶν τε Ἠλείων καὶ τῶν Αἰτωλῶν *ὀρθῶς ἐπισημαίνεται διὰ τῶν ἐπιγραμμάτων* ἐξομολογουμένων ἀμφοῖν οὐ τὴν συγγένειαν μόνον, ἀλλὰ καὶ τὸ ἀρχηγέτας ἀλλήλων εἶναι. – Zur historischen Geographie Herakleias vgl. neben den beiden genannten Arbeiten Roberts auch noch dens., Monnaies et territoire d'Héraclée du Latmos (wie Anm. 286).

289 Beschreibung der ἐκεχειρία in 18f. nach dem Deutungsvorschlag Roberts (ebd. 488 = 184 m. Anm. 53); ἀνάπαυσιν 22. Die erhaltenen Teile lassen weitere Einzelheiten des Festrituals erkennen: Es findet wohl auf der Akropolis beim Heiligtum der Göttin statt, ---]πων ἀπ' ἄκρων ἐκ πολυθρίγκων (neu, zu θρίγκος ›Gesims, Fries‹) τερᾴ̣[μνων 13. Voraus gehen rituelle Reinigungen, bei denen Gegenstände ins Meer geworfen werden, αὐχμὸν (›Unrat‹) ἔς θ' ἅλα ῥίψασαν ὑπ' ἀμφιπολ̣[--- 14. Die Epheben haben eine wichtige Rolle am Fest: Bei ihrem κῶμος (ἅπασα θ' ἥβα κῶμον ἄγε[ι 15) bringen sie auf den Straßen der Stadt Spottverse zu Gehör, ὁ]δοῖς κέρτομον χέοισ' ἰαχάν 16, und die übermütige Rede in der Öffentlichkeit ist für die Dauer des Umzugs *»ungezügelt«*, ἀ]πὸ στομάτων ἀχαλίνων ἡνία γλώσσ[-- 17. Das Fest ist also deutlich als Ausnahmesituation markiert, in der die üblichen Regeln des öffentlichen Lebens nicht gelten.

290 ὦ τὰν ἀείμναστο[ν - -] | λέκτρων [ἄ]πειρος ἐφ' ἇι σε ὁ π[ᾶς δᾶμος γεραίρει?] 31f. mit dem Ergänzungsvorschlag, den Robert ebd. 489 = 185 *exempli gratia* gemacht hat. Das Thema wird offensichtlich im nächsten, dem letzten erhaltenen, Vers fortgeführt: ---]ας ἐπεὶ γάμων ἀκμαὶ δέμας [--- (32), und klingt möglicherweise bereits zu Anfang an (1): οὐδὲ Τριτογενεῦς (ionische Genitivbildung) λωβά *»und keine Schande der Athena«* (zuvor war wohl die Rede von Artemis, die keine Wehen kennt, [ὠ]δῖσιν). – Schon kurz nach der ersten Anzeige des Orakels mit der Priesterliste im Jahre 1977 (o. Anm. 173) hat Robert in dieser 1978 erschienenen Arbeit ebd. Anm. 56 auf das neue Dokument aufmerksam gemacht. Zugleich hat er die Überschrift der zweiten Priesterliste auf der Außenseite der südlichen Ante (Block S 1 B bei Wörrle, Athena Latmia) bereits als definitiven Beweis für die Zuweisung des Tempels an Athena gewertet und in einen Zusammenhang mit dem Hymnus gestellt (ebd. Anm. 55 mit 487 = 183 Abb. 23). Seine Überlegung, ob das Thema der Keuschheit, das im Hymnus erkennbar wird, im Orakel – ähnlich wie im Bescheid über Satornila – in Bestimmungen über die Voraussetzungen für Priesterinnen wiederkehre, leuchtet jedoch vor dem Hintergrund der aus den Listen ablesbaren männlichen Priesterwürde im Kult der Athena Latmia nicht ein.

Apollon fordert den Übergang vom Verkauf zur Jahreswahl der Priesterstelle der Athena. Kriterien der sozialen Selektion der Kandidaten für das Priesteramt: Der Gott fördert die Kohäsion innerhalb der städtischen Eliten und die Mechanismen der sozialen Kontrolle. Integrative Funktion des Wahlverfahrens: Wechselnde Bestimmung aus der Mitte der Bürger. Verkauf von Priesterstellen auf Lebenszeit: Interessenlage der Stadt und des Käufers.

Apollon entscheidet die ihm vorgelegte Frage ohne Wenn und Aber: Die Bürger von Herakleia sollen den Priester der Athena Latmia wählen, anstatt die Stelle dem Meistbietenden zu verkaufen.[291] Die Wahl aus der Mitte aller Bürger soll jeweils für die Amtsdauer eines Jahres gelten. Strenge Auswahlkriterien sind zu beachten. Zur Bezeichnung der jährlichen Neuwahl benutzt der Orakeldichter ein markantes, sicher feierlich klingendes homerisches Wort, λυκάβαντος ἑκάστου,[292] das genau im gleichen sachli-

291 Grundlegend für die Thematik des Verkaufs von Priestertümern ist die Behandlung bei Debord, Aspects sociaux 63-75, sowie anhand der neu bekannt gewordenen Inschriften von Kos (Übersicht bei Parker/Obbink, Sales of priesthoods 1, 420f.; weiter dies., Sales of priesthoods 2; Bosnakis/Hallof, Inschriften aus Kos 2) die gründliche Untersuchung von Wiemer, Käufliche Priestertümer. Debord ebd. 101-116 erörtert die erythräische Verkaufsliste I.Erythrai 201 = McCabe, Erythrai (PHI # 7) 60; zum Verständnis wichtig Graf, Nordionische Kulte 150-155. Weiterhin: Parker/Obbink, Sales of priesthoods 1, 419-429; Dignas, Economy of the sacred 251-271 (265-268 zur Inschrift aus Herakleia); dies., Verkauf von Priestertümern; dies., Priestly authority in the cult of the Corybantes at Erythrae, EpigrAnat 34 (2002) 29-40 (kritische Anmerkungen von A. Chaniotis, EBGR 2002, 32 [Kernos 18, 2005, 442]); C. Schuler, Ein Priestertum der Artemis in Arykanda, Chiron 33 (2003) 485-504; Wörrle, Athena Latmia 43-50.

292 Das Wort kommt zweimal in der *Odyssee* vor, 14,161f. = 19,306f., und scheint an diesen Stellen ›Jahr‹ zu bedeuten: τοῦδ' αὐτοῦ λυκάβαντος ἐλεύσεται ἐνθάδ' Ὀδυσσεύς· | τοῦ μὲν φθίνοντος μηνός, τοῦ δ' ἱσταμένοιο | οἴκαδε νοστήσει. Spätere Dichter verwenden es in diesem Sinne und wollen damit ihre Homer-Kenntnis vorführen (Bion fr. 2,15 Gow = Reed εἶαρ ἐμοὶ τριπόθητον ὅλῳ λυκάβαντι παρείη; Apoll. Rh. 1,198), doch verstand etwa Dion von Prusa (Or. 7 [13 v. Arnim/Budé], 84) das Wort in der verrätselt formulierten Zeitangabe des Odysseus (vgl. A. Hoekstra, in: dies./A. Heubeck, A commentary on Homer's *Odyssey* 2: Books 9-16, Oxford 1989, 204 ad 14, 161f.) als ›Monat‹ (ὅτι ἐκείνου τοῦ μηνὸς ἥξοι). Die tatsächliche Bedeutung liegt im Dunkeln; sicher scheint nur, daß es sich um die Angabe eines Zeitraums handelt. Spätantike Grammatiker behaupteten, es sei ein arkadisches Wort (Anecd. Bekk. 1095); vermutlich kannten sie Grabepigramme aus diesem Raum, in denen das Wort häufiger vorkommt, ohne jedoch deswegen auch etymologisch in diesen Dialektbereich gehören zu müssen: vgl. Leumann, Homerische Wörter 273; vgl. 212 Anm. 4. Tatsächlich begegnet λυκάβας dann gerade in den metrischen Inschriften seit dem Hellenismus nicht selten, insbesondere in den Grabepigrammen, wo immer wieder Jahresangaben in poetischer Diktion gefordert sind, etwa aus Argos IG 4,622, aus Chios CIG 2237 = Kaibel 231 = Peek, GV 945 = McCabe, Chios (PHI # 7) 277, aus Mytilene IG 12,2,129, schließlich I.Ephesos 2101 = SGO 03/02/72, um nur einige Beispiele zu nennen. Die moderne historische Sprachwissenschaft hat sich auf keine überzeugende Etymologie einigen können, vgl. die Abhandlung bei Frisk s.v. mit einem *non liquet*, aber dem Hinweis auf die überraschende – freilich bisher auch nicht erklärte – Ähnlichkeit mit dem Toponym Λυκαβηττός, das sicher kein attischer Name ist, und die Kritik der älteren Erklärungen bei P. Kretschmer, Glotta 15 (1926-27) 198; ebd. 17 (1929) 214; ebd. 22 (1934) 262. Jüngere Untersuchungen: D.J.N. Lee, Homeric λυκάβας and others, Glotta 40 (1962) 159-182; H. Koller, Λυκάβας, Glotta 51 (1973) 29-34; O. Szemerényi, The origins of the Greek lexicon: *ex oriente lux*, JHS 94 (1974)

chen Zusammenhang und an derselben Position im Vers in einem Orakel aus Sidyma in Lykien steht[293] – neben dem beide Texte verbindenden Gegenstand, Reglementen der Priesterwahl, ein Indiz dafür, sie demselben Orakelkult zuzuweisen.

Bei der Wahl der Kandidaten sollen Gesichtspunkte den Ausschlag geben, die auf die soziale Verfaßtheit der Bürgergemeinschaft zielen: Derjenige Bewerber soll mit der Funktion bedacht werden, der nach seiner Familienzugehörigkeit und nach seiner Lebensführung an erster Stelle steht (προφερέστατος V. 5). Hier ist deutlich, wie der Gott sich in seinen Weisungen an den Parametern sozialer Kohäsion innerhalb der die Geschicke der Stadt bestimmenden Eliten orientiert: Der Inhaber des Priesteramtes des für die kollektive Identität ausschlaggebenden Kultes der Stadt muß auch selber aus dem Kreis der Familien stammen, die das politische und religiöse Leben der Stadt dominieren, und es wird von ihm völlige Konformität mit den moralischen Normen erwartet, die diese führenden Schichten als Gruppenkodex für ihre Mitglieder vereinbart haben. Der zu bestimmende Funktionär soll *»der Herausragendste«*[294] im Hinblick auf seine soziale Gruppenzugehörigkeit, γένει,[295] und auf die moralische Qualität seiner Lebensführung, βίου τάξει, sein[296] – es werden also rigorose Kriterien sozialer Kontrolle angelegt. Die Gruppe verteilt Prestige und Einfluß aus dem Priesteramt des Stadtkults unter ihren eigenen Mitgliedern, unterwirft sie

---

144-157, h. 150f.; D.N. Wigtil, A note on λυκάβας, AJPh 99 (1978) 334f.; zur Parallele mit Λυκαβηττός: A. Moreschini Quattordio, Λυκάβας e Λυκαβηττός: un esempio di rapporti greco-anatolici, ASNP 18 (1988) 1411-1418.

293 **Didyma App15** = TAM 2,174,7,6f. [ἁγ]νὰ θεᾶς ἀσινῆ τε πρέπει λυκαβάντο<ς> ἑκάστου | παρθενικαῖς παλάμαισι θυήπολα τείμια τεύχειν. Siehe u. S. 531-533 mit Anm. 487.

294 Merkelbach/Stauber in SGO 01/23/02 übersetzen sehr treffend mit einer Metapher, die den Nachdruck zeigt, den Apollon auf die gesellschaftliche Hierarchie und den innerhalb der Führungsgruppe herrschenden Wettbewerb legt: *»wer nach Abstammung und Lebenslauf ganz oben in der Reihe steht«*.

295 Die Bedeutung dieses Kriteriums machen nicht zuletzt die didymäischen Propheteninschriften am Beispiel Milets deutlich, wo das erste Anliegen aller dieser Kultfunktionäre darin besteht, sich mit ihrer Selbstdarstellung in eine großartige Familientradition einzureihen, in der auch ihre Vorfahren die prestigereichen religiösen und politischen Ämter der Stadt innegehabt haben. Wenn sie in diesen Texten oft auch keine Informationen über die einzelnen im Laufe ihrer Amtsführung erworbenen Verdienste aufzeichnen, so verzichtet doch keiner dieser Honoratioren darauf, die Titel und ehrenden Prädikate seiner Eltern und Großeltern zu nennen, die ebenfalls die Prophetie, Stephanephorie, Agonothesie, Hydrophorie usw. bekleidet haben. Ein markantes Zeugnis dieses Anspruchs ist das Selbstzeugnis des Propheten Granianos Ambivius Maker, der von sich behaupten kann, einem γένος αὐτοφανῶν προφητῶν ὡς ὁ Διδυμεὺς ἐμαρτύρησεν anzugehören (**Didyma B3** = I.Didyma 243; siehe o. S. 333f. mit Anm. 30f. und zur schwierig zu bestimmenden Bedeutung von αὐτοφανής an dieser Stelle S. 369-373 mit Anm. 119. 121). Auch im Satornila-Orakel verlangt Apollon, die für das Priestertum der Athena Polias geeignete Kandidatin müsse ἀφ' αἵματος εὐγενετήρων abstammen (**Didyma 25**,9). Dieses meritokratisch akzentuierte genealogische Denken ist nicht nur bei religiösen Funktionären, sondern genauso bei den politischen Magistraten, vor allem aber auch bei den Euergeten hoch entwickelt, wobei diese Rollen sich in einer Person verbinden können. Die Zugehörigkeit zur gesellschaftlich dominanten Schicht und

aber untereinander einem durch normative Kriterien definierten Selektionsprozeß.

Gleichzeitig unterstreicht Apollon die integrative Funktion des Wahlverfahrens: Dem Anspruch nach bildet die Gesamtheit der Bürgerschaft das Reservoir möglicher Kandidaten; die Wahl soll, wie Apollon hervorhebt, ἐκ πάντων ἀστῶν stattfinden. Durch die jährliche Neubestimmung soll gegenüber der Form eines auf Lebenszeit vergebenen Amts eine Ro-

---

das Bewußtsein, sich seiner πρόγονοι ebenbürtig zu erweisen, spielt jedoch gerade bei den religiösen Beamten eine tragende Rolle.

296 Auffällig ist, daß der Anforderungskatalog nicht religiös konnotiert ist, sondern ganz auf der Ebene des Zusammenlebens der Bürger verbleibt. Damit kontrastiert die häufige Erwähnung der εὐσέβεια in den Orakeln, die der didymäische Apollon seinen Propheten erteilt hat und die sie in ihren Inschriften dann regelmäßig fast wie einen Bestandteil ihrer Amtsbezeichnung nennen. Im Versorakel **Didyma B2** = I.Didyma 229 II spricht Apollon von der ψυχὰ ὅσιος des Propheten Philodemos, was wie ein Lob der εὐσέβεια zu verstehen ist (nicht jedoch als ein Zeugnis der Verinnerlichung eines religiösen Lebensgefühls: siehe oben S. 342f. mit Anm. 54f.). Aber auch von εὐσέβεια ist im Orakel aus Herakleia nicht die Rede; die βίου τάξις ist das auf das gesellschaftliche Miteinander bezogene ethisch-normative Ideal, das aus den Rednern und Philosophen mit Wertkonzepten bekannt ist, die mit Begriffen wie σωφροσύνη, ἀρετή und καλοκαγαθία umschrieben wurden. Wörrle, Athena Latmia 49, nennt dafür *exempli gratia* Stellen wie Isocr. 3,46f.; 6,2; 12,260; Plat. Resp. 8, 561 D (wo der Ausdruck βίου τάξις für die angestrebte Norm fällt); Polyb. 25,3,6; besonders anschaulich Plut. Apophth. Lac., Lycurg. 1, 225 F: Λυκοῦργος ὁ νομοθέτης βουλόμενος ἐκ τῆς προϋπαρχούσης διαίτης τοὺς πολίτας *εἰς σωφρονεστέραν βίου τάξιν μετάγειν* καὶ καλοκἀγαθικοὺς ἀπεργάζεσθαι. Die Auszeichnung der Satornila ἐπὶ σωφροσύνῃ καὶ σεμνότητι durch Apollon (**Didyma 25**,6f.) weist in dieselbe Richtung.
Das Konzept einer ethisch verstandenen εὐταξία ist auch in den Inschriften reich bezeugt, siehe Robert, Stèles funéraires 120-122; Hell. 13,222. Wörrle ebd. Anm. 123 weist auf weitere Belege hin: Attalos ehrt einen hohen Beamten für καθαρειότητα καὶ τὴν κατὰ τὸν βίον εὐταξίαν τε καὶ μετριότητα, I.Sardis 4; zu diesem Text L. Robert, CRAI 1975, 318 = OMS 5,497 Anm. 35. – Ein verdienter Bürger erhält in Aizanoi ein öffentliches Begräbnis mit Ehrung durch einen goldenen Kranz, Schmückung des Leichnams mit ταινίαι (dazu L. Robert, ArchEph 1969, 22f. = OMS 7,728f.) und seine Überführung von der Agora zum Heroon durch die Epheben und die *neoi*; der Zug wird von der gesamten Bürgerschaft begleitet. Die Ehren verdankt er seiner untadeligen Lebensführung, durch die er sich in öffentlichen Ämtern Ansehen erworben hat: ἀπὸ τῆς πρ[ώ]της ἡλικίας εὐτάκτως καὶ ἐπιεικῶς τὸν ἅπαντα τοῦ ζῆν χρόνο[ν] βεβιωκώς, W. Günther, IstMitt 25 (1975) 351f. Z. 4-7; vgl. Bull. ép. 1976, 676. Der Beschluß ist mit Jahreszählung datiert und gehört entweder ins Jahr 49/48 v. Chr. oder aber ist nach einer lokalen Ära erst ins 1. Jh. n. Chr. zu setzen, vgl. Günther ebd. 355f. – Ehrendekrete Kymes für die Euergetin Archippe nach 130 v. Chr., die ein neues Buleuterion finanziert hat und deswegen wiederholt vom Demos gerühmt wird ὑπάρχουσαν εὔτακτον καὶ σώφρονα καὶ ἀξίαν τῆς τε ἰδίας καὶ τῆς τῶν προγόνων καλοκἀγαθίας, I.Kyme 13,85-91. 103-106 = SEG 33,1038,6-10. 24-27, vgl. Bull. ép. 1968, 444f.; nochmals in einem weiteren Beschluß, H. Malay, EpigrAnat 2 (1983) 4 Nr. 2, 49-52 = SEG 33,1039,18-21; vgl. Bull. ép. 1984, 351. Für ihre Ehrungen hat sie sich wiederum mit der Finanzierung, ἐπίδοσις, einer öffentlichen Festspeisung revanchiert und dafür den Opferstier und den Wein bezahlt (I.Kyme 13,39-50 = SEG 33,1036,19-30; zum Terminus ἐπίδοσις u. Anm. 328). Das Volk von Kyme läßt ihr eine Ehrenstatue errichten (I.Kyme 13,57-79 = SEG 1037) und beschließt Dankopfer, als sie von einer Krankheit genesen ist (I.Kyme 13,80-113 = SEG 1038). Für von Euergeten ausgerichtete Volksbankette und das wechselseitige »Hinaufsteigern« der Reziprozität zwischen Stadt und Individuum vgl. o. Anm. 73 zu den Liturgien der Priester im Panamereion von Stratonikeia. Archippe erhält auch die – vor allem aus den Versteigerun-

tation sichergestellt werden, die für die kontinuierliche Erneuerung der Chancen aller infragekommenden Bewerber sorgt, das Amt in absehbarer Frist einmal zu erreichen. Die Jahresfrist war als Amtsdauer bei Wahlmagistraturen in den griechischen Städten häufig – allerdings meistens ohne Iterationsbeschränkungen –, während beim Verkauf von Priesterämtern der Erwerb auf Lebenszeit typisch ist.[297]

Wo man sich zum Verkauf entschied, stand bei der Stadt sicher das fiskalische Interesse im Vordergrund, über einen möglichst hohen Kaufpreis Einnahmeverbesserungen zu erzielen, zumal dann, wenn der Käufer als Gegenleistung Abgaben- und Liturgiebefreiungen erhielt,[298] die wiederum von der Stadt kompensiert werden mußten. Angesichts des Bemühens der

---

gen von Priesterämtern bekannte – Befreiung von Abgaben und Steuern, ἀλειτουργησία (Epigr Anat 2, 1983, 4 Nr. 2,39-41 = SEG 1039,8-10); vgl. u. Anm. 325.

In besonders anschaulicher Weise wird solche »Vorzüglichkeit« eines Bürgers in allen drei Bereichen, dem Verhältnis zu den Göttern, zur Polis und zu den Mitbürgern, in einem Ehrenbeschluß von Paros aus dem 2. Jh. v. Chr. festgestellt, wobei auch die Kontinuität zu den Leistungen früherer Familienmitglieder hervorgehoben wird: IG 12,5,130 = L. Migeotte, L'emprunt public dans les cités grecques, Québec/Paris 1984, Nr. 62, 3-10: - - τὴν το]ῦ [π]ατρὸς φιλοδοξίαν καὶ πρὸς τὸν δῆμον εὔ[νοιαν, ἀπὸ πρώτης ἡλικίας ζηλ]ωτὴς τῶν καλλίστων γε[ν]όμενος εὐσεβῶ[ς μὲν πρὸς τοὺς θεούς, εὐνόως δὲ εἰς τοὺ]ς πολίτας, φιλοστόργως δὲ πρὸς τὴν πατ[ρίδα διακείμενος, πάντα πράτ]τω‹ν› τὰ συμφέροντα τῶι δήμωι καὶ ἔν τε ταῖς θ[εωρί]αις καὶ [ἐν ταῖς πρεσβείαις ἐπ]ιδιδοὺς ἑαυτὸν (zu diesem Ausdruck oben Anm. 74f., zuvor schon Anm. 34) διελήλυθεν, ὑγιῶς δὲ καὶ δικαίως ἐν πᾶσιν ἀνέ[στραπται καὶ τούτω]ν πλείονας π[ρ]οθύμως ἐπιδεξάμενος ἐν τοῖς ἀναγ[καίοις καιροῖς] εἰρ]γάσατο - -. Der im herakleotischen Orakel formulierte Anspruch ist wohl weniger umfassend; im Hinblick auf die dort in erster Linie intendierte sozialintegrative Funktion und vor dem Hintergrund der weiten Verbreitung des ethischen Konzepts resümiert Wörrle ebd. 49 vielleicht etwas zu pointiert, daß der ideale Kandidat, wenn auch in besonders vollkommener Weise, nur »so sein sollte, wie eigentlich jedermann zu sein hatte«.

297 Der Umkehrschluß, daß nur käufliche Priesterämter auf Lebenszeit vergeben worden seien, ist jedoch nicht zulässig, genausowenig wie die Annahme, jeder Kauf habe eine unbegrenzte Amtsdauer erwirkt. Für die Überführung eines Lebenszeitpriestertums in eine jährliche Amtsperiode, wie sie in Herakleia wohl vorliegt, gibt es auch sonst Zeugnisse. Wiemer, Käufliche Priestertümer 308 Anm. 314, lenkt den Blick auf Rhodos, wo in verschiedenen Kulten die Umwandlung eines Lebenszeitamtes in ein Jahresamt beschlossen wurde, ohne daß es auf Rhodos Zeugnisse der Versteigerung von Priestertümern gäbe. Die Quellen legen die Motive für diese Reform nicht offen; man kann vermuten, daß die Zahl zur Verfügung stehender (oder zu berücksichtigender) Kandidaten zugenommen hatte; umgekehrt boten Lebenszeitpriester (zumindest der Theorie nach) die Gewähr, daß bei schwieriger Rekrutierungslage der Kult nicht zum Erliegen kam. Grundsätzlich bewahrten sich die Organe der Polis aber bei Jahrespriestern größeren Einfluß auf den Kult. Das Priestertum des Poseidon Hippios in Lindos wird um 325 v. Chr. neu als Jahreswahlamt organisiert: Blinkenberg, Prêtres de Poseidon Hippios 17f.; s. hiern. Anm. 303. Die πατριά der Τραγαδῖται überführt im frühen 1. Jh. v. Chr. das Priesteramt des Zeus Patroos auf Lindos gleichfalls in eine jährliche Amtsperiode: I.Lindos 648, 1-3. Zeus und Athena Polias in Ialysos haben ein Lebenszeitpriestertum (G. Pugliese Caratelli, Supplemento epigrafico Rodio, ASAA 30-32 = n.s. 14-16, 1952-54, 282f. Nr. 54), dann aber ein Jahresamt in IG 12,1,786 = Tit Camir App. 38 (1./2. Jh. n. Chr.). Der *terminus technicus* für die auf Lebenszeit ernannten Priester ist dabei ἱερεὺς στατός (9f.). Der hier geehrte Thrasylochos vereinigte gleich einen ganzen Katalog sowohl von jährlichen (2-8) als auch unbegrenzt ausgeübten (9-13) Priestertümern auf sich. Wiemer nennt weitere Beispiele für Jahrespriester in rhodischen Städten.

hellenistischen Poleis um kollektive Repräsentation durch öffentliche Bauten wie Gymnasien, Theater oder Tempel, die aufwendige Gestaltung von Festen und Kulten und die angemessene Ausstattung der Heiligtümer muß der Finanzbedarf hoch gewesen sein, zugleich aber die festen Einnahmen des Staatshaushalts kaum ausreichend[299] – zu lukrativen Beträgen

---

Wörrle, Athena Latmia 44 Anm. 91, weist auf das gelegentliche Vorkommen von Amtsperioden außerhalb der klaren Alternative Jahresamt oder Lebenslänglichkeit hin. So sieht das um 130 v. Chr. beschlossene Gesetz über den Kult des Populus Romanus und der Göttin Roma in Milet die Bestellung des Priesters für den eigenwillig anmutenden Zeitraum von drei Jahren und acht Monaten vor, gerechnet von einem präzise bestimmten Anfangsdatum an, I.Milet 203 (Milet 1,7,292f. = 6,1,22-25) = LSAM 49. Der Käufer erwirbt hier die Priesterschaft nicht, um sie selbst auszuüben; vielmehr sieht das Gesetz vor, daß er unverzüglich (παραχρῆμα 4) den *tamiai* und den Buleuten einen männlichen Bewerber im Alter von mindestens 20 Jahren für die Wahrnehmung des Priestertums benennt (ἀπογράψει 4 *»in das Verzeichnis eintragen läßt«*), der für den bestimmten Zeitraum amtieren soll. Falls er das Amt nicht antritt oder vorzeitig aufgibt, muß er selbst einen Ersatzmann präsentieren, der das Priestertum unter den gleichen Bedingungen ausübt (ἄλλον παρέξεται τὸν ἱερησόμενον ἀνθ' ἑαυτοῦ κατὰ ταὐτά 10-12); der Käufer ist hier nicht mehr in der Pflicht. Im Anschluß werden regelmäßige Einnahmen des amtierenden Priesters aus der Staatskasse (jährlich 600 Drachmen; vgl. Debord, Aspects sociaux 342f. Anm. 167) und seine Opferleistungen festgelegt; darauf folgen Bestimmungen zu seinen Pflichten beim ephebischen Agon der Ῥωμαῖα, der zum Kult gehörte.
Ökonomisch ist die in diesem Gesetz getroffene Regelung nicht einfach zu erklären: Worin besteht der Nutzen des Käufers aus seiner Investition? Denn die jährlichen Geldzuweisungen des *tamias* (13-16) kommen dem von ihm benannten Inhaber der Stelle (ὁ ἀπογραφείς 7), nicht ihm selbst zugute. Sokolowski (in LSAM nach dems., Partnership in the lease of cults, HThR 50, 1957, 133-143, h. 137f.) erwägt, daß das Interesse an der Investition im erreichten Prestigegewinn besteht: Der Käufer erwirbt das Recht, den Titel zu führen, ohne die Funktion ausfüllen zu müssen. Einnahmen wie Aufwendungen aus der Kultdurchführung fallen für ihn weg. Die Zuweisungen der Stadt an den Inhaber der Stelle könnten dann unmittelbar aus der erzielten Kaufsumme finanziert sein. Ob der im milesischen Gesetz beschriebene Vorgang aber, wie Sokolowski meint, mit der aus anderen Dokumenten bekannten ἐπίπρασις in eins zu setzen ist, die (nach Graf, Nordionische Kulte 150-153) eine Beteiligung Dritter an der Pacht des Priestertums bezeichnet, bleibt fraglich, denn der amtierende Priester wird vom Käufer direkt gegenüber den Autoritäten der Stadt nominiert (ἀπογράφεται); wir hören nicht, daß dieser seinerseits eine Summe zu zahlen gehabt hätte. Auch geht hier die Verantwortung für die Aufrechterhaltung des Kults in der vorgesehenen Periode auf den benannten Priester über; der Käufer steht dafür gegenüber der Stadt nicht mehr in der Verantwortung. Zur ἐπίπρασις anhand der *lex sacra* aus Erythrai, I.Erythrai 201 = McCabe, Erythrai (PHI # 7) 60, Graf ebd., aufbauend auf Sokolowski ebd. 137f. Anders faßt den Begriff Debord, Aspects sociaux 101-113, bes. 106f., nämlich als *»revente«* und unterscheidet dabei »la vente d'un sacerdoce qui n'est pas la première après la création« (der Erstinhaber hatte besondere Rechte) und »la vente d'un sacerdoce qui n'est pas encore arrivé à son terme, à un second postulant ou au prêtre déjà en fonction«.
Unklar im Hinblick auf das Verhältnis von Käufer und Inhaber des Priestertums ist die *lex sacra* aus Halikarnaß (3. Jh. v. Chr.) über den Kult der Artemis Pergaia, Syll.[3] 1015 = LSAM 73 = Mc Cabe, Halikarnassos (PHI # 7) 3. Der Käufer ([ὁ] πριάμε[νο]ς [τὴ]ν ἱερητείαν) präsentiert (auch hier: παρέξεται) eine Priesterin, die doppeltes Bürgerrecht von Halikarnaß und Perge, dem Ort des Hauptkults, besitzen muß. Daraufhin fährt der Beschluß fort: ἡ δὲ πριαμένη ἱεράσεται ἐπὶ ζωῆς τῆς αὐτῆς κτλ. (8). Die wahrscheinlichste Erklärung ist, daß zwei mögliche Fälle unterschieden werden: Das Priestertum war in jedem Fall weiblich zu besetzen; ein männlicher Käufer mußte eine offizierende Priesterin benennen (so Sokolowski in LSAM). M. Segre (Osservazioni epigrafiche sulla vendita di sacerdozio, Rendiconti dell'Ist. lombardo di scienze e lettere 2,69, 1936,

veräußerte Priestertümer konnten hier mehr Berechenbarkeit schaffen.[300] Auf Seiten des Käufers wiederum war die Aussicht entscheidend, die – ökonomischen wie symbolischen – Erträge aus dem gegen eine nicht un-

811-830, h. 827f., und 2,70, 1937, 83-105, h. 94f. 101-104) war der Ansicht, daß es sich um ein Doppelpriestertum mit geteilten Einkünften handele.
Der amtierende Priester der Dea Roma und des Populus Romanus in der milesischen *lex* muß zusätzlich in den Kult des Zeus Τελεσιουργός eingeweiht sein (12f.). K. Latte, Ζεὺς Τελεσιουργός, Philologus 85 (1930) 225-227 = Kl. Schr. 122f., versteht das Epitheton als »der τελετὴν ἐργάζεται, der in der Priesterweihe wirksam gedacht ist« und führt Hesych. s.v. τελεσίεργον παιᾶνα an, der darin die rituelle Funktion des Kultliedes bezeichnet sieht: τὸν ἐπιτελεστικὸν τῶν τοῖς θεοῖς ἐπιτελουμένων ἱερῶν; vgl. s.v. τέλειος· τελεσιουργὸς ὁ Ζεύς. Daß sich im Kulttitel der Gottheit eine Beziehung auf den rituellen Vorgang selbst ausgedrückt findet, ist ungewöhnlich; gleichfalls der Umstand, daß die Einweihung in den Kult eines anderen Gottes erfolgt (vgl. schon Rehm in Milet 1,7,297 = 6,1,29). – Auch in den ganz ähnlichen, jedoch jüngeren (wohl noch in das 1. oder schon das frühe 2. Jh. n. Chr. gehörig: M.N. Tod, Gnomon 28, 1956, 459) Verkaufsbestimmungen für das Priestertum im gemeinsamen Kult des Asklepios πρὸ πόλεως und *»aller übrigen Götter in seinem Kultbezirk«* (καὶ τῶν ἐντεμενίων αὐτοῦ θεῶν πάντων) in Milet wird die Einweihung in den Kult des Zeus Telesiurgos zur Voraussetzung gemacht, I.Milet 204 (Milet 1,7,299 = 6,1,31) = LSAM 52 = SEG 15,684. Auch hier hat der Käufer den amtierenden Priester beizubringen, und zwar mit einer Amtsdauer von 50 Jahren (also »als lebenslänglich gedacht«, meint Rehm ad loc.). Im Didymeion stand eine Weihung eines im Heiligtum tätigen τεχνίτης für Zeus Τελεσιουργός, I.Didyma 130 = McCabe, Didyma (PHI # 7) 208. Das Beiwort ist außerhalb von Milet kaum zu finden; eventuell auf Thasos zusammen mit Athena Ergane, BCH 52 (1928) 52f. Nr. 3 = IG 12 Suppl. 380 (Διὸς Τεδσεεργο, vom Herausgeber G. Daux für einen Fehler des Steinmetzen gehalten, der als die dialektale Form Τελσεεργô erwägt; von einer lokalen Bildung Τεδσ- geht J. Pouilloux aus, Recherches sur l'histoire et les cultes de Thasos Bd. 1, Études thasiennes 3, Paris 1954, 341f. mit 342 Anm. 1). Auf Kos war die τελετή von Priestern üblich, wo es sich aber um ein Initiationsritual für eben den Kult handelte, in dem sie offizieren wollten, und zwar wohl im Sinne einer Amtsantrittszeremonie mit ritueller Reinigung und Opfern: etwa Parker/Obbink, Sales of priesthoods 1, 415-449 Nr. 1 (Text: 416f.; eingehender Komm. ad loc. 446f.) = SEG 50,766, 47; weitere Belege bei Wiemer, Käufliche Priestertümer 280 Anm. 114. Das Ritual selbst wird nicht deutlich, die τελετή nur als ein Punkt im Pflichtenheft des Käufers aufgeführt. Auch in Kultgesetzen für nicht käufliche Priestertümer auf Kos erscheint sie neben den geforderten Opferleistungen (ebd. Anm. 115). – Zur Priesterweihe vgl. allgemein W. Burkert, Initiation, ThesCRA 2,91-124, h. 114f.; Graf, Nordionische Kulte 333 Anm. 134; J.A. Turner, *Hiereiai:* acquisitions of feminine priesthoods in ancient Greece, Diss. Univ. of California, Sta. Barbara 1983 *(non vidi).*

298 Dazu unten S. 461-468.

299 Quaß, Honoratiorenschicht 305-307. Ausdrücklich werden Haushaltsprobleme des Staates in den Inschriften nur ab und zu thematisiert. Wieder ist zu bedenken, daß unsere Quellen gerade die außergewöhnlichen Notlagen dokumentieren, weil sie Anlaß zu besonderer Gesetzgebung oder Motivation für euergetischen Einsatz boten. Doch dürften diese Spitzen eine strukturelle Finanzschwäche der städtischen Verwaltung anzeigen, die den Rückgriff auf die Leistungsbereitschaft der Vermögenden auch sonst nahelegte. Erst nach Abschluß dieser Arbeit wurde mir die Dissertation von St. Cramme, Die Bedeutung des Euergetismus für die Finanzierung städtischer Aufgaben in der Provinz Asia (Diss. Köln 1996/2001), bekannt, die leider nicht mehr berücksichtigt werden konnte. Cramme nimmt das Thema besonders unter dem Blickwinkel der Bautätigkeit in Ephesos in den Blick. – Im folgenden einige sehr deutliche Beispiele für den Zusammenhang fiskalischer Engpässe mit der Verpflichtung zahlungskräftiger Privatleute:
I.Lindos 419 = LSS 90, 5-10 (22 n. Chr.): ἐπειδὴ συνβαίνει τὰς μὲν ποθόδους τὰς Λινδίων ὑστερεῖν, τὰ δὲ εἰ[ς] τὰς θυσίας καὶ πανηγύ[ρε]ις ἀναλ[ώ]ματα πολλάκις ἐπείγειν καὶ τού[τ]ωι τρόπωι τοὺς ἄρχοντας εἰς δυ[σχρ]ηστίαν ἐνπείπτειν, συνφέρον δέ ἐστι Λινδ[ίοι]ς

erhebliche Geldinvestition erkauften Amt nicht nur auf Jahresfrist, sondern dauerhaft nutzen zu können.

In diesem Interessenausgleich stellte die Vereinbarung der Amtsdauer διὰ βίου gleichsam eine Wette auf die Lebenszeit dar: Für den Inhaber war

κ[α]ὶ τ[ὰς τῶ]ν θεῶν τειμὰς καὶ τὸ τοῦ [κ]οινοῦ πρέπον διαφυλά[σσ]εσθαι ὄ[ν]τος ἐξ ἑτοίμου ἀργυρίου εἰς τὰς πανηγύρεις καὶ τὰς τ[ῶ]ν θεῶν τειμάς. Es wird daraufhin beschlossen, eine Stiftung einzurichten, um den Kult des Zeus und der Athena Polias sicherzustellen. Sie soll sich aus mehreren Quellen speisen; neben Einnahmen aus dem Heiligtumsbetrieb (Votivgebühren usw.) wird auf Überschüsse in der Kassenführung der ἱεροταμίαι gesetzt. Vor allem aber verpflichtet man die *hierothytai* und die Athena-Priester, auf ihre Einnahmen aus dem Kultbetrieb zu verzichten. Dieser letzte Punkt zeigt eine alternative Lösung zur Verkaufspraxis an, nämlich die Beschneidung – oder, wie hier, radikaler: Streichung – der Anteile der Priester am Opfer. In Rhodos ist der Verkauf von Stellen nicht belegt.
Im Ptoion von Akraiphia findet eine Situation von ἀπώλεια und στενότης der Stadt eine andere Lösung, L. Robert, BCH 59 (1935) 438-452 (= OMS 1,279-293) = SEG 15,330, 9-16: ἐπιδὴ αἱ πρόσοδο[ι κ]ατὰ τὸ παρὸν ἐνλίπουσιν, δῖ δὲ τὴν προσήκουσαν τῷ θεῷ Ἀπόλλωνι Πτώιωι καὶ Τιβερίῳ Καίσαρι Σ[ε]βαστῷ Γερμανικῷ γενέσθαι θυσίαν, πόρος δὲ οὐδεὶς εὑρίσκετο, ὅθεν τὰ εἰς τοὺς θεοὺς ἐπιτελεσθῇ κτλ. Es finden sich daraufhin zwei Euergeten, die eine ὑπόσχεσις aussprechen (stehender Begriff für eine Selbstverpflichtung wie auch ἐπαγγελία, s. oben Anm. 34), die traditionelle Speisung auszurichten. Sie machten sich in dieser Notlage auch noch in mehrfacher anderer Hinsicht um das Gemeinwohl verdient; neben der Übernahme der Ämter der Polemarchie und der Agonothesie insbesondere als Agoranomen mit Getreide- und Ölspenden sowie Krediten für die Händler auf dem Markt (45-65). Vgl. Quaß, Honoratiorenschicht 260f., und Robert ebd. 446-452.
Im böotischen Pagai sorgt in den Jahren zwischen 67 und 59 v. Chr. ein gewisser Soteles διὰ τὸ στενο[χωρεῖ]σθαι τὰ κοινὰ πράγματα für die Durchführung der Pyrrhicha, einem Tanz am Artemis-Fest der Σωτήρια, die aufgrund der Finanznot bereits mehrfach nicht hatte stattfinden können ([πολλά]κι τε μὴ ἀγόντων ἁμῶν τὰς πυρρίχας 27). Soteles springt ein, kommt auch noch für Opfer und Festmahl an den Soteria auf und sichert die Veranstaltung auch für die kommenden Jahre durch die Einrichtung einer Stiftung ab: IG 7,190; Neued. durch A. Wilhelm, JÖAI 10 (1907) 17-32 (= ders., Inschriftenkunde 1,261-276), mit ausführlichem Kommentar (Datierung: ebd. 22 = 266). Vgl. P. Ceccarelli, La Pirrica nell'antichità greco-romana: studi sulla danza armata, Filologia e critica 83, Pisa 1998, 95-97. Eine Pyrrhiche fand im übrigen auch an den Klaria statt: In den Ehrendekreten Kolophons für Polemaios und Menippos aus dem letzten Viertel des 2. Jh. v. Chr. wird festgelegt, daß die Verkündung ihrer τιμαί und ihre feierliche Bekränzung durch die Agonotheten während des Festes ἐν ταῖς πυρίχαις erfolgen sollte: **Klaros Verw1** = Robert, Claros 1, 17 col. 5,35-37 (Polemaios) und 66 col. 3,27-29 (Menippos). Zur Pyrrhiche K. Latte, De saltationibus Graecorum, RgVV 13,3, Gießen 1913, 37f., und nun umfassend (mit den ikonographischen Zeugnissen) Ceccarelli. Bekannt aus den literarischen Quellen vor allem aus Sparta als – initiatorisch zu deutender – Waffentanz (Plat. Leg. 7, 815A), auf Kreta und an den Panathenäen, lebt die Praxis in verschiedenen Teilen der griechischen Welt fort (Belege bei Robert ebd. 58f.; vgl. Latte ebd. 27-63; Ceccarelli 91-140); zunächst unter Wahrung der Form des Waffentanzes (Robert ebd. 59 m. Anm. 313), in der Kaiserzeit dann als mythologisches Tanztheater (ebd. Anm. 314). Immer schon bestanden wohl Beziehungen mit dionysischen Ritualen, Ceccarelli 67-72. 211-216.

300 Siehe für die Verhältnisse auf Kos Wiemer, Käufliche Priestertümer 306f. mit Hinweis (ebd. Anm. 308) auf Arbeiten von L. Migeotte zum Thema der öffentlichen Finanzen der hellenistischen Poleis; zu ergänzen seine beiden grundlegenden Monographien: L'emprunt public dans les cités grecques (zuvor Anm. 296) und Les souscriptions publiques dans les cités grecques (wie Anm. 172). In einer prekären Einnahmesituation der städtischen Kassen bei großem Ausgabevolumen dürfte auch die Erklärung zu finden sein, warum für die Übernahme öffentlicher Ämter in den kaiserzeitlichen Städten – etwas des eponymen Amts – üblicherweise Geldzahlungen zu lei-

es eine Art Lebensversicherung mit dauerhaft fließenden Erträgen (solange nicht Krisen wirtschaftlicher oder politischer Natur den Kultbetrieb beeinträchtigten und dadurch auch seine Einkünfte schmälerten). Für die Stadt bedeutete ein frühzeitiges Ausscheiden des Inhabers die Möglichkeit zu weiteren Einnahmen aus einem erneuten Verkauf der Stelle – brachte sie aber zugleich in die Lage, nochmals eine private Investition einwerben zu müssen, um den Kult aufrechtzuerhalten.

Systematische Gründe für die getroffene Entscheidung: Spannung zwischen dem Verkaufsverfahren und dem Ziel der Gruppenintegration. Verknüpfung von Konsultationsprotokoll und Orakelbescheid mit der Priesterliste im Heiligtum: Legitimation der Jahrespriester der Athena durch die Autorität der Entscheidung Apollons. Monument und Kommunikationsstrategie: Kollektive Selbstdarstellung gegenüber der städtischen Öffentlichkeit. Stadt und Priestergruppe als Partner der Gottheit: Selbstreferentielle Sinnbezüge. Ein dreidimensionaler Kommunikationsraum im symbolischen Handlungsgefüge.

Die Vergabe auf Lebenszeit lief dem Prinzip der möglichst breiten demokratischen Integration zuwider, auf das im herakleotischen Bescheid mit seiner Befürwortung der Jahreswahl Nachdruck gelegt wird. Die Selektion aus der Gesamtmenge *»aller Bürger«* erfolgt hier zwar über einen Normenkatalog, der dieses πάντες ἀστοί-Prinzip (zumindest dem Anspruch nach) starken Beschränkungen unterwirft. Die Weisung erhält so einen adhortativen Charakter, der die von einem schichtenspezifischen Gemeinschaftsmodell bestimmte Wertskala der griechischen Poleis widerspiegelt.

---

sten waren. Wir erfahren davon in der Regel durch die Ehreninschriften, die für diese Zahlungen aber keinen *terminus technicus* kennen; in Analogie zum westlichen Reich hat sich in der Forschung der Begriff der *summa honoraria* auch für den griechischsprachigen Raum seit hellenistischer Zeit eingebürgert. Auch Quaß, Honoratiorenschicht 328-334, sieht hier eine Funktionsanalogie, indem die Stadt die nach Selbstrepräsentation strebenden Eliten belastete, wenngleich allein schon die zeitliche Verschiebung der Phänomene eine historische Verknüpfung verbietet. Die *summa* konnte in ganz verschiedener Form erbracht werden, etwa als Bauleistung, Einrichtung einer Stiftung, Errichtung von Statuen, aber auch als Geld- oder Lebensmittelverteilung (wie bei den Zeus- und Hekate-Priestern in Stratonikeia). Es scheint eine zwar allgemein verbreitete, aber doch immer wieder im Einzelfall ausgehandelte Praxis gewesen zu sein; das Fehlen eines eigenen Begriffs weist ebenfalls darauf hin. Interessant die Konstellation in Milet, wo einem Bewerber für die Prophetie seine großzügigen Leistungen als Agoranom angerechnet wurden, als er in einer schwierigen Versorgungslage ermäßigte Getreideverkäufe finanziert hatte, I.Didyma 248 = McCabe, Didyma (PHI # 7) 360, 5-13: [παρ]αλαβὼν τὴν προφητεί[αν παρὰ τῆ]ς πατρίδος *δωρεὰν* ὑ[πὲρ] τοῦ λ[α]μπρῶς καὶ φιλοδό[ξως ἀ]γ[ορα]νομῆσαι καὶ ποιῆσαι ἐ[πευ]ωνι[σ]μοὺς (›Verkäufe zu günstigen Preisen‹, Robert, Études anatoliennes 546-548 mit weiteren Beispielen für den Begriff) σείτου καὶ ἐλαίου καὶ τῶν [ὁμ]οίων ἐπιτηδείων ἐν [πάνυ? Rehm δυ]σχε[ρέ]σι καιροῖς διά τε ταῦτα ἀποδει[χ]θεὶς φιλόπατρις καὶ εὐ[εργέ]της τῆς πόλεως. Es gab also Kompensationsmöglichkeiten durch Kumulation von Ämterübernahmen.

Durch seine meritokratische Seite (βίου τάξει) erhielt das Auswahlverfahren aber zumindest innerhalb der tatsächlich relevanten Gruppe der führenden Familien eine gewisse Offenheit zurück. Der Kreis der nach diesen wohlverstandenen Kriterien infragekommenden Bewerber wird freilich begrenzt gewesen sein, womit auch die Aussichten für die Kandidaten recht zuverlässig einzuschätzen waren.

Daß das dann eingeführte Wahlverfahren diese integrative Funktion für das Selbstverständnis der Beteiligten tatsächlich auch erfüllte, zeigt die feste Verbindung des Protokolls der Konsultation und des dabei ergangenen Orakelbescheids mit den beiden Jahreslisten der Priester: Die Worte des Gottes legitimierten sie in ihrem Amt und bedachten gleichsam einen jeden von ihnen rückwirkend mit einer Ehreninschrift. Durch die Publikation ihrer Namen zusammen mit der Weisung Apollons auf den Anten des Tempels sorgten sie dafür, daß ihnen selbst und ihren Mitbürgern, aber auch den nächsten Generationen diese Gruppe von »Besten«, zu der sie aufgestiegen waren, mit ihren einzelnen Mitgliedern vor Augen geführt wurde.

So erfüllt das Zusammenspiel von Orakel und Priesterliste im Heiligtum durch die eröffneten Identifikationsmöglichkeiten eine wichtige kommunikative Funktion: einmal im konkreten prosopographischen Sinne, weil die Amtsträger sich selbst und wiederum andere Bürger sie in dieser öffentlichen Aufzeichnung als Protagonisten des städtischen Lebens wiedererkannten und dem religiösen Selbstverständnis der Gemeinschaft zuordneten. Die Rollenzuschreibung zog einen entsprechenden Distinktionsgewinn nach sich, für die Amtsinhaber selbst, aber auch – auf dem Weg genealogischer Vermittlung – für spätere Generationen ihrer Familien.

Darüberhinaus entstanden in einem abstrakteren Sinne selbstreferentielle Sinnbezüge für das Kollektiv, weil die kontinuierlich geführte Jahresliste der Priester der städtischen Hauptgottheit die Polis als religiösen Verband erkennbar machte, ja recht eigentlich ›ablesbar‹ werden ließ, daß dieser Verband in einem geordneten Verhältnis zu seinen ›Partnern‹ auf der göttliche Ebene lebte. Die am symbolischen Ort, an den Wänden des Heiligtums der Göttin, für alle sichtbar gezeigten Priesterlisten dokumentierten die durch den Entscheid des Gottes legitimierte Art der Gewährleistung des Kults und legten Zeugnis davon ab, wie das beständige Engagement der Bürger für die Verehrung der Göttin das Verhältnis zwischen Polisgemeinschaft und Gottheit intakt hielt.

Gleichwohl ist die Position des Orakels, welche den Einklang dieser Praxis mit dem Willen der Götter feststellt, von der Spannung zweier Prinzipien gekennzeichnet: einmal der durch die gesamte Bürgergemeinde gebildeten breiten Rekrutierungsbasis, die der Wahl zugrundeliegen soll, dann jedoch der weitgehenden sozialen und normativen Restriktion der Zahl der aus dieser Gesamtmenge wirklich geeigneten Bewerber.

Gerade in dieser Spannung und der dadurch bewirkten Konkurrenzsituation innerhalb der Elite lag aber wohl durchaus ein erfolgversprechender Wirkmechanismus für die innere Stärkung des Polisverbandes, der sich in der gemeinschaftlichen Aufrechterhaltung der Kulte konkretisierte und selbst bestätigte. Das in der Kultausübung liegende symbolische Handeln stabilisierte dabei durch die Bezugnahme auf die ›dritte Dimension‹ der Götter das horizontale Gefüge der Bürgergemeinschaft.[301]

Für die Beteiligten stellte sich das Verhältnis der Akteure nicht in dieser Weise dar; sie setzten die ›dritte Dimension‹ als selbstverständliche Realität und Bestandteil derselben Ordnung voraus, deren Teil auch sie selbst als Bürger waren. Gleichwohl sahen sie in ihr eine mächtigere Instanz, über deren Willen grundsätzlich Unsicherheit bestand, so daß man sich nur durch den Rekurs auf die Divination darüber verläßlich kundig machen konnte. Man mußte es sogar tun, da verkannte Opposition der Götter zu menschlichem Handeln die gravierendsten Folgen haben konnte. Wurde der Kult nun in der vom Gott bestimmten Weise sichergestellt, lag darin die Gewißheit, daß es Athena so erwünscht war und dadurch das gute Einvernehmen der Stadt mit ihrer Schutzgöttin bewahrt werden konnte.

Der Spruch Apollons führt zu einem Verfahrenswechsel in der Ernennung der Athena-Priester: Das Orakel als Instanz religiöser Innovation. Mögliche Rekonstruktionen des Anlasses zur Konsultation. Das Wahlverfahren als Instrument der Prestigezumessung und der Erzeugung von bürgerschaftlicher Verpflichtung.

Die Rücksicht des Orakels darauf, wie die Stadt ihren sozialen Zusammenhalt stärken kann, der durch die symbolischen Handlungen im Bereich der öffentlichen Kulte erreicht wird, zeigt sich noch spezifischer im inhaltlichen Kern der erteilten Weisung, also in der Entscheidung zugunsten des – jährlichen – Wahlmodus anstelle des Verkaufs der Priesterstelle an den meistbietenden Kandidaten. Das Bestreben der Orakel, in ihren Antworten auf Fragen von Städten dem Prinzip der sozialen Kohäsion Geltung zu verschaffen und die internen Regelungsmechanismen der Poleis (mögen sie im Verkehr mit den Göttern oder auf der menschlichen Ebene wirken) zu

301 Derselbe Mechanismus kommt auch bei den Wahlverfahren von Magistraten zum Tragen, deren Aufgaben nicht primär im religiösen Bereich liegen. Während die von ihnen ausgeübten Funktionen in ihrem symbolischen Ertrag grundsätzlich auf der zweidimensionalen Ebene des Bürgerverbandes verbleiben, wird in Form der bei Amtsantritt oder bei Festen von ihnen als Repräsentanten der Gemeinde geleisteten Opfer ebenfalls ein ›kommunikativer Umweg‹ über die vertikale Dimension der Polisgötter genommen. Am Beispiel des hellenistischen Delphi hat Ph. Gauthier das Funktionieren und das Zusammenspiel der in beiden Varianten – der ›zwei-‹ und der ›dreidimensionalen‹ – wirksamen Integrationsmechanismen aufgezeigt: Les institutions politiques de Delphes au IIe siècle a. C., in: Delphes cent ans après la Grande Fouille 109-139.

stützen, ist auch in den übrigen diskutierten Konsultationen mit ihren Anliegen erkennbar. Insofern liegt in Herakleia ein exemplarischer Fall vor.

Die Priesterliste, die unmittelbar hinter der Aufzeichnung des Orakelbescheids angebracht ist, ist durch eine Überschrift betitelt, die den Amtsantritt des ersten nach dem neuen Modus bestimmten Athena-Priesters verzeichnet. Er schloß sich unmittelbar an die Bekanntgabe des Bescheids und seine – uns nicht erhaltene, aber vorauszusetzende – Ratifizierung durch einen Volksbeschluß an. Aus dem Verhältnis der hier und zuvor in der Datierung des Konsultationsprotokolls genannten Monate wird deutlich, daß man bei der Umsetzung des Spruchs keine Zeit verstreichen ließ und das neue Verfahren noch im laufenden Amtsjahr zur Anwendung brachte.[302]

Die für diese Überschrift gewählte Formulierung legt nahe, daß Hekatomnôs S. d. Melas, der die Liste anführt, *»als erster«* als Jahrespriester fungiert hat.[303] Das Wahlverfahren ist also nach dem Spruch des Gottes tatsächlich neu eingeführt worden. Wenn der Kult nicht zuvor längere Zeit überhaupt geruht hat – was nicht auszuschließen ist, aber für den Hauptkult der Polis doch unwahrscheinlich anmutet –, hatte man folglich die Stelle zuvor verkauft. Wie es auch in der Anfrage durch die dem Gott vorgelegte Alternative präzisiert ist, wird der Verkauf auf Lebenszeit erfolgt sein, obwohl auch andere Regelungen wie eine bestimmte Periode,[304] Erblichkeit der Priesterstelle (διὰ γένους), die Einschränkung des Personenkreises auf eine oder mehrere Familien oder ihre Bindung an bestimmte genealogische Voraussetzungen denkbar wären.

In jedem Fall bedeutete der Übergang zum Wahlverfahren allem Anschein nach einen Traditionsbruch. Man kann annehmen, daß in den politischen Diskussionen, die dem Entschluß zur Konsultation des Orakels vorausgegangen sein müssen, ein Bedürfnis laut geworden war, das bisherige Verfahren zu überprüfen und gegebenenfalls zu ersetzen. Daraufhin stellte die Volksversammlung seine Angemessenheit infrage.

Der Anlaß, den Bestimmungsmodus zu überdenken, kann auch bloß in situativen Gegebenheiten gelegen haben, an die man sich anpassen muß-

302 Siehe oben S. 417f.

303 19-22 οἱ κατ' ἐν[ιαυτὸν ἱερεῖς] ὧν ὁ πρῶτος ἱερᾶται [τοῦτον καὶ τ]ὸν ἑξῆς ἐνιαυτόν· [Ἑκατόμνως] Μέλανος (Namensrekonstruktion nach dem Iterationseintrag in 3 A 8, siehe oben Anm. 227). Man könnte auch überlegen, ob es sich bei dieser Formulierung bloß um eine Titelzeile für den anschließend genannten Hekatomnôs handelt: Er wäre dann in diesem Sinne *»der erste«* der hier aufgezählten κατ' ἐνιαυτὸν ἱερεῖς, da er am Anfang und an der Spitze der Liste steht. Eindeutig wird die Abänderung eines früheren Prozedere zu einem Jahreswahlverfahren dagegen in der Priesterliste des Poseidon Hippios in Lindos vermerkt, IG 12,1,926 = Syll.^{3} 725a, Text nach Blinkenberg, Prêtres de Poseidon Hippios 18 Z. 5: τοίδε αἱρέθεν ἱερεῖς Πο‹τε›ιδᾶνος Ἱππίου ἀφ' οὗ ἔδοξε τοῖς Λινδίοις κατ' ἐνιαυτὸν αἱρεῖσθα[ι] (s. zuvor Anm. 228).

304 Im milesischen Kult des Asklepios πρὸ πόλεως und seiner ἐντεμένιοι θεοί, I.Milet 204 (Milet 1,7,299f. = 6,1,31f.) = LSAM 52, waren es 50 Jahre (s. zuvor Anm. 297).

te. Die einfachste Annahme wäre,[305] daß sich nach dem Tod des bisherigen Inhabers kein Käufer gefunden hatte oder aber daß kein befriedigender Preis hatte erzielt werden können.[306] In dieser Lage schien ein Wahlverfahren im Hinblick auf die momentane Situation, aber auch für die weitere Zukunft die Gefahr auszuräumen, daß der Hauptkult der Stadt nicht versehen werden konnte. Vielleicht brachte es auch die allgemeine ökonomische Situation mit sich, daß sich der Verkauf schwierig gestaltete – obwohl, aus der Perspektive der Stadt betrachtet, gerade dann Einnahmen aus einem Verkauf besonders benötigt worden wären. Einem demokratischen Wahlverfahren konnte sich hingegen niemand entziehen; es bedeutete für die Stadt die Möglichkeit, ihre Bürger in die Pflicht zu nehmen. Zugleich wurde dadurch die Wahrscheinlichkeit, sich der Liturgie unterziehen zu müssen, auch gleichmäßig verteilt.[307]

Ohnehin kam ja – ganz wie Apollon sagte – nur der beschränkte Kreis der städtischen Eliten in Betracht. Mit den im Orakel formulierten moralischen Ansprüchen an die Bewerber wurde ein Anreiz geschaffen, sich aus Gründen des Prestiges um die Stelle zu bemühen und so das eigene Engagement für die gemeinsamen Institutionen allen vor Augen zu führen.

Ein Bewerber zeigte durch die Annahme der Wahl, daß er nicht abseits stand, wenn es um die Aufrechterhaltung des städtischen Kults ging. Die sozialintegrativen Eigenschaften, die man den Kandidaten durch die Wahl bescheinigte, düften solches Abseitsstehen für die von vornherein sorgfältig definierte Gruppe der wählbaren Personen auch außerordentlich erschwert haben. Der Wahlmodus erlaubte, die faktische Verpflichtung als Auszeichnung und ehrende Rollenzuweisung erscheinen zu lassen und dadurch attraktiv zu machen.

305 Siehe oben S. 419f.

306 Die Höhe des zu erzielenden Preises war für die ausschreibenden Städte oft von ausschlaggebender Bedeutung: so auch Debord, Aspects sociaux 67. Siehe hiern. S. 460f. und Anm. 326 zu den Verkaufsbedingungen des Priesteramts des Dionysos Phleos in Priene, die ein Mindestgebot und gestaffelte Gegenleistungen nach der Höhe des erreichten Zuschlagspreis kennen. Ähnliche Überlegungen waren auch im Fall der Satornila in Milet anzustellen, wo zwar keine Verkaufsregelung bestand, dafür aber die finanzielle Leistungsfähigkeit der Bewerberinnen im Hinblick auf die Amtsführung ein wesentlicher Faktor gewesen sein dürfte. Siehe o. S. 392-394.

307 Auch Priesterämter sind im Kontext der Elitenverpflichtung als Liturgien zu sehen, wie Quaß, Honoratiorenschicht 341-343, argumentiert; das System der käuflichen Priestertümer bildet dazu ein Gegenmodell. Vgl. S. 392f. m. Anm. 171 und hiern. Anm. 344. Auch F. Graf betont in seinem Gutachten zu der vorliegenden Arbeit mit Blick auf die große Anzahl von Transaktionen in einer eher kleinen Stadt, wie sie die erythräische Liste belegt (s. zuvor Anm. 291), daß durch Kauf vergebene Priesterämter gerade nicht als Liturgien im attischen Sinn des Begriffs verstanden werden können.

Überlegungen zu möglichen strukturellen Ursachen des Verfahrenswechsels. Der Priestertümerverkauf als verbreitete Praxis im hellenistischen und frühkaiserzeitlichen Kleinasien. Die Kritik des Proconsuls Fabius am Priestertümerverkauf in Ephesos: Eine Krise der städtischen Finanzverwaltung.

Man kann Mutmaßungen über tieferliegende, strukturelle Probleme anstellen, die den Bürgern zu Bewußtsein gekommen oder zumindest in der konkreten Situation zutagegetreten waren. Der Grad an allgemeinerer Reflexion, der der Entscheidung zur Orakelkonsultation zugrundegelegen hat, läßt sich freilich kaum näher bestimmen. Das Urteil manchen modernen Betrachters wird zunächst lauten, daß das Verkaufsverfahren im Zuge einer stärkeren, philosophisch genährten Reflexion über den ›richtigen‹ Verkehr mit den Göttern und einer zunehmend an ethischen Prinzipien ausgerichteten Frömmigkeitspraxis suspekt geworden war und darum hinterfragt wurde.[308]

Demgegenüber ist zu betonen, daß die von Apollon vorgegebene neue Praxis des Jahreswahlamts für das hellenistische und frühkaiserzeitliche Kleinasien eher untypisch war. Der Regelfall bestand in dieser Region bis ins 1. Jh. n. Chr. vielmehr im Verkauf der Priestertümer (ὠνή) nach einer Versteigerung an den Meistbietenden (διαγραφή),[309] so daß das in Herakleia eingeführte Verfahren als Abweichung erscheint.[310] Das vorhandene

308 Dies hat seine Parallele in der von Merkelbach vertretenen These der angeblich schwindenden Akzeptanz der Tieropfer in der Kaiserzeit vor dem Hintergrund einer »stärkeren« philosophischen Durchdringung der Religion, zu deren Vertreter auch Apollon in seinen Orakelsprüchen geworden sei. Vgl. die Kritik oben S. 299-303.

309 Der Terminus διαγραφή ist am besten als ›Ausschreibung (eines Priesteramtes) zu festgesetzten Konditionen‹ wiederzugeben und bezeichnet sowohl den ›Verkaufsprospekt‹ (soweit Gegenleistungen der Stadt darin aufgestellt waren) als auch das ›Pflichtenheft‹ (in dem Auflagen für die Kultdurchführung gemacht wurden) für den potentiellen Käufer der Stelle. Die διαγραφή spezifizierte also die Vertragsbedingungen für den angestrebten Verkauf: vgl. Wiemer, Käufliche Priestertümer 268-271. Der Begriff fand auch für die öffentliche Ausschreibung anderer Leistungen Anwendung, etwa bei Landverpachtungen oder Bauaufträgen: »... [war] der Verkauf von Priestertümern formal nur ein Sonderfall des allgemein üblichen Verfahrens der Vergabe öffentlicher Aufgaben durch Versteigerung« (ebd. 269f., m. Anm. 52-58).

310 Die Mehrzahl der Belege findet sich vom frühen 3. Jh. v. Chr. bis einschließlich zur augusteischen Zeit; in Milet wird im 1. Jh. n. Chr. das Priestertum des Asklepios und seiner ἐντεμένιοι θεοί verkauft, I.Milet 204 = LSAM 52 (zuvor Anm. 304). Es gibt an verschiedenen Orten Kleinasiens auch käufliche Priestertümer im Kaiserkult, s. Wiemer, Käufliche Priestertümer 266 Anm. 32. Ein später Beleg ist in der Mitte des 2. Jh. n. Chr. ein Priestertum der Athena in Seleukeia am Kalykadnos in Kilikien: J. Keil/A. Wilhelm, Vorläufiger Bericht über eine Reise in Kilikien, JÖAI 18 (1915) Beibl. 17-34, h. 22-32 Nr. 2 mit ausführlichem Komm. (nicht in MAMA 3, wo nur die Funde der zweiten Expedition der beiden Verfasser von 1925 publiziert wurden, vgl. Dagron/Feissel, I.Cilicie S. 25); jetzt bei S. Hagel/K. Tomaschitz, Repertorium der westkilikischen Inschriften nach den Scheden der Kleinasiatischen Kommission der Österreichischen Akademie der Wissenschaften, TAM Erg.-Bd. 22, Denkschr. ÖAW 265, Wien 1998, 371 Seleukeia 124. Vgl. zu dieser Inschrift nochmals hiern. Anm. 328. – Die Anfänge können bis ins 5. Jh., auf jeden Fall aber ins 4. Jh. zurückgehen, Wiemer ebd. mit Anm. 28-31. Das bisher älteste Beispiel stammt wiederum aus Milet, I.Milet 1219 (Milet 6,3,133-135) = Syll.[3] 1002 = LSAM 44 = Mc

inschriftliche Material zeigt deutlich, daß man an dieser Praxis im gesamten hier betrachteten Zeitraum nirgendwo Anstoß genommen hat. Auch in Kulten, deren Außenwirkung für die ausrichtende Polis von entscheidender Bedeutung war, wie die Verehrung von Herrschern und Euergeten, erschien die Versteigerung des Amtes beiden beteiligten Seiten in keiner Weise inopportun.[311]

In dieser Diskussion wird immer wieder die in vier Fassungen – zwei griechischen und zwei lateinischen – zu verschiedenen Teilen erhaltene Verordnung des Paullus Fabius Persicus herangezogen, Proconsul der

---

Cabe, Milet (PHI # 7) 4. Es handelt sich um das Fragment eines Kultgesetzes, das die Opferanteile der Käufer von im erhaltenen Text nicht näher bezeichneten Priestertümern festlegt: οἳ] ἐπρίαν[το] τὰς ἱερε[ω]σύνας γίνεσθαι· τὰ δέρματα πάντα κτλ. 1-3. Datierung: »5. Jh.« Wiegand; um 400 v. Chr.: Hiller v. Gaertringen, Sokolowski; nach dem Schriftcharakter zu vergleichen mit I.Milet 1218 (Milet 6,3,128) = Mc Cabe, Milet (PHI # 7) 3, Kultgesetz für Poseidon Helikonios (vgl. zu diesem Text Kap. 2, Anm. 571), das auf 437/36 datiert wird: Ehrhardt, der dieses Dekret für den Teil einer umfassenden Regelung zum Verkauf von Priestertümern hält, wie sie in der Priestertumsliste von Erythrai vorliegt.

311 Wörrle, Athena Latmia 44, bespricht für das 2. Jh. v. Chr. den Fall des pergamenischen Herrschers Eumenes II., den Milet um 158 v. Chr. mit einem Kult ehrte, nachdem er sich mit verschiedenen Stiftungen um die Stadt verdient gemacht hatte. Im Beschluß über die Einrichtung des Kultes (I.Milet 1040 [Milet 6,3,22-24] = P. Herrmann, IstMitt 15, 1965, 96-117 Nr. 2 b = SEG 36,1048 = McCabe, Milet [PHI # 7] 11) wird bestimmt, daß der Sekretär (wohl des Demos) die Verkaufsprozedur vorbereiten soll, die im Rahmen der allgemeinen Beamtenwahlen, der ἀρχαιρεσίαι, stattzufinden hat. Zur Organisation der Versteigerung nimmt der Demos eine Ausschreibung (διαγραφή) der offenen Stelle vor; es soll eine Kommission gewählt werden, die deren Text vorzubereiten und der Volksversammlung zur Verabschiedung vorzulegen hat: τὸν δὲ [--]τον γραμματέα προνοῆσαι ἐν ἀρχαιρεσίαις ὅπως ἱερωσύνη πραθ[ῇ ἡ] Εὐμένους θεοῦ, αἱρεθῶσι δὲ καὶ ἄνδρες οἵτινες διαγραφήν τε εἰσοίσου[σιν περὶ τῆς] ἱερωσύνης κτλ. (3-6). Die Ausführungsbestimmung des Dekrets verlangt, zwei πρεσβευταί zu wählen und den Text des Psephismas dem Attaliden bekanntzugeben (ἑλέ[σθαι δὲ δύο] πρεσβ[ευτ]άς, τοὺς δὲ αἱρεθέντας ἀφικομένους πρὸς τὸν [βασιλέα τό τε ψήφισμα] ἀποδοῦναι κτλ. 9-11). Das Verkaufsverfahren mit διαγραφή wird also dem Geehrten ausdrücklich bekanntgemacht. – Der Kult des Eumenes II. bestand auch in Kos und war gleichfalls als käufliches Priestertum ausgestaltet: Wir kennen die *diagraphe* für das Priesteramt, die offenbar in zwei mehr oder weniger gleichzeitigen Kopien (deren eine allerdings schwierig zu deutende Rasuren aufweist) vorliegt: Iscr. di Cos ED 182 und Bosnakis/Hallof, Inschriften aus Kos 2, 251-256 Nr. 23. Wiemer, Käufliche Priestertümer 301f., stellt heraus, daß das Priestertum des Eumenes wie viele der auf Kos dem Verkaufsmodus unterworfenen Priesterstellen (Asklepios, Aphrodite Pandemos, Homonoia, Nike sowie die Kulte im Bereich des Gymnasions) gerade zu den für das kollektive Selbstverständnis der Stadt bestimmenden Kulten gehörte; so gilt für die Herrscherkulte, daß gerade sie »mit der außenpolitischen Orientierung der Polis verbunden waren«. Die Zeugnisse für die Beziehungen von Kos zu Eumenes hat Chr. Habicht anläßlich der Diskussion der Namensliste Iscr. di Cos ED 235 zusammengestellt, die u.a. koische πρεσβευταὶ οἱ ἐπὶ τὰν ἀπάντασιν τῶι βασιλεῖ (68) anführt: Beiträge zu koischen Inschriften, Chiron 30 (2000) 291-332, h. 299f. Zur symbolischen Präsenz des Eumenes in den griechischen Städten Kleinasiens s. B. Virgilio, Fama, eredità e memoria degli Attalidi di Pergamo, in: ders. (Hg.), Aspetti e problemi dell'Ellenismo: atti del convegno di studi Pisa, 6-7 novembre 1992, Studi ellenistici 4, Bibl. di studi antichi 73, Pisa 1994, 137-171, h. 142-152; ausführlicher ders., Gli Attalidi di Pergamo: Fama, eredità, memoria, Studi ellenistici 5, Bibl. di studi antichi 70, Pisa 1993, 29-65.

Provinz Asien unter Claudius (wohl 43/44 n. Chr.),[312] in der er die Finanzverwaltung von Ephesos vor allem im Hinblick auf das große Artemis-Heiligtum, aber auch andere Kulte neu regelte.[313]

In dem Dokument des römischen Beamten wird die Schaffung zahlreicher neuer Priesterstellen im Kult der Dea Roma und der Augusti kritisiert, die durch Verkauf besetzt wurden.[314] Fabius stellt in entrüstetem Ton fest: *»Indem die würdige Gestalt* (σχῆμα) *des Hauses der Göttin* (Artemis) *als ein Vorwand* (προκάλυμμα) *mißbraucht wird, werden die Priestertümer wie auf einer Versteigerung* (ὥσπερ ἐν ἀπαρτείᾳ) *zum Verkauf angeboten und Leute beliebiger Herkunft* (ἐκ παντὸς γένους) *zu den Verkaufsverfahren* (ἐπὶ τὰς ὠνάς) *aufgeboten«*.[315]

Fabius' Kritik ist aber, wie der umgebende Text zeigt, nicht in erster Linie grundsätzlicher Natur gewesen. Seinem Eindruck nach war es zu Fehlentwicklungen und Mißständen in der Verkaufspraxis gekommen, die mit persönlicher Bereicherung der Verantwortlichen in Ephesos[316] und mangelnder Sorgfalt bei der Auswahl der Kandidaten zu tun hatten;[317] auch

---

312 Er beginnt seine Karriere mit der Quaestur unter Tiberius und ist unter Claudius ein wichtiger Beamter. Fabius war schon früh Mitglied der Arvalen (siehe J. Scheid, Les frères arvales: recrutement et origine sociale sous les empereurs julio-claudiens, Bibl. de l'École Pratique des Hautes Études, Section des Sciences Religieuses 77, Paris 1975, 110-117) und ist dann auch *sodalis Augustalis* und Pontifex geworden. Zu seiner Person siehe PIR² F 51; U. Vogel-Weidemann, Die Statthalter von Africa und Asia in den Jahren 14-68 n. Chr., Antiquitas 1,31, Bonn 1982, 334-340; R. Syme, The Augustan aristocracy, Oxford 1986, 417.

313 SEG 4,516 = I.Ephesos 18 = McCabe, Ephesos (PHI # 7) 228. Auch bei M. Cébeillac, Les *quaestores principis et candidati* aux Ier et IIème siècles de l'empire, Biblioteca storica universitaria, Centro ›Studi e documentazione sull'Italia Romana‹, Monografie a supplemento degli Atti 4, Mailand 1972, 31-36 Nr. 14. Zum Verhältnis der verschiedenen Redaktionen bzw. Exemplare siehe die Bemerkungen von H. Wankel in I.Ephesos. Nach verstreuten Bemerkungen Ch. Picards in seiner Monographie *Éphèse et Claros* von 1922 grundlegende Behandlung des Ediktes durch F.K. Dörner, Der Erlaß des Statthalters von Asia Paullus Fabius Persicus, Diss. Greifswald 1935 (Gesamtedition des Textes ebd. 12-18 m. Taf. 1f.); vgl. auch Magie, RRAM 1,545 m. 2,1403-1405 Anm. 16-19; K.M.T. Atkinson, The *constitutio* of Vedius Pollio at Ephesus and its analogies, Rev. intern. des droits de l'antiquité 3,9 (1962) 261-289; Robert, Laodicée 274f.; W. Orth, Demosfreundliche Tendenzen in der Zeit des Kaisers Claudius, in: H.-J. Drexhage/J. Suenskes (Hg.), Migratio et commutatio: Studien zur Alten Geschichte und deren Nachleben, Thomas Pekáry zum 60. Geburtstag am 13. September 1989 dargebracht von Freunden, Kollegen und Schülern, St. Katharinen 1989, 50-59; Cramme (wie Anm. 299) 109-112. Zur römischen Steuerpolitik in Kleinasien und dem Spielraum der Städte siehe G.D. Merola, Autonomia locale – governo imperiale: fiscalità e amministrazione nelle province asiane, Pragmateiai 5, Bari 2001.

314 Die einschlägige Passage ist b 1–20. Die detaillierten Bestimmungen zur Abhilfe, die Fabius in c 1-13 vorsieht, sind schwierig zu deuten und im einzelnen in der Interpretation umstritten; einige für den Sinn entscheidende Ergänzungen sind unsicher. Vgl. auch Wörrle, Athena Latmia 45 Anm. 98.

315 τό τε σχῆμα τῆς θείας οἰκίας προκάλυμμα ποιούμενοι τὰς ἱερωσύνας ὥσπερ ἐν ἀπαρτείᾳ πιπράσκουσιν καὶ ἐκ παντὸς γένους ἐπὶ τὴν ὠνὴν αὐτῶν συνκ‹α›λοῦσιν ἀνθρώπους b 13-16.

316 περισπᾶται γὰρ (*»werden abgezogen«*, sc. τὰ ἴδια χρήματα des Artemis-Heiligtums) εἰς τὴν ἄδικον ἐπιθυμίαν τῶν οὕτως τοῦ κοινοῦ προϊσταμένων, ὡς ἑαυτοῖς λυσιτελεῖν νομίζουσιν ... ταύτῃ πρὸς τὸν ἴδιον ἀποχρῶνται πορισμὸν b 8-12.

wurden den Priestern – in der Erwartung von Korruptionszahlungen, wie Fabius unterstellt – überzogene Indemnitäten gewährt.[318] All dies hatte offenbar zu einem desolaten Zustand der ephesischen Staatskasse geführt, und das Artemision, das den größten Beitrag zu den städtischen Einkünfte leisten könnte, *»beraubt sich seiner eigenen Geldmittel, die doch für die Pflege und den Schmuck der Weihgeschenke hätten ausreichen können«.*[319]

In dieser Situation – es waren auch Rechtsstreitigkeiten mit den Käufern der Priesterämter anhängig, wie anschließend im Text deutlich wird – trat der Proconsul als oberste Instanz der Finanzaufsicht auf den Plan. Seine unbestreitbare Polemik gegen die Versteigerung der Priesterstellen, ἀπαρτεία, muß aber eher als Ausweis der Unkenntnis des römischen Verwaltungsbeamten über die in den kleinasiatischen Poleis üblichen Verfahren angesehen werden.[320] Sie mag dabei auch eine abwertende Haltung gegenüber der griechischen Religionspraxis aus intellektueller römischer Perspektive widerspiegeln.[321] Daß solche grundsätzlichen Bedenken aber bei den in ihren administrativen Belangen ja auch unter der römischen Vorherrschaft weitgehend eigenständigen Poleis laut geworden wären, dafür fehlen alle Anzeichen.

Strukturelle Schwächen des Verkaufsverfahrens. Erhöhte Risiken der Desintegration des politisch-sozialen Systems. Ökonomische Kalküle: Interessengegensätze und Interessenausgleich. Strategien der Gewinnmaximierung als potentiell destabilisierende Mechanismen. Hart ausgehandelte Leistungskataloge für den Verkauf von Priesterstellen: Die διαγραφαί. *Die Bedingungen des Marktes: Schutzklauseln und Privilegien für die Käufer.* ἀτέλειαι *und Opfergebote als Subventionen durch die Stadt. Teilweise zirkulärer Charakter der Gegenfinanzierungen.*

Das Edikt des Proconsuls Fabius lenkt bei genauerem Hinsehen den Blick allerdings doch auf einige strukturelle Probleme, die mit der Praxis des Ver-

317 Es sollten, so der Gouverneur, vielmehr τοὺς ἐπιτηδειοτάτους, ὧν ταῖς κεφαλαῖς ὁ πρέπων ἐπιτεθήσεται στέφανος, in diese Ämter berufen werden (b 17f.) Dies nimmt Bezug auf die Zeremonie der Kranzinvestitur, die wir aus Milet kennen; siehe o. S. 340-348 m. Anm. 63.

318 προσόδους [τε ὁρ]ί̣ζουσιν τοῖς ἱερωμένοις, ὅσας ἂν οἱ λαμβάνον[τες θε]λ̣ήσωσιν, ἵνα ὡς πλεῖστον αὐτοὶ νοσφί̣ζωνται *(»auf die Seite schaffen«)* b 18-20 (danach eine längere Textlücke bis zum Wiedereinsatz mit Fragment c).

319 τό τε τῆς ᾿Αρτέμιδος αὐτῆς ἱερόν (dessen Einkünfte zuvor Augustus neu garantiert hatte, b 5f. τῶν προσόδων … ἀποκατασταθεισῶν) … στέρεται τῶν ἰδίων χρημάτων, ἃ καὶ εἰς ἐπιμέλειαν καὶ εἰς κόσμον τῶν ἀναθημάτων (identifizierender Genitiv) ἐξαρκεῖν ἐδύ<νατο> (oder ἔδει in itazistischer Schreibung? Dörner) b 2-8.

320 Dies hebt Wörrle, Athena Latmia 45, treffend hervor.

321 So etwa faßbar bei Dion. Hal. Antt. 2,21,3 im Zuge einer breit angelegten Gegenüberstellung der von Romulus geschaffenen Institutionen Roms mit den Traditionen und insbesondere Kult und Mythologie der Griechen (2,18-23). Es ist eine für die Art kontrastiver Kulturkomparati-

kaufs von Priestertümern in den Poleis einhergingen und eine gewisse Gefahr innerer wie äußerer Desintegration mit sich bringen konnten. Das Verkaufsverfahren ließ systemimmanent Strategien der Gewinnmaximierung auf beiden Seiten zu und konnte dadurch, bei entsprechender Disposition der Beteiligten, zu Antagonismen führen. Damit steht nicht in Widerspruch, daß sich das System des Verkaufs überhaupt nur etablieren konnte, weil eine Interessenkonvergenz der Partner die Grundlage bildete: Die öffentliche Hand erhielt eine finanzielle Vorleistung und – selbst wenn, wie häufig, Ratenzahlung vorgesehen war[322] – eine sicher kalkulierbare Einnahme; der Käufer konnte seinerseits mit Gewinn rechnen, wenn der Kult florierte, und erwarb zugleich symbolisches Kapital.

Gewann das hier angelegte beidseitige Vorteilsinteresse jedoch zu stark an Dynamik, führte dies zu einer Destabilisierung des Systems, das sich auf dieses doppelte Vorteilsprinzip gründete. Dann konnte schließlich durch Vakanz von Priesterämtern die Aufrechterhaltung des Kults infragestehen oder, wie offenbar in Ephesos um die Mitte des 1. Jh. n. Chr., die Stabilität der städtischen Finanzen erschüttert werden. Deutliches Indiz für diese Risiken – und zugleich das durchaus vorhandene Bewußtsein dafür auf Seiten der städtischen Verantwortlichen – sind die zahlreichen detaillierten Durchführungsbestimmungen und Vertragsklauseln, von denen die die Verkäufe regelnden Dekrete und die in ihnen enthaltenen διαγραφαί, die Ausschreibungen der zum Verkauf stehenden Stellen, gekenn-

---

stik, die die antike Historiographie und Ethnographie praktizierte, instruktive Passage, die unter dem Aspekt der Selbstdeutung antiker Religion eine eingehende Behandlung verdiente: vgl. kurz F. Mora, Il pensiero storico-religioso antico: Autori greci e Roma, 1: Dionigi d'Alicarnasso, Storia delle religioni 12, Rom 1995, 196-200, bes. 197f. Kurz nach dem Zitat von Varro Antt. rer. div. fr. suppl. 3 Salvadore (nicht beachtet in der Ausgabe von B. Cardauns, Wiesbaden 1976; bereits angezeigt und dort Buch 2 zugewiesen von R. Merkel in seiner Edition von Ov. Fast., Berlin 1841, Ndr. Hildesheim 1971, cxiii; bei Salvadore ohne Buchzuweisung) über die sechzig Priester, die Romulus berufen habe, damit die offiziellen römischen Opfer (τὰ κοινὰ τῆς πόλεως ἱερά) nach *tribus* und *curiae* dargebracht werden konnten, fährt Dionysios mit dem Lob der Religionspolitik des κτίστης fort: ἔπειτα, ὅτι τῶν ἄλλων φαύλως πως καὶ ἀπερισκέπτως ὡς ἐπὶ <τὸ> πολὺ ποιουμένων τὰς αἱρέσεις τῶν ἐπιστησομένων τοῖς ἱεροῖς καὶ τῶν μὲν ἀργυρίου τὸ τίμιον ἀξιούντων ἀποκηρύττειν (vgl. ὥσπερ ἐν ἀπαρτείᾳ im Erlaß des Fabius), τῶν δὲ κλήρῳ διαιρούντων, ἐκεῖνος (sc. ὁ Ῥώμυλος) οὔτε ὠνητὰς χρημάτων ἐποίησε τὰς ἱερωσύνας οὔτε κλήρῳ μεριστάς κτλ. (folgen die Bestimmungen des Romulus über die Wahl der Priester in den *curiae*). Erstaunlich ist, daß für Dionysios die Loswahl in dieselbe negative Kategorie wie der Verkauf fällt. Die deutlich polemische Tendenz kommentieren H. Hill, Dionysius of Halicarnassus and the origins of Rome, JRS 51 (1961) 88-93, und J. Touloumakos, Zum Geschichtsbewußtsein der Griechen in der Zeit der römischen Herrschaft, Bonn 1971, 33; vgl. Wörrle, Athena Latmia 46 Anm. 99.

322 Die Raten heißen καταβολαί: siehe etwa LSAM 48,7-11 (Milet, 276/75 v. Chr.). Ratenzahlung begegnet in sieben der koischen *diagraphai*, Wiemer, Käufliche Priestertümer 281. Doppelter Betrag als Konventionalstrafe bei Säumigkeit: Iscr. di Cos ED 85,5f.; ED 215 B 23f.; LSCG 166,16-20 mit Iscr. di Cos ED 216 A 13-15. Auch der dreifache Betrag als Strafe kommt vor: ED 237,7.

zeichnet sind: Sie dienen dazu, einem einseitigen Ausreizen der im System austarierten Interessen vorzubeugen.

Auf Seiten der Städte, die an einem möglichst lukrativen Verkauf ihrer Priestertümer interessiert waren, sah man sich gezwungen, den potentiellen Interessenten eine Reihe von Schutzklauseln zuzugestehen,[323] vor allem gegen nachträgliche Beschlüsse der Volksversammlung, die von den Priestern Nachzahlungen auf den ursprünglich vereinbarten Kaufpreis verlangen oder gar die Stornierung der Verträge ohne angemessene Rückerstattungen verfügen könnte.[324]

Ein weiterer Hinweis darauf, daß die Angebotsseite attraktiv gestaltet werden mußte, damit bei den Versteigerungen ein angemessener Preis erzielt werden konnte, liegt in den ἀτέλειαι, die häufig dem Käufer gewährt wurden[325] und deren Zahl und Bedeutung sich nach dem erzielten Kauf-

323 Aus dem 3. Jh. v. Chr. stammt ein stark fragmentiertes Kultgesetz des bithynischen Kalchedon am Bosporus, in dem offenbar der Verkauf der Priesterstelle im Kult der Kybele geregelt wurde, I.Kalchedon 11 = LSAM 4 (τᾶς Ματ[ρὸς 7); Sokolowski hat den zuerst von Latyschew 1885 publizierten Text teilweise zu optimistisch ergänzt. Zum Schutz der Einkünfte, welche die Käuferin der Stelle aus den Opfern erzielen würde, wird eine Klausel gegen allfällige Anträge in der Volksversammlung auf Einziehung der Gewinne beschlossen (Ungültigkeit entsprechender Anträge und Geldstrafe für den Vorstoß, die wohl dem Tempelschatz zufallen soll; Zuständigkeit der νομοφύλακες). Es folgen Bestimmungen über die Opfereinkünfte (16f.) und die Weiterverkaufsrechte der jeweiligen Amtsinhaberin (- - ὠνὰν ἀποδόσθ[αι - - κατ]ὰ τὰν συγγραφάν 19f.) Das Dekret schließt nach diesen Paragraphen, die das von der Polis den Interessentinnen gemachte Angebot beschreiben, mit den Zahlungsbedingungen (21-23): [τὰν δὲ τιμὰ]ν τὰ[ν ἐπι]κυροῦσαν *(»den sich ergebenden Kaufpreis«)* δωσεῖ ἁ π[ριαμένα τὰν ἱερ]ωτ‹εία›ν (vgl. Z. 9. 24) παραχρῆμα πᾶσα[ν (also keine Ratenzahlung) τοῖς οἰκονόμ]οις Sokolowski, τοῖς ἐπιμηνί]οις Merkelbach κτλ. Vgl. zu dieser Ausschreibung Nilsson, GGR 1^3,687ff.; 2^2,614ff. Zwei weitere solche Gesetze aus Kalchedon, I.Kalchedon 10 = LSAM 3 = Syll.^{3} 1011 und I.Kalchedon 12 = LSAM 5 = Syll.^{3} 1009, bei denen einmal der Name des Kults nicht erhalten ist (möglicherweise handelte es sich um eine ›kumulative Priesterstelle‹, die mehrere Kulte vereinigte), einmal Asklepios betroffen ist, sind erheblich weniger stark fragmentiert; sie bieten zahlreiche Parallelen für derartige Detailregelungen.

324 In den drei Dekreten, die den Verkauf des Priestertums des Poseidon Helikonios in Priene regeln, wird ein nachträglicher Antrag auf Entzug des Priestertums mit Fluch bedroht (I.Priene 201 = McCabe, Priene [PHI # 7] 211 = LSAM 38 A; I.Priene 202 = McCabe ebd. 213 = LSAM 38 B; I.Priene 203 = McCabe ebd. 214); die in der vorigen Anm. erwähnten kalchedonischen Beschlüsse sehen Geldstrafen vor. Um Rückkaufbedingungen für die Priesterämter, die die Stadt nach Ansicht des Fabius in übergroßer Anzahl geschaffen hatte, geht es auch im Fragment c seines Edikts in I.Ephesos 18: Nach der Verfügung des Proconsuls soll nur ein Abschlag, die ἑκατοστή, gezahlt werden (c 8-11), da die gesamthafte Erstattung den hochverschuldeten Haushalt der Stadt überfordere – es wurde also eine Teilenteignung der Käufer durchgesetzt. (So nach der Textherstellung bei Wankel in I.Ephesos; etwas anders, freilich mit berechtigtem Hinweis auf die durch die Textlücke zwischen den Fragmenten b und c entstehenden Unsicherheiten des Verständnisses, Wörrle, Athena Latmia 45 Anm. 98.)

325 Diese sind bedeutend häufiger als direkte Beihilfen in Form von Tagegeldern (σιτηρέσια), die begleitend zur Amtsführung gezahlt wurden. Belege für letztere bei L. Robert, BCH 52 (1928) 437f. = OMS 1,119, und Debord, Aspects sociaux 342f. Anm. 167f.
Ein anschauliches Beispiel für ἀτέλειαι liefert das Reglement über den Verkauf des Priestertums des mit der Ephebie und dem Gymnasion verbundenen Hermes Ἐναγώνιος auf Kos, Iscr. di Cos ED 145 A. Auf die Mängel der veröffentlichten Fassung weist Ph. Gauthier hin, Bull. ép. 1994,

preis richten konnte.[326] Gerade die Befreiung von Militärdienst- und Grenzwachtpflichten, aber auch von kostspieligen Liturgien für Feste oder Bau-

---

440; 1995, 448; Neupublikation der Z. 70-90 durch Parker/Obbink, Sales of priesthoods 2, 245f. Nr. 6 = SEG 51,1062. Das Gesetz stammt aus dem frühen 2. Jh. v. Chr. Auf der Rückseite des Steins stehen noch weitere 63 Zeilen, die Segre nicht bearbeitet hatte und die auch Parker und Obbink noch nicht kannten; sie sollen ebenso wie eine jüngere *diagraphe* für denselben Kult, die erst 2004 entdeckt worden ist, in einem weiteren Beitrag der Aufsatzreihe publiziert werden (vgl. Bosnakis/Hallof, Inschriften aus Kos 2, 219, sowie Lemma zu SEG 51,1062). Zeitlich dazwischen steht möglicherweise eine weitere *diagraphe* für Hermes Enagonios, Bosnakis/Hallof ebd. 256-261 Nr. 24 (bestehend aus einem neuen Fragment und der als Iscr. di Cos ED 16 publizierten Inschrift); der Name der Gottheit ist nicht erhalten, aber der enge Bezug zum Gymnasion, die Angaben zu einem Kranzagon und den dabei vorzunehmenden Siegerehrungen (hierzu Entsprechungen in Iscr. di Cos ED 145) und insbesondere die Erwähnung von λα]μπαδάρχο[ι (19) und Ἑρμαῖα (37) machen die Zuschreibung wahrscheinlich. Denn dieser Hermes-Kult ist insbesondere mit ephebischen Fakkelläufen (λαμπάδες) an zwei Festen verbunden (nur bei einem ist der Name kenntlich, Ἄλσεια, nach einem Monatsnamen). Die Pflichten des Priesters bei den Opfern, welche an den προλαμπάδες und der ἔρις τῆς λαμπάδος stattfanden, werden festgeschrieben; es handelt sich dabei um Ausscheidungswettkämpfe, bei denen sich die παῖδες zunächst in Einzelwettkämpfen maßen, bevor am Hauptagon der Alseia Mannschaften im Staffellauf (λαμπάς) gegeneinander antraten (erkannt von Ph. Gauthier, Du nouveau sur les courses aux flambeaux, REG 112, 1995, 576-585, vgl. SEG 45,1127). In der älteren *diagraphe* ED 145 wird eine vollständige Befreiung von Liturgien vorgesehen (5-9): ὁ πριάμενος τὰν ἱερατείαν ἀτελὴς ἔστω στρατείας ὑπερορίου (*»Militärdienst jenseits der Grenze«*, hiern. Anm. 327), ἱπποτροφίας, τριηραρχίας, χοραγιᾶν, λαμπαδαρχίας καὶ τᾶν ἄλλαν λειτουργιᾶν πασᾶν; ergänzt um Privilegien bei der Durchführung der Agone: Eröffnung mit einem Trankopfer (σπενδέτω δὲ καὶ ἐν τοῖς ἀγῶσιν) und Prohedrie (καὶ ἐμ προεδρίαι καθήσθω καθὰ καὶ τοὶ ἄλλοι ἱερεῖς). Dieselben Befreiungen waren vermutlich auch in der jüngeren *diagraphe* Bosnakis/Hallof ebd. 258 Nr. 24,9-11 genannt, dort allerdings mit Ausnahmen: Von der Trierarchie und Lampadarchie wurde der Käufer, wie in anderen koischen *diagraphai* auch, nicht dispensiert (vgl. Komm. ebd. 260, im Anschluß an Wiemer, Käufliche Priestertümer 290 m. Anm. 207. 209. 210). Die zuvor besonders entgegenkommenden Bedingungen für den Käufer waren in diesem Vertrag also wieder auf das in Kos übliche Maß zurückgeführt worden.

Sobald die dritte *diagraphe* für Hermes Enagonios auf Kos publiziert ist, kann die Geschichte der Administration dieses Kults über etwa zwei Jahrhunderte verfolgt werden. Einblicke in die kontinuierliche Entwicklung eines öffentlichen Kults über einen so langen Zeitraum sind eine große Ausnahme. Die koischen *diagraphai* behandelt umfassend Wiemer, Käufliche Priestertümer; zu den Atelien ebd. 289f. Eine Übersicht über die wichtigsten Texte bei Parker/Obbink, Sales of priesthoods 1, 422f., sowie Bosnakis/Hallof ebd. 220; Parker/Obbink 421f. Anm. 16 stellen die aus anderen Orten bekannten Beispiele hellenistischer Zeit zusammen. ἀτέλεια bzw. ἀλειτουργία konnte unabhängig vom Priestertumsverkauf auch für andere Formen des öffentlichen Engagements eingeräumt werden, so für den Ratsschreiber von Priene oder einen Gymnasiarchen in Pergamon (vgl. die Beispiele bei Wörrle, Stadt und Fest 93-95, und Quaß, Honoratiorenschicht 273f. m. Anm. 1116; 341 m. Anm. 1452; M.N. Tod, JHS 54, 1934, 153 Anm. 66). Die euergetische Bauherrin des Buleuterions des äolischen Kyme, Archippe, ersucht unter Hinweis auf ihre angespannte finanzielle Lage die Stadt um die Befreiung von Abgaben und Steuern, δο]θῆναι δὲ ἑαυτῆ καὶ ἀλειτουργησίαν καθότι παρακαλεῖ προσφερομένη [τὴν περὶ] αὑτὴν περίστασιν (H. Malay, EpigrAnat 2, 1983, 4 Nr. 2,39-41 = SEG 33,1039,8-10, vgl. 75f. = 44f.), s. zuvor Anm. 296. περίστασις, zunächst neutral ›die Umstände‹, ist hier prägnant die ›schwierige Situation, Notlage‹, siehe LSJ s.v. II 1 b und Robert, Villes 60; Bull. ép. 1958, 226. Dies zeigt gut die Ambivalenz der »Großzügigkeit« dieser Finanziers, die sich durch die von ihnen selbst nach oben getriebene Spirale der Munifizenz leicht an die Grenze ihrer Leistungsfähigkeit führten. Amtsträger als Finanziers öffentlicher Bauten: vgl. Quaß, Honoratiorenschicht 212-220.

ten wurde oft in Aussicht gestellt.[327] Es ist offenkundig, daß es sich hier um eine indirekte Subvention der Priestertümer handelt. Wenn die Stadt bei denjenigen, die sich zur Übernahme eines Priesteramtes bereit fanden, im Gegenzug auf die von den übrigen Bürgern zu leistenden öffentlichen Liturgien verzichtete, zeigt dies an, daß solche Beihilfen offensichtlich von

---

Wie die Kräfteverhältnisse zwischen Angebots- und Nachfrageseite grundsätzlich auch umgekehrt sein können, zeigten Bräuche im schweizerischen Wallis noch bis in die jüngere Vergangenheit hinein, wobei die gesellschaftlichen Reglungsmechanismen in den bergdörflichen Siedlungsgemeinschaften in gewisser Hinsicht durchaus mit den überschaubaren Bürgerverbänden der antiken Poleis vergleichbar sind. In den Tälern wurde der »Sander« (frz. *garde-bisses*), der mit der Aufgabe der Reinigung und Instandhaltung des anfälligen und in den steilen Schluchten gefährlich exponierten Bewässerungssystems der Suonen (frz. *bisses*), aufgeständerten Holzleitungen, betraut wurde, nach einem Modus bestellt, der in der Umkehrung eine Strukturparallele zu den Priestertumsverkäufen der griechischen Städte aufweist: Das Amt wurde als »Gmeiwärch«, ›Gemeindewerk‹, jeweils im Frühjahr mit Beginn der Schneeschmelze »versteigert« – zu dem Zeitpunkt also, als die größten und risikoreichsten Reparaturarbeiten bevorstanden. Die in der Gemeinde für den Unterhalt des Bewässerungssystems gebildete Kommission bestimmte unter dem Vorsitz des Wasservogtes (frz. *avoyour*) den Kandidaten zum Sander, der sich mit dem bescheidensten Lohn zufriedengab. Darüberhinaus mußte er auch persönliche Kriterien der Integrität erfüllen, die ebenfalls an die antiken Verhältnisse erinnern (s. hiern. S. 469f. m. Anm. 340 zum Kriterium der ὁλοκλαρία): »Il doit être bon, zélé et fidèle serviteur, et il devra jouir de ses droits civils ainsi que fournir une caution solidaire. Les postulants font leurs offres de service à l'avoyour en mentionnant leur prix de soumission.« (L'ancien Lens: le régime de ses eaux. Brochure éditée à l'occasion de l'inauguration de la Galerie du Chatelard par le Consortage du Grand Bisse de Lens le 26 mai 1984, Lens 1984, 37f.; vgl. ebd. 31-44 die »Arrêts du Grand Bisse de la Riotaz« aus dem Jahre 1914; siehe auch G. Bratt, The *bisses* of Valais: man-made watercourses in Switzerland, Gerrards Cross, Buckinghamshire 1995, 60-64; J.H. Papilloud u.a., Die Suonen des Wallis, Visp 2000, 75-79). Die Bewässerungsanlagen spielten im sozialen und wirtschaftlichen Leben der wasserarmen Südtäler eine derart zentrale Rolle, daß sich die Zuteilung von Risiko und Verantwortung nach dem symbolischen ›Kapitaltransfer‹ bemessen ließ, den der einzelne Bürger durch sein *commitment* erzielen konnte. Die Bestellung des Sanders aus der Mitte der Bürgergemeinschaft und die jährliche Amtsrotation haben ihre Entsprechungen in Herakleia. Daß das ›Heruntersteigern‹ der Liturgie tatsächlich möglich war, zeigt den hohen Verpflichtungsgrad der Mitglieder gegenüber der Gruppe, der von den Beteiligten verinnerlicht sein mußte, so daß es für die Gemeinschaft nicht erforderlich wurde, Kandidaten mit einer effektiven Rendite zu locken: Die symbolische ›Rendite‹ des Engagements wurde von den Mitgliedern der Gemeinschaft so hoch bewertet, daß es einen Wettbewerb des materiellen Verzichts geben konnte. – Die Arbeit der Sander im Aletsch-Gebiet ist eindrucksvoll beschrieben in der Erzählung von C. Bürcher-Cathrein, Der letzte Sander von Oberried: Roman aus den Walliserbergen, Dornbirn 1927, Ndr. Brig 1977 u. ö.

326 Eindrücklich das Beispiel des prienischen Volksbeschlusses über die διαγραφή (so im Titel) des Priestertums des Dionysos Phleos auf Lebenszeit, I.Priene 174 = LSAM 37 = McCabe, Priene (PHI # 7) 210 (drittes Viertel des 2. Jh. v. Chr.). Hier ist eine Staffelung vorgesehen: Als Grundfreibetrag wird die Befreiung von einer Kopfsteuer eingeräumt (ἀτέλεια τοῦ σώματος, dazu Ph. Gauthier, Ἀτέλεια τοῦ σώματος, Chiron 21, 1991, 49-68; ders., Les honneurs de l'officier Séleucide Larichos à Priène, JournSav 1980, 35-50, h. 45). Das Mindestgebot muß 6000 Drachmen betragen; bei einem Kaufpreis von bis zu 12000 Drachmen wird die Ausnahme von λαμπαδαρχία, ἀγωνοθεσία, ἱπποτροφία, ἀρχιθεωρία und γυμνασιαρχία zugestanden (24-27). Kann ein höherer Preis erzielt werden, kommen die besonders kostspielige τριηραρχία (sie wird als einzige Liturgie in der *diagraphe* Iscr. di Cos ED 177 aufrechterhalten, siehe nächste Anm.) sowie οἰκονομία, νεωποία und die προεισφορὰ χρημάτων hinzu (27-30). προεισφορά ist die Pflicht, eine Staatsanleihe zu zeichnen; zu diesem Institut B. Helly, Προεισφέρειν: une inscription de Kiérion en Thessalie, RevArch 1971, 15-28 (Bull. ép. 1972, 231). Wie attraktiv diese zusätzli-

Interessenten am Markt durchgesetzt werden konnten.[328] Es darf ja nicht übersehen werden, daß Liturgien in den griechischen Städten zu großen

---

chen Vergünstigungen waren, zeigt der Umstand, daß der Käufer die Schwelle von 12000 Drachmen ganz knapp überschritten hat (siehe L. Robert, Les monétaires et un décret hellénistique de Samos, RevNum 6,15, 1973, 43-53 = OMS 6,125-135, h. 47 = 129). Der potente Käufer ist aus den prienischen Inschriften wohlbekannt und ein Euerget der Stadt, vgl. Graf, Nordionische Kulte 284 m. Anm. 14-18 – ohne Zweifel träfe auf ihn die Bestimmung γένει ἠδὲ βίου τάξει προφερέστατος aus dem herakleotischen Orakel ebenfalls zu. Die Auffassung, das Wahlverfahren werde in Herakleia von Apollon empfohlen, um die Qualität der Bewerber um das Priesteramt zu erhöhen, während der Verkauf bloß zu materiellen Kalkulationen ermuntere und »Mitnahmeeffekte« provoziere, wird von der Realität in den Städten also nicht gedeckt.

Kulte des Dionysos Phleos sind in Ionien an mehreren Orten bezeugt, vgl., ausgehend von Erythrai, Graf ebd. 283f. Das Epitheton legte für die antiken Erklärer eine Verbindung mit Erntereichtum nahe (φλέω ›prall, voll sein‹). Dazu scheint zu passen, daß in Ephesos der Kult zumindest im späteren 2. Jh. n. Chr. mit dem der Demeter Karpotrophos verbunden war und Mysteriencharakter hatte, wie die Nennung eines Priesters τῶν πρὸ πόλεως τῶν Δημητριαστῶν καὶ Διονύσου Φλέω μυστῶν zeigt (I.Ephesos 1595 = McCabe, Ephesos [PHI # 7] 673, 2-5); es werden auch ein Hierophant und ein ἐπιμελητὴς τῶν μυστηρίων geehrt (zu dieser Inschrift J. Keil, Komm. zu Forsch Eph 4,3 Nr. 37 = I.Ephesos 4337; D. Knibbe, Ephesos, A: Historisch-epigraphischer Teil, RE Suppl. 12, 1970, 248-297, h. 285; Verbindungen von Dionysos und Demeter etwa auch im thessalischen Larissa, IG 9,2,573 und Bull. ép. 1959, 224). Da der Priester nach der prienischen Inschrift Speisungsrecht im Prytaneion und im Panionion erhielt (6-8 εἶναι δὲ αὐτῶι καὶ ἐμ πρυτανείωι καὶ ἐμ Πανιωνίωι σίτησιν πάσας τὰς ἡμέρας), muß der Kult dort zu den wichtigen öffentlichen Kulten gezählt haben. Der Priester versah zugleich auch die Kulte des Dionysos Καταγώγιος (4f.; er geht der vom Kultverein der Καταγώγιοι durchgeführten Prozession mit dem Kultbild voran: 21f.) und des mit dem Theater verbundenen Dionysos Μελπόμενος (16f.)

327 So sind dem Käufer des Asklepios-Priestertums in Kalchedon die στρατεία *»und alle Liturgien«* (erg. von Sokolowski nach I.Pergamon 40 = Syll.³ 1018 = Welles, Royal Correspondance 24 = LSAM 11, 15 ἀφείσθω δὲ καὶ τῶν λητουργιῶν πασῶν) erlassen, I.Kalchedon 12 = Syll.³ 1009 = LSAM 5, 3. Die Formulierung macht die Bedeutung (in der Perspektive der Stadt) und die Last (für den Bürger) des Militärdienstes deutlich. Wie im Anm. 325 erwähnten Gesetz über den Kult des Hermes Enagonios, ist die Befreiung von der στρατεία ὑπερόριος auf Kos ebenfalls in den Bestimmungen über den Verkauf der Priesterstelle der Κύρβανθες vorgesehen, Iscr. di Cos ED 177 (spätes 3. Jh. v. Chr.), die auf Lebenszeit vergeben wird. Auch hier wird die summarische Befreiung von *»allen übrigen Liturgien«* bis auf die Trierarchie ausgesprochen: ἱεράσθω δὲ [διὰ βίου καὶ ἔστω ἀτελ]ὴς στρατείας ὑπερορίου, κα[θὰ καὶ τᾶν ἄλλαν λ]ειτουργιᾶν πασᾶν χωρὶ τριηρ[αρχίας]. Mit dem eröffnendem Trankopfer und der Prohedrie im Agon werden dieselben Privilegien wie für den Priester des Hermes Enagonios angeschlossen, modifiziert im Hinblick auf die Art der Feste im Kyrbantes-Kult: [σπενδέτω δ' ἐ]ν τοῖς χορικοῖς ἀγῶσι καὶ καθήσθ[ω ἐμ προεδρίαι καθὰ κα]ὶ τοὶ ἄλλοι ἱερεῖς. Hierauf folgt die Festsetzung der Einkünfte des Priesters mit der genauen Bestimmung der Opferanteile (γέρη δὲ λαμ[βανέτω τοῦ μὲν θυο]μένου ἱερείου ἐπὶ τᾶι τελετᾶι κτλ. 10f.). Das Opfer erfolgt ἐπὶ τᾶι τελετᾶι; dies verweist somit wohl auch für den koischen Kult der Kyrbanten auf ein Einweihungsritual, wie wir es aus der *diagraphe* ihres Priesteramtes in Erythrai kennen, I.Erythrai 206 = LSAM 23 = Mc Cabe, Erythrai (PHI # 7) 59; neue Fragmente: N. Himmelmann, EpigrAnat 29 (1997) 117-121 (= ders., Tieropfer in der griechischen Kunst, Vortr. Nordrh.-Westf. Akad. d. Wiss. G 349, Opladen 1997, 75-82) = SEG 47,1628 (Bull. ép. 1997, 480; 1999, 454; EBGR 1997, 175 [Kernos 13, 2000, 180f.]). Vermutlich gehört auch ein auf Samos gefundener Stein zum Reglement aus Erythrai: P. Herrmann, Eine »pierre errante« in Samos: Kultgesetz der Korybanten, Chiron 32 (2002) 157-172 (= SEG 52,1146; vgl. Bull. ép. 2003, 418, und EBGR 2002, 61 [Kernos 18, 2005, 449f.]). Für die τελετή wird hier auch der Begriff des κορυβαντισμός/κορυβαντίζειν in zahlreichen Variationen verwendet, der zuvor noch nicht belegt war. Zum Ritual in Erythrai, wo neben

Teilen an Stelle des uns vertrauten steuerfinanzierten Systems staatlicher Leistungen standen. Ihr Erlaß bedeutete also eine geldwerte Leistung des Staates für den Begünstigten.

---

einem vom Priester durchgeführten kultischen Bad der Einzuweihenden (λουτρόν) als weitere, im Detail nicht klare Elemente ein mit einem Schaf- oder Widderopfer verbundener κρατηρισμός und eine ἐπιθαλείωσις (wohl zu θάλειος und θάλεια sc. δαίς ›Festmahl‹; die Verkaufsliste nennt auch ein Priestertum der Κορύβαντες Θάλειοι) eine Rolle spielen, s. Graf, Nordionische Kulte 319-334, bes. 320-325.

Zur στρατεία ὑπερόριος, militärischen Einsätzen offensiven Charakters, die in das Territorium einer anderen Polis ausgreifen (also über die Grenzbewachung hinausgehen), vgl. den Rechtshilfevertrag zwischen Delphi und Pellene, ca. 285-280 v. Chr., B. Haussouiller, Le traité entre Delphes et Pellana: étude de droit grec, Bibl. de l'École des Hautes Études, Sc. hist. et philol. 222, Paris 1917 = Schwyzer, DGEEP 328 a = FD 3,1,486 = Staatsverträge 3,558, 2 B 22: Noch offene Streitfälle sind innerhalb einer Frist von drei Jahren nach Abschluß des Vertrages beizulegen, es sei denn, π[ολέμου γενομένου - - συμβαίνῃ τοὺς πολίτας πὰ]ρ τὸ τρίτον μέρος ε‹ἰ›ς τὰν ὑπερ[ό]ριον (sc. γᾶν) στρατεύ[εσθαι. In diesem Fall ist die Frist zu verlängern, da bei Abwesenheit eines so großen Anteils der Bürger eine ordnungsgemäße Verfahrensdurchführung nicht gegeben wäre. Vgl. S. Cataldi, Commento storico-giuridico al trattato di assistenza giudiziaria tra Delfi e Pellana, ASNP 3,7 (1977) 459-573, h. 508f. mit Anm. 149. Cataldi hat neben einem ausführlichen Kommentar die Fragmente neu angeordnet (h.: 2 B Haussouiller = A 3 Cataldi); vgl. Bull. ép. 1980, 268. Zum Text von Z. 22: A. Wilhelm, Zu Inschriften aus Delphi, Anz. ÖAW, Phil.-hist. Kl. 1922, 5-28 = Akademieschriften 1,71-94, h. 27f. = 93f. – Befreiung von στρατείη, Kriegsdienst, und φυλακή, Wachdienst in der Grenzfestung oder in der Stadt, in der Verkaufsausschreibung für das Priestertum des Dionysos Βαμβύλειος in Skepsis in der Troas (2. Jh. v. Chr.), Z. Taslikliogl u/P. Frisch, New inscriptions from the Troad, ZPE 19 (1975) 106-109 Nr. 2, 3f.; s. Bull. ép. 1976, 572.

Ein ausführliches, leider nur schlecht erhaltenes Kultgesetz von Kos aus dem frühen 3. Jh. für den Priester des Zeus Polieus und der Zwölf Götter stellt Reinheitsvorschriften auf, die dem Priester die Teilnahme an Festmählern in chthonischen Kulten und den Kontakt mit Geburt und Tod verwehren und im Fall von Befleckung Reinigungsriten vorschreiben, Herzog, Heilige Gesetze 5 A = LSCG 156 A (Sokolowskis Ergänzungen sind teilweise problematisch). Außerdem werden Bestimmungen über die τελετή des Priesters mit Reinigungsriten und Opfern getroffen (17-20). Der Kult der Zwölf Götter wurde auf Kos möglicherweise im Zuge der Reorganisation des Kultwesens in der Folge des Synoikismos von 366 eingeführt; er war zunächst vom Kult des Zeus Polieus unabhängig organisiert (der Priester der Zwölf Götter offiziert selbständig am Fest des Zeus Machaneus, wie der koische Kultkalender aus der zweiten Hälfte des 4. Jh. zeigt, Herzog, Heilige Gesetze 2 = LSCG 151 B = Syll.^{3} 1026 = Iscr. di Cos ED 241, 16-21; zu dieser Kodifikation Sherwin-White, Ancient Cos 292). Wohl bald nach der Jahrhundertwende wurde der Kult des Zeus Polieus dann dem Kollektivkult zugeordnet, die Priesterstellen wurden zusammengelegt, vgl. Sherwin-White 324. Zu Beginn des Dekrets werden zunächst die Einkünfte und Atelien festgelegt; sie betreffen nach Herzogs Ergänzungen die wichtigen ἀρχαί des koischen Staates (vgl. seinen Kommentar ebd. 16f.): ἀπολελύσθαι δὲ ἀρχᾶν τᾶ]νδε τὸν ἱαρῆ· μονα[ρχίας, προστασίας, στραταγίας (A 6f.). Sherwin-White 198f. hält jedoch neben der Befreiung von der μοναρχία die Entlastung des Priesters von Liturgien für wahrscheinlicher als die Exemption von politischen Ämtern. Obwohl die Aufzählung unzweifelhaft mit der μοναρχία beginnt und, wie Herzog argumentiert, Prostasie und Strategie mit der Monarchie üblicherweise in dieser Abfolge genannt sind, spricht für Sherwin-Whites Einwand, daß die Befreiungen in den *diagraphai* sonst stets Liturgien, nicht aber eigentliche Magistraturen betreffen. Niemand hat allerdings bisher Herzogs grundlegende Auffassung, daß hier von Atelien die Rede ist, in Zweifel gezogen; s. zuletzt Parker/Obbink, Sales of priesthoods 1, 421. Der μόναρχος ist seit dem Synoikismos der eponyme Oberbeamte von Kos mit überwiegend religiösen Aufgaben und insoweit dem ἄρχων βασιλεύς in Athen vergleichbar (Sherwin-White 187-199); die προστάται sind hingegen die obersten Exekuti-

Ganz offenbar fanden sich ohne diese Zugeständnisse keine Bewerber, die davon ausgingen, allein mit den direkten Einnahmen aus dem Priester-

---

vorgane, die die Beschlüsse der Volksversammlung umzusetzen haben (ebd. 199-205), wobei zusätzlich auch ihnen kultische Aufgaben zukommen. Sie waren auch an der Formulierung von *diagraphai* beteiligt und treten als Antragsteller für den Beschluß über das käufliche Priestertum des wichtigen Asklepios-Kults (das Hygieia und Epione als *entemenioi theoi* einschloß), Iscr. di Cos ED 2 A = LSCG 162, 2. 9f., sowie für die *diagraphe* der Priesterstelle des Herakles Kallinikos ὁ ἐπὶ ἀγορᾷ καὶ ἐπὶ λιμένι, Iscr. di Cos ED 180, auf. Bei der Auktion opfern sie zu Beginn für beide Herakles jeweils ein Tier im Wert von 100 Drachmen auf Kosten der Staatskasse ὑπὲρ ὑγιείας der Bürger, Bürgerinnen und der κατοικεύντων ἐν τᾶι πόλει (9-12).
Die Exemptionsbestimmungen in der *lex* über den Priester des Zeus Polieus und der Zwölf Götter werfen die Frage auf, ob auch dieses Dekret als διαγραφή einer zu verkaufenden Priesterstelle aufzufassen oder eine διαγραφή neben den Reinheitsvorschriften darin enthalten ist (auch die Reglungen über die Opferanteile lassen daran denken). Damit ließe sich das Institut der Priestertumsverkäufe auf Kos bereits zu Beginn des 3. Jh. v. Chr. nachweisen. Dieselbe Frage stellt sich für den Beschluß über die Reinheitsvorschriften für die Priesterin der Demeter Olympia und eines weiteren Demeter-Kults (Herzog denkt an eine Δάματρος τᾶ[ς ἐν Ἰσθμῶι), Herzog, Heilige Gesetze 8 = LSCG 154, der eine Redaktion älterer Kultgesetze darstellt (A 9f. τὰ γεγραμμένα ἐν τοῖς ἱεροῖς νόμοις περὶ τ[ᾶν θυσιᾶν καὶ τᾶν ἁγνειᾶν καὶ τῶν] καθαρμῶν; diese Vorlagen werden von den νομοφύλακες und den zuständigen Priestern der vom Volk eingesetzten Kommission aus zwei ἐπιστάται übergeben, A 7f.). Zwar stimmen beide Reglemente hinsichtlich der Reinheitsvorschriften und der Aussagen über die Weihe der Priester in wesentlichen Teilen überein. Jedoch fehlen in dem Demeter-Gesetz gerade die in der *lex* über den Priester des Zeus Polieus den Reinheitsvorschriften vorangestellten Regelungen über Atelien. Da das Demeter-Gesetz im Unterschied zum Zeus-Gesetz am Anfang erhalten ist, ist die Abweichung erwiesen und damit die Gleichartigkeit beider Dokumente fraglich.
Für die Frage, ob es sich um frühe *diagraphai* handele, ist aber entscheidend, daß beide Reglemente nicht von einem Verkauf sprechen; weder der Terminus διαγραφή noch der Begriff πρᾶσις fällt. Umgekehrt werden in den späteren *diagraphai* keine Reinheitsvorschriften für die Amtsinhaber aufgestellt, und auch von dem näheren Ablauf der τελετή (die als solche erwähnt ist) wird nicht gesprochen. Man kann davon ausgehen, daß solche Bestimmungen gleichwohl bestanden und gegebenenfalls aus älteren Dokumenten weiter galten; nur waren sie für die Ausschreibungstexte, in denen es um die Verkaufsbedingungen ging, wohl nicht relevant. Damit bleibt die *diagraphe* für Asklepios (?), die Parker/Obbink, Sales of priesthoods 2, 233-237 Nr. 3, aus dem Nachlaß Herzogs publiziert haben, vorerst das älteste bekannteste Zeugnis seiner Art; im Anschluß an Chr. Habicht, Zur Chronologie der hellenistischen Eponyme von Kos, Chiron 30 (2000) 308, datieren die Herausgeber die Ausschreibung auf ungefähr 275 v. Chr. Es bleibt aber festzuhalten, daß Atelien für Priester bereits in den koischen Kultgesetzen des 4. Jh. vorkamen: »It is evidently plausible that the later διαγραφαί of many individual cults had precursors of this type« (Parker/Obbink, Sales of priesthoods 1, 421). – Ausführliche Behandlung des Demeter-Gesetzes durch R. Herzog, Aus dem Asklepieion von Kos, ARW 10 (1907) 400-415. Siehe auch die verschiedenen Hinweise bei Parker, Miasma, vgl. 402 im Index unter LSCG 156 und 154. Der dem Dekret über die Demeter-Priester vorangestellte Verfahrensbeschluß, den die ἐξαγηταί beantragen (4), verfügt die Aufstellung solcher – vermutlich *mutatis mutandis* gleichlautenden – Reglemente noch für weitere koische Kulte (für zwei Artemis-Kulte und für Aphrodite), so daß man den Eindruck gewinnt, es habe sich um allgemein verbindliche Vorschriften für die Priester der olympischen Götter auf Kos gehandelt. Neben den Vorgaben zum Verfahren der Kodifikation, der Übertragung aus den πάτριοι νόμοι (s. zuvor) und den Details zur Aufstellung und der Finanzierung wird auch ausdrücklich festgelegt, daß Priester, die gegen die Reinheitsvorschriften verstoßen, als ἀσεβήσαντες gelten (14).

328 Einen Fall, wo die Angebote offenbar zunächst nicht einträglich genug erschienen, illustriert eine Inschrift aus Seleukeia am Kalykadnos im Rauhen Kilikien, auf die Wörrle, Athena

tum – im wesentlichen die Opferanteile und Gebühren für die Durchführung von Opfern und Weihungen, bei ländlichen Heiligtümern auch Erträge aus Weideland, Aufzucht heiliger Herden und, soweit nicht eingeschränkt, Nutzung eines ἄλσος, eventuell auch die Konzession für Kollekten, ἀγερμοί[329] – ein für sie hinreichend gutes Geschäft machen zu können.

Auch die in den Ausschreibungen oft genau aufgeführten Opfergebote, die von der Polis, ihren Amtsträgern und anderen Personengruppen der Gemeinde zu beachten sind, sind in diesem Licht zu sehen. Sie bedeuten, daß die Verantwortung für die Aufrechterhaltung des Kults gemäß dem Festkalender – insbesondere spürbar in der Beschaffung der Opfertiere – nicht auf den Käufer einer Priesterstelle verlagert wurde. Auch dies ist wohl einerseits als Marktmechanismus zu verstehen, der attraktive Gebote auf die Ausschreibungen gewährleisten sollte. Andererseits sahen sich die Städte gewiß auch in der Pflicht, die kontinuierliche Verehrung ihrer Götter zu garantieren; diese Kontrollfunktion sollte nicht externalisiert werden.

Latmia 46 Anm. 101, hinweist (J. Keil/A. Wilhelm, JÖAI 18, 1915, Beibl. 22f. Nr. 2 = Hagel/Tomaschitz, Repertorium der westkilikischen Inschriften, Seleukeia 124: s. zuvor Anm. 310). Dort wird in der Zeit des Antoninus Pius und des Mark Aurel der Priester der Athena von Tagai, Dionysodoros, als Euerget geehrt, der das Priestertum auf Lebenszeit erworben hatte τῆς ἱερωσύνης ... πωλουμένης ἐν τῷ φανερῷ τε προκηρυχθείσης ἐπὶ ἱκανὸν χρόνον, *»das zum Verkauf stand und über eine hinreichend lange Zeit öffentlich ausgeschrieben war«.* Nach Verstreichen der bereits großzügig bemessenen Ausschreibungsfrist war man offenbar so erleichtert über das Engagement des Dionysodoros, daß man diese Tat als ersten Punkt in das Motiv seines Ehrenbeschlusses aufnahm. Der Text zeigt den Wandel der im Priestertumsverkauf hellenistischer Zeit wirksamen Funktionen im kaiserzeitlichen Euergetismus: Den Erwerb der Priesterstelle begleitete Dionysodoros – neben Geldspenden an das Heiligtum für ein Weihgeschenk sowie in Form von ἐπιδόσεις, Geldverteilungen, an die Buleuten, die leitenden Beamten der Stadt, die Gerusie und den Demos – mit großartigen Baumaßnahmen im Heiligtum: der Ausstattung des Tempels, der Finanzierung einer vergoldeten Kultstatue, einer ὑποβωμίς (offenbar ein Altarunterbau) sowie einer Freitreppe und einer Eingangspforte zum Felsheiligtum (20-25). Vgl. Robert, Hell. 3,163-167. Die ökonomisch angelegte, sorgfältig ausbalancierte Kalkulation beider Seiten, die die früheren Transaktionen kennzeichnete, ist hier durch einen überbordenden Kapitalfluß abgelöst worden, der auf die maximale Vermehrung ›symbolischen Kapitals‹ zielt. Er sprengt alle Grenzen und kennt zudem nur eine Richtung: Der Euerget investiert enorme Beträge in sein Prestige und den kalkulierten sozialen Gegenwert. Auf der Gegenseite ist deutlich, in welche Abhängigkeit von einem einzelnen die Stadt – fiskalisch ebenso wie im Hinblick auf die Aufrechterhaltung des Poliskults – gerät. Zu dieser Entwicklung unten S. 472f. Selbstverständlich spielte auch im früheren Modell der ›Handel‹ von symbolischem Kapital zwischen Stadt und Käufer eine Rolle, da die Übernahme eines religiösen Amtes in der Polis nie ausschließlich eine materielle Dimension besaß, aber die Gleichgewichte waren nicht durch exorbitante Investitionsbereitschaft derart verschoben, daß die Anbieterseite die Kontrolle über den Verkehr mit den Göttern einzubüßen drohte. Der Terminus ἐπίδοσις hat hier also seine verbreitete Bedeutung, während er in den koischen Inschriften aus dem Umkreis der Priestertumsausschreibungen öffentliche Subskriptionen, also faktisch Staatsanleihen, bezeichnet; siehe oben Anm. 172.

329 Zu den weiteren Einnahmequellen der Priester neben den direkt mit den Opfern verbundenen vgl. Debord, Aspects sociaux 68-70, und Wiemer, Käufliche Priestertümer 288f. Daß das Verkaufssystem nicht zuletzt deshalb funktionierte, weil es auch die ökonomischen Interessen der Käufer befriedigte, betont auch F. Graf im Gutachten zu dieser Arbeit.

Überall wo es sich bei den Opferleistungen, die in den Verkaufsverträgen festgesetzt wurden, um städtische Opfer handelt, subventioniert die Stadt auf diesem Weg indirekt den Kultbetrieb, auf dem das Einkommen des Priesters aus seinen Opferanteilen (die γέρα, üblicherweise Fell und Schenkelstücke, δέρμα und σκέλος, sowie die τραπεζώματα, ›was auf den Opfertisch gelegt wird‹[330]) und die fälligen Gebühren beruhen.[331] Häufig werden die Opferleistungen der öffentlichen Hand aus den Anteilen refinanziert, die im vorangegangenen Opferbetrieb im Heiligtum als Anteil des Gottes thesauriert worden waren – bei den käuflichen Heiligtümern ist es die Regel, daß die Einnahmen zwischen dem Stelleninhaber und der Gottheit geteilt werden, wobei unterschiedliche Sätze ausgehandelt werden konnten.[332]

Allerdings ist auch dieser Mechanismus mehrschichtig, denn die Magistrate, denen die Opfer im Namen der Polis auferlegt werden, waren in aller Regel selbst verpflichtet, zu den Aufwendungen beizutragen;[333] auch wurden in den Verträgen den Käufern Opfer von Privatpersonen zugesichert, die sich der Verpflichtung durch die Stadt nur schwer entziehen konnten.[334] Bedenkt man, daß diese Amtsträger sich oft aus denselben Kreisen rekrutierten wie die Priester, ist – wenn nicht für den einzelnen, so doch mit Bezug auf die soziale Gruppe – der partiell zirkuläre Charakter der vermeintlichen Gegenleistungen zu erkennen. Umgekehrt kam es vor, daß

---

330 Dignas, Verkauf von Priestertümern 31, führt LSAM 13,12-16, über den Asklepios-Kult in Pergamon an: λαμβάνειν δὲ καὶ γέρα τῶν θυομένων ἱερείων ἐν τῶι ἱερῶι πάντων, σκέλος δεξιὸν καὶ τὰ δέρματα καὶ τἄλλα τραπεζώματα πάντα τὰ παρατιθέμενα [τοῖς θ]ε[οῖς. Im Anschluß ist noch von den Pachterträgen, die dem Priester aus der Nutzung des heiligen Bezirks zufließen, die Rede (κ]αρπεύεσθαι 16). Das Priestertum des pergamenischen Asklepios war in dieser Zeit erblich (vgl. 4-6).

331 Debord, Aspects sociaux 69. Für Kos analysiert von Wiemer, Käufliche Priestertümer 293-300, der auf die Konsequenz aufmerksam macht, die in der elementaren Funktion der Opfereinnahmen für die Käuferseite liegt: Auf Kos war dies wohl der entscheidende Faktor, der zu der Option einer Geldzahlung anstelle der realen Ehrenanteile des Opfertiers führte. Damit wurde im Interesse des Priesters Meinungsverschiedenheiten über den Geldwert eines bestimmten Opfertiers vorgebeugt (so auch Dignas, Verkauf von Priestertümern 30). Die Eintreibung dieser Zahlungen konnte vom Priester auch verpachtet werden, womit eine weitere Gewinnkalkulation ermöglicht wurde (vgl. Parker/Obbink, Sales of priesthoods 1, 416f. Nr. 1,13-16). Bisweilen wurden Opfergebote auch zugunsten des Stelleninhabers mit Geldbußen bei Unterlassung und dem Recht auf direkte Eintreibung beim Schuldner (πρᾶξις καθάπερ ἐκ δίκας) bewehrt, Wiemer 300 m. Anm. 274. Wenn Opfergebote einmal fehlen, mag dies damit zu erklären sein, daß der betreffende Kult auf andere Weise bereits sichere Einnahmen versprach: so Wiemer 299 m. Anm. 273 zum Kult des Dionysos Θυλλοφόρος, wo eigens vereinbart wurde, daß niemand ohne die Erlaubnis der Priesterin den Kult durchführen und Einweihungen vornehmen dürfe; auch diese Bestimmung wird mit Geldstrafe und Rechtsweggarantie bewehrt.

332 Wiemer, Käufliche Priestertümer 287f. Die Einnahmen der Gottheit unterliegen fiskalischer Aufsicht, etwa durch die προστάται oder die δαμοσία τράπεζα. In manchen Texten entsteht allerdings der Eindruck, daß auch eine Verfügung des Priesters über den Anteil der Gottheit ausgehandelt werden konnte, vgl. Dignas, Verkauf von Priestertümern 32.

333 Darauf weist Debord, Aspects sociaux 67f., hin.

Priester sich in euergetischem Gestus rühmten, Opfertiere selber finanziert zu haben, statt aus den Opfern Gewinn zu ziehen – man kann freilich ergänzen: finanziert aus den Opferanteilen, die ihnen zuvor im normalen Betrieb des Heiligtums zugeflossen waren.[335] Auch hatten die Interessenten für eine Priesterstelle meist die Nebenkosten des Erwerbs selber zu tragen, etwa die Veröffentlichung der *diagraphe* oder die aufwendigen Inaugurationsopfer.[336]

Interessenwahrung der Städte: Beschränkungen des Käuferkreises und der Weitergabe erworbener Priesterstellen. Grenzen der Externalisierung und Aufrechterhaltung der öffentlichen Kontrolle über das Kultwesen. Konsequenzen der Einräumung von ἀτέλειαι: Entlassung der Eliten aus der öffentlichen Leistungsträgerschaft. Begünstigung des Typus des Euergeten und Entstehen von Abhängigkeiten. Die Wahl als Verpflichtungssystem von Gleichen in einem normativen Bezugsrahmen.

Gleichzeitig mit der Erfordernis, den Kaufinteressenten weitreichende Zugeständnisse einzuräumen, bestand für die Städte die Notwendigkeit, die Kontrolle über die Ämtervergabe zu wahren und einer Unterminierung des sozialen Gefüges der Stadt vorzubeugen, die eigenmächtige Weiterverkäufe durch die Inhaber der Stellen nach sich ziehen könnten. Eine nur schwer zu übersehende Ausweitung der Gruppe der Funktionsträger konnte das von den führenden Kreisen der Stadt aufgebaute Beziehungsnetz langfristig gefährden. Daher finden sich wiederholt Weitergabebeschränkungen,[337] die im Ergebnis die aus dem Kauf einer Priesterstelle zu erzielende Rendite beschränken und damit die ökonomische Attraktivität des Erwerbs mindern konnten, indem eine vorteilhafte Veräußerung an Dritte *a priori* ausgeschlossen wurde. Einschlägig sind auch Beschränkungen des Käuferkreises bei der Ausschreibung selbst, etwa auf Bewerber, die für Magistraturen wählbar waren[338] oder seit mehreren Generationen das Bürgerrecht besaßen.[339] Auch wird vielerorts körperliche Unversehrtheit, ὁλοκλαρία, als Vorbedingung gefordert; für den modernen Betrachter etwas

334 So wenigstens der Befund in Kos, wo die erhaltenen *diagraphai* etwa Unternehmer mit öffentlichen Aufträgen, Steuerpächter, Freigelassene und Neubürger anführen: Wiemer, Käufliche Priestertümer 297.

335 So in Stratonikeia bei den Priestern im Heiligtum des Zeus Panamaros und der Hekate in Lagina, vgl. etwa I.Stratonikeia 266 und 281. Zu diesen Kulten vgl. o. S. 348f. m. Anm. 71-73.

336 Iscr. di Cos ED 15 = LSCG 161, 4-6; Iscr. di Cos ED 216 B, 8-10.

337 Etwa darf der Inhaber der Priesterstelle des Asklepios in Kalchedon diese nur an seinen Sohn weitergeben, I.Kalchedon 12 = Syll.^{3} 1009 = LSAM 5, 11-13: ἐξέστω δὲ καὶ [π]αιδὶ ὠνεῖσθαι, ἄ[λλωι] δὲ μηθενὶ ἐξέστω τὰν ἱερωτεία[ν ἢ ἑαυτ]ῶι (die Dative gehören alle zu ὠνεῖσθαι, vgl. Dittenberger, Hermes 16, 1881, 164-176, bes. 169-172; dens. zu Syll.^{2} 594 Anm. 5). Eine durch Textzerstörung nicht mehr klare Weitergabebeschränkung auch in I.Kalchedon 11 = LSAM 4, 19, siehe oben Anm. 323.

überraschend, ist dieses Merkmal wohl aus den Reinheitsvorschriften für Kultfunktionäre abzuleiten und im griechischen Verständnis des Priestertums seit jeher bekannt.[340] Um einem dauerhaften Entzug der öffentlichen Kontrolle über einen Kult vorzubeugen, wurde in der Regel auch nicht die Erblichkeit erworbener Priestertümer zugestanden; während sie bei gentilizischen Kulten als historisches Erbe weiterwirken konnte, lief sie doch

---

338 I.Kalchedon 12 (s. vorige Anm.), 9-11 ὠνείσθω δὲ ... ᾧ δαμοσιοργίας μ[έτεστι]. Die δαμοσιοργία (= δημιουργία) ist hier das Recht, eine Magistratur zu bekleiden, also in irgendeiner Funktion als δαμοσιοργός zu amten, vgl. Dittenberger, Hermes 16 (1881) 169 Anm. 2 und zu Syll.² 594 Anm. 10; A. Wilhelm, Neue Beiträge 1,25f. = ders., Akademieschriften 1,43f.

339 Die Priesterin der Artemis Pergaia in Halikarnaß mußte ἀστὴ ἐξ ἀστῶν ἀμφοτέρων (Halikarnaß und Perge) ἐπὶ τρεῖς γενεὰς καὶ πρὸς πατρὸς καὶ πρὸς μητρὸς sein, Syll.³ 1015 = LSAM 73 = McCabe, Halikarnassos (PHI # 7) 3. Dabei wird der besonders komplizierte Fall geregelt, daß ein Mann die Stelle erwarb, um eine Frau, die die genannten Bedingungen erfüllen mußte, dafür anzustellen: vgl. zu diesem Text zuvor Anm. 297. Eine ähnliche Konstellation findet sich auch in zwei διαγραφαί für den Kult des Dionysos Θυλλοφόρος in Kos, wo mit gleichlautenden Formulierungen von der Priesterin verlangt wird, als ὑφιέρεια nur eine Bürgerin der Stadt in Dienst zu nehmen (da die Texte sich gegenseitig ergänzen, keine Klammern): ἐξέστω δὲ τᾶι ἱερείαι ὑφιέρειαν ἀποδεῖξαι πολίτιν, μὴ ἐξέστω δὲ ἄλλαν ἱερᾶσθαι μηδὲ τελέζεν τῶι Θυλλοφόρωι Διονύσωι πλὰν ἣ ἄν κα ἁ ἱέρεια ἀποδείξῃ ἐν ἑκάστωι δάμωι I.Cos 27 = Syll.³ 1012 = LSCG 166, 23-26 (2. bis 1. Jh. v. Chr.) ≈ Iscr. di Cos ED 216 A 1, 18-22 (datiert auf ca. 220 v. Chr.). Wörrle, Athena Latmia 47 Anm. 110, vermutet ohne Zweifel zutreffend, daß für die Käuferin selbst der Bürgerstatus selbstverständlich vorausgesetzt und darum nicht eigens in das Dekret aufgenommen wurde.

340 Die Voraussetzung, daß der Käufer ὁλόκληρος sein müsse, begegnet in vielen der schon zuvor herangezogenen Beschlüsse, so in der schon mehrfach erwähnten Ausschreibung für das Asklepios-Priesteramt in Kalchedon, I.Kalchedon 12,9f. ὠνείσθω δὲ ὅς [κα ἦι ὁλ]όκλαρος καὶ ᾧ δαμοσιοργίας μ[έτεστι] (s. zuvor Anm. 338). In den beiden Ausschreibungen für die Priesterin des Dionysos Thyllophoros in Kos, s. vorige Anm., heißt es (LSCG 166,8-10): ἁ δὲ πριαμένα ἔστω ὑγιὴς καὶ ὁλ[ό]κλα[ρος κ]αὶ [μ]ὴ νεωτέρα ἐτῶν δέκα· ἱεράσ[ετ]αι δὲ [διὰ β]ίου (im Paralleltext Iscr. di Cos ED 216, 7f. wird das Mindestalter auf zwölf Jahre festgesetzt). Es wurden also junge Mädchen noch im Kindesalter auf Lebenszeit als Priesterinnen eingesetzt. Die Verantwortungslast, die ihnen damit auferlegt wurde, wird deutlich, wenn im folgenden jeweils auch vom κύριος τῆς ἱερείας die Rede ist, der – wie die anderen Bürger auch – in der Bule im Falle von Zuwiderhandlungen der Priesterin gegen die Bestimmungen des Kaufvertrages die Rechtsverletzung gegen die Stadt feststellen lassen kann, ἐσαγγέλλεν ἐς τὰν β[ουλὰν τὰν ἱερωμέναν ἢ τελοῦσαν ὡς] ἀδικοῦσαν τὰν πόλιν ED 216,24f. (ergänzt nach dem Paralleltext LSCG 166,29f.) Zur Praxis, Kinder als Priester zu bestellen, vgl. die von Sokolowski zu LSCG 162,14f. aufgeführten Stellen und o. S. 332f. m. Anm. 24f. zur Inschrift für Granianos Ambivius Maker als jungen προκιθαριστὴς καὶ χορηγός; dort auch der Verweis auf die einschlägige Untersuchung von L. Robert, Amphithalès, OMS 1,633-643. – Unversehrtheit wird, wiederum auf Kos, auch in der Verkaufsbestimmung für den Priester des Hermes Enagonios (s. zuvor Anm. 325) verlangt, Iscr. di Cos ED 145,4f. ὁ πριάμενος τὰν ἱερωσύναν τοῦ Ἑρμᾶ τοῦ Ἐναγωνίου ἔστω ὑγιὴς καὶ ὁλόκλαρος καὶ ἱερώσθω ἐπὶ βίου; und im Dekret über das Priesteramt der Kyrbantes (o. Anm. 327), Iscr. di Cos ED 177,4-6, wird bestimmt: ὁ πριάμενος τὰς ἱερω]σύνας ἔστω ὑγιὴς καὶ ὁ[λόκλαρος καὶ μὴ νεώτερος ἐ]τέων εἴκοσιν.

Das Konzept der ὁλοκλαρία von religiösen Funktionsträgern hat anhand des inschriftlichen Materials Robert, Hell. 10,96-104, eingehend besprochen (vgl. Bull. ép. 1956, 56. 300), ausgehend von einer Weihung für Zeus Soter durch einen Freigelassenen und seinen *patronus* aus Phrygien (AthMitt 24, 1899, 444 Nr. 40 = IGRom 3,49 = I.Nikaia 1131; auch bei Robert, Hell. 10,96). Eine Reihe literarischer Zeugnisse ist ebenfalls aufschlußreich: Platon sieht für die Bestellung der

grundsätzlich dem in der Verwaltung der Kulte verfolgten demokratischen Prinzip zuwider.

Doch konnte eine Schwäche, die diesem ansonsten sorgfältig ausbalancierten System innewohnte, nicht aufgehoben werden. Während in Erythrai im frühen 3. Jh. v. Chr. bei vergleichsweise moderaten Preisen noch eine relativ breite Schicht von Käufern der ebenfalls breit gestaffelten Priestertümer einbezogen werden konnte, sahen sich andere Städte zunehmend zum Zwecke der Aufwertung ihrer Angebote veranlaßt, Befreiungen von allen wesentlichen, oft für das Gemeinwesen tragenden Liturgien zu gewähren. Gleichzeitig waren sie bemüht, hohe Kaufpreise zu erzielen, und wollten außerdem die Kultfunktionäre aus den sozial führenden Schichten rekrutieren. So sägten sie gleichsam selbst an dem Ast, auf dem sie saßen: Die ökonomisch stärksten und belastbarsten Bürger waren ja die einzigen,

---

Priester in der Stadt vor, δοκιμάζειν δὲ τὸν ἀεὶ λαγχάνοντα πρῶτον μὲν ὁλόκληρον καὶ γνήσιον (Leg. 4, 759 C), und in den Πόλεις des Anaxandrides (ein Stück gleichen Namens u.a. auch von Eupolis, vgl. PCG 5,424) standen in einer Passage, in welcher in der für die Griechen üblichen Weise der Tierkult der Ägypter verspottet wurde, die Verse (fr. 40 Kassel-Austin [PCG 2, 58f.], 1-3. 10f.): οὐκ ἂν δυναίμην συμμαχεῖν ὑμῖν ἐγώ· | οὔθ' οἱ τρόποι γὰρ ὁμονοοῦσ' οὔθ' οἱ νόμοι | ἡμῶν, ἀπ' ἀλλήλων δὲ διέχουσιν πολύ (folgt die Passage über die Tierverehrung, danach heißt es:) τοὺς ἱερέας ἐνθάδε μὲν (also in Griechenland) ὁλοκλήρους νόμος | εἶναι, παρ' ὑμῖν δ', ὡς ἔοικ', ἀπηργμένους. Nach Meinung des Eustathios, der In Iliad. 19,254 p. 1183,12-17 das Fragment überliefert, ist mit ἀπάρχεσθαι die Kastration der Eunuchen gemeint (διὰ τὸ ἐξ αὐτῶν ὡς οἷά τινα προδεδόσθαι ἀπαρχὴν τὴν τμῆσιν τῶν αἰδοίων), doch kann auch an Beschneidung gedacht sein (vgl. Kassel-Austin i. app.). Die Lexikographen kennen ὁλοκληρία als Kriterium der δοκιμασία in Athen, siehe Anecd. Bachmanniana 1,170,23 = Etym. Mag. p. 176, 14-22 s.v. ἀφελής (schon im Etym. Gen. AB): ὁ ὑγιὴς τὸ σῶμα καὶ ὁλόκληρος· οὕτω παρὰ Ἀθηναίοις· παρὰ τὸ μηδενὸς ἀφαιρεῖσθαι μέρους τοῦ σώματος, ἀλλὰ ὑγιὴς εἶναι ... καὶ οἱ βασιλεῖς καὶ οἱ ἱερεῖς ἐδοκιμάζοντο Ἀθήνῃσιν, εἰ ἀφελεῖς καὶ ὁλόκληροι.

Besonders einprägsam, wenn auch ohne den präzisen kultischen Bezug, erschließt eine berühmte Stelle in der zweiten Rede des Sokrates im *Phaidros* (243 E–257 B) das auratische Bedeutungsspektrum, das der Begriff unter der Feder Platons annehmen konnte. Sokrates spricht in einer *»Erinnerung«* (ταῦτα μὲν οὖν μνήμῃ κεχαρίσθω 250 C 7) über die Schönheit, von der die Seelen auch noch nach der Einkörperung in der materiellen Welt eine authentische Schau erhalten haben, und zwar in einer Vergangenheit, in der sie mit den Göttern Gemeinschaft hatten: Von der Gerechtigkeit und der σωφροσύνη konnte nie ein Lichtschein (φέγγος) in die untere Welt gelangen, κάλλος δὲ τότ' ἦν ἰδεῖν λαμπρόν, ὅτε σὺν εὐδαίμονι χορῷ μακαρίαν ὄψιν τε καὶ θέαν, ἑπόμενοι μετὰ μὲν Διὸς ἡμεῖς, ἄλλοι δὲ μετ' ἄλλου θεῶν, εἶδόν τε καὶ ἐτελοῦντο τῶν τελετῶν ἣν θέμις λέγειν μακαριωτάτην, ἣν ὠργιάζομεν ὁλόκληροι μὲν αὐτοὶ ὄντες καὶ ἀπαθεῖς κακῶν ὅσα ἡμᾶς ἐν ὑστέρῳ χρόνῳ ὑπέμενεν, ὁλόκληρα δὲ καὶ ἁπλᾶ καὶ ἀτρεμῆ καὶ εὐδαίμονα φάσματα μυούμενοί τε καὶ ἐποπτεύοντες ἐν αὐγῇ καθαρᾷ, καθαροὶ ὄντες καὶ ἀσήμαντοι τούτου ὃ νῦν δὴ σῶμα περιφέροντες ὀνομάζομεν, ὀστρέου τρόπον *(»wie eine Auster an ihre Schale«)* δεδεσμευμένοι (250 B 6–C 6). Am Schluß also ein Wortspiel mit ἀσήμαντος ›unbezeichnet, ungeprägt (wie eine Münze)‹ und ›unbegraben‹ nach der σῶμα-σῆμα-Formel aus Gorg. 493 A und Crat. 400 C (zu deren orphischem Hintergrund zuletzt A. Bernabé, Una etimologia platonica: σῶμα – σῆμα, Philologus 139, 1995, 204-237).

Von einer verwandten Metaphorik wird Gebrauch gemacht, wenn im Orakel für Sidyma über die Wahl unverheirateter Priesterinnen im Kult der Artemis die von diesen durch Sexualität ›unberührten, unverletzten‹ Frauen verrichteten Opfer als [ἁγ]νὰ θεᾶς ἀσινῆ τε ... θυήπολα τείμια bezeichnet werden (**Didyma App15**, 7,6f.). Dazu unten S. 509-511 sowie Anm. 487.

die die geforderten Kaufsummen aufzubringen vermochten. Gerade sie jedoch entfielen durch die zugestandenen ἀτέλειαι als Stützen für die Gemeinschaftsaufgaben, welche die Stadt finanzieren mußte.

Dann blieben schließlich nur noch die wenigen außergewöhnlich Vermögenden, die sich als Euergeten in den Vordergrund spielen wollten und ihren fiskalischen Einsatz nicht vornehmlich nach ökonomischen Kriterien kalkulierten, sondern bereit waren, um eines maximalen Prestigegewinns in der Öffentlichkeit willen enorme Summen aufzuwenden.[341] Auch durch ein teuer erworbenes Priesteramt würden sie sich nicht davon abhalten lassen, ihrer Stadt weiter spektakuläre Wohltaten zukommen zu lassen, wenn man ihnen dafür nur die entsprechenden Ehren zudachte.

In dem Maße aber, in dem sich diese Personengruppe in den Vordergrund drängte, wuchs die Gefahr einer sozialen Desintegration der Bürgergemeinde, der die in den Verkaufsverträgen eingebauten Klauseln zuvorkommen sollten: Aus der gleichberechtigten Beteiligung der Bürger am Austausch mit den Schutzgöttern der Stadt drohten Vorrechtsbeziehungen einzelner zu werden, die auch auf der politischen Bühne alle Aufmerksamkeit auf sich zu ziehen trachteten.[342] So konnte es dazu kommen, daß dieselben Protagonisten auch die Kontrolle über die für die Polis vitale Kommunikation mit ihren Hauptgöttern an sich zogen und tendenziell die Stadt dabei in Abhängigkeit von potenten Einzelpersonen geraten konnte, die, zumal wenn sie Ämter dauerhaft innehatten, auch ein exklusives Expertenwissen um die Durchführung des Kults und seiner Administration erwarben.[343]

So zog die Verkaufspraxis bei einer Maximierung der jeweiligen ökonomischen Interessen von Verkäufer und Käufer nach sich, daß die Städte

---

341 Darauf, daß auch bei diesem Personenkreis eigennützige ökonomische Kriterien indirekt mit im Spiel sein konnten, macht am Beispiel der Stiftung öffentlicher Gebäude Eck, Euergetismus 326-329, aufmerksam. Im dort besprochenen Beispiel fällt die Stiftung erst nach dem Tode des Gebers an die Stadt, der zu Lebzeiten den Nießbrauch und Abgabenfreiheit für das Gebäude erhält, aus dem er möglicherweise seinerseits noch Einnahmen hatte, etwa durch Vermietung.

342 Wiemer, Käufliche Priestertümer 309, spricht von einer drohenden »Monopolisierung des im Namen der Polis ausgeübten Götterkults durch wenige vermögende Familien«.

343 B. Dignas, Priestly authority in the cult of the Corybantes at Erythrae, EpigrAnat 34 (2002) 29-40, h. 40, sieht darin eine Tendenz zur »privatisation« dieser Kulte mit der Folge, daß sich die Stadt nun in derselben Situation wie die übrigen Verehrer der Gottheit befinde: Bei den Opferhandlungen gelte jetzt: »city and individual worshipper were ›clients‹ of the priests.« Die besondere Identifikation mit der Gottheit und damit einhergehende Akkumulation von spezialisiertem religiösen Handlungswissen, das dem Zugriff der Gemeinschaft entzogen war, habe sich im Verkaufssystem nicht verhindern lassen: »Meticulous laws regarding cult matters did not stop priests from identifying with the particular cult they were attached to, certainly not priests for life whose income depended on civic expense« (ebd.). Nochmals mit Bezug auf Herakleia dies., Verkauf von Priestertümern 37: »... waren Charakter, Einfluß und Macht des Amtes um ein Vielfaches größer, wenn dieselbe Person es auf Lebenszeit und nicht nur für ein einziges Jahr innehatte. Es ist offensichtlich, daß Priester, die ihr Amt auf Lebenszeit innehatten, viel mehr Erfahrung sammelten nicht nur hinsichtlich ritueller Angelegenheiten, sondern auch im Umgang mit der

sich der Hilfe gerade der städtischen Leistungsträger beraubten. Denjenigen, die durch ihr Interesse an Prestigewahrung die größte Bereitwilligkeit zeigten, sich zu Liturgien verpflichten zu lassen, wurde die Möglichkeit eingeräumt, sich durch den Erwerb einer Priesterstelle davon loszukaufen und ihr darüber hinausgehendes Vermögen zu sichern.[344] Diese Tendenz verstärkte sich noch dadurch, daß man im Einklang mit einer weiterhin gepflegten Polisideologie und eines normativen Diskurses der kollektiven Selbstvergewisserung, der allenthalben geführt wurde (wohl umso nachdrücklicher angesichts der Tatsache, daß man faktisch unter der Hegemonie äußerer Mächte stand), bei den Kandidaten für die Priestertümer vor allem auf die alteingesessenen und gut etablierten Personengruppen abstellte, die zuverlässig als Transmissionskräfte des gesellschaftlichen Stratifizierungsprozesses wirkten. Die Neigung, die Zuweisung der öffentlichen Funktionen so zu steuern, daß es an den Schaltstellen bei einer Selbstreproduktion der Eliten blieb, beschleunigte im Verkaufssystem unbeabsichtigt den Substanzverlust genau bei den Trägern gesellschaftlichen Selbstverständnisses, von denen die bedeutendsten Leistungen zur Stabilisierung des sozio-politischen Systems erwartet werden konnten.

Hier wohnte der Praxis der ὠναί von Kultämtern tatsächlich die Gefahr einer desintegrierenden Wirkung auf das Funktionieren des Gemeinwesens inne.[345] So gesehen, scheint hier ›Religion‹ dem sozioökonomischen

---

Verwaltung und den Finanzen des Heiligtums im weiteren Sinne. Unweigerlich mußten sie sich mit dem Kult in ganz anderer Weise identifizieren und viel autoritärer agieren. Ihr Prestige basierte in erster Linie auf ihrer Rolle als Priester.« Ähnlich in seinem Resümee auch Wiemer, Käufliche Priestertümer 309f., der vom Erwerb von »Spezialwissen« durch die Lebenszeitpriester spricht.

344 Das Verkaufssystem bedeutete also gerade die Herausnahme der betroffenen Kulte aus dem bürgerschaftlichen System der Liturgien, zu dem die im Wahl- oder Losverfahren vergebenen Priestertümer wie andere auf diese Weise zugeteilte öffentliche Ämter zählten (siehe oben S. 392f. m. Anm. 171). Konsequenterweise bildete die Befreiung von anderen Liturgien dann das Pendant der (offenbar zunächst von beiden Seiten gewünschten) Ökonomisierung des Priesteramts. Ein rein liturgisches System beteiligte die einzelnen nur mittelbar am wirtschaftlichen Kreislauf und beließ der Stadt die Hoheit über die ökonomischen Prozesse des Kultbetriebs. Für den Priester waren der Einsatz und Gewinn symbolischen Kapitals, die Verpflichtung gegenüber der Polis und die daraus zu erwartenden Prestigeerträge, bestimmend, deren seit der hellenistischen Zeit wachsende Bedeutung wohl auch einen materiellen Realverlust tragbar erscheinen ließ, der sich aus einem Übergewicht der erforderlichen Investitionen über die Einkünfte aus Opfergebühren u.ä. ergeben konnte. Die Verkaufspraxis hingegen machte den Inhaber einer Stelle zum Investor in eigener Sache auch in finanzieller Hinsicht und gewährte weitgehende Verfügung über die materiellen Chancen und Risiken des Kultbetriebs – hier kam alles auf sorgfältige Preiskalkulation und Verhandlungsgeschick an; ausreichend verfügbares Eigenkapital war Voraussetzung und Antrieb, sich ins Spiel zu bringen. Damit wurden auch Detailfragen, wem zu welchen Anteilen zu erwartender wirtschaftlicher Ertrag zufließen sollte – etwa die Anteile der Tempelkasse und des Käufers an den Opfertarifen oder die Einkünfte aus Votivgebühren –, zu entscheidenden Punkten, die auszuhandeln waren. Im liturgischen System mußten hierfür zwar auch Reglungen bestehen, die die wirtschaftliche Leistungsfähigkeit aller Beteiligten – Kult, Priester, Stadtkasse – nicht gefährdeten, aber angesichts der ›symbolischen Investition‹ bei der Übernahme einer Liturgie kam dem nicht dieselbe Bedeutung zu.

wie politischen Gebilde der antiken Polis auf den zweiten Blick – entgegen dem Anschein einer konsequenten, von fiskalischen Interessen geleiteten Ökonomisierung, den das Verkaufsmodell zunächst erweckt – langfristig keinen Mehrwert zu versprechen.

Vor diesem Hintergrund kann man die Weisung Apollons an die Herakleoten, sich künftig des Wahlverfahrens aus der Mitte aller Bürger bei jährlicher Neuvergabe des Amtes zu bedienen, als einen guten und weitsichtigen Rat verstehen: Konnten sie doch so auf der symbolischen Ebene die integrierende Funktion des Kultdienstes nutzen, ohne sich durch eine dauerhafte und mit erheblichen Gegenleistungen verbundene Vergabe des Priestertums, die die öffentliche Verfügung über die religiöse Praxis einschränkte, den Beitrag der motiviertesten Bürger zu den anderen Geschäften der Stadt abzuschneiden. Sie konnten nun vielmehr in ein Verpflichtungssystem eingebunden werden, das sich auf die Vorteile von Distinktionszuweisungen in einem gemeinsamen normativen Bezugsrahmen stützte, und standen nach Ablauf ihrer Amtsperiode wieder als Bürger inmitten ihrer Gleichen.

Hinzu kommt im Fall des Priestertums der Athena Latmia noch, daß es sich um den Hauptkult der Stadt von alters her gehandelt haben dürfte,[346] der vielleicht im kollektiven Bewußtsein auch in besonderem Maße mit der Frühzeit der Stadtgeschichte und Ansprüchen auf einen Platz des Gemeinwesens in der Geschichte der ionischen Besiedlung verbunden war. Viele Städte gerade Kleinasiens bemühten sich, die Erinnerung an diese Vergangenheit – von der man sonst wenig wußte – gerade durch die Kulte und die sie beleuchtenden aitiologischen Mythen zu sichern und in gegenwärtigen innen- wie außenpolitischen Diskursen einzusetzen.[347] Für einen Kult von zentraler identifikatorischer Bedeutung mag darum die integrative Wirkung des Wahlverfahrens besonders wichtig gewesen sein.

345 Zu dieser Wertung kommt auch Wiemer ebd. für den Befund auf Kos: »... nahm man in Kauf, daß die Idee bürgerlicher Gleichheit in einem für die soziale Integration und politische Identität der Bürgerschaft vitalen Bereich außer Kraft gesetzt wurde ... Der Widerspruch zur politischen Ideologie des demokratischen Bürgerstaates ist manifest.«

346 Siehe die Erörterung oben S. 439f. 442.

347 Diesem Thema ist in der jüngeren althistorischen Forschung zu den hellenistischen und kaiserzeitlichen Poleis wiederholt Aufmerksamkeit geschenkt worden. Wichtige Impulse gingen zeitgleich von der richtungsweisenden und immer noch wichtigen Dissertation von A. Chaniotis (Historie und Historiker in den griechischen Inschriften: epigraphische Beiträge zur griechischen Historiographie [= Chaniotis, Historiker], bes. 140-162), und von dem Beitrag von L. Boffo, Epigrafi di città greche: un'espressione di storiografia locale, in: Studi di storia e storiografia antiche per Emilio Gabba, Pavia 1988, 9-48, aus. Wichtig auch Strubbe, Gründer; umfassend Scheer, Vorväter; vgl. auch J. Ma, Antiochos and the cities of Western Asia minor, Oxford 1999.

3.2.6 Argumente für die Herkunft des Orakels aus Didyma

Keine Zuweisung in der Urkunde. Andere Apollon-Orakel als mögliche Ursprungsheiligtümer. Themen der Ritualistik und Kultreform sind in Didyma häufig. Vergleich der in Frage und Bescheid verwendeten Bauelemente. Konsultationen auswärtiger Städte in Didyma.

Es bleibt abschließend noch die Frage nach der Zuweisung des Orakels zu stellen. Die Inschrift selber macht in den Teilen, die mit der Wiedergabe der gestellten Anfrage und der Überschrift der Priesterliste den von der Polis beschlossenen Text bieten, keinerlei Angaben; es steht bloß das allgemeine θεὸς ἔχρησεν. Innerhalb des Bescheids wird immerhin deutlich, daß es sich um ein Orakel Apollons handelt.[348] Kleinasiatische Städte haben zwar noch in hellenistischer und römischer Zeit durchaus auch Delphi konsultiert,[349] und ebenfalls wäre zu überlegen, ob sich die Delegation aus

---

Schon zuvor hatte für den Bereich der Polisreligion dieses Moment Z. Stewart in seiner Überblicksdarstellung der hellenistischen Religion herausgearbeitet: La religione, in: R. Bianchi Bandinelli (Hg.), Storia e civiltà dei Greci 7, Mailand 1977, 503-529. Selbstverständlich sind auch die zahlreichen Beiträge L. Roberts zu diesem Fragenkreis zu erwähnen, etwa die als »Documents d'Asie mineure« im BCH 101 (1977) – 109 (1985) erschienenen, danach im gleichnamigen Sammelband wiederabgedruckten Untersuchungen. Vgl. zuletzt St. Lebreton, Les enjeux de la mémoire: le passé dans les légendes ou les mythes de fondation: une forme de régulation sociale? Quelques exemples pour l'Asie mineure, in: M. Molin (Hg.): Les régulations sociales dans l'Antiquité: actes du collque d'Angers, 23 et 24 mai 2003, Rennes 2006, 303-317.

348 V. 4 κέκλυτε Φοιβείην παναληθέα θέσφατον αὐδήν.

349 Wohl doch bereits in vorhellenistischer Zeit erbat Magnesia in Delphi Aufklärung über die Dionysos-Statuette in der zerbrochenen Platane, was zur Gründung des Dionysos-Kults in der Stadt und der Einrichtung der drei *thiasoi* durch die thebanischen Mänaden führte, I.Magnesia 215 (PW 338 = Fontenrose L 171); siehe o. Anm. 194. 197.
Wörrle, Athena Latmia 38f., weist für die hellenistische Zeit auf die Asyliebestätigungen Delphis für kleinasiatische Poleis hin (PW 341-351 = Fontenrose H 38-43. 45f. 52. 71. 47), doch könnte die Asylie ein besonders am delphischen Orakel beheimatetes Thema gewesen sein; vgl. Gauthier, Symbola 269-282, Günther, Orakel von Didyma 83, und im Rahmen weiterführender Überlegungen zur Ausstrahlung Delphis Wörrle, Delphes et l'Asie mineure. Erythrai verwies mit dem Titel πυθόχρηστοι für die städtischen Kulte von Demeter und Kore, Aphrodite, Dionysos und einer weiteren Gottheit darauf, daß sie die Anerkennung durch ein delphisches Orakel erlangt hatten, wie sich an den detaillierten Aufzeichnungen der Magistrate über die Verkäufe der zugehörigen Priestertümer aus der ersten Hälfte des 3. Jh. v. Chr. ablesen läßt, in denen sie über die Einnahme des dafür fälligen ἐπώνιον, einer Art Mehrwertsteuer, Buch führten: I.Erythrai 201 = McCabe, Erythrai (PHI # 7) 60 A 42, A 57, C 23, C 26, D 33, D 47 (Fontenrose H 44, nicht bei PW). Zu diesen Listen grundlegend L. Robert, Inscriptions d'Érythrai, BCH 57 (1933) 467-480 = OMS 1,455-468, ausgehend von der Edition der auf Chios gefundenen Fragmente; noch ohne diese der Text in Syll.[3] 1014 und auch in LSAM 25 (obwohl dort Roberts Edition genannt wird, der aber zunächst noch mit der Zuordnung gezögert hatte). Ein weiteres Stück ist nach dem Erscheinen der Ausgabe Sokolowskis von W.G. Forrest, BCH 83 (1959) 513-522, und unabhängig von G. Dunst, Bemerkungen zu griechischen Inschriften, Sitz.-Ber. Dt. Akad. d. Wiss. Berlin 1960,1, 5-20 Nr. 1, veröffentlicht worden, wofür Bull. ép. 1961, 522f. hinzuzuziehen ist. Vgl. auch Graf, Nordionische Kulte 260 m. Anm. 2; 280 m. Anm. 71. Ein Vertreter der Stadt oder aber eines Vereins, der einen Kult in öffentlichen Rang überführen wollte, hatte sich nach Delphi gewandt

Herakleia mit ihrer Frage nicht an den klarischen Apollon gewandt hat[350] oder an eines der kleineren Orakel des Gottes in Kleinasien, deren Zahl nicht unbeträchtlich war.[351]

---

und von dort die Bestätigung für das Vorhaben erhalten; dazu Robert, Amyzon 110-113, bes. 111f. Ebd. 112 Anm. 122 gelangt er zu der Einschätzung, daß auf Anfragen von Städten nach der Neueinrichtung von Kulten Apollon in aller Regel seine Zustimmung nicht verweigert haben wird: »On peut douter que la Pythie ou le prophète ait joué à noir ou blanc pour dire oui ou non; quand une cité posait une telle question à un oracle, c'est qu'elle demandait une confirmation; on peut douter qu'un oracle ait risqué, en jouant à pile ou face, d'être amené à se prononcer contre un culte.«

Auch das karische Amyzon konnte die νεωκορία seines Artemis-Kults als πυθόχρηστος bezeichnen, Robert, Amyzon 97-118 Nr. 2 = McCabe, Amyzon (PHI # 7) 1: Beschluß der ἐκκλησίη κυρίη aus dem Jahre 321/20 v. Chr. über die Vergabe des Amtes an einen Auswärtigen iranischer Abstammung (dazu Robert ebd. 115-117; ders., Noms indigènes 518 m. Anm. 1; Bull. ép. 1984, 418; P. Briant, Les Iraniens d'Asie mineure après la chute de l'empire achéménide: à propos de l'inscription d'Amyzon, DHA 11, 1985, 167-195; vgl. zu Briant Bull. ép. 1987, 293 und SEG 35,1080), der dafür das Bürgerrecht, Liturgiebefreiung und Prohedrie erhält: εἶναι Βαγαδάτην νεωκόρον τῆ[ς] Ἀρτέμιδος πυθόχρηστον αὐτῶι (sc. Ἀσάνδρῳ, dem makedonischen Satrapen Kariens, auf dessen Initiative, γνώμηι 9, Bagadates für das Amt nominiert wurde) γενόμενον, ἐ[πει]δὴ πρόθυμός ἐστι περὶ τὸ ἱερόν, δεδόσθαι Βαγαδ[άτηι] καὶ τῶι υἱῶι αὐτοῦ Ἀριαράμηι πολιτείαν καὶ ἀ[τέλειαν π]άντων καὶ προεδρίαν· μετέχειν δ' αὐτο[ὺς - - (Abbruch). Asandros hat sich also seinen Personalvorschlag an die Stadt im vorhinein mit der Autorität einer Orakelweisung aus Delphi bestätigen lassen; *de facto* bestand für die Beschlußfassenden in Amyzon kein Entscheidungsspielraum. Nach dem Vorschlag von Robert (ebd. 114f.) hatte Asandros die Konsultation in Delphi von einem Sondergesandten, ἐπιμελητής, vornehmen lassen, der dann auch die Antwort Apollons der Ekklesie von Amyzon übermittelt und die weitere Durchführung des Prozedere in den Gremien der Stadt im Sinne des Gouverneurs begleitet hat; er wird im Vorspann des Beschlusses genannt, συνεπιμεληθέντος Μενάνδρου 7 (durch den Aorist wird nicht nur das Amt bezeichnet, sondern auch angezeigt, daß Menandros im Verfahren selbst beteiligt war, nämlich durch seine Konsultation beim Orakel: Robert ebd.).

Auffällig ist, daß für diese Angelegenheit Delphi in Anspruch genommen wurde, obwohl Didyma der karischen Stadt viel näher gelegen war und Asandros im Jahr 314/13 sogar in Milet eponymer Stephanephor wurde (I.Milet 122 II 100 [Milet 1,3,134] m. Robert ebd. 118 Anm. 166). Von der Aktivität Didymas in den Jahren nach 331 ist auszugehen (vgl. Günther, Orakel von Didyma 21f.; *contra* Robert ebd. 118), so daß eher die Ausstrahlung Delphis als ›Orakel der Mächtigen‹ die Wahl des Satrapen bestimmt haben dürfte (Robert ebd. spricht von Delphi als »l'oracle au prestige souverain«). In späteren Zeiten findet sich Amyzon dann auch unter den Klienten des klarischen Apollon; siehe die Delegationslisten bei Robert ebd. 32-35. Mit dem Beschluß für Bagadates liegt der älteste bisher bekannte inschriftliche Beleg für πυθόχρηστος vor (Robert ebd. 110f.). Der Begriff wird auch anderswo von religiösen Amtsträgern gebraucht, die vom delphischen Apollon in ihrer Funktion bestätigt wurden, etwa der ἐξηγητὴς πυθόχρηστος mit seinen Aufgaben in der athenischen Gesandtschaft nach Delphi, der Pythais. Daneben konnten einzelne religiöse Handlungen, etwa bestimmte Opfer, πυθόχρηστοι, von Delphi sanktioniert, sein, ebenso die Einrichtung von Kulten (s. zuvor zu Erythrai und die Beispiele bei Robert ebd. 112 Anm. 122), Festen oder Agonen (vgl. die Erhebung der Soteiria in Kyzikos zum panhellenischen Kranzagon, hiern. Anm. 355 und Kap. 2, Anm. 585), die Ausweisung eines Territoriums als ἄσυλος (s. zuvor) oder die νόμοι einer Stadt.

Die Bagadates gewährten Privilegien könnten auf einen Verkauf der Stelle deuten. Eine entsprechende Bestimmung ist freilich nicht erhalten, vielmehr scheint der Text weiter von den Rechten der Familile des Bagadates gesprochen zu haben (μετέχειν δε αὐτο[ὺς - - - 13). Das Zugeständnis der Atelie könnte auch in den besonders hohen Aufwendungen begründet sein, die die Neokorie der Artemis in Amyzon mit sich brachte. Das Amt ist zwar nicht mit dem ἱερεύς identisch,

Doch spricht einiges dafür, daß das herakleotische Orakel über den Kult der Athena Latmia in Didyma ergangen ist. Vor allem ergibt sich bei der Durchsicht der für Didyma bezeugten Konsultationen der Eindruck, daß Anfragen zur Ritualistik und zu Kultreformen ein besonderes Schwergewicht bilden. Auch das verwendete Frageformular und die stilistischen

---

sondern diesem subaltern; der Inhaber war jedoch »chargé d'assurer l'entretien du sanctuaire et de veiller à la célébration du culte sous l'autorité du prêtre, de faire régner l'ordre et respecter les règlements« (Robert ebd. 110); für die Verwaltung der Finanzangelegenheiten steht ihm ein ταμίας τῆς θεοῦ (6) zur Seite. Der Bauunterhalt und die Ausrichtung der Feste dürften eine erhebliche finanzielle Beanspruchung bedeutet haben, und Bagadates war sicher nicht ohne Grund auserwählt worden – ihm fehlte zu seinem Vermögen eben nur der Bürgerstatus, den der Satrap für seinen Kandidaten von der Stadt als Gegenleistung erwartete. Hinzu kam – zumindest nach Aussagen des Volksbeschlusses – das persönliche Interesse des Persers am Artemis-Kult, ἐ[πει]δὴ πρόθυμός ἐστι περὶ τὸ ἱερόν 10f. Im Unterschied zu vielen Verkaufsbestimmungen ist im Beschluß von Amyzon auch die Erblichkeit der Stelle vorgesehen (zur Problematik zuvor S. 469-471 m. Anm. 337); tatsächlich findet sich das Amt rund einhundert Jahre später nach wie vor in der Hand von Personen iranischen Namens, die Nachkommen des Bagadates sein dürften (Robert ebd. 195f. Nr. 18, 18 m. Komm.)

350 Diese Möglichkeit läßt sich schon deswegen nicht *a priori* von der Hand weisen, weil wir über die Geschichte des kolophonischen Orakels in der hellenistischen Zeit so gut wie nichts wissen, abgesehen von der Überlieferung bei Pausanias (7,5,1-3) über die Neugründung Smyrnas durch Alexander, der 333 v. Chr. am Platz der künftigen Neusiedlung *»in einem Heiligtum der Nemeseis an einer Quelle unter einer Platane schlief«,* also sich einer Inkubation unterzogen hatte, und dabei ein Traumorakel erhielt, die Bewohner an diesen Ort umzusiedeln. Bemerkenswert nun die Doppelstruktur im Umgang mit dem durch Divination erworbenen Wissen, die sich im weiteren Verlauf der Geschichte zeigt: Alexanders Traumorakel, in dem die Nemeseis von Smyrna als orakelerteilende Instanzen auftreten und das anschließend den Smyrnäern als Weisung des Machthabers durch seinen Statthalter zugeht, wird von diesen durch eine Gesandtschaft nach Klaros nochmals der Approbation durch Apollon unterworfen: Apollon bestätigt in seinem Orakelspruch also seinerseits das Traumorakel der Nemeseis (**Klaros 1**).
Daß dieses Orakel von den Smyrnäern tatsächlich als (Wieder-) Gründungsurkunde ihrer Stadt und damit als historisch angesehen wurde, hat das Auftauchen der beiden bei Pausanias zitierten Hexameter in einem inschriftlichen Volksbeschluß wohl aus der zweiten Hälfte des 2. Jh. n. Chr. erwiesen, I.Mus.Leyden 62 (das Orakel ist in der Edition noch nicht erkannt) = SEG 18,495 = I.Smyrna 647 = SGO 05/01/01 = McCabe, Smyrna (PHI # 7) 280. Soweit die Reste erkennen lassen, geht es um die Wahl eines *tamias*; darüber stand das Orakel. Man kann nicht sagen, worin seine Funktion im Dokument bestand (eine Art Motto über den Volksbeschlüssen?) oder ob es vielleicht den Abschluß einer darüberstehenden weiteren Aufzeichnung auf dem Stein darstellte. Die Inschrift weist an einer Stelle eine Abweichung vom Wortlaut des Pausanias auf: τρὶς μάκαρες κεῖνοι καὶ τετράκις *αὖτις* ἔσονται, | οἳ Πάγον οἰκήσουσι πέρην ἱεροῖο Μέλητος. Bei Pausanias stand *ἄνδρες* ἔσονται, was zwar ebenfalls befriedigenden Sinn ergibt, doch ist αὖτις charakteristisches Orakelvokabular, wie etwa das Sibyllen-Gedicht aus der erythräischen Quellgrotte und das Orakel des Ammon für Kyzikos zeigen: In Erythrai spricht die Sibylle selbst über ihre Prophezeiung für die Stadt, ᾧ sc. χρόνῳ ποτ' ἀνανθήσειν αὖθις ἔφην Ἐρυθράς, I.Erythrai 224 = SGO 03/07/06 = McCabe, Erythrai [PHI # 7] 142, 14; in **Klaros Verw3** = SEG 33, 1056 = SGO 08/01/01, 5 bezeichnet αὖθις, ähnlich wie in Smyrna, den Umschlagspunkt zur positiven Verheißung (o. S. 289f.). Der Stein hat in **Klaros 1** also wohl die authentischere Lesung.
Zu der im übrigen so spärlichen Überlieferungslage für die hellenistische Periode in Klaros vgl. die Bemerkungen von Robert, Claros; auch Parke, Apollo in Asia 125-141. Daß das Orakel ungeachtet der uns fehlenden direkten Überlieferung auch in dieser Zeit von erheblicher Bedeutung gewesen sein muß, zeigt die Anerkennung der Asylie Kolophons wegen seines Apollon-Kults durch den Volksbeschluß (H. Engelmann, EpigrAnat 2, 1983, 21f. Nr. 1 = SEG 33,973) einer dorischen

Elemente der Antwort Apollons weisen in diese Richtung; teilweise lassen sich nahe Übereinstimmungen mit anderen Texten aus dem didymäischen Corpus aufzeigen.[352] Schließlich spricht die vollständige Wiedergabe der Anfrage vor der Aufzeichnung des Bescheids für eine Erteilung in Didyma.[353]

Der Querschnitt, den die nach dem Überlieferungszufall in Didyma erhaltenen Zeugnisse bieten, läßt zwar die von öffentlichen Funktionsträgern im Namen ihrer Institutionen gestellten Anfragen gegenüber den von Einzelpersonen vorgebrachten Anliegen deutlich unterrepräsentiert erscheinen. Bei ersteren treten wiederum die Anfragen anderer Städte in Didyma gegenüber denen Milets markant zurück. Aber auswärtige Konsul-

---

Stadt (nicht identifizierbar), der von einer Gesandtschaft (πρεσ]βευταί 3f.) dem kolophonischen Demos überbracht worden war, woraufhin diese Kopie dort aufgestellt wurde (vgl. Rigsby, Asylia 351f. mit Nr. 172). Darin ist auch von penteterischen gymnischen (unsicher: Ch. Picard, Éphèse et Claros 143) und musischen Agonen an den Klaria die Rede. Die Anerkennung der Asylie wurde offenbar durch ἐπιφάνειαι (6) des Gottes an diesem Fest motiviert, das gegen Ende des 3. Jh. v. Chr., also in derselben Zeit wie die Didymeia, zum panhellenischen Kranzagon erhoben wurde (vgl. Robert, Claros 1, 52f.; die Erweiterung der Didymeia bezeugt **Didyma 10**, hiern. Anm. 356). Dadurch wird auch dieses Dekret datiert. Unter den von den Roberts im klarischen Heiligtum gefundenen Inschriften befinden sich noch weitere solche Asylie-Dekrete verschiedener Poleis sowie Garantieschreiben von Königen (Rigsby ebd.; Wörrle, Athena Latmia 39 Anm. 68), die, wie ursprünglich auch die Kopie des Dekrets der unbekannten dorischen Stadt, in einem Archiv des Tempels aufbewahrt worden sein müssen (Robert, Fouilles de Claros 18f. = OMS 6,538f.). Der Stein ist dann nach Notion gelangt, wo ihn Benndorf und Keil abgeschrieben haben.
Wie Herakleia, haben die Scipionen-Brüder auch Kolophon 190 oder 189 v. Chr. ein Garantieschreiben zukommen lassen. Im Fall Kolophons bestanden die Privilegien, die für Parteiname zugunsten Roms im Konflikt mit Antiochos III. und hier speziell für das erfolgreiche Durchstehen einer Belagerung durch den Seleukiden verliehen wurden, in der Anerkennung der Asylie des klarischen Heiligtums; weitere Punkte sind nicht erhalten: SEG 1,440 = Sherk, Documents 36. Grundlegend die Behandlung durch M. Holleaux, RivFil 52 (1924) 29-44 (dazu L. Robert, in: Holleaux, Études 6,34f. Nr. 144; der Artikel selbst ist nicht in die *Études* aufgenommen); siehe jetzt Rigsby, Asylia 352f. Nr. 173; außerdem Magie, RRAM 949 Anm. 58. Auch das Original dieses Dokuments befand sich wohl im Archiv der Asylieurkunden; gefunden hat man eine, nach der Schrift zu urteilen, etwa ein Jahrhundert später aufgezeichnete Kopie, die bei einer Wiederherstellung des Tempels (möglicherweise infolge der Zerstörung durch Piraten, die Plut. Pomp. 24,4f. auch für das Didymeion bezeugt; vgl. R. Flacelière/É. Chambry, Plutarque, Vies 8, Coll. Budé, Paris 1973, 293-295; Rigsby, Asylia 38) in einer Wand verbaut wurde. An den Wänden des Apollon-Tempels waren weitere Asylieanerkennungen von Städten und Herrschern angebracht und werden in den kommenden Jahren publiziert werden (vgl. Kap. 1, Anm. 33). Das derzeit bekannte Dossier hat Flashar, Klaros, untersucht und in den zeithistorischen Kontext gestellt (vgl. SEG 49,1501). Es wird sich zeigen, ob in den noch unveröffentlichten Inschriften Belege für Orakelbescheide des klarischen Apollon zugunsten Kolophons über die Ausweitung des Festes ans Licht kommen. Angesichts des bisher mangelnden Einblicks in die Aktivität des Orakels in hellenistischer Zeit ist dies mit Spannung zu erwarten. Siehe nochmals hiern. Anm. 356 a.E.

351 So hat Parke, Apollo in Asia 190-193, das hiern. in Kap. 3.3 besprochene Orakel für Sidyma über die Bestellung der Artemis-Priesterinnen (**Didyma App15** = TAM 2,174) dem nahegelegenen Apollon-Orakel des lykischen Patara zuweisen wollen, was aber durchaus nicht sicher ist; Herkunft aus Didyma scheint ebenso infragezukommen. Siehe unten S. 527-533.

352 Siehe die Kommentierung oben S. 418-430.

353 Oben S. 369 und Robert, Trois oracles 584f. = OMS 5,600f.

tanten und unter ihnen auch Polisgesandtschaften sind doch unzweifelhaft vorhanden[354] und mögen im übrigen zahlreicher gewesen sein, als wir es erkennen können, da die Protokolle ihrer Konsultationen im Rahmen von Dekreten oder sonstigen öffentlichen Texten in den entsendenden Städten aufgezeichnet wurden und der Befund damit vom archäologischen Kenntnisstand an den jeweiligen Orten abhängig ist.[355]

Auf die Besuche der auswärtigen Delegationen beriefen sich voller Stolz auf die weite Ausstrahlung des didymäischen Orakels auch die Mile-

---

354 Für die hellenistische Zeit ist unter den Konsultationen auswärtiger Städte die Bestätigung der Asylie von Teos zu nennen (im übrigen ein Beleg dafür, daß auch Didyma solche Beglaubigungen erteilte; siehe dafür vor allem aber auch **Didyma 10**, hiern. Anm. 356), um die die ionische Stadt sowohl in Didyma als auch in Delphi (PW 348 = Fontenrose H 46) nachgesucht hatte. Unser Zeugnis ist ein Volksbeschluß der kretischen Stadt Mallos aus dem Jahr 201 v. Chr. mit der Annahme eines diesbezüglichen Antrags einer teischen Gesandtschaft, die nach Kreta gereist war, **Didyma 11** = I.Cret. 1,19,2 = SGDI 5184. Die Gesandten stellten den Kretern in deren Ekklesie das teische Psephisma vor, ὃ] συνέστησαν *(»beglaubigten, belegten«)* διά τε τῶν χρησμῶ[ν τῶ 'Απόλλωνος τῶ ἐν] Δελφοῖς καὶ ἐν Διδύμοις (7-9).

Ebenfalls im späten 3. Jh. v. Chr. erteilte der didymäische Apollon der milesischen Kolonie Iasos ein Orakel, daß die Bürger die Eintracht in der Stadt wahren sollten (μεθ' ὁμονοίας πολιτεύεσθαι, **Didyma 9** = OGIS 237 = I.Iasos 4 = McCabe, Iasos [PHI # 7] 4). Es dürften also innere Konflikte vorausgegangen sein. Der Verweis auf das Orakel steht in einem Ehrendekret für Antiochos III., das auf mehrere Briefe des Herrschers an die Stadt Bezug nimmt (γεγ[ραφε] πλεονάκις τῶι δήμωι περὶ τούτων 51f.). Sie enthielten die Aufforderung, τὴν δημοκρ]ατίαν καὶ αὐτονομίαν διαφυλάσσειν (ebd.; davor fehlt Text, der wohl weitere Punkte nannte), und verlangten von Iasos Loyalität. Daher ist vorstellbar, daß die didymäischen Verantwortlichen in diesem Orakel auch Gefolgschaft gegenüber dem Herrscher (als Verwirklichung des μεθ' ὁμονοίας πολιτεύεσθαι?) anrieten. Dafür könnte auch sprechen, daß der Bescheid Apollons als Unterstützung des Stammgottes der Seleukiden für gleichgerichtete Appelle des Königs an die Bürgerschaft von Iasos dargestellt wird (ὅ τε θεός ... συνεγμεμαρτύρηκεν τῶι βασιλεῖ παρακαλῶν μεθ' ὁμονοίας κτλ. 54-56). Daß Apollon hier als ὁ ἀρχηγέτης τοῦ γένους τῶμ βασιλέων bezeichnet wird (ebd.), legt die Zuweisung an Didyma nahe (vgl. die summarische Nennung von Orakeln für die Seleukiden, **Didyma App4** = I.Didyma 493,5f.). Vgl. zu diesem Dokument im übrigen die von W. Blümel zu I.Iasos 4 genannte Literatur. Zur Rolle Apollons in Iasos vgl. kurz Ehrhardt, Milet 133. Das lokale Heiligtum ist erwähnt als Aufstellungsort von Volksbeschlüssen, so des Bürgerrechtsdekrets I.Iasos 42,9 und des Ehrenbeschlusses für einen Makedonen I.Iasos 60,20. Die meisten Weihungen nennen keine Epiklese; eine gilt dem Apollon Stephanephoros (I.Iasos 225,2; 2. Jh. v. Chr.), und die Stadt hatte auch einen eponymen Stephanephoren. Apollon von Didyma empfing zahlreiche Weihungen von Einwohnern von Iasos: Günther, Orakel von Didyma 127; zu ergänzen um Ehrhardt, Milet 427 Anm. 398, zur *pierre errante* REG 6 (1893) 186f. Nr. 31, die ebenfalls nach Didyma gehört (nicht in I.Didyma).

Andere Fälle liegen später: Im Orakel für Pergamon über den Begräbnisort für zwei Euergeten der Stadt, **Didyma A7** = Altert. v. Pergamon 8,3,2, hat H. Hepding, 'Ρουφίνιον ἄλσος, Philologus 88, 1933, 90-103. 241-243, einen der beiden ἥρωες prosopographisch identifizieren können; danach ist das Orakel etwa 150-160 n. Chr. anzusetzen. Zur Arbeit Hepdings vgl. die Bewertung L. Roberts, Études anatoliennes 69 Anm. 3 sowie Trois oracles 599 = OMS 5,615, der in Rufinus den Konsultanten von **Didyma App21** = Anth. Pal. 14,72 erkennt. Noch ins 2. Jh. n. Chr. gehören auch mehrere Orakel unbekannten Inhalts für Stephanephoren von Kyzikos (**Didyma A9** = Barth/Stauber, Mysien-Troas [PHI #7] 1714). Das Kollegium ist in Kyzikos nicht eponym, seine Aufgaben sind jedoch nicht völlig klar: vgl. M. Sève, BCH 103 (1979) 352 m. Anm. 134 (vgl. Kap. 2, Anm. 770) mit den Zeugnissen und Ehrhardt, Milet 195 m. 501 Anm. 1131f.

sier selbst, wenn sie in den Dekreten, mit denen sie die anderen Poleis der griechischen Welt zu den durch ein Orakel Apollons zum Kranzagon erhobenen Didymeia einluden, von den zahlreichen Orakeln sprachen, *»auf-*

Das stark fragmentierte Versorakel aus Ephesos, in dem um die Sanktionierung des Plans gebeten wird, einen zusätzlichen Altar für Eros ἐν τῷ αἰθρίῳ aufzustellen (**Didyma App19** = J. Keil, Anz. ÖAW 82, 1945, 47-53 = I.Ephesos 1252 = SGO 03/02/02 = McCabe, Ephesos [PHI # 7] 2102), ist hingegen eine sonst für die Anfragen der didymäischen Kultfunktionäre typische Privatkonsultation – umso bemerkenswerter, daß dieser Verehrer des Eros aus Ephesos für sein Anliegen nach Didyma gereist ist, um ein Placet zu erhalten. Die von den sechs Hexametern erhaltenen Versschlüsse lassen zwar für sich verständliche Worte oder Wortfolgen erkennen, aus denen aber kein Zusammenhang zu gewinnen ist. Singulär ist, daß die Antwort des Gottes offenbar schon im Prosateil beginnt, um dann in die Verskomposition überzugehen. Vor Beginn der Verse ist von Räucheropfern die Rede, [ἐπιθυμιᾶν ἀρώματα κ]αὶ μάνναν καὶ τὰ λοιπά, erg. Keil., der die Antwort hier beginnen läßt. Dann wäre zuvor noch nach der Aufstellung zweier weiterer Altäre (davon einer θεοῖς μεγ]άλοις oder θεοῖς ἄλ]λοις?) gefragt worden. Merkelbach/Stauber in SGO 03/02/02 setzen den Einschnitt schon in Z. 3; dann würde vom Konsultanten nach einem Altar des Eros *»unter freiem Himmel«* gefragt, Apollon aber antwortete mit der Aufforderung, dies zu tun und einen weiteren Altar *»drinnen«* zu weihen. Eine solche Inkongruenz zwischen Anfrage und Bescheid stört. Umgekehrt ist bei Keils Lösung nicht erkennbar, wo Apollon auf die Anfrage überhaupt eingeht; aus den Versresten ist jedenfalls nichts zu erkennen, was in diese Richtung wiese. Angesichts des irritierenden Übergangs der Antwort von Prosa in Verse sollte man vielleicht auch fragen, ob nicht die ganze Prosapartie zur Anfrage gehören könnte, also auch der Teil über die Räucheropfer. Allerdings ist davor auf dem Stein deutlich interpungiert. – Vgl. zur Erstveröffentlichung durch Keil, der den Bescheid in Klaros erteilt sah, Bull. ép. 1946-47, 182; Zuweisung nach Didyma, vor allem wegen der mitaufgezeichneten Anfrage: Robert, Trois oracles 591 = OMS 5,607 m. Anm. 2-5; vgl. Busine, Paroles 46 m. Anm. 128. Merkelbach/Stauber weisen darauf hin, daß derartige Räucheropfer in den Orphischen Hymnen einschlägig sind. Siehe auch Robinson, Theological oracles 398-400.

Eine Privatanfrage steht schließlich auch auf Kos bei der Weihung eines Altars für Apollon Delios, *»der über Kalymna herrscht«*, im Hintergrund, die κ[ατ]ὰ χρησζμὸν Διδυμέως erfolgt (**Didyma 15** = I.Cos 60 = TitCalym 28 = Iscr. di Cos EV 232, möglicherweise schon um 100 v. Chr. zu datieren). Segre hält die Dedikanten für Kalymnier, Paton sieht eben dafür keinen zwingenden Grund. Die Inschrift wurde in Kos gefunden, Näheres ist aber unklar. Der Tempel des delischen Apollon ist an der Südküste lokalisiert (Mauerreste, im 6. Jh. n. Chr. mit einer Basilika überbaut). Es gab einen musisch-athletischen Agon Δάλια in diesem Heiligtum.

355 Wie verwickelte Konstellationen hier möglich sind, zeigt neben dem in der vorigen Anm. erwähnten, auf Kreta überlieferten Orakel für Teos auch das Beispiel des delphischen Orakels für Kyzikos (PW 341 = Fontenrose H 38; vgl. Kap. 2, Anm. 585), das in Form der Einladung *»aller Menschen«* (ἐπαγγελλόντεσσιν ἐς ἀνθρώπους) die Erhebung der Soteiria, des Agons für Kore Soteira, zum panhellenischen Agon sanktioniert und Kyzikos für heiliges und unverletzliches Territorium seiner Hauptgöttin erklärt. Der Bescheid Apollons ist durch einen delischen Volksbeschluß über die Annahme des Antrags einer kyzikenischen *theoria* dokumentiert (IG 11,4,1298 und 1027; beide Stücke gehören zusammen und in der Urkunde hintereinander), die in Delos erschienen war, um den Deliern den kyzikenischen Volksbeschluß zur Kenntnis zu bringen, nach dem kyzikenische Theoren in Delos um die Aufstellung einer Kopie des delphischen Orakels im Apollon-Heiligtum von Delos nachsuchen sollten, und um dessen Annahme zu bitten. Dazu kommen die Aufzeichnung des Orakels in Delphi selbst, die die Anerkennung des Agons und der Asylie festhält (FD 3,3,342), und ein Volksbeschluß aus Rhodos über die Annahme der Einladung der Kyzikener zu dem Agon und die Anerkennung der Asylie, von dem sich wiederum die in Kyzikos aufgestellte Kopie erhalten hat (CIG 3656 = SGDI 3752 = Barth/Stauber, Mysien-Troas [PHI #7] 1440 [Hasluck 264 Nr. 1,6]). Die Bezeugung dieser Konsultation in unterschiedlichen Kontexten gewährt damit einen exemplarischen Einblick in den öffentlichen Umgang mit

grund derer nicht wenige Völker und Städte und von den mächtigsten Königen diejenigen, die den Rat (συμβουλία) *des Gottes erhalten haben, den heiligen Status und die Unverletzlichkeit* (sc. unseres Territoriums) *anerkannt und so unaufgefordert dem Gott und der Stadt den würdigen Dank für diese* (sc. Orakelsprüche) *erstattet haben«*.[356]

Verbindungen zwischen Herakleia und Milet. Die durch den didymäischen Apollon sanktionierte Isopolitie beider Städte seit dem 2. Jh. v. Chr. Beziehungen zum Heiligtum von Didyma bereits in archaischer Zeit.

Im Falle Herakleias kann man zusätzlich von einer besonders engen Verbindung mit Milet und seinem Orakelheiligtum ausgehen, wie an erster Stelle das – freilich erst in der Folge nachbarschaftlicher Konflikte eingegangene – Isopolitieabkommen aus den Jahren um 180 v. Chr. nahelegt.

Orakeln in der hellenistischen Staatenwelt und insbesondere in die Rolle, die Orakel bei den ›normalen‹ zwischenstaatlichen Beziehungen spielten (ohne daß spektakuläre Krisen o.ä. vorliegen mußten), wie die magistrale Behandlung des Dossiers durch L. Robert vor Augen führt, der die Texte aus Delos und Delphi verbunden und neu hergestellt hat: Robert, Fête de Cyzique.

356 **Didyma 10** = Syll.³ 590 = R. Herzog, Sitz.-Ber. Preuß. Akad. d. Wiss. Berlin 1905, 979-993 Nr. 1052, 8-18: τῆς τε πόλεως καὶ τῆς χώρας καθιερωθείσης (1. wegen der Vereinigung von Zeus und Leto in Didyma und 2.:) διὰ τὰς τοῦ θεοῦ μαντείας, ἐξ ὧν ἔθνη τε οὐκ ὀλίγα καὶ πόλεις καὶ τῶν βασιλέων οἱ τετευχότες τῶν μεγίστων τῆς παρὰ τοῦ θεοῦ συμβουλίας τήν τε καθιέρωσιν καὶ τὴν ἀσυλίαν ἀνηγόρευσαν ἀπαράκλητοι αὐτοὶ τῶι τε θεῶι καὶ τῆι πόλει τὴν ἀξίαν περὶ τούτων ἀπονείμαντες χάριν. Die Wortstellung bei τῶν βασιλέων οἱ τετευχότες τῶν μεγίστων τῆς ... συμβουλίας irritiert, aber eine andere Auffassung der Syntax scheint schwer möglich.

Entsprechend dem in der vorigen Anm. vorgestellten Beispiel aus Kyzikos lesen wir das Dekret der Milesier, mit dem diese eine Gesandtschaft auf den Weg nach Kos geschickt hatten (δεδόχθαι τῆι βουλῆι ἑλέσθαι πρεσβευτὰς πρὸς Κώιους 25f.), um dort den neugeschaffenen Kranzagon anzukündigen und die Koer förmlich zur Teilnahme einzuladen und – damit verbunden – zur Anerkennung von καθιέρωσις und ἀσυλία des didymäischen Heiligtums und des milesischen Territoriums aufzufordern. Siehe Günther, Orakel von Didyma 100-107; Rigsby, Asylia 172-176. Die Urkunde ist auch deswegen bedeutsam, weil sie explizit das Gebiet der Stadt neben dem Heiligtum in die Asylie einbezieht, während bei extramuralen Heiligtümern die Unverletzlichkeit sonst zumeist an den Grenzen des *temenos* endet. Bei städtischen Heiligtümern umfaßt die Asylie hingegen üblicherweise das Stadtgebiet und das umliegende Territorium; s. Rigsby ebd. 173. Zu καθιερόω als *terminus technicus* der Asylieanerkennungen, der eine Analogie zur Dedikationspraxis herstellt, Rigsby ebd. 9.

Diese diplomatische Mission ist nach der von M. Wörrle modifizierten milesischen Chronologie (siehe oben Anm. 198) zwischen 218/17 und 206/05 erfolgt, siehe Rigsby ebd. 175. Ein Ehrendekret von Elis in Olympia (I.Olympia 39,37-40) erlaubt vielleicht eine nähere Eingrenzung auf 215 oder 211 und die Annahme, der neue internationale Agon sei von Anbeginn an penteterisch gewesen: Robert, Monnaies grecques 42-45; P. Herrmann, IstMitt 25 (1975) 159. Das milesische Dekret wird in dieser auf Kos gefundenen Inschrift als vorauslaufendes Dokument zum entsprechenden koischen Anerkennungspsephisma zitiert, das (in dorischem Dialekt) auf der anderen Seite des Steins steht; sein Motiv ist erhalten. Dementsprechend ist die dem milesischen Psephisma voranstehende Datierung nach Oberbeamten und dem Monat von Kos gegeben, s. Hiller in Syll.³

Hier spielte die Bestätigung des Vertragswerkes durch den didymäischen Apollon, von dem je ein Exemplar im milesischen Delphinion und im Heiligtum der Athena Latmia in Herakleia aufzustellen war, eine entscheiden-

---

(etwas anders liegt der Fall bei der Doppeldatierung der Weihung **Didyma App41** = I.Didyma 83 = SGO 01/19/20 = McCabe, Didyma [PHI # 7] 552, siehe oben Anm. 194).

Im Dekret, das die *epistatai* in der milesischen Volksversammlung eingebracht hatten, wird an mehreren Stellen auf Orakelbescheide aus Didyma Bezug genommen. Zum einen werden in der angeführten Passage (8-18) summarisch Orakel genannt, die verschiedene Städte (der dahinterstehende Anspruch ist natürlich: Städte überall in der griechischen Ökumene, aber in der offenen Formulierung mag auch eine gewisse Übertreibung liegen), *»Völker«* – also Nichtgriechen? – und Herrscher erhalten haben. Bei letzteren sind an erster Stelle sicher die Seleukiden gemeint, aber möglicherweise auch länger zurückliegende Konsultationen, so die Orakel für Alexander im Kontext der Erneuerung des Kults nach 334 v. Chr., **Didyma 4**, oder die Einbeziehung Didymas in Kroisos' ›Orakeltest‹, **Didyma 37**, wobei der didymäische Gott nach Herodots Version der Geschichte freilich auch nicht das Richtige getroffen hatte. Diese Orakel sind dann wohl identisch mit den κοιναὶ εὐεργεσίαι εἰς πάντας αὐτοὺς ὑπὸ τοῦ θεοῦ γεγενημέναι (23f.; erneut 29f.) und nach der Logik des Dekrets die Begründung dafür, daß diese Städte, *»Völker«* und Herrscher die Asylie Didymas anerkannt haben und darum nun zu den Didymeia förmlich eingeladen werden. Zum anderen hat auch der milesische Demos selbst im Hinblick auf die Erweiterung der Didymeia offenbar mehrere Orakel in Didyma eingeholt, vgl. 18-22: προσήκει δὲ τῶι δήμωι πράσσοντι *τοῖς ἐξενηνεγμένοις χρησμοῖς* ἀκόλουθα τόν τε ἀγῶνα τιθέναι τῶν Διδυμέων στεφανίτην καὶ τοὺς Ἕλληνας εἰς ταῦτα παραλαμβάνειν. Es ist zu vermuten, daß für die Einladung jeder einzelnen Stadt und das zugehörige Dekret jeweils eine eigene Konsultation stattfand (widersprüchlich Fontenrose, Didyma 187).

Die in Übersetzung wiedergegebene Passage 8-18 ist darum wohl in zweierlei Sinn zu verstehen: Einmal haben die auswärtigen Städte selbst zahlreiche Orakel erhalten, und für diese bezeugen sie durch Anerkennung von Asylie und Agon *»Dank«*. Andererseits sind es Orakel für Milet selbst über die Asylie des Stadtterritoriums und die Internationalisierung des Agons, *»infolge derer«* (ἐξ ὧν 11) die Städte ihre Anerkennungen ausgesprochen haben. Diese Bescheide Apollons auf die Anfragen des Demos müssen dem Muster ›Verkündet der Stadt N.N., daß Stadt und Territorium von Milet und Didyma ἱερός und ἄσυλος sind, und ladet sie zu den Didymeia ein, die ihr zu einem panhellenischen ἀγὼν στεφανίτης machen sollt‹ gefolgt sein. Auf Seiten der von den milesischen Gesandtschaften aufgesuchten Städte ging dann die Anerkennung der Asylie mit der Annahme der Einladung einher, verbunden mit der Zusage, die Sieger an diesem Agon öffentlich und in gleicher Weise zu ehren wie diejenigen Bürger, die aus anderen panhellenischen Agonen erfolgreich hervorgegangen waren (40f.). Zu den Mechanismen, die im Hintergrund solchen Gesandtschaftsverkehrs erkennbar werden, vgl. auch P. Perlman, *Theorodokuntes en tais polesin*: panhellenic epangelia and political status, in: M.H. Hansen (Hg.), Sources for the ancient Greek city-state, Kopenhagen 1995, 113-164.

Dieser Fall zeigt neben dem oben Anm. 354 erwähnten Orakel für Teos, daß Didyma sich durchaus auch mit der Bestätigung von Asylien befaßte, auch wenn diese Statusgewährung für das eigene Heiligtum und das mit ihm verbundene Territorium natürlich einen Sonderfall darstellt – andererseits konnte dies wohl auch nur in Didyma selbst erfolgen, denn es ist schwer vorstellbar, daß etwa der delphische Apollon die Unverletztlichkeit des didymäischen Heiligtums erklärte.

Insgesamt führt dieses milesische Dekret exemplarisch Elemente vor, die für das religiöse Selbstverständnis einer griechischen Polis konstitutiv sind (das sich vom ›historischen‹ und ›politischen‹ nicht trennen läßt), indem es die von der Stadt κατὰ τὰ πάτρια gefeierten Agone und Feste, lokale Mythen (Vereinigung von Zeus und Leto, 10) und der Stadt gewährte Orakelbescheide, die die Wohlgesonnenheit der Gottheit ihr gegenüber anzeigen, in einen Zusammenhang stellt und zur Begründung eines großangelegten zwischenstaatlichen Unternehmens heranzieht, das auf weitreichende Außenwirkung hin konzipiert ist. Dieses überregionale Prestige Didymas bezeugt im späteren 1. Jh. v. Chr. auch der Mythograph Konon in seiner Erzählung des didymäischen Grün-

de Rolle.[357] Auch deswegen ist damit zu rechnen, daß der herakleotische Demos sich auch danach für Angelegenheiten von weitreichender Bedeutung nach Didyma wandte.

Schon seit alter Zeit gab es in Milet zahlreiche Bürger, die aus Herakleia zuzugezogen waren, wie die Bürgerrechtslisten aus dem Delphinion erweisen,[358] und die bereits erwähnte Weihung von Apollon-Statuen in Didyma durch die Λάτμιοι[359] aus dem 6. Jh. v. Chr. erhellt schlaglichtartig, wie weit diese Verbindungen zurückreichten. Die geographische Nachbarschaft macht sie unmittelbar einsichtig.

---

dungsmythos von Branchos' Inspiration durch Apollon, FGrHist 26 F 1,33,4: καὶ μέχρι τοῦ νῦν χρηστηρίων Ἑλληνικῶν ὧν ἴσμεν μετὰ Δελφοὺς κράτιστον ὁμολογεῖται τὸ τῶν Βραγχιδῶν. Zu Konon und seinem Werk Διηγήσεις, das eine Vielzahl von Kultaitiologien, κτίσεις und lokalen Mythen behandelte, siehe A. Henrichs, Three approaches to Greek mythography, in: J.N. Bremmer (Hg.), Interpretations of Greek mythology, Totowa 1987, 242-277, h. 244-247. – Eine analoge Struktur des Zusammenspiels von Epiphanie der lokalen Gottheit als auslösendem Moment, aitiologischen Mythen, Asyliestatus des Heiligtums, internationalisiertem Agon mit Einladungen anderer Städte und im Gegenzug Anerkennung der Asylie, initiiert durch wechselseitige *theoriai*, läßt sich – etwa zeitgleich mit den Didymeia und den Leukophryena in Magnesia am Mäander – auch für Klaros mit den μεγάλα Κλάρια rekonstruieren; s. zuvor Anm. 350. Flashar, Klaros, lenkt den Blick darauf, daß es sich hier um einen im westlichen Kleinasien im späten 3. Jh. und in der ersten Hälfte des 2. Jh. v. Chr. an verschiedenen Orten (neben den genannten etwa auch in Amyzon, Kyzikos oder Xanthos) vergleichbar ablaufenden Prozeß religiöser Innovation handelt, bei dem stets dieselben Elemente religiös-politischer Interaktion wirksam werden. Er sieht die Aktivitäten Antiochos' III. und die davon angetriebene Konkurrenzsituation der Städte in der Region als Folie dieser Entwicklungen.

357 Oben S. 409-413.

358 Vgl. Milet 1,3 Index 1 B s. v. Ἡρακλεῶται. Eine Liste milesischer Bürgerrechtsverleihungen aus dem Jahr 202/01 verzeichnet – neben Neubürgern aus Sardeis, Kaunos und Adramytteion – mehrere Familien aus Herakleia: W. Günther, Chiron 18 (1988) 390-393 Nr. 3 = SEG 38, 1196 = I.Milet 1056 (Milet 6,3,35f.)

359 I.Didyma 12 = McCabe, Didyma (PHI # 7) 211, siehe oben S. 440 mit Anm. 279.

3.3 Erneuerung der Eintracht der lykischen Städte in der Verehrung der Artemis: Orakel für Sidyma über eine Reform des Priesteramtes der Göttin in einer lokalen mythographischen Chronik

Einen abschließenden Einblick in die Möglichkeiten, die für den öffentlichen Umgang mit Orakeltexten im Leben der griechischen Städte bestanden, gewährt eine Urkunde aus Lykien aus dem 2. Jh. n. Chr. mit einem darin integrierten Orakelbescheid, der in seinem Gegenstand eine wichtige Parallele zum Satornila-Orakel liefert und in der Form sich dem Orakel aus Herakleia gegenüberstellen läßt. Vor allem aber erhellt die inschriftliche Dokumentation die Funktion von Orakeltexten in den zwischenstaatlichen Beziehungen der Poleis.[360]

Col. 1

- - - μηνὸς Ἀρτ]εμεισίου α̣[- - -] | Τλωέων πρυτά[νεις Σιδυ]|μέων πρυτά[νεσι χαί]ρειν. κατέστη [εἰς ἡμᾶς] | Ἱέρων β' τοῦ Ἀπο[λλωνίου] | ὁ καὶ Λυσίμαχος [Τλωεὺς] | καὶ Ξάνθιος βου[λόμενος | ἐκγμαρτυρηθῆ[ναι σαφῶς] | πρὸς ὑμᾶς, ἐξ ὧν π̣[αρέθετο] | πρὸς μνήμην εὐ[οιάν τε] | ἀνανεώσεων συ[γγενει]|ῶν καὶ ἱστοριῶν κα[ὶ χρησ]|μῶν, τὴν πρὸς ὑμᾶ[ς καὶ] | Πιναρεῖς γενεαλ[ογίαν].

(Col. 2 fehlt)

Col. 3

- - - Τρεμί|λο]υ καὶ Πραξιδίκης, ἐξ ὧν Τλῶ[ο]ς καὶ | [Κ]ράγος καὶ Πίναλος ἀνῆκον, δι' ‹ἄλ|λ›ης γενεαλο[γί]ας καὶ ὑπ' ἐμοῦ πολ|λάκις δεδηλωμένης κατὰ τὰς Πο|λυχάρμου καὶ ἑτέρων ἱστορίας. | [ο]ὐκ ὀλίγα εἰς τὸν περιεχόμε|νον ὄρεσιν καὶ θαλάσση θειό|τητος ἐχούσης θαύματα κό‹λ›πον· | ἔκτατον δὲ καὶ οὐ πολλῶν χρόνων, | ἀλλὰ τῆς ἀφ' ἡμῶν γενεᾶς ἀνα|φυούσης τῆς θ[εο]τόκου γῆς λαϊ|νέου‹ς› μορφὰς ὁμοιοτυπεῖς τ‹οῖ›ς | Λητοῦς διδύμοις φωστῆρσιν | ἐπουρανίοις, ἐν Ἀ[ρά]ξοις κυηθεῖσιν, | Ἄρτεμιν καὶ Ἀπόλλωνα· ἐν μὲν | [Π]ινάροις ὑπεράνω [το]ῦ τε σεσα-

Col. 4

[λευμένου Κράγου τῶν τε κρο]|τ̣άφ[ων διανεῳγμ]ένων γυναι|κὸς [ἰδούσης τινὸς] ὑπὸ πυέλο[υ] | λουο[μένην Ἄρτε]μιν τὸ γένος, | καὶ τὸ [σῶμα] εἰς ὕψος καὶ κίνδυ|νον ἀρ[αμέ]νης, ἥτις τὰ μεταξὺ | σεβα[ζ]ομένη ἀμείβεται τοὺς | εἱλασκομένους. *(vacat)* ἐν δὲ Σιδύμοις, κτίσματι Σιδύμου | υἱοῦ Τλώου καὶ Χελειδόνος τῆς | Κράγου, Ἀπόλλωνα τόπῳ πρὸς | θαλάσσῃ Λόπτοις σπηλαίῳ | ἀποκρύφῳ δυσεισόδῳ, ἐκ κορυ|φῆς δὲ φωτοῦλκον ἄνοιγμα | μεικρὸν ἔχοντι, μέσον εἰς ὃ κα|θοπτεῦσαι θελήσασά τις ἄφνως

360 Siehe für unter diesem Aspekt aufschlußreiche Dossiers auch zuvor Anm. 355 und 356.

Col. 5

ἀψοφητὶ *(vacat)* τὸν θεὸν κατη|νέχθη καὶ λίθος κεῖται πτῶμα | φόβου δεῖγμα κατασκόπων, | διὸ καὶ κροτεῖν ἀσ{ε}πάσματι | (5) ›χαῖρε Ἄπολλον ὁ ἐγ Λόπτων‹ | εἰσερχόμενοι φωνοῦμεν. | τῆ‹σ›δε οὐ μόνον ἀπὸ θεῶν | καὶ κτιστῶν αὐτοχθόνων οὔσης | ἀπ' ἀρχῆς ἡμεῖν πρὸς Σιδυμεῖς | (10) ὡς τέκνων πρὸς γονεῖς ἀδια|λείπτου ἐν παντὶ καιρῷ ἑνότη|τος καὶ ὁμονοίας μέχρι νῦν τετη|ρημένης καὶ ἐπιγαμίαις παρθέ|νων σεμνὰς νεοκορείας τῆς | (15) ἁγνοτάτης καὶ παρ' αὐτοῖς Ἀρτέ|μιδός τε εἰλη‹φ›υιῶν, ἣ πρόσθε[ν]

Col. 6

ἡροῦντο γυναῖκες ἱέρεια[ι], | ὕστερον δὲ κατ' ἐπισζήτησι[ν] | καὶ θεοῦ λόγι‹ο›ν μέχρι καὶ νῦν πα[ρ]|θένοι, ἀνανεοῦμαι πρὸς μνήμην | (5) καὶ εὐσέβειαν καὶ δόξαν τῆς θεοῦ | καὶ τῶν παρ' ἡμεῖν γάμων θηλυτέ|κνων, ‹ὧν› ἐκ τῆς εὐσεβημένης θε|οῦ τετεύχομεν, τὸν ἐκπεσόντα | πρὸ ἐτῶν ρ̅κ̅θ̅ Σιδυμεῦσιν χρησμὸν | (10) περὶ νεωκόρου παρθένου τῇ Ἀρτέ|μιδι ἀναγεγραμμένο‹ν› παρ' αὐτοῖς κα|θὼς ὑπογέγραπται· ἐπὶ ἱερέων τοῦ | μὲν κοινοῦ Ἀρτεμέους, τῆς δὲ πό|λεως Τελεσίου μηνὸς Λῴου κ̅ς̅ | (15) Εὐπόλεμος Ἀριστωνύμου καὶ | Πτολεμαῖος Ἀριστωνύμου

Col. 7

[Καλ]αβατιανοὶ πρυτάνεσιν· ἀναφέρομεν πρὸς ὑμᾶς [κατ]ὰ τὸ ψήφισμα | [τὸ]ν ἐκπεπτωκότα χρησμό‹ν›, οὗ καί ἐστιν ἀντίγραφον τὸ ὑπογεγραμμένον·

[Ἔ]σθλὰ δέχου Φοίβου, πόλι συνγενί, θέσφατα τρανῶς,
[σ]ύνφορον ὡς χθονὶ σῇ ναεταῖσι τε πᾶσι ὃ πεύθῃ
[ἔ]σσεται· ἀλλ' ἐπάκουε τά σοι θεὸς ὤπασε Φοῖβος·
[ἁγ]νὰ θεᾶς ἀσινῆ τε πρέπει λυκάβαντο‹ς› ἑκάστου
παρθενικαῖς παλάμαισι θυήπολα τείμια τεύχειν·
[ἔ]στι γάρ, ἔστι θεᾷ Λητωίδι τοῦτο προσηνές,
μὴ προσάγειν θαλάμοις ἱερηπόλον, ἣν ἀπὸ λέκτρων
[α]ἱρῇ προσκαλέσασθαι ἀνυμφεύτους ἐπὶ σηκούς,
[ἀ]λλὰ νέαν ἀδμῆτιν - ὅ μο‹ι› δηλωτόν - ἄθικτον·
[τ]ήνδε θέλει προκαθ‹ῆ›σθ‹αι› ὁσί‹ω›ν καὶ νηὸν ὑπ' αὐτῆς
ἁγνὸν ἀεὶ τηρεῖσθαι, ἵν' αἵρεσιν ἥνπερ ὑπέστη
φροντίδος ἀενάοισι βροτοὶ τειμῶσιν ἐν ὥραις.
ταῦτά σοι αὐτὸς ἄναξ ἑκατηβόλος ὄλβια φαίνει
ἀγροτέρα τε θεὰ σκυλακοτρόφος, ἣν ἅμα Φοίβῳ
- - -
(Abbruch des erhaltenen Textes)

(Text nach Chaniotis, Historiker 75-78 T 19;
in Col. 4 mit Ergänzungen von Zingerle/Kalinka)

Übersetzung

Col. 1

... am ersten Tag des Monats Artemisiôn ... Die Prytanen der Tloer grüßen die Prytanen der Sidymer. Vor uns ist aufgetreten Hieron, Sohn des Hieron, Enkel des Apollonios, der auch den Namen Lysimachos trägt, Bürger von Tlos und Xanthos, mit dem Wunsch, daß sein Werk über die uns mit euch und den Pinarern verbindende Genealogie vor euch deutlich bezeugt werde. Es beruht auf seinen Erneuerungen der Verwandtschaftsbeziehungen, Geschichtserzählungen und Orakel, die er zur wohlwollenden Erinnerung dargelegt hat.

(Col. 2 fehlt)

Col. 3

... des Tremiles und der Praxidike, von denen Tloos und Kragos und Pinalos abstammen, gemäß einer anderen Genealogie, die auch ich oft entfaltet habe im Anschluß an die Geschichtsforschungen des Polycharm und anderer. Zahlreich sind die Wunder, die erzählt werden über die von den Bergen und dem Meer umschlossene Bucht, die von göttlicher Kraft umfangen wird. Als jüngst und nicht schon vor langer Zeit, sondern zu unseren Lebtagen geschehenes Wunder (will ich erzählen,) wie die göttergebärende Erde steinerne Gestalten hat emporwachsen lassen, die in ihrer Form den Zwillingen der Leto gleichen, leuchtenden Himmelsgestirnen, die in Araxa geboren wurden, Artemis und Apollon. Als in Pinara oberhalb des

Col. 4

erschütterten Berges Kragos, dessen Seite offenstand, eine Frau Artemis erblickte, wie sie sich in einer Wanne wusch, nach der Abstammung, und ihr Körper in die Höhe gehoben und dadurch in Gefahr gebracht wurde – immer wenn sie (Artemis) von Menschen verehrt wird, antwortet sie seitdem denen, die sie gnädig stimmen wollen. – In Sidyma, der Gründung des Sidymos, Sohn des Tloos und der Chelidon, Tochter des Kragos, (brachte die Erde) Apollon (hervor), an einem Ort nahe beim Meer, in Lopta, in einer versteckten, unzugänglichen Höhle, die an der Spitze eine kleine Öffnung besitzt, durch die das Licht hereinfällt. Und als da mitten hinein eine Frau unversehens von oben herab

Col. 5

geräuschlos den Gott erblicken wollte, stürzte sie hinab und liegt jetzt da als Stein zu Boden gefallen, ein Zeichen der Abschreckung für Späher. Deshalb machen wir Getöse, wenn wir die Höhle betreten, und rufen laut zum Gruße »Heil dir, Apollon in Lopta!«. – Da nun nicht bloß diese Einigkeit und Eintracht von den Göttern und den im Land geborenen Gründern her seit je zwischen uns und den Sidymern besteht wie die der Kinder gegenüber ihren Eltern, ununterbrochen zu jeder Zeit, und sie bis heute auch durch Wechselheiraten befestigt wird, sondern auch unverheiratete junge Frauen das ehrwürdige Priesteramt der gar reinen Artemis auch bei ihnen übernommen haben, für die früher

Col. 6

verheiratete Frauen als Priesterinnen gewählt wurden, später aber aufgrund einer Nachforschung und einer Orakelweisung des Gottes bis in unsere Tage unverheiratete junge Frauen, erneuere ich zur Erinnerung und zur frommen Verehrung und zum Ruhm der Göttin und der mit Töchtern gesegneten Ehen zwischen uns, die wir von der recht verehrten Göttin erlangen, den Orakelbescheid, der vor 129 Jahren an die Sidymer ergangen ist, über die unverheiratete Tempeldienerin für Artemis, der bei ihnen aufgezeichnet ist so, wie er im folgenden wiedergegeben ist: »Im Jahr, als Artemes Priester des Lykischen Bundes war und Telesios Priester der Stadt, am 26. Tag des Monats Loos. Eupolemos, Sohn des Aristonymos, und Polemaios, Sohn des Aristonymos,

Col. 7

aus Kalabatia, an die Prytanen: Wir bringen euch gemäß den Bestimmungen des Volksbeschlusses den erteilten Orakelbescheid zur Kenntnis, dessen Abschrift hierunter aufgeschrieben ist:

Empfange, verwandte Stadt, klar und deutlich die glückbringenden Orakel des Phoibos,
damit, was du in Erfahrung bringst, sich als günstig erweisen wird deinem Land und allen seinen Einwohnern.
Nun höre, was dir der Gott Phoibos gewährt hat:
Rein und unversehrt sollen ein jedes Jahr der Göttin
ehrenvolle Opfer von jungfräulichen Händen dargebracht werden.
Denn dies ist, ja es ist der Göttin, der Leto-Tochter, angenehm,
daß du nicht eine Tempeldienerin in ihr Gemach führst, die du dir vom Ehebett weg
wählst, um sie zu einem Heiligtum zu rufen, das keine Heirat kennt,
sondern eine junge, unbezwungene – ich will es deutlich aussprechen: eine unberührte.
Die nun, so will es die Göttin, soll den heiligen Handlungen vorstehen, und der Tempel soll
auf immer von ihr unbefleckt bewahrt werden, damit so die Sterblichen den Entschluß
zur Fürsorge, den sie (Artemis) auf sich genommen hat, für ewige Zeiten in Ehren halten.
Diese segensreiche Botschaft offenbart dir der Herr selbst, der fernhin Treffende,
und die Göttin der Wildnis, die Hunde ernährende, die gemeinsam mit Phoibos ...«

(Abbruch des erhaltenen Texts)

3.3.1 Aktualisierung und Transformation religiöser Tradition als Argument im politischen Diskurs: Die antiquarische Abhandlung eines gelehrten Rhetors und eine diplomatische Note des zwischenstaatlichen Verkehrs

Makrostruktur des Dossiers: Brief der Prytanen von Tlos an die Prytanen von Sidyma. Lokalhistorische Abhandlung des Rhetors und Antiquars Hieron zur ›Erneuerung‹ der Verwandtschaft zwischen Sidyma, Tlos und Pinara. Mythische Genealogien, aitiologische Erzählungen und Orakel als Belege der Zusammengehörigkeit. Antiquarische Forschungen zur Aktualisierung der Überlieferung. Die ›Erneuerung‹ religiöser Traditionen als politisches Argument. Andere Beispiele für ›Erneuerung‹ in zwischenstaatlichen Beziehungen.

Bei dem Inschriftendossier handelt es sich[361] um einen Brief der Prytanen der lykischen Stadt Tlos an ihre Amtskollegen in Sidyma,[362] dessen hier

361 **Didyma App15** = TAM 2,174 = SEG 50,1356 = SGO 17/08/01. Erstveröffentlichung durch O. Benndorf/G. Niemann, Reisen im südwestlichen Kleinasien 1: Reisen in Lykien und Karien, Wien 1884, 75-77 Nr. 53 (zit. als: Benndorf/Niemann, Reisen). Die Expedition fand 1881 statt; die Quader C und E wurden erst 1884 bei einer Nachgrabung durch F. v. Luschan entdeckt, die in der Publikation von Benndorf/Niemann aber bereits berücksichtigt werden konnte. Die in der modernen Literatur bisweilen anzutreffende Angabe der Erstveröffentlichung als E. Petersen/F. v. Luschan, Reisen im südwestlichen Kleinasien 2: Reisen in Lykien, Milyas und Kibyratien 1, Wien 1889, beruht auf einem Irrtum; in dem undatierten Nachdruck (Gundholzen: Codex-Verlag, ca. 1967), der in vielen Bibliotheken verbreitet ist, ist auch für den ersten Reisebericht von 1884 das Titelblatt von Petersen/v. Luschan 1889 verwendet worden, so daß dessen Angaben häufig irreführenderweise als Gesamttitel beider Berichte aufgefaßt werden. Beide Forscher der zweiten Expedition von 1882/1884 haben aber der Publikation von Benndorf/Niemann zugearbeitet. – Die Inschrift ist aufgenommen bei Chaniotis, Historiker 75-85, als T 19 (i. folg. nur als Chaniotis zit.); danach auch der hier gegebene Text; s. SEG 39,1413. Die Zählung nach Kolumnen, die i. folg. verwendet wird, ebenfalls nach Chaniotis. – Der Text erscheint auch als FGrHist 770 (sic!) F 5, dort als Zeugnis für ein Werk Polycharms gewertet, als dessen »Fragment« man den vorliegenden Text freilich doch nicht ansehen kann; Jacoby wäre korrekter verfahren, wenn er Hieron als eigenen Autor mit dieser Inschrift in FGrHist aufgenommen hätte (s.u. Anm. 398).
Die wichtigste neuere Arbeit ist Chaniotis (s.o.); siehe auch ebd. 114-116. 131f. 254 D 53. Nach kurzen, aber wichtigen Bemerkungen L. Roberts über die Struktur des Gesamtdokuments und insbesondere die Anfangskolumne (Arbinas 45 = OMS 7,423 m. Anm. 139; s. Bull. ép. 1979, 479 und SEG 28,1222), hat Chaniotis aufgrund neuer epigraphischer Beobachtungen col. 1 neu hergestellt (siehe hiern. S. 492f.) und mit einem grundlegenden Kommentar das Verständnis des Dokuments auf eine neue Basis gestellt und seine Systematik erschlossen. Ebd. 80 kündigt er eine eigenständige Untersuchung des Monuments an, die aber bisher nicht erschienen ist. – Weiter sind zu nennen: Nilsson, Cults, myths, oracles 118f. (kurz zum aitiologischen Mythos der Letoiden-Geburt in Araxa und mit epigraphischen Angaben zur Inschrift von A. Wifstrand); Parke, Apollo in Asia 190-194 (mit Zuweisung an das Apollon-Orakel von Patara; Kritik bei Wörrle, Athena Latmia 38 Anm. 60, s. unten S. 506f. m. Anm. 420f. sowie 528-531 m. Anm. 482-484); Wörrle, Stadt und Fest 99f. (zur Datierung in Sidyma durch den Bundespriester und einen städtischen Priester, 6,12-14); ebd. 109f. (Zuständigkeit der Prytanen für die Archivierung eines ἀντίγραφον des Orakelbescheids, 7,1f.); ebd. 249f. m. Anm. 134 (Hierons Chronik als Beispiel einer Prunkrede an einem musischen Agon, bei der der Vortrag eines aitiologischen Lokalmythos fester Bestandteil war). Frei, Götterkulte Lykiens 1745f. Nrn. 10.8.1 und 10.8.2; ebd. 1756f. Nrn. 16.5.2 und 16.8.1; Weiß, Gründerheroen 189f. m. 205 Anm. 92f.; C.P. Jones, Kinship diplomacy

vorliegende veröffentlichte Fassung vermutlich in einer Halle auf der Agora von Sidyma aufgestellt worden ist. Darin stellen die tloischen Beamten den Sidymern die lokalhistorische Abhandlung eines Hieron vor, in welcher dieser gelehrte Rhetor die Verwandtschaft zwischen den lykischen Städten Tlos, Pinara und Sidyma darlegt *»zum Zwecke der Erinnerung und des gegenseitigen Wohlwollens«*[363] – die rhetorische Formel enthält eine Anspielung auf den diplomatischen Verkehr zwischen den lykischen Städten[364] und auf die gemeinsame Interessenvertretung gegenüber äußeren Mächten, etwa wenn Ansprüche gegenüber den römischen Autoritäten geltend zu machen waren.[365]

Diese Zusammengehörigkeit zu untermauern durch die *»Erneuerung«*, ἀνανέωσις, mythischer Genealogien (συγγένειαι[366]), auf die sich die Verwandtschaftsbeziehungen zwischen den Städten gründen, aitiologischer Erzählungen (ἱστορίαι), hier in Form von Wunderberichten, und erhaltener Orakel (χρησμοί), hat sich Hieron zum Ziel gesetzt. Von der gelehrten lokalhistorisch-mythographischen Abhandlung, die er zu diesem Zweck verfaßt hat, lesen wir in der Inschrift eine Kurzfassung.

---

in the ancient world, Revealing antiquity 12, Cambridge, Ma. 1999, 114f.; Wörrle, Athena Latmia 32 Anm. 30; 37f.; R. Lindner, Mythos und Identität: Studien zur Selbstdarstellung kleinasiatischer Städte in der römischen Kaiserzeit, Schr. d. Wiss. Ges. a. d. J.W. Goethe-Univ. Frankfurt a.M., Geisteswiss. R. 9, Stuttgart 1994, 18; Curty, Parentés 195-200 Nr. 79 (nur Kol. 1, 6, 7 des Textes m. Übers. u. Komm.; das Orakel ist nicht wiedergegeben); Behrwald, Lykischer Bund 73-76 m. Anm. 244f.; Lücke, Syngeneia 115f. (v.a. zu den ἐπιγαμίαι 5,13; vgl. u. Anm. 441; die Inschrift in seinem Katalog Eintrag S 79, ohne Text). Zuletzt hat R. Merkelbach die Inschrift mit Text, Übersetzung und knappem Kommentar noch einmal vorgestellt: Der Glanz der Städte Lykiens: die Festrede des Literaten Hieron (T.A.M. II 174), EpigrAnat 32 (2000) 115-125 (zit. als: Merkelbach, Hieron) (SEG 50,1356; Bull. ép. 2001, 428). Weiteres jeweils an Ort und Stelle.

362 Diese grundsätzliche Klärung leistete L. Robert in seiner Studie von 1978 (vorige Anm.). Die früheren Herausgeber hatten den Text selbst für eine Rede bei einem Fest gehalten und die im folgenden sprechende Person für den Festredner, der sich an seine Zuhörer wende, oder das gesamte Dokument für ein Exposé seines eigenen Werkes durch den Mythographen Hieron, das er selbst als Brief gesandt habe.

363 πρὸς μνήμην εὔνοιάν τε 1,12.

364 Zur historisch-politischen Geographie Lykiens in römischer Zeit bleiben die Darstellungen von O. Benndorf (Benndorf/Niemann, Reisen 57-83; dazu Robert, OMS 4,189 und 309) und von E. Kalinka in TAM 2, S. 60-87, grundlegend. Zu Sidyma: S. Dardaine/E. Frézouls, Sidyma: étude topographique, Ktèma 10 (1985) 211-217.

365 Die häufige Erwähnung von πρεσβευταί in Ehrendekreten lykischer Städte weist in diese Richtung. Das Verhältnis zu römischen Entscheidungsträgern ist möglicherweise das Thema eines der klarischen Orakel in der Kodifikation aus Hierapolis, **Klaros 6**. Der milesische Notable Ailianos Poplas, Prophet des didymäischen Apollon, Erzpriester im Kaiserkult und Inhaber hoher politischer Ämter, wird von seiner Stadt nach Rom zu Commodus gesandt und erbittet dazu von Apollon Rat, **Didyma App39**; seine Mission wird auf einer städtischen Münze propagiert: o. S. 387f. m. Anm. 152. Zur Übernahme diplomatischer Gesandtschaften durch einflußreiche Bürger vgl. Quaß, Honoratiorenschicht 109-112, mit weiteren anschaulichen Belegen.

366 Plural, da es sich um die Beziehungen dreier Städte untereinander handelt. Chaniotis 81 Anm. 150 vergleicht dafür Polyb. 34,1,3 περὶ τῶν Ἑλληνικῶν καλῶς μὲν Εὔδοξον, κάλλιστα δ' Ἔφορον ἐξηγεῖσθαι περὶ κτίσεων, συγγενειῶν, μεταναστάσεων (›Wanderungen‹), ἀρχηγετῶν.

Die Nennung der drei Themen seines Vortrags im Brief der Prytanen an die Oberbeamten von Sidyma entspricht dann genau den Kapiteln, die in dem Auszug aus Hierons Werk kenntlich sind: Die Genealogie der lykischen Gründerheroen, von denen sich die drei Städte herleiten,[367] führt das Thema der συγγένειαι aus; der Bericht über die Wunder, die zur Gründung des Artemis-Kults in Pinara und des Kults des Apollon von Lopta in Sidyma geführt haben, stellt die ἱστορίαι dar, und das mit einer ausführlichen Begründung angeführte Orakel über den sidymäischen Artemis-Kult steht auch in der Abhandlung an dritter Stelle.[368]

Die Tätigkeit des ἀνανεοῦσθαι durch den gelehrten Redner und Historiker ging vielleicht bis zum Aufspüren vergessener Dokumente in Archiven; in jedem Fall aber setzte es antiquarische Forschungen voraus. Das Vorhaben einer solchen ἀνανέωσις zeigt, wie Traditionsbestände im neuen Zusammenhang vergegenwärtigt werden und dadurch Aktualität für einen gerade zur Debatte stehenden Vorgang erhalten konnten.[369]

Die ›Erneuerung‹ einer durch gemeinsame κτίσται begründeten ›Verwandtschaft‹ zwischen Städten mithilfe von ›historischen‹ Dokumenten, wie sie in der Chronik Hierons angeführt wurden, schuf den ideologischen Hintergrund für die Intensivierung bilateraler Beziehungen zwischen Poleis und konnte etwa Verträge oder Bündnisverpflichtungen legitimieren. Sie war darum ein eminent politischer Vorgang. Gleiches gilt auch für Kulte und religiöse Institutionen oder Ämter: Ihre Ableitung aus der συγγένεια und den beide Orte verbindenden aitiologischen Mythen legitimierte und untermauerte die gemeinsamen Traditionen und Einrichtungen im Verkehr mit den Göttern.[370]

---

367 3,1-5: Nur der Schluß ist erhalten, siehe unten S. 500f. m. Anm. 401.

368 Die Begründung 5,7-6,12, das Orakel selbst 7,3-16 (Textabbruch), davor 6,12-7,2 Datierung und Präskript des Orakels. Zum einzelnen, auch dem Plural χρησμῶν: Anm. 382; S. 498f.

369 Vgl. Robert, Hell. 1,96f.; Chaniotis 81 Anm. 149 mit Belegen für συγγένειαν ἀνανεοῦσθαι als Terminus zwischenstaatlicher Beziehungen. Für diesen Gebrauch siehe etwa das unten Anm. 427 nochmals herangezogene Dekret des thessalischen Gonnoi über die Anerkennung der Leukophryena in Magnesia, I.Magnesia 33 = I.Gonnoi 111 (B. Helly, Gonnoi, Bd. 2, Amsterdam 1973, 129-131) = McCabe, Magnesia (PHI # 7) 28, 14-16: Die magnetischen Gesandten ἀνενεώσαντο τὴν ἐξ ἀρχῆς ὑπάρχουσαν φιλίαν καὶ οἰκειότητα Μάγνησίν τε καὶ Γοννεῦσιν. Vgl. schon 4f. zu Beginn der Motive: ἐπειδὴ Μάγνητες οἱ ἐπὶ Μαιάνδρου φίλοι ὄντες καὶ συγγενεῖς Γοννέων κτλ.

370 Daß der Begriff συγγένεια primär im außenpolitisch-diplomatischen Sinne für ›freundschaftliche Beziehungen‹ zwischen Städten verwendet worden sei, jedoch nicht unbedingt den (sei es auch fiktiven) Anspruch auf genealogische ›Verwandtschaft‹ bezeichne, wird von Lücke, Syngeneia, vertreten (mit Kritik an der entgegengesetzten These von Curty, Parentés légendaires). Allerdings zeigt unser Text, nach dem Hieron explizit von γενεαλογία gesprochen hat (1,16; 3,3), daß die gelehrten Rhetoren und Diplomaten tatsächlich die Argumentation mit (genealogischer) ›Verwandtschaft‹ aufgrund von Verbindungen in den mythologischen Gründungserzählungen als ein Mittel einsetzten, um ›freundschaftliche Beziehungen‹ zwischen Städten mit einer Legitimation zu versehen und eine gemeinsame Identität herauszustellen. Eben dies dürfte typisch gewesen sein: Entscheidend ist ›Verwandtschaft‹ als *Argument*, um politische Aussagen im zwischenstaatlichen Verkehr zu untermauern: etwa die Bitte um militärische, rechtliche oder diplomatische Hil-

Man kann in diesem Zusammenhang etwa an das athenische Dekret über die ἀνανέωσις der Prozession nach Delphi, der Pythais, aus dem Jahre 129/28 v. Chr. denken.[371] Ein Dekret der milesischen Apoikie Apollonia am Rhyndakos wiederum, wohl aus der Mitte des 2. Jh. v. Chr., über die ἀνανέωσις der συγγένεια mit der Mutterstadt enthält einen Verweis auf ein archaisches Kolonisationsorakel des didymäischen Apollon;[372] auch hier ist der Anerkennung der συγγένεια durch die Mutterstadt eine offizielle Recherche in Archiven nach Belegdokumenten vorangegangen.[373]

Nach dem delphischen Doppelbeschluß über Erneuerung von Promantie, Prohedrie und ἀτέλεια für Sardeis *»erneuerte«* der θεοπρόπος καὶ πρεσβευτής Metrophanes um 226 v. Chr. in Delphi die freundschaftlichen Beziehungen seiner Heimatstadt mit Delphi, um dann in ihrem Namen den Gott zu konsultieren: *»Er erneuert die Freundschaft, die seit alten Zeiten für die Delpher gegenüber den Bürgern von Sardes besteht, und verleiht ihr neuen Glanz«*.[374] Bemerkenswert ist dabei die Art und Weise, in der die Reziprozität ausgedrückt wird: Der sardische Abgesandte *»erneuert«*

---

feleistung, der Vorschlag gemeinsamen Auftretens gegenüber dritten Mächten, die Anerkennung von Privilegien wie der Asylie, Handelsvereinbarungen oder Erwerbsrechten, die Verleihung der Isopolitie oder Proxenie, die Bitte um die Stellung von Richtern oder die Repräsentation bei Festen und Agonen. Demgegenüber wird die Frage des realen Gehalts und der Glaubwürdigkeit von ›Verwandtschaft‹ zwischen den Einwohnern – bei aller generell angenommenen Historizität der mythologischen Geschehnisse – bereits für die Zeitgenossen von sekundärer Bedeutung gewesen sein. Maßgeblich war vielmehr die kommunikative Funktion des Verweises auf ›Zusammengehörigkeit‹ und die dadurch geförderte Bereitschaft zum Zusammenwirken mit der anderen Polisgemeinschaft. Lücke ebd. 109-117 diskutiert Belege für die Berufung auf συγγένεια zur Sicherung freundschaftlicher Beziehungen, die in den Quellen in Begriffen wie φιλία, εὔνοια oder οἰκειότης Ausdruck finden. Siehe auch Chaniotis 115 m. Anm. 239. Zur Junktur συγγένεια καὶ οἰκειότης Curty, Parentés légendaires 224-241.

371 Antrag des Timarchos aus dem Demos Sphettos, SEG 21,469 = LSS 14 (dort ohne Präskript). Erstveröffentlichung durch W. Peek, Heilige Gesetze, AthMitt 66 (1941) 171-217, h. 181-195 Nr. 2, der allerdings an vielen Stellen Verschreibungen des Steinmetzen annimmt, wo in Wirklichkeit eher der schlechte Zustand des Steins (die Buchstaben sind oft stark ausgewaschen) der korrekten Lesung im Weg gestanden hat, vgl. Bull. ép. 1942, 30. Wichtige Verbesserungen und erhellende Parallelen konnte A. Wilhelm, Zu einem Beschlusse der Athener aus dem Jahre 128 v. Chr., Sitz.-Ber. ÖAW 224,4 (1947) 27-53 (= ders., Akademieschriften 3,275-301) anbringen. Zur Datierung (Archontat des Lykiskon) vgl. B.D. Merritt, The Athenian year, Sather Class. Lect. 32, Berkeley 1961, 237. Die ἀνανέωσις der Pythais ist durch ein Orakel aus Delphi veranlaßt worden: FD 3,2,47 = Syll.³ 698 A, 4-6; FD 3,2,48 = Syll.³ 711 L, 7f.; FD 3,2,50 = Syll.³ 699, 3. 11 (PW 432 = Fontenrose H 57; Parke/Wormell stellen das Timarchos-Dekret in Auszügen dazu); vgl. auch FD 3,2,54 = Daux (s. hiern.) 557, 6-8. Peeks Kommentar ist gerade im Hinblick auf die ἀνανέωσις ergänzungsbedürftig; für die konkreten religionspolitischen Umstände des Verhältnisses zwischen Athen und dem Orakel im späteren 2. Jh. v. Chr. hat er das wichtige Buch von G. Daux, Delphes au IIᵉ et au Iᵉʳ siècle (o. Kap. 2, Anm. 671), nicht benutzt, wo die genannten delphischen Inschriften, welche die zugehörige Orakelanfrage dokumentieren, bereits behandelt worden waren (708-729). Roberts strenges Urteil lautet: »Travail à refaire«.

372 **Didyma App1** = I.Milet 155 (Milet 1,3,255f.) = McCabe, Milet (PHI # 7) 27: siehe o. Anm. 241.

373 Μιλήσιοι … ἐπισκεψάμενοι τὰς περὶ τούτων ἱστορίας καὶ τἆλλα ἔγγραφα ἀπεκρίθησαν κτλ. 7f.

die Freundschaft der Delpher mit den Leuten von Sardeis – und nicht umgekehrt, wie man erwarten würde. Die Delpher »erneuern« die Privilegien von Sardeis, die daraufhin ihr Wohlwollen gegenüber den Ätolern bekräftigen und »erneuern«, um selber wiederum die Hilfe des Orakels in Anspruch zu nehmen – die wechselseitigen Abhängigkeiten und Verflechtungen treten deutlich zutage.

Zum epigraphischen Befund: Fünf erhaltene Quader, fragmentarischer Charakter der Urkunde, Aufzeichnung in Doppelkolumnen.

Bevor wir näher auf den Aufbau des lykischen Dokuments eingehen, sind einige Bemerkungen zum epigraphischen Befund vonnöten. Erhalten sind fünf Wandquader mit sieben Kolumnen Text, von denen die zweite (auf dem ersten Quader) mit ca. 16 Zeilen weggebrochen ist; bis auf den letzten Quader waren auf allen anderen zwei Kolumnen Text eingemeißelt. In der vierten Kolumne sind die ersten Zeilen mit der Wundererzählung von Pinara stark fragmentiert und müssen vor dem Hintergrund der nachfolgenden, offenbar parallel gestalteten Erzählung aus Sidyma gedeutet werden.

Chaniotis hat als erster Bearbeiter erkannt, daß die erste Kolumne nicht dieselbe Breite gehabt haben kann wie die übrigen, da auf der linken Seite ein Abschlußornament den verfügbaren Platz einschränkt.[375] Da die Quader aber ursprünglich alle dieselbe Breite hatten, der erste Quader jedoch nur mit knapp der halben Breite erhalten ist, muß auf der weggebrochenen Hälfte eine verlorene zweite Kolumne Text gestanden haben. Aufgrund

374 Michel, Recueil 262 = SGDI 2645 = Syll.³ 548f. = BCH 98 (1974) 159f., 3-5: τά τε ὑπάρχοντα Δελφοῖς φιλάνθρωπα ἐκ παλαιῶν χρόνων ποτὶ Σαρδιανοὺς ἀνανεοῦται καὶ ἐνφανίζει. Siehe oben Anm. 194 (auch zur Datierung). – Das *genos* der attischen Γεφυραῖοι läßt (wohl 37/36 v. Chr.) in Delphi εἰς ἀνανέωσιν φιλίας παλαιᾶς, die sie mit den Delphern verbinde, über den Kandidaten für das Doppelamt des Βούζυγος und Priester des Zeus ἐν Παλλαδίῳ anfragen, SEG 30,85 = J.H. Oliver, From *gennetai* to *curiales*, Hesperia 49 (1980) 30-56, h. 40-43 (PW 437 = Fontenrose H 57). Erhalten sind die Sendschreiben des *genos* und der Delpher; das Orakel selbst ist verloren. Die Konsultation der Gephyraioi in Delphi fand regelmäßig statt: In augusteischer Zeit fassen wir einmal einen Rest des Orakels, IG 2²,3177/3178: Delphi empfiehlt dort die Einrichtung eines weiteren ἕδος für Athena (PW 457 = Fontenrose H 58). Vgl. Parker, Athenian religion 287, und zum religionsgeschichtlichen Hintergrund W. Burkert, Buzyge und Palladion: Gewalt und Gericht in altgriechischem Ritual, ZRGG 22 (1970) 356-368 (= ders., Wilder Ursprung 77-85). Das Doppelamt auch IG 2²,5075. – Die dionysischen Techniten haben πρεσβευταί nach Delphi geschickt ἀνανεώσασθαι τὰ νόμιμα καὶ πάτρια τῶν τε θεῶν καὶ τὰ τῶν Ἀθήνησιν τεχνιτῶν τίμια, festgehalten in einem Dekret der Amphiktyonen wohl aus dem Jahre 117/16, IG 2²,1134, h. 35f. Am Anfang werden die Athener als Zivilisationsstifter gepriesen (17f.): ὁ δῆμος ἁπάντων τ]ῶν ἐν ἀνθρώποις ἀγαθῶν ἀρχηγὸς κατασ[ταθεὶς ἐγ μὲν τοῦ [θηριώδους βίου μετήγαγεν τοὺς ἀ]νθρώπους εἰς ἡμερότητα; es folgt der Hinweis auf die eleusinischen Mysterien.

375 Vgl. die Beschreibung der Inschrift in Benndorf/Niemann, Reisen 75. 77; TAM 2 S. 63; Chaniotis 76 Abb. 3; 77f.

des Ornaments steht für den Text der ersten Kolumne etwa ein Drittel weniger Platz als für Kolumnen 2-6 zur Verfügung; die Zeilen in Kolumne 7 sind länger und füllen allein Quader E. Aus diesem Grund müssen die Ergänzungen in der ersten Kolumne kürzer sein, als die früheren Bearbeiter angenommen hatten; Chaniotis hat den Text dementsprechend neu hergestellt.[376]

Im übrigen ist nicht ausgeschlossen, daß nicht nur eine Kolumne auf dem rechts abgebrochenen Quader verlorengegangen ist, sondern möglicherweise mehrere ganze Quader mit weiteren Doppelkolumnen: Wir wissen nicht, wie lang der Brief der Prytanen und die Einleitungspartie der Abhandlung des Hieron gewesen sind und wieviele Elemente seiner mythischen Genealogie bereits vor dem Wiedereinsetzen unseres Textes in der dritten Kolumne gestanden haben. In der letzten erhaltenen Kolumne folgen nach den ersten beiden Zeilen, die noch zum Präskript des in Sidyma von Hieron abgeschriebenen Steins mit dem Orakel gehören, die hexametrischen Verse des Orakels selbst, und zwar unter Übereinstimmung von Versgrenze und Zeilenbruch.[377] Die hexametrischen Langverse benötigen die ganze Breite des Steins; darum wird hier die Zweispaltigkeit nicht mehr weitergeführt.

Auf die Tatsache, daß nach der ersten Kolumne mindestens eine weitere ausgefallen ist, leitete bereits die von Petersen und v. Luschan[378] gemachte Beobachtung, daß auf den folgenden zwei Quadern die beiden Kolumnen jeweils durch einen Streifen in der Mitte voneinander getrennt sind, womit die Erscheinung eines antiken Codex mit einander gegenüberliegenden Seiten nachgebildet gewesen sei. Merkelbach hat erneut auf diese Art der Darbietung hingewiesen[379] und daraus geschlossen, man habe in Sidyma bei der Herstellung dieser Inschrift bewußt das Aussehen eines Codex imitieren wollen, der im 3. Jh. n. Chr. gegenüber der Buchrolle Terrain gewann und offenbar zunehmend als Prestigeobjekt angesehen wurde, so daß die Aufzeichnung eines Textes in einem Codex oder eben einem die Codexform imitierenden Stein als prächtig galt.

---

376 Merkelbach, Hieron 115f., scheint von Chaniotis' Argumentation in diesem Punkt nicht völlig überzeugt zu sein; jedenfalls wiederholt er, ohne sich zu entscheiden, auch die Ergänzungen von Robert, die von längeren Zeilen in col. 1 ausgehen.

377 Das ist in den Versinschriften ansonsten nicht die Regel.

378 Siehe zuvor Anm. 361.

379 Hieron 123-125.

380 Gleichzeitig ist er auch Bürger von Xanthos; das Bürgerrecht ist ihm also durch ein Ehrendekret dieser Stadt verliehen worden. Robert, Arbinas 45 = OMS 7,423 m. Anm. 139, vermutet einleuchtend, ein solcher Beschluß könne als Anerkennung eines entsprechenden Werkes des Antiquars über die myth-historischen Ursprünge von Xanthos und die Verbindung mit Tlos erfolgt sein. Die συγγένεια dieser beiden lykischen Städte wird durch die Weihung einer Statue des *»verwandten«* Demos von Tlos durch die Xanthier in Tlos bezeugt, TAM 2,555: [Ξ]ανθίων ἡ πόλις ἡ τοῦ Λυκίων ἔθνους μητ[ρό]πολις Τλοέων τὸν δῆμον τὸν συγγενῆ ἐπὶ τῇ διηνεκεῖ ὁμονοίᾳ. Xanthos beansprucht als Zentrum der lykischen Konföderation – μητρόπολις – Vorrang

Der Rhetor ersucht die politischen Autoritäten seiner Heimatstadt um ein Empfehlungsschreiben für seine Abhandlung. Integration seines Antrags in die Note der Prytanen von Tlos an die Sidymer. Hieron will das Ergebnis seiner Forschungen in Sidyma öffentlich aufzeichnen lassen. Gelehrte Redner engagieren sich in der Außenpolitik der griechischen Städte der Kaiserzeit. Das Beispiel des Antiochos von Aigai.

Hieron, selbst Bürger von Tlos,[380] hat die Prytanen seiner Stadt ersucht, sich für sein Werk über die Ursprünge der Verwandtschaftsbeziehungen zwischen den drei lykischen Städten, das einen Titel wie Περὶ τῆς τε Σιδυμέων καὶ Πιναρέων πρὸς Τλωεῖς συγγενείας getragen haben wird, bei den Sidymern zu verwenden und es ihnen *»bekannt zu machen«*: Er hat also auf offiziellem diplomatischem Kanal um ein Empfehlungsschreiben für seine Abhandlung nachgesucht. Hieron sei vor den Rat getreten *»in der Absicht, daß sein Werk über die Verwandtschaftsbeziehungen deutlich vor euch*[381] *bezeugt werde«.*[382] Dafür hat er sein lokalhistorisches Werk

---

gegenüber Tlos, das damit implizit als ›Kolonie‹ bezeichnet wird. Später wurde dann Tlos Hauptstadt des *koinon* und führt in den Dekreten den Titel μητρόπολις τοῦ Λυκίων ἔθνους. Vgl. Robert, Arbinas 21f. mit 22 Anm. 42 = OMS 7,399f. mit 400 Anm. 42; Curty, Parentés légendaires 194f. Nr. 78, vgl. 199f. Zum Konzept der zwischenstaatlichen ὁμόνοια bleiben die Ausführungen von L. Robert, Des Carpathes à la Propontide 6-9, StudClas 16 (1974) 53-88 = OMS 6,275-310, h. 68f. = 290f., wegweisend. Zur Betonung der Kontinuität des guten Verhältnisses (ἐπὶ τῇ διηνεκεῖ ὁμονοίᾳ) in TAM 2,555, die in der Abhandlung Hierons emphatisch wiederkehrt (5,10f. ὡς τέκνων πρὸς γονεῖς ἀδιαλείπτου ἐν παντὶ καιρῷ ἑνότητος καὶ ὁμονοίας: S. 512f.), vgl. ebd. Anm. 47: »L'adjectif tend à prouver que la concorde ne fut pas troublée, alors que souvent l'invocation à la concorde témoigne d'une discorde antérieure«. Als Beleg für letzteres mag man etwa an den durch ein Orakel aus Didyma bekräftigten (**Didyma 12**) milesisch-herakleotischen Vertrag denken, I.Milet 150 (Milet 1,3,233-236) = Syll.^{3} 633; siehe o. Anm. 198. Zu zwischenstaatlichen Auseinandersetzungen als Hintergrund von ὁμόνοια-Vereinbarungen nochmals u. Anm. 441.

381 Die tloischen Prytanen sprechen ihre sidymäischen Kollegen an.

382 κατέστη [εἰς ἡμᾶς] ... βου[λόμενος] ἐκγμαρτυρηθῆ[ναι σαφῶς] πρὸς ὑμᾶς ... τὴν πρὸς ὑμᾶ[ς καὶ] Πιναρεῖς γενεαλ[ογίαν 1,6-16: dies die einleuchtende Auffassung der Syntax bei Chaniotis. Robert, Arbinas 45 = OMS 7,423 Anm. 139, hatte angenommen, βουλόμενος ἐκγμαρτυρηθῆναι bezeichne das Ersuchen um einen Empfehlungsbrief für seine *Person*, eine μαρτυρία, »un témoignage qui l'introduise auprès des Sidyméens«, vor denen er dann seinen Vortrag (in ungekürzter Form) habe halten wollen, um das Exposé anschließend als Steinurkunde in Sidyma aufstellen zu lassen. Tatsächlich werden μαρτυρία und μαρτυρεῖσθαι in dieser Bedeutung gebraucht (vgl. o. S. 360f. m. Anm. 93f.; Chaniotis 81 verweist auf Texte aus derselben Region, TAM 2,412 und 419); hingegen fehlen offenbar Belege für das Kompositum ἐκμαρτυρεῖσθαι in diesem Sinne (ebd.). Darin liegt vielleicht nicht unbedingt ein schwerwiegender Einwand; jedoch bietet die von Chaniotis nach Kalinka (in TAM) favorisierte Lösung, einen weit gesperrten *acc. cum inf.* ἐκγμαρτυρηθῆναι ... τὴν γενεαλογίαν anzunehmen, den Vorteil, einen syntaktischen Bezug für τὴν γενεαλογίαν zu liefern, so daß mit Abschluß der Kolumne auch der Satz abgeschlossen ist und die – weggebrochene – col. 2 direkt mit der mythischen Genealogie begonnen haben dürfte. Weite Sperrungen kommen in dieser Inschrift immer wieder vor, vgl. etwa 4,11, wo Ἀπόλλωνα immer noch von ἀναφυούσης aus 3,10f. regiert wird (wenn auch die Konstruktion über eine Antithesenbrücke erleichtert wird), und 6,4-8, wo sich der Satz allerdings trotz des erst an so später Stelle folgenden Objekts zu ἀνανεοῦμαι leichter verstehen läßt. – Wenn ἐγκμαρτυρηθῆναι hingegen zu Hieron selbst gehört, wie Robert es versteht, wäre die syntaktische Funk-

dem tloischen Prytanenkollegium vorgelegt; wahrscheinlicher noch hat er es in der Volksversammlung von Tlos vorgetragen. Von dieser Sprechsituation haben sich im nachfolgenden Text an mehreren Stellen Spuren erhalten, wenn Hieron die Perspektive der Tloer einnimmt und von den Sidymern in der dritten Person spricht.[383] Auf den Beschluß des Demos hin haben dann die Prytanen als ständiger geschäftsführender Ausschuß der Ekklesie das Schreiben an ihre Amtskollegen von Sidyma gerichtet, das wir vor uns haben.

Für den Rhetor ging es bei diesem Verfahren vermutlich vor allem darum, daß ihm die Sidymer gestatten sollten, seine Abhandlung bzw. deren auf unserem Stein wiedergegebene Kurzfassung in Sidyma in Form einer Inschrift öffentlich aufstellen zu lassen. Anzunehmen ist, daß er dabei nicht auf die Finanzierung durch die Stadtkasse von Sidyma aus war, für

---

tion von γενεαλογίαν 1,16 im anschließenden verlorenen Text zu lokalisieren, da der Infinitiv kein anderes Subjekt mehr bei sich haben könnte.

Vor allem aber ergibt sich durch Chaniotis' Lösung ein befriedigendes Gesamtverständnis des Vorgangs. Nach dieser Konstruktion des Satzes leitet ἐξ ὧν 1,11 einen echten Relativsatz ein und ist mit ἀνανεώσεων 1,13 verbunden; das Bezugswort ist also in den Relativsatz hineingenommen. Von ἀνανεώσεων sind dann als normale Genitivobjekte συγγενειῶν καὶ ἱστοριῶν καὶ χρησμῶν abhängig. Die ganze Gruppe stellt eine stark ausgebaute *attractio relativi* dar, so daß der Satz in normalisierter Syntax wie folgt zu lauten hätte: Ἱέρων ... βουλόμενος ἐκγμαρτυρηθῆναι σαφῶς πρὸς ὑμᾶς τὴν πρὸς ὑμᾶς καὶ Πιναρεῖς γενεαλογίαν ἐκ τῶν ἀνανεώσεων τῶν συγγενειῶν καὶ ἱστοριῶν καὶ χρησμῶν (»*infolge der* [von ihm geleisteten] *Erneuerungen der Verwandtschaften*« usw.; es hätte auch ein *dativus instrumentalis* stehen können), ἅς (sc. τὰς ἀνανεώσεις) παρέθετο πρὸς μνήμην εὔνοιάν τε. Die Ergänzung des Verbs π[αρέθετο ist von Chaniotis *exempli gratia* vorgeschlagen worden, eine Alternative wäre π[εποίηκεν; π[επραγμάτευται scheidet angesichts der kürzeren Zeilen in col. 1 aus. παρατιθέναι oder mediales παρατίθεσθαι mit der Bedeutung ›etwas (vor jemandem) darlegen, ausführen, darstellen‹ begegnet im Ehrendekret des Koinon der Panamaräer für den Historiker Leon von Alabanda (o. Anm. 34), der eine mit Hierons Werk vergleichbare Abhandlung erarbeitet hat, I.Stratonikeia 7 = Chaniotis 302f. E 9 = McCabe, Panamara (PHI # 7) 7: παραθεὶς ἔκ τε [τ]ῶ[ν] [ἱστοριῶ]ν καὶ τῶν ἀρχαίων γραμμάτων καὶ συστησά[μενος τὰς ἄν]ωθεν τιμὰς καὶ ἀσυλίας ὑπαρχούσας τῶι Δ̣ιΐ καὶ Παναμαρεῦσιν. Die Ausführungen von Gesandten, die einen Sachverhalt vor der Volksversammlung ›darlegen‹ und erläutern, und von Parteien in Schlichtungsfällen, die die Belege (γράμματα, ἔγγραφα) für ihren Standpunkt anführen, werden auch sonst häufig als παραθέσεις bezeichnet: vgl. Robert, Sinuri 37.

Robert, Arbinas ebd., dachte demgegenüber daran, mit ἐξ ὧν in 1,11 bereits die Darlegung des Hieron beginnen zu lassen; er wollte darum sicher auch nicht, wie Chaniotis, ein Verb in der 3. Pers. mit dem zu ergänzenden Subjekt Hieron nach dem Relativpronomen herstellen. So hatte auch Kalinka in seiner auf Benndorf u.a. beruhenden Edition in den TAM bereits an dieser Stelle Hieron in direkter Rede sprechen lassen und darum ein Verb in der 1. Pers. ergänzt: βου[λόμενος σαφῶς] ἐκγμαρτυρηθῆ̣ν[αι τούτῳ τῷ λόγῳ] πρὸς ὑμᾶς, ἐξ ὧν π[ρότερον (ἐξ ὧν also temporal aufgefaßt) *ἐποίησα*] πρὸς μνήμην εὐ[σέβειάν τε τῆς θεοῦ] ἀνανεώσεων συ[μπασῶν ἐπιφανει]ῶν καὶ ἱστοριῶν κα[ὶ παλαιῶν χρησ]μῶν. Kalinka sah, wie die älteren Herausgeber, die Inschrift als Wortlautprotokoll eines Vortrages an, den Hieron selbst vor einer Festversammlung aus beiden Städten gehalten habe (vgl. zuvor Anm. 362) – eine Idee, für die Parallelen fehlen, wie Robert ebd. angemerkt hat. Es kommt hinzu, daß bei dieser Herstellung längere Zeilen angenommen werden, als auf dem Stein gestanden haben können: s. zuvor.

383 Vgl. die grammatikalischen Personen und Pronomina in 5,9. 15; 6,1. 6. 9. 11.

die er gewiß selbst aufzukommen hatte, sondern vielmehr auf die Erlaubnis zur monumentalen Repräsentation an einem öffentlichen Platz der Stadt.[384]

Aus der Perspektive der städtischen Autoritäten dürften dagegen diplomatisch-außenpolitische Interessen im Spiel gewesen sein, zu deren Beförderung eine Abhandlung nützlich sein konnte, die die gemeinsamen Ursprünge und Institutionen der drei lykischen Städte mit ›Beweisen‹ abstützte. Daß zu einem solchen Zweck auch historiographische Abhandlungen herangezogen wurden, ist aus einer Vielzahl von Beispielen bekannt; daraus ergab sich die dreifache Rolle, die ›Historiker‹ für die hellenistischen und kaiserzeitlichen Städte als Forscher, Rhetoren und Gesandte spielten.[385]

Hieron ist mit seinem antiquarischen Vortrag ein typischer Vertreter der meist unter dem nicht unproblematischen Begriff der »Zweiten Sophistik« subsumierten Strömung gelehrter Rhetoren – heute würden wir vielleicht sagen: in der ›Politikberatung‹ tätiger Publizisten und Historiker –, die in den demokratisch verfaßten griechischen Städten der Kaiserzeit und ihrem außenpolitischem Verkehr eine so bedeutsame Stellung besaßen. Mit der Absicht, den als Ergebnis seiner archivalischen Tätigkeit verfaßten Vortrag in Stein kodifizieren zu lassen, steht er nicht alleine dar.

Besonders anschaulich ist der ähnliche und zudem mehr oder weniger gleichzeitige Fall[386] des aus dem kilikischen Aigai stammenden Historikers Antiochos,[387] der eine Abhandlung über die Taten des Perseus in Kilikien in Argos vorgetragen hatte, die seiner Ansicht nach eine Verwandtschaft von Aigai mit Argos begründeten, und anschließend dort eine Steinabschrift davon aufstellen ließ. An diese Abhandlung wird in einem Brief der Argiver an die Ägäer erinnert, der die dem Antiochos von der Stadt Argos

384 Merkelbach, Hieron 115.

385 Die wichtigsten Beispiele hat – ausgehend vom Dekret der Lindier mit dem Auftrag an Timachidas zur Abfassung der ›Tempelchronik‹ der Athena, I.Lindos 2 = Syll.[3] 725 = FGrHist 532 F 1, A 6f. ἀναγραψάντω δὲ ἔκ τε τᾶν [ἐπ]ιστολᾶν καὶ τῶν χρηματ[ισμῶν καὶ ἐκ τῶν ἄλλων μαρτυρι]ῶν – M. Holleaux zusammengestellt: Notes sur la »Chronique de Lindos«, REG 26 (1913) 40-46, h. 42-44 m. 43 Anm. 2 (= ders., Études 1,401-407, h. 403-405 m. 404 Anm. 3). Zu ergänzen ist **Didyma App1** = I.Milet 155 (Milet 1,3,255f.), o. S. 491 m. Anm. 373. Vgl. Chaniotis 113-116; Robert, Tarse et Argos, ausgehend vom Ehrendekret für Antiochos von Aigai (s. hiern.); ders., BCH 108 (1984) 531f. = DAM 519f.; ders., Amyzon 162f.; Wörrle, Stadt und Fest 249f. m. Anm. 134.

386 Neben dem des zuvor in Anm. 382 angeführten Leon von Alabanda im karischen Stratonikeia. Im Unterschied zu Hierons Dossier ist anzunehmen, daß Antiochos seine Ausarbeitung in voller Länge in Stein hauen ließ. Beispiele für die monumentale Publikation langer oder sogar äußerst langer Texte an öffentlichen Orten bieten die Darstellung der Hauptlehren Epikurs durch Diogenes in Oinoanda oder das Inschriftenensemble des lykischen Euergeten Opramoas in Rhodiapolis, das seinerseits zahlreiche Dekrete von Städten und Reskripte der römischen Administration enthält. Dagegen meint Robert, daß es sich auch bei der Inschrift des Antiochos nur um ein Resümee handelte (Tarse et Argos 129 = 87).

387 Zur Person vgl. Chaniotis 323 m. Anm. 711. Hauptquelle ist Philostr. Vitae soph. 2,4.

verliehenen Ehren nennt. Die in Argos zurückbehaltene Kopie dieser diplomatischen Note ist gefunden worden.[388]

In dem Brief der Argiver hören wir vom Vorgang der Kodifikation und Aufstellung eines solchen gelehrten Werks Genaueres. Antiochos, so teilt der Demos den Ägäern mit, *»legte besonderen Wert darauf«*, die Abhandlung *»auf einer Stele aufzeichnen zu lassen und im Heiligtum des Apollon Lykeios in Argos zu weihen«*, was man ihm gerne gestattet habe.[389] Hier fällt ebenso wie bei Hieron der Terminus der ἀνανέωσις, und es wird deutlich,[390] daß mit der Abhandlung zur myth-historisch begründeten συγγένεια ein zweckgebundener Gebrauchstext geschaffen wurde, der zur Legitimation politischer Interessen diente:[391] Antiochos, so die Argiver, sei es darum gegangen, *»die berechtigten Ansprüche* (τὰ δίκαια) *eurer Stadt* (also Aigais[392]) *gegenüber der unseren zu erneuern«*.[393] Zur Begründung der συγγένεια dienten auch hier insbesondere Aitiologien von Kulten, die beiden Orten gemeinsam waren: So hat Antiochos offenbar dargelegt, daß Perseus einen in Argos heimischen Kult – Hera oder Athena? – durch die Translation des Götterbildes in Aigai eingeführt habe.[394]

---

388 Erstveröffentlichung: W. Vollgraff, Inscriptions d'Argos, BCH 28 (1904) 421f. Nr. 6 = FGrHist 747 T 2; Neuedition durch Robert, Tarse et Argos 120-123 = DAM 78-81. Roberts Text in SEG 26,426 und bei Chaniotis 322-324 E 28; Deutung (mit weiterer Literatur) bei Robert ebd. 119-129 = DAM 77-87 und Chaniotis ebd. sowie 85f. T 20. Ausführlich ist Perseus als argivischer κτίστης in Kilikien bei Scheer, Vorväter 282-300, behandelt, die aber den Blick im wesentlichen nur auf seine Rolle in Tarsos richtet und auf die Inschrift aus Argos über das Werk des Antiochos nicht eingeht. (Kurz gestreift ebd. 222 m. Anm. 423 im Zusammenhang der *syngeneia*-Politik von Argos in hellenistischer Zeit; hingegen widmet die Untersuchung sich ebd. 317-320, bes. 319, Kadmos als Bindefigur zwischen beiden Städten. Die Arbeit von Robert wird nochmals 288 Anm. 104f. und 290 Anm. 118 kurz bei der Diskussion zweier antiquarischer Details erwähnt.)

389 περὶ πολλοῦ ἐποι[ήσατο ἀνανε]ώσασθαι τὰ τᾶς ὑμετέρας πόλιος δίκαια πρὸς τὰν ἀμε[τέραν καὶ ἐγ]γράψας στάλαι θεῖναι ἐν τῶι τοῦ Λυκείου Ἀπόλλωνος ἱε[ρῷ 6-9.

390 Im Fall der ἀνανέωσις der Beziehungen zwischen Tlos, Sidyma und Pinara können wir das nur vermuten, siehe oben S. 489f.

391 Die linguistische Sprechakttheorie hat – auf der Ebene einzelner Sätze – hierfür Begriffe wie die ›persuasive Illokution‹ und Kategorisierungen wie ›hörerverpflichtende‹ Sprechakte (gegenüber ›sprecherverpflichtenden‹) entwickelt. Zur Illokution, die den Handlungstyp eines Sprechakts bestimmt, vgl. U. Engel, Deutsche Grammatik, Neubearbeitung, München 2004, 34f., wo sich 35-56 eine differenzierte Typologie der Sprechakte findet. – Die Kategorie des handlungsleitenden ›Gebrauchstexts‹ bietet sich generell auch für Orakelbescheide an: siehe die Überlegungen am Beispiel der Theologumena über Athena im milesischen Orakel für Satornila oben S. 363.

392 Wie im Brief der tloischen Prytanen, ist in diesem Schreiben der Argiver die andere Stadt angesprochen, also hier die Heimat des Antiochos, Aigai. Das Pronomen wird folglich nicht aus Antiochos' Perspektive gesetzt, obwohl von ihm als Subjekt gesprochen wird.

393 ἀνανε]ώσασθαι τὰ τᾶς ὑμετέρας πόλιος δίκαια πρὸς τὰν ἀμε[τέραν 7f. Eine Vermutung, worin die politische Absicht der Darlegungen gelegen haben könnte, bei Chaniotis 86.

394 τὸ τᾶς πατρίου κομίζοντα θεᾶς ἀφεί[δρυμα 23f. Vgl. F. Hiller v. Gärtringen, Die Perseussage von Aigai in Kilikien, Hermes 57 (1922) 155f.; Robert, Tarse et Argos 126 = 84; Chaniotis 86. Robert, Hell. 13,120-125, bes. 122f. (dort auch zur Inschrift aus Argos), hat eine Reihe von Belegen zusammengestellt, an denen ἀφίδρυμα die Bedeutung ›Kopie des (Mutter-)Kultbilds‹ aufweist. Demgegenüber hat I. Malkin, What is an ›aphidruma‹?, ClAnt 10 (1991) 77-96,

Zitat der tloischen Prytanen aus der Abhandlung des Hieron. Weitere ›Beweise‹ und Orakel in einer ausführlicheren Fassung von Hierons Werk. Ein verlorenes Orakel über die Beziehungen zwischen Pinara und Tlos?

Beim Wiedereinsetzen des Textes in der dritten Kolumne spricht Hieron selbst in der ersten Person.[395] Die tloischen Prytanen zitieren in ihrem Brief an die Sidymäer also wörtlich aus Hierons Abhandlung bzw. einem gegenüber dem Originalwerk gekürzten Exposé,[396] das er ihnen als Grundlage für die erbetene diplomatische Note an Sidyma unterbreitet hat. Dazu wird er einen Antrag in der Volksversammlung der Stadt gestellt haben.

Der Übergang von der Einleitungspassage des Briefes der Prytanen zum Zitat aus dem Memorandum des Hieron muß in der abgebrochenen zweiten Kolumne gestanden haben, möglicherweise gleich zu ihrem Beginn.[397] Die Formulierung am Ende der Darstellung der genealogischen Verhältnisse: *»(dies) gemäß einer weiteren Abstammungslehre, die ich oft, dabei den Nachforschungen des Polycharm und anderer folgend, behandelt habe«*,[398] läßt erkennen, daß Hieron hier eine Kurzfassung, eine Art Resümee eines umfassenderen Werkes gibt, in dem er die συγγένειαι und ἱστορίαι ausführlicher entwickelt hat.

---

argumentiert, ἀφίδρυμα könne jedes sakrale Objekt bezeichnen, das in einem Kult Verwendung findet, der als ›Ableger‹ eines anderen aufgefaßt wurde (vgl. SEG 41,1855). Für die noch weiter gefaßte Bedeutung ›von anderswo her übertragener Kult‹ vgl. J. Brunel, A propos des transferts des cultes: un sens méconnu du mot ἀφίδρυμα, RevPhil 3,27 (1953) 21-33, der sich zugleich gegen die Bedeutung ›Kopie, Reproduktion‹ wandte, hierin freilich widerlegt von Robert ebd.

395 Vgl. 3,2 ὑπ' ἐμοῦ; dann 6,4 ἀνανεοῦμαι. Die Pronomina der 1. Pers. Plural (3,10 τῆς ἀφ' ἡμῶν γενεᾶς und öfter) könnten genausogut von den tloischen Magistraten gegenüber den Sidymern gebraucht werden; ebenso sind sie aber im Munde des tloischen Historikers am Platze.

396 Man muß sich also klarmachen, daß wir auch weiterhin den Brief der Prytanen lesen, in den die Abhandlung Hierons eingefügt ist. Sie wird dort aber unverändert, d.h. ohne Anpassung der grammatischen Personen wiedergegeben, so daß wir den Eindruck eines Sprecherwechsels haben – der aber nur auf einer nachgeordneten Stufe vorliegt. Das ist nicht das Ende der Einschachtelungen in diesem Text, siehe unten zum Orakel: S. 507-509 m. Anm. 423.

397 Dies setzt die oben Anm. 382 entwickelte Annahme voraus, daß mit γενεαλογίαν 1,16 die Einleitungspassage des Briefes der Prytanen beendet war. In jedem Fall dürfte am verlorenen Ende der Inschrift nach dem oder den Orakeln eine das Exposé Hierons einklammernde Schlußformel gestanden haben, die wieder der Ebene des Prytanen-Briefes angehörte und diesen förmlich vollendete. Sie war nötig, da Hierons Text innerhalb des Gesamtdokuments textuell und funktional eingeordnet war und nicht für sich stand; s. vorige Anm. Denkbar wäre allerdings auch die Publikation des Memorandums Hierons als Appendix, so daß das Schreiben der Prytanen schon in col. 2 seinen förmlichen Abschluß erhalten hätte.

398 δι' ἄλλης (ΔΙΑΔΗΣ auf dem Stein) γενεαλο[γί]ας καὶ ὑπ' ἐμοῦ πολλάκις δεδηλωμένης 3,2-5. Man kann dieser Formulierung einen Hinweis entweder auf *ein* ausgearbeitetes Werk Hierons entnehmen, das er *»oft«* vorgetragen hat, oder auch auf *mehrere* Arbeiten zur lykischen ›Urgeschichte‹. Die ἄλλη γενεαλογία, deren Schluß wir in 3,1f. noch lesen können und die in 4,9f. bei der Nennung des κτίσται-Paares Tloos und Chelidon offenbar wieder zugrundegelegt ist, kann dabei eine von den allgemein verbreiteten lykischen Stammesmythen abweichende Fassung sein; oder aber die Formulierung deutet darauf hin, daß Hieron im verlorenen Text von col. 2 alternative Versionen der mythischen Genealogie nebeneinandergestellt hat.

Dort scheint er auch noch mehr Orakel zusammengestellt zu haben,[399] auf die möglicherweise aber nur in Paraphrase verwiesen war; das in der Folge auf dem Stein angeführte erscheint im Wortlaut, wenn auch für uns unvollständig.[400] Im Anschluß an das Orakel für Sidyma über die Modalitäten der Bestimmung der Artemis-Priesterinnen könnte auch in der Fassung auf dem Stein noch ein Orakel gefolgt sein, das die Beziehungen von Pinara – und seines Artemis-Kults, der auch den Gegenstand der mit Pinara verbundenen Wundererzählung bildet – zu Tlos illustrierte und zu unterstreichen vermochte.

Geht man auch hier von einer Symmetrie des in seinen erhaltenen Teilen sorgfältig gebauten Textes aus, ist dies nach den beiden Wunderberichten, die einmal Pinara und einmal Sidyma betreffen, eine naheliegende Annahme. Möglich allerdings auch, daß im Sendschreiben der Tloer an ihre sidymäischen Stammesverwandten nur das Orakel wiedergegeben war, das die kultischen Beziehungen dieser beiden Städte anging – dann war vielleicht in einem analogen Brief der Sidymer an die Pinarer ein entsprechendes Orakel an die Stelle gesetzt.

In jedem Fall beruft er sich auf Quellen, nämlich andere Historiker wie Polycharm – ohne Zweifel dessen Werk Λυκιακά (die wenigen bei Athenaios und Stephanus von Byzanz zitierten Fragmente sind als FGrHist 770 F 1-4 zusammengestellt) – *»und weitere«*: Unter diesen ist wohl – vielleicht eher über kompilatorische Mittelquellen: die Λυκιακά des Alexander Polyhistor? – der ionische Epiker Panyassis von Halikarnaß aus der ersten Hälfte des 5. Jh., ein Verwandter Herodots, mit seinem Werk Ἡρακλεῖα (siehe hiern. Anm. 401). Panyassis, dessen Werke lokale Mythologien und Kulte behandelten, kann von Hieron durchaus als Verfasser von ἱστορίαι bezeichnet werden (*contra* M.C. van der Kolf, Praxidike, RE 22, 1954, 1751-1761, h. 1759), zumal wenn Hieron ihn durch einen Autor wie Alexander benutzt haben sollte. Bei allen könnte letztlich Hekataios von Milet die Quelle dieser genealogischen Traditionen sein (siehe FGrHist 1 F 255-268), für die Polycharm und *»die weiteren«* dann als Mittelquellen anzusehen wären (vgl. H. Oppermann, Tremiles, RE 6 A, 1937, 2289f., und van der Kolf ebd.; für Hekataios als Quelle Polycharms s. die immer noch wichtige Arbeit von E. Stemplinger, Studien zu den Ἐθνικά des Stephanus Byzantius, Gym.-Progr. München 1902, 31ff.).
Ob Alexander Polyhistor als einer der von Hieron genannten ἕτεροι in Frage kommt, mag man zwar insofern als unsicher ansehen, als er offenbar teilweise eine von Polycharm abweichende Genealogie der lykischen Heroen vertreten hat. Darauf deutet die von Stephanus unmittelbar im Anschluß an das einschlägige Panyassis-Fragment 18 Kinkel/Matthews/Davies = 23 Bernabé (zu dem er nicht angibt, wo er es entnommen hat) zitierte Passage FGrHist 273 F 137 (mit Jacobys ausführlichem Komm.; vgl. auch Oppermann ebd.). Hingegen stimmt F 58 (ap. Steph. s.v. Κράγος), wo ebenfalls Kragos als Sohn der Praxidike und des Tremiles erscheint, mit Hierons (und Polycharms) Version überein. Daß Alexander hier zumindest teilweise aus Panyassis geschöpft hat, vertritt Jacoby in seinem Kommentar zu F 58 und F 137. Daß aber letztlich Hekataios im Hintergrund stehen dürfte, zeigt auch der Umstand an, daß Stephanus s.v. Τρεμίλη Hekataios' Γενεαλογίαι als Quelle für die Bezeichnung der Lykier als Τρεμῖλαι unmittelbar nach dem Zitat aus Panyassis und Alexander anführt (= FGrHist 1 F 10, zur Sache Jacobys Komm.)

399 Das würde den Plural χρησμῶν (1,14) erklären, den die Prytanen bei der Wiedergabe des Antrags (βουλόμενος 1,9) des Hieron benutzt haben.

400 Der Text des Orakels bricht am Ende des letzten gefundenen Quaders E mitten im Satz ab: Vgl. die Überlegungen über die mögliche Fortsetzung unten S. 515. 522-525.

3.3.2 Die Verwandtschaft der lykischen Städte erweist sich in der Nähe zu den Göttern: »Zahlreich sind die Offenbarungen und Wunder in diesem von göttlicher Macht beherrschten Land … «

Die Genealogien der lykischen Stammesheroen erweisen die Verwandtschaft von Sidyma und Tlos. Aitiologische Wundererzählungen illustrieren die religiösen Beziehungen zwischen den Städten: Offenbarungswunder als Kultaitiologien der Artemis in Pinara und des Apollon in Sidyma. Die besondere religiöse Prägung der Region.

Nacheinander werden nun die Genealogien der lykischen Stammesheroen abgehandelt, wovon nur das Ende erhalten ist. Hier stand also das Kapitel über die συγγένειαι, das auch im Brief der Prytanen an erster Stelle angekündigt wurde;[401] sein Hauptteil muß in der zweiten Kolumne gefolgt sein. Bemerkenswert ist dabei, daß sich Hieron offenbar von einer Vulgata der

401 Entscheidend für das Verständnis ist das in Anm. 398 erwähnte Fragment aus den Ἡρακλεῖα des Panyassis (18 Kinkel/Matthews/Davies = 23 Bernabé). Der sich daraus ergebende mythische Stammbaum ist von Jacoby zu FGrHist 273 F 58 aufgestellt und, erweitert um eine Lageskizze der betroffenen lykischen Orte, von Merkelbach, Hieron 117, wiedergegeben worden. Die Partie aus Panyassis ist ausführlich besprochen bei G. Huxley, Studies on early Greek poets 3: On a fragment of Panyasis, GRBS 5 (1964) 29-33, und V.J. Matthews, Panyassis of Halikarnassos, Mnemos. Suppl. 103, Leiden 1974, 100-107; neue Vorschläge zu mehreren Stellen mit Auswirkungen auf die lykischen Gründungsmythen bei Jones (wie Anm. 361) 144-150. Die Verbindung zwischen der von Hieron hier entwickelten Genealogie und den Versen aus Panyassis hatte bereits A. Wilhelm, Ἐπίγραμμα ἐκ Λυκίας, Πρακτ. Ἀκαδ. Ἀθηνῶν 6 (1931) 319-334 (= ders., Akademieschriften 2,319-334 [sic]), bes. 325-327, hergestellt und so das in einem bei Stephanus von Byzanz (s.v. Ἄγριαι) zitierten Weihepigramm (= D.L. Page, Further Greek Epigrams, Cambridge 1981, 141) erwähnte Heiligtum *»der drei Brüder«* , in dem die Tloer eine Statue des Neoptolemos aufgestellt hatten, als ein Heroon der Stammväter Tloos, Kragos und Pinaros/Pinalos identifizieren können. Die so realisierte kultische Einheit der drei Heroen, die durch ihre Genealogie begründet war, war Ausdruck der auf συγγένεια fußenden Verbindungen der drei Städte im Xanthos-Tal, die die lokalmythologischen Figuren als eponyme Gründerheroen in Anspruch nahmen. Siehe zu diesem Komplex und dem von Wilhelm gedeuteten Epigramm L. Robert, Une épigramme hellénistique de Lycie, Journ Sav 1983, 241-258 = OMS 7,531-548, bes. 246f. = 536f. m. Anm. 22, und bereits dens., Arbinas 21f. = OMS 7,399f. (vgl. auch o. Anm. 380). Merkelbach, Hieron 117, macht zwar auf das wichtige Panyassis-Fragment aufmerksam, erwähnt dabei aber weder, daß Wilhelm die Kombination hergestellt hat, noch die beiden Arbeiten Roberts oder den Kommentar Jacobys. Die jüngste Behandlung der verwickelten Fragen der lykischen Stammesgenealogie und der daraus abgeleiteten Städtebeziehungen ist im Kommentar von Curty, Parentés légendaires 197-200, zu unserer Inschrift gegeben (die Inschrift in seinem Katalog Nr. 79); Kritik bei Behrwald, Lykischer Bund 76 Anm. 244f.
Wenn, wie zuvor Anm. 398 erwogen, Hieron direkt oder indirekt auf die bei Panyassis entwickelte Genealogie zurückgreifen sollte, wäre die bei Matthews ebd. 34f. gemachte Aussage zu revidieren, ab der zweiten Hälfte des 2. Jh. n. Chr. verliere sich die Kenntnis dieses Epikers. Immerhin gesteht Matthews zu, daß etwa Athenaios ein Hindernis für seine These darstellt, »but it is likely that he used him as a mere source book« – damit wird freilich eine schwer zu definierende qualitative Grenze von ›Kenntnis‹ aufgerichtet: Wo hört die Aneignung auf, wo beginnt »bloßes« Epitomieren? Für Matthews wäre dann sicher auch Hieron nur ein solcher Quellenausschreiber. Es ist, wie dargelegt, allerdings nicht unwahrscheinlich, daß Hieron Panyassis über einen vermittelnden Historiographen benutzt hat.

mythischen Stammesgeschichte explizit absetzt und die Eigenständigkeit seiner – sich auf andere Autoritäten stützenden – Version betont.

Hieran schließt sich der aitiologische Bericht über Offenbarungswunder an, die in Pinara den Artemis- und in Sidyma den Apollon-Kult begründet haben. Dieser lange Abschnitt enthält damit die in der Übersicht der sidymäischen Prytanen an zweiter Stelle angekündigten ἱστορίαι.[402] Die Wunder weisen offenbar untereinander weitestgehende Ähnlichkeiten auf, so daß der besser erhaltene Bericht über das Aition des sidymäischen Kults des Apollon von Lopta erlaubt, eine Vorstellung des entsprechenden Aitions für Pinara zu gewinnen: Ein Deutungsversuch muß hier ansetzen. Durch die Parallelität der Kultaitia ließ sich die Verwandtschaft von Pinara und Sidyma anschaulich illustrieren, weshalb auch beide Gottheiten explizit als die Zwillinge der Leto eingeführt werden.

Beachtenswert ist die Bemerkung über den religiösen Status der Region, die sich der besonderen Aufmerksamkeit der Götter erfreue: *»Zahlreich sind die Wunder, die über die von Bergen und dem Meer umschlossene Bucht erzählt werden, die von göttlicher Macht beherrscht wird«.*[403] Hieron hebt hervor, daß die geschilderten Wunder nicht in einer ungewissen Vorzeit stattgefunden haben, von der man wenig Verläßliches wissen konnte, sondern zu seinen eigenen Lebzeiten[404] – und vermag damit den Eindruck, daß die Orte in außerordentlicher Gunst der Götter stehen, noch zu steigern.

Ein lokaler Geburtsmythos der Letoiden: Das Felswunder von Araxa als Götterepiphanie.

Die Erzählung über das Aition des Apollon-Kults in Sidyma führt der Redner mit der Nennung des eponymen mythischen Gründers der Stadt, Si-

402 Pinara: 3,16-4,8; Sidyma: 4,9-5,6. Wie auch beim Übergang von den Wunderberichten zur Begründung der Anführung des Orakels und wiederum von dieser einleitenden Partie zum Orakeltext selbst, so ist auch schon hier die Grenze der Kolumnen auf dem Stein nicht maßgeblich für die Unterteilung der Kapitel gewesen: Sachlich liegt nach 3,5 der Einschnitt, dann wieder in 5,7 und 6,12. Der Steinmetz hatte also offenbar keinen Auftrag, seinen Text nach inhaltlichen Gesichtspunkten auf den Quadern zu gliedern.

403 [ο]ὐκ ὀλίγα εἰς τὸν περιεχόμενον ὄρεσιν καὶ θαλάσσῃ θειότητος ἐχούσης θαύματα κόλπον 3,6-8. Das im Anschluß berichtete Wunder der Artemis in Pinara ist unter diesen θαύματα das *»jüngste«* , ἔκτατον, und noch zu Lebzeiten des Hieron geschehen. Diese Bedeutung für ἔκτατος hat A. Wilhelm (TAM i. app.) nach Analogie von ὑπέρ-τατος angenommen, so daß das Wort hier soviel wie ἔσχατον (sc. θαῦμα) bedeutet. Chaniotis ändert demgegenüber mit Heberdey den Stein in ἔκτα<κ>τον, so daß das Wunder der Artemis in dieser ohnedies von besonderer Götternähe geprägten Region nochmals *»herausgehoben«* ist.

404 (θαῦμα) οὐ πολλῶν χρόνων ἀλλὰ τῆς ἀφ' ἡμῶν γενεᾶς 3,9-11. In etwas anderer Weise wird eine ›frühe‹ und von der Präsenz der Götter unter den Menschen erfüllte Zeit einer grundsätzlich an solchen Manifestationen ärmeren Gegenwart möglicherweise auch in der Anfrage der

dymos, ein, den er den Sohn des Tloos und von dessen Nichte Chelidon nennt, und bezieht sich damit noch einmal auf seine eigene Version der lykischen Heroenmythologie.[405] Das Wunder, das zur Begründung des

Priesterin der Demeter Thesmophoros in Didyma, Alexandra, entgegengesetzt, die sich wegen des Ausbleibens von Götterepiphanien seit ihrem Amtsantritt beunruhigt: ἡ ἱέρεια τῆς Θεσμοφόρου Δήμητρος Ἀλεξάνδρα ἐρωτᾷ· ἐπεὶ, ἐξότε τὴν ἱερατείαν ἀνείληφεν, οὐδέποτε οὕτως οἱ θεοὶ ἐνφανεῖς δι' ἐπιστάσεων γεγένηνται, τοῦτο δὲ καὶ διὰ *(»in Gestalt von«)* παρθένων καὶ γυναικῶν, τοῦτο δὲ καὶ δι' ἀρρένων καὶ νηπίων, τί τὸ τοιοῦτο καὶ εἰ ἐπὶ αἰσίωι *(»und ob es ein günstiges Zeichen ist«)*, **Didyma 22** = I.Didyma 496 A = SGO 01/19/05 = McCabe, Milet (PHI # 7) 481, 1-7.

Es ist allerdings nicht völlig klar, in welchem Sinne die Negation οὐδέποτε οὕτως in 3f. zu verstehen ist. Merkelbach/Stauber fassen es negativ auf, nämlich daß *keine* Epiphanien mehr eintreten, seit sie im Amt ist; so auch Graf, Trick or treat 112; Hotz, Ritual discourse 287. Dagegen Robert, Hell. 11-12,543-546, h. 544 Anm. 4: *»attendu que, depuis qu'elle a assumée la prêtrise, jamais autant les dieux ne se sont manifestés«* (ebd. im Haupttext: »un phénomène se produit avec une étrange fréquence«); ebenso Fontenrose, Didyma 196: »Manifestations of the gods during her term as priestess«; Parke, Apollo in Asia 82: »She found herself surrounded by stories of divine revelations through many different persons constantly occurring. So far from reassuring her these had produced alarm ...«. Sprachlich hängt die Schwierigkeit an οὕτως, dem das nötige Korrelat fehlt, das nicht eindeutig ergänzt werden kann. Im ersten Fall ist zu verstehen ›niemals mehr so *sc.* wie früher/bisher‹, im zweiten ›noch niemals *sc.* so zahlreich wie jetzt‹. Bei der zweiten Lösung handelt es sich aber um eine notwendige Ergänzung, die, da sie eine neue Perspektive bringt, schwerlich implizit gelassen werden kann (ὡς νῦν), während der Bezug bei der ersten Auffassung durch eine freie Ergänzung herzustellen ist (ὡς τὸ πρόσθεν). Daß Alexandra die Art der ἐπιστάσεις – in welcher Menschen Formen die Götter schlüpfen – noch in einer Parenthese ausführt, könnte wiederum eher dafür sprechen, *daß* sie jetzt – irritierend häufig – stattfinden, als daß ihr Fehlen bezeichnet wäre: Dann läge in dieser Anfrage gerade nicht die Vorstellung einer im Laufe der Geschichte abnehmenden ›Götternähe‹, sondern im Gegenteil das Bewußtsein einer von ihrer Präsenz erfüllten Gegenwart vor – und wäre darin den Vorstellungen Hierons nahe verwandt.

Die Antwort auf die Frage Alexandras, für uns nach dem zweiten Vers abbrechend, scheint eine generelle Erklärung des Verhältnisses zwischen Menschen und Göttern und insbesondere der in der Divination wirksamen Prinzipien enthalten zu haben: Götter begegnen Menschen (ἅμ' ἐρχόμενοι, und zwar wohl durch die ἐπιστάσεις, von denen Alexandra gesprochen hatte; zum Konzept Robert ebd.), geben dabei ihre Meinungen bekannt ([ἣν γνώ]μην φράζ[ου]σι) und verkünden die von ihnen gewünschten ›Ehren‹, also Kultleistungen (ἣν τειμὴν). – Die hier vorliegende Bedeutung von ἐπίστασις – ›Innehalten (auf dem Weg), Hinzutreten, Aufenthalt, Besuch‹ und darum ›Aufmerksamkeit, Fürsorge‹ – begegnet stets im Kontext von Götterepiphanien; in Inschriften seit der spätarchaischen Zeit, so in einer Weihung aus Samos auf eine Epiphanie der Hera hin (Syll.^{3} 10 = Schwyzer, DGEEP 714 = Meiggs-Lewis 16 = Jefferey, LSAG 342 Nr. 13). Vgl. G. Dunst, Archaische Inschriften und Dokumente der Pentekontaetie aus Samos, AthMitt 87 (1972) 99-163, h. 116-118. Im sog. Testament des Epikrates aus Nakrason in der Gegend von Thyateira im lydisch-mysischen Grenzgebiet (1. Jh. n. Chr.) *»besucht«* (ἐπιφοιτῶντος 35) der verstorbene Sohn den Vater regelmäßig *»in Träumen und Zeichen und Erscheinungen«* (καὶ ὀνείροις καὶ σημείοις καὶ φαντάσμασι ... ἐναργῶς 33f.); s. Kap. 2, Anm. 274. Hotz, Ritual discourse 287, erkennt auch in den ἐπιστάσεις, von denen Alexandra spricht, Traumerscheinungen und sieht sie als eine professionelle Traumdeuterin, die mit einem Rückgang der Nachfrage ihrer Klienten konfrontiert gewesen sei. Auf diese Situation bezieht sich auch sein Verständnis des zweiten Orakels für die Demeter-Priesterin (Hotz ebd. spricht versehentlich von Artemis), **Didyma 23** = I.Didyma 496 B: Das Aussetzen der Epiphanien habe die Popularität und damit den Fortbestand des Mysterienkults insgesamt gefährdet, dessen Bedeutung Apollon daraufhin im zweiten Bescheid mit dem Verweis auf die zivilisationsstiftende Macht der Göttin emphatisch bekräftigt.

Kults führt, hängt mit einem lokalen Geburtsmythos der beiden Götter zusammen, wonach in Araxa, ein Stück den Xanthos flußaufwärts, Gaia zwei Felsen in Form von Statuen der Letoiden habe *»emporwachsen lassen«*.

Hier und im zuvor erzählten Wunder von Pinara scheint ein Erdbeben mythisch-theologisch gedeutet worden zu sein.[406] Gleichzeitig ist auch ein Anklang an eine Astraltheologie der beiden Götter zu vernehmen, die im Umkreis dieser Kulte offenbar vertreten wurde.[407] Wenn in einem solchen Naturereignis, infolge dessen an beiden Orten anthropomorph ›lesbare‹ Felsen dalagen, ein Bild für die Zwillingsgeburt der Leto-Kinder gesehen werden konnte, deren Kulte in beiden Städten heimisch waren, ließ sich das als Argument für die Zusammengehörigkeit beider Poleis werten.

Die Erzählung zielt also nicht so sehr darauf, die Geburt der Zwillinge für den eigenen lokalen Ruhm zu beanspruchen. Sie schafft vielmehr eine

---

Umstritten ist die Bedeutung von ἐπίστασις in einer Weihung aus Perge (2. Hälfte des 5. bis frühes 4. Jh. v. Chr.), der ältesten Inschrift und zugleich einer von zwei bekannten Dialektinschriften aus dem pamphylischen Ort (I.Perge 1 = C. Brixhe/R. Hodot, L'Asie mineure du nord au sud: inscriptions inédites, Études d'archéologie classique 6, Nancy 1988, 222-234 Nr. 225 = SEG 30,1517). Während R. Merkelbach (ders./S. Sahin, Die publizierten Inschriften von Perge, EpigrAnat 11, 1988, 97-170, h. 97-99 Nr. 1) auch hier eine Götterepiphanie bezeichnet sieht (*»aufgrund eines Traumgesichts«*), hat Brixhe ebd. 234 das Verb als Akkusativobjekt zu ἀνέθΕκε verstehen und darin ein Bauelement sehen wollen (*»a dédié l'*épistasis *de ce monument«*). Vgl. nochmals dens., Corpus des inscriptions dialectales de Pamphylie, Suppl. 3, in: Hellènika symmikta: histoire, archéologie, épigraphie, Études d'archéologie classique 7, Nancy 1991, 15f. Für diese konkrete Bedeutung gibt es aber sonst keine Belege. Sahin vertritt in I.Perge die Ansicht, es handle sich um eine Dedikationsformel wie ἀπαρχήν und εὐχήν (s. EBGR 1999,213 [Kernos 15, 2002, 402f.]); ἐπίστασι(ν) wäre dann hier prädikativ zu dem zu ergänzenden Votivgegenstand gesetzt. Dem schließt sich Brixhe in Bull. ép. 2000, 625 S. 560, an und schlägt nun ein Verständnis im Sinne von ἀπαρχήν vor; er weist dazu auf die Bedeutung ›Eintritt, Beginn‹ von ἐπίστασις hin (vgl. LSJ s.v. II 4). Sahins Einwand gegen Merkelbach beruht darauf, daß Weihungen nach Traumerscheinungen im südlichen Kleinasien nicht belegt seien. Da die Inschrift aber in dieser Zeit in Perge bis jetzt völlig alleinesteht, scheinen solche Aussagen nicht ausreichend begründet; außerdem kommt ἀπαρχήν als Dedikationsformel in Perge vor (I.Perge 4). Die von Robert in Hell. 11-12,544f. erörterte Bedeutung kann mit Merkelbach auch in Perge bis auf weiteres angenommen werden (so auch LSJ Suppl. s.v.). Die Formel erscheint nochmals in einer Weihung an Zeus, I.Perge 3 (vgl. SEG 49,1886 S. 600). Zu literarischen Belegen vgl. Robert, ebd. m. Anm. 5; für die christliche Tradition wichtig NT Acta 23,11: Christus erscheint Paulus (vgl. 27,23; synonym παριστάναι).

405 ἐν δὲ Σιδύμοις, κτίσματι Σιδύμου υἱοῦ Τλώου καὶ Χελειδόνος τῆς Κράγου 4,9-11. In 3,1f. sind Tloos, Kragos und Pinalos (= Pinaros) als Söhne des Tremiles und der Praxidike genannt. Siehe zuvor Anm. 398 und 401.

406 ἀναφυούσης τῆς θ[εο]τόκου γῆς λαϊνέου<ς> μορφὰς ὁμοιοτυπεῖς τ<οῖ>ς (Wilamowitz) Λητοῦς διδύμοις 3,10-13. In Pinara wird das örtliche Kultwunder ὑπεράνω [το]ῦ τε σεσα[λευμένου Κράγου situiert (3,15-4,1). Auf Erdbeben als Zeichen von Götteroffenbarungen geht, auch unter Beachtung dieses Beispiels, A. Chaniotis, Willkommene Erdbeben, in: E. Olshausen/H. Sonnabend (Hg.), Naturkatastrophen in der antiken Welt, Geographica historica 10, Stuttgart 1998, 404-417, ein (zum sidymäischen Text 414f.) und behandelt das Metaphernfeld ›Geburt – Erdbeben‹. Auf dem Umweg derartiger Reinterpretationen konnten Naturkatastrophen als positiv konnotierte Wunder angesprochen werden.

407 Artemis und Apollon werden δίδυμοι φωστῆρες ἐπουράνοι genannt (3,14f.).

Analogie zum kanonischen Mythos – der in seinem Kern nicht angetastet wird: Artemis und Apollon bleiben die Kinder der Leto, und wo sie ›wirklich‹ geboren wurden, davon wird hier nicht gesprochen.[408]

Diese Interpretation verknüpft den zu einem Epiphaniebericht abgewandelten Geburtsmythos mit der allegorischen Deutung eines nach Erklärung verlangenden außerordentlichen Phänomens der physikalischen Welt und gewinnt daraus ein Aition für einen lokalen Kult und seine Rituale: Auch wenn es nur *»formgleiche Gestalten«* der Götter sind, μορφαὶ ὁμοιοτυπεῖς,[409] die im Xanthos-Tal zu sehen sind, zeigt doch auch diese ›sekundäre‹ Materialisierung der Gestalten des Mythos ihre besondere Präsenz am Ort und in dessen Kulten an. Noch dazu ist all dies *»in unseren Tagen«* geschehen, was dieser Produktion lokaler Theologie in den Augen Hierons zusätzliche Überzeugungskraft verleiht.

Strafwunder in der Höhle des Apollon in Lopta: Eine ›verbotene Epiphanie‹ als Aition einer Festprozession und eines Kultrufs.

Als Weiterführung des Felswunders von Araxa werden nun die beiden Aitia für die lokalen Kulte berichtet, denn auch hier spielen Felsen die entscheidende Rolle.[410] In Sidyma gab es an einer Örtlichkeit namens Λόπτα eine verborgene Höhle am Meeresufer, wo, so Hieron, Apollon sich offenbarte: Eine Frau trachtete den Gott heimlich zu erblicken, obwohl die Höhle schwer zugänglich ist und nur eine Öffnung in Form eines engen Spalts besitzt, durch den Licht hineinfällt. Als sie nun durch diesen Spalt spähen wollte, stürzte sie plötzlich hinein und wurde in der Höhle zu einem Felsen versteinert. Dieses Strafwunder sollte zum *»Zeichen der Furcht für unerlaubte Späher«* dienen und ist für die Verehrer des Gottes in Sidyma der Grund, bei der Prozession am Fest des Heiligtums den Gott mit seinem Kulttitel Apollon von Lopta anzurufen.[411]

---

408 Allerdings heißt es, Leto habe ihre Kinder in Araxa empfangen: 3,14 τοῖς Λητοῦς ... ἐν Ἀ[ρά]ξοις κυηθεῖσιν. Steht dahinter doch der Anspruch, Leto und Zeus hätten sich in dem lykischen Ort vereinigt? Bekanntlich beanspruchte auch Didyma, Geburtsort der Letoiden zu sein: Wichtigstes Zeugnis ist die Inschrift, mit der Kos den Status der Didymeia als panhellenischen Agon und die Asylie des Heiligtums und der Stadt anerkannte, Syll.[3] 590,10 (= **Didyma 10**). Vgl. Günther, Orakel von Didyma 104f., und zuvor Anm. 356.

409 Der Ausdruck verrät den Einfluß naturphilosophischer Konzepte auf die theologische Reflexion. Das Verhältnis zwischen personaler mythologischer Gestalt, materiellem Pendant und immaterieller göttlicher Substanz ist für einen ›Theologen‹ wie Hieron erklärungsbedürftig: Die verschiedenen Entfaltungen (μορφαί) gehen vom selben τύπος aus. Die hier im 2. Jh. n. Chr. im Hintergrund erkennbaren Fragen stehen damit in einer Traditionslinie, die mit der vorsokratischen Naturphilosophie beginnt.

410 Die Verknüpfung des Wunders der ›Zwillingsfelsen‹ in Araxa mit den lokalen Kultaitiologien von Pinara und Sidyma ist wegen des stark fragmentierten Übergangs am Beginn von col. 4 nicht zu erkennen.

Mit dieser Variation des aus der panhellenischen Mythologie wohlbekannten Motivs der ›verbotenen Epiphanie‹[412] führt Hieron ein spezifisches Element aus dem Ritualprogramm des lokalen Kults – den Kultruf bei der Prozession – auf ein sinnstiftendes Ereignis zurück und legitimiert dadurch den Kult und seine Formen. Durch die Geburtsmythologie der Leto-Kinder, die im Felswunder von Araxa ihren Anhaltspunkt findet, bildet der Kult in Lopta wiederum ein Element der Interdependenz der lykischen Städte und ihrer religiösen Institutionen.

3.3.3 Das Orakel Apollons für Sidyma in der Darlegung des Hieron: ›Erneuerung‹ einer göttlichen Botschaft für die Verehrung der Artemis

Das Orakel Apollons über die Bestellung der Artemis-Priesterinnen von Sidyma. Hieron ›erneuert‹ einen ›alten‹ Orakelspruch. Indirekte Datierung der Konsultation.

Nach der ›Urgeschichte‹ der Stammesheroen, die die gemeinsamen Wurzeln aller drei lykischen Städte nachwies, und der Behandlung der Kultverwandtschaft von Sidyma und Pinara, die in den beiden Offenbarungswundern zutagetrat[413], führt Hieron in einem dritten Abschnitt ein Apol-

411 4,11-5,6. Der Akkusativ Ἀπόλλωνα (4,11) muß syntaktisch noch zu ἀναφυούσης τῆς θεοτόκου γῆς aus 3,10f. gehören: ἐν μὲν Πινάροις … Ἄρτεμιν … ἐν δὲ Σιδύμοις … Ἀπόλλωνα. Vgl. o. Anm. 382 zur Vorliebe Hierons für weit gespannte Hyperbata. – 5,4: κροτεῖν ἀσ{ε}πάσματι Kalinka, Merkelbach; {ἀσ} ἐπάσματι Zingerle; κροτ<οῦ>ν<τε>ς ἐπ' ἄσματι Benndorf/Niemann, ἐπάσματι Chaniotis. – Zu Höhlen als epiphanischen Orten vgl. U. Egelhaaf-Gaiser/J. Rüpke, Orte des Erscheinens – Orte des Verbergens: Höhlen in Kult und Theologie, Orbis terrarum 6 (2000) 155-176, die sich allerdings nicht zu unserem Text äußern.

412 Die zahlreichen Geschichten des ›Aktaion-Typs‹ sind strukturell als Inversionen des ›Normalfalls‹ der Götterepiphanie und damit als eine Variation der Reflexion über die Kommunikation von Menschen und Göttern zu verstehen. Die Inversion liegt in der Vertauschung der Rollen, denn die ›normale‹ Epiphanie geschieht aus dem Willen der betroffenen Gottheit – was freilich nicht heißt, daß sie positive Folgen für die Menschen zeitigen muß, die ihre Zeugen werden: Vgl. den Fall der Epiphanie Pans in einem Orakel aus Didyma, in dem dann gerade Artemis rettend dazwischentritt, **Didyma 45** = Porph. Philos. ex orac. 307 F Smith (o. Kap. 2, Anm. 620 und S. 257f. m. Anm. 633). Zur Problematik H.S. Versnel, Inconsistencies in Greek and Roman religion 1: Ter unus: Isis, Dionysus, Hermes: three studies in henotheism, Studies in Greek and Roman religion 6, Leiden 1990, 190-193 (mit wichtigen Beobachtungen zum Motiv der Kultbegründungen durch Wunder); ders., Epiphany.

413 Die ersten beiden Abschnitte, Genealogie der Stammesheroen und Kultaitiologien der Lokalgötter, werden in 5,7ff. noch einmal retrospektiv zusammengefaßt: τῆσδε … ἀπὸ *θεῶν* καὶ *κτιστῶν αὐτοχθόνων* οὔσης ἀπ' ἀρχῆς ἡμεῖν πρὸς Σιδυμεῖς … ἑνότητος καὶ ὁμονοίας. Das Orakel ist ein weiterer Beleg für diese ὁμόνοια καὶ ἑνότης. Mit diesem *genitivus absolutus* ist der in 5,7 beginnende und sich bis 6,12 – und damit bis zum Ende von Hierons eigenen Worten – erstreckende Satz wie folgt zu konstruieren: *οὐ μόνον* τῆσδε ἑνότητος καὶ ὁμονοίας … οὔσης (5,7-13) | παρθένων *τε* νεοκορείας εἰληφυιῶν (ᾗ ἡροῦντο πρόσθεν γυναῖκες, ὕστερον παρθένοι) (5,13-6,4) | ἀνανεοῦμαι (6,4) τὸν χρησμὸν (6,8f.) ἀναγεγραμμένον (6,11). Die beiden *genitivi absoluti* sind also durch οὐ μόνον … τε gegliedert. Für diese Koordination sind Belege

lon-Orakel an,[414] das die engen Beziehungen von Sidyma und Tlos unterstreichen soll. Neben dem zum Beleg der συγγένεια zusätzlich eingeführten Argument der Wechselheiraten zwischen beiden Städten, die die ὁμόνοια καὶ ἑνότης bestärkten,[415] nimmt Hieron in diesem Teil seiner ἀνανεώσεις das Thema der Bestellung der Artemis-Priesterinnen auf, die in beiden Städten nach Ausweis archivalischer *»Nachforschungen«*[416] und des anschließend wiedergegebenen Orakels unverheiratet sein mußten.

Das Orakel, das *»vor 129 Jahren«* den Sidymern erteilt worden sei, will Hieron im Wortlaut anführen.[417] Diese interne Datierung, die bereits selbst als Zeugnis für das Vergangenheitsbewußtsein von Interesse ist,[418] kann näherungsweise zur absoluten Ansetzung des Orakels helfen: Wenn man die Aufzeichnung des Briefs der tloischen Prytanen aus epigraphischen Gründen ins späte 2. Jh. n. Chr. datiert,[419] kommt man für das Orakel auf einen Zeitpunkt um die Mitte des 1. Jh. n. Chr.[420] Die Datierung im Kopf der Inschrift in Sidyma, die das Orakel enthielt und die Hieron abgeschrieben hat und im Wortlaut wiedergibt, erlaubt darüberhinaus, den Zeitraum der Erteilung des Orakels durch einen *terminus post quem* einzugrenzen: Der Bericht der *theopropoi* über den Orakelbescheid an die sidymäischen Prytanen ist durch den Priester des *koinon* datiert, womit als frühester Zeitpunkt die Reorganisation des lykischen Bundes durch Rom im Jahre 43 n. Chr. in Frage kommt.[421] Das Orakel muß, wenn man die epigraphische

---

schwierig zu finden; die Wörterbücher und Grammatiken scheinen sie nicht zu kennen, auch Denniston, Greek Particles, hat keinen diesbezüglichen Eintrag.

414 Der Abschnitt umfaßt die Partie von 5,7 bis zum Abbruch des Orakeltextes in 7,16.

415 Zu den ἐπιγαμίαι u. Anm. 441.

416 κατ' ἐπισζήτησιν 6,2.

417 τὸν ἐκπεσόντα πρὸ ἐτῶν ρκθ Σιδυμεῦσιν χρησμόν 6,8f.

418 Siehe auch unten Anm. 434.

419 Kalinka in TAM 2,174 nach Benndorf/Niemann.

420 Vgl. Wörrle, Athena Latmia 38; Parke, Apollo in Asia 192 .

421 Vgl. Merkelbach, Hieron 121. Dies hat Parke, Apollo in Asia 191f. – wo er die Datierung nach dem Priester des *koinon* nennt –, nicht bedacht, wenn er erst einen Zeitpunkt um 50 n. Chr. errechnet, dann aber fortfährt: »But obviously the date of the inscription [die ja nur durch Schriftcharakter grob datiert ist] could be twenty years earlier or later, and the date of the consultation would shift accordingly«. Zusätzlich gerät er, da er den Spruch dem lykischen Bundesorakel von Patara zuweisen will, in Schwierigkeiten mit dessen interner Chronologie, da seine Aktivität erst durch Opramoas in antoninischer Zeit wiederbelebt wurde; vgl. unten S. 530 m. Anm. 484. Parke favorisiert eben darum die – nicht mögliche – Frühdatierung vor dem Einsetzen der Inaktivität in Patara. Vgl. auch Wörrle, Athena Latmia 38 Anm. 60.

422 Zur Datierung siehe nochmals u. S. 517 m. Anm. 449.

423 Daß er von diesem Stein eine Abschrift hergestellt hat, sagt Hieron selbst in 6,4-12: ἀνανεοῦμαι ... τὸν ἐκπεσόντα ... χρησμὸν ... ἀναγεγραμμένον παρ' αὐτοῖς καθὼς ὑπογέγραπται (folgt der Wortlaut der Abschrift des Berichts der Brüder Eupolemos und Ptolemaios aus Kabatia).

424 So Merkelbach, Hieron 120.

425 Der Name erscheint im *Stadiasmus Maris Magni* 250f. (Geogr. Graec. min. 1,493f.). Nicht aufgeführt bei L. Zgusta, Kleinasiatische Ortsnamen, Beitr. z. Namensforschung, Beih. 21, Heidelberg 1984.

Ansetzung und die interne chronologische Angabe hinzunimmt, schon bald danach erteilt worden sein.[422]

Wiedergabe des Konsultationsprotokolls der Gesandtschaft zum Orakel in der Abhandlung Hierons. Sieben Ebenen der Textarchitektur der Gesamturkunde. Die Stufen des administrativen Verfahrens der Konsultation und ihre Dokumentation.

Interessant für die Art der Publizität des Orakels ist, daß Hieron – der ja in dieser Inschrift im Brief der Prytanen von Tlos, wenn auch im Wortlaut, nur zitiert wird – das Orakel wiederum nach einer Quelle, die er selbst abgeschrieben hat, zitiert,[423] nämlich nach dem in Sidyma aufgestellten oder in einem Archiv aufbewahrten[424] Stein, der das Orakel als Bestandteil eines brieflichen Berichts zweier Bürger des Hafenortes von Sidyma, Kalabatia,[425] an die Prytanen von Sidyma enthält. Diese haben den Bericht auf eine Stele gravieren lassen, die dann in Sidyma als Zeugnis für den städtischen Artemis-Kult öffentlich aufgestellt oder im städtischen Archiv, vielleicht auch im Artemis-Heiligtum selbst, aufbewahrt worden ist: Dort hat sie Hieron – eigentlich nicht anders als die epigraphischen Forschungsreisenden der Moderne – zum Zwecke seiner Forschungen (κατ' ἐπισζήτησιν) im Dienste der ἀνανέωσις kopiert. Die beiden *theopropoi* Eupolemos und Ptolemaios, die – gewiß von der Volksversammlung Sidymas dazu gewählt – die Anfrage beim Orakel vorgelegt haben, charakterisieren in ihrem Bericht das Orakel ihrerseits als Abschrift des Originals, das sie im Orakelheiligtum erhalten haben.[426]

---

426 ἀναφέρομεν πρὸς ὑμᾶς [κατ]ὰ τὸ ψήφισμα [τὸ]ν ἐκπεπτωκότα χρησμόν, οὗ καί ἐστιν ἀντίγραφον τὸ ὑπογεγραμμένον (7,1f.; folgt das Versorakel). Zu den Aufgaben der Prytanen, die in den lykischen Städten der Kaiserzeit offenbar ein Kollegium mit dem γραμματεὺς βουλῆς bilden, s. Wörrle, Stadt und Fest 107-111. – ἀντίγραφον heißt die offiziell beglaubigte Abschrift des Ehrenbeschlusses des lykischen *koinon* für die römische Bürgerin Iunia Theodora aus Korinth (wahrscheinlich 41 v. Chr., vgl. Behrwald, Lykischer Bund 121f.), die für ihre Vermittlung in innerlykischen Konflikten und ihre dabei nützlichen Kontakte zu den Römern als φιλολύκιος geehrt wird: BCH 83 (1959) 496-508 = SEG 18,143 (oben Anm. 93). Das lykische Koinon übersendet die Urkunde den Korinthern: ἐξαπεστάλκαμεν ὑμεῖν τὸ ἀντίγραφον σφραγισάμενοι τῇ δημοσίᾳ σφραγεῖδι ὅπως ε[ἴ]δητ[ε] τα[ῦτα] 45f. Dieselbe Formel zuvor im Beschluß von Patara, ebd. 39-41. Verantwortlich für die Abschrift ist ein Sonderbeauftragter des Bundes, der als φροντιστής bezeichnet wird (11f.), in Patara der Ratssekretär. Zum Inschriftendossier, zu dem das Dekret gehört, s. L. Robert, Décret de la Confédération lycienne à Corinthe, REA 62 (1960) 324-342 = OMS 2,840-858; Ch. Picard, La donation de safran en l'honneur de la Corinthienne Junia Théodora: décret de la Confédération lycienne, RevArch 1962,2, 95-97; Behrwald, Lykischer Bund 120-128. Iunia Theodora werden auch Begräbnisehren zuerkannt; die Ausdrucksweise ist aufschlußreich für die zeitgenössischen Jenseitsvorstellungen: στέφανόν τε αὐτῇ χρυσοῦν ὅταν εἰς θεοὺς ἀφίκηται ἀποστεῖλαι 10f.; nochmals 43-45: στεφανώσεως χρυσῷ στεφάνῳ καὶ ἀναθέσεως εἰκόνος εἰς ἀποθέωσιν μετὰ τὴν [ἀπ]α[λ]λαγήν. Für ähnliche Formeln s. Robert ebd. 332 = OMS 2,848 m. Anm. 3.

In der Inschrift lassen sich demnach sieben Ebenen der Textarchitektur erkennen: (1) Das Orakel, das Eupolemos und Ptolemaios im Heiligtum erhalten haben, (2) die Abschrift (ἀντίγραφον) des Orakels im Bericht der Brüder an die Prytanen von Sidyma gemäß einem Volksbeschluß (ἀναφέρομεν πρὸς ὑμᾶς κατὰ ψήφισμα[427]), (3) die wörtliche Wiedergabe dieses Berichts auf einer öffentlich finanzierten Stele in Sidyma auf Beschluß der Stadt, (4) das Zitat des Textes auf dieser Stele (ἀναγραφή[428]) in der lokalhistorischen Abhandlung des Hieron Περὶ τῆς συγγενείας, (5) die Wiedergabe einer Zusammenfassung bzw. von Auszügen der Abhandlung im Brief der Prytanen von Tlos an die Prytanen von Sidyma zur Empfehlung des Werkes des Hieron und zur Förderung der wechselseitigen guten Be-

427 Derselbe Ausdruck, der hier für die förmliche Berichterstattung verwendet wird, ist im Anerkennungsdekret der magnetischen Leukophryena des thessalisch-makedonischen Gonnoi, einer Stadt im Gebiet der Perrhaiboi, das in Magnesia aufgestellt war, für die Archivierung des Volksbeschlusses durch die ταμίαι verwendet (die auch mit seiner Ausführung betraut werden: Empfang der magnetischen Theoren usw.), I.Magnesia 33 = I.Gonnoi 111 (B. Helly, Gonnoi, Bd. 2, Amsterdam 1973, 129-131) = McCabe, Magnesia (PHI # 7) 28, 26-30: ἀναγράψαι δὲ καὶ τὸ ψήφισμα τόδε εἰς τὰ κοινὰ γράμματα *(»in das Stadtarchiv«)* καὶ *ἀνενεγκεῖν εἰς τὸ νομοφυλάκιον*, ὅπως καὶ εἰς τὸν ἐνεσόμενον χρόνον ἀεὶ τοῖς ἀποστελλομένοις (der magnetischen Gesandtschaft) ὑπάρχωσιν τὰ τίμια πάντα ἀξίως [τ]ῆ[ς] θ[ε]ᾶς. Zu dieser Inschrift s. auch o. Anm. 369.
Ebenso in einem Ehrendekret des arkadischen Lykosura für einen Priester der Kore-Mysterien, IG 5,2,516 = Syll.^{3} 800 (1. Jh. n. Chr.), in dessen Durchführungsbestimmungen die doppelte Aufstellung im Archiv in Megalopolis und im Mysterienheiligtum von Lykosura verfügt wird (30-36): *ἀνενενκάτωσαν* δὲ οἱ ἐπιμεληταὶ τὸ ψάφισμα τὸ γραφὲν *εἰς τὸ γραμματοφυλάκιον* τὸ ἐν Μεγάλαι πόλει· ἀναγραψάτωσαν δὲ καὶ ἐστάλαν λιθίναν καὶ ἀναθέτωσαν εἰς τὸ ἱερὸν τᾶς Δεσποίνας, ὅπως ἦι πᾶσιν ἀνθρώποις γνωστὰ ἅ τε τῶν ἀγαθῶν ἀνδρῶν εὐεργ‹εσ›ία ἅ τε τᾶς πόλιος εἰς τοὺς ἀξίους εὐχαριστία. Die doppelte Archivierung erklärt sich aus den engen Beziehungen von Lykosura und Megalopolis: Zwar war die Stadt vom *synoikismos* des Jahres 368/67 aufgrund ihres alten Kore-Kults ausgenommen worden (Paus. 8,27,6; vgl. Jost, Cultes 172), doch stand das Heiligtum offenbar seitdem in der Verwaltung von Megalopolis oder jedenfalls in gemeinsamer Zuständigkeit.
Der Kore-Priester Nikasippos hatte sich unter anderem dadurch verdient gemacht, daß er im Jahr der Olympia (zur Datierung Bull. ép. 1956, 50) sich bereitfand, das Priesteramt zu übernehmen, obwohl für den Mysterienkult der Persephone in diesem Jahr keine Einkünfte durch auswärtige Pilger zu erwarten waren: ἐπεδέξατο δὲ καὶ τὰν ἱερατείαν Νικάσιππος τᾶς Δεσποίνας ὄντος Ὀλυμπικοῦ ἐνιαυτοῦ μηδενὸς θέλοντος προσελθεῖν τῶν τε χρημάτων μὴ πεσόντων τοῖς μυστηρίοις 13-15. Mit dem Ausbleiben dieser Gebühren versiegte im betreffenden Jahr auch die Haupteinnahmequelle der Stadt; Nikasippos sprang daher auch für die abzuführende Reichssteuer in die Bresche. Im Folgejahr schließlich engagierte er sich angesichts einer ἀφορία καρπῶν nochmals zusammen mit seiner Frau. Vgl. Jost, Cultes 331f.; L. Robert, BCH 59 (1935) 447f. = OMS 1,288 im Vergleich mit einem Dekret des böotischen Akraiphia (SEG 15,330) für drei Euergeten, die in ähnlich schwieriger Lage wichtige Ämter übernahmen (siehe o. Anm. 299). – Ein πινάκιον γεγραμμένον, auf der τὰ ἐς τὴν τελετήν verzeichnet waren, also ein Reglement, das auch die Zulassungsgebühren für Initianden aufgeführt haben wird, sah auch Pausanias im Heiligtum von Lykosura, 8,37,2. M.Casevitz/M. Jost, Pausanias, Description de la Grèce 8: L'Arcadie, Paris 2002 (Coll. Budé) 250 ad loc. betonen, daß es sich dabei nicht um das Kultgesetz IG 5,2, 514 = LSCG 68 = Schwyzer, DGEEP 675 gehandelt haben kann, das sich nicht spezifisch mit den Mysterien befaßt.

428 Vgl. ἀναγεγραμμένον παρ' αὐτοῖς καθὼς ὑπογέγραπται 6,11.

ziehungen, (6) der Brief der Prytanen von Tlos an die Amtskollegen in Sidyma und (7) die Dokumentation dieses Briefes in einer Steininschrift, die die Prytanen von Sidyma in ihrer Stadt aufstellen lassen.

Im Zentrum dieser komplexen Struktur steht die wortgetreue Wiedergabe des Orakelbescheids in der Untersuchung des Hieron. Die Anführung des Orakeltexts hat ihre Grundlage in der Konsultation Apollons durch die Stadt, um dann selber zu einem Element der politischen Legitimation des Binnenverhältnisses der lykischen Städte zu werden.

Der Hinweis auf ein Dekret der Stadt läßt erkennen, daß die Brüder von der Volksversammlung als *theopropoi* in dieser Angelegenheit zum Orakel gesandt worden sind,[429] dessen Bescheid sie dann als Abschrift in einem formellen Rapport den Prytanen übergeben haben.[430] Der im Text erwähnte Volksbeschluß wird sich sowohl auf Maßnahmen zur Ausführung der Ratschläge des Gottes als auch auf die Archivierung des Orakels in einer Inschrift und deren Aufstellung bezogen haben.[431] Die Brüder aus Kalabatia mögen besondere persönliche Beziehungen zu dem nicht genannten Kult gehabt haben und deswegen ausgewählt worden sein.[432]

3.3.4 Religiöse Innovation im städtischen Kult: Der Gott ändert die Statusforderungen an die Priesterschaft der Artemis. Die Folgen für das Verhältnis unter den lykischen Städten in der Verehrung der Göttin

Die Stadt gibt den Auftrag zu antiquarischen Nachforschungen über die Besetzung des Priesteramtes der Artemis in Sidyma und beschließt die Befragung Apollons. Der Gott ordnet eine Veränderung an: Statt verheirateten Frauen amtieren künftig unverheiratete junge Frauen. Vergleich mit dem Satornila-Orakel aus Milet und dem Orakel für Herakleia.

Wie Hieron sagt,[433] waren zuvor verheiratete Frauen als Artemis-Priesterinnen eingesetzt worden. Später war offensichtlich Unsicherheit darüber

429 So auch Merkelbach, Hieron 121.

430 Im Orakel über die Reform der Kollekte für Athena Skiris Bulephoros aus Didyma, **Didyma 8** = LSAM 47, wird der Vorgang folgendermaßen expliziert (4-6): ἃ δὲ ἂν ὁ θεὸς θεσπίσῃ, οἱ μὲν θεοπρόποι εἰσαγγειλάτωσαν εἰς ἐκκλησίαν, wo die aus dem Bescheid sich ergebenden Beschlüsse gefaßt werden. Siehe oben S. 405-408.

431 Dies kann aus der Analogie des Verfahrens etwa mit **Didyma 8**, aber auch aus den Durchführungsbestimmungen von Dekreten wie den Anm. 427 besprochenen geschlossen werden, denen keine Orakelanfragen zugrundeliegen. Zu den rekonstruierbaren administrativen Abläufen bei öffentlichen Konsultationen oben S. 400-416; zu den Archivierung und Monumentalisierung betreffenden Reglungen Wörrle, Athena Latmia 32 Anm. 30, und ders., Stadt und Fest 107f.

432 Vgl. etwa den Fall des Claudius Varus Eumenes aus Kyzikos, der für seine Stadt ein Orakel des Ammon eingeholt hat, **Klaros Verw3** = SEG 33,1056: o. S. 276-279. 282f. Das Beispiel zeigt, wie schwer in einem solchen Vorgang ›private‹ und ›öffentliche‹ Religion abzugrenzen sind.

433 5,16-6,1.

entstanden, ob es tatsächlich dem Willen der jungfräulichen Göttin entspreche, wenn verheiratete Priesterinnen ihren Kult versahen, und so beauftragte man Antiquare mit Nachforschungen. Gebildete Rhetoren und Historiographen wie Hieron wurden mit dieser Aufgabe betraut und griffen auf lokalhistorische Abhandlungen, Mythographien und Chroniken, aber auch auf Stadt- und Tempelarchive zurück. Zusätzlich wandte die Stadt sich an das Orakel mit der Bitte um Klärung der Frage.

Der in der Thematik ganz parallel liegende Fall des Orakels über das Priestertum der Athena Polias in Milet, aber auch das Orakel aus Herakleia über die Bestellung der Priester der Athena Latmia zeigen die Bedeutung, die die Poleis der korrekten Durchführung der Kulte und besonders der Rekrutierung der Kultspezialisten beimaßen: In allen drei Fällen wandte man sich um Klärung der Verfahrensweise für die Bestimmung der Kultfunktionäre an ein Orakel. Antiquarische Recherchen zu Präzedenzien und Belegdokumenten konnten ergänzend hinzutreten.[434]

Im Fall der Priesterin der Athena Polias in Milet entschied der Gott in einer speziellen Situation freilich anders. Das prinzipielle Erfordernis der Unverheiratetheit wird dort zwar nicht infragegestellt oder außer Kraft gesetzt, aber da sich vermutlich keine auch allen übrigen aufgestellten Kriterien genügende Kandidatin gefunden hatte oder die Bürgerschaft besonderes Interesse an der Wahl gerade dieser Frau hatte, konnte man mit Zustimmung Apollons davon absehen. In Herakleia ging es zwar um den Modus der Bestimmung der Priester und nicht um deren persönliche Qualifikationen. In beiden Fällen aber wollte man sicherstellen, daß die zwischen Bürgergemeinschaft und Gottheit vermittelnden Kultfunktionäre in

434 Es wäre zu überlegen, ob die Formulierung 6,3-5 κατ' ἐπισζήτησιν καὶ θεοῦ λόγιον sich auch auf *einen* Vorgang beziehen kann, daß man also in den Archiven suchte und *dabei* auf den Orakelspruch Apollons stieß: Dann wäre die Reform, von der hier die Rede ist, eine zweite, spätere, nachdem das jungfräuliche Priesteramt zwar vor 129 Jahren zunächst eingeführt, diese Regel dann aber nicht mehr beachtet worden war. Zu einem späteren Zeitpunkt besann man sich wieder darauf, und fortan *»bis heute«* wurde der Vorschrift Beachtung geschenkt. Doch ist dies die kompliziertere Annahme, so daß man wohl besser davon ausgehen sollte, daß sich die ἐπιζήτησις auf noch andere Dokumente bezog (ältere Volksbeschlüsse? Aufzeichnungen aitiologischer Erzählungen?) und parallel zur Konsultation des Orakels veranlaßt wurde. Unabhängig davon ist aber klar, daß zum Zeitpunkt von Hierons Abhandlung keine Kultreform vorgenommen wird, sondern seine Absicht, das »alte« Orakel als Grundlage der bestehenden Kultpraxis durch ἀνανέωσις wieder in Erinnerung zu rufen, eines der Elemente ist, mit denen die συγγένεια der Städte bekräftigt werden soll. Die bereits in Geltung befindlichen Kriterien der Auswahl der Priesterinnen unterstreichen in seinen Augen diese Verbindung. – Der besondere Legitimationswert ›alter‹ Orakel, die durch ›Nachforschungen‹ wieder ans Licht gebracht und so ›erneuert‹ werden, war auch für die Aufzeichnung des bereits mehrfach erwähnten delphischen Orakels für Magnesia ausschlaggebend, in dessen Folge drei dionysische *thiasoi* in der karischen Stadt eingerichtet wurden. So betont der Text, daß der ἀρχαῖος μύστης Apollonios Mokolles den ἀρχαῖον χρησμόν seiner Altarweihung für Dionysos beigibt, I.Magnesia 215 = SGO 02/01/02 = McCabe, Magnesia (PHI # 7) 324 B 2-4 (PW 338 = Fontenrose L 171). Siehe zuvor Anm. 194. 197. 349; Kap. 2, Anm. 613.

einer Weise eingesetzt wurden, die der Gottheit erwünscht war und die Fortdauer ihres Schutzes für die Stadt garantierte.

Der Artemis-Kult von Sidyma und das Verhältnis zu Tlos: Mehrere Deutungsmöglichkeiten aus den Darlegungen Hierons.

1. Parallele Kulte der Artemis in beiden Städten. Das Orakel für Sidyma regelt auch den Kult in Tlos aufgrund der Verwandtschaft der Städte und ihrer Kulte.

Die ausführliche Begründung, mit der Hieron die Wiedergabe des Apollon-Orakels einleitet, läßt verschiedene Interpretationen der kultischen Verhältnisse in Tlos und Sidyma und ihrer Beziehung untereinander zu.[435] Einmal ist die Auffasssung möglich, daß auch Tlos einen – mit dem Sidymas eng verwandten – Artemis-Kult besaß. Dann wäre der Satz: »(Ich erneuere das Orakel,) *da Jungfrauen das ehrwürdige Priesteramt* (σεμνὰς νεοκορείας) *der* (wie bei uns in Tlos, so) *auch bei ihnen aufs höchste verehrten Artemis übernehmen, wozu früher verheiratete Frauen als Priesterinnen gewählt wurden, später aber infolge von Untersuchungen und eines Orakelspruchs und bis heute Unverheiratete ...*«[436] als Begründung der anschließenden Wiedergabe des Orakels über den ledigen Status der Artemis-Priesterinnen zu verstehen: Das von Sidyma erbetene Orakel war in Hierons Augen angesichts der nahen Verwandtschaft der Städte und ihrer öffentlichen Einrichtungen auch auf den Kult in Tlos anzuwenden. Eine solche Ausweitung der Geltung mußte tatsächlich als eine Ausnahme angesehen werden, da ein von einer Polis zu Fragen ihres städtischen Kults eingeholter Orakelbescheid im Normalfall auch nur für ihre eigenen religiösen Institutionen mit deren spezifischen örtlichen Besonderheiten Reglungskraft besaß.

Wenn diese Deutung zutrifft, wurde an beiden Orten zur Zeit des Hieron bereits dasselbe Verfahren angewandt; das von ihm ›erneuerte‹ Orakel für Sidyma kommt in der Argumentation des Rhetors als Bekräftigung und Legitimation der gemeinsamen Praxis und als Beweis der ὁμόνοια καὶ ἑνότης hinzu. Das Vorhandensein von Kulten derselben Artemis in beiden Städten mit denselben rituellen Vorschriften für die Auswahl der Prieste-

435 In der Begründung für die Anführung des Orakels streicht Hieron die Verflechtung beider Städte im Kult der Artemis heraus: Im zweiten kausalen *genitivus absolutus* ist vom Brauch, unverheiratete Priesterinnen zu ordinieren, mit den Worten παρθένων σεμνὰς νεοκορείας τῆς ἁγνοτάτης *καὶ παρ' αὐτοῖς* 'Αρτέμιδος εἰληφυιῶν die Rede. Etwas später erklärt Hieron, er nehme die ἀνανέωσις des von Sidyma eingeholten Orakels zum Ruhm der Göttin Artemis *καὶ τῶν παρ' ἡμεῖν* (also in Tlos) γάμων θηλυτέκνων, die man ihr verdanke, vor.

436 5,13-6,3. Noch deutlicher wäre dieses Verständnis, wenn καὶ παρ' αὐτοῖς in 5,15 mit εἰληφυιῶν verknüpft werden könnte. Doch ist die attributive Beziehung auf ἁγνοτάτης ... 'Αρτέμιδος durch die Wortstellung unbezweifelbar.

rinnen ist ihm – wie die parallelen aitiologischen Wunder in den Apollon- und Artemis-Kulten für das Verhältnis von Sidyma und Pinara – ein Argument für die enge συγγένεια zwischen Tlos und Sidyma.

2. Der Artemis-Kult in Tlos kannte schon lange unverheiratete Mädchen als Priesterinnen; das Orakel hat die Regel später auch in Sidyma eingeführt und so die Kulte zur selben Praxis geleitet. Die Tloer als die »Älteren« gegenüber den Sidymern.

Eine Variante zu dieser Rekonstruktion besteht in der Annahme, daß im Artemis-Kult von Tlos die Vorschrift schon seit jeher in Geltung stand, daß die Priesterinnen παρθένοι zu sein hatten, in Sidyma aber erst zu einem späteren Zeitpunkt durch das hier von Hieron zitierte Orakel eingeführt wurde, eben *»129 Jahre«* vor dem Bericht des Rhetors über seine historischen Forschungen.[437] Tatsächlich kann der Satz, mit dem Hieron das veränderte Wahlverfahren vor und nach dem Spruch Apollons beschreibt, auch nur auf den sidymäischen Kult bezogen werden.[438] Auch hierin läge dann ein Erweis der Eintracht und Zusammengehörigkeit der beiden Städte, ihrer ὁμόνοια und οἰκειότης, da sie durch eine Weisung Apollons zur selben rituellen Praxis in verwandten Kulten geleitet worden wären.

Die Tloer scheinen denn auch in zentralen Punkten, die die Unauflöslichkeit der bilateralen Beziehungen dokumentieren, den historischen Vorrang gegenüber den Sidymern zu beanspruchen und die Stellung beider Städte zueinander nicht als völlig gleichrangig anzusehen: Hieron spricht von einem Verhältnis wie dem *»zwischen Kindern und Eltern«*.[439] Im Lichte dieser Abhängigkeit findet die Annahme, in Tlos hätten die in Sidyma als Reform auf Veranlassung Apollons eingeführten Regeln für die Artemis-Priesterinnen schon zuvor bestanden, einen Anhalt in der Generatio-

---

437 So die Auffassung bei Chaniotis 84: »Den Brauch übernahmen die Sidymer erst später, als sie nämlich 129 Jahre vor der Abfassung des Werks einen entsprechenden Orakelspruch erhielten.«

438 So erhielte *καὶ* παρ' αὐτοῖς eine schärfere Akzentuierung: *»Da unverheiratete Frauen das Priesteramt der ja auch bei ihnen hochverehrten Artemis ausüben«*, also: ›Wie es bei uns schon immer Brauch war, so wird jetzt *auch bei ihnen* verfahren, nachdem früher …‹. Die besondere Verehrungswürdigkeit der Artemis fordert Priesterinnen, die in ihrem Status der Göttin gleichkommen – in Sidyma hat das Orakel das nun klargestellt, während man in Tlos seit jeher sich daran gehalten hatte.

439 5,10: τῆσδε … οὔσης … ἡμεῖν πρὸς Σιδυμεῖς ὡς τέκνων πρὸς γονεῖς ἀδιαλείπτου … ἑνότητος καὶ ὁμονοίας. Entgegen dem auf den ersten Blick näherliegenden Textverständnis, die Tloer sähen sich als ›Kinder‹ gegenüber den Sidymern als ihren ›Eltern‹, muß der Satz im Lichte der Angaben Hierons zu den eponymen Gründern in 4,9-11 wohl doch umgekehrt verstanden werden. Tatsächlich kann man ὡς τέκνων πρὸς γονεῖς ohne weiteres auch als geschlossene Formel auffassen, ohne daß eine Zuordnung der Rollen zu den einzelnen Akteuren vorgegeben wäre: *»Da uns eine unverbrüchliche Eintracht verbindet wie im Verhältnis von Kindern zu ihren Eltern«*. Dafür spricht auch ein anderer Beleg für diese Paarung, der die beiden Glieder in umgekehrter Weise verbindet: unten S. 518 m. Anm. 450.

nenfolge der mythischen *ktistai*, die Hieron zuvor bei der Wundererzählung über den Apollon von Lopta erwähnt hatte: Danach sei der eponyme Heros Sidymos Sohn des Tloos gewesen, so daß die Verwandschaftsbeziehungen der Städte schon hier begründet seien. Die Abfolge der mythischen Gründer ginge dann einher mit den älteren kultischen Regelungen in Tlos.

3. Gemeinsame Führung des Kults der Artemis in Sidyma durch beide Städte: Betonung der engen Verbindung beider Gemeinwesen durch gemeinsame Kultverwaltung. Wechselheiraten als Instrument einer kollektiven Identität zwischen Städten.

Die andere Auffassung geht davon aus, Hieron führe als Beleg für die zwischen beiden Städten herrschende Einigkeit die Praxis an, daß aufgrund des nachfolgend zitierten Orakels auch junge Frauen aus Tlos das Priesteramt der Artemis in Sidyma bekleideten.[440] Danach versah ein von beiden Städten gestellter Priesterstand das Ritual, wodurch der Kult als eine gemeinsame, von beiden Seiten verantwortete Institution gekennzeichnet war. Dafür spricht, daß mit einer Verflechtung in den institutionellen Strukturen der argumentative Zweck, zu dem Hieron das Orakel anführt, die Hervorhebung der engen Verbindung beider Städte, noch deutlicher eingelöst wird, als wenn es sich um zwei parallele und gleich organisierte Kulte handelte. Im Orakel selbst ist – zumindest im uns erhaltenen Teil – freilich nur grundsätzlich von dem Erfordernis der Unverheiratetheit die Rede, nicht aber von einer Rekrutierung der Kandidatinnen in beiden Städten.

Hieron hebt zur Betonung der wechselseitigen Abhängigkeit auch Heiraten zwischen Familien beider Orte (ἐπιγαμίαι) hervor. Verwandtschaftsbeziehungen über die Grenzen der zumindest in der Ideologie immer auch als Abstammungsgemeinschaft verstandenen Polis mußten ohne Zweifel als das elementarste Zeichen einer übergeordneten Zusammengehörigkeit wirken, da hier zur sozialen Organisation biologische Determinanten hinzutraten.[441] Da scheint es plausibel, daß die συγγένεια der Städte auch in

440 Dann ist in 5,15f. παρθένων σεμνὰς νεοκορείας ... εἰληφυιῶν insbesondere an die tloischen Mädchen gedacht:*»da junge Frauen* (aus Tlos) *das Priesteramt der auch bei ihnen* (in Sidyma) *in besonderen Ehren stehenden Artemis übernahmen«*. Sprachlich muß καὶ παρ' αὐτοῖς freilich auch dann τῆς ἁγνοτάτης ... 'Αρτέμιδος qualifizieren – die Wortstellung läßt nichts anderes zu (die Übersetzung von Merkelbach, Hieron 121, übergeht dieses Detail). Siehe zuvor Anm. 436.

441 Zu ἐπιγαμίαι im Kontext legitimatorischer Argumentation Lücke, Syngeneia 113-117; zu unserer Stelle 115f. Da Eheschließungen in der Regel nur zwischen Partnern desselben Bürgerrechts rechtsgültig möglich waren, kam einer zwischenstaatlichen Vereinbarung der Anerkennung von ἐπιγαμίαι zivilrechtliche Bedeutung für die Betroffenen zu, insbesondere auch im Hinblick auf das Bürgerrecht der Kinder und deren erbrechtliche Stellung. Bezeichnend für die Funktion

einer Verschmelzung in der Priesterschaft eines zentralen Kults ihren Ausdruck fand. Naheliegend wäre zwar, daß Hieron eine solche Deutung des Orakels – ähnlich wie die Erwähnung der Wechselheiraten – als weiteres Argument der Zusammengehörigkeit auch in seinen einleitenden Worten gegeben hätte. Es ist jedoch nicht auszuschließen, daß entsprechende Anweisungen im verlorenen zweiten Teil des Orakelspruchs formuliert waren.[442] Ebenso bleibt möglich, daß das Verfahren einer gemeinsamen Kultführung schon zuvor in Kraft gewesen war, so daß dem Orakel tatsächlich nur die Statusfrage vorzulegen war.

---

von Wechselheiraten als außenpolitischem Instrument ist, daß sie zuweilen mit anderen Integrationsformen verbunden wurden. So gewährten sich im 4. Jh. v. Chr. die Mitglieder des chalkidischen Bundes um die Stadt Olynth gegenseitig Epigamie und ἔγκτησις, das Recht auf Grunderwerb für Bürger anderer Poleis: Xen. Hell. 5,2,18, der davon spricht, die Städte würden dadurch eng *»zusammengeschlossen«*, συγκλεισθήσονται ταῖς τε ἐπιγαμίαις καὶ ἐγκτήσεσι παρ' ἀλλήλοις. Die Umstände solcher Vereinbarungen dürften häufig auch in vorangegangenen Konflikten gelegen haben, die zu befrieden gerade die Erleichterung familiärer Verbindungen geholfen haben wird. Zu nennen sind hier der Vertrag zwischen dem Akarnanischen und dem Ätolischen Bund aus der ersten Hälfte oder Mitte des 3. Jh. v. Chr. (umstrittene Datierung) (Syll.[3] 421 = Staatsverträge 3,480, 11-13) sowie ein Isopolitie-Vertrag zwischen Phigaleia und Messene, ebenfalls aus der Mitte des 3. Jh. (IG 5,2,419 = Syll.[3] 472 = Staatsverträge 3,495, 10-12), die neben ἔγκτησις und Isopolitie beide auch ἐπιγαμίαι vorsehen. Die Erwartungen, die mit Wechselheiraten verbunden sein konnten, illustriert farbig eine Anekdote aus dem römischen Bundesgenossenkrieg, die Diod. 37,15,1-3 berichtet, zitiert bei Lücke ebd. 113 m. Anm. 277. Das Recht zur ἐπιγαμία konnte auch individuell als Ehrung verliehen werden, so in IG 5,1,961 (Kotyrta).

Ein bemerkenswertes Dokument ist vor einigen Jahren zu diesem Dossier hinzugekommen, nämlich der Sympolitie-Vertrag zwischen Latmos (dem späteren Herakleia am Latmos) und Pidasa, der auf Veranlassung des Satrapen Asandros zwischen 323 und 313 v. Chr. geschlossen wurde: EpigrAnat 29 (1997) 135-142 = SEG 47,1563; siehe o. Anm. 283. Es wurde dazu eine gemeinsame Phyle beider Städte mit der Bezeichnung Ἀσανδρίς gebildet. Um die Verschmelzung zu forcieren, wurden als zusätzliche Maßnahme Wechselheiraten nicht nur ermöglicht, sondern – singulär in unseren Quellen – für einen mehrjährigen Zeitraum sogar vorgeschrieben: [ὅπ]ως δ' ἂν καὶ ἐπιγαμίας ποιῶνται πρὸς ἀλλήλους, μὴ ἐξέστω Λάτμιον Λατμίωι διδόναι θυγατέρα μηδὲ λαμβάνειν μηδὲ Πιδασέα Πιδασεῖ, ἀλλὰ διδόναι καὶ λαμβάνειν Λάτμιον μὲν Πιδασεῖ, Πιδασέα δὲ Λατμίωι ἐφ' ἔτη ἕξ 21-25. Zu dieser Bestimmung M. Wörrle, Chiron 33 (2003) 132-134; ders., CRAI 2003, 1375 Anm. 59 (vgl. o. Anm. 283). Die Sympolitie hat aber nur wenige Jahre Bestand gehabt; noch im 4. Jh. wurde Latmos aufgegeben und an neuer Stelle als Herakleia wiedergegründet.

442 So Merkelbach, Hieron 123. Dagegen könnte man einwenden, daß Z. 13f. bereits nach einer retrospektiven Abschlußformel aussieht, die freilich zumindest noch mit weiteren Bemerkungen zu beiden Göttern ausgefüllt war, wie der Abbruch des Textes in Z. 16 zeigt: ταῦτά σοι αὐτὸς ἄναξ ἑκατηβόλος ὄλβια φαίνει ἀγροτέρα τε θεὰ σκυλακοτρόφος, ἣν ἅμα Φοίβῳ - - -. Vgl. auch hiern. die Überlegungen zum Sprecher des Orakels.

3.3.5 Die These einer doppelten Kultführung für Artemis in Sidyma: Mögliche Gründe und Vergleichsmodelle – initiatorischer Hintergrund und Akkulturation religiösen Wissens

Überlegungen zur Fortsetzung des Orakels nach Abbruch des Textes. Eine aitiologische Erzählung über den Artemis-Kult in Sidyma (und in Tlos)? Mögliche Anlässe für die Begründung einer gemeinsamen Kultführung. Hypothese eines Doppelorakels: Frage nach dem Status der Priesterinnen und nach der Rekrutierung. Die von Artemis »mit Töchtern gesegneten Ehen« in Tlos: Hinweis auf ihren Kultdienst in Sidyma? Die von beiden Städten ausgeübte Autorität über den Kult.

Welche Motive wären für eine solche Fortsetzung der Weisung Apollons denkbar? Der Text des Orakelbescheides bricht auf dem Stein mit dem Beginn eines Relativsatzes ab, in dem eine – möglicherweise aus dem mythologischen Bereich genommene – explizierende Aussage über Artemis und Apollon gemacht wurde. War hier wiederum von lokalen Sagen die Rede, die als Aitia für die Kulte der Artemis in Sidyma und eventuell eben auch in Tlos berichtet wurden, oder wurde nochmals an die Geburtsgeschichte von Araxa, die im Vorspann der Wunderberichte erzählt worden war, angeknüpft?

Wenn die These zutrifft, daß der sachliche Hintergrund von Hierons Argumentation in der Einbeziehung der tloischen Familien in den Kreis bestand, aus dem die Priesterinnen gewählt wurden, dürfte eine solche Praxis auch im Orakel gespiegelt gewesen sein. Vielleicht wurde sie von Apollon in einer auf einen spezifischen Fall bezogenen Anweisung in Kraft gesetzt, etwa, daß tloische Mädchen eintreten sollten, wenn in Sidyma geeignete Kandidatinnen nicht – oder nicht in ausreichender Anzahl – zur Verfügung standen.

An eine Regelung, die auf eine Erweiterung des Kreises wählbarer Kandidatinnen zielte, könnte sowohl die Stellungnahme des Gottes zum Fall der Satornila in Milet als auch seine Weisung an Herakleia denken lassen, im städtischen Hauptkult das Jahreswahlverfahren anstelle der Versteigerung auf Lebenszeit einzuführen. Ähnlich wie in Milet, könnten auch im lykischen Sidyma Probleme entstanden sein, weil sich keine Familien fanden, in denen die Eltern über die für die Liturgie notwendigen, sicher nicht unerheblichen finanziellen Voraussetzungen verfügten.

In jedem Fall müssen wir für die Situation, in der das Orakel einst von den Sidymern erbeten wurde, davon ausgehen, daß die Stadt sich in einer Problemsituation aufgrund konkreten Entscheidungsbedarfs entschloß, die beiden *theopropoi* in ihrem Namen zu entsenden.[443] In der Gegenwart, in der Hieron auftritt, geht es dagegen nicht um Neuregelung, sondern um Legitimation durch Verweis auf schon bestehende Institutionen.

Naheliegend ist die Annahme, man habe zunächst geklärt wissen wollen, ob man auch weiterhin verheiratete Frauen zum Amt zulassen solle, worüber Zweifel aufgekommen waren;[444] dann aber, als Apollon für unverheiratete Priesterinnen optiert hatte, die weiterführende Frage gestellt, wie verfahren werden solle, wenn Schwierigkeiten aufträten, die Stelle mit παρθένοι aus Sidyma zu besetzen. Darauf entgegnete der Gott dann – so wäre die These weiterzuführen – mit der Weisung, auch junge Frauen aus der verwandten Stadt zum Priesteramt zu bestimmen. Es scheint also plausibel, ein Doppelorakel anzunehmen, wenn man aufgrund des Duktus von Hierons Argumentation das Verhältnis der Tloer zum sidymäischen Kult als Bestandteil des Orakelbescheides ansehen will.[445]

Vielleicht war auf die traditionell enge Beziehung zu Tlos und den dadurch eröffneten Ausweg bereits in der Anfrage der Konsultanten hingewiesen worden, vielleicht hat aber auch Apollon selbst die Verwandtschaft der Städte zum Ausgangspunkt entsprechender Überlegungen genommen. Der Zusammenhang mag auch von den beiden Gesandten Sidymas im Vorfeld der Konsultation eingeführt worden sein, ähnlich wie man sich bei den ›Pestorakeln‹ aus Klaros die detaillierten Informationen Apollons über die kultischen Gegebenheiten der anfragenden Städte am leichtesten aus Gesprächen zwischen Konsultanten und dem Personal des Orakels im Vorfeld der Orakelerteilung erklären kann.[446]

Auch die Erwähnung der mit Töchtern gesegneten Ehen in Tlos in den Worten Hierons[447] gewinnt zusätzliche Aussagekraft, wenn es um potentielle Kandidatinnen für das kultische Amt in Sidyma geht. Da Hieron die γάμοι θηλύτεκνοι durch die Bemerkung charakterisiert, daß die Tloer diese

443 Daß die Anfrage im Namen der Stadt und nicht etwa als private Initiative der beiden Konsultanten, der Brüder Eupolemos und Ptolemaios, erfolgte, zeigt die Anrede Apollons an den Empfänger des Bescheids, 6,3 = V. 1: [ε]σθλὰ δέχου Φοίβου, *πόλι συγγενί*, θέσφατα τρανῶς.

444 Dieser Punkt muß in jedem Fall Bestandteil der Anfrage gewesen sein, da die erhaltenen Verse des Orakels ausschließlich dieses Thema behandeln.

445 Diese Konsequenz zieht Merkelbach, der einen zweiten Teil des Orakels annimmt, allerdings nicht (Hieron 123). Daß eine solche zweite Frage, die einen Entscheid Apollons zum Problem ›verheiratete – jungfräuliche Priesterinnen‹ bereits voraussetzt, schon in der anfänglichen Anfrage enthalten war, ist dagegen unwahrscheinlich: Die Einziehung einer weiteren Hierarchiestufe in der Fragelogik, die eine von zwei möglichen Antworten der Gottheit bereits antizipiert (›N.N. fragt, ob es besser für ihn ist, a oder b zu tun; *wenn* es besser sein sollte, b zu tun, soll er dann, um dieses tun zu können, c oder d tun?‹), kommt unter den bezeugten Anfragemustern nicht vor. Den hier vorgeschlagenen Typus weisen dagegen mehrere der aus Didyma bekannten Doppelorakel auf, am deutlichsten dasjenige für den Propheten Damianos, **Didyma 30/31**, der zunächst nach der Errichtung eines Kore-Altars und anschließend, nachdem der Gott dies bejaht hat, nach dem richtigen Epitheton für die Göttin fragt (allerdings handelt es sich dort bei beiden Teilfragen nicht um den Typus der Entscheidungsfrage – πότερον ... ἤ –, wie sie in Sidyma zumindest für das Statusproblem vorgelegen haben dürfte).

446 Siehe o. S. 70f. zu **Klaros 2**, 208 zu **Klaros 11** und nochmals unten S. 546f. 558.

447 (ἀνανεοῦμαι τὸν χρησμὸν πρὸς δόξαν τῆς θεοῦ καὶ) τῶν παρ' ἡμεῖν γάμων θηλυτέκνων, <ὧν> ἐκ τῆς εὐσεβημένης θεοῦ τετεύχομεν 6,6-8.

Gaben *»von der fromm verehrten Göttin erhalten«,* gibt die Mitwirkung der tloischen Mädchen im Kult der Göttin in Sidyma den Worten eine zusätzliche Pointe: Das Partizip εὐσεβημένης steht dann nicht mehr nur als ein mehr oder weniger rhetorisch schmückender Ausdruck – eine Göttin ist schließlich immer mit εὐσέβεια zu verehren –, sondern hebt die Tatsache hervor, daß tloische Familien sich durch den Dienst ihrer Töchter im Artemis-Heiligtum von Sidyma für den Kult der Göttin engagieren.

Ihre *»fromme Verehrung«* der Artemis besteht eben darin, daß sie ihre Töchter in Sidyma als Priesterinnen zur Verfügung stellen; als Gegengabe und Kompensation werden sie von Artemis mit Reichtum an weiblichem Nachwuchs bedacht, der unter dem besonderen Schutz der Göttin steht.[448] So würde es nicht überraschen, wenn in der verlorenen Partie des Orakels nach den Aussagen über die beiden Götter zunächst das Versprechen von zahlreicher (weiblicher) Nachkommenschaft an die Einwohner beider Städte stand – hieraus könnte Hieron zuvor bereits den nach Orakelsprache klingenden Ausdruck γάμων θηλυτέκνων zitiert haben –, bevor Aussagen über das Verhältnis, in dem beide Städte zum Kult standen, und seine Beschickung mit Kultpersonal getroffen wurden.

Aus all dem ist zu entnehmen, daß der Artemis-Kult in Sidyma offenbar in der Verwaltung beider Städte stand. Aus dem Umstand hingegen, daß der Priester des lykischen *koinon* zusammen mit seinem städtischen Kollegen von Sidyma im Präskript des Orakels erscheint, muß noch nicht gefolgert werden, daß der Bund auch in der Verwaltung des Kults eine Rolle spielte oder die Kontrolle ausübte; es kann sich auch bloß um die in der fraglichen Periode übliche Datierungsformel für Dokumente handeln, die Bundespartner betrafen.[449]

---

448 Auch wenn ein Parallelkult in Tlos bestanden hat, wäre die Bemerkung Hierons, daß die Tloer als Geschenk der Artemis über töchterreiche Ehen verfügten, verständlich: Sie richten sich nach demselben Reglement, das Apollon für Sidyma offenbart hat, und stellen ihre Töchter zum Priesterdienst in ihrem eigenen Artemis-Heiligtum; das verschafft ihnen die Dankbarkeit der Göttin. Allerdings ist die εὐσέβεια sicher höher zu bewerten in dem Fall, daß die Tloer ihre Kinder in das Heiligtum der anderen Stadt entsenden.

449 ἐπὶ ἱερέων τοῦ μὲν κοινοῦ Ἀρτεμέους, τῆς δὲ πόλεως Τελεσίου 6,12-14. Der sidymäische Eponym wird nur als ἱερεὺς τῆς πόλεως bezeichnet; der Kult, für den er fungiert, wird nicht genannt. Dies ist in eponymen Priesterdatierungen der Städte Lykiens häufig der Fall (vgl. Wörrle, Stadt und Fest 106); in den meisten Fällen wird man davon auszugehen haben, daß es sich um den Hauptkult der Stadt handelte, hier also wohl entweder um Artemis oder Apollon, die προηγεταὶ θεοί Sidymas, die möglicherweise in einem Doppelkult verbunden waren (vgl. die Priesterehrung Benndorf/Niemann, Reisen 68f. Nr. 45 = TAM 2,188 = IGRom 3,583 B 3-9; u. Anm. 477). Ist dieser Priester auch der Vertreter der Stadt beim *koinon*? Die verwendete zweifache Datierungsformel ist in dieser Form bisher nicht noch einmal belegt. Wörrle, Stadt und Fest 99f. 123, sieht in der Doppelbezeichnung einen Übergang von der Datierung nach dem eponymen städtischen Priester, die für die hellenistischen Texte aus Lykien üblich ist (ebd. 106), und der späteren Datierung nach dem ἀρχιερεὺς τῶν Σεβαστῶν, die spätestens ab der flavischen Zeit auch in städtischen Beschlüssen die Regel ist. Auch diese Überlegungen sprechen für eine Ansetzung des Berichts der Theoren an die sidymäischen Prytanen zwischen 43 n. Chr. und dem Ende

Da das Orakel an die Stadt Sidyma ergangen ist, die ja im Orakel auch mit dem Singular πόλι συγγενί angesprochen wird, lag die kultische und politische Oberhoheit über das Artemision vermutlich bei den Sidymern. Weil für Hieron allerdings das Verhältnis von Sidyma und Tlos von enger Zusammengehörigkeit der Institutionen gekennzeichnet ist und mit dem Verhältnis von *»Kindern zu ihren Eltern«* verglichen werden kann – die Metaphorik der Beziehung von Kolonie und Mutterstadt wird hier benutzt[450] –, wurde die Durchführung der Kultgeschäfte wohl als Angelegenheit beider Städte betrachtet.

Gemeinsame Kultführung durch Städte stellt eine Ausnahme dar. Unklarheiten im Binnenverhältnis des Dreierbundes der lykischen Städte. Vergleich mit dem Kultdienst der lokrischen Mädchen in Ilion: Typologie eines Übergangsritus aus der Jugendinitiation. Vergleich mit den süditalischen Ceres-Priesterinnen in Rom: In einer Krisensituation wird religiöses Wissen von außerhalb der Gemeinschaft hinzugewonnen. Religiöse Akkulturation stabilisiert das eigene Deutungssystem.

Eine doppelte Kultführung mit religiösem Personal aus zwei Städten ist in der antiken Polisreligion als Ausnahme zu betrachten. Während im Fall der lykischen Städte, wenn man der Darstellung Hierons folgt, die historische Zusammengehörigkeit im Dreierbund von Tlos, Sidyma und Pinara auch die Verflechtung religiöser Institutionen nach sich gezogen hat, kommen in den wenigen weiteren dokumentierten Beispielen anders gelagerte Motivkomplexe ins Spiel. Auch im Binnenverhältnis von Sidyma und Tlos bleibt das Nähere freilich schemenhaft: Die von Hieron mit Berufung auf Polycharm neu ins Spiel gebrachte Gründungsabhängigkeit Sidymas von

---

der 60er Jahre. Hier dürfte der Priester des *koinon* wohl noch der ἱερεὺς θεοῦ πατρῴου Ἀπόλλωνος Λυκίων τοῦ κοινοῦ (mit dieser Titulatur in M. Holleaux/P. Paris, BCH 10, 1886, 224 Nr. 7 = OGIS 565 = IGRom 3,488, 9-11) und noch nicht der provinziale Kaiserpriester sein, obwohl Behrwald, Lykischer Bund 144-146, dafür argumentiert, die Einführung des Amtes des ἀρχιερεὺς τῶν Σεβαστῶν bereits mit der Einführung des Provinzialstatus unter Claudius anzunehmen (*contra* J. Deininger, Die Provinziallandtage der römischen Kaiserzeit, Vestigia 6, München 1965, 70-73; vgl. Wörrle, Stadt und Fest 98f.). Weitere Belege für den lykischen Bundespriester des Apollon Patroos im Inschriftendossier des Opramoas, IGRom 3,739 = TAM 2,905 = Kokkinia, Opramoas 2 B 10; 3 E 16–3 F 1; 6 D 7; 8 C 2; dazu noch Le Bas/Waddington 1221 = IGRom 3,473 (Balbura). Zu Apollon Patroos als lykischem Bundesgott die wichtigsten Quellen knapp bei Magie, RRAM 1384 Anm. 39. Es gab weitere Bundespriestertümer, vor allem im Herrscherkult, etwa für Dea Roma und den vergöttlichten Tiberius; in anderen Fällen wird der Kult wiederum nicht spezifiziert: vgl. Deininger ebd. 77 m. Anm. 4.

450 Die Junktur begegnet – in invertierter Form – nochmals im Gründungsvertrag der Lokrer mit den nach Italien entsandten Kolonisten, der in der Mutterstadt als Inschrift aufgestellt war und bei Timaios von Tauromenion zitiert wird, FGrHist 566 F 12 = Polyb. 12,9,3: τοὺς δὲ … ἐπιδεικνύειν … συνθήκας ἐγγράπτους … πρὸς τοὺς ἐξαπεσταλμένους, ἐν αἷς ὑπογεγράφθαι τὴν ἀρχήν· ὡς γονεῦσι πρὸς τέκνα. Der Dativ erklärt sich durch ein in der Urkunde nachfolgendes ἔδοξε, Walbank ad loc. Vgl. o. Anm. 439; Chaniotis 113-116; Lindner (wie Anm. 361).

Tlos[451] würde in Tlos auch den älteren Artemis-Kult erwarten lassen, zu dem Sidyma als jüngere Gründung beitrüge; tatsächlich ist das Orakel aber an Sidyma ergangen und regelt dessen Artemis-Kult neu.

Der Kern der Weisung Apollons, die Durchführung des Kultes durch unverheiratete Mädchen, läßt an einen initiatorischen Hintergrund denken, wie er in dem anderen wohlbekannten Beispiel für eine externe Beschickung mit Tempelpersonal deutlich erkennbar ist, dem Dienst der Mädchen aus Lokroi im Kult der Athena in Ilion:[452] Das Modell der »lokrischen Mädchen« könnte eine Erklärung für die Vorgabe Apollons, nur unverheiratete junge Frauen zum Kultdienst der Artemis zuzulassen, und gleichzeitig für eine Einbeziehung der anderen Stadt liefern.

Die Überlieferung zu den »lokrischen Mädchen« kennt zwei Stränge. Derjenige, der sich mit kultischer Realität in historischer Zeit verbinden läßt, hat sein Zentrum in dem Bericht über eine jährliche Entsendung zweier Mädchen aus vornehmen Familien des ostlokrischen Naryka nach Ilion,[453] die dort mit klar erkennbaren vorhochzeitlichen Übergangsriten[454] in einer (aus der Perspektive der entsendenden Stadt gesehen) marginalen Trennungswelt Kultdienst im Bezirk der Athena leisten, um nach Ablauf

451 1,16-3,5 und 4,9-11. Vgl. o. Anm. 398 und 401.

452 Auf diese mögliche Parallele zu den Verhältnissen, die die lykische Inschrift erkennen läßt, hat mich F. Graf aufmerksam gemacht. Die wichtigsten modernen Deutungen zum Überlieferungskomplex des »lokrischen Tributs« sind die von Graf, Lokrische Mädchen, und von P. Vidal-Naquet, Les esclaves immortelles d'Athéna Ilias, in: ders., Le chasseur noir, Paris 1981, 249-266 (überarb. Version einer zuerst 1975 erschienenen Studie). Die ältere Literatur bei Graf ebd. 61 Anm. 1 und bei Schmitt, Staatsverträge 3,125f.

453 Call. Aet. fr. 35 Pfeiffer; Serv. In Verg. Aen. 1,41 (Stellung von zwei Mädchen durch die Aianteioi, bestätigt durch die »lokrische Mädcheninschrift«, s. hiern. Anm. 455); Ael. fr. 47 Hercher; Strab. 13,1,40 p. 600 Casaubon (wohl aus Demetrios v. Skepsis, fr. 27 Gaede: vgl. Strab. ebd. 39). Nach Aelian wandten sich die Lokrer an das delphische Orakel, als ihre Frauen von Mißgeburten heimgesucht wurden; der Gott verweigerte ihnen zunächst eine Antwort, offenbarte aber schließlich als Grund, daß sie den Mädchentribut hätten in Vergessenheit geraten lassen (PW 331 = Fontenrose Q 232). Fontenrose verwirft – in gewohntem Hyperkritizismus – diese Anfrage und die Überlieferung zum Tempeldienst in Ilion insgesamt als unglaubwürdig (Delphic oracle 131-137). Eine andere Tradition, die die historischen Verhältnisse vermutlich narrativ dramatisiert (Graf, Lokrische Mädchen 65-67) und von einem lebenslangen Dienst der Mädchen in der Fremde ohne Rückkehr spricht, wird vor allem bei Lycophr. 1141-1173 mit ΣΣ faßbar; die Quelle könnte in Timaios FGrHist 566 F 146 (aus Σ Lycophr.) liegen; siehe weiterhin Apollod. Epit. 6,20-22 (Mythogr. Gr. 1^2,222) und Plut. Sera num. vind. 12, 557 D. Eine dauerhafte Unterstellung von Priestern unter liminale Bedingungen ist untypisch; das fiel auch Pausanias auf, als er solche Traditionen in Arkadien (das für ihn in seinen Kulten in vielem einen Sonderfall abgibt) im Kult der Artemis Hymnia bei Orchomenos kennenlernte: Das dortige Priesterpaar führe in jeder Hinsicht ein Leben nach Sonderregeln τὸν χρόνον τοῦ βίου πάντα, was er so ausschließlich noch nirgendwo anders angetroffen habe mit Ausnahme der Artemis-Priester in Ephesos, und auch dort auf die Amtsperiode eines Jahres begrenzt (8,13,1; siehe o. Anm. 63).

454 Zusammengestellt bei Graf, Lokrische Mädchen 67-72. Ders., Athena and Minerva: two faces of one goddess, in: Deacy/Villing, Athena 127-139, h. 133-137, zeigt die jugendiniatorischen Züge auch für das Heiligtum der römischen Göttin in Lanuvium auf, wo Mädchen und Jungen betroffen sind.

eines Jahres in ihre Heimatstadt zurückzukehren.[455] Dort standen sie in herausgehobener Position; sie und ihre Familien erhielten Vorrechte und Geldzahlungen der Stadt.

Ähnlich wie beim attischen Arrephorenritual, ist die Entsendung der Mädchen in eine gegenweltliche Sphäre als Stellvertreterritual zu verstehen – im Muster der Gruppeninitiation stehen sie für ihre Altersklasse in ihrer Gesamtheit. Die antiken Gewährsleute bieten, wie auch sonst bei initiatorischen Kontexten, eine abweichende, mythologische Erklärung und sehen in der Tradition ein Sühneritual, das seinen Ursprung im Frevel des Lokrers Aias an Kassandra vor Troja hat; in der Erzähltradition ist dies in der typischen Sequenz von Vergehen, anschließender Seuche und Orakelkonsultation (in diesem Fall in Delphi) ausgeprägt.[456]

Wenn somit für einen Kultdienst tloischer παρθένοι im Artemision von Sidyma ein initiatorischer Hintergrund aus Pubertätsriten junger Mädchen angenommen werden kann, findet das Motiv von außen kommender Frauen, die Ämter in einem öffentlichen Kult der Stadt ausüben, eine gewisse Parallele im römischen Ceres-Kult, der nach einer Kultreform am Ende des

455 Das entscheidende Moment der Rückkehr wird für das historische Ritual durch eine in der Nähe von Lokroi gefundene Inschrift gesichert, die mit ausführlichem Kommentar von A. Wilhelm herausgegeben worden ist: Die lokrische Mädcheninschrift, JÖAI 14 (1911) 163-256 (= ders., Inschriftenkunde 1,373-466); mit verbesserten Lesungen nach A. Nikitsky: IG 9,1^2,706 = Schwyzer, DGEEP 366 = Schmitt, Staatsverträge 3,118-126 Nr. 472. Sie regelt die Stellung der jährlichen Gesandtschaft durch die Lokrer, die Gemeinde von Naryka, die als Geburtsort des Aias galt, und den dort beheimateten gentilizischen Verband der Aianteioi, aus dessen Familien die Mädchen genommen werden. Den Aianteioi werden dafür Privilegien eingeräumt: Die rückkehrenden Priesterinnen (Z. 23 ἔντε κα [ἐπανέλθωντι --- erg. Nikitsky) werden in ihrer Heimatstadt gefördert; sie selbst und ihre Eltern erhalten von Staats wegen Unterstützungszahlungen ἐν κόσμον (also für Kleidung, vgl. Wilhelm 218 = 428) καὶ τροφάν (9f.) sowie Rechtsbeistand: [αἰ κα --- δέ]ηι δικάζειν κόραιν (Dual!), ἐπιδικῆσαι τοῖν πρόσθ[ε]ν (also dem im letzten Jahr gesandten, unterdessen zurückgekehrten Paar) κὰτ τὸ δυ[νατόν --- τοὺς ἄρχοντας Ναρυ]καίων (Naryka ist eine der Vertragsparteien) δίκαν δόμεν κὰτ ταὐτὰ καὶ ἐκπρᾶξαι 22-24. – Die Inschrift stammt wohl aus dem westlokrischen Heiligtum der Athena Ilias in Physkos, wo möglicherweise der Ursprung des Rituals zu suchen ist (Graf, Lokrische Mädchen 75f.); die Verbindung mit dem Athena-Kult von Ilion könnte sekundär und erst unter dem Einfluß der kyklischen Epen im 6. Jh. hergestellt worden sein (Graf 78). Das Epitheton in Physkos gehörte dann primär zu einem gentilizischen Athena-Kult in Lokroi, der auf Ileus, den Vater des Aias und Stammesheros der Lokrer, zurückgeführt wurde (ebd. 77f.) Den Kultdienst der Mädchen aus Naryka in Physkos sieht Fontenrose (Delphic oracle 135f.) als den eigentlichen historischen Kern; die literarische Überlieferung spiegele nur aitiologisch dessen Beginn, den er nicht früher als zur Zeit der Inschrift und des Timaios um 270 v. Chr. ansetzen will.

456 Ael. fr. 47 Hercher; Apollod. Epit. 6,20-22 (Mythogr. Gr. 1^2,222); vermutlich auch Kallimachos in den *Aitia*, fr. 35 Pfeiffer. PW 332 = Fontenrose L 157: erstes Orakel in Delphi nach dem Tod des Aias, das den Tribut einsetzt; PW 331 = Fontenrose Q 232: In einem zweiten Orakel weist Apollon, nachdem er zunächst eine Auskunft verweigert hat, auf die Ursache der Seuche, nämlich die Unterlassung der alten Praxis des Tributs, und rät zur Wiederaufnahme. Diese Anfrage wurde wohl im frühen 3. Jh. v. Chr. gestellt, in der Zeit, in die auch die ›Mädcheninschrift‹ gehört. Fontenrose, Delphic oracle 131-137, behandelt die Überlieferung, wie üblich, hyperkritisch und verwirft auch die zweite Konsultation in Delphi.

3. Jh. v. Chr. im Kontext des Zweiten Punischen Krieges[457] nach dem Vorbild der griechischen Thesmophorienkulte Süditaliens erneuert wurde.[458]

Dazu bediente sich der römische Senat griechischer Priesterinnen aus Neapel und Elea, die die Gottheit in Rom *Graeco ritu* verehrten, aber, um im Namen des römischen Staates offizieren zu können, mit dem römischen Bürgerrecht versehen wurden.[459] Diese Kultreform scheint auf eine Auslegung der *libri Sibyllini* hin vorgenommen worden zu sein[460] und brachte für die römische Religion eine grundlegende Veränderung: Mit Ausnahme des Kults der Vesta haben nämlich nur in den Cerialia Frauen eine derart eigenständige, verantwortliche Rolle in der religiösen Praxis erhalten.

Entscheidend mit Blick auf die Verhältnisse in Lykien ist das besondere religiöse Wissen, das, außerhalb der eigenen Tradition angesiedelt, in einer Krisensituation hinzugezogen wird, um ein neues Reaktionsmuster auf die außergewöhnliche Bedrohung der Stabilität der Gemeinschaft zu gewinnen. Im Laufe der weiteren Entwicklung behauptet sich die adaptierte Form als eigenständig und kann doch durch die zeitgenössischen Betrachter weiterhin von der indigenen Tradition abgehoben werden, indem ihre Andersartigkeit – hier eben erkennbar in der Qualifizierung als *ritus Graecus*[461] – in einer aitiologischen Rationalisierung rückblickend als ›Einführung‹ in einer bestimmten historischen Konstellation erzählt wird.

Die griechischen Priesterinnen, auch sie durch die Unterwerfung unter Regeln sexueller Enthaltsamkeit außerhalb des normalen Frauenlebens in der Gesellschaft gestellt,[462] sind dabei die Trägerinnen dieser *scientia peregrina et externa* (in den Worten Ciceros), die in den römischen Dienst gestellt wird: Als Kultfunktionärinnen in Rom wirken sie *mente domestica et civili*. Die religiöse Akkulturation stablisiert so das eigene Deutungs-

457 Fest. s.v. *Graeca sacra*; Val. Max. 1,1,15. Die Überlieferung verdeutlicht den Ausnahmecharakter dieser Innovationssituation, indem sie das Element der rituellen Trauer der Demeter um Persephone, das in den Thesmophorien-Festen ausagiert wurde, mit der Totenklage der *matronae* nach der Niederlage von Cannae verknüpft.

458 Auch diesen Hinweis verdanke ich F. Graf. – Vgl. H. Le Bonniec, Le culte de Cérès à Rome des origines à la fin de la République, Études et commentaires 27, Paris 1958, 381-404; B. St. Spaeth, The Roman goddess Ceres, Austin 1996, 11-16. 103-113; M. Beard/J. North/S. Price, Roman religion 1: a history, Cambridge 1998, 70f.

459 Cic. Balb. 55: *sacra Cereris ... quae cum essent adsumpta de Graecia, et per Graecas curata sunt semper sacerdotes et Graeca omnino nominata. sed cum illam quae Graecum illud sacrum monstraret et faceret ex Graecia deligerent, tamen sacra pro civibus civem facere voluerunt, ut deos immortales scientia peregrina et externa, mente domestica et civili precaretur. has sacerdotes video fere aut Neapolitanas aut Velienses fuisse, foederatarum sine dubio civitatum.* Vgl. E. Peruzzi, La sacerdotessa di Corfinio, Parola del passato 50 (1995) 5-15.

460 Phleg. Mirab. 10. Siehe H. Diels, Sibyllinische Blätter, Berlin 1890, 54-56.

461 *ritus Graecus* als Markierung von Abweichung: Scheid, Graeco ritu.

462 Tert. De Monogamia 17. Pränuptiale Mädchenriten und kultische Regeln sexueller Enthaltsamkeit von (erwachsenen) Priesterinnen variieren dasselbe Grundthema des Gegenbilds zum normativen Frauenleben: einmal in der Form des ›Noch-Nicht‹ im Übergangsritual der Lebensphasen, einmal als Markierung der Sonderheit der religiösen Welt gegenüber den Alltagsnormen der

system, und nicht zufällig geschieht das auch in Rom durch divinatorisches Eingreifen, nämlich durch Anweisung der Sibyllinischen Bücher.

Auch in Lykien wird man davon ausgehen müssen, daß es in einer Krisensituation zu der Kultreform gekommen ist, die neben der Verlagerung des Kultdienstes auf unverheiratete junge Frauen wohl auch die Einbeziehung der tloischen Familien in die Rekrutierungsgruppe vorsah, aus der παρθένοι zu stellen waren.

3.3.6 Die implizite Autorschaft des Orakelbescheids und die hermeneutische Aufgabe der Kultfunktionäre

Apollon spricht mit divinatorischer Autorität für Artemis: Figur des allwissenden Orakelgotts. Der Orakelkult als Kommunikationskanal der Menschen zum gesamten Pantheon. Im Orakeltext ist von Apollon in der 3. Person die Rede: Vergleich mit dem ›Theologischen Orakel‹ von Oinoanda.

Aufschlußreich ist die Frage, wer überhaupt Autor des an Sidyma gegebenen Orakelspruchs ist, eine Frage, die zunächst auf der Ebene der internen Textkohärenz gestellt werden muß. Der Eingangsvers mit der üblichen Prädikation des nachfolgenden Orakels als vertrauenswürdiger und wahrheitsgemäßer Weisung[463] scheint sie zunächst in wünschenswerter Klarheit zu beantworten, doch wird just vor dem Abbruch des Textes die Urheberschaft so dargestellt, als gehe die Botschaft von Apollon *und* Artemis aus.[464]

Dies ist wohl so zu verstehen, daß der mit divinatorischer Autorität sprechende Orakelgott das Einverständnis auch der vom Gegenstand der Anfrage betroffenen Gottheit erteilen kann und als Verkünder des ›Willens der Götter‹ schlechthin auftritt – in den er selbst natürlich eingeschlossen ist. Für die Menschen besteht nur über ihn und den Kanal des Orakelrituals die Möglichkeit zur Kommunikation mit der göttlichen Ebene,

---

menschlichen Gesellschaft. In der Jugendinitiation überlagert die religiöse Gegenwelt die individuelle adoleszente Übergangssituation. So verweisen παρθένοι als Priesterinnen auf einen Hintergrund in der Mädcheninitiation an der Schwelle zur sexuellen Vollwertigkeit – oder gerade ihrer dezidierten Verneinung wie bei der Athena-Priesterin von Pellene, die als παρθένος ihrer Stadt in einer Stellvertreterepiphanie ihrer Göttin gegen die Feinde vorangeht: Polyaen. 8,59 (vgl. o. Anm. 124).

463 ἐσθλὰ δέχου *Φοίβου* θέσφατα τρανῶς 7,3. Dieses Bauelement kann seinen Platz grundsätzlich auch im Anschluß an den Weisungsteil erhalten oder aber dort wiederholt werden; in unserem Fall läßt sich in der zumindest das Thema der Jungfräulichkeit beschließenden Endformel in 7,15 ταῦτά σοι αὐτὸς ἄναξ ἑκατήβολος ὄλβια φαίνει eine solche erneute Bestätigung der Verläßlichkeit der Offenbarung erkennen. Vgl. auch das klarische Orakel für Smyrna, **Klaros 1**,1: τρὶς μάκαρες κεῖνοι καὶ τετράκις αὖτις ἔσονται, siehe oben Anm. 350.

464 7,15f. ταῦτά σοι αὐτὸς ἄναξ ἑκατήβολος ὄλβια φαίνει | ἀγροτέρα τε θεὰ σκυλακοτρόφος, ἣν ἅμα Φοίβῳ - - -.

so daß auch die übrigen Götter das ihnen erwünschte Handeln den Menschen auf diesem Wege kundtun.[465]

Auffällig ist hier nun aber, daß zumindest in den Anfangs- und Schlußversen der erhaltenen Partie nicht Apollon selbst spricht, sondern er in der dritten Person genannt wird.[466] Soll man davon ausgehen, daß die beiden *theopropoi* hier die hexametrische Fassung des Orakels, die der Prophetes verfaßt hat, wiedergeben?[467] Er spräche dann vom Gott in der dritten Person.

Damit läge eine überraschende Parallele zum zweiten Teil des ›Theologischen Orakels‹ von Oinoanda vor, wo in den Versen, die die rituelle Anweisung enthalten, ebenfalls ein auffälliger Wechsel in die dritte Person erfolgt.[468] Das hat einige Ausleger dazu geführt, in der Inschrift aus Oinoanda überhaupt kein Orakel sehen zu wollen[469] oder aber die ersten drei Verse als Orakel von der Exegese der richtigen rituellen Anwendung abzutrennen;[470] eine Überlegung, die daran einen Anhaltspunkt finden könnte, daß es nur die drei vorangehenden Verse sind, die auch in der literarischen Überlieferung bewahrt worden sind.[471] Wenn bei der Aufzeichnung in Oinoanda nicht mehr Apollon spricht, hätten wir jedoch den singulären Fall, daß die rituellen Anweisungen nicht Bestandteil des Orakels wären.

In Sidyma sind dagegen nur Eingangs- und Schlußformeln vom Sprecherwechsel betroffen, die nicht den Gehalt der Weisungen berühren, sondern nur deren Status definieren. Im Text aus Oinoanda aber wäre die Verfahrensvorschrift damit nicht mit der – zumindest nicht unmittelbaren – Autorität des orakelgebenden Gottes ausgestattet. Gerade in einer Zuverlässigkeit beanspruchenden Weisung an die Konsultanten, was von ihnen zu tun sei, muß sich diese Autorität nach der Typologie der Orakel jedoch zeigen.[472]

---

465 Zu dieser Problematik bereits oben S. 378f. in der Besprechung von **Didyma 25**,14. Siehe auch Parke, Apollo in Asia 194.

466 7,3-5 Φοίβου θέσφατα … ἀλλ' ἐπάκουε τά σοι θεὸς ὤπασε Φοῖβος; zu 7,15f. siehe Anm. 464. Daß Apollon selbst seinen Spruch als *»Weisung des Phoibos«* bezeichnen konnte, legt jedoch auch das Orakel aus Herakleia nahe, **Didyma App14**,4: κέκλυτε Φοιβείην παναληθέα θέσφατον αὐδήν.

467 Merkelbach, Hieron 123.

468 **Klaros 25**,4-6: τοῦτο πευθόμενοι θεοῦ πέρι ὅστις ὑπάρχει, | αἰ[θ]έ[ρ]α πανδερκ[ῆ θε]ὸν *ἔννεπεν*, εἰς ὃν ὁρῶντας | εὔχεσθ' ἠῴους πρὸς ἀντολίην ἐφορῶ[ν]τα[ς]. Zuvor erscheint im V. 3 die 1. Person Plural: μεικρὰ δὲ θεοῦ μερὶς ἄνγ̣ελοι ἡμεῖς.

469 Etwa Fontenrose, Didyma 224.

470 Eine Spielart dieser Auffassung ist die These, diejenigen, die die Inschrift zusammen mit der Lampenweihung in der Mauer von Oinoanda angebracht haben, hätten den Text aus einer (literarischen) Sammlung ›Theologischer Orakel‹ entnommen, darin eine angemessene Offenbarung über das Wesen des von ihnen verehrten Äther-Sonnen-Gottes erblickt und sie dann mit Bezug auf ihren lokalen Kult um die rituelle Auslegung erweitert. Vgl. Bendlin, Nutzen 192f., sowie Lane Fox, Pagans 169f., und D.S. Potter, Prophecy and history in the crisis of the Roman empire: a historical commentary on the Thirteenth Sibylline Oracle, Oxford 1990, 352-354.

471 Theos. 13 Erbse = 1,2 Beatrice (= **Klaros 26**); Lact. Div. Instt. 1,7 (= **Klaros 27**).

Konsequenzen für die Analyse der hexametrischen Partie: Verständnislenkende Ausführungen der Kultfunktionäre umrahmen den Orakelbescheid. Erwägungen zum verlorenen Abschluß der Argumentation.

Eine Alternative zu der Annahme, der Gottesbescheid werde hier von seinem Propheten in eigenen Worten verkündet, bestünde darin, nur den dazwischenstehenden Text (7,6-14) als das eigentliche Apollon-Orakel anzusehen, so daß die voran- und nachstehenden Versgruppen dieses einrahmen. Dann wäre der versifizierten Fassung des Orakels, welche die beiden von Sidyma entsandten Konsultanten im Heiligtum ausgehändigt bekamen, eine Einleitung und ein Abschluß aus dem Munde des Kultfunktionärs hinzugesetzt worden, die die Lenkung des Verständnisses und die ›richtige‹ Einordnung des vom Gott Geoffenbarten beabsichtigen.[473] Erstaunlich wäre dabei, daß diese Partien wie das Orakel selbst in Hexametern, also der eigentlich den *ipsissima verba* des Gottes vorbehaltenen Form, und nicht in Prosa verfaßt sind. Da aber die Versifikation der Göttersprüche wohl eine typischen Aufgabe der Kultbeamten in den Orakelheiligtümern darstellte, war es vielleicht möglich, auch solche Einleitungen und Exegesen in derselben metrischen Form zu geben.

Sind die letzten beiden erhaltenen Verse als Schlußformel anzusehen, spricht dies dagegen, daß das Orakel sich noch auf verlorenen Quadern fortgesetzt hat. Allein ein Abschluß der das Orakel rahmenden Verse des Propheten wäre noch zu erwarten: nach dem Erhaltenen zu urteilen, wohl eine Fortführung der mythisch-theologischen Aussagen zu Apollon und Artemis und ihrer Verwandtschaft oder ihren sich ergänzenden Wirkungsbereichen. Doch hatte Hieron in den Worten, die die Anführung des Orakels begründen, auch noch vom Verhältnis beider Städte im Kult der Artemis gesprochen und erklärt, die Erinnerung an das Orakel sei Teil der ›Erneuerung‹ der gemeinsamen Verehrung der Göttin und ihrer Wohltaten für die Städte. Das legt nahe, daß hier noch die Rolle der Tloer im sidymäischen Artemis-Kult mit einer theologischen Rechtfertigung versehen wurde. In einer weiteren Kolumne (oder mehreren) könnte dann auch die Abhandlung des Hieron – wieder in den eigenen Worten des Autors – zu ihrem Ende geführt worden sein[474] und, nach Ende des Zitats aus der Ab-

472 Dieses Moment tritt auch im Orakel von Sidyma hervor, wenn in 7,15 betont wird, daß *»Phoibos selbst«* die vorstehende Weisung als *»segenbringende«* Botschaft verkündet habe. Möglicherweise ist dies *e contrario* ein Argument dafür, daß die gesamte Komposition die Versifikation des Propheten darstellt, der die Glaubwürdigkeit und Authentizität der von ihm in die sprachliche Form gegossenen Worte durch den Verweis auf den ›wahren‹ Autor im Hintergrund bekräftigen muß.

473 Auf den Nutzen der Gottesbotschaft, der ihre richtige Auslegung und Anwendung durch die Konsultanten voraussetzt, weist in den Orakeln bereits die einleitende Aufforderung zur Aufmerksamkeit hin, die, wie hier, sogleich mit der Zusicherung des Ertrags verbunden werden kann: 7,4 [σ]ύνφορον ὡς χθονὶ σῇ ναεταῖσί τε πᾶσι ὃ πεύθῃ | [ἔ]σσεται.

handlung des Hieron, der Brief der tloischen Prytanen einen formularischen Abschluß erhalten haben.[475]

3.3.7 Die Frage der Herkunft des Orakels

Der lokale Apollon-Kult in Sidyma. Die griechischen Orakelkulte stehen typischerweise außerhalb des städtischen Kultsystems. Die theologische Konstruktion einer Beziehung zwischen dem lokalen Apollon-Kult und einem externen Apollon-Orakel über das Konzept der συγγένεια.

Es bleibt noch die Frage, in welchem Apollon-Orakel die sidymäischen Gesandten den Bescheid über die Organisation des Artemis-Kults erhalten haben. Zwar besaß Sidyma selbst den Kult des Apollon von Lopta als wichtigen öffentlichen Kult mit Ausstrahlung auch für Tlos und Pinara, wie Hierons Hinweis auf die Prozession zeigt, an der zumindest auch die Tloer teilnahmen.[476] Dieser Kult scheint auch mantische Züge aufzuweisen, da er über einen προφήτης verfügt.[477] Da Apollon mit dem städtischen Artemis-Kult, dessen Priesterinnen Gegenstand des Orakels sind, einen gemeinsamen Priester teilte[478] und beide im Verbund als die προηγέται θεοί

---

474 Man könnte an die Anführung noch weiterer Orakel denken, die etwa die kultischen Beziehungen zwischen Sidyma und Pinara begründeten. Damit wäre dann der Plural χρησμῶν aus 1,14 eingelöst. Siehe oben S. 499.

475 Wenn nicht die Anführung von Hierons Werk als Appendix des Schreibens der tloischen Beamten anzusehen ist. Die Frage ist wegen der Ungewißheit, was am Anfang der zweiten Kolumen gestanden hat, nicht zu beantworten: oben S. 498 mit Anm. 396f.

476 5,4-6. Die Prozession wird von Hieron als Ritual dargestellt, welches durch das in 4,9ff. berichtete Wunder begründet ist: *διὸ* καὶ κροτεῖν ἀσ{ε}πάσματι (zum Text o. Anm. 411) ›χαῖρε Ἄπολλον ὁ ἐγ Λόπτων‹ εἰσερχόμενοι φωνοῦμεν.

477 Ein Dekret von Rat und Volk von Sidyma ehrt den ἀξιολογώτατον ἱερέα καὶ προφήτην διὰ βίου τῶν προηγετῶν θεῶν Ἀρτέμιδος καὶ Ἀπόλλωνος Marcus Aurelius Eukarpos, Benndorf/Niemann, Reisen 68f. Nr. 45 = TAM 2,188 = IGRom 3,583 B 3-9 (der Titel nochmals ergänzt in dens., Reisen 68 Nr. 44 = TAM 2,189 = IGRom 3,584 A 7-9). Auch seine Familie ist in religiösen Ämtern politisch tätig gewesen: seine Frau, die auch noch eine eigene Ehrung der Stadt erhalten hat, als Λυκιάρχισσα (14), sein Sohn als νεωκόρος der in Epiphanien sich offenbarenden Hekate, τῆς ἐπιφανεστάτης Ἑκάτης (12f.). Vgl. zu diesem Beiwort oben Kap. 2, Anm. 788; wiederum stehen also lokale Wunderberichte im Hintergrund. Hekate ist in Sidyma ebenfalls προκαθηγετίς, hiern. Anm. 482. Mit Wörrle, Stadt und Fest 189 m. Anm. 28, kann man nach der Formulierung in diesem Ehrendekret an einen gemeinsamen Kult der Letoiden denken. Er wäre von dem des Apollon ἐν Λόπτοις zu unterscheiden; die mantische Funktion gehörte dem städtischen Kult des Geschwisterpaares. Unklar ist dann allerdings das Verhältnis dieses προηγέτης θεός Apollon zu dem aus Hierons Zeugnis bekannten Kult in Lopta (4,9-5,6); Wörrle äußert sich dazu nicht. Siehe auch Parke, Apollo in Asia 194.

478 TAM 2,188 B, vorige Anm. Zunächst irritiert dieser Beleg für einen männlichen Priester der Artemis neben dem Orakel aus der Schrift Hierons, das nur von unverheirateten Priesterinnen spricht. Es scheint aber gleichwohl nicht zwingend, unterschiedliche zeitliche Phasen anzunehmen oder den gemeinsamen Kult der προηγέται θεοί von dem der Artemis zu trennen. Der Kultdienst der παρθένοι νεοκόροι kann neben dem Amt eines ἱερεὺς καὶ προφήτης beider Götter bestan-

Sidymas bezeichnet werden, muß ein enger Bezug zwischen ihnen bestanden haben. Es waren ohne Zweifel die Hauptkulte Sidymas. Darüberhinaus waren Apollon-Kulte auch in den beiden anderen lykischen Städten, deren Verwandtschaft mit Sidyma Hieron erweisen will, prominent.[479]

Doch fällt der eigene Apollon-Kult Sidymas als Urheber dieses Orakelbescheides bereits deshalb außer Betracht, weil ein städtischer Apollon von Sidyma die konsultierende eigene Stadt nicht als πόλις συγγενίς hätte ansprechen können. Doch auch aus systematischen Gründen ist es wahrscheinlicher, daß das Orakel von einem externen Apollon-Kult eingeholt wurde. Eine Stellungnahme, die von einer nicht in das System der eigenen Polisreligion eingebundenen göttlichen Instanz ausging, konnte besser zur Begründung einer Entscheidung dienen, welche die Stadt in einer zentralen Angelegenheit wie der Regelung der Priesterbestellung in einem ihrer Hauptkulte betraf. Ein Orakel ›von außen‹ bot als unabhängige Autorität eine glaubwürdigere Legitimation, die sich bei allfälligen späteren Problemen mit widrigen Folgeereignissen als belastbarer erweisen konnte.

---

den haben. Zwar gehört das Orakel an Sidyma in die Mitte des 1. Jh. n. Chr., die Ehrung des Eukarpos TAM 2,188 mindestens in die zweite Hälfte des 2. Jh. n. Chr. – aber damit auch in die Zeit der Darlegung Hierons, zu der die Regelung des Orakels in jedem Fall noch in Kraft ist. Damit ist eine Modifikation der institutionellen Regelungen des Kults eher unwahrscheinlich.

479 Wichtiges Zeugnis für den Apollon-Kult von Pinara ist die Basis einer Ehrenstatue, TAM 2,509, mit der ein gewisser Iason [ὑπὲρ] δικαιοσύνης καὶ τύχης geehrt wird, weil er sich um den Apollon-Kult verdient gemacht hat. Er hat das Heiligtum (offenbar neu) erbaut und die Götterbilder gestiftet (der Plural zeigt wohl die apollinische Trias an): καὶ τὸ ἱερὸν τοῦ Ἀπόλλωνος [καὶ τὰ ἐ]ν[τὸς] ἀγάλματα ἀνατεθεικότος. Zu diesem Dokument Robert, DAMM 28. – Den tloischen Apollon-Kult bezeugt die Bilingue TAM 1,25 A 8-15, wo sich ein Bürger der Stadt mit seiner Familie dem Apollon weiht (spätes 4. oder frühes 3. Jh. v. Chr.): ἑαυτὸν κα[ὶ] τὴγ γυναῖκα Τισευσέμβραν ἐκ Πινάρων Ὀρτακία θυγατέρ‹α› Πριανόβα ἀδελφιδῆν Ἀπόλλωνι. Apollon war nicht nur als Bundesgott, sondern auch in einem Großteil der lykischen Städte prominent vertreten: So auch in Lydai (TAM 2,130; 148), Arsada (TAM 2,539), Arneai (TAM 2, 756), Aperlai (Le Bas/Waddington 1290 = IGRom 3,692) und Akalissos (TAM 2,845). Der mantische Charakter des Kults ist über das bekannte Orakel von Patara hinaus (hiern. Anm. 482) auch explizit bezeugt in Kyaneai (Apollon Thyrxeus, der auch πατρῷος war: zum Kult L. Robert, Rev Num 19, 1977, 10-13 = OMS 6,172-175; Frei, Götterkulte Lykiens 1761 Nr. 30.1.1; Parke, Apollo in Asia 193f.) und Sura, dem Hafenort von Myra (Ichthyoskopie: Frei ebd. 1763 Nr. 33.6.1; Bull. ép. 1976, 663; G.E. Bean, Lycian Turkey, London 1978, 130; Parke ebd. 196f. mit 258 Anm. 49). Wahrscheinlich gab es Divination auch in den Apollon-Kulten von Korba (Apollon Pythios: Frei ebd. 1762 Nr. 31.9.1, unveröff. Inschr. zu TAM 2,4 im Archiv der Wiener Akademie der Wissenschaften) und Telmessos: W. Ruge, Telmessos, RE 5 A (1934) 413f.; vgl. M. Wörrle, Epigraphische Forschungen zur Geschichte Lykiens 2: Ptolemaios II. und Telmessos, Chiron 8 (1978) 200-246, h. 201f. = SEG 28,1224, 41-45: Archivierung des Dekrets im Heiligtum des Apollon und in den ἐπιφανεστάτοι τόποι der Artemis und der Leto. In einigen Quellen ist allerdings von einem Orakelort gleichen Namens in Karien die Rede, vgl. Frei ebd. 1755 Nr. 6.8.1. Hinzugekommen ist zuletzt eine Versinschrift aus Oinoanda, die offenbar einen mantischen Kult eines (pythischen?) Apollon anzeigt, **Klaros Verw4** = AnatSt 50 (2000) 141 Nr. 1 = SEG 50, 1354 bis. Über seine Identität mit dem Kult des Apollon Patroos, den man in der agonistischen Stiftung des Demosthenes antrifft, kann man nur spekulieren. Siehe hiern. Anm. 482. – Zusammenfassende Diskussion bei Frei ebd. 1763-1765; weiterhin Parke, Apollo in Asia 184-194, und Wörrle, Stadt und Fest 188-190.

Aus diesem Grund lagen die bedeutsameren griechischen Orakel sämtlich in der Peripherie oder jedenfalls nicht in der Stadt selbst. Im Fall von Milet ist der Einfluß auf den Kult zwar unbestreitbar und bestimmte die Entwicklung des Orakels. Die Interdependenz und wechselseitige Durchdringung der Ritualprogramme (besonders bei der großen jährlichen Prozession der milesischen Molpen auf der Heiligen Straße nach Didyma[480]) wie auch der Institutionen und der Funktionäre, die sie ausfüllten, sprechen hier eine deutliche Sprache – bei den didymäischen Amtsträgern finden wir die städtischen Eliten Milets in den entscheidenden Positionen wieder. Dennoch gibt es die territoriale Distanz von immerhin etwa fünfzehn Kilometern und damit die räumliche ›Ausgliederung‹ des Orakelheiligtums aus dem Bereich der städtischen Kulte.

Das lykische Bundesorakel in Patara und seine Geschichte im 1. und 2. Jh. n. Chr.

Wahrscheinlicher als die Möglichkeit, daß das Orakel vom einheimischen Apollon in Lopta ergangen ist, ist, daß dieser einen Anknüpfungspunkt für συγγένεια mit einem anderen Apollon-Orakel bieten konnte, wie man es im Fall von Hierapolis in Phrygien und Klaros zwischen dem einheimischen Apollon Kareios und dem Apollon von Klaros einerseits, dem delphischen Kult andererseits beobachten kann.[481] Eine dadurch geschaffene Verbindung, die Apollon in seiner Anrede an die πόλις συνγενίς zum Ausdruck bringt, wäre dann der Anlaß, sich in der Angelegenheit dorthin zu wenden.

Ein aussichtsreicher Kandidat wäre angesichts der räumlichen Nähe und der ohne Zweifel bestehenden kultischen συγγένεια auf den ersten Blick gewiß das Apollon-Orakel von Patara auf der anderen Seite des Kragos-Massivs, unweit der Mündung des Xanthos.[482] Es ist zwar ein Kult,

480 Jetzt grundlegend behandelt anhand der archäologischen Befunde und der zentralen Inschrift I.Milet 133 (Milet 1,3,153-160) = LSAM 50 von Herda, Molpoi-Satzung. Zu einem Element des Prozessionsrituals o. Kap. 2, Anm. 672; vgl. auch ebd. Anm. 200f.

481 **Klaros 4** = SGO 02/12/01. Siehe zu diesem Aspekt die Behandlung oben S. 77-87.

482 Diese Zuweisung hat Parke, Apollo in Asia 190-193, vertreten; zustimmend ohne weitere Begründung Merkelbach, Hieron 121; skeptisch dagegen Wörrle, Athena Latmia 38 Anm. 60. Siehe hiern. mit der Erörterung der Zeugnisse zu Opramoas (Anm. 484). – Zum mantischen Apollon-Kult von Patara, wo Apollon Hauptgott ist und als θεὸς πατρῷος des lykischen *koinon* verehrt wird, neben Parke ebd. auch G. Radke, Patara, RE 18 (1949) 2558-2560; Robert, A travers l'Asie mineure 402f. Anm. 38; A. Balland, Fouilles de Xanthos 7: Inscriptions d'époque impériale du Létôon, Paris 1981, 191f.; Wörrle, Stadt und Fest 188f.; Frei, Götterkulte Lykiens 1757-1760 Nr. 20. – Priester des θεὸς πατρῷος Ἀπόλλων Λυκίων τοῦ κοινοῦ: s. zuvor Anm. 449. Der von der Stadt Patara bestellte Priester erscheint in Personalunion mit dem Propheten in TAM 2,420, Ehrendekret des Demos von Patara aus tiberianischer Zeit für Polyperchon, den der Beschluß προφήτην τοῦ πατρῴου Ἀπόλλωνος ἱερατεύσαντα τοῦ θεοῦ (3f.) nennt. Die Formulierung deutet darauf hin, daß es sich um zwei getrennte Ämter handelte, von denen das Priesteramt

der in die politisch-religiösen Strukturen des lykischen *koinon* eingegliedert ist, insofern also nicht ›außerhalb‹ steht. Aber das zuvor entwickelte Kriterium der Exterritorialität und einer gewissen Distanz wäre im Verhältnis von Patara und Sidyma doch in demselben Maße erfüllt wie zwischen Didyma und Milet. Es scheint zunächst naheliegend, daß sich eine Mit-

---

als Jahresamt versehen wurde (vgl. 5 τὰς τρεῖς ἀρχὰς ἄρξ‹α›ντα ἐν ἑνὶ ἐνιαυτῷ); so auch Frei, Götterkulte Lykiens 1758 Nr. 20.4.1. Die Datierung ergibt sich aus seinem Amt im Kaiserkult, ἀρχιερέα διὰ βίου θεῶν ἐπιφανῶν Γερμανικοῦ Καί[σ]αρος καὶ τοῦ σύμπαντος αὐτῶν οἴκου (2f.). Die Opramoas-Inschrift bezeugt eine πατρικὴ πανήγυρις des Apollon πατρῷος von Patara (Kokkinia, Opramoas 14 E 15f., vgl. 13 C 11; hiern. Anm. 484), welche die Stadt (in diesem Fall unterstützt durch den Euergeten) veranstaltete; das Fest war mit dem Kaiserkult verbunden. Θεὸς πατρῷος ist Apollon zusammen mit Artemis und Leto daneben im Bundesheiligtum von Xanthos, TAM 2,267. 496; siehe dazu Balland ebd. 249. Das Verhältnis des Kults der θεοὶ πατρῷοι im Letoon von Xanthos zum Orakel des κοινὸς θεὸς πατρῷος Apollon in Patara ist nicht klar. Θεὸς πατρῷος wird Apollon erneut auch in der Stiftungsurkunde des großen musischen Agons genannt, mit dem der Euerget C. Iulius Demosthenes, Prytane und Ratssekretär von Oinoanda, 124/125 n. Chr. (also wenige Jahre vor Opramoas' Stiftung in Patara) seine Heimatstadt und das benachbarte Kleinere Termessos bedachte, Wörrle, Stadt und Fest 8 = SEG 38,1462, 53: Der Agonothet hat beim Fest einen goldenen Kranz zu tragen, auf dem Porträts (ἔκτυπα πρόσωπα) des Hadrian καὶ τοῦ προκαθη[γέτ]ο̣υ̣ ἡ[μῶ]ν πατρῴου θεοῦ Ἀπόλλωνος angebracht sind. Auch bei der Prozession wird sein Bild – wiederum zusammen mit dem des Kaisers – getragen (προπομπεύσουσι τὰς εἰκόνας 62f.), und er erhält die beiden Hauptopfer während der Wettkämpfe (42f.). Zu solch auffälliger Parallelisierung der Ritualelemente zwischen dem Kaiserkult und dem Kult herausgehobener Polisgötter (und der Zusammenführung dieser Elemente in *einem* Ritual) vgl. A. Chaniotis, Der Kaiserkult im Osten des römischen Reiches im Kontext der zeitgenössischen Ritualpraxis, in: H. Cancik/K. Hitzl (Hg.), Die Praxis der Herrscherverehrung in Rom und seinen Provinzen, Tübingen 2003, 3-28. In Variation der üblichen Funktion eines Göttertitels wie προκαθηγέτης, der – entsprechend einem Beinamen wie Πολιεύς/Πολιάς – seinen Träger als Haupt- und Schutzgottheit der Stadt deklariert (vgl. H.W. Pleket, Talanta 2, 1970, 64; Robert, Amyzon 172; o. S. 331f. Anm. 18), führte Apollon beim Fest des Demosthenes den Beinamen πατρῷος zur Bezeichnung seines Status als Bundesgott, der die kultische Einheit der Konföderation stiftet. Die Dinge liegen allerdings schon in Sidyma weniger klar, wo sowohl Hekate als auch Apollon und Artemis θεοί προ(καθ)ηγέται waren, TAM 2,188 (Apollon und Artemis, s. zuvor S. 525f. m. Anm. 477f.) und 189 (Hekate; deren Priesteramt ist auch in 188 genannt, s. ebd.)
Es ergibt sich daraus, ähnlich wie in Xanthos, auch hier die Frage, wie sich die Präsenz des Gottes in Oinoanda, die an den Bestimmungen über den neuen Agon abzulesen ist, zum Kult des *koinon* verhält: Die Tatsache, daß Apollon πατρῷος Opfer in Oinonanda erhält, beweist die Existenz eines lokalen Kultes, doch wird dieser Apollon dabei ausdrücklich mit den Titeln des Bundesgottes benannt. Beides läßt sich zu der Deutung zusammenführen, daß durch den Apollon-Kult von Oinoanda die Zugehörigkeit der Stadt zum *koinon* artikuliert wurde. Da bot es sich für den Euergeten Demosthenes an, diesen Apollon ins Zentrum seines Agons zu stellen, war er doch bei seiner Stiftung auf eine über seine Stadt hinausreichende Wirkung bedacht. So heißt es im Ausführungsbeschluß des oinoandensischen Rates über Demosthenes: πρωτεύων τῇ τε ἀξίᾳ καὶ τῷ γένει καὶ τῷ ἤθει οὐ μόνον τῆς πα[τρίδος] ἀλλὰ καὶ τοῦ ἔθνους 49f. Die Termessier hielten ihrerseits in ihrem Dekret fest, daß Demosthenes' Agon ἴσην τοῖς θέμασι ταῖς ἐν τῷ ἔθνει ἀγ[ομέναις] πολειτικαῖς πανηγύρεσι sei (106). – Der instrumentale Dativ τοῖς θέμασι ›die hinterlegten Preisgelder‹ nimmt Bestimmungen aus Z. 25 und 27 wieder auf. Das Wort ist in den kaiserzeitlichen Siegesinschriften verbreitet, vgl. LSJ s.v. II. Θεματικοὶ ἀγῶνες konnten ›heiligen‹ oder Kranz-Agonen entgegengesetzt werden, in denen es nur um die materiellen Preise ging (vgl. Bull. ép. 1968, 254, zu Aphrodisias; Poll. 3,153 τοὺς μὲν οὖν καλομένους ἱεροὺς ἀγῶνας, ὧν τὰ ἆθλα ἐν στεφάνῳ μόνῳ, στεφανίτας ἐκάλεσαν καὶ φυλλίνας, τοὺς δ' ὀνομαζομένους θεματικοὺς ἀργυρίτας).

gliedsstadt mit einer Frage zur Durchführung eines auch über ihre Grenzen hinaus wichtigen Kults an dieses gemeinsame Orakel des lykischen Städtebundes gewendet hat.

Entscheidend ist aber, daß das patarensische Orakel zur mutmaßlichen Zeit, als dieser Bescheid an Sidyma erging, also etwa um die Mitte des 1.

Vor einigen Jahren sind zwei Inschriften aus Oinoanda publiziert worden, von denen eine einen Kult Apollons in der Stadt betrifft: N.P. Milner, Notes and inscriptions on the cult of Apollo at Oinoanda, AnatSt 50 (2000) 139-149 (mit eingehendem Kommentar), h. 141 Nr. 1 = SEG 50, 1354 bis (Bull. ép. 2002, 409). In einem hexametrischen Text (nicht berücksichtigt in SGO Bd. 4 oder Nachtr.), von dem die letzten sieben Verse passabel erhalten (darunter ist der Stein nicht beschrieben) und am Anfang Reste von drei weiteren Versen erkennbar sind, ist von einem Priester des Phoibos Apollon die Rede, der, ἔξοχος ἄλλων, besonderer moralischer Qualitäten gerühmt wird: Weder hat er anderen geschadet noch sich übler Nachrede bedient; zu den Pilgern, die reiche Opfer brachten, war er freundlich und tat sich durch feierliche Würde in seinem Amt hervor (ἐν ζώματι καλῷ 7, offenbar seine Amtsinsignie). Dann heißt es von seiner Amtsführung (10): σήματα δ' ἐξειπὼν σπλάγχνα ἄπο οἷά τε Πυθοῖ. Das bezieht sich offenkundig auf die Erteilung von Orakelbescheiden Apollons, dessen *»Zeichen«* er als Prophet *»in Worte brachte«* (ἐξειπών). Merkwürdig ist die Angabe σπλάγχνα ἄπο οἷά τε Πυθοῖ. Da in Delphi von Divination durch Extispizin nichts bekannt ist, interpretiert der Herausgeber ἄπο hier als ›ohne‹ (wofür die Belege freilich spärlich sind, siehe die wenigen Stellen ebd. 143f.). Damit würde ein besonderer Akzent auf die Divinationsmethode gelegt. Zugleich ist der explizite Verweis auf das delphische Orakel als Autorität für die rituelle Form in einem lokalen Orakelkult bemerkenswert.

Gegen die Vermutung, daß eine derartige Divinationsmethode Abneigung gegen blutige Opfer anzeige, spricht allerdings die Erwähnung von Opfern (θύμ]ạσιν ἡδίστοις 6), zu denen die Gebete und Weinlibationen doch wohl gehören (τοῖ]ς εὐξαμένοις λιπαρῶς καὶ ἀνάλγεϊ οἴνῳ 5); vgl. auch Milner ebd. 145. Daß an der betreffenden Stelle von den Opfern, die die Konsultanten darbringen, gesprochen wird und nicht von Handlungen des oder der Kultfunktionäre, verschlägt für die Frage nach der Ideologie nichts. Gebete und Libationen sollten genausowenig wie Räucheropfer vom Schlachtopfer getrennt werden (es sei denn, im Kontext wird auf den unblutigen Charakter des Opfers ausdrücklich verwiesen); diese Medien sind vielmehr im Normaltypus Elemente der Ritualsequenz beim Tieropfer, siehe oben Anm. 79 und die Überlegungen zum ammonitischen Orakel für Kyzikos, o. S. 288f. 299-306. Grammatikalisch bedeutet dies, daß in der Phrase τοῖ]ς εὐξαμένοις λιπαρῶς καὶ ἀνάλγεϊ οἴνῳ [θύμ]ασιν ἡδίστοις πᾶσιν φίλος (sc. ἦν) die *»höchst angenehmen Opfer«* besser als *dativus modi vel instrumentalis* denn als Apposition zu τοῖς εὐξαμένοις ... οἴνῳ aufgefaßt werden sollten. – Der Herausgeber sieht dieses Gedicht als das Grabepigramm des Priesters an und interpretiert darum das in der ansonsten zerstörten Z. 3 lesbare ἐν σηκῷ als Bezeichnung eines Heroons, in dem der für uns anonyme Apollon-Priester begraben gewesen sei. Auch die Erwähnung eines Heiligtums (?) der Nymphen und des Dionysos bei örtlichen Quellen im ersten erhaltenen Vers versteht er als Angabe der Lage dieses Grabmals.

Als zweiter Text wird eine Inschrift von acht Zeilen veröffentlicht (ebd. 145 Nr. 2 = **Klaros Verw 4**), deren Anfänge erhalten sind. Obwohl sich der erhaltene Teil von Z. 7 nicht messen läßt, handelt es sich offensichtlich um Hexameter in episierender Sprache (irritierend allein 8 γνώμạ). Der Herausgeber sieht ein Orakel darin. Trifft die Annahme zu, dürfte es durch das aus dem Priesterepigramm bekannte Apollon-Orakel ergangen sein, auch wenn die Fundortangaben hier nicht weiterhelfen. Am Anfang könnte – noch in Prosa – die Verkündigung durch den Gott in der gängigen Weise thematisiert sein, αὐδᾷ τ[άδε ὁ θεὸς τοῖς - - (?). In der Folge ist von einem ἰητὴρ νọ[ύσων (?) die Rede (2), der in 6 anscheinend noch einmal mit βοιθοῦ (= βοηθοῦ) κυδίστου κού[ρου genannt wird. Die Vermutung liegt nahe, daß hier Asklepios als Heiler und Helfer gemeint ist. Das Motiv ließe sich etwa mit dem klarischen Orakel für Pergamon (**Klaros 2**) zusammenstellen, wo Apollon den Auftrag zur Hilfe gegen die Seuche an seinen *»lieben Sohn«* weitergibt (V. 19). Milner deutet daher auch das neue Bruchstück als ›Pestorakel‹, was aber aus den wenigen erhaltenen Resten nicht hinreichend sicher zu entnehmen ist. Am Ende wird, wenn die Herstellung zu-

Jh. n. Chr.,[483] nicht aktiv gewesen zu sein scheint. Es war erst der große lykische Euerget Opramoas im 2. Jh. zur Zeit des Antoninus Pius, der durch sein finanzielles Engagement in der Mitte der 140er Jahre ein Wiederaufleben dieses Orakelkults ermöglichte.[484]

trifft, von einer γνώμα καθαρά – ist zu verstehen: der Konsultanten? – gesprochen, was sich vielleicht mit Reinheitsforderungen im Kult und deren Ausdehnung auf den ethisch-intellektuellen Bereich gerade bei Asklepios verbinden läßt (s. wiederum oben Anm. 79). Weitere hypothetische Ergänzungen und Deutungsvorschläge vor dem Hintergrund der bekannten klarischen ›Pestorakel‹ bei Milner 146 im Kommentar.
Während die Priesterinschrift ins 2. oder 3. Jh. n. Chr. datiert wird (ebd. 143f.), möchte der Herausgeber das Fragment des Versorakels (?) aufgrund des Schriftcharakters ins 1. Jh. v. Chr. setzen, vielleicht sogar noch in die zweite Hälfte des 2. Jh. (ebd. 146). Die Identifikation des hier bezeugten Kults mit dem Apollon πατρῷος des lykischen *koinon*, der am Fest der Demostheneia im Mittelpunkt steht, läßt sich – vorerst – nicht beweisen, ist aber wohl nicht unwahrscheinlich. Der Gott muß nicht wegen der Legitimierung der örtlichen Divinationspraxis durch das delphische Vorbild unbedingt auch selbst das Epitheton Πύθιος getragen haben (im erhaltenen Text heißt er jedenfalls nur Φοῖβος Ἀπόλλων). Bei dem zweiten Text könnte man – wenn man sich denn der Auffassung anschließt, darin ein Orakel zu sehen – angesichts der rekonstruierten Thematik, der ionisch-episierenden Sprache und dem Verweis auf Asklepios als Retter auch an die Möglichkeit der Herkunft aus Klaros selbst denken. Auch wenn der Kult des lokalen Apollon mit seinem Propheten schon bestanden haben sollte, schlösse das die Einholung eines Orakels aus Klaros gerade in der Situation einer Epidemie nicht aus, wie das Orakel aus Hierapolis, **Klaros 4**, gezeigt hat, da Klaros in diesem Punkt offenbar besondere Kompetenz zugeordnet wurde. Allerdings spräche eine so frühe Datierung, wie vom Herausgeber vorgeschlagen, auf den ersten Blick gegen diese Hypothese. Jedenfalls fiele ein ›Pestorakel‹ in hellenistischer Zeit aus der bekannten Textgruppe in Klaros heraus – doch wissen wir eben über die Aktivität des klarischen Orakels und seine Ausstrahlung in der fraglichen Periode so gut wie nichts. Unabhängig davon führen die beiden neuen Texte aber zu einem überraschend erweiterten Bild der Präsenz Apollons in Oinoanda.

483 Zur Datierung siehe oben S. 506f.

484 Kokkinia, Opramoas 17 E 10-13: Spende des Opramoas von 20.000 Denaren Παταρẹ[ῦσιν ε]ἰς μὲν λόγον θεοῦ πατρῴου Ἀπόλ̣[λωνος, ἐπεὶ χρόν]ῳ σ̣[ι]γῆσαν τὸ μαντε[ῖον] α̣ὐ̣τ̣ο̣[ῦ πάλιν ἤρ]ξατο θεσπίζειν. 13 C 14: Neuerliche Spende von 20.000 Denaren für Patara für den Kaiserkult und ἐπὶ [τὸ ἀ]ρ̣χαῖον αὐτῶν καὶ ἀψευδὲς [μαντεῖ]ον; beide Kulte waren in einer πατρικὴ πανήγυρις verbunden. Auch bei der Feststiftung des Demosthenes in Oinoanda sind Kaiser- und Apollon-Kult vereint, s. Wörrle, Stadt und Fest 188f. Zur gängigen Betonung der Orakelautorität siehe auch hiern. Anm. 488 und oben S. 432f. m. Anm. 257 (zu **Didyma App 14**,4). – Wiederaufleben des Orakels nochmals 14 E 6–F 2: πάλιν ἀρξ[αμέ]νου μετὰ πολὺν [σιωπ]ῆς χρόνον θεσπ[ίζει]ν τοῦ θ[ε]οῦ τάχα κα[τά τε] τὴν εὐσέβειαν [τοῦ ἀ]νδρός, ἡδομ[ένη τε] τ̣ῷ καιρῷ ἐπεδ̣[εήθη ἡ] Παταρέων̣ [πόλις τὸ] μαντεῖ[ον καὶ τὴν] πατ̣ρ̣ι̣κ̣[ὴν πανήγυρι]ν [ἀνανεῶσαι, αὐτὸς δὲ συνκατέθετο. Den Hauptsatz hatte Heberdey so ergänzt, daß Opramoas Subjekt ist (ἀρξαμένου ... τοῦ θεοῦ ... διὰ] τὴν̣ εὐσέβειαν [τοῦ ἀ]νδρὸς ἡδομ[ένου] τ̣ῷ καιρῷ, ἐπέδ̣[ωκεν] τῇ Παταρέων̣ [πόλει εἰ]ς τ̣[ὸ] μαντεῖ[ον καὶ τὴν] πατρικ[ὴν πανήγυρι]ν), doch Kokkinias Lösung überzeugt trotz des in der Bedeutung ›erbitten‹ kaum belegten passivischen ἐπιδέομαι wegen des einfacheren Bezugs von τοῦ ἀνδρός. – Ebd. 13 C 9-11: Agonothesie des Opramoas beim Bundesfest im Heiligtum von Patara: ἀγωνο[θ]ετήσας ... τῇ δὲ Παταρέων (sc. πόλει) πανήγυριν θεο[ῦ πατρῴ]ο̣υ Ἀπ[όλλ]ωνος; vgl. 18 F 7-13 (Agonothesie in Patara gleichzeitig mit der Ausübung desselben Amtes in Myra bei der Panegyris der Göttin Eleuthera und des Kaisers). – Das Priesteramt als Institution des Bundes: 2 B 10, 3 E 16–3 F 1, 6 D 7, 8 C 2 (s. zuvor Anm. 449). Die Opramoas-Inschrift ist das wichtigste Zeugnis für die Aktivität des patarensischen Orakels im 2. Jh. n. Chr.

Allerdings war Louis Robert der Ansicht, daß Münzen aus Patara unter Claudius, nach der Reorganisation des lykischen *koinon* als römischer Provinz im Jahre 42 n. Chr., mit dem Apollon-Bildnis und den Attributen von Lorbeerzweig und Bogen eine Anspielung auf das patarensische Orakel darstellten,[485] das demnach bis zu dieser Zeit noch aktiv gewesen sein müßte – ein Zeitraum, in den auch bereits das Orakel für Sidyma fallen könnte. Doch scheint es nicht möglich, die unterschiedlichen Datierungsansätze zu einem präzisen Schluß auf die Zuweisung des Orakels zu vereinigen.

Typologische Übereinstimmungen in Form und Inhalt legen eine Einordnung unter die didymäischen Bescheide nahe. Besondere Kompetenz des Apollon von Didyma in Fragen des Status religiöser Funktionsträger und der Ritualistik. Originalität der Orakelbescheide versus Adaption und Rekombination konventioneller theologischer Interpretamente.

Angesichts der thematischen Parallelen mit dem Orakel für die Priesterin der Athena Polias in Milet und dem Bescheid für Herakleia am Latmos über die Wahl seiner Athena-Priester wird man auch für das Orakel an Sidyma die Herkunft aus Didyma erwägen. Mehrfach war bereits festzustellen, daß Fragen der Ritualausführung, von Weihungen und individuellen religiösen Anliegen, der Reform oder Neueinrichtung von Kulten sowie Angelegenheiten, die die religiösen Amtsträger betrafen, gerade in Didyma entschieden wurden. Es sieht so aus, daß dem dortigen Apollon zumindest im kleinasiatischen Raum für solche Themen eine besondere Kompetenz zugeschrieben wurde. Näherhin war die Frage der Unverheiratetheit der Priesterinnen auch der Gegenstand des Orakels, durch das Satornila zur Kultdienerin der Athena bestimmt wurde.

Um die richtige Art und Weise der Auswahl der Priester ging es auch beim Orakel über den Kult der Athena Latmia von Herakleia. Das dort festgesetzte Wahlverfahren kam offensichtlich auch in Sidyma zur Anwendung.[486] Eine ganze Reihe von Parallelen mit dem herakleotischen Orakel in

---

485 RevNum 19 (1977) 10 = OMS 6,172 Anm. 25; A travers l'Asie mineure 402f. Anm. 38. Vgl. auch H.A. Troxell, The coinage of the Lycian league, Numismatic notes and monographs 162, New York 1982, 52.

486 Das zeigt die Formulierung Hierons über den Wandel der Auswahlkriterien in 5,16-6,1, ῃ πρόσθε[ν] *ήρονντο* γυναῖκες ἱέρειαι κτλ. Erneut im Orakel selbst, 7,9f. ἣν ἀπὸ λέκτρων | *[α]ἱρῇ* προσκαλέσασθαι ἀνυμφεύτους ἐπὶ σηκοὺς. Ein wichtiges Indiz ist der Verweis auf die jährliche Erneuerung des Priestertums, 7,6 λυκαβάντος ἑκάστου. An allen diesen Stellen liegt freilich der Akzent nicht auf der Wahl, sondern auf dem Statuskriterium. – Anders ist 7,13f. αἵρεσιν φροντίδος aufzufassen: Dort geht es um die *»Entschlossenheit zur Fürsorge«* (nämlich für die Menschen), die die Göttin *»auf sich genommen hat«* (ὑπέστη). Zum Dank dafür haben die

Gedankenführung und einzelnen sprachlichen Prägungen weisen in dieselbe Richtung gemeinsamer Deutungsmuster[487] und legen es nahe, beide Texte gemeinsam dem didymäischen Orakelcorpus einzuordnen. Zusätzlich zur thematischen Nähe eint sie stilistisch der mehrfache Hinweis auf die Wahrheit und Zuverlässigkeit des Bescheids, die als Grund für die geforderte Aufmerksamkeit genannt werden.[488] Schließlich betont jeder der Sprüche, wie das der Gottheit willkommene Handeln mit dem Vorteil und Gewinn der Konsultanten zusammenfällt, und unterstreicht damit das Ideal der Konformität von göttlichem Willen und menschlichem Verhalten.[489]

Menschen Artemis *»Ehre«*, also Kult, zu erweisen (ἵν' ... τειμῶσιν), und zwar durch Mittlerinnen, die der Göttin genehm (προσηνές 7,8) sind.

487 Am auffälligsten wohl die Bezeichnung des jährlichen Amtswechsels, λυκάβαντος ἑκάστου, im Versausgang (hier 7,6), in **Didyma App14**,6; zu λυκάβας oben Anm. 292. ἐσθλοί sind im sidymäischen Orakel die Orakelsprüche Apollons (7,3), in Herakleia der sich auf das Orakel stützende Ratschluß der Bürger (V. 3), der – so muß die Stelle sicher verstanden werden – auf der ἐσθλὴ γνώμη Apollons beruht (siehe hiern. Anm. 489). Im Satornila-Orakel dient ἐσθλός wiederum zur Charakterisierung Athenas, die ἐσθλὴ πολίεσσι βοηθόος ist (**Didyma 25**,6). ἁγνεία kennzeichnet Athena im Orakel für Herakleia (V. 1, vgl. oben S. 433f. m. Anm. 259) und Artemis in den Worten Hierons, die er dem Orakel vorangehen läßt (5,14f. τῆς ἁγνοτάτης ... Ἀρτέμιδος). Im sidymäischen Orakel selbst sind die Opfer an Artemis, die die jungfräulichen Priesterinnen zu verrichten haben, [ἁγ]νὰ θεᾶς ἀσινῆ τε (›unversehrte, unverletzte‹) θυήπολα τείμια, und der Gott verlangt von den Sidymern νηὸν ὑπ' αὐτῆς (der gewählten παρθένος) ἁγνὸν ἀεὶ τηρεῖσθαι: An allen Stellen und besonders deutlich in der zuletzt genannten bestimmt das Thema der Sexualität die Semantik des Ausdrucks. – Für Verfasser und Empfänger des Satornila-Orakels war das Konzept der σεμνότης von herausragender Bedeutung (siehe oben S. 328 m. Anm. 10; 374 m. Anm. 125), Apollon nannte die gewählte Bewerberin σεμνή (V. 14), und der Dedikationstext der Söhne hält fest, Satornila sei von Apollon in Anbetracht ihrer σεμνότης für das Amt ausgewählt worden (**25**,8). In Sidyma bezeichnet Hieron in seinen eigenen Worten das Priesteramt der Artemis als σεμνὰς νεοκορείας (5, 14). Das soziale Normengeflecht, in dem σεμνός den Erwartungshorizont an öffentliches Wirken von Amtsträgern zumal im religiösen Bereich beschreibt, kam im Orakel über die Wahl der Athena-Priester mit etwas abweichenden Worten zum Ausdruck, **App14**,5 ὃς ... βίου τάξει προφερέστατός ἐστιν: dazu siehe o. S. 445f. m. Anm. 296.

488 In Sidyma unmittelbar zu Beginn, 7,3 ἐσθλὰ δέχου Φοίβου ... θέσφατα τρανῶς, und als erneute Aufforderung im Anschluß an das Motiv des Nutzens für die Anfragenden (dazu nächste Anm.), 7,5 ἀλλ' ἐπάκουε τά σοι θεὸς ὤπασε (›gewährt hat‹) Φοῖβος. In Herakleia schließt sich eine solche Mahnung an das Resümee des Gegenstands an, das in einem vorangestellten abhängigen Fragesatz gegeben wird (dazu oben S. 431-433 m. Anm. 253), V. 4: (ὡς ἂν ... θῆσθε ...,) κέκλυτε Φοιβείην παναληθέα θέσφατον αὐδήν. In Sidyma scheint das Motiv nochmals nach der Mitteilung der Weisung zur Einrahmung des Abschnitts bzw. als Einleitung des Schlusses auf, 7,15 ταῦτά σοι αὐτὸς ἄναξ ἑκατήβολος ὄλβια φαίνει (zu ὄλβιος oben Anm. 463). Im Satornila-Orakel erkennt man einen Hinweis auf die divinatorische Autorität zu Anfang, wo Apollon den milesischen Demos tadelt (?), daß er lange gezögert habe, seinen Rat zu suchen, **Didyma 25**, 1f: ὀψὲ μὲν ... ὀμφῆς μαντιπόλοιο θεοκλυτέοντες ἵκεσθε. *Ex negativo* liegt darin dieselbe Botschaft wie in der Aufforderung zur Aufmerksamkeit, die mit dem Hinweis auf den Wahrheitsgehalt der Weisungen versehen ist: Apollons Rat hätte als eine mit göttlicher Autorität ausgestattete ὀμφὴ μαντίπολος das Problem schon früher aus der Welt schaffen können. Vgl. dazu die Weihung rhodischer *theopropoi*, **Didyma App41** = I.Didyma 83 = SGO 01/19/20 = McCabe, Didyma (PHI # 7) 552, 3: ἀεὶ νημερτέας ὀμφὰς θέσπισεν. Auch die Dedikanten der Satornila-Inschrift haben diesen Anspruch des Gottes anerkannt: Für sie hat der ἀψευδέστατος θεὸς Διδυμεὺς Ἀπόλλων ihre Mutter zum Priesteramt auserwählt (zu ἀψευδής siehe das oben Anm. 33 zusammengestellte Material).

Wenn sich hier auch in Form und Inhalt über das Zufällige wohl hinausweisende Gemeinsamkeiten erkennen lassen und Kongruenzen von Deutungselementen auch durch sprachlich-stilistische Entsprechungen abgestützt werden, so wird man dennoch Vorsicht üben und über die Anzeige eines möglichen gemeinsamen Herkunftsortes nicht hinausgehen wollen. Es ist schwer abzuschätzen, über welchen Grad an Originalität und Individualität die einzelnen Orakel verfügten und inwieweit wir hier in dem kleinen und zufälligen Ausschnitt einer gewiß einst sehr viel breiteren Überlieferung, den die uns vorliegenden Quellen aufschließen, auf zeit- und kulturtypische Interpretamente stoßen, die vielfach rekombiniert und immer wieder der gegebenen Situation angepaßt wurden.

489 In Sidyma wird das Motiv des Nutzens der Botschaft für die Konsultanten zum Ausgangspunkt einer adhortativen Wendung an die Hörer genommen, deren Aufmerksamkeit der Gott verlangt, 7,4f.: (ἐσθλὰ δέχου … θέσφατα,) [σ]ύνφορον ὡς χθονὶ σῇ ναεταῖσί τε πᾶσι ὃ πεύθῃ | ἔσσεται. Ähnlich wird in Herakleia die Weisung zur Wahl der Priester mit der Aufforderung erweitert: [φρ]οντίδα καὶ σπουδὴν ἣν χρὴ θέμενοι (sc. ὑμεῖς) περὶ τῶνδε. In dem durch eine Anapher noch emphatisch unterstrichenen ersten Resümee der Weisung an Sidyma wird dann herausgestellt, daß das Handeln, das den Menschen zum Nutzen dient, dem Willen der Gottheit gerecht wird, 7,8: [ἔ]στι γάρ, ἔστι θεᾷ Λητωΐδι τοῦτο προσηνές. Im Orakel für Herakleia begegnet eben dieser Begriff des προσηνές in der Anfrage des Demos: ὁ δῆμος ὁ Ἡρακλεωτῶν ἐρωτᾷ πότερον αὐτῷ λῶιον καὶ ἄμεινον καὶ τῆι Λατμίαι Ἀθηνᾶι προσφιλὲς κτλ. 2 A 3-5. Die beiden Seiten dieser Gleichung werden dann innerhalb des Bescheides in einen Satz zusammengeführt, wenn es in der Aufnahme des Gegenstands der Anfrage zu Beginn heißt (V. 1-3): ὡς ἂν Πάλλαδος … ἱερὰ δρῶντα θεᾶι τε φιλῶς σύμπαντί τε δήμωι | θῆσθε σὺν ἐσθλαῖσιν γνώμαις βουλῆι τε κρατίστῃ[ι]. Bei Unterordnung unter den Rat Apollons fällt das vorteilhafte Ergebnis für die Bürgergemeinschaft mit den Absichten der Götter zusammen (τε … τε). Die modale Erweiterung σὺν ἐσθλαῖσιν γνώμαις κτλ. betont nochmals die Vorteilhaftigkeit für die Menschen, wenn sie sich nach dem Spruch richten, wie auch implizit den Autoritätsanspruch des Orakels, das eben in erster Instanz die ἐσθλὰς γνώμας βουλάς τε κρατίστας liefert, die sich die Bürger dann in ihrer Beschlußfassung zu eigen machen sollen: Es sind γνῶμαι und βουλή des Gottes und, davon abgeleitet, dann auch der Menschen. Daß hier die Termini der Entscheidungsverfahren der demokratischen Institutionen benutzt und für die menschliche und die göttliche Ebene analog gebraucht werden, ist nicht ohne tieferen Sinn für das Verhältnis von Divination/Orakelkonsultation und politischer Entscheidungsfindung im Selbstverständnis der Akteure.

4 Schlußbemerkungen: Orakel als Steuerungsinstanzen sozialen Handelns in der hellenistischen und kaiserzeitlichen Polis

ἔτι τοίνυν καὶ αἱ θυσίαι πᾶσαι καὶ οἷς μαντικὴ ἐπιστατεῖ, ταῦτα δ' ἐστὶν ἡ περὶ θεούς τε ἀνθρώπους πρὸς ἀλλήλους κοινωνία ... καὶ ἔστιν αὖ ἡ μαντικὴ φιλίας θεῶν καὶ ἀνθρώπων δημιουργός ...

Alle Opfer und all das, dem die Divination vorgesetzt ist, bilden die Gemeinschaft zwischen Göttern und Menschen ... die Divination schafft Verbundenheit zwischen Göttern und Menschen ...

Plat. Symp. 188 BD

4.1 Rückblick auf Heuristik und Methodik der Untersuchung: ›Dichte Beschreibung‹ und Situationstypologie der Konsultationen

In dieser Untersuchung stand die Praxis der öffentlichen Inanspruchnahme von Orakeln im Mittelpunkt und damit die Frage, wie in diesem Bereich der antiken Religionspraxis der Rückgriff auf die kultische Divination in zwei großen Apollon-Heiligtümern Deutungsangebote und handlungsleitende Orientierung für die Bürgergemeinde hervorbrachte.

Um eine Annäherung an diesen Bereich sozialen Handelns zu ermöglichen, wie er in den griechischen Städten des Hellenismus und der Kaiserzeit artikuliert war, galt es, historische Dossiers auszuwählen, die einen Phänomenbereich mit hinreichend hoher Informationsdichte illustrieren, so daß die Kriterien einer ›dichten Beschreibung‹ erfüllt werden können und die Quellen sowohl in ihren internen Wechselbeziehungen als auch in ihren Verweisen auf die externe gesellschaftliche Realität ›zu sprechen beginnen‹. Ein Tableau lebendiger sozialer Wirklichkeit, in der die kollektive Inanspruchnahme des religiösen Angebots der Divination in zu beschreibenden Situationen eine Verfahrensoption darstellte, sollte vor dem Auge des historischen Betrachters dadurch wenigstens ansatzweise wieder zum Leben erweckt und so die Funktion deutlich werden, die die Institution der Orakel im gesellschaftlichen System der hellenistischen und kaiserzeitlichen Poleis innehatte.

Um dieses Ziel zu erreichen, bot sich der Zugang über ein Inventar der Situationstypen an, die zum Anlaß für Konsultationen genommen wurden, da auf diese Weise der gesuchte Aspekt der Handlungszusammenhänge am besten in den Blick zu kommen versprach. Die Forderung nach hinreichender Bezeugungsdichte und hoher inhaltlicher Ergiebigkeit innerhalb eines Dossiers führte dazu, die Betrachtung paradigmatisch auf zwei Sachbereiche von Konsultationen zu konzentrieren. So wurde zunächst eine Gruppe von Krisenorakeln untersucht, die sich um fünf Texte zentriert, die im selben zeitgeschichtlichen Kontext in der Mitte des 2. Jh. n. Chr. im Heiligtum von Klaros ergangen sein dürften.

Tatsächlich liegt mit diesem Dossier eine einmalig vollständige Quellengruppe für den Umgang eines Orakels mit derselben historischen Situation vor, die differenzierte Vergleiche erlaubt – selbst dann noch, wenn die konkreten Anlässe der Konsultationen nur in einer lockeren zeitlichen und situativen Verbindung stehen sollten. Die Gruppe ließ sich exemplarisch um einen Text ergänzen, der die Behandlung einer vergleichbaren Thematik durch das Orakel von Didyma illustriert, sowie um die Konsultation des Orakelkults eines anderen Gottes, des Ammon von Siwa, der die Stellung des weit entfernten Klaros gerade in der Frage kollektiver Krisen anerkennt und damit die Ausstrahlung des kleinasiatischen Kults im 2. Jh. n. Chr. belegt.

Zum zweiten war der Blick auf eine Gruppe von Orakeln zu lenken, die um die Frage der Besetzung von Priesterämtern kreisen und sich teils mit Sicherheit, teils mit einer begründeten Hypothese nach Didyma weisen lassen. Einmal stand dabei das Problem des persönlichen Status des kultischen Personals im Mittelpunkt der Anfragen, dann Erwägungen über das vor dem Hintergrund der politischen Institutionen der Stadt anzuwendende Verfahren bei der Bestimmung der Amtsinhaber. Gemeinsam ist allen hierzu ergangenen Bescheiden die Rücksicht auf die enge Verflechtung der religiösen mit der politisch-sozialen Verfaßtheit der Polis und ihrer konstitutiven Verfahrensregeln.

Im Ergebnis ließen sich die gesellschaftlichen Steuerungsfunktionen, welche an der Institution der Orakelheiligtümer im Medium der Divination ihren Ausdruck fanden, in verschiedenen Formen ablesen, die im folgenden noch einmal rückblickend skizziert werden sollen. Die handlungsleitende Qualität ist dabei, so hat sich gezeigt, fest in der kommunikativen Leistung verankert, die im Konsultationsvorgang mit seinen vor- und nachgelagerten Phasen vollbracht wird: Sie sorgt dafür, daß für die Anfragenden Vertrauen geschaffen und eine Brücke über die unüberschaubare Phase zwischen der gegenwärtigen Situation und einer noch zu bewältigenden Zukunft geschlagen wird.

4.2 Die Krisenorakel: Kosmologische Deutungsmuster und rituelle Handlungsprogramme – Variationen der Erklärung und der Überwindung des Unheils

Im Fall der Krisenorakel liefern die Bescheide in der Regel ein Kausalitätskonstrukt, das eine plausible Einordnung des eingetroffenen Unheils – Seuche, Unwetter, Mißernte, Hungersnot oder Erdbeben – in den Gesamtzusammenhang der Lebenswelt anbietet. Dabei umfaßt die in dem Deutungsangebot Apollons entfaltete Lebenswelt die Sphäre der Menschen *und* der Götter, deren Wirkungsbereiche kausal miteinander verwoben gesehen werden. Die in den göttlichen Botschaften entwickelten Deutungsmuster wurden von den Beteiligten offenbar als glaubhaft angesehen und angenommen und die sich daraus ergebenden Folgerungen in entsprechende rituelle Handlungen umgesetzt – außerhalb des philosophisch-literarischen Diskurses haben wir keine Hinweise auf grundsätzliche Kritik oder epistemologische Zweifel. Die nötigen kosmologischen Prämissen brachten die Konsultanten bzw. ihre Auftraggeber in den Städten schon mit, indem sie davon ausgingen, daß die Götter auch in dieser kontingenten und für die Beteiligten zunächst nicht sinnvoll einzuordnenden Ausnahmesituation »die Fäden in der Hand hielten«.[1]

Sich an das Orakel zu wenden, bedeutete die Annahme, Apollon besitze innerhalb des Pantheons als gleichrangiger Partner seiner Mitgötter, aber mit besonderer Kommunikationskompetenz versehener ›Botschafter‹, ἐξηγητής, Einsicht in deren Willens- und Handlungsstrukturen und könne sie im divinatorischen Ritual auch vertikal auf die menschliche Ebene vermitteln. Ohne diese Überzeugung hätten die Beteiligten das Medium der Divination gar nicht in Anspruch genommen und keine Botschaft im Heiligtum abgerufen.

1 Ähnlich schätzt H.S. Versnel, Ritual dynamics: the contribution of analogy, simile and free association, in: Stavrianopoulou, Ritual and communication 317-327, h. 324-327, die Wirkung von Taxonomien ein, wenn Wunder und Götterepiphanien erlebt wurden: Zentral ist hier nach Versnel das Prinzip der (freien) Assoziation, dessen »predominant function … is ›making sense‹: unexpected and essentially uncontrollable events, both of a destructive and of a saving nature, are given a place by anchoring them in a higher reality. This manner of ›Sinngebung‹ enhances their import and lends them a slight degree of controllability. They thus became ideal tools in the political competition between rival cities.« Auch letzteres gilt in vergleichbarer Weise für Orakelbescheide, wenn man etwa an das lykische Dossier (**Didyma App15**, besprochen Kap. 3.3) oder an die Orakel über die Rangerhöhung von Götterfesten denkt (**Didyma 10** für die Didymeia, Kap. 3, Anm. 356; I.Magnesia 16 = McCabe, Magnesia (PHI # 7) 6 = Syll.[3] 557 [Fontenrose H 45 = PW 347] für die Leukophryena, Kap. 3, Anm. 193). Beide Arten religiöser Kommunikation zwischen göttlicher und menschlicher Ebene entsprechen sich auch darin, daß sie ihrerseits (neue) Rituale produzieren (die bisweilen als Wiederbelebung ›alter›, vernachlässigter Rituale angesprochen werden). Kommunikation und Interpretation durch ›Assoziation‹ wirken also als Ferment weiteren symbolischen Handelns – wie deutlich wurde, auch über den Rahmen des kommunikativen Ereignisses hinaus. Siehe hiern. S. 535-546. 560-564.

Wir haben zwar bei keinem der ›Pestorakel‹ explizite Hinweise auf die Akzeptanz des erhaltenen Bescheids oder gar darauf, wie die Sicht der Betroffenen auf die Ausgangssituation dadurch verändert wurde, können aber aus der Tatsache der Aufzeichnung der Texte und der Aufstellung der Inschriften in den Städten entnehmen, daß die Bürger den Abzug der Seuche (bzw. die Überwindung einer Krise anderer Art) in Zusammenhang mit der Botschaft des Gottes und des ›richtigen‹ Vollzugs des darin verlangten Ritualprogramms brachten: Auf diese Weise war die intentionale Übereinstimmung mit der Götterwelt und infolgedessen die kosmologische Stabilität wiederhergestellt worden.

Neben der Unterbreitung eines Deutungsvorschlags, der es erlaubte, das erfahrene kontingente ›Verhängnis‹ in ein umfassendes Kausalitätsmodell einzuschreiben (der auch anzutreffende Verweis auf das in der aktuellen Situation von vielen Menschen geteilte Leid ist die reduzierte Form eines solchen Modells), besteht damit das zweite entscheidende Angebot der Krisenorakel darin, daß sie eine konkrete Handlungssequenz in Form der geforderten rituellen Leistungen entwerfen. ›Etwas tun zu können‹, ist als elementares Mittel, die Komplexität von kontingenten Geschehensverläufen zu reduzieren, eine psychologisch erfolgreiche Strategie von transkultureller Gültigkeit.

Im Vergleich mit einer Handlungsabfolge, die ein moderner Betrachter als einzige als rational, praxisorientiert und in ihrer Zweckausrichtung effizient ansehen wird (wie sie in unserem Material einmal mit der Aufforderung zur Schwefelung der Häuser im Orakel aus Kaisareia Troketta vorliegt), gilt dies erst recht, wenn die Verhaltensangebote als Elemente eines symbolischen Codes gekennzeichnet sind, der sich auf außerhalb der momentanen Situation verankerte, allgemein geteilte Normen und durch bisherige Praxis legitimierte, in ihrer Kontinuität gesicherte Traditionen zurückbezieht.

Das ›Unfaßliche‹ und ›Unbegrenzte‹ wird durch Rückbindung an übergeordnete, intersubjektive und situationsunabhängige Normenbestände handhabbar. Mithilfe einer Strategie der Bewältigung durch Handeln wird es für die Beteiligten mit einem höheren Internalisierungsgrad verständlich, als wenn bloß »praktische« Bewältigungsmöglichkeiten eröffnet würden. Die religiöse Codierung, die die Bearbeitung der Lebenssituation durch die göttliche Botschaft in Form der geforderten Rituale erhält, erzeugt einen ›objektiven‹ Deutungs- und Handlungsrahmen und schafft so *commitment* – und damit Entlastung.

So ergänzen sich das explizite Verstehensangebot des Orakels, welches der Erklärungsteil in einer Reihe der untersuchten Bescheide liefert, und ein zu implizitem Verstehen führendes Reaktionsmuster in Form der empfohlenen Ritualprogramme, das zugleich Verpflichtung und Handlungsmotivation innerhalb der sozialen Gruppe hervorbringt.

Die Aufstellung der Inschriften diente zweifellos der öffentlichen, gegebenenfalls auch über die eigenen Bürgerschaft hinaus nach außen gerichteten Kommemoration des vom Gott erhaltenen Bescheides. Indem sie anzeigten, daß Apollon dieser Stadt seinen Rat gewährt hatte, dokumentierten sie ein besonderes Gunstverhältnis zwischen der Gottheit bzw. ›den Göttern‹ und der Stadt. Wir müssen darum die öffentliche Präsentation und damit zugleich Perpetuuierung der göttlichen Ratschläge so interpretieren, daß die Bürger es der exakten Befolgung der von Apollon verordneten rituellen Aufgaben zuschrieben, die Notlage hinter sich gelassen zu haben. Sie konnten das Ritualprogramm nun als ein effizientes ›Heilmittel‹ einstufen.

Dabei ist es für den modernen Beobachter dieser Prozesse unübersehbar, daß im Kommunikationsgefüge zwischen Text und zeitgenössischen Rezipienten die Anforderungen an die innere Kohärenz des Weltbildes offenbar nur mittlere Schwellenwerte erreichen: Eine integrierende Gesamtdeutung der ›Welt‹, die *einen* in sich schlüssigen, widerspruchsfreien Geschehenszusammenhang postuliert, wurde von den Orakeln nur unvollständig zur Verfügung gestellt. Das deutet darauf hin, daß dies von den Klienten der Heiligtümer auch nur eingeschränkt erwartet wurde.

Das sieht bekanntlich im Bereich der intellektuellen Elitenkultur zur gleichen Zeit und im selben gesellschaftlichen Rahmensystem durchaus anders aus, wie etwa die von Protagonisten dieses sozialen Segments überlieferten Kategorisierungsversuche und Problematisierungen der Divination zu zeigen vermögen:[2] Die Orakelkritik des Oinomaos kann hierfür exemplarisch stehen.[3] Das Fehlen eines widerspruchsfreien und umfassenden Deutungsangebots, das der Falsifizierung durch die Kontingenz des geschichtlichen Verlaufs standzuhalten vermocht hätte, bot dem intellektuellen Diskurs freilich schon seit der ionischen Naturphilosophie und Heraklit, seit Herodot und Aristophanes einen Angriffspunkt. Daneben steht, merkwürdig unberührt von diesen Forderungen, das kontinuierliche Funktionieren der Orakelkulte und ihre Akzeptanz bei den Klienten – Städten ebenso wie einzelnen Konsultanten.

Zu erkennen ist eine deutlich höhere Integration der Deutungselemente hin zu einem geschlossenen und in seinen Wirkmechanismen detailliert explizierten Weltbild erst in den spekulativen ›Theologischen‹ Orakeln, die konsequenterweise in der Überlieferung denn auch gerade das Interesse der »professionellen« Theologen, seien sie pagan oder christlich, gefunden haben. Bezeichnend ist eben, daß diese Texte – sei ihr Ursprung im Einzelfall nun kultisch oder literarisch – in der Regel nicht mehr als monumentale Inschriften in den öffentlichen Raum gestellt worden sind, son-

2 Dazu für die Zeit der »Zweiten Sophistik« Bendlin, Nutzen.

3 Vgl. Kap. 1, S. 24f. Anm. 15.

dern in einem eigenständigen Diskurs *über* Religion und Kosmologie von Belang waren.

Zugleich ist ihnen eine kohärente Weltdeutung nunmehr auch eher möglich, denn sie erscheinen losgelöst von kontingenten Situationskonstellationen, in die die Antworten auf Anfragen sonst einzupassen waren. Hinter ihnen steht jetzt ein von unmittelbaren gesellschaftlichen Zusammenhängen immer stärker abgelöstes Interesse am Göttlichen als solchem – wobei auch dieses verselbständigte Fragen nach dem Wesen der Götter Ausdruck einer gesellschaftlichen Entwicklung ist. Die wachsende Ausgereiftheit theologischer Reflexion scheint zwar in der Welt der antiken kleinasiatischen Orakel auf den ersten Blick mit abnehmender Integration der Botschaften in das Spannungsfeld konkreter gesellschaftlicher Interaktion einherzugehen. Untersucht man den diskursiven Ort der ›Theologischen Orakel‹ genauer, wird jedoch deutlich, daß das autonome Sprechen über das Göttliche mit seinem umfassenden Wahrheitsanspruch durchaus ein kämpferisches Argument in einer an Schärfe zunehmenden gesellschaftlichen Auseinandersetzung um das richtige Weltverständnis war.[4]

Bei den Interventionsketten, die sie in den hier untersuchten Bescheiden vorschlagen, greifen die Orakel im allgemeinen auf das auch sonst genutzte Repertoire der Ritualformen des öffentlichen Kults zurück. So werden in erster Linie Opferprogramme entwickelt, die freilich hier oft einen außerordentlichen Grad an Differenzierung und Subtilität der geforderten rituellen Technik und der damit verknüpften Kommunikationscodes aufweisen: Unterschiedliche Empfänger erhalten mit je eigenem ›Script‹ des Ausführungsmodus abgestufte Opfergaben.

Die von den Orakeln vorgesehenen Ritualsequenzen verlangen mithin besondere orthopraktische Rigorosität und Sorgfalt bei der ›Adressierung‹ der Opferhandlungen.[5] Die detailreichen und mit aufwendiger »Fein-

4 Siehe dazu Busine, Paroles, bes. 288-295. 315-317; zur Verwendung aus der apologetischen Perspektive christlicher Autoren: ebd.318-430. Zur ideologischen Position der Orakelschrift des Porphyrios, die zahlreiche ›Theologische Orakel‹ überliefert, s. Kap. 2, Anm. 760.

5 Systematische Überlegungen zu den syntaktischen Ketten komplexer Ritualabfolgen und der Semantik der damit verbundenen kommunikativen Handlungen stellt Gladigow, Ordnung der Rituale, an. Er behandelt auch die ›Verschachtelung‹ von Ritualen (etwa das Tieropfer als syntaktisches Element von ›Großritualen‹ wie einem Götterfest), wobei er den Begriff des »rituellen Zitats« vorschlägt (ebd. 60-63) und die Verweisfunktionen zwischen Ritualen analysiert (»Interritualität«, ebd. 61. 63f.) Er exemplifiziert seine Überlegungen hauptsächlich am Beispiel des römischen Opfers; eine der dabei hervortretenden Matrix entsprechende Analyse läßt sich aber auch an den komplexen Opferprogrammen der klarischen Krisenorakel erstellen. Ritualhandlungen »definieren« den in die vertikale Dimension gesetzten Kommunikationspartner, die Gottheit als Gegenüber: »In diesem Sinne läßt sich jedes erfolgreich durchgeführte religiöse Ritual als ein Modus beschreiben, Gottesvorstellungen und Erwartungen an die Götter performativ zu präsentieren (...) Das Divinationswesen der meisten Religionen stellt eine explizite oder implizite ›Rückkopplung‹ des Ritualsystems mit den intendierten Interaktionspartnern dar (...) Erfolgreich durchgeführte Rituale konstituieren über ihre regelgerechte Kohärenz zugleich ein Sekurisierungssystem zwischen Ritual und externen Kontexten« (ebd. 68), in unseren Beispielen also zwischen der Orakelkonsul-

mechanik« justierten Kommunikationsregeln bilden die transgressive Qualität der als Auslöser zugrundeliegenden außerordentlichen Notsituationen ab: Sie zeigen ihren Grenzcharakter an, bei dem nur noch mit beträchtlichem Aufwand symbolischer Bearbeitung ein Ausbrechen ins definitiv Unkontrollierbare verhindert werden kann.

Immer wieder ergeht die Aufforderung, Kultbilder Apollons zu errichten, und zwar stets solche des klarischen Gottes im Typus des Bogenschützen. Gemäß der eigentümlichen Vorstellung eines gleichsam in sich geschlossenen Kreises der Kausalität, die stets von der Gottheit ausgeht, ist es eben der Gott, der mit seinen Pfeilen die Pest gesandt hat (die homerische Vorstellung ist hier stets noch präsent, wenn sie auch nicht expliziert wird), der sie, die bisweilen als zerstörerischer Dämon konkretisiert wird, mit den gleichen Pfeilen auch selber wieder besiegt.

Hierin liegt letztlich ein Fortleben altorientalischer Motive; bei Apollon besteht wohl eine Verbindung zum kanaanitisch-phönizischen Gott Resep.[6] Allerdings ist in den besprochenen Texten dort, wo die Kausalität des Unglücks in den drastischen Bildern eines personalisierten wütenden Pestdämons entworfen wird, der klarische Apollon τοξότης eindeutig als der Retter und Helfergott konzeptualisiert, während der Verursacher der Seuche namenlos bleibt, so daß man sich fragen kann, ob hier Apollon tatsächlich auch als Sender der Pest gesehen worden ist. Solche Stellen führen erneut auf die in der Ansetzung von Kausalitätsketten nicht konsequent ausgearbeitete Kohärenz des Weltbildes – gleiches zeigte sich

tation und einer von außen induzierten Krise des Gemeinwesens bzw. dem Regelungsbedarf hinsichtlich seiner institutionellen Ordnung. Die spezifische Leistung der hier genutzten Divinationsform liegt jedoch in der Produktion und Übermittlung ausführlicher Texte, die der hermeneutischen Bearbeitung, Kontextualisierung und Handlungstransformation durch die Empfänger bedürfen. Siehe zu diesen Fragen auch hiern. S. 542-547. 551-556. 558-564. – Das römische Opfer behandelt nun J. Scheid, Quand faire, c'est croire: les rites sacificielles des Romains, Paris 2005.

6 Vgl. W. Burkert, Resep-Figuren, Apollon von Amyklai und die »Erfindung« des Opfers auf Cypern, Grazer Beiträge 4 (1975) 51-79; West, East face of Helicon 55. 348f. – Die exakten Vorgaben zur Ikonographie der geforderten Kultstatuen sind eine Eigentümlichkeit der klarischen Orakel, die sich in Didyma (wo es in keinem der erhaltenen Bescheide um Kultbilder geht) oder Delphi nicht findet: Graf, Image 113f., der ebd. 118f. verdeutlicht, wie diese Vorgaben das Deutungsangebot qualifizieren, das den Konsultanten einen Weg zur Überwindung der Krise eröffnet. Das Götterbild »represents an analysis of the problem in terms of its causality«, weist damit aber zugleich auf seine Lösung voraus: Der Bogenschütze Apollon *wird* die Epidemie an den Stadttoren zurückschlagen, das goldscheinende Bild der fackeltragenden ephesischen Artemis wird die Zauberkügelchen schmelzen (**Klaros 11**), Hermes und Dike werden die Seeräuber abwehren, so wie sie Ares binden (**Klaros 15**, **16**). Solche Statuen »channel cognition and thus help to overcome diffuse and unfocused fears: the viewer who understands to what the image ... points can feel reassured«. Dieselbe Funktion wird von den als öffentlichen Inschriften monumentalisierten Orakeltexten selbst ausgeübt: s. hiern. S. 562-564. Grafs Aufsatz geht von den Überlegungen des Porphyios über die Offenbarungen der Götter an ihre Verehrer aus, τό τε σχῦμα τῶν ἀγαλμάτων ποταπὸν (i.e. ποδ-) δεῖ ποιεῖν αὐτοί τε ποίοις σχήμασιν φαίνονται ἔν τε ποίοις διατρίβουσιν τόποις (Philos. ex orac. 316 F Smith; *contra* Graf nicht aus Περὶ ἀγαλμάτων, wie das Lemma des Eusebios, PE 5,10,13, zeigt).

etwa beim Rekurs auf den delphischen Mythos in der Aitiologie des Pestorakels aus Hierapolis.

Ein weiteres rituelles Mittel, das Apollon wiederholt vorgibt, sind Prozessionen und die Aufführung von Hymnen; beide Ritualtypen sind auch sonst grundsätzlich immer mit Opfersequenzen verbunden. Sie können entweder als Leistungen verordnet werden, die für die Kulte der eigenen Stadt zu erbringen sind, oder – dies ist häufiger – sie sind am klarischen Heiligtum selbst zu veranstalten. Als markante Kontrapunkte zur herrschenden kollektiven Notsituation erfüllen diese Elemente eines aufwendig inszenierten Festrituals vor allem eine kompensatorische Funktion: In dem aus dem Alltag herausgehobenen, feierlichen gemeinsamen Zurücklegen des Weges zum Heiligtum und in der dabei vollzogenen bittflehenden Verherrlichung der Götter im Hymnus wird ihre Verfügungsmacht über das unheilvolle Geschehen emphatisch bekräftigt – und zugleich in der vorbehaltlosen Unterordnung unter ihre Herrschaft das Band der bedrohten Bürgergemeinschaft gestärkt.

Von Ephebenchören in Klaros darzubringende Hymnen sind bisweilen auch als Gegenleistungen nach überstandender Krise gefordert. Neben dem geläufigen, hier aus der Votivpraxis hereinkommenden Prinzip der reziproken Gabe – die freilich als Schlußpunkt einer höchst asymmetrischen Kommunikationssequenz konstruiert ist – mögen dabei auch praktische Gesichtspunkte der Durchführbarkeit berücksichtigt sein: Die aufwendige Entsendung von Chören mit begleitendem Personal, die ja auch die rechtzeitige Vergabe eines Auftrags zur Komposition des Hymnus voraussetzte, war für die Städte in der Bedrängnis der Epidemie kaum *ad hoc* zu leisten.

Mit diesem Maßnahmenkatalog erwarb sich Klaros den Ruf eines verläßlichen Ratgebers in Situationen kollektiver, von Menschen nicht beherrschbarer Bedrohung durch Naturkatastrophen, Seuchen und Hungersnöte. Diese Kompetenz wurde offenbar in weiten Teilen des Römischen Reiches anerkannt – die erstaunliche Verbreitung von Weihungen »für alle Götter« *secundum interpretationem oraculi Clari Apollinis*[7] ent-

---

7 **Klaros 24**. Vgl. zu der Gruppe der 10 bisher bekannten Weihungen und den vorgeschlagenen historischen Anschlüssen zuletzt Jones, Dedications, und G. Paci, L'oracolo dell'Apollo Clario a Cosa, in: ders. (Hg.), 'Επιγραφαί: miscellanea epigrafica in onore di Lidio Gasperini, Bd. 2, Rom 2000, 661-670. Einen neuen Deutungsvorschlag, ausgehend vom ersten Fund eines Stücks der Serie im östlichen Teil des Reiches, hat St. Mitchell unterbreitet: Inscriptions from Melli (Kocaaliler) in Pisidia, AnatSt 53 (2003) 139-159, h. 151-155 Nr. 13 (Bull. ép. 2005, 475; Busine, Paroles 185). In der pisidischen Stadt, deren antiken Namen wir nicht kennen, ist das bisher einzige Beispiel der wortidentischen Textgruppe in griechischer Sprache ans Licht gekommen: [θ]εοῖς καὶ θεαῖς ἀπὸ ἐξηγήσεως χρησμοῦ 'Απόλλωνος Κλαρίου. Während die Fundorte im Westen überwiegend mit Heerlagern in Verbindung zu stehen scheinen, handelt es sich hier um ein Wohnhaus, das einen länglichen apsidalen Raum im Obergeschoß mit Zugängen vom Innenhof und von außen besaß (Plan ebd. 154 Abb. 15). Mitchell vermutet den ursprünglichen Ort der später in die Zisterne im Hof verbrachten Inschrift in jenem Raum und sieht darin einen Kultplatz.

lang der Wege römischer Heere im westlichen Teil des Reiches im 3. Jh. n. Chr. läßt sich für uns nicht sicher an bestimmte Situationen knüpfen, bezeugt aber diese Reputation. Das gilt auch für das hier untersuchte Orakel des Ammon von Siwa, das den aus Kyzikos im propontischen Mysien angereisten Verein seiner Anhänger nach Klaros weist, wohin die Stadt – vermutlich als Dankes- und Reintegrationsritual nach überwundener Krise – eine Gesandtschaft mit Opfern und Chören entsenden soll.

Schlaglichtartig wird damit das Zusammenwirken verschiedener Orakelkulte deutlich – die Spezialisten der Divination wußten in der Kaiserzeit auch an weit auseinanderliegenden Orten voneinander und unterhielten offenbar auch Beziehungen zwischen ihren Heiligtümern: Die erfolgreiche Kultpropaganda auf Seiten des kleinasiatischen Heiligtums, aber genauso das Interesse in Siwa an Verbreitung und Bekanntwerden der eigenen Aktivität und der Wunsch nach Partizipation am Renommee und der zahlreichen Klientel des klarischen Pendants dürften für die bemerkenswerte Bezugnahme eines Orakelgottes auf den anderen verantwortlich sein. Sie ist ein Indiz für die Entregionalisierung auch der kultischen Divination und ihres ›Marktes‹ in der von erhöhter Mobilität gekennzeichneten Gesellschaft des Imperium Romanum des 2. Jh. n. Chr.

4.3 Zuschreibung religiöser Autorität, lokales Wissen und rituelle Performanz: Konstituenten der Effizienz der Orakelkonsultation in verschiedenen religiösen Registern

Einen Sonderfall unter den ›Pestorakeln‹ aus Klaros stellt das in Ephesos gefundene Orakel für eine Stadt am Fluß Hermos dar. Die Einführung eines neuen Kultbildes (ob eine eigentliche Neubegründung des Kults, gar eine regelrechte Kulttranslation dahintersteht, bleibt ungewiß) bildet hier den Ausgangspunkt des Rituals. Die neue Göttin im Typus der Fackelträgerin – die damit auch ›Lichtbringerin‹ ist, so daß das zugehörige assoziative Repertoire ebenfalls aufgerufen ist – vermag der Stadt Hilfe zu schaffen, indem sie durch ein magisches Feuer- und Schmelzritual die materiell symbolisierte Seuche vernichtet.

Die Raumstruktur lasse sich an die Seite der christlichen Hauskapellen und der Haussynagogen im Kleinasien des 3. Jh. n. Chr. stellen. Er verbindet die Weihung mit dem ›Theologischen Orakel‹ von Oinoanda, **Klaros 25**, dessen Aufzeichnung ebenfalls an einer (privaten) Kultstätte angebracht war, und der daran ablesbaren monotheistischen Tendenz des klarischen Heiligtums. Eine Weihinschrift innerhalb der Wohnbebauung ist in Pisidien ungewöhnlich; es handelte sich also nicht um einen öffentlich sichtbaren Text. Mitchell sieht vor dem Hintergrund des Fundzusammenhangs in der Inschrift ein Zeugnis für den Kult des *theos hypsistos*, der auf Veranlassung des klarischen Apollon auch die Verehrung der ihm untergeordneten Götter des Pantheons umfaßt habe – eine Kompromißlinie zwischen den sich zusehends in Kleinasien verbreitenden monotheistischen Strömungen und der Praxis der traditionellen polytheistischen Religion. Vgl. Kap. 3, Anm. 121.

Dabei kommt es weniger auf die Frage an, ob tatsächlich in einem Annihilationsritual magische Objekte physisch aufgelöst wurden (was zumindest der Text des Orakels nahelegt) oder ob das Hauptgewicht auf einem nächtlichen Fackelritual lag, das nach Art eines auch sonst üblichen Reinigungsrituals durch Feuer und Schwefel verstanden wurde. Entscheidend ist in jedem Fall die performative Qualität[8] des rituellen Vollzugs: Auf der Effizienz des Rituals als eines in der sozialen Gruppe durchgeführten und gemeinsam erlebten, die Ausgangssituation verwandelnden Geschehens, das zeichenhaft die Aufhebung der Bedrohung und den Neubeginn des Lebens markierte, beruhte seine kommunikative Wirksamkeit für die beteiligten Bürger, aus der sich die psychisch-motivationale Entlastungsfunktion für die Gruppe wie für den einzelnen ableitete.

Dies ist typisch für das Zusammenspiel von Erteilung der religiösen Botschaft durch Apollon, Inszenierung und Vollzug der in der Botschaft

8 Siehe Kap. 2.1.5., S. 208-211. Der Begriff der Performanz wird hier im Sinne der soziologischen Terminologie von den Bedingungen des Vollzugs einer sozialen Handlung, diesem Vollzug selbst sowie seiner Wirkung auf die Teilnehmer und deren Beziehungen untereinander gebraucht: Siehe Kap. 2.1.4, S. 155f. m. Anm. 351. Zur Differenzierung der beiden Konzepte der ›Performanz‹ (im beschriebenen Sinn) bzw. des ›Performativen‹ (als transformativer Qualität ritueller Handlungen, die sich etwa in einer ›verwandelnden‹ Wirkung auf die Ritualteilnehmer zeigt) siehe jetzt auch die wissenschaftsgeschichtliche Darstellung von U. Rao, Ritual als Performanz: zur Charakterisierung eines Paradigmenwechsels, ZRGG 59 (2007) 351-370. Die Ethnologin wertet den *»performative turn«* der Ritualforschung seit V. Turners Herausarbeitung des theatralisch-inszenatorischen Charakters von Ritualen als die entscheidende Erweiterung der deskriptiven Kriterien, die diejenigen der Formalisierung, ›Rahmung‹ (symbolische Ausgrenzung der rituellen Sphäre aus den alltäglichen Handlungsvollzügen), Redundanz und Zeichenhaftigkeit ergänzt. Siehe auch dies., Einleitung: Zwischen Struktur und Kontingenz, in: dies. (Hg.), Kulturelle VerWandlungen [sic]: die Gestaltung sozialer Welten in der Performanz, Frankfurt a.M. 2006, 11-31, sowie vor allem E.L. Schieffelin, Problematizing performance, in: F. Hughes-Freeland (Hg.), Ritual, performance, media, ASA Monographs 35, London 1998, 194-207 (wieder in: G. Harvey, Hg., Ritual and religious belief: a reader, London 2005, 124-138). Rao zeichnet nach, wie die Performanz von Ritualen durch ihre Kontextualisierung mit dem gesellschaftlichen Gefüge die »Repositionierung eines kulturellen Repertoires« (Ritual als Perfomanz [s. zuvor] 351) im Vollzug der Handlungssequenz leistet: »Mit diesem ... Verständnis von Ritual als Performanz ist ein paradigmatischer Wechsel vollzogen, der den Blick auf die kontextuell situierte Praxis lenkt und damit Strukturen, Funktionen und Bedeutungen ritueller Handlungen nicht mehr als der sozialen Wirklichkeit enthobene, eindeutig faßbare, transzendente Kategorien erscheinen läßt, sondern als diskursiv verankerte Praxisorientierungen. Rituale erzeugen Wirklichkeit nicht nur im Geertzschen Sinne einer produktiven Kraft, die die Grundlage sozialer Ordnung hervorbringt, sondern auch als immer wieder neu zu vollziehende Praxis, deren Ergebnis zwar antizipiert wird, sich aber ... einer vollständigen Kontrolle entzieht« (ebd. 363). Die Rücksicht auf die prinzipielle Offenheit der Ergebnisse rituellen Handelns läßt sich an den Strategien der Kontingenzabsicherung ablesen, die Apollon in seinen hier besprochenen Bescheiden entwickelt. Eben darum »fordert jede konkrete Ausführung [eines Rituals] Interpretation heraus« (ebd.). Daß die schriftliche Fixierung der rituell gewonnenen Orakelbescheide Apollons diese gleichsam in ihrem Wirkpotential zu konservieren vermag, ohne daß für seine Entfaltung ein *reenactment* der rituellen Inszenierung selbst erforderlich würde, der Text somit an die Stelle des Rituals treten kann, führt dann jedoch, wie hier gezeigt, über die enge Verknüpfung von Ritual und Performanz wieder hinaus, indem sich die göttliche Botschaft ihrer performativen Übermittlungsbedingungen entkleidet findet.

mitgeteilten rituellen Handlungen und anschließender Fixierung der Botschaft in der inschriftlichen Aufzeichnung und Darstellung auch in den anderen Krisenorakeln: Die syntaktisch stets in diese drei Phasen gegliederte Handlungsfolge, in Gang gesetzt von der ohne Weisung des Gottes nicht zu bewältigenden Notlage und der als Konsultation durch die Bürgergemeinde formalisierten Wendung an die wissende Instanz des Orakelgottes, gewinnt ihre Dynamik aus der performativen Grundqualität jedes dieser Schritte: Sie nimmt die Beteiligten hinein in den Transformationsprozeß, der zur Ablösung von der Ausgangssituation führt und neue Orientierung schafft, und macht damit die psychologische Effizienz und die Reichweite der ›religiösen‹ Bearbeitung der Krise aus.[9]

Die Performanz der rituellen Umsetzung des Handlungsprogramms erhält dabei ihre semantische Qualifizierung durch die religiöse Autorität der Botschaft, die mit der Urheberschaft des Gottes einhergeht. Die Weisungen und ebenso die daraus folgenden Reaktionsmuster sind der Verhandelbarkeit auf der Ebene der menschlichen Akteure entzogen: Sie sind mit der religiösen Autorität des prophezeienden Gottes aufgeladen. Diese unbedingte, durch den Bezug auf die religiöse Tradition bekräftigte Verläßlichkeit der Kommunikation trägt – neben der performativen Qualität des Ensembles aus Konsultation und rituellem *commitment* – wesentlich die psychologische Wirksamkeit des Konsultationsvorgangs samt der Umsetzung der dabei vermittelten Handlungsangebote: Die Unterordnung der Anfragenden unter die divinatorische Autorität schafft ihnen die Vertrauenswürdigkeit der von Apollon für ihre Situation eröffneten Lösungswege, die ohne die göttliche Beglaubigung nicht denselben motivationalen Wert besäßen. Jetzt aber garantiert der Gott durch seine Einsicht in die kosmologischen Zusammenhänge die Zuverlässigkeit der Deutungsmuster und der daraus abgeleiteten Handlungsfolgen, die ein sicheres Fundament der ›Rettung‹ bieten. Damit validiert er sogleich auch die von den Menschen gewählten Formen der rituellen Umsetzung der Botschaft.

Divination vermag so über die Zuschreibung von Wissensautorität an die transzendente Vermittlungsinstanz die Komplexität kontingenter Geschehnisverknüpfungen auf ein für Menschen wieder handhabbares Maß zu reduzieren und erzeugt dadurch Vertrauen. Das Deutungsmonopol bei

---

9 Zu einem ähnlichen Ergebnis kommt F. Graf, wenn er von der »zentrale(n) Rolle von Divination als einer Kommunikation zwischen Mensch und Gott« spricht »als ein Mittel, Krisen zu bewältigen dadurch, daß man in Kontakt mit der Gottheit tritt, die dann einen Raum schafft, in dem die Krise dadurch gelöst wird, daß menschliche Interpretation (und damit menschliche Anstrengung) und göttliches Zeichen zusammenwirken (…) Das ist psychologisch nicht unklug: Die Götter bieten nicht einfach Lösungen an, sie kanalisieren vielmehr die menschliche Anstrengung – es bleibt die letztendliche Verantwortung des Menschen für seine Deutung durchaus bestehen« (Vorlesung »Grundlagen antiker Religion«, Universität Basel, Wintersemester 1996/97, Mitschrift d. Verf.).

der Disambiguierung der vorgefundenen Verhängnisse liegt allein beim wissenden Gott; die Auslegung der göttlichen Interpretationen selbst ist hingegen bei den hier betrachteten Orakelbescheiden von Ambivalenzen und semantischen Leerstellen frei – insofern spielt eine (bei faktisch kaum beherrschbaren Krisen wie einem Seuchenzug eigentlich zu erwartende) Absicherung der divinatorischen Instanz gegen widrige Folgeverläufe dadurch, daß Raum für flexibel anzupassende Reinterpretationen gelassen wird, hier erstaunlicherweise keine Rolle.

Im Orakel aus Ephesos mit seiner Anleihe im ›magischen Register‹ religiöser Deutung und Bearbeitung einer Krisensituation bleibt das Gegenritual vollständig in die Verfügungsmacht der ›olympischen‹ Gottheit eingeschrieben: Der apostrophierte *magos* wird nur schemenhaft gezeichnet, ganz wie die ›chthonischen‹ Pestdämonen in den martialisch ausgemalten Szenen der Orakel für Kaisareia Troketta und Kallipolis. Die auf Apollons Weisung hin in das Pantheon der bedrohten Stadt eingegliederte rettende Gottheit ist vollkommen Herrin des Geschehens: Sie behält zuverlässig die Oberhand über die Angriffe von außen, die die kosmologische Ordnung erschüttern wollen.

Damit wird eine Voraussetzung aufrechterhalten, an der auch das Funktionieren des divinatorischen Systems selbst hängt: So wie es für den orakelerteilenden Gott unerläßlich ist, daß er die Abhängigkeiten zwischen den Göttern, die Hierarchien ihres Einwirkens auf die Welt der Menschen und das Zusammenspiel der kosmologischen Wirkgrößen überblickt und in seine Bescheide einbeziehen kann, weil nur so die kommunikative Autorität der Orakelerteilung gegenüber den Klienten glaubhaft zu bestehen vermag, haben auch die übrigen Götter keine ebenbürtigen Gegenmächte, die in der Lage wären, den im Schicksalsplan vorgesehenen Geschehniszusammenhang dauerhaft aus dem Gleichgewicht zu bringen.

Die kosmologische Einheit – so die vermittelte Botschaft – bleibt gewahrt, auch wenn sie vorübergehend infragegestellt schien, und mit ihr der Platz der Götter in der Stadt und die Gewißheit ihres segensreichen Wirkens: Damit werden auch die etablierten Formen ihrer Verehrung und die Wege, sie der Stadt gnädig zu stimmen, bestätigt. Die Bürgergemeinschaft kann auf die Rituale, die Hymnen und Gebete vertrauen, die ihr Zusammenleben mit ihren Schutzgöttern schon in der Vergangenheit getragen haben.

Folgerichtig kommt auch dieser Bescheid nach seinem Rückgriff auf das ›magische‹ Interpretament und Ritual wieder zu den traditionellen Handlungsbausteinen von Opfern, Hymnen und Epiklese, chorischem Fest und Opfermahl zurück – hier erneut als Dankesrituale nach Überwindung der kritischen Situation konzipiert, in denen die Geretteten die Macht der ihnen hilfreichen Götter unterstreichen und den Übergang in die wieder stabilisierte Welt des normalisierten Lebensvollzugs symbolisch vollziehen.

Wenn diese abschließenden Sequenzen wiederum den Kulten der konsultierenden Stadt zugeordnet werden, muß man darin – wie in den bisweilen ausführlichen Bezugnahmen auf lokale Mythen und Kultaitiologien der anfragenden Städte – eine Strategie der Schaffung von Identifikationsangeboten erkennen. Die Rückleitung der von der eingetretenen Katastrophe aus den ›Halterungen‹ der symbolischen Struktur ihres Poliskosmos gerissenen Menschen auf für sie vertraute und durch Tradition erfahrungsbewährte Ordnungsmuster trägt zur Reintegration in die Lebenswelt bei. Die lokalen Kulte mit ihren aitiologischen Mythen und der daranhängenden Stadtgeschichte bieten, durch die Außeninstanz des Orakelgottes in ihrer Verläßlichkeit affirmiert, als Identifikationskerne dazu ein geeignetes Vehikel.

Dies führt zu der Frage, woher die Orakelheiligtümer dieses differenzierte lokale Wissen erlangt haben, das aus der Rücksicht der Antworten auf spezifische kultische Verhältnisse der Städte spricht: Die wichtigen Götter in der Herkunftsstadt der Theoren, die zentralen Kulte, ihre Feste und Gründungserzählungen, die Verbindungen mit anderen Städten und die historischen Ansprüche sind offensichtlich bekannt, denn der Gott läßt in seinen Bescheiden Vertrautheit mit diesen Gegebenheiten erkennen.

Bei der überregionalen Klientel eines Heiligtums wie des klarischen, wo Delegationen auch über große Distanzen aus kleinen, in der griechischen Welt mit ihren lokalen Kulten gewiß kaum bekannten Poleis eintrafen, ist es schwer vorstellbar, daß die Divinationsexperten Apollons hier auf archiviertes Wissen zurückgreifen konnten (anders verhält es sich bei den teilweise regelmäßigen Mehrfachkonsultationen durch einzelne Städte, die die Theoren-Listen in Klaros bezeugen – hier ist es durchaus wahrscheinlich, daß man sich bei einer neuerlichen Anfrage auf Erkenntnisse vergangener Besuche stützen konnte).

Die Annahme liegt nahe, daß die Konsultanten selbst die entsprechenden Informationen mitgebracht und den religiösen Funktionären des Heiligtums vermittelt haben. Verschiedene Kommunikationskanäle sind dafür denkbar: Der Konsultation gingen stets längere vorbereitende Sequenzen voraus, die einen Aufenthalt im Heiligtum erforderten – das bot Gelegenheit zu Gesprächen, Austausch, Fragen im Kontext des Anliegens der Gesandtschaft.

Ein anderes Medium konnte die an den Gott zu stellende Anfrage selbst sein – in Klaros kennen wir sie in aller Regel nicht. Die Konsultanten konnten auch auf diesem Wege dem Gott Informationen über das Pantheon ihrer Stadt, ihre Feste und aitiologischen Mythen vermittelten, indem sie ihr Anliegen noch näher begründeten und erläuterten. So konnte den Gott ein ganzes Repertoire lokalen religiösen Wissens erreichen, aus dem dann für die Antwort auf die vorgelegte Frage verschiedene angepaßte Interpretationen des Geschehens und ein Spektrum von daran anknüpfenden Reaktionsmöglichkeiten abgeleitet werden konnten. Diese flexible Deutungskompetenz trug ohne Zweifel zum Renommee der Ratschläge Apollons bei seinen Klienten erheblich bei.

4.4 Die Institutionen der städtischen Kulte vor Apollon: Divination als Regulativ und Innovationsträger der Polisreligion

Steuerungsleistungen erwiesen sich auch in den im zweiten Teil untersuchten Orakeln mit ihrer ganz anders gelagerten Thematik als hervorstechendes Moment. Die Frage der Bestellung der religiösen Funktionäre war, wie unmittelbar einsichtig ist, für die Stadt eine Angelegenheit von hervorragender Wichtigkeit. Das für das Wohlergehen der Gemeinschaft unerläßliche Einvernehmen zwischen den Bewohnern und den über ihnen stehenden, von ihnen in den Kulten verehrten Göttern hing ja wesentlich davon ab, daß die im Namen der Stadt mit diesen göttlichen Mächten in Austausch tretenden Spezialisten von ihnen auch akzeptiert wurden. Es durfte darum nicht passieren, daß Kultdiener eingesetzt wurden, die der Gottheit nicht genehm waren – dies die Erklärung aus der immanenten Perspektive der Beteiligten. Der analysierende Betrachter wird den Rückkoppelungseffekt darin erkennen, der zur Selbststabilisierung des Systems beitrug.

Wenn bestimmte Priesterämter Statusvoraussetzungen für die Person des Kultfunktionärs kannten, namentlich solche, die den für die griechische Religion so zentralen Bereich der Reinheitsvorschriften betrafen, so war eine Abweichung von diesen Normen nur vermittels einer Stellungnahme der qua divinatorischer Kompetenz dazu befähigten Gottheit möglich. Auf der Ebene der politischen Entscheidungsfindung bestand dafür zumindest in den hier betrachteten Fällen kein autonomer Spielraum – der Rekurs auf die übergeordnete Instanz war erforderlich: Die Entscheidung mußte vom Gott getroffen werden.

Das galt auch in Fällen, wo sie in Form einer bereits den gewünschten Ausschlag vorzeichnenden Fragestellung vorgeprägt sein mochte und die Entscheidung Apollons damit im Ergebnis einer Sanktionierung nahekam: Der ›Umweg‹ über die in Gestalt des wissenden Gottes vertikal konstruierte ›dritte‹ Dimension konnte auch dann nicht umgangen werden. Wir würden die Perspektive der beteiligten Akteure auf allen Seiten gänzlich verfehlen, wollten wir darin bloß den Anhang zu einer bereits auf der »realen« politischen Ebene getroffenen Entscheidung in Form einer letztlich folkloristischen Inszenierung sehen. Im Gegenteil war, was dem analysierenden Blick als ›Umweg‹ erscheint, in der Innenperspektive tatsächlich ein nicht zu überspringendes Glied der Handlungssequenz, um den ›Weg‹ zu sichern. Man darf also die völlige Ernsthaftigkeit dieser Verfahrensmuster nicht verkennen, wie es implizit oder explizit seitens moderner Interpreten ab und zu immer noch geschieht.

Im Fall der sozial hochgestellten Kandidatin Satornila im kaiserzeitlichen Milet ging es um eine Ausnahme *ad personam* von der wohl nicht grundsätzlich in Zweifel gezogenen Bedingung sexueller Reinheit für die Wählbarkeit zum Amt der Athena-Priesterin, um eine von den einflußreichen Kreisen der Stadt gewünschte Vertreterin einer notablen Familie in das repräsentative Amt bringen zu können. Die Stellungnahme des Gottes zielte also ganz unmittelbar auf die Festigung gesellschaftlicher Kräfteverhältnisse. In dem derselben Frage der ἁγνεία geltenden Orakel aus Lykien war hingegen der Bescheid Apollons tatsächlich Anlaß für eine Neudefinition der Bestimmungen.

Aus Gründen, über die wir nur Vermutungen anstellen können, war offenbar Unsicherheit entstanden, ob die bisherige Praxis, das Amt der Artemis-Priesterinnen mit verheirateten Frauen zu besetzen, beibehalten werden solle. Apollon kehrte die Regeln nun um: Fortan waren nur unverheiratete junge Frauen zuzulassen. Die Stellungnahme des Gottes bedeutete einen massiven Eingriff in die bisher geübte Praxis der Gemeinde. Diese Erkenntnis verdanken wir dem Umstand der Einbettung der Orakelurkunde in ein argumentierendes Gesamtdokument, das uns über die Ausgangssituation und die Folgen der Konsultation explizite Nachricht gibt. Im Gegenzug führt dies noch einmal unseren mangelnden Kenntnisstand hinsichtlich der Einbettung der Orakelanfragen in vielen anderen Fällen der inschriftlichen Überlieferung vor Augen, wo wir weder über das Vorher, das zur Wendung an den Gott führte, noch über das Nachher, das den Umgang der Ratsuchenden mit der Weisung zeigt, etwas erfahren.

Möglicherweise ging die Intervention Apollons noch über diese Innovation hinaus und ordnete unter den neuen Konditionen die Berufung der jungen Frauen aus zwei verwandten Städten an, die durch ihre Gründungsmythologie miteinander verbunden waren und nun auch den Kult der Hauptgöttin gemeinsam führen sollten. Darin läge dann ein Ausdruck der Verflechtung beider Poleis auch in ihren Panthea, wie er gut zur Argumentation des zeitgenössischen Berichterstatters passen würde. Doch läßt der Abbruch des Textes hierüber keine sicheren Aussagen mehr zu. Trifft die Hypothese zu, kann man im Hintergrund auch Muster der Jugendinitiation vermuten, die gerade bei Artemis nicht fremd wäre.

Ähnlich virulent wie die Frage nach der persönlichen Qualifikation der Kultdiener ist in dem so stark von der Rücksicht auf prozedurale Strukturen geprägten Gefüge der griechischen Polisreligion – darin deutlich ein Spiegel des politischen Systems und seiner Spielregeln – diejenige nach dem geeigneten Modus ihrer Auswahl und Einsetzung. Auch hier ist in der Optik der Beteiligten die Gottheit direkt betroffen: Wenn im Verfahren der Bestimmung der Kultfunktionäre eine Modifikation vorgenommen werden soll, unterliegt dies dem Vorbehalt der Götter, die ihre Zustimmung kundtun müssen.

In Herakleia dürfte die Ausgangslage offener gewesen sein als im Fall der milesischen Athena-Priesterin, die verheiratet (gewesen) war und doch das Amt antreten sollte. Wir kennen den Grund nicht, aus dem man sich in der Stadt am Latmischen Golf entschloß, Apollon um ein Votum in der Frage zu bitten, ob der Priester der Athena fortan von der Volksversammlung jährlich gewählt werden solle oder das Amt besser auf Lebenszeit an den Meistbietenden zu verkaufen sei. Die Anzeichen deuten immerhin darauf, daß die Entscheidung des Gottes zugunsten des Wahlverfahrens ein Abgehen von der bis dahin geübten Praxis des Verkaufs der Priesterstelle bedeutete.

Es ist durchaus denkbar, daß in der Volksversammlung die Frage, wie man künftig verfahren solle, aus uns unbekannten Gründen aufgebracht worden war, sich aber keine Einigkeit der Bürger darüber hatte herstellen lassen: In dieser blockierten Situation, so können wir vermuten, schickte man *sans parti pris* die Gesandtschaft auf den Weg zum Orakel, damit sie dort Apollon die Frage vorlege. Trifft diese Rekonstruktion zu, wäre ein den Konsultanten erwünschter Entscheid für den Gott und seine Kultbeamten *a priori* nicht erkennbar gewesen. Die völlig gleichgewichtig formulierte Doppelfrage, die mit auf den Stein gemeißelt worden ist, drängt diese Vermutung dem Betrachter jedenfalls auf.

Auch in diesem Fall führt die Wendung an das Orakel zu einer Reform, die bestehende Strukturen aufbricht und für die Stadt und ihr sozio-politisches System mit erheblichen Konsequenzen verbunden ist. Die vom Gott bezogene Position bestätigt nicht etwa nur einen von den menschlichen Akteuren bereits vorgezeichneten Gang der Dinge. Bisher hatte der Athena-Priester Herakleias sich auf Lebenszeit in sein Amt eingekauft und als Gegenleistung für die aus dem Kultdienst zu erwartenden Einkünfte der Stadt vorab eine beträchtliche Summe als Kaufpreis gezahlt. Nach dem Spruch Apollons wurde von nun an ein Jahresbeamter aus der Mitte aller Bürger gewählt, der als Amtsträger der Stadt den Kult im Heiligtum gewährleistete. Dies war ein erheblicher Eingriff in die gesellschaftliche Ordnung der Polis und die ja auf das frühere Verfahren fein abgestimmten Mechanismen von Prestigevergabe, kollektiver Verpflichtung und danach bemessener Zuweisung von Anteilen ›symbolischen Kapitals‹.[10]

10 Gleichwohl scheint Vorsicht angeraten, die Modelle zu stark einander entgegenzusetzen: So ist es auch bei käuflichen Priesterstellen üblich, daß Opferanteile und -gebühren auch der Stadt und dem Heiligtum zufallen, so daß man nicht im strengen Sinne sagen kann, der Käufer einer Stelle wirtschafte mit dem Heiligtumsbetrieb, sobald der Erwerb einmal vollzogen ist, ausschließlich auf eigene Rechnung. Umgekehrt ist davon auszugehen, daß auch vom Volk demokratisch gewählte Priester – wie seit eh und je – ihre γέρα vom Opferfleisch und die τραπεζώματα, die auf Opfertische gelegten Gaben, erhielten. Insofern kann, wenn überhaupt, nur in eingeschränktem Sinne von einer im Verkaufssystem liegenden »Privatisierung« gesprochen werden.

Dies festzuhalten, ist wichtig wegen der von Fontenrose in seinen Arbeiten zu Didyma und Delphi immer wieder vertretenen These, daß in den inschriftlich bezeugten Orakeln der hellenistischen und römischen Zeit – also den allein von ihm für authentisch gehaltenen Zeugnissen – nie echte Entscheidungen getroffen worden seien, sondern der Gott stets nur – im Wortsinne – »abgesegnet« habe, was auf der Ebene der menschlichen Entscheidungsträger längst ausgemachte Sache gewesen sei.

Es bleibt zwar eine zutreffende Beobachtung, daß wir in dem durch Fontenroses Kriterien gebildeten Corpus von »historical responses« keine Fälle vorfinden, wo Apollon explizit eine Vorlage abgelehnt hätte. Bei den literarisch, etwa von Herodot und anderen Historiographen, überlieferten didymäischen wie delphischen Orakeln sieht das anders aus, doch ist hier die Diskussion über den Quellenwert, wie erwähnt, vielmals offen. Die beiden hier untersuchten Dossiers aus Herakleia und Sidyma zeigen demgegenüber unvoreingenommene Anfragen mit tatsächlich offenem Ausgang an. Das bedeutet unbestreitbar einen qualitativen Unterschied gegenüber den – genauso vorhandenen – reinen Sanktionierungen von Entscheidungen, die durch die politischen Institutionen bereits vorbereitet waren.

So verdeutlichen diese Beispiele, wie die Orakelkulte Entscheidungsprozesse tatsächlich steuerten, eine die unmittelbare Ausgangssituation übergreifende, langfristige Orientierung schufen und dabei, so scheint es, stets im Blick behielten, wie das Integrationspotential der demokratischen Institutionen der Städte sich unter den vorherrschenden sozialen Randbedingungen am besten entfalten konnte. Dabei war die Integration des politischen Systems durchaus auch von der Restriktion der Gruppe der Handlungsträger, die der Gott in seinen Ratschlägen ins Zentrum stellte, auf die Milieus der städtischen Eliten gekennzeichnet, eben der Gruppe, die ja auch das Funktionieren der Heiligtümer selbst garantierte.

Die Orakel schaffen hier auf andere Art Deutungs- und Handlungswissen als bei den Krisenorakeln, wo angesichts der faktischen Unkontrollierbarkeit des Geschehens Orientierung nur in einer indirekteren (deswegen aber nicht weniger wirksamen) Weise vermittelt werden konnte, nämlich durch den Rekurs auf symbolische Handlungen aus dem Repertoire der religiösen Tradition, die in der Situation der kollektiven Bedrohung emphatisch bekräftigt, teilweise auch mit neuen Elementen erweitert und so der veränderten Qualität der Lage, auf die eine Antwort gesucht wurde, angepaßt wurde.

Im Ergebnis ist stets eine systemstärkende Ausrichtung der auf Fragen institutioneller Klienten erteilten Botschaften zu beobachten, wenn sie konkrete Lenkungswirkung für Verfahrensentscheidungen des Demos entwickeln. Das erklärt sich auch daraus, daß die Orakelkulte hier letztlich Elemente eben desselben institutionellen Gefüges sind, von dessen Exponenten sie zur Lenkung des Verfahrens hinzugezogen werden. Es gilt beides: Das Orakel ist eine Außeninstanz, die in der Welt der politischen Institutionen nicht aufgeht und eben darum, versehen mit autonomer Autorität, auf sie Einfluß zu nehmen vermag. Zugleich kann die religiöse Institution diese Funktion nur ausüben, weil sie von den Protagonisten der Polis in Anspruch genommen und als Teil des eigenen Referenzsystems angesehen wird, das sich aus kultischen *und* politischen Elementen zusammensetzt. Die Orakel stehen der Polis mit eigener Legitimation gegenüber und gehören doch zu ihr.

4.5 Strukturprobleme der Divination im polytheistischen System: Wissensautorität des Orakelgottes und Konsequenzen für die Entwicklung eines autonomen Referenzsystems theologischer Spekulation

Bemerkenswert in allen diesen Fällen – hier sind die Krisenorakel wieder einzuschließen – scheint, daß der Orakelgott Apollon in der Lage ist, für andere Gottheiten mitzusprechen, ja, wie die zuletzt diskutierte Textgruppe zeigt, sogar in Fällen, wo sein eigener Kult gar nicht involviert ist, den Willen bzw. die Zustimmung der anderen Gottheit(en) zu kennen und mitzuteilen vermag.

Dies geschieht nicht nur dann, wenn – wie in Milet – sein eigener Wirkungsbereich betroffen ist: Hier interveniert der didymäische Apollon in seiner Funktion als oberster ἐξηγητής der milesischen Kulte. Er besitzt diese Fähigkeit vielmehr auch im Bezug auf Götter, deren Kult im religiösen System anderer Städte angesiedelt ist und nicht ohne weiteres unter die Hoheit des in das milesische Pantheon eingebundenen Gottes in Didyma fällt, wie Athena in Herakleia oder Artemis in Sidyma. Ähnliches gilt für die klarischen Orakel, wo Apollon neben Gegengaben für das eigene Heiligtum stets auch Kultleistungen für Götter, die ihren Platz in den eigenen Panthea der anfragenden Städte haben, als wirksame Mittel nennen kann, durch die die Konformität mit diesen Schutzinstanzen wiederherzustellen ist. (Die sich daraus eigentlich ergebende Konsequenz, daß diese Götter für die eingetretenen Krisen dann ebenfalls mit verantwortlich sein mußten, wird freilich nirgendwo ausgearbeitet.)

Hier treten interessante Züge der Strukturlogik des griechischen Polytheismus hervor, in der zwei gegenläufige Prinzipien in eine produktive dialektische Beziehung treten: einerseits eine strikt lokale Organisation der Götterwelt mit ihren individuellen Epiklesen und dem auf dieser Territorialität aufbauenden örtlichen Kult in den Heiligtümern, welche in die politische Organisationsmatrix der Stadt eingezeichnet sind; andererseits ein Konglomerat von Gottesvorstellungen, die durch die Mythologie und die intellektuelle Bearbeitung in verschiedenen Medien – das Epos ist hier immer wieder an erster Stelle zu nennen – geprägt sind und diese räumlichen Begrenzungen übergreifen.

Beide Prinzipien bilden sich auf der Ebene sozialer Handlungsbezüge gerade in den großen extraurbanen Heiligtümern – darunter die großen Orakelkulte – und ihren Festen und Agonen ab. Der zunächst im gleichen Sinne ›lokale‹ Orakelgott, mit dem man in seinem örtlich fixierten Heiligtum in eine kommunikative Beziehung treten kann, hat das Vermögen, auch den Willen der anderen Subjekte eines virtuellen ›Gesamtpantheons‹ zu erkennen und für deren Einverständnis zu garantieren. Die Verläßlichkeit solch sekundärer Information, die aus dem Munde des Orakelgottes zu hören ist, wird an keiner Stelle infragegestellt. Man sieht, wie hier – im Ansatz – das für die griechische Religion konstitutive Territorialprinzip mit seinen örtlich wie sachlich wohlabgegrenzten Götterprovinzen von einem Bezugssystem überlagert wird, das derartigen Begrenzungen nicht mehr unterworfen, dafür aber in seiner Binnenstruktur stärker hierarchisiert ist.

In der Binnensicht indigener intellektueller Bearbeitung ist für die Fähigkeit des Orakelgotts, auch für andere Agenten des Pantheons zu sprechen, die Erklärung entwickelt worden, daß Apollon nur den Willen des Weltenlenkers Zeus weitergebe, an dessen Ratschlüsse alle anderen subalternen Götter gebunden seien. Des Zeus Pläne wiederum, so jedenfalls die homerische Vorstellung, hingen an den Fäden, die von den in einem erzählerisch wenig ausgeleuchteten Hintergrund wirkenden Schicksalsgöttinnen gesponnen werden. Die alle von Einzelgöttern repräsentierten Sinnprovinzen umfassende Vollmacht des Zeus wird nach Homer kaum irgendwo in Zweifel gezogen.

In analytischer Perspektive kann man vermuten, daß Apollon diese übergreifende Kompetenz wohl deswegen zugeordnet worden ist, weil gerade in seiner Gestalt die Möglichkeit konzipiert war, in einer rituell kanalisierten – und dadurch auch begrenzten – Weise Zugriff auf die einer höheren Ebene der Informationsverfügung angehörende Wissensstufe der Götter zu erhalten. Allein in der Divination, die ja nur mit einer beschränkten Auswahl von Gestalten des Pantheons und zusätzlich in lokaler Einengung auf bestimmte Heiligtümer operationalisiert war, war eine solche ›Schnittstelle‹ entworfen, die zwischen der defizienten Welterfassung der Menschen und der prinzipiell allumfassenden ›Hintergrundkenntnis‹ der Götter vermittelte.

Während die Menschen ihre Deutungskompetenz (und damit auch ihre Handlungsmacht) gegenüber der Kontingenz des Geschehens als nicht souverän erfuhren, hüteten die Götter ein kosmologisches Wissen, das auch die den Menschen verborgenen Kausalzusammenhänge einzubeziehen verstand. Diese Überbrückung des Abstandes zwischen dem eingeschränkten eigenen Deutungsvermögen und dem unverfügbaren Geschehen vermittels der Teilhabe am göttlichen Wissen wurde immer dann erforderlich, wenn Ereignisse oder anstehende Entscheidungen nicht durch (religiöse) Routinen zu beherrschen, gleichzeitig aber von außergewöhnlicher Bedeutung für das Leben des einzelnen oder der Gemeinschaft gekennzeichnet waren.

Da es in Gestalt der etablierten Orakelstätten nur eine begrenzte Zahl an ›Kanälen‹ gab, wo durch Divinationsverfahren ein punktuelles ›Durchgreifen‹ auf die integrierende Wissensebene höherer Ordnung möglich wurde, mußte hier auch der Handlungsspielraum anderer göttlicher Subjekte eingeformt und mitteilbar gemacht werden. Es sieht aber nicht so aus, als sei daraus irgendwo die – eigentlich sich ergebende – Konsequenz gezogen worden, die von solcher Stellvertretung betroffenen Götter hätten dadurch ihre Handlungsautonomie eingebüßt.

Maßgeblich war die Verläßlichkeit der Aussagen Apollons, auch wenn er über die Machtprovinzen anderer Götter sprach, so daß von seinen Klienten erfolgreiche Handlungsstrategien darauf aufgebaut werden konnten. Hohe Stabilität auf der übergeordneten Ebene der Wissensverfügung war unerläßlich, weil bereits hier alle wesentlichen Weichenstellungen für die Geschehensabfolgen auf der tieferen Ebene vorgenommen wurden. Daß bei dieser Konstruktion zumindest theoretisch – da der Gedanke eines Autonomieverlustes der übrigen Götter nicht ausgespielt wurde – Handlungskonflikte *zwischen* den göttlichen Protagonisten mit vehementen Rückwirkungen auf die menschliche Ebene eintreten konnten, wo sie als neuerliche Kontingenzeinbrüche erfahren werden mußten, scheint von den Zeitgenossen zumindest in der gelebten religiösen Praxis nicht mehr durchdacht worden zu sein, obwohl einige der hier untersuchten Texte dazu Anlaß hätten geben können.[11]

Derartige Rückkoppelungseffekte konnten im Ergebnis die kosmologische Systemstabilität bedenklich ins Wanken bringen und drohten so, die Vertrauenswürdigkeit des divinatorischen Systems, letztlich des etablierten Kultes überhaupt zu untergraben. Das latente Bewußtsein dieser Zusammenhänge führte in anderen Bereichen der antiken Theologie und religiösen Wirklichkeit zu der konsequenten Hierarchisierung der Handlungssubjekte innerhalb des Pantheons und der Unterordnung aller Wirkungsparameter unter den Willen des einen, vor allen anderen zu verehrenden Gottes. Die Existenz weiterer Götter muß in solchen henotheistischen Konzepten nicht geleugnet werden, ihre Kultstätten wie ihre Sinnprovinzen können weiter bestehen – Ziel- und Wirkungskonflikten aber wird durch die Heraushebung des einen nicht nur wissenden, sondern am Anfang aller Kausalitätsverknüpfungen stehenden Gottes die Spitze genommen.[12]

---

11 Kap. 2.1.2 zu **Klaros 4** mit dem Problem der im Orakel gegebenen Aitiologie für den »Zorn der Gaia«, der für das Unheil verantwortlich gemacht wird: siehe S. 76-78. 89. 91. 94-96.

Mit Blick auf Zeugnisse der Verehrung einer als besonders mächtig angerufenen ›Großen Gottheit‹ durch individuelle Kultanhänger, die ihr einen bestimmenden Einfluß auf das eigene Leben zuerkennen, hat A. Chaniotis den Begriff des »Megatheismus« vorgeschlagen:[13] Diese Haltung ist bestimmt von der Vorstellung eines gerechten, rettenden und strafenden, die Zusammenhänge des persönlichen Schicksals souverän überblikkenden und steuernden, seinen Verehrer beschützenden Gottes. Chaniotis möchte diese Form der Fokussierung auf einen herausgehobenen Gott in persönlicher Religionspraxis abheben einerseits von ›Monotheismus‹ – als der exklusiven Verehrung des Einen Gottes, die keine anderen Götter gelten läßt und in der Regel mit philosophisch-dogmatischen Konzepten abgestützt wird –, andererseits von ›Henotheismus‹, der alle anderen Götter dem Einen in einer Art Pyramide des kosmologischen Rangs und der Wirkmächtigkeit subsumiert – eine spekulative Schlußfolgerung, die im »Megatheismus« noch nicht gezogen wird. Zeugnisse solcher Frömmigkeit finden sich in einer großen Breite kaiserzeitlicher religiöser Texte wie Weihungen, Kultgesetzen, Hymnen, Gebeten, Anrufungen, Flüchen und Beichtinschriften.

Die hinter den Orakeltexten sich abzeichnenden (noch impliziten) Kausalitätskonstruktionen lassen sich neben diese Haltung persönlicher Gottesverehrung stellen, zumal eine enge Funktionsparallele besteht: Hier wie dort geht es um die Rolle der Götter bei der Bewältigung existentieller Entscheidungs- und Handlungsherausforderungen der sie anrufenden Menschen, um individuellen Schutz und Bewahrung, um ganz konkrete Hilfe in außerordentlichen Lebenssituationen, kurz: um Sicherheit in der Unsicherheit. Von der Kommunikation mit der als machtvoll angesprochenen Gottheit wird stets die Strukturierung (über)komplexer Entscheidungsprozesse

---

12 Auch F. Graf merkt in seinem Gutachten an, daß die Kommunikationsstrukturen innerhalb des Pantheons, die die in dieser Arbeit besprochenen Orakeltexte zur impliziten Voraussetzung haben, auf einen »vagen Henotheismus« hinausliefen. Diese Fokussierung kann sich freilich noch innerhalb der Grenzen der Strukturlogik des polytheistischen Pantheons halten, die in den betrachteten Zeugnissen nicht aufgehoben wird. Insofern ist eine bedeutsame Veränderung der religiösen Vorstellung hier zwar angelegt, aber noch nicht vollzogen.

13 Chaniotis/Chiai, Religiöse Kommunikation 118-120. Chaniotis weist auf ein anschauliches Beispiel für die Qualität, die diese umfassende Gottesvorstellung in der persönlichen Religion erhalten konnte, in einer kaiserzeitlichen Weihung aus Iuliopolis in Bithynien hin, Ch. Marek, EpigrAnat 32 (2000) 129-135 Nr. 1 = SEG 50,1222 = SGO 09/12/01: Der Dedikant weiht den Altar θεῷ ἀρίστῳ μεγίστῳ ἐπηκόῳ σωτῆρι ἑαυτοῦ καὶ τῶν τέκνων αὐτοῦ καὶ πάντων τῶν [βο]ῶν (!) und fügt auf der Schmalseite des Steins ein Epigramm hinzu: Σοὶ μακάρων κύδιστε γέρας τόδε Τέργος ἔθηκεν | … | … μεγ' ἄριστε, φιλήκοε, *κοίρανε κόσμου*, | σοὶ δ' αὐτός τε μέλοι τέκνα τε κα[ὶ κτέ]ανα. Die direkte Verknüpfung von Weltherrschaft (mit Anklang an das in der kosmologisch-theologischen Spekulation auch sonst gern aufgenommene εἷς κοίρανος ἔστω Homers, Il. 2,204) und persönlicher Zuwendung des Gottes zu seinem Verehrer und dessen Lebensumfeld ist bemerkenswert. – Ebd. 124 wird von Chaniotis eine vertiefte Behandlung angekündigt: Megatheism: the search of the Almighty God and the competition of cults, in: S. Mitchell/P. van Nuffelen (Hg.), The concept of pagan monotheism in the Roman empire, 2008.

und Hilfe bei der Bewältigung von Kontingenzerfahrungen erwartet. Dabei hat der Gott auch die Möglichkeit, »hinter die Kulissen zu schauen« und das Gebaren anderer göttlicher Mächte in seine Antworten einzukalkulieren – ob sie noch autonom agieren oder letztlich dem wissenden Gott zu folgen haben, bleibt bezeichnenderweise offen.

Die kosmologische Einheit kann so gerettet werden – diese Antwort auf ein Problem, das in der umfassenden Wissensautorität des Orakelgottes Apollon bereits angelegt ist, wird in den Bescheiden für die Städte Kleinasiens aber noch nicht formuliert, und auch die Empfänger der Botschaften sind diesen Schritt noch nicht gegangen. Der hier noch vorhandene Abstand wird deutlich, wenn man die Empfehlungen, die der Gott in Klaros den Gesandten Pergamons gegen die *»schlimme Krankheit«* gibt, die die Stadt im Griff hält, mit der Gottesvorstellung des ebenfalls inschriftlich erhaltenen Zeus-Hymnus aus der Stadt vergleicht:[14] Während die Ratschläge im Orakel mit Opfern, Spenden und Hymnen im Register des traditionellen olympischen Polytheismus bleiben, ist der in der Aretalogie des Hymnos angerufene Gott ein mit umfassender kosmologischer Machtfülle ausgestatteter Weltenlenker, von dem subalterne göttliche Potenzen abhängen, in denen die phänomenologische Breite der erfahrbaren Welt entfaltet ist.

Im selben Maße, wie hier das Systemproblem mit philosophisch genährter Konsequenz gelöst scheint, ermangeln diese Göttergestalten freilich der personalen Zeichnung: Sie sind zu abstrakten Wirkprinzipien geworden, während der ›Große Gott‹ in eine ungreifbare Allumfassendheit entrückt worden ist. Wenn die orakelerteilende Instanz jedoch bloß noch auf Entfaltungen ihrer eigenen Macht verweisen kann, werden auch die hergebrachten Verfahren der kultischen Divination fragwürdig, die konzeptuell in einem multipolaren Polytheismus verankert sind.

Folgerichtig tritt dann historisch an die Stelle der rituellen Konsultation des Gottes im Orakelheiligtum die spekulative Exegese autonomer Texte, die nicht mehr an einen konkreten situativen Zusammenhang gebunden sind.[15] Dies ist der Fall für die in den Quellen mit beiden apollinischen Sitzen verbundenen ›Theologischen Orakel‹, die ihren Weg in das apologeti-

---

14 Diese Gegenüberstellung verdeutlicht, daß der Zeus-Hymnus I.Pergamon 324 = SGO 06/02/02 kaum der im Orakel geforderte sein kann. Siehe Kap. 2.1.1 zu **Klaros 2**, hier S. 63-65.

15 Auch diese Möglichkeit ist in den früheren Texten bereits angelegt, wie erkennbar wird, wenn man ihre Integrierbarkeit in sekundäre Komposittexte – wie etwa im lokalhistorischen Dossier aus Lykien – bedenkt (zuvor S. 498f. 505-509). Während dort jedoch eine Resemantisierung vorliegt (die dem ursprünglichen kommunikativen Bezugspunkt näher oder ferner stehen mag), ist die Entstehungssituation der ›Theologischen Orakel‹ offenbar von Anfang an durch die Loslösung von einem alltagsweltlichen Kontext gekennzeichnet: Die Anfrage selbst ist hier bereits von konkreten Randbedingungen einer gegebenen historischen Zusammenhangs befreit und ›autonom‹ – Teil eines philosophisch-spekulativen Diskurses, in dem der Gott antwortet. Das heißt allerdings nicht, daß die theologischen Konzeptionen, die durch diese Bescheide transportiert wurden, nicht in den Raum religiöser Alltagsvollzüge und individueller Frömmigkeitspraxis zurückflossen. Dies

sche und religionsphilosophische Schrifttum professioneller Exegeten gefunden haben und dort deren (engagiert verfochtenen) argumentativen Interessen dienen.[16] Damit erfüllen Orakeltexte nun eine grundsätzlich neue Funktion, die mit dem Wandel ihres religiösen Referenzsystems einhergeht. In den Bescheiden, die in öffentlichen Angelegenheiten der Städte ergangen sind, läßt sich ein Ausgangspunkt dieser Entwicklung in der Konzeption der Wissensautorität des Orakelgebers bereits erkennen.

4.6 Das Eingehen der Orakel auf die institutionellen Voraussetzungen der Städte und die stabilisierende Funktion ihrer Antworten für das sozio-politische System

Die nähere Interpretation des Bescheides für Herakleia am Latmos hat vor Augen geführt, wie sehr die Orakel die politisch-sozialen Strukturen der Städte im Blick hatten und in ihren Weisungen die dadurch gegebenen Bedingungen berücksichtigten. Von einem systemtheoretischen Standpunkt aus betrachtet, ist das nur schlüssig: Das religiöse System kann gerade im Bereich des öffentlichen Kults ja nur Bestand haben, wenn es innerhalb der Koordinaten des sozialen Gesamtsystems funktional ist und dem Erfolg dieses Gesamtsystems zuträgliche Rückkoppelungen leistet. Gleichwohl bleibt bemerkenswert, wie hoch in den hier betrachteten Fällen die Paßgenauigkeit der erteilten Botschaft zum Bedingungsgefüge ausfällt, in dem die Konsultanten stehen.

Wie die Entscheidung der Frage nach Wahl eines Jahresbeamten oder Verkauf der Priesterstelle auf Lebenszeit an den Meistbietenden auch ausfiel, sie hatte in jedem Fall strukturelle Konsequenzen für das Spiel der Kräfte im politischen System. Will man der hier vorgeschlagenen Analyse folgen und der Wahl von Jahresbeamten eine integrative Funktion für das Gesamtsystem politisch-sozialer Repräsentation der Stadt zuschreiben, scheint die Weisung der Gottheit von einem weitreichenden Verständnis der Bezogenheit des religiösen auf das politische Subsystem geprägt.

Apollon kennt die Bedingungen der Stabilisierung des Gesamtsystems, indem er mit der Option für die Wahl die analoge Konstruktion der gesell-

---

belegt anschaulich eine Weihung für den Θεὸς Ὕψιστος auf einem Altar aus Amastris an der südlichen Pontosküste. Der Dedikant führt ein hexametrisches Versorakel Apollons (ὀμφῇ Ἀκερσεκόμου) an, das in Klaros ergangen sein wird (**Klaros App7** = Ch. Marek, EpigrAnat 32, 2000, 135-137 Nr. 2 = SEG 50,1225 = SGO 10/03/01). Nach Apollons Worten soll der Konsultant den Höchsten Gott ehren, ὃς κατὰ πάντων ἔστι καὶ οὐ βλέπεται, εἰσοράᾳ δὲ / δείμαθ' ὅπως ἀπαλάλκηται βροτολοιγέα θνητῶν (2f.).

16 Vgl. auch oben Kap. 2.2, Anm. 634. Siehe Busine, Paroles 227-295; wichtig für die religionshistorische Einordnung auch Bendlin, Nutzen 192f.

schaftlichen Teilsysteme berücksichtigt: vor allem im Hinblick auf die Gewährleistung von Öffentlichkeit und Partizipation an der Gestaltung des Götterkults, die ein wählbares Jahresamt mit seinen Prozeduren der demokratischen Kandidatenfindung und effektiven Kontrolle des Kultbetriebs durch öffentliche Instanzen nach sich zog; überhaupt mit der engeren Bindung des Priesters an die Stadt, in deren Namen der Kult ja durchgeführt wurde. Dasselbe gilt auch für den regelmäßigen Turnus, in dem das Amt künftig neu zu besetzen war, wodurch eine breite Berücksichtigung der Bürgerschaft als Rekrutierungsgruppe sichergestellt wurde. Gleichzeitig konnte die Bürgergemeinde durch die Verpflichtung gewählter Beamter selber garantieren, daß der Kult der Gottheit kontinuierlich aufrechterhalten wurde. All dies zeigt, wie sich in der Weisung des Orakels gemeinschaftliche Identifikationsbezüge kristallisierten.

Eine ähnliche Rücksicht auf die Notwendigkeiten der Selbststabilisierung des sozio-politischen Gefüges ist auch im Orakel für die milesische Athena-Priesterin erkennbar, das den Spielraum zu einer flexiblen Handhabung von Traditionen und zu ihrer situationsgerechten Reformulierung gemäß der politischen Willensbildung der städtischen Institutionen eröffnet: Die durch die mythisch-theologisch argumentierende Stellungnahme des Gottes legitimierte Abweichung von einer bisher geübten und verbindlichen Praxis befestigt die Stellung der Familien, die das politische System der Stadt und damit auch die kultischen Institutionen tragen – dies war wichtiger als die unbedingte Treue zu einer überkommenen Tradition, die zu hinterfragen man bisher offenbar keinen Anlaß gehabt hatte.

In Lykien stärkte der Orakelbescheid die Verbindung der Städte Sidyma und Tlos, die bereits in der συγγένεια ihrer mythischen Gründer und in den auf Epiphanien zurückgehenden Kulten der Letoiden angelegt war, durch neue, gemeinsame Regeln für den Status der Artemis-Priesterinnen – möglicherweise durch Beschickung des Kults mit jungen Mädchen als Priesterinnen, die von Familien beider Poleis zu stellen waren. Auf jeden Fall unterstreicht der historische Zeuge für diese Konsultation, daß die Weisung Apollons ein wichtiger Baustein der Einigkeit und Zusammengehörigkeit der benachbarten Gemeinden war, auch wenn wir das Nähere nur versuchsweise rekonstruieren können.

Auch in den Krisenorakeln war ein hoher Grad von Adaption an die bestehenden religiösen Institutionen der anfragenden Städte festzustellen. Sie greifen in den verordneten Ritualsequenzen auf die etablierten lokalen Kulte und ihre Heiligtümer zurück und stärken dadurch – die Effizienz dieses Vorgehens leuchtet unmittelbar ein – in einer Situation, in der die etablierten Instrumentarien der Bewältigung durch eine extreme Notlage fragwürdig geworden sind, die vorhandenen religiösen Strukturen: Mit der Autorität des verkündenden Gottes erhalten sie neue Legitimation als Instrumente der Überwindung der Krise.

Daneben konnte durch die divinatorische Instanz das bestehende religiöse System auch modifiziert oder erweitert werden, dessen Funktionsmuster dadurch *ad hoc* der neuen Herausforderung angepaßt wurden: etwa durch die Einführung neuer Kulte – so im Fall des Orakels aus Ephesos, vielleicht auch dem aus Hierapolis –; durch die Einbeziehung alternativer Teilsymbolsysteme wie dem ›chthonischen‹ Opfercode (in Hierapolis, Troketta und Kallipolis) oder der ›magischen‹ Semantik und dem entsprechenden Ritual mit seiner symbolischen Objekt-Fixierung der Bedrohung; schließlich durch die Vorgabe unmittelbar wirkend gedachter apotropäischer Kultbilder des Orakelgottes selbst.

Beide Strategien führen mit der Autorität des Orakels zur Stabilisierung der bestehenden religiösen Institutionen, sei es durch Bekräftigung ihrer Effizienz und Schutzfunktion, sei es durch ihre situationsgerechte Anpassung und Erweiterung.

4.7 Die Bedeutung des Urkundencharakters: Rekonstruktion des pragmatischen Kontextes der Konsultation, Ablösbarkeit der divinatorischen Botschaft und sekundäre Verwendung in neuen argumentativen Kontexten

Unsere Kenntnis der Funktion der Orakeltexte und der Institution der kultisch gebundenen Divination erfährt immer dann eine signifikante Erweiterung, wenn wir die Bescheide in dokumentarischen Kontexten vorfinden. Dann wird deutlich, welche Formen des Umgangs mit dem Orakeltext möglich waren, indem er durch weitere Zeugnisse in argumentative Bezüge eingebunden wird, die zeigen, wie die Botschaft von den Empfängern funktionalisiert wurde. Gleichzeitig erhellt daraus auch, in welchen Situationsgefügen es überhaupt zu der Entscheidung gekommen ist, sich an das Orakel zu wenden. Da in vielen Fällen jedoch nur die Antworten des Gottes für die monumentale Aufzeichnung vorgesehen wurden, ist eine verläßliche kontextbezogene Interpretation freilich oft nicht erreichbar.

Eine sicherere Einreihung der Botschaft in den sachlichen Zusammenhang ist immer dann möglich, wenn wir durch Kenntnis der gestellte Anfrage die kommunikative Sequenz vollständig fassen können. Dann ist auch zu erkennen, ob die Anfragen dem Orakel indirekt Informationen zu den lokalen religiösen Institutionen der Heimatstädte der Konsultanten boten, die Eingang in die mit dem Bescheid erteilten Empfehlungen finden konnten. Während die ›Pestorakel‹ durchweg ohne Anfragen überliefert sind, wie es für die klarischen Orakelaufzeichnungen auch sonst kennzeichnend ist, ist in dem Inschriftendossier aus Herakleia am Latmos die gestellte Frage in vollständiger Form mitgegeben – auch das spricht dafür, daß diese Konsultation in Didyma erfolgte, wo die Kodifizierung beider Texte häufig vorkommt. Der Gegenstand der Konsultation ist hier in ein standardisiertes Formular gekleidet, das auch sonst vielfach bekannt ist und die Entscheidungsalternativen präzise benennt, vor die sich die Stadt gestellt sah.

Das Dossier aus Herakleia ist aber darüberhinaus ein instruktives Beispiel für die Einbettung des Konsultationsprotokolls in eine komplexe Urkunde, die, zeitlich getrennt von dem eigentlichen Ritual im Heiligtum, eine sekundäre Kommunikationssituation in der empfangenden Stadt selbst schafft. Auf die Datierungsformel (durch die die beiden nachfolgenden Elemente als Bestandteile einer Beschlußfassung der Polis gekennzeichnet sind), die gestellte Anfrage und die Wiedergabe der Antwort des Gottes folgen unmittelbar die Namenslisten der nach dem neuen Modus bestimmten Jahrespriester der Athena (die durch eine eigene Datierung den Status eines formal selbständigen Dokuments erhalten). Durch das Zusammenspiel mit den Priesterlisten entsteht eine neue funktionale Einbindung des empfangenen Bescheids: Einmal dokumentieren sie die folgerichtige Umsetzung der göttlichen Botschaft durch die Stadt, die sich damit der divinatorischen Autorität des Gottes unterordnete. Dann sind sie aber auch Ausdruck der Gruppenidentität der Athena-Priester, die sich hier aufgeführt fanden, und der religiösen Selbstrepräsentation der Stadt und ihrer demokratischen Gremien, als deren gewählte Funktionäre die Priester den Hauptkult Herakleias ausübten.

Eine doppelte Datierung weist auch das Monument aus Kyzikos auf, in das das Orakel des Ammon eingebettet ist. Dieses Dossier ist ganz ähnlich wie die Urkundensammlung aus Herakleia aufgebaut: Auf eine datierte Einleitungsformel (ausführlicher als in Herakleia, wo sie auf die Datierung durch den eponymen Stephanephoren beschränkt ist) folgt zunächst der Orakeltext (anders als in Herakleia ohne die gestellte Anfrage). Es schließt sich eine Namensliste mit eigener Datierung an, die als Ehreninschrift qualifiziert wird.

Auch in diesem Fall muß das Gesamtmonument von der Namensliste her verstanden werden, die hier die Mitglieder des lokalen Kultvereins des Ammon in Kyzikos nennt: Der Vorsitzende des Vereins dokumentiert für seine Mitbürger öffentlich die Namen der Kultanhänger des ägyptischen Gottes und ist zugleich derjenige, der die Gesandtschaft nach Siwa geleitet hat, bei der das Orakel erbeten wurde. Darüberhinaus läßt die Eingangsformel erkennen, daß er nach der Rückkehr der *theoroi* auch für die Proklamation des Bescheides in Kyzikos verantwortlich war, die im Rahmen eines Festes am lokalen Ammoneion stattfand und mit einer Kranzweihung verbunden war – das Monument zeigt selbst das Relief des Ammon, das bei der Feier bekränzt wurde. Der Orakeltext ist zu dem Zeitpunkt, der durch seine interne Datierung markiert ist, in der Stadt verkündet worden;[17] später ist dann die Ehreninschrift errichtet worden, die das Orakel samt Formular als impliziten Nachweis des religiösen Engagements der Ammoniten in die Dokumentation einbezieht.

Die Verknüpfung dreier Ebenen im Monument ist also deutlich: die Orakelerteilung selbst, dann am Heimatort der Konsultanten das Ritual der Verkündung des Bescheids mit Kranzweihung, schließlich die Ehrung des Kultvereins des Gottes durch den Gesandtschaftsführer. Diesen drei Ebenen der Kommunikation, die im Gesamtobjekt enthalten sind, entspricht die zeitliche Abfolge der dahinterliegenden Handlungsphasen von Konsultation, Integration der Botschaft in die Öffentlichkeit der Stadt und späterer Kommemoration.

Schließlich ist in der vielschichtigen Urkunde aus Lykien der legitimatorisch motivierte Einsatz des Orakels mit Händen zu greifen: Das Orakel ist bereits ein alter Text, vor über hundert Jahren ergangen, als ihn ein Rhetor in einem lokalhistorischen Dossier neben Wundererzählungen und aitiologischer Mythologie »erneuert«, das er vor der Ekklesie einer befreundeten und »verwandten« Stadt ausbreitet. Vom ursprünglichen Anlaß der Konsultation durch die eine der beiden Städte erfahren wir nichts Ausdrückliches vom Autor; für ihn ist dieser Text, Generationen später, Zeugnis der engen Zusammengehörigkeit beider Städte in der Verehrung der Artemis: ein Beweis der ὁμόνοια und ἑνότης, deren »Erneuerung« (ἀνανέωσις) sein Anliegen ist.

Dies führt auf die Vermutung, daß hinter dem Bescheid die gemeinsame Führung des Artemis-Kults durch beide Städte steht (unklar bleibt, ob in Heiligtümern an beiden Orten oder nur in Sidyma, das das Orakel erhalten hatte), dessen Priesterschaft seit der Entscheidung des Gottes aus unverheirateten Mädchen zu bestehen hatte. Das Zeugnis der Befragung des Gottes ist hier durch *»Nachforschungen«* (κατ' ἐπιζήτησιν) aktualisiert und in einen neuen Argumentationszusammenhang gerückt worden, innerhalb dessen es einen Baustein neben weiteren Zeugnissen (μαρτυρίαι) bildet – der Redner macht seine mit dem Text vollzogene Konstruktionsarbeit sehr deutlich. Der Orakelbescheid ist hier geschichtliches Wissen geworden, das nicht anders als andere ›historische‹ Quellen legitimatorisch eingesetzt wird.

Gleiches gilt für weitere Orakeltexte, die bei der Regelung zwischenstaatlicher Verhältnisse sekundär als Argument verwendet wurden, etwa im Zusammenhang der Epangelie panhellenischer Agone in Milet, Magnesia am Mäander oder Kyzikos mit den zugehörigen außenpolitisch-diplomatischen Maßnahmen. Die Heranziehung eines Orakels in einer privaten Ehreninschrift wie bei Satornila, erneut in kommemorativer Funktion und

---

17 Nicht auszuschließen ist, daß die Datierung auch den Zeitpunkt der Konsultation in Siwa bezeichnet, die angesichts der Entfernung einige Zeit vorausgelegen haben muß. Der Text betont aber die ἀνάδειξις als das in Kyzikos durchgeführte Zeremoniell.

losgelöst von seinem ursprünglichen situativen Bezug, ist gleichfalls als Beispiel solcher Finalisierung erkennbar, nunmehr zur Herausstellung des familiären Engagements für die Stadt.

Die im kultisch gebundenen Rahmen erhaltene Information kann folglich von dieser Begrenzung abgelöst und ›mitgenommen‹ werden: Die religiöse Botschaft, in der das Orakel einen Ausschnitt göttlichen Wissens den Menschen verfügbar macht, ist ›transportabel‹ und kann von den Beteiligten oder auch Dritten in Argumentations- und Nutzungskonstruktionen eingepaßt werden, die sie dann selbst in der Adaptation an unterschiedliche Kontexte der Anwendung modifizieren können. Das wird deutlich, wenn Orakeltexte in komplexen, mehrschichtigen Dokumenten veröffentlicht und aufbewahrt werden. Durch den Transfer aus der Kommunikationssituation der Konsultation in einen sekundären Deutungszusammenhang wird die Botschaft auch dem ursächlichen Geschehenskontext, in den hinein sie ›gesendet‹ worden ist, enthoben und in verändertem Umfeld mit neuem Sinn angereichert.

Bei den klarischen ›Pestorakeln‹ haben wir weniger Anhaltspunkte für die textlich-monumentale Einbettung der Bescheide in die Urkundenaufzeichnungen, so daß man über die Funktionsmechanismen, die an diesen Dokumenten zur Anwendung gebracht wurden, nur Vermutungen anstellen kann. Von der Aufzeichnung und öffentlichen Aufstellung des Bescheids in Mehrfachexemplaren auf der Agora und in den Heiligtümern, in denen das vom Orakel geforderte Ritual stattfand, hören wir in der Weisung für Pergamon. In Kaisareia Troketta qualifiziert eine vorangestellte Dedikation den als Steininschrift monumentalisierten Bescheid als Teil der Weihung der Statue des Rettergottes Apollon, die in der Weisung des Gottes angemahnt worden war.

Diese Beispiele zeigen, im Unterschied zu den zuvor betrachteten Dossiers, eine primäre Funktionalisierung des divinatorischen Textes an: Die Urkunde ist Teil des in der Weisung selbst geforderten Handlungsprogramms und damit eng an die Konsultation gebunden. Ihre Realisierung ist Teil der abschließenden Phase des gesamten Konsultationsvorgangs, der sich in den Abschnitt der Vorbereitung der Anfragestellung, die eigentliche Konsultation und Erteilung der Antwort und die nachgelagerte Deutung und Umsetzung der Botschaft gliedert. Im phrygischen Hierapolis erhielt ein Bürger ein eigenes Orakel Apollons, das ihn das ›Pestorakel‹ und weitere Orakelbescheide, die seine Stadt empfangen hatte, in einem gemeinsamen Monument öffentlich dokumentieren hieß. War er der Anführer der Gesandtschaft nach Klaros gewesen, die die Weisungen im Namen der Stadt erbeten hatte, und errichtete die Inschrift in dieser Funktion? Auch hier fassen wir die Phase des Umgangs mit dem eröffneten Ausschnitt göttlichen Wissens im Anschluß an den Aufenthalt im Heiligtum und nach Rückkehr in die Gemeinschaft der Stadt.

Das Orakel für die Stadt am Hermos wurde in einer Kopie auch in Ephesos gezeigt, war es doch die große Artemis der selbstbewußten Metropole, die Apollon als Nothelferin nach Lydien gesandt hatte. Das uns erhaltene Exemplar hat sich als Teil des Monuments erhalten, das den Sieg des Lucius Verus über die Parther feierte; vielleicht ein Monumentalaltar der *Victoria Romanorum*. Hier dürfte eine situative Verbindung mit der Überwindung der Epidemien in Westkleinasien, die im zeithistorischen Kontext eben dieses Heereszuges aufgetreten waren, durch den Rat Apollons bestanden haben. Und doch wird die Reichweite auch dieses Bescheids durch die monumentale Reintegration signifikant vergrößert: Die Weisung aus Klaros wird mittels der Resemantisierung durch die an der Konsultation gar nicht direkt beteiligten Epheser in einen neuen, propagandistischen und außenpolitischen Bedeutungszusammenhang gestellt.

4.8 Aufzeichnung, Monumentalisierung und Perpetuierung der göttlichen Botschaften

Der Umstand der Verschriftlichung der Orakelbotschaften bedarf noch einer etwas eingehenderen Analyse.[18] Der Schriftlichkeit wohnt hier eine weitere Funktion inne, wie gerade das Beispiel der Krisenorakel zu zeigen vermag. Denn die ›Ablösbarkeit‹ der Texte vom ursprünglichen situativen Kontext und ihre ›Transportabilität‹ kommen nicht nur bei evident sekundären Verwendungen zum Tragen, wie sie die Einfügung von Orakelbescheiden in Metatexte anzeigt, die neuen Argumentationszielen dienen – ganz gleich, ob dies nun explizit reflektiert wird wie im Dossier des Hie-

18 Die Frage der Schriftlichkeit in der griechischen Religion (und insbesondere der Schriftlichkeit im rituellen Kontext) hat seit geraumer Zeit durch Neufunde wieder Interesse gefunden; exemplarisch zu nennen sind etwa der Derveni-Papyrus, die auf die rituelle Syntax von Reinigungsriten fokussierte *lex sacra* aus Selinus (vgl. Kap. 2, Anm. 384. 482), die orphischen Goldblättchen (ebd. Anm. 355), neu entdeckte Fluchtäfelchen oder die kaiserzeitlichen Beichtinschriften (ebd. Anm. 354). Doch ist der Zuwachs an Zeugnissen offenkundig zu groß und sind die Probleme ihres Verständnisses und ihrer historischen Einordnung zu vielschichtig, um bereits übergreifende Bewertungen und Schlüsse zu erlauben. Konzeptuelle Ansätze dazu finden sich bei Henrichs, Writing religion, bes. 38-45 (der ebd. 42 Orakeltexte nur knapp mit dem Hinweis streift, daß sie insofern gerade untypisch für religiöse Texte in Griechenland seien, daß sie als Niederschlag eines ›göttlichen Wortes‹ den Anspruch auf die religiöse Autorität der Gottheit in die Kommunikationssituation tragen und aus dieser Inspiriertheit ihre Legitmation beziehen). Siehe auch dens., *Hieroi logoi* and *hierai bibloi*: the (un)written margins of the sacred in ancient Greece, HSCPh 101 (2003) 207-266 (mit ausführlicher Bibliographie ebd. 251-266), und allgemein R. Osborne, Inscribing performance, in: S. Goldhill/ders. (Hg.), Performance culture and Athenian democracy, Cambridge 1999, 341-358 (bes. 358 zum delphischen Bescheid an Athen aus dem Jahre 352/51 über die Verpachtung der ἱερὰ ὀργάς der Demeter, IG 2^2,204 = Syll.^{3} 204 [sic] = LSCG 32 [PW 262 = Fontenrose H 21]). Alle genannten Studien haben jedoch weniger die späteren hellenistischen und kaiserzeitlichen sakralen Texte im Blick. Vgl. Kap. 2, Anm. 354 a.E. zu jüngeren Forschungen im Bereich der römischen Religion.

ron oder implizit durch die Verbindung mit Listen von Amtsträgern wie in Herakleia und Kyzikos oder durch Aufhebung in einem übergeordneten Monument wie in Ephesos erfolgt.

Bereits die primäre Aufzeichnung und Monumentalisierung war kein selbstverständlicher Schritt: Die Konsultation selbst war in Klaros wie in Didyma zunächst ein Akt mündlicher Kommunikation zwischen der entsandten Delegation und dem Gott bzw. seinen Propheten und Kultbeamten. Wir wissen kaum etwas Genaues über die Abläufe im Zentrum des Rituals, doch ist davon auszugehen, daß eine erste, ephemere Stufe der Verschriftlichung bereits im Rahmen der eigentlichen Konsultation stattfand: Die Anfragen düften von der Gesandtschaft in schriftlicher Form eingereicht worden sein, und Funktionäre des Orakelheiligtums werden im Anschluß an die mantische Séance die versifizierte Form der Worte Apollons den Konsultanten ebenfalls in schriftlicher Form überreicht haben. Diese Aufzeichnungen sind aber wohl in aller Regel aus vergänglichem Material gewesen und standen etwa auf Wachstäfelchen – die Bleitäfelchen aus Dodona, die uns ein beachtliches Corpus an Anfragen und teilweise auch Antworten erhalten haben, sind ein Sonderfall der Überlieferung.

Eine qualitativ neue Stufe der Schriftlichkeit ist in den Fällen erreicht, in denen man sich entschloß, den erhaltenen Bescheid als monumentale Steininschrift aufzeichnen zu lassen und an einem öffentlichen Ort sichtbar aufzustellen. Denn bereits in dieser Form der Perpetuierung des geoffenbarten Wissens liegt eine Ablösung von der ursprünglichen situativen Bezogenheit der Botschaft auf den Konsultationsvorgang.

Im Falle der Krisenorakel erschöpft sich die Funktion der monumentalisierten Texte aber nicht in der Kommemoration der Gesandtschaft zum Gott als solcher, die die enge Beziehung der Polis zum Orakelherrn und die ihm gegenüber bewiesene εὐσέβεια öffentlich erkennen läßt. Indem die Polis die Aufforderungen, die Apollon ausgesprochen hat, auf diese Weise allgemein sichtbar macht, unterstreicht sie zwar, daß sie seine Weisungen umgesetzt hat und so die Krise durch Konformität mit der göttlichen Botschaft überwinden konnte. Auch damit ist die Funktion der Monumente aber noch nicht vollständig erfaßt.

Vielmehr erfüllen die als Inschriften permanent fixierten Bescheide darüberhinaus den Zweck, auch für die Zukunft gegen Wiedereinbrüche der Anomie zu schützen: Die Effizienz des mitgeteilten göttlichen Wissens wird auf Dauer gestellt. Das wird vor allem dort deutlich, wo die Aufzeichnung der Texte mit der Weihung der unheilabwehrenden Statuen des Bogenschützen Apollon unmittelbar verbunden ist und dadurch Teil der Dedikationsformel wird.

Die Konsultation war ein einmaliger Vorgang in einer bestimmten geschichtlichen Situation, ausgeführt von historischen Personen an einem gegebenen Ort und in einer nicht wiederholbaren Kommunikationssituation. Durch die Monumentalisierung wurde es möglich, die seinerzeit erhaltene Botschaft auch für künftige Situationen wirksam zu erhalten, die ein ähnliches Bedrohungsszenario mit sich bringen würden. Das einmal mitgeteilte Wissen konnte in einem neuen pragmatischen Umfeld wieder aufgerufen werden – es besaß die Eigenschaft der Rekurrenz: Die Stimme des Gottes blieb lebendig und seine Worte waren auch in Zukunft hilfreich, ohne daß die Konsultation wiederholt werden mußte.

Ja, wahrscheinlich ging man davon aus, daß auch das in dem Text beschriebene Ritual nicht wiederholt werden mußte – was in vielen Fällen auch kaum möglich gewesen wäre, da die Ritualausführung mit dem Vorgang der Befragung und darauf folgenden Aneignung der Botschaft durch die damaligen Empfänger direkt verknüpft war. Es war im übrigen auch der ökonomischere Weg, die Hilfeleistung dem wirkmächtigen Gotteswort und seinem übelabwehrenden Bild überlassen zu können, als aufwendige Opfer herbeibringen, Hymnen aufführen und Chöre in ein Heiligtum reisen lassen zu müssen. Das Ritual ist im Text, der es beschreibt, aufgegangen. Die Wirkung, die es in der Ausführung durch die damaligen Empfänger hatte, ist nunmehr auf den Text in seiner visualisierten Form übertragen, in dem es gegenwärtig bleibt.

Die Ablösung der Orakelbotschaft vom ursprünglichen pragmatischen Kontext ihrer Erteilung und Rezeption geschieht hier also in anderer Weise als bei den zuvor besprochenen sekundären Verwendungen. Dort erhielt die Gottesweisung die Rolle eines Arguments in Textkompositionen, deren Verfasser damit eigenständige Absichten verfolgten.

Hier hingegen wird der Text selbst zum Subjekt ritueller Wirksamkeit, getrennt zwar von seinem originären Ort der Produktion und Vermittlung, aber in dieser Verselbständigung mit einer neuen Dynamik aufgeladen, die ihm sogar eine noch größere Bedeutung verleiht: Der Orakeltext *ist* jetzt, aufgestellt auf der Agora, beim Heiligtum, an den Stadttoren, der Schutz gegen Gefahr, die einmal kommen mag. In dieser Funktion ist der fixierte und objekthafte Text dem schützenden Standbild des Gottes, *»der vor den Toren steht«* (προπύλαιος), gleichwertig. Diese Autonomie des göttlichen Worts kann mit der Wirkung von Amuletten verglichen werden, in denen sakral aufgeladene Texte ebenfalls das rituelle Agens darstellen, das den Träger vor Unheil bewahrt: Das Wort besitzt eine eigene Performanz.

An dieser Kapazität des sakralen Wortes läßt sich eine allgemeinere religionsgeschichtliche Entwicklungslinie ablesen: Das autorisierte göttliche Wissen verdoppelt sein Wirkungspotential im Medium der Schriftlichkeit. Sie reduziert es nicht auf die Möglichkeit einer Auslegung durch ›Experten des Wortes‹, die theologische Abstraktionen darauf bauen mochten. Unabhängig davon verleiht sie ihm vielmehr eine neue, eigene rituelle Qualität, losgelöst vom ursprünglichen kultischen Rahmen seiner Produktion, dafür aber frei beweglich in Raum und Zeit.

4.9 Möglichkeiten der Überprüfung der gewonnenen Ergebnisse an weiteren Situationstypen in Klaros und Didyma gestellter Anfragen

Die Praxis der Orakelkonsultation durch griechische Städte läßt sich als soziale Technik beschreiben, die durch die Bereitstellung von Deutungsmustern kollektive Entscheidungsprozesse zu steuern und dabei politische und religiöse Institutionen zu stabilisieren, aber auch Innovationen zu legitimieren vermochte. Die von den Orakeln erbrachte Orientierungsleistung kommt genauso in Strategien der Komplexitätsreduktion angesichts kontingenter Ereigniszusammenhänge zum Ausdruck, die ohne den Rückgriff auf das Offenbarungswissen der Götter den Beteiligten nicht bewältigbar erscheinen. Zugleich wird gerade in krisenhaften Verdichtungen der Geschehensabläufe durch das kommunikative Eingreifen des göttlichen Ratgebers eine Rückkoppelung über die Funktionalität des sozialen Systems hergestellt, die ebenso zu seiner Affirmation wie zu erforderlichen Anpassungen führen kann.

Bei einer weitergehenden Untersuchung der sich in Situationstypen gliedernden Anfragen aus beiden Heiligtümern[19] wäre noch genauer der Differenzierung von ›privatem‹ und ›öffentlichem‹ Zugang zum sozialen Instrument der Divination nachzugehen. Dabei ist zunächst die Frage nach der Abgrenzbarkeit der Bereiche und überhaupt der Brauchbarkeit der Begriffsopposition für diesen Sektor religiösen Handelns zu stellen. Wie im Laufe der Untersuchung zu erkennen war, ist hier eher mit Interferenzen statt mit klaren Trennlinien zu rechnen, sowohl was die Inhalte von Fragen und Bescheiden als auch was die Formen des Umgangs mit den Ergebnissen der Konsultationen anbetrifft.

Dieser Aspekt ließe sich vor allem an den Orakelkonsultationen untersuchen, bei denen Einzelpersonen mit kultischen Anliegen vor den Gott treten, beispielsweise weil sie einen Altar oder ein Standbild errichten wollen, weil sie unsicher sind, ob sie ein eingegangenes Votum erfüllen sollen, oder weil sie zu wissen wünschen, wie ein Ritual im einzelnen in einer der Gottheit genehmen Weise durchzuführen und mit welchen Epiklesen die Gottheit zu verehren ist. In Didyma ist es charakteristisch für diesen Typus von Anfragen, daß häufig Personen, die bereits im Kult als Spezialisten engagiert sind, sie stellen und dann zusammen mit der Weisung des Gottes auf den Monumenten publizieren, die sie zur Kommemoration ihrer Amtsausübung errichten.

Es handelt sich hier unverkennbar nicht um Konsultationen, die im Namen der Polis und ihrer Institutionen vorgenommen werden. Zugleich sind es aber auch nicht ›private‹ Anfragen in dem Sinne, daß eine Stellungnah-

19 Siehe zum folgenden auch die Klassifikation der bezeugten Orakelkonsultationen nach Gegenstandsbereichen hiern. in Anhang 5.2, S. 595-605.

me zu Angelegenheiten der rein persönlichen Lebensführung vom Gott erbeten wird. Es ist der öffentlich verfaßte und öffentlich ›sichtbare‹ Kult betroffen, und die als Konsultanten Auftretenden sind durch ihre Ämter – selbst dann noch, wenn deren Ausübung bereits abgeschlossen ist – *auch* öffentliche Personen. Das System der Liturgien, die von einer bürgerlichen Elite wahrgenommen wurden, steht als solches bereits einer trennscharfen Unterscheidung von öffentlicher und privater Nutzung der Divination entgegen, wenn sich Inhaber von öffentlichen Ämtern durch besonderen persönlichen Eifer auszeichnen und mit über die Norm hinausgehendem Engagement hervortreten (was allein die Kenntnis ihres Tuns bewahrt hat).

›Normale‹ Fälle privater Nutzung der Orakel sind in einem Großteil der aus dem Heiligtum von Dodona in Epirus erhaltenen Anfragen zu individuell lebensweltlichen Problemen zu erkennen. Hier wiederum sind nur in wenigen Fällen auch die Antworten des Gottes überliefert, die eine genauere Einschätzung der religiösen Orientierungsleistung im Bereich der Alltagswelt erlauben. Das jüngst publizierte Teilcorpus der dodonäischen Täfelchen[20] verdient unter dem Aspekt der Situationstypologie eine eingehende religionshistorische Untersuchung.[21] Aber auch in Didyma liegt eine Anzahl von Anfragen über Gesundheit oder persönliches Wohlergehen, befürchtete Gefahren oder Unglücksfälle und allgemein die individuellen Lebensperspektiven vor.

In der Gruppe der auf religiöse Anliegen bezogenen Anfragen wären auf der Seite der Konsultationen durch Poleis diejenigen Orakel näher zu betrachten, in denen ein neuer Kult gestiftet, Dedikationen vorgenommen oder bestehende Ritualprogramme modifiziert werden. Die Orakel begleiten hier eine Auseinandersetzung mit den Organisationsformen der öffentlichen Kulte. Zu letzterem liefert die Anfrage des milesischen Demos in Didyma über die Reorganisation der Kollekten für den Kult der Artemis Bu-

---

20 E. Lhôte, Les lamelles oraculaires de Dodone, École Pratique des Hautes Études, Sciences historiques et philologiques, 3: Hautes Études du monde gréco-romain 36, Genf 2006 (= Lhôte, Dodone; basierend auf der gleichnamigen Dissertation, Paris 2000). Leider bietet die stark aus sprachhistorischer Perspektive gearbeitete Edition keine Konkordanz zu früheren Veröffentlichungen der bereits bekannten Täfelchen. Eine Gesamtuntersuchung zur Geschichte des Heiligtums, die die schriftlichen Quellen, die Votive und die Architektur umfaßt, hat von archäologischer Warte M. Dieterle vorgelegt: Dodona: Religionsgeschichtliche und historische Untersuchungen zur Entstehung und Entwicklung des Zeus-Heiligtums, Spudasmata 116, Hildesheim 2007 (überarb. Diss. Hamburg 1999). Ebd. 70-85 zu den Orakeltäfelchen; Katalog von 191 Täfelchen ebd. 345-360 (mit Angaben zu den älteren Publikationen, jedoch ohne Texte). Das gegenüber der Dissertation überarbeitete Buch von Lhôte aus dem Jahr 2006 konnte Dieterle offenbar nicht mehr berücksichtigen. Eine vertiefte Behandlung der Orakeltexte von Dodona aus religionshistorischer Sicht wäre weiterhin wünschenswert, wird aber durch die wechselvolle und unbefriedigend dokumentierte Grabungsgeschichte und die immer noch fehlende Veröffentlichung eines mutmaßlich sehr großen Teils der einst gefundenen Täfelchen, die noch dazu in ihrem Erhaltungszustand äußerst gefährdet sind, erschwert.

21 Vgl. die knappe thematische Übersicht bei Lhôte ebd. 23-25 § 60.

lephoros ein aufschlußreiches Beispiel, bei dem erneut das Problem von privater und öffentlicher Zuständigkeit deutlich wurde.[22] In dieselbe thematische Gruppe gehören Orakelbescheide, die die Einrichtung oder Aufwertung von Agonen sanktionieren oder Asylien bestätigen, die Städte für ihre Heiligtümer beanspruchen.[23] Eine Reihe weiterer Anfragen gilt unerklärlichen Phänomenen, prodigiösen Ereignissen, Götterepiphanien und Wundern, zu deren Einordnung Rat bei Apollon gesucht wird.

In ein anderes Feld führen Konsultationen, die das öffentliche Leben der Stadt außerhalb des Kultsystems berühren. Teilweise sind sie, wie die ›Pestorakel‹, den Krisenorakeln zuzuordnen: Bescheide, die in Situationen äußerer Bedrohung, etwa durch marodierende Banden oder überlegene politisch-militärische Mächte, eingeholt werden. Nur sehr ausschnitthaft läßt sich demgegenüber die Inanspruchnahme der Orakel zur Regelung innerer Konflikte fassen, etwa in einer Weisung im Zusammenhang mit der Fertigstellung des Theaters in Milet, wo aber bei der Deutung Fragen bleiben.[24]

Aber auch immer dann, wenn dem Orakel eine nicht offen konfliktuelle Angelegenheit zur Entscheidung vorgelegt wird, wie etwa im Fall der Klärung des Verfahrens der Priesternomination in Herakleia, wird *in nuce* Divination zur Konfliktschlichtung oder -vermeidung eingesetzt. Entweder konnte man in den politischen Gremien keine Entscheidung herbeiführen oder aber man versucht von vornherein, die Verantwortung für die beabsichtigte Intervention auf die göttliche Ebene zu verlagern. So war bereits vorbeugend symbolische Entlastung zu erhalten für den Fall, daß unabsehbare kontingente Folgen eintreten sollten, die angesichts des Eingriffs in die zwischen Menschen und Göttern bestehende Ordnung nicht ausgeschlossen werden konnten.

Es ist eine zweifache Strategie der Risikominimierung zu erkennen: Man war bemüht, über die Einbeziehung des Orakelgottes das Einverständnis der ereignismächtigen göttlichen Instanzen einzuholen, die dann das Gelingen des Vorhabens fördern würden. Zugleich verhinderte man eben dadurch schon im Vorfeld, daß bei eventuell doch sich ergebenden negativen ›Folgen‹ die Verantwortung innerhalb der Bürgergemeinde zu suchen war: Mit letzter Sicherheit ließ sich der Wille der Götter schließlich nicht ›lesen‹.

---

22 **Didyma 8**, behandelt Kap. 3.2.2, S. 401-408 mit Anm. 190-193.

23 Vgl. Kap. 3.2.6, S. 497-481 m. Anm. 356, zu **Didyma 10**, Erhebung der Didymeia zum Kranzagon; Kap. 3.2.2., Anm. 193f. 197, zum delphischen Orakel zugunsten der Leukophryena in Magnesia am Mäander (vgl. auch Kap. 2, Anm. 449a). In Kap. 3.2.6, Anm. 349 werden Asyliebestätigungen Delphis für Kulte besprochen, die fortan als πυθόχρηστοι galten. Diese Beispiele fallen sowohl unter die religiösen als auch unter die politischen Anlässe und zeigen dadurch beispielhaft das Ineinandergreifen beider Sphären in der institutionellen Wirklichkeit der antiken Gesellschaft.

24 **Didyma 19**, besprochen Kap. 3.2.5, S. 438 mit Anm. 277.

In die Gruppe der Fragen nach der politischen und kultischen Organisation gehören schließlich auch Orakelkonsultationen, die größere öffentliche Bauvorhaben, die Aufnahme neuer Mitglieder in den Bürgerverband oder die Regelung zwischenstaatlicher Beziehungen durch Gesandtschaften, Staatsverträge und gegenseitige Anerkennung von Rechten zum Gegenstand haben.[25]

In allen diesen Fällen wird Divination einbezogen, um durch die Überweisung der Verantwortung auf eine ›dritte Ebene‹ kollektive Handlungen gegen unerwünschte Folgen zu sichern. Der – wenn auch nur auf einen engen Ausschnitt begrenzte – Zugang zum göttlichen Wissen, der sich den zweifelnden und ratsuchenden menschlichen Akteuren in der Konsultation des orakelerteilenden Gottes bot, erlaubte ein zuversichtlicheres Herangehen an die nächsten Schritte im Leben der Gemeinschaft wie ihrer einzelnen Mitglieder. Da sich daran aber noch die Deutung und Verwirklichung durch die fehlbaren Menschen anschließen mußte (mochte der Gott auch Winke zum rechten Verständnis seiner Worte in der Botschaft mitgeben), blieb ein semantischer Freiraum, der nötigenfalls Platz zur Erklärung eines widrigen Fortgangs der Angelegenheit bot.

4.10 Historische Analyse und religionswissenschaftliche Methode: offene Fragen

Die Auswertung der besprochenen Zeugnisse bleibt unter Anwendung systematischer und analytischer religionswissenschaftlicher Methoden auf ihre Tauglichkeit zu überprüfen, historisch adäquate ›verstehende‹ Beschreibungen zu liefern. In der hier durchgeführten Untersuchung wurden in bewußt eklektischer Weise Anschlüsse an verschiedene Interpretationsmuster gesucht, die in der Regel für andere Phänomenbereiche sozialen Geschehens entwickelt und bisher vorwiegend auf andere Epochen und Gesellschaftsformen als die antiken Poliskulturen des Hellenismus und der Kaiserzeit angewandt worden sind.

Eine umfassende religionswissenschaftliche Aufarbeitung der antiken Orakelpraxis mit geeigneten sozialhistorischen Beschreibungs- und Analysemethoden ist noch zu leisten: Sie muß zur Entschlüsselung ihrer sozialen Pragmatik führen und zum Verständnis ihrer Orientierungsleistung für eine Gesellschaft, die zu den in ihren Heiligtümern sprechenden Göttern Zuflucht nahm. Beide Aspekte sollten sich im Ergebnis in ein allgemeineres Modell religiösen Handelns in den antiken Gesellschaften einfügen.

---

25 Vgl. **Didyma 13** zur Weiterführung der Bauarbeiten am Didymeion, **Didyma 18** zum Bau des Gymnasiums und eines Bades in Milet. Ansiedlung und Bürgerrechtsverleihung an kretische Söldner: **Didyma 5-7**, vgl. Kap. 3.2.2., S. 413-416. **Didyma 12** zur Isopolitie Milets mit Herakleia am Latmos, ebd. S. 409-413.

Die hier vorgelegte Studie ist eher als Vorarbeit dazu zu betrachten: Sie galt zunächst einer gründlichen Auseinandersetzung mit der komplexen Quellenlage. Unter dieser Prämisse wurde der Versuch einer ›dichten Beschreibung‹ eines Feldes der historischen Überlieferung unternommen, das durch ein reiches Spiel aufzudeckender Querbezüge gekennzeichnet ist. Dort, wo im Wirkungsbereich der Divination das Feld sozialer Bedeutung transparent wurde, war es möglich, Ansätze modellhafter Beschreibung in der Interpretation heranzuziehen.

Dabei scheint ein selektiver Umgang mit den Theorieangeboten der Sozialforschung durchaus legitim, ja sogar notwendig, sind sie doch jeweils an den Beschreibungsergebnissen zu messen, die damit am (stets ja nur in willkürlichen Ausschnitten vorhandenen) historischen Material zu erreichen sind: Die einzelnen Modelle erweisen sich dabei je nach Quellendossier durchaus in unterschiedlicher Weise als geeignet.

Die Hoffnung auf die *eine* umfassende Theorie, die auch nur im Hinblick auf die antike Polis den Bereich der Divinationspraxis vollständig in ein befriedigendes historisches Verständnis zu übersetzen imstande wäre, erscheint hingegen als eine utopische Erwartung. Als ›entfernte Beobachter‹ bleiben wir, ›auf der anderen Seite stehend‹, mit dem Problem konfrontiert, daß der fragmentierte, niemals den Zugriff auf ein lückenlos dokumentiertes Bezugssystem erlaubende Quellenbestand zur Divination auf viele (aus Sicht der religionswissenschaftlichen Systematik sinnvolle und nötige) Fragen auch in Zukunft keine sicheren Antworten erlauben wird.

Der skizzierte Weg einer methodengeleiteten religionswissenschaftlichen Analyse mag darum wie eine maximalistische und bloß idealtypische, kaum umsetzbare Forderung anmuten. Doch wird ein in seiner sozialen Codierung so vielschichtiges und dabei in den zugrundeliegenden Prämissen uns so fremdes, ja auch befremdendes Institut wie die antike Orakelpraxis, das die antike Wirklichkeit gleichwohl über viele Jahrhunderte hin tief geprägt hat, nur auf diesem Weg angemessen zu erfassen sein.

5 Anhang

5.1 Katalog der Orakeltexte aus Klaros und Didyma

Vorbemerkungen und Hinweise zur Benutzung
Die beiden Ortskataloge folgen in ihren ersten Teilen der Zählung von Merkelbach/Stauber bzw. Fontenrose, *Didyma*. Zu den damit verbundenen Konsequenzen (insbesondere der Abfolge der Einträge im didymäischen Corpus) vgl. die Einleitung, Kap. 1, Anm. 49, und die einführenden Hinweise zur Benutzung auf S. 17. Letztere erläutern auch die Zitierweise inschriftlicher Quellen, besonders in der Praxis der Nennung von Mehrfacheditionen und der Verwendung von Gleichheitszeichen.

Mit eigener Zählung und gekennzeichnet durch das Präfix App(endix) schließen sich Einträge an, die zusätzlich zu Merkelbach/Stauber bzw. Fontenrose aufgenommen worden sind. Es handelt sich dabei in der Regel entweder um erst nach dem Erscheinen dieser Arbeiten bekanntgewordene Texte oder um Bezeugungen von Orakelkonsultationen, bei denen Anfrage und/oder Wortlaut nicht überliefert sind und die darum keinen Eingang in die erwähnten Sammlungen gefunden haben.

Schließlich sind Bescheide aufgenommen, bei denen mit einiger Wahrscheinlichkeit davon auszugehen ist, daß sie an einem der beiden Heiligtümer erteilt worden sind, ohne daß dies zweifelsfrei belegt ist. Die Aufnahmekriterien für diese Teilgruppe wurden bewußt eher weit ausgelegt, während etwa Fontenrose umgekehrt verfährt und alle Zeugnisse, die nicht zweifelsfrei nach Didyma gehören, ausschließt. Die hier gewählte Vorgehensweise ist heuristisch begründet, da ein möglichst umfassendes Bild der Tradition die Voraussetzung für die Analyse kultureller Interpretamente und ihrer historischen Entwicklung darstellt. Namentlich für die literarisch überlieferten ›Theologischen Orakel‹ ist mit ihrer Aufnahme nicht in jedem Fall die Überzeugung verbunden, ein Text sei mit Sicherheit im genannten Heiligtum im Zuge einer Konsultation produziert worden und als »authentisch« anzusehen (zur Diskussion über den Quellenwert der ›Theologischen Orakel‹ vgl. Kap. 2, Anm. 634).

Beide Ortskataloge werden von einigen als Verw(eis) gekennzeichneten Einträgen beschlossen, bei denen es sich nicht um Orakelkonsultationen in einem der beiden Heiligtümer handelt, die jedoch in einem Zusammenhang mit der Geschichte der beiden Kulte stehen. Auf diese Texte wird in der Untersuchung Bezug genommen.

Die Lemmata sind folgendermaßen aufgebaut:

1. Sachtitel mit Nennung von Konsultanten und Gegenstand der Anfrage/des Orakelbescheids (sofern möglich).
2. Ed. = Edition(en) (bei Inschriften) bzw. Test. = Testimonium (bei literarischen Bezeugungen). Wird in einer inschriftlich belegten Konsultation auf das Orakel nur verwiesen, die Frage und/oder Antwort jedoch nicht im Wortlaut zitiert, oder ist nur die Konsultation als solche erwähnt, wird der Quelleneintrag ebenfalls mit »Test.« eingeleitet. Bei inschriftlichen Quellen wird nicht immer die Erstveröffentlichung genannt, sondern die tatsächlich in der Forschung verbreitete(n) Fundstelle(n).
3. Datierung der Konsultation (nicht der Quelle, wo abweichend); ggf. mit Angabe, welcher Forscher sie vertritt. Ist nur die Quelle datierbar, wird auf den sich daraus für die Orakelbefragung ergebenden *terminus ante quem* hingewiesen.
4. Wo vorhanden, die Nummer in den Katalogen von Robinson, *Theological oracles*; Somolinos, *Oraculos*; Busine, *Paroles*. (Bei Robinson und Somolinos wird die Zuordnung zu einem der beiden Heiligtümer nur verzeichnet, wenn sie von der hier vorgenommenen abweicht.) Der Hinweis »(--)« zeigt an, daß sich in keinem der drei Kataloge ein Eintrag findet.

5.1.1. Klaros

1-28: Zählung nach Merkelbach/Stauber

1 *Gründungsorakel für Neu-Smyrna*
Ed.: I.Mus.Leyden 62 = I.Smyrna (IK 24) 647 = SEG 18,495 (vgl. 26,1296) = SGO 05/01/01 = McCabe, Smyrna (PHI # 7) 280
Test.: Paus. 7,5,1-3
Dat.: 334 v. Chr. (?)
(= Robinson 1 = Somolinos 24)

2 *Pergamon fragt für Hilfe in einer Seuche an*
Ed.: I.Pergamon Bd. 2,239f. zu Nr. 324 = Kaibel 1035 = IGRom 4,360 = SGO 06/02/01
Dat.: 2. Jh. n. Chr.
(= Busine 8 = Robinson 16 = Somolinos 12)

3 *Hierapolis: Aufzeichnung der Orakel Apollons*
Ed.: Pugliese-Caratelli, Chresmoi 357 Nr. 2 a m. Abb. 4
Dat.: 2. Jh. n. Chr.
(= Busine 9 = Robinson 17)

4 *Hierapolis fragt in Klaros um Hilfe in einer Seuche an*
Ed.: Pugliese-Caratelli, Chresmoi 360 Nr. 2 b m. 358f. Abb. 5-11 = West, Apollo Kareios 184f. = SGO 02/12/01
Dat.: 2. Jh. n. Chr.
(= Busine 10 = Robinson 17 = Somolinos 11)

5 *Orakelfragment aus Hierapolis: Opfer und Festmahl (?), mantische Inspiration, Mahnungen, rituelle Zwangsmittel (?)*

Ed.: G. Pugliese-Caratelli (wie Klaros 3) 365 Nr. 3 a m. 366f. Abb. 12f. = West, ZPE 1 (1967) 186 = SGO 02/12/02
Dat.: 2. Jh. n. Chr.
(= Busine 11 = Robinson 17)

6 *Orakelfragment aus Hierapolis: Über die Stellung zu einem Rechtsentscheid der römischen Behörden?*

Ed.: G. Pugliese-Caratelli (wie Klaros 3) 369 Nr. 3 b 1-9 m. 366f. Abb. 12f. = West, ZPE 1 (1967) 186 = SGO 02/12/03
Dat.: 2. Jh. n. Chr.
(= Busine 12 = Somolinos 18)

7 *Orakelfragment aus Hierapolis: Anfrage wegen Dürre oder verseuchtem Wasser?*

Ed.: G. Pugliese-Caratelli (wie Klaros 3) 369 Nr. 3 b 10-26 m. 366 Abb. 12 und 368 Abb. 14 = West, ZPE 1 (1967) 187 = SGO 02/12/04
Dat.: 2. Jh. n. Chr.
(= Busine 13)

8 *›Pestorakel‹ für Kaisareia Troketta (mit Weihinschrift)*

Ed.: Buresch, Klaros 8-11 = J. Keil/A. Premerstein, Bericht über eine Reise in Lydien und der südlichen Aiolis, Denkschr. Kaiserl. Akad. d. Wiss. Wien 53,2, Wien 1908, 8-12 Nr. 16 m. Abb. 7 a-c = IGRom 4,1498 = SGO 04/01/01 (m. Abb. aus Keil-Premerstein)
Dat.: 2. Jh. n. Chr.
(= Busine 1 = Robinson 14 = Somolinos 9)

9 *›Pestorakel‹ für Kallipolis (mit Aufstellungsbeschluß)*

Ed.: CIG 2012 = H. Kiepert/I. Franz, Annali dell'Ist. Arch. di Roma 14 (1842) 136-138 Nr. 1 = Kaibel 1034 = J.H. Mordtmann, AthMitt 6 (1881) 260-264, h. 261 = Buresch 81f. = I.Sestos 11
Dat.: 2. Jh. n. Chr.
(= Busine 7 = Robinson 15 = Somolinos 10)

10 *Orakel für vier Phylen der Stadt Ulpia Anchialos am westlichen Pontos über die Aufstellung von Götterstatuen*

Ed.: IGRom 1,767 *[fehlerhaft]* = IGBulg 1^2, 370
Dat.: 2. Jh. n. Chr.
(= Busine 3 = Robinson 23 = Somolinos 21)

11 *›Pestorakel‹ für eine Stadt am Hermos*

Ed.: D. Knibbe, Ber. u. Mat. ÖAI 1 (1991) 14f. = Merkelbach, ZPE 88 (1991) 70-72 = D. Knibbe et al., JÖAI 62 (1993) 130-132 Nr. 25 = Alpers/Halfmann, Suppl. Ephesium (PHI # 7) 2102*1 = SEG 41,981 = SGO 03/02/01
Dat.: 2. Jh. n. Chr. (?)
(= Busine 14)

12 *Fragment: Aufstellung einer Statue der Hygieia in Vasada in Isaurien nach einem Orakel aus Klaros*

Ed.: H. Swoboda/J. Keil/F. Knoll, Denkmäler aus Lykaonien, Pamphylien und Isaurien:

Ergebnisse einer im Auftrag der Gesellschaft von Julius Jüthner u.a. durchgeführten Forschungsreise (Dt. Ges. d. Wissenschaften u. Künste f. d. Tschechoslowakische Republik in Prag), Brünn: Rohrer, 1935: 24 Nr. 35
Dat.: 2. Jh. n. Chr.
(= Busine 4 = Robinson 19 = Somolinos 14)

13 *Fragment: Orakel für Nikomedeia aus Anlaß einer Mißernte?*
Ed.: CIG 3769 = Kaibel 1036 = R. Merkelbach, Klarisches Orakel aus Nikomedeia, ZPE 18 (1975) 100 = W. Peek, Zu einem Orakel aus Bithynien, ZPE 21 (1976) 260 = TAM 4,1,92 = SEG 26,1347 = SGO 09/06/01
Dat.: 2. Jh. n. Chr.
(= Busine 18 = Robinson 13 = Somolinos 16)

14 *Orakel für Kios in Bithynien über Opferfest und Frauenprozession*
Ed.: A. Körte, AthMitt 24 (1899) 413-415 Nr. 13 = LSAM 6 = I.Kios (IK 29) 19 = SGO 09/01/01
Dat.: ca. 100 n. Chr.; noch 1. Jh. n. Chr.? (Körte)
(= Busine 19 = Somolinos 26 = Didyma B8 = Robinson, Didyma 30)

15 *Orakel für Syedra in Pamphylien gegen die Seeräubergefahr*
Ed.: G.E. Bean/T.B. Mitford, Journeys in Rough Cilicia in 1962 and 1963, Denkschr. ÖAW, Phil.-hist. Kl. 85 (1965) 21-23 Nr. 26 (m. Photo) = E. Maróti, AAntHung 16 (1968) 233-238= ders., Gymnasium 98 (1991) 177f. = SEG 41,1411 = SGO 18/19/01
Dat.: Mitte 1. Jh. v. Chr. – 2. H. 1. Jh. n. Chr.
(= Busine 21 = Robinson 22 = Somolinos 19)

16 *Orakel für Ikonion in Kilikien gegen Räubergefahr*
Ed.: R. Heberdey/A. Wilhelm, Reisen in Kilikien, Denkschr. d. Kaiserl. Akad. d. Wiss. Wien, Phil.-hist. Kl. 44,6 (1896) 161 Nr. 267 = SGO 14/07/01
Dat.: 1. Jh. v. Chr. (2. Jh. v. Chr.: Busine)
(= Busine 20 = Robinson 21 = Somolinos 20)

17 *Fragment eines Orakels für Laodikeia: Kulteinrichtung, Aufstellung eines Götterbildes?*
Ed.: Robert, Laodicée 336-338 Nr. 12 = I.Laodikeia (IK 49) 68 = SGO 02/14/01
Dat.: 2. Jh. n. Chr.
(= Busine 16 = Robinson 24 = Somolinos 27)

18 *Fragment eines Orakels für Odessos auf dem Grabepigramm des Führers einer Gesandtschaft der Stadt nach Klaros*
Ed.: IGBulg 1^2, 224 = Peek, GV 1145
Dat.: 2. Jh. n. Chr.
(= Busine 2 = Robinson 18 = Somolinos 13)

19 *Orakel für die Errichtung eines Privataltares für Apollon-Helios in Phrygien durch die Familie des Symmachos*
Ed.: A. Souter, ClassRev 11 (1897) 31 Nr. 4 = A. Petrie, Epitaphs in Phrygian Greek, in: [W. Ramsay (Hrsg.)], Studies in the history and art of the eastern provinces of the Roman Empire, Aberdeen Univ. Stud. 20, London 1906, 128 Nr. 10 = SGO 16/31/01
Dat: 2. Jh. n. Chr.
(= Busine 6 = Robinson 12 = Somolinos 17)

20 *Orakel für Demetrios, Priester des Gründerkults von Aizanoi in Phrygien*
Ed.: A. Körte, Inschriften aus Phrygien, AthMitt 25 (1900) 398-401 Nr. 1 = MAMA 9 (1988) 180 P 58 = SGO 16/23/01
Dat.: 2. Jh. n. Chr.
(= Busine 17 = Robinson 11 = Somolinos 7)

21 *Orakel für Ailios Aristeides über seine Krankheit und die Heilungsaussichten*
Test.: Ael. Arist. Or. 49 (Or. sacr. 3), 12 (p. 416,10-18 Keil)
Dat.: 147/48 n. Chr.
(= Busine 71 = Robinson 8 = Somolinos 6)

22 *Drei Orakel für Oinomaos von Gadara über den Weg zur Weisheit (?)*
Test.: Oenom. fr. 14-15 Hammerstaedt (= Eus. PE 5,22,1; 23;1; 23,3)
Dat.: Hadrianische Zeit
(= Busine 68/69/70 = Robinson 5/6/7 = Somolinos 3/4/5)

23 *Anfrage aus Antiochia über einen rätselhaften Toten im Flußbett des Orontes*
Test.: Paus. 8,29,3f.
Dat.: 1./2. Jh. n. Chr. (»unter Tiberius«: Frazer; »unter Lucius Verus«: Buresch)
(= Busine 66 = Robinson 10 = Somolinos 29)

24 *Weihinschriften »für alle Götter und Göttinnen« auf Geheiß eines klarischen Orakels in römischen Heerlagern im Westen sowie in Pisidien*
Ed.:
(1) Vercovicium/Borcovicium (Hadrianswall): CIL 7,633 = ILS 3230 = R.G. Collingwood/R.P. Wright, The Roman inscriptions of Britain 1579 (= Busine 55 = Robinson 28 = Somolinos 23 b)
(2) Corinium (Dalmatien): CIL 3,2880 = ILS 3230a (= Busine 54 = Robinson 26 = Somolinos 23 a)
(3) bei Cuicul (Numidien/Mauretanien): CIL 8,8351 = ILS 3230b (= Busine 56 = Robinson 27 = Somolinos 23 c)
(4) Volubilis (Mauretanien): Inscr. antiques du Maroc 2,344 = SEG 26,1290= AnnÉp 1976, 782 (= Busine 57 = Robinson 29 = Somolinos 23 e)
(5) Banasa (Mauretanien): Inscr. antiques du Maroc 2,84 (= Busine 58 = Robinson 30 = Somolinos 23 f)
(6) Nora (Sardinien): AnnÉp 1929, 156 = G. Sotgiu, Iscr. latine della Sardegna 42 (= Busine 53 = Robinson 25 = Somolinos 23 d)
(7) Gabii (Latium): AnnÉp 1986, 119 (= Busine 59)
(8) Marruvium (Latium): AnnÉp 1991, 564 (= Busine 60)
(9) La Corogna (Spanien): G. Pereira Menaut, Corpus de inscripcións romanas de Galicia 1,60 = AnnÉp 1990, 545 (= Busine 61)
(10) Cosa: AnnÉp 1991, 669 (= Busine 62)
(11) Melli (Kocaaliler) in Pisidien: St. Mitchell, AnatSt 53 (2003) 151-153 Nr. 13 (= Busine 63) (einziger Text in griechischer Sprache)
Dat.: 2. Jh. n. Chr.

25 *Henotheistisches Orakel über das Wesen Gottes auf einem Altar in Oinoanda*
Ed.: G. Bean, Journeys in Northern Lycia 1965-1967, Denkschr. ÖAW, Phil.-hist. Kl. 104 (1971) 20-22 Nr. 37 = SEG 27,933 = A.S. Hall, ZPE 32 (1978) 263-268 = SGO 17/06/01
Dat.: Ende d. 2. Jh. n. Chr.?
(= Busine 15 = Robinson 31 A = Somolinos 31 a)

26 *Orakel für Theophilos über das Wesen Gottes*
Test.: Theos. 13 Erbse = 1,2 Beatrice
Dat.: Ende d. 2. Jh. n. Chr.?
(= Busine 85 = Robinson 31 B = Somolinos 31 c)

27 *Orakel über das Wesen Gottes bei Laktanz*
Test.: Lact. Div.Instt. 1,7,1
Dat.: Ende d. 2. Jh. n. Chr.? (term. ante q. 303-313: Abfassung Lact. Div. Instt.)
(= Busine 80 = Robinson 31 C = Somolinos 31 b)

28 *Henotheistisches Orakel: Die vielen Namen des einen Gottes – sein wahrer Name ist geheim*
Test.: Cornelius Labeo fr. 18 Mastandrea (aus der Schrift *De oraculo Apollinis Clarii*) ap. Macr. Sat. 1,18,18-21
Dat.: 2./3. Jh. n. Chr. (Lebenszeit des Labeo unklar, s. P. Mastandrea, Un neoplatonico latino: Cornelio Labeone, EPRO 77, Leiden 1979, 159-169)
(= Busine 111 = Robinson 32 = Somolinos 30)

App1 *Berufung des Chresmologos Menophilos aus Smyrna als* ὑποφήτης *des klarischen Orakels*
Ed.: J. u. L. Robert, BCH 116 (1992) 279-291 = SEG 42,1065
Dat.: 2. H. 2. Jh. v.Chr.
(= Somolinos 1)

App2 *Konsultation des Germanicus in Klaros*
Test.: Tac. Ann. 2,54,2-4
Dat.: 18 n. Chr.
(= Busine 64 = Robinson 2 = Somolinos 2)

App3 *Orakel über die Eheschließung des Kaisers Claudius mit Lollia?*
Test.: Tac. Ann. 12,22,1
Dat.: 49 n. Chr.
(= Busine 65 = Robinson 3)

App4 *Mehrere Versorakel für Apollonios von Tyana über seine Weisheit*
Test.: Philostr. V. Apollon. 4,1
Dat.: ca. 60 n. Chr. (wenn authent.)
(= Busine 67 = Robinson 4 = Somolinos 25; siehe auch: Didyma 44 = Robinson, Didyma 31 = Somolinos, Didyma 80)

App5 *Konsultationen durch Ephesos und Smyrna nach wiederholten Erdbeben*
Test.: Ael. Arist. 49 (Or.sacr. 3), 38 Keil
Dat.: 149 n. Chr.
(= Robinson 9 = Somolinos 8)

App6 *Orakel, das die Amtsführung der Claudia Prisca, Priesterin der Artemis Lochia und des Kaiserkults in Stobi/Makedonien, bestätigt (?)*
Test.: N. Vulic, Srpska kraljevska Akademija, Spomenik 71 (1931) 239 Nr. 637 = Ch. Picard, D'Ephèse à la Gaule et de Stobi (Macédoine) à Claros, REG 70 (1957) 109-117 = SEG 17,319 = Wiseman, Plague 152-155. (Die Inschr. wird in IG 10,2,2,2 publiziert.)
Dat.: 2. Jh. n. Chr.
(= Busine 5 = Robinson 20 = Somolinos 22)

App6a *Orakel für Naxos über die Errichtung einer Statue des Bogenschützen Apollon*
Test.: IG 12,5,44
Dat.: 2. Jh. n. Chr.
(= Somolinos 15)

App7 *Errichtung eines Altars für den Theos Hypsistos in Amastris (Paphlagonien) auf ein Orakel des Apollon von Klaros (?) hin*
Ed.: Chr. Marek, Der höchste, beste, größte, allmächtige Gott: Inschriften aus Nordkleinasien, EpigrAnat 32 (2000) 129-146, h. 135-137 Nr. 2 = SEG 50,1225 = SGO 10/03/01
Dat.: 2./3. Jh. n. Chr.? (ohne Dat. bei Marek)
(--)

App8 *Errichtung eines Altars für Apollon Agyeus in Tomis auf Weisung eines Orakels des Apollon von Klaros (?)*
Test.: I.Tomis (I. Stoian, Inscr. Scythiae Minoris Graecae et Latinae 2,2 = Inscr. Daciae et Scythiae Minoris antiquae 2,2,2, Bukarest 1987) 116
Dat.: 166-169 n. Chr.
(= Somolinos 28)

App9 *Orakel für die Nikäer: Der pythische Apollon schweigt, wünscht aber weiterhin Opfer*
Test.: Porph. Philos. ex orac. 322 F 15-20 Smith (= Eus. PE 5,15,6-16,1)
Dat.: 2./3. Jh. n. Chr.? term. ante q. Abfassung Porph. Philos. ex orac.; [2. Hälfte] 1. Jh. n. Chr.: Buresch
(= Busine 113 = Robinson 35 = Didyma 48 = PW 475)

App10 *Die Struktur des Pantheons und wie man den einzelnen Götterklassen opfern soll*
Test.: Porph. Philos. ex orac. 314-315 F Smith (= Eus. PE 4,8,5-4,9,7)
Dat.: 2./3. Jh. n. Chr.; term. ante q. Abfassung Porph. ex orac.
(= Busine 112 = Robinson 33)

App11 *Henotheistisches Orakel: Apollon-Helios-Horos-Osiris als höchster Gott, der den Elementen befiehlt*
Test.: Eus. PE 3,15,3; Ioh. Lyd. Mens. 2,5
Dat.: 2./3. Jh. n. Chr. (?)
(= Busine 131 = Robinson 34)

App12 *Fiktives Orakel für die Liebenden Anthia und Habrokomes, von ihren Vätern eingeholt über ihre rätselhafte Krankheit*
Test.: Xen. Ephes. 1,6,2
Dat.: fiktiv (Xen. Ephes.: 2./3. Jh. n. Chr.)
(= Busine 138 = Robinson 36 = Somolinos 32)

App13 *Theologisches Orakel: Gott als unvergängliches ätherisches Feuer, das alles schafft und alles wieder vergehen läßt*
Test.: Theos. 15 Erbse = 1,4 Beatrice
Dat.: 2./3. Jh. n. Chr.?
(= Busine 86 = Robinson 37)

App14 *Theologisches Orakel über das den Menschen verborgene Wesen Gottes*
Test.: Theos. 21 Erbse = 1,18 Beatrice
Dat.: 2./3. Jh. n. Chr.?
(= Busine 90 = Robinson 38)

App15 *Theologisches Orakel: Alle Dinge hängen von Gott, der höchsten Macht, ab; zu diesem Herrscher müssen alle beten*
Test.: Theos. 35 Erbse = 1,32 Beatrice; V. 1-4: [Didymus] Trin. 3,21 (PG 39,913)
Dat.: 2./3. Jh. n. Chr.?
(= Busine 99 = Robinson 39)

App16 *Henotheistisches Orakel: Der eine Gott Zeus, Lebensspender und Allerzeuger, hat den Kosmos und seine Ordnung eingerichtet*
Test.: Theos. 38 Erbse = 1,35 Beatrice
Dat.: 2./3. Jh. n. Chr.? (Robinson)
(= Busine 102 = Didyma App33 = Robinson, Didyma 88)

App17 *Gott nahegekommen sind bloß Hermes Trismegistos, Moses und Apollonios von Tyana: Die übrigen Menschen vermögen Gottes kaum je ansichtig zu werden*
Test.: Theos. 44 Erbse = 1,40 Beatrice
Dat.: 2./3. Jh. n. Chr.? (Robinson)
(= Busine 107 = Didyma App38 = Robinson, Didyma 93)

Verw1 *Ehrendekrete Kolophons für die Euergeten Polemaios und Menippos*
Ed.: Robert, Claros 1 = SEG 39,1243+1244
Dat.: 130-110 v. Chr. (Polemaios) bzw. vor 120/119 v. Chr. (Menippos)
(--)

Verw2 *Grabepigramm für den Priester des klarischen Apollon Gorgos, der eine Anthologie der klarischen Versorakel zusammengestellt hat*
Ed.: C. Schuchhardt, AthMitt 11 (1886) 426-428 Nr. 8 = FGrHist 17 T 1 = Peek, GV 764 = Peek, Grabgedichte 134 = Chaniotis, Historiker 310f. E19 = McCabe, Notion (PHI # 7) 19 = SGO 03/05/02
Dat.: 1. Jh. v. Chr.
(--)

Verw3 *Orakel des Ammon für die Vereinigung seiner Kultanhänger in Kyzikos (Mysien) aus Anlaß einer Notlage oder Bedrohung (?): Sie sollen ihn mit Hymnen und Weihrauchopfern ehren und Chöre nach Klaros schicken*
Ed.: R. Merkelbach/E. Schwertheim, EpigrAnat 2 (1983) 147-154 = SEG 33,1056 = SGO 08/01/01 = Barth/Stauber, Mysien-Troas (PHI #7) 1713
Dat.: 123-132 n. Chr.
(--)

Verw4 *Versorakel des Apollon (Pythios? Patroos?) von Oinoanda über Hilfe durch Asklepios (›Pestorakel‹?)*
Ed.: N. P. Milner, Notes and inscriptions on the cult of Apollo at Oinoanda, AnatSt 50 (2000) 139-149, h. 141 Nr. 1 = SEG 50,1354 bis
Dat.: vor 30 v. Chr., vielleicht sogar 150-100 v. Chr.? (Milner)
(--)

5.1.2 Didyma

1-61, A1-A10, B1-B8: Zählung nach Fontenrose, Didyma

1 *Unklarer Gegenstand; der Gott rät ab; Bezug auf ein anderes Orakel, das in der Nacht zuvor erteilt worden ist; Aufforderung zum Gehorsam*
Ed.: I.Milet 178 (Milet 1,3,397f.) = McCabe, Milet (PHI # 7) 541
Dat.: Anfang 6. Jh. v. Chr. (?)
(= Robinson 1 = Somolinos 1)

2 *Unklarer Gegenstand: Seeräuberei? Antwort: Wahrung der Tradition der Väter*
Ed.: I.Didyma 11 = McCabe, Didyma (PHI # 7) 647
Dat.: Anfang 6. Jh. v. Chr.
(= Robinson 2 = Somolinos 2)

3 *Kultvorschriften für Herakles-Heiligtum: Frauen sollen nicht eintreten; es darf kein Gemüse verzehrt werden*
Ed.: I.Milet 132a (Milet 1,3,276f.) = LSAM 42 A = McCabe, Milet (PHI # 7) 1
Dat.: Ende 6. Jh. v. Chr.?
(= Robinson 5 = Somolinos 3)

4 *Günstige Orakel für Alexander: seine göttliche Abkunft, der bevorstehende Sieg über die Perser, Umsturz in Sparta*
Test.: Callisth. FGrHist 124 F 14a (= Strab. 17,1,43 p. 814 Casaubon)
Dat.: 331 v. Chr.
(= Robinson 9 = Somolinos 75)

5 *Aufnahme von Neubürgern aus den kretischen Städten Dreros und Milatos in Milet: Der Gott antwortet, daß die Gesandtschaft positiv beschieden und ihnen Land angewiesen werden soll*
Ed.: I.Milet 33 f6–g4 (Milet 1,3,177f.) = SGO 01/19/03 = McCabe, Milet (PHI # 7) 54
Dat.: 234/33 v. Chr.
(= Robinson 16 = Somolinos 6/7)

6 *Aufnahme von kretischen Neubürgern in Milet (Antwort stark fragmentiert)*
Ed.: I.Milet 33 g 5-12 (Milet 1,3,178) = SGO 01/19/04 = McCabe, Milet (PHI # 7) 54
Dat.: 234/33 v. Chr.
(= Robinson 17 = Somolinos 8)

7 *Aufnahme von kretischen Neubürgern in Milet (Antwort nicht erhalten)*
Ed.: I.Milet 36 a 35-40 (Milet 1,3,182) (vgl. ebd. 37 b 32ff. [= Milet 1,3,183]) = McCabe, Milet (PHI # 7) 55
Dat.: 229/28 v. Chr.
(= Robinson 18 = Somolinos 9)

8 *Reform der Kollekten für den Kult der Artemis Bulephoros Skiris in Milet durch den Verein der Skiridai*
Ed.: I.Milet 1225 (Milet 6,3,143f.) = LSAM 47 = McCabe, Didyma (PHI # 7) 9
Dat.: vor 234/233 v. Chr. (?)
(= Robinson 19 = Somolinos 5)

9 *Orakel für die Stadt Iasos in einer innenpolitischen Krise: Die Bürger sollen sich selbst in Eintracht regieren*

Test.: GIBM 3,442,1-10 = Michel, Recueil 467,1-9 = OGIS 237,1-9 = I.Iasos 4,51-59
Dat.: nach 196 v. Chr. (Somolinos)
(= Robinson 20 = Somolinos 11)

10 *Die milesischen Didymeia sollen zu einem panhellenischen Kranzagon erhoben werden*

Test.: R. Herzog, Sitz.-Ber. Preuß. Akad. d. Wiss. Berlin 1905, 979-993 = Syll.[3] 590 = P.J. Rhodes/D.M. Lewis, The decrees of the Greek states, Oxford 1997, 376 = I.Milet 1052 (Milet 6,3,31f.)
Dat.: ca. 210 v. Chr.
(= Robinson 21 = Somolinos 10)

11 *Unverletzlichkeit und Asylie für Teos*

Test.: I.Cret. 1,19,2 = SGDI 5184, 5-9
Dat.: 201 v. Chr.
(= Robinson 22 = Somolinos 13 = Fontenrose H 46 = PW 348)

12 *Isopolitie Milets mit Herakleia am Latmos*

Test.: I.Milet 150 (Milet 1,3,357f.) = Syll.[3] 633 = McCabe, Milet (PHI # 7) 39, 10-25
Dat.: zw. 185/84 und 180/79 v. Chr. (vgl. Milet 6,1,185f.)
(= Robinson 24 = Somolinos 12)

13 *Zwei Orakel über die Vollendung des Tempelbaus für Apollon Didymeus*

Test.: I.Didyma 46+47 = SEG 4,452 = McCabe, Didyma (PHI # 7) 115+113
Dat.: nach 130 v. Chr. (Rehm); ca. 100 v. Chr. (Somolinos)
(= Somolinos 17/18) (bei Fontenrose nur I.Didyma 47 als 13; zwei identische Anfragen in unterschiedlichen Jahren: Somolinos, Oraculos 262f.)

14 *Orakel für Andronikos, Schatzmeister und Tempelbaumeister des Didymeion: Kult für Poseidon Asphaleos nach Erdbeben oder Überschwemmungen (?)*

Ed.: I.Didyma 132 = SGO 01/19/02 = McCabe, Didyma (PHI # 7) 570
Dat.: Ende 2. Jh. v. Chr.
(= Robinson 25 = Somolinos 16)

15 *Weihung der Familie des Lochos für Apollon Delios, Hauptgott von Kalymna, auf Geheiß des Apollon Didymeus*

Test.: I.Cos 60 = SGDI 3597 = TitCalym 28 = Iscr. di Cos EV 232
Dat.: ca. 100 v. Chr. (Fontenrose nach Paton-Hicks), 1. Jh. v./1. Jh. n. Chr. (Segre)
(= Robinson 26 = Somolinos 20)

16 *Orakel für das bithynische Königshaus und Orakel für einen Dichter, der beim König von Bithynien, Nikomedes III. (?), Audienz erhalten will*

Test.: [Scymnus], Perihegesis 50-64 (Müller, Corp. Geogr. Min. 1,197 = Marcotte, Géographes grecs 1,106 [Coll. Budé])
Dat.: 127-94 v. Chr.?
(= Robinson 27 = Somolinos 14/15)

17 *Apollon ernennt die Prophetin Tryphosa*

Test.: W. Günther, IstMitt 30 (1980) 170-176 = SEG 30,1286 = McCabe, Didyma (PHI # 7) 450

Dat.: 1. Jh. n. Chr. (Günther); um die Zeitenwende (Somolinos)
(= Robinson 36 = Somolinos 21)

18 *Bau eines Gymnasions mit Altar (?) unter freiem Himmel und eines Bades*
Ed.: I.Milet 345 (Milet 1,9,173 = 6,1,121), 9-13 = SGO 01/20/05
Dat.: ca. 100 n. Chr.
(= Busine 44 = Robinson 34 = Somolinos 25)

19 *Unklarheiten bei den Handwerkern am Bau des Theaters von Milet über den Fortgang der Arbeiten (sog. »Oikodomoi-Inschrift«)*
Ed.: Th. Wiegand, 3. Bericht ... Ausgrabungen Milet, Sitz.-Ber. Preuß. Akad. d. Wiss. Berlin 1904, 83f. = JDAI 19 (1904) ArchAnz 8 = SEG 4,439 = Pleket, Epigraphica 1,20 = I.Milet 935 (Milet 6,2,121f.) = SGO 01/20/01 = McCabe, Milet (PHI # 7) 479 = M.C. Hellmann, Choix d'inscriptions architecturales grecques, Paris 1999, Nr. 47
Dat.: 120 n. Chr. (Busine, Fontenrose); »unter Trajan oder Hadrian« (Wiegand); Ende 2. oder Anfang 3. Jh. n. Chr. (Herrmann)
(= Busine 45 = Robinson 35 = Somolinos 27)

20 *Ermutigung für den Tierdompteur Appheion-Heronas aus Alexandria*
Ed.: I.Milet 205a (Milet 1,7,301f. = 6,1,33f.) = SGO 01/20/02 = Vidman, SIRIS 286a = Totti, Isis und Sarapis Nr. 59 = McCabe, Milet (PHI # 7) 482
Dat.: hadrianische Zeit (Rehm); ca. 130 n. Chr. (Fontenrose)
(= Busine 42 = Robinson 36 = Somolinos 29)

21 *Karpos fragt, ob er sein Votum gegenüber Sarapis erfüllen soll*
Ed.: I.Milet 205b (Milet 1,7,302f. = 6,1,34f.) = SGO 01/20/04 = Vidman, SIRIS 286b = Totti, Isis und Sarapis Nr. 59 = McCabe, Milet (PHI # 7) 483
Dat.: ca. 130 n. Chr. (Fontenrose); »Schrift zieml. gleichartig m. 205a« Rehm (s. zu 20)
(= Busine 43 = Robinson 37 = Somolinos 30)

22 *Alexandra, die Priesterin der Demeter Thesmophoros, beunruhigt sich wegen ausbleibender (?) Götterepiphanien während ihrer Amtszeit*
Ed.: I.Didyma 496 A = Pleket, Epigraphica 2,53 = Guarducci, Epigrafia greca 4,97f. = SGO 01/19/05 = McCabe, Milet (PHI # 7) 481
Dat.: 2. (3.?) Jh. n. Chr.
(= Busine 29 = Robinson 41 = Somolinos 34)

23 *Zweites Orakel für die Demeter-Priesterin Alexandra (?): Demeter ist die Kulturbringerin, die Milesier sollen sie in ihrem Mysterienkult besonders verehren*
Ed.: I.Didyma 496 B = Pleket, Epigraphica 2,53 = Peek, Milesische Versinschriften 207-209 Nr. 8 = SGO 01/19/05 = McCabe, Didyma (PHI # 7) 481
Dat.: 2. (3.?) Jh. n. Chr.
(= Busine 30 = Robinson 42 = Somolinos 35)

24 *Doppelorakel für eine Frau über Kult für Hera*
Ed.: I.Didyma 501 = I.Magnesia 228 = SGO 01/19/09 = McCabe, Didyma (PHI # 7) 573
Dat.: 2. Jh. n. Chr. (Busine); Ende 2. Jh. n. Chr. (Kern)
(= Busine 46 = Robinson 48 = Somolinos 40/41 = PW 467 = Fontenrose H 67)

25 *Die milesische Patrizierin und Augustalin Satornila wird zur Athena-Priesterin bestimmt, obwohl sie verheiratet ist*
Ed.: P. Herrmann, Chiron 1 (1971) 291-298 = SGO 01/20/03 = McCabe, Milet (PHI #

7) 484 = I.Milet 1142 (Milet 6,3,94f.)
Dat.: nach 212 Chr. (Herrmann; nicht haltbar Fontenrose: »2. Jh. n. Chr. [?]«)
(= Busine 47 = Robinson 51 = Somolinos 45)

26 *Dedikation für Zeus Hypsistos durch Hermias nach einem Orakel*
Test.: I.Didyma 129 = McCabe, Didyma (PHI # 7) 206
Dat.: 3. Jh. n. Chr.? »Spät« (Rehm)
(= Busine 31 = Robinson 79 = Somolinos 63)

27 *Hermias fragt, ob er den Tyche-Altar in den* περιβωμισμός *versetzen soll, da er an seinem jetzigen Standort von Häusern umstellt und nicht gut zu sehen ist*
Ed.: W. Günther, IstMitt 21 (1971) 97-108 Nr. 1 = Guarducci, Epigrafia greca 4,94-97 = SGO 01/19/06 = McCabe, Didyma (PHI # 7) 577 a
Dat.: ca. 200 n. Chr.
(= Busine 32 = Robinson 68 = Somolinos 68)

28 *Orakel für den Tamias Hermias über Kalenderreformen (?)*
Ed.: I.Didyma 499 = SGO 01/19/07 = McCabe, Didyma (PHI # 7) 575
Dat.: frühes 3. Jh. n. Chr. (Fontenrose); »spätere Kaiserzeit« (Rehm)
(= Busine 33 = Robinson 67 = Somolinos 61)

29 *Doppelorakel für den Propheten Titus Flavius Ulpianus über die Einrichtung eines Kultes und die Aufstellung von Altären*
Ed.: I.Didyma 277 = SGO 01/19/10 = McCabe, Didyma (PHI # 7) 579
Dat.: ca. 250 n. Chr. (Merkelbach/Stauber); 220-250 n. Chr. (Robinson)
(= Busine 26 = Robinson 56 = Somolinos 59/60)

30/31 *Doppelorakel für den Propheten Damianos über Errichtung eines Altars für Kore Soteira im* περιβωμισμός *Apollons und die richtige Epiklese der Göttin*
Ed.: I.Didyma 504 = SEG 28,852 = SGO 01/19/08 = McCabe, Didyma (PHI # 7) 581
Dat.: 285-305 n. Chr. (Fontenrose); um 300 n. Chr. (Merkelbach/Stauber)
(= Busine 34/35 = Robinson 71/72 = Somolinos 66/67)

32 *Weihung eines Altars für Poseidon auf Geheiß des Apollon von Didyma*
Test.: I.Milet 191 (Milet 1,6,107 = Milet 6,1,12) = SEG 1,427 = McCabe, Milet (PHI # 7) 292
Dat.: Ende 2. oder Beginn 3. Jh. n. Chr.; »Julianische Zeit« (Rehm, Milet 1,6); ca. 300 n. Chr. (Fontenrose); Ende 3. Jh. n. Chr. (Busine, Robinson); 3./4. Jh. n. Chr. (Ehrhardt, Milet 6,3,184)
(= Busine 41 = Robinson 73 = Somolinos 69)

33 *Diokletian läßt anfragen, ob er die Verfolgung der Christen veranlassen soll; Apollon stimmt zu und erklärt zugleich, daß das Vorhandensein der Christen wahre Prophezeiungen des Orakels behindert*
Test.: Lact. Mort. persec. 11,7f.; Eus. V. Const. 2,50
Dat.: 303 n. Chr.; 299/303 n. Chr. (Busine);
(= Busine 76/77 = Robinson 80 = Somolinos 70; Busine 76: Zuweisung an das Apollon-Heiligtum von Daphne bei Antiochia, vgl. dies., Paroles 229f.)

34 *Orakel über die Gründung von Kyzikos an die Milesier; Zusage der Wohlfahrt an die Kolonie, deren Gründung Apollon Didymeus als Archeget anführt*
Test.: Ael. Arist. Or. 27,5 Keil

Dat.: ca. 675 v. Chr. (Test.: 161 n. Chr.)
(= Robinson 45 = PW 522)

35 *Orakel für Kyzikos: Aufstellung eines heiligen Steins im Athena-Heiligtum*
Test.: Apoll. Rh. 1,955-960 m. Σ ad 959
Dat.: 675-650 v. Chr.?
(= Robinson 15 = PW 400)

36 *Orakel für die oligarchische Partei Milets über beunruhigende Vorzeichen, die nach der Niederwerfung eines Aufstandes auftraten, und das darauffolgende lange Schweigen Apollons gegenüber den Herrschenden in Milet*
Test.: Heracl. Pont. fr. 50 Wehrli² (ap. Athen. 12, 523 F –524 B)
Dat.: 1. H. d. 6. Jh. v. Chr. (Fontenrose, der das Orakel aber für nicht authentisch hält); ca. 450 v. Chr. (Parke/Wormell)
(= Robinson 8 = Somolinos 90 = PW 130)

37 *Der Orakeltest des Kroisos*
Test.: Hdt. 1,46,2-48,1
Dat.: ca. 550 v. Chr.
(= Robinson 3 = Somolinos 92 = Fontenrose Q 99 = PW 52)

38/39 *Orakelsequenz für die Kymäer zur Auslieferung des Paktyes an die Perser*
Test.: Hdt. 1,158,1-159,4
Dat.: 545 v. Chr.
(= Robinson 4 = Somolinos 93)

40 *Orakel für die Karier auf die Frage, ob sie sich mit den Milesiern zur Abwehr der Perser verbünden sollen*
Test.: Zenob. 5,80 (Corp. Paroem. Gr. 1,1,152) (vgl. Demon FGrHist 327 F 16 ap. Σ vet. Aristoph. Plut. 1002; Aristoph. Plut. 1075 mit Σ; Prov. Bodl. 776; Diod. 10,25,2; Suid. H 572)
Dat.: ca. 500 v. Chr.
(= Robinson 7 = Somolinos 91)

41 *Orakel für Seleukos auf die Frage, ob er nach Europa zurückkehren soll*
Test.: App. Syr. 56, 283; 63, 331
Dat.: 334–331 v. Chr.
(= Robinson 10 = Somolinos 76)

42 *Orakel für Seleukos über den Zeitpunkt seines Todes*
Test.: App. Syr. 63, 332
Dat.: 334 v. Chr. bzw. vor 300 v. Chr.
(= Robinson 11 = Somolinos 76)

43 *Herrschaftsvorhersagen für Seleukos, Auftrag zur Gründung des Heiligtums in Daphne*
Test.: Diod. 19,90,4; Lib. Or. 11,99
Dat.: 334 v. Chr.
(= Robinson 12 = Somolinos 77/78)

44 *Mehrere Versorakel für Apollonios von Tyana über seine Weisheit*
Test.: Philostr. V. Apollon. 4,1
Dat.: ca. 60 n. Chr.

(= Busine 67 = Robinson 31 = Somolinos 80; siehe auch: Klaros App4 = Robinson, Claros 4 = Somolinos, Claros 25)

45 *Neun tote Waldarbeiter nach einer Epiphanie des Pan, entrückt von Artemis*
Test.: Porph. Philos. ex orac. 307 F Smith (= Eus. PE 5,6,1f.)
Dat.: 2./3. Jh. n. Chr., term. ante q. Abfassung Porph. Philos. ex orac.
(= Busine 73 = Robinson 60 = Somolinos 49)

46 *Auf die Frage eines Konsultanten, ob er einen geforderten Eid schwören soll, antwortet Apollon mit einem Theologischen Orakel über die Provinzen der Göttinnen Rhea, Athene, Artemis, Hera, Deo-Demeter und Isis*
Test.: Porph. Philos. ex orac. 309 F Smith (vgl. Eus. PE 5,7,4f.)
Dat.: 2./3. Jh. n. Chr., term. ante q. Abfassung Porph. Philos. ex orac.
(= Busine 74 = Robinson 61 = Somolinos 51)

47 *Die letzten noch tätigen Orakel, Delphi, Didyma und Klaros*
Test.: Porph. Philos. ex orac. 322 F 1-14 Smith (= Eus. PE 5,16)
Dat.: vor Mitte 3. Jh. n. Chr. (term. ante q. Abfassung Porph. Philos. ex orac.); »1. o. 2. Jh. n. Chr.« (Buresch)
(= Busine 122 = Somolinos 82 = Robinson, Klaros 35)

48 *Orakel für die Nikäer: Der pythische Apollon schweigt, wünscht aber weiterhin Opfer*
Test.: Porph. Philos. ex orac. 322 F 15-20 Smith (= Eus. PE 5,16)
Dat.: vor Mitte 3. Jh. n. Chr. (term. ante q. Abfassung Porph. Philos. ex orac.); [2. Hälfte] 1. Jh. n. Chr.: Buresch
(= Busine 113 = Somolinos 83 = Klaros App9 = Robinson, Klaros 35 = PW 475)

49 *Die Natur Christi*
Test.: Lact. Div.Instt. 4,13,11
Dat.: term. ante q. 303-313 (Abfassung Lact. Div. Instt.)
(= Busine 78 = Robinson 64 = Somolinos 85)

50 *Orakel für Polites: Schicksal der Seele nach dem Tode*
Test.: Lact. Div.Instt. 7,13,5f. = Theos. 37 Erbse (= 1,34 Beatrice)
Dat.: term. ante q. 303-313 (Abfassung Lact. Div. Instt.)
(= Busine 79/101 = Robinson 65 = Somolinos 87)

51 *Der eine oberste Gott, den die Juden verehren*
Test.: Porph. Philos. ex orac. 344 F Smith (= August. Civ. Dei 19,23; Lact. Ira Dei 23)
Dat.: 2./3. Jh. n. Chr.; term. ante q. Abfassung Porph. Philos. ex orac.
(= Busine 75 = Robinson 62 = Somolinos 86)

52 *Die Priester der Götter sind zu ehren; denen, die sich an ihnen vergehen, steht ein schlimmes Ende bevor*
Test.: Iul. Epist. 88 Bidez, 451 AB ≈ 89 b Bidez, 297 CD
Dat.: vor 362 n. Chr. (Abfassung der Julian-Briefe in Antiochia)
(= Busine 81 = Robinson 77 = Somolinos 71)

53 *Apollon schützt seine Kultdiener*
Test.: Iul. Epist. 89 b Bidez, 298 A
Dat.: vor 362 n. Chr. (s. zu 52)
(= Robinson 78 = Somolinos 72)

54 *Apollons Orakeldichtung und Homer*
Test.: Synes. Dio 15, 59 B
Dat.: ? (Synesios: Ende 4. Jh. n. Chr.)
(= Somolinos 95)

55 *Orakel für Licinius über seine Niederlage im Krieg mit Konstantin*
Test.: Sozom. Hist. eccl. 1,7,3; Cassiod. Hist. eccl. 1,8
Dat.: 323/24 n. Chr.
(= Busine 83 = Robinson 81 = Somolinos 94)

56 *Orakel für Julian: Er wird im Kampf gegen die Perser siegreich sein*
Test.: Theodor. Hist. eccl. 3,21,1-2
Dat.: 362/63 n. Chr.
(= Somolinos 89)

57 *Orakel für Lyrkos, Sohn des Phoroneus, über seine Nachkommenschaft*
Test.: Parthen. Narr. amat. 1,2 (Martini, Mythogr. Graeci 2,1 Suppl. 43)
Dat.: fiktiv (Parthenios: 1. Jh. v. Chr.)
(= Robinson 15 = Somolinos 97)

58 *Schiffbruch durch Auftauchen eines Tritonen, Sohn Poseidons*
Test.: Ael. Nat. anim. 13,21
Dat.: ? (Aelian: spätes 2. Jh. n. Chr.)
(= Robinson 46 = Somolinos 50)

59 *Orakel für Neileus über die Gründung Milets*
Test.: Tzetz. Chil. 13,109-112; Σ Lycophr. (Tzetz.) 1385
Dat.: fiktiv? (Entstehung vor ca. 120 n. Chr. = *flor.* Oinomaos v. Gadara: vgl. Fontenrose L 70 = PW 302 = Oinom. fr. 11 A 3 Hammerstaedt = Eus. PE 5,29,3; Σ vet. Lycophr. 1378)
(= Robinson 82)

60 *Orakel für den König Laodamas von Milet über die Dedikation einer Kriegsgefangenen aus Karystos nach Didyma (zugleich aitiologischer Mythos des Genos der Euangeliden in Milet, die sich auf Branchos zurückführen)*
Test.: Conon FGrHist 26 F 44,3
Dat.: 7. Jh. – Anfang 6. Jh. v. Chr. (oder schon 8. Jh.?)
(–)

61 *Orakel für den Vater der Psyche über ihre Verheiratung*
Test.: Apul. Met. 4,32,5-33,2
Dat.: fiktiv (Apul. Met.: 150-180 n. Chr.)
(= Busine 137 = Robinson 47 = Somolinos 98)

A1 *Fragment eines Orakels für den Propheten Ulpios Athenagoras (unklarer Gegenstand)*
Ed.: I.Didyma 278 = McCabe, Didyma (PHI # 7) 390 = SGO 01/19/12
Dat.: vor 202 n. Chr.
(= Busine 27 = Robinson 66 = Somolinos 55)

A2 *Orakel unklaren Inhalts: Tempelarbeiter im Didymeion, Opfer?*
Ed.: I.Didyma 498 = McCabe, Didyma (PHI # 7) 648

Dat.: ca. 200 n. Chr.? (Fontenrose); 2./3. Jh. n. Chr.? (Busine, Robinson)
(= Busine 40 = Robinson 59 = Somolinos 46)

A3 *Statuenfund nach Traum, Bezug auf ein früheres Orakel*
Ed.: I.Didyma 500 = McCabe, Didyma (PHI # 7) 578 = SGO 01/19/16
Dat.: Anfang 3. Jh. n. Chr.
(= Busine 37 = Robinson 58 = Somolinos 53/54)

A4 *Der milesische (?) Verein der* Φιλοδιονύσιοι *fragt an wegen Meinungsverschiedenheiten (?) (Doppelorakel?)*
Ed.: I.Didyma 502 = McCabe, Didyma (PHI # 7) 576 = SGO 01/19/18
Dat.: 2. Jh. n. Chr.?
(= Busine 36 = Robinson 43 = Somolinos 36/37)

A5 *Doppelorakel unklaren Inhalts (bakchische Riten?) für einen Propheten*
Ed.: I.Didyma 503 = McCabe, Didyma (PHI # 7) 649
Dat.: Kaiserzeit (Rehm)
(= Robinson 50 = Somolinos 38/39)

A6 *Anfrage nach einem Traum (?), Kultempfehlung für Artemis*
Ed.: I.Didyma 505 = McCabe, Didyma (PHI # 7) 574 = SGO 01/19/19
Dat.: ca. 200 n. Chr. (Fontenrose); 2./3. Jh. n. Chr. (Busine, Robinson)
(= Busine 38 = Robinson 57 = Somolinos 47)

A7 *Anfrage einer pergamenischen Gesandschaft nach dem richtigen Begräbnisplatz für zwei verstorbene Euergeten, Rufinus (i.e. L. Cuspius Pactumeius Rufinus) und Marcellus*
Ed.: Altertümer v. Pergamon 8,3 Nr. 2 = M. Le Glay, BCH 100 (1976) 369f. Nr. 9
Dat.: 150-160 n. Chr. (?)
(= Busine 49 = Robinson 39 = Somolinos 31)

A8 *Unklarer Inhalt (offenbar Zustimmung)*
Ed.: W. Günther, IstMitt 21 (1971) 105f. = McCabe, Didyma (PHI # 7) 577
Dat.: 3. Jh. n. Chr.?
(= Robinson 69 = Somolinos 64)

A9 *Orakel unbekannten Inhalts für die Stephanophoren von Kyzikos*
Ed.: J. H. Mordtmann, AthMitt 6 (1881) 121 Nr. 3 = H. Lechat, BCH 13 (1889) 518f. (mit A. Wilhelm, Klio 5, 1905, 299 = ders., Inschriftenkunde 2,155) = G. Mendel, Musées impériaux ottomans: Catalogue des sculptures grecques, romaines et byzantines 3, Athen 1908, 292 Nr. 571,2 = M. Guarducci, Epigrafia greca 2,599f. = Barth/Stauber, Mysien-Troas (PHI #7) 1714 = M. Meyer, Die griechischen Urkundenreliefs, AthMitt Beih. 13, Berlin 1989, 321 N 20
Dat.: nach 132 n. Chr. (aufgrund Klaros Verw3, s. Kap.2, Anm. 682; vgl. Merkelbach/Schwertheim, Orakel des Ammon 151 Anm. 13; Somolinos); Ende 2. oder Anfang 3. Jh. n. Chr. (Busine); »Severische Zeit« (Fontenrose); 1. Jh. n. Chr. (Lechat)
(= Busine 48 = Robinson 49 = Somolinos 28)

A10 *Orakel für die Kalymnier: Kaiserkult oder Mißernte/agrarische Riten?*
Ed.: TitCalym 69
Dat.: ca. 25 n. Chr. (Segre); 2. Jh. n. Chr.? (Fontenrose); 2./3. Jh. n. Chr. (Somolinos)
(= Robinson 52 = Somolinos 48)

B1 *Theologisches Orakel: Apollon wünscht Hymnen statt blutige Opfer*
Ed.: I.Didyma 217 = SEG 15,670 = W. Peek, Milesische Versinschriften Nr. 4 = SGO 01/19/01 = McCabe, Didyma (PHI # 7) 580
Dat.: 3. Jh. n. Chr.?
(= Busine 24 = Robinson 76 = Somolinos 65)

B2 *Epigramm für den Propheten und Stephanephoren Philodemos, den Apollon zu seinem Amt berufen hat*
Test.: I.Didyma 229 II = SGO 01/19/27 = McCabe, Didyma (PHI # 7) 571
Dat.: 67/66 v. Chr.
(= Robinson 28 = Somolinos 19)

B3 *Bestimmung der Hydrophore Ambivia Ulpiana zur Athena-Priesterin in Milet*
Test.: I.Didyma 243 = McCabe, Didyma (PHI # 7) 409
Dat.: nach 202 n. Chr.
(= Busine 25 = Robinson 52 = Somolinos 57)

B4 *Ehreninschrit für den Propheten und Arzt Quintus Pomponius Pollio, den Apollon zu seinem Amt berufen hat*
Test.: I.Didyma 280 = McCabe, Didyma (PHI # 7) 384
Dat.: Hadrianische Zeit oder 166/67 n. Chr.?
(= Robinson 40 = Somolinos 32)

B5 *Apollon hat Poseidonios dreimal zum Propheten bestimmt*
Test.: Kaibel 858 = I.Didyma 282 = SGO 01/19/23 = McCabe, Milet (PHI # 7) 455
Dat.: 1. Jh. n. Chr.?; 2. Jh. n. Chr.: Merkelbach
(= Busine 28 = Robinson 32 = Somolinos 22)

B6 *Orakel über Kult für verschiedene Nymphen?*
Ed.: I.Didyma 497 = W. Peek, Milesische Versinschriften Nr. 9 = McCabe, Didyma (PHI # 7) 572 = SGO 01/19/14
Dat.: Kaiserzeit
(= Busine 39 = Robinson 46 = Somolinos 96)

B7 *Orakelfragment über Opfer?*
Ed.: I.Didyma 585 = McCabe, Didyma (PHI # 7) 569
225-200 v. Chr. (Fontenrose); »vielleicht noch 3. Jh.« (Rehm)
(= Robinson 24 = Somolinos 79)

B8 *Orakel für Frauen von Kios über Verhalten im Kult*
Ed.: A. Körte, AthMitt 24 (1899) 413-415 Nr. 13 = LSAM 6 = I.Kios (IK 29) 19 = SGO 09/01/01
Dat.: ca. 100 n. Chr. (oder noch 1. Jh. n. Chr.? Körte)
(= Robinson 30 = Klaros 14 = Somolinos, Claros 26)

App1 *Orakel für den Demos von Milet über die Gründung von Apollonia am Rhyndakos; Apollon selbst führt die Kolonisten als Archegetes an*
Test.: I.Milet 155 (Milet 1,3,379f.) = Curty, Parentés légendaires 143-145 Nr. 58 = McCabe, Milet (PHI # 7) 27, 13-17
Dat.: 7./6. Jh. v. Chr. (Test.: Mitte 2. Jh. v. Chr.) (vgl. Fontenrose zu 34)
(= Somolinos 74)

App2 *Orakel (?) für Olbia über die Zukunft der Stadt (?), gefunden in Borysthenes (Berezan)*

Ed.: A.S. Roussiaieva, Milet, Didim, Borisfen, Olbija: problemy kolonizatsii nizhnevo Pobuzh'ja [Milet, Didyma, Borysthenes, Olbia: die Kolonisation des Gebiets am Unterlauf des Bug], VDI 1986,2, 25-64 = SEG 36,694 = L. Dubois, Inscriptions grecques dialectales d'Olbia du Pont, Genf 1996, Nr. 93

Dat.: ca. 525-500 v. Chr. (Roussiaieva); ca. 550-525 v. Chr. (Vinogradov, Bull. ép. 1990, 549; Dubois); 5. Jh. v. Chr. (Jameson bei Burkert, Olbia 146 Anm. 21; N. Ehrhardt, Die politischen Beziehungen zwischen den griechischen Schwarzmeergründungen und ihren Mutterstädten, in: Actes du IXe Congrès international d'épigraphie grecque et latine, 31.VIII.-7.IX.1987, Sofia, Acta Centri Historiae »Terra antiqua Balcanica« 2, Sofia: Izd-vo nauka i izkustvo, 1987, 78-117, h. 116f.; Ehrhardt erkennt jedoch kein didymäisches Orakel in diesem Text, vgl. Bull.ép. 1990, 499 a.E.).

(–)

App3 *Mehrere Orakel für die Perser über Schutz des Bodens um das Heiligtum und Abgabenfreiheit der Gärtner Apollons*

Test.: I.Magnesia 115 = Syll.^{3} 22 = SGDI 5736 = Meiggs/Lewis 12 = McCabe, Magnesia (PHI # 7) 109, 22-28

Dat.: vor 494 v. Chr.

(= Robinson 6)

App4 *Mehrere Orakel für die Vorfahren von Seleukos II.*

Test.: OGIS 227 = Welles, Royal Correspondance 22 = I.Didyma 493 = McCabe, Didyma (PHI # 7) 22

Dat.: 312-246 v. Chr. (Robinson)

(= Robinson 13 = Somolinos 4)

App5 *Orakel für Poseidonios aus Halikarnaß und seine Familie über die Fortführung der von ihren Vorfahren gepflegten Kulte und die Einrichtung eines Kultvereins*

Test.: GIBM 4,1,896 = Syll.^{3} 1044 = McCabe, Halikarnassos (PHI #7) 188

Dat.: Ende 4./Anfang 3. Jh. v. Chr. (Parke/Wormell); ca. 250 v. Chr. (?) (Fontenrose)

(= Robinson 14 = Fontenrose H 36 = PW 335)

App6 *Hellenistische* lex sacra *mit Erwähnung eines Orakels über die Neueinrichtung eines Kultes und dazu bestimmte Kollekten*

Test.: I.Milet 1224 (Milet 6,3,141-143)

Dat.: 1. H. 3. Jh. v. Chr.

(–)

App7 *Konsultation eines Hieropoios des rhodischen Kameiros in Didyma*

Test.: GIBM 2,353 = IG 12,1,701 = SGDI 4123 = TitCamir 78

Dat.: 1. Jh. v. Chr.

(= Robinson 29)

App8 *Orakel für Stratonikos über die ihm verbleibende Lebenszeit*

Test.: Theos. 24 Erbse = 1,21 Beatrice

Dat.: 1. H. 1. Jh. v. Chr. (ca. 40 v. Chr.?) oder ca. 190-211 n. Chr. (s. Robert, Trois oracles 589)

(= Busine 93 = Robinson 55 = Somolinos 44)

App9 *Anerkennendes Orakel für einen Propheten und seine Söhne*
Ed.: I.Didyma 234 B I = SGO 01/19/30 = McCabe, Didyma (PHI # 7) 554
Dat.: term. ante q. 17/16 v. Chr. (»späthellenistische Schrift« Rehm)
(--)

App10 *Orakel für den Propheten Herakleon*
Test.: Le Bas/Waddington 243 = Kaibel 859 = I.Didyma 260 = Peek, Milesische Versinschriften 202-204 Nr. 6 = SGO 01/19/24 = McCabe, Didyma (PHI # 7) 555
Dat.: 1. Jh. n. Chr.? (Somolinos)
(= Somolinos 23)

App11 *Orakel für den Propheten Ulpios Menandros zum Amtsantritt*
Test.: SEG 4,465 = I.Didyma 223 A = SGO 01/19/25 = McCabe, Didyma (PHI # 7) 558
Dat.: Anfang 2. Jh. n. Chr. (Rehm)
(= Somolinos 26)

App12 *Mehrere Orakel für den Propheten Granianos (III) Ambivius Maker, der die Traditionen erneuert hat und dessen Frau das Dach des Prophetenhauses hat neu eindecken lassen*
Test.: I.Didyma 302+303 = McCabe, Didyma (PHI # 7) 396 mit Robert, Hell. 11-12, 460-463
Dat.: 1. H. 3. Jh. n. Chr.
(= Somolinos 58)

App13 *Ehreninschrift für eine Hydrophore, die, insbesondere anläßlich von Apollon in (mehreren?) Orakeln vorgeschriebener Hekatomben, Libationen für den Rat von Milet und die Funktionäre des Orakelheiligtums dargebracht und Ölspenden geleistet hat*
Test.: I.Didyma 375 = McCabe, Didyma (PHI # 7) 490, 6-12
Dat.: 1. H. 3. Jh. n. Chr.
(= Somolinos 56)

App14 *Orakel für Herakleia am Latmos über Besetzung des Priesteramtes der Athena Latmia im jährlichen Wahlmodus statt Verkauf der Stelle auf Lebenszeit*
Ed.: Wörrle, Athena Latmia = SEG 40,956 = McCabe, Herakleia Latmia (PHI # 7) 27 = SGO 01/23/02
Dat.: 1. Viertel 1. Jh. v. Chr.? (Wörrle)
(= Busine 50)

App15 *Orakel für die lykische Stadt Sidyma über Besetzung des Priesteramtes für Artemis mit unverheirateten jungen Frauen*
Ed.: Benndorf/Niemann, Reisen 75-77 Nr. 53 = TAM 2,174 = FGrHist 770 F 5 = Chaniotis, Historiker 75-80 T 19 = Merkelbach, EpigrAnat 32 (2000) 115-125 = SGO 17/08/01 = SEG 50,1356
Dat.: Mitte 1. Jh n. Chr.
(--)

App16 *Orakel für Trajan über seine Herrschaft*
Test.: Dio Chrys. Or. 45 (28 v. Arnim/Budé), 4
Dat.: 79/80 n. Chr.? (C.P. Jones, An oracle given to Trajan, Chiron 5, 1975, 403-406, h. 405f.; vgl. N. Ehrhardt/P. Weiß, Trajan, Didyma und Milet: neue Fragmente von

Kaiserbriefen und ihr Kontext, Chiron 25, 1995, 315-353, h. 338-340)
(= Robinson 33 = Somolinos 24)

App17 *Zweites Orakel für Trajan über seine Herrschaft und die Prophetie in Didyma*
Test.: Dio Chrys. Or. 45 (28 v. Arnim/Budé), 4; I.Didyma 318. 407 = McCabe, Didyma (PHI # 7) 474. 532
Dat.: 97-102 n. Chr. (s. Ehrhardt/Weiß [wie zu App16] 339f.)
(–)

App18 *Orakel für Trajan auf dem Weg in den Partherfeldzug oder auf der Rückkehr nach dem Sieg in Armenien und dem in Antiochia überlebten Erdbeben*
Test.: Dio Cass. 68,17,3
113 n. Chr. (Rehm zu I.Didyma 293) oder 115/116 n. Chr. (Ehrhardt/Weiß [wie zu App 16] 340f.; vgl. SEG 45,1603)
(–)

App19 *Orakel für einen Ephesier (?) über die Errichtung von Altären für Eros*
Ed.: J. Keil, Abh. ÖAW 82 (1945) 47-53 = I.Ephesos 1252 = SGO 03/02/02 = McCabe, Ephesos (PHI # 7) 2102
Dat.: 2. Jh. n. Chr.
(Zuweisung nach Klaros durch Keil, doch vgl. Robert, Trois oracles 591 = OMS 5,607, und Busine, Paroles 46 m. Anm. 128)
(= Busine 51 = Robinson 43 = Somolinos 33)

App20 *Orakel für den pergamenischen Politiker Dion über seinen Nachruhm (Teil seines Grabepigramms)*
Ed.: inedit. (Museum von Pergamon; Ed. vorber. v. H. Müller, Komm. f. Alte Geschichte u. Epigraphik des Dt. Archäol. Inst., München)
Dat.: 2. Jh. n. Chr.
(–)

App21 *Orakel für den Pergamener Reeder Rufinus: Eidesleistung seiner Kapitäne*
Test.: Anth. Pal. 14,72
Dat.: ca. 140 n. Chr.
(= Busine 72 = Robinson 38 = Somolinos 81)

App22 *Orakel Apollons für Milet nach einem verheerenden Naturereignis (Erdbeben, Flutwelle und Sturm, schweres Gewitter?)*
Ed.: I.Didyma 82 = SGO 01/19/22 = McCabe, Didyma (PHI # 7) 553
Dat.: nach 150 n. Chr.
(–)

App22a *Altarweihung für Poseidon Asphaleios in Milet auf ein Orakel aus Didyma*
Ed.: I.Milet 1294 (Milet 6,3,184) = McCabe, Milet (PHI # 7) 293
Dat.: Kaiserzeit
(–)

App23 *Eutyches aus Milet fragt, an welchem Platz er einen Musenkult einrichten soll*
Ed.: Ehrhardt/Günther, Orakelinschriften 48-53 Nr. 1 = I.Milet 1353 (Milet 6,3, 209f. mit Taf. 35) = SEG 52,1156
Dat.: Ende 2./Anfang 3. Jh. n. Chr.
(–)

App24 *Anfrage zur Opferpraxis (fragm.)*
Ed.: Ehrhardt/Günther, Orakelinschriften 54f. Nr. 2 = I. Milet 1354 (Milet 6,3, 210f.) = SEG 52,1157
Dat.: Ende 2./Anfang 3. Jh. n. Chr.
(–)

App25 *Anfrage zu Bauten für den Kult der apollinischen Trias im Didymeion (?)*
Ed.: Ehrhardt/Günther, Orakelinschriften 55 Nr. 3 = I.Milet 1355 (Milet 6,3,211 m.Taf. 34) = SEG 52,1158
Dat.: Ende 2./Anfang 3. Jh. n. Chr.
(–)

App26 *Anfrage eines Hierophanten über Opfer (fragm.)*
Ed.: Ehrhardt/Günther, Orakelinschriften 56 Nr. 4 = I.Milet 1356 (Milet 6,3,211f.) = SEG 52,1159
Dat.: Ende 2./Anfang 3. Jh. n. Chr.
(–)

App27 *Errichtung eines weiteren Altars für Apollon von Didyma gegenüber dem großen Tempel*
Ed.: inedit. (Grabungshaus von Didyma; Ed. vorber. v. W. Günther, Historisches Seminar der Ludwig-Maximilians-Universität München)
Dat.: Ende 2./Anfang 3. Jh. n. Chr.
(–)

App28 *Orakel für die Rhodier in einer Notlage über Kult für Attis*
Test.: Socr. Hist. eccl. 3,23
Dat.: 2./3. Jh. n. Chr.?
(= Busine 110 = Robinson 74 = Somolinos 84)

App29 *Reinheit derer, die zur Gottheit beten: Sie werden von der Gottheit erhört*
Test.: Theos. 26 Erbse = 1,23 Beatrice
Dat.: 2./3. Jh. n. Chr.? (Robinson)
(= Busine 94 = Robinson 83)

App30 *Zeus ist an allen Orten zugegen und kann überall verehrt werden*
Test.: Theos. 33 Erbse = 1,30 Beatrice
Dat.: 2./3. Jh. n. Chr.? (Robinson)
(= Busine 97 = Robinson 85)

App31 *Die Götter leisten Zeus als seine Diener Gehorsam und helfen ihrerseits den gottesfürchtigen Menschen*
Test.: Theos. 34 Erbse = 1,31 Beatrice
Dat.: 2./3. Jh. n. Chr.? (Robinson)
(= Busine 98 = Robinson 86)

App32 *Die Götter des Pantheons als Diener des obersten Gottes wahren die Fundamente der Welt*
Test.: Theos. 36 Erbse = 1,33 Beatrice
Dat.: 2./3. Jh. n. Chr.? (Robinson)
(= Busine 100 = Robinson 87)

App33 *Henotheistisches Orakel: Der eine Gott Zeus, Lebensspender und Allerzeuger, hat den Kosmos und seine Ordnung eingerichtet*
Test.: Theos. 38 Erbse = 1,35 Beatrice
Dat.: 2./3. Jh. n. Chr.? (Robinson)
(= Busine 102 = Robinson 88 = Klaros App16)

App34 *Henotheistisches Orakel: Zeus ist der höchste und allgegenwärtige Gott*
Test.: Theos. 39 Erbse = 1,36 Beatrice
Dat.: 2./3. Jh. n. Chr.? (Robinson)
(= Busine 103 = Robinson 89)

App35 *Die Provinzen der Götter: Apollon, Demeter, Athena, Dionysos, Aphrodite*
Test.: Theos. 41 Erbse = 1,37 Beatrice
Dat.: 2./3. Jh. n. Chr.? (Robinson)
(= Busine 104 = Robinson 90 = Somolinos 52)

App36 *Theologisches Orakel über den* Theos Hypsistos *an einen ungenannten Konsultanten (Ulpios Karpos?): Schöpfer von Kosmos, Elementen und Jahreszeiten, der selber keinen Erzeuger hat und aus dem eigenen Samen entstand*
Test.: Theos. 42 Erbse = 1,38 Beatrice
Dat.: 2./3. Jh. n. Chr.? (Robinson)
(= Busine 105 = Robinson 91)

App37 *Gott ist in allem und überall, seinem wachsamen Auge entgeht nichts*
Test.: Theos. 43 Erbse = 1,39 Beatrice
Dat.: 2./3. Jh. n. Chr.? (Robinson)
(= Busine 106 = Robinson 92)

App38 *Gott nahegekommen sind bloß Hermes Trismegistos, Moses und Apollonios von Tyana: Die übrigen Menschen werden Gottes kaum je ansichtig*
Test.: Theos. 44 Erbse = 1,40 Beatrice
Dat.: 2./3. Jh. n. Chr.? (Robinson)
(= Busine 107 = Robinson 93 = Klaros App17)

App39 *Orakel für Ailianos Poplas aus Milet über eine Gesandtschaft an den Kaiser in Fragen der Durchführung des Kaiserkults in der Provinz Asien (?)*
Test.: Theos. 22 Erbse = 1,19 Beatrice
Dat.: ca. 212-222 n. Chr.
(= Busine 91 = Robinson 53 = Somolinos 42)

App40 *Orakel für Ailianos Poplas aus Milet in ungünstigen materiellen und gesundheitlichen Verhältnissen*
Test.: Theos. 23 Erbse = 1,20 Beatrice
Dat.: ca. 212-222 n. Chr.
(= Busine 92 = Robinson 54 = Somolinos 43)

App41 *Verschiedene Orakel unbekannten Inhalts für Rhodos*
Test.: I.Didyma 83 = SGO 01/19/20 = McCabe, Didyma (PHI # 7) 552
Dat.: 1. H. 3. Jh. n.Chr. (»Zeit Caracallas oder später« Rehm; nach 212 n. Chr.)
(= Busine 23 = Robinson 75 = Somolinos 62)

App42 *Fragment eines Versorakels?*
Ed.: W. Günther, AthMitt 111 (1996) 247 Anm. 18 = SEG 46,1444
Dat.: 3. Jh. n. Chr.
(–)

App43 *Versorakel über den Kult der Horen*
Ed.: inedit. (Fund Didyma 2006; Ed. vorb. v. U. Weber, Friedrich-Schiller-Univ. Jena, ersch. voraussichtlich in IstMitt 57 [2007])
Dat.: 3. Jh. n. Chr.
(–)

App44 *Orakel für einen Ehemann, dessen Frau zum Christentum konvertiert ist*
Test.: Porph. Philos. ex orac. 343 F Smith (= August. Civ.Dei 19,23)
Dat.: term. ante q. Abfassung Porph. Philos. ex orac.
(= Busine 132 = Robinson 63)

App45 *Der Konsultant soll sich nur an den obersten Gott wenden und nicht an die πνεύματα μικρότερα*
Test.: Porph. Philos. ex orac. 325 a F Smith = Theos. 30 Erbse (= 1,27 Beatrice)
Dat.: term. ante q. Abfassung Porph. Philos. ex orac.
(= Busine 96 = Robinson 84)

App46 *Orakel für Amelios, Schüler Plotins, über das Schicksal der Seele seines Lehrers nach dessen Tod*
Test.: Porph. V. Plot. 22
Dat.: 270 – ca. 301 n. Chr. (Tod Plotins – Abfassung Porph. V. Plot.)
(= Busine 134 = Robinson 70 = Fontenrose H 69 = PW 473)

App47 *Orakel über den Nutzen der Vernunft (?)*
Test.: Iambl. Epistula ad Dexippum ap. Stob. 2,2,5 (Wachsmuth-Hense 2,19,7-11)
Dat.: term. ante q. 325 n. Chr. (mutmaßliches Todesjahr Iamblichs)
(= Somolinos 88)

App48 *Theologisches Orakel: Phoibos-Helios ist allgegenwärtig, am Himmel, auf der Erde, in der Unterwelt*
Test.: Iul. Epist. 89 b Bidez, 299C-300A
Dat.: vor 362 n. Chr. (vgl. zu 52)
(= Busine 82 = Robinson 79 = Somolinos 73 = Fontenrose L 172 = PW 472)

Verw1 *Ehrendes Epigramm für Antigonos, der Prophet in Didyma, Stephanephor in Milet und Hierophant in Eleusis gewesen ist, auf einer Prophetenliste*
Ed.: I.Didyma 216,13-20 = SGO 01/19/29 = McCabe, Didyma (PHI # 7) 299,13-20
Dat.: nach 70 v. Chr. (Rehm; vgl. I.Milet 125,13 [Milet 1,3,268] und I.Didyma 204)
(–)

Verw2 *Der Proconsul T. Flavius Festus läßt die Einfassung der Quelle im Heiligtum erneuern, die Apollon während der Belagerung durch die Goten i. J. 268 n. Chr. (?) neu hatte sprudeln lassen*
Ed.: SEG 4,467 = I.Didyma 159 = SGO 01/19/37 = McCabe, Didyma (PHI # 7) 564
Dat.: 286-293 n. Chr.
(–)

5.1.3 Konkordanz mit den Katalogen von Busine, Robinson, Somolinos

Klaros

Diese Arbeit	*Busine*	*Robinson*	*Somolinos*	*Verweis*
1		1	24	
2	8	16	12	
3	9	17		
4	10	17	11	
5	11	17		
6	12		18	
7	13			
8	1	14	9	
9	7	15	10	
10	3	23	21	
11	14			
12	4	19	14	
13	18	13	16	
14	19	D-30	26	D-B8
15	21	22	19	
16	20	21	20	
17	16	24	27	
18	2	18	13	
19	6	12	17	
20	17	11	7	
21	71	8	6	
22	68-70	5-7	3-5	
23	66	10	29	
24 (1)	55	28	23b	
24 (2)	54	26	23a	
24 (3)	56	27	23c	
24 (4)	57	29	23e	
24 (5)	58	30	23f	
24 (6)	53	25	23d	
24 (7)	59			
24 (8)	60			
24 (9)	61			
24(10)	62			
24(11)	63			
25	15	31 A	31 a	
26	85	31 B	31 c	
27	80	31 C	31 b	
28	111	32	30	
App1			1	
App2	64	2	2	
App3	65	3		
App4	67	4 D-31	25 D-80	D-44
App5		9	8	
App6	5	20	22	
App7				
App8			28	
App9	113	35		D-48 PW 475
App10	112	33		
App11	131	34		
App12	138	36	32	
App13	86	37		
App14	90	38		
App15	99	39		
App16	102	D-88		D-App25
App17	107	D-93		D-App30

Didyma

Diese Arbeit	*Busine*	*Robinson*	*Somolinos*	*Verweis*
1		1	1	
2		2	2	
3		5	3	
4		9	75	
5		16	6/7	
6		17	8	
7		18	9	
8		19	5	
9		20	11	
10		21	10	
11		22	13	H 46 PW 348
12		24	12	
13			17/18	
14		25	16	
15		26	20	
16		27	14/15	
17		36	21	
18	44	34	25	
19	45	35	27	
20	42	36	29	
21	43	37	30	
22	29	41	34	
23	30	42	35	
24	46	48	40/41	H 67 PW 467
25	47	51	45	
26	31	79	63	
27	32	68	68	
28	33	67	61	
29	26	56	59/60	
30/31	34/35	71/72	66/67	
32	41	73	69	
33	76/77	80	70	
34		45		PW 522
35		15		PW 400
36		8	90	PW 130
37		3	92	Q 99 PW 52

Diese Arbeit	*Busine*	*Robinson*	*Somolinos*	*Verweis*
38/39		4	93	
40		7	91	
41		10	76	
42		11	76	
43		12	77/78	
44	67	31	80	K-App4
		K-4	K-25	
45	73	60	49	
46	74	61	51	
47	122	K-35	82	
48	113	K-35	83	K-App7
				PW 475
49	78	64	85	
50	79/101	65	87	
51	75	62	86	
52	81	77	71	
53		78	72	
54			95	
55	83	81	94	
56			89	
57		15	97	
58		46	50	
59		82		
60				
61	137	47	98	
A1	27	66	55	
A2	40	59	46	
A3	37	58	53/54	
A4	36	43	36/37	
A5		50	38/39	
A6	38	57	47	
A7	49	39	31	
A8		69	64	
A9	48	49	28	
A10		52	48	
B1	24	76	65	
B2		28	19	
B3	25	52	57	
B4		40	32	
B5	28	32	22	
B6	39	46	96	
B7		24	79	
B8		30	K-26	K-14
App1			74	
App2				
App3		6		
App4		13	4	
App5		14		H 36
				PW 335
App6				
App7		29		
App8	93	55	44	
App9				
App10			23	
App11			26	
App12			58	
App13			56	
App14	50			
App15				
App16		33	24	
App17				
App18				
App19	51	43	33	
App20			15	
App21	72	38	81	
App22				
App23				
App24				
App25				
App26				
App27				
App28	110	74	84	
App29	94	83		
App30	97	85		
App31	98	86		
App32	100	87		
App33	102	88		K-App14
App34	103	89		
App35	104	90	52	
App36	105	91		
App37	106	92		
App38	107	93		K-App15
App39	91	53	42	
App40	92	54	43	
App41	23	75	62	
App42				
App43				
App44	132	63		
App45	96	84		
App46	134	70		H 69
				PW 473
App47			88	
App48	82	79	73	L 172
				PW 472

Zählung dieser Arbeit: Klaros 1-28 entspricht der Zählung bei Merkelbach/Stauber; Didyma 1-61/A1-10/B1-8 der Zählung bei Fontenrose, *Didyma.*

D-: Didyma, K-: Klaros

H, Q, L: Corpus bei Fontenrose, *The Delphic oracle*

PW: Corpus bei Parke-Wormell, *The Delphic oracle*

5.2 Klassifikation der Orakel aus Klaros und Didyma nach Themen (Situationstypologie)

Vorbemerkungen und Hinweise zur Benutzung
Die Einträge verweisen auf die Ortskataloge (= Kap. 5.1, S. 571-592), nach deren Zählungsfolge sie innerhalb der einzelnen Gegenstandsbereiche aufsteigend geordnet sind.

Innerhalb einiger Abteilungen sind die zugehörigen Texte in zwei Gruppen *A* und *B* geteilt: In *A* stehen die wichtigsten Zeugnisse für den jeweiligen Typus, besonders die ausführlicheren und gut erhaltenen Quellen. In Gruppe *B* wurden Zeugnisse mit geringerem Aussagewert, offenen Fragen zur sachlichen Einordnung oder unsicherem Gegenstand der Konsultation eingereiht. Meistens handelt es sich hier um kürzere Texte; bisweilen ist entweder nur der Anlaß oder nur der Orakeltext erkennbar. – An einigen Stellen wird schließlich mit der Überschrift »Verweise« auf Einträge geleitet, die primär anderen Sachgruppen zugewiesen worden sind.

Aufgrund fragmentarischer Überlieferung müssen einige Zuordnungen vorläufig bleiben.

1 Krisensituationen der Polis

1.1 ›Pestorakel‹

A

- Klaros 2: Für Pergamon
- Klaros 4: Für Hierapolis
  dazu: Klaros 3: Für Hierapolis: Aufstellung der Bescheide Klaros 4-7
- Klaros 8: Für Kaisareia Troketta
- Klaros 9: Für Kallipolis
- Klaros 11: Für eine Stadt am Hermos in Lydien

B

- Klaros 10: Für Anchialos: Aufstellung mehrerer Götterstatuen
- Klaros 12: Für Vasada: Weihung einer Hygieia-Statue
- Klaros 18: Für Odessos: Grabepigramm des Gesandtschaftsführers
- Klaros App6a: Für Naxos: Aufstellung einer Statue des Apollon *toxotes*

Siehe auch:

- Klaros Verw4: Orakel des Apollon von Oinoanda über Hilfe durch Asklepios: ›Pestorakel‹?

1.2 Andere Krisensituationen der Polis, die auf übernatürliche Ursachen zurückgeführt werden

A

- Didyma 14: Kult für Poseidon Asphaleios in Milet nach Erdbeben

B

- Klaros 7: Für Hierapolis: Anfrage wegen Dürre oder verseuchtem Wasser?
- Klaros 13: Für Nikomedia: Mißernte?
- Klaros 23: Für Antiochia: riesenhafter Leichnam im Orontes
- Klaros App5: Für Ephesos und Smyrna: Erdbeben
- Didyma A10: Für Kalymnos: Mißernte?
  siehe auch 3.2 Res divinae: Kultpflege (Kaiserkult?)
- Didyma App22: Für Milet: Erdbeben, Flutwelle, Gewitter?
- Didyma App28: Für Rhodos: Kult für Attis in einer Notlage

Siehe auch:

- Klaros Verw3: Orakel des Ammon für Kyzikos: unbekannte Bedrohung, Notlage

Verweise

- Didyma 36: Prodigien nach Niederschlagung einer *stasis* in Milet
  (*Haupteintrag:* 2.2.2 Res publicae: Innere Angelegenheiten: Konflikte)
- Didyma 45: Epiphanie Pans im Wald, Entrückung durch Artemis
  (*Haupteintrag:* 3.8 Res divinae: Unerklärliches, Prodigien)
- Klaros 23: Für Antiochia: riesenhafter Leichnam im Orontes
  (*Haupteintrag:* 3.8 Res divinae: Unerklärliches, Prodigien)
- Didyma App22a: Weihung für Poseidon Asphaleios in Milet
  (*Haupteintrag:* 3.5 Dedikationen)

2 Res publicae

2.1 Stadtgründung, Kolonisation

A

- Klaros 1: Neugründung von Smyrna durch Alexander
- Didyma App1: Milet gründet Apollonia am Rhyndakos, Apollon Didymeus als *archegetes*

B

- Didyma 34: Milet gründet Kyzikos
- Didyma 59: Neileus, Gründer Milets in der Ionischen Kolonisation

2.2 Innere Angelegenheiten

2.2.1 Bauvorhaben

A

- Didyma 13: Fertigstellung des Didymeion
- Didyma 18: Gymnasion und Bad in Milet
- Didyma App25: Bauten im Didymeion für den Kult der apollinischen Trias?

B

- Didyma A2: Für Tempelarbeiter im Didymeion?

Verweis

- Didyma 19: Theaterbau in Milet
  (*Haupteintrag:* 2.2.2 Res publicae: Innere Angelegenheiten: Konflikte)

2.2.2 Konflikte

A

- Didyma 19: Unklarheiten beim Theaterbau in Milet
- Didyma 36: Prodigien nach Niederschlagung einer *stasis* in Milet

B

- Didyma 9: Wiederherstellung der *homonoia* in Iasos
- Didyma A4: Meinungsverschiedenheiten in einem dionysischen Verein?

2.3 Bürgerrechtsverleihung

- Didyma 5: Einbürgerung von Kretern in Milet
- Didyma 6: ebenso
- Didyma 7: ebenso

2.4 Zwischenstaatliche Angelegenheiten: Staatsverträge, Isopolitie, Verhältnis zu äußeren Mächten

A

- Didyma 12: Isopolitie zwischen Milet und Herakleia am Latmos

B

- Klaros 6: Für Hierapolis: Über die Stellung zu einem Rechtsentscheid der römischen Behörden?

Verweise

- Didyma 10: Erhebung der Didymeia zum internationalen Kranzagon
  (*Haupteintrag:* 3.6 Res divinae: Agone)
- Didyma 11: Asylie für Teos
  (*Haupteintrag:* 3.7 Res divinae: Asylie)

2.5 Äußere Bedrohung

2.5.1 Seeräuber, Räuberbanden

A

- Klaros 15: Für Syedra
- Klaros 16: Für Ikonion

B

- Didyma 2: Seeräuberei?

2.5.2 Fremde Mächte

- Didyma 38/39: Für Kyme: Auslieferung des Paktyes an die Perser
- Didyma 40: Für die Karier: Bündnis mit Milet gegen die Perser

2.6 Wohlfahrt und Gedeihen der Stadt

- Didyma App2: Für Olbia: über die Zukunft der Stadt?

3 Res divinae

3.1 Kulteinrichtungen

3.1.1 Poliskulte

A

- Klaros 24: Kult für »alle Götter und Göttinnen«
- Didyma App6: Kultneueinrichtung, Kollekten

B

- Klaros 17: Laodikeia: Kulteinrichtung, Aufstellung eines Götterbildes?

Verweise

- Didyma 14: Kult für Poseidon Asphaleios in Milet nach Erdbeben (*Haupteintrag:* 1.2 Krisensituationen der Polis: andere Krisensituationen)
- Didyma 43: Seleukos: Gründung des Heiligtums in Daphne (*Haupteintrag:* 5.1 Orakel für Herrscher: Prophezeiungen über Herrschaft usw.)

3.1.2 Privatkulte

A

- Klaros 19: Kult für Apollon-Helios in einer Stadt in Phrygien
- Didyma 24: Doppelorakel: Kult für Hera
- Didyma 29: Doppelorakel für Ulpianos: Kulteinrichtung, Aufstellung von Altären
- Didyma 30/31: Doppelorakel für Damianos: Kult für Kore Soteira im *pantheos peribomismos* des Didymeion
- Didyma App23: Für Eutyches: Kult für die Musen
- Didyma App43: Horen-Kult in Didyma

B

- Didyma A6: Kult für Artemis nach einem Traum?
- Didyma B6: Kult für Nymphen?
- Didyma App19: Altäre für Eros in Ephesos
- Didyma App27: Weiterer Altar für Apollon im Heiligtum von Didyma

3.2 Kultpflege

A

- Didyma 23: Für die Demeter-Priesterin Alexandra: Mysterienkult der Demeter in Milet
- Didyma App5: Für Poseidonios aus Halikarnaß: Pflege der Kulte der Vorfahren, Gründung eines Kultvereins

B

- Didyma A10: Für Kalymnos: Herrscherkult?
  siehe auch 1.2 Krisensituationen der Polis: andere Krisensituationen (Mißernte?)

Verweis

- Didyma App25: Bauten im Didymeion für den Kult der apollinischen Trias? (*Haupteintrag:* 2.2.1 Res publicae: Innere Angelegenheiten: Bauvorhaben)

3.3 Ritualfragen, Ritualvorschriften

A

- Klaros 14 = Didyma B8: Verhalten der Frauen im Kult der Demeter (?) in Kios/Bithynien
- Didyma 3: Exklusions- und Speisevorschriften für das Herakles-Heiligtum in Milet
- Didyma 8: Reorganisation des Kults der Artemis Bulephoros Skiris in Milet
- Didyma 27: Für Hermias: Versetzung des Altars der Tyche in den *pantheos peribomismos*
- Didyma B1: Hymnen statt Tieropfern
- Didyma App3: Die Perser erhalten keinen Zugriff auf das Didymeion und sein Territorium; die Gärtner Apollons bleiben tributfrei
- Didyma App21: Für den Schiffseigner Rufinus: Eidleistung seiner Kapitäne

B

- Klaros 5: Für Hierapolis: Opfer und Festmahl, mantische Inspiration, Mahnungen, rituelle Zwangsmittel?
- Didyma 28: Für Hermias: Kalenderreformen?
- Didyma A5: Doppelorakel für Propheten, Bezug auf eine Βάκχη
- Didyma A7: Grabstätte für die Euergeten Marcellus und Rufinus in Pergamon
- Didyma B7: Opfer?
- Didyma App24: Opferpraxis
- Didyma App26: Für einen Hierophanten: Opfer

Verweis

- Didyma A2: Für Tempelarbeiter: Opfer?
  (*Haupteintrag:* 2.2.1 Res publicae: Innere Angelegenheiten: Bauvorhaben)

3.4 Priesterämter: Besetzung, Statusfragen, Amtsdauer, Rang u.ä.

A

- Klaros App1: Berufung des *chresmologos* Menophilos aus Smyrna als *hypophetes* in Klaros
- Klaros App6: Für die Artemis-Priesterin Claudia Prisca aus Stobi: Wiederwahl oder Verlängerung der Amtsdauer?
- Didyma App14: Für Herakleia am Latmos: Wahl der Athena-Priester
- Didyma App15: Für Sidyma: unverheiratete Artemis-Priesterinnen
- Didyma 25: Für Milet: Satornila soll Priesterin der Athena Polias werden, obwohl sie verheiratet ist
- Didyma App12: Mehrere Orakel für den Propheten Granianos Ambivius Maker: seine und seiner Frau Verdienste um den Kult des Apollon Didymeus
- Didyma App13: Für eine Hydrophore über ihre eifrige Amtsführung

B

- Klaros 20: Für den Priester des Kults des Stadtgründers in Aizanoi
- Didyma 17: Ernennung der Prophetin Tryphosa
- Didyma 52: Priester sind zu ehren
- Didyma 53: Apollon schützt seine Priester
- Didyma A1: Für den Propheten Ulpios Athenagoras

- Didyma B2: Prophetie und Stephanephorie des Philodemos
- Didyma B3: Die Hydrophore Ambivia Ulpiana wird Priesterin der Athena Polias
- Didyma B4: Prophetie des Arztes Pollio
- Didyma B5: Dreimalige Prophetie des Poseidonios
- Didyma App9: Für einen Propheten und seine Söhne
- Didyma App10: Für den Propheten Herakleon
- Didyma App11: Für den Propheten Ulpios Menandros
- Didyma Verw1: Für Antigonos, der Prophet in Didyma, Stephanephor in Milet und Hierophant in Eleusis gewesen ist

Siehe auch:

- Klaros Verw1: Ehrendekrete Kolophons für Polemaios und Menippos
- Klaros Verw2: Für Gorgos, Priester des Apollon von Klaros

3.5 Dedikationen

- Klaros App7: Theos Hypsistos in Amastris
- Klaros App8: Apollon Agyeus in Tomis
- Didyma 15: Apollon Delios in Kalymna
- Didyma 26: Zeus Hypsistos in Didyma
- Didyma 32: Poseidon in Milet
- Didyma 35: Heiliger Stein im Heiligtum der Athena in Kyzikos
- Didyma 60: Für König Leodamas von Milet über die Dedikation einer Kriegsgefangenen aus Karystos als *dekate* an Apollon Didymeus
- Didyma App22a: Poseidon Asphaleios in Milet

Verweise

- Klaros 24: Weihungen für »alle Göttinnen und Götter« nach klarischem Orakel (*Haupteintrag:* 3.1 Res divinae: Kulteinrichtungen: Poliskulte)
- Didyma 21: Für Karpos: Erfüllung des Serapis geleisteten Votums (*Haupteintrag:* 4.2 Privatkonsultationen/Res domesticae: Verhältnis zu Göttern)

3.6 Agone

- Didyma 10: Erhebung der Didymeia zum internationalen Kranzagon

3.7 Asylie

- Didyma 11: Teos

3.8 Unerklärliches, Prodigien, Wunder

A

- Klaros 23: Für Antiochia: riesenhafter Leichnam im Orontes
- Didyma 22: Demeter-Priesterin Alexandra über Epiphanien
- Didyma 45: Epiphanie Pans im Wald, Entrückung der ihm Begegnenden durch Artemis
- Didyma A3: Statuenfund nach Traum, Bezug auf ein früheres Orakel

B

- Didyma Verw2: Apollon läßt während einer Belagerung die versiegte heilige Quelle im Didymeion wieder sprudeln

4 Privatkonsultationen/Res domesticae

4.1 Gesundheit, persönliches Wohlergehen, Gefahren und Unglücksfälle, Lebensperspektiven

A

- Didyma 20: Für den Tierdompteur Heronas über seine weitere Karriere
- Didyma App8: Für Stratonikos über die ihm verbleibende Lebenszeit
- Didyma App20: Für den Politiker Dion aus Pergamon über seinen Nachruhm
- Didyma App40: Für Ailianos Poplas in materiellen und gesundheitlichen Sorgen

B

- Klaros 21: Für Aelius Aristides: über seine Krankheit und die Heilungsaussichten
- Didyma 58: Schiffbruch
- Didyma 57: Für Lyrkos, Sohn des Phoroneus, über Nachkommenschaft

4.2 Verhältnis zu Göttern, richtiges Verhalten ihnen gegenüber

- Didyma 21: Für Karpos: Erfüllung des dem Serapis geleisteten Votums
- Didyma 46: Anfrage eines Konsultanten, ob er einen geforderten Eid leisten solle
  siehe auch 6.1 Theologische Orakel: Theologische Spekulation, Folgen für die Ritualistik (Provinzen der Götter)
- Didyma App29: Nur Reine dürfen zur Gottheit beten

4.3 Zugang zu Mächtigen

- Didyma 16: Audienz für einen Dichter bei Nikomedes, König von Bithynien
  siehe auch 5.1 Orakel für Herrscher: Prophezeiungen über Herrschaft usw. (Orakel für das bithynische Königshaus)
- Didyma App39: Für Ailianos Poplas: Gesandtschaft zum Kaiser

4.4 Erkenntnis, Weisheit

- Klaros 22: Drei Orakel für Oinomaos von Gadara auf seine Anfrage über den Weg zur Weisheit
- Didyma App47: Nutzen der Vernunft

5 Orakel für Herrscher und andere herausgehobene Personen

5.1 Prophezeiungen über Herrschaft, Aszendenz, militärische Erfolge, Lebenszeit usw.

- Klaros App2: Germanicus
- Klaros App3: Claudius
- Didyma 4: Alexander
- Didyma 16: Orakel für das bithynische Königshaus
  siehe auch 4.3 Privatkonsultationen/Res domesticae: Zugang zu Mächtigen (Audienz für einen Dichter beim bithynischen König)
- Didyma 41-43: Seleukos
- Didyma 55: Licinius: Kampf gegen Konstantin
- Didyma 56: Julian: Kampf gegen Perser
- Didyma App4: Vorfahren von Seleukos II.
- Didyma App16-18: Trajan

Verweise

- Klaros 1: Neugründung von Smyrna durch Alexander
  (*Haupteintrag:* 2.1 Res publicae: Stadtgründung, Kolonisation)
- Didyma 33: Für Diokletian: Christenverfolgungen
  (*Haupteintrag:* 7.1 Die paganen Orakel und das Christentum: Kritik und Ablehnung)
- Didyma 60: Für König Leodamas von Milet über die Dedikation einer Kriegsgefangenen aus Karystos als *dekate* nach Didyma
  (*Haupteintrag:* 3.5 Res divinae: Dedikationen)

5.2 Orakel für »Weise«

- Klaros App4 = Didyma 44: Apollonios von Tyana
- Didyma App46: Plotins Seele im Jenseits

Verweis

- Klaros App17 = Didyma App38: Hermes, Moses, Apollonios von Tyana
  (*Haupteintrag:* 6.4.3 ›Theologische Orakel‹: Erkennbarkeit Gottes)

6 ›Theologische Orakel‹

6.1 Theologische Spekulation und Folgen für die Ritualistik

- Klaros App10: Struktur des Pantheons und ›Opferlehre‹
- Didyma 46: Provinzen der Götter: Rhea, Athene, Artemis, Hera, Deo-Demeter, Isis, (Zeus?)
  siehe auch 4.2 Privatkonsultationen/Res domesticae: Verhältnis zu Göttern
- Didyma App35: Provinzen der Götter: Apollon, Demeter, Athena, Dionysos, Aphrodite

Verweis

- Didyma B1: Hymnen statt Tieropfer
  (*Haupteintrag:* 3.3 Res divinae: Ritualfragen, Ritualvorschriften)

6.2 Verhältnis des Menschen zu den Göttern, richtiges Verhalten ihnen gegenüber

siehe für dieses Thema in den ›Theologischen Orakeln‹ die Einträge bei 4.2 Privatkonsultationen/Res domesticae: Verhältnis zu Göttern, richtiges Verhalten ihnen gegenüber

Verweise

- Didyma B1: Hymnen statt Tieropfer
  (*Haupteintrag:* 3.3 Res divinae: Ritualfragen, Ritualvorschriften)
- Didyma App31: Die übrigen Götter gehorchen Zeus und sind Mittler für gottesfürchtige Menschen
  (*Haupteintrag:* 6.4.4 Allmacht Gottes, Hierarchie, Gott als Schöpfer)

6.3 Seele, Tod, Jenseits

- Didyma 50: Schicksal der Seele nach dem Tode

Verweis

- Didyma App46: Plotins Seele im Jenseits
  (*Haupteintrag:* 5.2 Orakel für Herrscher und andere herausgehobene Personen: Orakel für »Weise«)

6.4 Henotheistische und pagan-monotheistische Orakel über das Wesen Gottes

6.4.1 Das Wesen Gottes läßt sich nur in negativen Prädikaten beschreiben

A

- Klaros 25: Altarinschrift aus Oinoanda: Orakel, rituelle Auslegung, Weihung
- Klaros 26: Orakel überliefert in der *Theosophie*
- Klaros 27: Orakel überliefert bei Laktanz

Verweis

- Didyma App36: Wesen des höchsten Gottes bzw. des Theos Hypsistos, der aus sich selbst entstanden ist (auf die Frage, ob er weder Anfang noch Ende habe)
  (*Haupteintrag:* 6.4.4 Allmacht Gottes, Hierarchie, Gott als Schöpfer)

6.4.2 Kosmologische Spekulation, Ort der Gottheit, »Gott sieht alles«

- Klaros App13: Gott als ätherisches Feuer
- Didyma App30: Zeus ist überall
- Didyma App34: Zeus ist überall und über allen Einzelgöttern
- Didyma App37: Gott ist überall, seinem Auge entgeht nichts
- Didyma App48: Allgegenwart von Phoibos-Helios im Himmel, auf der Erde, in der Unterwelt

Verweis

- Klaros App16 = Didyma App33: Zeus als Lebensspender und Allerzeuger, der die kosmische Ordnung geschaffen hat
  (*Haupteintrag:* 6.4.4 Allmacht Gottes, Hierarchie, Gott als Schöpfer)

6.4.3 Erkennbarkeit Gottes

- Klaros App14: Das Wesen Gottes ist den Menschen verborgen
- Klaros App17 = Didyma App38: Nur Hermes, Moses und Apollonios von Tyana haben Gott erkannt

6.4.4 Allmacht Gottes, Herrscher über den Kosmos und das Pantheon, Hierarchie, Gott als Schöpfer

- Klaros App15: Alle Dinge hängen von Gott ab
- Klaros App16 = Didyma App33: Zeus als Lebensspender und Allerzeuger, der die kosmische Ordnung geschaffen hat
- Didyma 51: Der Herrscher- und Erzeugergott ist mit Jahwe identisch
- Didyma App31: Die übrigen Götter gehorchen Zeus und sind Mittler für gottesfürchtige Menschen
- Didyma App32: Die übrigen Götter dienen Zeus und tragen die Fundamente des Kosmos
- Didyma App36: Der höchste Gott als Schöpfer von Kosmos, Elementen und Jahreszeiten

- Didyma App45: Orakel gibt der höchste Gott, nicht die *pneumata mikrotera*

Verweise

- Didyma App34: Zeus ist überall und über allen Einzelgöttern
  (*Haupteintrag:* 6.4.2 Kosmologische Spekulation, Ort der Gottheit)
- Klaros App11: Apollon-Helios-Horos-Osiris als höchster Gott, der den Elementen befiehlt
  (*Haupteintrag:* 6.4.5 Theokrasien)

6.4.5 Theokrasien

- Klaros 28: Die vielen Namen des einen Gottes: Sein wahrer Name ist geheim
- Klaros App11: Apollon-Helios-Horos-Osiris als höchster Gott

7 Die paganen Orakel und das Christentum

7.1 Kritik und Ablehnung des Christentums

- Didyma 33: Für Diokletian: Christenverfolgungen
- Didyma App44: Für einen Ehemann mit christlicher Frau

7.2 Jesus

- Didyma 49: Natur Christi

8 Orakel über die Tätigkeit der Orakel und das Schweigen der Orakel

- Klaros App9 = Didyma 48: Keine Orakel des pythischen Apollon mehr, aber man soll ihm gleichwohl weiter opfern
- Didyma 47: Die letzten noch tätigen Orakel: Delphi, Didyma, Klaros
- Didyma 54: Homer hat nur die Orakelverse Apollons wiedergegeben

Verweise

- Didyma 36: Langandauerndes Schweigen des Apollon von Didyma nach Niederschlagung einer *stasis* in Milet
  (*Haupteintrag:* 2.2.2 Res publicae: Innere Angelegenheiten: Konflikte)
- Didyma App45: Orakel gibt der höchste Gott, nicht die *pneumata mikrotera*
  (*Haupteintrag:* 6.4.4 ›Theologische Orakel‹: Henotheistische Orakel: Allmacht Gottes, Hierarchie)

App 1 Orakel nicht genannten oder unklaren Inhalts

App 1.1 Gegenstand nicht erkennbar oder unklar

- Didyma 1: Abratendes Orakel, Bezugnahme auf einen vorausgegangenen Bescheid
- Didyma A8: Unklarer Gegenstand
- Didyma App42: Fragment eines Versorakels?

App 1.2 Gegenstand nicht erwähnt

- Didyma A9: Für die Stephanephoren von Kyzikos
- Didyma App7: Für einen *hieropoios* aus Kamiros
- Didyma App41: Mehrere Orakel für Rhodos

App 2 Orakel in fiktiven Kontexten

App 2.1 Aitiologische Mythen

Verweise

- Didyma 57: Für Lyrkos, Sohn des Phoroneus, über Nachkommenschaft: aitiologischer Mythos der karischen Stadt Kaunos
  (*Haupteintrag:* 4.1 Privatkonsultationen/Res domesticae: Lebensperspektiven)
- Didyma 59: Neileus, Gründer Milets in der Ionischen Kolonisation
  (*Haupteintrag:* 2.1 Res publicae: Stadtgründung, Kolonisation)
- Didyma 60: Für König Leodamas von Milet über die Dedikation einer Kriegsgefangenen aus Karystos nach Didyma: aitiologischer Mythos des Genos der Euangeliden in Milet
  (*Haupteintrag:* 3.5 Res divinae: Dedikationen)

App 2.2 Romane

- Klaros App12: Xenophon, *Ephesiaka*: Orakel für die Eltern des Liebespaares über die Ursache der Krankheit ihrer Kinder
- Didyma 61: Apuleius, *Metamorphosen*: Orakel für den Vater der Psyche über ihre Heirat

App 3 Nicht klassifizierte Orakel

- Didyma 37: Orakeltest des Kroisos

5.3 Fontenroses Klassifikationsschemata für Orakelantworten

Bezugsstellen:
Fontenrose, *Delphic oracle*: 7-9. 13-20. 25f. 36-38. 39-41. 177-180
ders., *Didyma*: 87-92

1 Grundkategorien

H	Historical	Bezeugung durch Zeitgenossen (authentisch oder unecht)
Q	Quasi-historical	Bezeugung durch eine spätere Quelle: Das Orakel wird von der Quelle außerhalb der eigenen Lebenszeit datiert, jedoch nach 800 v. Chr. (authentisch oder unecht)
L	Legendary	Situierung durch Quelle in mythischer Zeit (vor 800 v. Chr.) oder zeitlos
F	Fictitious	Zu literarischen Zwecken frei erfundene Orakelantworten

2 »Modes of expression in responses«

A	*Simple commands*	
A1	»Clear commands and instructions«	
A2	»Sanctions«:	ein bereits bestehender Plan o.ä. wird vom Orakel gutgeheißen
A3	»Ambigous and obscure commands and instructions«:	»the command is either obscurely expressed or, if seemingly clear, so phrased that the consultant misunderstands and either does the wrong thing or is in danger of doing so«
B	*Conditioned commands:*	»the oracular command is made contingent upon a future event: the enquirer must act when such and such happens or is met or is seen«
C	*Prohibitions and warnings*	
C1	»Clear prohibitions and warnings«	
C2	»Ambigous and obscure prohibitions and warnings«	

D	*Statements on past or present*	
D1	»Commonplace statements of past or present fact«:	»truths known to everyone, as proverbs, or statements of actual or alleged fact that anyone might make«
D2	»Extrordinary statements of past or present fact«:	»revelations ... of hidden knowledge, events and facts that the speaker could not know without clairvoyant or other superhuman powers«
E	*Simple future statements*	
E1	»Non-predictive future assertions«:	etwa »promises or statements of intention ... expressed in the future tense«
E2	»Clear predictions«	
E3	»Ambiguous and obscure predictions«:	»predictions may be expressed in obscure terms or, if seemingly clear, they may intend something other than what they appear to say and so mislead the recipients«
F	*Conditioned predictions*	»predictions made contingent on some future occurrence or upon the consultant's encountering a specified object or situation«

Unter den »historical responses« in Delphi erscheinen A3, B, C2, E3, D2, F nicht; sie sind hingegen typisch für »legendary« und »fictional responses«.

3 »Topics of responses«

1 Res divinae
1a Cult foundations
1b Sacrifices, offerings
1c Human sacrifice
1d Religious laws, customs

2 Res publicae (et militares)
2a Rulership
2b Legislation
2c City/colony foundations
2d Interstate relations
2e War

3 Res domesticae et profanae
3a Birth, origin
3b Marriage, sex relations, offspring
3c Death, burial
3d Careers, professions
3e Actions, events
3f Rewards, punishments
3g Persons, agents
3h Means, signs
3i Places, lands
3j Gnomic utterances

4 »Question formulae«

	Formel	*Erläuterungen*	*Beispiele*
1	»Shall I do X?«	Meist in 1. Pers. sg./pl. fut. or coni., auch unpers.	»Τὴν ἀνάθεσιν ποιησώμεθα;« »Μετάλλατόν τι;«
2	»How shall I do X?«	Oft mit πῶς und Verb in 1. Pers. sg./pl. o. unpers., »expecting information on the means of carrying out a contemplated action«	»Πῶς ἂν καθέλθοιμεν;« »Πῶς τιμωρήσομαί τινα;«
3 (*)	»How shall I have/become X?«	Durchgehend bezügl. Kinderwunsches; meist mit 3. Pers. von γίγνεσθαι/εἶναι u. Personalpron. 1.sg. dat.	»Πῶς ἐμοὶ ἔσονται παῖδες;«
4	»What shall/should I do? How shall/should I act?«	Oft mit τί o. πῶς m. Verb in 1. Pers. sg./pl. o. unpers., »expecting information on how to meet an emergency/problem/danger«	»Τί χρὴ πράττειν;« »Πῶς ἂν ἀπαλλαγείην;«
5	»What should I do or say to please the gods?«		Aeschyl. Prom. 665f.: »Τί χρὴ δρῶντ' ἢ λέγοντα δαίμοσιν πράσσειν φίλα;« L 64: »Πῶς ἂν ἱλασαίμην ὑμᾶς;«
6	»Who or what is the cause of X?«		»Δία τί γίνεται;« »Τίς ἐμποδίζει;«
7 (*)	»Who were X?«	Immer in der Form »Wer waren meine/die Eltern?«	»Τίς εἰμι καὶ τίνος υἱός;«
8	»Whom shall I/we choose? Who should or will be chosen?«	Mit τίς o. πότερος u. fut. von Verben wie κρίνειν, λαμβάνειν, ποιεῖσθαι	»Τίνας ποιησόμεθα συμμάχους;«
9	»Where shall I go/find X/settle?«	Ποῦ o. ποῖ m. Verb in 1. Pers. sg./pl. o. unpers.	»Ποῦ κατοικήσω;« »Ποῦ δεῖ πλεῖν;«
10	»Shall I succeed in X?«		Didyma 20: »Εἰ ἐνδόξως ὡς πάντοτε ἀπαλλάξει ἔν τε τοῖς ἀκρωνύχοις καὶ τῇ ταυροδιδαξίᾳ καὶ εἰ ἐνδόξως ὑπηρετήσει«
11	»What is the truth about X?«	»Information about persons, events, principles sought«	»Ἔστι τις σοφώτερος;«, »Ποῦ κεχώρηκεν;«; Didyma 22: »Τί τὸ τοιοῦτο καὶ εἰ ἐπ' αἰσίῳ;«;

	Formel	*Erläuterungen*	*Beispiele*
12	Request		Didyma 31: »δεῖταί σου καὶ τῆς ... προσαγορεύσεως αὐτόν σε νομοθέτην γενέσθαι«
13 (*)	Statement	Ausschließlich in Doppelfragen (nur L, selten in Q)	L 63 = PW 290 (als zweite Frage): »τούτῳ πεισθέντας ἀτυχῆσαι;«, implizit also: »Dieser Bescheid hat sich schon einmal als ungünstig erwiesen. Wieso sollen wir ihm jetzt vertrauen?«[1]; L 64 = PW 291 (als erste Frage): »We have met misfortune«, implizite Fortsetzung: »Was ist der Grund hierfür?« (= 6)[2]
14	»Is it better for me to do X?«	Bescheide, die mit λῷον καὶ ἄμεινον beginnen, antworten auf diese Frageformel, die in der Antwort oft wiederholt wird. – »Plainly the form of request for a sanction« – Häufigste Form in H, 14 x in Delphi, 12 x in Didyma.	»εἰ λῷον καὶ ἄμεινόν ἐστι/ἔσται (καὶ νῦν καὶ εἰς τὸ ἔπειτα χρόνον) ἐμοὶ/ἡμῖν ποιοῦντι/ποιοῦσιν/ποιεῖν κτλ.;«
15 (*)	»What is better for me to do?«	Abwandlung von 14, »to ask for information rather than a sanction«. Eine Unterform ist die Disjunktivfrage des Typs 14: »Is it better to do X or Y?«, da hier ebenfalls nach Information statt nach Sanktionierung gefragt wird.	»Τί ἂν ἐμοί ... εἴη λῷον καὶ ἄμεινον (ποιοῦντι);« Vgl. H 54 = PW 427: »πότερον αὐτῷ λῷον καὶ ἄμεινον ἐστιν αἰτήσασθαι τὰν πόλιν ἐν τῷ ἐπινοεῖ τόπῳ ἐν τῷ τοῦ Ἀπόλλωνος τοῦ Ἀσγελάτα ὥστε ναὸν τᾶς Ἀφροδίτας οἰκοδομῆσαι καὶ ἦμεν δαμόσιον ἢ ἐν τῷ ἱερῷ τοῦ Ἀσκλαπίου ἐν ᾧ ἐπινοεῖ τόπῳ;«

1 Vgl. Apollod. 2,172 ᾐτιᾶτο λέγων τούτῳ πεισθέντας ἀτυχῆσαι; Oenom. fr. 4,20f. Hammerstaedt (= Eus. PE 5,20,3). Voraus geht die erste Frage mit »question formula« 2 und die Antwort des Gottes in »mode« A3. In der zweiten Antwort kritisiert Apollon die vorherige Unverständigkeit der Konsultanten mit dem Vorwurf, sie hätten Nachfragen zum Verständnis unterlassen.

2 Darauf folgt: Aufklärung durch den Gott, zweite Frage mit »question formula« 5 und Antwort in »mode« A1 mit »topic« 1a.

	Formel	*Erläuterungen*	*Beispiele*
16 (*)	»To what god(s) shall I sacrifice and/or pray?«	Erstaunlicherweise nicht in Didyma, aber auch nur 3 x in Delphi (H).	»Τίνι θεῷ/θεῶν θύων καὶ εὐχόμενος κάλλιστα καὶ ἄριστα ποιήσω;« »Τίνι ἂν θεῷ θύοντι ἢ εὐχομένῳ εἴη ἐπὶ τὸ ἄμεινον;«
17	(Keine Frage)	Spontane Antwort der Gottheit, bevor der Konsultant eine Frage gestellt hat	

(*) = nach Fontenrose, *Didyma* 87-92, nicht in Didyma bezeugt

5 »Occasions of consultation«

Die quantifizierenden Angaben der rechten Spalten beziehen sich auf die »legendary responses« und »historical responses« des delphischen Corpus (nach Fontenrose, *Delphic oracle* 41): 150 L, 55 H (jeweils = 100%)

	Art	*Anteil L/H in %*		*Rangliste L/H*	
		L	H	L	H
1	Seuche, Hungersnot, Dürre, Naturkatastrophen	27,3	1,8	1	6
2	Individuelles Leiden	6,0	-	5	7
3	Exil, Verlust der Heimat, Kriegsgefangenschaft; sonstiger Zwang, den Lebensort zu verlassen	10,7	3,6	3	5
4	Vergehen Dritter	2,7	-	9	7
5	Eigenes Vergehen	4,7	1,8	6	6
6	Krieg, *casus belli*	13,3	10,9	2	3
7	Vorzeichen, Prodigien	4,7	5,5	6	4
8	Fragen der Herrschaft	4,0	1,8	7	6
9	Wohlfahrt der Polis/des Staates	1,3	5,5	11	4
10	Wunsch/Plan einer Stadt-/Koloniegründung	7,3	3,6	4	5
11	Kinderwunsch	4,7	1,8	6	6
12	Heiratswunsch	1,3	-	11	7
13	Schwangerschaft der Ehefrau/einer anderen Frau, Wunsch, die Zukunft des Kindes zu kennen	0,7	-	12	7
14	Wunsch, seine Herkunft zu erfahren bzw., wer die eigenen Eltern waren	2,0	1,8	10	6
15	Tod von Angehörigen/Freunden	0,7	1,8	12	6
16	Verlust eines Objekts	1,3	-	11	7
17	Erwägung einer Unternehmung/einer bestimmten persönlichen Zukunft, Karriere	2,0	1,8	10	6
18	Wunsch nach Belohnung	1,3	-	11	7

19	Prüfung des Orakels	0,7	-	12	7
20	Kult für Götter; Wunsch, Götter zu ehren/versöhnen/ erfreuen	3,3	27,3	8	1
21	Kultische Probleme (etwa: Soll heiliges Land für Bebauung freigegeben werden? Wie kann die Unverletztheit eines Heiligtums bewahrt werden?)	-	16,4	13	2
22	Zwischenstaatliche Beziehungen	-	10,9	13	3
23	Auskunftswunsch	-	1,8	13	6
24	Wohlfahrt der Familie	-	1,8	13	6

Zur Auswertung von »Occasions«

Die vier häufigsten Anlässe in L: (1) Seuche/Hungersnot, (2) Krieg, (3) Exil/Gefangenschaft, (4) Stadtgründung

Die vier häufigsten Anlässe in H: (1) Kult für bestimmte Götter, (2) Kultische Probleme, (3) Zwischenstaatliche Beziehungen bzw. Krieg, (4) Vorzeichen

Nicht vertreten in L: Kultische Probleme; zwischenstaatliche Beziehungen; Wunsch nach Auskunft; Wohlfahrt der Familie

Nicht vertreten in H: individuelles Leiden; Vergehen Dritter; Heiratswunsch; Schwangerschaft/Zukunft des Kindes; Verlust; Wunsch nach Belohnung; Prüfung des Orakels

Zu einigen Angaben in der Spalte »Anteil in %«:

Für L bedeuten: 2,0% = 3 Fälle; 1,3% = 2 Fälle; 0,7% = 1 Fall

Für H bedeuten: 5,5% = 3 Fälle; 3,6% = 2 Fälle; 1,8% = 1 Fall

- Seuche/Hungersnot/Naturkatastrophen und individuelle Leiden sind besonders häufig in L (33,3%), dagegen äußerst selten in H (nur 1 Fall).
- Umgekehrt ist der Bereich ›Kult für Götter‹ unterrepräsentiert in L (3,3%), steht aber an erster Stelle in H (27,3%). Religiöse Fragen insgesamt (Formel 20 und 21) machen über 43% in H aus, jedoch nur gut 3% in L (wo Formel 21 gar nicht vertreten ist).
- Bei den Anlässen Krieg und Vorzeichen finden sich ähnlich hohe Anteile in L und H.
- Mehr als die Hälfte von H verteilt sich auf religiöse und politische Fragen, die andere Hälfte kreist um Krieg, Vorzeichen, Wohlfahrt der Stadt.
- Die vier häufigsten Anlässe in L sind nur mit einem Anteil von einem Fünftel in H vertreten.
- Die vier häufigsten Anlässe in H sind nur mit einem Anteil von knapp einem Viertel in L repräsentiert.

Vergleich mit Didyma

In Didyma sind folgende Anlässe häufig vertreten (in absteigender Reihenfolge; H,Q,L zusammengerechnet):

20 Kult für bestimmte Götter (10 H)
21 Kultische Probleme (5 H, 4 Q)
7 Vorzeichen (4 H, 1 Q)
9 Wohlfahrt der Stadt (4 H) und 6 Krieg (3 Q, 1 L)

In Didyma nicht vertreten: 2 ›Individuelle Leiden‹, 4 ›Vergehen Dritter‹, 5 ›Eigenes Vergehen‹, 8 ›Fragen der Herrschaft‹, 13 ›Schwangerschaft‹, 14 ›Herkunft/Eltern‹, 16 ›Verlust‹, 18 ›Wunsch nach Belohnung‹, 23 ›Auskunftswunsch‹, 24 ›Wohlfahrt der Familie‹.

Die religiösen Anlässe (20 und 21) machen unter H und Q in Didyma 57%, in Delphi 43% aus; in beiden Kulten bilden sie zusammengenommen die stärkste Gruppe in H/Q. Nimmt man noch 7 ›Vorzeichen‹ hinzu, ergeben sich sogar 72% in Didyma und immerhin 49% in Delphi. Hier wie dort folgen in der Häufigkeit die politischen Anlässe; in Didyma: 9 ›Wohlfahrt der Stadt‹ (4 x); 6 ›Krieg‹, (3 x); 22 ›Zwischenstaatliche Beziehungen‹ (2 x); in Delphi: 6 ›Krieg‹ (6 x); 22 ›Zwischenstaatliche Beziehungen‹ (6 x); 9 ›Wohlfahrt der Stadt‹ (3 x).

6 Bausteine der Versorakel

A *Salutation to the consultants*

B *Restatement of the question*
Variante 1: Die Botschaft wiederholt nur die Frage, ohne darauf aufzubauen (typisch in Q/L); Variante 2: Die Frage wird als Voraussetzung der nachfolgenden Weisung wieder aufgenommen (in H).

C *Assertion of mantic authority*

D *Condition precedent*
Gehört zu den »modes of expression« B ›Conditioned commands‹ und F ›Conditioned predictions‹ und bezeichnet »the sign of fulfillment/the time of action/the critical event«; meist in Form eines Konditional-, Temporal- oder "bis daß"-Satzes, ggf. auch in einer Partizipialphrase oder in einer direkten Aussage.

E *Message*

F *Explication*
Begründung, Rechtfertigung, Erklärung der Weisung; ggf. weiterer Ausbau der Botschaft (»expansion«); meist mit einer begründenden Konjunktion eingeleitet (γάρ, ἐπεί). Auch in gnomischer Form (die Weisung wird etwa mit einem Aphorismus beschlossen). Die Rechtfertigung kann auch in der mit der Botschaft verbundenen Absicht des Gottes liegen (vgl. Didyma 45,11: Kult für »die Helferin« Artemis).

Beliebige Rekombinationen und Verbindungen dieser Bausteine kommen vor; E und F sind fast durchweg vorhanden.

6 Literatur

6.1 Orakeltexte

Klaros (mit Nummer): Eintrag im Katalog der Orakeltexte aus Klaros: Kap. 5.1.1, S. 571-577 (siehe auch: Hinweise zur Benutzung, S. 17)

Didyma (mit Nummer): Eintrag im Katalog der Orakeltexte aus Didyma: Kap. 5.1.2, S. 578-592 (siehe auch: Hinweise zur Benutzung, S. 17)

Merkelbach/Stauber: Reinhold Merkelbach/Josef Stauber: Die Orakel des Apollon von Klaros. Epigraphica Anatolica 27 (1996) 1-54. [Wieder in: R.M.: Philologica: ausgewählte Kleine Schriften. Hg. v. Wolfgang Blümel u.a. Stuttgart/Leipzig: Teubner, 1997: 155-218]. (Die Zählung von Merkelbach/Stauber ist für die Corpuseinträge hier übernommen).

Fontenrose, Didyma: Joseph Fontenrose: Didyma: Apollo's oracle, cult, and companions. Berkeley usw.: Univ. of California Pr., 1988: 177-244 (die Zählung des Katalogs von Fontenrose ist für die Corpuseinträge hier übernommen).

Robinson, Theological Oracles: Thomas Lonzo Robinson: Theological oracles and the sanctuaries of Clarus and Didyma. [In 2 Bden.] Diss. (masch.-schr.) Harvard Univ., Cambridge, Ma. 1981.

Somolinos, Oraculos: Juan Rodríguez Somolinos: Los oraculos de Claros y Didima: edicion y comentario. Diss. Universidad Complutense de Madrid, Facultad de Filología, Sección de Filología Clásica, 1991.

Busine, Paroles: Aude Busine: Paroles d'Apollon: pratiques et traditions oraculaires dans l'Antiquité tardive (IIe - VIe siècles). Religions of the Graeco-Roman world 156. Leiden: Brill, 2005: 445-462 (nur Katalog mit bibliographischen Angaben, keine Texte).

PW bzw. *Parke/Wormell:* Herbert William Parke/Donald Ernest Wilson Wormell: The Delphic oracle. 2: The oracular responses. Oxford: Blackwell, 1956. – Wird mit der Nummer des Eintrags zitiert.

Fontenrose H..., Q..., L..., F...: Joseph Fontenrose: The Delphic oracle: its responses and operations: with a catalogue of responses. Berkeley usw.: Univ. of California Pr., 1978: 240-416 (nur Übersetzungen bzw. Paraphrasen). – Wird mit Sigle und Nummer des Eintrags zitiert: H = »Historical Responses«; Q = »Quasi-historical Responses«; L = »Legendary Responses«; F = »Fictional Responses«; vgl. zuvor Kap. 5.3, S. 606.

6.2 Epigraphische Quellen

Berichtsorgane:

AnnÉp: L'Année épigraphique. Paris: Presses Univ. de France, 1888–. (Bis 1961 Beilage zur *Revue archéologique*, seither selbständig ersch.; wird mit Jahrgang und Nummer des Eintrags zitiert.)

Bull. ép.: Jeanne u. Louis Robert: Bulletin épigraphique, Revue des Études Grecques 51 (1938) - 97 (1984). Separat in 10 Bänden nachgedr., Paris: Belles Lettres, 1972-1987. – Fortgeführt von Philippe Gauthier u.a., ebd. 100 (1987) –. (Wird mit Jahrgang und Nummer des Eintrags zitiert.)

EBGR: Angelos Chaniotis u.a.: Epigraphic Bulletin of Greek Religion, in: Kernos 4 (1991)– (= EBGR 1987–). (Wird mit Berichtsjahr und Nummer des Eintrags sowie ergänzend mit Jahrgang und Seitenzahl der Zeitschrift *Kernos* zitiert.)

Quellen:

Die Abkürzungen der Inschriftencorpora der Orte und Regionen folgen grundsätzlich der Form, die sich in der epigraphischen und althistorischen Literatur eingebürgert hat. Zur Auflösung dieser Siglen und für hier nicht aufgeführte sonstige Corpora wird verwiesen auf:

François Bérard u.a.: Guide de l'épigraphiste: bibliographie choisie des épigraphies antiques et médiévales. 3ème édition entièrement refondue. Bibliothèque de l'École normale supérieure: Guides et inventaires bibliographiques 6. Paris: Éds. Rue d'Ulm, 2000. – Supplemente im Internet: http://www.antiquite.ens.fr/txt/dsa-publications-guideepigraphiste-fr.htm.

Supplementum Epigraphicum Graecum: Consolidated index for volumes XXXVI-XLV (1986-1995) edited by Johan H.M. Strubbe. Amsterdam: Gieben, 1999: 677-688.

Supplementum Epigraphicum Graecum 53 (2003). Leiden: Brill, 2006: xix-xix.

Ager, Interstate arbitrations: Sheila L. Ager: Interstate arbitrations in the Greek world 337-90 B.C. Hellenistic culture and society 18. Berkeley: Univ. of California Pr., 1996.

Alpers/Halfmann, Suppl. Ephesium (PHI # 7): Michael Alpers/Helmut Halfmann: Supplementum Ephesium. Hamburg: Univ. Hamburg, 1995. In: PHI # 7.

Barth/Stauber, Mysien-Troas (PHI # 7): Matthias Barth/Josef Stauber: Inschriften Mysien und Troas. Leopold Wenger Institut, Ludwig-Maximilians-Univ. München 1993. In: PHI # 7. [Ohne die Inschriften aus Pergamon.]

Benndorf/Niemann, Reisen: Otto Benndorf/George Niemann: Reisen im südwestlichen Kleinasien 1: Reisen in Lykien und Karien. Wien: Gerold, 1884.

Blinkenberg, Prêtres de Poseidon Hippios: Christian Blinkenberg: Lindiaka 6: Les prêtres de Poseidon Hippios: études sur une inscription lindienne. Kongelige Danske Videnskabers Selskab, Arkaeologisk-kunsthistoriske meddelelser 2,2. Kopenhagen: Levin & Munksgaard, 1937.

Bosnakis/Hallof, Inschriften aus Kos 2: Dimitris Bosnakis/Klaus Hallof: Alte und neue Inschriften aus Kos 2. Chiron 35 (2005) 219-272.

Bricault, RICIS: Laurent Bricault: Recueil des inscriptions concernant les cultes isiaques (RICIS). 3 Bde. Mémoires de l'Académie des Inscriptions et Belles-Lettres, N.S. 31. Paris: Inst. de France, 2005.

CCCA: Marten J. Vermaseren: Corpus cultus Cybelae Attidisque. Études préliminaires aux religions orientales dans l'Empire romain 50. 7 Bde. Leiden: Brill, 1977-1989.

CIG: August Boeckh u.a.: Corpus inscriptionum Graecarum. 4 Bde. Berlin: Reimer, 1828-1877.

CISem.: Corpus inscriptionum semiticarum. 5 Teile [Teil 3 nicht ersch.]. Paris: Académie des Inscriptions et Belles-Lettres, 1881-1962.

DGEEP: Eduard Schwyzer: Dialectorum Graecorum exempla epigraphica potiora. Leipzig: Teubner, 1923.

FD: Fouilles de Delphes. 3: Épigraphie. Bisher 6 Bde (m. Teilbänden). Paris: de Boccard, 1911–.

Guarducci, Epigrafia greca 4: Margherita Guarducci: Epigrafia greca. 4: Epigrafi sacre pagane e cristiane. Rom: Ist. Poligrafico dello Stato, 1978.

GIBM: Charles T. Newton (Hg.): The collection of ancient Greek inscriptions in the British Museum. 4 Bde in 6 Teilbänden. Oxford: Clarendon Pr., 1874-1916.

Herzog, Heilige Gesetze: Rudolf Herzog: Heilige Gesetze von Kos. Abhandlungen der Preußischen Akademie der Wissenschaften, Philosophisch-Historische Klasse 1928,6. Berlin: Verlag der Akademie der Wissenschaften, 1928.

Hierapolis 1/2: s. 6.4 Forschungsliteratur

I.Cos: William R. Paton/Eward L. Hicks: The inscriptions of Cos. Oxford: Clarendon Pr., 1891.

Iscr. di Cos: Mario Segre: Iscrizioni di Cos. 2 Bde. Monografie della Scuola archeologica di Atene e delle Missioni italiane in Oriente 6. Rom: »L'Erma« di Bretschneider, 1993.

I.Cilicie: Gilbert Dragon/Denis Feissel: Inscriptions de Cilicie. Collège de France, Travaux et mémoires du Centre de recherche d'histoire et civilisation de Byzance, Monographies 4. Paris: de Boccard, 1987.

I.Cret.: Maria Guarducci: Inscriptiones Creticae. 4 Bde. Rom: Libr. dello Stato, 1935-1950.

I.Delos: Inscriptions de Délos. 7 Bde. Paris: Champion [u.a.], 1926-1972.

I.Delphes: Corpus des inscriptions de Delphes. Paris: Boccard, 1977–.

I.Didyma: Theodor Wiegand: Didyma. 2: Die Inschriften. Von Albert Rehm. Hg. v. Richard Harder. Berlin: Mann, 1958. (Kommentare zitiert als: Rehm, mit Seitenangabe.)

IG: Inscriptiones Graecae. Berlin: Reimer [später: de Gruyter], 1873–.

IGBulg: Georgi Mihailov: Inscriptiones Graecae in Bulgaria repertae. 5 Bde. Sofia: Acad. litt. Bulgarica, 1958-1997.

IGLSyr: Inscriptions grecques et latines de la Syrie. Bibliothèque archéologique et historique. Beirut/Paris: Institut français d'archéologie de Beyrouth [später: Institut français d'archéologie du Proche-Orient], 1929–.

IGRom: René Cagnat u.a.: Inscriptiones Graecae ad res Romanas pertinentes. Bd. 1, 3 und 4. [Bd. 2 nicht ersch.] Paris: Académie des Inscriptions et Belles-Lettres, 1906-1927.

I.Hierapolis: Walther Judeich: Inschriften. In: Altertümer von Hierapolis. Jahrbuch des Kaiserlich Deutschen Archäologischen Instituts, Ergänzungsheft 4. Berlin: Reimer, 1898.

I.Lindos: Christian Blinkenberg/Karl F. Kinch: Lindos: Fouilles et recherches 1902-1914. 2,1-2: Inscriptions. Par C.B., en grande partie d'après les copies de K.F.K. Berlin: de Gruyter, 1941.

IK: Inschriften griechischer Städte aus Kleinasien. Bonn: Habelt, 1972–. (Die einzelnen Bände werden in der sonst für Ortscorpora üblichen Weise zitiert: also *I.Ephesos* usw.)

I.Milet: Theodor Wiegand u.a.: Milet: Ergebnisse der Ausgrabungen und Untersuchungen seit dem Jahr 1899. Berlin: Reimer [später: de Gruyter], 1906–. [Im folgenden werden die Herausgeber der Inschriften genannt, die jeweils als Teil der Gesamtveröffentlichung erschienen sind:] Bd. 1: Bauwerke in Milet. Heft 2: C. Fredrich: Das Rathaus von Milet (1908). Heft 3: A. Rehm: Das Delphinion in Milet (1914). Heft 5: H. Dessau: Das Nymphaeum (1919). Heft 6: A. Rehm: Der Nordmarkt und der Hafen an der Löwenbucht (1922). Heft 7: A. Rehm: Der Südmarkt und die benachbarten Bauanlagen (1924). Heft 9: A. Rehm: Thermen und Palaestren (1928). – Bd. 2, Heft 3: A. Rehm: Die Stadtmauern (1935). – Bd. 6: P. Herrmann (Heft 3: mit W. Günther/N. Ehrhardt): Inschriften von Milet. 3 Teile. 1997-2006. – Die mit den Grabungsberichten publizierten Inschriften wurden von Anfang an kontinuierlich gezählt; diese Zählung ist bei der Publikation der Inedita ab Milet 6,2 weitergeführt worden. Sie wird hier in der Form *I.Milet* ... wiedergegeben und mit Band- und Seitenangabe der Erstveröffentlichung und ggf. des Wiederabdrucks in Milet 6,1 ergänzt, etwa: I.Milet 204 (Milet 1,7,299 = 6,1,31). Die älteren Hefte der Milet-Publikation weisen teilweise eine doppelte (selbständige und kontinuierliche) Paginierung auf; hier wird auf die selbständige Paginierung eines Heftes Bezug genommen.

I.Mus.Leyden: Harry W. Pleket: The Greek inscriptions in the Rijksmuseum van Oudheden at Leyden. Leiden: Brill, 1958.

IOSPE: Vasilij V. Latysev: Inscriptiones antiquae orae septentrionalis Ponti Euxini Graecae et Latinae. Bde. 1, 2 und 4. [Bd. 3 nicht ersch.] St. Petersburg: Kaiserl. Russ. Archäol. Dienst, 1885-1901.

Jaccottet, Choisir Dionysos: Jaccottet, Anne-Françoise: Choisir Dionysos: les associations dionysiaques ou la face cachée du dionysisme. 2: Documents. Akanthus crescens 6. Zürich: Akanthus, 2003.

Jameson u.a., Lex sacra from Selinous: Michael H. Jameson/David R. Jordan/Roy D. Kotansky: A *lex sacra* from Selinous. Greek, Roman, and Byzantine Monographs 11. Durham, N.C.: Duke Univ. Pr., 1993.

Kaibel: Georg Kaibel: Epigrammata Graeca ex lapidibus conlecta. Berlin: Reimer, 1878.

Knibbe, Prytaneion: Dieter Knibbe: Der Staatsmarkt: Die Inschriften des Prytaneions. Die Kureteninschriften und sonstige religiöse Texte. Forschungen in Ephesos 9,1,1. Wien: Verlag der Österreichischen Akademie der Wissenschaften, 1981.

Laum, Stiftungen: Bernhard Laum: Stiftungen in der griechischen und römischen Antike: ein Beitrag zur antiken Kulturgeschichte. 2 Bde. Berlin/Leipzig: Teubner, 1914.

Lazzarini, Formule delle dediche votive: Maria Letizia Lazzarini: Le formule delle dediche votive nella Grecia arcaica. Memorie dell'Accademia nazionale dei Lincei, Classe di scienze morali, storiche e filologiche 8,19,2. Rom: Accademia nazionale dei Lincei, 1976.

Le Bas/Waddington: Philippe Le Bas: Voyage archéologique en Grèce et en Asie mineure. 3: ders./William H. Waddington: Inscriptions grecques et latines recueillies en Grèce et en Asie mineure. 2 Bde. Paris: Firmin-Didot, 1870.

Lhôte, Dodone: Eric Lhôte: Les lamelles oraculaires de Dodone. École Pratique des Hautes Études, IVe Section, Sciences Historiques et Philologiques, 3: Hautes Études du monde gréco-romain 36. Genf: Droz, 2006.

LSAM: Franciszek Sokolowski: Lois sacrées de l'Asie mineure. École Française d'Athènes, Travaux et mémoires des anciens membres étrangers de l'École et de divers savants, 9. Paris: Boccard, 1955.

LSS: ders.: Lois sacrées des cités grecques. Supplément. École Française d'Athènes, Travaux et mémoires ...11. Paris: Boccard, 1962.

LSCG: ders.: Lois sacrées des cités grecques. École Française d'Athènes, Travaux et mémoires ... 18. Paris: Boccard, 1969.

Lupu, NGSL: Eran Lupu: Greek sacred law: a collection of new documents (NGSL). Religions in the Graeco-Roman world 152. Leiden: Brill, 2005.

MAMA: Monumenta Asiae minoris antiqua. London/Manchester: Manchester Univ. Pr., 1928–.

McCabe, [Ortsname] (PHI # 7): Donald F. McCabe u.a.: Inscriptions of Ionia/Inscriptions of Caria (Repertoria). The Princeton Project on the inscriptions of Anatolia, Institute for Advanced Study, Princeton 1983-1991. In: PHI # 7.

Meiggs/Lewis: Russel Meiggs/David M. Lewis: A selection of Greek historical inscriptions to the end of the fifth century B.C. Oxford: Clarendon Pr., ^{2}1988.

Michel, Recueil: Charles Michel: Recueil d'inscriptions grecques. 2 Bde. Brüssel: Lamertin, 1900-1927. [Ndr.: Subsidia epigraphica 4, Hildesheim: Olms, 1976.]

OGIS: Wilhelm Dittenberger: Orientis Graeci Inscriptiones Selectae. 2 Bde. Leipzig: Hirzel, 1903-1905.

Peek, Grabgedichte: Werner Peek: Griechische Grabgedichte. Schriften und Quellen der Alten Welt 7. Berlin: Akademie-Verlag, 1960.

–, *GV:* ders.: Griechische Versinschriften. 1: Die Grabepigramme. [Mehr nicht ersch.] Berlin: Akademie-Verlag, 1955. (Zu benutzen mit der Rez. v. Louis Robert, Gnomon 31 (1959) 1-30 = ders., OMS 3, 1640-1669.)

–, *Milesische Versinschriften:* ders.: Milesische Versinschriften. Zeitschrift für Papyrologie und Epigraphik 7 (1971) 193-228.

PHI # 7: PHI Documentary CD # 7: Greek Documentary Texts (Inscriptions and Papyri). The Cornell Greek Epigraphy Project/Packard Humanities Institute, Los Altos, Ca. 1996. – Als laufend aktualisierte und um weitere Ortscorpora ergänzte Online-Ressource: Searchable Greek inscriptions: a scholarly tool in progress (SGI). Ithaca/New York: Cornell University; Columbus: Ohio State University. http://epigraphy.packhum.org/inscriptions.

Pleket, Epigraphica 1/2: Harry W. Pleket: Epigraphica. 1: Texts on the economic history of the Greek world. Textus minores 31. Leiden: Brill, 1964. 2: Texts on the social history of the Greek world. Textus minores 41. Ebd. 1969.

Prott/Ziehen: Johann von Prott/Ludwig Ziehen: Leges Graecorum sacrae e titulis collectae. 2 Bde. Leipzig: Teubner, 1896-1906.

Rehm (m. Seitenzahl)*:* s. *I.Didyma.*

Rigsby, Asylia: s. 6.4 Forschungsliteratur; die Zeugnisse werden mit Seitenzahl und Nr. des Corpuseintrags zitiert.

Sammelbuch: Sammelbuch griechischer Urkunden aus Ägypten. Begr. v. Friedrich Preisigke. Straßburg: Trübner, 1915–. [Teilweise: Berlin: de Gruyter; Wiesbaden: Harrassowitz.]

SEG: Supplementum Epigraphicum Graecum, Leiden: Sijthoff [später: Alphen aan den Rijn/Germantown, Md.: Sijthoff & Noordhoff; Amsterdam: Gieben; Leiden/Boston: Brill], 1923–. (Wird mit Bandzahl und Nr. der Inschrift zitiert.)

SGDI: Herrmann Collitz/Friedrich Bechtel: Sammlung der griechischen Dialektinschriften. 4 Bde. Göttingen: Vandenhoeck & Ruprecht, 1884-1915.

SGO: Reinhold Merkelbach/Josef Stauber: Steinepigramme aus dem griechischen Osten. 5 Bde. Stuttgart/Leipzig: Teubner [ab Band 2: München/Leipzig: Saur], 1998-2004.

Sherk, Documents: Robert K. Sherk: Roman documents from the Greek East: Senatus consulta and epistulae to the age of Augustus. Baltimore: Johns Hopkins Pr., 1969.

Staatsverträge: Hatto H. Schmitt: Die Staatsverträge des Altertums. Bd. 2: Die Verträge der griechisch-römischen Welt von 700 bis 338 v. Chr., von Hermann Bengston. Bd. 3: Die Verträge der griechisch-römischen Welt von 338 bis 200 v. Chr. München: Beck, 1962-1969. (Wird mit Nr. des Corpuseintrags zitiert.)

Syll.³: Wilhelm Dittenberger: Sylloge inscriptionum Graecarum. 3. Aufl. bearb. v. Friedrich Hiller von Gärtringen u.a. 4 Bde. Leipzig: Hirzel, 1915-1924. [2. Aufl. in 3 Bden ebd. 1898-1901; zitiert als *Syll.²*]

TAM: Tituli Asiae minoris. Wien: Hölder [später: Verlag der Österreichischen Akademie der Wissenschaften], 1901–.

Testament des Epikrates: Peter Herrmann/Kemal Ziya Polatkan: Das Testament des Epikrates und andere neue Inschriften aus dem Museum von Manisa. Sitzungsberichte der Österreichischen Akademie der Wissenschaften, Philosophisch-historische Klasse, 265,1. Wien: Böhlau, 1969.

TitCalym: Mario Segre: Tituli Calymnii. Annuario della Scuola Archeologica di Atene 22-23 = n.s. 6-7 (1944-1945). Bergamo: Ist. Italiano d'arti grafiche, 1952.

TitCamir: ders./Giovanni Pugliese Caratelli: Tituli Camirenses. Annuario della Scuola Archeologica di Atene 27-29 = n.s. 11-13 (1949-1951) 141-318.

Totti, Isis und Sarapis: Totti, Maria: Ausgewählte Texte der Isis- und Sarapis-Religion. Subsidia epigraphica 12. Hildesheim: Olms, 1985.

Vidman, SIRIS: Ladislaus Vidman: Sylloge inscriptionum religionis Isiacae ed Sarapiacae. Religionsgeschichtliche Versuche und Vorarbeiten 28. Berlin/New York: de Gruyter, 1969.

Welles, Royal Correspondance: Charles Bradford Welles: Royal correspondance in the Hellenistic period: a study in Greek epigraphy. New Haven: Yale Univ. Pr., 1934

6.3 Referenzwerke

ANRW: Hildegard Temporini/Wolfgang Haase (Hg.): Aufstieg und Niedergang der römischen Welt: Geschichte und Kultur Roms im Spiegel der neueren Forschung. 2 Teile. Berlin/New York: de Gruyter, 1972–.

BMC: A catalogue of the Greek coins in the British Museum. London: Longmans, 1873-1924. [Ndr.: Bologna: Forni, 1963-1988.] (Die Bände werden nach Fundregionen zitiert.)

Burkert, GR: Walter Burkert: Griechische Religion der archaischen und klassischen Epoche. Religionen der Menschheit 15. Stuttgart: Kohlhammer, 1977.

–, HN: ders.: Homo necans: Interpretationen altgriechischer Opferriten und Mythen. Religionsgeschichtliche Versuche und Vorarbeiten 32. Berlin/New York: de Gruyter, 1972.

Denniston, Greek particles: John D. Denniston: The Greek particles. Oxford: Clarendon Pr., ²1954.

Deubner, Feste: Ludwig Deubner: Attische Feste. Berlin: Keller, 1932. ²Wien: Schroll; Berlin: Akademie-Verl., 1966.

Gruppe, Griech. Mythol. u. Religionsgesch.: Otto Gruppe: Griechische Mythologie und Religionsgeschichte. Handbuch der Altertumswissenschaft 5,2,1-2. München: Beck, 1906.

Head, HN: Barclay V. Head: Historia numorum: a manual of Greek numismatics. Oxford: Clarendon Pr., ²1911.

HrwG: Hubert Cancik/Burkhard Gladigow/Matthias Laubscher [ab Bd. 3: Karl-Heinz Kohl] (Hg.): Handwörterbuch religionswissenschaftlicher Grundbegriffe. 5 Bde. Stuttgart: Kohlhammer 1988-2001.

Imhoof-Blumer, Kleinasiatische Münzen: Friedrich Imhoof-Blumer: Kleinasiatische Münzen. 2 Bde. Sonderschriften des Österreichischen Archäologischen Instituts in Wien 1/3. Wien: Hölder, 1901-1902.

Kienast, Kaisertabelle²: Dietmar Kienast: Römische Kaisertabelle: Grundzüge einer römischen Kaiserchronologie. Darmstadt: Wissenschaftliche Buchgesellschaft, ²1996.

Leumann, Homerische Wörter: Manu Leumann: Homerische Wörter. Schweiz. Beitr. z. Altertumswiss. 3. Basel: Reinhardt, 1950.

LIMC: Jean-Charles Balty u.a.: Lexion iconographicum mythologiae classicae. 9 Bde [mit je 2 Teilbänden] Zürich: Artemis, 1981-1999. (Wird mit Bandangabe und Katalognummer zitiert.)

Magie, RRAM: David Magie: Roman Rule in Asia Minor to the end of the third century after Christ. 2 Bde. Princeton: Princeton Univ. Pr., 1950.

Münsterberg, Beamtennamen: Rudolf Münsterberg: Die Beamtennamen auf den griechischen Münzen, geographisch und alphabetisch geordnet, Wien 1911-1927. – Ndr. als: Subsidia epigraphica 3, Hildesheim: Olms, 1985 [Zuerst: Numismatische Zeitschrift N.F. 4, 1911, 69-132; 5, 1912, 1-111; 7, 1914, 1-98; 20, 1927, 42-112].

Nilsson, Feste: Martin Persson Nilsson: Griechische Feste von religiöser Bedeutung mit Ausschluß der attischen. Leipzig: Teubner, 1906. [Ndr. mit einer Einführung von Fritz Graf: Stuttgart/Leipzig: Teubner, 1995].

Nilsson, GGR: Martin Persson Nilsson: Geschichte der griechischen Religion. Handbuch der Altertumswissenschaft 5,2. Bd. 1: Bis auf die griechische Weltherrschaft. München: Beck, ³1967. Bd. 2: Die hellenistische und römische Zeit. Ebd. ²1955.

NP: Helmut Cancik/Helmuth Schneider/Manfred Landfester (Hg.): Der Neue Pauly: Enzyklopädie der Antike. 16 Bde. Stuttgart/Weimar: Metzler, 1996-2003.

OCD³: Simon Hornblower/Antony Spawforth (Hg.) The Oxford Classical Dictionary. Oxford: Oxford Univ. Pr., ³1996. [Durchges. Ndr. ebd. 2003.]

Pfuhl/Möbius: Ernst Pfuhl/Hans Möbius: Die ostgriechischen Grabreliefs. 2 Bde. Mainz: v. Zabern, 1977-1979.

PIR²: Prosopographia Imperii Romani saeculi I, II, III. Editio altera. Berlin: de Gruyter, 1933–.

Pritchett, War 3: William Kendrick Pritchett: The Greek state at war. 3: Religion. Berkeley usw.: Univ. of California Pr., 1979.

Risch, Wortbildung: Ernst Risch: Wortbildung der homerischen Sprache. Berlin: de Gruyter, ²1974.

Roscher: Wilhelm Heinrich Roscher (Hg.): Ausführliches Lexikon der griechischen und römischen Mythologie. Leipzig: Teubner 1884-1937.

Schwyzer, Griech. Gramm.: Eduard Schwyzer: Griechische Grammatik. 4 Bde. Handbuch der Altertumswissenschaft 2,1,1-4. München: Beck, 1939-1971 [Bd. 4, Stellenregister: ebd. ²1994].

SNG: Sylloge nummorum Graecorum. [Nach Ländern, in denen die Sammlungen aufbewahrt werden, und Sammlungen: unterschiedliche Verlagsorte und Verlage.] (Wird mit dem Namen der Sammlung, ggf. auch des Landes, zitiert.)

Stahl, Syntax: Johann Matthias Stahl: Kritisch-historische Syntax des griechischen Verbums der klassischen Zeit. Indogermanische Bibliothek 1,1,4. Heidelberg: Winter, 1907. [Ndr. Hildesheim: Olms, 1965].

ThesCRA: Jean-Charles Balty u.a.: Thesaurus cultus et rituum antiquorum. 5 Bde. Los Angeles: Getty Museum, 2004-2005.

Tresp, Kultschriftsteller: Alois Tresp: Die Fragmente der griechischen Kultschriftsteller. Religionsgeschichtliche Versuche und Vorarbeiten 15,1. Gießen: Töpelmann, 1914.

6.4 Forschungsliteratur

Auf die hier aufgeführten Arbeiten wird nur in der Kurzform verwiesen. Alle übrige zitierte Literatur ist an Ort und Stelle in der vollständigen Form angegeben.

Amandry, Mantique apollinienne: Pierre Amandry: La mantique apollinienne à Delphes: essai sur le fonctionnement de l'oracle. Paris: de Boccard, 1950.

Anatolian studies Ramsay: William H. Buckler/William M. Calder (Hg.): Anatolian Studies presented to Sir William Mitchell Ramsay. Publ. of the University of Manchester 160. Manchester/London: Manchester Univ. Pr., 1923.

Athanassiadi, Fate: Polymnia Athanassiadi: The fate of oracles in late antiquity: Didyma and Delphi. Δελτ. Χριστιανικῆς Ἀρχαιολογικῆς Ἑταιρείας 4,15 (1989-1990) 271-278.

Baldus, Gesandtschaftsreise: Hans Roland Baldus: Die Gesandtschaftsreise des Poplas: zu einem ungewöhnlichen Münztyp Milets unter Commodus. Chiron 15 (1985) 187-196.

Baumgarten, Heiliges Wort: Roland Baumgarten: Heiliges Wort und Heilige Schrift bei den Griechen: Hieroi Logoi und verwandte Erscheinungen. ScriptOralia 110. Reihe A: Altertumswissenschaftliche Reihe 26. Tübingen: Narr, 1998.

Baus, Kranz: Karl Baus: Der Kranz in Antike und Christentum: eine religionsgeschichtliche Untersuchung mit besonderer Berücksichtigung Tertullians. Theophaneia 2. Bonn: Hanstein, 1940 [Ndr. 1965].

Beard, Writing and religion: Mary Beard: Writing and religion: »ancient literacy« and the function of the written word in Roman religion. Question: What was the role of writing in Graeco-Roman paganism? In: dies. u.a.: Literacy in the Roman world. Journal of Roman Archaeology Suppl. Series 3. Ann Arbor: Journal of Roman Archaeology, 1994: 35-58.

Behrwald, Lykischer Bund: Ralf Behrwald: Der Lykische Bund: Untersuchungen zu Geschichte und Verfassung. Antiquitas 1,48. Bonn: Habelt, 2000.

Belayche, Nomothètes: Nicole Belayche: Les dieux ›nomothètes‹: oracles et prescriptions religieuses à l'époque romaine impériale. Revue de l'histoire des religions 224 (2007) 171-191.

–/Rüpke, Divination: dies./Jörg Rüpke: Divination et révélation dans les mondes grec et romain: Présentation. Revue de l'histoire des religions 224 (2007) 139-147.

Bendlin, Heilige Schriften: Andreas Bendlin: Wer braucht Heilige Schriften? Die Textbezogenheit der Religionsgeschichte und das ›Reden über die Götter‹ in der griechisch-römischen Antike. In: Christoph Bultmann u.a. (Hg.): Heilige Schriften: Ursprung, Geltung und Gebrauch. Münster: Aschendorff, 2005: 205-228. 251-254.

–, Kausalität: ders.: Kausalität. In: HrwG 3: 345-356.

–, Nutzen: ders.: Vom Nutzen und Nachteil der Mantik: Orakel im Medium von Handlung und Literatur in der Zeit der Zweiten Sophistik. In: Dorothee Elm von der Osten/Jörg Rüpke/Katharina Waldner (Hg.): Texte als Medium und Reflexion von Religion im Römischen Reich. Potsdamer Altertumswissenschaftliche Beiträge 14. Stuttgart: Steiner, 2006: 159-207.

Berti, Scavi italiani: Fede Berti u.a.: Arslantepe, Hierapolis, Iasos, Kyme: scavi archeologici italiani in Turchia. Venedig: Marsilio, 1993.

Birley, Marcus Aurelius: Anthony R. Birley: Marcus Aurelius: a biography. London: Batsford, ^{2}1987.

Boffo, Centri religiosi: Laura Boffo: I re ellenistici e i centri religiosi dell'Asia minore. Pubblicazioni della Facoltà di Lettere e Filosofia dell'Università di Pavia 37. Florenz: Nuova Italia Editrice, 1985.

van Bremen, Limits of participation: Riet van Bremen: The limits of participation: women and civic life in the Greek East in the Hellenistic and Roman periods. Dutch Monographs on Ancient History and Archaeology 15. Amsterdam: Gieben, 1996.

Bremmer, Modi di comunicazione: Jan N. Bremmer: Modi di comunicazione con il divino: la preghiera, la divinazione e il sacrificio nella civiltà greca. In: Salvatore Settis (Hg.): I Greci: storia, cultura, arte, società. 1: Noi e i Greci. Turin: Einaudi, 1996: 239-283.

–, *Status:* ders.: The status and symbolic capital of the seer. In: Robin Hägg (Hg.): Religion in the early Greek polis: Proceeding of the Third International Seminar on ancient Greek cult, organised by the Swedish Institute at Athens, 16-18 october 1992. Skrifter utgivna av Svenska Institutet i Athen, Ser. in-8°, 14. Stockholm: Svenska Institutet i Athen (Komm. Åström, Jonsered), 1996: 97-109.

van den Broek, Apollo: Roelof van den Broek: Apollo in Asia: de orakels van Clarus en Didyma in de tweede en derde eeuw na Chr. Rede uitgesproke bij de aanvaarding van het ambt van bijzonder hoogleraar in de godsdienstgeschiedenis van hel hellenisme aan de Rijksuniversiteit te Utrecht op Woensdag 18. November 1981. Bijl.: Het orakel van Oinoanda. Leiden: Brill, 1981.

Bruneau, Recherches: Philippe Bruneau: Recherches sur les cultes de Délos à l'époque hellénistique et à l'époque impériale. Bibliothèque des Écoles françaises d'Athènes et de Rome 217. Paris: Boccard, 1970.

Buresch, Klaros: Karl Buresch: Klaros: Untersuchungen zum Orakelwesen des späteren Altertums. Leipzig: Teubner, 1889. [Ndr. Aalen: Scientia, 1979].

Burkert, Antike Mysterien: Walter Burkert: Antike Mysterien: Funktionen und Gehalt. München: Beck, [3]1994.

–, *Artemis der Epheser:* ders.: Die Artemis der Epheser: Wirkungsmacht und Gestalt einer Großen Göttin. In: Herwig Friesinger/Friedrich Krinzinger (Hg.): 100 Jahre Österreichische Forschungen in Ephesos: Akten des Symposions Wien 1995. Textband. Archäologische Forschungen. Österreichische Akademie der Wissenschaften, Philosophisch-historische Klasse, Denkschriften 260. Wien: Verlag der Österreichischen Akademie der Wissenschaften, 1999: 59-70.

–, *Divination:* ders.: Divination: Mantik in Griechenland (m. Beitr. v. Fritz Graf und Émilio Suárez della Torre). In: ThesCRA 3: 1-51.

–, *Epiphany:* ders.: From epiphany to cult statue: early Greek *theos*. In: Alan B. Lloyd (Hg.): What is a god? Studies in the nature of Greek divinity. London: Duckworth; Swansea: Classical Pr. of Wales, 1997: 15-34.

–, *Frömmigkeit:* ders.: »Mein Gott?« Persönliche Frömmigkeit und unverfügbare Götter. In: Hubert Cancik/Hermann Lichtenberger/Peter Schäfer (Hg.): Geschichte – Tradition – Reflexion: Festschrift für Martin Hengel zum 70. Geburtstag. Bd. 2: Griechische und römische Religion. Hg. v. Hubert Cancik. Tübingen: Mohr, 1996: 3-14.

–, *Kulte des Altertums:* ders.: Kulte des Altertums: biologische Grundlagen der Religion. München: Beck, 1998. [Überarb. Ausg. v.: ders.: Creation of the sacred: tracks of biology in early religions. Cambridge, Ma.: Harvard Univ. Pr., 1996.]

–, *Oedipus:* ders.: Oedipus, oracles, and meaning: from Sophocles to Umberto Eco. The Samuel James Stubbs Lecture Series. Toronto: Univ. College, 1991.

–, *Olbia:* ders.: Olbia and Apollo of Didyma: a new oracle text. In: Jon Solomon (Hg.): Apollo: origins and influences. Tucson, Ariz./London: Univ. of Arizona Pr., 1994: 49-60. 145-147.

–, *Purification at Selinous:* ders.: Private needs and polis acceptance: purification at Selinous. In: Pernille Flensted-Jensen/Thomas Heine Nielsen/Lene Rubinstein (Hg.): Polis and politics: studies in the ancient Greek city state and Greek democracy: presented to Mogens Herman Hansen on his sixtieth birthday, August 20, 2000. Kopenhagen: Museum Tusculanum Pr., 2000: 207-216.

–, *Signs:* ders.: Signs, commands, and knowledge: ancient divination between enigma and epiphany. In: Johnston/Struck, Mantikê: 29-49.

–, *Wilder Ursprung:* ders.: Wilder Ursprung: Opferritual und Mythos bei den Griechen. Kleine Kulturwissenschaftliche Bibliothek 22. Berlin: Wagenbach, 1990.

Busine, Consultation: Aude Busine: La consultation de l'oracle d'Apollon dans le discours de Jamblique. Kernos 15 (2002) 187-198.

–, *Paroles:* s. 6.1 Orakeltexte

–, *Officials:* dies.: The officials of oracular sanctuaries in Roman Asia minor. Archiv für Religionsgeschichte 8 (2006) 175-216.

Carettoni, Tempio di Apollo: Gianfilippo Carettoni: Scavo del tempio di Apollo a Hierapolis: rapporto preliminare. Annuario della Scuola Archeologica di Atene 41-42 = n.s. 25-26 (1963-1964) 411-433.

Ceylan/Ritti, Dedication: Ali Ceylan/Tullia Ritti: A new dedication of Apollo Kareios. Epigraphica Anatolica 28 (1998) 57-67.

Chaniotis, Historiker: Angelos Chaniotis: Historie und Historiker in den griechischen Inschriften: epigraphische Beiträge zur griechischen Historiographie. Heidelberger Althistorische Beiträge und Epigraphische Studien 4. Wiesbaden: Steiner, 1988.

–, *Negotiating religion:* ders.: Negotiating religion in the cities of the eastern Roman Empire. Kernos 16 (2003) 177-190. [Dt.: Das Bankett des Damas und der Hymnos des Sosandros: öffentlicher Diskurs über Rituale in den griechischen Städten der Kaiserzeit. In: Dietrich Harth/Gerritt Jasper Schenk (Hg.): Ritualdynamik: kulturübergreifende Studien zur Theorie und Geschichte rituellen Handelns. Heidelberg: Synchron, 2004: 291-304.]

–, *Ritual dynamics:* ders.: Ritual dynamics in the eastern Mediterranean: case studies in ancient Greece and Asia minor. In: William V. Harris (Hg.): Rethinking the Mediterranean. Oxford: Oxford UP, 2005: 141-166.

–/*Chiai, Religiöse Kommunikation:* ders./Gian Franco Chiai: Die Sprache der religiösen Kommunikation im römischen Osten: Konvergenz und Differenzierung. In: Jörg Rüpke (Hg.): Antike Religionsgeschichte in räumlicher Perspektive: Abschlußbericht zum Schwerpunktprogramm 1080 der Deutschen Forschungsgemeinschaft »Römische Reichsreligion und Provinzialreligion«. Tübingen: Mohr, 2007: 117-124.

Cook, Zeus: Arthur Bernard Cook: Zeus: a study in ancient religion. 3 Bde. Cambridge: Cambridge Univ. Pr., 1914-1940.

Crahay, Littérature oraculaire: Roland Crahay: La littérature oraculaire chez Hérodote. Bibliothèque de la Faculté de Philosophie et Lettres de l'Université de Liège 138. Paris: Belles Lettres, 1956.

Curty, Parentés légendaires: Olivier Curty: Les parentés légendaires entre cités grecques: catalogue raisonné des inscriptions contenant le terme συγγένεια et analyse critique. École Pratique des Hautes Études, IVe Section, Sciences Historiques et Philologiques, 3: Hautes Études du monde gréco-romain 20. Genf: Droz, 1995.

D'Andria, Hierapolis: Francesco D'Andria: Hierapolis of Phrygia (Pamukkale): an archaeological guide. Ancient cities of Anatolia 5. Istanbul: Ege Yayinlan, 2003.

Deacy/Villing, Athena: Susan Deacy/Alexandra Villing (Hg.): Athena in the classical world. Leiden: Brill, 2001.

Debord, Aspects sociaux: Pierre Debord: Aspects sociaux et économiques de la vie religieuse dans l'Anatolie gréco-romaine. Études préliminaires aux religions orientales dans l'Empire romain 88. Leiden: Brill, 1982.

Delphes cent ans après la Grande Fouille: Annie Jacquemin (Hg.): Delphes cent ans après la Grande Fouille: essai de bilan. Actes du Colloque international organisé par l'École Française d'Athènes, Athènes-Delphes, 17-20 septembre 1992. Bulletin de Correspondance Hellénique Suppl. 36: Athen: École Française/Paris: de Boccard, 2000.

Detienne, Apollon: Marcel Detienne: Apollon, le couteau à la main: une approche expérimentale du polythéisme grec. Paris: Gallimard, 1998.

–, *Tracés de fondation:* ders. (Hg.): Tracés de fondation. Bibliothèque de l'École Pratique des Hautes Études, Sciences religieuses 93. Paris/Louvain: Peeters, 1990.

Dignas, Economy of the sacred: Beate Dignas: Economy of the sacred in Hellenistic and Roman Asia minor. Oxford: Oxford Univ. Pr., 2002.

–, *Verkauf von Priestertümern:* dies.: ›Auf seine Kosten kommen‹: ein Kriterium für Priester? Zum Verkauf von Priestertümern im hellenistischen Kleinasien. In: Gudrun Heedemann/Engelbert Winter (Hg.): Neue Forschungen zur Religionsgeschichte Kleinasiens: Elmar Schwertheim zum 60. Geburtstag gewidmet. Asia minor Studien 49. Bonn: Habelt, 2003: 27-40.

Dillon, Pilgrimage: Matthew P.J. Dillon: Pilgrims and pilgrimage in ancient Greece. London/New York: Routledge, 1997.

Dittmann-Schöne, Berufsvereine: Imogen Dittmann-Schöne: Die Berufsvereine in den Städten des kaiserzeitlichen Kleinasiens. Theorie und Forschung 690: Geschichte 10. Regensburg: Roderer, 2001.

Drew-Bear/Lebek, Oracle at Miletus: Thomas Drew-Bear/Wolf-Dieter Lebek: An oracle of Apollo at Miletus. Greek, Roman and Byzantine Studies 14 (1973) 65-73.

Duncan-Jones, Impact: Richard P. Duncan-Jones: The impact of the Antonine plague. Journal of Roman Archaeology 9 (1996) 108-136.

Eck, Euergetismus: Werner Eck: Der Euergetismus im Funktionszusammenhang der kaiserzeitlichen Städte. In: Michel Christol/Olivier Masson (Hg.): Actes du Xe Congrès international d'épigraphie grecque et latine, Nîmes, 4-9 octobre 1992. Histoire ancienne et médiévale 42. Paris: Publ. de la Sorbonne, 1997: 305-331.

–, *Öffentlichkeit:* ders.: Öffentlichkeit, Monument und Inschrift. In: XI Congresso internazionale di epigrafia greca e latina, Roma, 18-24 settembre 1997. Atti. Bd. 2. Rom: Quasar, 1999: 55-75.

Ehrhardt, Milet: Norbert Ehrhardt: Milet und seine Kolonien: vergleichende Untersuchungen der kultischen und politischen Einrichtungen. Europäische Hochschulschriften 3,206. Frankfurt a. M. usw.: Lang, ^{2}1988.

–*/Günther, Orakelinschriften:* ders./Wolfgang Günther: Funde aus Milet 15: Neue Orakelinschriften. Archäologischer Anzeiger 2002, 47-57.

–*/Weiß, Kaiserbriefe:* ders./Peter Weiß: Trajan, Didyma und Milet: neue Fragmente von Kaiserbriefen und ihr Kontext. Chiron 25 (1995) 315-355.

Faraone, Trojan horses: Christopher A. Faraone: Talismans and Trojan horses: guardian statues in ancient Greek myth and ritual. New York/Oxford: Oxford Univ. Pr., 1992.

–, *Binding:* ders.: Binding and burying the forces of evil: the defensive use of ›voodoo dolls‹ in ancient Greece. Classical antiquity 10 (1991) 165-205.

–*/Obbink, Magika hiera:* ders./DirkObbink (Hg.): Magika hiera: ancient Greek magic and religion. New York: Oxford Univ. Pr., 1991.

Fehrle, Keuschheit: Eugen Fehrle: Die kultische Keuschheit im Altertum. Religionsgeschichtliche Versuche und Vorarbeiten 6. Gießen: Töpelmann, 1910.

Ferrary, Chronologie: Jean-Louis Ferrary: Les mémoriaux de délégations du sanctuaire oraculaire de Claros et leur chronologie. Comptes rendus de l'Académie des Inscriptions et Belles-Lettres 2005, 719-765.

–*/Verger, Contribution:* ders./Stephane Verger: Contribution à l'histoire du sanctuaire de Claros à la fin du IIe et au Ier siècle av. J.-C.: l'apport des inscriptions en l'honneur des Romains et des fouilles de 1994-1997. Comptes rendus de l'Académie des Inscriptions et Belles-Lettres 1999, 811-850.

Flashar, Klaros: Martin Flashar: Panhellenische Feste und Asyl: Parameter lokaler Identitätsstiftung in Klaros und Kolophon (Klaros-Studien 3). Klio 81 (1999) 412-436.

Fleischer, Artemis von Ephesos: Robert Fleischer: Artemis von Ephesos und verwandte Kultstatuen aus Anatolien und Syrien. Études préliminaires aux religions orientales dans l'Empire romain 35. Leiden: Brill, 1973.

Fontenrose, Delphic oracle: s. 6.1 Orakeltexte

–, *Didyma:* s. 6.1 Orakeltexte

Frei, Götterkulte Lykiens: Peter Frei: Die Götterkulte Lykiens in der römischen Kaiserzeit. ANRW 2,18,3 (1990) 1729-1864.

Gauthier, Symbola: Philippe Gauthier: Symbola: les étrangers et la justice dans les cités grecques. Annales de l'Est: Mémoire 42. Nancy, 1972.

–, *Bienfaiteurs:* ders.: Les cités grecques et leurs bienfaiteurs. Bull. de Correspondance Hellénique, Suppl. 12. Paris: Boccard/Athen: École française d'Athènes, 1985.

Geertz, Interpretation: Clifford Geertz: The interpretation of cultures: selected essays. New York: Basic Books, 1973.

–, *Local knowledge:* ders.: Local knowledge: further essays in interpretive anthropology. New York: Basic Books, 1983.

–, *Thick description:* ders.: Thick description: toward an interpretive theory of culture. In: ders., Interpretation: 3-30.

de la Genière, Bilan: Juliette de la Genière: Claros, bilan provisoire de dix campagnes de fouilles. Revue des études anciennes 100 (1998) 235-268.

Georgoudi, Porte-parole: Stella Georgoudi: Les porte-parole des dieux: réflexions sur le personnel des oracles grecs. In: Sibille e linguaggi oracolari: 315-365.

Gilliam, Plague: James Frank Gilliam: The plague under Marcus Aurelius. American Journal of Philology 82 (1961) 225-251. [Wieder in: ders.: Roman army papers. Mavors 2. Amsterdam: Gieben, 1986: 227-254.]

Gladigow, Angst: Burkhard Gladigow: Konkrete Angst und offene Furcht: am Beispiel des Prodigienwesens in Rom. In: Heinrich von Stietencron (Hg.): Angst und Gewalt: ihre Präsenz und ihre Bewältigung in den Religionen. Düsseldorf: Patmos, 1979: 61-77.

–, *Χρῆσθαι θεοῖς:* ders.: Χρῆσθαι θεοῖς: Orientierungs- und Loyalitätskonflikte in der griechischen Religion. In: Christoph Elsas/Hans Gerhard Kippenberg (Hg.): Loyalitätskonflikte in der Religionsgeschichte: Festschrift für Carsten Colpe. Würzburg: Königshausen & Neumann, 1990: 237-251.

–, *Öffentlichkeit:* ders.: Struktur der Öffentlichkeit und Bekenntnis in polytheistischen Religionen. In: Hans Gerhard Kippenberg/Guy Stroumsa (Hg.): Secrecy and concealment: studies in the history of Mediterranean and Near Eastern religions. Studies in the history of religions 65. Leiden: Brill, 1995: 17-35.

–, *Kompetenz:* ders.: Erwerb religiöser Kompetenz: Kult und Öffentlichkeit in den klassischen Religionen. In: Gerhard Binder/Konrad Ehlich (Hg.): Religiöse Kommunikation: Formen und Praxis vor der Neuzeit. Stätten und Formen der Kommunikation im Altertum 6. Bochumer Altertumswissenschaftliche Colloquien 26. Trier: Wissenschaftlicher Verlag Trier, 1997: 103-118.

–, *Ordnung der Rituale:* ders.: Sequenzierung von Riten und die Ordnung der Rituale. In: Michael Stausberg (Hg.): Zoroastrian rituals in context. Numen Book Series 102. Leiden/Boston: Brill, 2004: 57-76.

Graf, Bois sacrés: Fritz Graf: Bois sacrés et oracles en Asie Mineure. In: Les bois sacrés: actes du Colloque internional organisé par le Centre Jean Bérard et l'École Pratique des Hautes Études (Ve Section), Naples, 23-25 Novembre 1989. Coll. du Centre Jean Bérard 10. Neapel: Centre Jean Bérard, 1993: 23-29.

–, *Eigensinn der Götterbilder:* ders.: Der Eigensinn der Götterbilder in antiken religiösen Diskursen. In: Gottfried Boehm (Hg.): Homo pictor. Colloquium Rauricum 7. München/Leipzig: Saur, 2001: 227-243.

–, *Divination:* ders.: Divination/Mantik. In: Die Religion in Geschichte und Gegenwart: Handwörterbuch für Theologie und Religionswissenschaft. Bd. 2. Tübingen: Mohr, ⁴1999: 884-886.

–, *Gottesnähe und Schadenzauber:* ders.: Gottesnähe und Schadenzauber: die Magie in der griechisch-römischen Antike. München: Beck, 1996.

–, *Heiligtum:* ders.: Heiligtum und Ritual: das Beispiel der griechisch-römischen Asklepieia. In: Le sanctuaire grec. Entretiens Fondation Hardt 37 (1990). Vandœuvres/Genf: Fond. Hardt, 1992: 159-199.

–, *How to cope:* ders.: How to cope with a difficult life: a view of ancient magic. In: Peter Schäfer/Hans Gerhard Kippenberg (Hg.): Envisioning magic: a Princeton seminar and symposium. Studies in the history of religions 75. Leiden usw.: Brill, 1997: 93-114.

–, *Image:* ders.: The oracle and the image: returning to some oracles from Clarus. Zeitschrift für Papyrologie und Epigraphik 160 (2007) 113-119.

–, *Libation:* ders.: Milch, Honig und Wein: zum Verständnis der Libation im griechischen Ritual. In: Perennitas: studi in onore di Angelo Brelich. Rom: Ateneo, 1980: 209-221.

–, *Lokrische Mädchen:* ders.: Die lokrischen Mädchen. Studi storico-religiosi 2,1 (1978) 61-79. [Wieder als: The Locrian maidens. In: Richard Buxton (Hg.): Oxford readings in Greek religion. Oxford: Oxford Univ. Pr., 2000: 250-270].

–, *Magic and divination* ders.: Magic and divination. In: David R. Jordan/Hugo Montgomery/ Einar Thomassen (Hg.): The world of ancient magic: Papers from the First International Samson Eitrem Seminar at the Norwegian Institute at Athens, 4-8 may 1997. Papers from the Norwegian Institute at Athens 4. Bergen: The Norwegian Inst. at Athens (Komm. Åströms, Jonsered), 1999: 283-298.

–, *Nordionische Kulte:* ders.: Nordionische Kulte: religionsgeschichtliche und epigraphische Untersuchungen zu den Kulten von Chios, Erythrai, Klazomenai und Phokaia. Bibliotheca Helvetica Romana 21. Rom: Istituto Svizzero di Roma, 1985.

–, *Oracle against pestilence:* ders.: An oracle against pestilence from a western Anatolian town. Zeitschrift für Papyrologie und Epigraphik 92 (1992) 267-279.

–, *Pompai:* ders.: Pompai in ancient Greece: some considerations about space and ritual in the Greek polis. In: Robin Hägg (Hg.): The role of religion in the early Greek polis: Proceedings of the Third International Seminar on ancient Greek cult, org. by the Swedish Institute at Athens, 16-18 october 1992. Skrifter utg. av Svenska Institutet i Athen, Ser. in-8°, 14. Stockholm: Svenska Institutet i Athen (Komm. Åström, Jonsered), 1996: 55-65.

–, *Power of the word:* ders.: The power of the word in the Graeco-Roman world. In: Simone Beta (Hg.): La potenza della parola: destinatari, funzioni, bersagli: atti del convegno di studi, Siena, 7-8 maggio 2002. I quaderni del ramo d'oro 6. Siena: Univ. degli studi/Fiesole: Cadmo, 2004: 79-100.

–, *Rolling the dice:* ders.: Rolling the dice for an answer. In: Johnston/Struck, Mantikê: 51-97.

–, *Trick or treat:* ders.: Trick or treat? On collective epiphanies in antiquity. In: Divine epiphanies in the ancient world. Illinois Classical Studies 17 (2004) 111-130.

–, *Umzüge:* ders.: Umzüge und Prozessionen: Raum und Religion in der griechisch-römischen Antike. In: ders./Erik Hornung (Hg.): Wanderungen. Eranos N.F. 3. München: Fink, 1995: 82-112.

–, *Zeichenkonzeptionen:* ders.: Zeichenkonzeptionen in der Religion der griechischen und römischen Antike. In: Roland Posner/Klaus Robering/Thomas A. Sebeok (Hg.): Semiotik: ein Handbuch zu den zeichentheoretischen Grundlagen von Natur und Kultur. 1. Teilbd. Handbücher zur Sprach- und Kommunikationswissenschaft 13,1. Berlin/New York: de Gruyter, 1997: 939-958.

Günther, Orakel von Didyma: Wolfgang Günther: Das Orakel von Didyma in hellenistischer Zeit: eine Interpretation von Stein-Urkunden. Istanbuler Mitteilungen, Beiheft 4. Tübingen: Wasmuth, 1971.

–, *Selbstdarstellung:* ders.: »Unsterbliche Kränze«: zur Selbstdarstellung milesischer Propheten in didymeischen Inschriftendenkmälern, Chiron 33 (2003) 447-457.

Hasluck, Cyzicus: Frederick William Hasluck: Cyzicus. Cambridge: Cambridge Univ. Press, 1910.

Haussouiller, Milet: Bernard Haussouiller: Études sur l'histoire de Milet et du Didymeion. Paris: Bouillon, 1902.

Henrichs, Megaron: Albert Henrichs: *Megaron* im Orakel des Apollon Kareios. Zeitschrift für Papyrologie und Epigraphik 4 (1969) 31-37.

–, *Sacrifice as to the immortals:* ders.: Sacrifice as to the immortals: modern classifications of animal sacrifice and ritual distinctions in the *lex sacra* from Selinous. In: Robin Hägg/Britta Alroth (Hg.): Greek sacrificial ritual, Olympian and chthonian: Proceedings of the Sixth International Seminar on ancient Greek cult, organized by the Department of Classical Archaeology and Ancient History, Göteborg University, 25-27 April 1997. Skrifter utg. av Svenska Institutet i Athen, Ser. in-8°, 18. Stockholm: Svenska Institutet i Athen/Sävedalen: Komm. Åström, 2005: 47-60.

–, *Writing religion:* ders.: Writing religion: inscribed texts, ritual authority, and the religious discourse of the polis. In: Harvey Yunis (Hg.): Written texts and the rise of literate culture in ancient Greece. Cambridge: Cambridge Univ. Pr. 2003: 38-58.

Herda, Apollon Delphinios: Alexander Herda: Apollon Delphinios, das Prytaneion und die Agora von Milet: neue Forschungen. Archäologischer Anzeiger 2005, 243-294.

–, *Molpoi-Satzung:* ders.: Der Apollon-Delphinios-Kult in Milet und die Neujahrsprozession nach Didyma: ein neuer Kommentar der sog. Molpoi-Satzung. Milesische Forschungen 4. Mainz: v. Zabern, 2006.

Herrmann, Athena Polias: Peter Herrmann: Athena Polias in Milet. Chiron 1 (1971) 291-298.

Hierapolis 1: Tullia Ritti: Hierapolis: Scavi e ricerche. 1: Fonti letterarie ed epigrafiche. Archaeologica 53. Rom: G. Bretschneider, 1985.

Hierapolis 2: Francesco D'Andria/dies.: Hierapolis: Scavi e ricerche. 2: Le sculture del teatro. Archaeologica 54. Rom: G. Bretschneider, 1985.

Holleaux, Études: Maurice Holleaux: Études d'épigraphie et d'histoire grecques. 6 Bde. Paris: de Boccard, 1938-1968.

Hope/Marshall, Disease: Valerie M. Hope/Eireann Marshall (Hg.): Death and disease in the ancient city. London/New York: Routledge, 2000.

Horster, Weibliche Priesterämter: Marietta Horster: (Weibliche) Priesterämter in griechischen Städten: Bemerkungen zum Wandel in der Überlieferung. In: Lukas de Blois/Peter Funke/Johannes Hahn (Hg.): The impact of imperial Rome on religions, ritual and religious life in the Roman empire: Proceedings of the 5th Workshop of the international network Impact of Empire (Roman empire, 200 B.C.–A.D. 476), Münster, June 30–July 4,2004. Impact of Empire 5. Leiden/Boston: Brill, 2006: 197-207.

Hotz, Ritual discourse: Stephan Hotz: Ritual traditions in the discourse of the imperial period. In: Stavrianopoulou, Ritual and communication: 283-296.

Huber, Seuchenabwehr: Irene Huber: Rituale der Seuchen- und Schadensabwehr im Vorderen Orient und Griechenland: Formen kollektiver Krisenbewältigung in der Antike. Oriens et Occidens 10. Stuttgart: Steiner, 2005.

Johnston, Divining divination: Sarah Iles Johnston: Introduction: divining divination. In: dies./ Struck, Mantikê: 1-28.

–/Struck, Mantikê: dies./Peter T. Struck (Hg.): Mantikê: studies in ancient divination. Religions in the Graeco-Roman world 155. Leiden usw.: Brill, 2005.

Jones, Dedications: Christopher P. Jones: Ten dedications »To the gods and goddesses« and the Antonine plague. Journal of Roman Archaeology 18 (2005) 293-301.

–, Glykon: ders.: A follower of the god Glykon? Epigraphica Anatolica 30 (1998) 107-109.

–, Lucian: ders.: Culture and society in Lucian. Cambridge, Ma./London: Harvard Univ. Pr., 1986.

Jost, Cultes: Madeleine Jost: Cultes et sanctuaires d'Arcadie. Études péloponnésiennes 9. Paris: Vrin, 1985.

J. Robert, Klaros: Jeanne Robert: Klaros. In: Enciclopedia dell'arte antica classica e orientale. Suppl. 2, Teil 3: Habuba Kabira – Neoatticismo. Rom: Istituto della Enciclopedia Italiana, 1995: 195-197.

Kokkinia, Opramoas: Christina Kokkinia: Die Opramoas-Inschrift von Rhodiapolis: Euergetismus und soziale Elite in Lykien. Antiquitas 3,40. Bonn: Habelt, 2000.

Kuhlmann, Ammoneion: Klaus Peter Kuhlmann: Das Ammoneion: Archäologie, Geschichte und Kultpraxis des Orakels von Siwa. Mit einem Beitrag von William Brashear. Deutsches Archäologisches Institut, Abt. Kairo, Archäologische Veröffentlichungen 75. Mainz: v. Zabern, 1988.

Lane Fox, Pagans: Robin Lane Fox: Pagans and Christians. San Francisco: Harper Collins, 1986.

Langenstroer, Klaros: Michael Langenstroer: Das Orakelheiligtum des Apollon in Klaros. In: Oliver Brehm/ Sascha Klie (Hg.): Μουσικὸς ἀνήρ: Festschrift für Max Wegner zum 90. Geburtstag. Antiquitas 3,32. Bonn: Habelt, 1992: 243-258.

Latte, Orakel: Kurt Latte: Orakel. RE 18,1 (1939) 829-866. [Wieder in: ders.: Kleine Schriften zu Religion, Recht, Literatur und Sprache der Griechen und Römer. Hg. v. Olof Gigon, Wolfgang Buchwald, Wolfgang Kunkel. München: Beck, 1968: 152-192.]

Laumonier, Cultes indigènes: Alfred Laumonier: Les cultes indigènes en Carie. Bibliothèque des Écoles Françaises d'Athènes et de Rome 188. Paris, 1958.

Levin, Decline: Saul Levin: The old Greek oracles in decline. ANRW 2,18,2 (1989) 1599-1649.

Llyod, Disease: Geoffrey E.R. Lloyd: In the grip of disease: studies in the Greek imagination. Oxford: Oxford Univ. Pr., 2003.

Lücke, Syngeneia: Stephan Lücke: *Syngeneia*: epigraphisch-historische Studien zu einem Phänomen der antiken griechischen Diplomatie. Frankfurter althistorische Beiträge 5. Frankfurt a. Main: Clauss, 2000.

Marcone, Peste Antonina: Arnaldo Marcone: La peste Antonina: testimonianze e interpretazioni. Rivista storica italiana 114 (2002) 803-819.

Manetti, Discorso oracolare: Giovanni Manetti: Strategie del discorso oracolare: la scrittura. In: Sibille e linguaggi oracolari: 53-74.

–, *Linguaggio del dio:* ders.: Il linguaggio del dio: divinazione e comunicazione. In: Maurizio Bettini (Hg.): I signori della memoria e dell'oblio: figure della comunicazione nella cultura antica. Florenz 1996: 111-134.

Masson, Condamnés à mort: Olivier Masson: L'inscription d'Éphèse relative aux condamnés à mort de Sardes (I.Ephesos 2). REG 100 (1987) 225-239.

Merkelbach, Artemis von Koloe: Reinhold Merkelbach: Ein Orakel des Apollon für Artemis von Koloe. Zeitschrift für Papyrologie und Epigraphik 88 (1991) 70-72.

–, *Didymäisches Orakel:* ders.: Ein didymäisches Orakel. Zeitschrift für Papyrologie und Epigraphik 8 (1971) 93-96.

–, *Hieron:* ders.: Der Glanz der Städte Lykiens: die Festrede des Literaten Hieron (T.A.M. II 174). Epigraphica Anatolica 32 (2000) 115-125.

–/Schwertheim, Orakel des Ammon: ders./Elmar Schwertheim: Die Inschriften der Sammlung Necmi Tolunay in Bandirma (Teil 2): Das Orakel des Ammon für Kyzikos. Epigraphica Anatolica 2 (1983) 147-154.

–/Stauber: s. 6.1 Orakeltexte

Mirecki/Meyer, Magic and ritual: Paul Mirecki/Marvin Meyer (Hg.): Magic and ritual in the ancient world. Religions in the Graeco-Roman World 141. Leiden [usw.]: Brill, 2002.

Mitchell, Administration: Stephen Mitchell: The administration of Roman Asia from 133 BC to AD 250. In: Werner Eck (Hg.): Lokale Autonomie und römische Ordnungsmacht in den kaiserzeitlichen Provinzen vom 1. bis 3. Jahrhundert. Schriften des Historischen Kollegs 42. München: Oldenbourg, 1999: 17-46.

–, *Anatolia:* ders.: Anatolia: land, men, and gods in Asia minor. 1: The Celts in Anatolia and the impact of Roman rule. 2: The rise of the Church. Oxford: Clarendon Pr., 1993.

–, *Social change:* ders.: Greek epigraphy and social change: a study of the Romanization of southwest Asia minor in the third century A.D. In: XI Congresso internazionale di epigrafia greca e latina, Roma, 18-24 settembre 1997. Atti. Bd. 2. Rom: Quasar, 1999: 419-433.

–, *Theos Hypsistos:* ders.: The cult of Theos Hypsistos between pagans, Jews, and Christians. In: Polymnia Athanassiadi/Michael Frede (Hg.): Pagan monotheism in Late Antiquity. Oxford: Oxford UP 1999: 81-148.

Morgan, Divination: Catherine Morgan: Divination and society at Delphi and Didyma. Hermathena 147 (1989) 17-42.

Motschmann, Religionspolitik: Cornelius Motschmann: Die Religionspolitik Marc Aurels. Hermes Einzelschriften 88. Stuttgart: Steiner, 2002.

Müller, Volksbeschlüsse: Helmut Müller: Milesische Volksbeschlüsse: eine Untersuchung zur Verfassungsgeschichte der Stadt Milet in hellenistischer Zeit. Hypomnemata 47. Göttingen: Vandenhoeck & Ruprecht, 1976.

–, *Weihepigramm:* ders.: Ein neues hellenistisches Weihepigramm aus Pergamon. Chiron 19 (1989) 499-553.

Nilsson, Cults, myths, oracles: Martin Persson Nilsson: Cults, myths, oracles, and politics in ancient Greece. Skrifter utg. av Svenska Institutet i Athen, Ser. in 8°, 1. Lund: Gleerup, 1951.

–, *Dionysiac mysteries:* ders.: The Dionysiac Mysteries of the Hellenistic and Roman age. Skrifter utg. av Svenska Institutet i Athen, Ser. in 8°, 5. Lund: Gleerup, 1957.

–, *Opuscula selecta:* ders.: Opuscula selecta linguis Anglica, Francogallica, Germanica conscripta. 3 Bde. Skrifter utg. av Svenska Institutet i Athen, Ser. in 8°, 2,1-3. Lund: Gleerup, 1951-1960.

Nock, Attitudes: Arthur Darby Nock: Religious attitudes of the ancient Greeks. Proceedings of the American Philosophical Society 85 (1942) 472-482. [Wieder in: ders., Essays 2: 534-550.]

–, *Cult ordinance:* ders.: A cult ordinance in verse. Harvard Studies in Classical Philology 63 (1958) 415-421. [Wieder in: ders., Essays 2: 847-852.]

–, *Essays:* ders.: Essays on religion and the ancient world. Selected and edited, with an introduction, bibliography of Nock's writings, and indexes by Zeph Stewart. 2 Bde. Oxford: Clarendon Pr./Cambridge, Ma.: Harvard Univ. Pr., 1972 [Korr. Ndr.: ebd. 1986].

–, *Oracles théologiques:* ders.: Oracles théologiques. Revue des études anciennes 30 (1928) 280-290. [Wieder in: ders., Essays 1: 160-168.]

Norden, Agnostos theos: Eduard Norden: Agnostos theos: Untersuchungen zur Formengeschichte religiöser Rede, Leipzig/Berlin: Teubner, 1913.

Ohlemutz, Pergamon: Erwin Ohlemutz: Die Kulte und Heiligtümer der Götter in Pergamon. Würzburg: Triltsch, 1940. x, 302 S. [2., unveränd. Aufl. (= Ndr.): Darmstadt: Wissenschaftliche Buchgesellschaft, 1968].

Oppermann, Zeus Panamaros: Hans Oppermann: Zeus Panamaros. Religionsgeschichtliche Versuche und Vorarbeiten 19,3. Gießen: Töpelmann, 1924.

Papazoglou, Villes de Macédoine: Fanoula Papazoglou: Les villes de Macédoine à l'époque romaine. Bulletin de Correspondance Hellénique, Supplément 16. Athen: École Française d'Athènes/Paris: de Boccard, 1988.

Parke, Apollo in Asia: Herbert William Parke: The oracles of Apollo in Asia Minor. London usw.: Croom Helm, 1985.

–, *Oracles of Zeus:* ders.: The oracles of Zeus: Dodona, Olympia, Ammon. Oxford: Blackwell, 1967.

–*/Wormell:* s. 6.1 Orakeltexte

Parker, Athenian religion: Robert Parker: Athenian religion: a history. Oxford: Clarendon Pr., 1996.

–, *Greek states and oracles:* ders.: Greek states and Greek oracles. In: Paul A. Cartledge/Francis David Harvey (Hg.): Crux: essays in Greek history presented to G.E.M. de Ste. Croix on his 75th birthday. History of political thought 6. Exeter: Imprint Academic (zugleich: London: Duckworth), 1985: 298-326. – Überarb. Fassung in: Richard Buxton (Hg.): Oxford readings in Greek religion. Oxford: Oxford Univ. Pr., 2000: 76-108 (hiernach zitiert).

–, *Miasma:* ders.: Miasma: pollution and purification in early Greek religion. Oxford: Clarendon Press, 1983.

–, *Polytheism:* ders.: Polytheism and society at Athens. Oxford usw.: Oxford Univ. Pr., 2005.

–*/Obbink, Sales of priesthoods 1/2:* ders./Dirk Obbink: Aus der Arbeit der *Inscriptiones Graecae* 6: Sales of priesthoods on Cos. Teil 1: Chiron 30 (2000) 415-449. Teil 2: ebd. 31 (2001) 229-252.

Peek, Ammon: Werner Peek: Ein Orakel des Ammon in Kyzikos. Philologus 128 (1984) 202-207.

Petrovic, Metrical sacred regulations: Andrej und Ivana Petrovic: »Look who is talking now!«: speaker and communication in Greek metrical sacred regulations. In: Stavrianopoulou, Ritual and communication: 151-179.

Petzl, Beichtinschriften: Georg Petzl (Hg.): Die Beichtinschriften Westkleinasiens. Epigraphica Anatolica 22. Bonn: Habelt, 1994. [Identisch mit dem Jahresband der Zeitschrift.]

Phillips, Religious knowledge: Charles Robert Phillips: The sociology of religious knowledge in the Roman empire. ANRW 2,16,3 (1986) 2677-2773.

Picard, Ephèse et Claros: Charles Picard: Ephèse et Claros: recherches sur les sanctuaires et les cultes de l'Ionie du Nord. Paris: de Boccard, 1922.

–, *Pergame:* ders.: Un oracle d'Apollon Clarios à Pergame. Bulletin de Correspondance Hellénique 46 (1922) 190-197.

Pirenne-Delforge, Aphrodite: Pirenne-Delforge, Vinciane: L'Aphrodite grecque: contribution à l'étude de ses cultes et de sa personnalité dans le panthéon archaïque et classique. Kernos Suppl. 4. Athen/Liège: Centre international d'étude de la religion grecque antique, 1994.

Pugliese Caratelli, Chresmoi: Giovanni Pugliese Caratelli: *Chresmoi* di Apollo Kareios e Apollo Klarios a Hierapolis in Frigia. Annuario della Scuola Archeologica di Atene 41-42 = n.s. 25-26 (1963-1964) 351-357.

Quaß, Honoratiorenschicht: Friedemann Quaß: Die Honoratiorenschicht in den Städten des griechischen Ostens: Untersuchungen zur politischen und sozialen Entwicklung in hellenistischer und römischer Zeit. Stuttgart: Steiner, 1993.

Ragone, Apollo Gryneios: Giuseppe Ragone: Il tempio di Apollo Gryneios in Eolide: testimonianze antiquarie, fonti antiche, elementi per la ricerca topografica. In: Biagio Virgilio (Hg.): Studi ellenistici 3. Bibl. di studi antichi 64. Pisa: Giardini, 1990: 9-112.

Ramsay, Phrygia: William Mitchell Ramsay: The cities and bishoprics of Phrygia. 2 Bde. Oxford: Clarendon Pr., 1895-1897.

Rehm, Chronologie: Albert Rehm: Milesische Chronologie von Sulla bis Tiberius. Sitzungsberichte der Bayerischen Akademie der Wissenschaften, Philosophisch-historische Klasse 1939, 8. München: Verlag der Bayerischen Akademie der Wissenschaften, 1939.

Rigsby, Asylia: Kent J. Rigsby: Asylia: territorial inviolability in the Hellenistic world. Hellenistic culture and society 22. Berkeley usw.: Univ. of California Pr., 1996.

Robert, A travers l'Asie mineure: Louis Robert: A travers l'Asie mineure: poètes et prosateurs, monnaies grecques, voyageurs et géographie. Bibliothèque des Écoles Françaises d'Athènes et de Rome 239. Athen: École Française d'Athènes; Paris: de Boccard, 1980.

–, *Amyzon:* Jeanne u. Louis Robert: Fouilles d'Amyzon en Carie. 1: Exploration, histoire, monnaies et inscriptions. Paris: de Boccard, 1983.

–, *Arbinas:* Louis Robert: Les conquêtes du dynaste lycien Arbinas. Journal des savants 1978, 3-48. [Wieder in: ders., OMS 7: 381-426.]

–, *Carie:* Jeanne u. Louis Robert: La Carie: histoire et géographie historique avec le recueil des inscriptions antiques. 2: Le tableau de Tabai et ses environs. Paris: Libr. d'Amérique et d'Orient A. Maisonneuve, 1954.

–, *Claros:* Louis Robert: Claros. In: Charles Delvoye/Georges Roux (Hg.): La civilisation grecque de l'antiquité à nos jours. Bd. 1. Brüssel: Renaissance du livre, 1967: 305-312.

–, *Claros 1:* Jeanne u. Louis Robert: Claros 1,1: Décrets hellénistiques. Paris: Éds. Recherches sur les civilisations, 1989.

–, *Chresmologue:* dies.: Décret de Colophon pour un chresmologue de Smyrne appelé à diriger l'oracle de Claros. Bulletin de Correspondance Hellénique 116 (1992) 279-291.

–, *DAM:* Louis Robert: Documents d'Asie mineure. Bibliothèque des Écoles Françaises d'Athènes et de Rome 239 bis. Athen: École Française d'Athènes/Paris: de Boccard, 1987. [Ndr. von: Documents d'Asie mineure I–XXXV, Bulletin de Correspondance Hellénique 101 (1977) – 109 (1985).]

–, *DAMM:* ders.: Documents d'Asie mineure méridionale: inscriptions, monnaies, géographie. Centre de recherches d'histoire et de philologie de la IVe Section de l'École Pratique des Hautes Études 3,2. Genf: Droz/Paris: Minard, 1966.

–, *Études anatoliennes:* ders.: Études anatoliennes: recherches sur les inscriptions grecques de l'Asie Mineure. Institut français d'archéologie de Stamboul, Études orientales 5. Paris: de Boccard, 1937 [Ndr. Amsterdam: Hakkert, 1970].

–, *Études épigr. et philol.:* ders.: Études épigraphiques et philologiques. Bibliothèque de l'École des Hautes Études, Sciences historiques et philologiques, 272. Paris: Champion, 1938.

–, *Fête de Cyzique:* ders.: Documents d'Asie mineure 11: Une fête de Cyzique et un oracle de Delphes à Délos et à Delphes. Bulletin de Correspondance Hellénique 102 (1978) 460-477. [Wieder in: ders., DAM: 156-173.]

–, *Fouilles de Claros:* ders.: Les fouilles de Claros: conférence donnée à l'Université d'Ankara le 26 octobre 1953 sous les auspices de la Société Turque d'Histoire (Türk Tarih Kurumu). Limoges, 1954. [Wieder in: ders., OMS 6: 523-549.]

–, *Hell.:* ders.: Hellenica: Recueil d'épigraphie, de numismatique et d'antiquités grecques. 13 Bde. Paris: Libr. d'Amérique et d'Orient A. Maisonneuve, 1940-1965. (Wird mit Bandzählung und Seite zitiert.)

–, *Héraclès à Pergame:* ders.: Héraclès à Pergame et une épigramme de l'anthologie (XVI 91). Revue de philologie, de littérature et d'histoire anciennes 110 = 3,58 (1984) 7-18. [Wieder in: ders., OMS 6: 457-468].

–, *Inscriptions d'Éphèse:* ders.: Sur des inscriptions d'Éphèse: fêtes, athlètes, empereurs, épigrammes. Revue de philologie, de littérature et d'histoire anciennes 93 = 3,41 (1967) 7-84. [Wieder in: ders., OMS 5: 347-424.]

–, *Inscriptions de Bulgarie:* ders.: Les inscriptions grecques de Bulgarie. Revue de philologie, de littérature et d'histoire anciennes 85 = 3,33 (1959) 165-236 [= Rez. von IGBulg 1[1]; wieder in: ders., OMS 5: 195-266].

–, *Laodicée:* ders.: Laodicée du Lycos, Les inscriptions. In: Jean Des Gagniers u.a.: Laodicée du Lycos, Campagnes 1961-1968: Le nymphée. Québec: Presses de l'Univ. Laval/Paris: de Boccard, 1969: 247-389.

–, *Lucien en son temps:* ders.: Lucien en son temps: Alexandre d'Abônouteichos et le serpent Glycon. In: ders., A travers l'Asie mineure: 393-421.

–, *Monnaies grecques:* ders.: Monnaies grecques: types, légendes, magistrats monétaires et géographie. Centre de recherches d'histoire et de philologie de la IVe Section de l'École Pratique des Hautes Études, Hautes études numismatiques 2. Genf: Droz, 1967.

–, *Motaleis:* ders.: Les dieux des Motaleis. Journal des savants 1983, 45-63. [Wieder in: ders., OMS 7: 549-567.]

–, *Noms indigènes:* ders.: Noms indigènes dans l'Asie-Mineure gréco-romaine. Bibliothèque archéologique et historique de l'Institut français d'archéologie d'Istanbul 13. Paris: Libr. d'Amérique et d'Orient A. Maisonneuve, 1963.

–, *Oinoanda:* ders.: Un oracle gravé à Oinoanda. Comptes rendus de l'Académie des Inscriptions et des Belles-Lettres 1971, 597-619. [Wieder in: ders., OMS 5: 617-639.]

–, *OMS:* ders.: Opera minora selecta: épigraphie et antiquités grecques. 7 Bde. Amsterdam: Hakkert, 1969-1990.

–, *Rez. Rehm:* ders.: [Rez.:] Theodor Wiegand: Didyma. 2: Die Inschriften, bearb. v. Albert Rehm. Hg. v. Richard Harder. Berlin: Mann, 1958. Gnomon 31 (1959) 657-674. [Wieder in: ders., OMS 3: 1622-1639].

–, *Sinuri:* ders.: Le sanctuaire de Sinuri près de Mylasa. 1: Les inscriptions grecques. Mémoires de l'Institut Français d'archéologie de Stamboul 7. Paris: de Boccard, 1945.

–, *Stèles funéraires:* Nezih Firatli: Les stèles funéraires de Byzance gréco-romaine. Avec l'édition et l'index commenté des épitaphes par Louis Robert. Bibliothèque archéologique et historique de l'Institut français d'archéologie d'Istanbul 15. Paris: Libr. d'Amérique et d'Orient A. Maisonneuve, 1964: 47-129. 131-189.

–, *Tarse et Argos:* ders.: Documents d'Asie mineure 4: Deux inscriptions de Tarse et d'Argos. Bulletin de Correspondance Hellénique 101 (1977) 88-132. [Wieder in: ders., DAM: 46-90.]

–, *Trois oracles:* ders.: Trois oracles de la Théosophie et un prophète d'Apollon. Comptes rendus de l'Académie des Inscriptions et des Belles-Lettres 1968, 568-599. [Wieder in: ders., OMS 5: 584-615.]

–, *Villes:* ders.: Villes d'Asie mineure: Études de géographie ancienne. Paris: de Boccard, ^{2}1962.

Robinson, Theological oracles: s. 6.1 Orakeltexte

Rosenberger, Orakel: Veit Rosenberger: Griechische Orakel: eine Kulturgeschichte. Darmstadt: Wissenschaftliche Buchgesellschaft, 2001.

Rumscheid, Kranz und Krone: Jutta Rumscheid: Kranz und Krone: zu Insignien, Siegespreisen und Ehrenzeichen der römischen Kaiserzeit. Istanbuler Forschungen 43. Tübingen: Wasmuth, 2000.

Scheer, Gottheit und ihr Bild: Tanja Susanne Scheer: Die Gottheit und ihr Bild: Untersuchungen zur Funktion griechischer Kultbilder in Religion und Politik. Zetemata 105. München: Beck, 2000.

–, *Vorväter:* dies.: Mythische Vorväter: zur Bedeutung griechischer Heroenmythen im Selbstverständnis kleinasiatischer Städte. Münchener Universitätsschriften: Münchener Arbeiten zur Alten Geschichte 7. München: Editio Maris, 1993.

Scheid, Graeco ritu: John Scheid: *Graeco ritu:* a typically Roman way of honouring the gods. Harvard Studies in Classical Philology 97 (1995) 15-31.

Schmitt-Pantel, Cité au banquet: Pauline Schmitt-Pantel: La cité au banquet: histoire des banquets publics dans les cités grecques. Collection de l'École Française de Rome 157. Rom: École Française de Rome, 1992.

Seibert, Rez. Günther: Jakob Seibert: Rez. W. Günther, Das Orakel von Didyma in hellenistischer Zeit, Tübingen 1971. Göttingische Gelehrte Anzeigen 226 (1974) 186-212.

Sfameni-Gasparro, Alessandro di Abonutico 1/2: Giulia Sfameni-Gasparro: Alessandro di Abonutico, lo »pseudo-profeta« ovvero come costruirsi un'identità religiosa. 1: Il profeta, »eroe« e »uomo divino«. Studi e materiali di storia delle religioni 62: Omaggio a Dario Sabatucci. L'Aquila: Japadre, 1996: 565-590. – 2: L'oracolo e i misteri. In: Corinne Bonnet/André Motte

(Hg.): Les syncrétismes religieux dans le monde méditerranéen antique: Actes du colloque international en l'honneur de Franz Cumont à l'occasion du cinquantième anniversaire de sa mort: Rome, Academia Belgica, 25-27 septembre 1997. Brüssel/Rom: Academia Belgica; Turnhout: Brepols, 1999: 275-305.

Sherwin-White, Ancient Cos: Susan M. Sherwin-White: Ancient Cos: an historical study from the Dorian settlement to the imperial period. Hypomnemata 51. Göttingen: Vandenhoeck & Ruprecht, 1978.

Sibille e linguaggi oracolari: Ileana Chirassi Colombo/Tullio Seppilli (Hg.): Sibille e linguaggi oracolari: mito, storia, tradizione: atti del convegno, Macerata-Norcia, settembre 1994. Dip. di Scienze Archeologiche e Storiche dell'Antichità, Ichnia 3. Pisa: Istituti editoriali e poligrafici internazionali, 1998.

Somolinos, Magia y mántica: Juan Rodríguez Somolinos: Magia y mántica en Claros. In: Actas del X Congreso español de estudios clásicos (21-25 de septiembre de 1999). Bd. 3: Historia antigua, humanismo, tradición clásica, didáctica, instrumenta studiorum. Madrid: Soc. Española de estudios clásicos, 2002: 187-193.

–, *Mántica y propaganda:* ders.: Ártemis Efesia en Lidia y Apolo Clario en Éfeso: mántica y propaganda religiosa en época imperial. In: Actas del IX Congreso español de estudios clásicos (Madrid, 27 al 30 septiembre de 1995). Bd. 6: Historia y arqueología. Madrid: Ed. Clásicas, 1998: 207-212.

–, *Oraculos:* s. 6.1 Orakeltexte

–, *Relaciones:* ders.: Relaciones entre santuarios oraculares en época imperial. In: Actas del VII Congreso español de estudios clásicos (Madrid, 20-24 de abril 1987). Bd. 3. Madrid: Editorial de la Universidad Complutense, 1989: 287-294.

Stavrianopoulou, Normative interventions: Stavrianopoulou, Evtychia: Normative interventions in Greek rituals: strategies for justification and legitimation. In: dies., Ritual and communication: 131-149.

–, *Ritual and communication:* dies. (Hg): Ritual and communication in the Graeco-Roman world. Kernos Suppl. 16. Liège: Centre international d'étude de la religion grecque antique, 2006.

Stephan, Honoratioren: Ekkehard Stephan: Honoratioren, Griechen, Polisbürger: kollektive Identitäten innerhalb der Oberschicht des kaiserzeitlichen Kleinasien. Hypomnemata 143. Göttingen: Vandenhoeck & Ruprecht, 2002.

Strubbe, Gründer: Johan H.M. Strubbe: Gründer kleinasiatischer Städte: Fiktion und Realität. Ancient Society 15-17 (1984-1986) 253-304.

Thomas, Literacy: Rosalind Thomas: Literacy and orality in ancient Greece. Cambridge usw.: Cambridge Univ. Pr., 1992.

Trümpy, Monatsnamen: Cathérine Trümpy: Untersuchungen zu den altgriechischen Monatsnamen und Monatsfolgen. Bibliothek der klassischen Altertumswissenschaften N.F. 2,98. Heidelberg: Winter, 1997.

Tuchelt, Branchidai: Klaus Tuchelt: Branchidai – Didyma: Geschichte und Ausgrabung eines antiken Heiligtums. Zaberns Bildbände zur Archäologie 3. Mainz: von Zabern, 1992. [Überarb. Version der Sondernummer 1991 der Zeitschrift *Antike Welt*]

–, *Kultbezirk:* ders. u.a.: Ein Kultbezirk an der Heiligen Straße von Milet nach Didyma. Didyma 3: Ergebnisse der Ausgrabungen und Untersuchungen seit dem Jahre 1962, Bd. 1. Mainz: von Zabern, 1996.

–, *Topographie:* ders.: Vorarbeiten zu einer Topographie von Didyma: eine Untersuchung der inschriftlichen und archäologischen Zeugnisse. Istanbuler Mitteilungen, Beiheft 9. Tübingen: Wasmuth, 1973.

Várhelyi, Claros: Zsuzsanna Várhelyi: Magic, religion, and syncretism at the oracle of Claros. In: Sulochana R. Asirvatham/Corinne Ondine Pache/John Watrous (Hg.): Between magic and religion: interdisciplinary studies in ancient Mediterranean religion and society. Lanham, Md.: Rowman & Littlefield, 2001: 13-31.

Vernant, Divination et rationalité: Jean-Pierre Vernant u.a.: Divination et rationalité. Recherches anthropologiques. Paris: Seuil, 1974.

–, *Paroles et signes:* ders.: Paroles et signes muets. In: ders., Divination et rationalité: 9-25.

Versnel, Apollo: Hendrik S. Versnel: Apollo and Mars one hundred years after Roscher. In: ders.: Inconsistencies in Greek and Roman religion 2: Transition and reversal in myth and ritual. Studies in Greek and Roman Religion 6,2. Leiden usw.: Brill, 1993: 289-334.

–, *Epiphany:* ders.: What did ancient man see when he saw a god? Some reflections on Graeco-Roman epiphany. In: Dirk van der Plas (Hg.): Effigies Dei: essays on the history of religions. Study in the history of religions 51. Leiden: Brill, 1987: 42-55.

–, *Faith:* ders. (Hg.): Faith, hope, and worship: aspects of religious mentality in the ancient world. Studies in Greek and Roman religion 2. Leiden: Brill, 1981.

Verzone, Campagne 1962-64: Paolo Verzone: Le campagne 1962-1964 a Hierapolis di Frigia, Annuario della Scuola Archeologica di Atene 41-42 = n.s. 25-26 (1963-1964) 371-389.

–, *Hierapolis di Frigia:* ders.: Hierapolis di Frigia nei lavori della Missione archeologica italiana. Consiglio Nazionale delle Ricerche, La Ricerca scientifica, Quaderni 100 (1978) 391-475.

Veyne, Évolution: Paul Veyne: Une évolution du paganisme gréco-romain: injustice et piété des dieux, leurs ordres ou »oracles«. Latomus 45 (1986) 259-283.

–, *Piété:* ders.: La nouvelle piété sous l'Empire: s'asseoir auprès des dieux, fréquenter les temples. Revue de philologie 115 = 3,63 (1989) 175-194.

Victor, Alexandros: Lukian von Samosata: Alexandros oder der Lügenprophet. Eingeleitet, herausgegeben, übersetzt und erklärt von Ulrich Victor. Religions in the Graeco-Roman World 132. Leiden usw.: Brill, 1997.

Wächter, Reinheitsvorschriften: Theodor Wächter: Reinheitsvorschriften im griechischen Kult. Religionsgeschichtliche Versuche und Vorarbeiten 9,1. Gießen: Töpelmann, 1910.

Weber, Pythoktonos: Leo Weber: Apollon Pythoktonos im phrygischen Hierapolis. Philologus 23 (1910) 178-251.

Weinreich, Apollon Propylaios: Otto Weinreich: Heros Propylaios und Apollon Propylaios. Athenische Mitteilungen 38 (1913) 62-72. [Wieder in: ders., Ausgewählte Schriften 1: 197-206.]

–, *Ausgewählte Schriften:* ders.: Ausgewählte Schriften. Hg. v. Günther Wille. 2 Bde. Amsterdam: Grüner, 1969-1973.

–, *Heilungswunder:* ders.: Antike Heilungswunder: Untersuchungen zum Wunderglauben der Griechen und Römer. Religionsgeschichtliche Versuche und Vorarbeiten 8,1. Gießen: Töpelmann, 1909.

–, *Θεοὶ ἐπήκοοι:* ders.: Θεοὶ ἐπήκοοι. Athenische Mitteilungen 37 (1912) 1-68. [Wieder in: ders., Ausgewählte Schriften 1: 131-196.]

Weiß, Gründerheroen: Peter Weiß: Lebendiger Mythos: Gründerheroen und städtische Gründungstraditionen im griechisch-römischen Osten. Würzburger Jahrbücher für die Altertumswissenschaft 10 (1984) 179-208.

West, Apollo Kareios: Martin L. West: Oracles of Apollo Kareios: a revised text. Zeitschrift für Papyrologie und Epigraphik 1 (1967) 183-187.

–, *East face of Helicon:* ders.: The east face of Helicon: West Asiatic elements in Greek poetry and myth. Oxford: Clarendon Press, 1997.

Wilamowitz, Rez. Milet: Ulrich von Wilamowitz-Moellendorff: Besprechung von: Milet: Ergebnisse der Ausgrabungen und Untersuchungen seit dem Jahre 1899, hg. v. Theodor Wiegand. Heft 3: Des Delphinion in Milet von Georg Kawerau und Albert Rehm, Berlin: G. Reimer 1914. Göttingische gelehrte Anzeigen 176 (1914) 65-109. [Wieder in: ders.: Kleine Schriften. 5,1: Geschichte, Epigraphik, Archäologie. Berlin: Akademie Verlag, 1937: 417-466. – Ndr.: ebd./Amsterdam: Hakkert, 1971.]

Wilhelm, Akademieschriften: Adolf Wilhelm: Kleine Schriften 1: Akademieschriften zur griechischen Inschriftenkunde (1895-1951). 3 Bde. Opuscula 8. Leipzig: Zentralantiquariat der DDR, 1974.

–, *Beiträge:* ders.: Beiträge zur griechischen Inschriftenkunde: mit einem Anhange über die öffentliche Aufzeichnung von Urkunden. Sonderschriften des Österreichischen Archäologischen Institutes in Wien 7. Wien: Hölder, 1909. [Ndr.: Susidia epigraphica. Hildesheim: Olms, 1989].

–, *Neue Beiträge:* ders.: Neue Beiträge zur griechischen Inschriftenkunde. In: ders.: Akademieschriften 1: 19-369. [Zuerst: Sitzungsberichte der Akademie der Wissenschaften in Wien, Philosophisch-historische Klasse 166,1 (1911) – 214,4 (1932).]

–, *Inschriftenkunde:* ders.: Kleine Schriften 2: Abhandlungen und Beiträge zur griechischen Inschriftenkunde (1898-1950). Bde. 1-2: Opuscula 8. Leipzig: Zentralantiquariat der DDR, 1984. Bd. 3-5: Hg. v. Gerhard Dobesch u. Georg Rehrenböck. Sitzungsberichte der Österreichischen Akademie der Wissenschaften, Philosophisch-historische Klasse 679/691/707. Veröffentlichungen der Kleinasiatischen Kommission 10-12. Wien: Verlag der Österreichischen Akademie der Wissenschaften, 2000-2003.

–, *Nachlaß:* ders.: Kleine Schriften 3: Schriften aus Adolf Wilhelms Nachlaß. Teil 1: Bereits publizierte Schriften. Hg. v. Gerhard Dobesch u. Georg Rehrenböck. Teil 2: Unpublizierte Schriften: Attische Urkunden 6. Hg. v. Hans Taeuber. Sitzungsberichte der Österreichischen Akademie der Wissenschaften, Philosophisch-historische Klasse 737. Veröffentlichungen der Kleinasiatischen Kommission 16. Wien: Verlag der Österreichischen Akademie der Wissenschaften, 2006.

Wiemer, Käufliche Priestertümer: Hans-Ulrich Wiemer: Käufliche Priestertümer im hellenistischen Kos. Chiron 33 (2003) 263-310.

Wiseman, Plague: James Wiseman: Gods, war and plague in the time of the Antonines. In: Djordje Mano-Zissi/ders. (Hg.): Studies in the antiquities of Stobi/Studii za starinite vo Stobi/Proucavanja starina u Stobima. Bd. 1, hg. v. J.W. Belgrad: Naucna Delo, 1973: 143-183.

Woodward, Oracle of Ammon: A.M. Woodward: Athens and the oracle of Ammon. Annual of the British School at Athens 57 (1962) 5-13.

Wolff, Novissima aetas: Gustav Wolff: De novissima oraculorum aetate. Berlin: Springer, 1854.

–, *ed. Porph.:* Porphyrii De philosophia ex oraculis haurienda librorum reliquiae. Ed. Gustavus Wolff. Berlin: Springer, 1856. [Ndr. Hildesheim: Olms, 1962].

Wörrle, Athena Latmia: Michael Wörrle: Inschriften von Herakleia am Latmos. 2: Das Priestertum der Athena Latmia. Chiron 20 (1990) 19-58.

–, *Herakleia:* ders.: Inschriften von Herakleia am Latmos. 1: Antiochos III., Zeuxis und Herakleia. Chiron 18 (1988) 421-476.

–, *Stadt und Fest:* ders.: Stadt und Fest im kaiserzeitlichen Kleinasien: Studien zu einer agonistischen Stiftung aus Oinoanda. Vestigia 39. München: Beck, 1988.

–, *Delphes et l'Asie mineure:* ders.: Delphes et l'Asie mineure: pourquoi Delphes? In: Delphes cent ans après la Grande Fouille: 157-165.

Zeitlyn, Meaning: David Zeitlyn: Finding meaning in the text: the process of interpretation in text-based divination. Journal of the Royal Anthropological Institute N.S. 7 (2001) 225-240.

Ziebarth, Schulwesen: Erich Ziebarth: Aus dem griechischen Schulwesen: Eudemos von Milet und Verwandtes. Leipzig/Berlin: Teubner, ^{2}1914.

7 Analytisches Inhaltsverzeichnis zu den Kapiteln 2 und 3

8 Register*

8.1 Orakeltexte

* Es wird grundsätzlich auf die Anmerkungen verwiesen. Dazu ist jeweils die Zählung des Hauptkapitels vorangestellt.

8.2 Epigraphische Quellen

Der epigraphische Index bietet eine Konkordanz zu den beiden Ortscorpora der Bescheide von Klaros und Didyma und verzeichnet darüberhinaus die weiteren besprochenen Inschriften. Es sind in der Regel nur Veröffentlichungen aufgenommen, in denen auch der Text der Inschrift dargeboten wird. Abschließend sind erörterte Münzprägungen nachgewiesen.

8.3 Literarische Quellen

Der Index der literarischen Quellen bietet eine Konkordanz zu den beiden Ortscorpora der Bescheide von Klaros und Didyma und verzeichnet darüberhinaus die weiteren besprochenen Stellen. Auch Papyri sind hier aufgenommen.

8.4 Sachen

Der Sachindex erschließt den Anmerkungsteil. Einen detaillierten Überblick über den Haupttext bietet das analytische Inhaltsverzeichnis, Kap. 7, S. 633-644. – Enthalten sind auch Personen der Forschungsgeschichte.

8.5 Orte

8.6 Götter, Heroen, antike Personen

8.7 Griechische Begriffe

Das Vokabular der ausführlich besprochenen Orakeltexte ist nicht vollständig indiziert. (**Klaros 2-9** und **11**: s. Kap. 2.1; **Didyma 14**: s. Kap. 2.2; **Klaros Verw3**: s. Kap. 2.3; **Didyma 25**: s. Kap. 3.1, **Didyma App14**: s. Kap. 3.2; **Didyma App15**: s. Kap. 3.3.)

8.7.1 Kult, Ritual, Theologisches

8.7.2 Ämter, Funktionen, Institutionen (ohne Religion)

8.7.3 Verschiedenes